中國歷史研究院「絕學」學科扶持計劃資助（批准號 2024JXZ002）

揚雄方言校釋匯證（修訂本）

華學誠 撰集

李圃署

中華書局

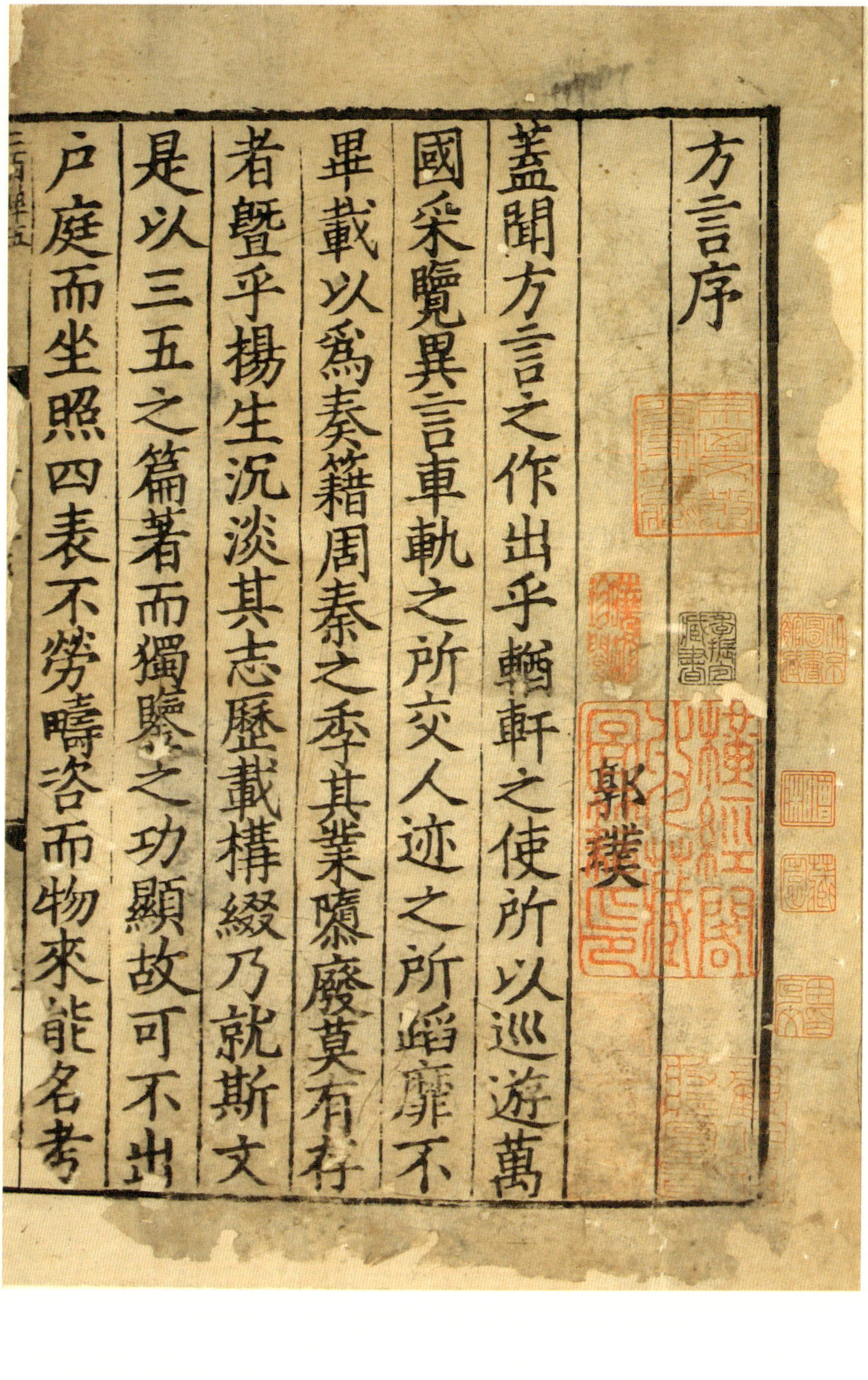

方言序

郭璞

蓋聞方言之作出乎輶軒之使所以巡遊萬國采覽異言車軌之所交人迹之所蹈靡不畢載以爲奏籍周秦之季其業隳廢莫有存者暨乎揚生沉淡其志歷載構綴乃就斯文是以三五之篇著而獨鑒之功顯故可不出戶庭而坐照四表不勞疇咨而物來能名考

中國國家圖書館藏南宋慶元庚申潯陽郡齋刻本書影之一

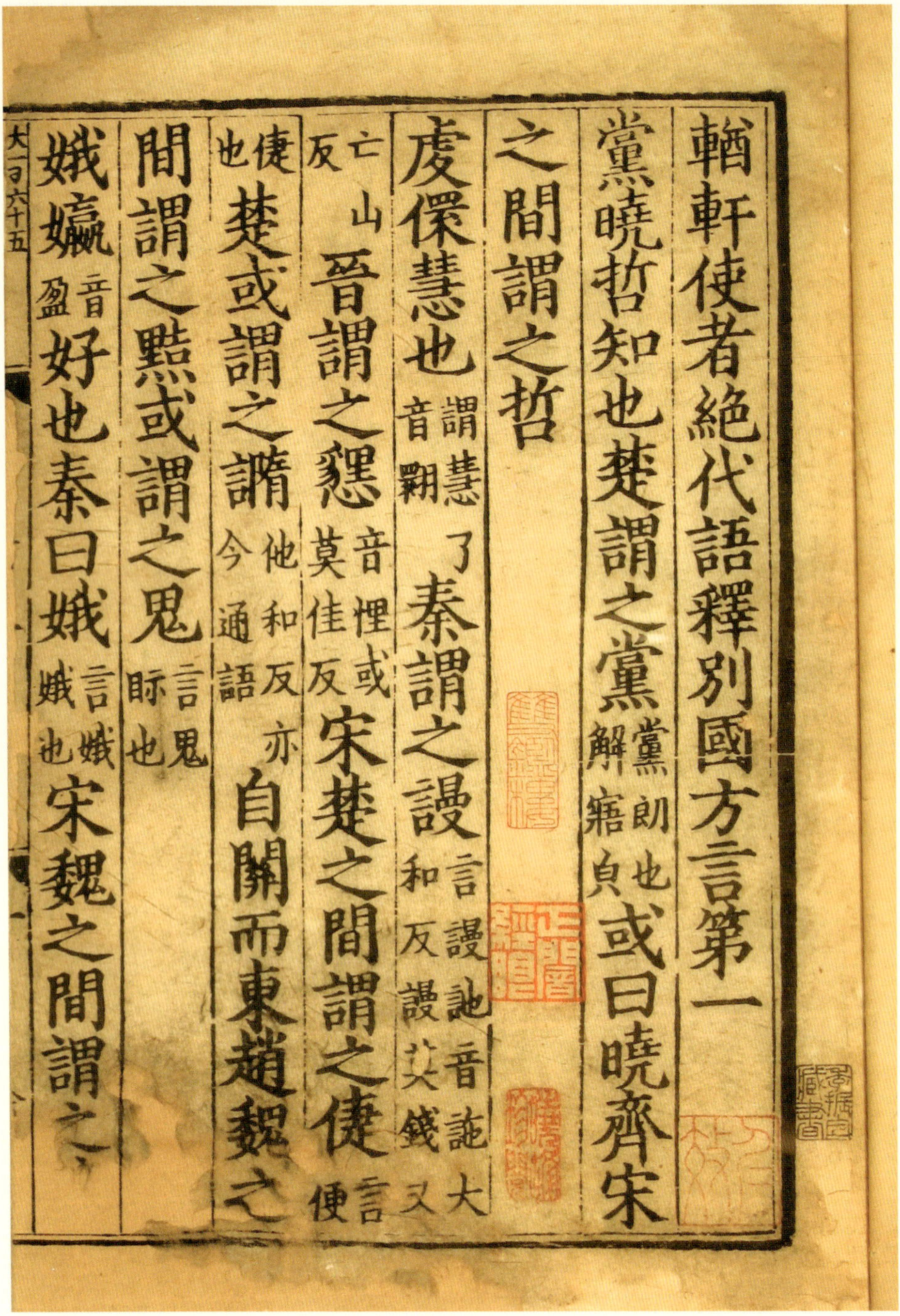

輶軒使者絶代語釋別國方言第一

黨曉哲知也楚謂之黨黨朗也解寤皃或曰曉齊宋之間謂之哲

虔儇慧也謂慧了音翾秦謂之謾言謾訑音訑大和反謾莫錢又亡山反晉謂之𢡃音悝或莫佳反宋楚之間謂之倢言便倢也楚或謂之䜇他和反亦今通語自關而東趙魏之間謂之黠或謂之鬼言鬼眎也

娥㜲音盈好也秦曰娥言娥娥也宋魏之間謂之

中國國家圖書館藏南宋慶元庚申潯陽郡齋刻本書影之二

子雲方言宋閩蜀江右皆有刻本數百年來世不易見茲出知蘇之長洲兵部都君玄敬家世藏書間出其相示蓋江右本也容齋隨筆謂子雲答劉子駿書稱嚴君平而君平莊姓又謂書稱汝潁之間先漢無此語以爲漢魏之際好事者爲之予謂他書可僞而方言不可僞蓋非齎素油問上計孝廉異語必不能爲此且葛稚川郭景純皆去漢未遠學號絕倫稚川

以

中國國家圖書館藏明代正德四年李珏刻本書影之一

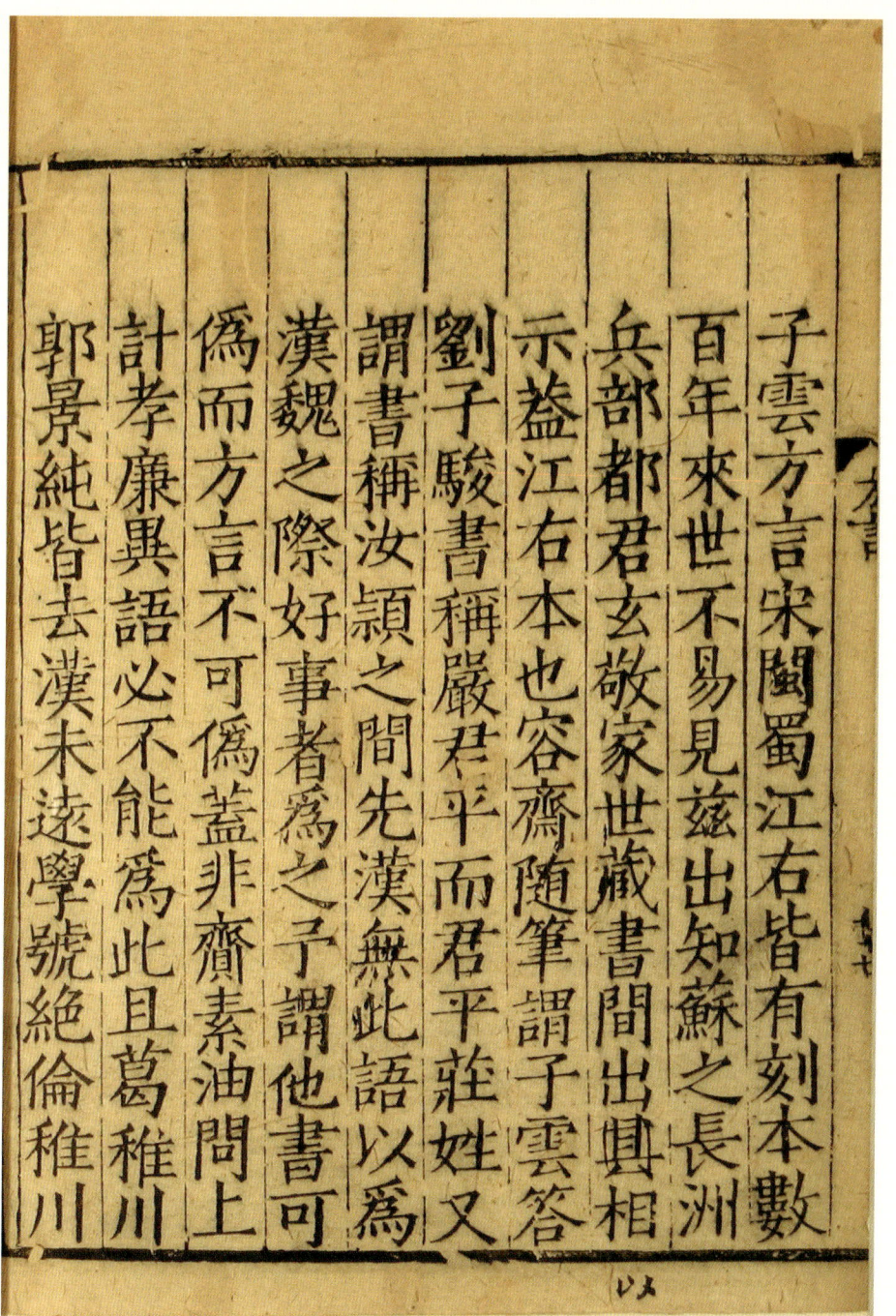

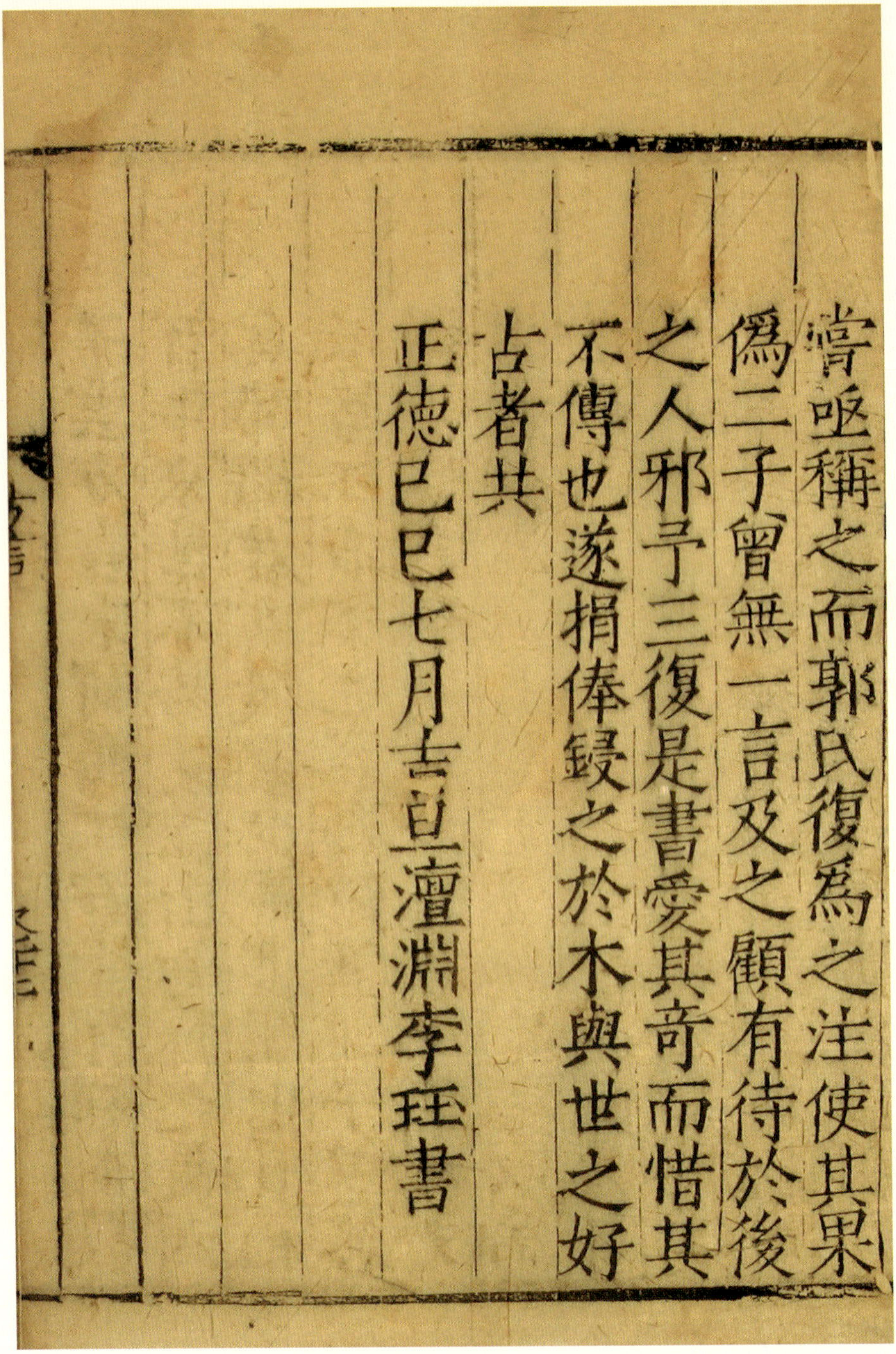

嘗亟稱之而郭氏復爲之注使其果
僞二子曾無一言及之顧有待於後
之人邪予三復是書愛其奇而惜其
不傳也遂捐俸鋟之於木與世之好
古者共
正德己巳七月吉旦澶淵李珏書

中國國家圖書館藏明代正德四年李珏刻本書影之二

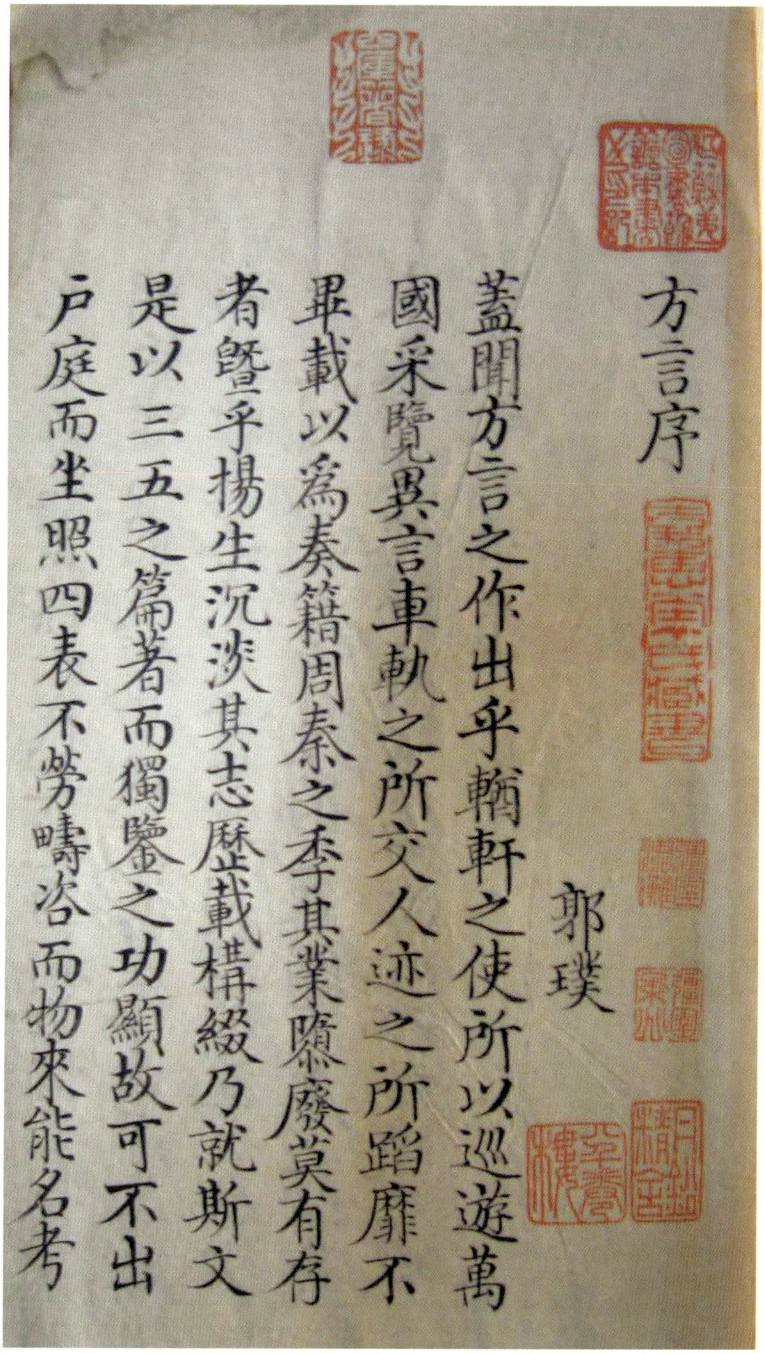

方言序

郭璞

蓋聞方言之作出乎輶軒之使所以巡遊萬國采覽異言車軌之所交人迹之所蹈靡不畢載以爲奏籍周秦之季其業隳廢莫有存者暨乎揚生沉淡其志歷載構綴乃就斯文是以三五之篇著而獨鑒之功顯故可不出戶庭而坐照四表不勞疇咨而物來能名考

南京圖書館藏清抄本（丁丙跋）書影

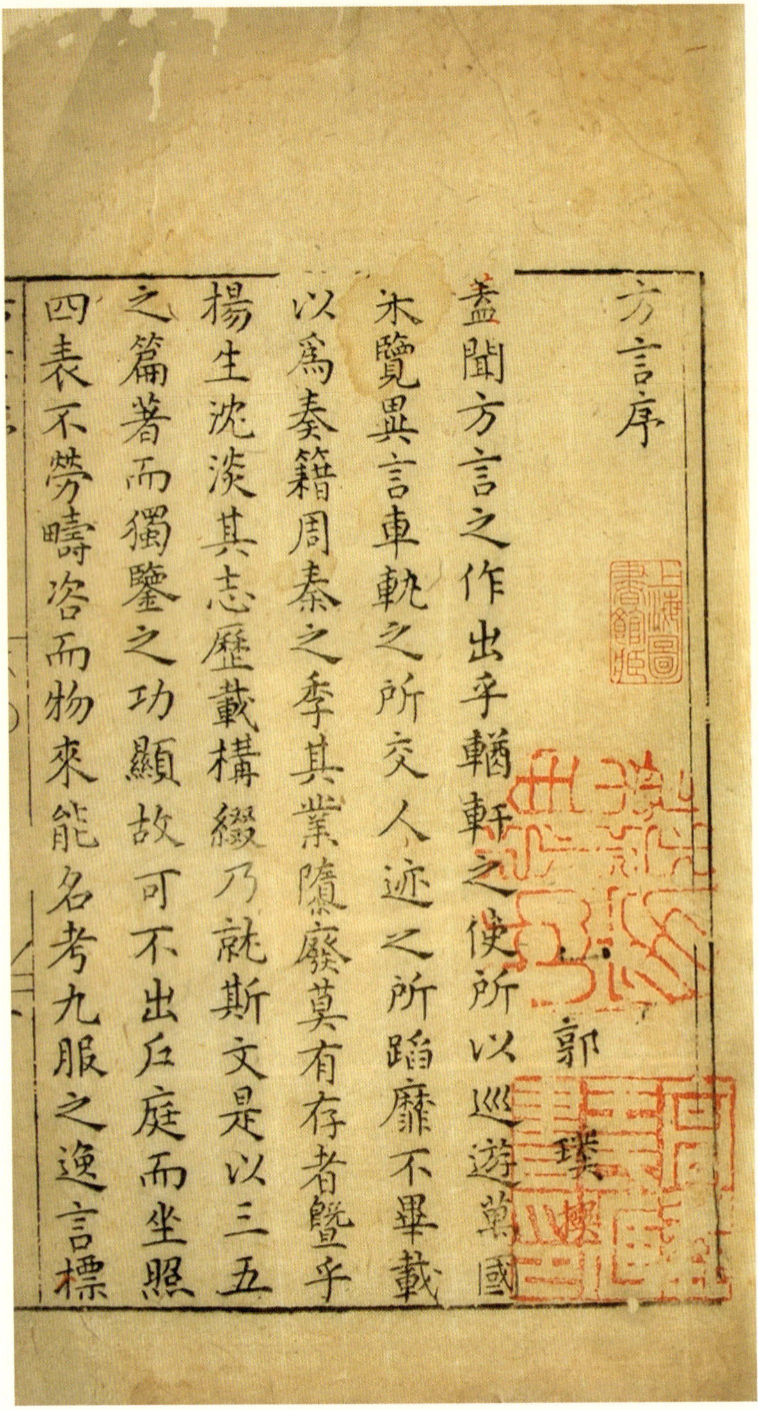

方言序

郭璞

蓋聞方言之作出乎輶軒之使所以巡遊萬國
采覽異言車軌之所交人迹之所蹈靡不畢載
以爲奏籍周秦之季其業隳廢莫有存者暨乎
揚生沈淡其志歷載構綴乃就斯文是以三五
之篇著而獨鑒之功顯故可不出戶庭而坐照
四表不勞疇咨而物來能名考九服之逸言標

上海圖書館藏王念孫手校明代胡文煥格致叢書本書影

部：「𦣞，養也。」按：「台」之訓養，乃通假之義。王念孫方言疏證補爲求證「台」之所以訓養，取漢書地理志「祇台德先」顏師古説爲據。「祇台德先」語出尚書禹貢，章炳麟古文尚書拾遺定本：「鄭以台爲悦，孔傳以台爲我，師古漢書注以台爲養，義並詰詘……祇台當讀爲嗣……祇台者，敬嗣也；德先者，有德之先人。」劉君惠方言箋記據此認爲：王氏「不悟顏説之詰詘，此亦通人之一蔽。」

〔二〕胎：錢繹方言箋疏：「『胎』從『台』聲，『台』訓爲養，故『胎』亦訓爲養也。」徐復補釋：「段玉裁説文『胎』下注云：『方言曰：「胎，養也。」此假借胎爲頤養也。』錢繹箋疏則謂台與𦣝通。𦣝即頤字。博引從𦣝之字以釋之，則就求本字、探語源方面立論，均可師法。」按：「台」，廣韻與之切，又土來切。「胎」，廣韻土來切。「與之」與「音怡」同，古屬余母；「土來」古屬透母。是「晉衛燕魏」與「汝潁梁宋之間」言訓「養」之詞音有濁清之異，故揚雄以「台」、「胎」二字區別之，實一詞也。

〔三〕陶：揚雄太玄玄攡：「資陶虚無而生乎規。」范望注：「陶，養也。」王念孫廣雅疏證補正、錢繹方言箋疏皆引太玄范望注爲證。按：「陶」之所以訓養，當以音求之。「陶」，廣韻徒刀切，古屬定母幽部；「陶」與「台」雙聲，之幽旁轉，其音之别，乃方音之别，實爲一詞。

〔四〕鞠：爾雅釋言：「鞠，生也。」郝懿行義疏：「生者，活也……生兼活也、養也二義，爾雅之生亦猶

王念孫手校戴震方言疏證引例云：「列女傳序」云：「胎養子孫，以漸教化。」後漢書章帝紀：「深元元之愛，著胎養之令。」易林解之大過：「胎養養萌[?]生，始見兆形。」後世亦有用例。唐張説大成舞[?]后歌有「嬌，胎炎乃黄。」「胎炎乃黄」言養育炎黄也。

已知「頤」、「台」古字通，乃必欲求證「台」之所以訓養，竟取漢志顏師古説爲據，

，聲

餘

紐

「陶」之本義爲製作瓦器，引申爲「化育」。太玄玄告：「歲歲相盪，而天地彌陶。」范望注：「陶，化也。」後漢書黨錮傳：「是以聖人導人理性，裁抑宕佚，慎其所與，節其所偏，雖情品萬區，質文異數，至於陶物振俗。」李賢注：「陶，謂陶冶以成之。」特指把生命化育成功、把人才造就

修訂手稿一

譚

匯證

〔一〕屑：戴震方言疏證：「廣雅：『屑，潔也。』義本此。詩邶風：『不我屑以。』鄘風：『不屑髢也。』毛傳並云：『屑，絜也。』潔、絜古通用。」丁惟汾方言音釋：「屑，古音讀薛，與雪（古音讀塞）雙聲音轉。詩曹風蜉蝣篇：『麻衣如雪。』傳云：『如雪，言鮮絜。』潔、雪疊韻，屑、雪雙聲，相互爲訓。」按：「如雪」言鮮潔，說喻義也，非「雪」本訓鮮潔。「屑」之訓「潔」，蓋借字記詞，文獻未詳。以音求義是也，然不必一定如丁氏所說。

爲

丁說非也

故訓可徵。小爾雅廣詁：「屑，潔也。」孟子公孫丑上：「不受也者，是亦不屑就已。」趙岐注：「屑，絜也。」焦循正義：「絜與潔通。」楚辭招魂篇：「朕幼清以廉潔兮。」注云：「不污曰潔。」「屑」訓潔，乃訓義之引申。說文尸部：「屑，動作切切也。」未得其朔。章炳麟文始曰：「詩傳又訓潔者，以屑故潔，謂若彈冠振衣去其塵坋，受義於𦙶也。」陸宗達訓詁簡論申之曰：「說文肉部：『𦙶，振𦙶也。』單言則曰振，或曰𦙶。詩邶風谷風：『不我屑以。』毛傳：『屑，潔也。』屑即𦙶字。振𦙶所以除塵垢，所以屑訓潔也。」

三九 譚〔一〕，罪也。謂罪惡也。章順反。

匯證

〔一〕譚：當作「譚」，同「諄」。集韻諄韻：「諄，古作譚。」明刻諸本又譌作「譚」。廣雅釋詁三：「諄，皋也。」王念孫疏證：「罪與皋同。康誥云：『元惡大憝。』憝與諄古聲亦相近。」盧文弨重校方言：「譚即諄字，章倫反，亦不見有罪惡義。竊疑諄字當即孟子『凡民罔不譈』之譈省，與憝同徒對反。趙岐注孟子：『譈，殺也。』書傳訓『惡』烏路反，可惡、可殺，是則有罪者也。」廣雅釋詁三：

匯證

〔一〕簟：廣雅釋器：「簟，席也。」王念孫疏證：「說文：『簟，竹席也。』釋名云：『簟，覃也，布之覃覃然平正也。』齊風載驅傳云：『簟，方文席也。』小雅斯干篇：『下莞上簟。』鄭箋云：『莞，小蒲之席也。竹葦曰簟。』」

〔二〕笙：廣雅釋器：「笙，席也。」王念孫疏證：「左思吳都賦：『桃笙象簟。』劉逵注云：『桃笙，桃枝簟也，吳人謂簟爲笙。』案笙者，精細之名。方言云『自關而西秦晉之間凡細貌謂之笙』，『簟』爲籧篨之細者，故有斯稱矣。」

〔三〕籧苗：「苗」，廣雅作「笛」。廣雅釋器：「籧笛，席也。」王念孫疏證：「籧笛猶拳曲，語之轉也。簟可卷，故有籧笛之名。」

〔四〕𥮖：戴震方言疏證作「𥮖」，注內同，與廣雅合。周祖謨方言校箋：「蔣本唐韻祭韻征例反『𥮖』下引方言字亦從竹，當據正。注『𥮖』字亦當作『𥮖』。」廣雅釋器：「𥮖，席也。」王念孫疏證：「𥮖之言曲折也……簟可卷，故有籧笛之名，關西謂之𥮖，亦此義也。」黃侃蘄春語：「今吾鄉有此語，音之列切。」按：可卷曲之簟謂之「𥮖」，今中原官話、江淮官話猶言「𥮖子」，乃指用蘆葦或竹篾編成之席，用於圈囤糧食。

按：竹席謂之簟，葦席亦謂之簟。禮記喪大記：「君以簟席，大夫以蒲席。」鄭注：「簟，細葦席也。」荀子正名：「心憂恐，則口銜芻豢而不知其味，耳聽鐘鼓而不知其聲，目視黼黻而不知其狀，輕煖平簟而體不知其安。」

（並臥鋪墊之用。）

按：後世還可見用例。柳宗元行路難：「桃笙葵扇安可常。」蔣之翹輯注引方言此條爲釋。

廣韻薛韻引博雅：「𥮖，笙𥮖，席也。」集韻薛韻：「𥮖，竹席。」又按：

（常）（謂之）

按：後世見用例。陸龜蒙奉和襲美太湖詩鎮夏灣：「日爲籧笛徒，分作祇裯鋪。」原注：「渠曲二音，簟之異名。」

二也。」方言曰：「飛鳥曰雙，鴈曰乘」。淮南泰族篇曰：「關雎興於鳥，而君子美之，爲其雌雄之不乘居也」。「乘」謂匹耦之名，故二謂之乘。四亦謂之「乘」。周官校人「乘馬」，鄭玄注曰：「二耦爲乘。」凡經言「乘禽」「乘矢」「乘壺」「乘韋」之屬，義與此同也。」

爲一也。「乘鴈隻鳧」，即方言所謂「飛鳥曰隻，鴈曰乘」矣。應仲遠但知「乘」之訓爲四，而不知其又訓爲一，故以「乘鴈」爲四鴈，後人又改「隻鳧」爲「雙鳧」以配四鴈，殊失子雲之旨。文選作「雙鳧」亦誤。李善注引方言「飛鳥曰雙，四鴈曰乘」，四字亦後人所加，方言無四字。」胡芷藩書周祖謨方言校箋後：「『隻』與『雙』互譌，方言裏頗有其例（如卷二：『顥、鑠、盱、揚、賺，雙也。』注：『……此本論雙耦，因廣其義。』今文正文及注文的雙字誤爲隻）。乘之訓一，又見於廣雅，則王氏此條以雙爲隻之誤，訓乘爲一，不爲無據；揆之文理，亦復順適。且方言之文，往往有比物連類，合爲一條，前後相承，文義一貫者，戴本亦未可輕議其非。」按：胡氏引卷二「雙也」條之「雙」誤爲「隻」，以佐證本條「雙」當爲「隻」之譌，不當。卷二「隻」由「雙」而譌，「雙」又由「䨇」而譌，詳參該條匯證〔七〕。又周祖謨方言校箋：「慧琳音義卷六引方言『雙，二飛鳥也』，卷七引方言『二飛鳥曰雙』，是今本『飛』上當有『二』字。」又云：「文選楊雄解嘲云：『乘鴈集不爲之多，雙鳧飛不爲之少。』李善注引方言『四鴈曰乘』。今本方言鴈上脱四字。」按：戴說合此條於上條末不爲無理。王說改「雙」字爲「隻」不爲無據。

又復訓「乘」爲「二」、爲「四」。

周氏於「飛」上補「二」、「鴈」上補「四」亦有文獻爲證。

然名家之說，均未達一間，此亦通人之蔽也。王雲路王念孫乘字說淺論云：「『雙』與『乘』，『是一種特殊記數單位。方言的意思是：飛鳥以雙計數，鴈以乘記數。』「乘」雖暗含「四」這一含義，但它「是量詞而不是數詞。」「乘」與「駟」類似，「駟」只用於車馬方面，而「乘」卻可用於很多事物上。」此說通達，應幾近之。

未知孰是。又：「椉」，同「乘」。

二六　台〔一〕、既〔二〕，失也。宋魯之間曰台。

官。」〔二〕廣雅釋詁五：「平均，賦也。」王念孫疏證：「史記平準書云：『桑宏羊以諸官各自市，相與爭，物故騰躍，而天下賦輸或不償其僦費，乃請置大農部丞數十人，分部主郡國，各往往縣置均輸鹽鐵官，令遠方各以其物貴時商賈所轉販者爲賦，而相灌輸。置平準於京師，都受天下委輸。大農之諸官盡籠天下之貨物，貴則賣之，賤則買之。如此，富商大賈無所牟大利，則反本而萬物不得騰踊。故抑天下物，名曰平準。』是『平均』皆賦也。」

按：「平均」本謂「齊」。禮記樂記：「脩身及家，平均天下。」史記滑稽列傳：「天下平均，合爲一家。」常用義爲「均勻」。漢荀悅漢紀高祖紀二：「今内甚平均，父老善之。」特指賦斂均勻，方言所釋即此義也。詩小雅大東：「周道如砥，其直如矢。」鄭箋：「如砥，貢賦平均也。」後漢書張奐傳：「平均徭賦，率厲散敗，常爲諸郡最，河西由是而全。」是其例也。

一三　羅謂之離〔一〕，離謂之羅〔二〕。皆行列物也。

匯證

〔一〕離：戴震方言疏證：「春秋昭公元年左傳：『設服離衛。』杜預注云：『二人執戈陳於前以自衛。離，陳也。』與此注『行列物』之義正合。」錢繹方言箋疏：「『離』與『羅』一聲之轉。」按：史記老子韓非列傳：「畏累虛、亢桑子之屬，皆空語無事實。然善屬書離辭，指事類情。」王念孫雜志：「『離辭，陳辭也……枚乘七發云：『比物屬事，離辭連類。』亦與此同。」

按：辭併陳謂之「離辭」，人併列謂之「離立」。禮記曲禮上：「離立者，不出中間。」孔穎達疏：「又若見有二人併立，當己行路，則避之，不得輒當其中間出也。」兩皮成對則謂之「離皮」。班固白虎通嫁娶：「納徵，玄纁、束帛、離皮……離皮者，兩皮也，以爲庭實。庭實，偶也。」後世有同義複詞「離列」。柳宗元游黃溪記：「其下大石離列，可坐飲食。」

〔二〕羅：錢繹方言箋疏：「廣雅：『羅，列也。』楚辭招魂：『軒輬既低，少騎羅些。』王逸注：『羅，列也。』又九歌云：『秋蘭兮麋蕪，羅生兮堂下。』注云：『言衆香之草，環其堂下，羅列而生。』」

按：「羅列」，同義複詞，後世常用。

石：「有豕白蹢，烝涉波矣。」毛傳：「豕，豬也。」孟子盡心上：「舜之居深山之中，與木石居，與鹿豕遊。」是也。

〔五〕豨：廣雅釋獸：「豨，豕也。」王念孫疏證：「爾雅：『豕子，豬。』郭璞注云：『今亦曰彘，江東呼豨，皆通名。』……然則『豨』、『豕』古同聲，故史記天官書『奎曰封豕』，漢書天文志作『封豨』。李頤注莊子知北遊云：『豨，大豕也。』鄧展注漢書高祖紀云：『東海人名豬曰豨。』墨子耕柱篇云：『狗豨猶有鬭。』」按：漢代前後名豬爲「豨」，並不限於南楚。

〔六〕豚：說文豚部：「豚，小豕也。」邵瑛群經正字：「今經典从篆文作豚。」周禮天官庖人：「凡用禽獻，春行羔豚，膳膏香。」鄭玄注：「羔豚，物生而肥。」論語陽貨：「陽貨欲見孔子，孔子不見，歸孔子豚。」邢昺疏：「豚，豕之小者。」

〔七〕貕：戴震方言疏證據說文改作「豯」。按：形近而譌成「貕」，當據戴校改作「豯」。說文豕部：「豯，生三月豚，腹豯豯皃也。」段玉裁注本改「豯豯」作「奚奚」是也。說文大部：「奚，大腹也。」大腹乃乳豬之象。

〔八〕豬子：謂小豬也，猶今人言「仔豬」。王引之經義述聞第二八爾雅下「豕子，豬」條：「豕子豬，家大人曰：豬即豕，非豕子也，『子』字蓋涉上文『兔子嬎』而衍……案：郭注云：『今亦曰彘，江東呼豨，皆通名。』郭以豕、豬、彘、豨爲一物，則豬非豕子甚明……然則豬也，豭也，彘也，豕也，豬

「豕子」呼「豨」，「大豕」名「豨」，是「豨」即「豬」也。

也泛指豬。禮記大學：「畜馬乘，不察於雞豚。」鄭玄注：「雞豚牛羊，民之所畜養以爲利者也。」國語楚語上：「國君有牛享，大夫有羊饋，士有豚犬之奠。」

「江東呼豨」，「東海人名豬曰豨」；初學記卷二九引南朝宋何承天纂文云：「梁州以豕爲豬，河南謂之彘，吳楚謂之豨。」江東、東海、吳均不屬楚也。先秦「豬」之通稱似已成爲「豨」。墨子耕柱：「言則稱於湯文，行則譬於狗豨」，是其例也。

之狀善怒嚇。」「嚇」與「赫」通。」

4b五五　莍〔一〕，發也。

匯證

〔一〕莍：戴震方言疏證此條與上條連寫，當據正。錢繹方言箋疏：「廣雅：『發，明也。』商頌長發篇：『玄王桓撥。』韓詩作『發』，云：『發，明也。』齊風載驅篇：『齊子發夕。』韓詩：『發，旦也。』引旦，亦明也。楚辭招魂云：『娭酒不廢，沈日夜些。』王逸注云：『不廢，或曰不發。發，旦也。』小雅小宛篇：『明發不寐。』……廣雅：『赫，發也。』廣韻同。廣雅又云：『赫赫，明也。』義亦相通也。」

按：「發」與「怒」義相通，錢說迂曲不可信。「發」可指風聲，風疾之聲謂之「發發」。詩小雅四月：「冬日烈烈，飄風發發。」鄭玄箋：「發發，疾貌。」又蓼莪：「南山烈烈，飄風發發。」魚多而躍之聲亦謂之「發發」。詩衛風碩人：「施罛濊濊，鱣鮪發發。」毛傳：「發發，盛貌。」陸德明釋文引馬融曰：「魚著罔尾發發然。」「怒」與「發」義通而有內外之別。淮南子本經：「人之性有侵犯則怒，怒則血充，血充

五六　謣〔一〕、呼瓜反。吁〔二〕，然也〔三〕。音于。皆應聲也〔四〕。

匯證

〔一〕謣：「呼瓜反」與「吁」古音同屬曉母魚部。丁惟汾方言音釋：「皆諸之疊韻音轉，諸古音讀奴。」

筮之。」杜預注云：「不指其事，汎卜吉凶。」正義云：「或以爲汎卜吉凶，謂枚雷總卜。禮云「無雷同」，是總衆之辭也。今俗語云「枚雷」即其義。」哀十六年傳：「王與葉公枚卜子良以爲令尹。」注云：「枚卜，不斥言所卜以令龜。」是「枚」爲凡也。」錢繹方言箋疏：「「枚」之言每也，非一端之辭也。」

按：「枚卜」謂逐一、逐個占卜，「枚」之訓逐一、逐個，意即一一，蘊含「全」義，與「凡」之訓爲所有、一切之義相通也。

〔二〕凡：說文二部：「凡，最括也。」錢繹方言箋疏：「「凡」之言泛也，包舉氾濫一切之稱也。」

九〇　易〔二〕，始也。易代〔三〕更始也。

匯證

〔一〕易：戴震方言疏證：「「易」取更新義。書堯典「平在朔易」，王肅引詩「日爲改歲」解之是也，不必如注所說。」

按：「易」訓改變、更改。尚書盤庚中：「今予告汝不易。」孔穎達疏引鄭玄云：「我所以告汝者，不變易。」亦訓「替代」。易繫辭下：「上古穴居而野處，後世聖人易之以宮室。」改變、替代，則更新之義蘊含其中矣，故「易」可以訓「始」。

〔三〕易代，同義複詞，謂更改、替代，特指改朝換代，故郭注云「更始也」。管子霸言：「霸王之形，象天則地，化人易代，創制天下。」後漢書朱浮傳：「帝下其議，群臣多同於浮，自是牧守易代頗簡。」史記五帝本紀：「舜讓於德不懌，正月上日。」張守節正義引鄭玄曰：「帝王易代，莫不改正建朔。舜正建子，此時未改，故依堯正月上日也。」

九一　逭，周也。謂周轉也。

序

趙振鐸

西漢末年，四川成都出了一個有名的學者——揚雄。揚雄，字子雲，漢書有傳。根據記載，他本來不是蜀人，是從外地入蜀的，所以他在成都没有同宗。揚雄是一個多産作家，他寫過許多著作。西晉常璩在華陽國志的先賢士女總贊裏面敘述他的創作時説：「以經莫大於論語，故作法言；史莫善於蒼頡，故作訓纂；箴諫莫美於虞箴，故作州箴；賦莫弘於離騷，故反屈原而廣之；典莫正於爾雅，故作方言。」這説明揚雄的寫作對前代的典範作品有所模倣。但是揚雄在寫作的時候，並不衹是停留在模倣上，他對前代典籍有繼承也有發展。以方言來説，爾雅僅衹是將意義相同的詞類聚在一起，用一個通用的詞去解釋它。而揚雄在方言裏面則注意到這些詞的意義的細微差别，更主要的是注意到這些詞的地理分佈。這是他對爾雅的發展[一]。

就宏觀上講，方言在我國語言學史上有重要的地位。具體歸納起來有以下幾點：

第一，注意到語言在時間上的變化和空間地域上的轉移。

第二，提出了當時漢語方言的分區問題。

第三，提出了「轉語」的概念。

第四，在收集方言詞語方面採用了口頭調查的方法[二]。

所有這些，在當時世界上無疑也是居於領先地位的。在古希臘，學者們注意到古希臘四種方言的語音分歧；古印度學者婆羅流支編寫普拉克利特闡述，對於當時印度方言的語法現象有所描述，但是他們對於方言詞彙方面的差别都很少涉及

[一] 參看拙作揚雄方言是對爾雅的發展，社會科學研究(四川)，一九七九年第四期。

[二] 參看拙作揚雄方言在語言學史上的地位，古漢語論集第二輯(一九八八年)，湖南人民出版社。

到。就這個意義講，揚雄方言在同時代的著作裏面是首屈一指的。如果把眼光放到中世紀的阿拉伯，則更顯出方言的意義。中世紀的阿拉伯是以詞典編纂見稱的，他們編纂了各種貝都印部落語言的詞典，但是他們對於詞的歷史以及詞的地域分佈卻很少論述，而揚雄的方言在好幾個世紀以前就成功地把這個問題解決了。

方言是一部未完成的著作。從書的整個情況看，前幾卷詳一些，後幾卷略一些，而且越到後面越見簡略，相信這是没有寫成定本的一個稿本。天鳳四年（公元一七年），劉歆繼他父親劉向的别録編纂七略，聽説揚雄在編方言，寫信給揚雄想借來看一下。揚雄回信稱書還没有完成，拒絶了劉歆的要求。劉歆没有看到這部書，也就没有著録到他的七略裏面。班固寫漢書，他的藝文志以七略爲藍本，也没有著録這部書。

東漢初年，許慎寫説文解字，在解釋字義的時候，曾經引用了一些與方言訓釋很接近的材料，説明他看到過一個類似方言的本子。到了東漢末年，應劭寫風俗通義纔正式提到揚雄作方言，並且抄録了揚雄和劉歆往還的信件。這兩封信後來也就附在方言裏面一併流傳。常璩看到的方言就附有這兩封信。

由於班固在漢書揚雄傳和漢書藝文志裏面都没有提到揚雄作方言的事，因而引起了人們的懷疑。宋朝洪邁在他的筆記書容齋隨筆裏面就明確對揚雄作方言的説法表示懷疑。但是清朝不少學者如戴震、盧文弨、錢繹、王先謙都還是認爲這部書是揚雄作的。

揚雄自己説他的方言是十五卷，郭璞在方言注序裏面也説「是以三五之篇著，而獨鑒之功顯」，他所看到的本子也是十五卷。而現在流傳的方言本子衹有十三卷，從隋書經籍志就已經如此，少了兩卷，是卷帙合併或者有脱落，現在也説不清楚。

郭璞是最早注方言的學者，他的方言注在方言研究上有重大的意義。到了清朝，研究這部書的人多起來，戴震的方言疏證、盧文弨的重校方言都對這部書作了通體校勘，但是他們都没有看到真正的宋本，可補苴的地方不少。後來劉端臨有方言校補、王念孫有方言疏證補，雖然屬於條校，没有通校全書，但是所校都非常精審，有很高的學術價值。王念孫本來打算校理方言，後來知道他的老師已經有方言疏證問世，就把他研究方言的成果，納入他寫的廣雅疏證裏面，因爲曹魏時期張揖編廣雅，方言的材料多有收録。後來錢繹編方言箋疏，對王念孫的説法多有採録。錢繹的方言箋疏是清朝最後一部全面整理方言的本子，他收集的材料比較豐富，直到今天還没有失掉它的意義。

上個世紀研究方言的有吴予天的方言注商，收在商務印書館三十年代出版的國學小叢書裏面，但影響不大。周祖謨教授的方言校箋以宋李文綬本爲底本，除了吸收清人研究成果外，還利用了卷子本玉篇、慧琳一切經音義、玉燭寶典、倭名類聚鈔和一些唐寫本韻書殘卷，這些都是清人所没有看到的。這個校本有許多超越前人的地方，它和吴曉鈴教授編的方言通檢一起收在巴黎大學北京漢學研究所的通檢叢刊裏面，使用非常方便，是上個世紀最好的一個整理過的方言本子。

先祖少咸公治文字音韻之學的同時，也留意揚雄方言。他曾經説過：「四川人搞語言文字不讀方言是説不過去的。」上世紀三十年代，他在四川大學任教期間曾經指導學生寫過這方面的畢業論文，後來有些人在這方面都很有成就。就我所知，如南充師範學院的胡芷藩教授在六十年代所寫的書周祖謨方言校箋後在當時就很有影響〔一〕。四川師範大學劉君惠教授上世紀八十年代曾帶領幾位青年教師和研究生寫成揚雄方言研究，九十年代初由巴蜀書社出版，是迄今唯一全面研究方言的專著。

華君學誠參加了揚雄方言研究的編寫工作，他承擔了該書第三編方言注家述評的編寫，爲了寫好這一編，他認真地閱讀了從晉朝郭璞以來校注方言的著作，每一書讀完，他都寫有專文評價書的得失，這些都納入他寫的著作中。所以他寫的這一編質量比較高，得到君惠教授的好評。此後近二十年，學誠對方言研究一直没有停止，從他十幾年來發表的論文可以看出，他對方言的研究日益深入。他覺得從周祖謨的方言校箋到今天已經過去了五十年，既無法反映最新的成果，也暴露出原來就存在的一些問題，因此決心編纂一部新的揚雄方言校釋匯證。書分校勘和注釋兩大部分，對前人的成果悉數採録，並且有很多自己的心得體會，可以説是一部新的集大成的著作。

作者以上海涵芬樓四部叢刊影印宋李孟傳本爲底本，廣泛地收集了後世的翻刻本和傳抄本進行校勘，比以前各家的校本收録的版本更多。對前代學者的校勘成果，也儘量收録，採擷也是空前的。而對於注釋部分，收録也非常豐富。有補證前人説法的，對前人没有解説或解説有誤的，也作了一些新的解釋。例如：

〔一〕載中國語文一九六三年第四期。

逴、獡、透，驚也。自關而西秦晉之間凡蹇者或謂之逴，體而偏長短亦謂之逴。宋衛南楚凡相驚曰獡，或曰透。（第二）

作者根據本條的正文和郭注，認爲這條有誤，它原來是兩條，傳抄誤混爲一條。原文應該是：

逴，蹇也。自關而西秦晉之間凡蹇者謂之逴，體而偏長短亦謂之逴。

獡、透，驚也。宋衛南楚凡相驚曰獡，或曰透。

作者還用了第六「蹇也」、第十三兩條「驚也」的材料作爲佐證，並且指出：「廣雅釋詁一：『逴，驚也。』本自方言。由此知，方言在三國魏以前已有誤，廣雅蓋據誤本採入。」[一]

坻，場也，梁宋之間蚍蜉犂鼠之場謂之坻。（第六）

作者根據文選潘岳藉田賦「坻場染屨，洪縻在手」李善注引方言本條字均作「坻」，玄應一切經音義卷一一、卷二三引方言字也作「坻」，明刻諸本同，由此知「坻」乃是「坻」字脱點而訛，對戴震、周祖謨的校勘補充了新的證據。

作者在解釋一些詞語的時候注意到今天漢語方言，並且用這些方言詞語來印證，有些非常精彩。如：

（慧）自關而東趙魏之間謂之黠，或謂之鬼。郭注：言鬼眎也。（第一）

戴震方言疏證改「鬼眎」爲「鬼䀎」。清代學者多贊成這個改動。周祖謨方言校箋認爲應該根據宋本作「鬼眎」，指出「眎爲古文視字，今北方人謂小兒慧黠曰鬼視。今不從戴本改」。作者認爲：「今方言雖有『鬼視』一詞，然非謂『小兒慧黠』，乃謂相貌難看，亦稱『鬼相』。如江蘇的泰州、興化、東臺一帶斥人常云『鬼視樣子、鬼相樣子』。還可轉作名詞，當用於面稱時

[一] 編者注：趙先生序言乃據本書第一版所撰，引述例證，或有與本次修訂不一致者，今仍其舊。

含有親昵意味，如興化、東臺話説：『你這鬼視什麼時候來的？』即是其例。據此，不從周校。」作者同意戴震的看法，他指出鬼𧗫就是今天廣州話的「鬼馬」，閩語裏面也有這個説法，意思是聰明而狡猾。

泡，盛也。……江淮之間曰泡。郭璞注：泡肥，洪張貌。（第二）

作者認爲，今方言猶有此語，義有小變，然相近也。形容虚鬆謂之「泡」，如安徽安慶説「麵發泡起來了」的「泡」；姜亮夫先生昭通方言疏證釋地：「昭人謂水沫曰泡。又凡内空而大如有水或氣充之盛洪大亦曰泡。」肉肥盛則謂之「泡肉」，如湖南長沙人説「一身的泡肉」。大而不可信的話謂之「泡話」，如河北人説「他説的都是泡話」。單言之曰「泡」，重言之曰「泡泡」，如四川成都所説的「泡泡肉」，北京人説的「泡泡囊囊」，均是其例。

作者在書中還引用了他老師劉君惠教授的未刊稿方言箋記，君惠教授是四川有名的學者，學識淵博，很有見地。使一批極有價值的材料，由此能够得以流傳，也是幸事。舉兩個例子：

溼，憂也。（第一）

盧文弨校「溼」作「濕」，音他合反。作者引他老師劉君惠的話説：「書禹貢：『浮於濟、漯，達於河。』漯水是黄河下游主要支津之一，水經河水注説其流域最詳，當今山東之徒駭河，俗呼土河，土河即濕水故瀆之殘餘而稍有遷異。俗呼土河，『土』即『濕』之遺音。」

蹹，跳也。郭璞注：蹹，古蹋字，他匣反。（第一）

作者引劉君惠教授的話説：「蹹當他合反，作他匣反者非是。」按：胡芷藩教授對此也有詳細的解釋，他説：「『他匣反』疑有誤。匣在狎韻，狎韻無透紐。廣雅釋詁二：『蹹，跳也。』曹憲音『他币』。币在合韻，有透紐。則此匣字恐爲币之誤，币或寫作匜，因而誤爲匜。」可與君惠教授説互相補充。

六十年前，振鐸受業於君惠教授，與學誠算是同門。今學誠撰成揚雄方言校釋匯證，光揚師門，值得嘉許。蒙學誠不棄，邀我作序，愧不敢當，謹誌數語，作爲一個先睹爲快的讀者的一些感想。

二〇〇五年六月三十日序於成都望江路二十九號之濤鄰村六號

修訂本前言

中華書局當年接受拙著出版時，顧青先生就曾對我説過：揚雄方言這種經典著作，進行集校集注並想努力出新，是很難的，也是很花功夫的；即使出版了，也需要不斷完善，五六年出一個修訂本，包括增訂本、增補本等，是完全應該的；衹要作者願意不斷訂補，中華書局就願意不斷出版。於是就有了我在二〇〇五年春天所撰前言中的這樣一句話，「我有信心迎來這本書再版修訂的機會」，不過當時完全没有也不可能想到，第一次出版修訂本竟然是十八九年之後的事。

醖釀修訂，其實很早，可以説初版稿件交給中華書局的同時就已經開始思考了。後來因爲一個更爲宏大的想法需要謀劃並爲之努力，就把拙著的修訂工作耽擱了下來。這個宏大想法與拙著關係也極爲密切，有關想法和最初的一些工作，我在古代方言文獻叢刊總序中有過簡要介紹，現逐録於下：

> 方言痕跡可考於我國最早的出土文獻和傳世文獻，方言記載、方言論述也零星見於先秦時期的文獻，而以活的方言爲對象並結合古方言資料作出系統研究的則始於漢代揚雄，此後近兩千年，研究者代不乏人，積累的成果非常豐富。
>
> 對這漫長的方言歷史和方言研究歷史，近現代以來雖有一些專題討論，但既不全面，也不系統。形成這一局面的原因當然不是單一的，但古代方言學資料没有得到全面收集、系統建構、科學整理，致使相關研究缺少必要的學術基礎，則是最基本也是最關鍵的原因。中國古代方言學文獻的整理出版，並不是没有取得成績，衹是從總體上來説，數量很少，品質參差不齊，整理出版選題也缺乏科學規劃，所以遠遠無法滿足方言學史、方言史、漢語史、現代漢語方言研究的需要和其他相關學科研究的需要。
>
> 揚雄方言校釋匯證二〇〇六年在中華書局出版之後，我就開始思考上述問題，並與顧青編審、秦淑華編審有過多次深入的交流。在中華書局的支持下，我的想法經由全國古籍整理出版規劃領導小組批准而列入了二〇一〇—二〇二〇

國家古籍整理出版規劃，中華書局負責出版。二〇一二年擬出了古代方言文獻叢刊分輯及其基本選目，着手組織隊伍；二〇一三年春天在京召開了項目籌備研討會，重點討論了叢刊方案、組織方式、作者選聘、整理原則、宏觀體例等主要問題，項目正式啟動。二〇一六年由我負責申報的中國古代方言學文獻集成批准爲國家社科基金重大項目（編號：16ZDA202），研究隊伍進一步加强，入選書目進一步優化，整理方式進一步完善，爲彌補上述學術缺憾而實施的古籍整理工作得以全面展開。

二〇一三年項目籌備研討會之後，我還先後申報了兩個個人科研項目，都獲准立項了：方言集校集注訂補列爲北京市社科重點項目（編號：13WYA003），七種明清方言校注本整理集成列爲國家社科基金重點項目（編號：14AYY013）。所以可以説，拙著的實際修訂工作是從二〇一三年開始的。

二〇一六年批准立項的國家社科重大項目，我是首席專家，不僅要對整個項目負總責，而且要承擔各子課題的協調任務，幫助各課題組解決一些實際問題；我自己也是戰鬥員，在這個重大項目中承擔了戴震、盧文弨、劉台拱三位清代學者著作的點校。所以，拙著修訂工作雖然已經開始了，實際上還是處於時斷時續的狀態。

二〇一八年辭去了北京語言大學内設二級單位的行政管理職務，我終於能够把主要精力集中到重大項目研究和拙著修訂工作上來了。值得高興的是，辭任不到三年，既完成了重大項目中幾部古籍的點校整理，也完成了拙著的修訂，還發表了十餘篇論文。二〇二〇年秋季，拙著修訂手稿委托給有關公司進行録排，這表明拙著的修訂工作基本完成。二〇二〇年年底，戴震、盧文弨、劉台拱三種著作的點校稿隨同這一輯其他書稿送達中華書局進入排校，這標志揚雄方言系列古籍的整理工作基本完成。但拙著的實際修訂還一直貫穿在後來整個校稿的過程之中，直到二〇二四年夏季最後一次校稿，仍然有所修改、有所訂補。

拙著修訂的設想，原先比較龐大，包括初版準備完成而没能完成的一些任務。如前所説，修訂工作已經耽擱了很久，不能無限延期，於是設定有限目標就成爲必然選擇。此次修訂放棄了周秦方言分區圖、兩漢方言分區圖、晉代方言分區圖等地圖的繪製，暫停了草木蟲魚等自然名物插圖和車輿、禮器、兵器、農具等考古實物圖片的收集，本擬商請有關古民語專家協同考釋方言異族詞語的計劃也没正式實施。上述内容都很重要，希望今後出版增補本時能够完成。

拙著修訂涉及到舊版條目的百分之七十左右，文字量達到原書的三分之一以上，爲了記録修訂工作的艱辛，修訂本選了幾幅手稿拍照製版放在了卷首。全部修訂工作可用「增、删、訂、補」四個字來概括。

增：增補了一些新材料、新成果。增補資料中最重要最珍貴的就是本師劉君惠先生的方言疏證補補（卷一至卷三）。二〇一一年十月二十三日，在成都開會期間應約見到了劉君惠先生的公子劉崇儀先生，並接受他的的委托，承擔審讀已經初步編成的劉君惠先生著述輯存，其後不久收到了劉崇儀先生寄來的書稿打印本，完成審讀並返回我的編排意見與建議是二〇一二年一月三日，同時還補充了一篇劉君惠先生爲潛齋語文叢稿所撰的序言。在劉君惠先生著述輯存中收載了劉君惠先生一九三七年本科畢業論文集高郵王氏方言遺説的自序、一九四五年所撰方言疏證補補三卷及略例，另有一九八四年據上述材料所撰方言箋記數條。正因爲有了這樣的機會，就使我在修訂拙著時能够參考並引存君惠先生的遺説（書稿打印本中錯訛較多，本書引用時做了校正，若還有錯訛，責任在我），這是極大的幸事，值得特別記載於此〔一〕。在拙著修訂過程中，還重點關注了新世紀以來的研究成果，王雲路、虞萬里、董志翹、孫玉文、汪維輝、楊軍等當代學者的論文都在參考之列，並充分吸收了他們的精彩之論。

删：匯證的正文和附録都有删削。正文主要删除了一些不堅實的意見，如丁惟汾方言音釋所談音轉的大部分，李敬忠所談民語對音的大部分，著者證據不足的揣測、推論等。附録則把一九五〇年之後的全部文選删掉了，所以這樣做，並不完

〔一〕二〇一七年春天，君惠先生的公子劉崇儀先生把四川大學黄姓老師録入的劉君惠先生著述輯存電子稿和收集到的其他紙質教材、文章手稿等君惠先生遺稿的複印件寄給我，請我全面整理君惠先生的遺著。我組織在讀門生工作了兩年多，所有紙質稿件，包括教材、文章、詩詞以及各種零札，二〇一九年春天録入完畢，並進行了初校，但尚未進行深度編輯加工。五月二十日，劉崇儀先生給我發來手機短信，要求立即退還全部資料；五月二十二日，我把從學生手中收回的資料，親手封裝、快遞奉還；五月二十三日，把録好的電子文件通過郵箱發給了劉崇儀先生。至今不清楚劉崇儀先生突然索回全部資料是因爲什麽，劉君惠先生著述輯存和我帶著學生整理録排的其他遺著也一直没見面世，非常遺憾。

全是因爲想壓縮篇幅，而是因爲：一方面，一九五〇年之後的論著並不難找，衹要有詳備的目録索引就可以按圖索驥；另一方面，既有論著的取捨確實頗費斟酌，且論著迭出，收不勝收，近期論著收録還有著作權、版權的授權之累。

訂：糾謬弼違工作主要針對匯證的正文。舉凡在觀點、材料、論證等任何方面已形成修訂理由或條件時，此次均予以修訂。這部分的分量不小，約佔全部修訂内容的二分之一。其中不少修訂内容都是著者深入研究之後纔吸收到修訂本中來的，比如「黨朗、桓、淘、屑、摧、詹、戾」等訓釋難題，均有專文考辨，即使那些没有專文發表的修訂内容，也都已有詳細札記。此次修訂不刻意求新，因爲著者認爲，人文學科研究的水平和質量並不能以「新、舊」論高低。

補：所謂「補」主要指文獻資料和論證環節的補正。這是修訂工作中分量最重的部分，這些工作體現在匯證正文的修訂中。當初撰寫拙著時，我還不會使用個人電腦，資料查考都由手工完成，書稿也是一字一字寫就。修訂時情況有了很大改觀，我不僅會用電腦，而且還學會利用一些常見的電子語料，如漢籍全文檢索系統、中華經典古籍庫、「國學大師」網站等。遺憾的是，拙著初版的電子版未能妥善保存下來，如今查考資料雖可藉助電腦和網絡，而修訂文字仍然必須手工完成（見卷首手稿圖片）。初版在資料上的不足或論證環節上的不完善，此次修訂都盡力做了彌補，希望這些努力能使拙著的質量有所提升。

趙振鐸先生爲拙著初版所撰序，一字不動，原文保留，因爲這是趙先生給我的饋贈，無比珍貴，常讀常新。拙著初版面世幾近二十年，揚雄方言研究又出現了不少新成果，但這些成果並没有從根本上改變之前研究的基本格局，所以初版前言全文保留，如果讀者希望了解拙著初版以來的研究成果，可從本書所附歷代方言及其注家研究文獻目録中獲取截至二〇二〇年底的信息。初版後記也予以保留，因爲它記録了拙著初版之前二十多年我在方言研究與整理上的經歷和所做的工作，尤其是所記録的人和事，這些都是歷史。初版時以「協編」身份在封面上署名的有王智群、謝榮娥、王彩琴三位門生，修訂本把她們的署名改到了書中相關内容的目録之下，這樣更能準確呈現她們的具體貢獻；因爲修訂本索引改由中華書局負責編製，王彩琴就不再署名了。

初版責編是舒琴女史，從交稿到出版，前後將近兩年時間，那時我在上海北京兩地奔波，校樣郵件則在空中不斷往返，想起那段日子，至今感念。拙著出版後收穫了一系列榮譽，包括王力語言學一等獎、北京市社科研究成果二等獎、教育部科學研究成果（人文社科）一等獎等，版式、裝幀也一直受到學界朋友們的大力贊賞，每念及此，就自然而然想起舒琴女史的辛勤付出。修訂版責編改爲張可女史，她是在下的門生，爲老師編書吃苦受累的勁頭兒更是令人感動。除了一般責編所做的事情需要做得更好之外，她還做了很多本該由我來做的事，小到文字校對、文獻覆核，大到内容修訂、版式與裝幀設計，她都貢獻了智慧並付出了最大的努力，讀者能够拿到現在這個模樣的修訂本，她的功勞是最大的。還得專門感謝門下攻讀博士學位的陳建軍、黄卜棣、張珷斯、蔡克爛、王遠、武楚茗和在站博士後王相帥諸弟子，各位在張可的指導下對修訂本清樣做了全面校核，特別是逐條覆核了引用文獻，包括附録文獻，王遠、張珷斯在終校時又再次核校了一遍附録文獻，正是因爲有了諸弟子的認真努力和無私付出，拙著修訂本的問題纔得以大大減少。

華學誠二〇二一年九月二十一日初稿，二〇二四年八月四日改定

前言

一、關於揚雄方言

揚雄（公元前五三年至公元一八年），字子雲，蜀郡成都人，西漢末有名的哲學家、文學家、語言學家。班固漢書有揚雄傳。

周、秦時期已經有類似於共同語的「雅言」，與之相對的方言俗語及其種種差異自然非常複雜、非常突出。相傳也是從周、秦時期起，我國就開始了方言異語的採集工作，秦亡一度中斷，漢代又重新進行。但是揚雄之前的這類工作並不是爲了語言學的目的，而是爲了「考八方之風雅，通九州之異同，主海内之音韻，使人主居高堂知天下風俗也」華陽國志先賢士女總贊。揚雄耗費畢生精力撰寫方言，固然還是有爲統治者服務的意圖，即所謂「不勞戎馬高車，令人君坐幃幕之中，知絕遐異俗之語」，也有藏之名山、傳之後世的個人成就目的，即所謂「典流於昆嗣，言列於漢籍」揚雄答劉歆書，但是他的偉大之處更在於對語言本身的認識。他年輕時「不師章句，亦於五經之訓所不解」答劉歆書，後來發現訓詁上的很多疑難問題都可以從方言及其歷史演變中找尋到答案，即「初別國不相往來之言也，今或同，而舊書雅記故俗語不失其方」方言卷一「大也」條。由於人們不明白這個道理，所以他立志要寫出方言這部書，以便「爲之作釋」方言卷一「大也」條。於是他在全面閲讀古典文獻、收集整理殘存的「輶軒之使所奏言」答劉歆書的基礎上，又用了近三十年時間調查、研究當代方言異語，至死雖未完稿，但終大體已定。

揚雄是一位富有創新精神的語言學家。劉君惠説：「語言的研究反映了語言學家的思維和思想的進展歷程。一個有創造性的語言學家能够超越他所處時代的研究模式和學術風氣，使語言研究發展到一個新的階段。揚雄正是一位有創造性的語言學家。首先，他是一位擯棄『蓋天説』、堅持『渾天説』的科學家；他也是一位從唯物主義自然觀出發，堅定地反讖緯、反宗教神學的哲學家；他還是一位沈博絕麗的文學家；他還精研樂律，漢書藝文志載揚雄所序三十八篇有樂四篇，並著有琴清英一書。他在天文學、樂律學、哲學、文學諸方面的邃密而高深的造詣，他的廣闊的科學文化視野，對他的語言學思想的形成和發展具有十分深刻的意義，使他成爲一位有創造性的語言學家。」劉君惠等揚雄方言研究序論 誠哉，此論！僅就語言學一端而言，揚雄的創造性就有很豐富的内涵。比如：他正確地認識到語言的社會交際功能，並以此爲標準正確區别看待口語和書面語；他從唯物自然觀出發，堅定地認爲「書不能達其言」法言問神；他在研究方言口語時，創立了科學的方法論原則，這就是「有驗」法言問神 和時空結合；他在看待語言、研究語言時，已初步具備並開始運用發展的觀點；他在具體語言現象的研究中，還創立了比較研究法等一系列分析研究方法，等等詳拙著周秦漢晉方言研究史第四章。

方言是對爾雅的繼承和發展。揚雄的方言收集工作，是對周、秦以來方言收集工作包括漢代學者的方言收集工作的發揚光大；對揚雄編撰方言產生直接影響的是嚴（莊）君平和林閭翁孺，而以林閭翁孺的「梗概之法」答劉歆書 爲鉅。但是，爾雅給予揚雄的啟發也必須承認。比如：爾雅重視方言資料的收集並因此而使該書在理解先秦典籍方面所起的重要作用，一定會對揚雄產生影響；爾雅既通方俗殊語，又釋古今異言，這一古今並重的原則直接啟發方言在重點收釋「别國方言」的同時也收釋「絶代語」；爾雅中通語與方言互釋、方言與方言互釋、具有音轉關係的方言詞互釋或方言詞與通語互釋，特别是在這些訓釋中所蘊含的比較互釋的精神，則成爲揚雄方言全書遵循的基本方法；爾雅把一組組同義詞類聚在一起用通俗常言予以解釋的體例，也直接爲方言所沿用。方言對爾雅的繼承不僅是積極的，而且是有創造性發展的。這種發展首先反映在方言是完全屬於語言學的，與爾雅因是故訓匯編而屬於語文學的有本質的不同，雅詁之後所描述的方言分佈正是方言語言學本質最充分的體現；方言在訓詁上的發展則表現爲兩大發現，一是「爾雅裏不少的同義詞，實際上就是古代的不同方言詞」，二是「古今語、方言詞的差異，是由『轉語』所致」胡奇光中國小學史第二章；方言在詞義分析解釋上，也對爾雅有重要發展，其中最突出的表現就是非常注意對詞義細微差别的辨析。

方言在共時語言學、歷時語言學和訓詁學上都有極其重要的價值。方言中雖然包含部分「絶代語」，但這不影響它的共時價值，因爲揚雄通過覈實驗證，已經證實這些古已有之的詞語還活在當代方言口語中。方言的共時語言學價值主要表現在三方面：一是方言已描寫出各個詞語的具體地理分佈，讀者可以據之瞭解漢代方言的地理區劃輪廓；二是可以憑藉方言探尋當時方言與通語的遠近關係，並進而確定西漢通語的基礎方言；三是方言記録的詞語，包括行文中所使用的詞語，都是研究漢代詞彙系統的第一手資料。方言的歷時語言學價值，可以從兩個方面來觀察，一個是揚雄在方言中所作的歷時分析，另一個是方言爲後人進行歷時研究所能起到的作用。揚雄在方言中揭示了古今名與實之間存在交錯關係的一些內容，如「無褎者謂之裎衣，古謂之深衣」方言卷四；辨别了在地理分佈上有了變化的一些古今方言詞，如「邠唐冀兗之間曰假，或曰㣺，齊楚之會郊或曰懷；摧、詹、戾，楚語也；艐，宋語也。皆古雅之别語也，今則或同」方言卷一；還考察了發生歷時變化的一些詞義，如「南楚凡大而多謂之䰀，或謂之䝞，凡人語言過度及妄施行亦謂之䝞」方言卷一〇；等等，多屬於前者。至於通過對比而獲知語詞意義、構詞方式、地域分佈等方面的古今差異，則屬於後者，晉代郭璞在方言注中已經揭示了不少。方言在訓詁中也具有十分重要的作用。戴震曾經説過：「訓詁之學，自爾雅外，惟方言、説文切於治經。」段玉裁戴東原先生年譜引 例如：詩大雅既醉：「昭明有融，高朗令終。」毛傳：「融，長也。」方言卷一：「長……宋衛荆吴之間曰融。」漢書韓信傳：「樵蘇後爨，師不宿飽。」方言卷二：「草……江淮南楚之間曰蘇。」木蘭詩：「出門看火伴，火伴皆驚忙。」方言卷二：「茫……遽也。吴揚曰茫。」以上或是先秦、或是漢代、或是方言以後的文獻用例，其中一些詞語的釋義、方言分佈狀況，都能在方言中找到。甚至古籍訓詁中的一些疑難問題的解決，也得憑藉方言。如：「穀、粥、鬻、浴」等都有「養」義，後世通用「育」。馬瑞辰看到方言卷一「鞠，養也……陳楚韓鄭之間曰鞠」，因此釋詩小雅蓼莪云：「『鞠』即『育』字之同音假借……又借作『鬻』也……此詩下言『育我』，用本字，故上借『鞠』爲『育』，以與下『育我』爲韻，正所謂義同字變者也。」毛詩傳箋通釋 黄典誠評論説：「這些都是『育』的近音字，靠着方言的記載，我們纔有可能把它們之間的會通之理找出來。」方言及其注本

無論是在中國語言學史上，還是在世界語言學史上，揚雄方言都具有首創的重要地位。秦、漢時期先後問世的爾雅、方言、説文、釋名諸書，當以方言最富有語言科學精神，「因爲它是開始以人民口裏的活語言作對象而不以有文字記載的語言作對象的」羅常培方言校箋羅序。除了這最重要的因素之外，下述創造性工作也共同確立了方言在中國語言學史上的崇高地位。第一，揚雄依靠個人畢生的精力調查、研究全國方言，這在中國語言學史上是第一次，也是最後一次；第二，方言的基本材料都是揚雄運用符合現代科學原理的方言調查方法獲取的鮮活語料，部分古方言資料也都經過了現實的覈驗；第三，方言不僅保存了極爲珍貴的漢代方言資料，而且在語言發展的規律和方言的性質上給後人以很大的啟示。從世界語言學史來看，揚雄

方言要早於歐洲一千八百年。游汝傑説：「總的説來，古代歐洲並没有把各種方言當作研究對象。那時候一般人對方言有一種藐視的態度，他們認爲衹有官方認定的標準語或文學語言纔是純潔的語言，方言則是正在衰頹中的庸俗語言。這種錯誤的認識跟歐洲歷史上的語言策略有關。在中世紀和文藝復興時期，歐洲的許多國家往往選擇一種在政治上和文化上佔優勢的方言，作爲全國統一的官方語言和文學語言，而視別的方言爲次一等的地方土語（Patois）。此後很久人們纔認識到有些在標準語言裏已經消失的語音特徵和詞彙，卻仍然保存在方言裏，在方言裏可以找到語言歷史發展過程的證據。」第二版漢語方言學導論第十章 而獲得對方言上述認識的歐洲，已經時處十九世紀，如果把最早在俄國出版的涉及方言比較的全球語言的比較詞彙、全球語言和方言的比較詞典算作歐洲方言研究的濫觴，也衹能上推到十八世紀後半葉。因此，完全可以這樣説，揚雄方言是世界語言學史上最早的方言比較詞彙集，並開闢了方言地理學的先河。

二、關於方言的研究（上）

揚雄方言傳佈以後，對它的研究已歷經近一千七百年，粗略劃分爲古代和現代兩個時期。

古代的方言研究可歸納爲注續派、校證派和續補派等三派。

從公元四世紀到十八世紀，注續方言的有兩家，一個是晉代郭璞，現在見到的方言傳本正是郭璞的注本，另一個是隋朝的騫師，騫師的注本已經亡佚，如今衹能在慧琳一切經音義裏看到一些零星材料。郭璞的方言注是一部價值很高的著作，也是注續派的代表作。其成就主要有如下三點：首先是正確而深刻地闡明了方言的性質、體例、功用和歷史地位。郭璞方言注序説：方言一書「考九服之逸言，標六代之絶語，類離詞之指韻，明乖途而同致，辨章風謠而區分，曲通萬殊而不雜」。這就深刻地揭示了方言的性質和編寫原則。郭氏又説：「是以三五之篇著，而獨鑒之功顯。故可不出户庭而坐照四表，不勞疇咨而物來能名……真洽見之奇書，不刊之碩記也。」這就對方言的作用、意義和歷史地位作出了正確的論定。郭氏對方言的上述認識，即使今天看來也是相當科學的，方言注能够取得很大的成就，自然也首先決定於他的上述認識。其次是敏鋭而客觀地揭示了漢、晉方言的歷史變化。這是郭氏方言注在歷史方言學上的重要貢獻。王國維説：「景純注方言全以晉時方言爲本。晉時方言較子雲時固已有變遷，故注中往往廣子雲之説。」觀堂集林卷五書郭注方言後二 其實「觸事廣之，演其未及」郭璞方言注序，「雖注而不域於注體焉」觀堂集林卷五書郭注方言後二，本來就是郭氏作注的目的。我們通過方言注可以生動地瞭解到漢、晉方言變化的種種情形，如方言區劃的變更、方言詞義的演變、方言詞彙的發展以及「轉語」和注音材料所反映的漢、晉語音的歷史變化，等等。再次是忠實而準確地呈現了晉代方言的某些重要特徵。這是方言注在描寫方言學上的寶貴價值。無論是注音還是釋義，郭璞注「全以晉時方言爲根據」，因而「讀子雲書可知漢時方言，讀景純注並可知晉時方言。張伯松謂方言爲『縣之日月不刊之書』，景純之注亦略近之矣」觀堂集林卷五書郭注方言後一。

校證派自清代戴震始。他們研究的內容主要集中在三个方面：一是關於方言著作權的考定。自首見東漢應劭稱引「揚雄方言」起，直到宋以前，方言爲揚雄所作無人置疑。洪邁開始懷疑揚雄的著作權，提出了漢書藝文志、揚雄傳都没有著録方言等大小四五條理由見容齋隨筆三筆卷一五「别國方言」條。戴震針對洪氏的理由，在方言疏證序、劉歆與揚雄書和揚雄答劉歆書的疏證中一一加以辨駁，斷定方言的作者是揚雄。其後雖然不時還有異議者，但是盧文弨、王念孫以下絶大多數學者都贊同戴説。二是對傳本方言的校勘。自郭璞爲方言作注以後，一千五百多年的傳抄翻刻，没有校理，清人見到的本子「訛舛相承，幾不可通」戴震方言疏證序。戴震首先對之進行校勘，其基本方法是，以永樂大典本爲底本，用明本對校，同時「廣搜群籍之引用方言及注者，交互參訂」方言疏證序。梁啟超評論説：「自得此校本，然後方言可讀。」中國近三百年學術史 繼而盧文弨傾力搜集明、清刻本和校本，包括稿本，共二十二種，對方言又重校一過。後劉台拱、王念孫、錢繹、孫詒讓等學者都有拾補，其中劉、王二氏成績最大。經過清代衆多學者的努力，傳本方言及郭注中的大部分譌舛都已經得到勘正。三是對郭注本方言的疏證。清人的疏證本子主要有兩個，即戴震的方言疏證和錢繹的方言箋疏；由於廣雅之訓多本方言，所以王念孫的廣雅疏證也應該當作方言的一個重要注釋本，錢疏其實就已採録王疏不少內容。清人疏證的基本方式是搜羅故訓資料和古書用例，證明方言、郭注；代表這一時期學術水平的研究方法是，從聲韻、意義的聯繫出發，上下貫通，展轉求解，就古音求古義，左右採獲，取精用弘，直溯語源，觀其會通。這種疏解在訓詁學上的貢獻是很大的。

續補派是在揚雄方言影響下形成的，這類著作都是輯編的從先秦、漢、魏、六朝古書中鉤沈出來的方言資料，輯編的目的是「補揚雄方言之遺」四庫全書總目續方言提要，應該説，它們在本質上並不能算是對方言的研究。

現代的方言研究，成果非常豐富，既有繼承，更有創新。

傳統的校證式研究，在這一時期繼續出現新的成果。王國維的書郭注方言後三觀堂集林卷五、吴承仕的方言郭璞注經籍舊音辨證卷七、吴予天的方言注商，少者十餘條，多者逾百條，雖屬拾遺補闕之作，卻不乏可採之處。如：王國維校改卷一「涇憂」之「涇」作「濕」；吴承仕批評盧、錢改卷二、卷六「偍」字郭音反切下字爲「指」「最爲無據」，而證明「方言反語或作『度楷』，或作『度皆』，均與舊音相應」；吴予天謂卷一訓「愛」之「牟」「即憮之轉語」，等等。周祖謨的方言校箋是這類研究中成就最爲輝煌的，五十多年來一再重印，羅常培盛贊周校本是「後出轉精」的「定本」方言校箋羅序，絶非溢美之辭。如：卷一「訖」字郭音，各家校本均從舊本作「大和反」，唯王念孫校改作「土和反」，周氏採納王校並搜得四條證據予以證成；卷三「挾斯」郭注謂「挾變」，周氏從音義入手考定「變」當作「燮」，發前人所未發；卷四「裺」郭音，宋、明舊本均作「尖劍反」，唯曹毅之本作「於劍反」，劉台拱校改爲「衣劍反」，吴承仕疑「尖」是「炎」之譌，然周氏獨知「影母細音字本書郭注多以『央』字爲切語，此『尖』當爲『央』字之誤」。無論是品覈舊説，還是創立新解，周校均能考證詳密、反覆推勘，其結論大多堅實可信。當然，周校本也有可以商榷之處，胡芷藩最早提出補正意見書周祖謨方言校箋後，丁介民認爲周校本的改字「似有未安」方言考，拙文論周祖謨的方言校箋和方言校箋拾補、方言校釋零札八則、方言校釋商補諸文曾有專題評述和具體補正，此不贅言。

承上啓下的語源學研究，是這一時期方言研究的進展。章炳麟充分認識到以往方言俗語研究的嚴重缺陷，因此試圖運用新的方法，作新的突破，新方言就是這樣一部劃時代的著作。新方言中解釋了方言很多内容，大多可信可採。丁惟汾曾與章炳麟、劉師培、黄侃諸學者交遊，亦略通音韻。他認爲：「四方之言，通爲一貫之語，但音有流變耳。」「今日之言語，仍是原自古初，無少變更。」丁氏從上述認識出發，對方言「詳爲爬梳，以音釋音，以音釋義，作方言音釋」方言音釋自序。丁書全面貫徹以音釋音、以音釋義的方法，其進展表現於此，其問題也源出於此。首先，方言各條的被釋詞並非全是方音轉語，還有不少是由於構詞方式不同、得名緣由各異而形成的同義詞，甚至還有少量異族語詞；其次，今方言中的詞語雖有不少「原自古初」，但並不盡然，同時，方言中的詞語也未必全部流傳了下來。僅此兩點已可見丁氏一律運用音變理論解釋古今方國之語在理論上、方法上都是有極其嚴重缺陷的，在實踐上也就難免牽强臆説了，加之丁氏完全漠視前人的校勘成果，因而書中據譌字進行音釋的例子俯拾即是。

對方言進行現代語言學的全面研究，和各種各樣的專題探討，是這時期方言研究中最富有創新意義的方面，也是成果最豐碩的領域。

美國學者司理儀的方言一書中的漢代方言、丁啟陣的秦漢方言和劉君惠等著揚雄方言研究，是這時期出現的三部研究方言的專著。

司理儀的書共分兩大部分。第一部分是「構擬」問題，分四章，除第一章概述外，後三章分别是關於押韻問題、諧聲問題、假借和相關訓釋。第二部分集中討論方言中的方言，分爲三章。第一章概述，討論了三個問題：首先論述了方言中方言的含義，作者認爲方言中的漢代方言是漢語的某個變體，這個變體在地域上圍繞着漢代統一以前群雄割據時代的最重要的政治和文化中心。接着論述了方言中的方言地區。作者認爲，儘管揚雄使用過周、秦時代的材料，但是卻用當時的語言事實作過驗證，方言中複雜的區域名稱正是爲了更清晰地確定某些方言詞的實際分佈。作者把漢代方言劃分爲六大地區，即西部諸方言（包括秦和秦晉、梁益、西南、關西），中部諸方言（即一般所説的關東，又分爲西組和東組，西組包括周、鄭、洛、韓，東組包括宋、衛、〔梁〕魯、齊魏），北部及東北諸方言（包括燕、燕代北鄙、朝鮮洌水、晉和趙），東部諸方言（包括東齊、海岱、徐、淮），東南諸方言（包括吴、揚、越、甌），南部諸方言（即楚方言，又分爲三組，一是北楚、陳楚、汝潁，二是淮楚、江淮，三是南楚、荆、湘沅、江沅、江澧）。作者認爲，方言中所有的方言都是圍繞着中國歷史和文化的中心而劃分成一組一組的，某些狹小地區（包括非漢語地區，如吴、越等）的方言情況，應當借助於它們所屬的文化中心來考慮。並從這個觀點出發，把上述六大方言區又分爲三類，即中國最早的文化及語言地區，重要性和吸收程度各不相同的擴展地區（燕、西南、梁益、淮），非漢語居民地區（東齊、海岱、吴、越等）。本章最後還討論了方言一書以外的方言材料。第二章主要討論用於方言一書中的比較方法。作者認爲，在前面研究的基礎上考慮方言材料本身以及從不同的觀點和角度來研究方言是必要的；接着具體討論了單音詞和雙音詞的問題；作者還根據方言中的材料對前上古漢語進行了構擬；最後通過對方言材料進行統計比較研究之後，推論了各種方言之間聯繫的密切程度、方言擴展的地理方向以及某種方言所受到的其他方言的影響程度。第三章論述用於方言中的地理方法。作者首先討論了用於書面材料的語言地理學，並提供了十一幅地圖；其次討論了關於某些語言地區的同言綫和類型問題，同時提供了三幅地圖；最後，作者把各個方言區的地理分佈同歷史、自然地理、人口統計、文化性質等因素進行了比較，又對漢代的運輸和交通情況作了研究，從而更深入地探討了漢代各方言間的相互影響。司理儀的研究，方法令人耳目一新，討論到的有關問題也前所未有地深入，尤其值得關注的是貫穿在全書中的探索和創新精神。當然，該書的某些方法或結論還可再議，比如非漢語地區的劃分，根據方言構擬前上古漢語，等等。

三、關於方言的研究（下）

丁啟陣的秦漢方言是以方言爲主要研究材料的歷史方言專著。全書共分六個部分，其中一、二、四、五這四部分以方言爲主體材料。第一部分的核心内容是秦、漢時期的方言區劃。丁氏基本遵循林語堂的方法，把漢代的方言分爲八大區，並製作了方言地圖，討論了各方言之間的區别和各方言的地位。第二部分討論方言的標音材料。丁氏從方言中勾稽出七十五組標音材料，並根據標音字探求出漢代漢語共同語的音系，列出方言標音字總表。在上述研究的基礎上，分析漢代方言的聲母、韻母、聲調，並分析了聲母、韻母在各大方言之間的音值折合情況和聲調在各大方言的調值。第四部分列了兩個方言字（詞）表，一個是方言方言字（詞）表，一個是説文方言字（詞）表。這兩個表分别代表了漢代兩個截面上各地的漢語方言，丁氏認爲，「以這兩個表作爲起點，可以考察其後代方言詞語（詞語也自然會反映出一些語音規則）的流動、變遷。考察的結果或許還會對諸如歷史地理學、方言區演變研究、人口遷移研究等學科有一些參考價值。從小的方面講，對漢代漢語方言研究中的考方言本字工作，我們也存一點兒『有用』的企望」。第五部分，丁氏把方言和郭璞注列成漢晉方言字（詞）比較表，並通過比較分析，發現方言流變情況和詞彙發展、詞義演變情形。

劉君惠等著揚雄方言研究是我國學者迄今唯一全面研究方言的專著。該書的主要内容由三个部分構成：第一部分討論揚雄其人、方言體例和方言在語言學史上的地位。其中關於語言學史上的地位分六節論述，即方言在中國語言學史上的地位、方言是世界上第一部方言比較詞彙集、方言的描寫詞彙學價值、方言的歷史詞彙學價值、方言與漢代文化、方言以後的中國古代方言學，這是以往研究從未有過的細緻和深入。第二部分討論方言與方言地理學。利用方言地理學的方法來研究漢代方言區劃，始於林語堂，後來羅常培、周祖謨和美國語言學家司理儀等都作過這種研究，該書在前人研究的基礎上，重點參考了司理儀的研究方法，以方言的材料爲主，結合其他文獻，同時聯繫當時各地區的人文歷史，如政治、經濟、文化、商業、交通和移民等情況，劃分出十二個方言區，在每個方言區下面還列出了次方言區。第三部分則對歷代方言注家作了評述。這部分評述了郭璞、戴震、盧文弨、劉台拱、王念孫、錢繹六家，除郭璞外，其他各家的系統評述都首見於方言研究專著；該書對各家的得失短長，皆有所論列，力求綜覈，不作泛論，更不快意逞辭、妄下雌黃。由於有關方言的方言詞彙系統、各方言區詞彙和語音特徵、方言中的外來詞等重要問題，劉著尚未遑論及，所以該書的貢獻主要體現在方言及其注家的文本研究和方言的方言地理學研究方面。

近現代的方言研究所涉及的專題非常廣泛。如：汪之昌對揚雄著方言説的再次發難青學齋集卷一二揚子方言真僞辨；陶方琦、馬學良等人進行的方言考原陶著紹興先正遺書第四集漢孳室文鈔卷一揚雄倉頡訓纂即在方言中説、卷四倉頡篇補輯敘，馬著方言考原，束景南對錢大昕別字即方言之説的進一步論證別字即方言考；葉瀚就方言流傳情況所作的考證晚學廬叢稿揚雄方言存没考，佐藤進關於宋本方言流傳情況的梳理揚雄方言の宋刊本とその影印、抄寫、翻刻；黄肇平就方言研究資料的整理所發表的意見關於編纂方言詁林的話；沈兼士、馬漢麟對方言中有無切音的討論沈著揚雄方言中有切音，馬著揚雄方言有切音辨；等等。至於從語言學史的角度對方言所作的評論，除了羅常培、殷孟倫、趙振鐸諸先生的論文外，相關專著都列有專章或專節，可謂不勝枚舉；有關郭璞方言注直至周祖謨的方言校箋，專論也很多，詳參本書所附歷代方言及其注家研究文獻目録。下面就幾個討論較多或價值相對較大的專題，評述一下以往的研究。

關於方言的體例。較早分析方言體例的有胡樸安中國訓詁學史、劉師培中國文學教科書、汪國鎮文字學概論等，他們的研究基本上是屬於傳統訓詁學的，祇滿足於歸納條例而已。對方言體例作出深刻概括的當推周祖謨方言校箋自序，有更爲深入發現的自濮之珍始。濮氏揭示出方言的「母題重見」現象：在她所統計的八卷五百二十八條中，母題重見七十八次，凡涉二百一十四條。通過深入探討，濮氏歸納了重見的三個原因，即方言區域的不同、義類的不同、音類的不同，並概括出四個類型。這是一個重要的發現，這一發現對人們正確認識方言和利用方言都有積極意義。當然，濮氏在認識「母題重見」現象形成的原因時，沒有對方言是一部未定稿給予足够重視，這不能不說是一個欠缺。李開對方言的總體結構作出了新的概括方言總體結構及其對爾雅古今語的記述。作者認爲方言的總體結構是共時空間性的，古今語是歷時性的，在方言的總體結構中體現了對爾雅古今語的記述。概括的公式爲：

$$C=k+j+f\ (\Sigma d_1d_2\cdots\cdots d_{13},\ \Sigma i_{12}\cdots\cdots i_n,\ \Sigma t_1t_2\cdots\cdots t_{10})\ \cdots\cdots$$

C代表總體結構，k代表古語詞，j代表今語詞，d代表方言區（李氏采用十三區說），i代表方言隨機稱說，t代表方言語詞類别（李氏概括爲三大類十種）。衍變後的總體結構概括爲：

方言
- 爾雅
  - 古語詞——今語
- 方言省略式之一種
  - 通語——古語留存於方言或通語中的稱説

李氏研究的意義在於，根據上述概括，通過比較爾雅古語詞和方言中的古語詞留存，能够觀察到爾雅古語詞在西漢方言中的分佈情況。楊鋼的方言體例發凡則是在總結前人研究成果基礎上的一次全面描寫，其主要内容已經反映在劉君惠等著揚雄方言研究一書中。

關於方言的方言地理學。在西方語言地理學的影響下，林語堂最早利用方言研究漢代方言區劃。方言涉及方言地理的内容有三種，即通語、地點方言和區域通語，表現它們的就是該書的體例和紛繁複雜的地域名稱。由於這些名稱不處在同一地理層次上，以現代方言地理學的眼光看自然不理想。但是依據方言來考證漢代方言區域，這卻是最主要的材料。林氏不僅是第一個利用方言研究漢代方言區劃的人，而且也是創立了對後來這一研究影響巨大的研究方法的人。林氏根據方言地名的分合來推測漢代的方言區劃時，創立了四條通則：①甲地在方言所見次數多半與乙地並舉，則可知甲乙地方音可合一類（如秦晋）；②甲地與某鄰近地名並舉之次數多於與他方面鄰近地名次數，則可知甲方音關係之傾向（如齊之於魯）；③某地獨舉次數特多者，可知其獨爲一類（如楚及齊）；④凡特舉一地之某部，其次數多者，則可知某部有特別方音，別成一類，由該地分出（如齊分出東齊等）。據此，林氏把漢代方言分爲十四系，即①秦晋，②梁及楚之西部，③趙魏自河以北（燕代之南併入此系），④宋衛及魏之一部（與⑩系最近），⑤鄭韓周自爲一系，⑥齊魯（魯近④系），⑦燕代，⑧燕代北鄙、朝鮮洌水，⑨東齊海岱之間、淮泗（亦名青徐）（雜入夷語），⑩陳汝潁江淮（楚）（荆楚亦可另分爲一系），⑪南楚（雜入蠻語），⑫吴揚越（而揚尤近淮楚），⑬西秦（雜入羌語），⑭秦晋北鄙（雜入狄語）前漢方音區域考。林説既出，嗣響不絕。羅常培、周祖謨進一步概括爲七區漢魏晋南北朝韻部演變研究第一分册，美國學者司理儀概括爲三類六區，且方法上有所突破；嚴耕望概括爲十三區，並把方言中記載的所有地名及出現次數繪製成表揚雄所記先秦方言地理區；周振鶴、游汝傑分漢語方言區六個，少數民族語言區六個，並繪製了漢代方言區劃擬測圖方言與中國文化；李恕豪在總結以往研究經驗的基礎上，把林語堂和司理儀的研究方法結合起來，概括爲十二區劉君惠等著揚雄方言研究；張步天分爲十類十六區，其做法除了充分利用方言本身的材料外，還特別强調了漢代行政區劃、人口遷移，並參考先秦方言分佈，以力求注意各方言間的親疏關係，並表現隸屬與層次中國歷史文化地理古代方言地理；日本學者松江崇把方言所有詞語及其曾經得到分佈描寫的所有區域，全部繪製成圖揚雄方言逐條地図集，在此基礎上，針對以往研究的不足，重點對鄰近方言地域間存在的語言同言綫作了討論漢代方言における言語境界線——揚雄方言による方言區畫の再檢討。除了這些全面區劃的研究論著外，專題討論某一區或某些區的文章也有不少，不一一評述。

關於方言詞彙和用字。殷孟倫較早提出了方言詞彙研究的課題爾雅 方言簡析、方言與漢語方言研究的古典傳統，到二十世紀八十年代以後，這方面的成果開始不斷出現，如李敬忠的方言中的少數民族語詞試析，趙振鐸的揚雄方言裏的同源詞，楊鋼的方言研究三題，趙振鐸、黄峰的揚雄方言裏面的外來詞，白兆麟的方言雙音詞探析，等等，所涉有外來詞、同源詞、方言詞彙描寫、雙音詞等。將方言與現代漢語方言結合研究的專題也産生了一些文章，如 JerryNorman 所著閩語裏的古方言字，王臨惠的方言中所見的一些晋南方言詞瑣談，黄革的見於方言中的柳州方言詞，蔡曉的由揚雄方言看泌陽話中古語的遺留等。不久將完成的王智群的博士論文揚雄方言詞彙研究應能提供更豐富的成果。羅常培在方言校箋序中已指出了方言用字的顯著特點，周祖謨的自序也有論列，但是方言用字的系統考察成果還没有問世，近期完成的王彩琴的博士論文揚雄方言用字研究將填補這一空白。拙文揚雄方言「奇字」考旨在考定揚雄所製字的範圍，但是研究還是极爲初步的，而且僅限於方言「奇字」中的「不見之奇」。

四、關於方言的版本和本書

揚雄著方言一事，最早見於劉歆和揚雄的往返書信；其他文獻最早的可考者則是東漢應劭的風俗通義序。漢書司馬遷傳「且夫臧獲婢妾，猶能引決」句顔師古注引應劭云：「揚雄方言云：海岱之間罵奴曰臧，罵婢曰獲，燕之北郊民而婿婢謂之臧，女而婦奴謂之獲。」此條見於傳本方言卷三，文字稍異。這是可考的最早稱引方言的例子，此後稱引不絶，尤其是東晉郭璞爲之作注之後。歷代著録名稱、卷數不盡一致：隋書經籍志云：「方言十三卷，漢揚雄撰，郭璞注。」舊唐書經籍志云：「別國方言十三卷。」新唐書藝文志：「揚雄別國方言十三卷。」唐日本國見在書目：「方言十卷，漢揚雄撰，郭璞注。」宋史藝文志：「揚雄方言十四卷。」崇文總目：「方言十三卷，漢揚雄子雲撰，晉郭璞注。今世所傳，文或繆缺，與先儒所引時有差云。」中興館閣書目：「方言十四卷，題輶軒使者絶代語釋別國方言，劉歆與雄書取方言及雄答書皆云十五卷，今本疑有亡佚。」據玉海一六、四四引 晁公武郡齋讀書志：「方言十三卷，漢揚雄撰，晉郭璞注。雄齎油素問上計孝廉異語，悉集之，題其首曰輶軒使者絶代語釋別國方言。」陳振孫直齋書録解題：「方言十四卷，漢黄門郎成都楊子雲撰，晉郭璞注。首題輶軒使者絶代語，末載答劉歆書，具詳著書本末。」

現在知道宋代曾經有國子監本、蜀本和閩本。晁公武郡齋讀書志云：「予傳本於蜀中，後用國子監刊行本校之，多所是正，其疑者，兩存之。」李孟傳刻方言序云：「今方言自閩本外不多見。」國子監本、閩本面貌如何已不可知，今天所見到的宋李孟傳刻本蓋即蜀本之覆刻本，因李孟傳刻方言序云「予來官尋陽，有以大字本見示者，因刊置郡齋」，而「宋代蜀刻多爲大字」。丁介民方言考 李刻本則可稱爲贛本。

宋慶元庚申（公元一二〇〇年）會稽李孟傳潯陽郡齋刻本，是存世方言最早的刻本，現藏國家圖書館。該書前録郭璞方言序，又有會稽李孟傳於慶元庚申所作序和東陽朱質同年所作跋。此本每半葉八行，每行十七字；郭注文小字雙行，每行字數同；四周雙邊，版心白口雙魚尾，上記大小字數，書名題「方言幾」，下記刊工姓名、每卷頁數。每卷首行題「輶軒使者絶代語釋别國方言第幾」，次行即接本文，不記撰、注二家姓名。李孟傳生於南宋高宗紹興六年（公元一一三六年），卒於南宋寧宗嘉定十二年（公元一二一九年），宋史有傳。此本刻工姓名可辨者有毛俊、余萃、余俊、章智四人，其他人僅存一字。此本採用缺筆諱，有「匡、𦱁、筐、洭、朗、恒、桓、澂、勗、樹、屬、虫、構、遘、慎、䀼、振、敦、惇、廓」等字，其中「構、慎、敦、廓」等字的缺筆均爲避南宋帝名諱，表明此本祖刻當不早於高宗趙構時期，最晚當在寧宗趙擴之時。李致忠認爲：綜合「李孟傳序文、書中刻工及諱字現象，充分證明此書版本當著録爲『南宋慶元六年（一二〇〇）李孟傳潯陽郡齋刻本』」（北京圖書館藏宋版書敘録（十六））。

此書遞經明、清名家收藏：所鈐「顧仁效收藏圖書」「仁效」，是明代顧仁效收藏之證，仁效藏書樓曰水東館；所鈐「顧元慶鑒賞印」，是明代顧元慶收藏之證，元慶藏書樓曰夷白堂；所鈐「横經閣收藏圖籍印」「華亭朱氏」，是明代朱大韶收藏之證，大韶藏書樓曰横經閣；李孟傳序文欄外墨書「野竹齋裝」四字，野竹齋主人是明嘉靖吴縣人沈與文，墨書四字表明此本曾經沈氏手；錢曾讀書敏求記云：「舊藏宋刻本方言，牧翁爲予題跋，紙墨絶佳，後歸之季滄葦。」此是明末清初錢曾述古堂曾得藏此書之證；所鈐「季振宜藏書」「揚州季氏」「滄葦」「振宜之印」，是季振宜收藏之證。此書自季振宜散出後沉霾殆二百年，以致乾、嘉諸老皆未得見。至清末爲盛昱意園所藏，盛氏所藏散出後由傅增湘從正文齋購藏，後傅氏書捐贈北京圖書館，此書隨之入藏北圖。傅氏是四川人，以揚雄爲蜀中先賢，重價購藏此書後屢請名家題跋，依書中所居次序爲繆荃孫、沈曾植、鄧邦述、袁克文、章鈺、王闓運、楊守敬、内藤虎、吴昌綬、盛鐸等。

李孟傳潯陽郡齋刻本爲存世宋槧孤本，盛、傅二家得書後，嘗覆刻、影印數種，自此宋本方言乃得流傳於世。筆者此次匯證校理方言，曾用下述版本：福山王氏天壤閣覆刻本、日本東文研藏珂羅版宋刊本、日本静嘉堂文庫藏影宋鈔本、藏園據宋慶元本覆刻本、華陽王氏重刻宋刊本、四部叢刊影傅氏藏宋本。其中藏園覆刻本卷一三末有「湖北黄岡陶子麟刊」八字，蓋上海圖書館所藏藏園覆刻本即陶子麟覆刻本。我們所用底本爲四部叢刊影宋本，並携此本復印稿至北圖與原本逐字作過覆核。

筆者此次匯證校理方言，曾用明本十二種，包括刊本、鈔本和叢書本。其中刻本、鈔本均祖於或輾轉祖於李孟傳本，文字有少數差異。清代學者戴震、盧文弨等所稱宋曹毅之本，實際上就是正德己巳鈔宋本，非宋刻本說詳丁介民方言考。所用清以來刻本、叢書本、校注本，包括校注劄記，凡二十二種，重點參考戴震、盧文弨、劉台拱、王念孫、錢繹、王國維、吳承仕、吳予天、周祖謨、徐復諸家。

有關匯證的具體方法和所遵循的原則，本書凡例已經一一條列，無煩贅述。這裏特別要提到的一點是，筆者這次校理方言時除依例補足諱字缺筆外，堅持原則上不改動底本，即使是證據確鑿的譌誤。之所以這樣做，是因爲我希望給研究方言的人提供客觀、全面的資料，給利用方言的人提供別擇的可能，當然，如此做也易於亮拙，從而有利於後之治方言者糾謬弼違。

揚雄方言本來就不是一部容易研讀的書，我們又處在一個極難心静的時代，加之筆者青少年正值祖國的特殊歲月，工作後又時常困撓於雜役、俗事，讀書甚少，所以雖於一九八六年始讀方言，可至今也不敢説完全讀懂了它。由於讀者能够理解的原因，現在這部書稿不得不交、也不能不印了，但是書中仍然有不少「未詳」之處，當然也會有筆者以爲已詳而其實未必然者。翹首盼望學術界的批評，誠摯期待讀者的指正，因爲我有信心迎來這本書再版修訂的機會。

（文中引文所涉文獻的詳細出處，請參本書附録六歷代方言及其注家研究文獻目録。）

二〇〇五年三月華學誠於滬上吳淞江邊之潛齋

目次

凡　例

一、關於底本

（一）修訂本採用國家圖書館藏宋慶元庚申潯陽郡齋刻本（中華再造善本）爲底本，簡稱「宋本」。

（二）除避諱的缺筆字直接補足筆劃外，正文和注文均依宋本原文照抄，原則上不作改動。但將注文雙行小字改爲單行小字；少數無關正譌、正俗和意義的舊字形，如「竒、儇、虗、鬼、陶、將、凴」等，改成通行字作「奇、儇、虚、鬼、陶、將、憑」等；宋本漫漶、蝕殘、蝕缺之字，參四部叢刊影宋本、周祖謨校本補足。

（三）爲便於閱讀，對正文和注文進行斷句標點。

（四）爲便於檢索，每卷均按原文先後編定序號，列於各條之前，同時在宋本每面首條序號前注明該條宋本所在頁數，並分别用 a、b 表示前後兩面。

二、關於校勘

（五）所有校勘内容都寫入匯證中，不管證據是否充分，均不對宋本原文作直接改動。

（六）既有校勘意見摘要引用，然後表明匯證者的觀點：論據充分的，論定之；論據不充分的，提出傾向性意見；無法論定的，客觀存録。

（七）前人没有校勘意見，而匯證者發現有誤，或者懷疑有誤的，論證之。

三、關於注釋

（八）所有注釋内容都寫入匯證中，方言中的地理名詞一律不隨文作注。

（九）原則上祇對方言和郭注中的被釋詞語進行注釋，解釋語中個别詞語不作解釋不能説明被釋詞語意義的，酌予解釋。

（一〇）既有注釋意見可以採用，或可資參考的，摘要引用。

（一一）既有注釋影響較大而有可商者，摘要引用，然後表明匯證者的觀點。

（一二）没有可供採用或可資參考的注釋時，嘗試解之；個别詞語解釋無據時，注明未詳。

四、關於附録

（一三）方言中的地理名詞集中解釋，列爲附録一。

（一四）作爲方言最早的資料，劉歆與揚雄往返書列爲附録二。

（一五）方言作者揚雄、注者郭璞的史書本傳，列爲附録三、四。

（一六）本書直接參校過的方言版本和直接引用過的主要文獻，集中收目，列爲附録五。

（一七）歷代方言及其注家研究文獻，分類按發表時間先後收目，列爲附録六。

（一八）一九五〇年之前研究方言、郭注的文獻，列爲附録七。

方言序

〔晉〕郭璞

蓋聞方言之作，出乎輶軒之使〔一〕，所以巡遊萬國，采覽異言，車軌之所交，人迹之所蹈，靡不畢載，以爲奏籍〔二〕。周秦之季，其業隳廢，莫有存者。暨乎揚生〔三〕，沉淡其志，歷載構綴〔四〕，乃就斯文。是以三五之篇著〔五〕，而獨鑒之功顯。故可不出户庭而坐照四表〔六〕，不勞疇咨而物來能名〔七〕。考九服之逸言〔八〕，摽六代之絶語〔九〕，類離詞之指韻〔一〇〕，明乖途而同致〔一一〕；辨章風謡而區分〔一二〕，曲通萬殊而不雜〔一三〕；真洽見之奇書，不刊之碩記也。余少玩雅訓，旁味方言，復爲之解，觸事廣之，演其未及，摘其謬漏，庶以燕石之瑜補琬琰之瑕〔一四〕，俾後之瞻涉者可以廣寤多聞爾。

匯證

〔一〕輶軒之使：輶軒，古代輕便車之一種。應劭風俗通義序：「周秦常以歲八月遣輶軒之使，求異代方言，還奏籍之，藏於祕室。」常璩華陽國志卷一〇：「古者天子有輶車之使，自漢興以來，劉向之徒但聞其官，不詳其職。惟閻與嚴君平知之，曰：『此使考八方之風雅，通九州之異同，主海内之音韻，使人主居高堂知天下風俗也。』」

〔二〕奏籍：意謂進獻。

〔三〕揚生：指揚雄。

〔四〕構綴：構成聯綴，指編著方言。

〔五〕三五之篇：指方言十五卷。劉歆與揚雄書亦云「子雲獨採集先代絶言、異國殊語以爲十五卷」。今本方言爲十三卷，與隋書經籍志和舊唐書藝文志著録合。戴震在方言疏證序中説：「其併十五爲十三，在璞注後、隋以前矣。」

〔六〕四表：指四處遠方。

〔七〕疇：誰。

咨：詢問。

〔八〕九服：方千里曰王畿，九服指王畿以外按遠近劃分的每方圓五百里爲一等的九等地區，依次爲侯服、甸服、男服、采服、衛服、蠻服、夷服、鎮服、藩服。這裏指全國各地。

逸言：指方言。

〔九〕摽：同「標」。

六代：指唐、虞、夏、商、周、秦，這裏泛指有史以來。

絶語：指古詞語。

〔一〇〕離詞：猶異詞，指不同的「逸言」「絶語」。

指韻：意旨、聲韻。

〔一一〕辨章：分辨明白。

〔一二〕曲通：曲折周盡而通暢。

〔一三〕燕石：一種像玉的石頭。

瑜：美玉。

琬琰：琬圭和琰圭，是美玉做成的禮器。

刻方言序

〔宋〕李孟傳〔一〕

西漢氏古書之全者，如鹽鐵論〔二〕、揚子雲方言，其存蓋無幾。鹽鐵論，前輩每恨其文章不稱漢氏。唯方言之書最奇古。孟傳頃聞之，曾文清公嘗以三詩答吕治先〔三〕，有云：「傷心昨夜杯中物，不對王郎對影斟。」〔四〕紫微吕居仁次韻云〔五〕：「書來肯附銅魚使〔六〕，記我今年病不斟。」自注云：「出子雲方言。」今所在鏤板，輒誤作「病不禁」〔七〕。此書世所有，而無與是正，知好之者少也。山谷詩云〔八〕：「追隨富貴勞牽尾。」乃用太元經語〔九〕。紹興初〔一〇〕，胡少汲、洪玉父、李文若諸人校黄詩刊本〔一一〕，乃誤作「縈牽尾」，自此他本遂承誤。「鬱蒼蒼」三字，文人多愛之，亦或鮮記其出於太元〔一二〕。大抵子雲精於小學〔一三〕，且多見先秦古書，故方言多識奇字，太元多有奇語〔一四〕。然其用之，亦各有宜。子雲諸賦多古字，至法言、劇秦〔一五〕，所用則無幾。古人文章，蓋莫不然〔一六〕：西漢一書，唯相如、子雲等諸賦；韓退之文唯曹成王碑〔一七〕；柳子厚自騷詞、晉問等〔一八〕，他皆不用古字。本朝歐文忠、王荆公、蘇長公、曾南豐諸宗工〔一九〕，文章照映今古，亦不多用古字。得非以謂古文奇字聲形之學〔二〇〕，雖在所當講，而文律之妙則不專在是；若有意用之，或返累正氣也耶〔二一〕？學者要知所以用之，當其可，則盡善耳。今方言自閩本外不多見，每惜其未廣。予來官尋陽〔二二〕，有以大字本見示者，因刊置郡齋，而附以所聞一二，蓋惜前輩之言久或不傳也〔二三〕。慶元庚申仲春甲子會稽李孟傳書〔二四〕。

匯證

〔一〕文題及題下署名，爲匯證者所加。此篇序文，明吴琯古今逸史本多處删改，以致文義不屬。

李孟傳：戴震云：「字文授，會稽上虞人。父光，謚莊簡。父子皆宋名臣，宋史有傳。而孟傳有兩傳，一見卷三百六十三，一見卷四百一，前略後詳，後訛作孟傳。」

〔二〕鹽鐵論：西漢桓寬編著，是一部記録昭帝時鹽鐵會議的文獻。

〔三〕曾文清：盧校本云：「曾幾，字吉甫，章貢人，謚文清。有茶山詩集十五卷。孟傳娶其孫女。」

呂治先：盧校本云：「名大器，茶山之婿。是生東萊先生祖謙，字伯恭。」呂居仁之從子，宋元學案卷三六有載記。

〔四〕有云……：盧校本云：「今所輯茶山集内無此詩。」

〔五〕呂居仁：盧校本云：「名本中，呂伯恭之伯祖。」呂伯恭即呂祖謙，南宋學者。呂居仁官中書舍人等，宋史卷三七六有呂本中傳。

〔六〕附：諸明本同，戴、盧校本作「際」。

〔七〕輒：同「輙」。

病不禁：戴震云：「王應麟困學紀聞云：『方言：「斟，益也。凡病少愈而加劇謂之不斟，或謂之何斟。」呂居仁答曾吉父詩「記我今年病不斟」，蓋用此，而不知者改爲「不禁」。』與此所言同。」

〔八〕山谷：北宋詩人黄庭堅號山谷道人。

〔九〕太元經：即太玄經，下文太元即太玄，揚雄著，體裁摹擬周易，共十卷。

〔一〇〕紹興：宋高宗趙構的第二個年號，公元一一三一年至一一六二年。

〔一一〕胡少汲、洪玉父、李文若：均爲宋代學者。

〔一二〕自「孟傳頃聞之」至此，凡一百五十八字，明吴琯本無。

〔一三〕大抵：明吴琯本作「蓋」。

〔一四〕「太元多有奇語」六字，明吴琯本删。

〔一五〕法言：揚雄著，體裁摹擬論語，共十三卷。

劇秦：即劇秦美新，揚雄撰。王莽篡漢自立，國號新，揚雄仿司馬相如封禪文，上封事給王莽，指斥秦朝，美化新朝，故名。

〔一六〕蓋莫不然：明吴琯本作「蓋不然哉」。

〔一七〕韓退之：韓愈。

〔一八〕柳子厚：柳宗元。

〔一九〕以上四人，明吴琯本作「歐蘇曾王」。

〔二〇〕謂：明吴琯本作「爲」，盧校本亦作「爲」。

〔二一〕或返：明吴琯本作「則反」，戴校本作「或反」。

耶：明吴琯本删。

〔二二〕尋陽：郡名，治所即今江西九江。

〔二三〕上文「所聞一二」至此十三字，明吴琯本無，在「所聞」下有「如此」二字。

〔二四〕慶元：宋寧宗趙擴的第一個年號。慶元庚申即公元一二〇〇年。

仲春甲子：明吴琯本無此四字。

跋李刻方言

〔宋〕朱　質〔一〕

漢儒訓詁之學惟謹，而楊子雲尤爲洽聞。蓋一物不知，君子所耻，愽學詳説〔二〕，將以反約。凡其辨名物，析度數〔三〕，研精覃思，毫釐必計。下而五方之音、殊俗之語，莫不推尋其故，而旁通其義；非徒猥瑣拘泥而爲是弗憚煩也〔四〕。世之學者，忽近而慕遠，捨實而徇名，高談性命，過自賢聖，視訓詁諸書，往往束之高閣。盍亦思夫周官太平之典，其道甚大，百物不廢，雖醫卜方技，纖悉畢載；聖門學詩，不獨取其可興、可觀、可群、可怨，而鳥獸草木之名亦貴多識。本末精粗，並行而不相悖。故漢儒尊經重古、純慤有守之風〔五〕，類非後人所能企及。子雲愽極群書，於小學奇字無不通，且遠採諸國，以爲方言，誠足備爾雅之遺闕。平時所以用力於此深矣，世知好之者蓋鮮。前太守尚書郎李公一日語餘〔六〕，苦無善本。質偶得諸相識，字畫落落可觀。因以告而鋟之木，輒併附管見云。慶元庚申重午日東陽朱質書。

匯證

〔一〕文題及題下署名，爲匯證者所加。

〔二〕愽：同「博」。

〔三〕度數：以度爲單位計量而得的數目。周禮天官小宰：「其屬六十。」鄭玄注：「六官之屬，三百六十，象天地四時、日月星辰之度數。」賈公彦疏：「周天三百六十五度四分度之一，舉全數亦得云三百六十也。」

〔四〕猥瑣：瑣碎煩雜。

拘泥：固執，不變通。

〔五〕純愨：純樸誠實。

有守：有所執守。

〔六〕餘：戴校本改作「余」，當從戴校。

輶軒使者絶代語釋別國方言校釋匯證第一

1a 一　黨〔一〕、曉〔二〕、哲〔三〕，知也〔四〕。楚謂之黨，黨，朗也，解寤皃〔五〕。或曰曉，齊宋之間謂之哲。

匯證

〔一〕黨：胡文英吳下方言考：「今諺通謂不曉爲不黨，黨音董。」徐復補釋：「胡爲清乾隆時武進人，首説黨即吳下方言懂字，後人多承之。」荀子非相篇：「法先王，順禮義，黨學者，然而不好言，不樂言，則必非誠士也。」俞樾平議：「黨學者，猶言曉學者。」又王制：「而黨爲吾所不欲於是者，日與桀同事同行，無害爲堯。」王先謙集解亦引方言爲釋。錢繹方言箋疏：「今人謂知爲懂，其黨聲之轉歟？」章炳麟新方言釋言：「今謂瞭解爲黨，音如董。」按：明白、瞭解義之「懂」字，出現於元明時期。鄭廷玉崔府君斷寃家債主：「乞僧云：『父親，門首討甚麼爺死錢，在那里嚷？』正末云：『甚麼爺死錢？』福僧云：『你看這老頭兒，這些也不懂的。』」汪元亨〔醉太平〕警世：「聽人着冷話來調弄，由人着死句相譏諷，任人着假意廝過送，老先生不懂。」古今小説四〇沈小霞相會出師表：「老門公故意道：『你説的是甚麼説話？我一些不懂。』」

〔二〕曉：説文日部：「曉，明也。」段玉裁注：「此亦謂旦也，俗云天曉是也。引伸爲凡明之偁。」並引方言此條。天剛亮謂之「曉」，如「曉霧、拂曉」；知道或使人知道亦謂之「曉」，如「家喻户曉、曉以利害」。今語猶然。

〔三〕哲：説文口部：「哲，知也。」爾雅釋言：「哲，智也。」王念孫方言疏證補：「明謂之曉，亦謂之哲，智謂之哲，亦謂之曉。」錢繹方言箋疏：「知、哲一聲之轉。」按：知、哲聲近義通。

〔四〕知：戴震方言疏證：「知讀爲智。廣雅：『黨、曉、哲，𥏼也。』義本此。𥏼，古智字。」文選孫綽遊天台山賦：「近智以守見而不之，之者以路絶而莫曉。」李善注引方言：「曉，知也。」王念孫方言疏證補：「鄭注周官大司徒云：『知，與智同。明於事也。』智與明同義，故明謂之曉，亦謂之哲。」與宋本方言同。玄應一切經音義卷五、卷一〇、卷一六、卷二〇、卷二一、卷二二引方言云：「齊宋之間謂智爲哲。」慧琳一切經音義卷二九、卷三〇、卷三四、卷四三、卷四五、卷四八、卷六五引方言「知」亦作「智」，是玄應、慧琳已讀「知」爲「智」。

〔五〕黨，朗也：戴震方言疏證以「黨朗」連文，云：「注内『黨朗』，疊韻字也。廣韻作『爣朗』，云『火光寬明』。」王念孫方言疏證補：「解悟謂之『黨朗』，亦猶火光寬明謂之『爣朗』矣。」説文黑部「黨」字段玉裁注：「此義之相反而成者也。」按：「爣朗」亦作「爣閬」。文選王延壽魯靈光殿賦：「鴻爌炾以爣閬，飋蕭條而清泠。」張載注：「爌炾、爣閬，皆寬明也。」朦朧不明之貌謂之「曭朗」。南朝梁蕭子雲玄圃園講賦：「朝曭朗而戒旦，雲依霏而卷簇。」何遜七召：「地不寒而蕭瑟，日無雲而曭朗。」然郭璞於此條以「朗」注「黨」，非「黨朗」連文以聯綿詞作釋。「朗」之本義爲月明，見説文；引伸可特指文辭之義明。王逸離騷經序：「其詞温而雅，其義皎而朗。」以「朗」釋「黨」，指心裏明白、知道、懂得，故云「解寤皃」也。皃：同「貌」。説文皃部：「皃，頌儀也。貌，籀文皃。」

二　虔〔一〕、儇〔二〕，慧也。謂慧了。音翾。秦謂之謾〔三〕，言謾訑音〔四〕。訑，大和反〔五〕。謾，莫錢〔六〕，又亡山反。晉謂之㦟〔七〕，音悝〔八〕。或莫佳反。宋楚之間謂之倢〔九〕，言便倢也。楚或謂之䜭〔一〇〕。他和反。亦今通語〔一一〕。自關而東趙魏之間謂之黠，或謂之鬼〔一二〕。言鬼眎也〔一三〕。

匯證

〔一〕虔：卷一二：「虔，謾也。」郭注：「謂惠黠也。」按：説文釋「虔」爲「虎行皃」，知方言乃借字記音。朱駿聲通訓定聲「虔」字下以爲假借爲「儇」，是「虔」蓋「儇」之方音轉語也。此條釋詞「慧」，謂聰明、智慧。又引申爲狡黠。三國志蜀志董允傳：「後主漸長大，愛宦人黄皓。皓便辟佞慧，欲自容入。」是其例也。

〔二〕儇：説文人部：「儇，慧也。」徐鍇繫傳：「謂輕薄察慧小才也。」荀子非相篇：「今世俗之亂君，鄉曲之儇子，莫不美麗姚冶。」楊倞注：「與喜而翾義同，輕薄巧慧之子也。」現代漢語方言大詞典：「寧波 hueɣ②，聰明，有才幹：渠兩個兒子和總巒儇個，交關有出息。該人真儇的噹，到處看見生情（見機行事幫助人）。」

〔三〕謾：賈誼新書道術：「期果言當謂之信，反信爲慢。」王念孫方言疏證補：「慢與謾同。」錢繹方言箋疏：「蓋人用慧黠以欺謾人，故慧亦謂之謾也。」

〔四〕言謾訑音：原本玉篇殘卷「謾」下：「秦晉謂慧爲謾。郭璞曰：言詑謾也。」王國維觀堂集林卷五據此云：「是舊本作『詑謾』，故先音『詑』，後音『謾』。」周祖謨方言校箋：「此下所出詑謾二字之音先詑而後謾，是本作詑謾，不作謾詑。盧文弨校本謂先音詑後音謾誤，因而乙正之，非是。案楚辭九章惜往日曰：『或詑謾而不疑。』殆即郭注所本。詑謾亦曰誕謾、譠謾。史記龜策列傳云：『人或忠信而不如誕謾。』本書卷十云：『譠謾、㥏他，皆欺謾之語。』誕謾、譠謾，與詑謾音近義通。惟聯緜詞上下二文間或倒置，『詑謾』古人亦有言『謾詑』者，如急就篇云：『謾詑首匿愁勿聊。』説文『逸』下云：『兔謾訑善逃也。』並是其例。然郭注之本作『詑謾』，由注中音字之次第足以證明，實無疑義。其『訑』字則爲『詑』之別體。『音』字蓋沿上文而誤，今據玉篇改『音』作『也』。」按：當據之改作「言訑謾也」。

〔五〕大和反：王念孫方言疏證補改爲「土和反」，云：「詑字即正文譎字也，廣韻『詑、譎』並土禾切，字或作『訑』，通作『他』……各本訛作『大和反』，『大和』則音『牠』，考玉篇、廣韻『詑』字俱無『牠』音。又集韻一書備載方言之音，『詑』字亦不音『牠』。」周祖謨方言校箋：「案廣雅釋詁二：『詑，欺也。』曹憲音湯陀反。史記龜策傳『誕謾』下集解引徐廣曰：『誕，一作訑，音土和反。』玄應音義卷八引何承天纂文云：『兖州人以相欺爲訑人，音湯和反。』原本玉篇『詑』音湯柯、達可二反，『譎』音吐禾反。並與王説合。」按：當據王説改。

〔六〕莫錢：戴震方言疏證遺書系各本無「莫錢」一音，四庫系聚珍版則有。王念孫方言疏證補於方言本文補「反」字。盧文弨重校方言云：「卷十二内謾亦音莫錢反，是舊讀如此，非傳寫之誤。本或刪去前一音，非也。」劉台拱方言補校云：「集韻刪、仙兩韻皆收謾字，當兼存二音爲是。」按：「莫錢」下當補「反」字。

〔七〕懇：盧文弨重校方言云：「今以小兒慧者曰乖，當即懇之轉音。」按：「悝」，廣韻止韻良士切，又口回切；灰韻苦回切，又音里。盧氏蓋據「口回切、苦回切」之「悝」説轉音。「悝」乃「埋」字之誤，詳下條匯證。

〔八〕音悝：王念孫方言疏證補云：「各本『音埋』作『音悝』，字之誤也。玉篇、廣韻『⿱貍心』字並音埋；廣雅『⿱貍心，慧也』曹憲音莫佳、莫諧二反，『莫諧』正切『埋』字，『莫佳』之音亦與方言同。二音一屬佳韻，一屬皆韻，故集韻佳、皆二韻俱有『⿱貍心』字；若孔悝之『悝』，則在灰韻，與『莫佳、莫諧』之音俱不合，故玉篇、廣韻、集韻⿱貍心字俱無『悝』音。今據以訂正。」按：當據王校改作「埋」。

〔九〕倢：戴震方言疏證云：「倢、捷古通用。」王筠説文句讀「倢」字下云：「經典皆借捷爲之。」王念孫方言疏證補：「齊風還篇：『揖我謂我儇兮。』毛傳云：『儇，利也。』正義云：『言其便利馳逐。』『便利』猶便捷，故此云『宋楚之間謂之捷』也。」按：重言之則曰「捷捷」。詩大雅烝民：「征夫捷捷。」玉篇人部「倢」字下引作「倢倢」。

〔一〇〕譠：王念孫方言疏證補云：「燕策云：『寡人甚不喜訑者言也。』淮南説山篇云：『媒但者非學謾他。』字並與訑同。凡慧黠者多詐欺，故欺謂之訑，亦謂之謾，慧謂之謾，亦謂之訑矣。」王念孫廣雅疏證卷二下云：「今江淮間猶謂欺曰訑，是古之遺語也。訑亦謾也，合言之則曰訑謾。楚辭九章云：『或訑謾而不疑。』是也。倒言之則曰謾訑……謾訑與謾誕又一聲之轉矣。」

〔一一〕亦今通語：原本玉篇殘卷「譠」字下引「語」後有「也」字。

〔一二〕鬼：常璩華陽國志卷三：「星應輿鬼，故君子精敏，小人鬼黠。」王念孫方言疏證補云：「今高郵人猶謂黠爲鬼，是古之遺語也。」盧文弨重校方言云：「謂黠爲鬼，今吴越語尚然。」按：今猶通行於北方話和東南諸方言中。

〔一三〕鬼眎：戴震方言疏證改作「鬼衇」，云：「衇俗作脉，因譌而爲眎，後卷十内『衇，慧也』，注云『今名黠爲鬼衇』。」盧文弨、王念孫、錢繹諸家俱從戴改。周祖謨方言校箋云：「眎爲古文視字，今北人謂小兒慧黠曰鬼視。今不從戴本改。」按：王氏手校明本改作「脈」。「衇」與「脈」同，戴、王校改是也。文選潘岳射雉賦「無見自鷩」徐爰注引方言郭注：「俗謂黠爲鬼脉。」一九一六年番禺縣續志載：「廣州謂黠慧者曰鬼馬。」今廣州人説「鬼馬」音[$kwei^{35}ma^{13}$]，廣東中山、隆都屬閩語，也有這一説法，音[$kui^{24}ma^{24}$]，意思均爲聰明而狡猾。據現代漢語方言大詞典，「鬼馬」還見於廣西柳州、南寧，廣東東莞等地。「衇(脉)」上古音明紐錫部，「馬」上古音明紐魚部，二字雙聲韻轉。粤語、閩語之「鬼馬」蓋即郭璞所説之「鬼衇」。今方言雖有「鬼視」一詞，然非謂「小兒慧黠」，乃謂相貌難看，或表情滑稽可笑，令人生厭。亦云「鬼相」。如江蘇的泰州、興化、東臺一帶斥人常云「鬼視樣子、鬼相樣子」。還可轉作名詞，當用於面稱時則含親昵意味，如興化、東臺話説：「你這鬼視什麼時候來的？」即是其例。據現代漢語方言大詞典，湖南長沙、婁底，江蘇丹陽亦有「鬼相」一詞。據此，不從周校。

三　娥〔一〕、㜲〔二〕，音盈。好也。秦曰娥，言娥娥也。宋魏之間謂之㜲〔三〕，言㜲㜲也。秦晉之間凡好而輕者謂之娥。自關而東河濟之間謂之媌〔四〕，今關西人亦呼好爲媌，莫交反。或謂之姣〔五〕。言姣潔也。音狡。趙魏燕代之間曰姝〔六〕，昌朱反，音株〔七〕。亦四方通語〔八〕。或曰妦〔九〕。言妦容也。音蜂。自關而西秦晉之故都曰妍〔一〇〕。秦舊都，今扶風雍丘也〔一一〕。晉舊都，今太原晉陽縣也。其俗通呼好爲妍〔一二〕，五千反〔一三〕。妍一作忓〔一四〕。好，其通語也。

匯證

〔一〕娥：文選陸機擬古詩擬今日良宴會：「齊僮梁甫吟，秦娥張女彈。」李善注：「方言曰：秦俗美貌謂之娥。」列子楊朱篇：「鄉有處子之娥姣者。」重言之曰「娥娥」。古詩十九首：「娥娥紅粉妝，纖纖出素手。」方言訓「好」，「好」謂女子貌美。説文女部：「好，美也。」戰國策趙策三：「鬼侯有子而好，故入之於紂，紂以爲惡。」觀下文，「娥」爲秦晉方言，謂女子貌美且體態輕盈者。

〔二〕㜲：同「嬴」。正字通女部：「㜲，俗嬴字。」重言之曰「㜲㜲」。史記趙世家：「吴廣聞之，因夫人而内其女娃嬴。」古詩十九首：「盈盈樓上女，皎皎當牕牖。」李善注：「盈與嬴同，古字通。」戴震方言疏證改「㜲」作「嬴」，云：「各本訛作㜲，惟廣雅不誤。説文嬴从女、嬴省聲，嬴與㜲有省不省之異，實一字。」劉台拱方言補校亦云：「㜲不成字，從嬴爲是。」盧文弨、錢繹二氏不改，仍從舊本作「㜲」。明刻廣雅作「㜲」，王念孫廣雅疏證認爲作「㜲」是譌字，「惟影宋本不譌」，引方言仍作「㜲」。王念孫方言疏證補亦不改，並云：「嬴與㜲同。」周祖謨方言校箋：「㜲當即嬴之增益字，猶日莫之莫作暮，暮即莫之增益字，盧本不改是也。」按：集韻耕韻「㜲」下、太平御覽卷三八一引方言均作「㜲」，戴震據明刻廣雅改方言「㜲」作「嬴」，非是。

〔三〕「㜲」字宋本殘缺，據上文及此下郭注補。

〔四〕「而」字宋本殘缺，各本作「而」，與通例合，據補。

媌：説文女部：「媌，目裏好也。」段玉裁注：「目裏好者，謂好在匡之裏也。凡方言言順、言矊、言鑠、言盱、言揚，皆謂目之好外見也，惟媌狀目裏。……此謂纖細之好也。」按：眉目美好是其本義，引申之則謂纖細妖冶，故段氏又云方言之「媌」乃「謂纖細之好也」。太平御覽卷三八二引通俗文：「容麗曰媌。」列子周穆王：「簡鄭衛之處子娥媌靡曼者，施芳澤，正蛾眉。」張湛注：「娥媌，妖好也。」後世所見「媌娥、媌娙、媌（苗）條」，側重形容女子身材纖細柔美，眉目美好之義則漸晦矣。

〔五〕姣：戴震方言疏證：「楚辭九歌：『靈偃蹇兮姣服。』洪興祖補注引方言：『好或謂之姣。』注云：『言姣潔也。』……（列子）楊朱篇：『鄉有處子之娥姣者。』又曰：『豐屋美服，厚味姣色。』……詩陳風：『佼人僚兮。』釋文云：『佼，字又作姣，好也。』方言：自關而東河濟之閒凡好謂之姣。」按：説文女部：「姣，好也。」孟子告子上：「不知子都之姣者，無目者也。」「姣美、姣人、姣好、姣冶」等皆先秦漢晉常用詞語。「姣」亦作「佼」。郭璞以「姣潔」釋「姣」，蓋謂姣好潔美，當是其時口語。

〔六〕姝：説文女部：「姝，好也。」朱駿聲通訓定聲：「華嚴經音義上引説文：『色美也。』詩邶風靜女：『靜女其姝，俟我於城隅。』毛傳：『姝，美色也。』」按：「姝」本指貌美，引申之指美女。文選宋玉登徒子好色賦：「此郊之姝，華色含光。」樂府詩集陌上桑：「使君遣吏往，問是誰家姝。」是其例也。

〔七〕音株：「音」字上，戴震方言疏證增「又」字，盧、錢諸家從戴補。周祖謨方言校箋據廣雅釋詁一「姝，好也」曹憲「姝」音充朱、竹瑜二反與郭音相合，亦「從戴本增」。按：方言郭注凡出二音，或曰「又」，如卷一「謾」字注「莫錢反，又亡山反」；或曰「又音」，如卷五「第」字注「音滓，又音姊」；或曰「一音」，如卷三「蠲」字注「音涓，一音圭」；或曰「亦音」，如卷五「㼉」字注「都感反，亦音沉」；或曰「或音」，如卷一〇「欸」字注「音醫，或音塵埃」。依例「音株」上當補一字，或「又」、或「亦」、或「一」、或「或」，未可遽定。

〔八〕通語：太平御覽卷三八一引「通語」下有「耳」字。

〔九〕妦：廣雅釋詁一：「妦，好也。」王念孫疏證：「鄭風丰篇：『子之丰兮。』毛傳云：『丰，豐滿也。』丰與妦通。方言注云：

『娧，謂姅娧也。』廣韻：『丰茸，美好也。』姅娧、姅容、丰茸，皆語之轉耳。」按：「姅」於先秦兩漢文獻未見用例，蓋「姅」之言「丰」也。説文生部：「丰，艸盛丰丰也。」段玉裁注：「引伸爲凡豐盛之偁。」詩鄭風丰鄭箋云：「面貌丰丰然豐滿。」「丰采、丰妍、丰姿、丰貌」等皆用此義。「丰容、丰茸」本指草木茂盛，後亦指容顏、儀態。南朝沈約少年新婚爲之詠：「丰容好姿顔，便辟工言語。」唐王勃採蓮歸詩：「蓮浦夜相逢，吳姬越女何丰茸。」

〔一〇〕妍：王念孫方言疏證補：「『忓』各本皆作『妍』，下有注云：『妍一作忓。』盧氏抱經校本『忓』譌作『忏』。此校書者所記，非郭注原文，然據此知方言之本作『忓』也。蓋正文本作『秦晉之故都曰忓』，注文本作『忓，五干反』。祇因『五干』譌作『五千』，與『妍』字之音相同，而廣雅『妍』字亦訓爲『好』，後人多見『妍』少見『忓』，遂改『忓』爲『妍』，以從『五千反』之音，而一本作『忓』者乃是未改之原文也。請以三證明之：廣雅『忓、妍』俱訓爲『好』，然『忓』字在『姅』字之下，『姅、忓』二字相承，即本於方言，『忓』，曹憲音汗，廣雅又云『忓，善也』，『善』與『好』義相近。若『妍』字，則在下文『婍』字之下，與『姅』字中隔二十五字，不相承接，是廣雅訓『妍』爲『好』自出他書，非本於方言，則方言之有『忓』無『妍』可知。其證一也。集韻平聲二十五寒：『忓，俄干切，秦晉謂好曰忓。』去聲二十八翰：『忓，侯旰切，好也。』皆本方言，而『妍』字注獨不訓爲『好』，類篇同。則方言之有『忓』無『妍』甚明；集韻『侯旰切』之音本於廣雅音，而『俄干切』之音則本於方言注，『俄干』即『五干』。則注文之作『五干反』又甚明。其證二也。太平御覽引方言云：『娥、嬿，好也。秦晉之故都曰忓。』又引注云：『其俗通呼好爲忓，五干反。』是宋初人所見本皆作『忓』，皆音『五干反』。其證三也。元黄公紹古今韻會『妍』字注引方言『秦晉之故都謂好曰妍』，則所見本已是『妍』字。今據諸書訂正。」按：當據王校改作「忓」。

〔一一〕雍丘：王念孫改作「雍縣」，其方言疏證補云：「晉書地理志扶風郡有雍縣，無雍丘縣；御覽引郭注云：『秦舊都，今扶風雍縣也。』今據以訂正。」按：秦雍丘治所在今河南杞縣，而雍縣治所在今陝西鳳翔南，晉時屬扶風郡，王改是也。

〔一二〕妍：當作「忓」，説見本條匯證〔一〇〕。

〔一三〕五千反：當作「五干反」，説見本條匯證〔一〇〕。

〔一四〕妍一作忓：此四字爲校書者所記，非郭注原文，當删，説見本條匯證〔一〇〕。

1b四　烈〔一〕、枿〔二〕，餘也。謂烈餘也〔三〕。五割反。陳鄭之間曰枿，晉衞之間曰烈〔四〕，秦晉之間曰肄〔五〕，音謚〔六〕。傳曰：「夏肄是屏。」〔七〕或曰烈。

匯證

〔一〕烈：戴震方言疏證：「詩大雅雲漢序：『宣王承厲王之烈。』鄭箋云：『烈，餘也。』烈與裂、𠛱音義同。」爾雅釋詁下：「烈、枿，餘也。」郭璞注：「晉衞之間曰櫱，陳鄭之間曰烈。」郝懿行義疏：「烈者，裂之叚借也。説文云：『裂，繒餘也。』玉篇云：『⿰巾列，帛餘也。』廣雅云：『𠛱，餘也。』𠛱、⿰巾列並與裂同，通作烈。」説文火部：「烈，火猛也。」段玉裁注引方言並云：「烈訓餘者，盛則必盡，盡則必有所餘也。」王引之經義述聞卷六毛詩中「其灌其栵」條云：「栵讀爲烈。烈，枿也，斬而復生者也。」黄侃爾雅音訓：「烈通作歺。説文：『歺，𠛱骨之殘。』𠛱即歺之後出字。」「烈」之訓「餘」，謂殘餘也。説文食部：「餘，饒也。」意謂豐饒。引申之則謂剩餘。詩秦風權輿「今也每食無餘」，廣雅釋詁四「餘，盈也」是也。引申爲殘剩。左傳成公二年「請收合餘燼，背城借一」是其例也。本條義爲殘餘。

〔二〕枿：同「櫱」。爾雅釋詁邢昺疏：「枿、櫱音義同。」戴震方言疏證：「枿，説文作欁，云『伐木餘也』，又作櫱。商書盤庚篇：『若顛木之有由櫱。』釋文云：『櫱，本又作枿。馬云：顛木而肄生曰枿。』魯語：『山不槎櫱。』韋昭注云：『以株生曰櫱。』」是「枿」既指伐木之餘，亦指由伐木餘重生之枝。王念孫方言疏證補：「枿、櫱，一字也；烈與枿聲相近。齊語：『戎車待游車之裂，戎士待陳妾之餘。』韋注云：『裂，殘也。』殘亦餘也。説文以裂爲繒餘，故左氏春秋『紀裂繻』，字『子帛』。裂與烈皆餘也。」説文木部：「欁，伐木餘也。」或體作「櫱」。段玉裁注：「枿者，亦櫱之異文。」郝懿行爾雅義疏：「枿者，桙之別體也，説文作欁，或作櫱……按，桙蓋从伞聲，伞即㚔字之省，隸書變伞爲卉，經典因之作枿，故方言云『枿，餘也』。」黄侃爾雅音訓：「枿字蓋从木卉聲，非必桙字之變體。經傳文字，説文不載者多矣。」

〔三〕烈餘：戴震方言疏證：「烈餘當作遺餘。」盧文弨據方言卷二「孑、蓋，餘也」條郭注「謂遺餘」，徑改此條郭注「烈」爲「遺」，錢繹方言箋疏從之。王念孫方言疏證補：「『烈』非『遺』字之譌，乃『𣦼』字之譌也。『𣦼』讀若『殘』。説文：『𣦼，禽獸所食餘也。从歺从肉。』廣雅云：『殂，餘也。』呂氏春秋權勳篇注云：『殘，餘也。』周官槁人注云：『雖其潘瀾戔餘，不可褻也。』殘、戔並與殂同，故郭云『謂殂餘也』。今本作『烈餘』者，『烈』字上半與『殂』相似，上下文又多『烈』字，因譌而爲『烈』。至『遺』與『烈』，形聲皆不相似，若本是『遺』字，無緣譌爲『烈』也。今訂正。」王國維觀堂集林卷五書郭注方言後三：「原本玉篇引注作『謂殘餘也』，慧琳音義卷六十七引：『櫱，即枿字。謂殘餘也。』韋昭齊語注亦云：『裂，殘也。』是注『烈餘』當作『殘餘』，戴改『遺餘』非也。」按：當據王念孫、王國維説改。

〔四〕陳鄭之間曰枿，晉衛之間曰烈：爾雅釋詁郭璞注引作「晉衛之間曰櫱，陳鄭之間曰烈」。戴震方言疏證遺書系本云：「蓋郭注偶譌耳。」周祖謨方言校箋：「原本玉篇『餘』下引方言『晉衛之間曰烈』，與今本同，戴氏之言蓋不誤。」

〔五〕殔：同「肄」。戴震方言疏證：「詩周南：『伐其條殔。』毛傳：『殔，餘也。斬而復生曰殔。』殔、餘語之轉。」王念孫方言疏證補：「殔或通作殔。玉藻：『殔束及帶。』鄭注云：『殔讀爲殔。殔，餘也。』」廣雅釋詁二：「殔，枿也。」王念孫疏證：「枿、殔語之轉耳。」

〔六〕音謚：廣韻至韻神至切，謚號之謚；昔韻伊昔切，笑貌。「肄」僅有一音，羊至切，在至韻。

〔七〕夏殔是屏：左傳襄公二十九年文。

2a五　台〔一〕、胎〔二〕、陶〔三〕、鞠〔四〕，養也。台猶頤也，音怡。晉衛燕魏曰台〔五〕，陳楚韓鄭之間曰鞠〔六〕，秦或曰陶，汝潁梁宋之間曰胎，或曰艾〔七〕。爾雅云：「艾，養也。」

匯證

〔一〕台：郭璞注：「台猶頤也。」戴震方言疏證：「台、頤古通用。」錢繹方言箋疏：「台之言頤也。」爾雅釋詁下：「頤，養也。」郝懿行義疏：「頤者，宧之叚音也……通作頤……又通作台。」説文宀部：「宧，養也。」按：「台」之訓養，乃通假之義。王念孫方言疏證補爲求證「台」之所以訓養，取漢書地理志「祗台德先」，顏師古説爲據。「祗台德先」語出尚書禹貢，章炳麟太炎先生尚書説：「鄭以台爲悦，傳以台爲我，師古漢書注以台爲養，義並詰詘。今謂台當讀爲嗣……祇台者，敬嗣也；德先者，有德之先人。」劉君惠方言箋記據此認爲：王氏「已知『頤、台古字通』，乃必欲求證『台』之所以訓養，竟取漢志顏師古説爲據，不悟顏説之詰詘，此亦通人之一蔽」。

〔二〕胎：錢繹方言箋疏：「『胎』從『台』聲，『台』訓爲養，故『胎』亦訓養也。」徐復補釋：「段玉裁説文『胎』下注云：『方言曰：「胎，養也。」此假借胎爲頤養也。』錢繹箋疏則謂台與巸通。巸即頤字。博引從巸之字以釋之，則就求本字、探語源方面立論，均可師法。」按：王念孫手校戴震方言疏證引例云：「列女傳序：『胎養子孫，以漸教化。』後漢書章帝紀：『深元元之愛，著胎養之令。』易林解之大過〔畜〕：『胎養萌生，始見兆形。』」後世亦有用例。唐張説大成舞：「后歌有蟜，胎炎孕黄。」「胎炎孕黄」言養育炎黄也。「台」，廣韻與之切，又土來切。「胎」，廣韻土來切。「與之」與「音怡」同，古屬餘紐；「土來」古屬透紐。是「晉衛燕魏」與「汝潁梁宋之間」言訓「養」之詞，聲有濁清之異，故揚雄以「台、胎」二字區别之，實一詞也。

〔三〕陶：揚雄太玄玄攡：「資陶虚無而生乎規。」范望注：「陶，養也。」王念孫廣雅疏證補正、錢繹方言箋疏皆引太玄范望注爲證。按：「陶」之本義爲製作瓦器，引申爲「化育」。太玄玄告：「歲歲相盪，而天地彌陶。」范望注：「陶，化也。」後漢書黨錮傳：「是以聖人導人理性，裁抑宕佚，慎其所與，節其所偏，雖情品萬區，質文異數，至於陶物振俗。」李賢注：「陶，謂陶冶以成之。」特指把生命化育成功、把人才造就出來。方言即用此義。太玄玄攡是其例，又如漢書董仲舒傳：「或夭或壽，或仁或鄙，陶冶而成之，不能粹美。」顔師古注：「陶以喻造瓦，冶以喻鑄金也。言天地生人有似於此也。」

〔四〕鞠：爾雅釋言：「鞠，生也。」郝懿行義疏：「生者，活也……生兼活也、養也二義，爾雅之生亦猶是矣。」王念孫方言疏證補：「盤庚：『鞠人謀人之保居。』正義云：『鄭王皆以鞠爲養。』」錢繹方言箋疏：「小雅蓼莪篇：『母兮鞠我。』毛傳：『鞠，養也。』爾雅：『育，養也。』周頌思文篇：『帝命率育。』鄭箋：『育，養也。』夏小正：『雞桴粥。』傳：『粥，養也。』周官倄閶氏：『與其國粥。』鄭注：『粥，養也。』鞠、育、粥古並同聲。鞠之言穀也。廣雅：『穀，養也。』小雅小弁篇：『民莫不穀。』甫田篇：『以穀我士女。』鄭箋並云：『穀，養也。』爾雅：『穀，生也。』又云：『東風謂之谷風。』孫炎注：『生長之風。』鞠、穀、谷，聲義並同。道德經：『谷神不死。』河上公本作『浴』，注：『浴，養也。』浴與鞠聲亦相近。生爲養之始，故養與始義相近。養謂之台，亦謂之胎，猶人之始謂之胎，錫之始謂之飴；養謂之鞠，猶人之始謂之育，酒之始謂之𥻨也。説文：『𥻨，酒母也。』是也。」

〔五〕燕魏：爾雅釋詁下「頤、艾、育，養也」邢昺疏引作「燕趙」。

〔六〕韓鄭：原本玉篇殘卷「陶」下引作「鄭衛」。慧琳一切經音義卷四二、卷四三引「陳楚」下均無此二字。

〔七〕艾：戴震方言疏證：「『保艾爾後』『福禄艾之』，毛傳皆云：『艾，養也。』」王念孫方言疏證補：「艾通作乂，皋陶謨：『萬邦作乂。』周頌思文正義引鄭注云：『乂，養也。』」爾雅釋詁下：「艾，養也。」郝懿行義疏：「育、艾、頤，又俱聲轉之字。」

六　憮〔一〕，亡輔反。俺〔二〕，音淹〔三〕。憐〔四〕，牟〔五〕，愛也。韓鄭曰憮，晉衛曰俺，俺憸〔六〕，多意氣也。汝潁之間曰憐，宋魯之間曰牟，或曰憐〔七〕。憐，通語也。

匯證

〔一〕憮：爾雅釋詁下：「㥄，愛也。」邢昺疏：「㥄、憮，音義同。」戴震方言疏證：「説文：『憮，愛也，韓鄭曰憮。』『㥄，撫也。讀若侮。』㥄、憮，聲義通。」王念孫方言疏證補：「下文云：『憐、憮、俺，愛也。陳楚江淮之間曰憐，宋衛邠陶之間曰憮，或曰俺。』卷六云：『㥄，憐也。』㥄與憮同。爾雅：『憮，撫也。』郭注云：『憮，愛撫也。』撫與憮聲近而義同。」按：據漢語方言大詞典，上海話中有訓愛憐、偏愛之義的「㥄」，如「上海夫妻兩家頭，一個打小人，一個㥄小人，儕勿對」。膠遼官話中有「㥄㥄憐憐」一詞，義爲「互相愛憐記掛」。是「㥄」亦憐也。

〔二〕俺：廣雅釋詁一：「俺，愛也。」王念孫疏證：「俺、愛一聲之轉，愛之轉爲俺，猶薆之轉爲掩也。」按：是晉衛人言「愛」音如「淹」，故揚雄製「俺」字記之。

〔三〕音淹：爾雅釋詁下「㥄、憐、惠，愛也」邢昺疏引方言郭注作「音掩」。廣雅釋詁一「俺」字曹憲音於檢、於劍二反，二音聲調有上去之分。

〔四〕憐：憐愛。列子楊朱：「生相憐，死相捐。」

〔五〕牟：廣雅釋詁一：「牟，愛也。」王念孫疏證：「牟亦㥍也，語之轉耳。」爾雅釋詁下：「㥍，愛也。」郝懿行義疏：「方言云：『憐也。』說文云：『撫也。』撫循義亦爲愛。通作憮……說文本方言。釋文云：『㥍，亡矩反，又音無。』按，無古讀如模。說文：㥍『从某聲，讀若侮』。是㥍、憮聲義同，古字通用……牟亦㥍也，是㥍、牟又聲之轉，義又同矣。」錢繹方言箋疏：「牟之言㥍也……字通作恈。玉篇：『恈，貪愛也。』荀子榮辱篇：『恈恈然唯利飲食之見，是狗彘之勇也。』又云：『恈恈然唯利之見，是賈盜之勇也。』楊倞注：『恈恈，愛欲之貌。』引方言：『牟，愛也，宋魯之間曰牟。』牟與恈同。」

〔六〕㤿憸：說文心部：「憸，憸詖也。憸利於上，佞人也。」意謂奸邪，奸佞。郭璞云：「㤿憸，多意氣也。」既與方言訓「愛」之義不同，亦與說文訓「憸詖」之義不類。據漢語方言大詞典、現代漢語方言大詞典，南寧平話、廣州話中有「㤿憸」一詞，義訓「挑剔」，或謂「難對付」，與郭注之義似頗近。「㤿憸」疊韻，聲母同屬喉音，晉時口語中蓋有此詞，郭氏引之以注方言，廣異訓之例也。

〔七〕或曰憐：爾雅釋詁下：「㥍、憐、惠，愛也。」邢昺疏引方言作「秦或曰憐」。盧文弨重校方言：「疏引此文『或曰憐』之上有『秦』，係誤衍。」按：有「秦」與方言通例不合，盧說是也。

七　㥄〔一〕、憮〔二〕、矜〔三〕、悼〔四〕、憐〔五〕，哀也。㥄亦憐耳，音陵。齊魯之間曰矜，陳楚之間曰悼，趙魏燕代之間曰㥄，自楚之北郊曰憮，秦晉之間或曰矜，或曰悼。

匯證

〔一〕㥄：本條訓「哀」，憐憫、愛憐之義。說文口部：「哀，閔也。」書呂刑：「皇帝哀矜庶戮之不辜，報虐以威。」呂氏春秋報更：「人主胡可以不務哀士？」高誘注：「哀，愛也。」本書卷六：「㥄，憐也。」郭注：「音凌。」憐與哀義通。「憐」古屬真部，「凌」古屬蒸部。王念孫方言疏證補：「真、蒸二部聲相近，故從粦、從夌之字或相轉……故郭云『㥄亦憐耳』。」錢繹方言箋疏：「凡相憐者必相愛，故釋名曰：『哀，愛也。愛乃思念之也。』……愛與哀聲近，義亦相通。哀謂之憮，亦謂之憐，故愛謂之憮，亦謂之憐也。」按：此義之用例晚見，而先秦兩漢所見「悛」乃訓「恐怖」。鶡冠子備知：「昔之登高者，下人代之悛，手足爲之汗出。」陸佃注：「悛，怖也。」淮南子兵略：「建鼓不出庫，諸侯莫不慴悛沮膽其處，故廟戰者帝，神化者王。」「慴悛」近義連用，謂驚恐也。張衡西京賦：「百禽悛遽，騤瞿奔觸。」李善注引薛綜曰：「悛，猶怖也。遽，促也。」「悛遽」謂驚恐失措。訓「哀憐」則例見於唐代，元結演興閔嶺中詩：「久懷懷以悛惋，卻遲廻而永嘆。」「悛惋」近義連用，謂哀憐也。

〔二〕憮：王念孫方言疏證補：「憮之言撫卹也，故爾雅云：『憮，撫也。』又云：『矜憐，撫掩之也。』卷十云：『無寫，憐也。』沅澧之原凡言相憐哀或謂之無寫。』無寫亦憮也，急言之則曰憮，徐言之則曰無寫矣。寫古讀若零露湑兮之湑，説見唐韻正。哀與愛聲義相近，故憮、憐既訓爲愛，而又訓爲哀。呂氏春秋報更篇：『人主胡可以不務哀士。』高注云：『哀，愛也。』樂記：『肆直而慈愛者。』鄭注云：『愛或爲哀。』」參見上條匯證〔一〕。

〔三〕矜：四部叢刊影宋本作「矜」。珂羅版宋刊本、影宋抄本、天壤閣翻刻本以及明人刻本和清人校本，上下字皆作「矝」，周祖謨方言校箋本同。臧庸拜經日記卷八：「慧苑華嚴經音義卷上：『特垂矜念。毛詩傳：「矜，憐也。」謂偏獨憂憐也。』按，説文、字統：『矜，怜也。』皆從矛、令。若從今者，音巨巾反，矛柄也。按，玉篇二字皆從矛、令，無矛、今者也。」臧庸拜經日記卷八又云：「據慧苑所引，知唐本説文矛部『矜』下有『憐也』一訓，而今本止有『矛柄』之義，後世字書韻學混淆，致改玉篇誤從『今』，唐以來字書遂無有作『矝』者矣。猶幸慧苑書引毛詩傳及説文、字統、玉篇，皆可藉以考正。而慧苑又分矜、矝二字，當由習見作『矜』，故强爲區別耳。」大徐本説文字作「矜」，訓「矛柄也」，居陵切，又巨巾切。段玉裁注説文改篆文作「矝」，从矛、令聲」，釋其義云：「字從令聲，令聲古音在真部，故古叚『矜』爲憐。毛詩鴻鴈傳曰：『矜，憐也。』言叚借也。釋言曰：『矜，苦也。』其義一也。」又釋其形云：「各本篆作矜，解云今聲。今依漢石經論語、溧水校官碑、魏受禪表皆作『矝』正之。毛詩與天、臻、民、旬、填等字韻，讀如鄰，古音也。漢韋玄成戒子孫詩始韻心，晉張華女史箴、潘岳哀永逝文始入蒸韻。由是『巨巾』一反僅見方言注、過秦論李注、廣韻十七真，而他義則皆入蒸韻，今音之大變於古也。『矛柄』之字改而爲『穫』，云古作『矜』，他義字亦皆作『矜』，從『今』聲，又古今字形之大變也。徐鉉曰『居陵切，又巨巾切』，此不達其原委之言也。」按：

據以上所引材料及各家之説，知「矛柄」之義及他義，古皆作「矝」，哀憐之義則是字之假借，漢以後字形字音皆有變化，字義也隨之分化。四部叢刊影宋刊本方言作「矝」，與漢隸以及慧苑所見唐本説文、字統、玉篇合，是古本作「矝」不作「矜」。下文二「矜」字亦當據此改作「矝」。

〔四〕悼：哀傷。

〔五〕憐：哀憐。

2b八 咺〔一〕、香遠反。唏〔二〕、虛几反。㣿〔三〕、音的，一音灼。怛〔四〕，痛也。凡哀泣而不止曰咺，哀而不泣曰唏。於方，則楚言哀曰唏，燕之外鄙〔五〕鄙，邊邑名。朝鮮洌水之間朝鮮，今樂浪郡是也。洌水，在遼東，音烈。少兒泣而不止曰咺。少兒，猶言小兒。自關而西秦晉之間凡大人少兒泣而不止謂之嘵，丘尚反。哭極音絶亦謂之嘵。平原謂啼極無聲謂之嘵哴〔六〕。哴，音亮。今關西語亦然。楚謂之噭咷〔七〕。叫、逃兩音。字或作叴，音求〔八〕。齊宋之間謂之喑〔九〕，音蔭。或謂之惄〔一〇〕。奴歷反。

匯證

〔一〕咺：王念孫方言疏證補：「漢書外戚傳：『悲愁於邑，喧不可止兮。』師古曰：『朝鮮之間謂小兒泣不止名爲喧。』喧與咺通。」錢繹方言箋疏：「卷十二：『爰，哀也。』楚辭九章：『曾傷爰哀，永歎喟兮。』爰、咺古同聲通用。齊策『狐咺』，漢書古今人表作『狐爰』，其證也。下卷『逞、苦、了，快也』，注云：『今江東人呼快爲愃。』音相緣反。説文：『快，喜也。』痛與泣謂之咺，快亦謂之愃，相反爲義也。咺、愃聲亦相近。」按：「咺、喧、爰」，蓋狀哀痛哭泣之聲，「江東人呼快爲愃」，亦得名於歡快之聲。狀哀泣之聲謂之咺，狀歡快之聲謂之愃，其義雖別，得名之由皆在「聲」，不必以爲「相反爲義」。

〔二〕唏：王念孫方言疏證補：「唏，音虛豈、虛既二反，字亦作欷。楚辭九辯云：『憯悽增欷。』淮南説山篇云：『紂爲象箸而箕子唏。』唏之言歔欷也。説文：『歔，欷也。』『欷，歔也。』楚辭離騷云：『曾歔欷余鬱邑兮，哀朕時之不當。』史記宋世家：『箕子朝周過故殷虛，感宫室毁壞生禾黍，箕子傷之，欲哭則不可，欲泣爲其近婦人，乃作麥秀之詩以歌詠之。』即此所云『哀而不泣』者，故馮衍顯志賦云『忠臣過故墟而歔欷』也。」按：哀痛之聲謂之唏，歡笑之聲亦謂之唏。說文：「唏，笑也。从口，稀省聲。一曰哀痛不泣曰唏。」哀痛、歡笑之義雖相反，然其聲皆可言「唏」則一也。急言之曰「唏」，字或作「悕、欷」，緩言之則曰「歔欷」。

〔三〕㣿：王念孫方言疏證補：「㣿之言灼也。後漢書楚王英傳：『懷用悼灼。』灼與㣿通。」按：「㣿」之訓「痛」，古辭書均見載，而文獻用例則未見。「灼」本訓「炙」，謂燒烤。燒傷、燒痛亦謂之「灼」。漢桓寬鹽鐵論：「故未嘗灼而不敢握火者，見其有灼也。」下文「怛，痛也」，「灼怛」連文猶言悲痛也。漢王符潛夫論明忠：「目見危殆之事，無不爲之灼怛驚□而赴救之者。」「悼灼」連文亦言傷痛，後漢書楚英王傳之例是也。故王氏云「㣿之言灼也」。

〔四〕怛：王念孫方言疏證補：「說文：『憯，痛也。』『怛，憯也。』是怛爲痛也。檜風匪風篇：『中心怛兮。』毛傳云：『怛，傷也。』傷亦痛也。」錢繹方言箋疏：「廣雅：『㣿、怛，痛也。』衆經音義卷五：『㣿，痛也。』……衆經音義卷一云：『毒螫，式亦反。字林：蟲行毒也。關西行此音。又音呼各反，山東行此音。蛆，知列反，南北通語也。』……怛與蛆，聲相近。心有所痛謂之怛，身有所痛謂之蛆，其義一也。」按：「怛」之訓痛，用例頗豐。史記屈原賈生列傳「疾痛慘怛」張守節正義，宋玉風賦「中心慘怛」、潘岳寡婦賦「怛驚悟兮無聞」、稽康幽憤詩「怛若創痏」李善注引方言均作「怛，痛也」。

〔五〕外鄙：王念孫疑「外」字當作「北」字。戴震方言疏證王念孫手校於「外」字右側墨筆注「北」字，天頭墨批注云：「下文之『燕之北鄙齊楚之郊或曰京，或曰將』，又曰『燕之北郊謂賊爲虔』，又曰『燕代之北鄙曰梨』。」按：王氏所引方言文，俱見於卷一內。方言全書稱「燕之北鄙」或「燕代之北鄙」者凡六次，稱「燕之北郊」或「燕之郊」者凡七次，稱「燕之外郊」者凡五次，而稱「燕之外鄙」者則僅見於此，且各本俱同。譌與不譌，是「外」字譌抑「鄙」字譌，不能遽定。

〔六〕唴哴：按：單言之曰「唴」，合言之則曰「唴哴」。「哴」亦作「喨」。說文口部：「唴，秦晉謂兒泣不止曰唴。」廣雅釋詁三：「唴喨，悲也。」意謂因悲傷過度而哭泣不止，或失聲哽咽。

〔七〕噭咷：王念孫方言疏證補：「同人九五：『先號咷而後笑。』釋文云：『號咷，啼呼也。』噭咷猶號咷也。昭二十五年公羊傳云：『昭公於是噭然而哭。』」錢繹方言箋疏：「說文：『噭，噭呼也。』曲禮：『毋噭應。』鄭注：『噭，號呼之聲也。』昭二十五年公羊傳：『昭公於是噭然而哭。』何休注：『噭然，哭聲貌。』說文引作『嘂』，云：『高聲也。一曰大嘑也。』『嘂』與『噭』通。又通作『警』。說文：『警，痛呼也。』重言之曰『噭噭』。文選謝靈運登石門最高頂詩：『噭噭夜猿啼。』曹植襍詩：『飛鳥繞樹翔，噭噭鳴索群。』說文：『楚謂兒泣不止曰噭咷。』易同人九五、旅上九皆言『號咷』。太玄樂次三：『號咷倚户。』『噭咷』與『號咷』同義。楚辭傷時云：『聲噭誂兮清和。』王逸注『噭誂，清暢貌』也。『噭誂』與『噭咷』亦同。哭聲謂之噭咷，歌聲亦謂之噭咷，漢書韓延壽傳『噭咷楚歌』是也。」

〔八〕字或作叴，音求：說文口部：「叴，高氣也。」桂馥義證：「『高氣也』者，詩正月：『執我仇仇。』傳云：『仇仇猶謷謷也。』釋訓：『仇仇、敖敖，傲也。』郭云：『皆傲慢賢者。』馥謂仇即此叴。」按：說文「叴」、毛詩「仇仇」、爾雅「仇仇」，與方言義均不合。郭注意謂「噭」字可寫作「叴」。「噭、叴」古音近，然以「叴」借爲「噭」於文獻無徵，疑此用法爲晉時俗寫。

〔九〕喑：王念孫方言疏證補：「啼極無聲謂之喑，猶不能言謂之瘖也。」說文口部「喑」字下段玉裁注：「喑之言瘖也，謂啼極無聲。」按：說文口部：「喑，宋齊謂兒泣不止曰喑。」啼極無聲指因悲痛過度而哽咽之狀。金匱要略臟腑經絡：「語聲喑喑然不澈者，心膈間病。」緘默不語亦謂之「喑」。墨子親士：「臣下重其爵位而不言，近臣則喑，遠臣則唫。」孫詒讓閒詁引說苑正諫篇：「下無言則謂之喑。」「瘖」乃失音病，即啞。說文疒部：「瘖，不能言也。」「喑」與「瘖」音同義通，亦常互借，例多不贅。

〔一〇〕惄：下條云：「惄，傷也……汝謂之惄。」傷與痛，義相通。

3a 九 悼〔一〕、惄〔二〕、悴〔三〕、慭〔四〕，傷也。詩曰：「不慭遺一老。」〔五〕亦恨傷之言也。慭，魚丢反〔六〕。自關而東汝潁陳楚之間通語也〔七〕。汝謂之惄，秦謂之悼〔八〕，宋謂之悴，楚潁之間謂之慭。

匯證

〔一〕悼：錢繹方言箋疏：「廣雅：『悼，傷也。』衛風氓篇：『躬自悼矣。』毛傳：『悼，傷也。』淮南脩務訓：『楚欲攻宋，墨子聞而悼之。』高誘注：『悼，傷也。』」按：本卷第七條：「悼，哀也。」哀傷與憂傷，義相通。哀傷之義謂之悼，乃陳楚之間方言；憂傷之義謂之悼，則爲秦方言。文獻用例無此分別。詩邶風終風：「中心是悼。」朱熹集傳：「悼，傷也。」潘岳秋興賦「登山懷遠而悼近」張銑注、寡婦賦「魏文悼之」吕延濟注、曹植洛神賦「悼良會之永絶兮」張銑注、陸機爲顧彦先贈婦「俻身悼憂苦」吕向注同。説文人部：「傷，創也。」由創傷引申爲傷害、損害，又引申爲憂傷。

〔二〕惄：説文心部：「惄，憂也。」爾雅釋詁下：「惄，思也。」是「惄」本訓憂思，引申爲憂傷。詩小雅小弁：「我心憂傷，惄焉如擣。」孔穎達疏：「惄焉悲悶，如有物之擣心也。」陸機贈弟士龍：「惄焉傷别促。」吕向注：「惄，憂心也。」錢繹方言箋疏：「説文：『愵，憂皃。讀與惄同。』周南汝墳篇：『惄如調飢。』釋文引韓詩作『愵』。衆經音義卷十六云：『愵，古文惄、慇二形。』王褒洞簫賦：『憤伊鬱而酷慇。』李善注引倉頡篇：『慇，憂皃。』玉篇同，音奴的切。愵、慇並與惄同。」

〔三〕悴：王念孫方言疏證補：「小雅雨無正篇：『憯憯日瘁。』瘁與悴通。漢堂邑令費鳳碑云：『黎儀瘁傷，泣涕連漉。』」按：説文心部：「悴，憂也。」文子上德：「有榮華者，必有愁悴。」淮南子原道訓：「聖人處之，不爲愁悴怨懟，而不失其所以自樂也。」「愁悴」連文，是「愁、悴」義相近。「愁」謂憂愁，「悴」謂憂傷也。文選趙至與嵇茂齊書：「吁其悲矣，心傷悴矣。」劉良注：「悴，憂也。」曹植朔風詩：「繁華將茂，秋霜悴之。」李善注引方言：「悴，傷也。」

〔四〕憖：馬瑞辰毛詩傳箋通釋卷二〇：「考説文『憗』字注：『楚潁之間謂憂曰憗。』是知方言『憖』乃『憗』字形近之譌，『傷』讀憂傷之傷。廣雅：『憖，憂也。』廣韻：『憖，一曰傷也。』並誤以『憗』爲『憖』。郭璞方言本已誤作『憖』，因引詩『不憖遺一老』云：『亦恨傷之言也。』誤矣。」爾雅釋詁上「憂也」條郝懿行義疏：「説文云：『楚潁之間謂憂曰憗。』方言『憗』作『憖』，字形之誤也。」按：廣韻之韻：「憗，愁憂之皃。」集韻之韻：「憗，愁憂皃，楚潁間語。」玉篇心部：「憗，愁憂皃。」蓋本方言或説文。是「憖」當據馬、郝所校改作「憗」，下文同。

〔五〕不憖遺一老：見詩經小雅十月之交六章。鄭箋：「憖者，心不欲自强之辭也。」陸德明釋文引爾雅：「憖，願也，强也，且也。」郭璞云「亦恨傷之言也」誤。説文心部「憖」字下段玉裁注：郭注「似於文理不協」。段疑是也。

〔六〕忞：同「吝」。

〔七〕自關而東汝潁陳楚之間通語也：王念孫方言疏證補引歸安丁升衢：「此句首似少一『傷』字。」盧文弨重校方言亦存丁氏說。

〔八〕秦謂之悼：慧琳一切經音義卷四八「傷悼」條引作「秦晉謂之悼」。

一〇　慎〔一〕、濟〔二〕、𣉑〔三〕、惄〔四〕、溼〔五〕、桓〔六〕，憂也。𣉑者，憂而不動也〔七〕，作念反。宋衛或謂之慎，或曰𣉑。陳楚或曰溼，或曰濟。自關而西秦晉之間或曰惄，或曰溼。自關而西秦晉之間凡志而不得、欲而不獲、高而有墜、得而中亡謂之溼，溼者，失意潛沮之名〔八〕。沮一作阻〔九〕。或謂之惄。

匯證

〔一〕慎：楚辭七諫怨世：「哀子胥之慎事。」王逸注：「子胥臨死曰：『抉吾兩目，置吴東門，以觀越兵之入也。』死不忘國，故言慎事也。」王念孫方言疏證補：「據此，則慎事者憂事也。」論語學而：「慎終追遠，民德歸厚矣。」集解引孔安國曰：「慎終者，喪盡其哀。」劉君惠方言箋記：「哀與憂義近，此例可以疏證方言慎之訓憂。解論語者或謂『慎終』爲『喪盡其禮』，殊昧其本源。孔安國猶存故訓。」説文心部：「慎，謹也。」由謹慎、慎重引申爲憂慮、憂懼。廣雅釋詁一：「慎，憂也。」又釋詁四：「慎，恐也。」晏子春秋内篇雜上第五：「燕之遊士，有泯子午者……睹晏子，恐慎而不能言。」吴則虞集釋引孫詒讓：「此古義之僅見者。」「恐慎」連文，猶憂懼也。

〔二〕濟：廣雅釋詁一：「濟，憂也。」又釋詁四：「懠，愁也。」王念孫疏證：「懠與濟，聲近義同。」盧文弨重校方言以「反訓」疏解方言「濟」之訓「憂」，云：「濟者，憂其不濟也，古人語每有相反者。」不可信據。王念孫方言疏證補詁之曰：「若取相反之義，則當謂不濟爲濟，不當謂憂爲濟，憂與濟豈語之相反者乎？此曲爲之説而終不可通也。」按：説文無「懠」字，而「濟」本水名。廣雅釋「愁」之「懠」，集韻霽韻才詣切。方言「濟」之言「懠」也。

〔三〕𣉑：王念孫方言疏證補：「𣉑之言潛也。」又：「慘與𣉑亦聲近義同。」按：郭注謂「憂而目不動」，即憂貌，而𣉑之言憯也。文選宋玉風賦：「故其風中人狀，直憯悽惏慄。」李善注引鄭玄曰：「憯，憂也。」複音詞則有「憯悽、憯怛、憯悴」之類。楚辭宋玉九辯「憯悽增欷兮薄寒之中人」、禮記表記「中心憯怛，愛人之仁也」、曹植任城王誄「矧我同生，能不憯悴」是其例也。憯與慘聲近義通。詩小雅十月之交：「胡憯莫懲。」陸德明釋文：「憯亦作慘。」又雨無正：「憯憯日瘁。」唐石經作「慘慘日瘁」。爾雅釋詁上：「慘，憂也。」王力同源字典：「『憯、慘』實同一詞。」含「憂」義之複音詞頗多，「慘怛、慘悽、慘悴、慘惕、慘愴、慘傷」之類皆是也。

〔四〕惄：按：第八條云齊宋之間謂痛曰惄，上條云汝謂傷曰惄，本條云自關而西秦晉之間謂憂曰惄。傷痛、憂傷、憂思，義相通也。是「惄」在各地方言中義之所指有所偏重。戴震方言疏證改「惄」作「愵」，云：「說文云：『惄，飢餓也，一曰憂也。』『愵，憂貌，讀與惄同。』陸機贈弟士龍詩『惄焉傷別促』李善注云：『方言：愵，憂也。自關而西秦晉之間或曰惄。』今從李善所引改正。」錢繹方言箋疏：「唐人注所引凡與本書字異而聲義並同者，多改從本書，以便省覽。觀諸經正義中，所引釋詁、釋言文自見，而文選一書爲尤甚。戴氏不察，輒據之以改惄作愵，非是。」周祖謨方言校箋亦云：「不宜改『惄』爲『愵』。」王念孫方言疏證補：「小雅小弁篇：『我心憂傷，惄焉如擣。』是惄爲憂也。文選洞簫賦：『憤伊鬱而酷䘏。』李善注引倉頡篇云：『䘏，憂貌。』玉篇音奴的切。䘏與惄同。上文云：『惄，傷也。』爾雅云：『惄，思也。』舍人注：『志而不得之思也。』思謂憂思也，故爾雅云：『憂，思也。』舍人以『志而不得』釋『惄』字，正與方言同。卷十二云：『惄，悵也。』玉篇：『惆悵失志也。』此正所謂『志而不得、欲而不獲、高而有墜、得而中亡謂之惄』也。」

〔五〕溼：盧文弨重校方言改作「濕」，云：「濕舊皆作溼。案楊倞注荀子脩身篇、不苟篇引方言皆作『濕，優也』。今據此作濕字，當讀爲佗合反，今吳越語猶然。」錢繹方言箋疏云：「盧校本據此改溼作濕，非是。」錢氏仍從舊本作「溼」，並以「溼」字求訓。王國維觀堂集林卷五書郭注方言後三：「原本玉篇、荀子脩身篇注，均引溼作濕……濕古人皆讀他合反，今人於志而不得、欲而不獲、高而有墜、得而中亡時，猶皆讀之如他合反之濕。以此一音，表彼四義，當是秦晉舊語。自以作濕爲長。」按：盧、王二氏之說是也。說文水部：「濕，水出東郡東武陽入海。从水，㬎聲。」他合切，隸變作「濕」；又：「溼，幽溼也。」失入切。是兩字音義迥別。又以「濕」爲燥溼字，「濕」字則形譌作「漯」。龍龕手鏡水部：「漯、濕，他合反，水名。又俗失入反。」集韻合韻：「濕，水名……或作漯。」是其證。劉君惠方言箋記：「書禹貢：『浮於濟漯，達於河。』漯水是黃河下游主要支津之一，水經河水注說其流域最詳，當今山東之徒駭河，俗呼土河，土河即濕水故瀆之殘餘而稍有遷異。俗呼土河，『土』即『濕』之遺音，使我們合理地聯繫到它的歷史淵源，盧校溼當作濕，是確切的。」民國蕪湖縣志：「事失機會謂之濕，音沓。」乾隆二十五年趙城縣志：「憂或曰惄，或曰濕。」是後世吴語和北方中原官話中猶存此語。下文及注内「溼」均當改作「濕」。

〔六〕桓：說文木部：「桓，亭郵表也。」是「桓」字與「憂」義無涉。桓之言悹也。說文心部：「悹，憂也。」賈誼新書匈奴：「天子下臨，人民悹之。」盧文弨校曰：「建本作『天子不臨，人民患之』；潭本『不臨』作『不怵』，『患』作『悹』。今案，『不』字當作『下』，形近而訛耳，下同。『悹』與『患』同。」方向東匯校云：「吉府本與潭本同，『悹』下注云：『音管，憂也。』」字亦作「悺」。廣雅釋詁一：「悺，憂也。」後漢書孝桓帝紀：「及中常侍單超、徐璜、具瑗、左悺。」李賢注：「說文曰：『悹，憂也。』今字心旁官，即悹字也。」朱駿聲說文通訓定聲：悹「疑即患字之異文」。「桓」，廣韻胡官切，古音匣紐元部。「悺」，曹憲音貫，古音見紐元部。「患」，廣韻胡慣切，古音匣紐元部。慧琳一切經音義卷一引作「恒，憂也」。

〔七〕憂而不動也：劉台拱方言補校：「注『不動』上當脱『目』字。」按：廣韻鹽韻：「䁮，閉目内思。」又㮇韻：「䁮，閉目思也。」集韻豔韻：「閉目思也，一曰憂也。」是「䁮」之訓憂，乃指憂傷、憂思之貌，其狀當與「目」相關，劉校是也。

〔八〕潛沮：原本玉篇殘卷「溼」下引作「憯怛」。按：憂傷苦謂之憯怛。禮記表記：「中心憯怛，愛人之仁也。」漢書武帝紀：「蓋君者心也，民猶支體，支體傷則心憯怛。」周祖謨方言校箋：「憯怛猶言慘怛也。」莊子盜跖：「慘怛之疾，恬愉之安，不監於體。」史記屈原傳：「人窮則反本，故勞苦倦極，未嘗不呼天也；疾痛慘怛，未嘗不呼父母也。」是「潛沮」當據原本玉篇殘卷改作「憯怛」。錢繹方言箋疏：「䁮之言潛也，即下注云『失意潛沮』也。」乃據誤字臆說而已。

〔九〕沮一作阻：蓋校書者所記而羼入注文者，當删。

3b一一　鬱悠〔一〕、懷〔二〕、惄〔三〕、惟〔四〕、慮〔五〕、願〔六〕、念〔七〕、靖〔八〕、慎〔九〕，思也。晉宋衛魯之間謂之鬱悠〔一〇〕。鬱悠，猶鬱陶也。惟，凡思也。慮，謀思也。願，欲思也。念，常思也。東齊海岱之間曰靖，岱，太山〔一一〕。秦晉或曰慎。凡思之貌亦曰慎。謂感思者之容。或曰惄。

匯證

〔一〕鬱悠：正字通鬯部：「鬱，別作鬰。」郭璞於下文注云：「鬱悠，猶鬱陶也。」王念孫方言疏證補：「陶讀如皋陶之陶。鬱悠、鬱陶古同聲，經典相承讀陶如陶冶之陶，失之也。孟子萬章篇云：『鬱陶思君爾。』楚辭九辯云：『豈不鬱陶而思君。』是鬱陶爲思也。凡喜意未暢謂之鬱陶，積憂謂之鬱陶，積思謂之鬱悠，又謂之鬱陶，積暑亦謂之鬱陶，其義並相近。」廣雅釋詁二：「鬱、悠，思也。」王念孫疏證：「鬱猶鬱鬱也，悠猶悠悠也。楚辭九辯云：『馮鬱鬱其何極。』鄭風子衿篇云：『悠悠我思。』合言之則曰鬱悠。」

〔二〕懷：説文心部：「懷，念思也。」段玉裁注：「念思者，不忘之思也。」義即懷念。

〔三〕惄：憂思。詩周南汝墳：「未見君子，惄如調飢。」鄭箋：「惄，思也。未見君子之時，如朝飢之思食。」憂思與憂傷義相通，參上條匯證〔四〕。

〔四〕惟：爾雅釋詁下：「惟，思也。」本條下文云：「凡思也。」詩大雅生民：「載謀載惟，取蕭祭脂。」鄭箋：「惟，思也。」

〔五〕慮：爾雅釋詁上：「慮，謀也。」又釋詁下：「慮，思也。」本條下文云：「謀思也。」説文言部：「謀，慮難曰謀。」論語衛靈公：「人無遠慮，必有近憂。」何晏集解引王肅曰：「君子當存思患而預防之。」

〔六〕願：説文頁部：「願，大頭也。」又心部：「愿，謹也。」表願望、心願、希望等義，古書通用「願」。本條下文云：「欲思也。」猶言希望。楚辭九章惜誦：「固煩言不可結詒兮，願陳志而無路。」王逸注：「願，思也。」詩衛風伯兮：「願言思伯，甘心首疾。」鄭箋：「願，念也。我念思伯，心不能已。」

〔七〕念：本條下文云：「常思也。」謂長久思之。詩大雅文王：「王之藎臣，無念爾祖。」漢王褒九懷匡機：「撫檻兮遠望，念君兮不忘。」

〔八〕靖：爾雅釋詁上：「靖，謀也。」廣雅釋詁二：「靖，思也。」王念孫疏證：「謀與思義相近。」書盤庚上：「則惟汝衆自作弗靖，非予有咎。」僞孔傳：「靖，謀也。是汝自爲，非謀所致。」文選張衡思玄賦：「潛服膺以永靚兮，緜日月而不衰。」李善

注：「方言曰：『靖，思也。』靖與靚同。字林：『靖，審也。』」

〔九〕慎：本條下文云：「凡思之貌。」郭璞注：「感思者之容。」王念孫方言疏證補：「上文云：『慎、惄，憂也。』爾雅云：『憂，思也。』憂與思同義，故惄、慎又爲思也。」廣雅釋詁二：「慎，思也。」王念孫疏證：「凡思之貌亦曰慎。王制云：『凡聽五刑之訟，必〔以權之〕意論輕重之序，慎測淺深之量以別之。』是慎爲思也。」

〔一〇〕衛魯：王念孫手校明本云：「『衛魯』，説郛本作『魯衛』。」紺珠集卷八引亦作「魯衛」。

〔一一〕太山：各本同，戴震方言疏證作「泰山」。

一二　敦〔一〕、豐〔二〕、厖〔三〕、鴡𪈐〔四〕。乔〔五〕、音介。幠〔六〕、海狐反。般〔七〕、般桓。嘏〔八〕、音賈。奕〔九〕、戎〔一〇〕、京〔一一〕、奘〔一二〕、在朗反。將〔一三〕，大也。凡物之大貌曰豐。厖，深之大也。東齊海岱之間曰乔，或曰幠。宋魯陳衛之間謂之嘏，或曰戎。秦晉之間凡物壯大謂之嘏，或曰夏〔一四〕。秦晉之間凡人之大謂之奘，或謂之壯。燕之北鄙、齊楚之郊或曰京，或曰將。皆古今語也。語聲轉耳。初別國不相往來之言也，今或同，而舊書雅記故俗語不失其方〔一五〕，皆本其言之所出也。雅，小雅也〔一六〕。而後人不知，故爲之作釋也。釋詁、釋言之屬〔一七〕。

匯證

〔一〕敦：戴震方言疏證遺書系各本有「敦、大，語之轉」五字。廣雅釋詁一：「敦，大也。」王念孫疏證：「方言：『敦，大也。』陳鄭之間曰敦。』爾雅：『大歲在午曰敦牂。』孫炎注云：『敦，盛；牂，壯也。』是大之義也。敦又音徒昆反，其義亦爲大。漢書『敦煌郡』，應劭注云：『敦，大也；煌，盛也。』周語：『敦厖純固。』韋注云：『敦，厚也；厖，大也。』……厚與大同義，故厚謂之敦，亦謂之厖；大謂之厖，亦謂之敦矣。」

〔二〕豐：本條下文云：「凡物之大貌曰豐。」卷二：「趙魏之郊、燕之北鄙凡大人謂之豐人。」「燕趙之間言圍大謂之豐。」按：「豐」謂高大之貌，引申之則謂增大、擴大。易豐：「彖曰：豐，大也。」王弼注：「音闡大之大也。」孔穎達疏：「豐之稱大乃闡大之大，非自然之大，故音之也。」字或作「寷」。説文宀部：「寷，大屋也。」廣雅釋詁一：「寷，大也。」「豐」之釋「大」，今語猶然，「豐碑、豐功」之「豐」皆當釋「大」。

〔三〕厖：爾雅釋詁上：「厖，大也。」左傳成公十六年「民生敦厖，和同以聽」杜預注、國語周語上「敦厖純固，於是乎成」韋昭注皆云：「厖，大也。」本條釋爲「深之大」。卷二云：「自關而西秦晉之間凡大貌或謂之厖。」説文厂部：「厖，石大也。」段玉裁注：「厖，引伸之爲凡大之偁。」原本玉篇殘卷「庬」字下引方言：「庬，深之大也。」周祖謨方言校箋據此認爲：「本條厖字作庬。」按：正字通广部：「庬，俗厖字。」今不從周校，仍依舊本作「厖」。又章炳麟嶺外三州語：「三州謂人肥大曰厖壯，亦曰豐厖。」

〔四〕鴟鵂：戴震方言疏證據卷一一「蠽」字注作「音癰癥之癥」，認爲此音「當作『音鴟鵂之鵂』」，今注内「鴟鵂」是「後人多妄删原文，遂不成語」。盧文弨重校方言：「音鴟鵂，此省音字，下皆放此。觀史、漢注中『傳，音亭傳』『儋，音儋荷』，亦不作『音亭傳之傳』『音儋荷之儋』也。」按：郭璞方言注注音格式凡三：一曰「音某」，此爲直音，如「夰」字下「音介」；二曰「某某」，此以現成詞語注音，如「般」字下「般桓」；三曰「某某反」，此以反切注音，例多不贅。「鴟鵂」屬於第二種，雖可理解爲「音某某之某」，但既不能認定原注即爲「音某某之某」，亦不能認定「某某」上省「音」字。戴、盧二氏所説均不可從。又按：劉台拱方言補校：鴟鵂「當作鵂鴟」。周祖謨方言校箋：「爾雅釋鳥：『狂，茅鴟。』郭注云：『今鵂鴟也。』以郭證郭，當作『鵂鴟』。玄應一切經音義卷十三引埤蒼云：『鵂鴟也，怪鳥也。』」廣韻腫韻：「鵂，鵂鴟鳥。」劉、周二氏所校是也，當據之乙正。

〔五〕夰：同「介」。王念孫方言疏證補：「夰，經傳皆作介，唯漢樊毅脩華嶽廟碑『受兹夰福』作此夰字。」説文大部：「夰，大也。」隸辨脩華嶽廟碑：「受兹夰福。」顧藹吉注：「夰福，大福也。詩小雅作『介福』，乃通用介。」王力同源字典：「『夰』是後起的分别字，以别於介畫、介甲、介胄之『介』。」按：爾雅釋詁上：「介，大也。」邢昺疏引方言作「東齊海岱之間謂之介」，是本或作「介」。「介」之訓「大」，古書常見。易晉「受兹介福，于其王母」王弼注、又「受兹介福」陸德明釋文、書顧命「太保承介圭」蔡沈集傳、詩大雅生民「攸介攸止」毛傳皆云：「介，大也。」

〔六〕憮：戴震、盧文弨、錢繹諸家據爾雅改作「幠」，郝懿行爾雅義疏引方言亦作「幠」，周祖謨方言校箋已據戴、盧兩家校改。按：「憮」，廣韻文甫切；「幠」，廣韻荒烏切。本條「憮」下郭音海狐反，與「荒烏」音同。是郭氏本爲「幠」字音，而非爲「憮」字音。形近而譌爲「憮」，當據正，下文同。爾雅釋詁上：「幠，大也。」詩小雅巧言：「無罪無辜，亂如此幠。」毛傳：「幠，大也。」孔穎達疏：「今乃刑殺其無罪無辜者之衆人，王政之亂如此甚大也。」廣雅釋詁一：「奄，大也。」王念孫疏證：「大謂之幠，亦謂之奄；覆謂之奄，亦謂之幠；有謂之幠，亦謂之撫，亦謂之奄，矜憐謂之撫掩：義並相因也。」

〔七〕般：廣雅釋詁一：「般，大也。」王念孫疏證：「大學：『心廣體胖。』鄭注云：『胖猶大也。』士冠禮注云：『弁名出於槃；槃，大也。言所以自光大也。』槃、胖並與般通。說文：『幋，覆衣大巾也。』……文選嘯賦注引聲類云：『磐，大石也。』義並與般同。說文：『伴，大皃。』伴與般亦聲近義同。」按：「般」之釋「大」，故訓可徵。孟子公孫丑上：「今國家閒暇，及是時般樂怠敖，是自求禍也。」趙岐注：「般，大也。大作樂，怠惰敖游。」又盡心下：「般樂飲酒。」趙岐注同。

〔八〕嘏：爾雅釋詁上：「嘏，大也。」郝懿行義疏：「說文云：『大遠也。』郊特牲云：『嘏，長也，大也。』長遠與大義近……又通作假。詩：『鬷假無言。』左氏昭廿年傳作『鬷嘏無言』。士冠禮及禮運釋文並云：『嘏，本或作假。』蓋嘏爲本字，假爲通借。」按：「嘏」之釋「大」，故訓可徵。詩大雅賓之初筵「錫爾純嘏」、大雅卷阿「純嘏爾常矣」毛傳云：「嘏，大也。」儀禮少牢饋食禮「以嘏于主人曰」鄭玄注、逸周書寶典「樂獲純嘏」孔晁注皆云：「嘏，大也。」

〔九〕奕：爾雅釋詁上：「奕，大也。」說文亣部：「奕，大也。」太玄格次六：「息金消石，往小來奕。」范望注：「奕，大也。」重言之則曰「奕奕」。詩大雅韓奕：「奕奕梁山。」小雅巧言：「奕奕寢廟。」毛傳皆云：「奕奕，大也。」錢繹方言箋疏：「通作『亦』。周頌豐年篇：『亦有高廩。』噫嘻篇：『亦服爾耕。』鄭箋並云：『亦，大也。』疏云：『亦，大。釋詁文。彼亦作「奕」，音義同。』……又通作『繹』。魯頌閟宮篇：『新廟奕奕。』周官隸僕注作『繹繹』。玉篇：『繹，大也。』揚子甘泉賦：『望通天之繹繹。』李善注引韓詩章句云：『繹繹，盛貌。』盛與大同義。繹繹猶奕奕矣。」

〔一〇〕戎：爾雅釋詁上：「戎，大也。」王念孫方言疏證補：「商書盤庚篇：『乃不畏戎毒于遠邇。』某氏傳云：『戎，大也。』大雅生民箋云：『戎菽，大豆也。』爾雅云：『馬八尺爲駥。』義並同也。」錢繹方言箋疏：「『戎』與『任』並訓大，故『戎菽』聲轉而爲『荏菽』。生民疏引樊光、舍人、李巡及郭氏，皆云：『今以爲胡豆。』案……胡豆猶言大豆，與『戎菽、荏菽』同義。」按，「戎」之訓「大」，語例可徵，不必如錢繹所求。大弓謂之「戎弓」。穀梁傳定公八年：「盜竊寶玉、大弓。寶玉者，封圭也。大弓者，武王之戎弓也。」大事謂之「戎公」。詩大雅江漢：「肇敏戎公，用錫爾祉。」毛傳：「戎，大；公，事也。」大難謂之「戎疾」。詩大雅思齊：「肆戎疾不殄，烈假不瑕。」朱熹集傳：「戎，大也；疾，猶難也。」大衆謂之「戎醜」。詩大雅緜：「乃立冢土，戎醜攸行。」毛傳：「戎，大；醜，衆也。」

〔一一〕京：爾雅釋詁上：「京、景，大也。」郝懿行義疏：「京者，丘之大也，與墳同意。釋丘云：『絶高謂之京。』高亦大也。故公羊桓九年傳云：『京者何？大也。』京、景聲義同，故白虎通云：『景者，大也。』經典景俱訓大而亦爲明。景从日，故訓明；从京聲，故又訓大矣。」按：「京」釋「大」乃謂高大。詩大雅公劉：「乃覯于京。」孔穎達疏引李巡曰：「丘之高大者曰京。」又大雅皇矣：「依其在京。」毛傳：「京，大阜也。」文選張衡西京賦：「燎京薪，駴雷鼓。」李善注引薛綜曰：「積高爲京。」説文京部「京」字下段玉裁注：「釋詁云：『京，大也。』其引伸之義也。」「麖」謂「大鹿」，「鯨」謂「海大魚」，俱見於説文，是從京得聲之字多有大義。王力同源字典例多不贅。

〔一二〕奘：爾雅釋言上：「奘，駔也。」郭璞注：「今江東呼大爲駔，駔猶麤也。」説文介部：「奘，駔大也。从大，从壯，壯亦聲。」段玉裁注：「奘與壯音同，與駔義同。」按：爾雅釋詁上：「壯，大也。」本條下文云「或謂之壯」。物體粗大謂之「奘」，人體粗大謂之「壯」，前者上聲，後者去聲，今語猶然。

〔一三〕將：「將」。爾雅釋詁上：「壯、將，大也。」郝懿行義疏：「壯者與奘同而聲近將，其義亦相通借。禮記射義云：『幼壯孝弟。』鄭注：『壯或爲將。』詩：『鮮我方將。』毛傳：『將，壯也。』是二字義同字通。」按：「將」之釋「大」，故訓可徵。書盤庚下：「古我先王，將多于前功。」僞孔傳：「言以遷徙多大前人之功美。」詩商頌長發：「有娀方將，帝立子生商。」毛傳：「將，大也。」法言孝至：「夏殷周之道將兮，而以延其光兮。」李軌注：「將，大也。」説文寸部「將」字朱駿聲通訓定聲：「將假借爲壯，爲奘。」詩小雅北山：「嘉我未老，鮮我方將。」毛傳：「將，壯也。」馬瑞辰傳箋通釋：「將、壯二字並訓大也，故壯又通作將。」

〔四〕夏：爾雅釋詁上：「夏，大也。」詩秦風權輿：「於我乎，夏屋渠渠，今也每食無餘。」又商頌時邁：「我求懿德，肆于時夏。」毛傳皆云：「夏，大也。」大謂之夏，大屋亦謂之夏。楚辭九章：「曾不知夏之爲丘兮。」王逸注：「夏，大殿也。」字後作「廈」。説文新附：「廈，大屋也。」廣雅釋言：「夏，嘏也。」王念孫疏證：「鄉飲酒義：『夏之爲言假也。養之長之假之，仁也。』鄭注云：『假，大也。』書大傳云：『夏者，假也。吁荼萬物而養之外也。』律曆志云：『夏，假也。物假大，迺宣平。』假與嘏通。」錢繹方言箋疏：「假與夏聲近義同，故秦晉之間謂之夏，周鄭之間謂之假矣。」

〔五〕舊書雅記故俗語不失其方：此句理解，聚訟紛紜。戴震方言疏證：「雅記故俗，謂常記故時之俗。郭注：『雅，爾雅也。』以雅記對舊書，失之……方言此條，自明其作書之意，謂舊書所常記故習之俗，所語本不失其方，而後人不知，是以作方言以釋之。郭璞不達其意，以爲指爾雅釋詁、釋言，亦失之。」盧文弨重校方言引丁傑：「漢書叙傳：『函雅故，通古今。』『故』如詩魯故、韓故之故，與『詁』同。『雅』當如郭氏解。若以『雅』爲『常』，下節『古雅』訓『古常』尤不成辭。且『舊書』二字亦不類漢人句法。」盧文弨：「丁説是也。『書雅』當連文；『記』謂記載；『故』謂訓故；『俗語』，鄉俗之語。『爲之作釋』，乃自明作此書之意，此則不當如郭氏所云耳。」劉台拱方言補校：「河間獻王傳云：『獻王所得書，皆古文先秦舊書。』何云不類漢人語？且『書雅記故』成何語邪？丁、盧皆失之。戴訓雅爲常亦非是。此當以『舊書雅記』四字爲句。雅記，正記也。」王念孫方言疏證補：「此當以『舊書雅記』爲句，『故俗語不失其方』爲句。雅者，故也，史記高祖紀：『雍齒雅不欲屬沛公。』集解引漢書服虔注云：『雅，故也。』張耳陳餘傳：『張耳雅游。』索隱引鄭氏云：『雅，故也。』荆燕世家云：『今吕氏雅故本推轂高帝就天下。』謂故記也。『舊書故記』，通指六藝群書而言；『故俗語』，謂故時俗語。既言『舊書』，又言『故記、故俗語』者，古人之文不嫌於複也。言舊書故記中所載故時俗語，本不失其方，而後人不知，故作方言以釋之耳。下節『古雅』二字，正謂『舊書雅記』。郭以此爲『爾雅』，以彼爲『風雅』，皆失之也。『古雅』二字正當訓爲古常。古常猶言舊常、故常。楚語云：『使復舊常。』蜀志許靖傳云：『不依故常。』古常之别語，謂舊時别國之方言耳。僖二十年公羊傳云：『門有古常。』晏子春秋雜篇云：『重變古常。』『古常』二字何以不成辭？漢書河間獻王傳云：『皆古文先秦舊書。』劉歆傳云：『皆古文舊書。』『舊書』二字何以不類漢人語？若謂『故』爲訓詁之詁，而以『書雅』連讀、『記故』連讀，則真不成辭矣，以『舊書雅記故』連讀，則愈不成辭矣。盧、丁之説皆非是。」陶方琦漢孳室文鈔卷一揚雄倉頡訓纂即在方言中説：舊書雅記，即指倉頡舊文而言。「『舊書』二字，丁云『不辭』，疑『舊書』之舊，乃『蒼』字之譌，『蒼書』即倉頡書也。」吴予天方言注商：「『舊書』二字，非專指倉頡舊文而言，蓋泛言古之典籍也。『雅記』之雅，尤非爾雅之謂，蓋云雅言也——論語述而：『子所雅言，詩書執禮，皆雅言也。』賈子道術：『辭令就得謂之雅。』——所謂『舊書雅記』者，蓋言古籍之記載，皆係雅言也。方，始也，本也。——廣雅：『方，始也。』荀子王制：『天地者，生之始也。』楊注：『始，猶本也。』——所謂『俗語不失其方』者，蓋謂方俗流語，其來有自；換言之，即俗語皆本於古之雅言。故郭氏云：『皆本其言之所出也。』」按：結合上文「初別國不相往來之言也，今或同」，和下文「而後人不知，故爲之作釋也」考察，「舊書雅記故俗語不失其方」應當是指古方言俗語還可在古籍中考查到它們的本來面貌這一現象。因此，上述各家之説以王念孫所釋最符合方言本意。

〔一六〕小雅：當作「尒雅」，同「爾雅」。戴震方言疏證作「爾雅」，云：「『爾』，各本譌作『小』。據下云『釋詁、釋言之屬』，當作『爾雅』甚明。『爾』亦作『尒』，遂譌而爲『小』。」按：雅，依王念孫説，當釋爲故，詳本條匯證〔一五〕，郭氏謂「爾雅」失之。

〔一七〕釋詁、釋言之屬：正文「釋」，意謂解釋，指著方言一書之目的。郭氏謂「釋詁、釋言之屬」亦失之。

4a 一三 假〔一〕、音駕〔二〕。洛〔三〕、古格字。懷〔四〕、摧〔五〕、詹〔六〕、戾〔七〕、艐〔八〕，古屆字。至也。邠唐冀兖之間曰假，或曰洛。邠，今在始平漆縣。唐，今在太原晉陽縣。齊楚之會郊兩境之間。或曰懷。摧、詹、戾，楚語也。詩曰「先祖于摧」「六日不詹」「魯侯戾止」之謂也〔九〕。此亦方國之語，不專在楚也。艐，宋語也。皆古雅之別語也〔一〇〕，雅，謂風雅。今則或同。

匯證

〔一〕假：王念孫方言疏證補改作「假」，云：「假，各本作『假』。説文：『假，至也。』『假，非真也。』一曰至也。」集韻去聲四十禡『假、假』一字，並居迓切。『假』字注云：『以物貸人也。』『假』字注云：『方言至也。』爾雅疏引方言云：『假，至也。邠唐冀兖之間曰假。』假、假古雖通用，然集韻、爾雅疏引方言並作『假』，不作『假』，今據以訂正。」説文彳部「假」字下段玉裁引方言俱作「徦」，云：「徦，今本方言作假，非也。集韻四十禡可證。毛詩三頌『假』字或訓大也，或訓至也。訓至則爲『徦』之假借。尚書古文作『格』，今文作『假』，如『假于上下』是也，亦『徦』之假借。」爾雅釋詁上「至也」條郝懿行義疏引方言亦作「徦」。按：「徦」字從彳，本義訓至，當據王、段説訂正。「來」與「至」，義相通。「徦」之訓「至」，文獻用例未見，訓「來」則見於漢碑。隸釋漢故民吴仲山碑：「惟公德美，布惠州里，遠近徦求，不言無有。」「徦求」者，來求也。參本條匯證〔三〕。

〔二〕音駕：盧文弨重校方言：「本亦音格。」

〔三〕㣟：郭璞注：「古格字。」戴震方言疏證：「㣟、格，古通用。」爾雅釋詁上：「格，至也。」郝懿行義疏：「格者，徦之叚音也。説文云：『徦，至也。』通作㣟……爾雅釋文亦云：『格字或作㣟。』又通作徦。説文引虞書曰：『假于上下。』今書作『格于上下』。凡書之『來格、格王、格人、格于皇天』之『格』，史記、漢書俱作『假』。又通作嘏。士冠禮注：『今文格爲嘏。』又通作恪。逸周書小開武篇云：『非時罔有恪言。』恪即古格字。格既訓至，釋言又云：『格，來也。』小爾雅又云：『格，止也。』止、來亦至矣。」按：「㣟」又訓「來」，本書卷二：「㣟，來也。自關而東周鄭之郊齊魯之間或謂之㣟。」郭注謂「古格字」是也。文獻多作「格」，故訓俱在，例多不贅。

〔四〕懷：王念孫方言疏證補：「表記引詩『聿懷多福』大雅大明。鄭注云：『懷，至也。』至與來義相近，故來謂之懷，亦謂之格；至謂之格，亦謂之懷矣。」按：爾雅釋詁上：「懷，至也。」又釋詁下：「懷，止也。」又釋言：「懷，來也。」止、來義與至通。齊楚之會郊謂至曰懷，卷二又云自關而東周鄭之郊齊魯之間謂來曰懷。詩邶風泉水「有懷于衛」、小雅鼓鍾「懷允不忘」鄭箋皆云：「懷，至也。」詩齊風南山「曷又懷止」鄭箋、淮南子原道「在身者不知，何遠之所能懷」高誘注皆云：「懷，來也。」複言之則曰「懷來」，漢代已有此語。陸賈新語道基：「附遠寧近，懷來萬邦。」懷來，意謂招來，義與至亦通。參見卷二第一三條匯證〔三〕。

〔五〕摧：爾雅釋詁上：「摧，至也。」文選張衡東京賦：「辨方位而正則，五精帥而來摧。」李善注引薛綜曰：「摧，至也。」章炳麟小學答問：「摧猶抵耳。説文抵亦訓擠，今人謂至曰抵，昔人謂至曰摧，其指則同。凡相擠迫者必至其處，故摧抵同爲至。」然郭注引詩大雅雲漢「先祖于摧」爲釋則不確。郭釋本毛「摧，至也」之訓，此句之解宜從朱熹説。朱熹詩集傳云：「摧，滅也。言先祖之祀自此而滅也。」

〔六〕詹：錢繹方言箋疏：「釋詁：『詹，至也。』小雅采緑篇：『五日爲期，六日不詹。』毛傳同。鄭箋云：『五日六日者，五月之日、六月之日也。期至五月而歸，今六月猶不至。』張衡思玄賦：『黄靈詹而訪命兮。』舊注：『詹，至也。』」按：「詹」字從言，其本義與「至」無涉。詩小雅采緑「六日不詹」朱熹集傳：「詹與瞻同。『五日爲期，六日不詹』，過期而不見也。」魯頌閟宫「魯邦所詹」朱熹集傳：「詹與瞻同。」尹桐陽爾雅義證云：「詹……正字作瞻。詩閟宫『魯邦所詹』，説苑、風俗通並作『瞻』，以瞻爲詹也。瞻，臨視也。謂至而視之也，與逮略同。瞻、詹通用字。」朱、尹所説是也，「瞻奉、瞻窺、瞻矚、瞻觀」之「瞻」均爲「至而視之」之義。

〔七〕戾：爾雅釋詁上：「戾，至也。」錢繹方言箋疏：「小雅小宛篇『翰飛戾天』毛傳、四月鄭箋並云：『戾，至也。』采芑篇『其飛戾天』毛傳，魯語『天灾流行，戾于敝邑』韋注，張衡東京賦『羣后旁戾』薛綜注，並同。小雅采菽篇：『亦是戾矣。』毛傳訓至，鄭箋訓止。至與止義相近，故大雅抑篇『淑慎爾止』，魯頌泮水篇『魯侯戾止』，毛傳並云：『止，至也。』大學『一人負戾』，鄭注引春秋傳曰：『登戾之。』今隱五年公羊傳作『登來之』。來與戾聲轉義同。釋詁：『來，至也。』」

〔八〕艐：錢繹方言箋疏：「説文：『艐，船著沙不行也，讀若莘。』著沙不行，亦至之意也。」劉君惠方言箋記：「爾雅釋詁：『艐，至也。』釋文引孫炎注：『艐，古屆字。』玉篇：『艐，祖公切，又音屆。』詩小雅小弁：『譬彼舟流，不知所屆。』鄭箋：『屆，至也。狀如舟之流行無制者不知終所至也。』船著沙不行曰艐，今謂『擱淺』，擱即艐之遺音。廣韻箇韻：『艐，船著沙不行也。』口箇切。」按：郭璞云：「古屆字。」「屆」亦訓至。書大禹謨「無遠弗屆」僞孔傳、詩小雅節南山「君子如屆」鄭箋、文選何晏景福殿賦「罔識所屆」吕向注皆云：「屆，至也。」今云「屆時、屆期」之「屆」亦「到、至」之義。

〔九〕「先祖于摧」「六日不詹」「魯侯戾止」：分别見於詩大雅雲漢、小雅采緑、魯頌泮水。

〔一〇〕古雅：郭璞注：「雅，謂風雅。」非是。上條匯證〔一五〕引王念孫方言疏證補云：「『古雅』二字正當訓爲古常。古常之别語，謂舊時别國之方言耳。」王説近之。按：「雅」，雅言；「古雅」，則謂古代雅言。「古雅之别語」意謂古代雅言之别國方言也。

4b一四　嫁〔一〕、逝〔二〕、徂〔三〕、適〔四〕，往也。自家而出謂之嫁，由女而出爲嫁也〔五〕。逝，秦晉語也。徂，齊語也。適，宋魯語也。往，凡語也。

匯證

〔一〕嫁：戴震方言疏證：「列子天瑞篇：『子列子居鄭圃，將嫁於衛。』張湛注云：『自家而出謂之嫁。』」王念孫方言疏證補：「凡自此之彼通謂之嫁。趙策云：『韓之所以内趙者，欲嫁其禍也。』周官司稼鄭注云：『種穀曰稼，如嫁女之有所生。』義並同也。」錢繹方言箋疏：「隱二年公羊傳：『婦人謂嫁曰歸。』廣雅：『歸，往也。』滕文公篇：『往之女家。』往即歸也。歸、嫁一聲之轉。今太倉人言歸，音猶如嫁也。」

〔二〕逝：詩邶風谷風：「毋逝我梁，毋發我笱。」陳奂毛詩傳疏：「爾雅：『之、逝，往也。』三義相近而微有别。逝，往也，往猶去也。逝，之也，之猶至也。」按：「往」乃「逝」之常用義，古有以「逝往」連文而釋「逝」之例。楚辭九辯：「歲忽忽而遒盡兮。」王逸注：「年歲逝往，若流水也。」文選陸機文賦：「遵四時以歎逝，瞻萬物而思紛。」李善注：「循四時而歎其逝往之事，攬視萬物盛衰而思慮紛紜也。」

〔三〕徂：爾雅釋詁上：「徂，往也。」説文辵部：「䢐，往也。从辵，且聲。䢐，齊語。徂，䢐或从彳。𨘋，籀文从虘。」「徂」之訓「往」，乃本義，亦常訓。錢繹方言箋疏：「説文：『殂，往死也。』殂與徂通。亦通作『且』。鄭風溱洧篇：『士曰既且。』釋文音徂，云：『往也。』」

〔四〕適：爾雅釋詁上：「適，往也。」郝懿行義疏：「適者，之也；之者，適也。亦互相訓，其義又皆爲往也。」説文辵部：「適，之也。」段玉裁注：「此不曰往而曰之……往，自發動言之；適，自所到言之。」「適」之訓「往」，乃本義，亦常訓。

〔五〕由女而出爲嫁也：爾雅釋詁上：「適、嫁、徂、逝，往也。」郭注引方言：「猶女出爲嫁。」「由」作「猶」，「女」字下無「而」字。戴震方言疏證：「猶、由古通用。疏全引方言此條，『由』亦作『猶』。」盧文弨重校方言：「『而』字當爲衍文。」王念孫方言疏證補於方言本文徑删「而」字，云：「余同里故友李氏成裕云：『而字因上句「自家而出」而衍，此言自家而出謂之嫁，亦猶女出爲嫁耳。「女出爲嫁」，文義甚明，若云「女而出爲嫁」，則不辭矣。』爾雅疏引此已衍『而』字，郭注引無『而』字，今依李説訂正。」按：「由」字當改作「猶」，「而」字當删。

一五　謾台[一]、蠻、怡二音。脅閲[二]，呼隔反。懼也。燕代之間曰謾台，齊楚之間曰脅閲。宋衛之間凡怒而噎噫噎謂憂也[三]。噫，央媚反。謂之脅閲。脅閲猶閲穀也[四]。南楚江湘之間謂之嘽咺[五]。湘，水名，今在零陵。咺，音香遠反。

匯證

[一] 謾台：錢繹方言箋疏：「謾台之言慢易也。祭義：『外貌斯須不莊不敬，而慢易之心入之矣。』又云：『望其容貌，而衆不生焉。』不生慢易，有畏懼之意。是慢易與畏懼義正相因而相反者也。故怠忽謂之慢易，畏懼亦謂之謾台。」丁惟汾方言音釋：「謾台古音讀提。爲戰慄之疊韻音轉。卷六：『蛩烘，戰慄也。荆吴曰蛩烘，蛩烘又恐也。』荆吴謂恐懼爲蛩烘，燕代謂恐懼爲謾台，皆南北之别語也。」按：錢氏牽强附會，實爲臆説。丁氏以爲謾台和蛩烘是方言異語，而以謾台爲戰慄之轉語，當屬懸揣。揚雄釋恐懼義之條目凡三見，另兩條分别爲卷六「蛩烘」條和卷一〇「潣沭」條。以方言區域分佈情形觀之，「脅閲」爲齊楚宋衛語，「恐烘」爲荆吴語，「潣沭、征伀、嘽咺」爲江湘或南楚江湘語，「謾台」爲燕代之間語，「懼、戰慄、遑遽」則爲通語。上述諸詞音、形之異，或因爲所釋情貌之區别，或緣於古今南北音聲之流轉。「脅閲、潣沭、嘽咺」側重擬恐懼之聲氣，「蛩烘、征伀、懼」側重言恐懼之心理，「謾台、戰慄」側重狀恐懼之表現。「謾台」郭音「蠻怡」。原本玉篇殘卷「謾」字下引方言：「謾怠，懼也。燕代之間曰謾怠也。」怠、怡均從台聲，「謾怠」蓋「謾台」之音近而訛。「謾怠」見於漢代。史記孝武本紀：「昔東甌王敬鬼，壽至百六十歲。後世謾怠，故衰耗。」此「謾怠」猶「怠慢」，與本條「謾台」畏懼之義相反也。

[二] 脅閲：玄應一切經音義卷四、卷一一、卷一三引方言本條「脅」並作「愶」，慧琳一切經音義卷四三、卷五五引同。廣雅釋詁二：「脅閲，懼也。」又釋詁四：「愶，怯也。」脅、愶音同義通，不煩改字。「閲」，各本作「鬩」，玄應一切經音義卷三引本文亦作「鬩」。「閲」與「鬩」同，然「閲」字晚出，古本方言當作「鬩」，本條「閲」及注内「閲」均宜改作「鬩」。「脅閲」雙聲，

單言「脅」或「閲」，義亦謂恐也。錢繹方言箋疏：「玉篇：『愶，以威力相恐愶也。』愶與脅同。廣雅：『脅，怯也。』釋名：『怯，脅也，見敵恐脅也。』郊特牲：『大夫强，諸侯脅。』淮南本經訓：『明於性者，天地不能脅也。』高注：『脅，恐也。』玉篇：『⿰忄赤，心不安也。』亦作『⿰忄閲』同。廣韻：『⿰忄閲，遑恐也。』⿰忄閲與閲亦同。合言則曰『脅閲』，亦曰『潣沭』。」

〔三〕噎謂憂也：戴震方言疏證本作「噎噫謂憂也」，盧、錢二氏從之，均無校語。劉台拱方言補校：「舊本作『噎謂憂也』，當作『謂噎憂也』。詩：『中心如噎。』傳曰：『噎憂不能息也。』正義以爲『憂深不能喘息，如噎之然』，此説非也。憂在心，與喘息何與？天下豈有憂而不得喘者乎？『噎憂』雙聲字。玉篇引詩：『中心如噎，謂噎憂不能息也。』增一『謂』字，最得毛氏之意。『噎憂』即欭嚘，氣逆也。説文『欭』字注：『嚘也。』玉篇『嚘』字注：『老子曰：終日號而不嚘。嚘，氣逆也。』亦作『⿰憂欠』。廣韻：『欭，嚘歎也。』『⿰憂欠，氣逆也。』『噎噫、噎憂』，一聲之轉。戴本作『噎噫謂憂也』，不知其義而妄增之，非是。」王念孫方言疏證補：「端臨此説，寔貫通毛傳、方言之旨，今據以訂正。」按：當從劉説改作「謂噎憂也」。

〔四〕閲穀：卷一〇：「凡窘猝怖遽謂之潣沭。」戴震方言疏證據之改此條「閲穀」爲「潣沭」。盧文弨重校方言改作「閲沭」。按：吴琯古今逸史本與程榮漢魏叢書本作「閲穀」，胡文焕格致叢書本作「閲彀」，戴校有本書内證，於義爲長。

〔五〕嘽咺：廣雅釋詁二：「蟬咺，懼也。」戴震方言疏證：「嘽、蟬古通用。」錢繹方言箋疏：「凡人喜則氣舒而長，恐則氣急而促，故懼而喘息謂之嘽，哀而恐懼謂之咺，合言之則曰嘽咺。」按：説文口部：「嘽，喘息也。」詩小雅四牡：「四牡騑騑，嘽嘽駱馬。」毛傳：「嘽嘽，喘息之貌。馬勞則喘息。」本書上文云：「凡哀泣而不止曰咺。」「嘽咺」，或作「蟬咺」，兩字疊韻，揚雄釋其狀爲「怒而噎噫」，劉台拱説意謂「怒而氣逆」，即怒懼懟氣之狀。

5a 一六　虔〔一〕、劉〔二〕、慘〔三〕、㨆〔四〕，殺也。今關西人呼打爲㨆，音廩，或洛感反。秦晉宋衛之間謂殺曰劉，晉之北鄙亦曰劉。秦晉之北鄙、燕之北郊、翟縣之郊謂賊爲虔。今上黨潞縣即古翟國。晉魏河内之北謂㨆曰殘〔五〕，楚謂之貪〔六〕，南楚江湘之間謂之欺〔七〕。言欺㨆難猒也〔八〕。

匯證

〔一〕虔：卷三：「虔，殺也。青徐淮楚之間曰虔。」説文虍部：「虔，虎行皃。从虍，文聲。讀若矜。」段玉裁注：「方言不可盡知其説。糾虔、虔劉，皆即釋詁虔固之義。堅固者必敬，堅固者乃能殺也，堅固者虎行之皃也。」商頌箋：『虔，椹也。』亦取堅固之意。」朱駿聲説文通訓定聲謂「虔」訓「殺」乃「𢦔」之假借。按：説文戈部：「𢦔，殺也。」引書云：「西伯既𢦔黎。」今本書「𢦔」作「戡」。説文戈部：「戡，刺也。」爾雅釋詁上：「戡、劉、殺，克也。」又與「抌、𣪠」音同義通。説文手部：「抌，深擊也。」段玉裁注：「刺客列傳：『左手把其袖，右手揕其匈。』揕即抌字。」説文殳部：「𣪠，下擊上也。」章炳麟新方言釋動物：「引伸爲去陰。通俗文：『以刀去陰曰劇。』一切經音義引。字變作『犍』。」「虔劉」常連文使用，例見本條匯證〔二〕。亦見「虔夷」連文例，意謂平定、削除，當爲殺害義之引申。漢王粲荆州文學記官志：「厥繇伊何，四國交阻。乃赫斯威，爰整其旅。虔夷不若，屢戡寇侮。」

〔二〕劉：戴震方言疏證：「詩周頌：『勝殷遏劉。』毛傳：『劉，殺也。』春秋成公十三年左傳：『虔劉我邊陲。』杜預注云：『虔、劉，皆殺也。』」王念孫方言疏證補：「爾雅云：『劉，殺也。』盤庚篇：『無盡劉。』君奭篇：『咸劉厥敵。』某氏傳並訓劉爲殺。劉之言戮也。故説文云：『殺，戮也。』又云：『鎦，殺也。』『摎，縛殺也。』玉篇力周、居由二切。續漢書禮儀志云：『斬牲之禮名曰貙劉。』義並同也。」按：「劉」本爲兵器名。書顧命：「一人冕執劉，立于東堂。」僞孔傳：「劉，鉞屬。」引申爲殺，殺戮。

〔三〕慘：王念孫方言疏證補：「説文訓慘爲毒，謂毒害也。後漢書酷吏傳注云：『慘，虐也。』莊子庚桑楚篇云：『兵莫憯於志，鏌鋣爲下。』漢書陳湯傳云：『慘毒行於民。』谷永傳云：『搒箠𤺺於炮格。』慘、憯、𤺺並通。」按：「慘」與「殘」亦音近義通。説文歺部：「殘，賊也。」周禮夏官大司馬：「放弑其君則殘之。」鄭玄注：「殘，殺也。」參本條匯證〔六〕。

〔四〕㨆：戴震方言疏證：「㨆、惏古通用……惏又作婪。」王念孫方言疏證補：「卷二云：『惏，殘也。陳楚曰惏。』大戴記保傳篇：『飢而惏。』盧辯云：『惏，貪殘也。』」錢繹方言箋疏：「㨆之言惏也。」按：「惏」有二音二義：「惏慄」之「惏」釋寒貌，集韻侵韻犂針切；「貪惏」之「惏」釋爲貪，廣韻覃韻盧含切。二音與郭注音唯聲調有平上之别，盧含切之「惏」義與方言近。説文心部：「惏，河内之北謂貪曰惏。」段玉裁注：「惏與女部婪，音義同。」由貪婪而引申爲貪殘，王念孫所引大戴禮記例即是。因貪而奪人性命亦曰「惏」。左傳僖公二十四年：「狄因貪惏。」孔穎達疏引方言云：「殺人取財曰惏。」資治通鑑漢紀三十九：「豺狼貪婪。」胡三省注引方言云：「殺人而取其材曰婪。」郭注謂晉時關西人呼打爲「㨆」，乃其所云「廣異訓」之例也。

〔五〕謂㨆曰殘：戴震方言疏證改此「㨆」作「惏」，云：「説文：『河内之北謂貪曰惏。』與此小異。春秋僖公二十四年左傳：『狄固貪惏。』釋文引方言：『殺人而取其財曰惏。』疏所引同，今方言無此語。昭公二十八年左傳：『貪惏無饜。』疏引方言：『晉魏河内之北謂惏爲殘，楚謂之貪。』」方言疏證王念孫手校云：「『河内之北謂惏曰殘』，當作『河内之北謂殘曰惏』。賊與殘意相因，故云秦晉之北鄙、燕之北郊、翟縣之郊謂賊爲虔，晉魏河内之北謂殘爲惏。殘與貪，意相因，故下文即言貪。左傳釋文、正義引方言並有『殺人而取其財曰惏』之語。此云：『河内之北謂殘曰惏，楚謂之貪。』説文云：『河内之北謂貪曰惏。』卷二云：『惏，殘也。陳楚曰惏。』大戴記注：『惏，貪殘也。』昭二十八年左傳正義引此已誤。」按：王説是也，當據之改作「謂殘曰惏」，下文注内「㨆」字亦當改作「惏」。

〔六〕貪：王念孫方言疏證補：「殺、賊、殘、貪，義並相近。昭十四年左傳云：『殺人不忌爲賊。』則殺亦謂之賊。周官大司馬：『放殺其君則殘之。』鄭注云：『殘，殺也。』則殺亦謂之殘。韋昭注漢書武紀云：『强取爲虔。』則貪亦謂之虔。説文：『嫪，婪也。』廣雅：『慘，貪也。』慘與嫪通，則貪亦謂之慘。」按：「貪」之訓殺、訓殘，文獻與故訓均未見。然「貪殘、貪暴」之類連文而用則常有。逸周書時訓：「歲有大寒，田鼠不化鴽，國多貪殘。」漢書刑法志：「至於末世，苟任詐力，以快貪殘。」墨子所染：「舉天下之貪暴苛擾者，必稱此六君也。」晉書江統傳：「以貪悍之性，挾憤怒之情，候隙乘便，輒爲横逆。」淮南子主術訓：「上好取而無量，下貪狠而無讓。」漢書五行志：「王莽貪虐而任社稷之重，卒成易姓之禍。」後漢書殤帝紀：「貪苛慘毒，延及平民。」「貪殘、貪暴、貪悍、貪狠、貪虐、貪苛」，義有微别，而貪婪殘暴則一也。

〔七〕欺：戴震方言疏證正文和注文均改作「歁」，云：「各本譌作欺，注内同。説文：『歁，食不滿也。讀若坎。』廣雅：『歁、婪，貪也。』義本此，曹憲音苦感反。今據以訂正。歁、掀，疊韻字也。」王念孫手校明本亦改作「歁」。王念孫方言疏證補：「説文：『欿，欲得也。』廣雅：『欿，貪也。』欿與歁通。又説文：『䐄，食肉不猒也。』亦與歁聲近義同。」吴予天方言注商：「原本玉篇欠部引：『江湖之間謂貪惏曰欿。郭璞曰：欿惏難懕也。』……『歁』當作『欿』。此字蓋曾經人仍『殺』字義而妄改爲『欺』，俗本注『欿』字亦譌爲『欺』可證。又有人承『貪』義而易爲『歁』。據説文云：『歁，食不滿也。从欠，甚聲。讀若坎。』則所易似未可非？但説文又云：『欿，欲得也。从欠，臽聲。讀若食。』是郭注『欿惏』聯言，固承説文讀也。郭訓『欿』爲『欿惏難懕』，猶『嚞』訓『謗言嘵嚞』也。則正文『歁』、注文『欺』之當作『欿』亦明矣！今本玉篇云：『欿，口感切，貪惏曰欿。』而不云見諸方言。則方言譌舛後，重訂玉篇者，以所引與方言不符而改易之。校以原本，猶有斧鑿痕。」按：當改「欺」作「欿」，注内同。

〔八〕欺掀：當改作「欿惏」，説見本條匯證〔五〕〔七〕。

一七　亟〔一〕、憐〔二〕、憮〔三〕、㤿〔四〕，愛也。東齊海岱之間曰亟。詐欺也〔五〕。自關而西秦晉之間凡相敬愛謂之亟，陳楚江淮之間曰憐，宋衛邠陶之間曰憮，或曰㤿。陶唐，晉都處。

匯證

〔一〕亟：戴震方言疏證：「亟亦作㥛……廣雅：『㥛、憮、㤿，愛也。』義本此。」王念孫方言疏證補：「説文：『㥛，謹重皃。』廣雅：『亟，敬也。』即此所云『相敬愛謂之亟』。漢成陽靈臺碑云：『齊革精誠。』㥛、亟、革並通。」錢繹方言箋疏：「廣雅：『亟，敬也。』亟、敬，聲相近。説文：『㥛，謹重皃。』廣雅：『㥛，愛也。』曹憲音欺革、九力二反。是㥛與亟同。説文：『敬，肅也。从攴苟。』『苟，自急敕也。从羊省，从包省，从口，口猶慎言也。』玉篇：『苟，居力切。亦作亟。』是『苟』與『亟』亦同。」

〔二〕憐：已見本卷第六條。

〔三〕憮：已見本卷第六條。

〔四〕㤿：已見本卷第六條。

〔五〕詐欺也：戴震方言疏證改作「欺革反」，云：「注内『欺革反』，各本譌作『詐欺也』，於正文不相涉。廣雅：『㥛、憮、㤿，愛也。』義本此，曹憲於『㥛』下列欺革、九力二反，今據以訂正。」王念孫手校明本删去「也」字，云：「『也』字乃妄人所加，至『詐欺』二字則不誤。蓋『亟』又音欺，『詐欺』二字非釋其義，乃釋其音，猶言音詐欺之欺耳。」按：戴、王所校意見不同，皆言之有據。廣韻職韻「亟、㥛」同一小韻，紀力切。「亟」下云：「急也，疾也，趣也。又音氣。」「㥛」下云：「急性，相背。」説文曰：疾也；一曰謹重皃。」未見「愛」訓。集韻「亟」三見：之韻與「欺」同一小韻，訓「屢」。職韻訖力切，訓「敏疾」；竭憶切，訓「急」，又「革」之異體。集韻「㥛」二見：麥韻克革切，引廣雅「愛」訓，又曰疾；職韻訖力切，引説文爲釋。郭音「欺革反」抑「詐欺」之「欺」，戴、王各執一詞。由集韻引廣雅訓「愛」之「㥛」音克革切，似戴校爲長。

5b 一八　眉〔一〕、梨〔二〕、耋〔三〕、鮐〔四〕，老也。東齊曰眉，言秀眉也。燕代之北鄙曰梨，言面色似凍梨〔五〕。宋衛兖豫之内曰耋，八十爲耋，音經。秦晉之郊陳兖之會曰耇鮐〔六〕。言背皮如鮐魚。耇，音垢。

匯證

〔一〕眉：郭璞注：「言秀眉也。」戴震方言疏證：「詩豳風：『以介眉壽。』毛傳：『眉壽，豪眉也。』小雅：『遐不眉壽。』毛傳：『眉壽，秀眉也。』」王引之經義述聞卷二二春秋名字解詁上：「眉訓爲老，老訓爲壽，則眉與壽同意，故古之頌禱者皆曰眉壽。凡經言『以介眉壽』、豳風七月。『遐不眉壽』、小雅南山有臺。『綏我眉壽』、周頌雝。『眉壽無有害』『眉壽保魯』、魯頌閟宫。『眉壽萬年』，士冠禮。眉，亦壽也。眉壽猶言耆壽、文侯之命。老壽、昭二十年左傳。壽耇召誥。耳。耆也，老也，耇也，眉也，皆壽也。而詩傳與箋皆以眉壽爲秀眉。方言注同。案眉必秀而後爲壽徵，若但言眉，則少壯者皆有之，無以見其爲壽矣……説眉壽者，當據方言爲義，不得如毛、鄭所云也。」按：王説是也。字又作「麋」。本書卷一二：「麋、梨，老也。」郭璞注：「麋猶眉也。」儀禮士冠禮：「眉壽萬年。」鄭玄注：「古文眉爲麋。」荀子非相：「伊尹之狀，面無須麋。」楊倞注：「麋與眉同。」是其證也。「眉壽」也作

「眉耇」。漢博陵太守孔彪碑：「俾世憒惻，當享眉耇。」又漢梁相費汎碑：「當登臺階，延究眉耇，被病遜位，春秋八十卒。」又作「麋壽」。漢北海相景君銘：「不永麋壽，棄臣子兮。」洪适釋云：「以麋爲眉。」

〔二〕棃：郭璞注：「言面色似凍棃。」戴震方言疏證：「棃亦通用黎。吴語：『播棄黎老。』韋昭注：『鮐背之耇稱黎老。』」王引之經義述聞卷三一通説上：「黎老者，耆老也。古字黎與耆通。尚書：『西伯戡黎。』大傳黎作耆，見釋文。是其例也。作棃者，字之假借耳，而方言郭注乃云『言面色如凍棃』。案釋名：『九十曰鮐背，或曰凍棃，皮有斑點，如凍棃色也。』棃凍而後有斑點，與老人面色相似，若但言棃，則凍與不凍皆未可知，無以見其爲老人之面色矣。凍棃之稱，自取皮有斑點；黎老之稱，自以耆耊爲義。二者絶不相涉，不得據彼以説此也。」按：王説是也。又錢繹方言箋疏：「棃、老一聲之轉……黎、犂並與棃通……然則凡言黎者，皆黑之意也。老謂之黎，字當作黎，或借棃、犂爲之。説文云『凍黎』者，謂凍而黑色。釋名或説及郭氏凍棃之説皆非也。」

〔三〕耊：吴琯古今逸史本、程榮漢魏叢書本、胡文煥格致叢書本作「耋」。耋與耊同。爾雅釋言：「耊，老也。」説文老部：「耊，年八十曰耊，从老省，从至。」漢、晉人或説年八十曰耊，或説年七十曰耊，或説年六十曰耊。錢繹方言箋疏：「蓋耊之年齒，經典既無正文，漢人説耊亦無一定，故爾雅、方言但以耊爲老。」

〔四〕鮐：下文作「耇鮐」，郭璞注：「言背皮如鮐魚。」戴震方言疏證：「大雅：『黄耇台背。』毛傳：『台背，大老也。』鄭箋云：『……台之言鮐也。大老則背有鮐文。』」王念孫方言疏證補：「大雅行葦正義引舍人爾雅注云：『鮐背，老人氣衰，皮膚消瘠，背若鮐魚也。』」按：爾雅釋詁上：「鮐背、耇、老，壽也。」自漢至清，學者皆言老人背皮如鮐魚，故名。獨董瑞椿讀爾雅補記能出新解：「古從台諸字皆有黑義。如本經釋魚『玄貝、貽貝』郭注：『黑色貝也。』素論風論：『其色炲。』王冰注：『炲，黑色也。』皆可取證。黑背爲台背，蓋與黑貝爲貽貝、黑色爲炲色同義。即鮐魚之鮐，亦因其背黑而取從台字爲名也。後人以台背與鮐魚同黑故，字又通作鮐，因有作鮐，一本遂以皮似鮐魚傅會之，未免望文生訓。論衡無形篇：『人少則膚白，老則膚黑。』釋名釋長幼：『耊，鐵也。皮膚變黑色如鐵也。』『耇，垢也。皮色驪顇，恒如有垢者也。』可見老人皮膚多發黑色。鮐背之鮐，猶驪顇之驪，皆爲黑義之叚字。若依舍人等説，將謂老人背皮既似魚又似馬乎，可笑已甚。」董説鮐猶黑，以老人膚色發黑之特徵而得名，言之鱀鱀。又李海霞漢語動物命名研究云：「後世的鮐魚，一指鯖（油筒魚），一指河魨魚……鯖魚身體紡錘形，横截面較圓，體側有波狀紋……（河魨）腹部肥美，稱鮐腹……按人的老化，突出反映在面部、腹部等處的皮膚松弛與皺褶上，而背部皮膚變化不大……台背、鮐背與鯖魚和河魨的花紋無關，卻與它們的體型有關，這兩種魚都很肥，横截面近圓形……台聲字有團圓義……所以『台（鮐）背』，不過言背部圓突，駝背之稱。」「複音則作耇鮐。」按：李説雖言之成理，但董説更符合漢語詞彙的聚合關係，而且尤其能解釋「鮐背」也作「台背」、「玄貝」又作「貽貝」。

〔五〕似：胡文焕格致叢書本、明李珏刻本、明佚名刻本、廣漢魏叢書本作「如」。戴震方言疏證遺書本作「如」，聚珍版作「似」；王引之經義述聞引和錢繹本亦作「如」。而玄應一切經音義卷三、卷六，慧琳一切經音義卷九、卷二七引以及大雅行葦序正義引則均作「似」。

〔六〕耇鮐：各本同。按：疑「耇」下「鮐」上有脱文。方言有「曰某曰某」例，更多爲「曰某或曰某」例。依例，「耇」下「鮐」上宜有「曰」字或「或曰」二字。觀其後郭注「言背皮如鮐魚。耇，音垢」，是郭氏所見方言與今本同，若果有脱文，則在郭注本之前矣。説文老部：「耇，老人面凍棃若垢。从老省，句聲。」釋名釋長幼：「耇，垢也。皮色驪顇，恒如有垢者也。」詩大雅行葦正義引孫炎爾雅注：「面凍棃，色似浮垢也。」左傳僖公二十二年正義引舍人爾雅注：「耇，覯也。血氣精華覯竭，言色赤黑如狗矣。」諸家説耇字互異，郭氏注爾雅皆不從，而云「耇猶耆也」。郝懿行義疏云：「耆訓老也。詩：『遐不黄耇。』毛傳：『耇，老也。』書：『耇造德不降。』鄭注及方言並與毛同。此皆郭所本也。」耆老、壽考所以名「耇」，朱駿聲説文通訓定聲：「當訓老人背傴僂也，从老省，从句會意，句亦聲。」朱説是也。説文句部：「句，曲也。」從「句」得聲之字皆有曲意，鉤之曲謂之「鉤」，軛下曲謂之「軥」，迫地芟之之鎌謂之「刨」，曲竹捕魚之具謂之「笱」，曲脊謂之「痀」，脯挺謂之「胊」，踡跼不伸謂之「跔」，故人老背傴僂則謂之「耇」，所指雖異，得名之由則一也。單言曰「耇」，複言則曰「耇老」。逸周書皇門：「下邑小國，克有耇老。」國語周語上：「肅恭明神，而敬事耇老。」又曰「耆老」。禮記王制：「養耆老以致孝，恤孤獨以逮不足。」又曰「耆耇」。漢王褒四子講德論：「龐眉耆耇之老，咸愛惜朝夕，願濟須臾。」「耇鮐」連文，清人纔見用例。如張九鉞郊勞臺歌詩：「旋鑾夾道歡耇鮐，我徒曰歸婦酌醅。」葉燮吴漢槎北歸賦贈次昌黎憶昨行韻：「餘年奉母壽千百，登堂吾歲祝耆鮐。」

一九　脩[一]、駿[二]、融[三]、繹[四]、尋[五]、延[六]，長也。陳楚之間曰脩，海岱大野之間曰尋，大野，今高平鉅野。宋衛荆吴之間曰融。自關而西秦晉梁益之間凡物長謂之尋。周官之法[七]，度廣爲尋，度，謂絹帛横廣[八]。幅廣爲充[九]。爾雅曰：「繦廣充幅。」延、永，長也[一〇]。凡施於年者謂之延，施於衆長謂之永[一一]。各隨事爲義。

匯證

[一]脩：與「修」通。「脩、修」訓長，經籍習見。

[二]駿：戴震方言疏證：「詩小雅：『不駿其德。』大雅：『昭明有融。』毛傳皆云：『長也。』」王念孫方言疏證補：「楚辭離騷：『冀枝葉之峻茂兮。』王注云：『峻，長也。』峻與駿通。郊特牲云：『嘏，長也，大也。』大與長義相近，故大謂之駿，亦謂之嘏，長謂之嘏，亦謂之駿矣。」按：説文馬部：「駿，馬之良材者。从馬，夋聲。」又山部：「𡸖，高也。从山，陖聲。」或作「峻」。爾雅釋詁上：「駿，大也。」又：「駿，長也。」邢昺疏：「駿者，長大也。」郝懿行義疏於「大也」下云：「下文又云『駿，長也』，長、大，義亦近。通作『峻』。詩『駿命不易』『駿極于天』，禮記中庸、大學及孔子閒居並引作『峻』。」又於「長也」下云：「通作『峻』。離騷云：『冀枝葉之峻茂兮。』王逸注：『峻，長也。』淮南本經篇云：『山無峻幹。』高誘注：『峻幹，長枝也。』方言云：『駿、融、延，長也。』並與此義合。」董瑞椿讀爾雅補記：「從言之爲高，横言之即爲長。此有長義之駿，乃峻之叚字。」是「峻」本訓高，引申之則爲長，「駿」與「峻」通。

[三]融：爾雅釋詁上：「融，長也。」郝懿行義疏：「白虎通云：『融者，續也。』續有長義。又釋丘云：『再成鋭上爲融丘。』鋭有高義，故左氏昭五年傳『明而未融』服虔注：『融，高也。』高與長近。詩：『昭明有融。』周語云：『顯融昭明。』毛傳及韋注並云：『融，長也。』文選笙賦云：『泓宏融裔。』李善注：『融裔，聲長貌。』思玄賦云：『展洩洩以彤彤。』李善注：『融與彤，古字通。』按，彤、融聲同，彤、繹義同……融、羕、永、引、延又俱一聲之轉。」説文「融」字段玉裁注云：「融之釋長……此

其引伸之義也。」

〔四〕繹：王念孫方言疏證補：「爾雅：『繹，又祭也。周曰繹，商曰肜。』高宗肜日正義引孫炎注云：『繹，祭之明日尋繹復祭也；肜者，亦相尋不絶之意。』宣八年公羊傳注云：『繹者，繼昨日事；肜者，肜肜不絶。』周頌絲衣釋文肜作融。是融、繹皆取義於長也。」廣雅釋詁二：「繹，長也。」王念孫疏證：「肜、繹，一聲之轉，皆長之義也。爾雅釋山：『屬者嶧。』注云：『言絡繹相連屬。』廣雅釋器云：『襗，長襦也。』義並與繹同。」

〔五〕尋：王念孫方言疏證補：「淮南繆稱篇：『父之於子也，能廢起之，不能使無憂尋。』高注：『憂尋，憂長也。』齊俗篇云：『峻木尋枝。』是尋爲長也。故漢書李尋字子長。說文：『尋，繹理也。度人之兩臂爲尋，八尺也。』亦長之義也。布帛之長有度，其廣有幅。度之言度音鐸。也，伸兩臂以度之爲廣八尺，故曰『度廣爲尋』也。」朱駿聲說文通訓定聲：「程氏瑶田云：『度廣曰尋，度深曰仞，皆伸兩臂爲度。度廣則身平臂直，而適得八尺；度深則身側臂曲，而僅得七尺。』其說精覈。尋、仞皆以兩臂度之，故仞亦或言八尺，尋亦或言七尺也。」按：方言釋爲「凡物長」，其引申義也。

〔六〕延：爾雅釋詁上：「延，長也。」說文延部：「延，長行也。」段玉裁注：「本義訓長行，引伸則專訓長。」爾雅所釋爲引申義，後構成同義複詞「延長」。方言下文云「凡施於年者謂之延」，則又引申爲特指義，所謂「延年益壽」之「延年」是其例也。

〔七〕周官：即周禮。周禮考工記：「方百里爲同，同間廣二尋、深二仞謂之澮。」錢繹方言箋疏：「考工記凡未及丈者皆言尺，獨於澮則變文言尋仞者，以尋爲度廣、仞爲度深之名也，故方言曰：『周官之法，度廣爲尋。』」

〔八〕撗：諸宋本同。吴琯古今逸史本、程榮漢魏叢書本、明李珏刻本字作「横」。按：從「扌」從「木」恒互譌，「撗」即「横」也。

〔九〕幅廣爲充：王念孫方言疏證補：「幅之言畐也。幅，古讀若偪，說見唐韻正。畐，芳偪反。說文云：『畐，滿也。』其廣滿一幅，故曰『幅廣爲充』也。士冠禮：『緇纚廣終幅。』鄭注云：『終，充也。』即爾雅所云『緇廣充幅』也。此本訓長而兼言廣者，對文則廣與長異，散文則廣亦長也。故廣謂之充，亦謂之尋，長謂之尋，亦謂之充。說文云：『充，長也。』是其證矣。」說文儿部：「充，長也，高也。」錢坫斠詮：「方言卷一：『物長謂之尋，度廣爲尋，幅廣爲充。』故『充』有長訓。」

〔一〇〕延、永，長也：戴震方言疏證改作「延，年長也」，云：「『年長也』之『年』，各本譌作『永』。嵇康養生論：『芬之使香而無使延。』李善注引方言：『延，年長也。』爾雅釋詁：『永、羕、引、延、融、駿，長也。』郭注云：『宋衛荆吴之間曰融。』疏引方言：『延，年長也，凡施於年者謂之延，施於衆長謂之永。』據此兩引『年長』，可爲確證矣。」盧文弨重校方言不從戴校，云：「『延、永，長也』，攷宋本亦如是。李善注文選於阮籍詠懷詩『獨有延年術』引方言『延，長也』，於嵇康養生論又引作『延，年長也』，蓋即隱括『施於年者謂之延』意，爾雅疏引方言遂作『延，年長也』。不出『永』字，則下文『永』字何所承乎？若上文作『延，年長也』，下文衹當云『永，衆長也』亦可矣，何必更加分疏？或遂據爾雅疏改此文，誤甚。」劉台拱贊戴校而非盧説，其方言補校云：「方言中推類備言而上無所承者多矣，未可以此難戴。」王念孫方言疏證補認爲，李善文選注引方言「乃方言原文，非隱括其意」，爾雅疏「所引亦方言原文，非妄加年字」也，因此力辯戴校不誤：「訓延爲年長者，所以别於上文之訓延爲長也，既曰『延，年長也』，又曰『施於年者謂之延』，此複舉上文以起下文之『施於衆長謂之永』耳。凡經傳中之複舉上文者，皆不得謂之重複，盧自不曉古人文義，故輒爲此辯而不自知其謬也。舊本『年長』作『永長』者，涉下文『永』字而誤耳，若仍依舊本作『永』，則其謬有三：方言一書皆上列字目而下載方言，若既云『脩、駿、融、繹、尋、延，長也』，又云『延、永，長也』，則一篇而兩目矣，方言有此例乎？其謬一也。『延，長也』之文已見於上，故特别之曰『延，年長也』，若既云『延，長也』，又云『延、永，長也』，則訓延爲長之文上下凡兩見，古人有此重疊之文乎？其謬二也。盧又謂但云『延，年長也』而不出『永』字，則下文『永』字無所承。案，上文釋思之異語云：『惟，凡思也；慮，謀思也；願，欲思也；念，常思也。』此皆承上之詞，若訓詁之連類而及者，則不必皆承上文，請以前數條證之：『晉衛之間曰烈，秦晉之間曰肄。』『肄』字上文所無。『汝潁梁宋之間曰胎，或曰艾。』『艾』字上文所無。『秦晉之間凡物壯大謂之嘏，或曰夏。』『夏』字上文所無。若斯之類，不可枚舉，是訓詁之連類而及者不必皆承上文也。此文云『凡施於年者謂之延，施於衆長謂之永』，亦是訓詁之連類而及者，故『永』字亦無上文之可承，乃獨疑『永』字之無所承，則是全書之例尚未通曉。其謬三也。文選注、爾雅疏引方言皆作『年長』，自是確證。阮籍詠懷詩『獨有延年術』李注引方言以證『延年』二字，則所引亦必有『年』字，而今本脱之也，乃反以脱者爲是，不脱者爲非，傎矣。今訂正。」

〔一一〕永：爾雅釋詁上：「永，長也。」郝懿行義疏：「永者，上文云：『遠也。』説文云：『長也。』長、遠，義近。故詩卷耳、漢廣、常棣、文王傳並云：『永，長也。』白駒箋：『永，久也。』久亦長也。」説文「永」字段玉裁注：「引伸之，凡長者皆曰永。」

6a二〇　允〔一〕、訦〔二〕、音諶。恂〔三〕、音荀。展〔四〕、諒〔五〕、音亮。穆〔六〕，信也。齊魯之間曰允，燕代東齊曰訦，宋衛汝潁之間曰恂，荆吴淮汭之間曰展，汭，水口也，音芮。西甌毒屋黄石野之間曰穆。西甌，駱越别種也，音嘔。其餘皆未詳所在。衆信曰諒，周南召南衛之語也。

匯證

〔一〕允：爾雅釋詁上：「允，信也。」又：「允，誠也。」書舜典：「命汝作納言，夙夜出納朕命，惟允。」史記五帝本紀「允」作「信」。詩小雅車攻：「允矣君子，展也大成。」鄭箋：「允，信也。」朱熹集傳：「信矣其君子也，誠哉其大成也。」

〔二〕訦：説文言部：「訦，燕代東齊謂信〔曰〕訦。」朱駿聲通訓定聲：「訦與諶、與忱略同。」是也。本條此字下郭注「音諶」，注音兼釋義之例也。爾雅釋詁上：「諶，信也。」郭注引方言：「燕岱東齊曰諶。」説文言部：「諶，誠諦也。」説文心部：「忱，誠也。」「忱」與「訦、諶」，聲同義通。詩大雅大明：「天難忱斯，不易維王。」毛傳：「忱，信也。」説文「諶」字下引詩「忱」字作「諶」，韓詩外傳卷一〇引作「訦」。大雅蕩：「天生烝民，其命匪諶。」説文「忱」字下引詩「諶」字作「忱」。

〔三〕恂：説文心部：「恂，信心也。」書立政：「迪知忱恂于九德之行。」舊題孔傳：「禹之臣蹈知誠信於九德之行。」蔡沈集傳：「忱恂者，誠信而非輕信也。」列子周穆王：「且恂士師之言可也。」張湛注：「恂，信也。」大戴禮記衛將軍文子：「詩云：『受小共大共，爲下國恂蒙。何天之寵，傅奏其勇。』」盧辯注：「恂，信也。言下國信蒙其富。」爾雅釋詁上「信也」條字作「詢」，郭注引方言作「宋衛曰詢」。郝懿行義疏：「詢者，恂之叚音也。……通作洵。詩：『洵有情兮。』毛傳：『洵，信也。』『洵訏且樂』，釋文引韓詩作『恂盱』，漢書地理志亦引作『洵盱』。又『洵直且侯』，韓詩外傳亦引作『恂直』。是毛詩從叚借作『洵』，韓詩依本字作『恂』。又通作『詢』，詩『洵美且異』及『于嗟洵兮』，釋文並云『洵』本亦作『詢』。」

〔四〕展：爾雅釋詁上：「展，信也。」又：「展，誠也。」説文言部：「誠，信也。」又：「信，誠也。」詩邶風雄雉：「展矣君子，實勞我心。」毛傳：「展，誠也。」又小雅車攻：「允矣君子，展也大成。」鄭箋：「展，誠也。」陳奐傳疏：「言信矣君子，誠能成其大功也。」文選張衡思玄賦：「聆廣樂之九奏兮，展洩洩以彤彤。」李善注引舊注：「展，信也。」本書卷七：「展，信也。東齊海岱之間曰展。」分佈區域與此條互補。「展」之訓「信」、訓「誠」，屢見故訓，然「展」字本義與「誠信」義無涉。説文尸部：「展，轉也。」段玉裁注：「毛傳曰『展，誠也』，方言曰『展，信也』，此因展與真音近假借。」是「展」字所記爲方音，借字記音也。

〔五〕諒：説文言部：「諒，信也。」本條「諒」下郭注：「音亮。」爾雅釋詁上：「亮，信也。」郝懿行義疏：「亮者，諒之叚借也……方言云：『衆信曰諒。』又云：『諒，知也。』是『諒』兼信、知二義，故一切經音義十七引爾雅舊注云：『諒，知之信也。』本方言爲説也。詩及禮記、論語古文俱作『諒』。通作涼……又通作亮。」

〔六〕穆：王念孫方言疏證補：「逸周書謚法篇：『中情見貌曰穆。』是穆爲信也。廣雅：『睦，信也。』睦與穆通。」按：文選顔延之宋文皇帝元皇后哀策文：「壼政穆宣，房樂韶理。」李善注引方言「穆，信也」。然「穆」之本義與「信」無涉。説文禾部：「穆，禾也。」段玉裁注：「蓋禾有名穆者也。」據本條揚雄言，訓信之「穆」乃西甌、毒屋、黄石野之間語。西甌在今廣西貴縣一帶，毒屋、黄石也應距之不遠。郭璞注：「西甌，駱越别種也。」駱越爲古百越之一，其語屬壯侗語族。

6b二一　碩〔一〕、沈〔二〕、巨〔三〕、濯〔四〕、訏〔五〕、敦〔六〕、夏〔七〕、于〔八〕，大也。訏亦作芋，音義同耳，香于反。齊宋之間曰巨，曰碩。凡物盛多謂之冦〔九〕。今江東有小鳧，其多無數，俗謂之冦也〔一〇〕。齊宋之郊、楚魏之際曰夥〔一一〕。音禍〔一二〕。自關而西秦晉之間凡人語而過謂之過〔一三〕，于果反〔一四〕。或曰僉〔一五〕。東齊謂之劒〔一六〕，或謂之弩〔一七〕。弩猶怒也〔一八〕。陳鄭之間曰敦〔一九〕，荆吴揚甌之郊曰濯，中齊西楚之間曰訏〔二〇〕。西楚，謂今汝南彭城。自關而西秦晉之間凡物之壯大者而愛偉之謂之夏〔二一〕。周鄭之間謂之暇〔二二〕。音賈。郴〔二三〕，齊語也。洛含反。于，通詞也〔二四〕。

匯證

〔一〕碩：爾雅釋詁上：「碩，大也。」說文頁部：「碩，頭大也。」段玉裁注：「引申爲凡大之偁。」例多不贅。

〔二〕沈：原本玉篇殘卷「沈」字下引方言作「沉」。「沉」與「沈」同。戴震方言疏證：「史記陳涉世家：『夥頤，涉之爲王沈沈者……』集解：『沈，音長含反。』沈亦作䫖，音耽。玉篇云：『多也。』」廣雅釋詁一：「沈，大也。」王念孫疏證：「沈，讀若覃。方言：『沈，大也。』漢書陳勝傳：『夥，涉之爲王沈沈者。』應劭注云：『沈沈，宮室深邃之貌也，音長含反。』張衡西京賦云：『大廈耽耽。』玉篇：『譚，大也。』譚、耽並與沈通。」劉君惠方言疏證補補：「廣韻：『譚，徒含反，覃韻，定紐。大也。』『眈，丁含反，覃韻，端紐。視近而志遠也。』『沈，直深反，又尸甚反，侵韻，澄紐。說文：陵上滴水也。』以聲言之，古音同爲舌頭，以韻言之，則冘本在覃，固爲叠韻也。冘本在覃韻，段列於談韻誤。孔氏以冘列於覃韻，自後皆從之。故譚、眈得與沈通。說文：『耽，耳大垂也。』亦有大義。」

〔三〕巨：說文工部：「巨，規巨也。」借爲巨大字。孟子梁惠王下：「爲巨室，則必使工師求大木。」史記田單列傳：「政無巨細，皆斷於相。」巨大義，字本作「鉅」。說文金部：「鉅，大剛也。」段玉裁注：「引申爲鉅大字。」史記禮書：「宜鉅者鉅，宜小者小。」經籍通用「巨」。

〔四〕濯：爾雅釋詁上：「濯，大也。」郝懿行義疏：「文選七發云『血脈淫濯』，李善注：『淫濯，謂過度而且大也。』然則淫、濯俱訓大，本於爾雅也。」詩大雅常武「濯征徐國」、文王有聲「王公伊濯」，毛傳並云：「濯，大也。」錢繹方言箋疏：「重言之則曰濯濯。大雅靈臺篇：『麀鹿濯濯。』鄭箋：『鳥獸肥盛喜樂。』趙岐注梁惠王上云：『獸肥飽則濯濯。』廣雅：『腜腜濯濯，肥也。』肥謂之腜，亦謂之濯，猶大謂之幠，亦謂之濯矣。」然「濯」之本義爲洗滌。說文水部：「濯，澣也。」又：「澣，濯衣垢也。」「澣」即「浣」字。胡文英吴下方言考：「吴中以略浣爲汏。」「汏」與「汰」同。說文水部「汏」字下段玉裁注：「士喪禮：『祝淅米于堂。』注：『淅，汏也。』釋詁曰：『汏，墜也。』汏之則沙礫去矣，故曰墜也。九章：『齊吴榜以擊汏。』吴，大也；榜，楫也。言齊同用大楫擊水而行，如汏洒於水中也。凡舟子之用櫓振力擊之，乃徐拕之如汏然。今蘇州人謂搖曳洒之曰汏，音如俗語之大。」章炳麟新方言釋言：「江南運河而東，至於浙西，多謂洒爲汏，本徒蓋切，今徒卦切。」

〔五〕訏：爾雅釋詁上：「訏，大也。」詩鄭風溱洧「洵訏且樂」、大雅生民「實覃實訏」、大雅抑「訏謨定命」，毛傳並訓「訏」爲大。本條郭注云：「訏亦作芋，音義同耳。」本書卷一三：「芋，大也。」郭注：「芋猶訏耳。」説文艸部：「芋，大葉實根駭人，故謂之芋也。」段玉裁注：「凡于聲字多訓大。」劉君惠方言疏證補補：「檀弓云『于則于』，説者以爲廣大是矣。從『于』字如宇曰天宇、曰大宇。逸周書寶典：『是謂寬宇。』荀子非十二子篇云：『矞宇嵬瑣。』楊倞注：『宇，大也。』又衧，衣寬博也；竽，大笙也；迂，遠也：並有大義。」

〔六〕敦：説見本卷第一二條匯證〔一〕。

〔七〕夏：説見本卷第一二條匯證〔四〕。

〔八〕于：王引之經義述聞卷二二春秋名字解詁上：「方言曰：『吴，大也。』又曰：『于，大也。』檀弓：『易則易，于則于。』正義曰：『于音近迂，是廣大之義。』文王世子：『況于其身以善其君乎。』鄭注曰：『于讀爲迂，迂猶廣也、大也。』尚書大傳：『羲伯之樂，名曰朱于。』鄭注曰：『于，大也。』」參見本條匯證〔五〕。

〔九〕凡物盛多謂之寇：「寇」同「寇」。正字通宀部：「寇，俗作寇。」廣雅釋詁三「多也」條王念孫疏證：「寇與夥聲近義同。」按：「夥」字最早見於東漢。文選左思魏都賦：「繁富夥夥，非可單究。」李善注引廣雅：「夥，多也。」是方言之「寇」音義同後出之形聲字「夥」也。錢繹方言箋疏以寇盜義爲説，又謂「寇訓爲多，猶戎訓爲大」，乃望文生訓，又曲爲之解。後漢書張衡傳「不恥禄之不夥」李賢注引方言「盛」下有「而」字，廣雅「多也」條下王念孫疏證引方言亦有「而」字，但慧琳一切經音義卷九七、卷九八、卷九九引方言俱無「而」字。

〔一〇〕寇也：宋、明刻本皆同。戴震方言疏證改作「寇鳧」，盧、錢校本同戴本。周祖謨方言校箋仍作「寇也」，無校語。按：戴改是也。爾雅釋鳥：「鴉鳩，寇雉。」郭注：「爲鳥憨急，群飛，出北方沙漠地。」郝懿行義疏：「謂之寇者，方言云：『凡物盛多謂之寇。』郭注以『寇鳧』爲釋，然則寇雉之名亦當因此。」郝説至確。「寇鳧、寇雉」皆因群居數多而得名，本條郭注不當作「寇也」而當作「寇鳧」甚明。

〔二一〕齊宋：慧琳一切經音義卷四五引作「齊魯」。

夥：字作「錁」同。戴震方言疏證：「説文：『齊人謂多爲錁。』又『猧』字下云：『讀若楚人名多夥。』錁、夥一字，而前言齊人，後言楚人，據方言齊宋之郊、楚魏之際，則兩處皆通。」司馬相如上林賦：「魚鱉讙聲，萬物衆夥。」衆夥猶言衆多。史記陳涉世家：「客曰：『夥頤，涉之爲王沈沈者。』楚人謂多爲夥。故天下傳之，夥涉爲王，由陳涉始。」司馬貞索隱：「服虔云：『楚人謂多爲夥。』按又言『頤』者，助聲之辭也。謂涉爲王，宫殿帷帳庶物夥多，驚而偉之，故稱夥頤也。」廣雅釋詁三：「夥，多也。」王念孫疏證：「今人問物幾許曰幾多，吴人曰幾夥，語之轉也。」或説「夥」爲嘆詞，表驚奇贊嘆之意。葉夢得避暑録話卷下：「夥，吴楚發語驚大之辭，亦見於今。」劉淇助字辨略卷三：「夥，驚嘆辭也。」

〔二二〕檛：宋、明刻本皆同。戴震方言疏證改作「禍」，盧、錢、周諸校本同戴本。按：説文木部：「檛……讀若過。」廣韻古禾切。禍、夥，廣韻俱爲胡果切。又慧琳一切經音義卷九四、卷九八、卷九九「夥」和果反，卷九七胡果反，漢書吴廣傳顔師古注引應劭「夥，音禍」，是禍與夥同音。「禍」與「檛」形近而譌，當據戴本改作「禍」。

〔二三〕過：廣韻果韻：「過，過也。秦人呼過爲過也。」吴予天方言注商：「説文無『過』字，疑原作『禍』。蓋傳寫者因上文『過』字而妄加偏旁辵，若爾雅釋言『椹謂之榩』，虔字因椹字而誤加『木』之比。例詳王氏經義述聞。『過』實即『過』之語轉。吕氏春秋知士：『太子之不仁過顛涿。』注：『過，猶甚也。』素問六元正紀大論：『過者折之。』注：『過，太過也。』吕氏春秋務本：『主雖過與。』注：『過，多也。』貴當：『田獵之獲常過人矣。』注：『過，猶多也。』過从禍聲。禍，漢讀若果。漢書吴廣傳注引應劭『夥，音禍』可證也。『過、過』疊韻，古屬歌部。」按：吴氏謂「過」字爲傳寫者於「禍」字上妄增偏旁辵而成，臆説而已。果如吴氏所説，依例郭璞必不注音，「過」爲漢晉古本所有字，無庸置疑。物多爲「夥」，語多爲「過」，其語源義爲過，過則多矣。

〔二四〕于果反：宋、明刻本和清人校本皆同。吴承仕經籍舊音辨證卷七：「尋廣韻、玉篇以下『過』字止『户果』一切，並無他音，疑『于果反』『于』應作『乎』，形近之譌也。舊籍『于、乎』二文傳寫多錯互。」周祖謨方言校箋：「廣雅釋言：『敹，過也。』曹憲過音禍，此云于果反，于疑爲乎字之誤。」按：楊軍揚雄方言校釋匯證讀劄：「『于果反』切『過』不誤。切韻系韻書中，『于』爲喻三，『乎』爲匣紐，而魏晉以降經師注音中凡於切韻系韻書之匣、于兩紐每混切，則『于果、乎果』實爲一音。」今仍舊本，不據吴、周二氏所説改作「乎」。

〔一五〕僉：廣雅釋言：「僉，過也。」王念孫疏證：「過之言過也、夥也。」廣雅釋詁三：「僉，多也。」王念孫疏證：「爾雅：『僉，皆也。』義與多亦相近。」按：本書卷七：「僉，皆也。自山而東五國之郊曰僉。」卷一二：「僉，劇也。」劇亦有過甚之意。又：「僉，夥也。」郭璞注：「僉者同，故爲夥。」本條謂「人語而過」，意指話多了，話説過頭了，與「僉」構意相近。「僉」字從亼，會合之意；從吅、從从。亼、吅、从會衆人同説之意。訓「皆」、訓「衆」均從會衆人同説之意引申而來。然方言此義文獻用例難覓。

〔一六〕劒：錢繹方言箋疏：「劒猶僉也，僉與劒聲有侈弇耳。」

〔一七〕弩：本條下文云：「弩猶怒也。」怒謂過也。荀子君子：「刑罰不怒罪，爵賞不踰德。」王念孫讀書雜志荀子第七：「怒、踰，皆過也。淮南主術篇注：『踰猶過也。』方言曰：『凡人語而過，東齊謂之弩。』又曰：『弩猶怒也。』是怒即過也。上言『刑不過罪』，此言『刑罰不怒罪』，其義一而已矣。」敦煌變文集王昭君變文：「祁雍更能何處在，祇應拏郍白雲邊。」蔣禮鴻字義通釋引徐復説：「郍是郙、𨙸的錯字，就是那字。」廣雅釋詁三：「『䑖、怒，多也。』」王念孫疏證：「『爾雅：那，多也。釋文：那，本或作䑖。商頌那篇：猗與那與。小雅桑扈：受福不那。毛傳並云：那，多也。那與䑖通。』」方言卷一……據此，弩、怒和那，都有盛多的意思，合成一詞，用爲形容雲和煙的盛多濃厚。」

〔一八〕弩猶怒也：慧琳一切經音義卷八引：「郭璞注方言云：『弩猶怒也。』」據此，這四字爲郭注文。公羊傳莊公四年：「今紀無罪，此非怒與。」王引之經義述聞卷二四引王念孫：「怒之言拏，太過之謂也……古者謂過爲怒。『今紀無罪，此非怒與』者，言今日之紀無罪，乃因其先世有罪而滅之，此非太過與。東齊謂過爲拏，則弩者，齊人語也。」

〔一九〕陳鄭之間曰敦：「敦」之訓大，説見本卷第一二條匯證〔一〕。盧文弨重校方言：「『陳鄭之間曰敦』至末，當接前『曰巨曰碩』之下爲一條，中間『凡物盛多謂之寇』至『弩猶怒也』當提出别爲一條，舊本皆誤。」錢繹方言箋疏：「如盧説，則『嘏、郴』二義終屬突出，恐未必然。」

〔二〇〕之間：原本玉篇殘卷「訏」字下引方言作「之郊」。

〔二一〕壯大者：爾雅釋詁上「夏，大也」條邢昺疏引方言無「者」字。「夏」之訓大，説見本卷第一二條匯證〔一四〕。

〔二二〕暇：爾雅釋詁上：「假，大也。」戴震方言疏證改作「假」，云：「假，各本譌作暇。」王念孫手校明本改作「嘏」，盧文弨重校方言據曹毅之本亦改作「嘏」。周祖謨方言校箋：「本書前『敦、豐、厖、夰、憮、般、嘏，大也』一條云：『秦晉之間凡物壯大謂之嘏，或曰夏。』嘏，郭注音賈。是此處亦當作嘏。」按：「暇」與「嘏」，形近而譌，當改作「嘏」。

〔二三〕郴：郭注：「洛含反。」盧文弨重校方言：「當與惏同。」按：惏、婪同，廣韻盧含切，與本條郭注音同。説文女部：「婪……讀若潭。」是「婪」與「沈」又音近。本條上文正有「沈」字，蓋「郴」所記乃爲齊人言「沈」之音也。

〔二四〕通詞：戴震方言疏證改作「通語」，王念孫手校明本同。按：方言本文稱「通語」凡三十二見，郭注稱「通語」凡十餘見，而稱「通詞」僅見於此。戴校與全書通例合，當據改。

7a 二二　牴〔一〕、觸牴也〔二〕。敂〔三〕，音致。會也。雍梁之間曰牴，秦晉亦曰牴。凡會物謂之敂。

匯證

〔一〕牴：戴震方言疏證改作「抵」，下二「牴」字同，云：「據廣雅『會、抵，至也』，義與此合，注内『觸牴』當作『音觸牴之牴』，各本譌作『觸牴也』，遂並正文改爲牴，今訂正。」王念孫手校明本同。周祖謨方言校箋：「慧琳音義卷四十五『牴僈』條云：『方言牴，會也，説文牴，觸也，從牛氐聲。』是慧琳所據方言作牴。又萬象名義牛部『牴』注云：『觸也，至也，會也。』『會也』一訓當即出於方言。萬象名義本於顧野王原本玉篇而作，則顧氏所據方言亦作牴，不作抵。戴本作抵，似未可從。」按：以義訓衡之，戴説爲長；以古書所引考之，周説較勝。郭璞既以「觸牴」爲音，其所見方言當不作「牴」甚明，則字作「牴」應在郭璞後顧野王之前矣。牴與抵同從「氐」得聲，説文氐部：「氐，至也，本也。『本也』從段玉裁注本據小徐補。从氏，下箸一。一，地也。」廣雅釋詁一：「會、抵，至也。」王念孫疏證：「抵與氐通。律書云：『氐者，言萬物皆至也。』漢書文帝紀：『至邸而議之。』顔師古注云：『郡國朝宿之舍在京師者，率名邸。邸，至也，言所歸至也。』義並與抵通。致、會、抵三字同義。」錢繹方言箋疏：「抵之言氐也……漢書尹翁歸傳：『盜賊所過抵。』顔師古注：『抵，歸也。所經過及所歸投也。』是抵爲會也。」徐復補釋：「章先生新方言釋言：『凡心有所預期，常言曰會當，今語曰抵莊。莊亦當也。周書謚法解曰：「勝敵志强曰莊。」爾雅敵、强皆訓當。故抵莊者，會當也。』正釋此義。」

〔二〕觸牴也：戴震方言疏證删「也」字，以「觸牴」爲音。王念孫手校明本同。盧文弨所見曹毅之本無「也」字，斷「也」字爲「俗本誤衍」，亦删之。按：當據戴、王、盧諸家删「也」字。

〔三〕㑧：玉篇人部：「㑧，丈吏切，會物也。方言云：㑧，會也。」錢繹方言箋疏：「集韻引字林：『㑧，會也。』通作致。説文：『致，送詣也。』言部：『詣，候至也。』送詣者，送而必至其處，是會之意也。周官遂人：『以下劑，致甿。』鄭注：『致，猶會也。民雖受上田中田下田，及會之，以下劑爲率。』……卷十三云：『𢭆，到也。』説文：『𢭆，刺之財至也。』……𢭆與㑧同。到亦至也。會謂之抵，亦謂之㑧，猶至謂之抵，亦謂之致，又謂之𢭆也。到謂之摵，亦謂之𢭆，猶至謂之到，亦謂之摵也。義並相通也。」

一三　華〔一〕、荂〔二〕，晠也〔三〕。荂亦華别名〔四〕，音誇〔五〕。齊楚之間或謂之華，或謂之荂。

匯證

〔一〕華：戴震方言疏證：「草木之華，説文本作雩，呼瓜反。華盛之華，説文作蕚，胡瓜反。今經傳通作華，遂無雩、蕚之異。爾雅釋言：『華，皇也。』釋文胡瓜反。釋草：『華，荂也。華、荂，榮也。木謂之華，草謂之榮。』郭注云：『今江東呼華爲荂。』此四華字皆當讀呼瓜反。方言此條兩華字與釋言同，注内華字與釋草同。」盧文弨重校方言：「正文兩華字當作蕚。」廣雅釋草：「花，華也。」王念孫疏證：「顧炎武唐韻正云：『考花字，自南北朝以上，不見於書。』隋書禮儀志梁武帝引孔氏尚書『山龍華蟲』傳曰：『華者，花也。』今傳無此語，而朱子固已疑此傳非爲漢人之作矣。晉以下書中間有『花』字，或是後人改易。惟後魏書李諧傳載其述身賦曰：『樹先春而動色，艸迎歲而發花。』又曰：『肆雕章之腴旨，咀文苑之英華。』『花』字與『華』並用。而五經、楚辭、諸子、先秦兩漢之書皆古本相傳，凡『華』字未有改爲『花』者。又考太武帝始光二年三月，初造新字千餘，頒之遠近，以爲楷式，如『花』字之比，得非造於魏晉以下之新字乎？引之案：廣雅釋『花』爲『華』，字詁又云：『蘤，古花字。』則魏時已行此字，不始於後魏矣。又藝文類聚載晉棗據遊覽詩云：『矯足登臺閣，相伴步九華；徙倚憑高山，仰攀桂樹柯；延首觀神州，迴精眄曲阿；芳林挺修榦，一歲再三花。』則『華、花』並用，西晉初人已然，又不始於後魏李諧之述身賦也。『華』字古音在虞部，西漢以後亦有轉入戈部者，司馬相如上林賦以『華、沙』爲韻，東方朔誡子詩以『華、和、多』爲韻，皆是其證。故後出之『花』字，以『化』爲聲，『化』字古音正在戈部也。又戈部字古無四聲之別，故平聲之『花』而諧去聲之『化』字，雖俗體，古音猶存，殆非齊梁以後之所能爲矣。」

〔二〕荂：說文雩部：「雩，艸木華也。荂，雩或从艸，从夸。」戴震方言疏證：「說文荂即雩之別體，爾雅既以荂釋華，應是異字異音。」錢繹方言箋疏：「荂之言夸也。說文：『夸，奢也。』亦盛之意也。說文：『韡，盛也。』引小雅常棣篇『鄂不韡韡』，今本作韡，毛傳：『韡韡，光明也。』鄭箋：『鄂足得華之光明，韡韡然盛。』玉篇：『韡，盛貌，禹鬼切。』韡與荂聲近義同。」徐復補釋：「晉人撰文，多以敷代荂，即華字也。」劉君惠方言疏證補補：「『華、荂，榮也』與『華、荂，晠也』，詞例同。『晠』即『盛』之異文；『榮、盛』義同。說文胡瓜切，又呼瓜切，文下脱『草』字，『榮也』。『荂』，玉篇許俱切。喉音相通，韻則同隸模部。『荂』又有芳俱切一音，則喉音與脣音相轉移也。」

〔三〕晠：同「盛」。慧琳一切經音義卷一〇引作「盛」。

〔四〕蕐：戴震方言疏證作「華」，盧文弨重校方言「注華字當作雩」。按：「荂」之別名，依說文，字當作雩。

〔五〕音誇：戴震方言疏證：「注荂音誇，得之。」錢繹方言箋疏：「爾雅以荂字釋華，當必異字異音，故郭音誇與許君異也。」周祖謨方言校箋：「誇字有誤。說文荂爲雩之或體，唐韻況于切。玉篇荂許俱、芳俱二切。爾雅釋草：『華，荂也。』郭注云：『今江東呼華爲荂，音敷。』均無誇音。況于、許俱，即訏音，芳俱即敷音。此注音誇疑爲音訏之譌。」按：文選吴都賦：「異荂蓲蘛，夏曄冬蒨。」劉逵注：「爾雅曰：『荂，榮也。』」李善注：「荂，枯瓜切。」集韻麻韻：「荂，榮也。」枯瓜切。「枯瓜」音同「誇」。周氏所校不可遽從。

二四　墳〔一〕，地大也〔二〕。青幽之間凡土而高且大者謂之墳〔三〕。即大陵也〔四〕。張小使大謂之廓〔五〕，陳楚之間謂之摸〔六〕。音莫。

匯證

〔一〕墳：爾雅釋詁上：「墳，大也。」郝懿行義疏：「釋丘云：『墳，大防。』……詩：『牂羊墳首。』周禮司烜：『共墳燭。』通作賁。詩：『賁鼓維鏞。』書：『用宏茲賁。』賁皆大也。又通作頒。說文云：『頒，大頭也。』引詩『有頒其首』。正義據釋詁云：『頒與墳字雖異，音義同。』此說是也。但古書多叚借頒首之頒，則頒爲正體，墳乃叚借。書正義據樊光引詩作『有賁其首』，賁亦叚借矣。」劉君惠方言疏證補補：「墳、分聲近，故從聲孳乳之字，義亦相同。釋丘云：『墳，大防。』墳與坊同，訓大防，是賁聲與分聲字音義皆相近也。說文：『頒，大頭也。』引詩『有頒其首』，亦作『墳首』，是頒與墳音近義同也。」按：「墳」本謂墳墓，本書卷一三：「冢，秦晉之間謂之墳。」引申之，指堤岸、高地。詩周南汝墳：「遵彼汝墳，伐其條枚。」毛傳：「墳，大防也。」本條下文云：「青幽之間凡土而高且大者謂之墳。」郭注：「即大陵也。」「高」與「大」義通。又引申之則爲凡大之稱。爾雅、詩毛傳並同。「墳」從「賁」得聲，故得相通；「墳」與「頒」爲同源字。

〔二〕地大也：按：爾雅釋詁上邢昺疏引本文以「地大」連文爲句，今從之。錢繹方言箋疏：「或又以墳、地字各爲句，亦通。說文：『大，天大，地大，人亦大，故大象人形。』廣雅：『地，大也。』管子形勢解：『地之裁大，故能兼載萬物。』道德經云：『有物混成，先天地生。』『吾不知其名，故字之曰道，强爲之名曰大。』『故道大，天大，地大，王亦大。域中有四大，而王處其一尊。』是地亦大也。」

〔三〕凡土而高且大者：周祖謨方言校箋：「『而』字疑爲衍文。文選射雉賦：『巡丘陵以經略兮，畫墳衍而分畿。』徐爰注云：『青幽之間土高且大者通之曰墳。』此語蓋本方言。『高』上無『而』字。慧琳音義卷十八『窣堵波』條引方言云：『幽冀之間凡土方而高大者謂之方墳。』文字亦有小異。」按：爾雅釋詁上邢昺疏引方言：「墳，地大也。青幽之間凡土而高且大者謂之墳。」與宋本全同。慧琳一切經音義所引方言「高」上亦有「而」字。若「而」爲衍文，當在徐爰後慧琳前也。

〔四〕大陵：王念孫手校明本改作「大防」，云：「『陵』字本作『防』，俗儒改之耳。爾雅釋丘：『墳，大防。』詩周南：『遵彼汝墳。』毛傳：『墳，大防也。』是其證。俗儒不知『大防』所本，又以此文云『凡土而高且大者謂之墳』，遂以『大陵』當之，不知『陵』與『墳』高卑懸絶，且大陵謂之阿，不謂之墳也。」

〔五〕自「張小使大」以下，戴震方言疏證提行别爲一條，盧、錢、周諸家校本從之。今仍其舊。

廓：原本玉篇殘卷「廓」字下引方言：「張小使大者或謂之郭。」「廓」字作「郭」。爾雅釋詁上：「廓，大也。」郝懿行義疏：「一切經音義九引孫炎云：『廓，張之大也。』詩云：『憎其式廓。』文選西京賦云：『廓開九市。』毛傳及薛綜注並云：『廓，大也。』孟子云：『知皆擴而充之。』趙岐注：『擴，廓也。』釋名云：『郭，廓也。廓落在城外也。』公羊文十五年傳云：『恢郭也。』恢郭即恢廓，故意林引風俗通云：『郭，大也。』詩皇矣釋文：『郭，本又作廓。』蓋正義本作『廓』，釋文本作『郭』，而音亦苦霍反。是郭、廓通擴，義亦同矣。」按：「廓」本訓大，已見爾雅；亦訓擴大，即「張小使大」也。荀子脩身：「狹隘褊小，則廓之以廣大。」淮南子原道訓：「廓四方，柝八極。」高誘注：「廓，張也；柝，開也。」太玄廓：「陽猶恢而廓之。」司馬光集注：「廓，張大之也。」文選王延壽魯靈光殿賦：「廓宇宙而作京。」李善注引方言本條，均是其例也。

〔六〕摸：明吴琯古今逸史本、程榮漢魏叢書本、明李珏刻本、明佚名刻本、鄭樸揚子雲集本均作「模」。古籍從木從扌常互譌。郭注「音莫」，「莫、摸」廣韻同爲慕各切，「模」廣韻莫胡切。據此知作「摸」不誤。錢繹方言箋疏：「卷十三云：『摸，撫也。』撫與幠通。玉篇：『幠，張也。』釋詁：『幠，大也。』小雅六月篇傳：『幠，張大也。』摸之言幕也。卷十二云：『幕，覆也。』幠、幕、覆一聲之轉，故覆謂之幕，亦謂之幠。説文：『幠，覆也。』廣雅：『幕，覆也。』『帳也。』説文：『帳，張也。』義亦通。」

7b二五　嬛〔一〕、蟬〔二〕、火全反〔三〕。⿰糹蜀〔四〕、音剡。撚〔五〕、諸典反。未〔六〕，續也。楚曰嬛。嬋〔七〕，出也。別異義。楚曰蟬；或曰未〔八〕，及也。

〔一〕嬛：戴震方言疏證：「嬛、蠉，古通用，蟲行也。」説文女部：「嬛，材緊也。」朱駿聲通訓定聲：「按方言一：『嬛，未續也。楚曰嬛。』即欲續纔緊尚未結繫之意。」錢繹方言箋疏：「説文：『嬛，材緊也。』玉篇音巨營切，廣韻又音許緣切。按：錢氏誤『許』爲『巨』，今改正。説文：『緊，纏絲急也。』楚辭九思：『心緊絭兮傷懷。』王逸注：『糾繚也。』俗作『繾綣』。又九章云：『氣繚轉而自締。』王逸注云：『思念緊卷而成結也。』『緊卷』一作『繾綣』。大雅民勞篇：『以謹繾綣。』毛傳：『繾綣，反覆也。』正義：『繾綣者，牢固相著之意。』昭二十五年左氏傳：『繾綣從公。』杜預注：『繾綣，不離散。』案，繾綣，疊韻兼雙聲字，急言之則爲『嬛』，轉言之則爲『緊』，皆續之意也。」按：「嬛」之訓續，於故籍無徵。戴説「蟲行」，然未證明此義與連續義有何聯繫。朱氏所釋，以方言「未續」連文爲據。錢氏輾轉求解，終覺有隔。録以備考，以待來者。

〔二〕蟬：錢繹方言箋疏：「蟬通作嬗。賈誼鵩鳥賦：『形氣轉續兮，變化而嬗。』蘇林云：『轉續，〔相〕傳與也。嬗音蟬，如蜩蟬之蜕化也。或曰嬗，相連也。』是蟬爲續也。合言之則曰嬗連。」吴予天方言注商：「『蟬』者，『延』之聲轉也。——説文：『延，長行也。从延，丿聲。』長行則繼續而不斷，此上文『蟬』之所以訓『續』也……『蟬、延』疊韻，古屬元類。」按：綿延不絶、連續相承謂之「蟬聯」，或作「蟬連」。文選左思吴都賦：「布濩皋澤，蟬聯陵丘。」劉逵注：「蟬聯，不絶貌。」玉篇虫部「蟬」字釋云：「蟬連，系續之言也。」「蟬嫣」亦訓連續不斷。漢書揚雄傳上：「有周氏之蟬嫣兮，或鼻祖於汾隅。」顔師古注引應劭曰：「蟬嫣，連也，言與周氏親連也。」

〔三〕火全反：戴本「全」誤作「金」。但移此音於前「嬛」字下。劉台拱方言補校：「火全反當屬嬛，不當在蟬字下。」盧、錢仍從舊本。錢繹方言箋疏：「『蟬』音火全反，各本並同。戴本『全』作『金』，以『火金反』爲『蟬』字之音，誤。」吴承仕經籍舊音辨證：「各本並非，而錢説尤謬。蓋『嬛』從睘聲，本屬寒部，自音火全反，廣韻以下『嬛、蠉、儇』等字並音許緣切，此古今承用之音，無可疑者。錢以『火全』音『蟬』，致爲疏失。」按：吴説是也。「火全反」不誤，當據戴本移正。

〔四〕𦅻：同「䌈」。廣雅釋詁二：「䌈，續也。」王念孫疏證：「淮南子氾論訓云：『緂麻索縷。』人間訓云：『婦人不得剡麻考縷。』緂、剡並與繝通。」又讀書雜志淮南内篇第十三「緂麻」條：「緂者，續也，緝而續之也。」錢繹方言箋疏：「卷六：『撊、剿，續也。秦晉續折謂之撊，繩索謂之剿。』『撊』亦音剡。」按：卷六「撊」當作「繝」，說見該卷第四八條匯證〔一〕。

〔五〕撚：廣雅釋詁二：「撚，續也。」王念孫疏證：「衆經音義卷十四引方言而釋之云：『撚，謂兩指索之相接續也。』逸周書大武解：『後動撚之。』孔晁注：『撚，從也。』從亦相續之意。」錢繹方言箋疏：「今人猶以兩指緊物爲撚矣。」按：說文手部：「撚，蹂也。」「蹂」即「揉」。慧琳音義卷六〇「撚，羊毛」條引顧野王云：「撚，謂相接續也。」章炳麟新方言釋言：「引縣作線、揉紙使緊曰撚。」是「撚」本指揉、搓、捻，而搓、捻則既有「使緊」之功，亦有「接續」之用矣。

〔六〕未：戴震方言疏證以「未」與下「續」連文，云：「『未續』，應謂欲續而未結繫。」盧文弨從之。錢繹方言箋疏駁戴氏之說云：「廣雅：『未，續也。』戴氏因『未』與『續』義不相近，遂讀『未續』連文爲句……盧氏仍其說，並非是。案，上文『嬛、蟬、繝、撚』四字明訓爲『續』，則不可云『未續』矣。」「未續」既不可連文，而「未」之訓「續」又不得其解，王念孫於是懷疑「未」爲譌文。廣雅釋詁二：「未，續也。」王念孫疏證：「『未』與『續』義不相近，方言、廣雅『未』字疑皆『末』字之譌。方言：『末，隨也。』隨亦相續之意。」戴震方言疏證王念孫手校云：「漢蒼頡碑：『□□禮崇樂，以化未造。』又云：『表章大聖之遺靈，以示來世之未生。』兩『未』字皆作『末』。」錢繹方言箋疏說同：「蓋『未』與『末』形相似，此『未』字本作『末』，涉下文『未及』之文並譌爲『未』。張揖亦訓『未』爲『續』，則其譌已久，或廣雅本作『末』，而後亦誤爲『未』，莫可知也。子張篇：『抑末也。』釋文：『末，或本作未。』正與此同。亦有譌『未』爲『末』者。檀弓篇：『瓦不成味。』鄭注云：『味當爲沬。沬，靧也。』字从午未之『未』，當音『呼内反』，今釋文音『亡曷反』，則誤爲涎沫字，是也……」周祖謨方言校箋從王念孫說，並補證云：「日本古鈔本漢書楊雄傳殘卷天歷二年（公元九四八）倭點於楊雄反離騷『有周氏之蟬嫣兮，或鼻祖於汾隅』下引顧胤漢書古今集義云：『晉曰：方言蟬出□未也。言冑出於周，雄是其末也。』案……由晉灼語可證『未』引者按，校箋原文誤作『末』。即『末』字。」王、錢、周諸家皆以爲「未」與「續」義不相近，故疑「未」是「末」之譌。劉君惠方言箋記云：「王氏此說，殊乏確切證據。檢方言卷十二：『追、未，隨也。』戴、王皆改『未』爲『末』。又以『末，隨也』證明『未，續也』之『未』當作『末』。豈非乞貸論證？周氏引漢蒼頡碑『□□禮崇樂，以化未造』，說『未造』即『末造』，這祇能說蒼頡碑的『未』字有可能是『未』字的形譌，不能據以證明方言『未，續也』的『未』字也應當是『末』字的形譌。至於日本古鈔本漢書楊雄傳殘卷在反離騷『有周氏之蟬嫣兮，或鼻祖於汾隅』句下引：『晉曰：方言蟬出□未也。言胄出於周，雄是其末也。』殘卷文字敚漏，語意不屬，據以證明方言『未當作末』，殊覺難安。王、錢、周三家都改『未』爲『末』，都以爲『未與續義不相近』。我以爲『未』字自可訓續，不煩改字。荀子正論：『徵讀爲懲，未謂將來。』未謂將來，故有隨續之義……然尋未之所以訓續，更有它的語源義。章炳麟認爲：説文未象重枝葉，古多借味爲之。易屯：『天造草昧。』即草未也。春秋公羊傳襄公二十七年：『昧雉彼視。』解詁曰：『昧，割也。』是『未』有圻裂之義，蓋與『刎』字同。對轉諄，孳乳爲釁，説文訓血祭。孟子梁惠王：『將以釁鐘。』趙岐注：『新鑄鐘，殺牲以血塗其釁郄曰釁。』字又作璺。方言：『器破而未離謂之璺。』釁即圻裂，塗抹圻裂亦曰釁。故未又訓續。參章炳麟文始二。」按：「未」不當改作「末」，確鑿有據。劉君惠認爲「未」自可訓續，説已詳上。朱駿聲説文通訓定聲：「王氏廣雅疏證疑爲『末』之誤字，非是。」以爲方言之「未」借爲「尾」，可備一説。吴予天方言注商補證朱説云：「『未』即『尾』之聲轉，唇音自相轉也。——易遯卦：『遯尾。』注：『尾之爲物，最在體後者也。』國策秦策：『王若爲此尾。』注：『後也。』蓋古人以尾聯續於體後，而轉其意謂續爲尾。『尾』聲轉爲『未』聲：此上文『未』之所以訓續也。」

〔七〕嬋：戴、盧、錢諸本並作「蟬」。周祖謨方言校箋據日本古鈔本漢書顧胤集義所見晉灼引方言作「蟬」，論定作「蟬」爲是，並據以訂正。按：當從諸家改正。戴震方言疏證：「『蟬、出』語之轉，故『蟬』又爲『出』。」錢繹方言箋疏：「『蟬、出』語之轉。『蟬』之轉爲『出』，猶『蟬』之轉爲『續』耳。楚曰蟬者，謂楚謂出爲蟬也。」「蟬」之訓「出」，故訓未見，用例難徵，郭謂「别異義」，存而待考。

〔八〕未：周祖謨方言校箋亦以此「未」字「當作末」，今不從。錢繹方言箋疏以「未及」連文爲説，亦非是。訓「續」之「未」，吴予天方言注商云：「又意轉而謂隨人之後亦爲尾。故尾又有及義。——説文：『隶，及也。从又，从尾省。又，持尾者，從後及之也。』朱駿聲云：『按隶者，手相及也。从尾省聲。』説文：『眔，目相及也。从目，从隶省，隶亦聲。』朱駿聲云：『按以目尾其後，猶孟子之「施從而瞯」也。从尾省聲，亦合。』此『尾』之有『及』義之可證者。『尾』聲轉爲『未』聲，此楚語所以謂出爲『未』，故子雲訓『及』也。説文：『及，逮也。』『逮，唐逮，行也。』『尾、未』疊韻，古屬脂類。又按，『或曰未及也』，當以『或曰未』爲句，與上文『未，續也』相承而異義。即楚謂出爲蟬，或曰未。下『及也』二字，係文中夾注，實與『蟬，出也』同例。其不再加『未』字者，省文也。」

二六　𨂝〔一〕、古蹋字，他匣反〔二〕。 䠥〔三〕、逍遥。 蹳〔四〕，音拂。 跳也。 楚曰𨂝〔五〕。勑厲反。亦中州語。 陳鄭之間曰䠥，楚曰蹠〔六〕。自關而西秦晉之間曰跳，或曰𨂝。

匯證

〔一〕𨂝：錢繹方言箋疏作「踏」。按：集韻合韻：「踏，或從答。」説文足部：「𨂝，跛也。」段玉裁注：「按，跛當作跳。」郭璞注：「古蹋字。」説文足部：「蹋，踐也。」段玉裁注：「俗作踏。」踐踏與跳躍義雖相關，然而有别，𨂝與蹋亦非古今字，郭注恐非是。「𨂝」乃方言字，自關而西秦晉之間謂「跳」曰「𨂝」。

〔二〕他匣反：胡芷藩書周祖謨方言校箋後：「『他匣反』疑有誤。匣在狎韻，狎韻無透紐。廣雅釋詁二：『𨂝，跳也。』曹憲音他帀。帀在合韻，有透紐。則此匣字恐爲帀之誤，帀或寫作匝，因而誤爲匣。」劉君惠方言箋記：「『𨂝』當他合反，作『他匣反』者非是。」按：廣韻合韻：「𨂝，跛行皃。」音都合切，古音屬端紐。廣韻合韻「他合切」小韻下有「踏」字，無「𨂝」字。集韻合韻「𨂝」字凡三見：一音德合切，訓「跳也，跛也」，異體字作「踏」；一音託合切，云「説文跛也，一曰跳也」；一音達合切，訓「跳也」。廣韻盍韻「蹋，踐也」，徒合切；合韻「踏」，他合切。集韻盍韻「蹋，蹈也」，託盍切；合韻「踏、蹋」，達合切，又「𨂝」，託合切。由此知郭氏「他帀反」既爲「蹋」音，亦爲「𨂝」音。

〔三〕䠥：説文足部：「䠥，跳也。」廣雅釋詁二：「䠥，跳也。」王念孫疏證：「䠥亦躍也。楚辭九章云：『願摇起而横奔兮。』王延壽夢賦云：『羣行而奮摇，忽來到吾前。』方言：『遥，疾行也。』䠥、遥，摇，義並相近。」

〔四〕蹳：劉君惠方言箋記：「古讀如弼。郭注『音拂』，拂亦音弼。」按：今閩語中謂跳、跳躍猶曰「蹳」，福建莆田音［pʻɔʔ^{21}］，福建仙游音［pʻoʔ^{32}］。

〔五〕踹：廣雅釋詁二：「踹，跳也。」王念孫疏證：「説文：『趨，超特也。』漢書禮樂志：『體容與，迣萬里。』如淳注云：『迣，超踰也。』史記樂書『迣』作『跇』。枚乘七發云：『清升踰跇。』揚雄羽獵賦云：『亶觀夫剽禽之紲踰。』趨、迣、跇、紲，並與踹同。王褒洞簫賦：『超騰踰曳。』曳與踹亦聲近義同。」

〔六〕蹠：説文足部：「蹠，楚人謂跳躍曰蹠。」錢繹方言箋疏：「淮南主術訓：『明分以示之，則蹠、蹻之姦止矣。』高誘注：『盜蹠，孔子時人；蹻，莊蹻，楚威王之將軍，能大爲盜也。』吕氏春秋異用篇：『跖與企足得飴，以開閉取楗。』高注：『蹠，盜蹠；企足，莊蹻也。』説文：『蹻，舉足高行也。』是蹠、蹻皆以跳躍得名也。」劉君惠方言疏證補補：「踏，他合反。『合』作『匣』者，非是。王説䠛亦躍也。䠛，余招反，與『躍』余斫切平入相通。『躍』字音轉讀他狄反，見詩小雅巧言篇。釋文字又作『趯』，二字古同聲通用。踹，敕厲反；踏，他合反：古音通。猶塌，敕立反，亦爲塌，他合反，是其例矣。𨀁，古音如弼。孟子『法家拂士』，拂讀弼，與躍同韻。跳，徒遼反。據此，則踏、𨀁、踹、跳，古聲韻皆相通矣。」

二七　躡〔一〕、郅〔二〕，音質。跂〔三〕，音企。狢〔四〕，格亦訓來〔五〕。躋〔六〕，濟渡。踚〔七〕，踊躍。登也。自關而西秦晉之間曰躡，東齊海岱之間謂之躋，魯衛曰郅，梁益之間曰狢，或曰跂。

匯證

〔一〕躡：本訓踩、踏。説文足部：「躡，蹈也。」淮南子覽冥訓：「縱矢躡風，追猋歸忽。」高誘注：「躡，蹈也。」引申之義爲攀登。釋名釋姿容：「躡，攝也，登其上使攝服也。」司馬相如封禪文：「然後躡梁父，登泰山。」漢書揚雄傳上：「梁弱水之濎濴兮，躡不周之逶蛇。」文選左思詠史詩之二：「世胄躡高位，英俊沈下僚。」是躡訓登也。

〔二〕郅：爾雅釋詁下：「騭、假、格、陟、躋、登，陞也。」郭璞注：「方言曰：『魯衛之間曰騭，梁益曰格。』」説文馬部：「騭……讀若郅。」是騭與郅通。騭從陟得聲。説文𨸏部：「陟，登也。」

〔三〕跂：説文足部：「跂，足多指也。」本條「跂」郭注：「音企。」朱駿聲説文通訓定聲：「跂，叚借爲企。」莊子秋水：「掇而不跂。」陸德明釋文：「跂，一本作企。」詩衛風河廣：「誰謂宋遠，跂予望之。」馬瑞辰通釋：「此詩跂即企之叚借，楚辭九歎王逸注引作『企予望之』。」説文人部：「企，舉踵也。」荀子勸學：「吾嘗跂而望矣，不如登高之博見也。」楊倞注：「跂，舉足也。」又，「跂及」猶「企及」，「跂立」同「企立」，是「跂」之言企也。舉踵曰企，陞登亦曰企，義相因也。

〔四〕佫：本卷第一三條：「佫，至也。」郭璞注：佫「古格字」。爾雅釋詁下：「騭、假、格、陟、躋、登，陞也。」郭注引方言：「梁益曰格。」爾雅釋詁上：「格，至也。」是「格」與「佫」通。參見本卷第一三條匯證〔三〕。

〔五〕格：戴校本作「佫」，周祖謨方言校箋仍作「格」。按：作「佫」是也。郭注凡言「某亦訓某」，前「某」必見於方言本文，如本卷第三一條「勔勈亦訓勉也」、卷一二「葴亦訓敕」，「勔勈、葴」皆與方言本文同。又「佫」訓「來」見卷一。據郭注通例和卷二「佫，來也」，此處注内「格」當從戴本改作「佫」。陳與郊類聚本作「佫」不誤。

〔六〕躋：戴震方言疏證：「郭璞江賦：『躋江津而起漲。』謝靈運石門新營所住四面高山迴溪石瀨修竹茂林詩：『躋險築幽居。』陸機辨亡論：『遂躋天號，鼎跱而立。』李善注皆引方言『躋，登也』。」爾雅釋詁下：「躋、登，陞也。」説文足部：「躋，登也。」詩秦風蒹葭「道阻且躋」、小雅斯干「君子攸躋」毛傳，易震「躋于九陵」、詩豳風七月「躋彼公堂」陸德明釋文，皆云：「躋，升也。」

〔七〕踚：「踚」與「躍」同音，郭注「踊躍」，注音兼釋義也。郭注有此例，如本卷第二二條「抵」字下郭注「觸牴」，卷六「陂」字郭注「偏頗」，皆是也。説文足部：「踊，跳也。」廣雅釋詁一：「躍，上也。」又釋詁三：「躍，跳也。」又：「踚，拔也。」王念孫疏證：「踚之言躍……上出之義也。」是踚即躍，聳身而登也。

8a 二八　逢〔一〕、逆〔二〕，迎也。自關而東曰逆，自關而西或曰迎，或曰逢。

匯證

〔一〕逢：爾雅釋詁下：「逢，遇也。」説文辵部：「逢，遇也。」左傳宣公三年「莫能逢之」杜預注、楚辭天問「而親以逢殆」王逸注皆云：「逢，遇也。」相遇、相迎，義相因也。國語周語上「道而得神是謂逢福」韋昭注、楚辭天問「逢彼白雉」王逸注皆云：「逢，迎也。」「逢」從夆聲，王筠説文釋例：「夂部：『夆，啎也。』午部：『啎，逆也。』辵部：『逆，迎也。』相迎是相遇也。」又，説文髟部：「䯲，鬕也。」蒲浪切。段玉裁注：「今俗謂卒然相遇曰掽，如滂去聲，字當作䯲也。」王力同源字典：「段氏説卒然相遇爲掽是對的，可見掽是逢的音轉。『掽』是晚起字，説字當作『䯲』則是錯誤的。字今作『碰』。今吴語讀『碰』爲彭去聲，正與蒲浪切音近。」

〔二〕逆：戴震方言疏證：「周禮小祝：『逆時雨。』鄭注：『逆，迎也。』説文：『逆，迎也。關東曰逆，關西曰迎。』蓋本此。」錢繹方言箋疏：「春秋隱二年：『紀裂繻來逆女。』是逆爲迎也。禹貢『逆河』，周頌般正義引鄭注：『下尾合爲逆河，言相迎受也。』今文尚書作『迎河』。迎、逆，聲轉通用。」按：「逆」之訓「迎」，先秦兩漢例多不贅。逆、迎疑紐雙聲，鐸陽對轉，一詞也；其音稍異，乃關東西方音之别也。

二九　撏〔一〕、常含反〔二〕。攓〔三〕、音蹇。摭〔四〕、盜蹠。挻〔五〕、羊羶反〔六〕。取也。南楚曰攓，陳宋之間曰摭，衛魯揚徐荆衡之郊曰撏。衡，衡山，南岳名，今在長沙。自關而西秦晉之間凡取物而逆謂之籑〔七〕，音饌。楚部或謂之挻〔八〕。

匯證

〔一〕撏：錢繹方言箋疏：「今俗謂以指摘物曰撏，音近蠶。」黄侃論學雜著蘄春語：「説文炎部：『燅，於湯中爚肉。从炎，从熱省。小徐：熱省聲。錴，或从炙。』徐鹽切。大集日藏分經音義引通俗文：『以湯去毛曰燅。』案吾鄉謂殺禽獸已，納之沸湯去毛，曰燅毛。或書作撏……」按：先秦兩漢用例未見，後世文獻可徵。唐賈島原居即事言懷贈孫員外：「鑷撏白髮斷，兵阻尺書傳。」元武漢臣生金閣第三折：「我兒也，你眼睫毛我都撏了你的。」明佚名鎖金猿第二折：「摳了眼睛，撏了眉毛。」清孔尚任桃花扇哄丁：「掌他的嘴，撏他的毛。」今方言猶有此語。

〔二〕常含反：舊本如此，各本均無校語。胡芷藩書周祖謨方言校箋後：「『常含反』疑有誤。常在禪紐，含在覃韻，覃韻無禪紐。

廣雅釋詁一：『撏，取也。』曹憲音才含反。廣韻『撏』昨含反，集韻『撏』徂含反，並屬從紐。疑『常』字有誤。」按：胡氏所説是也。廣韻「撏」凡三見，分別在侵韻、覃韻、鹽韻，切徐林、昨含、視占。集韻「撏」凡四見，分別在侵韻、覃韻、鹽韻，切徐心、徂含、徐廉和時占。「徐」屬邪紐，「視、時」屬禪紐，「昨、徂」屬從紐。兩韻書「撏」字共七見，唯集韻覃韻引方言，是方言「撏」本在覃韻，屬從紐，據此，「常」字確實有誤。又，楊軍先生見告：郭璞「常含反」讀入鹽韻，「音韻地位是禪紐鹽韻三等，正與廣韻視占切同。廣韻鹽韻『棎視占切』小韻收『撏』字，或即據郭璞音折合而成。胡先生未了舊反切，故其説未是」。

〔三〕攓：戴震方言疏證：「列子天瑞篇：『攓蓬而指。』張湛注云：『攓，拔也。』説文作『𢶒』，云：『拔取也。南楚語。』又作搴。楚詞：『朝搴阰之木蘭兮。』王逸注：『搴，取也。』史記叔孫通列傳：『故先言斬將搴旗之士。』索隱引方言云：『南方取物爲搴。』」按：「攓取」亦有連文用例。淮南子俶真訓：「今萬物之來，擢拔吾性，攓取吾情，有若泉源。」是也。

〔四〕摭：戴震方言疏證：「禮記禮器篇：『有順而摭也。』疏云：『摭，猶拾取也。』張衡思玄賦：『摭若華而躊躇。』李善注引方言『摭，取也』。摭亦作拓。説文云：『拓，拾也。陳宋語。』」按：字又作「摕」。儀禮有司：「乃摭於魚腊俎。」鄭玄注：「古文摭爲摕。」説文手部：「摕，撮取也。」集韻昔韻：「拓，拾也，陳宋語。或從庶，古作摕。」

〔五〕挻：戴震方言疏證：「老子：『挻埴以爲器。』釋文引方言：『挻，取也。』」錢繹方言疏證：「挻之言引取也。」按：「挻」之訓「取」，據下文，義爲篡取。漢書賈誼傳：「故見利則逝，見便則奪；主上有敗，則因而挻之矣。」顔師古注：「逝，往也。」王先謙補注：「挻，取也。」「挻」與「奪」義近，「奪」謂奪取，「挻」謂篡取也。「挻」本訓長，見説文；引申爲延及、引。廣雅釋詁二：「挻，長也。」王念孫疏證：「挻之言延也。」「引」既有延長、伸長義，亦有引而取之之義，錢繹所説不爲無理。戰國策秦策一：「讀書欲睡，引錐自刺其股，血流至足。」是其例也。然戴震引例則可商。朱駿聲説文通訓定聲：「凡柔和之物，引之使長，摶之使短，可析可合，可方可圓，謂之挻。陶人爲坯，其一端也。」「挻埴」也作「埏埴」。荀子性惡：「故陶人埏埴而爲器。」楊倞注：「擊黏土而成器。」「擊」乃揉之動作。文選潘岳西征賦：「均之埏埴。」李善注引河上公曰：「埏，和也。」是「挻埴、埏埴」乃謂揉和黏土，戴據陸德明引方言爲釋，非是。

〔六〕羊羶反：劉台拱方言補校：「挻，音羊羶之羶，不當爲『羊羶反』也，『反』字誤衍。戴本亦誤。」周祖謨方言校箋：「劉説是也。挻見廣雅釋詁，曹憲音式延、丑延二反，廣韻式連切。式延、式連即羶字音，是羶下不當有反字。」按：當據劉、周二氏校删「反」字。

〔七〕籑：東文研藏珂羅版宋刊本、静嘉堂文庫藏影宋抄本、福山王氏天壤閣刊影宋本、胡文焕格致叢書本、鄭樸揚子雲集本、明李珏刻本、明佚名刻本以及覆刻、重刻宋本均作「籑」。戴震方言疏證改作「篡」，云：「篡，各本譌作籑，蓋因注内『饌』字而誤，今訂正。後漢書逸民傳：『揚雄曰：鴻飛冥冥，弋者何篡焉。』宋衷曰：『篡，取也。今人謂以計數取物爲篡。』爾雅釋詁：『探、篡、俘，取也。』説文：『屰而奪取曰篡。』」盧文弨重校方言亦據爾雅、説文以及漢書衛青傳師古注「逆取曰篡」，將「籑」改作「篡」，並云：「篡者，初患反，不當音饌，故並删去之。今杭人猶有此語，音近撮，蓋即篡聲之轉。」按：原本玉篇殘卷「饃」字下引方言作「饃」。朱駿聲説文通訓定聲「籑」字下：「儀禮特牲禮『饃者舉奠許諾』『饃有以也』『兩饃』『上饃』『下饃』，有司徹『乃饃如儐』，諸『饃』字皆即此『籑』，作從莫者，形近致譌。」朱説是也。宋本「籑」，即説文「饃」字之譌，通作「籑」。故宫博物院舊藏刊謬補缺切韻線韻「籑」音知戀反，云「方言音饌」，説文食部「饌」爲「籑」之異體，周祖謨方言校箋由此認爲「篡字作籑，其來已久」。爾雅釋詁：「篡，取也。」郭注：「篡者，奪取也。」未引方言。蓋「篡」譌作「饃」，即譌作「籑」，當在郭璞之前，郭氏隨譌字爲音耳，非後人因注内「音饌」而誤改「篡」爲「籑」。吴予天方言注商：「是原本玉篇所引，字雖譌舛，亦可知舊本相仍皆作籑。戴氏易爲『篡』，本義矣；究之，『籑』乃『篡』之叚音，似可不必改易也。」是也。又，上「自關而西」，原本玉篇殘卷「饃」字下引「而」作「以」。

〔八〕楚部：各本同。集韻僊韻「挻」字下引方言亦作「楚部」，但「楚部」不成辭，疑「部」爲「郢」之譌。「楚部」全書僅此一見，而「楚郢」卷一〇有三見。郢爲春秋楚國都，故可「楚郢」連稱。

三〇　餥〔一〕、音非。飵〔二〕，音昨。食也。陳楚之内相謁而食麥饘謂之餥〔三〕，饘〔四〕，糜也，音旃。楚曰飵。凡陳楚之郊南楚之外相謁而飧〔五〕晝飯爲飧。謁，請也。或曰飵，或曰䬯〔六〕。音黏。秦晉之際河陰之間曰𩟗惡恨反。𩜁〔七〕。五恨反。今馮翊郃陽河東龍門是其處也。此秦語也〔八〕。今關西人呼食欲飽爲𩟗𩜁。

匯證

〔一〕餥：下文釋「相謁而食麥饘」，爾雅釋言「餥、餱，食也」邢昺疏：「皆飯食也。」爾雅郭注引方言作「陳楚之間相呼食爲餥」。説文食部：「餥，餱也……陳楚之間相謁而食麥飯曰餥。」劉熙釋名釋飲食：「餱，候也，候人飢者以食之也。」王先謙釋名疏證補：「候飢人食之，即相謁食麥之義也。」

〔二〕飵：説文食部：「飵，楚人相謁食麥曰飵。」徐鍇繫傳：「飵，人相謁相見後設麥飯以爲常禮，如今人之相見飲茶也。」按：後世由相見後請吃麥粥而轉指麥粥。宋梅堯臣訪石子澗外兄林亭：「既能置魯酒，又復餉楚飵。」又指吃。廣雅釋詁二：「飵，食也。」方以智通雅諺原：「飵，閩人呼食飯爲飵飵。」

〔三〕内：王念孫手校明本云：「『内』，説郛本作『間』。」周祖謨方言校箋：「原本玉篇餥下引作間，集韻微韻及紺珠集八引並同。爾雅釋言『餥、餱，食也』，郭注曰：『方言云：陳楚之間相呼食爲餥。』亦作間。邢疏引則作内。」按：周氏所據原本玉篇爲黎本，羅本原本玉篇、初學記卷二六引方言均作「内」。然依方言通例，作「間」爲是。

〔四〕饘：爾雅釋言：「餬，饘也。」説文食部：「饘，糜也……周謂之饘，宋謂之餬。」禮記檀弓上：「饘粥之食。」孔穎達疏：「厚曰饘，希曰粥。」左傳僖公二十八年：「執衞侯，歸之於京師，寘諸深室。甯子職納槖饘焉。」杜預注：「饘，糜也。」禮記内則：「饘酏酒醴。」陸德明釋文：「饘，厚粥也。」

〔五〕飧：靜嘉堂文庫藏影宋抄本作「飱」，明吴琯古今逸史本、程榮漢魏叢書本、胡文焕格致叢書本、明李珏刻本、明佚名刻本、鄭樸揚子雲集本、明抄本以及爾雅釋言邢疏引同。集韻鹽韻「餂」字下引方言作「飧」。「飱、飧」同「餐」。爾雅釋言：「粲，餐也。」陸德明釋文：「餐，字林作飱，云『吞食』。」戴本改作「餐」，注内同。周祖謨方言校箋：「原本玉篇飵下引，字作湌，湌即餐之俗體，見干禄字書。飧，説文云：『餔也。』今郭云：『晝飯爲飧。』不言夕飯，亦足證飧爲餐字之訛。廣雅釋詁二『餥、飵、餂、饐饋、湌，食也』，湌亦當作湌。湌者飧之或體也，見原本玉篇。桂馥説文義證餐字下所論亦詳。」按：作「餐」於義得之，但「餐」無緣譌作「飧」。蓋方言本作「飱」，形近而譌作「飧」。靜嘉堂文庫藏影宋本和諸明本不誤，當據改，注内同。

〔六〕䬠：説文食部：「䬠，相謁食麥也。」廣韻釋詁二：「䬠，食也。」廣韻鹽韻：「䬠，南楚呼食麥粥。」

〔七〕饘䬤：「䬤」字宋本殘缺，據下文郭注補。「饘䬤」雙聲疊韻字。説文食部：「秦人謂相謁而食麥曰饘䬤。」郭璞注：「今關西人呼食欲飽爲饘䬤。」郭注乃別異義之例也。

〔八〕此秦語也：爾雅釋言邢疏引方言「此」字下有「真」字，戴震謂「真」字爲衍文。原本玉篇殘卷引方言亦有「真」字，是衍「真」字在顧野王之前。

8b 三一 釗〔一〕、薄〔二〕，勉也。相勸勉也。居遼反〔三〕。秦晉曰釗，或曰薄。故其鄙語曰薄努，猶勉努也。如今人言努力也。南楚之外曰薄努，自關而東周鄭之間曰勔釗〔四〕，沉湎。齊魯曰勗兹〔五〕。勗勔，亦訓勉也。

匯證

〔一〕釗：説文刀部：「釗，刓也。」又力部：「劭，勉也。」段玉裁注：「『釗』當是『劭』之假借字。」朱駿聲通訓定聲：「假借爲劭。爾雅釋詁：『釗，勉也。』」錢繹方言箋疏：「釋詁：『釗、劭，勉也。』説文：『劭，勉也。讀若舜樂韶。』漢書成帝紀：『詔曰：先帝劭農。』晉灼曰：『劭，勸勉。』後卷七：『釗，遠也。』劭亦有遠義，故應劭字仲遠。劭與釗聲近義同。」

〔二〕薄：説文艸部：「薄，林薄也。」段玉裁注：「林木相迫不可入曰薄，引伸凡相迫皆曰薄。」按：方言本條之「薄努猶勉努」，是猶勉也。管子輕重戊：「父老歸而治生，丁壯者歸而薄業。」「薄業」猶言勉業，勤勉於作業之意也。

〔三〕居遼反：戴震方言疏證移置於上文「釗」字下，盧本同。

〔四〕勔釗：説文心部：「愐，勉也。」段玉裁注：「毛詩『黽勉』，亦作『僶俛』，韓詩作『密勿』，爾雅作『蠠没』。蠠，本或作『𧓍』。『𧓍』即『蜜』，然則韓詩正作『蜜勿』，轉寫誤作『密』耳。爾雅釋文云：『勔，本作僶，又作黽。』是則説文之『愐』爲正字，而作勔、作蠠、作𧓍、作蜜、作密、作黽、作僶，皆其別字也。」錢繹方言箋疏：「張衡思玄賦云：『勔自强而不息兮。』舊注：『勔，勉也。』説文：『愐，勉也。』釋詁作勔。愐與勔同。連言之則爲薄努、勔釗矣。」按：「勔」與「愐」同，言勉也；「釗」

與「劭」同，亦言勉也，連言之則曰「劭釗」，「劭釗」亦勉也。徐復補釋：「劭爲勉之變易字。劭釗，即勉釗連言。」近世亦見「劭勉」連文而用之例。王毓岱示和甫詩：「我再課之讀，講解共劭勉。」

〔五〕勗茲：戴震方言疏證「勗」作「勖」，盧、錢二氏校本同，注内同。周祖謨方言校箋仍作「勗」，無校語。劉君惠方言箋記：「説文：『勖，勉也。从力，冒聲。』冒聲當讀莫候切。書牧誓：『勖哉夫子。』史記周本紀作『勉哉夫子』。書盤庚：『懋建大命。』漢石經作『勖建大命』。段玉裁説：『勖，古讀如茂，與懋音義並同。』錢疏亦謂勖當讀莫候切，舉證亦詳，但未盡其説。章炳麟説：『勿，所以趣民，故遽稱勿勿。曾子立事曰：「君子守此勿勿。」注：「勿勿猶勉勉。」勿，古音如没，對轉諄爲忞，旁轉寒爲勉，雙聲轉幽爲務，趣也。此猶曼從冒聲，自幽入寒也。』尋五帝德云：『使后稷播種，務植嘉穀。』務植嘉穀，謂努力種植嘉穀也。務與勖，音義皆通。凡此諸例，皆足證勖當讀莫候切。轉喉音又讀許五切，字變作勗，遂昧其本來矣。」按：玄應一切經音義卷四、卷五、卷八、卷一二、卷一五、卷二〇、卷二二引方言字皆作「勖」，當從戴本改。錢繹方言箋疏：「滋與茲通。漢堯廟碑：『滋滋汲汲。』説文：『孜，汲汲也。』重言之則曰孜孜。皋陶謨：『予思日孜孜。』泰誓云：『爾其孜孜。』某氏傳：『孜孜，勸勉不怠。』孜孜與滋滋同。連言之則爲勖茲矣。」

輶軒使者絶代語釋别國方言校釋匯證第二

1a 一　釥〔一〕，錯眇反。嫽〔二〕，洛夭反。好也。青徐海岱之間曰釥〔三〕，或謂之嫽。今通呼小姣潔喜好者爲嫽釥〔四〕。好，凡通語也〔五〕。

匯證

〔一〕釥：戴震方言疏證：「釥亦作俏。廣韻云：『俏醋，好貌。』俏醋，雙聲形容之辭，亦方俗語也。」盧文弨重校方言：「即今所謂俏也。」章炳麟新方言釋言：「今人謂好曰釥，俗作俏，釥之言峭也。」廣雅釋詁一：「釥，好也。」王念孫疏證：「釥，猶小也。凡小與好義相近，故孟喜注中孚卦云：『好，小也。』」洪頤煊讀書叢録卷九：「説文女部：『姕，婦人小物也。从女，此聲。詩曰：屢舞姕姕。』『妓，婦人小物也。从女，支聲。』按，『小物』當是『小弱』之譌。『姑』字注：『小弱也。一曰女輕薄善走也。一曰多技藝也。』皆與姕、妓義近。古人妓取歌舞，故以俏弱爲能。方言：『釥，好也。』與此『小』字義同。」吴予天方言注商：「洪説是也。但説文之『小物』二字，不必視爲『小弱』之譌，蓋猶後世之言『尤物』也。古人以小弱爲美，即呼好爲『小』，猶謂好爲『嬴』也。參看卷一。廣韻之『俏』，實同於説文之『娋』，許君訓爲『小小侵』，恐非本義也。是『釥、娋』之語根均爲『小』。戴説仍未了語義之所自，得洪説而益明矣。」

〔二〕嫽：廣雅釋詁一：「嫽，好也。」王念孫疏證：「陳風月出篇：『佼人僚兮。』毛傳云：『僚，好貌。』傅毅舞賦：『貌嫽妙以妖蠱兮。』嫽與僚同。玉篇：『釥，美金也。』爾雅：『白金謂之銀，其美者謂之鐐。』是金之美者謂之釥，亦謂之鐐，義與釥嫽同也。」錢繹方言箋疏：「人之美者謂之僚，金之美者謂之鐐，玉之美者謂之璙，其義一也。」按：釥、嫽疊韻，二字與「好」宵幽旁轉。

〔三〕青徐海岱之間：玉篇女部、集韻嘯韻「嫽」字下引方言俱無「海岱」二字，集韻小韻「釥」字下引方言無「海岱之間」四字。

〔四〕嫽釥：王念孫廣雅疏證引作「釥嫽」。

〔五〕凡：太平御覽卷三八一引作「其」。

二　朦〔一〕、忙紅反。厖〔二〕，鴟鵂〔三〕。豐也。自關而西秦晉之間凡大貌謂之朦，或謂之厖。豐，其通語也。趙魏之郊、燕之北鄙凡大人謂之豐人〔四〕。燕記曰：豐人杼首。杼首，長首也〔五〕。楚謂之仔〔六〕，音序。燕謂之杼〔七〕。燕趙之間言圍大謂之豐〔八〕。謂度圍物也〔九〕。

匯證

〔一〕朦：同「朦」。廣雅釋詁四：「朦，豐也。」王念孫疏證：「小雅大東篇：『有饛簋飧。』毛傳：『饛，滿簋貌。』義與朦相近。」按：「朦」本謂月不明之貌，泛指微明，如「朦朦、朦朧」等。方言訓「豐」、訓「大貌」，蓋朦之言滿也，滿與豐義相近。

〔二〕厖：原本玉篇殘卷「庬」字下及太平御覽卷三八一引方言並作「庬」，下文同。按：「庬」是「厖」之俗體，今仍其舊。錢繹方言箋疏：「邶風旄丘篇：『狐裘蒙戎。』僖五年左氏傳作『厖茸』。商頌長發篇：『爲下國駿厖。』大戴記衛將軍文子篇作『恂蒙』，荀子榮辱篇作『駿蒙』，楊倞注：『蒙讀爲厖。』秦風小戎篇：『蒙伐有苑。』鄭箋云：『蒙，厖〔也〕。』古同聲。釋詁：『厖，大也。』商頌長發篇毛傳：『厖，厚也。』義並與〔厖〕相近。」按：説文厂部：「厖，石大也。」段玉裁注：「引伸爲凡大之偁。」徐灝注箋：「大有厚義，故厖亦訓厚。」厖從尨聲，從尨得聲之字有「多」義、有「雜」義、有「亂」義，皆與豐多之義相通。説文犬部：「尨，犬之多毛者。」慧琳一切經音義卷六三引説文：「尨，犬之多毛雜色不純者。」多毛雜色謂之尨，雜亂不理謂之厖，牛之雜色謂之牻，雜亂之語謂之哤也。

〔三〕鴟鵂：當作「鵂鴟」，説詳卷一第一二條匯證〔四〕。又「鴟」字誤，卷一作「鵄」，此條藏園覆刻宋本、華陽重刻宋本、福山王氏天壤閣刊景宋本及諸明本亦作「鵄」，當據之改正。

〔四〕豐人：錢繹方言箋疏：「『大人謂之豐人』云者，猶大碑謂之豐碑……大狐謂之豐狐……大屋謂之豐屋……其義一也。」按：

易序卦：「豐者，大也。」豐之訓大，參卷一第一二條匯證〔二〕。

〔五〕杼首，長首也：梭形之長頭，古人以爲長壽之相。文選左思魏都賦：「巷無杼首，里罕耆耋。」呂延濟注：「言吴蜀人叢陋，人多不壽。」北魏楊衒之洛陽伽藍記景寧寺：「短髮之君，無杼首之貌。」

〔六〕伃：豐人楚謂之伃，揚雄説因豐人長首而得名。參本條匯證〔七〕。

〔七〕杼：戴震方言疏證：「杼、抒古通用。」廣雅釋詁二：「抒，長也。」王念孫疏證：「抒或作杼。方言云：『燕記曰豐人杼首。杼首，長首也。燕謂之杼。』左思魏都賦云：『巷無杼首。』長與久同義，故長謂之杼，久謂之佇。爾雅：『佇，久也。』邶風燕燕篇：『佇立以泣。』毛傳云：『佇立，久立也。』説文：『眝，長眙也。』通作竚。楚辭九章云：『思美人兮，擥涕而竚眙。』抒、佇、眝并音直吕反，其義同也。」按：直吕反，上古音屬定紐魚部；上文「伃」，古音邪紐魚部。是「伃、杼」疊韻，齒舌鄰紐，其音之别，乃楚、燕方音之别，一詞也。又錢繹方言箋疏：「伃，郭音序。文選褚淵碑李善注：『杼，古序字。』是杼與伃聲義並同。」

〔八〕圍大謂之豐：此義蓋從豐滿引申而來。狐狸肥碩謂之「豐狐」，人體魁梧謂之「豐偉」，泛言魁梧、豐碩常言「豐滿、豐碩」，皆有「圍大」之特徵。

〔九〕度圍物：紺珠集八引作「度物圍」。

1b三　娃〔一〕，烏佳反。嫷〔二〕、諸過反〔三〕。窕〔四〕、途了反。豔〔五〕，美也。吴楚衡淮之間曰娃，南楚之外曰嫷，言婑嫷也。宋衛晉鄭之間曰豔，陳楚周南之間曰窕。自關而西秦晉之間凡美色或謂之好，或謂之窕。故吴有館娃之宫，秦有㯳娥之臺〔六〕。皆戰國時諸侯所立也。㯳，音七。秦晉之間美貌謂之娥〔七〕，言娥娥也。美狀爲窕，言閑都也。美色爲豔，言光豔也。美心爲窈〔八〕。言幽靜也。

匯證

〔一〕娃：戴震方言疏證：「左思吴都賦：『幸乎館娃之宫。』劉逵注云：『吴俗謂好女爲娃。揚雄方言曰：吴有館娃之宫。』」廣雅釋詁一：「娃，好也。」王念孫疏證：「娃猶佳也。楚辭九章：『妬佳冶之芬芳兮。』佳一作娃……枚乘七發云：『使先施、徵舒、陽文、段干、吴娃、閭娵、傅予之徒。』」説文女部：「娃，圜深目皃。或曰吴楚之間謂好曰娃。」按：「娃」謂美好，亦指美女。

〔二〕嫷：戴震方言疏證：「列子楊朱篇：『皆擇稚齒婑媠者。』宋玉神女賦：『嫷被服。』李善注引方言：『嫷，美也。』他卧反。」按：説文女部：「嫷，南楚之外謂好曰嫷。从女，隋聲。」徐鉉曰：「今俗省作媠。」明刻諸本均作「媠」。説文心部「憜」之古文作「媠」，段玉裁注：「漢書韋玄成傳：『無媠爾儀。』張敞傳：『被輕媠之名。』若方言『媠，美也』，則方俗殊語耳。」下文郭注：「言婑嫷也。」集韻果韻：「婐，或作婑。」説文女部：「婐，婐妮也。」據段玉裁説文注。段玉裁注：「婐妮與旖施，音義皆同，俗作婀娜。」

〔三〕諾過反：周祖謨方言校箋：「諾字誤。案廣雅釋詁一：『嫷，好也。』曹憲音大果反。玉篇『嫷』湯卧、徒果二切。御覽卷三八一引通俗文：『形美曰嫷，湯火反。』文選神女賦李善注『嫷』音他卧反。此字均不讀泥母，疑『諾』爲『託』字之誤。」

〔四〕窕：説文穴部：「窕，深肆極也。」段玉裁注：「窕與窘爲反對之辭。釋言：『窕，肆也。』大戴禮王言：『七者布諸天下而不窕，内諸尋常之室而不塞。』淮南俶真訓：『處小隘而不塞，横扃天地之間而不窕。』要略訓：『置之尋常而不塞，布之天下而不窕。』……凡此皆可證窕之訓寬肆。凡言在小不塞、在大不窕者，謂置之小處而小處不見充塞無餘地，置之大處而大處不見空曠多餘地。高誘曰：『不窕，在大能大也。』……毛詩傳曰：『窈窕，幽閒也。』幽訓窈，閒訓窕。方言『美狀爲窕』，言外之寬綽也。『美心爲窈』，言中之幽静也。」按：下文郭注：「言閑都也。」閑都謂文雅俊美也。漢書司馬相如傳上：「夫青琴虙妃之徒，絶殊離俗，妖冶閑都。」顔師古注：「閑都，雅麗也。」

〔五〕豔：錢繹方言箋疏：「説文：『豔，好而長也。』小雅十月之交篇：『豔妻煽方處。』毛傳：『美色曰豔。』桓元年左氏傳：

『美而豔。』杜注同。楚辭招魂：『長髮曼鬋，豔陸離些。』王逸注：『好貌也。』」

〔六〕㯃：同「㯃」。徐復補釋：「㯃字重木，爲桼字後起字。古借桼爲七，七娥之義另明。金石文字記云：『桼，古七字。』其説是也。」

〔七〕娥：本條訓美貌。「美」與「好」義同。參見卷一第三條匯證〔一〕。

〔八〕窈：廣雅釋詁三：「窈窱，深也。」王念孫疏證：「説文：『窈，深遠也。』列子力命篇云：『窈然無際。』莊子知北遊篇云：『窅然空然。』楚辭九歌：『杳冥冥兮羌晝晦。』注云：『杳，深也。』窈、窅、杳並通。窱者，説文：『窕，深肆極也。』窕與窱通。合言之則曰窈窱。説文：『窱，杳窱也。』釋訓云：『窱窱、窈窈，深也。』西都賦云：『又杳窱而不見陽。』魯靈光殿賦云：『旋室㛹娟以窈窕。』續漢書祭祀志注引封禪儀記云：『石壁窅窱，如無道徑。』並字異而義同。」按：「窈窕」合言乃疊韻聯緜字，謂美好貌。楚辭九歌山鬼：「子慕予兮善窈窕。」王逸注：「窈窕，好貌。」玉臺新詠古詩爲焦仲卿妻作：「云有第三郎，窈窕世無雙。」引申之，謂妖冶貌。史記李斯列傳：「而隨俗雅化，佳冶窈窕，趙女不立於側也。」後漢書曹世叔妻傳女誡：「入則亂髮壞形，出則窈窕作態。」李賢注：「窈窕，妖冶之貌也。」

四　奕〔一〕、偞〔二〕，容也。自關而西凡美容謂之奕，或謂之偞。奕、偞〔三〕皆輕麗之皃。偞，音葉。宋衛曰偞，陳楚汝潁之間謂之奕。

匯證

〔一〕奕：戴震方言疏證：「詩商頌：『萬舞有奕。』毛傳：『奕奕然閑也。』疏云：『奕，萬舞之容，故爲閑也。』魯頌：『新廟奕奕。』鄭箋云：『奕奕，姣美也。』陸機贈馮文熊遷斥丘令詩：『奕奕馮生。』李善注引方言『自關而西凡美容謂之奕奕』，因詩辭遂誤重一奕字。」廣雅釋詁四：「皃、奕、裕、心、形，容也。」王念孫疏證：「皃、奕、形，爲容皃之容。」錢繹方言箋疏：「奕、偞、容，聲之轉也。」章炳麟嶺外三州語：「三州謂人貌美曰奕，或曰奕致。」

〔二〕偞：周祖謨方言校箋：「偞，紺珠集引作偞。明刻各本方言同。案說文：『偞，宋衛之間謂華偞偞。』廣雅釋訓：『偞偞，容也。』字均作偞，當據正。」按：戴、盧、錢諸家校本，字均作「偞」，王念孫廣雅釋訓疏證引方言、段玉裁説文解字注引方言亦皆作「偞」，宋本誤，當據改，下文和注内同。偞，説文人部：「宋衛之間謂華偞偞。」段玉裁注：「華，容華也。偞偞，好皃。」王念孫廣雅疏證：「漢先生郭輔碑：『堂堂四俊，碩大婉敏。娥娥三妃，行追太姒。葉葉昆嗣，福禄茂止。』堂堂、娥娥、葉葉，皆容也。葉與偞同。」

〔三〕奕、偞：「偞」當作「偞」，説見本條匯證〔二〕。周祖謨方言校箋：「『奕偞』，紺珠集引作『奕奕偞偞』，御覽卷三八一引作『奕奕偞偞』，廣韻葉韻偞下云：『偞偞，輕薄美好貌。』是『奕、偞』舊作『奕奕、偞偞』。郭璞注方言每取疊字及聯緜語釋書中所舉之單詞，自以作奕奕、偞偞爲是。」按：周説是也。王念孫手校明本於「奕偞」之間補「奕偞」二字。王念孫手校方言疏證於本條天頭墨批：「紺珠集引此亦作奕奕、偞偞。」於郭注右側墨批：「御覽三百八十一引此作奕奕、偞偞。」於廣雅釋訓疏證中引郭注徑作「奕奕、偞偞，皆輕麗之貌」，是王念孫已改郭注「奕偞」作「奕奕、偞偞」。又集韻昔韻「奕」字下引方言郭注作「奕奕、偞偞」，説郛本正作「奕奕、偞偞，輕麗貌也」。

2a五　顤〔一〕、音綿。下作矊，音字同耳〔二〕。鑠〔三〕、舒灼反。盱〔四〕、香于反。揚〔五〕、䁋〔六〕，音滕。雙也〔七〕。南楚江淮之間曰顤，或曰䁋。好目謂之順〔八〕，言流澤也。黸黸，黑也。瞳之子謂之矊〔九〕。言矊邈也〔一〇〕。宋衛韓鄭之間曰鑠。言光明也。燕代朝鮮洌水之間曰盱，謂舉眼也。或謂之揚〔一一〕。詩曰「美目揚兮」是也。此本論雙耦〔一二〕，因廣其訓，復言目耳。

匯證

〔一〕顤：盧文弨重校方言：「説文作矏。」是也。按：顤之言矏也，篆作矏。説文目部：「矏，目旁薄緻宀宀也。」段玉裁注：「宀宀，微密之皃。目好者必目旁肉好，乃益見目好。矏，蓋即方言之顤。釋言：『矏，密也。』引伸爲凡密之偁也。」説文女部「媔」字段玉裁注：「凡方言言順、言矊、言鑠、言盱、言揚，皆謂目之好外見也，惟媔狀目裏。」集韻先韻：「顤，一曰美也。」

〔二〕下作䁅，音字同耳：按，下文「䁅」爲「縣」字之誤，説詳本條匯證〔九〕。郭璞據誤字爲説，非是。

〔三〕鑠：下文郭注：「言光明也。」洪頤煊讀書叢録卷九：「鑠，言其目光灼鑠。後漢書馬援傳：『矍鑠哉，是翁也。』李賢注：『東觀漢記作矆。』矆鑠連文，明其義同也。」朱駿聲説文通訓定聲謂「鑠」借爲「燿」，云：「猶言雙眸炯炯也。」章炳麟新方言釋言：「（鑠）字亦作爍，今人謂甚明曰鑠，亮光不定曰閃爍。」吴予天方言注商：「視時目光鑠鑠，此上文『鑠』之所以訓『矆』也。鑠鑠者實係雙眸，此宋衛之間之所以謂盧童子爲鑠也。意皆相承。」

〔四〕盱：説文目部：「盱，張目也。」段玉裁注：「張載注魏都賦『盱衡』曰：『眉上曰衡，舉目大視也。』釋詁：『盱，憂也。』此引伸之義，凡憂者亦有張目直視者也。」易豫：「盱豫，悔。」虞翻注：「盱，張目也。」列子黄帝：「而睢睢，而盱盱。」張湛注引蒼頡篇：「盱，張目貌。」荀子非十二子：「吾語汝學者之嵬容：其冠絻，其纓禁緩，其容簡連；填填然，狄狄然，莫莫然，瞡瞡然，瞿瞿然，盡盡然，盱盱然。」王先謙集解引郝懿行曰：「盱盱然，張目直視之容也。」賈誼新書時變：「行惟狗彘也，苟家富財足，隱機盱視而爲天子耳。」「盱視」，張目直視也。下文郭注：「謂舉目也。」「舉目、張目」，義相近也。下文燕代朝鮮洌水之間謂盧童子曰「盱」，張目炯炯亦實係雙眸，意相承也。吴予天方言注商：「盱之言烏也，俗語聲轉也。烏，黑也。烏鳥色純黑，俗遂謂黑爲烏……眸子色黑，故亦偁烏也。今瑞安俗猶呼眸子曰『眼烏』。盱烏疊韻，古屬魚部。」

〔五〕揚：吴予天方言注商：「『揚』之訓『矆』者，『揚』之言『昜』也。説文：『昜，開也。』詩猗嗟：『美目揚兮。』邱光庭云：『揚者，目開之貌。』禮記：『揚其目而視之。』是也。」見兼明書。盧童之子謂之揚者，明眸之謂也。亦屬昜之意轉。詩野有蔓艸：『清揚婉兮。』此揚字蓋當作『眸子』解。毛傳云：『清揚眉目之間……』非是。參看馬氏毛詩傳箋通釋卷八。」按：詩鄘風君子偕老：「子之清揚，揚且之顔也。」孔穎達疏：「揚者，眉上之美名，因名眉目曰揚。」詩齊風猗嗟：「美目揚兮。」朱熹集傳：「揚，目之動也。」

〔六〕䁓：吴琯古今逸史本、程榮漢魏叢書本、胡文煥格致叢書本、明李珏刻本、鄭樸揚子雲集本、陳與郊類聚本、明抄本作「䁯」，戴震方言疏證本作「䐯」，盧文弨重校方言和錢繹方言箋疏作「䁓」。各本下文與上文同。周祖謨方言校箋：「案䐯訓爲雙，萬象名義目部『䐯』以證反，注云：『雙也。』字正作『䐯』，足證戴校不誤。敦煌本王仁昫切韻登韻『䐯』音徒登反，注云：『美目，又以證反。』集韻登韻『膡』徒登反，注云：『美目也，一曰大視。』音與郭注『音滕』相合，而字均作『膡』，『䁅』從目朕聲，隸變作膡耳。宋本作『賸』者，蓋因注文『音滕』之滕而誤。」按：宋本「賸」是「䁅」之譌，「賸」因郭注「音滕」之滕而誤；明本「瞪」是「膡」之形譌，「膡」是「䁅」的隸變字。戴校改作「䁅」不誤，下文當一並據改。「䁅」，宋本玉篇目部：「以證、大登二切。美目也，大視也。亦作膡。」廣韻、集韻亦有美目、大視之訓，蓋均本自方言。

〔七〕隻：戴震方言疏證改作「雙」，云：「案，『雙』各本譌作『隻』，注內『雙耦』譌作『隻耦』。玉篇引方言：『䚗，雙也。』廣韻：『䁅，雙也。』今據以訂正。」廣雅釋詁三「䚗也」條王念孫疏證引方言亦作「雙」。周祖謨方言校箋據戴本改「隻」爲「雙」，云：「案戴改隻爲雙是也。原本玉篇『陽』下引方言：『陽，雙也。燕代朝鮮洌水之間或謂好目爲陽。』又引郭璞曰：『此本記雙耦，因廣其訓復言目也。』足證『隻』爲『雙』字之誤。又萬象名義目部『䁅』字、『盰』字，頁部『䚗』字，並注云『雙也』，亦本於方言無疑。惟此節所列各詞，義皆指目而言，非雙偶之異名。洪頤煊讀書叢録卷九方言『雙也』一條云：『䚗鑠盰揚䁅五字，皆是目訓，非雙訓，注義甚迂。雙疑矆字之譌。說文：「矆，大視也。」鑠，言其目光灼鑠。後漢書馬援傳：「矍鑠哉，是翁也。」李賢注：「東觀漢記作矆。」矆鑠連文，明其義同也。』案䚗鑠等詞皆張目美好之貌，洪說是也。自郭璞以來『矆』譌爲『雙』，戴、錢諸家遂不能通其解。」按：朱駿聲說文通訓定聲「揚」字下云：「方言二：『揚，隻也。』按，『隻』者『矆』之誤字，猶『盰』也。郭注『隻耦』或改爲『雙』，皆失之。」說與洪氏同。又按：方言本作「矆」，郭璞所見已譌作「雙」，故有「此本論雙耦，因廣其訓，復言目耳」之注語，後世刻本又譌「雙」爲「隻」。戴本改「隻」爲「雙」所以爲是，乃顯郭注本方言之真也，然非方言原本之真。當據洪說改作「矆」。

〔八〕順：揚雄謂「好目謂之順」，郭注：「言流澤也。」說文頁部：「順，理也。」朱駿聲通訓定聲：「本訓謂人面文理之理」，方言「好目謂之順」爲「轉注」也。此指漂亮而炯炯有神之目，但故訓無徵。通常言耳順、目悦。漢書東方朔傳：「（非有）先生曰：……夫談，有悖於目、拂於耳、謬於心而便於身者，或有說於目、順於耳、快於心而毁於行者，非有明王聖主，孰能聽之。」是也。「順」亦可言目。管子宙合：「耳司聽，聽必順聞，聞審謂之聰。目司視，視必順見，見察謂之明。心司慮，慮必順言，言得謂之知。」是「順」可用於耳、目、心也。「順耳目」亦常連言。呂氏春秋尊師：「凡學，必務進業，心則無營，疾諷誦，謹司聞，觀歡愉，問書意，順耳目，不逆志。」漢書嚴安傳：「夫佳麗珍怪固順耳目，故養失而泰，樂失而淫，禮失而采，教失而僞。」列子楊朱：「偊偊爾順耳目之觀聽，惜身意之是非。」此類「順耳目」乃言使耳目和順，即指合於理，與「逆」相反。義雖與「目」有關而並非言目之好也。

〔九〕矊：說文目部：「縣，盧童子也。」段玉裁注云：「方言『矊』字當是『縣』之字誤，郭釋爲『緜邈』，云與上文『顥』同，非也。『緜邈』可言目而不可言〔眸〕子。盧童子者，方言所謂『矑瞳之子』也。盧，黑也，俗作『矑』。有單言『矑』者，甘泉賦『玉女無所眺其清矑』是也。童，重也，膚幕相裹重也。子，小稱也。主謂其精明者也。居最中如縣然，故謂之縣。」按：段說是也，當據之訂正。「縣」譌作「矊」蓋在郭璞注方言之前，上文郭注云「下作矊，音字同耳」，此處注云「言緜邈也」，均據誤字爲說，非是。

〔一〇〕矊邈：「邈」即「邈」。劉台拱方言補校：「當作緜邈。」說文「縣」字下段玉裁注引郭注亦作「緜邈」。周祖謨方言校箋：「文選司馬相如上林賦：『微睇緜藐。』郭璞云：『緜藐，遠視貌。』緜邈、緜藐音義同。」按：郭注本當作「緜邈」，劉校是也。然郭注以「緜」言眸子，非是，見本條匯證〔九〕所引段玉裁說。

〔一一〕揚：原本玉篇殘卷「陽」字下引方言作「陽」。周祖謨方言校箋：「案詩猗嗟：『清揚婉兮。』馬瑞辰毛詩傳箋通釋八云：『目以清明爲美，揚亦明也。韓詩外傳引作「青陽宛兮」。』」

〔一二〕隻耦：當作「雙耦」，說見本條匯證〔七〕。按：據郭璞此處注語，知郭氏所見方言「矆」字已譌作「雙」。

六　魏〔一〕、羌箠反。笙〔二〕、揫〔三〕、音遒。摻〔四〕，素檻反〔五〕。細也。自關而西秦晉之間凡細而有容謂之魏，魏魏〔六〕，小成皃。或曰徥〔七〕。言徥偕也〔八〕。度皆反〔九〕。凡細貌謂之笙，斂物而細謂之揫，或曰摻。

匯證

〔一〕魏：戴震方言疏證改作「㜸」，下文及注內同，云：「㜸，各本譌作『魏』，今訂正。說文：『㜸，媞也。讀若癸。秦晉謂細䁥爲嫢。』廣雅：『嫢、笙、揫、摻、細，小也。』義本此。曹憲於『嫢』下列其癸、渠惟二反，『其癸』與『羌箠』所得之音同。字母之說，上聲亦分清濁，古人不分也。」王念孫廣雅疏證、段玉裁説文解字注引方言並作「嫢」，盧文弨、錢繹二本同。周祖謨方言校箋説同戴，並補充證據云：「莊子庚桑：『若規規然若喪父母。』釋文云：『規規，細小貌。』規與嫢義同。」按：當據戴本改。揚雄説「凡細而有容謂之嫢」，郭璞注：「嫢嫢，小成皃。」廣雅釋詁二：「嫢，小也。」王念孫疏證：「嫢嫢猶規規也。」莊子秋水篇云：『子乃規規然而求之以察，索之以辯，不亦小乎。』説文：『蘇，小頭蘇蘇也，讀若規。』義並同也。説文：『秦晉謂細要曰嫢。』廣韻：『孂，細繩也。』嫢、孂並音姊宜反，義亦同也。」荀子非十二子：「䂓䂓然。」楊倞注：「䂓與規同。規規，小見之貌。」廣雅釋詁一：「嫢，好也。」錢繹方言箋疏：「䂓訓小，亦訓好，故細而有容謂之嫢也。説文：『窺，小視也。』廣韻：『闚，小視，亦作窺，同。』窺與嫢聲義亦相近。」

〔二〕笙：廣雅釋詁二：「笙，小也。」王念孫疏證：「笙之言星星也。周官内饔：『豕盲眂而交睫，腥。』鄭注云：『腥，當爲星，肉有如米者似星。』星與笙聲近義同。」按：竽之小者謂之笙，簟之細者亦謂之笙，故錢繹方言箋疏云：「蓋物形之細小者，其命名即相似，故其物異而名則同也。」又，章炳麟新方言釋言：「今稱至微之物曰笙，音如星，重言曰零星。」徐復補釋：「亦省作生。潛夫論思賢：『夫生飯秔粱，旨酒甘醪，所以養生也。』生飯，謂精細之飯。取笙之引伸義。」項楚以爲「笙」有表細微義量詞的用法，如伍子胥變文：「一寸之草，豈合量天；一笙毫毛，擬拒爐碳。」其敦煌變文語詞札記據之云：「變文中的『笙』字，是這一古方言的僅存用例，殊可珍視。」

〔三〕揫：廣雅釋詁二：「揫，小也。」王念孫疏證：「鄉飲酒義：『秋之爲言愁也。』鄭注云：『愁讀爲揫。揫，斂也。』漢書律曆志云：『秋，䪖也，物䪖斂乃成孰。』説文云：『䪖，收束也。從韋糕聲。』或從手秋聲作揫。又云：『糕，小也。』糕訓爲小，䪖、揫訓爲斂，物斂則小，故方言云『斂物而細謂之揫』。『揫、䪖、糕』並聲近義同。説文：『啾，小兒聲也。』字亦作噍。三年問云：『小者至於燕雀，猶有啁噍之頃焉。』吕氏春秋求人篇：『啁噍巢於林，不過一枝。』高誘注云：『啁噍，小鳥也。』方言云：『雞雛，徐魯之間謂之秋子。』『揫、啾、秋』並音即由反，義亦同也。」章炳麟新方言釋言：「字亦作『湫』。廣雅：『湫，縮也。』曹憲音子就反。湖北謂縮小爲『湫』。」

〔四〕摻：廣雅釋詁二：「摻，小也。」王念孫疏證：「鄭風遵大路篇：『摻執子之袪兮。』正義引説文云：『摻，斂也。』故斂物而細或謂之摻，摻之言纖也。魏風葛屨篇：『摻摻女手。』毛傳云：『摻摻，猶纖纖也。』古詩云：『纖纖出素手。』纖與摻聲近義同。」按：王説是也。本卷第八條：「纖，小也。自關而西秦晉之郊梁益之間……小或曰纖，繒帛之細者謂之纖。」説文糸部：「纖，細也。」女部：「孅，鋭細也。」段玉裁注：「孅與纖音義皆同，古通用。」

〔五〕素檻反：集韻檻韻：「摻，素檻切，方言細也。」明刻本及戴、盧、錢諸校本俱作「擥」。古本從「木」從「才」每互訛，當定作「檻」。

〔六〕魏魏：當作「嫢嫢」，説見本條匯證〔一〕。

〔七〕徥：錢繹方言箋疏：「釋訓：『媞媞，安也。』郭注：『皆婦人安詳之貌。』説文：『媞，諦也。』魏風葛屨篇：『好人提提。』毛傳：『提提，安諦也。』正義引孫炎曰：『提提，行步之安也。』楚辭七諫：『西施媞媞而不得見。』王逸注引詩作『媞媞』。檀弓：『吉事欲其折折爾。』鄭注：『安舒貌。詩曰：好人提提。』山井鼎七經孟子攷文：古本『提提』作『折折』。案：釋文於經文出『折折』，云『大兮反』，注同。則注引詩本作『折折』，後人以詩本作『提』，遂改『折』爲『提』也。淮南説林訓：『提提者射。』高注：『提提，安也。』荀子修身篇：『難進曰偍。』楊倞注：『偍與提、媞同，謂緩也。』徥、媞、提、折、偍，字異聲義並同。凡好與小義相通。孟喜中孚注：『好，小也。』廣雅：『細，小也。』『好人媞媞』即細而有容，言行步之安舒也。」

〔八〕徥偕：戴震方言疏證改作「徥徥」，盧、錢未從。按：集韻佳韻：「往徥，邪行貌。」又皆韻：「往徥，行貌。」劉台拱方言補校：「郭云『徥偕』猶『往徥』也。」揚雄言「細而有容」，蓋描寫行走之貌。

〔九〕度皆反：卷六「徥」下郭注「度揩反」，同。戴本無此三字。盧文弨重校方言改作「度指反」，錢繹方言箋疏從之。劉台拱方言補校：「案集韻：『往偕，行貌。』往，音於佳反；徥，音度皆反。『往徥』疊韻字，郭云『徥偕』猶『往徥』也。『徥』舊音『度皆反』及卷六音『度揩反』皆不誤。盧改作『度指反』，非。」吳承仕經籍舊音辨證：「盧、錢校改非也。『是』聲雖屬支部，而曹憲廣雅音直駭反，類篇『徥』字列有度皆、徒駭、直駭三切，然則方言反語或作『度揩』，或作『度皆』，均與舊音相應，唯改作『度指』最爲無據。」周祖謨方言校箋：「案廣韻『徥』音承紙、池爾二切，無度皆、度揩之音，故盧氏改爲度指反，而不知支脂二韻古不相通，承紙、池爾均在紙韻，改爲度指則在旨韻矣。劉氏援據集韻以正其失是也。惟廣雅釋詁一云：『徥，行也。』曹憲音直駭反，又仕紙反；萬象名義、字鏡均作度揩反。揩即楷字，古人寫書從才從木皆作才旁。廣韻楷在上聲駭韻，度楷一音與曹憲直駭反正合，第直駭爲音和切，度楷爲類隔切，小有不同耳。卷六郭音度揩反，揩當作楷。此作度皆者殆亦度楷之譌也。」按：今仍舊本。

2b七　𠐨〔一〕、言瓌瑋也。渾〔二〕、們渾，肥滿也。狐本反。𦡀〔三〕、𦡀呬，充壯也。匹四反。𦢈〔四〕、音壤。僇〔五〕、恪膠反。泡〔六〕，音庖。盛也。自關而西秦晉之間語也〔七〕。陳宋之間曰僇，僇侔〔八〕，麤大皃。江淮之間曰泡，泡肥，洪張皃〔九〕。秦晉或曰𦢈，梁益之間凡人言盛及其所愛曰偉其肥臟謂之𦢈〔一〇〕。肥𦢈多肉。

匯證

〔一〕𠐨：同「傀」。戴震方言疏證：「𠐨，說文作傀，云：『偉也。』玉篇云：『𠐨，聲類傀字。』」廣雅釋詁二：「𠐨，盛也。」王念孫疏證：「方言注云：『瓌瑋也。』說文：『傀，偉也。』莊子列禦寇篇：『達生之情者傀。』郭象注云：『傀然大。』司馬相如子虛賦云：『俶儻瑰瑋。』𠐨、傀、瑰、瓌並通。」按：「傀」訓偉，亦訓大，偉與大義相通。文選謝靈運齋中讀書：「萬事難併歡，達生幸可托。」李善注引莊子「達生之情者傀」司馬彪曰：「傀，大也。情在無，故曰大。傀音瑰。」荀子性惡：「天下不知之，則傀然獨立天地之閒而不畏。」楊倞注：「傀，傀偉，大貌也。」

〔二〕渾：廣雅釋詁二：「昆、渾，盛也。」王念孫疏證：「昆讀爲焜。方言：『焜，晠也。』注云：『焜煌，晠貌也。』……渾與昆聲相近。方言：『渾，盛也。』說文：『混，豐流也。』『渾，混流聲也。』荀子富國篇云：『財貨渾渾如泉源。』皆盛之義也。渾與混通。」按：「焜，晠也」見於本書卷一二，「晠」與「盛」同。「盛」與「大」義相通。文選班固幽通賦：「渾元運物，流不處兮。」李善注引曹大家曰：「渾，大也。」單言之曰渾，重言之則曰渾渾。廣雅釋訓：「渾渾，大也。」法言問神：「虞夏之書渾渾爾。」李軌注：「渾渾，深大。」渾渾猶今之言「滾滾」，荀子富國例正可作此解。又山海經西山經：「（不周之山）河水所潛也，其源渾渾泡泡。」郭璞注：「渾渾、泡泡，水濆涌之聲也。」亦其例也。本條郭璞注云：「們渾，肥滿也。」錢繹方言箋疏：「們即懣之俗字；們渾猶懣渾，亦盛滿之意也。」

〔三〕臏：廣雅釋詁二：「臏，盛也。」王念孫疏證：「玉篇：『臏，盛肥也。』方言注云：『臏呬，充壯也。』説文：『奰，壯大也。』大雅蕩篇：『内奰于中國。』毛傳云：『不醉而怒曰奰。』正義云：『奰者，怒而作氣之貌。』張衡西京賦：『巨靈奰屓。』薛綜注云：『奰屓，作力之貌也。』奰屓與臏呬通。」

〔四〕䑋：廣雅釋詁二：「䑋，盛也。」王念孫疏證：「郭璞注云『䑋，音壤』，『肥䑋多肉』也。釋訓篇云：『䑋䑋，肥也。』説文：『孃，肥大也。』淮南子原道訓云：『田者爭處墝埆，以封壤肥饒相讓。』後漢書馬援傳云：『其田土肥壤。』漢書張敞傳：『長安中浩穰。』顔師古注云：『穰，盛也，音人掌反。』䑋、孃、壤、穰並通。集韻䑋又音如陽切。凡詩言『降福穰穰』『豐年穰穰』『零露瀼瀼』，皆盛多之意，義與䑋相近也。」

〔五〕僇：廣雅釋詁二：「僇，盛也。」廣韻肴韻：「僇，盛也。」匹交切。與「泡」爲同一小韻。廣韻又音力嘲切，訓釋同。下文云：「泡，盛也。」集韻爻韻「僇」字三見：讀「丘交切」之「僇」下引方言「陳宋之間謂盛曰僇」；讀「披交切」之「僇」釋爲「盛大」；讀「力交切」之「僇」釋爲「盛大皃」。歧爲三音者，蓋源自古方音之異耳。單言之曰「僇」，複言之則曰「僇佯」。郭注：「僇佯，麤大皃。」「麤大」與盛義亦通。

〔六〕泡：郭璞於下文注云：「泡肥，洪張皃。」廣雅釋詁二：「泡，盛也。」王念孫疏證：「西山經：『其源渾渾泡泡。』郭璞注云：『水濆涌之聲也。』文選洞簫賦：『又似流波，泡溲泛淁。』李善注云：『泡溲，盛多皃。』義並相近也。」按：梁同書直語補證：「凡物虛大謂之泡。」今方言猶有此語，義有小變，然相近也。形容虛松謂之「泡」，如安徽安慶説「面發泡起來了」。姜亮夫昭通方言疏證釋地：「昭人謂水沫曰泡。又凡内空而大如有水或氣充之盛洪大亦曰泡。」肉肥盛則謂之「泡肉」，如湖南長沙人説「一身的泡肉」。大而不可信的話謂之「泡話」，如河北人説「他説的都是泡話」。單言之曰「泡」，疊言之曰「泡泡」。四川成都説的「泡泡肉」，北京人説的「泡泡囊囊」，即其例也。

〔七〕自關而西秦晉之間語也：「自」字上，戴震方言疏證增「儴」字。盧、錢從戴本增。按：王念孫廣雅疏證「儴，盛也」條引方言亦增「傀」字。依例當增。

〔八〕僇佯：戴震方言疏證作「僇胖」。盧、錢二氏未從。按：王念孫於戴氏方言疏證「胖」字右側墨注「佯」字，廣雅疏證「僇，盛也」條引郭注亦作「僇佯」。集韻豪韻：「佯，僇佯，驫大皃。」與郭注義同。字亦作「牢」。周祖謨方言校箋：「字鏡『僇』字注云：『盛也。僇牢，龐大貌。』即本方言郭注，佯字作牢。」

〔九〕泡肥，洪張貟：周祖謨方言校箋：「慧琳音義卷十八引方言：『泡，盛也，江淮之間語也。郭璞注云：泡，洪漲貟也。』張字作漲。」按：慧琳一切經音義所引郭注「泡」下無「肥」字。

〔一〇〕梁益之間凡人言盛及其所愛曰偉其肥⿰月咸謂之䑋：此句問題較多，分條論之。（一）「人言」，王念孫手校明本改作「言人」。（二）「曰」字，戴震方言疏證刪，云：「漢書賈鄒枚路傳：『壤子王梁、代，益以淮陽。』晉灼曰：『揚雄方言：「梁益之間所愛諱其肥盛曰壤。」』李善注文選云：『方言云：「瑋其肥盛。」晉灼注以瑋爲諱。』說文：『益州鄙言人盛諱其肥謂之䑋。』……今方言各本……明正德己巳影宋曹毅之刻作『曰偉』，皆衍『曰』字。據説文及漢書注、文選注刪。」按：戴校是也，「曰」字當刪。（三）「偉」，諸宋本同，明刻諸本作「諱」。戴震方言疏證亦作「偉」，云作「諱」者「即偉之譌」。王念孫廣雅疏證「盛也」條引方言字亦作「偉」。盧、錢二氏不從。盧文弨重校方言：「偉作諱，宋本作偉……諱其肥盛，今俗間於小兒猶然，似亦不爲無理。」錢繹方言箋疏：「作諱者是也。諱、䑋正字，瑋、壤通假字。今本作偉者，乃後人因前卷『碩、沈、巨、濯，大也』條内有『愛偉』二字連文而妄改也……今吴俗謂皮裏肉外白脂曰䑋。諱其肥盛曰䑋，猶言多脂少肉耳。」周祖謨方言校箋：「晉灼引本書偉作諱，御覽卷三七八引同。盧、錢兩家謂作諱爲是。」按：戴説是也，然未盡也。漢書賈鄒枚路傳顔師古注引晉灼曰：「揚雄方言：『梁益之間所愛謂其肥盛曰壤。』」王先謙補注引宋祁曰：「注文江浙本『謂』作『諱』，於理最切。」據此知漢書注文一本作「謂」，一本作「諱」。文選鄒陽上書吴王李善注：「晉灼曰：『方言：梁益之間所愛諱其肥盛曰壤也。』善曰：方言云：『瑋其肥盛。』晉書注以瑋爲諱。」是李善所見漢書晉注作「諱」，所見方言作「瑋」。由此推知，「謂」乃「諱」之譌，「諱」乃「瑋」之譌。説文本自方言，故段玉裁云：「許書『諱』亦當作『瑋』。『瑋』同『偉』，奇也，驚羨之意也。」説文及漢書注引晉灼已爲譌文，皆不足據，唯李善注引尚存其朔。又按：肥胖曰「䑋」，今四川猶有此語，意思是希望質弱力薄的娃兒長得胖一點。其義與「瑋（偉）其肥盛」最相近，而非「諱」義。宋本「偉」字不誤，改作「諱」非是。（四）「臟」，明刻諸本作「䐨」。戴震方言疏證作「晠」，云：「晠、盛古通用。」盧文弨重校方言同明本作「䐨」。劉台拱方言補校：「當作晠。」王念孫廣雅疏證引方言亦作「晠」。錢繹方言箋疏：「晠，各舊本並作䐨。考玉篇、廣韻俱無䐨字，集韻始有之，音盛，云『肥也』，蓋即據誤本方言採入，則其來已久，今訂正。」按：作「晠」是也。「晠」同「盛」，楚辭九章惜往日：「盛氣志而過之。」王逸注：「盛，古作晠。」周祖謨方言校箋既云「今依戴本改」，但方言本文及校箋内字又俱作「䐨」，蓋印製之誤也。

3a 八 私〔一〕、策〔二〕、纖〔三〕、䓲〔四〕，音鋭。稺〔五〕，古稚字。杪〔六〕，莫召反。小也。自關而西秦晉之郊、梁益之間凡物小者謂之私〔七〕；小或曰纖，繒帛之細者謂之纖〔八〕。東齊言布帛之細者曰綾〔九〕，音凌。秦晉曰靡〔一〇〕。靡，細好也〔一一〕。凡草生而初達謂之䓲。鋒萌始出〔一二〕。稺，年小也。木細枝謂之杪，言杪梢也〔一三〕。江淮陳楚之内謂之篾〔一四〕，篾，小皃也。青齊兗冀之間謂之葼〔一五〕，馬鬉〔一六〕。燕之北鄙、朝鮮洌水之間謂之策。故傳曰：慈母之怒子也，雖折葼笞之，其惠存焉〔一七〕。言教在其中也。

匯證

〔一〕私：廣雅釋詁二：「私，小也。」王念孫疏證：「私亦細也，方俗語有緩急耳。」按：「私」之訓「小」，乃「厶」義之引申。說文禾部：「私，禾也。」段玉裁注：「蓋禾有名私者也，今則叚私爲公厶。」「公厶」，經傳通作「公私」。書周官：「以公滅私，民其允懷。」左傳昭公五年：「爲政者不賞私勞，不罰私怨。」皆其義也。個人的謂之私，隱微的亦謂之私，微賤、微小的亦謂之私。論語爲政：「退而省其私，亦足以發。回也不愚。」朱熹集注：「私，謂燕居獨處。」儀禮士相見禮：「某也夫子之賤私，不足以踐禮，敢固辭。」鄭玄注：「家臣稱私。」錢繹方言箋疏：「凡經傳言私家、私臣、私邑、私館、私由，皆微小之義。」是也。

〔二〕策：吴琯古今逸史本、明李珏刻本、明佚名刻本、鄭樸揚子雲集本均作「策」，下文同。按：紺珠集引方言「策」字在「杪」字下。四庫全書總目紺珠集：「證之下文，『策』字本次在『杪』字下，則此書所引爲長。」蓋當作「茦」。廣雅釋詁二：「茦，小也。」王念孫疏證：「小謂之茦，故刺亦謂之茦。」劉君惠方言疏證補補：「『茦』字，錢本戴本皆作『策』，當從王説訂正作『茦』。」錢氏亦以「朿」爲釋。錢繹方言箋疏：「策之言朿也。説文：『朿，木芒也，象形，讀若刺。』卷三云：『凡草木刺人，北燕朝鮮之間謂之茦。』『自關而西秦晉之間或曰憡。』注云：『憡憡，小痛也。憡，音策。』策、刺，聲之轉耳。釋草『茦，刺』郭注：『草刺針也。』説文：『茦，莿也。』『莿，茦也。』『洓，小雨零貌。』玉篇：『趚，小行貌。』衆經音義卷一、卷二十四並引方言：『柴，鳥喙也。』今無此文。玉篇同，音子累切。廣雅：『石鍼謂之柴。』東山經云：『高氏之山，其下多箴石。』郭注云：『可以爲砭箴治癰腫者。』朿、刺、憡、茦、莿、洓、趚、柴，聲並相近。是凡言『朿』者，皆鋭小之義也。草木初生而銛鋭，其狀如鍼，皆能刺人，即有小義。『杪』爲禾芒，『朿』爲木芒，『茦』爲草芒，『莌』爲鋒萌，『柴』爲石芒，皆是也。」

〔三〕纖：説文糸部：「纖，細也。」戴震方言疏證：「纖亦作孅。司馬相如上林賦：『嫵媚孅弱。』李善注引方言：『自關而西凡物小謂之孅。』……禹貢：『徐州厥篚玄纖縞，豫州厥篚纖纊。』史記夏本紀裴駰集解引鄭注云：『纖，細也。祭服之材尚細。』顔師古注漢書地理志云：『纖，細繒也。』與方言合。」按：絲織品之細紋者亦謂之「纖」。楚辭招魂：「被文服纖，麗而不奇些。」王逸注：「文，謂綺繡也。纖，謂羅穀也。」説文糸部：「穀，細縳也。」「纖」之訓小，今義猶然，「纖塵、纖微、纖細」是其例也。

〔四〕莌：戴震方言疏證：「左思吴都賦：『鬱兮莌茂。』劉逵注引方言：『凡草生而初達謂之莌。』」廣雅釋詁二：「莌，小也。」王念孫疏證：「莌之言鋭也。昭十六年左傳：『不亦鋭乎？』杜預注云：『鋭，細小也。』説文：『鋭，芒也。』凡物之鋭者皆有小義……小謂之鋭，故兵芒亦謂之鋭，草初生亦謂之莌。」

〔五〕稺：同「稺、稚」。説文禾部：「稺，幼禾也。」段玉裁注：「引伸爲凡幼之偁，今字作稚。」又：「稙，早種也。从禾直聲。詩曰：稙稚尗麥。」段玉裁注：「稚，當作稺。郭景純注方言曰『稺，古稚字』是。則晉人皆作稚，故稺、稚爲古今字。寫説文者用今字，因襲之耳。」戴震方言疏證：「爾雅釋言：『幼、鞠，稺也。』疏引方言：『稺，年小也。』稺，唐石經作稚。潘岳閒居賦：『兒童稚齒。』注引方言：『稚，小也。』『稚』字見方言注。」錢繹方言箋疏：「魯頌閟宮篇：『植稺菽麥。』釋文：『後種曰稺。』韓詩云：『幼稼也。』列子天瑞篇：『純雄其名稺蜂。』張湛注：『稺，小也。』人年少者爲稺，物幼小亦爲稺，義相因也。」

〔六〕杪：樹梢、木末謂之「杪」，禾芒謂之「秒」，目小謂之「眇」，小貌謂之「渺」，其言雖異，義皆源自「小」也。卷一二亦云：「杪，小也。」郭注：「樹細枝爲杪也。」錢繹方言箋疏：「衆經音義卷十七引郭注云：『言杪者，梢微細也。』説文：『杪，木標末也。』廣雅：『杪，末也。』王制篇：『冢宰制國用，必於歲之杪。』鄭注同。廣雅：『紗，微也。』曹憲音□少反，集韻、類篇『紗』並音弭沼切，『微也』。説文：『眇，一目小也。』釋名：『目匡陷急曰眇。眇，小也。』顧命云：『眇眇予末小子。』釋樂：『管小者謂之篎。』舍人注：『篎，小者，聲音清妙也。』説文：『鷦鷯，桃蟲也。』釋鳥注作『鷦鷺』。周頌小毖篇：『肇允彼桃蟲，拚飛維鳥。』毛傳：『桃蟲，鷦也，鳥之始小終大者。』漢書叙傳：『造計秒忽。』劉德注：『秒，禾芒也。』史記太史公自序：『間不容翲忽。』廣雅：『藐，小也。』僖九年左氏傳：『以是藐諸孤。』潘岳寡婦賦云：『孤女藐焉始孩。』紗、眇、篎、鷯、秒、翲、藐，聲並同『杪』，是凡言『杪』者皆小之義也。」

〔七〕凡物小者：原本玉篇殘卷「纖」字下、文選司馬相如上林賦李善注、玄應一切經音義卷一七引方言俱無「者」字。

〔八〕小或曰纖：王念孫手校明本刪「小」字。

繒帛之細者：原本玉篇殘卷引方言無「者」字。

〔九〕綾：説文糸部：「綾，東齊謂布帛之細者曰綾。」同方言。漢書高帝紀下：「賈人毋得衣錦、繡、綺、縠、絺、紵、罽。」顏師古注：「綺，文繒也，即今之細綾也。」釋名釋采帛：「綾，凌也，其文望之如冰凌之理也。」又，原本玉篇殘卷「綾」字下引方言「言」字作「謂」，説文與方言同，唯「言」字作「謂」。

〔一〇〕靡：小爾雅廣言：「靡，細也。」楚辭招魂：「靡顔膩理，遺視矊些。」王逸注：「靡，緻也。」漢書王莽傳上：「今誠未皇於輕靡而備味。」顏師古注：「靡，細也。」又揚雄傳上：「靡薜荔而爲席兮，折瓊枝以爲芳。」顏師古注：「靡，纖密也，謂纖纖之也。」單言之曰「靡」，重言之則曰「靡靡」。文選司馬相如長門賦：「間徙倚於東廂兮，觀夫靡靡而無窮。」李善注引方言注曰：「靡靡，細好也。」王延壽魯靈光殿賦：「何宏麗之靡靡，咨用力之妙勤。」李善注引小雅曰：「靡靡，細也。」陸機擬青青河畔草：「靡靡江蘺草，熠熠生河側。」劉良注：「靡靡，細弱貌。」王褒洞簫賦：「被淋灑其靡靡兮，時横潰以陽遂。」李善注同。

〔一〕靡，細好也：文選長門賦、魯靈光殿賦李善注引郭璞方言注皆作「靡靡，細好也」。戴震方言疏證因此云：「今方言各本注内脱一『靡』字。」盧文弨未從，其重校方言云：「善但順賦之成文耳，如善注陸機詩『奕奕馮生』引方言『自關而西凡美容謂之奕奕』，今方言『奕』字並不重。此類非一，皆不當增。」錢繹方言箋疏引存戴、盧二氏之説，未作按斷。按：盧氏否定戴校的唯一證據即李善注陸機詩引方言作「奕奕」，而「今方言『奕』字並不重」。此説有誤，戴校郭注，非方言本文。「奕」見本卷第四條，該條今本方言郭注亦有脱字，説詳該條匯證〔三〕。戴校是也，當據之補一「靡」字。

〔二〕鋒萌始出：紺珠集引作「言鋒萌始出也」，慧琳一切經音義卷二四「莌茂」下引作「萌芽始生也」。

〔三〕言杪梢也：玄應一切經音義卷一七引作：「方言：杪，小也。郭璞曰：言杪者，稍微小也。」慧琳一切經音義卷二一引作：「方言曰：杪，木細枝也。郭璞曰：杪言梢也。」

〔四〕篾：戴震方言疏證及盧、錢校本俱作「蔑」，注同。文選馬融長笛賦：「蹉纖根，跋蔑縷。」李善注：「方言曰：蔑，小也。」慧琳一切經音義卷四五、卷六六兩引方言，卷三一引郭璞注，字均作「懱」。按：「篾、懱」與「蔑」通。戴震方言疏證：「周語：『鄭未失周典，王而蔑之。』韋昭注云：『蔑，小也。』馬融長笛賦：『跋蔑縷。』注引方言：『蔑，小也。』當亦是方言注……蔑、懱古通用。」廣雅釋詁二：「懱，小也。」王念孫疏證：「蔑與懱同。郭璞注云：『蔑，小貌也。』法言學行篇云：『視日月而知衆星之蔑也，仰聖人而知衆説之小也。』又君奭：『茲迪彝教文王蔑德。』鄭注云：『蔑，小也。』正義云：『小，謂精微也。』逸周書祭公解：『追學於文武之蔑。』孔晁注云：『言追學文武之微德也。』説文：『懱，輕易也。』輕易亦小也，今人猶謂輕視人爲蔑視……又廣韻『𥿋』莫結切，引倉頡篇云：『𥿋，細也。』玉篇：『𩈁，面小也。』説文：『𥽜，麩也。』衆經音義卷十引埤倉云：『篾，析竹膚也。』字通作蔑。顧命：『敷重蔑席。』鄭注云：『蔑，析竹之次青者。』玉篇：『𪇰，𪇰雀也。』字亦通作懱。方言：『桑飛，自關而西或謂之懱爵。』注云：『即鷦鷯也。』懱，言懱截也。廣韻：『𩈁尐，小也。』𩈁尐與懱截同。荀子勸學篇：『南方有鳥焉，名曰蒙鳩。』楊倞注云：『蒙鳩，鷦鷯也。』蒙鳩猶言蔑雀，蔑、蒙語之轉耳。爾雅：『蠓，蠛蠓。』李善注甘泉賦引孫炎注云：『蟲小於蚊。』是凡言蔑者，皆小之義也。」

〔一五〕蔑：方言引證曰：「慈母之怒子也，雖折蔑笞之，其惠存焉。」説文竹部：「笞，擊也。」段玉裁注：「疑奪『所以』二字。笞所以擊人者，因之謂擊人爲笞也。」廣雅釋詁二：「蔑，小也。」王念孫疏證：「左思魏都賦：『弱蔑係實。』張載注云：『蔑，木之細枝者也。』案，蔑者，細密之貌。爾雅：『緵罟謂之九罭。九罭，魚罔也。』注云：『今之百囊罟是也。』説文：『布之八十縷爲稯。』玉篇：『騣，馬鬣也。』皆細密之義也。豳風七月篇：『言私其豵，獻豜于公。』毛傳云：『豕一歲曰豵，三歲曰豜，大獸公之，小獸私之。』義亦同也。卷三云：『㚇，聚也。』説文：『㚇，斂足也。』爾雅：『揫、斂，聚也。』揫與㚇一聲之轉，斂與小義相近。故小謂之㚇，亦謂之揫，聚斂謂之揫，亦謂之㚇矣。」按：兖冀，説文作沇冀，「沇」與「兖」同。文選魏都賦張載注引方言作兖豫，「豫」字誤。

〔一六〕馬鬆：吴琯古今逸史本、程榮刻漢魏叢書本、胡文焕格致叢書本、明李珏刻本、明佚名刻本俱作「音鬆」。

〔一七〕故傳曰，慈母之怒子也，雖折蔑笞之，其惠存焉：文選歐陽建臨終詩：「上負慈母恩，痛酷摧心肝。」李善注引方言曰：「傳云：慈母怒子，折蔑以笞之。」

3b九　殗於怯反。殜〔一〕，音葉。微也。宋衛之間曰殗。自關而西秦晉之間凡病而不甚曰殗殜。病半臥半起也。

匯證

〔一〕殗殜：戴震方言疏證：「廣雅：『⿰歹葉殗，病也。』義本此。廣韻：『殗殜，不動貌。』殜、⿰歹葉同。」王念孫以爲廣雅「⿰歹葉」是譌字，而改作「殜」，云：「蓋因曹憲音内『葉』字而誤，考方言、玉篇、廣韻、集韻、類篇俱作『殜』，不作『⿰歹葉』。」按：「殗殜」謂有病而不重，時臥時起，無精打采，故揚雄釋曰「微也」。秦漢傳世文獻用例頗難徵考，唐以後用例並不鮮見。陸龜蒙幽居賦：「時牽殗殜，自把渠疏。」袁枚祭妹文：「前年余病……後雖小差，猶尚殗殜。」徐珂清稗類鈔情感類：「女自一見後，殗殜成疾。」急言之曰「殗」，緩言之曰「殗殜」，轉言之曰「懨懨」。盧文弨重校方言：「今轉爲懨懨。」韓偓春盡日：「把酒送春惆悵在，年年三月病懕懕。」「懕」同「懨」。醒世恒言灌園叟晚逢僊女：「玉人盡日懨懨也，猛被笙歌驚破睡。」

一〇　臺〔一〕、敵〔二〕，延〔三〕一作迮〔四〕。也。東齊海岱之間曰臺，自關而西秦晉之間物力同者謂之臺敵〔五〕。

匯證

〔一〕臺：同「臺」。廣雅釋詁一：「臺，輩也。」王念孫疏證：「臺之言相等也，故斗魁下六星，兩兩而比者，曰三台。台與臺同義。」廣雅釋詁三：「儓，當也。」王念孫疏證：「亦相當之意也。臺與儓通。」章炳麟新方言釋言：「蘄州謂我輩曰我臺，爾輩曰你臺。」朱駿聲通訓定聲：「叚借爲侍……又爲待，或爲儓。廣雅釋詁二：『臺，待也。』又爲持。方言：『臺，匹也。』秦晉之閒物力同者謂之臺敵。』」劉君惠方言疏證補：「尋廣雅『儓』字訓『當』。王氏謂『儓與臺通』者，以『當』與『匹』義同也。易泰卦九二爻辭曰：『得尚于中行。』王弼注：『尚，配也。』蓋『尚』乃『當』之省。說文：『當，田相值也。』故引申爲配匹之義。漢書王吉傳：『漢家列侯尚公主。』張耳陳餘傳：『尚魯元公主如故。』顏師古曰：『尚猶配也。』司馬相如傳：『恐不得當也。』雋不疑傳：『光欲以女妻之，不疑固不肯當。』皆其義。」

〔二〕敵：爾雅釋詁上：「敵，匹也。」邢昺疏：「敵者，相當之匹也。」邵晉涵正義：「敵者，左氏成二年傳云：『若以匹敵。』方言云：『臺卜敵，匹也。』自關而西秦晉之間物力同者謂之臺敵。』」郝懿行義疏：「敵者，說文云『仇也』，方言云『匹也』，左氏文六年傳：『敵惠敵怨。』杜預注：『敵猶對也。』爾雅下文云：『敵，當也。』敵、當、對，俱一聲之轉。通作『適』。玉藻云：『敵者不在。』釋文：『敵，本又作適。』論語云：『無適也。』釋文：『適，鄭本作敵。』又與『嫡』同。釋名云：『嫡，敵也，與匹相敵也。』按：敵與特義近，特訓獨，又訓匹，故詩『實維我特』，毛傳：『特，匹也。』韓詩作『直』，云：『相當值也。』然則相當亦相匹矣。」爾雅釋詁下：「敵，當也。」邢昺疏：「敵者，仇匹相當也。」邵晉涵正義：「謂敵體相當也。」郝懿行義疏：「公羊莊十三年傳：『君請當其君，臣請當其臣。』何休注：『當猶敵也。』敵、當，一聲之轉也。」按：「匹敵、勢均力敵」等詞語猶存古義。

〔三〕延：戴震方言疏證：「匹，各本譌作『延』。『匹』俗作『疋』，遂譌而爲『延』。」周祖謨方言校箋：「『匹』，唐人俗作『迊』，見干祿字書，因而譌作『延』。」按：當據正。廣漢魏叢書本作「匹」。

〔四〕一作迮：戴本改「迮」作「辵」，並於其下補「也」字。周祖謨方言校箋：「此校書者所加，『迮』亦『辵』字之譌。戴本改作『一作辵也』，以爲郭注原文，非是。」按：周校是也，此三字當删。

〔五〕自關而西秦晉之間物力同者謂之臺敵：紺珠集引方言「物」上有「凡」字。慧琳一切經音義卷四七引作「同力者謂之敵」，卷六二、卷六三引作「同力者謂之敵也」，卷四九引作「秦晉之間同力者謂之敵」，「物力同者」俱作「同力者」，「臺敵」俱作「敵」。蓋慧琳所見方言無「臺」字，或方言此句本無「臺」字，或宋本方言「敵」上「臺」下脱「或謂之」數字，無從徵考，存疑待質。盧文弨重校方言於「臺」字句絶，把下條「耦也」及注文「耦亦匹，互見其義耳」移至「敵」字下，以爲「『耦也』及注舊本俱誤在下條」。劉台拱方言補校：「『敵』字句。盧本『臺』字句非。」又謂「以『耦也』及注移在……『謂之臺敵』下，大非。」錢繹方言箋疏亦云盧氏「究爲臆改」，仍從舊本。按：盧氏所改固非是，然其斷開「臺、敵」二字則有啟發意義：「臺敵」連文難以索解，此處定有譌舛。

一一　抱嬔〔一〕，追萬反〔二〕，一作嬎〔三〕。耦也。耦亦迮〔四〕，互見其義耳〔五〕。音赴〔六〕。荆吴江湖之間曰抱嬔，宋潁之間或曰嬔。

倚〔七〕、丘寄反〔八〕。踦〔九〕，郄奇反〔一〇〕。奇也。奇偶。自關而西秦晉之間凡全物而體不具謂之倚，梁楚之間謂之踦，雍梁之西郊凡嘼支體不具者謂之踦〔一一〕。

匯證

〔一〕抱嬔：錢繹方言箋疏：「説文：『勹，覆也。薄皓切。』『袌，褱也。』『抱』乃『捊』之或體。此蓋借爲勹袌字。卷八云：『北燕朝鮮洌水之間謂伏雞曰抱。』郭音『房奥反。江東呼蓲，央富反』。字亦作『菢』。廣韻：『菢，雞伏卵。』音薄報反，同。……按，『抱嬔、娩』等字，並與耦義相近……嬔者，説文女部：『𡣕，生子齊均也。从女生，免聲，讀若幡。』張衡思玄賦：『〔偃〕蹇夭矯，娩以連卷兮。』舊注引説文：『生子，二人俱出爲娩。』又兔部：『娩，兔子也。娩，疾也。从女兔。』大徐音芳萬切。玉篇女部：『娩，孚萬切，産娩也。』引説文云：『兔子。』又作『嬎』同，亦引説文『生子』云云。又兔部：『娩，芳萬切，兔子。』廣韻十遇『娩』與『赴』同紐，云：『兔子曰娩。又孚万切。』二十五願：『嬔，嬔〔息也〕。一曰鳥伏乍出。』衆經音義卷一云：『今中國謂蕃息爲嬔息，音芳萬反。』又卷九同，音匹萬反，引周成難字曰：『嬔，息也。』同時爲一嬔，亦作此字。是『嬔』與『娩』音既互通，字亦可並用。此以『抱嬔』連文，依義當作『嬔』，其作『嬔』者，即『嬔』之或體，字則或作『嬔』，用正字也，或作『娩』，用假借字也，均無不可。」章炳麟新方言釋動物：「今淮南謂雞伏卵曰『抱』。江南運河而東至于浙江，謂雞伏卵曰『孚』，音如捕。」禽鳥伏卵，須禽鳥與卵偶，偶亦匹也。劉君惠方言疏證補補：「耦者匹耦之辭。夫婦相配謂之耦，亦謂之儷。夫婦相耦而生子謂之孿，孿爲一生兩子。廣雅：『孿，耦也。』聲轉爲嬔。説文女部：『嬔，生子齊均也。』故方言『娩』亦訓耦矣。重言之則曰抱嬔，單言之則曰嬔；雞伏卵曰抱，猶人生子曰娩矣。抱與娩雙聲，韻亦相轉，『薄釗』訓勉是其例，竊疑此條『抱嬔』二字應連讀。」

〔二〕追萬反：戴震方言疏證作「孚萬反」，云：「注内孚萬反，各本孚譌作追，從曹毅之本。」盧、錢二氏並從戴校。劉台拱方言補校亦云：「當從宋本作孚萬反。」王念孫手校方言疏證於「各本孚譌作追」右側墨批云：「疑匹譌作迮，又譌作追。」於本條天頭墨批如下材料：「廣雅：『娩，兔子也。』曹憲音匹萬。爾雅釋獸：『兔子，娩。』釋文：『娩，匹萬反，又匹附反；本或作嬔，敷萬反。』」周祖謨方言校箋改作「匹萬反」，云：「『匹萬反』原作『追萬反』，戴從曹毅之本作『孚萬反』。案此追字乃迊字之譌，迊譌作迮，又譌作追也。嬔，説文作嬔，注云：『生子齊均也，讀若幡。』玉燭寶典卷二引通俗文音匹萬反。字又作娩，爾雅釋獸：『兔子，娩。』釋文云：『娩，匹萬反，又匹附反；本或作嬔，敷萬反。』廣雅釋獸：『娩，兔子也。』曹憲音匹萬反。足證追萬反爲匹萬反之譌。文選思玄賦舊注引説文『生子二人俱出爲娩』，故方言訓爲耦。」按：王、周二氏所校是也，當據改。

〔三〕一作嬔：周祖謨方言校箋：「三字蓋校書者所加。」按：當據周校删。

〔四〕迮：戴震方言疏證云：「迮亦疋之誤，當作匹。」盧、錢本作「匹」。按：作「匹」是也。玉燭寶典卷二引方言郭注作「耦亦迊也」，「迊」乃「匹」之俗字。參本條匯證〔二〕。

〔五〕㸦：同「互」。廣韻暮韻：「互，差互。俗作㸦。」

〔六〕音赴：戴震方言疏證移至上文「抱」字下。盧文弨重校方言移至上文「娩」盧本改「𡢻」作「娩」。字下，又移「孚萬反」至「一作嬔」後，以「音赴」音「娩」，以「孚萬反」音「嬔」。劉台拱方言補校：「盧本改『𡢻』作『娩』……大非。又音義『音赴』二字當在『抱』字下。『一作嬔，孚萬反，一作嬔』。『赴』本『抱』字之音，廣韻誤以爲『娩』字音，收入遇部，集韻因之，皆誤，宜删正。」錢繹方言箋疏：「其『音赴』二字，則爲『抱』字之音……『抱、赴』原可相通，惟卷八既音『抱』爲房奥反，此不讀『赴』明矣……盧氏……如此顛倒改易，終屬未安……今於正文並從舊本……其『一作娩』三字，舊本與正文無異，誤。今定作『𡢻』，從『赴』音也。」周祖謨方言校箋：「『音赴』二字戴本移列於正文抱字之下，以爲抱字讀音，誤。案玉燭寶典卷二引方言：『抱𡢻，耦也。』注云：『耦亦匹也，廣見其義耳。嬔音赴。』又引蒼頡篇曰：『𡢻，子出，音妨萬反，一音赴。』是『音赴』二字爲『𡢻』字讀音甚明。考禮記月令云：『（仲春之月）玄鳥至，至之日，以大牢祠於高禖，天子親往。』鄭注云：『玄鳥，燕也，燕以施生時來，巢人堂宇而孚乳，嫁娶之象也。』釋文：『孚如字，一音芳付反；乳而樹反。』蔡邕月令章句云：『玄鳥感陽而至，集人室屋；其來主爲嬔乳蕃滋，故重至日，因以用事。』鄭云孚乳，蔡云嬔乳，音義相同。『孚』既音『赴』，『嬔』亦音『赴』矣。據此足證戴校之誤。至於抱字，又見卷八，郭音房奥反，『房奥反』與『赴』字讀音迥異，戴氏蓋未詳考耳。惟『𡢻』一音匹萬反，一音赴，『音赴』二字當與『匹萬反』同列，不當列於正文『耦也』之下。」

〔七〕自「倚」字以下，明刻諸本另爲一條，清人校本亦提行别寫。按：當據正。倚：戴震方言疏證：「荀子脩身篇：『倚魁之行，非不難也。』楊倞注云：『倚，奇也。奇讀爲奇耦之奇。方言：「秦晉之間凡物體全而不具謂之倚。」倚魁謂偏倚狂怪〔之〕行。』儒效篇：『倚物怪變。』注云：『倚，奇也。』莊子天下篇：『南方有倚人焉。』釋文云：『或作畸。』」按：戴引諸例，「倚」均當釋爲怪僻、奇異，與方言義並不密合。「倚」又通奇數之「奇」。易説卦：「參天兩地而倚數。」陸德明釋文：「蜀本作奇。」集韻支韻：「奇，不耦也。或作倚。」穀梁傳僖公三十三年：「匹馬倚輪無反者。」范甯注：「倚輪，一隻之輪。」「倚輪」，公羊傳僖公三十三年作「隻輪」，何休注：「隻，踦也。」王引之經義述聞據穀梁傳云：「古字倚與奇通。」

〔八〕丘寄反：戴震方言疏證作「於寄反」，盧、錢二氏從之。周祖謨方言校箋：「案：集韻寘韻『倚』音卿義切，注云：『奇也。』又音於義切，注云：『因也，加也。』『卿義』與『丘寄』音同，集韻所據方言舊本當是『丘寄反』。」按：周説是也，集韻支韻「奇」或作「倚」，注云：「不耦也。」義與方言近，音居宜切，「居宜」與「丘寄」音近。是宋本不誤。

〔九〕踦：戴震方言疏證：「魯語：『踦跂畢行，無有處人。』韋昭注云：『踦跂，跰蹇也。』春秋僖公三十三年公羊傳：『匹馬隻輪無反者。』何休注云：『隻，踦也。』説文：『踦，一足也。』」按：段玉裁注説文云：「引伸之凡物單曰踦。」管子侈靡：「其獄一踦腓、一踦屨而當死刑。」房玄齡注：「諸侯犯罪者，令著一隻屨以恥之，可以當死刑。」王念孫讀書雜志引王引之：「腓讀爲扉，乃草屨之名……一踦扉、一踦屨，謂足著一隻屨、一隻草屨，明罪人之屨異於常人也。」按：「踦」謂足一隻，即「全物而體不具」，引申爲凡物單之稱。

〔一〇〕郄奇反：宋、明諸本同，盧、錢校本亦同。戴震方言疏證「郄」字作「郤」，周祖謨方言校箋本同戴本。按：廣韻陌韻：「郤，俗從𠫤。」綺戟切；正字通卩部：「郄，俗郤字。」廣韻藥韻居勺切，又去約切。是「郄」即「郤」字，而「郤」即「郄」字。踦，廣韻支韻去奇切，又居綺切。「郄」即「郤」，作反切上字與「踦」字古音最合，惟原文定作「郄」，方見舊本致誤之由。「郄」字誤，當改作「郄」。

〔一一〕嘼：盧文弨重校方言改作「獸」，云：「各本作獸，許救反，家畜也。今從宋本。」

4a 一二　逴〔一〕、勑略反。獡〔二〕、音鑠。透〔三〕，式六反。驚也。自關而西秦晉之間凡蹇者或謂之逴，行略逴也。體而偏長短亦謂之逴。宋衛南楚凡相驚曰獡，或曰透。皆驚皃也。

匯證

〔一〕按：本條雅詁釋云「驚也」，下文則釋曰「凡蹇者」「體而偏長短」，郭璞注：「行略逴也。」疑有舛誤。蓋原爲兩條，傳鈔誤混。即：「逴，蹇也。自關而西秦晉之間凡蹇者或謂之逴，體而偏長短亦謂之逴」爲一條，「獡、透，驚也。宋衛南楚凡相驚曰狷，或曰透」爲另一條。卷六「逴、騷、𡰝，蹇也。吴楚偏蹇曰騷，齊楚晉曰逴」，所言方言分佈區域與本條互補。卷一三「灼，驚也」「懼，驚也」，但有雅詁，無方言分佈。析分爲兩條，符合方言母題重見一般規律。廣雅釋詁一：「逴，驚也。」本自方言。由此知，其誤必在魏晉以前。因無直接證據，今仍依舊本，存疑待質。又按：後人未嘗疑其有誤，於「逴」之訓「驚」，多方求解，如吴予天方言注商、丁惟汾方言音釋等俱逞臆説。「逴，蹇也」，見於卷六，郭璞注「蹇」云：「跛者行跳踔也。」注「逴」與本條同：「行略逴也。」廣雅釋詁三：「逴、騷、𡰝，蹇也。」王念孫疏證既引卷六文，亦引本文，云：「逴與𡰝、踔並同……莊子秋水篇云：『夔謂蚿曰：吾以一足趻踔而行。』趻踔與跳踔同，亦作踸踔。文選文賦：『故踸踔於短垣。』李善注云：『廣雅曰：踸踔，無常也。今人以不定爲踸踔。不定，亦無常也。』海賦：『跳踔湛藻。』注云：『波前卻之貌。』案，前卻即不定之意，跛者行一前一卻，故謂之跳踔矣。」説文辵部：「逴……一曰蹇也。」段玉裁注：「蹇，跛也。莊子：『夔謂蚿曰：吾以一足踸踔而行。』謂腳長短也。踔即逴字。」錢繹方言箋疏：「跳踔、踸踔、趻踔並同。」「沈淖與踸踔亦同，皆用雙聲，以形容參差不齊之狀。」

〔二〕狷：廣雅釋詁一：「狷，驚也。」王念孫疏證：「方言……郭璞注云：『皆驚貌也。』説文：『狷，犬狷狷不附人也。讀若南楚相驚曰狷。』徐鍇傳云：『大畏人也。』」按：「狷、愬」通。説文：「狷……讀若愬。」易履九四：「履虎尾，愬愬，終吉。」王弼注：「逼近至尊，以陽承陽，處多懼之地，故曰履虎尾愬愬也。然以陽居陰，以謙爲本，雖處危懼，終獲其志，故終吉也。」釋文：「子夏傳云：『恐懼皃。』何休注公羊傳云：『驚愕也。』」又作「蘇蘇、索索」。易震六三：「震蘇蘇，震行無眚。」王弼注：「不當其位，位非所處，故懼蘇蘇也。」孔穎達疏：「蘇蘇，畏懼不安之貌。」又：「震索索，視矍矍。」王弼注：「處震之極，極震者也；居震之極，求中未得，故懼而索索，視而矍矍，無所安親也。」孔穎達疏：「索索，心不安之貌；矍矍，視不專之容。」「懼」與「驚」義相通也。

〔三〕透：戴震方言疏證：「左思吴都賦：『驚透沸亂。』劉逵注引方言：『透，驚也。』廣雅：『逴、狷、透，驚也。』曹憲音釋云：『透，音叔。』世人以爲跳透字，他候反，未是矣。」説文足部「𨇠」字段玉裁注云：「方言『透，驚也』，式竹切。吴都賦：『驚透沸亂。』透即𨇠字，音義正同。」王念孫廣雅疏證：「賈子容經篇云：『其始動也，穆如驚倏。』倏與透通。」按：慧琳一切經音義卷八三「透出」條引古今正字：「透，驚也。」廣韻屋韻：「透，驚也。」式竹切。與本條郭注「式六」合。錢繹方言箋疏：「透與獨古同聲……倏、跾與透聲義並同。」劉君惠方言疏證補補：「倏與透音近義同也，倏從犬攸聲，透從辵秀聲，攸聲與秀聲字古音皆讀如條也……獨書藥切，透式六切，審母三等雙聲。」

一三　儀〔一〕、佫〔二〕，來也。陳潁之間曰儀，自關而東周鄭之郊、齊魯之間或謂佫曰懷〔三〕。

匯證

〔一〕儀：戴震方言疏證：「儀者，儀之而來。周語：『丹朱馮身以儀之。』儀即來歸之義。」王念孫手校方言疏證於天頭墨批：「尚書曰：『鳳皇來儀。』儀亦來也……古人自有複語耳，解者皆失之。」吳予天方言注商：「儀係假之轉音。（見說文古籀補卷二。）——說文：『假，至也。从彳，叚聲。』卷一：『邠唐冀兖之間曰假。』儀，从我得聲，古讀與我同。——詩維天之命：『假以溢我。』說文、廣韻並引作『誐以溢我』。此『假、誐』聲相轉，亦即『假』轉爲『儀』之證。蓋喉音自相轉，魚迻入歌也。」劉君惠方言疏證補補：「儀與佫雙聲相通，故『來儀』猶言『來格』也。（此『來』字是語辭。）」按：「來儀、來格」言來至也。書益稷：「簫韶九成，鳳凰來儀。」又：「戛擊鳴球，搏拊琴瑟以詠，祖考來格。」僞孔傳：「此舜廟堂之樂，民悅其化，神歆其祀，禮備樂和，故以祖考來至明之。」禮記月令：「（季秋之月）行春令，則煖風來至。」

〔二〕佫：卷一：「佫，至也。」郭注：「古格字。」又：「佫，登也。」郭注：「佫亦訓來。」爾雅釋詁上：「格，至也。」釋言：「格，來也。」郝懿行義疏：「至即來，故格懷又爲來，轉相訓。」參見卷一第一三條匯證〔三〕。又戴震方言疏證：「格、佫古通用……格字兼往來，往而至乎彼曰格，來而至乎此亦曰格。誠敬感通於神明而神明來格，德禮貫通於民心而民咸格化，心思貫徹於事物而事盡貫徹，皆合往來爲義，故其本文從彳。格、感、貫，一聲之轉，故義亦通。」

〔三〕或謂佫曰懷：戴震方言疏證作「或謂之佫，或曰懷」；盧文弨重校方言作「曰佫，或曰懷」。按：確有脫文，當如何補，存疑待質。

懷：戴震方言疏證：「爾雅釋言：『格、懷，來也。』詩周頌：『懷柔百神。』毛傳：『懷，來也。』周語：『民神怨痛，無所依懷。』韋昭注云：『懷，歸也。』義亦相因。」爾雅釋言邢昺疏：「謂招來也。」邵晉涵正義：「『來、格、懷，至也』已見釋詁，『格、懷』又爲『來』，轉相訓也。」郝懿行義疏：「至即來。故『格、懷』又爲『來』，轉相訓……懷者，方言云：『來，自關而東或曰懷。』釋名云：『懷，回也。本有去意，回來就己也。亦言歸也，來歸己也。』詩『曷又懷止』『懷柔百神』，傳、箋並云：『懷，來也。』……學記云：『近者説服而遠者懷之。』鄭注亦云：『懷，來也。』詩傳、箋及學記注又云：『懷，歸也。』歸亦來。釋詁又云：『懷，止也。』止亦至，至亦來矣。」參見卷一第一三條匯證〔四〕。

一四　䵖〔一〕、暱〔二〕、𪏊〔三〕，音汝。黏也。齊魯青徐自關而東或曰䵖，言黏䵖也。或曰𪏊。餬〔四〕，音胡。託〔五〕、庇〔六〕，庇蔭。寓〔七〕、媵〔八〕，音孕。寄也。齊衛宋魯陳晉汝潁荆州江淮之間曰庇〔九〕，或曰寓。寄食爲餬。傳曰「餬予口於四方」是也〔一〇〕。凡寄爲託，寄物爲媵。

匯證

〔一〕䵖：戴震方言疏證：「爾雅釋言：『䵖，膠也。』疏引方言此條文並同。䵖亦作䵒。説文云：『黏也。』廣雅：『黏、䵒，黏也。』義本此。」廣雅釋詁四：「𪏊、䵒，黏也。」王念孫疏證：「考工記弓人：『凡昵之類不能方。』杜子春注云：『昵，或爲䵖。䵖，黏也。』趙策云：『膠漆至䵖也。』釋名云：『糁，𪏊也，相黏𪏊也。』䵒、䵖、暱、昵並通，䵒、黏、䵖，一聲之轉也。」按：「䵖、䵒」同。説文黍部：「䵒，黏也。……䵖，䵒或从刃。」黏，粘合。説文黍部：「黏，相著也。」

〔二〕暱：福山王氏天壤閣刊景宋本、藏園覆刻宋本、華陽重刻宋本方言作「音日」二字，雙行小字，吴琯古今逸史本、程榮漢魏叢書本、胡文焕格致叢書本、明李珏刻本、明佚名刻本同。是宋本誤合注文雙行兩字爲一字，並羼入正文。當定作注文「音日」。清人校本多臆改字：戴震方言疏證改作「音昵」；盧文弨重校方言從之，云：「（䵖）本亦作䵒，説文尼質切。各本『音日』或『音刃』皆誤。」錢繹方言箋疏作「音泥」。唯劉台拱方言補校謂「『音日』是」。吴予天方言注商：「按：説文：『䵒，黏也。

从黍，日聲。』或體作䵒，从刃聲。據此，『音日、音刃』俱不誤。日、刃雙聲，日紐古歸泥。盧氏改音昵，錢氏改音泥，均不免多此一舉。」周祖謨方言校箋：「爾雅釋言：『䵒，膠也。』釋文：『䵒，女乙反，郭音昵。』昵、日同音，是作『音日』不誤。」

〔三〕𪏰：錢繹方言箋疏：「『䵒』又轉爲『𪏰』。廣雅：『𪏰，黏也。』玉篇同。釋名：『糝，𪏰也。相黏𪏰也。』是𪏰爲黏也。」參本條匯證〔一〕。

〔四〕自「餬」字以下，福山王氏天壤閣刊景宋本及諸明本均提行分寫，另成一節，清人校本亦提行分寫。按：宋本誤連，當從諸本改。

餬：按：下文云「寄食爲餬」，故訓「寄」也。戴震方言疏證：「説文：『餬，寄食也。』廣雅：『䬬、庇、寓、餬、侂，寄也。』義本此。」按：「餬」謂「寄食」，即以粥充實口腹也。左傳隱公十一年：「寡人有弟，不能和協，而使餬其口於四方。」此條「寄食爲餬」下郭注引之爲釋。莊子人間世：「挫鍼治繲，足以餬口；鼓筴播精，足以食十人。」陸德明釋文引李云：「餬，食也。」成玄英疏：「餬，飼也。庸役身力以飼養其口命也。」玄應一切經音義卷八「餬口」條引説文：「餬，寄食也。江淮之間謂寓食爲餬。」資治通鑑齊紀二：「驅督老弱餬口千里之外。」胡三省注引説文：「餬，寄食鬻也。」「餬」本爲稠粥之名。爾雅釋言：「餬，饘也。」郭璞注：「餬，糜也。」説文食部：「饘，糜也。周謂之饘，宋謂之餬。」禮記檀弓上：「饘粥之食。」孔穎達疏：「厚曰饘，希曰粥。」引申之以粥充口腹爲「餬」，進而引申爲「寄」也。

〔五〕𧦧：福山王氏天壤閣刊景宋本及諸明本作「𧦧」，清人校本俱作「託」，本條下文亦作「託」。原本玉篇殘卷「託」字下、慧琳一切經音義卷九三引方言均作「託」。按：集韻号韻：「𧦧，信也。」正字通言部：「𧦧，音耗，音信也。俗曰音𧦧。別作耗，非。」是「𧦧」與「託」音義迥異，乃形近而譌，當據下文改作「託」。下文云：「凡寄爲託。」説文言部：「託，寄也。」人部：「侂，寄也。」段玉裁注：「此與託音義皆同，俗作托，非也。」玉篇引論語：「可以侂六尺之孤。」今語「寄託」是其義也，故訓例多不贅。

〔六〕庇：廣雅釋詁三：「庇，寄也。」王念孫疏證：「爾雅：『庇、庥，蔭也。』高誘注吕氏春秋懷寵篇云：『庇，依廕也。』依廕即寄託之義。襄三十一年左傳云：『大官大邑，身之所庇也。』」爾雅釋言：「庇，廕也。」郝懿行義疏：「廕者，蔭之或體也……説文云：『蔭也。』表記及考工記輪人注並云：『庇，覆也。』覆亦蔭，故一切經音義九引孫炎曰：『庇，覆之廕也。』左氏文十七年正義引舍人曰：『庇，蔽也。』蔽亦覆蔭也。方言云：『庇，寄也。』寄託義亦同也。」按：「庇」本訓「蔭」，引申爲「寄託」。後世有「庇託」連文用例。舊唐書張鋭傳：「排斥居人，蓬宿草次，風雨暴至，不知庇託。」即其例也。

〔七〕寓：卷三：「寓，寄也。」説文宀部、廣雅釋詁三同。錢繹方言箋疏：「曲禮：『大夫寓祭器於大夫，士寓祭器於士。』鄭注：『寓，寄也。』『言寄，覬已後還。』襄二十四年左氏傳：『子産寓書於子西以告宣子。』釋木：『寓木，宛童。』郭注：『寄生樹。一名蔦。』」按：寄託、寄居謂之「寓」，此義構詞極豐富，「寓言、寓形、寓物、寓託、寓情、寓意、寓士、寓公、寓所、寓居、寓客」等，均是其例。

〔八〕𦩷：下文「寄物爲𦩷」。卷一三：「𦩷，託也。」「託」即「寄」也。廣雅釋詁三：「𦩷，寄也。」廣雅釋言：「𦩷，託也。」戴震方言疏證：「爾雅釋言：『媵、將，送也。』釋文引方言：『𦩷，送也。』𦩷、媵同。」爾雅釋言郝懿行義疏：「本解以送女爲媵，經典凡送亦通曰媵……方言云：『寄物爲𦩷。』『𦩷，寄也。』又云：『𦩷，託也。』託寄亦送致之義。」

〔九〕齊衛宋魯：盧文弨重校方言據曹毅之本改作「齊魯宋衛」。

〔一〇〕餬予口於四方：戴震方言疏證據左傳隱公十一年原文改「予」作「其」。孫詒讓札迻卷二：「晁公武郡齋讀書志載，所傳蜀中本正作『餬其口』，云國子監本作『餬予口』。今本正沿宋監本之誤耳。」盧文弨與丁小雅進士論校正方言書云：「或郭公偶爾誤記，或因與昭七年傳『饘於是，鬻於是，以餬余口』文相涉致誤，此類古人多所不免，正不必爲之彌縫也。」盧説通達，今仍其舊。

4b 一五　逞〔一〕、苦〔二〕、了〔三〕，快也。自山而東或曰逞，楚曰苦，苦而爲快者，猶以臭爲香、治爲亂〔四〕、但爲存〔五〕，此訓義之反覆用之是也〔六〕。秦曰了。今江東人呼快爲愃〔七〕，相緣反。

匯證

〔一〕逞：戴震方言疏證：「春秋桓公六年左傳：『今民餒而君逞欲。』杜預注云：『逞，快也。』」按：「逞」之訓「快」，故訓之例頗豐，此例謂快意。左傳昭公二十五年：「魯君失民矣，焉得逞其志。」後漢書楊震傳：「今城外之苑已有五六，可以逞情意、順四節也。」李賢注：「逞，快也。」應瑒報龐惠恭書：「雖萱草樹背，皋蘇在側，悒忿不逞，祇以增毒。」「不逞」，即不快樂。錢繹方言箋疏以爲「逞、苦、了」「有三義」，非是。然言「逞爲快意之快」則得之：「周語：『今虢公動匱百姓以逞其欲。』楚辭大招：『逞志究欲。』杜、韋、王注並云：『逞，快也。』……是『逞』爲快意之『快』也。」

〔二〕苦：爾雅釋詁下：「苦，息也。」郝懿行義疏：「方言云：『快也。』又云：『開也。』開明、快樂皆與安息義近。開、快、苦俱以聲轉爲義也。」朱駿聲説文通訓定聲「苦」字下云：「苦、快一聲之轉，取聲不取義。」吴予天方言注商：「郝、朱二氏之説是也。楚語謂快爲『苦』，即『快』之聲轉。猶關東謂迎爲『逆』也。脂，此則喉音相逡，轉入魚也。『快、苦』雙聲。」劉君惠方言疏證補補：「『苦』與『快』雙聲，故可相反爲訓。小雅小明篇云：『心之憂矣，其毒太苦。』周官醫師：『聚毒藥以共醫事。』鄭注云：『毒藥，藥之辛苦者。』説文：『恔，苦也。』衆經音義卷十二引通俗文曰：『患愁曰恔，是苦乃毒。』苦，愁患之意。相反訓之，故又爲快也。」按：「苦」本菜名。説文艸部：「苦，大苦，苓也。」詩唐風采苓：「采苦采苦，首陽之下。」毛傳：「苦，苦菜也。」「苦」之訓快意之「快」，首見方言。郭璞以反訓爲義，郝、朱二氏以爲「苦、快」音轉，劉君惠以爲雙聲而可相反爲訓，未知孰是，録以備考。

〔三〕了：廣雅釋詁二：「逞、苦、憭、恔，快也。」王念孫疏證：「憭、曉皆明快之意。『憭』即方言之『了』字也。説文：『憭，慧也。』方言：『南楚病愈者或謂之慧，或謂之憭。』郭璞注云：『慧、憭皆意精明。』是『快』之意也。」按：「了」之聰慧、明瞭、明晰之義，東漢之後常見，與方言此條「快意」之訓相近而稍異也。

〔四〕治爲亂：爾雅釋詁下：「徂、在，存也。」郭璞注：「以徂爲存，猶以亂爲治、以曩爲曏、以故爲今，此皆詁訓義有反覆旁通、美惡不嫌同名。」盧文弨重校方言據之改此注作「亂爲治」是也，當據正。

〔五〕但：程榮漢魏叢書本作「徂」，清人校本俱作「徂」。按：「徂，存也」，爾雅文，郭璞注「以徂爲存」云云，是當作「徂」，形近而譌作「但」也。

〔六〕是也：盧文弨重校方言：「疑當作『者也』。」按：郭璞於爾雅注中所云「詁訓義有反覆旁通、美惡不嫌同名」，和此處所云「訓義之反覆用之」者，皆指反訓詞，或稱正反同詞，但所列例詞容有可議者。如「苦」訓「快」，乃假借，正反兩義非屬同一詞；「臭」訓「香」，則爲「氣味」一義的臨文偏指現象，亦非正反同詞。

〔七〕愃：錢繹方言箋疏：「廣韻：『愃，吴人語快』也。説文：『愃，寬嫺心腹貌。』引衛風淇澳篇：『赫兮愃兮。』今本作『咺』，大學作『喧』，古字並通。凡人憂憤則氣促而短，喜樂則舒而寬，亦快之意也。前卷：『咺，痛也。凡哀泣而不止曰咺。』『燕之外鄙朝鮮洌水之間小兒泣而不止曰咺。』顔師古注漢書外戚傳云：『朝鮮之間謂小兒泣不止曰喧。』喧與咺亦通。痛與泣謂之咺，快謂之愃，亦以相反爲義也。」按：「咺」與「愃」並非正反同詞，「愃」即江東人言「懽（歡）」之音。説文心部：「懽，喜款也。」段玉裁注：「款者，意有所欲也。欠部歡者，『喜樂也』。懽與歡音義皆略同。」

一六　挴〔一〕、㥏〔二〕、赧〔三〕，愧也。晉曰挴，或曰㥏。秦晉之間凡愧而見上謂之赧，小雅曰〔四〕：「面赤愧曰赧。」〔五〕梁宋曰㥏〔六〕。勑㥏，亦慙皃也。音匿。

匯證

〔一〕挴：廣雅釋詁一：「挴、瞢，慙也。」王念孫疏證：「左思魏都賦：『[忄典]墨而謝。』[忄典]、墨皆慙也。墨與挴聲相近……小爾雅：『瞢，慙也。』襄十四年左傳云：『不與於會，亦無瞢焉。』晉語：『臣得其志而使君瞢。』韋昭注云：『瞢，慙也。』魏都賦云：『有靦瞢容。』瞢與挴聲相近。釋器篇云：『鋂、鏝，鐶也。』『鋂、鏝』之同爲『鐶』，猶『挴、瞢』之同爲『慙』也。釋草篇云：『夢，蘖也。』周官媒氏注云：『今齊人名麴蘖曰媒。』『媒』亦夢也。爾雅：『夢夢，亂也。』『儚儚，惽也。』莊子胠篋篇：『故天下每每大亂。』李頤注云：『猶昏昏，每每亦夢夢也。』聲相近，故義相同矣。」劉君惠方言疏證補補：「『挴』疑當作

『悔』。王氏但溝通聲理，而『悔』之爲慙愧終嫌無徵也。悔者，悔吝之意。易恒九三云：『不恒其德，或承之羞，貞吝。』是吝者羞恥之義。」按：今晉語謂遮掩曰「悔」，如云「悔住眼」，即遮掩住眼睛；「悔臉紅子」，則指新娘出嫁時所用之遮面紅紗。「悔」之言「蒙」也，義爲遮掩。羞慚常蒙臉，故以「蒙」爲羞慚。「蒙」旁轉爲「瞢」，「瞢」對轉則爲「悔、墨」矣。今晉語所存，蓋即古之遺語。

〔二〕㥾：集韻職韻：「㥾，愧也。方言：『梁宋曰㥾。』或作『恧』。」本書卷六：「恧，慙也。山之東西自愧曰恧。」説文心部：「恧，慙也。」下文郭璞注「勑㥾，亦慙皃也」。廣雅釋詁一：「恧怩、戚咨，慙也。」王念孫疏證：「卷三云：『側匿、䠠，縮也。』釋言云：『衄，縮也。』縮與慙，義相近。縮謂之側匿，猶慙謂之㥾也。」又釋詁三王氏疏證：「側匿者，説文：『朔而月見東方謂之縮肭。』漢書五行志云：『晦而月見西方謂之朓，朔而月見東方謂之仄慝。仄慝則侯王其肅，朓則侯王其舒。』劉向以爲朓者疾也，君舒緩則臣驕慢，故日行遲而月行疾也。仄慝者，不進之意，君肅急則臣恐懼，故日行疾而月行遲，不敢迫近君也。』『劉歆以爲舒者侯王展意顓事，臣下促急，故月行疾也。肅者，侯王縮肭不任事，臣下弛縱，故月行遲也。』周官保氏疏、後漢書蔡邕傳注、文選月賦注引書大傳並作『側匿』。太平御覽引鄭注云：『側匿，猶縮縮，行遲貌。』縮肭、側慝、仄慝，並聲近而義同。」錢繹方言箋疏：「畏縮與愧恧義相近，愧謂之㥾，猶縮謂之側匿也。廣雅：『側匿，縮也。』今吴俗猶謂畏羞不前曰縮肭。注『敕㥾亦慙貌』者，敕㥾、側匿，聲亦相近。」

〔三〕𧹞：戴震方言疏證改作「赧」，云：「趙岐注孟子云：『赧赧然，面赤心不正之貌也。』説文：『赧，面慙赤也。』爾雅釋言：『愧，慙也。』」疏全引方言此條，文並同。」盧、錢本同戴本，周祖謨方言校箋亦改作「赧」。按：玄應一切經音義卷二二，慧琳一切經音義卷二四、卷四一、卷六九引方言作「𧹞」，慧琳一切經音義卷四、卷四八、卷六〇、卷六二、卷八四、卷八六、卷九一及希麟續音義卷一引方言作「赧」。慧琳一切經音義卷四一云：「𠬝，音展，俗用從皮，誤也。」卷八八亦云「從皮非也」。玉篇皮部：「𧹞，慙而面赤，今作赧。」是知「𧹞」非誤字，乃後世俗字。方言原文當作「赧」，戴改是也。下文及注内均當據改。此詞在今書面語中猶常用，謂因羞愧而臉紅。

〔四〕小雅：戴震方言疏證改作「小爾雅」。盧文弨重校方言未從，云：「小雅即小爾雅，凡五經正義及李善注文選多如此，省文也。」劉台拱方言補校：「案：藝文志本曰小雅。」按：玄應一切經音義、慧琳一切經音義並稱「小雅」，是小爾雅又習稱「小雅」也。然本書卷四「厲謂之帶」、卷六「山之東西自愧曰恧」郭注引均稱「小爾雅」，則方言此處郭璞注也不當作省稱也，宜從戴本補「爾」字。

〔五〕面赤愧曰𧹞：「𧹞」即「赧」，説已見本條匯證〔三〕。盧文弨重校方言删「赤」字，云：「舊本作『面赤愧』，衍『赤』字。今小爾雅作『面慚曰戁』。戁與赧古通用。」按：玄應一切經音義卷二：「赧，愧也。小雅云：『面愧曰赧。』」亦無「赤」字。盧校删「赤」字是也。

〔六〕梁宋：玉篇心部「惼」字下引作「梁宋之間」。

5a 一七 叨〔一〕、託高反。惏〔二〕，洛含反。殘也〔三〕。陳楚曰惏。

匯證

〔一〕叨：戴震方言疏證：「後漢書黨錮列傳：『且貪叨誅死。』注引方言：『叨，殘也。』」按：「叨」與「饕」同。説文食部：「饕，貪也……叨，饕或从口，刀聲。」李富孫説文辨字正俗：「饕、叨本一字，今人分别異用。」廣雅釋詁二：「饕、飻，貪也。」王念孫疏證：「叨與饕同。説文：『飻，貪也。』引文十八年左傳『謂之饕飻』，今本『飻』作『餮』。賈逵、服虔、杜預注並云：『貪財爲饕，貪食爲餮。』案：傳云：『貪於飲食，冒於貨賄，侵欲崇侈，不可盈厭，聚斂積實，不知紀極，天下之民，謂之饕餮。』是貪財、貪食總謂之饕餮，饕、餮一聲之轉，不得分貪財爲饕、貪食爲餮也。吕氏春秋先識篇云：『周鼎著饕餮，有首無身，食人未咽，害及其身。』蓋饕餮本貪食之名，故其字從食，因謂貪欲無厭者爲饕餮也。」按：「貪」猶「殘」也。本書卷一：「晉魏河内之北謂殘曰惏，楚謂之貪。」參卷一第一六條匯證〔六〕。

〔二〕惏：參卷一第一六條匯證〔三〕〔四〕〔五〕。

〔三〕殘：説文歺部：「殘，賊也。」傷害之謂。又謂貪惏，見本書卷一。劉君惠方言疏證補補：「殘與嬠聲近義通。説文：『嬠，婪也。』又與慘通。説文：『慘，毒也。』毒，疑當作『每』。莊子人間世篇：『無門無毒。』崔譔本作『每』是其例證。漢書賈誼傳：『品庶每生。』孟康注：『每，貪也。』慘與嫪、貪與婪，聲近義同。」

一八　憑〔一〕、龢〔二〕、苛〔三〕，怒也。楚曰憑，憑，恚盛皃。楚詞曰：「康回憑怒。」〔四〕小怒曰龢。言噤龢也。陳謂之苛。相苛責也〔五〕。

匯證

〔一〕憑：戴震方言疏證作「馮」，盧、錢本同。盧文弨重校方言：「宋本作『憑』，下同。今案，皆可通。」錢繹方言箋疏：「通行本作『馮』，宋本作『憑』，憑、馮古今字。」按：今仍舊本，不改作「馮」。戴震方言疏證：「案，離騷：『喟馮心而歷茲。』洪興祖補注引方言：『馮，怒也。』」廣雅釋詁二：「馮，怒也。」王念孫疏證：「昭五年左傳：『今君奮焉，震電馮怒。』杜預注云：『馮，盛也。』列子湯問篇：『帝馮怒。』張湛注云：『馮，大也。』楚辭天問篇云：『康回馮怒。』吳語云：『請王厲士，以奮其朋勢。』朋與馮通，猶淜河之淜通作馮也。」錢繹方言箋疏：「楚辭離騷：『憑不厭乎求索。』王逸注：『憑，滿也。楚人名滿曰憑。』此云楚謂怒曰馮，是『滿』與『怒』義相通也。戴氏毛鄭詩考正曰：『卷阿五章「有馮有翼」，傳云：「道可憑依，以爲輔翼。」箋云：「馮，馮几也；翼，助也。」案：馮，滿也，謂忠誠篤於內。翼，盛也，謂威儀盛於外。馮、翼二字，古人多連舉。』……又韓詩外傳云：『關雎之事大矣哉，馮馮翊翊，自東自西，自南自北，無思不服。』漢書禮樂志安世房中歌云：『馮馮翼翼，承天之則。』皆言德之盛滿也。『馮』又通作『弸』。法言君子篇：『君子言則成文，動則成德』，『以其弸中而彪外也。』李軌注：『弸，滿也。』太玄養云：『陰弸于野。』漢魯峻碑：『弸中獨斷以效其節。』揚子甘泉賦：『惟弸環其拂汨兮。』蘇林音『石墮弸爾之弸』。弸與馮聲近義同。凡恚怒者，氣必盛滿。怒氣盛滿謂之馮，亦謂之弸，猶弓之盛滿者謂之弸，德之盛滿者謂之馮，其義同也。」徐復補釋：「馮怒，古書屢見，亦作朋怒……釋馮爲滿，謂氣盛滿也。故引伸有怒義。余謂馮爲偪之借字。」按：「憑不厭乎求索」之「憑」，義謂滿足，與「憑心」之「憑」謂憤懣蘊積、「憑怒」之「憑」謂恚盛並不相同。徐復謂「馮爲偪之借字」，虞萬里方言研究歷史上的豐碩成果申之云：「凡腹、腸內氣盛滿而偪側不得舒出，猶説文所謂『髕寅於下』，即鬱積也，故爲涌爲畐；玉篇畐部：『腹滿謂之涌，腸滿謂之畐。』蓄而久之，必迸而出之，即發而爲怒也。」「偪，滿也。腹滿爲偪」，見本書卷六第三六條。

〔二〕齗：戴震方言疏證改作「齘」，云：「齘，各本譌作齗，注内同，今訂正。説文：『齘，齒相切也。』玉篇云：『㗧齘，切齒怒也。』『㗧齘』，廣韻作『頪齘』。廣雅：『馮、齘、苛，怒也。』義本此。」王念孫手校明本作「⿰齒尒」。盧文弨重校方言亦作「⿰齒尒」，云：「⿰齒尒即齘字，舊本誤作齗。」錢繹方言箋疏作「齘」，云：「齘，舊本誤作齗。按，『介』隸變作尒，遂誤齘爲齗矣。」按：「介」，篆書作⿱八人，隸變作尒，「齘」字遂作「⿰齒尒」，譌作「齗」。是戴改作「齘」乃通行字，王、盧改作「⿰齒尒」爲隸定字，錢氏析其譌變之由，均得之。玄應一切經音義卷一二、卷一九、卷二一、卷二二，慧琳一切經音義卷七五、卷七六引方言均作「齘」。廣雅釋詁二王念孫疏證：「爾雅：『苛，妎也。』妎與齘同。苛、妎皆怒也……苛、妎一聲之轉。」錢繹方言箋疏：「三蒼云：『齘，鳴齒也。』考工記函人：『爲甲』，『衣欲其無齘也。』大鄭云：『齘，謂如齒齘。』按，齒齘，謂上下齒緊相摩切。凡人怨恨之甚，則以齒緊相摩切，故齘爲怒也。字通作『恄』。卷十二：『恄，恨也。』説文：『恨，怨也。』是『恄』與『齘』同。」

〔三〕苛：原本玉篇殘卷「訶」字下引方言字作「訶」，慧琳一切經音義卷八二、卷九七引方言同。玄應一切經音義卷一、卷一五、卷一八、卷二二引方言字作「呵」，慧琳一切經音義卷四二、卷四八、卷五八、卷七三引方言亦作「呵」。按：「苛、呵、訶」，聲近義同。爾雅釋言：「苛，妎也。」郝懿行義疏：「妎者，説文云：『妒也。』苛者，方言云：『怒也。』怒、妒聲義俱近。苛、妎聲轉義又相成，故以爲訓。」廣雅釋詁二：「苛，怒也。」王念孫疏證：「苛、妎一聲之轉。」廣雅釋詁五：「詆，呵也。」王念孫疏證：「説文：『詆，苛也。一曰訶。』訶、呵、苛，義相近。」説文言部：「訶，大言而怒也。」郭璞釋云「相苛責」，小怒之意已含其中矣。周禮夏官射人：「不敬者，苛罰之。」鄭玄注：「苛謂詰問也。」淮南子説林訓：「有爲則議，多事固苛。」高誘注：「蘇秦爲多事之人，故見議見苛也。」

〔四〕康回憑怒：楚辭天問文。「憑怒」又作「馮怒」。

〔五〕相苛責也：原本玉篇殘卷「訶」字下引作「相責也」。慧琳一切經音義引作「謂相責也」。

一九　憡〔一〕、剌〔二〕，痛也。㦭憡〔三〕，小痛也。音策〔四〕。自關而西秦晉之間或曰憡。

匯證

〔一〕憡：吳琯古今逸史本、明李珏刻本、鄭樸揚子雲集本作「憡」。按：本條注内「㦭憡」之「憡」正作「憡」；錢繹方言箋疏本方言正文及注内俱作「憡」；廣韻和集韻之麥韻並作「憡」，所釋與方言義合，音楚革反，同「策」。龍龕手鏡心部收有「憡」字，音亦作「楚革反」。是「憡」爲俗誤字，當作「憡」。錢繹方言箋疏：「廣雅：『憡，痛也。』玉篇：『憡，小痛也。』上云：『策，小也。燕之北鄙朝鮮洌水之間謂之策。』卷三又云：『凡草木刺人，北燕朝鮮之間謂之策。』釋草：『莿，刺。』郭注：『草刺針也。』說文：『茦，莿也』『莿，茦也。』憡、策、茦、莿，聲義並相近。」徐復補釋：「隋巢元方諸病源候論卷一風痓候：『其重者，耳中策策痛。』策即憡字之省借。憡爲小痛，與方言之義合。憡字未見有用之者，故據巢書借字以明之。」

〔二〕剌：戴震方言疏證：「『剌』亦作『瘌』。廣雅：『憡、瘌，痛也。』義本此。」盧文弨重校方言：「盧達反，廣雅作『瘌』。」廣雅釋詁二：「瘌，痛也。」王念孫疏證：「方言：『凡飲藥傅藥而毒，南楚之外謂之瘌，北燕朝鮮之間謂之痨，自關而西謂之毒。瘌，痛也。』郭璞注云：『痨、瘌，皆辛螫也。』……方言又云：『剌，痛也。』衆經音義卷八引通俗文云：『辛甚曰辢。』左思魏都賦云：『蔡莽螫剌，昆蟲毒噬。』瘌、剌、辢並通。」廣雅釋詁四：「瘌，傷也。」王念孫疏證：「瘌，音力達反……剌與瘌通，今俗語猶謂刀傷曰剌矣。」按：今北方方言猶謂被粗糙或尖鋭之物擦傷或刮傷曰「剌」，義與「痛」有別而相因。

〔三〕㦭憡：戴震方言疏證作「憯憡」，廣雅釋詁二「憡，痛也」王念孫疏證引方言郭注同。錢繹方言箋疏：「注『憯』字，各本作『㦭』，誤。今從戴本作『憯』。案：憯憡雙聲字。」按：說文心部：「憯，痛也。」馬王堆漢墓帛書乙本老子德經：「禍莫大于不知足，咎莫憯于欲得。」淮南子人間訓：「子發視決吾罪而被吾刑，吾怨之憯於骨髓。」高誘注：「憯，痛也。」「憯怛、憯悽、憯痛」等，均表傷痛、悲痛之義，「憯憡」同義連文，故郭謂「小痛也」，戴改雖無本可據，然於義爲長。

〔四〕策：「策」之訛俗字。吳琯古今逸史本作「策」是也。

二〇　撟捎〔一〕，選也。此妙擇積聚者也〔二〕。矯、騷兩音。自關而西秦晉之間凡取物之上謂之撟捎〔三〕。

匯證

〔一〕撟捎：戴震方言疏證：「説文云：『自關以西凡取物之上者爲撟捎。』廣雅：『撟捎、選，擇也。』皆本此。」錢繹方言箋疏：「『撟捎』疊韻字……捎猶撟也……説文：『陳留謂飯帚曰𥳓。』𥳓之言捎也，所以捎取餘飯也，義亦相近。『捎、選』聲之轉耳。廣雅云：『𥳓謂之筅。』曹憲音素典反。廣韻作『箲』，云：『箲帚，飯具。』或作『筅』。『捎』之轉爲『選』，猶『𥳓』之轉爲『筅』矣。」按説文手部：「撟，舉也。」段玉裁注：「引伸之凡舉皆曰撟。」舉手取之亦曰「撟」。廣雅釋詁一：「撟，取也。」淮南子要略：「乃始攬物引類，覽取撟掇。」高誘注：「撟，取也；掇，拾也。」集韻笑韻：「撟，撟抄，略取也。」選擇而取之亦曰「撟」。集韻宵韻：「撟，選也。」與「捎」連言則曰「撟捎」。説文手部：「捎，自關已西凡取物之上者爲撟捎。」段玉裁注：「取物之上謂取物之顛也。捎之言梢也。」「捎」亦有「取」義。司馬相如上林賦：「拂翳鳥，捎鳳凰，捷鵷雛，掩焦明。」正字通手部：「捎，掠也。」

〔二〕妙擇：言精心選擇。隋書李敏傳：「開皇初，周宣帝后封樂平公主，有女娥英，妙擇婚對。」亦言「妙選」，漢人已有此語。漢書劉輔傳：「妙選有德之世，考卜窈窕之女。」劉向列女傳晉弓工女：「其幹生於太山之阿，一日三覩陰，三覩陽，傅以燕牛之角，纏以荆麋之筋，糊以阿魚之膠，此四者，皆天下之妙選也。」

〔三〕凡取物之上：周祖謨方言校箋：「説文『捎』下云：『自關以西凡取物之上者爲撟捎。』疑此『上』字下脱『者』字。」胡芷藩書周祖謨方言校箋後：「按，岳元聲方言據學海類編本。云：『凡積物選取其上者謂之捎。方言：「撟捎，選也。捎，音騷。關西秦晉間取物之上者謂之捎。」』是岳氏所見的方言本子，『上』字之下有『者』字，可以引以爲據。」按：補「者」字是也。再舉二證：慧琳一切經音義卷六四「捎拂」下云：「方言：『自關而西取物上者爲橋梢。』」「上」字下有「者」字。郭璞注：「此妙擇積聚者也。」細味其意，本文「上」之下宜有「者」字。

二一　撊〔一〕、呼旱反。梗〔二〕、魚鯁。爽〔三〕，猛也。晉魏之間曰撊，傳曰：「撊然登埤。」〔四〕韓趙之間曰梗，齊晉曰爽。

匯證

〔一〕撊：戴震方言疏證：「春秋昭公十八年左傳：『今執事撊然授兵登埤。』服虔注：『撊然，猛貌也。』疏引方言云：『撊，猛也。晉魏之間曰撊。』荀子榮辱篇：『陋者，俄且僩也。』楊倞注云：『僩與撊同，猛也。方言：「晉魏之間謂猛爲撊。」詩曰：「瑟兮僩兮。」』」按：説文無「撊」字，有「僩」字。人部：「僩，武皃。从人，間聲。詩曰：『瑟兮僩兮。』」「撊」與「悍」聲同義近。説文心部：「悍，勇也。」荀子大略：「悍戇好鬬。」楊倞注：「悍，兇戾也。」漢書賈誼傳：「雖有悍如馮敬者。」顔師古注：「悍，勇也。」人勇武謂之「撊」，或謂之「悍」，馬武猛則謂之「駻」。漢書刑法志：「是猶以鞿而御駻突。」集注引如淳：「突，惡馬也。」字亦作「馯」。淮南子氾論：「是猶無鏑銜橜策錣而御馯馬也。」高誘注：「馯馬，突馬也。」説文馬部：「駻，馬突也。」段玉裁注：「馯之言悍也。」

〔二〕梗：廣雅釋詁三：「撊、梗、爽，猛也。」王念孫疏證：「梗之言剛也。漢書王莽傳云：『絳侯杖朱虚之鯁。』『鯁』與『梗』通。」廣雅釋詁四：「梗，强也。」王念孫疏證：「楚辭九章：『梗其有理兮。』王逸注云：『梗，强也。』」「剛强」與「梗直」義相通。爾雅釋詁下：「梗，直也。」郭璞注：「梏、梗、較、頲，皆正直也。」廣雅釋詁四：「梗，覺也。」王念孫疏證：「梗爲覺然正直之覺……梗覺一聲之轉，今俗語猶云梗直矣。」按：「梗」本木名，又名「梗榆」。榆科，木材堅硬，故有堅强、强硬、勇猛諸義，「梗梗、梗鷙、梗亮、梗直、骨梗、悍梗」是其例也。

〔三〕爽：廣雅釋詁三王念孫疏證：「昭三年左傳：『二惠競爽。』杜預注云：『競，彊也。爽，明也。』七年傳云：『用物精多，則魂魄强，是以有精爽，至於神明。』義與猛並相近。『爽』訓爲猛，故鷹謂之爽鳩。昭十七年左傳：『爽鳩氏，司寇也。』杜注云：『爽鳩，鷹也。鷙，故爲司寇，主盗賊。』是其義也。」按：「爽」之此義，後世難覓用例，「爽健」一詞庶幾尚留遺義。宋王闢之澠水燕談録高逸：「五人年皆八十餘，康寧爽健，相得甚歡。」爽健，謂硬朗矯健也。

〔四〕撊然登埤：左傳昭公十八年文，見本條匯證〔一〕戴震方言疏證引。

5b二二　瞷〔一〕，音閑。睇〔二〕，音悌。晞〔三〕、略〔四〕，音略。眄也〔五〕。陳楚之間、南楚之外曰睇，東齊青徐之間曰晞，吴揚江淮之間或曰瞷，或曰略，自關而西秦晉之間曰眄。

匯證

〔一〕瞷：廣雅釋詁一：「覵，視也。」王念孫疏證：「覵之言閒也。卷三云：『閒，覗也。』方言：『瞷，眄也。吴揚江淮之間曰瞷。』孟子離婁篇：『王使人瞷夫子。』注：『瞷，視也。』瞷與覵同。」按：「瞷」同「瞯」。方言釋爲「眄」，即斜視。説文目部：「瞯，戴目也。」段玉裁注：「戴目者，上視如戴然。素問所謂戴眼也，諸書所謂望羊也。目上視則多白。」廣韻山韻：「瞯，人目多白。」即翻白眼。説文段玉裁注又云：「引伸爲闚伺之義。如孟子『王使人瞯夫子』是。」窺視與斜視，渾言相通。析言有别。

〔二〕睇：説文目部：「睇，目小視也。」段玉裁改作「小衺視也」，注云：「依小雅小宛正義，言小衺視者，别於眂眄爲衺視也。周易：『夷於左股。』『夷』，子夏作『睇』，鄭、陸同，云：『旁視曰睇。』京作眱。按，眱亦睇字也。夏小正：『來降燕乃睇。』睇者，眄也。内則：『不敢睇視。』鄭曰：『睇，傾視也。』」説文「睇」下又云：「南楚謂眄睇。」段氏注：「謂眄曰睇也。眄爲衺視，睇爲小衺視者，析言之。此渾言之。」按：楚辭九歌山鬼：「既含睇兮又宜笑，子慕予兮善窈窕。」王逸注：「睇，微眄貌也。」洪興祖補注：「睇，傾視也。」又九章懷沙：「離婁微睇兮，瞽謂之不明。」王逸注：「睇，眄之也。」洪興祖補注：「南楚謂眄曰睇。」文選沈約齊故安陸昭王碑文：「取睽之妙，流睇未足稱奇。」吕延濟注：「睇，邪視也。」

〔三〕晞：説文目部：「晞，望也。从目，希聲。海岱之間謂眄曰晞。」廣雅釋詁一：「晞，視也。」又：「晞，望也。」王念孫疏證：「吕氏春秋不屈篇云：『或操表掇以善晞望。』莊子讓王篇：『希世而行。』司馬彪注云：『希，望也。』希與晞通。」按：「晞」本謂希望，説文、廣雅皆釋此義。方言謂東齊青徐之間斜視曰「晞」，許慎謂此詞通行於海岱之間。淮南子齊俗訓：「强脊者使之負土，眇者使之準。」高誘注：「目不正，因令晞。」王筠句讀：「小徐本『晞』在『睽、眛』之閒，蓋是許君原次，玉篇亦在『眛、瞽』之上也……晞之用，蓋與眂而視之同，其目似盲，故與『睽，目少精也』『眛，目不明也』爲伍。」

〔四〕略：戴震方言疏證：「廣韻『略』字引方言云：『視也。』説文：『略，眄也。』『眄，衺視也。秦語。』」廣雅釋詁一：「略，視也。」王念孫疏證：「宋玉神女賦：『目略微眄。』略與略通。」按：本書卷六：「略，視也。」郭注：「音略。」並云：「今中國云目略也。」斜眼看、偷偷看謂之「略」，今吴方言猶有此語。汪東吴語：「今蘇州謂目光流轉所及爲略，音如略。」

〔五〕眄：「眄」之訛俗字。説文目部：「眄，一曰衺視也，秦語。」玄應一切經音義卷一引三蒼：「眄，旁視也。」又卷二、卷九、卷一四、卷二三引方言俱作「眄」。「眄」之本義爲目病，段玉裁注云「今眄字此義廢矣」，但斜視一義則可考。莊子山木：「雖羿、蓬蒙不能眄睨也。」成玄英疏：「睥睨，猶斜視。字亦有作眄字者，隨字讀之。」列子黄帝：「自吾之事夫子友若人也，三年之後，心不敢念是非，口不敢言利害，始得夫子一眄而已。」太玄沈次二：「沈視自見，賢於眇之眄。」測曰：沈視之見，得正美也。」司馬光集注：「小宋曰：『眇，一目盲也。眄，邪視也。』光謂：二爲思中而當晝，沈視於身，自見善惡，得其正美，賢於小人不能内省，而旁窺它人之是非，如眇目之人，已則不明而好邪視之，故曰『賢於眇之眄』。」

二三　餼〔一〕、消息。喙〔二〕、口喙。呬〔三〕、許四反。息也。周鄭宋沛之間曰餼，自關而西秦晉之間或曰喙，或曰餼，東齊曰呬。

匯證

〔一〕餼：玉篇食部：「餼，氣息也。」集韻、類篇並引廣雅：「餼，息也。」吴予天方言注商：「『餼、喙、呬』均係『息』之語轉也。周鄭宋沛之間謂息爲餼，可知『息、餼』不同聲，而『餼』乃『息』之語轉矣。——考『餼』字説文不録，漢之俗字也。蓋『息』聲轉爲『食』聲，俗遂注『食』以標聲，合成『餼』字。是『餼』當讀若『食』。」丁惟汾方言音釋：「息爲喘息，爲『餼』之初文。玉篇：『餼。氣息也。』氣息短促爲喘息。」

〔二〕喙：廣雅釋詁二：「喙，息也。」王念孫疏證：「漢書匈奴傳：『跂行喙息蝡動之類。』顔師古注云：『跂行，凡有足而行者；喙息，凡以口出氣者。蝡，蝡動貌。』案……喙者，息貌也。謂跂跂而行，喙喙而息，蝡蝡而動也。廣雅『喘、喙』俱訓爲息，喙息猶喘息也。新語道基篇云：『跂行喘息蜎飛蠉動之類。』王褒洞簫賦云：『蟋蟀蚸蠖蚑行喘息。』是其證也……逸周書周祝解云：『跂動噦息。』淮南子俶真訓：『蚑行噲息。』跂、蚑古通用，喙、噦、噲古通用。凡病而短氣亦謂之喙。晉語：『余病喙矣。』韋昭注云：『喙，短氣貌。』是也。懼而短氣亦謂之喙。宋玉高唐賦云：『虎豹豺兕，失氣恐喙。』是也，義與喙息之喙並相近。」錢繹方言箋疏：「説文：『喟，大息也。』或从貴作『嘳』。『喙、喟、嘳』，聲近義同。釋詁：『齂，息也。』説文：『齂，臥息也。讀若虺。』聲義亦與『喙』近。」

〔三〕呬：爾雅釋詁下：「⿰㡀又、齂、呬，息也。」郭璞注：「⿰㡀又、齂、呬皆氣息貌，今東齊呼息爲呬也。」郝懿行義疏：「（呬）通作忥。廣雅云：『忥，息也。』又通作塈。詩『伊余來塈』『民之攸塈』，傳並云：『塈，息也。』泂酌箋同。假樂正義引釋詁文，又引某氏曰：『詩云民之攸呬。』是塈、忥皆呬之叚音矣。」説文口部：「東夷謂息爲呬。从口，四聲。」段玉裁注：「大雅：『民之攸塈。』毛曰：『塈，息也。』塈不訓息，此正謂塈即呬之假借。」説文引詩曰：「犬夷呬矣。」段玉裁注：「大雅：『混夷駾矣。』『維其喙矣。』合二句爲一句，與日部引『東方昌矣』相似。『混』作『犬』，『喙』作『呬』，蓋亦用三家詩。馬部引『昆夷駾矣』，則毛詩也。毛云：『喙，困也。』方言：『餽、喙、呬，息也。』按，人之安寧與困極皆驗諸息，故假樂、綿之呬，不嫌異義同稱，『喙』與『呬』不嫌異字同義。」

二四　鎃〔一〕、劈歷。摫〔二〕，音規〔三〕。裁也。梁益之間裁木爲器曰鎃，裂帛爲衣曰摫。鎃又斲也〔四〕，皆折破之名也〔五〕。晉趙之間謂之鎃鎃〔六〕。

匯證

〔一〕鎃：戴震方言疏證：「漢書藝文志：『則苟鉤鎃析亂而已。』顔師古注云：『鎃，破也。』左思蜀都賦：『鎃摫兼呈。』劉逵注云：『揚雄方言：鎃、摫，裁也。梁益之間裁木爲器曰鎃，裂帛爲衣曰摫。』」廣雅釋詁二：「鎃，裁也。」王念孫疏證：「鎃之言劈。」又：「⿰扌𠂢、裁，裂也。」王念孫疏證：「⿰扌𠂢之言劈也……（鎃）義與⿰扌𠂢同。」按：説文金部新附：「釽，裂也。从金爪。」

鈕樹玉新附考：「鈲，當从辰。通作劈，亦作擘……疑古或借作辰，後人加金旁耳。」鄭珍新附考：「鈕氏乃以鈲爲鋠之譌，不知字應从爪，會意，不从辰聲。」鈕、鄭二家之説不同，録以備考。

〔二〕摫：「摫」之俗寫。文選左思蜀都賦「鋠摫兼呈」劉逵注引方言作「摫」，集韻支韻「摫」字下引方言亦作「摫」。廣雅釋詁二：「摫，裁也。」王念孫廣雅疏證：「摫之言封也。」錢繹方言箋疏：「説文：『撝，裂也。』『摫、撝』聲近義同。合言之則曰『鋠摫』。左思蜀都賦：『藏鏹巨萬，鋠摫兼呈。』謝靈運山居賦：『鋠摫之端。』是也。」

〔三〕規：「規」之俗寫。

〔四〕斲：説文斤部：「斲，斫也。」「斫，擊也。」段玉裁注：「擊者，支也。凡斫木、斫地、斫人皆曰斫矣。」錢繹方言箋疏：「『斫』與『裁』義相近，故『鋠』又訓爲斲也。」

〔五〕折：戴震方言疏證作「析」。按：古書從才從木每互混，作「析」於義爲長，當從戴本改。

〔六〕鋠鋠：盧文弨重校方言：「疑衍一鋠字。」錢繹方言箋疏依盧説删一鋠字。

6a 二五 鐫〔一〕，琢也〔二〕。謂鏨鐫也。子旋反。 晉趙謂之鐫。

匯證

〔一〕鐫：説文金部：「鐫，破木鐫也。」段玉裁注：「謂破木之器曰鐫也，因而破木謂之鐫矣。」又：「一曰琢石也。」段玉裁注：「此破木引申之義耳。」廣雅釋言：「鐫，鑿也。」王念孫疏證：「淮南本經訓：『鐫山石。』高誘注：『鐫，猶鑿也，求金玉也。』鹽鐵論通有篇云：『鑽山石而求金銀。』『鑽』與『鐫』聲近義同。」錢繹方言箋疏：「漢書薛宣傳：『欲遣吏考案，恐負舉者，恥辱儒士，故使掾平鐫令。』晉灼曰：『王常爲光武鐫説其將帥。此爲徐以微言鐫鑿遣之也。』顔師古曰：『鐫謂琢鑿也。』以器琢鑿謂之鐫，以言鐫説人亦謂之鐫，義相通也。今吴俗謂以刀鏨物及以言説人，並有是語，音近『籛』，皆古之遺語也。」

〔二〕㧻：按：集韻屋韻：「㧻，方言：『鐫，㧻也。』」是宋明舊本方言字有作「㧻」者。戴震、盧文弨據説文「鐫，一曰琢石也」改爲「琢」，周祖謨方言校箋從戴、盧兩家校改，並云：「與慧琳音義卷八十、卷八十四所引合。」慧琳一切經音義卷八五引亦作「琢」。蓋本作「琢」，唐以後譌作「㧻」，宋本又譌作「㧻」。改作「琢」是也。又按：爾雅釋器：「玉謂之琢，石謂之磨。」郝懿行義疏：「説文云：『治玉也。』詩：『追琢其章。』箋云：『追琢玉使成文章。』是鄭以『追琢』皆治玉之名，追即雕也。以此上云『玉謂之雕』，下云『雕謂之琢』，是雕琢通名，箋義本爾雅也。」説文玉部：「琢，治玉也。」段玉裁注：「琢琱字謂鐫鏨之事。」又：「琱，治玉也。」段玉裁注：「琱琢同部，雙聲相轉。詩、周禮之『追』，大雅之『敦弓』，皆與琱雙聲也。」於「雕琢」一義，彫、雕、錭、琱與「琢」乃同源字，説詳王力同源字典。

二六　鍇〔一〕，音揩〔二〕。鐕〔三〕，音啟。堅也。自關而西秦晉之間曰鍇，吴揚江淮之間曰鐕。

匯證

〔一〕鍇：廣雅釋詁一：「鍇，鞏也。」王念孫疏證於「鞏」下補「堅」字，云：「人物志體別篇云：『彊楷堅勁。』楷與鍇通。説文：『九江謂鐵曰鍇。』亦堅之義也。」又釋器：「鍇，鐵也。」王氏疏證云：「鍇之言劼也。爾雅云：『劼，固也。』」按：「鍇」爲鐵之方言別稱，因鐵質堅硬，引申之義爲堅固。

〔二〕揩：吴琯古今逸史本、程榮漢魏叢書本、胡文焕格致叢書本俱作「皆」；戴震方言疏證改作「楷」，盧、錢從之，周祖謨方言校箋亦據戴本改，云：「廣韻鍇、楷同音苦駭反，見駭韻。」按：廣韻「鍇」字凡二見：皆韻訓「鐵」，與「皆、楷」二字同音古諧切；駭韻訓「模也、式也、法也」，與「楷」同音苦駭切。集韻「鍇」字凡四見：皆韻二見，一訓「白鐵」，與「皆、楷」同音居諧切，一訓「鐵」，本説文，雄皆切；駭韻二見，一訓「鐵」，本説文，與「楷」同音口駭切，一訓「堅」，古駭切。是作「皆」作「楷」均可爲「鍇」音，然「皆」無緣譌作「揩」，戴改作「楷」是也。

〔三〕鐕：廣雅作「鐕」，戴震方言疏證亦作「鐕」。廣雅釋詁一：「鐕、鞏，（堅）也。」王念孫疏證：「鍇、鐕聲相近，方俗語轉耳。」

錢繹方言箋疏：「鍇、鐕、堅並方俗語轉耳。」吴予天方言注商：「『鐕』字説文所不録。蓋此字原作『稽』，傳寫者承上『鍇』字而妄加偏旁『金』也。『鍇、稽』並係『堅』之轉聲。今陝西謂牢固曰結實。『結』亦爲『堅』之轉聲。今瑞安則呼『堅實』，或云『堅固』，或云『牢固』。『鍇、稽、結』疊韻，古屬脂類；『堅』屬真類。脂真對轉。」

二七　揄鋪〔一〕，音敷。⿰巾監音藍。⿰巾亟〔二〕、帗音拂。縷〔三〕、葉輸〔四〕，音臾。毳也〔五〕。音脆。皆謂物之行蔽也〔六〕。荆揚江湖之間曰揄鋪，楚曰⿰巾監⿰巾亟，陳宋鄭衛之間謂之帗縷，燕之北郊、朝鮮洌水之間曰葉輸。今名短度絹爲葉輸也。

匯證

〔一〕揄鋪：按：荀子議兵：「械用兵革，窳楛不便利者弱。」楊倞注：「窳，器病也，音臾；楛，濫惡，謂不堅固也。」倒言之則曰「苦窳」。韓非子難一：「東夷之陶者，器苦窳，舜往陶焉，期年而牢。」「苦窳」與「牢」對文，謂不堅固也。轉言之則曰「苦惡」。管子度地：「常以朔日始出具閲之，取完堅，補弊久，去苦惡。」史記平準書：「縣官作鹽鐵，鐵器苦惡，賈貴，或彊令民賣買之。」司馬貞索隱：「言器苦窳不好。」皆謂粗劣不堅固也。「窳楛、苦窳、苦惡」，義與方言「揄鋪」同。後世有「窳薄」一詞，與「揄鋪」音義相近。新唐書食貨志四：「先是諸鑪鑄錢窳薄，鎔破錢及佛像，謂之盤陀。」曾國藩復陳右銘太守書：「惟鄙人器能窳薄，謬承崇奬，非所敢承。」「窳薄」既釋爲粗劣，如「鑄錢窳薄」，又引申爲淺陋，如「器能窳薄」，蓋「窳薄」即「揄鋪」之遺語乎？

〔二〕⿰巾監⿰巾亟：按：器物粗劣不堪謂之「⿰巾監⿰巾亟」，亦作「濫惡」。管子參患：「器濫惡不利者，以其士予人也。」義同「行濫」。王引之經義述聞卷八「飾行」條：「唐律雜律曰：『諸造器用之物及絹帛之屬，有行濫短狹而賣者，杖六十。』注曰：『不牢謂之行，不真謂之濫。』濫即方言之⿰巾監。⿰巾監爲行敝，故又謂之行濫。」器物粗劣不堪謂之「⿰巾監⿰巾亟」，人品粗鄙齷齪則謂之「濫污」。水滸傳第三三回：「小弟是個武官副知寨，每每被這廝毆氣，恨不得殺了這濫污賊禽獸。」今吴方言猶有「濫污」一詞，謂品質惡劣、行爲醜陋，而做事苟且馬虎、不負責任，則謂之「拆濫污」。

〔三〕帗縷：錢繹以「巾」訓「帗」、以「布」訓「縷」，誤之甚矣。粗劣不牢，謂之「帗縷」。文獻用例與名原未詳，存疑待質。疑其爲「揄鋪」倒言之轉語。

〔四〕葉輸：戴震方言疏證改作「葉褕」，云：「『葉褕』，各本譌作『葉輸』，『輸』字不得有『臾』音。玉篇云：『葉褕，短度絹也。』今據以訂正。」按：下文及注内「葉輸」均當據戴校改作「葉褕」，由郭注「音臾」得知也。劉君惠方言疏證補補：「葉褕，玉篇訓短度絹，此即唐律短狹之義，行濫、短狹同得行敝之名。」

〔五〕毳：郭注：「音脆。」王引之經義述聞卷八「飾行」條引方言並釋曰：「『毳，古脆字。大雅烝民釋文曰：『毳，本又作脆。』荀子議兵篇注曰：『毳，讀爲脆。』」按：脆薄，則行濫不牢。錢繹方言箋疏以「毳」之本義「獸細毛」爲説，膠柱難通。

〔六〕行敝：戴震方言疏證改作「扞蔽」，盧、錢二氏從之。劉台拱方言補校：「集韻引作『行敝』。周禮司市：『利者使阜，害者使亡。』後鄭注：『利，利於民，謂物實厚者；害，害於民，謂物行苦者。』淮南子繆稱訓：『周政至，殷政善，夏政行。』高誘注：『行，尚麤也。』物以攻緻爲貴，故敝者曰『行』；物以精細爲貴，故麤者曰『行』。『行』猶『敝』也，故曰『行敝』。『扞』乃『行』之誤。」王念孫手校方言疏證以朱筆圈去「脆扞蔽」三字，於其右側注「脆行敝」三字；同條地腳墨批：「敝字據集韻、類篇『敝』字注引，又『㡾』字注。」王引之經義述聞卷八「飾行」條：「古人謂物脆薄曰行，或曰苦，或曰行苦，或曰行敝，或曰行濫。」引方言郭注作「行敝」，云：「各本『敝』譌作『蔽』，今據説文『敝』字注，及集韻十虞『㡾』字注、八勿『帗』字注改正。或改『行』爲『扞』，失之。」王國維觀堂集林書郭注方言後三：「原本玉篇引注作『謂物之行敝者也』。是今本『蔽』字乃『敝』之譌。周禮司市注云：『害，害於民，謂物行沽者。』『沽』之言『苦』，不攻緻也。『行敝』猶言『行沽』矣；今人猶呼貨物之次劣者爲行貨，與『毳』義正合。下注言：『今名短度絹爲葉輸。』絹之短度者，正物之行敝者也。」周祖謨方言校箋：「萬象名義『⿰巾監』下云：『物行弊者。』亦本郭注。是注文當作『皆謂物之行弊者也』。」引劉台拱説後云：「案，劉説甚碻。戴本『行弊』作『扞蔽』尤誤。」按：慧琳一切經音義卷八二引：「郭璞云：毳，謂物之行敝者也。」是注文當作「行敝」，劉校是也。

6b二八　孑〔一〕、蓋〔二〕，餘也。謂遺餘。昨吝反。周鄭之間曰蓋，或曰孑。青徐楚之間曰孑。自關而西秦晉之間炊薪不盡曰蓋。孑〔三〕，俊也。遵〔四〕，俊也。廣異語耳。

匯證

〔一〕孑：説文了部："孑，無右臂也。"戴侗六書故："孑不過取一臂單孑之義，不當復分左右。"引申之謂殘存、剩餘。小爾雅廣詁、廣雅釋詁三均云："孑，餘也。"詩大雅雲漢："周餘黎民，靡有孑遺。"毛傳："孑然遺失也。"陳奐毛詩傳疏："方言、廣雅皆云：『孑，餘也。』靡孑遺，即無遺餘。"馬瑞辰毛詩傳箋通釋："『孑』亦『遺』也。『孑、遺』二字同義，故孟子引此詩而但以『靡有遺民』釋之。"王引之經義述聞卷七「民靡有黎」條："黎者，衆也，多也……孑者，餘也，少也。黎與孑亦相對爲文。"「靡孑遺」亦作「無孑餘」。新唐書朱宣傳："賀瓌以奇兵擊全忠輜重，不久，戰巨野東，瓌大敗，見禽，師無孑餘。"又酷吏傳來俊臣："有詔斬於西市……爭抉目、擿肝、醢其肉，須臾盡，以馬踐其骨，無孑餘。"又逆臣傳下秦宗權："秦賢略宋及曹，全忠好書約和，賢遣張調請分地，自汴以南歸之蔡，全忠陰許，而賢引兵濟汴，肆燔劫，無孑餘。"

〔二〕蓋：戴震方言疏證："馬融長笛賦：『蓋滯抗絶。』李善注云：『方言：「蓋，餘也。」蓋與燼同。』吴語：『安受其燼。』韋昭注云：『燼，餘也。』春秋成公二年左傳：『請收合餘燼。』杜預注云：『燼，火餘木。』"按：玄應一切經音義卷二一引方言作「燼」，説文「㶳」玄應一切經音義卷二二引亦作「燼」；慧琳一切經音義卷五〇引作「燼」，卷一三、卷四三、卷八四、卷八九引俱作「㶳」。「㶳」與「燼」同。説文火部「㶳」字段玉裁注："火之餘木曰㶳，死火之㶳曰灰，引伸爲凡餘之偁。""蓋者，假借字也……俗作燼。"爾雅釋詁上："蓋，進也。"陸德明釋文："蓋音燼。"詩大雅桑柔釋文："蓋，才刃反，本亦作燼，同。"王引之經義述聞卷七「民靡有黎」條："黎者，衆也，多也。下文曰：『具禍以燼。』燼者，餘也，箋曰：『災餘曰燼。』少也。『黎』與『燼』相對爲文……此詩言民多死於禍亂，不復如前日之衆多，但留餘燼耳。"俞樾群經平議卷一一："蓋者㶳之假字。説文火部：『㶳，火之餘木也。』經典相承作燼……引申之，凡物之餘皆謂之蓋。『王之蓋臣』，猶言王之餘臣，以其從殷而來，故謂之王之餘臣。"左傳襄公四年："靡自有鬲氏，收二國之燼，以滅浞而立少康。"孔穎達疏："二國之燼，謂燒之所殺死之餘，遺脱之民也。」

〔三〕自「孑」字以下，周祖謨方言校箋云「似當提行」。按：下文郭注云：「廣異語耳。」知郭氏所見方言即如此，今仍其舊，不提行另寫。

孑：説文段玉裁注：「引伸之，凡特立爲孑。」詩鄘風干旄：「孑孑干旄，在浚之郊。」陳奂毛詩傳疏：「孑孑，猶桀桀，特立之意。」資治通鑑唐紀七十二：「今緒猜刻不仁，妄殺無辜，軍中孑孑者受誅且盡。」胡三省注：「孑孑，特立之貌。」錢繹方言箋疏：「『雋』與『俊』同。『孑』爲孤獨之意，『雋』爲絶異之名，故『孑』又爲『俊』也。」

〔四〕遵：戴震方言疏證：「鄉飲酒禮：『遵者降席。』鄭注云：『遵者，謂此鄉之人仕至大夫者也，今來助主人樂賓，主人所榮而遵法者也。』鄉射禮注云：『謂之遵者，方以禮樂化民，欲其遵法之也。』『遵』之爲俊，或因此起義。」按：儀禮之「遵」乃「僎」之借，戴氏云「因此起義」，未敢信據。儀禮鄉飲酒禮鄭注云：「今文遵作僎。」又鄉飲酒義：「介僎，象陰陽也。」鄭注：「古文禮僎皆作遵。」陸德明釋文：「僎音遵，輔主人者。」是古文儀禮之「遵」乃「僎」之假字，爲典禮時輔佐主人導行儀節之人，與方言義不相涉。「遵」通「尊」。後漢書光武帝紀：「遣執金吾賈復率二將軍擊更始郾王尹遵。」李賢注：「遵，或作尊。」墨子備城門：「然則守者必善而君尊用之，然後可以守也。」俞樾平議：「尊當爲遵，古字通也。」「遵」之言「尊」也，崇高特立之謂。廣韻魂韻：「尊，高也。」易繫辭上：「天尊地卑，乾坤定矣。」「尊」與「俊」音同義通，崇高特立謂之「尊」，出色超群謂之「俊」，方言云「遵，俊也」猶言「尊，俊也」。

二九　翿〔一〕、音濤。幢〔二〕，徒江反。翳也。儛者所以自蔽翳也〔三〕。楚曰翿，關西關東皆曰幢。

匯證

〔一〕翿：戴震方言疏證：「翿，説文作『翳』，云：『翳也，所以舞也。』引詩『左執翳』。鄭箋於毛傳以『翳』釋『翿』申之曰：『翳舞者所持，所謂羽舞也。』『翿』又作『獦』。廣雅：『幢謂之獦。』義本此。」王念孫廣雅疏證：「翳、翿、彫並同，纛與翿古亦同聲。」爾雅釋言：「彤，纛也。」郭注：「今之羽葆幢。」又：「纛，翳也。」郭注：「舞者所以自蔽翳。」郝懿行義疏：「纛者，翳之別體也：是『纛』古本作『翳』，今作『纛』，俗作『纛』耳……彤者無正體，經典作翿，爾雅宋本作『彤』。玉篇云：『彤，纛也。』『翿，翳也。』翳、翢並同……是翿、翳、纛並音同字通，又通作⿰犭翯。」「纛又訓翳者，翳蔽也。說文：『翳，華蓋也。』」按：「翿」乃古代羽舞或葬禮所用之旌旗，即「羽葆幢」。周禮地官鄉師：「及葬，執纛。」鄭注引禮記雜記：「匠人執翿以御柩。」孫詒讓正義：「雜記疏云：羽葆者，以鳥羽注於柄頭，如蓋，謂之羽葆。葆謂蓋也……謂之羽葆幢，又謂之翿，御柩所執，與舞師羽舞所持，皆是物也。」是蔽翳爲該物之用也。

〔二〕幢：急就篇三章：「蒲蒻藺席帳帷幢。」顏師古注：「形如車蓋者謂之幢。」後漢書班固傳上：「撫鴻幢，御矰繳，方舟並鶩，俛仰極樂。」李賢注：「廣雅曰：『幢謂之幬。』即舟中之幢蓋也。」是「幢」乃舟車之上形如車蓋之帷幔。帷幔之用亦蔽翳，故「幢」亦翳也。

〔三〕儛者所以自蔽翳也：慧琳一切經音義卷六引作「儛者所以自蔽翳身也」，卷二九引作「舞者執之以自蔽翳也」，卷四三引作「幢舞者所以自蔽翳也」，文字稍異。

三〇　捜〔一〕、略〔二〕，求也。秦晉之間曰捜。就室曰捜〔三〕，於道曰略。略，强取也。攈〔四〕、古捃字。摭〔五〕，盜蹠。取也。此通語也。

匯證

〔一〕捜：說文手部：「捜……一曰求也。从手，叜聲。」「捜」同「搜」，正字通手部：「捜，今作搜。」錢繹方言箋疏：「廣雅：『廋、索，求也。』『廋』與『捜』同。顏氏家訓引通俗文：『入室求曰捜。』釋天：『春田爲蒐。』郭注：『捜，索取不任者。』白虎通義云：『秋謂之蒐何？蒐索肥者也。』陸機辨亡論上：『蒐三王之樂。』李善注：『蒐與捜古字通。』慮爲求索所得而隱匿，亦謂之廋。爲政篇：『人焉廋哉。』集解引孔安國注：『廋，匿也。』廣雅：『廋，隱也。』晉語云：『有秦客廋辭於朝。』

文十八年左氏傳：『服讒蒐慝。』疏引服虔注：『蒐，隱也。』義並相因也。」按：「瘦」與「廋」同，「廋」可通「搜」。玉篇广部：「廋，求也，索也……亦作搜。」漢書趙廣漢傳：「直突入其門，廋索私屠酤。」顏師古注：「廋讀與搜同，謂入室求之也。」後漢書馬融傳：「或輕訬起趬悍，廋疏婁領，犯歷嵩巒。」李賢注：「廋疏猶搜索也。」周祖謨方言校箋：「廣雅釋詁三：『廋、略，求也。』『搜』作『廋』。原本玉篇广部『廋』字下云：『方言：廋，求也。』字亦作廋。」

〔二〕略：下文云：「於道曰略。略，强取也。」戴震方言疏證：「齊語：『犧牲不略則牛羊遂。』韋昭注：『略，奪也。』春秋成公十二年左傳：『略其武夫，以爲己腹心股肱爪牙。』杜預注云：『略，取也。』襄公四年左傳：『匠慶請木，季孫曰：「略。」』注云：『不以道取爲略。』疏云：『今律「略人，略賣人」是也。』沈約齊故安陸昭王碑文：『小則俘民略畜。』李善注引方言：『略，强取也。』」廣雅釋詁一：「撈、略，取也。」王念孫疏證：「撈通作勞。齊語：『犧牲不略則牛羊遂。』管子小匡篇作『犧牲不勞則牛羊育』。勞、略，一聲之轉，皆謂奪取也。」錢繹方言箋疏：「卷十三云：『撈，取也。』『撈』與『勞』同……隱五年左氏傳：『吾將略地焉。』漢書高帝紀注：『凡言略地者，皆謂行而取之。』是於道曰略也。」按：王力同源字典：「説文新附：『掠，奪取也。』小爾雅廣詁：『掠，略也。』左傳昭公十四年：『己惡而掠美爲昏。』注：『掠，取也。』昭公二十年：『輸掠其聚。』注：『掠，奪取也。』按，『掠』是『略』的分别字，以别於經略、簡略之『略』。」

〔三〕就室曰搜：周祖謨方言校箋：「顏氏家訓音辭篇引通俗文云：『入室求曰搜。』原本玉篇『廋』下引本文『室』下亦有『求』字，當據補。」按：慧琳一切經音義卷二〇引方言：「就室求之曰搜。」文字稍異，「室」下亦有「求」字。周説當補是也。

〔四〕攗：郭璞注：「古捃字。」玄應一切經音義卷一一、卷一三，慧琳一切經音義卷五二、卷五七引方言俱作「捃，取也」。按：「捃」與「攈」同。集韻焮韻：「攈，説文：『拾也。』或从君，亦作攟。」是「攗」乃「攈」之譌字。吴琯古今逸史本、程榮漢魏叢書本、胡文焕格致叢書本、鄭樸揚子雲集本正作「攈」，清人校本亦作「攈」，當據諸本改作「攈」。戴震方言疏證：「魯語：『收攈而烝。』韋昭注：『攈，拾也。』史記十二諸侯年表：『各往往捃摭春秋之文以著書。』漢書藝文志：『捃摭遺逸。』顏師古注云：『捃摭，謂拾取也。』後漢書馮衍傳：『捃桓文之譎功。』注引方言：『捃，取也。』」

〔五〕摭：説見卷一第二九條匯證〔四〕。又錢繹方言箋疏：「合言之則曰捃摭。」按：「捃摭」字亦作「攈摭」。漢書刑法志：「於是相國蕭何攈摭秦法，取其宜於時者，作律九章。」顏師古注：「攈摭，謂收拾也。」亦作「攟摭」。新唐書柳芳傳附柳璟：「初芳永泰中……撰永泰新譜二十篇。璟因召對，帝歎新譜詳悉，詔璟攟摭永泰後事綴成之，復爲十篇。」

三一　茫〔一〕、矜〔二〕、奄〔三〕，遽也。謂遽矜也。吴揚曰茫，今北方通然也。莫光反。陳潁之間曰奄，秦晉或曰矜，或曰遽。

匯證

〔一〕茫：戴震方言疏證：「廣雅：『朚、矜，遽也。』義本此。茫、朚古通用。」王念孫廣雅疏證：「衆經音義卷十五引通俗文云：『時務曰茫。』茫與朚通。月令：『盲風至。』鄭注云：『盲風，疾風也。』義與朚亦相近。」説文明部「朚」字下段玉裁注：「朚即今忙，字亦作茫，俗作忙。玄應書曰：『茫又作朚，遽也。朚人晝夜作，無日用月，無月用火，常思明，故從明；或云朚人思天曉，故字從明也。』」按：郭璞云其時北方亦通謂匆遽爲「茫」，是魏晉時「茫」已通行南北，非局限於吴揚也。

〔二〕矜：廣雅釋詁一：「矜，遽也。」又：「矜，急也。」王念孫疏證：「荀子議兵篇：『矜、糾、收、繚之屬爲之化而調。』矜、糾、收、繚，皆急戾之意，故與調和相反……方言：『矜，遽也。』遽亦急也。」按「氣矜」連文，猶言氣勢，然「矜」之「勢」義當本自急遽。戰國策韓策二：「勇哉，氣矜之隆。是其軼賁育而高成荆矣。」淮南子氾論訓：「天下安寧，政教和平，百姓肅睦，上下相親，而乃始立氣矜，奮勇力，則不免於有司之法矣。」「矜急」連文，則「矜」猶「急」也。後漢書朱浮傳：「浮性矜急自多，頗有不平。」「性矜急」意謂脾氣躁急，李賢以「矜誇」釋之，恐非是。

〔三〕奄：戴震方言疏證：「馬融長笛賦：『奄忽滅没。』任昉南徐州蕭公行狀：『奄見薨落。』李善注皆引方言：『奄，遽也。』」錢繹方言箋疏：「漢武班碑：『晻忽徂逝。』衡方碑：『庵離寢疾。』奄、晻、庵並字異義同。又通作閹。傅毅舞賦：『閹復輟已。』李善注：『閹，猶奄也。古人呼閹，殆與奄同。』引方言：『奄，遽也。』」按：「奄、奄忽」，義雖爲急遽、忽然，但詞性與「茫、矜」不同，前者爲副詞，後者爲形容詞。

7a 三二一　速〔一〕、逞〔二〕、摇扇〔三〕，疾也。東齊海岱之間曰速，燕之外鄙、朝鮮洌水之間曰摇扇，楚曰逞。

匯證

〔一〕速：爾雅釋詁上：「速，疾也。」邢昺疏：「謂急疾也。」邵晉涵正義：「考工記云：『不微至無以爲戚速也。』鄭注：『速，疾也。書或作數。』祭義云：『故聽且速也。』速通作遬。吕氏春秋辯土篇：『莖生有行故遬長，弱不相害故遬大。』高誘注：『遬，疾也。』」郝懿行義疏：「（肅）又通作速。特牲饋食禮注：『宿，或作速，記作肅。』是肅、速又通矣……速者，説文云：『疾也。』通作數……聲近𨓈。説文云：『𨓈，疾也。』文選東都賦云：『指顧倏忽。』李善注：『倏忽，疾也。』」廣雅釋詁一：「儵、𨓈、悠，疾也。」王念孫疏證：「儵與下𨓈、悠二字同。説文：『𨓈，疾也。』『倏，犬走疾也。』玉篇：『悠，疾也。』莊子應帝王篇：『南海之帝爲儵，北海之帝爲忽。』梁簡文帝注云：『儵、忽，取神速爲名。』楚辭九歌云：『儵而來兮忽而逝。』𨓈、倏、悠、儵並通。」「速」之訓急疾，今語猶然。

〔二〕逞：説文辵部：「逞，楚謂疾行爲逞。」廣雅釋詁一：「逞，疾也。」王念孫疏證：「疾驅謂之騁，義與逞同。」

〔三〕摇扇：廣雅釋詁一：「摇扇，疾也。」王念孫疏證：「方言：『摇扇，疾也。燕之外鄙、朝鮮洌水之間曰摇扇。』又云：『遥，疾行也。』楚辭九章：『願摇起而横奔兮。』爾雅：『蠅醜，扇。』郭璞注云：『好摇翅。』是摇、扇皆有疾義也。摇與遥通。」錢繹方言箋疏：「卷五云：『扇，自關而東謂之箑。』箑之言疌也。説文：『疌，疾也。』楚辭（反）離騷：『夫唯捷徑以窘步。』王逸注：『捷，疾也。』箑、捷字並通。箑、疾、扇皆聲之轉耳，合言之則曰摇扇矣。」劉君惠方言疏證補補：「王説『摇扇』之義，明而未融；錢氏以扇箑、疾捷説之，甚諦。箑、疾、扇，皆聲之轉，合言之則曰摇扇矣，今蜀語謂時之疾遽爲霎，正與扇箑同。」

三三三　予〔一〕、賴〔二〕，讎也。南楚之外曰賴，賴亦惡名。秦晉曰讎。

匯證

〔一〕予：戴震方言疏證：「予、與亦聲義通。後卷六內：『誣讒，與也。』卷十內：『拏或謂之讒。』注云：『言誣讒也。』廣雅：『誣讒，予也。』則『予』有誣言相加被之義，相誣、相惡皆相讎也，故以讎釋之。」王引之經義述聞卷二五春秋穀梁傳「是何與我之深也」條：「十年傳：『世子已祠，致福於君，麗姬以酖爲酒，藥脯以毒，君覆酒於地而地賁，以脯與犬，犬死。君喟然歎曰：「吾與汝未有過切，是何與我之深也。」』『與我之深』，范氏無注。家大人曰：『方言：「予，讎也。」予、與，古字通。與我之深，讎我之深也。成二年左傳曰：『讎我必甚。』言我與女爲父子以來，未有過切，何讎我一至於此也。』」劉君惠方言疏證補補：「戴、錢二氏皆以廣雅『誣讒，予也』爲證，不知廣雅『予』下據王氏校應補『與』字，當云『誣讒，與也』，不當云『予也』。『與』有二義，一爲取與之與，一爲與共之與，若『予』字，則但有取予義，無與共之義……此『予』既訓讎，當爲『與』之通借字，不得以誤本廣雅爲證，逕訓『予』爲讎也。」

〔二〕賴：戴震方言疏證：「注內言『賴亦惡名』，蓋讀賴爲厲。厲、賴古多通用。」錢繹方言箋疏：「賴之訓讎，以相反爲義也……賴通作厲。子張篇：『未信則以爲厲己也。』鄭注云：『厲讀爲賴。』賴、厲語之轉耳。小雅正月篇：『胡然厲矣。』大雅民勞篇：『以謹醜厲。』毛傳、鄭箋並云：『厲，惡也。』賴訓爲讎，聲轉爲厲，猶賴訓爲善，聲轉爲戾也。」章炳麟新方言卷二：「今人謂以惡索取爲賴。」按：蓋「賴」之言「剌」也。說文束部：「剌，戾也。」段玉裁注：「戾者，韋背之意。凡言乖剌、剌謬字如此。謚法：『愎很遂過曰剌。』」違戾不順，故爲惡名。惡名爲「賴」，惡行亦謂之「賴」，義相因也。引申之，抵賴謂之「賴」，誣枉亦謂之「賴」。三國演義第二三回：「你迴避了衆人，六人在一處畫字，如何賴得。」此「賴」謂抵賴。紅樓夢第五九回：「倒被寶玉賴了他好些不是。」此「賴」謂誣枉也。錢繹以爲「賴之訓讎，以相反爲義」，非是。

三四　恒慨、蔘索含反。綏、羞繹、音弈。紛母〔一〕，言既廣又大也〔二〕。荊揚之間凡言廣大者謂之恒慨，東甌之間謂之蔘綏，東甌亦越地，今臨海永寧是也。或謂之羞繹、紛母。

匯證

〔一〕紛母：藏園覆刻宋本、華陽重刻宋本、吴琯古今逸史本、程榮漢魏叢書本、胡文焕格致叢書本、鄭樸揚子雲集本俱作「紛毋」，戴震方言疏證亦作「紛毋」，下同。原本玉篇殘卷「紛」下引作「紛無」。周祖謨方言校箋：「無毋同音，戴校是也。」按，「母」當從戴校改作「毋」。

〔三〕恒慨、蔘綏、羞繹、紛母，言既廣又大也：戴震方言疏證：「廣韻：『蔘綏，垂貌。』餘未見他書。皆形容盛大之辭。」錢繹方言箋疏：「並雙聲字，古人凡形容彷彿之辭，罔或不由於是，此皆言其廣大也。」劉君惠方言疏證補補：「此條不得王氏説。戴、錢二家皆謂形容盛大之辭，然不得驗證。廣韻『蔘紛』訓垂貌，亦不得言廣大也，且以音理求之，『蔘紛、羞繹』皆不得有廣大之義。竊疑言『既廣又大也』一語與此書説解之例不侔。『既』，愚謂當讀如『概』。『概廣』猶今言概況耳；『恒慨』者猶言梗概也；『紛毋』者猶言髣髴也。並雙聲謰語，形容彷彿之辭也。『又大也』者，『大』亦彷彿之辭，猶言大略、大較云耳。惟『蔘綏、羞繹』未得其解，王氏春秋名字解詁單舉『繹』字，恐未諟。」

三五　剿〔一〕、雀潦反，又子了反。蹶〔二〕，音厥〔三〕。獪也〔四〕。古狡狭字。秦晉之間曰獪；楚謂之剿，或曰蹶；言踣蹶也。楚鄭曰蔿〔五〕，音指撝，亦或聲之轉也〔六〕。或曰姡〔七〕。言黠姡也。今建平郡人呼姣爲姡〔八〕，胡刮反。

匯證

〔一〕剿：按：「剿」之本義爲滅絶。此條之「剿」猶言「狡」也，「剿獪」猶言「狡獪」。「剿」又作「躁」。荀子富國：「悍者皆化而愿，躁者皆化而愨。」王先謙集解引王引之曰：「躁，猶狡猾也。」韓非子有度：「聰智不得用其詐，陰躁不得關其佞。」「陰躁」猶言陰險狡猾也。又通作「譟」。韓非子説疑：「去此五者，譟詐之人不敢北面立談。」「譟詐」猶言「狡詐」。

〔二〕蹶：戴震方言疏證：「蹶、獪一聲之轉。」

〔三〕音厥：戴震方言疏證删此二字，將下文「或曰蹶」下注「言踣蹶也」改爲「音踣蹶」移置於此，云：「注内『音踣蹶』三字，各本『音』譌作『言』，又譌在『或曰蹶』之下，前『蹶』字下作『音厥』，前後重出，今訂正。」當據改。

〔四〕獪：説文犬部：「獪，狡獪也。」朱駿聲説文通訓定聲：「本訓當謂犬黠，移以言人。」字同「狭」，故郭注云：「古狡狭字。」詩檜風隰有萇楚序：「隰有萇楚，疾恣也。」鄭玄箋：「恣謂狡狭淫戲。」陸德明釋文：「狭，本亦作獪。」集韻夬韻：「獪，博雅：『擾也。』一曰狡也，或作狭。」

〔五〕蔿：錢繹方言箋疏：「卷三云：『蔿、譌，化也。』注云：『蔿、譌皆化聲之轉也。』説文：『僞，詐也。』廣雅：『僞，欺也。』堯典：『平秩南訛。』史記五帝紀作『南爲』。周官大司徒：『以五禮防民之僞，而教之中。』襄三十年左氏傳云：『無載爾僞。』楚辭九歎：『若青蠅之僞質兮。』王逸注云：『僞，［猶］變也。』譌、僞、爲並與蔿通，方俗語有輕重耳。凡狡獪者多變化，故亦謂之蔿也。」章炳麟新方言釋言：「案：蔿、蘤，廣韻皆韋委切，古蓋一字。古今字詁曰：『蘤，古花字。』後漢書張衡傳注引。方言郭注亦讀訓化之蔿爲花，今人謂人狡猾弄術曰『起花頭』，乾没人財僞作計簿曰『開花帳』，即方言之『蔿』字也。」

〔六〕或：戴震方言疏證改作「獪」，當據改。

〔七〕姡：戴震方言疏證：「爾雅釋言：『靦，婚也。』釋文云：『方言：「楚［鄭］或謂狡獪爲婚。」婚猶獪也。郭注「言黠也」。』黠下脱一婚字。」錢繹方言箋疏：「卷十云：『姡，獪也。凡小兒多詐而獪或謂之姡。姡，娗也。』注云：『姡，言黠姡也。娗，言恫娗也。』卷十二云：『嫣、娗，僈也。』注云：『爤僈，健狡也。』健狡，猶狡獪耳。」按：狡猾爲姡，後世猶有此語。清梁同書直語補證：「俗以人狡黠不正者爲鬼、爲姡。」重言之則曰「姡姡」。一九三五年雲陽縣志：「凡小兒多詐而獪謂之姡姡。」複言之則曰「姡獪」。章炳麟新方言釋言：「今直隸山東謂小兒狡詐曰姡獪。」

〔八〕姣：盧文弨重校方言作「狡」，於義爲得，當據改。

輶軒使者絕代語釋別國方言校釋匯證第三

1a 一　陳楚之間凡人嘼乳而雙產謂之釐孳〔一〕，音兹。秦晉之間謂之僆子〔二〕，音輦。自關而東趙魏之間謂之孿生〔三〕。蘇官反〔四〕。女謂之嫁子〔五〕。言往適人。

匯證

〔一〕釐孳：戴震方言疏證：「廣雅：『釐孳、僆，孿也。』『雙、孿，二也。』義本此。『釐』亦作『孷』，『孳』亦作『孖』。玉篇云：『孷孖，雙生也。』」王念孫廣雅疏證：「堯典傳云：『乳化曰孳。』釐、連，語之轉，釐孳猶言連生。方言：『娌，耦也。』娌與釐亦聲近義同。」錢繹方言箋疏：「釐、僆、孿，並聲之轉也。」「（孷孖）即釐孳之異文。」「娌、麗、儷、離、倆，並與釐聲近義同。」按：集韻之韻「孷」字下引方言作「孷孳」，「孷孳、孷孖」與「釐孳」同，乃「僆子」之轉語，參本條匯證〔二〕。

〔二〕僆子：戴震方言疏證：「玉篇云……『雞鴨成僆。』又引文字音義云：『江東呼畜雙産謂之僆。』」廣雅釋詁三：「僆，孿也。」王念孫疏證：「僆亦連也。」按：「僆子」意謂連生子，方言音轉而曰「釐孳」。

〔三〕孿生：說文子部：「孿，一乳兩子也。」段玉裁注：「孿之言連也。」廣雅釋詁三：「釐孳、僆，孿也。」王念孫疏證：「衆經音義卷十七引倉頡篇云：『孿，一生兩子也。』說文作『孿』。徐鍇傳云：『孿猶連也。』呂氏春秋疑似篇云：『夫孿子之相似者，其母常識之。』太玄玄掜：『兄弟不孿。』范望注云：『重生爲孿。』孿亦雙也，語之轉耳。」按：「孿生」即「連生」，義爲雙生。北史崔光韶傳：「光韶與弟光伯孿生，操業相伴。」魏書作「雙生」。今語猶言「孿生子」，或「雙胞胎」。

〔四〕蘇官反：周祖謨方言校箋：「『孿』字，曹憲博雅音音山患反，玄應一切經音義卷十七音所患反，廣韻諫韻音所患反，均讀去聲。此『蘇官反』疑爲『蘇宦反』之誤。宦、患同音。」按：集韻諫韻「孿」音數患切，亦爲去聲，周校是也。

〔五〕女謂之嫁子：方言此五字及注文，劉台拱方言補校以爲「當跳行屬下節，在『東齊之間聓謂之倩』上」。按：以義逆之，劉校是也，然此五字宜在「東齊之間」下。嫁子：猶言嫁女。周禮地官媒氏：「凡嫁子娶妻，入幣純帛，無過五兩。」戰國策齊策一：「今秦楚嫁子娶婦，爲昆弟之國。」即其例也。

二　東齊之間聓謂之倩〔一〕。言可借倩也〔二〕。今俗呼女聓爲卒便是也〔三〕。卒便一作平使〔四〕。

匯證

〔一〕聓：舊本如此，注内同。戴震方言疏證改作「壻」，云：「壻，各本譌作『聓』，今訂正。史記倉公列傳：『黄氏諸倩。』集解云：『徐廣曰：倩者，女壻也。駰案：方言曰：東齊之間壻謂之倩。郭璞曰：言可假倩也。』説文云：『東齊壻謂之倩。』廣雅：『壻謂之倩。』皆本此。」盧文弨重校方言未改，云：「聓，説文作『壻』，此正字也。然漢晉以來即有用聟、聟、聓等俗字者。此聓字舊本相沿，不便遽易。」錢繹方言箋疏作「聟」，云：「聟，舊本皆譌作聓，注及下並同，不成字。案，胥隸變作肙，見漢韓勑碑；壻作聟，見仙人唐君房碑。蓋聓本作聟，乃俗壻字，遂誤而爲聓。下『凡民男而聟婢謂之臧』，漢書司馬遷傳應劭注引亦作聓，正與此同，可知方言原本壻皆用俗壻字，戴本改作壻，不知子雲於方言多俗字，於太玄多奇字，各從所宜，具有意指，校書輒爲改易，殊失本真，今定作聟，於義爲安。」周祖謨方言校箋亦改作「壻」，云：「壻原作聓，注同。案，唐人俗書壻字作埍，或譌作聓，又作聟。見顔元孫干禄字書。此聓字即埍字之譌，兹改爲今體。」按：睡虎地秦墓竹簡爲吏之道作「肙」，集韻霽韻壻亦作「埍」；甘露二年丞相御史律令、武威簡、唐公房碑、徐夫人菅洛碑作「聟」（聟、聟），晉王羲之雜帖五：「取卿女聟爲長史。」禮記昏義：「壻執雁入。」陸德明釋文：「壻，字又作聟……依字從士從胥；俗從知，下作耳。」干禄字書亦以「聟」爲「壻」之俗體。字又作「聟」。左傳文公八年：「(晉侯)且復致公壻池之封。」陸德明釋文：「壻，俗作聟。」漢書司馬遷傳：「且夫臧獲婢妾猶能引決。」應劭注引方言曰：「民而聓婢謂之臧。」風俗通怪神：「婦尚不知有此女，新從聓家來。」張華博物志卷六：「君才過人而體貌躁，非女聓才。」字皆作「聓」。是「埍、聟、聟、聓」諸體流傳已久，集韻謂「俗作聟、聓非是」，蓋就諸體結構與字義之關係而言。「胥」，三體石經、居延簡、禮器碑、校官碑俱作「骨」。由此知「聓」即「埍」之譌，俗字「埍」即「壻」之隸變，後通用其或體「婿」。周祖謨定「聓」即「埍」字得之，然改爲今體則無由以見其譌。丁介民方言考：「(方言校箋)書中方言字凡古體改從今體，別體改從正體，似有未安。蓋雄書多存有古文奇字，且方言中字，非盡形義相關，亦有標聲之字，此類非僅無干正俗，且正宜據以考見古言古字，周氏並從今體，殊屬不當。」「埍」改作「壻」，即一例也。

倩：說文人部：「倩，東齊壻謂之倩。」廣雅釋親：「壻謂之倩。」王念孫疏證：「壻、倩皆有才知之稱也。壻之言胥也。鄭注周官云：『胥，有才知之稱也。』倩之言婧也。說文：『婧，有才也。』」劉君惠方言疏證補補：「壻，蘇計切，心母；倩，七見切，清母。心、清同爲齒頭清聲，故王氏謂倩爲壻之聲之轉也。章炳麟謂女子之夫爲壻，謂吾舅者吾謂之甥，倩字即從甥聲孳乳而出，倩從青聲，青從丹、生聲。壻謂之倩，即甥之音耳。其說最諦。」

〔二〕言可借倩也：周祖謨方言校箋：「史記倉公列傳集解引作『言可假倩也』。案借、假義通。本書卷十二云：『倩，借也。』」按：慧琳一切經音義卷三三「倩卿」條引郭注亦作「假倩」，又引顧野王曰：「倩亦假也。」今仍宋本作「借」。

〔三〕卒便：王念孫廣雅疏證：「倩者，壻聲之轉，緩言之則爲卒便矣。」盧文弨重校方言：「卒便合音即爲倩。」

〔四〕卒便一作平使：戴震方言疏證删此六字。周祖謨方言校箋：「此爲校書者之語，非郭氏注文。盧文弨云：『卒便合音即爲倩。』是作『平使』者誤。」按：當據戴校删此六字。

三　燕齊之間養馬者謂之娠〔一〕。今之温厚也〔二〕。音振。官婢女廝謂之娠。女廝，婦人給使者，亦名娠。

匯證

〔一〕娠：戴震方言疏證：「娠亦作侲。後漢書文苑列傳：『虜儌侲。』注引方言：『侲，養馬人也。』玉篇引方言：『燕齊之間謂養馬者曰侲。』說文云：『官婢女隸謂之娠。』徐堅初學記引方言：『燕齊之間養馬者及奴婢女廝皆謂之娠。』」錢繹方言箋疏：「廣韻『侲』字注引字林云：『侲，養馬者。』侲、娠古通字。卷五云：『飤馬橐，燕齊之間謂之帳。』注云：『廣雅作振，字音同耳。』今本亦作『帳』。養馬者謂之娠，飤馬橐亦謂之帳，義相因也。」劉君惠方言疏證補補：「『娠』即由收振字得義，猶今言收養耳。」按：初學記卷一九引此條接於本卷第五條「秦晉之間罵奴曰侮」之下。本條「娠」有二義，一爲「養馬者」，一爲「官婢女廝」，俱爲地位低下之人，北方古稱也。

〔二〕今之温厚也：周祖謨方言校箋：「蓋後人所加之義訓，非郭氏原本所有。考萬象名義『侲』，之仁、之仞二反。注云：『養馬器，又恩厚也。』此云『温厚』，當爲別一義甚明。」

四　楚東海之間亭父謂之亭公〔一〕。亭民。卒謂之弩父〔二〕，主擔幔弩導幨，因名云〔三〕。或謂之褚〔四〕。言衣赤也〔五〕。褚音赭。

匯證

〔一〕楚東海之間亭父謂之亭公：廣雅釋訓：「亭父，卒也。」王念孫疏證引方言「楚」上有「南」字。王念孫於方言疏證該條天頭朱批：「南楚東海之間或謂卒爲褚。郭璞曰：言衣赤也。一切經音義四、九、一一。」又墨批：「御覽三百引方言亦作『南楚』。」錢繹方言箋疏亦據玄應一切經音義所引「疑『楚』上脱『南』字」。周祖謨方言校箋：「『楚』上玄應一切經音義卷四、卷九、卷一一引並有『南』字，慧琳一切經音義卷四五及太平御覽卷三百引亦同。當據補。」按：慧琳一切經音義卷四六、卷五二、卷八二引亦有「南」字，王念孫補「南」字是也。

亭父、亭公：廣雅釋訓王念孫疏證：「續漢書百官志注引風俗通義云：『漢家因秦，大率十里一亭。亭，留也。蓋行旅宿食之所館。亭吏舊名負弩，改爲亭長，或謂亭父。』漢書高祖紀應劭注云：『舊時亭有兩卒：一爲亭父，掌開閉埽除；一爲求盜，掌逐捕盜賊。』」

〔二〕卒：說文衣部：「卒，隸人給事者衣爲卒，卒衣有題識者。」朱駿聲通訓定聲：「本訓當爲衣名，因即命箸此衣之人爲卒也。古以染衣題識，若救火衣及亭長箸絳衣之類亦謂衣褚。今兵役民壯，以絳緣衣當胸與背，有題字，其遺制也。」

弩父：又名「求盜」，掌捕盜賊。史記高祖本紀：「高祖爲亭長，乃以竹皮爲冠。」司馬貞索隱引應劭曰：「舊亭卒名弩父，陳楚謂之亭父，或云亭部，淮泗謂之求盜也。」郭注謂因主擔幔弩導引而得名，是也。

〔三〕主擔幔弩導幨，因名云：「導」字宋本殘缺，據四部叢刊影宋本補。王念孫手校方言疏證以墨筆圈去「幨」字，並於該字右側注「引」字，是王氏謂郭注當作「主擔幔弩導引，因名云」，於天頭墨批：「御覽三百……引璞云：『卒主擔弩導引，因以爲名。』」周祖謨方言校箋增紺珠集所引「言主擔弩，因以爲名也」，未予按斷。按：郭璞注說「弩父」名義，王校於義爲長。

〔四〕褚：說文衣部：「褚，卒也。」徐灝注箋：「卒謂之褚者，因其著赭衣而名之也。周禮司常注云：『今亭長著絳衣。』即其義。」下郭注：「言衣赤也，褚音赭。」是也。此義之音，集韻馬韻止野切，與廣韻語韻讀丁呂切、丑呂切、張呂切之「褚」不同。又參本條匯證〔二〕引朱駿聲說。

〔五〕言衣赤也：慧琳一切經音義卷一二引作「衣赤色」，卷八二引作「言衣赤色如赭」，卷九七引作「衣赤也」。

1b五　臧〔一〕、甬〔二〕，音勇。侮〔三〕、獲〔四〕，奴婢賤稱也。荆淮海岱雜齊之間俗不純爲雜。罵奴曰臧，罵婢曰獲。齊之北鄙，燕之北郊凡民男而聟婢謂之臧〔五〕，女而婦奴謂之獲；亡奴謂之臧，亡婢謂之獲。皆異方罵奴婢之醜稱也。自關而東陳魏宋楚之間保庸謂之甬。保，言可保信也。秦晉之間罵奴婢曰侮。言爲人所輕弄。

匯證

〔一〕臧：戴震方言疏證：「後漢書何敞傳：『然臧獲之謀。』注引方言：『臧、獲，奴婢賤稱也。』荀子王霸篇：『則雖臧獲。』楊倞注云：『臧、獲，奴婢也。』方言謂「荆淮海岱之間罵奴曰臧，罵婢曰獲。燕齊亡奴謂之臧，亡婢謂之獲」。』或曰取貨謂之臧，擒得謂之獲，皆謂有罪爲奴婢者，故周禮云：『其奴，男子入于罪隸，女子入于舂槀。』」按：「臧」本指戰爭中被虜獲爲奴之人。楊樹達釋臧：「蓋臧本从臣从戈會意，後乃加爿聲……甲骨臧字皆象以戈刺臣之形，據形求義，初蓋不得爲善。以愚考之，臧當以臧獲爲本義也。」楊說甚碻。漢書司馬遷傳：「且夫臧獲婢妾猶能引決。」顔師古注引晉灼曰：「臧、獲，敗敵所被虜獲爲奴隸者。」引申爲供人使役者之賤稱，方言本文所釋「奴婢賤稱也」「罵奴曰臧」即此義也。楚辭哀時命：「釋管、晏而任臧獲兮，何權衡之能稱。」王逸注：「臧，爲人所賤繫也。」轉指以婢爲妻及其所生之子。下文云：「凡民男而壻婢謂之臧。」莊子駢拇：「臧與穀二人相與牧羊，而俱亡其羊。」陸德明釋文引張揖曰：「壻婢之子謂之臧。」説文艸部新附：「藏，匿也。」徐鉉曰：「漢書通用臧字，從艸後人所加。」管子侈靡：「故天子臧珠玉、諸侯臧金石。」漢書食貨志上：「春耕夏耘，秋穫冬臧。」是其例也。臧之言藏也，故流亡藏匿之奴僕亦謂之臧。下文云：「亡奴謂之臧。」是也。

〔二〕甬：文選賈誼過秦論：「材能不及中庸。」李善注：「方言曰：『庸，賤稱也。』言不及中等庸人也。」廣雅釋詁一：「甬、保庸，使也。」王念孫疏證：「庸亦用也。方言：『自關而東陳魏宋楚之間保庸謂之甬。』甬亦庸也。楚辭九章：『固庸態也。』王逸注云：『庸，廝賤之人也。』史記欒布傳：『賃傭於齊，爲酒人保。』集解引漢書音義云：『可保信，故謂之保。』傭與庸通。」劉君惠方言疏證補補：「甬、庸皆與童同音，古文『鐘』作『銿』、大鐘謂之鏞，是其例證。甬、庸皆童之聲借耳。王氏謂庸亦用也，頗疏。説文『男有罪曰奴，奴曰童』，此即有罪爲奴者也。」商君書墾令：「令有甬官、食槩，不可以辟役。」高亨注：「甬，佣也，役也。甬官，掌管徭役的官。」

〔三〕侮：説文人部：「侮，傷也。」段玉裁注：「傷，各本作傷，誤，今正。鍇曰：『傷，慢易字也。』鍇作注時未誤也。」爾雅釋言：「務，侮也。」郝懿行義疏引方言本條爲釋。廣雅釋詁三：「侮，輕也。」「侮、慢，傷也。」釋詁四：「侮，婢也。」按：「侮」本訓欺侮、輕慢，後轉指被欺侮、輕慢之人，郭注：「言爲人所輕弄。」是也。乾隆二十五年趙城縣志：「罵奴婢曰侮。」一九二八年新絳縣志：「罵奴婢曰侮。」雍正十三年陝西通志：「侮，奴婢賤稱也。」粵語中有「侮侮」一詞，指小婢女。宣統辛亥年東莞縣志：「小婢曰妹妹，讀上聲清音。妹假借字，當作『侮侮』，讀每上聲。」又章炳麟新方言釋親屬：「侮、嫚雙聲相轉，古侮音如母。亦轉如蠻，四川謂婢曰蠻，其乞買攜養之童豎曰蠻男，蠻即侮之音轉。山西平陽謂養子曰蠻紇怛。『紇』……引伸爲凡相贅屬之稱；『怛』，餘音也；蠻亦侮字。」

〔四〕獲：方言本文有三釋，即「罵婢」「女而婦奴」「亡婢」，皆指女奴。按：蓋獲之言獲也。徐堅初學記卷一九引風俗通：「獲者，逃亡獲得爲奴婢也。」文選司馬遷報任少卿書：「且夫臧獲婢妾，由能引決，況僕之不得已乎。」李善注引晉灼曰：「臧、獲，敗敵所被虜爲奴隸。」引韋昭曰：「羌人以婢爲妻，生子曰獲……」廣雅釋詁四：「獲，婢也。」王念孫疏證：「獲者，辱也。」釋詁三：「獲，辱也。」王念孫疏證：「獲猶辱也。士昏禮注云：『以白造緇曰辱。』是也。方言……亦辱之義也。上文云：『獲、辱，污也。』濩與獲古亦同聲。」是女奴賤稱「獲」，意謂虜獲；而「獲」之所以名「獲」，則辱也。

〔五〕北郊：王念孫手校明本改作「南郊」。

民男：徐堅初學記卷一九引作「人男」。

聓：「埍」之譌俗字，「埍」即「壻」。說詳本卷第二條匯證〔一〕。藝文類聚卷三五、初學記卷一九引並作「壻」。

六　蔿、音花。譌、訛言。譁〔一〕、五瓜反〔二〕。皆化聲之轉也。涅〔三〕，化也。燕朝鮮洌水之間曰涅〔四〕，或曰譁。雞伏夘而未孚音赴。始化之時謂之涅〔五〕。

匯證

〔一〕蔿、譌、譁：戴震方言疏證：「譌、訛古通用。爾雅釋言：『訛，化也。』亦作吪。詩豳風：『四國是吪。』毛傳：『吪，化也。』」按：上三字郭璞分別音爲「花、訛、五瓜反」，並云：「皆化聲之轉也。」廣雅釋詁三：「譁、蔿、涅，匕也。」「匕」即古「化」字。廣雅釋詁五：「蔿、譌，譁也。」又釋言：「蔿，譌也。」釋詁三王念孫疏證：「風俗通義云：『西方崋山，崋者華也。萬物滋然，變華於西方也。』華與譁聲近義同。爾雅云：『訛，化也。』堯典：『平秩南僞。』史記五帝紀作『南爲』。豳風破斧篇：『四國是吪。』毛傳云：『吪，化也。』訛、吪、爲、僞並與譌通。楚辭九歎：『若青蠅之僞質兮。』王逸注云：『僞，猶變也。』義亦與譌同。蔿亦譌也，方俗語有輕重耳。方言又云：『楚鄭謂獪曰蔿。』凡狡獪之人多變詐，故亦謂之蔿也。」劉君惠方言疏證補補：「蔿，廣雅音于彼切，方言音花者，蓋喻紐與匣紐相轉，而匣紐無三等音，故又迻入曉紐，讀如花。此自晉世已然，故從白爲聲之藹亦讀如花矣。」

〔二〕五瓜反：廣雅釋言曹憲音同。集韻麻韻「譁」字下引方言，或體作「譌」，音吾瓜切，「吾瓜」與「五瓜」音同。原本玉篇殘卷

「譁」音呼瓜反，引方言「譁，化也」。

〔三〕涅：戴震方言疏證：「説文：『涅，黑土在水中也。』論語：『涅而不緇。』注引孔安國云：『涅可以染皁。』是涅取染化之義。」劉君惠方言疏證補補：「涅與譁位同，涅奴結切，譁五瓜切，疑泥位同也。」按：水中黑土謂之涅，引申之凡黑謂之涅。廣雅釋器：「涅，黑也。」使之變黑，亦謂之涅。玉篇木部：「涅，染也。」論語陽貨：「涅而不緇。」王逸九思哀歲：「椒瑛兮涅污，葈耳兮充房。」即其例也。染則含有化義。馬王堆漢墓帛書十六經前道：「道有原而無端，用者實，弗用者萑。合之而涅于美，循之而有常。」「涅于美」意謂化於美也。方言謂「雞伏卵而未孚始化之時謂之涅」，又卷八謂「卵伏而未孚始化謂之涅」，乃「化」義之特指用法也。

〔四〕燕朝鮮洌水之間：原本玉篇殘卷引同。廣雅釋詁三「涅，匕也」條王念孫疏證引方言「燕」上有「北」字。周祖謨方言校箋：「案本書卷八云：『北燕朝鮮洌水之間謂伏鷄曰抱，其卵伏而未孚始化謂之涅。』文與此同。此條『燕』上疑脱『北』字。」按：當據補。

〔五〕夘：同「卵」。

2a 七　斟〔一〕、協〔二〕，汁也。謂和協也，或曰潘汁，所未能詳〔三〕。北燕朝鮮洌水之間曰斟，自關而東曰協，關西曰汁。

匯證

〔一〕斟：説文斗部：「斟，勺也。」段玉裁注：「勺之謂之斟，引申之，盛於勺者亦謂之斟。」史記張儀列傳：「於是酒酣樂，進熱啜，廚人進斟。」司馬貞索隱：「斟謂羹汁，故名汁曰斟。」左傳宣公二年：「華元殺羊食士，其御羊斟不與。」史記宋微子世家：「華元之將戰，殺羊以食士，其御羊羹不及。」是「斟」猶「羹」也。盧文弨重校方言以爲「斟縱可爲羹汁，若施之協，不可通矣」，因此「疑本是斟字之誤」。斟，廣韻昌汁切，集韻即入切，分别釋爲「會聚、盛也」，是「斟」與「斟」形雖近，而音義迥別，盧説不可遽從。楚辭天問：「彭鏗斟雉，帝何饗？受壽永多，夫何久長？」王逸注：「彭鏗，彭祖也。好和滋味，善斟雉羹，能事帝堯，堯美而饗食之。」「斟雉羹」謂調和雉羹也。蓋羹汁必調勻和協，是羹汁與和協義相因也。

〔二〕協：戴震方言疏證：「協、汁古多無別。周禮太史：『讀禮書而協事。』故書協作叶。杜子春云：『叶，協也。書亦或爲協，或爲汁。』鄉士：『汁日。』鄭注云：『汁，合也，和也。和合支幹善日。』釋文：『汁，音協，本亦作協。』大行人：『協辭命。』故書作『叶詞命』。鄭司農云：『叶當爲汁。』釋文：『叶，音協；汁，之十反，叶也，又音協。』張衡西京賦：『五緯相汁，以旅於東井。』李善注引方言：『汁，叶也。』之十反。」劉君惠方言疏證補補：「凡從『十』字者多有和協之義，説文：『十，數之具也，東西南北四方中央備矣。』周禮『十全爲上』，則是和協美備之義也，故協、叶皆訓和也。」按：爾雅釋詁上：「協，和也。」國語周説上：「先時五日，瞽告有協風至。」韋昭注：「協，和也。風氣和，時候至也。」説文劦部「協」或體作「叶」。説文水部：「汁，液也。」段玉裁注：「此兼瀋汁、和叶而言，如『台、朕、賚、畀、卜、陽，予也』之例。」汁液必出於和協，故其音義通也。」

〔三〕謂和協也，或曰潘汁，所未能詳：原本玉篇殘卷「汁」下引作「謂協和也，或曰潘汁，所未詳也」，文字稍異。潘汁：戴震方言疏證據劉熙釋名「宋魯人皆謂汁爲瀋」，改作「瀋汁」。錢繹方言箋疏認爲：「『瀋』訓爲汁，『潘』亦訓爲汁，改『潘』作『瀋』，多此舉矣。」按：錢説是也。説文水部：「潘，淅米汁也。」左傳哀公十四年：「陳氏爲睦，使疾，而遺之潘汁，備酒肉焉，饗守囚者，醉而殺之，而逃。」杜預注：「潘，米汁，可以沐頭。」説文水部：「瀋，汁也。」左傳哀公三年：「無備而官辦者，猶拾瀋也。」杜預注：「瀋，汁也。」又，或説「汁」雖有「和協、潘汁」兩訓，但方言之義偏重於前者。盧文弨重校方言：「正文『汁也』胡頰反，此『潘汁』之入反，郭意蓋不以或説爲然。」或説此條「汁」不兼「和協」義。吴予天方言注商：「羹亦汁也。是『廚人進斟』即『進汁』，而與朝鮮語合。以『斟、汁』上下互證，則『和協』之説非也。」

八　蘇〔一〕、芥〔二〕，草也。漢書曰：「樵蘇而爨。」〔三〕蘇猶蘆，語轉也〔四〕。江淮南楚之間曰蘇，自關而西或曰草，或曰芥。或言菜也〔五〕。南楚江湘之間謂之芥〔六〕。嫫母〔七〕。蘇亦荏也〔八〕。荏屬也〔九〕。爾雅曰：「蘇，桂荏也。」〔一〇〕關之東西或謂之蘇，或謂之荏。周鄭之間謂之公蕡〔一一〕。音翡翠。今江東人呼荏爲菩〔一二〕，音魚。沅湘之南或謂之䓇〔一三〕。今長沙人呼野蘇爲䓇，音車轄。沅，水名，在武陵。其小者謂之蘸葇〔一四〕。菫葇也〔一五〕，亦蘓之種類，因名云。

匯證

〔一〕蘓：同「蘇」。廣雅釋草：「蘇，草也。」王念孫疏證：「列子周穆王篇云：『其宮榭若累塊積蘇焉。』素問移精變氣論云：『十日不已，治以草蘇。』草謂之蘇，因而取草亦謂之蘇。莊子天運篇：『蘇者取而爨之。』李頤注云：『蘇，草也。取草者得以炊也。』」錢繹方言箋疏：「是草謂之蘇，取草亦謂之蘇，猶草謂之芻，取草亦謂之芻，薪謂之樵，採薪亦謂之樵，義並相因也。」劉君惠方言疏證補補：「王氏謂『草謂之蘇，因而取蘇亦謂之蘇』，其説未諟。案，樵蘇字當作『穌』，説文禾部『穌，把取禾若也。从禾，魚聲』，作『蘇』者，聲借字耳。」

〔二〕芥：説文丯部：「丯，艸蔡也。」段玉裁注：「凡言艸芥，皆丯之假借也，芥行而丯廢矣。」廣雅釋草：「芥，草也。」王念孫疏證：「哀元年左傳云：『以民爲土芥。』字通作『介』。孟子萬章篇：『一介不以與人。』趙注云：『一介草不以與人。』」按：藝文類聚卷八一引方言本文作「蘇、芬、莽，草也」。「芬」是「芥」字之譌。「芥」下有「莽」字，今本脱，當據補。

〔三〕樵蘓而爨：漢書韓彭英盧吴傳作「樵蘇後爨」。「爨」同「爨」。

〔四〕蘓猶蘆，語轉也：王念孫手校方言疏證於「蘆」旁點墨記，於天頭墨注「蔖」字。廣雅釋草：「蔖，草也。」王念孫疏證引郭注字亦作「蔖」，並云：「蔖，草之轉聲也。字或作苴。管子地圖篇：『苴草、林木、蒲葦之所茂。』靈樞經癰疽篇：『草蔖不成，五穀不殖。』草謂之蔖，因而枯草亦謂之蔖。廣韻：『蔖，草死也。』衆經音義云：『蔖，枯草也。今陝以西言草蔡，江南山東言草蔖。』楚詞九章：『草苴比而不芳。』王逸注云：『生曰草，枯曰苴。』大雅召旻篇：『如彼棲苴。』傳云：『苴，水中浮草也。』」曹憲博雅音「蔖」千古反，玄應一切經音義卷四音同，又云：「蔖音山東云七故反。」周祖謨方言校箋據此云：「蔖乃枯草之名，與蘇音義相似，故郭云語轉。蘆者葦也，與蘇、芥不類，不得謂之語轉。」因此謂「王氏校本蘆作蔖是也。蔖、蘆形近而譌」。當據王、周校，改「蘆」作「蔖」。

〔五〕菜：陳與郊類聚校云：「注謂『或言菜』者，未安。」王念孫手校方言疏證於「菜」旁點墨記，於天頭墨注「葇」字，是王氏以爲「菜」乃「莱」之誤。廣雅釋草：「莱，草也。」王念孫疏證：「莱，草多之貌。説文云：『莱，耕多艸也。』草多謂之莱，故耕多草亦謂之莱也。『莱』，各本譌作『菜』。案曹憲音力内反，正『莱』字之音，非『菜』字之音。玉篇『莱』音來潰切，廣韻音盧對切，並與力内同。今據方言、説文及曹憲音訂正。」按：「菜」與「莱」音義皆别，形近而譌。當據王校改正。

〔六〕芥：戴震方言疏證改作「莽」，云：「謂之莽，各本譌作謂之芥……張衡西京賦：『赴長莽。』薛綜注引方言曰：『草，南楚之間謂之莽。』」廣雅釋草「蘇、芥、莽，草也」王念孫疏證引方言、盧文弨重校方言、錢繹方言箋疏均從戴本改。周祖謨方言校箋：「戴氏疏證改作莽是也。郭注音嫫母之嫫是其證。」按：本書卷一〇：「莽，草也，南楚曰莽。」藝文類聚卷八一引方言：「蘇、芬、莽，草也……南楚江湘之間謂之莽。」陳與郊類聚本作「莽」，亦可證戴校是也。説文茻部：「莽，南昌謂犬善逐菟艸中爲莽。从犬从茻，茻亦聲。」又：「茻，衆艸也。从四屮。」朱駿聲通訓定聲：「經傳草茻字皆以莽爲之。」廣雅釋草王念孫疏證：「同人：『伏戎于莽。』集解載虞翻注云：『震爲草莽。』昭元年左傳云：『是委君貺於草莽也。』莽之言莽莽也。杜預注哀元年左傳云：『草之生於野，莽莽然，故曰草莽。』如淳注漢書景帝紀云『草深曰莽』也。草多謂之莽，因而木多亦謂之莽。易同人鄭注云：『莽，叢木也。』淮南時則訓：『山雲草莽。』高誘注云：『山中氣出雲似草木。』則莽又爲草木衆盛之通稱，故楚詞九章云『草木莽莽』也。莽之轉聲爲毛，隱三年左傳云：『澗谿沼沚之毛。』杜注云：『毛，草也。』召南采蘩傳云『沼沚谿澗之草』是也。」

〔七〕嫫母：戴震方言疏證於「母」下增「反」字，云：「注内『嫫母反』脱『反』字……後卷十内『莽』『嫫母反』可證此條譌脱，今訂正。」盧文弨重校方言未從戴增，云：「讀如嫫母之母，下本無『反』字，增之非也。」劉台拱方言補校：「此當嫫母之嫫耳，戴增『反』字非，盧音母亦非。」王念孫手校方言疏證於「反」字上用墨筆圈去，於地腳墨批：「脩務訓改嫫讀模範之模，説文模讀若嫫母之嫫。」按：劉、王二氏所説是也，卷一〇之「反」字係誤衍，不當以彼處之誤證此也。

〔八〕自「蘓亦荏也」以下，戴震方言疏證提行别寫，盧、錢二氏未從。劉台拱方言補校：「當跳行，不當屬上。」按：戴校於意爲長，因無證據，今仍舊本。

蘓：爾雅釋草：「蘇，桂荏。」郭注：「蘇，荏類，故名桂荏。」邢昺疏：「蘇，荏類之草也，以其味辛似荏，故一名桂荏。」陶注本草云：『葉下紫色而氣甚香，其無紫色不香似荏者名野蘇，生池澤中者名水蘇，一名雞蘇，皆荏類也。』」郝懿行義疏：「（説文）繫傳云：『荏，白蘇也；桂荏，紫蘇也。』按，方言云：『蘇，荏也。』則二者亦通名，古人用以和味。鄭注內則『薌無蓼』云：『薌，蘇荏之屬也。』……今按，荏與蘇同，唯葉青、白爲異。蘇之爲言舒也。方言十云：『舒，蘇也。楚通語也。』然則舒有散義，蘇氣香而性散。」

〔九〕荏屬：錢繹方言箋疏：「按：凡言屬，則别在其中，故鄭注周禮每言屬别。」按：析言之，「蘇」是紫蘇，「荏」是白蘇；渾言之，皆爲荏類。方言「蘇亦荏也」，渾言也。

〔一〇〕蘇，桂荏也：爾雅釋草文。

〔一一〕公蕡：劉君惠方言疏證補補：「『公蕡』即『華』字之音緩讀之也，『公』讀如『翁』。」説文艸部：「蕡，襍香艸。」段玉裁注：「當作『襍艸香』。」徐灝注箋：「今俗語猶言蕡香，讀扶問切之重脣音。」按：「蕡」可訓大。詩大雅靈臺：「虡業維樅，賁鼓維鏞。」孔穎達疏：「賁，大也。故謂大鼓爲賁鼓。」集韻文韻：「賁，大也。」以「賁」得聲之字多含「大、多」之義。大鼓謂之鼖，大鮋謂之鱝，大防謂之墳，火豔謂之燌，氣盛謂之憤，脈漲謂之僨，噴涌謂之濆，故香氣濃鬱謂之蕡也。「公蕡」之「公」，未詳其義，疑爲方言緩讀之音綴。

〔一二〕菩：集韻魚韻：「蒣，艸名。東人呼荏爲蒣，或作菩。」廣雅釋草「蘇也」條王念孫疏證：「名醫别録陶注……又云：『荏，狀如蘇，高大，白色，不甚香。其子研之，雜米作糜，甚肥美，東人呼爲蒣。』此即方言注所云『江東人呼荏爲菩』者也。蘇頌圖經云：『蘇有魚蘇、山魚蘇，皆是荏類。魚蘇似茵蔯，大葉而香，吴人以煮魚者，一名魚䔰，生山石間者名山魚蘇。』案：魚、蒣同聲，以是荏類，故亦得名魚耳。」劉君惠方言疏證補補：「説文『菩』下云『楚詞有菩蕭艸』，桂氏、朱氏皆引廣韻、玉篇爲證，謂蕭即蘇也。尋廣韻蕭似艾，艾與蘇形性迥别，不得彊爲牽合。王氏不從二氏之説甚是。錢乃據以爲説，誤已。段氏宋玉九辯『奄離披此梧楸』即蕭也，其説至塙。楸、蕭古音同部相通也。」

〔一三〕䓯：廣雅釋草：「䓯，蘇也。」王念孫疏證：「䓯，荏屬也；荏，白蘇也。名醫别録陶注云：『蘇，葉下紫而氣甚香，其無紫色不香似荏者名野蘇。』此即方言注所云『長沙人呼野蘇爲䓯』者也。」

〔四〕蘸葇：廣雅釋草：「蘸葇，蘇也。」王念孫疏證：「蘸葇，即香葇也。郭注云：『薰葇。』薰亦香耳。玉篇云：『葇，香葇菜，蘇類也。』集韻云：『葇，菜名，似蘇。』名醫別録作『香薷』，陶注云：『家家有此，惟葉生食。』蘇頌圖經云：『似白蘇而葉更細。一作香葇，俗呼香茸。又有一種石上生者，莖葉更細而辛香彌甚，謂之石香薷。』開寶本草云：『石香葇，一名石蘇。』據此則香葇即蘇之別種，莖葉小於蘇。故方言云『其小者謂之蘸葇』也。香葇、香茸聲之轉。孟詵食療本草謂之『香戎』。戎與茸同聲。顔師古匡謬正俗云：『戎即葇也。俗語變譌謂之戎耳，猶今之香葇謂之香戎也。』」錢繹方言箋疏：「『葇』之言柔弱也，『薷』之言濡脃也，『戎』之言蒙茸也，皆細小之意也。『葇、薷』古通字，『葇』之變爲『薷』，猶『柔』之轉爲『濡』也。周頌時邁篇『懷柔百神』釋文『本亦作濡』是也。」劉君惠方言疏證補補：「即今藿香之類，形性與白蘇相似，葉少小耳，故曰『小者謂之葇』。」按：「蘸」字齊民要術卷三及太平御覽卷九八〇引並作「穰」。

〔五〕堇葇：王念孫手校方言疏證以墨筆圈去「堇」字，於其右側墨注「薰」字，於天頭墨批：「薰字據御覽改。」廣雅釋草「蘇也」條下王念孫疏證引郭注作「薰葇也」。錢繹方言箋疏：「注『薰葇』各本作『堇葇』。按，廣雅：『堇，羊蹏也。』小雅我行其野篇：『言采其蓫。』傳云：『蓫，惡草也。』齊民要術引義疏云：『今羊蹏，似蘆菔，莖赤，煮爲茹，滑而不美，多噉令人下痢。幽州謂之羊蹏，揚州謂之蓫，一名蓨。』此其一也。又爾雅：『芨，堇草。』郭注云：『即烏頭也，江東呼爲堇。』名醫別録云：『蒴藋有毒，一名堇草，一名芨。』説文徐鍇傳引字書云：『蒴藋，一名堇。』廣韻：『芨，烏頭別名。』或作『䓘』。集韻：『芨，堇草也。通作䓘。』此又烏頭類也。又齊民要術引字林云：『堇，似冬藍，蒸食之，酢。』陶注本草『羊蹄』云：『又一種，極相似而味醋，呼爲酸摸。』本草拾遺云：『酸摸，葉酸美，小兒亦折食其英，葉似羊蹄，是出大黄，一名當藥。』爾雅：『須，蕵蕪。』郭注云：『似羊蹄，葉細，味酢可食。』此又其一也。是三者，雖名爲『堇』，皆與『蘇』絶不相類，且諸書亦無言『堇葇』者。『堇』蓋『薰』字之譌。『堇』與『薰』形相似，傳寫者遂誤爲『堇』耳。按，公食大夫禮：『膷以東，臐、膮、牛炙。』鄭注云：『膷、臐、膮，今時臛也。牛曰膷，羊曰臐，豕曰膮，皆香美之名也。古文「膷」作「香」、「臐」作「薰」。』是薰亦香也，薰葇猶言香葇耳，今訂正。」周祖謨方言校箋：「『堇葇也』，齊民要術卷三引及御覽九百八十引並作『薰葇也』，當據正。玉篇云：『葇，香葇，蘇類也。』萬象名義云：『葇，薰葇也。』薰葇即香葇。是作『堇』者，誤字也。」按：得錢氏、周氏論證，知王念孫校改作「薰」是也，當據改。

2b九　蘴〔一〕、舊音蜂，今江東音嵩，字作菘也〔二〕。蕘〔三〕，鈴鐃。蕪菁也〔四〕。陳楚之郊謂之蘴〔五〕；魯齊之郊謂之蕘〔六〕；關之東西謂之蕪菁；趙魏之郊謂之大芥〔七〕，其小者謂之辛芥〔八〕，或謂之幽芥〔九〕，其紫華者謂之蘆菔〔一〇〕。今江東名爲温菘，實如小豆。羅、匐二音。東魯謂之菈遝〔一一〕。洛荅、大合兩反〔一二〕。

匯證

〔一〕蘴：爾雅釋草：「須，葑蓯。」戴震方言疏證：「蘴亦作葑。」廣雅釋草：「蘴、蕘，蕪菁也。」王念孫疏證：「案：菘者，須之轉聲。蕪者，蘴之轉聲也。蕪之聲又轉而爲蔓。邶風谷風篇：『采葑采菲，無以下體。』傳云：『葑，須也；菲，芴也；下體，根莖也。』箋云：『此二菜者，蔓菁與葍之類也，皆上下可食。然而其根有美時，有惡時，采之者不可以根惡時並棄其葉。』釋文云：『葑，字書作蘴。』草木疏云：『蔓菁也。郭璞云：今菘菜也。案：江南有菘，江北有蔓菁，相似而異。』引之案：古草木之名同類者，皆得通稱。吕氏春秋本味篇：『菜之美者，具區之菁。』高誘注云：『具區，澤名，在吴越之間。菁，菜名。』是則江南之菘亦得稱菁，郭氏所説不誤也。陸機詩疏云：『葑，蕪菁也。幽州人謂之芥。』則呼芥者不獨趙魏之郊也。鄭注坊記云：『葑，蔓菁也。陳宋之間謂之葑。』則呼蘴者不獨陳楚之郊也。蘴又爲蕪菁之苗。齊民要術引字林云：『蘴，蕪菁苗。』此猶葑即白芷，而云白芷葉謂之葑；菰即彫胡，而云菰米謂之彫胡也。或爲大名，或爲專稱，蓋古今方俗語有異耳。陶宏景注名醫别録云：『蕪菁，細於温菘而葉似菘，好食。』唐本注云：『北人又名蔓菁。』本草拾遺云：『今并汾河朔間燒食其根，呼爲蕪根。猶是蕪菁之號。蕪菁，南北之通稱也。』蕪菁可以爲菹。周官醢人『朝事之豆，其實……菁菹』後鄭注云：『菁，蔓菁也。』徐邈蔓音蠻。聲轉而爲蕒。鄭注公食大夫禮『菁菹』云：『菁，蕒菁菹也。』又轉而爲門，又轉而爲芴。北户録云：『蕪菁，凡將篇謂爲門菁。證俗音曰冥菁，小學篇曰芴菁。』急就篇：『老菁蘘荷冬日藏。』顔師古注云『菁，蔓菁也。一曰冥菁……又曰芴菁』是也。老菁，冬日所藏，故南都賦云：『秋韭冬菁。』齊民要術引四民月令亦云：『蕪菁十月可收矣。』

〔二〕菘：錢繹方言箋疏：「蘴與葑、菘並同。説文：『葑，須從也。』『須從』之合聲即『菘』也。」王念孫廣雅疏證云：「菘者，須聲之轉。」劉君惠方言疏證補補：「名醫别録注所謂温菘者，或即今蜀俗所呼熱蘿蔔歟?」參本條匯證〔一〕。

〔三〕蕘：説文艸部：「蕘，薪也。」亦指采薪及采薪之人。方言與此義無關，乃蕪菁之方言名，文獻未詳。

〔四〕蕪菁：俗稱大頭青、大頭菜，參本條匯條〔一〕。又錢繹方言箋疏：「菁之言菁菁然盛也。衛風淇澳篇：『緑竹青青。』毛傳云：『青青，茂盛貌。』釋文云：『青，本或作菁。』茂盛謂之菁，故花葉之茂盛者皆謂之菁……然則蕪之爲物最易滋長，故有是名也。」按：菁之或言青也。詩唐風杕杜：「其菜菁菁。」釋文：「菁，本又作青，同。」又衛風淇澳釋文：「青，本或作菁。」蓋以其色青而名之也。「蕪菁」又作「蔓菁、門菁、芴菁」等。劉君惠方言疏證補補：「皆一聲之轉耳。『芴』與『蕪』雙聲相轉；『芴』與『門』隊部與諄部對轉也；又旁轉寒，故爲『蔓』已。又王氏謂『蔓』音轉爲『莫』。案，蕪菁、門菁、蔓菁、芴菁，其急讀之音皆如『莫』也，不僅爲『蔓』之音轉耳。」

〔五〕陳楚之郊：周祖謨方言校箋：「倭名類聚抄卷八『蔓菁』條引作『陳宋之間』，禮記坊記鄭注云：『葑，蔓菁也。陳宋之間謂之葑。』亦云『陳宋』。」按：慧琳一切經音義卷五二「菘菁」條引、集韻東韻「蘴」字下引並作「陳楚」，與宋本同，今仍其舊。

〔六〕魯齊之郊：盧文弨重校方言據曹毅之本改「郊」作「閒」。

〔七〕大芥：按：芥菜有葉用者，雪裏蕻之類是也；有莖用者，榨菜之類是也；有根用者，大頭菜之類是也。蕪菁又謂之「大芥」者，蓋即大頭菜也。

〔八〕辛芥：王念孫手校方言疏證於本條天頭墨批：「辛、幽，皆小皃。」錢繹方言箋疏：「辛者，細小之稱，以其味辛性温似芥則曰『辛芥』。説文：『亲，實如小栗。从木，辛聲。』芥之小者謂之辛，猶栗之小者謂之亲也。」

〔九〕幽芥：錢繹方言箋疏：「幽之言幼也，亦小之名也。説文：『蚴，蚴魚也，讀若幽。』卷十一云：『燕趙之間』謂蠭之小者爲『蚴蜕』，其義一也。」

〔一〇〕蘆菔：爾雅釋草：「葖，蘆萉。」郭璞注：「萉宜爲菔。蘆菔，蕪菁屬，紫花，大根，俗呼雹葖。」邢昺疏：「紫華菘也，俗呼温菘。似蕪菁，大根。一名葖，俗呼雹葖。一名蘆菔，今謂之蘿蔔是也。」廣雅釋草「蕪菁也」條王念孫疏證引王引之説：「(齊民）要術又引廣志云：『蕪菁有紫花者、白花者。』案：今蔓菁菜乃是黄花，惟蘿蔔花有紫白二種，然則廣志之蕪菁，即指蘿蔔言之。方言云：『蕪菁……紫華者謂之蘆菔。』則蘆菔之白華者即蕪菁矣。名醫别録以蕪菁與蘆菔同條，意亦同也。乃齊民要術深疑方言之説，以爲蘆菔非蕪菁，蘇恭本草注亦謂蕪菁、蘆菔全别，與别録相違，其意皆專以今之蔓菁菜爲蕪菁，不知蘆菔之白華者古亦名蕪菁，方言、别録皆不誤也。」錢繹方言箋疏：「『葩』與『菔』聲之轉也。説文：『菔，蘆菔，似蕪菁，實如小尗者。』徐鍇傳曰：『今之蘿蔔也。』衆經音義卷二引字林：『蘆菔，似菘，紫花者謂之蘆菔。』」又：「蕪菁之一名大芥，一名辛芥，一名幽芥，一名蘆菔，猶神農本草之水蘇一名介葅，名醫别録謂之雞蘇，亦謂之芥苴，齊民要術引陸璣詩義疏云『譙沛人謂雞蘇爲苿』也。或以味名，或因形似，或爲聲轉，稱名不同，其實一也。」

〔一二〕菈遬：廣雅釋草：「菈遬，蘆菔也。」錢繹方言箋疏：「菈遬，疊韻字。説文：『楛遬，木也。』又云：『果似李。』蕪菁謂之菈遬，猶果之似李者亦謂之楛遬也。」

〔一三〕大合：盧文弨重校方言據曹毅之本改作「徒合」。

3a 一〇　葰〔一〕、芡〔二〕，音儉。雞頭也〔三〕。北燕謂之葰，今江東亦呼葰耳。青徐淮泗之間謂之芡，南楚江湘之間謂之雞頭，或謂之鴈頭〔四〕，或謂之烏頭〔五〕。狀似烏頭，故傳以名之〔六〕。

匯證

〔一〕葰：戴震方言疏證改作「䓈」，下文及注内同，云：「曹毅之本不誤。廣雅：『䓈、芡，雞頭也。』本此。曹憲音釋『䓈』悦縈反。玉篇引方言：『䓈、芡，雞頭也。北燕謂之䓈。』廣韻引方言：『南楚謂之雞頭，北燕謂之䓈，青徐淮泗之間謂之芡。』」周祖謨方言校箋：「戴本據廣雅、玉篇改作䓈，是也。齊民要術卷十引及御覽卷九百七十五引均作䓈，䓈下且有注文『音役』二字。」按：集韻紙韻及昔韻「䓈」下引方言亦作「䓈」，當據戴校改正。又按：䓈，芡之方言别名，睡蓮科，多年生水生草本，全株有刺；葉浮水面，圓形，邊緣向上折；夏季開紫色花；種子球形，黑色，供食用，可入藥，稱芡實。廣雅釋草：「䓈、芡，雞頭也。」王念孫疏證：「葰或作葰……神農本草云：『雞頭，一名鴈喙。』陶注云：『此即今蔿子，形上花似雞冠，故名雞頭。』陳士良云：『有軟根名葰菜。』蘇頌圖經云：『盤花下結實，形類雞頭，故以名之。其莖菽之嫩者名蔿菽，人採以爲菜茹。』案：葰，曹憲音悦縈反。葰、蔿，聲近而轉也。葰從役聲，蔿從爲聲。葰之轉爲蔿，猶爲之轉爲役。表記鄭注云：『役之言爲也。』」

〔二〕芡：廣雅釋草王念孫疏證：「周官籩人：『加籩之實，蔆芡栗脯。』鄭注云：『芡，雞頭也。』疏云：『今人或謂之鴈頭。』吕氏春秋恃君篇：『夏日則食蔆芡。』高注云：『芡，雞頭也，一名鴈頭，生水中。』淮南説山訓：『雞頭已瘻。』高注云：『雞頭，水中芡，幽州謂之鴈頭。』羅願爾雅翼云：『案：上下文「貍頭愈鼠，雞頭已瘻，䖟散積血，斲木愈齲」，此類之可推者，詳書本意，皆謂此禽蟲平日所啄食，故能治此病。類可推尋，雞頭似不謂此也。雞頭，一名雞廱。』莊子徐無鬼篇云：『藥也，其實堇也，桔梗也，雞廱也，豕零也，是時爲帝者也。』司馬彪注云：『雞廱，即雞頭也，一名芡，與藕子合爲散，服之延年。』周官大司徒：『其植物宜膏物。』鄭注云：『膏，當爲櫜。蓮芡之實有櫜韜。』疏云：『皆有外皮櫜韜其實。今芡實有梂彙自裹，所謂櫜韜也。』古今注云：『芡，葉似荷而大，葉上蹙皺如沸，實有芒刺，其中如米，可以度饑也。』」

〔三〕雞頭：參本條匯證〔一〕〔二〕。

〔四〕鴈頭：參本條匯證〔二〕。

〔五〕烏頭：説文烏部：「烏，孝鳥也，象形。」按：芡之名烏頭，亦取色、形相似。

〔六〕狀似烏頭，故傳以名之：「烏」，劉台拱方言補校：「當作鳥。」「傳」，戴震方言疏證改作「轉」，劉台拱方言補校：「當作博。」周祖謨方言校箋：「案：葰，方語或曰雞頭，或曰鴈頭，或曰烏頭，稱謂有殊，而同以鳥頭名之，則一也。故郭璞云：『狀似鳥頭，故博以名之。』傳、博形近而譌，戴校作轉，則似郭注專爲釋烏頭一詞而設矣，不若劉説爲長。」按：當據劉校改作「鳥、博」。

一一　凡草木刺人〔一〕，北燕朝鮮之間謂之茦〔二〕，爾雅曰：「茦，刺也。」〔三〕或謂之壯〔四〕。今淮南人亦呼壯。壯，傷也。山海經謂刺爲傷也〔五〕。自關而東或謂之梗〔六〕，今云梗榆。或謂之劌〔七〕。劌者，傷割人名，音鱖魚也〔八〕。自關而西謂之刺。江湘之間謂之棘〔九〕。

楚詞曰：「曾枝剡棘。」〔一〇〕亦通語耳。音己力反。

匯證

〔一〕刺：玄應一切經音義卷一引方言作「莿」，慧琳一切經音義卷四七、卷八四引方言和希麟續一切經音義卷七引方言作「刾」，慧琳一切經音義卷七四引方言、文選張衡西京賦李善注引方言作「刺」。按：「莿」同「策」。古今韻會舉要陌韻：「策，亦作莿。史記龜策傳：『諸靈數莿，莫知汝信。』」今本史記作「諸靈數箣」。司馬貞索隱作「莿」，云：「莿音近策，或莿是策之别名。」集韻麥韻：「策，或作莿。」而「刾」同「刺」。廣韻寘韻「刺」，俗字作「刾」。是「刺」古本或用俗字「刾」，形近而譌作「莿」。宋本不誤，作「刺」是也。

〔二〕茦：明刻諸本作「策」。按：當作「茦」。爾雅釋草：「茦，刺。」郭璞注：「草刺針也。關西謂之刺，燕北朝鮮之間曰茦。見方言。」邢昺疏：「謂草針刺人也，一名茦，一名刺。」引方言均作「茦」。廣雅釋詁二：「梗、劌、棘、傷、茦、刺、壯，箴也。」字亦作「茦」。當據正。説文艸部：「茦，莿也。从艸，朿聲。」段玉裁注：「木芒曰朿，艸芒曰茦，因木芒之字爲義與聲也。」廣雅釋詁二王念孫疏證：「茦、刺，聲相近。爾雅：『茦，刺。』郭璞注云：『草刺針也。』鍼、針並與箴同……説文：『莿，策也。』『朿，木芒也。』『刺，直傷也。』並字異而義同。」錢繹方言箋疏：「刺、莿、茦，方俗語有輕重耳。」按：草芒謂之「茦」，草芒刺人亦謂之「茦」，義相因也；刺、茦、朿，聲近義通，蓋出一源。

〔三〕茦，刺也：當作「茦，刺也」，爾雅釋草文。

〔四〕壯：朱駿聲説文通訓定聲「壯」字下：「壯，叚借爲戕。」是謂壯之言「戕」也。廣雅釋詁二：「壯，箴也。」王念孫疏證：「壯之言創也。」廣雅釋詁四：「爽、創、壯，傷也。」王念孫疏證：「爽、創、壯，聲並相近，故壯亦爲傷。」錢繹方言箋疏：「『壯，傷也』云者，易大壯馬、虞注並云：『壯，傷也。』淮南俶真訓：『形苑而神壯。』高注：『壯，傷也。』西山經：『浮山多盼木，枳葉而無傷。』郭注：『枳，刺針也，能傷人，故名云。』又中山經云：『講山有木焉，名曰帝屋，葉狀如椒，反傷赤實。』注云：『傷，刺下勾也。』是謂刺爲傷也。」劉君惠方言疏證補補：「説文：『撞，刊擣也。』『擣，手椎也。』秦策：『迫則杖戟相撞。』高誘注云：『撞，刺也。』字又作『𠟍』。楚策：『臣請爲君𠟍其胸而殺之。』又變易爲『衝』。吕氏春秋貴卒篇云：『所擊無不碎，所衝無不陷。』撞、𠟍、衝、𠝏廣雅：『𠝏，刺也。』並與『壯』聲近義同也。『壯』訓刺傷，『戕』之借也。」按：壯、創、戕，皆聲近義通，「傷」亦「創」也。説文人部：「傷，創也。」廣雅釋詁一：「傷，創也。」釋詁四：「創，傷也。」本條下郭注云：「今淮南人亦呼壯。壯，傷也。」是也。

〔五〕山海經謂刺爲傷也：按：「刺」當作「莿」。山海經西山經、中山經文及注，見本條匯證〔四〕所引錢繹方言箋疏。

〔六〕梗：戴震方言疏證：「張衡西京賦：『梗林爲之靡拉。』李善注引方言：『凡草木刺人爲梗。』」廣雅釋詁二：「梗，箴也。」王念孫疏證：「説文：『梗，山枌榆，有朿。』朿音刺。説文又云：『鯁，魚骨也。』『骾，食骨留嗌中也。』晉語云：『小鯁可以小戕，而不能喪國。』梗、鯁、骾，義並相近。」廣雅釋草：「柘榆，梗榆也。」王念孫疏證：「爾雅云：『蘦，茥。』郭注云：『詩曰：山有蘦。今之刺榆。』疏引陸機詩疏云：『其針刺如柘，其葉如榆，瀹爲茹，美滑。』針刺如柘，故有柘榆之稱矣。『茥』之爲言『拄』也。前釋詁云：『拄，刺也。』梗亦刺之義也。」

〔七〕劌：戴震方言疏證：「聘義：『廉而不劌。』鄭注云：『劌，傷也。』釋文九衛反，引字林：『劌，利傷也。』」廣雅釋詁二：「劌，利也。」王念孫疏證：「説文：『劌，利傷也。』……莊子在宥篇云：『廉劌彫琢。』方言：『凡草木刺者，自關而東或謂之劌。』亦利之義也。」按：説文「劌」字段玉裁注：「利傷者，以芒刃傷物。」老子「廉而不劌」，馬王堆漢墓帛書老子乙本作「廉而不刺」。又「割劌」可連文而用。戰國策齊策五：「今雖干將、莫邪，非得人力，則不能割劌矣。」廣韻祭韻：「劌，傷也，割也。」割傷與刺傷義相近，郭璞注云：「劌者，傷割人名。」是也。

〔八〕鱥：盧文弨重校方言從曹毅之本改作「鱖」，云：「劌、鱖，皆居衛反，俗本鱖誤作鱥。」周祖謨方言校箋：「鱖、鱥一字，見集韻。」按：今仍舊本，不從盧校改。

〔九〕棘：明刻諸本作「棘」，慧琳一切經音義卷三、卷一九、卷三二引方言均作「棘」，唯卷五一引作「棘」。按：作「棘」是也，「棘」乃「棘」之譌俗字，清人校本俱作「棘」。下注内「棘」亦當改作「棘」。説文朿部：「棘，小棗叢生者，从並朿。」段玉裁注：「棘庳於棗而朿尤多，故從並朿以會意。」錢繹方言箋疏：「(爾雅)釋木：『終，牛棘。』郭注：『即馬棘也，其刺粗而長。』中山經云：『大𦳺之山有草焉，其狀如榆，方莖而蒼傷。』郭注云：『猶言牛棘。』楚辭九章：『曾枝剡棘，圓果博兮。』王逸注：『剡，利也。棘，橘枝，刺若棘也。』是棘爲刺也。刺謂之策，亦謂之壯，或謂之梗，或謂之劌，或謂之棘，故箴謂之茦，亦謂之壯，亦謂之梗，亦謂之劌，亦謂之刺，亦謂之棘。廣雅：『梗、劌、棘、刺、壯，箴也。』刺謂之壯，亦謂之劌，傷謂之壯，亦謂之箴也，義並相通也。」

〔一〇〕曾枝剡棘：按：「棘」即「棘」，說見本條匯證〔九〕。楚辭九章橘頌文。

3b 一二　凡飲藥傅藥而毒〔一〕，南楚之外謂之瘌〔二〕，乖瘌〔三〕。北燕朝鮮之間謂之癆〔四〕，癆、瘌皆辛螫也。音聊〔五〕。東齊海岱之間謂之眠〔六〕，或謂之眩〔七〕。眠眩〔八〕，亦今通語耳。自關而西謂之毒。瘌，痛也。

匯證

〔一〕飲藥傅藥而毒：廣雅釋詁二：「荼、毒，痛也。」王念孫疏證：「大雅桑柔篇：『寧爲荼毒。』鄭箋以『荼毒』爲『苦毒』。陸機豪士賦序云：『身猒荼毒之痛。』是荼、毒皆痛也……周官醫師：『聚毒藥以共醫事。』鄭注云：『毒藥，藥之辛苦者。』小雅小明篇：『其毒大苦。』鄭箋云：『憂之甚，心中如有藥毒。』皆痛之義也。」按：由是知「飲藥傅藥而毒」，即謂用藥之後所感之辛辣、疼痛。

〔二〕瘌：說文疒部：「瘌，楚人謂藥毒曰痛瘌。」段玉裁注云：「瘌如俗語言辛辣。」字或作「刺」，本書卷三云：「刺，痛也。」參見卷二第一九條匯證〔二〕。

〔三〕乖瘌：王念孫手校明本「瘌」改作「刺」。盧文弨重校方言：「或當是音乖刺，郎達反。」按：此以「乖刺」之「刺」音「瘌」，當據王校改正。

〔四〕癆：說文疒部：「癆，朝鮮謂藥毒曰癆。」廣雅釋詁二：「癆，痛也。」廣韻号韻「癆」郎到切，黄侃蘄春語：「今吾鄉有此音，正同廣韻。」楊樹達長沙方言續考：「今長沙以藥毒魚、毒鼠曰癆魚、癆鼠。」「毒魚、毒鼠」之「毒」、「癆魚、癆鼠」之「癆」，乃毒害之謂，與「飲藥傅藥而毒」之「毒、癆」，義稍别而相因也。

〔五〕音聊：盧文弨重校方言據曹毅之本改作「音澇」。劉台拱方言補校：「音澇非，音聊是。」周祖謨方言校箋：「案：廣雅釋詁二：『癆，痛也。』曹憲『癆』音老到、力彫二反，是二音均不誤。」按：集韻蕭韻音憐蕭切，與「聊」音同；豪韻音郎刀切，号韻音郎到切，與「澇」同音。周説是也，今仍其舊。

〔六〕眠：戴震方言疏證改作「瞑」，注内同。云：「各本譌作眠，曹毅之本不誤。」周祖謨方言校箋：「書金縢正義及玄應一切經音義卷一三引並作『瞑』。盧氏云：『卷十内正作眠。二字可通用。』」按：「眠」同「瞑」，指飲藥傅藥後神智不清。參本條匯證〔八〕。

〔七〕眩：釋名釋疾病：「眩，縣也，目視動亂，如縣物摇摇然不定也。」參本條匯證〔八〕。

〔八〕眠眩：同「瞑眩」。戴震方言疏證：「孟子引書曰：『若藥不瞑眩。』趙岐注云：『藥攻人疾，先使瞑眩憒亂。』」錢繹方言箋疏：「合言之則曰『瞑眩』……倒言之則曰『眩瞑』。史記司馬相如傳：『視眩眠而無見。』漢書作『眩泯』。眩泯、眩眠並與眩瞑同。按，『瞑』與『眩』本爲諦視迷惑之名，故字皆从目。諦視迷惑謂之瞑，或謂之眩，或謂之瞑眩；中藥毒而昏迷謂之瞑，亦謂之眩，或謂之瞑眩。皆義之相因者也。」按：本書卷一〇：「南楚飲毒藥懣謂之氐惆……猶中齊言眠眩也。」是「眠眩」謂服藥或敷藥後之中毒反應。又作「瞑眩」。書説命：「啟乃心，沃朕心，若藥弗瞑眩，厥疾弗瘳。」孔穎達疏：「瞑眩者，令人憤悶之意也。」此句爲比喻，「瞑眩」用本義，而孔説則爲此句之喻義也。

一三　逞〔一〕、曉〔二〕、恔〔三〕、苦〔四〕，快也。快即狡〔五〕，狡戲亦快事也。自關而東或曰曉，或曰逞。江淮陳楚之間曰逞，宋鄭周洛韓魏之間曰苦，東齊海岱之間曰恔，自關而西曰快。

匯證

〔一〕逞：按：此條所訓之「快」，乃謂通達、明快之意，由下文「自關而東或曰曉、或曰逞」可以得知，與卷二快樂、快意之義相通而有別。説文辵部：「逞，通也。」承培元説文引經證例：「『通』之義爲『達』，通達爲『順』，即『快』義也。」國語晉語一：「逞而不知，胡可壅也。」韋昭注：「逞，快也。壅，防也。」「逞、壅」對文，是「逞」爲通達之義。後漢書楊震傳：「可以逞情意，順四節也。」李賢注：「逞，快也。」此「逞」猶下文「順」也。

〔二〕曉：廣雅釋詁二：「曉，快也。」王念孫疏證：「憭、曉皆明快之義……説文：『曉，明也。』樂記：『蟄蟲昭蘇。』鄭注云：『昭，曉也。蟄蟲以發出爲曉，更息曰蘇。』是快之義也。」按：本書卷一：「曉，知也。」知曉、洞悉與通達、明快義相因，亦今常語。

〔三〕恔：説文心部：「恔，憭也。」段玉裁注：「快即憭義之引伸，凡明憭者必快於心也。」廣雅釋詁二：「恔，快也。」王念孫疏證：「玉篇：『恔，胡交切，快也。』廣韻又胡教切。孟子公孫丑篇：『於人心獨無恔乎。』趙岐注云：『恔，快也。』恔與恔同。玉篇廣韻『恔』音吉了切。説文：『恔，憭也。』亦明快之義也。」

〔四〕苦：乃「快」之聲轉，參卷二第一五條匯證〔二〕。

〔五〕快：戴震方言疏證改作「恔」，於義爲長，當據正。郭璞注：「狡戲亦快事也。」是郭氏以爲此條「快」意同卷二「逞、苦、了，快也」之「快」。

4a 一四　膠〔一〕、譎〔二〕，詐也。涼州西南之間曰膠，自關而東西或曰譎，或曰膠。汝南人呼欺爲讉，訰回反〔三〕。亦曰詒〔四〕，音殆。詐，通語也。

匯證

〔一〕膠：戴震方言疏證：「説文云：『梁益曰謬，欺天下曰譎。』郭璞爾雅序曰：『並多紛謬。』釋文引方言：『謬，詐也。』廣雅：『謬、譎、詐、膠，欺也。』謬與膠兩見，今方言無『謬，詐也』之語，或此條脱一謬字。爾雅釋詁『詐，僞也』疏全引方言此條，文並同。」盧文弨重校方言亦以爲脱「謬」字。王念孫手校方言疏證於本條天頭墨批「謬」字，又朱批：「謬，詐也。廿。」「廿」

即玄應一切經音義卷二〇。於方言本文「涼州西南之間曰膠」之「膠」字上着墨圈，並於其旁墨注「謬」字；於戴震方言疏證「脱一謬字」四字右側記墨圈。是王氏以爲「膠」爲「謬」之譌。錢繹方言箋疏徑於方言雅詁部分「譎」字下補「謬」字。王國維書郭注方言後三：「案原本玉篇，爾雅序釋文，玄應一切經音義卷二，慧琳音義卷六、卷七、卷三八並引『謬，詐也』，疑膠乃謬之譌。説文『譎』字注『益梁曰謬，欺天下曰譎』，即本之方言。『益梁』即所謂『涼州之西南之間』；『天下』即所謂『自關而東西』也。是方言本作『涼州西南之間曰謬』。又原本玉篇『自關而東西或曰謬』，是末膠字亦本作謬。廣雅：『謬、譎、詐、膠，欺也。』上三字與方言次序同，當本之方言。『膠』字或取諸他書，或後人據譌本方言羼入也。」周祖謨方言校箋説與王國維同。按：慧琳一切經音義卷三四、卷四〇、卷四三引方言並作「謬，詐也」，王念孫、王國維以爲「膠」爲「謬」字之譌，是也，當據改。下文兩「膠」字亦當改作「謬」。又按：説文言部：「謬，狂者之妄言也。」引申爲以妄言欺詐。列子天瑞：「向氏以國氏謬己也，往而怨之。」「謬己」者，欺騙自己也。燕丹子卷上：「欲求歸，秦王不聽，謬言『令烏白頭、馬生角，乃可許耳』。」「謬言」者，詐言也。亦通用「繆」。漢書司馬相如傳：「臨邛令繆爲恭敬，日往朝相如。」顔師古注：「繆，詐也。」晉書李憙傳：「侵剥百姓，以繆惑朝士。」是其例也。又，他書確有借「膠」之例。文選左思魏都賦：「繆默語之常倫，牽膠言而踰侈，飾華離以矜然。」李善注引廣雅：「膠，欺也。」朱駿聲通訓定聲：「假借爲謬。」

〔二〕譎：錢繹方言箋疏：「説文：『譎，權詐也。益梁曰謬，欺天下曰譎。』憲問篇：『晉文公譎而不正。』鄭注：『譎，欺也。』荀子大略篇：『奉妒昧者謂之交譎。』漢書王吉傳云：『各取一切，權譎自在。』是譎爲詐也。説文：『憰，權詐也。』憰與譎聲義並同。」

〔三〕讉，訰回反：戴震方言疏證以「讉訰」連文，於「回」上補「他」字。盧文弨重校方言改「訰」作「託」，云：「俗本託作訰。戴本『讉訰』連文，又增『他』字，作『他回反』，誤。」錢繹方言箋疏所改同盧，云：「音『託回反』，『託』字各本作『訰』，形近『訰』，傳寫者遂誤以爲『訰』。集韻、類篇『讉』並音通回切，則與『託回』之音正合，今訂正。」吳承仕經籍舊音辨證：「錢説近之而未盡也，其所引篇、韻亦與本書稍有異同。尋類篇：『讉，旬爲切，言從也。又通回切，江南呼欺曰讉。』集韻支部：『讉，旬爲切，言從也。』灰部：『讉，通回切，江南呼欺曰讉。』按，篇、韻『江南』字皆『汝南』之譌，蓋本之方言郭注。據此，似類篇所據方言字作『譴』，集韻所據字作『讟』。今以文義勘之，則作『譴』爲長。方言卷一：『虔、儇，慧也。秦謂之謾，楚或謂之譴。』慧黠、欺謾音義多通，蓋『譴、譎』本爲一文。此注言『汝南』，汝南又即楚分也。然則此文郭注應云：『汝南人呼欺爲譴原譌作讟。託原譌作訑。回反。』以篇、韻互異，則舊本已有異同，故不輒改。」按：「讟」字今仍舊本，「訑」字當據盧、錢、吴諸家校改作「託」。

〔四〕詒：戴震方言疏證：「列子黄帝篇：『既而狎侮欺詒。』張湛注引方言『相欺亦曰詒』。似即此條注文。」按：説文言部：「詒，相欺詒也。」列子仲尼：「子輿曰：『吾笑龍之詒孔穿。』」張湛注：「詒，欺也。」徐幹中論考僞：「公盜子名，兄竊弟譽，骨肉相詒，朋友相詐，此大亂之道也。」廣雅釋詁二：「詒，欺也。」王念孫疏證：「僖元年穀梁傳：『惡公子之紿。』范甯注云：『紿，欺紿也。』紿與詒通。」説文「詒」字下段玉裁注云：「史、漢多假紿爲之。」

一五　揠〔一〕、擢〔二〕、拂〔三〕、戎〔四〕，拔也。今呼拔草心爲揠，烏拔反。自關而西或曰拔，或曰擢。自關而東江淮南楚之間或曰戎。東齊海岱之間曰揠。

匯證

〔一〕揠：戴震方言疏證：「孟子：『宋人有閔其苗之不長而揠之者。』趙岐注云：『揠，挺拔之，欲亟長也。』」廣雅釋詁一：「挺、拔、揠、擢，出也。」又釋詁三：「揠、擢、拂、戎，拔也。」説文手部：「揠，拔也。」小爾雅廣物：「拔心曰揠，拔根曰擢。」下文郭注：「今呼拔草心爲揠。」

〔二〕擢：戴震方言疏證：「潘岳爲賈謐作贈陸機詩：『擢應嘉舉。』李善注引方言：『擢，拔也。』」劉君惠方言疏證補：「『擢』，今字作『抽』，抽、擢同音也。翟、笛同音，是其例證。」按：説文手部：「擢，引也。」「拔，擢也。」莊子駢拇：「枝於仁者，擢德塞（搴）性以收名聲。」釋文：「司馬云：擢，拔也。」韓非子姦劫弒臣：「卓齒之用齊也，擢湣王之筋，縣之廟梁。」抽取、拔取謂之「擢」，引申之，選拔、選昇亦謂之「擢」。戰國策燕策二：「先王過舉，擢之乎賓客之中，而立之乎群臣之上。」新唐書百官一：「二曰銓衡人物，擢盡才良，爲選司之最。」正字通手部：「擢，今俗凡遷官曰擢，擢猶昇也、進也。」

〔三〕拂：廣雅釋詁三：「拵、拂，拔也。」王念孫疏證：「淮南子俶真訓：『疾風教木而不能拔毛髮。』高誘注云：『教亦拔也。』覽冥訓云：『拵拔其根。』拵與教通……拂猶拵也，方俗語有輕重耳。大雅生民篇：『茀厥豐草。』韓詩作『拂』，是拂爲拔也。韓子難篇云：『拔拂今日之死不及。』」

〔四〕戎：錢繹方言箋疏：「某氏大禹謨傳云：『戎謂伐惡。』泰誓：『戎商必克。』是『戎』之訓拔，以除爲義，與『拂』同也。戎之訓又爲兵，以兵除惡謂之戎，猶以兵克邑謂之拔矣。秦策云：『明日鼓之，以拔宜陽。』呂氏春秋慎行篇云：『圍朱方，拔之。』是也。然則戎之訓拔，義可類推矣。」按：錢説迂曲。「戎商必克」蔡沈集傳：「知伐商而必勝之也。」是「戎」謂征伐。「戎」之訓兵，乃其本訓，説見説文。徐復補釋：「戎亦作𢪛。爾雅釋言陸德明釋文：『戎，本作𢪛。』字從手作，爲拔除義。」徐説是也。集韻蒸韻：「扔，説文因也，一曰引也。或作𢪛，亦省。」是「𢪛」又爲「扔」之異體。廣雅釋詁一：「扔，引也。」老子第三八章：「上禮爲之而莫之應，則攘臂而扔之。」陸德明釋文：「扔，引也。」説文手部：「扔，因也。」段玉裁注改「因」爲「捆」。朱駿聲通訓定聲：「扔，以手攖之也。」是「引」謂牽引，謂拉。韓非子人主：「夫馬之所以能任重而引車致遠道者，以筋力也。」是其例。「引」亦有「拔」義。淮南子俶真訓：「引楯萬物，群美萌生。」高誘注：「引楯，拔擢也。」又繆稱訓：「辟若伐樹，而引其本，千枝萬葉，則莫得弗從也。」是牽引、拔擢義相因。

一六　慰〔一〕、廛〔二〕、度〔三〕，尻也〔四〕。周官云：「夫一廛。」〔五〕宅也。音纏約。江淮青徐之間曰慰，東齊海岱之間或曰度，或曰廛，或曰踐〔六〕。

匯證

〔一〕慰：戴震方言疏證：「廣雅：『慰、廛，尻也。』義本此。文選雜詩：『宴慰及私辰。』李善注引方言：『慰，居也。』尻、居古通用。」廣雅釋詁二王念孫疏證：「大雅緜篇述大王遷岐之事云：『迺慰迺止。』是慰爲居也。」劉君惠方言疏證補補：「慰之言尉也。尉，從上安下也，安與居義相近也。」按：詩大雅緜馬瑞辰毛詩傳箋通釋：「慰亦止也。方言：『慰，居也。』江淮青徐之閒曰慰。』廣雅亦曰：『慰，尻也。』居即止也……『迺慰迺止』猶言『爰居爰處』，皆複語耳。」是也。

〔二〕廛：廣雅釋詁二：「廛，尻也。」王念孫疏證：「説文：『廛，二畝半，一家之居，从广里八土。』魏風伐檀篇：『胡取禾三百廛兮。』毛傳云：『一夫之居曰廛。』周官載師：『以廛里任國中之地。』鄭注云：『廛里者，若今云邑里居矣。廛，民居之區域也；里，居也。』王制：『市廛而不税。』鄭注云：『廛，市物邸舍也。』是凡言廛者，皆居之義也。」注云「宅也」者，錢繹方言箋疏：「（爾雅）釋言：『宅，居也。』廛與宅聲之轉耳。」劉君惠方言疏證補補：「廛字古讀舌頭，故字又作壇。管子五輔篇：『闢田疇，利壇宅。』壇、度、廛、宅四字同爲定紐雙聲，故『壇宅』者猶言『廛度』矣。錢氏説近之，第明而未融耳。」按：古稱一家所居之房屋爲「廛」，周禮鄭注是也。孟子滕文公上：「願受一廛而爲氓。」趙岐注：「廛，居也。」資治通鑑宋紀八：「乃至酤販市廛。」胡三省注：「廛，居也。」亦其例也。

〔三〕度：戴震方言疏證：「古音宅，讀如度，故宅度古多通。詩大雅：『宅是鎬京。』坊記引作『度是鎬京』。周禮縫人注引書『度西』，今書作『宅西』。他如史記五帝本紀『五流有度』『五度三居』，夏本紀『三危既度』，論衡引詩『此維與度』之類，漢書注臣瓚云：『案：古文宅、度同。』是也。」爾雅釋言：「宅，居也。」郝懿行義疏：「（宅）又通作度。方言云：『度，尻也。』詩『度之薨薨』『爰究爰度』，傳並云：『度，居也。』書『何度非及』，史記周紀作『何居非其宜』，是皆度訓居之證。古書宅多作度，故書『宅西』，縫人注作『度西』……是皆宅作度之證。宅、度古同聲，度、居聲又近。」

〔四〕尻：説文几部：「尻，處也。从尸得几而止。」段玉裁注本「處」改作「処」云：「凡尸得几謂之尻，尸即人也。引申之爲凡尻処之字。既又以蹲居之字代尻，别製踞爲蹲居字，乃致居行而尻廢矣。」説文尸部：「居，蹲也。」段玉裁注：「凡今人居處字，古祇作尻處。居，蹲也。凡今人蹲踞字，古祇作居。」又云：「今字用蹲居字爲尻處字而尻字廢矣，又别製踞字爲蹲居字而居之本義廢矣。」按：方言「尻」猶存古字，意爲尻處。又，原本玉篇殘卷「廛」字下，文選鮑照翫月城西門解中詩李善注，慧琳一切經音義卷七〇、卷七三引方言並作「居」，是「居」行而「尻」廢久矣。

〔五〕夫一廛：周禮地官遂人文。

〔六〕踐：錢繹方言箋疏：「廛、踐古同聲。盡心篇云：『形色，天性也；惟聖人，然後可以踐形。』趙岐注云：『形，謂君子體（貌）尊嚴也。』『色，謂婦人妖麗之容。』『此皆天假施於人也。踐，履居之也。』『聖人内外文明，然後能以正道履居，此美形不言居而言踐，尊陽抑陰之義也。』是踐爲居也。」按：清乾隆二十四年象山縣志：「廛，周禮廛人注：『貨賄諸物邸舍。』今音轉如棧，曰棧房。」是尻處義之「廛」可音轉如「踐」，正如倉庫義之「廛」音轉如「棧」也。長沙子彈庫戰國楚帛書甲篇：「㠯（以）□四淺之尚（常），□□上妄（妖），三寺（時）是行。」李零讀淺爲踐，並説踐與躔音義相通。説文：「躔，踐也。」指四時星辰之躔度，亦即帛書乙篇「是襄天㦾（踐）」之「天㦾」、「襄咎（晷）天步」之「天步」。此亦可佐證「踐」與「躔」通。

一七　萃〔一〕、雜〔二〕，集也。東齊曰聖〔三〕。

匯證

〔一〕萃：錢繹方言箋疏：「廣雅：『萃、襍、集，聚也。』皆一聲之轉也。陳風墓門篇：『有鴞萃止。』毛傳：『萃，集也。』萃彖傳云：『萃，聚也。順以説，剛中而應，故聚也。』揚子長楊賦：『帥軍踤阹。』漢書音義：『踤，聚也。』説文：『𪓐，會五采繒色。』漢書司馬相如傳：『綷雲蓋而樹華旗。』顔師古注：『綷，合也。』郭氏江賦：『瑶珠怪石琗其表。』李善注：『琗與綷同。』踤、𪓐、綷、琗，聲義並與萃同。」按：説文艸部：「萃，艸皃。」朱駿聲通訓定聲：「草聚貌。」「萃」本謂草聚貌，即草叢生之貌，引申爲凡聚集之稱，例多不贅。劉君惠方言疏證補補：「下卷十二云：『萃，待也。』爾雅釋詁：『待，止也。』『待』或通作『時』王氏爾雅述聞説，下卷十云：『萃、離，時也。』『時』亦止也。大雅緜篇：『曰止曰時。』『時』與『止』同義。莊子逍遥游曰：『猶時女也。』司馬彪注云：『時女猶處女也。』『處』亦止也。『萃』訓待，『待』爲時，爲止，故楚辭天問注云：『萃，止也。』止者，是聚集之義矣。或曰萃之言綷也，下文『綷，同也』，説文『會五采繒也』，王逸注離騷『齊同曰粹』，是會集之義矣。」

〔二〕雜：錢繹方言箋疏：「説文：『襍，五采相合也。』鄭語：『先王以土與金木水火襍，以成百物。』韋注：『襍，合也。』」按：

「雜、襍」同，從衣集聲，集聲兼表義。廣雅釋詁三：「雜、集，聚也。」易繫辭下：「若夫雜物撰德。」孔穎達疏：「言雜聚天下之物，撰數衆人之德。」呂氏春秋仲秋紀：「四方來雜，遠鄉皆至，則財不匱。」高誘注：「雜，會也。」「會」猶「聚」也。漢書楚元王傳：「雜遝衆賢，罔不肅和。」顏師古注：「雜遝，聚積之貌。」「雜聚」亦連文而用。楚辭七諫怨思：「雜橘柚以爲囿兮，列新夷與椒楨。」王逸注：「雜聚衆善，以自修飭也。」「雜聚」猶後世之言「集聚」。魏晉後亦有「雜會」一説。文選潘岳西征賦：「五方雜會，風流溷淆。」「雜會」猶言「集會」也。

〔三〕聖：戴震方言疏證據廣雅改作「聚」。王念孫手校方言疏證於本條天頭朱批：「東齊海岱之間謂萃爲聚。一切經音義四。」周祖謨方言校箋：「玄應音義卷四引方言云：『東齊海岱之間謂萃曰聚。』又慧琳音義卷三十引方言云：『東齊之間謂萃爲聚。』是字當作聚無疑。」按：慧琳一切經音義卷三二引方言：「東齊海岱之間謂萃爲聚。」卷八六引方言：「東齊之間謂聚爲萃。」「聖」爲誤字，當從戴校改作「聚」。又按：説文乑部：「聚，會也。」易繫辭上：「方以類聚，物以群分。」孔穎達疏：「方謂法術性行，以類共聚，固方者則同聚也。」易乾：「君子學以聚之，問以辯之。」孔穎達疏：「未在君位，姑且習學以畜其德。」左傳哀公十七年：「楚白公之亂，陳人恃其聚而侵楚。」杜預注：「聚，積聚也。」「聚集」亦今之常用詞。「萃、雜、集、聚」，音近義同。

4b 一八　迨〔一〕、遝〔二〕，及也。東齊曰迨，音殆。關之東西曰遝〔三〕，或曰及。

匯證

〔一〕迨：戴震方言疏證：「爾雅釋言：『迨，及也。』郭注云：『東齊曰迨。』」按：邢昺爾雅疏：「謂相及也。」郝懿行義疏：「此篇下文又云：『逮，及也。』逮與迨同。通作『隶』。説文云：『隶，及也。』又通作隸。説文：『隸，及也。』引詩曰：『隸天之未陰雨。』今詩『隸』作『迨』。摽有梅、匏有苦葉、伐木俱作『迨』字。方言云：『迨，及也。東齊曰迨。』蓋隸、逮別作迨矣。」黄侃爾雅音訓：「迨作隶、逮，隸，俱通。七月『迨及公子同歸』連言，故此以『及』釋『迨』。迨與下文二逮聲轉。『迨』

今曰『遝』，俗字作『搭』。」

〔二〕遝：戴震方言疏證：「（爾雅釋言）：『逮，遝也。』注云：『今荆楚人皆曰遝。』玉篇云：『迨遝，行相及。』」邢昺爾雅疏：「亦謂相及，方俗語異爾。」郝懿行義疏：「遝、逮俱訓及，逮、遝聲又相轉。」廣雅釋詁五：「遝，及也。」王念孫疏證：「爾雅：『逮，及也。』又云：『逮，遝也。』郭璞注云：『今荆楚人皆云遝。』……説文：『遝，迨也。』玉篇云：『迨遝，行相及。』王褒洞簫賦云：『鶩合遝以詭譎。』漢書禮樂志：『騎沓沓。』顔師古注云：『沓沓，疾行也。』疾行亦相及之意。故釋名云：『急，及也，操切之使相逮及也。』説文：『眔，目相及也。』『譅，語相及也。』義並與遝通。」按：墨子非攻下：「遝至乎夏王桀，天有誥命，日月不時，寒暑雜至。」孫詒讓閒詁：「遝與逮同。逮，及也。」又迎敵祠：「城之外，矢之所遝。」孫詒讓閒詁引王念孫曰：「謂矢之所及也。」睡虎地秦墓竹簡秦律工律：「遝真未靡，謁其更久。」太尉劉寬碑：「未遝誅討，亂作不旋。」

〔三〕遝：錢繹方言箋疏：「衆經音義卷六引方言：『自關之東西謂及曰逮。』與一本正合。」按：慧琳一切經音義卷三、卷二七引方言並作「逮」。周祖謨方言校箋：「遝、逮字通。」今仍舊本。

一九　荄〔一〕、杜〔二〕，根也。今俗名韭根爲荄，音陔。東齊曰杜，詩曰「徹彼桑杜」是也〔三〕。或曰茇〔四〕。音撥。

匯證

〔一〕荄：戴震方言疏證：「爾雅釋草：『荄，根。』郭注云：『俗呼韭根爲荄。』潘岳懷舊賦：『陳荄被于堂除。』悼亡詩：『枯荄帶墳隅。』李善注兩引方言『荄，根也』。」邢昺爾雅疏：「凡草根一名荄。」郝懿行義疏：「韓詩外傳云：『草木根荄淺。』通作『核』。漢書五行志云：『乃毓根核。』集注：『核亦荄字也。』又通作『箕』。易：『箕子之明夷。』劉向云：『今易箕子作荄滋。』蓋箕、荄古同聲，荄、根又一聲之轉。」廣雅釋草：「荄，根也。」王念孫疏證：「根、荄之言根基也，古聲荄與基同。」按：説文艸部：「荄，艸根也。」徐鍇繫傳：「荄，草木枯莖也。」

〔二〕杜：戴震方言疏證：「詩豳風：『徹彼桑土。』釋文云：『韓詩作杜。』方言：『東齊謂根曰杜。』」』」廣雅釋草：「杜，根也。」

王念孫疏證：「毛詩豳風鴟鴞篇『桑杜』作『桑土』，云：『桑土，桑根也。』韓詩作『杜』，義與毛同。名醫別録云：『茅根，一名兼杜。』亦是也。」按：「杜」爲甘棠古名，即杜梨，也叫棠梨，一種野生梨，爾雅、説文皆謂「甘棠」。又謂根，方言、廣雅同。然「杜」何以謂「根」，未得其解。

〔三〕徹彼桑杜：詩豳風鴟鴞文，今本毛詩「杜」作「土」。

〔四〕茇：説文艸部：「茇，艸根也。春艸根枯，引之而發土爲撥，故謂之茇。」段玉裁注：「此申明艸根爲茇之義也。氾勝之書曰：『春土長冒橛，陳根可拔，耕者急發。』考工記注曰：『甽上曰伐，伐之言發也。』詩：『駿發爾私。』箋云：『發，伐也。』周語：『王耕一墢。』注：『一墢，一耦之發也。』『引之而發土』者，謂枱耤陳根，土易解散，其耕澤澤也。『爲撥』之『撥』，即考工記之『伐』、國語之『墢』、説文土部之『坺』，今韻書之『垡』，實一字也。其連根之土曰坺，故艸根曰茇。」廣雅釋草：「棓、茇，根也。」王念孫疏證：「棓、茇，聲之轉，根之名茇又名棓，猶杖之名柭又名棓也……案：茇之言本也。本、茇聲義相近，故槀本謂之槀茇。中山經云：『青要之山有草焉，其本如槀本。』西山經云：『皋塗之山有草焉，其狀如槀茇。』郭璞注上林賦云：『槀本，槀茇也。』草本之爲茇，猶燭本之爲跋。曲禮：『燭不見跋。』鄭注云：『跋，本也。』淮南墬形訓云：『凡根茇草者，生於庶草。』字亦作菝。玉篇云：『菝菰，狗脊根也。』」

二〇　班〔一〕、徹〔二〕，列也。北燕曰班，東齊曰徹。

匯證

〔一〕班：戴震方言疏證：「趙岐注孟子『班爵禄』云：『班，列也。』春秋昭公二年左傳：『送從逆班。』杜預注云：『班，列也。』任昉奏彈曹景宗曰：『榮高列侯。』李善注引方言：『列，班也。』所引即此文……廣雅：『列、班，布也。』」爾雅釋言：「班，賦也。」郭璞注：「謂布與。」郝懿行義疏：「詩烝民傳又云：『賦，布。』布即班聲之轉。布猶鋪也、敷也，皆與班義近也。班者，説文云『分瑞玉』，廣韻引同；玉篇引云『分瑞也』，無玉字。蓋本詩班瑞而爲説。周語注：『班，分也。』方言云：『列也。」小爾雅云：『次也。』廣雅云：『序也。』序次分別皆賦布之意。」劉君惠方言疏證補補：「廣雅：『斑，分也。』分與列義相近。爾雅：『班，賦也。』廣雅：『賦，布也。』大雅烝民篇：『明命使賦。』毛傳：『賦，布也。』布猶列也。小雅常棣篇：『儐爾籩豆。』毛傳：『儐，陳也。』說文：『攽，分也。』引洛浩：『乃惟孺子攽。』今本作『頒』，鄭注：『頒，分也。』班、斑、賓、儐、攽、頒，並聲近義通，其本字皆當爲『分』。春秋繁露：『春秋分者，陰陽相半也。』是分布別列之義也。」按：方言本條之「班」謂序列，亦謂等級排列，與分布別列之義相通也。禮記曲禮上：「班朝治軍，涖官行法，非禮威嚴不行。」鄭玄注：「班，次也。」孔穎達疏：「次，謂司士正朝儀之位次也。」

〔二〕徹：戴震方言疏證：「詩大雅：『王命召伯，徹申伯土田。』毛傳：『徹，治也。』鄭箋云：『治者，正其井牧，定其賦稅。』亦於班列之義爲近。」錢繹方言箋疏：「蔡邕獨斷：『漢制：子弟封爲侯者，謂之諸侯。群臣異姓有功封者，謂之徹侯。後避武帝諱，改曰通侯；法律家皆曰列侯。』是『徹』與『列』義同也。」按：詩毛傳謂「治」爲「徹」是也，「治」即「治理」。又如大雅公劉：「度其原隰，徹田爲糧。」毛傳：「徹，治也。」大雅江漢：「式辟四方，徹我疆土。」鄭箋：「開辟四方，治我疆界於天下。」戴氏所引崧高詩之「徹」義同，鄭箋所說「正其井牧，定其賦稅」乃爲「治」之內容，申毛意也。「徹侯」之制始於秦，漢承秦制。「徹」者，通也。是「徹侯、通侯」義同也。劉君惠方言疏證補補：「漢書百官公卿表顔注：『通侯者，其名得通於天子也。』蓋以別於關內侯。關內侯衹當附庸，不達於天子也，不得以徹侯爲說。」是也。「列侯」則與「諸侯」對稱，意謂衆也，義如「列位」之列。是戴、錢所舉例證，「徹」皆不當詁爲「列」也。丁惟汾方言音釋：「徹、陳雙聲，徹亦陳列，今俗謂同班爲一徹。讀古音。」丁說庶幾得之。疑「徹」之言「陳」也，蓋東齊人言「陳」音如「徹」，子雲遂以「徹」記之。說文支部：「敶，列也。」段玉裁注：「此本敶列字，後人假借陳爲之，陳行而敶廢矣。」廣雅釋詁三：「敶、列、班，布也。」廣雅之訓多本方言，而此條有「敶」無「徹」，豈「敶」即「徹」歟？又劉君惠方言疏證補補：「徹字亦作轍。說文：『軌，車徹也。』徹與轍同。轍爲車軌，故有行列之義矣。又楚辭九辯、九歌注：『棘，陳也。』棘從並束會意，亦陳列之義，與轍字聲義皆相近。」

二一 瘼〔一〕、音莫。癁〔二〕，病也。謂勞復也。東齊海岱之間瘼或曰癁〔三〕，秦曰瘎〔四〕。音閻，或湛〔五〕。

匯證

〔一〕瘼：戴震方言疏證：「詩小雅：『亂離瘼矣。』毛傳：『瘼，病也。』爾雅：『瘼，病也。』郭注云：『東齊曰瘼。』」郝懿行爾雅義疏：「詩『亂離瘼矣』『瘼此下民』，傳並云：『瘼，病也。』方言及説文同。通作『莫』。文選關中詩及爲范尚書表並云：『亂離斯莫。』李善注引韓詩作『莫』字，薛君曰：『莫，散也。』又『求民之莫』，文選齊故安陸昭王碑注引作『求民之瘼』，云班固漢書引詩而爲此『瘼』。按：班所引亦必三家詩也。」按：「瘼」本病名。急就篇卷四：「瘧瘚瘀痛瘼温病。」顔師古注：「瘼者，無名之病，常漠漠然也。」引申之，則痛苦、疾苦亦曰「瘼」。詩小雅四月：「亂離瘼矣，爰其適歸。」毛傳：「瘼，病。」鄭箋：「今政亂，國將有憂病者矣。」三國志蜀書馬超傳：「以君信著北土，威武並昭，是以委任授君，抗颺虓虎，兼董萬里，求民之瘼。」「民之瘼」謂民之疾苦也。

〔二〕癁：戴震方言疏證：「癁亦作㾓。玉篇：『㾓，再病也。』」廣雅釋言：「㾓，瘎也。」廣韻宥韻：「㾓，病重發也。」按：「㾓」與「癁」同，「癁」之言復也，復發病之謂，郭璞注云「謂勞復」是也。

〔三〕東齊海岱之間瘼或曰癁：吳琯古今逸史本、程榮漢魏叢書本、明李珏刻本、明佚名刻本「間」下「瘼」上均有「曰」字，清人校本同，當據補。

〔四〕瘎：戴震方言疏證：「廣韻：『瘎，腹内故病。』廣雅：『㾓，瘎也。』」按：「故病」即舊病、老病，義與「再病、重發之病」同。集韻沁韻：「瘎，復病曰瘎。」

〔五〕音閻，或湛：明刻諸本「閻」作「閰」，是也，當據正。戴震方言疏證改「湛」作「諶」，盧文弨重校方言據曹毅之本删「閰或」二字，作「音諶」。劉台拱方言補校認爲盧文弨「從宋本非。集韻有閰、湛二音」。吳承仕經籍舊音辨證：「舊本近之，盧校非也。類篇：『瘎，又余廉切。』此郭注音『瘎』爲『閰』之證。」又自注云：「盧文弨等校勘舊籍，每以宋本爲斷，不能比量群籍，審察音韻，致多專輒，斯其蔽也。」周祖謨方言校箋：「瘎，注『音閰或湛』。湛，御覽卷七百三十八引作『諶』。戴本同。」

案：廣雅釋言曹憲音及廣韻、集韻並音『諶』，則作『諶』爲是。盧本據曹毅之本刪『闇』之一音，而『湛』亦作『諶』。」按：廣韻侵韻「瘎」與「諶、湛」在同一小韻，直深切，又尸甚切；集韻侵韻「瘎」下引方言，「瘎」字亦與「諶、湛」爲同一小韻，時任切；集韻鹽韻亦有「瘎」字，並引方言，「瘎」與「闇」字同一小韻，余廉切。是舊本「音闇或湛」，「闇」音既不必刪，「湛」亦不必即改爲「諶」也。

二二　掩〔一〕、醜〔二〕、掍〔三〕、衮衣。綷〔四〕，作憒反。同也。江淮南楚之間曰掩；宋衛之間曰綷，或曰掍；東齊曰醜。

匯證

〔一〕掩：戴震方言疏證：「掩、奄古通用。詩周頌：『奄有四方。』毛傳：『奄，同也。』」錢繹方言箋疏：「家語辨樂解：『掩有四方。』王肅注：『掩，同也。』宋玉高唐賦：『越香掩掩。』李善注同。通作『奄』。周頌執競篇：『奄有四方。』逸周書皇門解：『王用奄有四鄰。』毛傳、孔晁注並云：『奄，同也。』『奄』與『掩』同。」按：「奄有」（或作「掩有」）二字常連文而用。大雅皇矣「奄有四方」馬瑞辰毛詩傳箋通釋云：「奄即有也。奄即爲有而複稱之曰奄有，猶撫本爲有，而經傳亦連稱撫有也。」説文大部：「奄，覆也，大有餘也。」段玉裁注：「二義實相因也。」「覆蓋」，則「包括、擁有」之義在其中矣，此即所謂義相因也。「奄有四方」，意即擁有四方，或盡有四方。高唐賦「掩掩」李善注誤，錢氏不辨，以誤傳誤。依文義和語境，「掩掩」當爲形容之語。劉良注云：「掩掩，香氣貌。」是也。王念孫讀書雜志餘編文選：「高唐賦：『越香掩掩。』掩亦與馣同。廣雅曰：『馣，香也。』又曰：『馣馣，香也。』」又按：掩、奄古字通，「掩」之訓「同」，方言云爲「江淮南楚之間」語。文選宋玉九辨：「白露既下降百草兮，奄離披此梧楸。」劉良注：「奄，同。」是其例也。

〔二〕醜：戴震方言疏證：「醜訓類，類亦同也。孟子：『今天下地醜德齊，莫能相尚。』趙岐注云：『醜，類也，言今天下之人君，土地相類。』以方言證之，於義尤明。」廣雅釋詁四：「醜，同也。」王念孫疏證：「醜之言儔也。」劉君惠方言疏證補補：「儔，經傳皆作疇。『儔，有壅蔽也。』『疇，耕治之田也。』皆不得有齊同之義。其本字當爲『雔』。説文『雔，雙鳥也』。字亦作『雔』。書召誥『王之雔民百君子』是也。雔與醜，聲近相通假也。」按：説文鬼部「醜」字下段玉裁注：「凡云醜類也者，皆謂醜即疇之假借字。疇者，今俗之儔類字也。」荀子勸學：「草木疇生。」楊倞注：「疇與儔同，類也。」「類」與「同」義相通。列子仲尼：「其負類反倫。」張湛注：「類，同也。」今有「類同」一詞是也。

〔三〕掍：戴震方言疏證：「班固西都賦：『掍建章而連外屬。』王褒洞簫賦：『掍其會合。』李善注兩引方言『掍，同也』。」廣雅釋詁四：「掍，同也。」王念孫疏證：「周語：『混厚民人。』韋昭注：『混，同也。』混與掍通。」按：説文手部：「掍，同也。」西都賦李善注嘗云掍「音義與混同」。今字通作「混」，並有「混同」之語，是「混」亦同也。

〔四〕綷：戴震方言疏證：「玉篇：『綷，周也。』類篇：『綷，周也。宋衞語。』『周』即『同』之譌。説文作『䌥』，云：『會五采繒色。』亦於『同』之義爲近。」廣雅釋詁四：「粹，同也。」王念孫疏證：「粹之言萃也。説文：『䌥，會五采繒也。』漢書司馬相如傳：『綷雲蓋而樹華旗。』顔師古注云：『綷，合也，合五采雲以爲蓋也。』王逸注離騷云：『至美曰純，齊同曰粹。』䌥、綷、粹並通。」

5a 二三　裕〔一〕、猷〔二〕，道也。東齊曰裕，或曰猷。

匯證

〔一〕裕：説文衣部：「裕，衣物饒也。」段玉裁注：「引伸爲凡寬足之偁。方言：『裕，道也。東齊曰裕。』」戴震方言疏證：「裕、猷亦一聲之轉。」廣雅釋詁三：「裕，道也。」王念孫疏證：「猷、裕、牖，聲並相近。引之云：康誥篇：『用康乃心，顧乃德，遠乃猷裕，乃以民寧，不女瑕殄。』舊以『裕』字屬下讀，『裕乃以民寧』甚爲不辭，三復經文，當以『遠乃猷裕』爲句，謂遠乃道也。君奭篇云：『告君乃猷裕。』與此同，下文云『乃以民寧，不女瑕殄』，猶云乃以殷民世享耳。猷、由，古字通。『道』謂之猷裕，道民亦謂之由裕。上文云『乃由裕民，惟文王之敬忌，乃裕民曰：我惟有及』皆是也，解者失其義久矣。」按：段氏據字義解，王氏依語言解，王説爲長。參本條匯證〔二〕引劉君惠説。

〔二〕猷：戴震方言疏證：「坊記引書：『爾有嘉謀嘉猷。』鄭注云：『猷，道也。』猷、繇，古通用。爾雅釋詁：『繇，道也。』」郝懿行義疏：「道取通導之義，故法言云：『道也者，通也，無不通也。』又取由行之義，故史記袁盎鼂錯傳云：『道軍所來。』集解引臣瓚曰：『道，由也。』由即行，故釋宮云：『行，道也。』……繇者，行之道也。説文作『䌛』，云：『隨從也。』……通作繇……又通作猶……是猶、猷、由並與繇同。」劉君惠方言疏證補補：「猷、裕雙聲相轉，韻則侯部與幽部近，旁轉也。訓道者乃『繇』之叚借。爾雅釋宮：『繇，道也。』又『繇、由』古字通。漁父：『道者萬物之所由也。』禮器：『則禮不虛道。』注：『道猶由也。』『由』與『道』古同聲相通，故『迪』從由聲，亦訓道也。皋陶謨『允迪厥德』，史遷作『信其道德』，是以『道』釋『迪』也。釋詁：『迪，道也。』又曰：『迪，蹈也。』其聲與義皆相因依也。」

二四　虔〔一〕、散〔二〕，殺也。東齊曰散，青徐淮楚之間曰虔。

匯證

〔一〕虔：見卷一第一六條匯證〔一〕。

〔二〕散：東齊人言「殺」聲近「散」，故方言以「散」字記之。墨子非儒下：「其奉先之祭祀，弗散。」「弗散」謂「弗殺」也。于省吾新證：「散殺一聲之轉。儀禮士冠禮：『德之殺也。』注：『殺猶衰也。』」

二五　汜〔一〕、音汎。浼〔二〕、音漫。潣〔三〕、湯潣〔四〕。洼〔五〕，烏蛙反。洿也。皆洿池也〔六〕。自關而東或曰洼，或曰汜；東齊海岱之間或曰浼，或曰潣。荆州呼潢也〔七〕。

匯證

〔一〕汜：按：據郭注「音汎」，字當作「氾」，廣雅釋詁三「氾」曹憲音敷劒反亦可證。清人校本皆作「氾」，是也。下文「氾」亦當改作「氾」。廣雅釋詁三：「氾，污也。」王念孫疏證：「漢書王襃傳云：『水斷蛟龍，陸剸犀革，忽若彗氾畫塗。』如淳注云：『若以彗埽於氾灑之處也。』顔師古注云『彗，帚也。氾，氾灑地也。塗，泥也。如以帚埽氾灑之地，以刀畫泥中，言其易』也……如淳、顔師古以氾爲氾灑地，失之。漢博陵太守孔彪碑云：『浮斿塵埃之外，皭然氾而不俗。』是氾爲污也。氾爲污穢之污，亦爲污下之污。管子山國軌篇云：『氾下漸澤之壤。』氾下，謂污下也。」

〔二〕浼：説文水部：「浼，污也。从水，免聲。詩曰：河水浼浼。孟子曰：汝安能浼我。」戴震方言疏證：「浼、醃古通用。」廣雅釋詁三：「醃，污也。」王念孫疏證：「孟子公孫丑篇：『若將浼焉。』趙岐注云：『浼，污也。』丁公著音『漫』，玉篇及方言注並同。莊子讓王篇云：『欲以其辱行漫我。』呂氏春秋離俗覽：『不漫於利。』高誘注云：『漫，污也。』漫、浼並與醃通。」按：「浼」等訓「污」，皆謂污染，方言則爲「洿池」之名。

〔三〕潤：譌俗字，同「潤」，下文及注内同。説文水部：「潤，海岱之間謂相污爲潤。」廣雅釋詁三：「潤，污也。」玉篇水部：「潤，余廉切，相污也。」

〔四〕湯潤：戴震方言疏證：「注内『湯潤』當作『音湯爓之爓』。」劉台拱方言補校：「注爓字从火。」周祖謨方言校箋：「案於湯中瀹肉曰爓，故郭注音潤爲『湯爓』之爓。作潤則不辭矣。集韻鹽韻潤音爓，並引方言云『洿也』，足證戴校不誤。」當據戴校改正。

〔五〕洼：説文水部：「洼，深池也。」廣雅釋詁三：「洼，污也。」王念孫疏證：「氾、醃、染、潤諸字爲污穢之污，洼爲污下之污，而其義又相通……莊子齊物論篇：『似洼者，似污者。』是洼爲污下也。卷一云：『窪，下也。』窪與洼亦同義。」按：馬王堆漢墓帛書老子甲本道經：「洼則盈，敝則新。」今本老子第二二章作「窪」，是「窪」與「洼」同義也。低洼之處易積水。淮南子覽冥訓：「山無峻榦，澤無洼水。」高誘注：「洼水，渟水。」「渟水」之言停水也。玉篇水部：「池，渟水。」廣韻支韻：「池，停水曰池。」又青韻：「渟，水止。」水止則易污、易腐，故「洼」訓污下，亦訓污也。此詞義相因之例也。

〔六〕皆洿池也：説文水部「潤」字下段玉裁注：「洿、污古通用。子雲義取污穢，許説及廣雅皆從之。郭注以『洿池』釋之，非也。」劉君惠方言疏證補補：「郭注『凡洿池也』，自當從其説爲是。氾，凡韻；潤，鹽韻：相近。氾、浼唇音雙聲，潤、洼、洿喉音雙聲，喉音唇音又相迻變也。」「洿池」必污穢，故可名之，郭注不宜輕議。

〔七〕潢：錢繹方言箋疏：「説文：『潢，積水也。』隱三年左氏傳：『潢污行潦之水。』李善注答賓戲引服虔注云：『蓄小水謂之潢，水不洩謂之污。』案，周語云：『猶塞川源而爲潢污也。』韋注：『大曰潢，小曰污。』是潢又爲積水大小之通名矣。」

二六　庸〔一〕、恣〔二〕、比〔三〕，比次。侹〔四〕、侹直〔五〕。更〔六〕、佚〔七〕，蹉跌。代也〔八〕。齊曰佚，江淮陳楚之間曰侹〔九〕，餘四方之通語也。今俗亦名更代作爲恣作也。

匯證

〔一〕庸：戴震方言疏證：「庸、傭古通用。」廣雅釋詁三：「庸，代也。」王念孫疏證：「説文：『庸，用也。从用、庚。庚，更事也。』漢書食貨志：『教民相與庸輓犂。』顔師古注云：『言換功共作也。』義與庸賃同。」又漢書雜志：「庸者，更也、迭也、代也……『庸挽犂』者，猶言更挽犂，代挽犂也。」錢繹方言箋疏：「通作『傭』。小雅節南山篇：『昊天不傭。』釋文云：『韓詩作庸。庸，易也。』易亦代也。漢書陳餘傳：『豈以王易吾親哉。』周昌傳：『無以易堯言。』師古注並云：『易，代也。』庸、易，聲之轉。史記陳涉世家：『嘗與人傭耕。』亦謂代人耕作也。」按：節南山毛傳：「傭，均。」説文人部：「傭，均直也。」段玉裁以爲當作「均也，直也」。徐灝注箋：「傭訓爲均，均猶平也，常也。」馬瑞辰毛詩傳箋通釋：「訓易者，謂平易也。」錢氏以爲「易亦代也」非是。

〔二〕恣：戴震方言疏證：「恣，當作佽。説文：『佽，遞也。』『遞，更易也。』」廣雅釋詁三：「佽，代也。」王念孫疏證引方言「恣」改作「次」、郭注「恣作」改作「次作」，云：「次與佽通。庸、佽、比皆更代作之意。昭十六年左傳云：『昔我先君桓公與商人（皆出自周），庸次比耦，以艾殺此地，斬其蓬蒿藜藋而共處之。』是也。」錢繹方言箋疏：「『恣』，廣雅作『佽』。説文：『佽，遞也。』小雅車攻篇：『決拾既佽。』鄭箋云：『佽，謂手指相次比也。』周官繕人鄭司農注引作『決拾既次』。張衡東京賦同。又云：『次和樹表。』薛綜注：『次，比也。』恣、佽、次，古字並通。」

〔三〕比：錢繹方言箋疏：「梁惠王篇：『願比死者一洒之。』言欲代死者一雪此恨也。僞孫疏釋『比』爲『爲』，不若用方言義爲長。」按：「比」之訓「代」，意謂「替、爲」，「比死者」即「替死者、爲死者」。又孟子公孫丑下：「且比化者無使土親膚，於人心獨無恔乎？」「比化者」之「比」用同梁惠王「比死者」，楊伯峻注：「比，去聲，爲也。」楊樹達詞詮卷一：「比，介詞，亦讀去聲，義同爲。爲，去聲。」詞之虚實之義，古人每不分。

〔四〕侹：説文人部：「侹……一曰代也。」朱駿聲通訓定聲：「今頂冒字以頂爲之。侹、當，一聲之轉，猶丁、鼎之爲當也。」「侹」即「頂冒」之「頂」，今猶言「頂冒、頂替」。姜亮夫昭通方言疏證釋詞：「今昭人謂代人佣曰侹工，代兵員額曰侹空子。」湖南通志：「代，楚曰侹。」一九一六年番禺縣續志：「廣州人謂代替曰侹。」

〔五〕侹直：戴震方言疏證改「侹」作「挺」。按：郭璞注音，當用同音異字，戴改是也，當據正。

〔六〕更：説文攴部：「更，改也。」又人部：「代，更也。」段玉裁注：「凡以此易彼謂之代，次第相易謂之遞代，凡以異語相易謂之代語。」錢繹方言箋疏：「昭十二年左氏傳云：『吾出季氏，而歸其室於公，子更其位。』楚辭悲回風云：『更統世而自貺。』杜預、王逸注並云：『更，代也。』淮南兵略訓云：『夫五指之更彈，不若捲手之一挃。萬人之更進，不如百人之俱至也。』是更爲代也。代謂之更，老人知五行更代者謂之五更。古微書引孝經援神契云：『五更，知五行更代之事者。』漢書食貨志：『月爲更卒。』顔師古注云：『更卒，謂給郡縣一月而更者。』是也。」

〔七〕佚：戴震方言疏證：「佚、迭古亦通。春秋文公十一年穀梁傳：『兄弟三人，佚害中國。』范甯注云：『佚猶更也。』班固西都賦：『更盛迭貴。』李善注引方言：『迭，代也。』」廣雅釋詁三：「迭，代也。」王念孫疏證：「迭與佚通……凡更代作必以其次。故代謂之比，猶次謂之坒也；代謂之遞，猶次謂之第也；代謂之迭，猶次謂之秩也。」按：説文辵部：「迭，更迭也。」西都賦李善注引方言，玄應一切經音義卷一七引，慧琳一切經音義卷三二、卷三八、卷五一、卷七〇、卷七七、卷八九、卷一〇〇引方言並作「迭」，是古本作「迭」也。迭、佚古通用，今仍其舊。

〔八〕代也：「代」上錢繹方言箋疏補「遞」字，云：「各本並脱『遞』字。衆經音義卷二十二、卷二十三並〔引〕方言：『遞，代也。』今據補。」按：爾雅釋言：「遞，迭也。」郭璞注：「遞，更迭。」説文辵部：「遞，更易也。」廣雅釋詁三：「遞，代也。」

〔九〕「侹」字宋本殘缺，據上文補。

5b二七　氓〔一〕，民也。民之揔名〔二〕。音萌。

匯證

〔一〕氓：戴震方言疏證：「氓亦作甿。詩衛風：『氓之蚩蚩。』毛傳：『氓，民也。』周禮遂人：『以下劑致甿。』鄭注云：『變民言甿，異外内也。』甿猶懵；懵，無知貌也。亦借用萌。漢書霍去病傳：『及厥衆萌。』顔師古注云：『萌字與甿同。』」劉君惠方言疏證補補：「孟子滕文公篇『願受一廛而爲氓』，趙注：『田民野人之稱。』孫詒讓周禮正義云：『田野必在國外，故此經六遂以外之民稱氓。』」按：説文民部：「氓，民也。」又田部：「甿，田民也。」漢書陳勝項籍傳：「甿隸之人。」集注引如淳：「甿，古文萌字。萌，民也。」説文民部：「民，衆萌也。」是「氓、甿、萌、民」音近義通。

〔二〕揔：同「總、緫」。集韻董韻「緫」下云：「或從手，古作總、揔。」

二八　杋〔一〕，仇也。謂怨仇也。音舊。

匯證

〔一〕杋：福山王氏天壤閣刊景宋本、日本靜嘉堂文庫藏影宋抄本、藏園覆刻宋本、華陽重刻宋本作「杋」，清人校本並同。戴震方言疏證：「杋，集韻作『扏』，引方言『扏，仇也』。杋从木九聲，仇从人九聲。扏字不合六書，應即杋之譌。類篇收入九部，蓋以爲从九求聲，於義無取。」王念孫手校方言疏證墨筆改正文「杋」作「扏」，於天頭墨注：「扏字見太玄。」錢繹方言箋疏：「説文『簋』，古文作『杋』。釋木：『杋，繫梅。』皆與『仇』義不相近。集韻引方言：『扏，仇也。』是本亦作『扏』也。類篇收入九部，蓋以爲从九求聲。太玄内初一：『謹于嬰扏，初貞後甯。』測曰：謹于嬰扏，始女貞也。』范望注：『扏，匹也。』釋文音仇，又音救。衆經音義卷〔十〕五：『仇，古文逑同。渠牛反。』説文：『逑，怨匹曰逑。』桓二年左氏傳云：『怨耦曰仇。』周南關雎篇：『君子好逑。』亦作『仇』。兔罝篇云：『公侯好仇。』毛傳：『逑，匹也。』釋詁：『仇，匹也。』孫炎曰：『相求之匹。』則孫本釋詁作『逑』可知。『執、仇、逑』，古並通用。今本作『朹』者，則又借『朹』爲『執』；或本作『執』，脱畫譌爲『朹』耳。」周祖謨方言校箋：「案：萬象名義手部有『扏』字，云：『渠鳩反，怨仇也。』與郭注合。疑此『朹』字爲『扏』字之誤。」劉君惠方言疏證補補：「錢氏改朹爲執，無徵不信，説尤迂謬。竊謂朹與梂通。説文：『梂，鑿首也。』字亦作銶。詩破斧：『又缺我銶。』毛傳：『木屬曰銶。』韓詩：『銶，鑿屬也。』釋文：『銶，今之獨頭斧也。』釋名釋器用：『仇，讎也。所伐則平，如討仇讎也。』又以仇爲之，此仇當爲釋名之仇，即説文鑿首之梂也。梂與朹同在幽部，故相通假。此云『朹，仇也』，猶釋名之言『仇，讎也』，錢氏附會執匹之説，非是。」按：「執」爲「仇」字之或體，舊本雖有作「執」者，亦不可據，因方言非字書，以異體字相釋立條與其釋古今方俗語詞之例不合。「扏」字晚出，周氏疑「朹」字爲後世「扏」字之誤，於理難通；且从「木」从「扌」每互譌，焉知萬象名義之「扏」非「朹」之譌？劉君惠不以「朹」字爲誤，謂與「梂」通，可備參考。「朹」蓋方言記音字，揚雄以通語釋方言詞，「朹」之方言義與「簋」之古文或木名皆無涉甚明。該字宋本作「朹」，正「朹」字之誤也，王氏天壤閣本、明刻本及清人校本並作「朹」是也，當據之改正。

二九　寓〔一〕，寄也。

匯證

〔一〕寓：見卷二第一四條匯證〔七〕。

三〇　露〔一〕，敗也。

匯證

〔一〕露：戴震方言疏證：「露，見也。故有敗露之語。」廣雅釋詁三：「露，敗也。」王念孫疏證：「露之言落也。方言：『露，敗也。』昭元年左傳云：『勿使有所壅閉湫底，以露其體。』逸周書皇門解云：『自露厥家。』管子四時篇云：『國家乃路。』呂氏春秋不屈篇云：『士民罷潞。』露、潞、路並通，今俗語猶云敗露矣。莊子天地篇：『夫子闔行邪，無落吾事。』謂無敗吾事也。落與露亦聲近義同。」按：「露」有顯露、敗露、敗壞、疲憊諸義，而皆相因也。楚辭九章涉江：「露申辛夷，死林薄兮。」王逸注：「露，暴也。」「暴」即顯露。希麟續一切經音義卷八引切韻：「露，泄也，敗漏也。」荀子富國：「入其境，其田疇穢，都邑露。」王念孫雜志：「露者，敗也。謂都邑敗壞也。」王念孫云「落與露亦聲近義同」亦是也，後世猶有「敗落」一詞。

三一　別〔一〕，治也。

匯證

〔一〕別：戴震方言疏證：「辨別不淆紊，故爲治之義。」錢繹方言箋疏：「説文：『別，分解也。』『𠔁，分也，从重八。』引孝經説曰：『故上下有𠔁。』又丌部注云：『𠔁，古文別。』『𠔁』與別同解，與治義相近，故『解經』亦謂之『治經』矣。」孫詒讓札迻卷二：「『別』與『辯、辨』通。説文言部云：『辯，治也。』禮記鄉飲酒義注云：『辯猶別也。』小爾雅廣言云：『辨，別也。』呂氏春秋過理篇云：『實辨天下。』高注云：『辨，治也。』」吴予天方言注商：「孫説是也。但考諸説文：『辯，治也，从言在辡之間。』姚文田、嚴可均、朱駿聲、宋保並訂辡亦聲。説文：『辡，辠人相與訟也。』語音之所在，即語義之所自。是辯之詞意，蓋猶今之所謂辯訴。墨子經上：『辯爭彼也。』賈子道術：『論物明辯謂之辯。』呂氏春秋淫辭篇：『公孫龍言臧之三耳甚辯。』高誘注：『辯，説也。』許君之訓辯爲治者，古或借爲辨也。説文：『辨，判也。从刀辡聲。』『治』其引申義也。荀子議兵：『城郭不辨。』楊倞注：『辨，治也。』王霸：『必將曲辨。』楊注：『理也。』義皆相承。然則『別』之訓『治』，係『辨』之語轉。——『別、辨』雙聲，脂真對轉也。」

三二　棖〔一〕，法也。救傾之法。

匯證

〔一〕棖：戴震方言疏證：「說文：『棖，杖也。一曰法也。』與郭注『救傾』意合。廣雅：『棖，法也。』義本此。又棖、𣥺古通用。考工記弓人：『維角𣥺之。』鄭注：『𣥺，讀如𣥺歫之𣥺。』疏云：『𣥺歫，取其正也。』釋文：『𣥺，直庚反。』」王念孫廣雅疏證：考工記所云「即郭注所云『救傾之法』也」。錢繹方言箋疏：「物將傾而以物距之謂之牚距，猶以兵距敵謂之牚距也。漢書匈奴傳云『陳遵與單于相牚距』是也。」按：爾雅釋宮：「棖謂之楔。」郭璞注：「門兩旁木。」邢昺疏：「棖者，門兩旁長木，一名楔。李巡曰：『棖謂梱上兩旁木。』禮記玉藻云：『君入門，士介拂棖。』鄭注云：『門楔也。』」黃侃蘄春語：「今吾鄉謂門後衺柱一端當門中、一端鐏地者，曰門棖。」是「棖」本柱名，因其救傾功用而訓「法」也。

三三　謫〔一〕，怒也。相責怒也〔二〕，音蟦〔三〕。

匯證

〔一〕謫：戴震方言疏證：「春秋桓公十八年左傳：『公謫之。』釋文云：『謫，責也。』即此注『責怒』之義。」廣雅釋詁一：「謫、怒，責也。」又釋詁二：「謮，怒也。」「謮」與「責」通。錢繹方言箋疏：「字亦作『讁』。邶風北門篇：『室人交徧讁我。』毛傳云：『讁，責也。』淮南說山訓：『春至旦，不中員，呈猶讁之。』高誘注：『讁，責怒也。』『謫』與『讁』同。又通作『適』。昏義云：『適見于天。』鄭注云：『適之言責也。』『謫、讁、謮、責』，字異義同。」

〔二〕相責怒也：王念孫手校方言疏證於天頭朱批：「謫，怒也。郭璞曰：謂相責怒。一切經音義五、十、十六。」周祖謨方言校箋：「原本玉篇『謫』下引本書郭注『相』上有『謂』字。慧琳音義卷十一、卷三十三、卷六十五及集韻麥韻引並同，當據補。」按：慧琳一切經音義卷一八、卷三〇、卷三二、卷四五引「相」上亦有「謂」字，王、周校是也。

〔三〕蟦：字之誤也。福山王氏天壤閣刊景宋本作「賾」，吳琯古今逸史本、程榮漢魏叢書本、胡文煥格致叢書本、明李珏刻本及清人校本俱作「賾」，當據諸本改作「賾」。

三四　閒[一]，非也。

匯證

〔一〕閒：戴震方言疏證：「孟子：『政不足與閒也。』趙岐注云：『閒，非也。』」廣雅釋詁二：「閒，諟也。」王念孫疏證：「方言：『閒，非也。』襄十五年左傳：『且不敢閒。』正義云：『閒，非也。』論語先進篇：『人不閒於其父母昆弟之言。』陳群注云：『人不得有非閒之言也。』」按：「間」與「閒」同，「非」謂非議、過讁。「政不足與閒」，言行政不足予非議也；「不敢閒」，言不敢非議也；「人不閒於其父母昆弟之言」，言人於其父母昆弟之言不非議也。又管子權修：「授官不審，則民閒其治；民閒其治，則理上不通。」「民閒其治」，言民非議其治也。

6a 三五　格[一]，正也[二]。

匯證

〔一〕格：戴震方言疏證：「孟子：『惟大人爲能格君心之非。』趙岐注云：『格，正也。』」錢繹方言箋疏：「正謂之正，射之椹質亦謂之正；正謂之格，射之椹質亦謂之格。中庸云：『射有似乎君子，失諸正鵠。』鄭注云：『畫布曰正。』淮南兵略訓：『夫射儀度不得，則格的不中。』高誘注云：『格，射之椹質也。的，射準也。』是義並相因也。」按：書冏命：「繩愆糾謬，格其非心。」孔穎達疏：「心有妄作則格正之。」論語爲政：「道之以德，齊之以禮，有耻且格。」何晏集解：「格，正也。」吳善述説文廣義校訂：「製器者以木爲法，所以正不正者曰格。」劉君惠方言疏證補補所説不同，云：「格，長木也，無『正』字義。論語『有恥且格』，當爲『愙』之借字。説文：『愙，敬也。』何晏集解『格，正也』非是，錢説亦强附。疑『正』或『止』字之譌。

荀子『其正外易，其心内傾』，『正』字亦是『止』之譌。小爾雅廣詁：『格，止也。』朱駿聲謂『格』借爲『閣』是也。史記梁孝王世家：『竇太后議格。』索隱：『攱，閣也。』漢書淮南王安傳：『格明詔。』注：『謂攱閣不行之。』是其例證。離婁篇『惟大人爲能格君心之非』，『格』亦當訓止，趙注『格，正也』亦失其訓矣。」按：劉説甚辯，且其説可補之證夥矣，參本條匯證〔二〕。

〔二〕正：周祖謨方言校箋：「慧苑華嚴經音義上第三十八葉下『無所拒』條引方言云：『格，止也。』」按：慧琳一切經音義卷一一引方言亦作「止」。小爾雅廣詁：「格，止也。」葛其仁疏證：「漢書梁孝王傳：『太后議格。』集注引張晏曰：『格，止也。』」漢書注引蘇林曰：「音閣。」顔師古注：「蘇音、張説是。」胡承珙義證：「案：『格』字古通作『假』。爾雅釋詁云：『假，已也。』已與止同。廣雅云：『閣，止也。』閣、格聲近而義同。」廣雅釋詁三：「閣，止也。」王念孫疏證：「閣者，説文：『各，異詞也。从口、夂。夂者，有行而止之，不相聽也。』漢書梁孝王傳：『太后議格。』蘇林音閣，張晏注云：『格，止也。』史記集解引如淳注云：『攱閣不得下也。攱或作庋。』内則：『大夫七十而有閣。』鄭注云：『閣以板爲之，庋食物也。』爾雅：『所以止扉謂之閣。』郭璞注云：『門辟旁長橜也。』徐鍇説文繫傳云：『閣，門扇所附著也。』是凡言閣者，皆止之義也。凡止與至義相近。止謂之閣，猶至謂之格也；止謂之底，猶至謂之抵也；止謂之訖，猶至謂之迄也。」據上所述，並參本條匯證〔一〕所引劉君惠説，「正」宜作「止」。

三六　䴡〔一〕，數也。偶物爲麗，故立數也〔二〕。

匯證

〔一〕䴡：戴震方言疏證：「説文、廣雅並云：『䴡，數也。』亦通作『麗』。詩大雅：『其麗不億。』毛傳：『麗，數也。』」按：説文段玉裁注云：「蓋䴡是正字，麗是假借字。從麗者，麗兩也，兩兩而數之意。」郭璞注云「偶物爲麗」，即段氏所説「兩兩而數」之意。後世中原官話謂分開計算曰「䴡」。李恭隴右方言發微：「隴右人謂將物之良苦分别會計曰䴡。」「䴡」從「麗」得聲，麗、兩一聲之轉。小爾雅廣言：「麗，兩也。」麗與儷通。廣雅釋詁曰：「儷，耦也。」耦亦兩也。周禮夏官校人：「麗馬一圉，八麗一師。」鄭玄注：「麗，耦也。」儀禮士冠禮：「主人酬賓，束帛儷皮。」鄭玄注：「儷皮，兩鹿皮也。」是𩠳、麗、儷諸字音同義通。

〔三〕立：戴震方言疏證作「云」是也，當據正。

三七　軫〔一〕，戾也〔二〕。相了戾也〔三〕。江東音善〔四〕。

匯證

〔一〕軫：戴震方言疏證：「軫亦作抮。」廣雅釋詁二：「抮、盭，偕也。」又釋詁四：「抮，盭也。」王念孫疏證：「抮者，玉篇音火典切，『引戾也』。方言：『軫，戾也。』郭璞注云：『相了戾也，江東音善。』考工記弓人：『老牛之角紾而昔。』鄭衆注云：『紾，讀爲抮縛之抮。』釋文：『紾，劉徒展反，許慎尚展反。角絞縛之意也。』孟子告子篇：『紾兄之臂而奪之食。』趙岐注云：『紾，戾也。』音義：『紾，張音軫，又徒展切。』淮南子原道訓：『扶摇抮抱羊角而上。』高誘注云：『抮抱，了戾也。抮，讀與左傳「憾而能眕者」同。』〔廣雅〕釋訓云：『軫軳，轉戾也。』並聲近而義同。」按：「軫」訓「戾」，「戾」謂扭捩，回轉。文選枚乘七發：「初發乎或圍之津涯，荄軫谷分。」李善注：「言涯如轉，而谷似裂也。一曰涯如草轉也。」亦作「抮」。淮南子説林訓：「徵羽之操，不入鄙人之耳；抮和切適，舉坐而善。」高誘注：「抮，轉也。轉其和更作急調。」本作「紾」。説文糸部：「紾，轉也。」淮南子原道：「蟠委錯紾，與萬物始終，是謂至德。」高誘注：「紾，轉也。」

〔二〕戾：戴震方言疏證：「戾亦作盭。」錢繹方言箋疏：「説文：『戾，曲也。』『盭，弼〔戾〕也。讀若戾。』盭與戾通。吕氏春秋遇合篇：『陳有惡人焉，曰敦洽讎糜……長肘而盭。』漢書張耳陳餘傳贊云：『何鄉者慕用之誠，後相背之盭也。』顔師古注曰：『盭，古戾字。』」按：「戾」本訓彎曲，見説文。吕氏春秋盡數：「飲必小咽，端直無戾。」是也。扭轉必致彎曲，故扭轉亦謂之「戾」。宋玉大言賦：「壯士憤兮絶天維，北斗戾兮太山夷。」文選潘岳射雉賦：「戾翳旋把，縈隨所歷。」李善注：「戾，轉也。」此義之字後作「捩」。玉篇手部：「捩，拗捩也。」

〔三〕相了戾也：戴震方言疏證「了」改作「乖」，云：「王融永明九年策秀才文：『紛諍空軫。』李善注引方言曰：『軫，謂相乖戾也。』即此條注文，蓋脱一『注』字。方言各本『乖』譌作『了』，今訂正。」盧文弨重校方言不從戴校，云：「李善注王融策秀才文引方言作『乖戾』，蓋誤也。『了』有繆曲之義，作『了戾』方與紾義尤切。考酉陽雜俎云：『野牛高丈餘，其頭似鹿，其角了戾，長一丈，白毛，尾似鹿，出西域。』據此，正與考工記之『紾』義合。又導引經云：『叉手項上，左右自了戾不息，復三。』此亦繆轉之意。本或作『又戾』，於義何取？誤也。又『了戾』即『繚戾』。劉向九歎：『繚戾宛轉阻相薄兮。』詩魏風葛屨毛傳云：『糾糾猶繚繚。』朱子亦以『繚戾』釋之，尤可證。」按：盧説是也。王念孫手校方言疏證於本條天頭朱筆批：「紾兄之臂。」墨筆批：「儀禮鄉飲酒禮：『弗繚。』鄭注云：『繚猶紾也。』楚辭九歎云：『繚戾宛轉。』淮南子原道訓：『扶搖抮抱羊角而上。』高誘注云：『抮抱，了戾也。』了與繚同。『胣系了戾。』金匱要略下十二頁」於戴氏疏證「各本『乖』譌作『了』」之「了」字右側加墨圈。廣雅釋詁四、釋訓王念孫疏證引郭注均作「相了戾也」，是王氏亦以作「了」爲是。「了」字不誤，戴改非是。又按：原本玉篇殘卷「軫」下引郭注、文選王融永明九年策秀才文李善注引郭注，「相」上俱有「謂」字。有「謂」字於義爲長。

〔四〕江東音善：原本玉篇殘卷「軫」字下引作「江東呼爲善」。

三八　屑〔一〕，潔也。謂潔清也。音薛。

匯證

〔一〕屑：戴震方言疏證：「廣雅：『屑，潔也。』義本此。詩邶風：『不我屑以。』鄘風：『不屑髢也。』毛傳並云：『屑，絜也。』潔、絜古通用。」丁惟汾方言音釋：「屑，古音讀薛，與雪古音讀塞。雙聲音轉。詩曹風蜉蝣篇：『麻衣如雪。』傳云：『如雪，言鮮絜。』潔、雪疊韻，屑、雪雙聲，相互爲訓。」按：「如雪」言鮮潔，説喻義也，非「雪」本訓爲鮮潔，丁説非是。「屑」之訓「潔」，故訓可徵。小爾雅廣詁：「屑，潔也。」孟子公孫丑上：「不受也者，是亦不屑就已。」趙岐注：「屑，絜也。」焦循正義：「絜與潔通。楚辭招魂篇云：『朕幼清以廉潔兮。』注云：『不污曰潔。』」「屑」訓潔，乃詞義之引申。「屑」本作「屑」。說文尸部：「屑，動作切切也。」未得其朔。章炳麟文始曰：「詩傳又訓潔者，以屑故潔，謂若彈冠振衣去其塵坋，受義於𦙶也。」陸宗達訓詁簡論申之曰：「說文肉部：『𦙶，振𦙶也。』單言則曰振，或曰𦙶。詩邶風谷風：『不我屑以。』毛傳：『屑，潔也。』屑即𦙶字。振𦙶所以除塵垢，所以𦙶訓潔也。」

三九　譈[一]，罪也。謂罪惡也。章順反。

匯證

〔一〕譈：同「諄」。集韻諄韻：「諄，古作譈。」明刻諸本譌作「諄」。廣雅釋詁三：「諄，辠也。」王念孫疏證：「罪與辠同。康誥云：『元惡大憝。』憝與諄古聲亦相近。」盧文弨重校方言：「譈即諄字，章倫反，亦不見有罪惡義。竊疑諄字當即孟子『凡民罔不譈』之譈省，與憝同徒對反。趙岐注孟子：『譈，殺也。』書傳訓『惡』烏路反，可惡、可殺，是則有罪者也。」廣雅釋詁三：「憝，惡也。」王念孫疏證：「說文：『憝，怨也。』康誥：『罔不憝。』傳云：『人無不惡之者。』孟子萬章篇引書作『譈』。荀子議兵篇云：『百姓莫不敦惡。』法言重黎篇：『楚憞群策而自屈其力。』李軌注云：『憞，惡也。』譈、憞、敦並與憝同。凡人凶惡亦謂之憝。康誥云：『元惡大憝。』逸周書銓法解云：『近憝自惡。』是也。方言：『諄憎，所疾也。』宋魯凡相疾惡謂之諄憎，若秦晉言可惡矣。』諄與憝聲亦相近。」

四〇　俚[一]，聊也[二]。謂苟且也。音吏。

匯證

〔一〕俚：戴震方言疏證：「漢書季布欒布田叔傳贊曰：『其畫無俚之至耳。』注：『晉灼曰：楊雄方言：俚，聊也。』說文、廣雅並云：『俚，聊也。』義本此。」説文「俚」字段玉裁注：「方言：『俚，聊也。』語之轉，字之假借耳。漢書曰：『其畫無俚之至。』『無俚』即今所謂『無賴』，亦語之轉。古叚『理』爲之，孟子：『稽大不理於口。』趙注：『理，賴也。大不賴人之口。』」

〔三〕聊：按：荀子子道：「古之人有言曰：衣與，繆與，不女聊。」楊倞注：「聊，賴也。」戰國策秦策一：「百姓不足，上下相愁，民無所聊。」漢書賈誼傳：「一二指搐，身慮亡聊。」顔師古注：「聊，賴也。」「俚、聊、賴」皆一聲之轉，意謂依賴、依托。郭璞注：「謂苟且也。」此説引申之義也。楚辭九章惜往日：「焉舒情而抽信兮，恬死亡而不聊。」洪興祖補注：「恬，安也。言安於死亡不苟生也。」又引申爲姑且、暫且之義，「聊以自娱」之類是其例也。

四一　梱〔一〕，就也。梱梱，成就皃〔二〕。恪本反。

匯證

〔一〕梱：戴震方言疏證改作「稛」，云：「各本譌作梱，注内同，今訂正。説文：『稛，絭束也。』玉篇、廣韻並云：『成熟。』與郭注『成就貌』合。『梱』乃門橛，於義無取。」按戴疏，其正文所改「稛」當作「稛」。劉台拱方言補校：「案，稛字俱當作稛。」今本廣雅釋詁三「屠也」條有「梱」字，王念孫疏證：「廣雅本訓『梱』爲『就』，在上條内，後人傳寫誤入此條耳。玉篇：『稛，成熟也。』廣韻：『裍，成就也。』義並與『梱』同。」引方言及郭注字並作「梱」。段玉裁説文「稛」字下注引方言及郭注則與戴本同，並云：「禾熟而刈之，而絭束之，其義相因也。」錢繹方言箋疏：「廣雅：『梱，就也。』墨子辭過篇：『婦人治絲麻，梱布絹，以爲民衣。』又非樂上篇云：『多治麻絲葛緒綑布縿。』又非命下篇云：『多治麻統葛緒捆布縿。』淮南脩務訓云：『梱纂組，雜奇采。』高誘注：『梱，叩椓。』滕文公篇：『捆屨、織席以爲食。』趙岐注：『捆，猶叩椓也。織屨欲使堅，故叩之也。』孫奭音義云：『張鎰作裍。』廣韻『裍，成就』也。説文：『稛，絭束也。』玉篇：『稛，成熟也。』廣韻同。趙策云：『狀如振稛，纏之以布。』注云：『稛，就也。』綑、捆、裍、稛並與梱通，皆成就之意也。舊本梱並从木、困。戴氏以梱爲門橛，因取説文『稛，絭束』及玉篇、廣韻『成熟』之訓，謂與注義合，遂改正文及注皆作稛，盧氏從之，並非是。案廣雅及淮南子並从木作『梱』，與舊本正合，墨子則或作『絪、捆』，是古字並通，無煩改也。今從舊本。」按：「稛」與「稇」同，俗作「捆」。邵瑛説文解字群經正字：「按稛載，今亦作稛。」吕氏春秋士節：「齊有北郭騷者，結罘罔，捆蒲葦，織葩屨，以養其母。」陳奇猷校釋引楊樹達曰：「捆，説文作『稛』，云『鮝束也』。」墨子非命下：「今也婦人之所以夙興夜寐，强乎紡績織絍，多治麻統葛緒捆布縿而不敢怠倦者，何也？」畢沅於「捆」字下校云：「説文云：『稛，鮝束也。』此俗寫。」「稛」謂以繩捆束，「梱」爲門橛，膠於字均於義無取，段氏「相因」之説亦屬牽强。是方言借字記詞，僅取其音，與字之形義無關，而「梱」與「稛」同音，且廣雅之訓多本方言，字正作「梱」，可以證宋本不誤，無煩改字。劉君惠方言疏證補補：「『就』當讀如就束之『就』。周官典瑞注云：『一帀爲一就。』是其義也。以『成就』説之，疏已。錢未得王氏意也。玉篇云『成熟』，疑『熟』亦『就』字之譌，亦就束之義也。故説文云『鮝束』，趙策云『狀如振稛，纏之以布』也。今俗猶謂束物爲『梱』，或謂『就』，『就』讀如『酒』也。」此説别出新裁，録以備考。

〔二〕成就：劉台拱方言補校：「成就當作成孰。」依劉君惠解，則「成就」不誤。

四二　苙〔一〕，圂也〔二〕。謂闌圂也〔三〕。音立〔四〕。

匯證

〔一〕苙：戴震方言疏證：「孟子：『既入其苙。』趙岐注云：『苙，蘭也。』蘭、闌古通用。漢書王莽傳：『與牛馬同蘭。』顏師古注云：『蘭謂遮蘭之，若牛馬蘭圈也。』」錢繹方言箋疏：「『蘭』與『苙』，一聲之轉。卷五：『櫪，梁宋齊楚北燕之間或謂之樎，或謂之皁。』注云：『養馬器也。』『櫪』與『苙』同聲。所以扞牛馬者謂之苙，猶所以養馬者謂之櫪，所以禦暑雨者謂之笠也。小雅無羊篇云：『何蓑何笠。』毛傳：『笠，所以禦暑也。』都人士篇云：『臺笠緇撮。』毛傳云：『笠，所以禦雨也。』周頌良耜篇：『其笠伊糾。』毛傳：『笠，所以禦暑雨。』『笠』與『苙』，事異聲義並同。」

〔二〕圂：錢繹方言箋疏：「説文：『圂，廁也。从囗，象豕在囗中，胡困切。』衆經音義卷九引蒼頡篇云：『圂，豕所居也。字从口，豕在其中也。』漢書五行志：『燕王宮永巷中豕出圂。』顔師古注：『圂者，養豕之牢也。』」按：「圂」，豬圈名。漢書顔師古注是其證。亦指廁所。六書故工事二：「廁以穢故，亦謂之圂。」楊樹達積微居小學金石論叢釋圂：「古人豕牢本兼廁清之用，故韋昭云『豕牢，廁也』是也。今長沙農家廁清即在豕圈，猶古代之遺制矣。」

〔三〕藺圂：按：同義複詞。今或謂之「欄」，或謂之「圈」，或謂之「欄圈」。

〔四〕「音立」二字宋本殘缺，據四部叢刊影宋本補。

6b 四三　廋〔一〕，隱也。謂隱匿也〔二〕。音搜索也。

匯證

〔一〕廋：戴震方言疏證：「廋本作廋。廣雅：『廋，隱也。』義本此。晉語：『有秦客廋辭於朝。』韋昭注云：『廋，隱也，謂以隱伏譎詭之言問於朝。東方朔曰：非敢試之，乃與爲隱耳。』是也。」廣雅釋詁四：「廋，隱也。」王念孫疏證：「文十八年左傳：『服讒蒐慝。』服虔注云：『蒐，隱也。』蒐與廋通。廋訓爲隱，故隈隱之處謂之廋。楚辭九歎：『步從容於山廋。』王逸注云：『廋，隈也。』」又釋山：「廋，隈也。」王念孫疏證：「僖二十五年左傳注云：『隈，隱蔽之處。』高誘注淮南子覽冥訓云：『隈，曲深處也。』」又釋言：「廋，匿也。」「匿」亦隱也，見廣雅釋詁四。

〔二〕「隱匿」二字宋本殘缺，據四部叢刊影宋本補。

四四　銛〔一〕，取也。謂挑取物。音忝。

匯證

〔一〕銛：戴震方言疏證：「廣雅：『銛，取也。』義本此。趙岐注孟子『以言銛之』云：『銛，取也。』孫奭音義：『丁曰：「字書及諸書並無此餂字，郭璞方言注云『音忝，謂挑取物』也。其字從金，今此字從食，與方言不同，蓋傳寫誤也。」』」段玉裁亦以爲孟子「餂」是誤字。説文金部：「銛，臿屬。」段注云：「臿者，舂去麥皮也。叚借爲鍫臿，即上文田器之銚也……引申爲銛利字。賈誼曰：『莫邪爲鈍，鉛刀爲銛。』漢書音義曰：『銛，利也。』又按，方言曰：『銛，取也。』此引申叚借之義也。孟子『以言銛之』『以不言銛之』，今本誤作『餂』。」廣雅釋詁一：「銛，取也。」王念孫疏證亦謂孟子「餂」「當作銛」。焦循孟子正義：「銛乃挑之轉音，以言銛即以言挑也。俗以鎖鑰不能開用物挑之謂之銛，正此銛也。」按：「銛」，郭注「音忝」，廣韻他玷切。説文舌部：「舓，㠯舌取食也。从舌，易聲。䑛，舓或从也。」段玉裁注：「或作舐，或作狧。」玉篇舌部：「舐同舓。」慧琳一切經音義卷二九：「舐，經本作舐，俗用字也。」是舓、䑛、舐、舐一字也，廣韻神帋切。聲轉爲「忝」，後世字作「舔」。徐復補釋：「章先生致伯仲書之七：『無鈅，可令銅匠銛開。』翟灝通俗編：『銛，俗失鎖鈅而以他物探之。』此即銛開義。」徐説乃「挑取物」之特指義也。

四五　棖〔一〕，隨也。棖柱，令相隨也。

匯證

〔一〕棖：戴震方言疏證：「『棖、樘』，古亦通用。樘，丑庚反。説文：『樘，衺柱也。』徐鉉云：『今俗别作撐，非是。』古多通用『堂』。王延壽魯靈光殿賦：『枝堂杈枒而斜據。』張載注云：『堂，或作棖字。』」錢繹方言箋疏：「『棖、樘、橕、牚』，字異聲義並同。互見前『棖，法也』條。」按：戴、錢均以「支柱」解「棖」，以申説郭注「棖柱，令相隨」之訓。説文辵部：「隨，从也。」桂馥義證：「從也者，本書『從，隨行也』。」「隨」之他義，皆由此引申，與「支柱」「法」義很難關聯。朱駿聲説文通訓定聲「棖」字下云：「(叚借)爲趟，或爲𡒊。方言三：『棖，隨也。』」「趟」訓「行貌」，錢坫説文斠詮以爲「趟」「如今俗讀蹌同也」。説「棖」借爲「趟」，朱氏未能引證，亦無故訓可考。吴予天方言注商：「『棖』之訓隨，乃『從』之轉音。——蓋齒迻爲舌，東轉入陽也。」吴氏轉語之説，亦無文獻可徵。「棖」之何以訓「隨」，存疑待質。

四六　儓〔一〕，音臺。𦨭〔二〕，音僰〔三〕。農夫之醜稱也。南楚凡罵庸賤謂之田儓，佅儓，駑鈍皃。或曰「僕臣儓」〔四〕，亦至賤之號也。或謂之𦨭，𦨭，丁健皃也。廣雅以爲奴，字作僰〔五〕，音同。或謂之辟〔六〕。辟，商人醜稱也。僻僻〔七〕，便黠皃也。音擘〔八〕。

匯證

〔一〕儓：戴震方言疏證：「『儓』亦作『嬯』。」廣雅釋詁二：「儓，醜也。」王念孫疏證：「説文：『嬯，遲鈍也。』廣雅釋言篇云：『駑，駘也。』楚辭九辯云：『策駑駘而取路。』莊子德充符篇：『衛有惡人焉，曰哀駘它。』李頤注云：『哀駘，醜貌。』儓、嬯、駘，義並相近。昭七年左傳云：『僕臣臺。』孟子萬章篇：『蓋自是臺無餽也。』趙岐注云：『臺，賤官主使令者。』賤與醜義亦相近，故南楚罵庸賤謂之田儓也。」「儓」亦爲古代對奴僕最賤者之醜稱。廣雅釋詁一：「儓，臣也。」王念孫疏證：「昭七年左傳云：『是無陪臺也。』又云：『士臣皁，皁臣輿，輿臣隸，隸臣僚，僚臣僕，僕臣臺。』服虔注云：『……臺，給臺下微名也。』……臺與儓通。」章炳麟新方言釋言：「儓音臺，駑駘亦此字也。今謂白癡爲誒詒，俗作呆獃。」劉君惠方言疏證補：「『儓』猶言它耳，即曲脊之意，詩言『鮐背』是其義也。古人以長大、申直爲美，爲善，如『壬』訓善也；以短小、屈曲爲醜、爲惡，如『惡』之從亞是也。故儓者駑儓之貌、醜賤之稱也，故馬之鈍劣者亦曰駘矣。罵庸賤謂之儓𦨭，猶言侏儒耳，皆醜賤之稱。」

〔二〕𦨭：戴震方言疏證：「玉篇：『𦨭，農夫之賤稱也。南楚罵賤謂之𦨭。』廣雅：『儓、𦨭，醜也。』皆本此。廣韻：『僰，丁壯貌，亦醜也。』」按：「𦨭」郭注「音僰」，是「𦨭」之言「僰」也。説文人部：「僰，犍爲蠻夷。从人，棘聲。」段玉裁注本依漢碑改「犍」作「楗」，云：「楗爲郡有僰道縣，即今四川叙州府治也，其人民曰僰。」金文「僰」，象人在荆棘叢中形。「僰」爲古族名，春秋前後居住於以僰道爲中心之川南及滇東一帶。吕氏春秋恃君：「僰人……多無君。」史記西南夷列傳：「巴蜀民或竊出商賈，取其筰馬、僰僮、髦牛，以此巴蜀殷富。」張守節正義：「今益州南戎州北臨大江，古僰國。」楊慎南詔野史雲南：「僰人，一名百夷，又名擺夷，性耐暑熱。」「百」「擺」即「僰」。被逐放至邊遠少數民族地區者亦曰「僰」。禮記王制：「不變，王三日不舉，屏之遠方，西方曰棘，東方曰寄，終身不齒。」鄭玄注：「棘當爲僰，僰之言偪，使人逼寄於夷戎。」玉篇人部

「僰」字下：「屏之遠方曰僰，僰之言偪也。」南楚人罵庸賤謂之「䍜」，其語源蓋來自終身不齒之「僰」。

〔三〕僰：同「僰」，下注内同；清人校本俱作「僰」。

〔四〕僕臣儓：語出左傳昭公七年，今本「儓」作「臺」。

〔五〕廣雅以爲奴，字作僰：「僰」即「僰」。廣雅釋詁作「䍜」，曹憲音蒲北切。是「䍜」即「僰」也。

〔六〕辟：章炳麟新方言釋言：「今川東謂醜而庸賤者爲辟。」按：「辟」有鄙陋之義。左傳哀公七年：「魯弱晉而遠吴，馮恃其衆，而背君之盟，辟君之執事，以陵我小國。」杜預注：「辟，陋也。」邪僻亦謂之「辟」。論語先進：「柴也愚，參也魯，師也辟，由也喭。」何晏集解引馬融：「子張才過人，失在邪辟文過。」今西南官話猶有此語，義有小變。如云：「好□ [pʻie⁴] 都要。」言好與不好都要。「這個人太□ [pʻie⁴] 了。」是説此人太差。吴語中亦有此詞，爲唾罵人之語。民國重修本蕪湖縣志：「相唾之詞謂之辟。」「凡罵庸賤或謂之辟。辟，商人醜稱也。」古人以爲商人追逐貨利，辟邪不正，故有「辟」之醜稱。

〔七〕僻僻：戴震方言疏證作「辟辟」。郭注云「僻僻，便黠皃」。便黠，靈便機敏。此詞文獻用例晚見。明江之春安龍紀事：「中有馬吉翔者……性便黠，頗識字。」明史宦官傳一汪直：「直爲人便黠，帝因令易服，將校尉一二人密出伺察，人莫知也。」

〔八〕音擘：周祖謨方言校箋：「依注義『便黠貌』，疑當作『音擗』。『辟』廣韻在麥韻，音博戹切，便辟字在昔韻『擗』紐，音房益切。」按：「擗」爲「擘」之異體。集韻麥韻：「擘，㧑也。一曰大指，或書作擗。」

四七 庸謂之伀，轉語也[一]。伀猶保伀也。今隴右人名嫞爲伀[二]，相容反。

匯證

〔一〕庸謂之伀，轉語也：錢繹方言箋疏：「上云：『甬，奴婢賤稱也。』『自關而東陳魏宋楚之間保庸謂之甬。』楚辭九章云：『固庸態也。』王逸注：『庸，廝賤之人也。』卷七云：『傑伀，罵也。燕之北郊曰傑伀。』注：『羸小可憎之名也。』『庸、伀、甬』，聲義並相近。」章炳麟新方言釋言：「今傭保、慵嬾皆此庸字。廣信自謙稱伀郎子，猶稱僕、稱賤子也，此保伀義；通語謂操作惰弛爲倯懈，凡物寬弛亦曰倯，以鬆爲之，此孏倯義。」劉君惠方言疏證補補：「庸，喻紐；倯，心紐。喻紐字多與心紐相轉，『羊』之訓『祥』是其例證。」

〔二〕孏：同「嬾、懶」。後漢書王丹傳：「其惰孏者，恥不致丹，皆兼功自厲。」李賢注：「孏與嬾同。」説文女部：「嬾，懈也，怠也，一曰臥也。」段玉裁注：「俗作懶。」嬾怠、嬾惰、嬾散，故「隴右人名孏爲倯」也。

7a 四八　褸裂〔一〕、須撿〔二〕、挾斯〔三〕，敗也。南楚凡人貧衣被醜弊謂之須撿〔四〕。須撿，狎翣也。或謂之褸裂，裂，衣壞皃。音縷〔五〕。或謂之襤褸〔六〕。故左傳曰：「蓽路襤褸，以啓山林。」〔七〕蓽路，柴車。殆謂此也。或謂之挾斯。挾斯，猶挾變也〔八〕。器物弊亦謂之挾斯。

匯證

〔一〕褸裂：「褸」當作「褸」，下同。錢繹方言箋疏：「云褸裂者，言裂而又裂也。」按：「褸裂」雙聲，語轉而爲「褸襤」，倒言之則爲「襤褸」，故下文曰：「或謂之褸裂，或謂之襤褸。」下引左傳宣公十二年文，今本作「藍縷」。也作「繿縷」。梁書唐絢傳：「在省，每寒月見省官繿縷，輒遺以襦衣。」也作「藍蔞」。史記楚世家：「蓽露藍蔞，以處草莽。」集解引服虔注：「『藍蔞』，言衣敝壞，其蔞藍藍然。」錢氏以同義複詞解之，恐未得之。

〔二〕須撿：「撿」，日本靜嘉堂文庫藏影宋抄本作「撿」，吴琯古今逸史本、程榮漢魏叢書本同。戴震方言疏證作「捷」，與初學記卷一八、藝文類聚卷三五引同。按「捷」篆書作㨗，隸定譌作「撿」，又譌作「撿」。作「捷」是也，三體石經隸作「捷」，後亦通作「捷」。下文及注内均當改作「捷」。戴震方言疏證：「案爾雅釋詁：『際、接、翜，捷也。』郭注云：『捷，謂相接續也。』則須捷蓋俟補綴之意。」錢繹方言箋疏：「『捷』通作『⿰衤疌』。説文：『⿰衤疌，衽緣也。』『衽，交衽也。』『褸，衽也。』合言之則曰『須捷』，是『須捷』猶『褸裂』也。一説云：釋詁：『接，捷也。』郭注：『謂相接續也。』……是『捷』與『接』同也。須捷，猶言須接也，是敗之意也。」按：指衣衫破爛，或破爛衣衫。文獻用例晚見。宋陳師道和黄預久雨：「貧可留須捷，恩當記戾庮。」

李敬忠方言中的少數民族語詞試析：「湏捷，卷三：『南楚凡人貧衣被醜弊謂之湏捷。』土家語瀘溪方言稱『破』爲tshi¹³，稱『舊』爲dze³⁵。『破舊』兩個詞合起來用漢字記音，正好與『湏接』音近義同。在漢語方言裏，用『湏捷』來表示『破舊』的意思是不存在的。」按：方言原文爲「須捷」，李氏誤讀爲「湏捷」，「須、湏」讀音迥異，以誤字音與土家語比對，非也。趙振鐸、黄峰揚雄方言裏面的外來詞一文已指正。戴、錢二氏所説，未知孰是。劉君惠方言疏證補補謂「須捷」爲「謰語，形容行敝之詞」，是也。

〔三〕挾斯：戴震方言疏證：「釋言：『斯，離也。』挾斯應是接會其綻裂者。挾亦作俠。廣雅：『俠斯，敗也。』」錢繹方言箋疏：「廣雅：『俠斯，敗也。』俠與挾通。淮南人間訓云：『秦皇挾圖録。』高誘注：『挾，銷也。』卷七云：『斯，離也。齊陳曰斯。』釋言同。又卷六云：『𤺊，散也。東齊聲散曰𤺊。』『秦晉聲變曰𤺊，器破而不殊其音亦謂之𤺊。』集韻引字林云：『甈，甈破也。』王逸注楚辭九歌云：『澌，冰解也。』斯、𤺊、甈、澌，義並與敗相近，合言之則曰挾斯。」劉君惠方言疏證補補謂，「挾（俠）斯」爲「謰語，形容行敝之詞」。

〔四〕凡人貧衣被醜弊：原本玉篇殘卷「縷」字下引同。戴震方言疏證改「弊」作「敝」，與初學記卷一八、藝文類聚卷三五引同。左傳宣公十二年正義引「衣被」作「衣破」，周祖謨方言校箋以爲「衣破」蓋誤。

〔五〕裂，衣壞皃。音縷：初學記卷一八引作「褸裂，衣壞貌也。音樓」，藝文類聚卷三五引作「褸，衣壞，具音」。戴、盧二本俱無音。按：注文「裂」上當補「褸」字，王念孫手校明本補「褸」字是也。

〔六〕褸：原本玉篇殘卷「褸」字下引作「縷」，下「華路襤褸」同。

〔七〕華路襤褸，以启山林：左傳宣公十二年文，今本作「蓽路藍縷，以啟山林」。

〔八〕挾變：周祖謨方言校箋：「變疑爲燮字之誤。集韻帖韻『燮』音悉協切。同紐有『㘂』字，云：『壞聲。』又有『甄』字，云：『瓦破聲。』二字均從『燮』得聲，而同有破敗之義，是聲中兼義，故疑『挾變』爲『挾燮』之誤。燮、斯雙聲，挾、燮疊韻，故郭云：『挾斯猶挾燮也。』」按：周氏校箋中「燮」字均當作「㸋」，即「挾變」當作「挾㸋」。

四九　撲〔一〕、打撲〔二〕。鋌〔三〕、音挺。澌〔四〕，盡也。南楚凡物盡生者曰撲生。今種物皆生云撲地生也〔五〕。物空盡者曰鋌；鋌，賜也〔六〕。亦中國之通語也。連此撲斯皆盡也〔七〕。鋌，空也，語之轉也。

匯證

〔一〕撲：戴震方言疏證：「撲亦作擈，本作穙。廣韻：『穙，草生概也。』注内『打撲』當作『音打撲之撲』。鮑照蕪城賦：『廛閈撲地，歌吹沸天。』李善注引方言：『撲，盡也。』又引郭璞注作：『撲地出。』餘並同。」劉台拱方言補校：「本文『撲』當作『樸』，注『打撲』當作『撲』。」周祖謨方言校箋：「（劉說）較戴氏爲長。考字鏡有『撲』字，云：『薄角反，擊也，打也，投也。』與此義不合。萬象名義木部『樸』下云：『普木反，苞木也，聚也，盡也。』聚也、盡也，二訓蓋本方言。本文云：『撲，盡也。』下文云：『撲，聚也。』此字並當從木作，於義始合。廣韻屋韻扑紐普木反但有『穙』無『樸』，集韻則有『樸』字，訓『堅木也，一曰木生密』。義與『穙』近。如是言之，方言本文不得從手作『撲』或『撲』。鮑照蕪城賦『撲地』之『撲』蓋爲『樸』字之誤。玉篇、集韻『樸』亦作『樸』，詩大雅棫樸：『芃芃棫樸。』鄭箋云：『相樸屬而生。』又爾雅釋木：『樸枹者。』郭注云：『樸屬叢生者爲枹。』足證『檏、樸』通用。若作『打撲』之『撲』則不合矣。本條之『撲』字均當作『樸』。」按：周說是也，當從劉校改「撲」作「樸」。說文木部「樸」字下段玉裁注云：「樸、樸古今字。」「樸」即「盡」也。集韻準韻：「盡，悉也。」楊樹達詞詮卷六：「盡，表數副詞，悉也，皆也。」「盡生」意謂「皆生」「悉生」，郭注「今種物皆生云樸地生」是也。

〔二〕打撲：當依劉台拱校，改「撲」作「撲」。周祖謨方言校箋：「本書卷十二『慦、朴，猝也』，朴郭音『打撲』，與此同例。」

〔三〕鋌：戴震方言疏證：「鋌、罖同音。廣雅：『澌、鋌，盡也。』『罖，空也。』義皆本此。」廣雅釋詁一：「鋌，盡也。」王念孫疏證：「釋訓篇云：『𨀁𨀁，盡也。』𨀁與鋌通。文選思玄賦注引字林云：『逞，盡也。』逞與鋌聲近義同。」廣雅釋詁三：「靁、罖䍅，空也。」王念孫疏證：「凡言靁者，皆中空之義……罖䍅者，玉篇：『罖䍅，小空貌。』廣韻云：『罖䍅，小網也。』義並相近。」按：揚雄云：「鋌，空也，語之轉也。」此指義轉，非音轉。「空」與「盡」義相因。說文皿部：「盡，器中空也。」由此引申爲「悉也」，又引申爲凡物之「空盡者」。

〔四〕澌：戴震方言疏證：「説文：『澌，水索也。』玉篇云：『澌，音賜，水盡也。』蓋澌、賜同音，故賜亦爲盡。廣韻『澌』亦作『儩』。」廣雅釋詁一：「索、澌，盡也。」王念孫疏證：「衆經音義卷三引倉頡解詁云：『索，盡也。』……澌者，説文：『澌，水索也。』曹憲音斯，玉篇、廣韻並音賜。方言：『澌，盡也。』鄭注曲禮云：『死之言澌也，精神澌盡也。』正義云：『今俗呼盡爲澌。』即舊語有存者也。金縢：『大木斯拔。』史記魯世家作『盡拔』。鄉飲酒禮：『尊兩壺于房户間，斯禁。』鄭注云：『斯禁，禁切地無足者。』疏云：『斯，澌也，澌盡之名也。』文選西征賦：『若循環之無賜。』李善注引方言『賜，盡也』。史記李斯傳云：『吾願賜志廣欲。』澌、斯、賜並通。繫辭傳：『故君子之道鮮矣。』釋文：『師説云：鮮，盡也。』鮮與斯亦聲近義同，故小雅瓠葉箋云『今俗語斯白之字作鮮，齊魯之間聲近斯』矣。」

〔五〕撲地生：文選蕪城賦李善注引作「撲地出」。

〔六〕賜：文選西征賦李善注引方言、玄應一切經音義卷一三引方言作「賜」。亦有作「儩」者。玄應一切經音義卷七：「盡儩，又作澌同。」引方言：「侹、儩，盡也。」又卷一二：「都澌，又作儩同。」又卷一三：「物儩，又作澌同。」廣韻寘韻「澌」亦作「儩」。

〔七〕連此撲斯：戴震方言疏證改作「鋌賜撲澌」。按：戴「撲」當作「樸」。

7b 五〇　撲〔一〕、翕〔二〕、葉〔三〕，聚也。撲屬，藂相着皃〔四〕。楚謂之撲，或謂之翕。葉，楚通語也。

匯證

〔一〕撲：當作「樸」，説見本卷第四九條匯證〔一〕。下文注内「撲」亦當據改。戴震方言疏證：「撲屬，考工記作『樸屬』，鄭注云：『樸屬，猶附著。』詩大雅：『芃芃棫樸。』鄭箋云：『相樸屬而生。』……藂即叢字。爾雅釋木：『樸，枹者。』郭注云：『樸屬叢生者爲枹。』」錢繹方言箋疏：「通作『僕』。大雅既醉篇：『景命有僕。』毛傳：『僕，附也。』管子地員篇：『五墝之狀，累然如僕累。』房玄齡注云：『僕，附也，言其地附著而重累也。』文選子虛賦李善注引廣雅曰：『僕，謂附著於人然。』」

〔二〕翕：廣雅釋詁三：「翕，聚也。」王念孫疏證：「爾雅：『翕，合也。』合亦聚也。」按：説文羽部：「翕，起也。」段玉裁注：「言起而合在其中矣。翕從合者，鳥將起必斂翼也。」易繫辭上：「夫坤，其靜也翕。」韓康伯注：「翕，斂也。」荀子議兵：「代翕代張，代存代亡。」楊倞注：「翕，斂也。」「斂」與「聚」義相近。嚴可均據意林輯東漢崔寔政論：「同類翕集而蟻附，計士頻蹙而脅從，黨成於下，君孤於上。」三國志蜀書劉焉傳：「吏民翕集，合萬餘人。」世説新語排調：「翕集家門，傾動人物。」「翕集」意謂「聚集」也。「翕斂」亦可連文，用例較晚。後漢書蔡邕傳「公子謖爾斂袂而興」李賢注：「謖然，翕斂之貌。」

〔三〕葉：廣雅釋詁三：「葉，聚也。」王念孫疏證：「淮南子原道訓云：『大渾而爲一，葉累而無根。』是葉爲聚也……又説文：『鍱，鏶也。』徐鍇傳云：『今言鐵葉是也。』案，今人猶謂鐵片爲鐵葉，亦取叢集之義。鍱與葉同音，鏶與集同音，集、葉皆聚也，故鍱又謂之鏶矣。卷一云：『揲，積也。』揲與葉亦聲近義同。」

〔四〕藂：同「叢」。楚辭招魂：「五穀不生，藂菅是食些。」舊注：「藂，一作叢。」明刻諸本作「葉」，非是。

五一　斟〔一〕，益也。言斟酌益之。南楚凡相益而又少謂之不斟。凡病少愈而加劇亦謂之不斟〔二〕，或謂之何斟〔三〕。言雖小損無所益也〔四〕。

匯證

〔一〕斟：錢繹方言箋疏：「説文：『斟，勺也。』『妁，酌也，斟酌二姓也。』廣雅：『妁、斟，酌也。』又云：『斟、酌，益也。』故注云：『言斟酌益之。』皆義之相因者也。」按：王念孫手校方言疏證於天頭墨筆注：「斟與沾聲相近。」是「斟」之言「沾」也，亦即言「添」也。廣雅釋詁一：「沾，益也。」王念孫疏證：「王逸注招魂云：『勺，沾也。』勺與酌通。」説文水部：「沾……一曰：沾，益也。」徐鍇繫傳：「今俗作添。」段玉裁注：「沾、添古今字，俗製添爲沾益字，而沾之本義廢矣……楚辭大招：『不沾薄只。』王曰：『沾，多汁也。薄，無味也。其味不濃不薄，適甘美也。』漢曹全碑：『惠沾渥。』白石神君碑：『澍雨沾治。』魏受禪表：『玄澤雲行，罔不沾渥。』皆即今之添字。竊疑小雅『既霑既足』，古本當作沾。『既瀀既渥』，言厚也；『既霑既足』，言多也。」是「斟、沾（添）」音近義同，「勺、酌」音同義通，皆可訓「益」也。汪維輝有異議，其揚雄方言校釋匯證讀後云：「『沾』古音端母談部，『添』古音透母談部，兩者的詞義差異更是明顯，這從段注所引的楚辭大招、漢曹全碑、白石神君碑、魏受禪表四例即可看出，這些例子中的『沾』都不便替换成『添』。」録以備考。

〔二〕不斟：按：古南楚方言謂增加的少而減損的多或病稍好轉旋又加重爲「不斟」。吕氏春秋任數：「孔子窮乎陳蔡之閒，藜羹不斟，七日不嘗粒，晝寢。」淮南子繆稱訓：「魯酒薄而邯鄲圍，羊羹不斟而宋國危。」「藜羹不斟」「羊羹不斟」皆言食物少而減損得多。「不斟」訓爲「病少愈而加劇」之例頗難徵考。漢王符潛夫論卜列：「然而至於遂不損者，精誠去之也。」汪繼培箋：「損謂病減也。後漢書袁安後閎傳云：『封觀當舉孝廉，以兄名位未顯，遂稱風疾。後數年，兄得舉，觀乃稱損。』方言云：『斟，益也。凡病少愈而加劇亦謂之不斟。』郭注：『言雖少損而無益也。』」汪氏之意，「不斟」猶「損」也。

〔三〕何斟：義同「不斟」。劉君惠方言疏證補補：「『不斟、何斟』猶『斟』也，『不』與『何』皆語詞。」

〔四〕小：原文漫漶不清，似「小」或「少」。福山王氏天壤閣刊景宋本、吴琯古今逸史本、程榮漢魏叢書本、胡文焕格致叢書本、明李珏刻本、明佚名刻本俱作「少」。「小、少」義同，周校本定作「小」，今從之。

五二　差〔一〕、間〔二〕、知〔三〕，愈也。南楚病愈者謂之差〔四〕，或謂之間，言有間隙。或謂之知。知，通語也。或謂之慧〔五〕，或謂之憭〔六〕，慧、憭，皆意精明。或謂之瘳〔七〕，或謂之蠲〔八〕，蠲亦除也〔九〕，音涓，一圭反〔一〇〕。或謂之除〔一一〕。

匯證

〔一〕差：戴震方言疏證：「廣雅：『知、瘥、蠲、除、慧、閒、瘳，愈也。』義本此。差、瘥古通用。」按：王念孫廣雅疏證作「瘉」，「瘉、愈」二字通。漢書藝文志：「目瘉爲劇。」顔師古注云：「瘉，讀與愈同。愈，差也。」説文疒部：「瘥，瘉也。」徐鍇繫傳：「今人病差字。」徐灝注箋：「猶言痼疾若失也，又言病去體也。」傷寒論陰陽易差病：「大病差後勞復者，枳實梔子湯主之。」後漢書方術傳華佗：「操積苦頭風眩，佗針，隨手而差。」脈經卷一：「假令病人欲差，脈而知愈，何以別之？」水經注沔水：「泉源沸湧，冬夏湯湯，望之則白氣浩然，言能瘥百病云。」

〔二〕間：錢繹方言箋疏：「文王世子篇：『旬有二日乃間。』鄭注：『間，猶瘳也。』子罕篇：『病間。』孔安國云：『少差曰間。』枚乘七發云：『伏聞大子玉體不安，亦少間乎？』注云：『言有間隟。』『隟』，俗『隙』字。」按：論語子罕皇侃疏：「若少差，則病勢斷絲有間隙也。」禮記文王世子孔穎達疏：「若病重之時，病恒在身，無少間空隙，病今既損，不恒在身，其間有空隙病，故云『間猶瘳也』。瘳是病減損也。」是「間」由間隙義引申指病稍愈。史記趙世家：「不出三日，疾必間，間必言也。」新唐書敬宗紀：「穆宗疾少間，宰相李逢吉請立景王爲皇太子。」亦是其例。

〔三〕知：錢繹方言箋疏：「素問刺瘧篇：『一刺則衰，二刺則知，三刺則已。』又藏氣法時論篇云：『肝病者，平旦慧，下晡甚，夜半靜。』是間、知、慧皆愈也。」按：「知」謂知覺，蓋病甚則瞑眩、憒亂，病由重而輕、而愈則漸知覺，故病愈謂之「知」。黃帝內經靈樞終始：「邪氣獨去者，陰與陽未能調而疾知愈也。」「知愈」同義連文，是其例也。李敬忠方言中的少數民族語詞試析以爲「知」來自於壯侗語族：「廣韻：『知，陟離切。』可擬讀爲※ȶiɛ。這跟壯語稱『病愈（好）』爲 dei^{1}，布依語爲 di^{1}，傣語（西雙版納）爲 di^{1}，侗語爲 laːi^{1}，水語爲 ʔdaːi^{1}，毛南語爲 dəːi^{2} 相近似。可能是無法用漢字來準確記録壯侗語濁聲母的結果。」趙振鐸、黃峰揚雄方言裏面的外來詞不以爲然：「舌尖濁音聲母 d-，上古漢語並不缺乏。根據錢大昕『古音多舌音』和曾運乾的『喻母古讀考』，上古漢語的舌尖濁塞音比中古音『定』母的範圍大得多。李氏的文章中也有不少用漢字準確記録舌尖濁塞音聲母的例子，怎麽會在這裏出現『無法準確記録』呢？」

〔四〕病：周祖謨方言校箋：「原本玉篇『除』字下引作『疾』。玄應音義卷二、卷六、卷二十二、卷二十三引方言云：『南楚疾愈謂之蠲。』字並作『疾』。御覽卷七百三十八引本文亦然。是古本作『疾』不作『病』也。」按：慧琳一切經音義卷五、卷二七、卷二九、卷四五、卷四八、卷五〇、卷七二引亦作「疾」，周校是也。

〔五〕慧：素問藏氣法時論：「肝病者，平旦慧，下晡甚，夜半靜。」王冰注：「木王之時，故爽慧也。」靈樞經順氣一日分爲四時：「夫百病者，多以旦慧晝安，夕加夜甚，何也？」是「慧」謂病情減緩而覺輕爽，或清爽。也指眼睛清明。傷寒論辨不可下病脈證並治：「身冷若冰，眼睛不慧，語言不休。」金匱要略驚悸吐衄下血胸滿瘀血病脈證治：「暈黃去，目睛慧了，知衄今止。」是其例也。郭注云「意精明」，亦指病愈之狀也。

〔六〕憭：說文心部：「憭，慧也。」段玉裁注：「方言：『愈或謂之慧，或謂之憭。』郭云：『慧、憭，皆意精明。』按，廣韻曰：『了者，慧也。』蓋今字叚了爲憭，故郭注方言已云『慧了』，他書皆云『了了』。」錢繹方言箋疏：「『了』與『憭』同，皆精明快意之義也。凡人病甚則昏亂無知，既差則明了快意。故『愈』謂之『慧』，『知』亦謂之『慧』；『愈』謂之『憭』，『快』亦謂之『憭』：義並相通也。」

〔七〕瘳：錢繹方言箋疏：「說文：『瘳，疾瘉也。』說命篇：『若藥弗瞑眩，厥疾弗瘳。』某氏傳云：『如服藥必瞑眩極，其病乃除。』趙岐滕文公篇注云：『藥，攻人疾，先使瞑眩憒亂，乃得瘳愈也。』金縢篇：『王翼日乃瘳。』傳云：『瘳，差也。』皆愈之意也。」按：徐鍇說文繫傳：「忽愈若抽去之也。」是「瘳」之言紬（抽）也。今俗語猶云：「病來如山倒，病去如抽絲。」「抽絲」喻病愈之漸也。

〔八〕蠲：戴震方言疏證：「傅亮爲宋公修楚元王墓教：『可蠲復近墓五家。』李善注云：『郭璞方言注云：蠲，除也。』」按：廣雅釋詁一：「蠲，瘉也。」又釋詁三：「蠲，除也。」文選揚雄劇秦美新：「擿秦政慘酷尤煩者，應時而蠲。」李善注：「蠲，除也。」聯言之則曰「蠲除」。史記李斯列傳：「臣請諸有文學詩、書百家語者，蠲除去之。」漢書元帝紀：「赦天下，有可蠲除減省以便萬姓者，條奏，毋有所諱。」或曰「蠲免」。後漢紀孝順皇帝紀上：「大漢受命，蠲免苛政，寬以三章，撫以因循。」周書武帝紀下：「逋租懸調，兵役殘功，並宜蠲免。」病愈，猶言病除，故亦謂之「蠲」。

〔九〕蠲亦除也：玄應一切經音義卷二、卷六、卷二三引作「蠲，除也」，卷二二引作「蠲，除也，方俗語異耳」。慧琳一切經音義卷二、卷五、卷一二、卷二五、卷二七、卷二八、卷二九、卷四五引並作「蠲，除也」，卷一七、卷三二引作「蠲，亦除也」。

〔一〇〕音涓，一圭反：戴震方言疏證本作「音涓，又一圭反」。盧文弨重校方言本改作「音涓，一音圭」，云：「舊本作『一圭反』誤。案詩『吉蠲爲饎』，三家詩作『吉圭惟饎』，是蠲有圭音，今改正。」盧文弨校正補遺：「郭氏注穆天子傳：『蠲，音圭。』」劉台拱方言補校：「盧改非，當從舊本。」錢繹方言箋疏從盧校，云：「周官蜡氏：『令州里除不蠲。』鄭注：『蠲，讀［如］「吉圭惟饎」

之圭。』從三家義也，今小雅天保篇作『吉蠲爲饎』，是『蠲』有『圭』音也。」周祖謨方言校箋：「案：盧校是也。呂氏春秋尊師篇：『必蠲絜。』高注云：『蠲讀曰圭。』周禮蜡氏：『令州里除不蠲。』鄭注云：『蠲讀如吉圭惟饎之圭。』穆天子傳二：『癸亥天子具蠲齊牲，全以禋于昆侖之丘。』郭璞注云：『蠲者潔也，音圭。』是蠲潔之蠲音圭，足證盧校不誤。今據正。」按：集韻齊韻：「蠲，絜也，明也，通作圭。」字與「圭」在同一小韻；又先韻亦有「蠲」字，與「涓」在同一小韻。是「蠲」古有兩音，方言郭注蓋本作「音涓，一音圭」，傳鈔翻刻脱去下「音」字，後人又於「圭」下妄補「反」字耳。

〔二〕除：廣雅釋詁二：「除，去也。」去除、清除謂之除，醫治欲使病去亦謂之「除」。素問奇病論：「治之以蘭，除陳氣也。」病去而愈亦謂之「除」。廣雅釋詁一：「除，瘉也。」韓非子八説：「夫沐者有棄髮，除者傷血肉。」王先慎注：「欲病瘉者，攻以藥石，藥石所達，血肉必傷。」

輶軒使者絶代語釋別國方言校釋匯證第四

1a 一 襌衣〔一〕，江淮南楚之間謂之褋〔二〕，楚辭曰：「遺佘褋兮澧浦。」〔三〕音簡牒。關之東西謂之襌衣。有褎者，前施褎囊也。房報反。趙魏之間謂之袏衣〔四〕；無褎者謂之裎衣〔五〕。音逞。古謂之深衣〔六〕。制見禮記。

匯證

〔一〕襌衣：太平御覽卷六九一引作「單衣」，下同。按：說文衣部：「襌，衣不重。」段玉裁注：「此與『重衣曰複』爲對。」釋名釋衣服：「(衣)有裏曰複，無裏曰襌。」是「襌」之言「單」也，「襌衣」即「單衣」。戴震方言疏證：「漢書江充傳：『充衣紗縠襌衣，曲裾後垂交輸。』顔師古注云：『襌衣，制若今之朝服中襌也。』如淳曰：『交輸，割正幅，使一頭狹若燕尾，垂之兩旁，見于後。是禮深衣『續衽鉤邊』。』』後漢書馬援傳：『更爲援制都布單衣。』注引方言：『襌衣，江淮南楚之間謂之褋，關之東西謂之襌衣。』襌、單古通用。」單層而無裏之衣謂之「襌」。禮記玉藻：「襌爲絅，帛爲褶。」鄭玄注：「有衣裳而無裏。」樂府詩集橫吹曲辭捉搦歌：「誰家女子能行步，反著裌襌後裙露。」是其例也。

〔二〕褋：戴震方言疏證：「『褋』亦作『褋』。說文云：『南楚謂襌衣曰褋。』廣雅：『褋，襌衣也。』」按：段玉裁注說文改「褋」作「褋」，云：「各本作『枼』，而篆體乃作『褋』，是改篆而未改說解也。枼者，薄也。襌衣，故从枼。方言、廣雅、玉篇、廣韻皆作『褋』，至集韻乃云『褋省作褋』，正誤於已改之說文耳。」

〔三〕遺佘褋兮澧浦：見九歌湘夫人。按：「佘」今本楚辭作「余」，福山王氏天壤閣景宋方言及明刻諸本並作「余」，當據正。

〔四〕袏衣：錢繹方言箋疏：「玉篇：『袏，子賀切，衣包囊。』淮南氾論訓：『豈必褎衣博帶。』高注：『褎衣，方與之衣，如今吏人之左衣也。』『左』與『袏』同。」太平御覽卷六九三引方言作「左衣」。「袏衣」爲「有褎」之襌衣。戴震方言疏證：「褎亦作袍。春秋哀公十四年公羊傳：『反袂拭面涕沾袍。』何休注云：『袍，衣前襟也。』」錢繹方言箋疏：「說文：『褎，褱也。』褱物謂之襃，衣前襟亦謂之襃，義相因也。」

〔五〕裎衣：即「無襃」之「襌衣」。錢繹方言箋疏：「即今之對衿衣，無右外衿者也。」「衿」同「襟」。錢氏又云：「説文：『裎，袒也。』玉篇：『裎，勑領切，襌衣也。』公孫丑篇：『雖袒裼裸裎於我側。』易林否之小畜云：『載車無襌，裸裎出門。』韓策云：『秦人捐甲徒裎以趨敵。』凡去衣見體謂之袒裼。鄭風大叔于田篇：『襢裼暴虎。』爾雅：『襢裼，肉袒。』是也。其去上衣見裼衣亦謂之袒裼。内則云：『不有敬事，不敢袒裼。』是也。説文『裼』與『裎』並訓爲『袒』，故襌衣無襃者謂之『裎衣』也。」

〔六〕深衣：禮記深衣：「古者深衣，蓋有制度，以應規矩，繩權衡。」鄭注：「名曰深衣者，謂連衣裳而純之以采也。」孔穎達疏：「凡深衣，皆用諸侯、大夫、士夕時所著之服，故玉藻云：『朝玄端，夕深衣。』庶人吉服亦深衣，皆著之在表也……稱深衣者，以餘服則上衣下裳，不相連，此深衣衣裳相連，被體深邃，故謂之深衣。」深衣服於外，衣裳相連，如後世之長袍也。急就篇卷二：「襌衣蔽膝布母縛。」顏師古注：「襌衣，似深衣而褎大，亦以其無裏，故呼爲襌衣。」方言云「襌衣」「古謂之深衣」，與顏注所説合。

二　襜褕〔一〕，江淮南楚謂之𧝓裕〔二〕，裳凶反〔三〕。自關而西謂之襜褕，其短者謂之裋褕〔四〕。音豎。以布而無緣、敝而紩之謂之襤褸〔五〕。自關而西謂之䘪䘿〔六〕，俗名䘿掖。音倔。其敝者謂之緻〔七〕。緻，縫納敝，故名之也〔八〕。丁履反。

匯證

〔一〕襜褕：戴震方言疏證：「漢書雋不疑傳：『衣黄襜褕。』顏師古注云：『襜褕，直裾襌衣。』」錢繹方言箋疏：「按，釋器云：『衣蔽前謂之襜。』釋名：『荆州謂襌衣曰布襹，亦曰襜襜，其襜襜弘裕也。』又云：『跪襜，跪時襜襜然張也。』又：『牀前帷曰襜，言襜襜而垂也。』是凡言『襜』者，皆障蔽之名也。」按：「襜褕」有直裾、曲裾二式，非正朝之服。漢書何並傳：「林卿迫窘，乃令奴冠其冠、被其襜褕自代，乘車從童騎，身變服從間徑馳去。」顏師古注：「襜褕，曲裾襌衣也。」史記魏其武安侯列傳：「元朔三年，武安侯坐衣襜褕入宮，不敬。」司馬貞索隱：「襜，尺占反；褕，音踰。謂非正朝衣，若婦人服也。」

〔二〕江淮南楚：太平御覽卷六九三引作「江淮之間」，集韻鍾韻「褣」字下引作「南楚」。

𧝓褣：戴震方言疏證：「𧝓褣亦作童容。任昉奏彈劉整曰：『何其不能折契鍾庾，而襜帷交質。』李善注云：『方言：江淮謂襜褕爲童容。』」小爾雅廣服：「襜褕謂之童容。」廣雅釋器：「𧝓褣，襜褕也。」王念孫疏證：「任氏幼植深衣釋例云：『釋名：「襜褕，言襜襜宏裕也。」方言或謂之「童容」。「童容」之名，即是「襜襜宏裕」之義。詩：「漸車帷裳。」箋云：「帷裳，童容也。」周禮巾車：「皆有容蓋。」鄭司農注亦云：「容謂襜車，山東謂之裳幃，或曰幢容。」後漢書劉盆子傳：「乘軒車大馬，赤屏泥，絳襜絡。」注云：「襜，帷也。」帷謂之「襜」，亦謂之「童容」，直裾襌衣謂之「襜褕」，亦謂之「童容」，其義一也。』」錢繹方言箋疏：「『𧝓褣』之言從容也。」

〔三〕裳凶反：周祖謨方言校箋：「御覽引作『常凶反』。案廣雅釋器曹憲『𧝓』亦音常凶反。常、裳聲同。」

〔四〕裋褕：戴震方言疏證：「荀子大略篇：『衣則豎褐不完。』楊倞注云：『豎褐，僮豎之褐，亦短褐也。』史記秦始皇本紀：『夫寒者利裋褐。』裴駰集解：『徐廣曰：一作短，小襦也。』司馬貞索隱云：『蓋謂褐布豎裁爲勞役之衣，短而且狹，故謂之短褐，亦曰豎褐。』漢書貢禹傳：『裋褐不完。』顏注云：『裋者，謂僮豎所著布長襦也。』後漢書張衡傳：『士或解裋褐而襲黼黻。』注云：『方言：自關而西謂之襜褕，短者謂之裋也。』」錢繹方言箋疏：「『裋褕』短於襜褕，故以裋名……豎有短小之義，故童僕未冠者謂之豎，襜褕之短小者亦謂之裋褕，事雖不同，義則一也。」按：「裋褕」猶「裋褐」，貧賤者所服粗布短衣。列子力命：「朕衣則裋褐，食則粢糲，居則蓬室，出則徒行。」楊伯峻集釋：「許慎注淮南子云：『楚人謂袍爲裋。』說文云：『粗衣也。』又：『敝布襦也。』又云：『襜褕短者曰裋褕。』有作『短褐』者，誤。荀子作『豎褐』，楊倞注云：『僮豎之褐。』於義亦曲。」

〔五〕以布而無緣、敝而紩之謂之襤褸：周祖謨方言校箋：「原本玉篇『縷』下引方言『襜褕以布而無緣、弊而紩之謂之襤縷』。敝作弊，褸作縷。」

襤褸：參卷三第四八條匯證〔一〕。

〔六〕裺䘿：「䘿」字宋本殘缺，據下郭注補。戴震方言疏證：「（後漢書）光武帝紀：『皆冠幘，而服婦人衣，諸于繡䯉。』注云：『前書音義曰：諸于，大掖衣也，如婦人之袿衣。字書無䯉字。續漢書作䘿，並音其物反。揚雄方言曰：「襜褕，其短者自關而西謂之裺䘿。」郭璞注云：「俗名䘿掖。」據此，則是諸于上加繡䘿，如今之半臂也。』」錢繹方言箋疏：「按，『裺䘿』以無緣得名也。玉篇：『䘿，裺䘿也。』䘿之言屈也。衆經音義卷十二引許慎淮南子注云：『屈，短也。』說文作『𡳐，無尾也』。玉篇：『屈，短尾也。』史記天官書：『白虹屈短。』集解引韋氏漢書注云：『短而直也。』高誘注淮南原道訓云：『屈，讀「秋雞無尾屈」之屈。』韓非子說林篇云：『鳥有周周者，重首而屈尾。』釋鳥云：『鶌鳩，鶻鵃。』郭注云：『似山鵲而小，短尾。』集韻引埤倉：『㞊，短尾犬也。』無緣之衣謂之『裺䘿』，猶雞無尾謂之『屈』，鳥短尾謂之『鶌』，犬短尾謂之『㞊』，其義一也。」

〔七〕敝：原本玉篇殘卷「緻」字下引作「弊」。

緻：說文衣部：「䙱，紩衣也。」段玉裁注：「糸部曰『紩』者『縫』也。『縫』者，『以鍼紩衣也』。」方言曰：……按：緻即䙱字。黹爲鍼刺，䙱爲縫敝衣，與補、組二字義略同。」錢繹方言箋疏：「廣雅：『緻，補也。』玉篇：『緻，縫補敝衣也。』說文：『䙱，紩衣也。』音諸几切。爾雅作『黹』。䙱、黹與緻聲義並同。下文云：『褸謂之緻。』注云：『襤褸緻結也。』又云：『裯謂之襤，無緣之衣謂之襤。』注云：『祗裯弊衣，亦謂襤褸。』又云：『楚謂無緣之衣曰襤，紩衣謂之褸，秦謂之緻。自關而西秦晉之間無緣之衣謂之裺䘿。』注云：『嫌上說有未了，故復分明之。』據此云云，則此條猶言江淮南楚謂襜褕爲𧝞褣，關西謂𧝞褣爲襜褕，江淮南楚謂襜褕之短者謂之裺䘿，以布而無緣者爲襤，敝紩者爲褸，關西謂襜褕之無緣者爲裺䘿，敝紩者爲緻也。」

〔八〕故名之也：錢繹方言箋疏本作「故之名也」，云：「舊本『之名』二字誤倒。」周祖謨方言校箋：「原本玉篇『緻』下引作『縫納弊故之名也』。今本『之名』二字誤倒，錢繹箋疏已發其誤。」

1b三　汗襦〔一〕，廣雅作褕〔二〕。江淮南楚之間謂之𧜁〔三〕；音甑。自關而西或謂之祗裯〔四〕；祗，音止〔五〕。裯，丁牢反。亦呼爲掩汗也〔六〕。自關而東謂之甲襦〔七〕；陳魏宋楚之間謂之襜襦〔八〕，或謂之襌襦〔九〕。今或呼衫爲單襦〔一〇〕。

〔一〕汗襦：説文衣部：「襦，短衣也。」按：「汗襦」猶「汗衣」也，即近身單層短衫。釋名釋衣服：「汗衣，近身受汗垢之衣也。詩謂之『澤』，受汗澤也。或曰鄙袒，或曰羞袒。作之，用六尺裁，足覆胸背，言羞鄙於袒而衣此耳。」古或稱中衣、中單，後通稱汗衫。玉臺新詠漢繁欽定情詩：「何以結愁悲，白絹雙中衣。」太平御覽卷四〇三晉虞預會稽典録：「民有弟用兄錢者，未還之，嫂詣（鄭）弘訴之，弘賣中單爲叔還錢。」注：「即今之汗衫也。」漢書石奮傳：「取親中帬廁牏。」顏師古注：「廁牏者，近身之小衫，若今汗衫也。」五代馬縞中華古今注汗衫：「汗衫，蓋三代之襯衣也。禮曰『中單』，漢高祖與楚交戰，歸帳中，汗透，遂改名汗衫。」「襦」得名之由，錢説可參。錢繹方言箋疏：「凡字之从需、从耎、从而者，聲皆相近。短衣謂之『襦』，猶小兔謂之『䨲』，小鹿謂之『麢』，小栗謂之『栭』也。小與短同義。」是也。

〔二〕廣雅作褕：盧文弨重校方言：「案廣雅：『𧝓褣、祇裯，襜褕也。』無『汗褕』，此恐誤。」錢繹方言箋疏：「今本廣雅無『汗襦』之文，但云『祇裯，襜褕也』，又云『襌襦謂之襜裿，作襦謂之裨襦』，王氏疏證以『襌襦謂之襜』爲句，『裿』字連下『作襦』讀，云：『疑有脱誤。』今案，集韻、類篇並引廣雅以『襌襦謂之襜裿』爲句，則『作襦謂之裨襦』爲句矣。『裿』與『襦』、『作』與『汗』、『裨』與『襌』，形並相似，疑廣雅原本作『襌襦謂之襜襦，汗襦謂之襌襦』。別本亦有作『汗褕』者，則與此正文及注『廣雅作褕』、又下條注『襦，字亦作褕』並合。或以爲廣雅既釋『襌襦謂之襜襦』，不應即云『汗襦謂之襌襦』，此又不然。按，廣雅下文云『袯，蔽厀也』，即云『韍謂之縪』。『袯、韍』一字，『縪』即『蔽厀』之合聲，皆所以『廣異名』，與此正同，況義皆本之方言乎。」惟廣雅誤『襦』爲『裿』、誤『汗』爲『作』、誤『襌』爲『裨』，其來已久，故曹憲已爲『裿、裨』二字著音，而集韻、類篇並引作『襜裿』也。盧氏以今本廣雅無『汗襦』之文，遂謂此注爲誤，且謂下條注『字亦作褕』，『褕』字宋本作『襝』，『襝』字與『衻、襜、裧』等字同，似當在『蔽厀』條『衻』字下，不應在此。幸正德本作『褕』，故未移。案，爾雅疏引亦作『褕』，與正德本及今本並合。則作『襝』者，乃形近傳寫之譌也。」

〔三〕䙢：玉篇衣部：「䙢，汗襦也。」集韻蒸韻：「䙢，汗襦。」又證韻：「䙢，方言：『汗襦，江淮南楚謂之曰䙢。』」章炳麟新方言釋器：「説文：『袛裯，短衣。』上都兮切，下都牢切，雙聲連語也。氐聲、周聲皆近敦。孟子萬章篇：『弤，朕。』注云：『彫弓。』大雅：『敦弓既堅。』正義曰：『敦與彫，古今之異。』説文『雕、鵰』互訓。以是相參，則知氐、周、敦聲義三通。淮南謂短衣曰敦子，敦即袛裯矣。」孫錦標通俗常言疏證服飾：「是䙢即袛裯也。方言注云『䙢音甑』，今俗又以䙗字爲之……是䙗子本當作䙢子也。」按：今江淮方言中猶有「敦（䙗）子」一詞，指裏外夾層而中有絮之短襖。其絮常用棉花，故習稱「棉襖」；現在也用化學材料，高檔的則用鴨絨之類。方言指汗衫，章、孫二氏所説「䙢子」「䙗子」是指汗衫還是指短襖，並未言明，若指後者，則不可以之解方言。

〔四〕袛裯：戴震方言疏證本改「衹」作「袛」。周祖謨方言校箋：「戴本作袛，是也。説文云：『袛裯，短衣。』廣雅釋器云：『袛裯，襜褕也。』字均從氐。集韻虞韻『襦』下引方言亦作『袛』，今據正。注同。」按：吴琯古今逸史本、程榮漢魏叢書本、胡文煥格致叢書本等明本並作「袛」，戴改是也，當據正。戴震方言疏證：「宋玉九辯：『被荷裯之晏晏兮。』王逸注云：『裯，袛裯也。』洪興祖補注引方言：『汗襦，自關而西謂之袛裯。』後漢書羊續傳：『其資藏惟有布衾、敝袛裯，鹽、麥數斛而已。』説文云：『袛裯，短衣。』」錢繹方言箋疏：「『袛裯』，雙聲字……案：『袛裯』之言氐惆也。下卷十云：『惃、愗、頓愍，惛也。』『或謂之氐惆，南楚飲毒藥懣謂之氐惆。』『愁恚憒憒、毒而不發謂之氐惆。』注云：『氐惆，猶懊憹也。』是本爲形容之詞，無定字，亦無定名也。」

〔五〕音止：盧文弨重校方言改作「音氐」，理由爲「廣雅音低」。周祖謨方言校箋：「案萬象名義『袛』音丁奚反，集韻齊韻『袛』下引方言，『袛』亦音氐，並與廣雅音同。盧校是也。今據正。」當從盧校改「止」作「氐」。

〔六〕掩汗：錢繹方言箋疏：「釋名云：『汗衣，近身受汗垢之衣也。』其謂之『掩汗』者，猶『馬鞈』謂之『弇汗』也。鹽鐵論散不足篇：『今富者……黄金琅勒，罽繡弇汗。』亦謂之『障汗』。太平御覽引魏百官名云：『黄地金縷，織成障汗一具。』亦名『防汗』。説文：『鞈，防汗也。』廣雅：『防汗謂之鞈。』御覽引東觀漢記云：『和帝賜桓郁馬二匹，並鞍勒防汗。』其義一也。」

〔七〕甲襦：「汗襦」之别名，然「甲」字未詳。丁惟汾方言音釋：「『甲』爲『遮』之同聲假借，所以掩遮汗濡，故謂之甲襦。」以音求之，思路可參；丁氏所説，缺少佐證。

〔八〕襜襦：初學記卷二六引作「陳魏宋楚之間謂之襜」，無「襦」字；太平御覽卷六九三引同。錢繹方言箋疏：「凡言『襜』者，皆障蔽之意。然則『汗襦』謂之『襜襦』，即釋名所謂『汗衣』『裁足覆胸背，〔言〕羞鄙於袒而衣此』之意也。」

〔九〕褌襦：初學記卷二六引、太平御覽卷六九三引「褌」並作「單」。周祖謨方言校箋：「廣雅釋器云：『褌襦謂之襜襦。』今本「襜襦」誤作「襜裿」。即本方言，字從衣作『褌』。」錢繹方言箋疏：「下文云：『偏褌謂之褌襦。』注云：『即衫也。』釋名又云：『褌襦，如襦而無絮者也。』又云『半袖，其袂半襦而施袖』者，是襦有不施袖者，亦有半施袖者。其半施之褌襦，即所謂偏襦，亦即所謂無右者矣……『單』與『褌』通。」按：「褌」之言「單」也，「褌襦」即「單襦」。

〔一〇〕單襦：戴震方言疏證作「褌襦」，與正文同。

四　帬〔一〕，陳魏之間謂之帔〔二〕，音披。自關而東或謂之襬〔三〕。音碑，今關西語然也。

匯證

〔一〕帬：廣雅釋器：「繞領、帔，帬也。」王念孫疏證：「說文：『帬，下裳也。』或作『裠』。釋名云：『裠，群也，連接群幅也。』案：帬之言圍也，圍繞要下也，故又謂之『繞領』。方言：『繞衿謂之帬。』注云：『俗人呼接下，江東通言下裳。』『衿』與『領』同。」按：「帬」後作「裙」，古指下裳，男女均服。睡虎地秦簡封診式賊死：「衣布褌帬、襦各一。」方言此條「帬」有二義，一謂「帔」，一謂「襬」。「繞領」之「帬」即「帔」，蓋後世之披肩，非下裳也。說文巾部：「帬，繞領也。」段玉裁注：「方言『繞領謂之帬』，廣雅本之，曰『繞領、帔，帬也』……繞領者，圍繞於領，今男子婦人披肩其遺意。」

〔二〕陳魏之間：初學記卷二六引、集韻支韻「帔」字注引同。周祖謨方言校箋：「字鏡巾部『帔』字注、玉篇引方言本文作『陳楚之間』。」

帔：說文巾部：「弘農謂帬帔也。」段玉裁注：「謂帬曰帔也。」又「帬」字段注云：「劉熙曰：『帔，披也。披之肩背不及下也。』蓋古名帬，弘農方言曰帔。若常則曰下帬，言帬之在下者，亦集衆幅爲之，如帬之集衆幅被身也。」急就篇：「袍襦表裏曲領帬。」顏師古注：「帬，即裳也，一名帔，一曰襬。」

〔三〕襬：玉篇衣部：「襬，關東人呼裙也。」錢繹方言箋疏：「『襬』與『帔』聲之轉耳。」按：「襬」之言擺也。古人帬子謂之「襬」，後人謂衣服前後幅之下端爲「襬」。正字通衣部：「襬，今衣裓下幅有襞積者皆曰襬，讀若擺。」徐復補釋：「世説新語汰侈：『武帝嘗降王武子家，婢子百餘人，皆綾羅絝襬，以手擎飲食。』宋本太平御覽服章部十三引此文『絝襬』作『絝裙』，與方言義正合。」

五　蔽𨚫〔一〕，江淮之間謂之褘〔二〕，音韋，或暉。或謂之袚〔三〕。音沸〔四〕。魏宋南楚之間謂之大巾〔五〕，自關東西謂之蔽𨚫，齊魯之郊謂之袡〔六〕。昌詹反。襦〔七〕，字亦作褕〔八〕。又襦無右也。西南屬漢謂之曲領〔九〕，或謂之襦。褌〔一〇〕，陳楚江淮之間謂之衳〔一一〕。錯勇反〔一二〕。

匯證

〔一〕蔽𨚫：「𨚫」同「厀」。説文邑部：「𨚫，齊地也。从邑，桼聲。」又卪部：「厀，脛頭卪也。从卪，桼聲。」徐鍇繫傳：「今俗作膝。」按：當據説文改作「蔽厀」。釋名釋衣服：「韠，蔽膝也，所以蔽膝前也。」王先謙疏證補引畢沅：「蓋本名蔽膝，急言之則兩音合一，遂名韠矣，蔽膝乃爲韠之反語矣。」急就篇：「襌衣蔽膝布母縛。」顏師古注：「蔽膝者，於衣裳上著之，以蔽前也。一名韍，又曰韠，亦謂之襜。」爾雅釋器：「衣蔽前謂之襜。」郭璞注：「今蔽膝也。」邵晉涵正義：「小雅采緑云：『不盈一襜。』疏引李巡云：『衣蔽前，衣蔽膝也。』説文云：『襜，衣蔽前。』是巨巾爲襜也。禮謂之韠，又謂之韍……（玉藻鄭注）：『韠之言蔽也……韍之言亦蔽也。』孔疏云：『他服稱韠，祭服稱韍，是異其名。韠、韍皆言爲蔽，取蔽障之義也……』」王闓運集解：「有前無後，今犢鼻帬，婦人執事之服，施之自領下及厀。」

〔二〕江淮之間：爾雅釋器邢昺疏引作「江淮南楚之間」。王念孫手校明本補入「南楚」二字。盧文弨重校方言：「爾雅釋器疏『江淮』下有『南楚』二字，係誤衍，或據以增入，非也。」

褘：説文衣部：「褘，蔽膝也。」爾雅釋器：「婦人之褘謂之縭。」郝懿行義疏：「褘者，説文以爲『蔽厀』，方言以爲『褘』即『襜』也。婦人有襜者，詩『不盈一襜』，釋名云：『韠，所以蔽膝前也，婦人蔽膝亦如之。』是婦人之褘即蔽膝。郭以爲『香纓』，誤矣。縭者，詩東山傳：『縭，婦人之褘也。母戒女，施衿結帨。』正義引孫炎曰：『褘，帨巾也。』是孫、毛同以結帨即結縭。知帨爲巾者，以内則云：『左佩紛帨。』然蔽膝亦名巾者，方言以蔽厀爲『大巾』，釋名亦云『婦人蔽膝』『齊人謂之巨巾，田家婦女出至田野，以覆其頭，故因以爲名也』。然則婦人之褘，既以蔽厀，又以覆頭。今青州婦人以巾覆者，其遺象也。登州婦人絡頭用首帕，其女子嫁時以絳巾覆首謂之袱子，此即古所謂巿歟？巿與韍同。説文：『巿，从巾，象連帶之形。』蔽厀名巾，此亦其證。然則詩言『結縭』，即結其蔽厀之系也。今田家嫁女，母爲施妝，名曰『上頭』，即繫袱於首，至壻家解下，與釋名之義又合矣。」按：「褘」之言圍也。圍繞謂之「圍」，古字作「囗」；所以障圍謂之「帷」，或謂之「幃」；守衛謂之「衛」；蔽於膝前謂之「褘」。圍、帷、幃、衛、褘，音近義通。

〔三〕袚：説文衣部：「袚，蔽厀。」廣雅釋器：「袚，蔽膝也。韍謂之縪。」王念孫疏證：「袚、韍，一字也。説文作巿，云：『从巾，象其連帶之形。』易作『紱』，詩作『芾』，禮記作『韍』，左傳作『黻』，方言作『袚』，易乾鑿度作『茀』，白虎通義作『紼』，並字異而義同。『縪』本作『韠』，即『蔽膝』之合聲，蔽、韠、韍又一聲之轉。説文：『篳，藩落也。』引襄十年左傳『篳門圭竇』。爾雅：『畢，堂墻。』李巡注云：『厓似堂墻曰畢。』其謂之畢者，皆取障蔽之意，與『韠』同也。齊風載驅篇：『簟笰朱鞹。』傳云：『車之蔽曰笰。』義亦與『韍』同。小雅采菽篇：『赤芾在股。』鄭箋云：『芾，太古蔽膝之象也。冕服謂之芾，其他服謂之韠，以韋爲之。』正義引乾鑿度注云：『古者田漁而食，因衣其皮，先知蔽前，後知蔽後。後王易之以布帛，而猶存其蔽前者，重古道，不忘本也。』」

〔四〕音沸：爾雅邢昺疏引作「音弗」。盧文弨校正補遺：「李文授本『音撥』。」周祖謨方言校箋：「案：廣雅釋器曹憲音不勿反，與『弗』音同。」

〔五〕南楚：王念孫手校明本改作「陳楚」。

〔六〕齊魯：盧文弨重校方言：「宋本、正德本『魯』作『楚』。」爾雅釋器邢昺疏引作「齊魯」。

衶：周祖謨方言校箋：「爾雅疏引同，盧氏謂曹毅之本作『裧』。王應麟急就篇補注卷二引方言同。」廣雅釋器：「衶、襜，蔽厀也。」王念孫疏證：「衶、襜，一字也。爾雅：『衣蔽前謂之襜。』釋文：『襜，方言作衶，同昌占反。』小雅采緑篇：『不盈一襜。』毛傳與爾雅同。正義引李巡爾雅注云：『衣蔽前，衣蔽膝也。』凡言襜者，皆障蔽之意。衣蔽前謂之『襜』，牀前帷謂之『襜』，車裳帷謂之『幨』，幰謂之『幨』，其義一也。」

〔七〕自此字至下「或謂之襦」，戴震方言疏證別爲一條。清人校本、周祖謨方言校箋均從戴本改。按：戴校於義爲長，宜據正。

襦：戴震方言疏證：「説文：『襦，短衣也，一曰羼衣。』釋名云：『襦，耎也，言温耎也。』『曲領在内，[所]以[禁]中[衣]（襟）領，上横壅頸，其狀曲也。』『反閉，襦之小者也，卻向著之，領[含於項]，反于背後，閉其襟也。』注内『又襦無右也』，即釋名所謂以中襟之領使上横壅頸者。右無曲裾，故曰『無右』。急就篇：『袍襦表裏曲領帬。』顔師古注云：『長衣曰袍，下至足跗，短衣曰襦，自厀以上。』」説文「襦」字段玉裁注云：「襦若今襖之短者，袍若今襖之長者。」

〔八〕⿰衤侖：戴震方言疏證改作「褕」，是也，當據正。

〔九〕屬漢：戴震方言疏證改作「蜀漢」，云：「後卷五内『西南蜀漢之郊』，此條改『蜀』爲『屬』者，非。」周祖謨方言校箋：「戴本作『蜀漢』與急就篇補注卷二引同，今據正。」

〔一〇〕自此字至本條末，戴震方言疏證別爲一條。按：當據改。

褌：戴震方言疏證：「史記司馬相如列傳：『相如自著犢鼻褌。』裴駰集解：『韋昭曰：今三尺布作，形如犢鼻矣。』釋名云：『褌，貫兩腳，上繫腰中也。』褌亦作幝……顔師古注急就篇云：『袴合襠謂之褌，最親身者也。』」按：説文巾部：「幝，幒也。从巾，軍聲。褌，幝或从衣。」段玉裁注：「今之套褲，古之袴也；今之滿襠褲，古之褌也。自其渾合近身言曰幝，自其兩襱孔穴言曰幒。」

〔一一〕䘩：戴震方言疏證：「䘩，説文作『幒』，又作『㡝』；廣雅作『衳』，並云『幝也』。」

〔一二〕錯勇反：盧文弨重校方言據曹毅之本改作「息勇反」。劉台拱方言補校認爲「錯勇反」是。周祖謨方言校箋：「案廣雅釋器『袑、衳、襣，幝也』，字作『衳』，曹憲音七勇反，與郭音錯勇反相同。」按：今仍舊本，不從盧校。

2a六　袴〔一〕，齊魯之間謂之䙱〔二〕，傳曰：「徵蹇與禡。」〔三〕音騫。或謂之襱〔四〕。今俗呼袴踦爲襱，音鮦魚。關西謂之袴。

匯證

〔一〕袴：即「袴」。戴震方言疏證：「釋名云：『袴，跨也。兩股各跨別也。』『袴』又作『絝』……説文云：『絝，脛衣也。』」按：説文「絝」字段玉裁注：「今所謂套袴也，左右各一，分衣兩脛。古之所謂絝，亦謂之褰，亦謂之襗，見衣部；若今之滿當袴，則古謂之幝，亦謂之幒，見巾部。此名之宜別者也。」郝懿行證俗文卷二：「案袴與褌別，古人皆先著褌而後施袴於外。」錢繹方言箋疏：「袴者，中分之名。兩脛之衣謂之袴，猶兩足所越謂之跨，兩股之間謂之胯，剖物使分亦謂之刳，義並同也。」

〔二〕䙱：戴震方言疏證：「䙱，左傳作『褰』。説文：『褰，絝也。』……廣雅：『䙱謂之絝。』」錢繹方言箋疏：「䙱，説文作『褰』……又作『裷』……『褰、裷』並與『䙱』同。」周祖謨方言校箋：「御覽卷六九五『袴』條引字作『褰』。案説文云：『褰，絝也。』是褰、䙱字同。」説文「褰」字段玉裁注：「今方言作『䙱』，俗字也。褰之本義謂絝。」

〔三〕蹇：戴震方言疏證作「䙱」。周祖謨方言校箋：「戴本作『䙱』是也。案『蹇』爲譌字，今左傳昭公二十五年字作『褰』。褰、䙱字通。」當據正。

禡：同「襦」。玉篇衣部：「禡，同襦，俗。」今本左傳字作「襦」。釋文：「襦，本或作禡。」

〔四〕襱：郭注：「今俗呼袴踦爲襱。」説文衣部：「襱，絝踦也。」朱駿聲通訓定聲：「襱者，蘇俗曰褲腳管。」廣雅釋器：「絝，其⿰衤官謂之襱。」王念孫疏證：「今人言袴腳或言袴管是也。」按：方言乃云齊魯之間謂「袴」或爲「襱」，此褲即套褲，非僅謂「袴腳」也。後世吴語閩語中猶謂套褲爲「襱」。陳訓正甬諺名謂籀記卷一：「襱，絝踦也。即今漁民所著襱袴。」章炳麟新方言六釋器：「今人通言韜絝，福州謂之『襱』，從舌頭音，呼如動。」

七　褕謂之袖〔一〕。襦䙱有袖者，因名云。

匯證

〔一〕褕謂之袖：戴震方言疏證：「釋名云：『半袖，其袂半襦而施袖也。』是襦有不施袖者。正文當云『褕謂之半袖』，注當云『襦之半袖者』。注内『褳』亦舛誤，『褳』不得言袖，當是因上條而譌。」錢繹方言箋疏：「戴説是也。上文云：『襦，西南蜀漢之間謂之曲領，或謂之襦。』注：『襦，字亦作「褕」。』即謂此也。又云：『襦無右也。』是『半袖』之説也。」按：「半袖」即短袖衫，古一名「褠褕」。廣韻侯韻：「褠，褠褕，小衫。」集韻侯韻：「褠，褠褕，短衫。」

八　衱謂之褗〔一〕。即衣領也。劫、偃兩音〔二〕。

匯證

〔一〕衱：戴震方言疏證：「衱、袷，古通用。禮記玉藻篇：『袷二寸。』鄭注云：『曲領也。』深衣篇：『曲袷如矩以應方。』注云：『袷，交領也。古者方領如今小兒衣領。』廣雅：『衱謂之褗。』本此。廣韻衱、褗並云『衣領』。」按：禮記曲禮下：「天子視不上於袷。」孔穎達疏：「袷謂朝服祭服之曲領也。」錢玄、錢興奇三禮辭典：「交領謂之袷，其左襟兩幅，右襟一幅，左襟掩於右襟之上，成相交形，故稱交領。交領又可分爲兩種：一種左襟斜直而下者；另一種左襟領口處曲折，領口成方形，故亦稱曲領、方領……凡男子深衣、婦女襌衣均用交領。」二錢説是也。又，「衱」與釋「領」之「袷」，廣韻同音居怯切，是「衱、袷」音同義通。

褗：廣雅釋器：「衱謂之褗。」王念孫疏證：「説文：『褗，䙔領也。』士昏禮注云：『卿大夫之妻刺黼以爲領，如今偃領矣。』偃與褗通。」徐鍇説文繫傳：「謂衣領偃曲。」説文段玉裁注本改「䙔領」作「褗領」，云：「『褗領』，各本譌『䙔領』，字之誤也……褗領，古有此語。」廣韻：『褗，衣領也。』」

〔二〕「劫、偃」二字宋本殘缺，據四部叢刊影宋本補。

2b九　袿謂之裾〔一〕。衣後裾也〔二〕。或作袪〔三〕，廣雅云「衣袖」。

匯證

〔一〕袿：戴震方言疏證：「後漢書邊讓傳：『被輕袿。』張衡思玄賦：『揚雜錯之袿徽。』嵇康贈秀才入軍詩：『微風動袿。』注皆引方言『袿謂之裾』。」按：古人稱「袿」者有三：一謂衣之後襟，方言所釋是也。二謂婦人所著上服，釋名釋衣服：「婦人上服曰袿，其下垂者，上廣下狹，如刀圭也。」是也。三謂衣袖，廣雅釋器：「袿，袖也。」王念孫疏證：「夏侯湛雀釵賦云：『理袿襟，整服飾。』是袿爲袖也。」本條郭注「或作袪，廣雅云『衣袖』」是也。

裾：爾雅釋器：「衱謂之裾。」郭璞注：「衣後裾也。」釋名釋衣服：「裾，倨也，倨倨然直，亦言其在後常見踞也。」漢書鄒陽傳：「飾固陋之心，則何王之門不可曳長裾乎?」是其例。錢繹方言箋疏：「『裾、袿』聲之轉耳。」又，衣之前襟亦謂之「裾」。說文衣部：「裾，衣褎也。」段玉裁注：「各本作袍，今依廣韻正。上文云：『褎，褱也。』褱物謂之褎，因之衣前襟謂之褎。」

〔二〕「衣後」二字宋本殘缺，據四部叢刊影宋本補。

〔三〕袪：說文衣部：「袪，衣袂也。」又：「袂，袖也。」

一〇　褸謂之衽〔一〕。衣襟也。或曰裳際也。

匯證

〔一〕褸：說文衣部：「褸，衽也。」段玉裁注：「郭云『衣襟』者謂正幅，謂『裳際』者謂旁幅。謂衽爲正幅者，今義，非古義。衽者，殺而下者也。」廣雅釋器：「衽謂之褸。」王念孫疏證：「爾雅『衣裗謂之裞』，郭注云：『衣縷也，齊人謂之攣。』釋文：『縷又作褸。』衣縷謂之衽，猶機縷謂之紝。說文：『紝，機縷也。』」錢繹方言箋疏：「縷與褸同。裗、攣、褸並一聲之轉。」

衽：當作「衽」，明刻諸本不誤。戴震方言疏證：「禮玉藻篇：『衽當旁。』鄭注云：『衽，謂裳幅所交裂也。凡衽者，或殺而下，或殺而上。衽屬衣，則垂而放之，屬裳，則縫之以合前後，上下相變。』深衣篇『續衽』注云：『續，猶屬也。衽，在裳旁者也。屬連之，不殊裳前後也。』」錢繹方言箋疏：「説文：『衽，衣裣也。』『裣』與『襟』同。釋名：『衽，襜也，在旁襜然也。』……喪服記曰：『衽二尺有五寸。』注云：『衽，所以掩裳際也。上正一尺，燕尾一尺五寸，凡用布三尺五寸。』……江氏永曰：『以布四幅，正裁爲八幅。上下各廣一尺一寸，各邊削幅一寸，得七尺二寸，既足要中之數矣。下齊倍于要，又以布二幅斜裁爲四幅。狹頭二寸在上，寬頭二尺在下，各邊削幅一寸，亦得七尺二寸。共得一丈四尺四寸。此四幅連屬于裳之兩旁，所謂衽當旁也。』是凡言衽者，皆謂裳之兩旁也。」

一一　褸謂之緻〔一〕。襤褸〔二〕，綴結也〔三〕。

匯證

〔一〕褸：戴震方言疏證：「褸、縷，古通用。玉篇云：『縷，貧無衣醜敝也。』『緻，縫補敝衣也。』」按：下文云楚「紩衣謂之褸，秦謂之緻」。「緻」謂縫補。縫補謂之「縷」，或謂之「緻」；紩衣謂之「褸」，亦謂之「緻」，義相因也。

緻：錢繹方言箋疏：「『緻』之言細緻也。縫納敝故謂之緻，猶刺履底謂之緻也。集韻引字林云：『緻，刺履底也。』繒帛纖細亦謂之緻。釋名：『細緻，染縑爲五色，細且緻，不漏水也。』潛夫論浮侈篇云：『從奴僕妾，皆服葛子升越，筩中女布，細緻綺縠，冰紈錦繡。』義亦相近也。」

〔二〕襤褸：參卷三第四八條匯證〔一〕。

〔三〕綴結：盧文弨重校方言據曹毅之本改作「緻結」。周祖謨方言校箋：「原本玉篇『緻』下引方言：『縷謂之緻。』郭璞曰：『襤褸，緻紩者也。』本書下文云：『楚謂無緣之衣曰襤，紩衣謂之褸，秦謂之緻。』是此注當據原本玉篇改正。」按：「綴結、緻結、緻紩」，隋唐五代前均未見文獻用例。依郭注通例，若正文「縷」在注中作「襤褸」，那麽正文「緻」在注中亦當出現。據此，傳本作「綴結」，其「綴」字屬譌字，「緻結、緻紩」皆與通例合，周説有原本玉篇所引爲據，宜從周改。

一二　裯謂之襤[一]。祇裯[二]，弊衣，亦謂襤褸。

匯證

〔一〕裯：即「祇裯」，參本卷第三條匯證〔四〕。

襤：即「襤褸」，參卷三第四八條匯證〔一〕。

〔二〕祇：當作「祇」，明刻諸本不誤。參本卷第三條匯證〔四〕。

一三　無緣之衣謂之襤[一]。

匯證

〔一〕襤：戴震方言疏證：「『襤』又作『⿰巾監』。」方言謂「無緣之衣」，下文亦云「楚謂無緣之衣曰襤」。說文衣部：「襤，無緣衣也。」又巾部：「⿰巾監，楚謂無緣衣也。」蓋本方言。說文糸部：「緣，衣純也。」段玉裁注：「緣者，沿其邊而飾之也。」禮記玉藻：「緣，廣半寸。」鄭玄注：「飾邊也。」孔穎達疏：「謂深衣邊以緣飾之，廣半寸也。」按：裝飾衣邊謂之「緣」，衣之邊飾亦謂之「緣」，義相因也。戰國策齊策四：「下宮糅羅紈，曳綺縠，而士不得以爲緣。」後漢書皇后紀上明德馬皇后：「常衣大練，裙不加緣。」皆其例也。是「無緣之衣」即謂無邊飾之衣也。此與敝衣之「襤」義亦通。又按：慧琳一切經音義卷九〇「襤縷」下引方言：「衣無緣曰襤。」郭璞注：「衣敗也，破也。」今本方言無郭注文。

一四　無袂衣謂之⿰衤有[一]。袂，衣袖也，音藝[二]。⿰衤有，音慢惰。

匯證

〔一〕無袂衣：吴琯古今逸史本、程榮漢魏叢書本、胡文焕格致叢書本等明本「衣」上均有「之」字，戴本亦有「之」字。按：本條上文云「無緣之衣」，下文云「無裥之袴」，依例本條亦當有「之」字，當據補。

褙：無袖之衣。「袂」，郭云：「衣袖也。」説文、廣雅同。錢繹方言箋疏：「『袂』亦作『褹』。下文云：『複襦，或謂之筩褹。』注云：『今筩袖之襦也。褹即袂字耳。』説文：『無袂衣謂之褙。』玉篇：『褙，無袂也。』又作『𧝐』同。」按：「褙」之言「隋」也。説文阜部：「陊，落也。」徐鉉曰：「今俗作墮。」詩衛風氓：「其黄而隕。」毛傳：「隕，隋也。」釋文：「隋，字又作墮。」墮落謂之「隋」，髮落謂之「鬌」，無袖則謂之「褙」，其義一也。

〔二〕音藝：「袂」，廣韻祭韻彌弊切；集韻祭韻除彌敝切外，尚有儒税切和倪祭切兩音，其中「倪祭切」之「袂」爲「褹」之異體。郭音「藝」與「倪祭切」同。

一五　無裥之袴謂之襣〔一〕。袴無踦者，即今犢鼻褌也〔二〕。「裥」亦「襱」，字異耳〔三〕。

匯證

〔一〕裥：同「襱」。參本條匯證〔三〕。

袴：即「袴」，注内同，説見本卷第六條匯證〔一〕。

襣：廣雅釋器：「襣，幝也。」「幝」與「褌」同。

〔二〕犢鼻褌：王繼如訓詁問學叢稿犢鼻褌續考：「犢鼻褌之形制，歷來聚訟紛紜，筆者所見，殆有四説：一、形如犢鼻。史記司馬相如列傳裴駰集解引韋昭曰：『犢鼻褌，今三尺布作，形如犢鼻……今銅印犢紐，此其類矣。』漢書同傳顔師古注：『即今之衳也，形似犢鼻，故以名云。』二、短褌，褌管至膝。劉奉世曰：『犢鼻穴在膝下，爲褌財令至膝，故習俗因以爲名，非謂其形似也。』據王先謙漢書補注轉引 三、無襠之褌。錢大昕十駕齋養新録四『犢鼻褌』條下云：『廣雅：衳，襣幝也。幝無襠者謂之裌。裌，度没反。説文無裌字。當爲突，即犢鼻也。突、犢聲相近。重言爲犢鼻，單言爲突。後人又加衣旁耳。』四、圍裙。漢書司馬相如傳王先謙補注：『據此形制，但以蔽前，反繫於後，而無袴襠，即吾楚俗所謂圍裙是也。』四説之中，竊以爲劉奉世説最爲明白允當。今嘗試言之：犢鼻褌者，無裥之褌也。裥，即今之統，近亦有作筒者。今言長統襪、高統靴、直筒褌之統或筒，均就小腿處而言，非連大腿處言之也。潮州方言謂小腿處之褌管爲褌筒，謂小腿之骨爲腳筒骨，此古義之存者。故所謂無裥褌者，褌管長至膝而已。集韻董韻亦云：『裥，衣短袖也。』此用於褌，則亦僅言褌管短而已，非謂全無褌管也。犢鼻褌之得名，當以褌管長至犢鼻穴。犢鼻穴，在膝蓋處。黄帝内經素問氣穴論：『犢鼻二穴。』王冰注：『在膝髕下䯒上，俠解大筋中。』劉奉世謂爲褌纔至犢鼻穴處，甚爲得之。李時珍亦持此説，本草綱目卷三十八服器部褌襠條下謂褌、襠、袴、犢鼻、觸衣、小衣爲一物之異名，李時珍全以聲訓釋之，云：『褌亦作裩，褻衣也，以渾腹爲之，故曰褌。其當隱處者爲襠。縫合者爲袴。短者爲犢鼻。犢鼻，穴名也，在膝下。』……余既爲此説，近檢齊東野語，卷七野婆條云：『有獸名野婆，黄髮椎髻，跣足裸形，儼然一媪也。上下山谷如飛猱，自腰已下，有皮纍垂蓋膝若犢鼻，力敵數壯夫，喜盜人子女。』則周密亦以犢鼻之長至膝矣。可爲此説又一佐證。」

〔三〕自第一二條「裯謂之襤」至此共四條，戴震方言疏證連寫不分。

一六　䘯謂之袩〔一〕。干苕、丁俠兩反〔二〕，未詳其義。

匯證

〔一〕䘯：戴震方言疏證：「前言『褸謂之衽』，後言『褸謂之袩』，注皆以爲『衣衽』，獨『䘯謂之袩』云『未詳其義』。廣雅總其辭曰：『䘯、袩、衽謂之褸。』郭璞在張揖後，不取其説，或廣雅『䘯袩』二字本作『䘯謂之袩』，脱『謂之』二字耳。」按：集韻沾韻「袩」字釋爲「衣衽」，並引方言本條，衣衽即衣襟也。錢繹方言箋疏則謂：「此釋衣領也。上文云：『袚謂之襬。』注云：

『即衣領也。』唐風揚之水篇：『素衣朱襮。』毛傳：『襮，領也。諸侯繡黼丹朱中衣。』鄭箋云：『繡當爲綃。「綃黼丹朱中衣」，中衣以繡黼爲領。』鄭注士昏禮、郊特牲並引魯詩作『素衣朱綃』。詩正義云：『綃是繒綺別名。於此綃上刺爲繡文，故謂之繡黼。綃上刺黼以爲衣領，然後名之爲襮。故爾雅「黼領謂之襮」，襮爲領之別名也。』據此，是襮以綃爲之。領謂之襮，因而領亦謂之綃。『素衣中綃』猶言素衣中領耳，故孫炎、郭氏爾雅注並云：『繡刺黼衣以褗領也。』綃與䘯通。上云『褸謂之袵』，注云『衣襟也』；下文又云『褸謂之袩』，注云『即衣袵也』；又云『衿謂之交』，注云『衣交領也』。説文：『䘳，交袵也。』䘳與襟同。廣雅：『䘯、袩、袵謂之褸。』袩，曹憲音多頰反。説文：『⿰巾瓦，領耑也。』玉篇『⿰衤瓦』丁兼、丁頰二切，云『領耑也，亦作⿰巾瓦』。又作『袩』，並同。廣韻：『⿰巾瓦，衣領也。』顔氏家訓書證篇：『古者，斜領下連于衿，故謂領爲衿。』是䘯與褸、袩、袵、衿、領，其物相連，或舉其上，或言其下，故稱名並得通也。」

袩：或釋衣襟，或釋衣領，説已見前「䘯」字下。

〔二〕干苕：諸宋本同。吴琯古今逸史本、程榮漢魏叢書本、胡文焕格致叢書本作「于苕」。王念孫手校明本改作「千苕」；盧文弨重校方言從曹毅之本作「所交」，錢繹方言箋疏以曹毅之本與廣韻合，亦改作「所交」。按：劉台拱方言補校：「案『于』乃『千』字之譌。」吴承仕經籍舊音辨證：「盧、錢説並非也。郭注『䘯』音『千苕反』，各本作『于』者，形近之譌。曹憲廣雅音『綃』七霄反，類篇、集韻亦有千遥一切，此舊本作『千苕反』之切證。其作『所交反』者，淺人不瞭致誤之由，率以今音易之，不可從。」周祖謨方言校箋亦云「干苕當作千苕」「七、千聲同」。是「干」字當改作「千」無疑，王念孫校改是也。

3a 一七　衿謂之交〔一〕。　衣交領也。

匯證

〔一〕衿：戴震方言疏證：「爾雅：『衣眥謂之襟。』郭注云：『交領。』疏引方言『衿謂之交』。襟、衿古通用，又作䘳。玉篇云：『交襟，衣領也。』詩鄭風：『青青子衿。』漢石經作『䘳』，毛傳云：『青衿，青領也，學子之所服也。』」説文衣部：「䘳，交袵也。」段玉裁注：「『袷』之字一變爲『衿』，再變爲『襟』，字一耳。而爾雅之『襟』，毛傳、方言之『衿』，皆非許所謂『袷』也。爾雅、詩傳、方言皆自領言之。深衣：『曲袷如矩以應方。』注：『袷，交領也。古者方領，如今小兒衣領。』玉藻：『袷二寸。』注：『曲領也。』曲禮：『天子視不上於袷。』玉藻：『侍於君，視帶以及袷。』注皆云：『交領也。』『袷』者，交領之正字，其字从合，左傳作『襘』。从會與从合一也。交領宜作『袷』，而毛詩、爾雅、方言作『衿』，殆以『衿、袷』爲古今字與。若許云『袷，交衽也』，此則謂掩裳際之衽，當前幅後幅相交之處，故曰『交衽』。『袷』本『衽』之稱，因以爲正幅之稱；正幅統於領，因以爲領之稱。此其推移之漸，許必原其本義爲言。凡『金』聲、『今』聲之字，皆有禁制之義。禁制於領與禁制前後之不相屬，不妨同用一字。」

交：錢繹方言箋疏：「顏氏家訓書證篇云：『古者，斜領下連于衿，故謂領爲衿。』案衿連于領，至下必交，因謂衿爲交矣。」

一八　裺謂之襦[一]。尖劒反[二]。

匯證

[一]裺：戴震方言疏證：「說文：『褗謂之裺。』『褗，福領也。』蓋以裺爲小兒次衣掩頸下者。」錢繹方言箋疏：「『裺』之言淹也。卷十三：『淹，敗也。水敝曰淹。』鄭注儒行云：『淹謂浸漬之。』」

襦：戴震方言疏證：「襦有曲領之名，故裺亦名襦。」錢繹方言箋疏：「襦之言濡也。廣雅：『濡，漬也。』邶風匏有苦葉篇毛傳同。裺所以承次液，故裺亦名襦也。」

[二]尖劒反：盧文弨重校方言從曹毅之本改作「於劒反」。劉台拱方言補校：「尖乃衣字之譌。」因玉篇「裺」於劒、於檢二切，錢繹方言箋疏亦改作「於劒反」。吳承仕經籍舊音辨證：「盧校近之，然『尖、於』聲形俱不相似，無緣致誤。疑『尖』爲『炎』之形譌，炎、於聲類比近，古紐有影無喻，則『裺』音『炎劒反』與『於劒反』同。」周祖謨方言校箋改作「央劒反」，云：「案：影母細音字本書郭注多以『央』字爲切語，此尖當爲央字之誤，今改作央。」按：周校以郭證郭，直造古人，當據正。

一九　襘謂之裓[一]。衣掖下也。

匯證

[一]襘：錢繹方言箋疏：「襘者，障蔽之名。故衣蔽前謂之襘，牀前帷謂之襘，車裳帷謂之幨，幰謂之幨。『幨』與『襘』同。」按：「衣掖下」即腋下部分的衣服，亦指衣袖。有所障蔽，故名「襘」。

裓：戴震方言疏證：「玉篇：『裓，衣掖下也。』本此條注文。」廣雅釋器：「裓，袖也。」王念孫疏證：「裓通作掖。方言：『襘謂之裓。』注云：『衣掖下也。』儒行：『衣逢掖之衣。』鄭注云：『逢，猶大也。大掖之衣，大袂襌衣也。』正義云：『大掖，謂肘掖之所寬大。』」錢繹方言箋疏：「裓所以蔽掖下，故以爲名。」

二〇　佩紟謂之裎[一]。所以係玉佩帶也。音禁。

匯證

[一]佩紟：説文糸部：「紟，衣系也。」段玉裁注：「聯合衣襟之帶也。今人用銅鈕，非古也。凡結帶皆曰紟。」廣雅釋器：「佩紟謂之裎。」王念孫疏證：「『紟』通作『衿』。爾雅：『佩衿謂之褑。』郭注云：『佩玉之帶上屬。』紟之言相紟帶也。少儀：『甲不組縢。』鄭注云：『組縢，以組飾之及紟帶也。』爾雅：『衿謂之袸。』注云：『衣小帶。』義並與佩紟同。」爾雅釋器：「衿謂之袸，佩衿謂之褑。」郝懿行義疏：「衿者，當作紟。説文云：『紟，衣系也。』籀文作絵。玉篇『衿』亦作『紟』，『結帶也』。按：經典紟、衿通用，故詩東山傳『施衿結帨』，内則『衿纓』注『衿猶結也』，漢書揚雄傳注『衿音衿系之衿』，皆借衿爲紟也。」

裎：系玉佩之帶。廣雅王念孫疏證：「古者佩玉有綬以上系於衡，衡上復有綬以系於革帶。説文：『綎，系綬也。』『綎』與『裎』古字通。離騷『珽玉』字作『珵』，是其例也。」

二一　褸謂之袩〔一〕。即衣衽也〔二〕。

匯證

〔一〕袩：衣襟，或説衣領。參本卷第一〇條匯證〔一〕、第一六條匯證〔一〕。郭注「即衣衽也」，是郭璞以爲衣襟謂之袩也。

〔二〕衽：當作「衽」，明刻諸本不誤。又王念孫手校明本云：「爾雅疏引注云：『即衣衿也。』」

二二　覆䘹謂之襌衣〔一〕。作憒反。

匯證

〔一〕覆䘹：戴震方言疏證：「廣雅：『覆䘹，襌衣也。』玉篇：『䘹，襌衣也。』皆本此。」按：集韻隊韻釋爲「單衣」之「䘹」蘇對切，引方言「單衣謂之䘹」爲釋之「䘹」祖對切，釋爲「副衣」之「䘹」取内切，上古音聲母分屬心、精、清三紐。「副衣」蓋即「覆䘹」也。玉篇刀部：「副，貳也。」説文刀部「副」字下段玉裁注：「周人言貳，漢人言副，古今語也。」「貳」即次要或居於第二位之義。「覆」與「副」古音同屬滂紐，職覺二部旁轉。「䘹」謂「單衣」。是「覆䘹」猶言「副衣」，蓋謂備用之單衣也。

襌衣：參本卷第一條匯證〔一〕。

二三　偏裨謂之襌襦〔一〕。即衫也。

匯證

〔一〕偏裨：戴震方言疏證連上「覆䘹」爲一條。吴琯古今逸史本、程榮漢魏叢書本、胡文焕格致叢書本、明李珏刻本、明佚名刻本、鄭樸揚子雲集本、陳與郊類聚本作「偏襌」，戴震本同。按：「偏裨」乃古代將佐之通稱。漢書馮奉世傳：「典屬國任立、護軍都尉韓昌爲偏裨，到隴西，分屯三處。」是「偏裨」非「襌襦」也。當據明本改正。「偏襌」爲「襌襦」之一種，錢繹以爲即半袖之衫，説詳本卷第三條匯證〔九〕。所以言「偏襌」者，蓋因其形制異於普通單襦之故也。古有「偏衣」。左傳閔公二年：「晉侯使太子申生，伐東山皋落氏……太子帥師，公衣之偏衣，佩之金玦。」杜預注：「偏衣，左右異色，其半似公服。」亦名「偏裻」。國語晉語一：「是故使申生伐東山，衣之偏裻之衣。」韋昭注：「裻在中。左右異，故曰偏。」「偏衣」乃左右異色，「偏裻」乃左右異形，不知「偏襌」之「偏」所指爲何。僧尼所著服裝有稱「偏衫」者，其形開脊接領，斜披左肩之上，如袈裟之類。據宋贊寧僧史略服章法式載，僧尼著此衫「自魏始」。方言所説之「偏襌」類後之「偏衫」乎？

二四　袀繵謂之襌〔一〕。今又呼爲涼衣也〔二〕。灼、纏兩音。

匯證

〔一〕袀繵：單衣，文獻未詳。

襌：戴震方言疏證改作「襌」，云：「『襌』各本譌作『禪』，今訂正。玉篇于『袀』字下云：『襌衣。』于『繵』字下云：『約繵謂之襌也。』『約』即『袀』之譌。以郭注言『今又呼爲涼衣』證之，不得爲『禪』明矣。」周祖謨方言校箋：「案盧氏所見曹毅之本字作『襌』。原本玉篇『繵』下云：『方言袀繵謂之襌。』字亦作『襌』，今據戴、盧二本改正。」按：嘉靜堂文庫藏影宋抄本作「襌」，王念孫手校明本亦改作「襌」，當據正。

〔二〕今又呼爲涼衣也：原本玉篇殘卷「繵」字下引郭璞注作「今亦呼涼衣也」。按世説新語簡傲：「時庭中有大樹，上有鵲巢。（王）平子脱衣巾，徑上樹取鵲子。涼衣拘閡樹枝，便復脱去。得鵲子還下弄，神色自若，傍若無人。」前云「脱衣巾」之「衣」，當是外衣，而後云「涼衣」，蓋指貼身單衣也。

3b二五　袒餙謂之直衿〔一〕。婦人初嫁，所著上衣直衿也。音但。

匯證

〔一〕袒餙：「餙」同「飾」。說苑建本：「夫學者，崇名立身之本也，儀狀齊等而餙貌者好，質性同倫而學問者智。」「餙」一本作「飾」。明焦竑俗書刊誤：「飾，俗作餙。」「袒飾」謂直領長襦，猶後世之長袍。廣雅釋器：「袒飾，長襦也。」王念孫疏證：「其似襦而長者，則特别之曰長襦。史記匈奴傳云『繡袷長襦』是也。」直衿：「衿」字當作「袊」，注内同。戴震方言疏證：「袊，各本譌作衿，今訂正。廣雅：『直袊謂之幆。』『袒飾、褒明、襌袍、襡，長襦也。』曹憲音釋：『袊，音領。』『幆，于例反。』玉篇云：『宜袊，婦人初嫁所著上衣也。』『褐，袍也。』『宜』即『直』之譌。釋名云：『婦人以絳作衣裳，上下連，四起施緣，亦曰袍。』『直領，邪直而交下，亦如丈夫〔服〕袍方也。』袊、領古通用。」按：長襦又謂之「直衿」，乃以其領口式樣而名之也。漢桓寬鹽鐵論散不足：「古者庶人耋老而後衣絲，其餘則麻枲而已，故命曰布衣。及其後，則絲裏枲表，直領無褘，袍合不緣。」是其例也。「直衿」即「方領」。漢書廣川惠王越傳：「時愛爲去刺方領繡，去取燒之。愛恐，自投井。」服虔曰：「頸下施衿，領正方直。」晉灼曰：「今之婦人直領也。繡爲方領，上刺作黼黻文。王莽傳曰：『有人著赤繢方領。』方領，上服也。」顔師古注：「晉説是也。」又韓延壽傳：「治飾兵車，畫龍虎朱爵，延壽衣黄紈方領。」晉灼曰：「以黄色素作直領也。」

二六　褒明謂之袍〔一〕。廣雅云：「褒明，長襦也。」

匯證

〔一〕褒明：廣雅釋器：「褒明、袍，長襦也。」王念孫疏證：「爾雅：『袍，襺也。』玉藻云：『纊爲襺，緼爲袍。』釋名云：『袍，丈夫著下至跗者也。袍，苞也，苞内衣也。婦人以絳作衣裳，上下連，四起施緣，亦曰袍。義亦然也。』深衣釋例云：『喪大記：

「袍必有表，謂之一稱。」注：「袍，褻衣，必有以表之，乃成稱也。」蓋袍爲深衣之制，特燕居便服耳，故云褻衣，若無衣以表之，則不成稱。續漢書輿服志云：「或曰周公抱成王燕居，故施袍。」是袍爲古人燕居之服，自漢以後始以絳紗袍、皁紗袍爲朝服矣。』念孫案：周官玉府注云：『燕衣服者，巾絮寢衣袍襗之屬。』論語：『紅紫不以爲褻服。』秦風無衣正義引鄭注云：『褻服，袍襗。』此皆袍爲褻衣之明證也。」按：「褻明」，又名「袍」，即長襦。洪頤煊讀書叢録方言褻明據爾雅、禮記、釋名云：「襺通作繭字，褻明疑褻繭之譌爾。」録以備考。

袍：說文衣部：「袍，襺也。」段玉裁注：「袍、襺有別，析言之，渾言不別也。」詩秦風無衣：「豈曰無衣，與子同袍。」孔穎達疏：「雜用舊絮名爲袍。」急就篇：「袍襦表裏曲領帬。」顔師古注：「長衣曰袍，下至足跗。短曰襦，自膝以上。」「袍」乃古代長衣之通稱，本指家居所穿之服，後世指外衣，漢以後亦稱朝服。方言所言，宜以通稱解之。

二七　繞衿謂之帬〔一〕。俗人呼接下，江東通言下裳〔二〕。

匯證

〔一〕繞衿：戴震方言疏證云：「『衿』，各本亦譌作『衿』，今訂正。廣雅：『繞領，帬也。』本此。」當據正。王念孫廣雅疏證：「說文：『帬，下裳也。或作裠。』釋名云：『帬，群也，連接群幅也。』案：帬之言圍也，圍繞要下也，故又謂之繞領。方言：『繞衿謂之帬。』郭注云：『俗人呼接下，江東通言下裳。』衿與領同。」段玉裁所説與郭璞、王念孫不同。說文巾部「帬」段氏注：「方言：『繞衿謂之帬。』廣雅本之，曰：『繞領句帔句帬也。』衿、領今古字。領者，劉熙云：『總領衣體爲端首也。』然則繞領者，圍繞於領，今男子婦人披肩其遺意。劉熙曰：『帔，披也，披之肩背，不及下也。』蓋古名帬，弘農方言曰帔。若常則曰下帬，言帬之在下者，亦集衆幅爲之，如帬之集衆幅被身也。如李善引梁典，任昉諸子冬月著葛巾、帔、練裙，自是上下三物。水經注：『淮南王廟，安及八士像皆羽扇、裙帔、巾壺、枕物，一如常居。』亦帬、帔並言。自釋名裙系下、帔系上，後人乃不知帔、帬之別，擅改說文矣。」

〔三〕俗人呼接下，江東通言下裳：慧琳一切經音義卷六二引作「俗又呼爲接下，江東通言裳也」。卷八一引作「帬，接下衣也」。

二八　懸裺謂之緣〔一〕。衣縫緣也〔二〕。音掩。

匯證

〔一〕懸裺：戴震方言疏證：「玉篇：『裺，緣也。』廣韻：『裺，衣縫緣也。』皆本此。禮記玉藻篇：『緣廣半寸。』鄭注云：『飾邊也。』」參本卷第一三條匯證〔一〕。

〔二〕衣縫緣也：原本玉篇殘卷「緣」字下引無「衣」字。

二九　絜襦謂之蔽膝〔一〕。廣異名也。

匯證

〔一〕絜襦：絜之言潔也。説文糸部「絜」字下段玉裁注：「又引申爲潔淨，俗作潔，經典作絜。」廣雅釋言：「絜，靜也。」王念孫疏證：「説文：『瀞，無垢薉也。』瀞與靜通。」按：蓋「絜襦」得名於使襦潔靜也。「蔽膝」爲用，所以蔽污薉，故「蔽膝」又名「絜襦」也。

蔽膝：「膝」同「膝」。參本卷第五條匯證〔一〕。王念孫手校明本改「膝」作「厀」。

三〇　裪橘謂之袖〔一〕。衣褾〔二〕。音橘〔三〕。江東呼䘼〔四〕，音婉。

匯證

〔一〕襜褕：戴震方言疏證：「廣雅：『襜褕，袖也。』本此。廣韻云：『褕襜，衣袖。』亦本此而譌。」錢繹方言箋疏：「昭十二年左氏傳云：『王皮冠，秦復陶，翠被，豹舄。』杜預注：『秦所遺羽衣也。』陶與襜通。襜、袖古聲相近。襜褕謂之袖，猶車紂謂之緧，亦謂之曲綯也。」丁惟汾方言音釋：「『襜』爲『韜』之同聲假借，俗作『套』。『褕』，廣雅曹憲音『決』。按，『褕』古音讀『鬼』，與『決』雙聲，據此則『褕』爲『袂』之聲借。詩唐風羔裘篇：『羔裘豹袪。』傳云：『袪，袂也。』荀子哀公問篇楊倞注引鄭康成曰：『士之衣袂，皆二尺二寸〔而〕廣幅，是廣袤等也。其袪尺二寸，大夫以上侈之。〔侈之音〕蓋半而益一焉〔則袂三尺三寸，袪尺八寸〕。』『襜褕』即韜袂。『袂』初文作『夬』，『夬』爲臂股，所以韜臂股，故謂之『襜褕』。『襜褕』爲袖之別名，故謂之袖。」按：「陶褕」二字，方言之前文獻未見。錢繹謂左傳作「陶」，丁氏謂俗作「套」。褕，曹憲音「決」，「決」與「袂」皆從「夬」得聲。說文衣部：「袂，袖也。」是「襜褕」猶後之「套袖」歟？

〔二〕衣褾：玉篇衣部：「褾，衣袂也。」亦指袖端。廣韻小韻：「褾，袖端。」南朝梁虞龢上明帝論書表：「有好事年少，故作精白裓著詣子敬，子敬便取書之，草正諸體悉備，兩袖及褾略周。」是其例。

〔三〕音褕：戴震方言疏證改「褕」作「橘」，並移置正文「襜褕」下。盧文弨、錢繹從戴本改。周祖謨方言校箋：「『褕』字誤，戴、盧兩家作『橘』亦非。萬象名義『褕』古穴反。廣雅釋器：『襜褕，袖也。』曹憲褕音決，與萬象名義同。疑『音褕』當作『音譎』，譎、決同音字。」

〔四〕裷：錢繹方言箋疏：「『裷』猶『綰』也，方俗語有侈弇耳。集韻、類篇並引廣雅云：『袴，其綰謂之裷。』衣裷謂之綰，猶袴襱謂之裷。今人猶謂袖管、襪管矣。」

三一　帍裱謂之被巾〔一〕。婦人領巾也。方廟反。

匯證

〔一〕帍裱：戴震方言疏證：「廣雅：『帍裱，被巾也。』本此。玉篇：『帍，婦人巾。』『裱，人領巾。』皆本此條注文而有脱誤。」王念孫廣雅疏證：「裱猶表也，表謂衣領也。唐風揚之水篇：『素衣朱襮。』毛傳云：『襮，領也。』襮與表古同聲，故易林否之師云：『揚水潛鑿，使石絜白。衣素表朱，遊戲皋沃。』『衣素表朱』即『素衣朱襮』也。『帍』猶『扈』也。楚辭離騷：『扈江離與辟芷兮。』王逸注云：『扈，被也。』被巾所以扈領，故有帍裱之稱。」

三二一　繞緍謂之襳裺〔一〕。衣督脊也〔二〕。緍，音循。

匯證

〔一〕繞緍：玉篇糸部：「緍，繞緍也。」廣韻諄韻：「緍，縫也。」蓋衣之兩邊環緍至於背中而綴合之，故衣背中縫謂之「繞緍」也。襳裺：戴震方言疏證：「案『襳』亦作『裻』。説文云：『裻，背縫。』史記佞幸傳：『顧見其衣裻帶後穿。』又作『䘵』。説文云：『衣躬縫。』古通用『督』。莊子養生主篇：『緣督以爲經。』皆據衣脊中縫言之。玉篇、廣韻『督』加衣旁作『⿰衤督』。」説文衣部「裻」字下段玉裁注：「與上文『䘵』義同。深衣：『負繩及踝。』注云：『謂裻與後幅相當之縫也。』按『後幅』當是『裳幅』之誤，衣與裳正中之縫相接也。晉語：『衣之偏裻。』韋曰：『裻在中，左右異，故曰偏。』」按：本卷第二八條云：「懸裺謂之緣。」郭注：「衣縫緣也。」是「裺」亦訓衣縫。「裻」在中，故「襳裺」謂衣背中縫也。

〔二〕脊：周祖謨方言校箋：「原本玉篇『緍』下引作『齎』，當據正。齎者，縫也。襳裺爲衣背縫，故郭云『衣督齎也』。」

4a 三二二　厲謂之帶〔一〕。小爾雅曰：「帶之垂者爲厲。」〔二〕

匯證

〔一〕厲：戴震方言疏證：「詩小雅：『垂帶而厲。』毛傳：『厲，帶之垂者也。』廣雅：『厲，帶也。』本此。」錢繹方言箋疏：「桓二年左氏傳：『鞶厲游纓。』賈逵、服虔、杜預注並云：『厲，大帶之垂者。』是著於身者謂之帶，垂於下者謂之厲，故釋名云：『帶，蔕也，著於衣如物之繫蔕也。』案：厲之言烈也。卷一云：『烈，餘也。』……謂垂帶之餘以爲飾。」丁惟汾方言音釋：「厲，古音讀賴，與帶疊韻，俗謂低垂不整爲厲讀古音。帶，此最初義也。束帶之帶以厲得名，下垂厲帶然，故謂之帶。賴、帶二字本初讀一音。詩小雅都人士篇：『垂帶而厲。』由是厲、帶分一字作兩字，因之變一音爲兩音。又左傳桓公二年：『鞶厲游纓。』杜云：『厲，大帶之垂者。』按，鞶厲即鞶帶。」王獻唐批注：「俗謂下垂爲答拉，或低劉，皆帶厲之轉。」張民權厲無衣帶交合之義説云：「『厲』並無衣帶之義，它和衣帶發生聯繫，完全是『裂』的古音通假。」「『裂』之本義爲剪裁下來的布帛殘餘，即布條子……這種剪裁下來的布帛殘餘既可以做裝飾用，又可權且做衣帶用。」詩小雅都人士：『垂帶而厲。』毛傳：『厲，帶之垂者。』……鄭箋：『而亦如也。而厲，如鞶厲也。鞶必垂厲以爲飾。厲字當作裂。』是可爲證。」「『厲、裂』通假，確鑿無疑。二者古音相同或相近，存在着同音假借關係：聲紐同爲舌音來母，韻母近似，同爲古韻月部。」按：「厲」指腰帶下垂部分。錢氏謂「厲之言烈」，張氏謂「厲」爲「裂」之通假，得義於「餘」。丁氏以爲「厲」讀同賴，音義同「帶」；而王獻唐則以爲「厲」如「答拉」之「拉」、「低劉」之「劉」，屬音尾之類，無實義。余以爲錢、張二氏之説較爲可信。

〔二〕爲：今本小爾雅廣服作「謂之」。

三四　襎裷謂之幭〔一〕。即帊幞也〔二〕。煩、寃兩音。幭，亡別反。繄袼謂之𧝝〔三〕。即小兒次衣也〔四〕。繄、洛、嘔三音〔五〕。楚謂無緣之衣曰襤〔六〕，紩衣謂之褸〔七〕，秦謂之緻〔八〕。自關而西秦晉之間無緣之衣謂之裗𧝝〔九〕。嫌上説有未了，故復分明之。

〔一〕播捲：戴震方言疏證：「韓非子外儲説左篇：『衛人有佐弋者，鳥至，因先以其捲麾之焉。』廣韻：『播捲，幭也。』本此。玉篇云：『捲播，韈也，幞也。』二字誤倒。」廣雅釋器：「播捲，幞也。」王念孫疏證：「此皆巾屬，所以覆物者也。」錢繹方言箋疏：「玉篇：『播，扶元切，捲播，韈也，幞也。』『捲，九遠、於元二切，捲播也。』又：『帣，於元切，帣幡也。』説文『帣、幡』二字連文。『帣，幡也。』『幡，書兒拭觚布。甫煩切。』『播捲』疊韻字，猶鄘風君子偕老篇毛傳之『袢延』也。蓋當時有此語，故或謂之幭，或謂之帊幞，或謂之書兒拭觚，皆揩摩之意。倒言之則爲『捲播』。『帣』與『捲』、『幡』與『播』，聲義並相近。廣韻：『播捲，幭也。』『播捲』即『幡帣』之異文，亦猶説文作『帣幡』，玉篇作『捲播』，亦作『帣幡』，方言、廣雅作『播捲』，廣韻作『播捲』也。按，觚以學書，或記事。既書，可拭去復書。拭觚之布名『播捲』者，以其反覆可用耳。」

幭：戴震方言疏證：「幭、韈古通用。詩大雅：『鞹鞃淺幭。』毛傳：『幭，覆式也。』疏云：『「幭」字禮記作「幦」，周禮作「䄙」。字異而義同。』廣雅：『幭、帊、播捲、帍，幞也。』」錢繹方言箋疏：「又以『帊幞』爲之，亦可以覆物，故又謂之『幭』也……幭、篾、幦、幎、䄙、蔑、幕、冪、鼏、冖，聲義並同，是凡言幭者，皆覆冒之義也。」

〔二〕帊幞：按：單言曰「帊」，曰「幞」。廣雅釋器：「帊，幞也。」王念孫疏證：「此皆巾屬，所以覆物者也。」合言之則曰「帊幞」。玉篇巾部：「帊，幞帊也。」廣韻禡韻：「帊，帊幞。」亦曰「幞頭」，指頭巾。廣韻燭韻：「幞，幞頭，周武帝所製，裁幅布出四腳以幞頭，乃名焉，亦曰頭巾。」

〔三〕此句及郭注，戴本提行别爲一條，盧、錢、周各本從之。

緊袼：戴震方言疏證：「説文云：『褔，㳄裹衣。』廣雅：『緊袼、褔，㳄衣也。』……玉篇云：『繄袼，褔也，即小兒㳄衣也。』本之此文及注。繄與緊同聲，故用之。」按：「緊袼」名原未詳。

褔：説文「褔」字段玉裁注：「㳄裹，今俗語尚如此，小兒服之衣外，以受㳄者。」朱駿聲通訓定聲：「褔，蘇俗謂之圍瀺，著小兒頸間以受㳄者，其制圓。」按：「褔」之言嘔也、漚也。説文欠部：「歐，吐也。」字又作「嘔」。左傳哀公二年：「吾伏弢嘔血。」杜預注：「嘔，吐也。」小兒涎衣之用在於承接嘔吐之物，故謂之「褔」也。又説文水部：「漚，久漬也。」「漬，漚也。」段玉裁注：「謂浸漬也。」小兒涎衣承受嘔吐之物，則「浸漬」之義寓於其中矣，故「褔」之言「漚」也。

〔四〕次衣：戴震方言疏證改作「次衣」，云：「此注及廣雅各本『次』皆譌作『次』，今改正。」周祖謨方言校箋：「次即今之涎字。説文云：『褔，次裏衣也。』是當從水作『次』。原本玉篇『緊』下引此注作『即小兒次衰衣也』，『次衰』乃『次裹』之誤。」當據戴校改正。

〔五〕翳洛嘔：戴震方言疏證「翳」作「緊」、「洛」作「絡」，皆誤。盧文弨重校方言據曹毅之本改「嘔」作「漚」，音同。

〔六〕自「楚」字以下，戴震方言疏證提行別爲一條，盧、錢、周各本從之。

襤：參卷三第四八條匯證〔一〕、本卷第二條匯證〔五〕。

〔七〕褸：原本玉篇殘卷「紩」字下引作「縷」。參卷三第四八條匯證〔一〕。

〔八〕緻：參本卷第二條匯證〔七〕。

〔九〕裗裾：參本卷第二條匯證〔六〕。

三五　複襦〔一〕，江湘之間謂之䙠〔二〕，音豎。或謂之筩褹〔三〕。今筩袖之襦也。褹即袂字耳〔四〕。

匯證

〔一〕複襦：即「複襦」，有絮棉之短夾襖也。廣雅釋器：「複襦謂之䙠。」王念孫疏證：「説文：『複，重衣，一曰褚衣。』重衣謂袷衣也，褚衣謂衣之有絮者，此云『複襦』是也。釋名：『禪襦，如襦而無絮也。』然則有絮者謂之複襦矣。急就篇：『襜褕袷複褶袴褌。』顏師古注云：『褚之以緜曰複。』古辭孤兒行云：『冬無複襦，夏無單衣。』是也。」

〔二〕䙠：同「䙠」，注內「豎」同「豎」。戴震方言疏證：「䙠即裋。列子力命篇：『朕衣則裋褐。』張湛注云：『方言：裋，複襦也。』」廣雅王念孫疏證：「裋、豎並與䙠同。」參本卷第二條匯證〔四〕。

〔三〕箭褹：郭注云：「褹即袂字耳。」戴震方言疏證：「潘岳藉田賦：『挎裳連襼。』李善注云：『方言：複襦，江湖之間或謂之簫襼。郭璞注曰：襼即袂字也。』『襼、褹』同，『湖』乃『湘』之譌，『簫』乃『箭』之譌。」錢繹方言箋疏：「箭褹，猶言長袖耳。廣雅：『箭，長也。』釋名：『山旁隴間曰涌。涌猶桶，桶狹而長也。』『涌』與『箭』，聲義並相近。」

〔四〕褹即袂字：周祖謨方言校箋：「文選藉田賦李善注引同。案：何超晉書音義中云：『襼與袂同，複襦也。音藝。』萬象名義『褹』音牛世反，『袂』音彌鋭反，袂、褹音有不同。」

三六　大袴謂之倒頓〔一〕，今雹袴也。小袴謂之䘼𧘇〔二〕。今䙡袴也。皎、了兩音〔三〕。楚通語也。

匯證

〔一〕袴：同「袴」，下文及注内同。

倒頓：錢繹方言箋疏：「『倒頓』雙聲。」丁惟汾方言音釋：「頓，初文作屯，字亦作囤。詩魏風伐檀傳：『圓者曰囷。』形圓如囷，故謂之頓。倒與菿通。爾雅釋詁：『菿，大也。』倒頓即大頓。注云『雹袴』者，雹初文作包，今小兒袴之包上衣者，謂之包袴。袴與上衣連合爲一者謂之連共倒，倒亦大也。」按：急就篇卷二：「襜褕袷複褶袴褌。」顔師古注：「袴謂脛衣也，大者謂之倒頓。」「倒頓」指套褲之大者，包及上衣，與衹有左右褲管而無襠且上僅過膝之小套褲不同。

〔二〕䘼𧘇：按：套褲之小者，其制蓋僅上過膝而不及腰胸也。漁人常服之。唐皮日休憶洞庭觀步十韻：「䘼𧘇漁人服，荇蓎野店窗。」後世猶有此衣。清高紹陳永清庚辛記略卷一：「裋褕而䘼𧘇，裝飾奇詭。」錢繹方言箋疏：「䘼𧘇疊韻字。」丁惟汾方言音釋：「䘼𧘇爲繳繚之異文，以三尺布繳繚於兩股間，故謂之䘼𧘇，即犢鼻褌也。」按：丁氏謂「即犢鼻褌」非是。「犢鼻褌」乃褌管長至犢鼻穴之短褌，非套褲也。參本卷第一五條匯證〔二〕。

〔三〕本條郭注，宋本蝕缺，「今、也、皎」三字據四部叢刊影宋本補。

4b三七　幏〔一〕，巾也。巾主覆者，故名幏也。大巾謂之帉〔二〕。音芬。嵩嶽之南嵩，高。中岳山也，今在河南陽城縣。陳潁之間謂之帤〔三〕，奴豬反〔四〕。亦謂之幏。江東通呼巾帉耳〔五〕。

匯證

〔一〕幏：程榮漢魏叢書本、明李珏刻本、明佚名刻本作「幏」，清人校本同。按：當據正，注内和下文同。戴震方言疏證：「尚書大傳：『下刑墨幏。』鄭注云：『幏，巾也。使不得冠飾以恥之也。』」按：說文巾部：「幏，蓋衣也。」段玉裁注：「覆蓋物之衣也。法言：『震風凌雨，然後知夏屋之爲帡幪也。』幪即幏之俗……方言：『幏，巾也。』與許義稍異。」廣雅釋器：「幏，巾也。」王念孫疏證：「幏之言蒙也。」本書卷一二：「蒙，覆也。」玉篇巾部：「幏，覆也。」荀子正論：「墨黥。」楊倞注：「墨黥當爲墨幏，但以墨巾幏其頭而已。」巾與蓋衣事雖異，然蒙覆之義一也。故郭注云：「巾主覆者，故名幏也。」

〔二〕帉：戴震方言疏證：「説文云：『楚謂大巾曰帉。』廣雅：『帉、幏，巾也。』……皆本此。」段玉裁「帉」字注：「内則曰：『左佩紛帨。』鄭云：『帨，拭物之佩巾，今齊人有言紛者。』釋文曰：『紛或作帉。』按，紛者，叚借字也，帉、帉同。」廣雅釋器「帉，巾也」王念孫疏證：「巾者，所以覆物，亦所以拭物……帉之言墳也。爾雅云：『墳，大也。』」

〔三〕帤：集韻魚韻「帤」字下引方言作「帤巾」，段玉裁「帤」字注引同。説文巾部：「帤，巾帤也。」段玉裁注：「巾帤蓋方俗語。」王引之經義述聞卷八周官上「巾絮」條：「玉府：『掌王之燕衣服。』鄭注曰：『燕衣服者，巾絮寢衣袍襗之屬。』家大人曰：『「絮」與「帤」通，「帤」亦巾也。説文：「帤，巾帤也。」「巾帤」即「巾絮」也。方言：「幏，巾也。大巾謂之帉，嵩嶽之南陳潁之間謂之帤。」郭璞音奴豬反。漢書周勃傳：「太后以冒絮提文帝。」應劭注曰：「陌額絮也。」晉灼曰：「巴蜀異物志謂額上巾爲冒絮。」説苑正諫篇：「吳王蒙絮覆面而自刎。」謂以巾絮覆面也。亦通作「挐」。風俗通義怪神篇：「以挐巾結兩足幘冠之。」是也。』」大幅之巾謂之「帤」，敝巾亦謂之「帤」。説文巾部：「帤……一曰幣巾。」段玉裁注：「幣，當爲敝，字之誤也。」桂馥義證：「帤，廣韻：『帤，幡巾。』幡，拭觚之布，亦故布也。」今之手巾亦有名「帤」者。章炳麟新方言釋器：「今人謂巾曰手巾，亦曰手帤兒。」

〔四〕奴豬反：周祖謨方言校箋：「案：帤集韻音女居切，廣韻音女余反，與郭音不同。」

〔五〕江東通呼巾帤耳：周祖謨方言校箋：「字鏡巾部『帤』下引玉篇云：『方言：大巾謂之帤。郭璞曰：今江東通呼巾爲帤也。』此所稱玉篇即顧野王原本玉篇。今郭注脱『今』字、『爲』字，當據補。」

三八　絡頭〔一〕，帞頭也〔二〕。音貊。紗繢〔三〕、鬢帶〔四〕、羌位反。髮帶〔五〕、音菜。𢃄〔六〕、音綪，亦千。㡌〔七〕，於怯反。幧頭也〔八〕。自關以西秦晉之郊曰絡頭〔九〕，南楚江湘之間曰帞頭，自河以北趙魏之間曰幧頭，或謂之𢃄，或謂之㡌。其遍者謂之鬢帶〔一〇〕。今之偏疊幧頭也〔一一〕。或謂之髮帶。髮亦結也。覆結謂之幘巾〔一二〕，或謂承露〔一三〕，或謂之覆髮〔一四〕。今結籠是也。皆趙魏之間通語也。

匯證

〔一〕絡頭：頭上束髮之巾。巾束髮必纏繞兜套，故名「絡頭」。

〔二〕帞頭也：「也」字衍，當删。周祖謨方言校箋：「帞頭，倭名類聚鈔卷四冠帽類引方言云：『頟巾或謂之帞頟，或謂之絡頭。』是舊本『帞頭』有作『帞頟』者。案廣雅釋器云：『帞頭、𢃄、鬢帶、髮帶、絡頭，幧頭也。』晉書卷二十七音義引方言：『帞頭，幧頭也。』則作『帞頭』當不誤。釋名釋首飾云：『綃頭或曰陌頭。』『綃頭』即『幧頭』，『陌頭』即『帞頭』也。亦是一證。又『帞頭』下原有『也』字，據廣雅及晉書音義不當有『也』字。」戴震方言疏證：「釋名云：『綃頭或曰陌頭，言其從後橫陌而前也，齊人謂之㡌，言㡌斂髮使上從也。』綃即幧，陌即帞。列子湯問篇：『北國之人鞨巾而裘。』張湛注云：『方言「佫人，帞頭」是也。帞頭，幧頭也。帞又作鞨，又作帓。』『佫人』二字當即『絡頭』之譌。帞、帕同。史記絳侯周勃世家：『太后以冒絮提文帝。』集解應劭曰：『帞頟絮也。』晉灼曰：『巴蜀異物志謂頭上巾爲冒絮。』索隱引方言『幪巾，南楚之間云帞頟也』。此連上條爲一，應劭稱『帞頟』亦通。方言作『帞頭』，引之作『帞頟』者，或後人因應劭語改而同之耳。」廣雅王念孫疏證：「鄭注問喪云：『今時始喪者邪巾貊頭，笄纚之存象也。』釋文『貊』作『袹』……帞、袹、陌、貊並通，陌與冒一聲之轉。」廣韻陌韻：「帞，頭巾。」集韻䔲韻：「袹，邪巾，袹頭始喪之服，或從巾，亦作貊。」

〔三〕紗繢：按：玉篇糸部：「紗，紗縠也。」漢書江充傳：「充衣紗縠襌衣，曲裾後垂交輸。」顏師古注：「紗縠，紡絲而織之也。輕者爲紗，縐者爲縠。」説文糸部：「繢，織餘也。」段玉裁注：「此亦兼布帛言之也。」是「紗繢」之名，緣自束髮頭巾之材料也。

〔四〕鬠帶：按：説文髟部：「鬠，屈髮也。」段玉裁注：「屈者，無尾也，引伸爲凡短之偁……鬠者，髻短髮之偁。方言之鬠帶，謂帞頭帶於髻上也。帞頭之制，自項中而前交於額，卻繞髻。」朱駿聲通訓定聲：「鬠，斂其髮曰髻，盤其髮曰鬠，斂之而盤之、盤之而簪之，既成曰𩬰。」廣雅釋詁四：「鬠，髻也。」是「鬠帶」即覆蓋髮髻之巾也。

〔五〕髤帶：廣雅釋詁四：「髤，髻也。」下文郭璞注：「髤亦結也。」是「髤帶」即「髻帶」或「結帶」，亦即繫於髮髻而有覆蓋髮髻作用之巾也。

〔六〕帑：古代男子束髮所用之巾。文獻用例未詳。

〔七〕㡋：釋名釋首飾：「齊人謂之㡋，言㡋斂髮使上從也。」玉篇巾部：「㡋，幧頭也。」

〔八〕幧頭：釋名作「綃頭」，戴震方言疏證：「綃即幧……鄭康成注儀禮喪服篇云：『髽，露紒也。猶男子之括髮。斬衰括髮以麻，則髽亦用麻。以麻者，自項而前交于額上，卻繞紒如著幓頭焉。』注士喪禮云：『免之制未聞。舊説以爲如冠狀，廣一寸。喪服小記曰：「斬衰髽髮以麻，免而以布。」此用麻布爲之，狀如今之著幓頭矣。自項中而前交于額上，卻繞紒也。』禮注之『幓頭』，釋文『幓』七消反，蓋『幧』字轉寫之譌。」廣雅釋器「幧頭」王念孫疏證：「……吳越春秋句踐入臣外傳：『越王服犢鼻，著樵頭。』後漢書向栩傳：『好被髮，著絳綃頭。』古陌上桑詩：『脱帽著帩頭。』並字異而義同。」按：説文巾部新附：「幧，斂髮也。」後世方言帽子亦謂之「幧」。章炳麟新方言釋器：「今浙東寧波、紹興通謂帽曰幧。」

〔九〕自關以西：「以」，王念孫手校方言疏證於本條天頭朱筆批注：「帞頭也，南楚江湘之間曰帞頭，自關而西秦晉之間曰絡頭。一切經音義十三。」吳琯古今逸史本、程榮漢魏叢書本、胡文煥格致叢書本、明李珏刻本亦作「而」，戴震方言疏證作「而」。按：除本條外，方言全書均作「自關而西」，是「以」當改作「而」。

秦晉之郊：玄應一切經音義卷一三引「郊」字作「間」。廣雅釋器王念孫疏證引亦作「間」。

〔一〇〕遍：戴震方言疏證、盧文弨重校方言及王念孫廣雅疏證引俱作「偏」。周祖謨方言校箋：「蓋據郭注『偏疊』一詞校正。案原本玉篇『扁』下引方言云：『幧頭，扁者謂之頭帶。』頭帶當爲䯰帶之譌，而其遍作扁，與今本不同。」

〔一一〕曡：同「疊」。説文晶部：「曡，揚雄説曰爲古理官決罪，三日得其宜乃行之，从晶宜，亡新曰从三日太盛，改爲三田。」是作「曡」乃古本方言字，不必改從今體作「疊」。

〔一二〕自此以下，戴震方言疏證提行別爲一條，盧文弨重校方言仍與上文連寫。劉台拱方言補校：「覆結下當另爲一條。」周祖謨方言校箋從戴本。按：提行別爲一條於例爲長，當從戴本改正。

覆結：周祖謨方言校箋：「二字後漢書光武紀注、慧琳音義卷七十七、御覽卷六八七所引並作『覆髻』。」戴震方言疏證：「結、髻古通用。」廣雅釋詁四：「紒，髻也。」王念孫疏證：「『紒』與『髻』同。二徐本説文皆有『紒』字，無『髻』字，『紒』字注云：『簪結也，古拜切。』徐鉉本『髻』字收入新附，云：『古通作結。此字後人所加。』案曹憲云：『説文紒即籀文髻字。』太平御覽引説文云：『髻，結髮也。』則是説文原有『髻』字，而『紒』即『髻』之重文。士冠禮：『將冠者采衣，紒。』鄭注云：『紒，結髮也，古文紒爲結。』『紒』之或作『結』，猶『髻』之或作『紒』。今本説文『紒』字訓爲『簪結』，乃後人所改，徐鉉不察，反以『髻』字爲後人所加，誤矣。」按：「結」通「髻」，「髻」同「紒」，謂結髮，「覆結」則指髻上所覆之巾，即包裹髮髻之巾。

幘巾：戴震方言疏證：「案後漢書光武帝紀：『皆冠幘。』注云：『漢官儀曰：「幘者，古之卑賤不冠者之所服也。」方言曰：「覆髻謂之幘，或謂之承露。」』劉盆子傳：『半頭赤幘。』注云：『幘巾，所以覆髻也。續漢書曰：「童子幘無屋，示未成人也。」半頭幘即空頂幘也，其上無屋，故以爲名。東宮故事曰：「太子有空頂幘一枚。」即半頭幘之製也。』」廣雅釋器：「纚、帉，幘也。」王念孫疏證：「説文：『幘，媜也。髮有巾曰幘。』釋名云：『幘，賾也。下齊眉賾然也。』急就篇注云：『幘者，韜髮之巾，所以整媜髮也。常在冠下，或單著之。』獨斷云：『幘者，古之卑賤執事不冠者之所服也。孝武帝幸館陶公主家，召見董偃。偃傅青褠緑幘。主贊曰：「主家庖人臣偃昧死再拜謁。」乃賜衣冠引上殿。董仲舒止雨書曰：「執事者皆赤幘。」知皆不冠者之所服也。元帝額有壯髮，不欲使人見，始進幘服之，群臣皆隨焉。然尚無巾，如今半頭幘而已。王莽無髮乃施巾，故語曰：「王莽禿，幘施屋。」』續漢書輿服志云：『古者有冠無幘，其戴也，加首有頍，所以安物。至秦，乃加武將首飾爲絳袙，以表貴賤，其後稍稍作顔題。漢興，續其顔，卻擫之，施巾連題，卻覆之，今喪幘是其制也。』『至孝文乃高其顔題，續之爲耳，崇其巾爲屋，合後施收，上下群臣貴賤皆服之。』」

〔一三〕或謂承露：吴琯古今逸史本、程榮漢魏叢書本、胡文煥格致叢書本、明李珏刻本、明佚名刻本「謂」字下均有「之」字。後漢書光武紀注、慧琳一切經音義卷七七、太平御覽卷六八七引並有「之」字，依例有「之」字，當據補。承露：意即承接甘霖。班固西都賦：「抗僊掌以承露，擢雙立之金莖。」漢武帝冀飲承露盤所接甘露以延年，於建章宮築神明臺，盤高二十丈，大七圍，以銅爲之。幘巾之名「承露」，蓋因其包裹髮髻能承接雨露也。

〔一四〕覆髮：猶「覆結」也。參本條匯證〔五〕〔一二〕。

5a 三九　屝〔一〕、屨〔二〕、麤〔三〕，履也〔四〕。徐兖之郊謂之屝，音翡。自關而西謂之屨。中有木者謂之複舄〔五〕，自關而東複履〔六〕。其庳者謂之鞔下〔七〕，音婉。禪者謂之鞮〔八〕，今韋鞮也。絲作之者謂之履，麻作之者謂之不借〔九〕，粗者謂之屐〔一〇〕，東北朝鮮洌水之間謂之䩕音印〔一一〕。角〔一二〕。南楚江沔之間揔謂之麤〔一三〕。沔水，今在襄陽。西南梁益之間或謂之屐〔一四〕，他回反，字或作「屐」，音同。或謂之㞜〔一五〕。下瓦反，一音畫。履，其通語也。徐土邳圻之間〔一六〕今下邳也〔一七〕。圻，音祁〔一八〕。大麤謂之䩕角。今漆履有齒者。

匯證

〔一〕屝：戴震方言疏證：「春秋僖公四年左傳：『供其資糧屝屨。』杜預注云：『屝，草屨。』疏引方言『屝、粗，屨也。絲作之曰履，麻作之曰屝，粗者謂之屨』。」說文尸部：「屝，履也。」廣雅釋器：「屝，履也。」王念孫疏證：「釋名云：『齊人謂草履曰屝。』……喪服傳：『菅屨者，菅菲也。』菲與屝通。」錢繹方言箋疏：「屝之言棐也。爾雅：『棐，俌也。』兩相比輔之名也。户扇謂之扉，驂旁馬謂之騑，車箱謂之輫，兩壁耕謂之𦓤，其義一也。」按：指用草、麻等材料製成之鞋。

〔二〕屨：説文尸部：「屨，履也。」段玉裁注：「晉蔡謨曰：『今時所謂履者，自漢以前皆名屨。左傳「踊貴屨賤」，不言「履賤」；禮記「户外有二屨」，不言「二履」；賈誼曰「冠雖敝，不以苴履」，亦不言「苴屨」。詩曰：「糾糾葛屨，可以履霜。」屨、舄者，一物之別名；履者，足踐之通稱。』按：蔡説極精。易、詩、三禮、春秋傳、孟子皆言『屨』，不言『履』，周末諸子、漢人書乃言『履』。詩、易凡三『履』，皆謂踐也。然則『履』本訓踐，後以爲『屨』名，古今語異耳。」按：説文以「履」釋「屨」，方言云「履」爲「通語」，皆據漢人語。關西仍謂之「屨」，是古語之存於漢時方言之例也。

〔三〕麤：説文艸部：「麤，艸履也。」段玉裁注：「按禮注、方言、急就之麤字，皆麤字之省。」廣雅釋器：「麤，履也。」王念孫疏證：「麤與麤通。釋名云：『履，荆州人曰麤，絲、麻、韋、草皆同名也。麤，措也，言所以安措足也。』急就篇：『屐屩𧞤麤羸窶貧。』顔師古注云：『麤者，麻枲雜履之名也。』王褒僮約云：『織履作麤。』」錢繹方言箋疏：「亦謂之『疏屨』。喪服傳『疏屨』注云：『疏猶麤也。』」按：説文作「麤」，方言作「麤」，麤之言麤也，草鞋、麻鞋之名。

〔四〕履：説文履部：「履，足所依也。」段玉裁注：「古曰屨，今曰履；古曰履，今曰鞵。名之隨時不同者也。」按：「履」本訓踩踏，戰國末開始成爲鞋之通名，方言本條雅詁中用作訓釋語即其明證。下文云「絲作之者謂之履」，則爲特指也。參本條匯證〔二〕。

〔五〕複舄：説文鳥部：「舄，鵲也。」段玉裁注：「謂舄即誰字。此以今字釋古字之例，古文作舄，小篆作誰……舄本誰字，自經典借爲履舄字而本義廢矣。周禮注曰：『複下曰舄，禪下曰屨。』小雅毛傳曰：『舄，達屨也。』達之言重沓也，即複下之謂也。釋名曰：『舄，腊也，複其下使乾腊也。』」「複下」即謂於底加木也。錢繹方言箋疏：「崔豹古今注云：『舄，以木置履下，乾腊不畏泥溼也。』顔師古急就篇注云：『單底謂之履，或以絲爲之，複底而有木者謂之舄。』周官屨人……鄭注云：『複下曰舄，禪下曰屨。古人言屨以通於複，今世言屨以通於禪，俗易語反與。』疏云：『下謂底。』『重底者名曰舄，禪底者名曰屨也。』『古人言屨以通於複者，首直云屨人不言舄，及經舄、屨兩有，是言屨通及舄也。』『今世言屨以通於禪者……漢時名複下者爲屨，並通得下禪之屨，故云「俗易語反歟」。』然則『屨』與『舄』，名得兩通也。玉篇：『鞨，履也。』『鞨』與『舄』通。案：舄之言藉也。集韻、類篇並引廣雅『磶，礩也』。説文：『礩，柱下石也。』下卷云：『案，陳楚宋魏之間謂之槁。』履複底謂之舄，猶柱下石謂之碣，盛食案謂之檐也。劉熙、崔豹以乾腊之爲義，失之鑿矣。『複履』亦謂之『達履』……按，達之言沓也。説文：『沓，語多沓沓也。』大雅板篇鄭箋云：『女無憲憲然，無沓沓然，爲之制法度，達其意以成其惡。』以『達』釋『沓』，是『達』爲『沓』之假借字。『達屨』即『沓屨』，亦即『複屨』也。」

〔六〕自關而東複履：王念孫手校方言疏證於正文右側墨批：「御覽作『謂之複履』。」周祖謨方言校箋：「戴本『自關而東』下有『謂之』二字。案御覽卷六九七引方言『舄，自關而東謂之複履』，是古本有『謂之』二字。依上下文例當據補。」

〔七〕靸下：「靸下」以「庳」爲義也，「庳」謂卑下。釋名釋衣服：「晚下，如舄，其下晚晚而危，婦人短者著之，可以拜也。」王先謙疏證補引畢沅曰：晚下「當作靸下」，晚晚「當作宛宛」。單用謂之「靸」。玉篇革部：「靸，履也。」複音亦作「鞔底」。廣韻阮韻：「鞔，鞔底，履名。」

〔八〕鞮：説文革部：「鞮，革履也。」本條郭注：「今韋鞮也。」儀禮聘禮：「君使卿韋弁。」賈公彦疏：「有毛則曰皮，去毛熟治則曰韋。」急就篇卷二：「靸鞮卬角褐韤巾。」顔師古注：「鞮，薄革小履也。」

〔九〕不借：釋名釋衣服云：「不借，言賤易有，宜各自蓄之，不假借於人也。齊人云搏腊，搏腊猶把鮓，麤貌也。」廣雅釋器：「不借，履也。」王念孫疏證：「釋名以『搏腊』爲『麤貌』是也。『搏腊』疊韻字，轉之則爲『不借』，非不假借於人之謂也。説文『綥』字注云：『一曰不借綥。』周官弁師注作『薄借綦』，『薄借』即『搏腊』也。齊民要術引四民月令云：『十月作白履不惜。』『不惜』即『不借』也。」錢繹方言箋疏：「喪服傳：『繩屨者，繩菲也。』鄭注云：『繩菲，今時不借也。』盡心篇：『猶棄敝蹝也。』趙岐注：『蹝，草履可蹝者也。敝，喻不惜。』齊民要術云：『草屨之賤者，不惜。』家君曰：『不借、搏腊、不惜，並字異義同。』」「凡雙聲疊韻之字，原不必以義相求，而此則於義亦合。廣雅：『薄，履也。』『舄』亦『履』也。『薄』與『搏』聲近，『舄』與『腊』同聲，『薄舄』猶『搏腊』。分言之則曰『薄』、曰『舄』，連言之則曰『搏腊』，轉言之則曰『不借』、曰『不惜』，義並同也。劉熙、顔師古以爲『不假借於人』，趙岐、賈思勰以爲『敝且賤而不惜』，皆望文生義之失也。」

〔一〇〕粗者謂之屨：戴震方言疏證本作「麤者謂之屨」。王念孫手校方言疏證於方言正文右側墨注：「御覽此『麤』字獨作『粗』。」廣雅釋器「履也」條王氏疏證引方言作「粗者謂之屨」。盧文弨重校方言據曹毅之本作「粗者謂之屧」，云：「此『粗』字宋本、正德本皆同。『屦』，俗本與下文並作『屦』，誤……戴本因改此『屦』字作『屨』，恐未是。」錢繹方言箋疏：「『粗者謂之屨』，墨子兼愛篇云：『練帛之冠，且苴之屨。』『且』即『粗』之譌。『粗』字俗本作『麄』，下同，俗『麤』字也，宋本、正德本作『粗』。按：説文：『麤，行超遠也。倉胡切。』『粗，疏也。徂古切。』『䴥，草履也。』玉篇同，青五切。方言『麤履』字從省，借『麤』爲『䴥』，此文則依字當作『粗』，廣韻徂古切，即説文之『觕』，云：『角長貌。士角切。』『麤、粗』二字音義各別，故古人每以『麤粗』連用成文。如管子水地篇云：『非特知於麤粗也，察於微眇。』春秋繁露俞序篇云：『是亦始於麤粗，終於精微。』論衡正説篇：『略正題目麤粗之説，以照篇中微妙之文。』莊子則陽篇釋文：『司馬云：鹵莽，猶麤粗也。』廣雅『粗、麤』並訓爲『大』，皆是也。亦有云『麤觕』者。説文：『觕，角長貌。从角，爿聲。讀若麤。』何休隱元年公羊傳注云：『用心尚麤觕。』文二年注同。漢書藝文志叙術數云：『庶得麤觕。』淮南氾論訓云：『風氣者，陰陽麤觕者也。』是也。戴本改『粗者』『粗』字亦作『麤』，與上下文『麤履』字一例，失之。今從宋本、正德本改作『粗』。『謂之屨』，『屨』字各本作『屦』，誤。『屦』即『屦』之異文，若原文作『屦』，則『他回』之音應在此下，不應在後矣。按：僖四年左傳正義引作『扉，粗者謂之屨』，今據以訂正。」周祖謨方言校箋：「『粗者』之『粗』與草履之『麤』有別，戴改作『麤』有誤。」「案：御覽卷六九七引字亦作『屨』，與左傳正義合。」按：宋本「粗」字不誤，「屦」字當改作「屨」。

〔一一〕音印：戴震方言疏證將此音移置「鞔角」之「角」下。周祖謨方言校箋：「『音印』二字依例當在『角』下。」

〔一二〕鞔角：方言本條下文云：「大麤謂之鞔角。」郭注：「今漆履有齒者。」説文革部：「鞔，鞔角，鞮屬。」朱駿聲通訓定聲：「蘇俗謂之木屐。」釋名釋衣服：「仰角，屐上施履之名也。行不得蹶，當仰履角舉足乃行也。」急就篇卷二：「靸鞮卬角褐韤巾。」顔師古注：「卬角，屐上施也，形若今之木履而下有齒焉，欲其不蹶，當卬其角舉足乃行，因爲名也。」廣雅釋器：「鞔角，履也。」王念孫疏證：「仰、卬並與鞔通。」

〔一三〕「南」字宋本殘缺，據四部叢刊影宋本補。

搃：同「總」。

〔一四〕屦：戴震方言疏證作「屦」，盧、錢本同，王念孫廣雅疏證引方言亦作「屦」。按：廣雅釋器：「屦，履也。」玉篇履部：「屦，他回切，履也，西南梁益謂履曰⿸尸⿰彳委。」廣韻灰韻：「⿸尸⿰彳委，履屬，有頸曰⿸尸⿰彳委。」集韻灰韻：「⿸尸⿰彳委，粗履不借也，或作⿸尸⿰彳委。」觀此字下郭注「字或作『⿸尸⿰彳委』，音同」，方言本文當作「⿸尸⿰彳委」無疑。

〔一五〕⿸户系：盧文弨重校方言改作「⿸尸系」，云：「舊本從户作『⿸户系』，與『履、屨』等字異，誤也。今從廣雅改正。」按：盧校非是，所據廣雅之「⿸尸系」爲誤字。王念孫廣雅疏證：「各本『⿸户系』作『⿸尸系』，因『屐、屣、屩』諸字而誤。」說文糸部字從「户」不從「尸」。原本玉篇殘卷「⿸户系」字下引方言：「⿸户系、屨、麄，屨也。西南梁益或謂之⿸户系。」集韻下韻「⿸户系」音户瓦切，又卦韻「⿸户系」音胡卦切，引方言並作「⿸户系」，是「⿸户系」字不誤。說文糸部：「⿸户系，履也。一曰青絲頭履也。」段玉裁注：「上義謂麻作之，此義謂青絲爲頭。」錢繹方言箋疏：「『⿸户系』與『⿰革卬角』皆以上舉得名也。『⿰革卬』即『屩』也，『屩』之言蹻也，『⿰革卬』之言卬也。」

〔一六〕邳圻：王念孫手校方言疏證於方言正文「邳圻之間」右側墨注：「御覽作『沂』。」太平御覽引文見卷六九七。王念孫手校明本、廣雅疏證引方言徑作「沂」。周祖謨方言校箋亦以爲當據太平御覽所引改正，並云：「沂者水名。國語吴語韋昭注云：『沂水出泰山，蓋南至下邳入泗。』今作『圻』，『圻』者畿也，義與此不合。」是「圻」當改作「沂」。

〔一七〕⿰石阝：「邳」字之誤，當訂正。

〔一八〕圻，音祁：王念孫手校明本改作「沂，音圻」。王念孫手校方言疏證於郭注右側墨注：「御覽作『沂，音圻』。」當據正。

5b 四〇　緉〔一〕、音兩。⿰糸爽〔二〕，音爽〔三〕。絞也〔四〕。謂履中絞也，音校。關之東西或謂之緉，或謂之⿰糸爽。絞，通語也〔五〕。

匯證

〔一〕緉：戴震方言疏證：「案詩齊風：『葛屨五兩，冠緌雙止。』兩、緉古通用。說文：『緉，履兩枚也，一曰絞也。』廣雅：『緉、⿰糸爽，絞也。』本此。」朱駿聲說文通訓定聲：「緉，繩單曰紐，兩股曰纆，亦曰緉。」是「緉」謂兩股相交之繩，特指「履中絞」，即鞋底之相交兩繩。錢繹方言箋疏：「履絞謂之緉，猶倍端謂之兩、駕車馬謂之兩、直心衣謂之裲襠也。釋名云：『裲襠，其一當匈，其一當背也。』」

〔二〕綊：同「縔」。戴震方言疏證：「玉篇云：『縔，履中絞。』本此注文。」錢繹方言箋疏：「縔之言雙也。」按：今湖北浠水製草鞋所用之經繩（即郭注所謂「履中絞」）猶謂之「縔」，讀作［$saŋ^{33}$］。

〔三〕夾：同「爽」。

〔四〕絞：爾雅釋言：「絢，絞也。」郭璞注：「糾絞繩索。」郝懿行義疏：「『絞』本切直之義，又爲繩索之名。喪服傳云：『絞帶者，繩帶也。』是繩爲『絞』。『絞』者，交也。雜記疏云：『兩股相交謂之絞。』是其義也。」說文交部：「絞，縊也。」段玉裁注：「古曰絞、曰縊者，謂兩繩相交，非獨謂經死。禮喪服：『絞帶者，繩帶也。』兩繩相交而緊謂之絞。」錢繹方言箋疏：「絞之言糾也。」

〔五〕通語也：王念孫手校方言疏證：「御覽『通』上有『其』字。」

四一　纑謂之縝〔一〕。謂纑縷也。音振。

匯證

〔一〕纑：戴震方言疏證：「孟子：『彼身織屨，妻辟纑。』趙岐注云：『緝績其麻曰辟，練其麻曰纑，故曰辟纑。』說文：『纑，布縷也。』廣雅：『縝，纑也。』本此。」段玉裁說文解字注：「言布縷者，以別乎絲縷也。織之而成縷，可以爲布，是曰纑。禮經縷分別若干升以爲麤細，五服之縷不同也。趙岐曰：『湅麻曰纑。』（說文）麻部『𪎌』下曰：『未湅治纑也。』然則湅治之乃曰纑……不湅者曰𪎌，湅者曰纑，統呼曰縷。」按：「纑」謂麻綫，特指已練治者。

縝：郭注：「謂纑縷也。」丁惟汾方言音釋：「縝爲縝密。布縷之縝密者謂之縝，今俗謂縫紉精微者謂之細縝密縷，言縝密如織，如布之纑縝平匀，無縫紉之跡象也。」

輶軒使者絶代語釋別國方言校釋匯證第五

1a 一 鍑〔一〕，釜屬也，音富。北燕朝鮮洌水之間或謂之錪〔二〕，音腆。或謂之鉼〔三〕。音餅。江淮陳楚之間謂之錡〔四〕，或曰三脚釜也，音技。或謂之鏤〔五〕。吳揚之間謂之鬲〔六〕。音曆。

匯證

〔一〕鍑：郭璞注云「釜屬」是也，然其形制自古所釋不一，或説似釜而大，或説釜大鍑小。説文金部：「鍑，（如）釜（而）大口者。」段玉裁注：「如、而二字依玄應補。釜者，鬴之或字。鬲部曰：『鬴，鍑屬。』是二篆爲轉注也。」正字通金部：「舊注敷救切，音副，釜大口者……鍑，博古圖：周獸耳鍑，容五斗八升，口徑八寸六分，兩目連環，似釜而口斂，口上載鬲以熟物……據此説，鍑當是小口者。」顔師古注漢書匈奴傳下「多齎鬴鍑薪炭」云：「鍑，釜之大口者也。」注急就篇卷三「釜鍑」云：「釜，所以炊爨也。大者曰釜，小者曰鍑。」

「鍑」下錢繹方言箋疏補「或謂之鑊」四字，於郭注「釜屬也」前補「鍑」字，云：「舊本『鍑』字下脱『或謂之鑊』四字，注首脱『鍑』字。衆經音義卷二引方言：『鍑或謂之鑊，郭璞曰：「鍑，釜屬也。」』今據以訂正。」周祖謨方言校箋：「案錢氏所據玄應音義蓋爲莊炘刻本，日本所傳古寫本引方言作『鍑或謂之鬲』，此見上文一條，與本文無涉。」按：周氏校箋將錢氏所補四字誤植於下條「或謂之鍑」下。據周氏所引日本古寫本，知莊炘刻本「鍑，或謂之鑊」，又作「鍑，或謂之鬲」，而「鬲」字正見於本條下文，是「或謂之鑊」四字不宜遽補。

〔二〕錪：説文金部：「錪，朝鮮謂釜曰錪。」馬宗霍説文解字引方言考卷四：「愚疑楊、許之意，錪下所訓釜、鍑二字，恐當是渾言，未必析言。」錢繹方言箋疏：「錪之言腆也。卷十三云：『腆，厚也。』卷六云：『錪、錘，重也。』，是錪以厚重得名也。」

〔三〕鉼：釜屬，方言異名。廣雅釋器：「鉼，釜也。」類篇金部卑正切，引方言爲釋。

〔四〕錡：郭注云：「或曰三足釜也。」詩召南采蘋：「于以湘之，維錡及釜。」毛傳：「錡，釜屬，有足曰錡，無足曰釜。」廣雅釋器：「𩰫、錡，釜也。」王念孫疏證：「説文：『𩰫，三足鍑也。』小雅大東篇：『跂彼織女。』毛傳云：『跂，隅貌。』孫毓釋之云：『織女三星，跂然如隅。』義與𩰫同也。」又云：「錡之言踦也。爾雅：『蟰蛸，長踦。』郭注云：『小鼅鼄長腳者。』」錢繹方言箋疏：「詩及左傳皆『錡釜』並言，蓋以有足別於釜，而江淮陳楚之間語正同耳。『錡』之言踦也。説文：『踦，一足也。』説文『𩰫、鬹』二字並云：『三足釜。』廣雅：『𩰫、鬹、錡，釜也。』曹憲『𩰫』音蟻，『鬹』矩皮切。『踦』奇、綺兩音。小雅大東篇……釋文：『徐丘婢反。』釋言：『煁，烓也。』郭注云：『今之三隅竈。』釋文：『烓，烏攜反。』𩰫、鬹、跂、烓，聲義並與『錡』相近。三足釜謂之錡，亦謂之𩰫，亦謂之鬹，猶三星如隅謂之跂、三隅竈謂之烓也。」

〔五〕鏤：錢繹方言箋疏：「説文：『鏤，釜也。』廣雅同。史記秦始皇紀：『飯土簋，啜土刑。』索隱『簋』作『塯』，云：『如字，一音鏤。』『塯』，玉篇『力又切，瓦飯器也』。墨子節用中篇云：『黍稷不二，〔羹胾〕不重，飲於土塯。』音與『餾』同。下文云：『甑，或謂之酢餾。』鏤、塯、餾聲同，義並相近。」

〔六〕鬲：説文鬲部：「鬲，鼎屬，實五觳。斗二升曰觳。象腹交文，三足。𩰲，鬲或从瓦。𤮼，漢令，鬲从瓦厤聲。」廣雅釋器：「鬲，釜也。」王念孫疏證：「爾雅：『鼎款足者謂之鬲。』服虔注漢書司馬遷傳云：『款，空也。』郊祀志：『鼎空足曰鬲。』蘇林注云：『足中空不實者名曰鬲。』」爾雅釋器郭璞注：「鼎曲腳也。」郝懿行義疏：「鼎款足，謂足中空也。足中實者必直，空者必曲，故郭云『鼎曲腳也』。」周禮考工記陶人：「鬲，實五觳，厚半寸，脣寸。」孫詒讓正義：「鬲形制與鼎同，但以空足爲異，故許君云：『鼎屬。』其用主於烹飪，與釜、鍑同，故方言又以爲鍑之別名。」錢繹説與王氏同：「鬲是空足之釜，故爾雅云『款足』。空、款一聲之轉也。郭氏以爲『曲腳』，非其義矣。」

二　釜〔一〕，自關而西或謂之釜，或謂之鍑。鍑亦釜之揔名。

匯證

〔一〕盧文弨重校方言以此條與上條合寫爲一條，云：「舊本『謂之鬲』止爲一段，下『釜』字別提行。今案：『釜』下即云『自關而西或謂之釜』，與前後文例殊不類，正德本亦覺其未安，移『或謂之鍑』並注於『或謂之釜』之上，亦未是。自當連上爲一條，而以上一『釜』字爲衍文，若以『謂之鬲釜』爲句，於佗書未有左證，未敢輒定。」劉台拱方言補校則以爲「釜下當另行」。錢繹方言箋疏：「諸書及廣雅並訓爲『釜』，是釜爲總名，不應分訓。」故從盧校。周祖謨則未從盧校。按：方言一書，揚雄並未最後寫定，例有不周，在所難免，盧、錢所説雖不爲無理，然終無證據。今存各家校勘意見，但不贊同兩條合寫之説。

釜：説文鬲部：「鬴，鍑屬。从鬲，甫聲。釜，鬴或从金，父聲。」段玉裁注：「今經典多作釜，惟周禮作鬴。」急就篇卷三：「鐵鈇鑽錐釜鍑鍪。」顔師古注：「釜所以炊爨也，大者曰釜，小者曰鍑。」按：釜爲古炊器，斂口圜底，或有二耳；其用如鬲，置於竈，上置甑以蒸爨。盛行於漢代，或鐵製，或銅製，或陶製。

三　甑〔一〕，自關而東謂之甗〔二〕，音言。或謂之鬵〔三〕，音岑。梁州呼鉹〔四〕。或謂之酢餾〔五〕。屋霤。

匯證

〔一〕甑：説文瓦部：「甑，甗也。」段玉裁注：「考工記：『陶人爲甑，實二鬴，厚半寸，脣寸，七穿。』按：甑所以炊烝米爲飯者，其底七穿，故必以箅蔽甑底，而加米於上，而餴之，而餾之。」錢繹方言箋疏：「甑之言蒸也，蒸飯之器也，底有穿，必以竹席蔽之，米乃不漏。説文：『箅，蔽也，所以蔽甑底。』又雷公炮炙論云：『常用之甑中箅能淡鹽味，煮昆布用弊箅。』哀江南賦：『敝箅不能救鹽池之鹹。』皆是也。」按：「甑」即蒸食炊器，最初當爲瓦器，後有青銅鑄成者，亦有木製，亦有竹製。其底部有透氣小孔若干，置於鬲或鍑之上蒸煮，亦有另外加箅者，功用猶如今之蒸籠。

〔二〕甗：説文瓦部：「甗，甑也，一曰穿也。」段玉裁改爲「一穿」，注云：「陶人爲甗，實二鬴，厚半寸，脣寸。鄭司農云：『甗，無底甑。』無底即所謂一穿。蓋甑七穿而小，甗一穿而大。一穿而大則無底矣。『甑』下曰『甗也』，渾言之；此曰『甑也，一穿』，析言之。渾言見『甗』亦呼『甑』，析言見『甑』非止一穿，參差互見，使文義相足，此許訓詁之一例也。」按：揚雄渾言之。左傳成公二年：「齊侯使賓媚人，賂以紀甗、玉磬與地。」孔穎達疏：「鄭衆注考工記云：『甗，無底甑。』方言云：『甑，自關而東謂之甗。』知甗即甑也。」正字通瓦部「甗」字下引博古圖云：「甗之爲器，上若甑，可以炊物，下若鬲，可以飪物，蓋兼二器而有之。或三足而圜，或四足而方。」

〔三〕鬵：「鬵」之譌俗字。説文鬲部：「鬵，大釜也。一曰鼎大上小下若甑曰鬵。从鬲，兓聲，讀若岑。」段玉裁注：「釋器：『鼎絶大謂之鼐，圜弇上謂之鼒，附耳外謂之釴，款足者謂之鬲，䰛謂之鬵；鬵，鉹也。』按：此六句皆説鼎，故許以鼎大上小下若甑發明『甑謂之鬵』。金部云：『鉹，鬵鼎。』亦所以發明『鬵，鉹也』。釋爾雅者，鮮通此矣。」按：段説是也，「鬵」即甑屬，鄭樸揚子雲集本不誤。

〔四〕鉹：説文金部：「鉹，曲鉹也。从金，多聲。一曰鬵鼎，讀若擠。」王筠句讀：「蓋謂其名曰曲鉹，一名曰鬵，而釋之以鼎也者。鬲部：『鬵，鼎大上小下若甑曰鬵。』是也。廣韻：『鉹，甑也。』釋器：『鬵，鉹也。』曲鉹雖無徵，或是許君時方言也。」詩檜風匪風：「溉之釜鬵。」孔穎達疏引孫炎曰：「關東謂甑爲鬵，涼州謂甑爲鉹。」按：郭璞注「梁州」，爾雅郭注、詩疏引孫炎、廣韻支韻「鉹」下引方言均作「涼州」，戴震方言疏證據以改「梁州」作「涼州」是也，當據正。

〔五〕酢餾：原本玉篇殘卷「餾」字下引作「鋁餾」，周祖謨方言校箋「疑爲餎餾之誤」。按：爾雅釋器邢昺疏引方言與宋本合，今仍其舊。錢繹方言箋疏：「酢之言飵也……飵與酢通。説文：『餾，飯氣蒸也。』釋言：『饙、餾，稔也。』大雅泂酌疏引孫炎注云：『蒸之曰饙，均之曰餾。』郭注云：『今呼餐飯爲饙，饙均熟爲餾。』釋文云：『稔，字亦作飪。』説文：『飪，大熟也。』廣雅：『餾、飵，𩟖也。』説文：『𩟖，暴乾火也。』是飵、餾，熟物之名。熟食謂之飵，亦謂之餾，所以熟物之器亦謂之飵餾，義相因也。墨子節用中篇云：『[羹胾]不重，飲於土塯。』史記秦始皇紀云：『飯土簋，啜土刑。』索隱『簋』作『塯』。玉篇、廣韻並云：『塯，瓦飯器也。』與『餾』同音，是『塯』即『餾』之異文，言以土爲甑也。司馬貞云：『塯，如字，一音鏤。』上文云：『鍑，江淮陳楚之間……或謂之鏤。』塯、鏤聲並與餾同，義亦相近也。今人以火乾煮物曰炸，音與『飵』相近。又吴人以物入釜微煮之曰溜，聲如鏤。蓋飵餾或用釜，或用甑，因名甑爲酢餾矣。」章炳麟新方言釋器：「江浙人謂食物入釜微煮曰溜，蓋甑名酢餾，以甑烹物亦曰酢餾，炸溜即酢餾矣。」

四　盂〔一〕，音于。宋楚魏之間或謂之盌〔二〕。烏管反。盌謂之盂〔三〕，或謂之銚鋭〔四〕。謠語〔五〕。盌謂之櫂〔六〕，盂謂之柯〔七〕。轉相釋者，廣異語也。海岱東齊北燕之間或謂之⿱龹皿〔八〕。書卷。

匯證

〔一〕盂：說文釋作「飯器」，段玉裁注本改作「飲器」，云：「飲，大徐及篇、韻、急就篇注作『飯』，誤。」徐鍇說文解字繫傳作「飲」。韓非子外儲說左上：「爲人君者猶盂也，民猶水也，盂方水方，盂圜水圜。」即其例也。戴震方言疏證：「盂亦作杅。後漢書顯宗孝明帝紀：『杅水脯糒而已。』注引方言『盌謂之盂』。」又按：廣雅釋器「盂也」條王念孫疏證：「盂之言迂曲也，盂、⿱龹皿、椀皆曲貌也。說文：『盂，飲器也。』士喪禮下篇：『兩敦兩杅。』鄭注云：『杅以盛湯漿。』杅與盂同。」漢書東方朔傳：「上嘗使諸數家射覆，置守宮盂下，射之，皆不能中。」顏師古注：「盂，食器也，若盋而大，今之所謂盋盂也。」「盂」得名於迂曲，其爲器本盛湯漿，亦可盛飯食。段氏校改說文所釋「飯」作「飲」是也，然以爲玉篇、廣韻、急就篇顏注作「飯」誤，則嫌偏執。

〔二〕宋楚魏：藝文類聚卷七三引作「楚魏宋」；慧琳一切經音義卷三七引作「陳楚宋魏」，卷八〇引作「宋楚」，集韻虞韻「盂」字下引亦作「宋楚」。

盌：說文皿部：「盌，小盂也。」又瓦部：「㼝，小盂也。」段玉裁注：「盂者，飲器也。」又云：「方言作盌，俗作椀。」廣雅釋器：「椀，盂也。」王念孫疏證：「椀之言宛曲也。急就篇：『橢杅槃案桮閜盌。』顏師古注云：『盌似盂而深長。』盌與椀同。」今字作「碗」。錢繹方言箋疏：「盌之言宛也。小雅小宛篇：『宛彼鳴鳩。』毛傳云：『宛，小貌。』說文『盌、㼝』並『小盂也』……小鳩謂之宛，小孔謂之窓，小風謂之苑，小盂謂之盌，亦謂之㼝，其義一也。」

〔三〕「謂之」二字宋本殘缺，據文例補。按：本卷宋本蝕缺之字較多，均據上下文及四部叢刊影宋本補，必要處予以說明。

〔四〕銚鋭：按：「鋭」字費解。單言「銚」，謂大口有柄之烹煮器。説文金部：「銚，温器也。」段玉裁注：「今煮物瓦器謂之銚子，讀徒弔切是也。」正字通金部：「銚，今釜之小而有柄有流者亦曰銚。」章炳麟新方言釋器：「方言：『盌謂之盂，或謂之銚鋭，盌謂之櫂。』案：銚與櫂一語也，今浙西沿海鄙人多移以音甕，謂小甕曰雕，即銚、櫂等字也。」錢繹方言箋疏以爲此「銚鋭」與卷一三「姚娧」名義通，云：「蓋『銚鋭』之『鋭』讀當如『悦』。『銚鋭、梋抉』並雙聲字，皆形容之詞。『姚娧、摇悦』並與『銚鋭』同。摇悦爲喜貌，故人之美好可喜者謂之姚娧，盌之美好可愛者亦謂之銚鋭，因是立名也。」錢説未能驗之於文獻，録以備考。

〔五〕謡語：戴震方言疏證改作「謡音」，云：「注内『謡音』即音謡，各本譌作謡語。後卷十三内『銚鋭』下亦作『謡音』，皆謂銚讀如謡也。」劉台拱方言補校：「今案：郭氏音例皆云『音某』，不曰『某音』，且音『銚』字不應注於『鋭』字之下。又案：集韻十七薛『鋭』字欲雪切，『楚宋謂椀曰銚鋭』，集韻此音必有所本，疑郭注本作『謡悦兩音』，傳寫者脱去二字，『語』字或即『説』字之譌也。」未知孰是，存疑俟考。

〔六〕櫂：戴震方言疏證：「荀子正論篇：『故魯人以榶，衛人用柯。』楊倞注云：『未詳。或曰方言云：「盌謂之榶，盂謂之柯。」』今此條無『榶』字。廣雅：『銚鋭、柯、櫂、⿱龹皿、椀，盂也。』椀即盌，亦有『櫂』無『榶』。」按：戴氏發疑，未予論定。謝墉校本云：「宋本荀子注正作『櫂』，但與正文似不合。」宋本荀子注引作「櫂」，與方言宋本合，不誤。蓋荀子正文本應作「櫂」，後譌作「榶」，楊倞注引作「榶」則如錢繹方言箋疏所云：「淺人未檢方言之文，依正文妄改耳。」又按：「櫂」之言「銚」也。集韻嘯韻：「銚，燒器，或作鑃。」錢繹方言箋疏：「『銚』與『鑃』古同聲。小雅大東篇『佻佻公子』，釋文引韓詩作『嬥嬥』，是其例也。『鑃』與『櫂』聲亦相近。」章炳麟新方言釋器亦謂「銚與櫂一語也」。

〔七〕柯：錢繹方言箋疏：「廣雅：『柯、櫂，盂也。』卷九云：『楫謂之櫂。』又云：『凡船大者謂之舸。』盌謂之櫂，盂謂之柯，猶楫謂之櫂，船謂之舸也。柯者，寬大之名，故木大枝謂之柯。下文云：『閜，桮也。其大者謂之閜。』説文：『閜，大開也。』『大桮亦爲閜。』『訶，大言而怒也。』『阿，大陵也。』玉篇：『⿰口閜，大笑也。』聲並與『柯』相近，義亦同也。」

〔八〕⿱龹皿：廣韻仙韻：「⿱龹皿，盌也。」廣雅釋器：「⿱龹皿，盂也。」王念孫疏證：「⿱龹皿之言卷曲也。玉藻：『母没而杯圈不能飲焉。』注云：『圈，屈木所爲，謂卮匜之類。』孟子告子篇：『以杞柳爲桮棬。』棬、圈並與盎通。」

1b五　𥁄〔一〕，音雅。椷〔二〕，封緘。盞〔三〕，酒醆。温〔四〕，薄淹反。閜〔五〕，呼雅反。盪〔六〕，音章〔七〕。㿻〔八〕，音摩。桮也〔九〕。秦晉之郊謂之𥁄；所謂伯𥁄者也。自關而東趙魏之間曰椷，或曰盞，最小桮也。或曰温。其大者謂之閜，吴越之間曰盪，齊右平原以東或謂之㿻。桮，其通語也。

匯證

〔一〕𥁄：廣雅釋器：「𥁄，杯也。」王念孫疏證：「方言注云：『所謂伯𥁄者也。』太平御覽引典論云：『劉表諸子好酒，造三爵，大曰伯雅，中曰仲雅，小曰季雅。』雅與𥁄通。」

〔二〕椷：廣雅釋器：「𠥶、椷，杯也。」王念孫疏證：「説文：『桮，𠥶也。』『𠥶，小桮也。』或作『𣝻』。𠥶與椷古同聲，方言作『椷』，蓋即『𠥶』之假借字也。廣韻：『𥳍，箱屬，或作𥸤。』是其例矣。」錢繹方言箋疏：「『椷』之言函也。曲禮：『席間函丈。』鄭注：『函，〔猶〕容也。』漢書天文志云：『閜可椷劍。』蘇林云：『椷音函，容也。』周官伊耆氏：『共其杖咸。』鄭注：『咸，讀爲函。老臣雖杖於朝，事鬼神尚敬，去之。有司以此函藏之。』是桮謂之椷，以容受得名也。」

〔三〕盞：廣雅釋器：「盞，杯也。」王念孫疏證：「盞與琖通。」又：「斝、醆，爵也。」王念孫疏證：「大雅行葦篇：『洗爵奠斝。』傳云：『斝，爵也。夏曰醆，殷曰斝，周曰爵。』周官量人：『凡宰祭，與鬱人受斝而皆飲之。』鄭衆注云：『斝，器名。』引明堂位云：『爵，夏后氏以琖，殷以斝，周以爵。』……爵謂之醆，杯謂之盞，一也。方言注云：『盞，最小桮也。』爾雅：『鍾小者謂之棧。』李巡注云：『棧，淺也。』棧、盞並音側限反，其義同。」錢繹方言箋疏：「桮謂之盞，猶爵謂之醆，小桮謂之盞，猶小鍾謂之棧。」

〔四〕温：廣雅釋器：「温，杯也。」王念孫疏證：「太平御覽引通俗文云：『漿杯曰盞，或謂之温。』」玉篇皿部：「温，杯也。」徐復補釋：「温從氾得聲，謂廣也。今江蘇謂較𠥶碗爲大之碗曰温碗，音轉如法。」

〔五〕閜：説文門部：「閜，大開也。从門，可聲。大杯亦爲閜。」廣雅釋器：「閜，杯也。」王念孫疏證：「急就篇云：『橢杅槃案桮閜盌。』藝文類聚引李尤杯銘云：『小之爲杯，大之爲閜。』凡言閜者，皆大開之貌，司馬相如上林賦：『谽呀豁閜。』司馬彪注云：『谽呀，大貌；豁閜，空虚也。』郭璞注云：『皆澗谷之形容也。』廣韻：『⿰口閜，大笑。』義並同也。」

〔六〕𥂕：太平御覽卷八五〇引風俗通：「吴郡名酒杯爲𥂕，言大餓人得一𥂕飯無所益也。」徐復補釋：「較㔶碗爲小之碗曰湯碗，𥂕讀舌頭音，即如湯音矣。」按：據方言，「𥂕」乃吴越間謂大杯之名。蓋大杯如湯碗而名「𥂕」也。

〔七〕音章：戴震方言疏證、盧文弨重校方言均據廣雅曹憲音改成「又章反」。周祖謨方言校箋未改原文，云：「萬象名義『𥂕』音余章反，廣韻音與章切，二音相同，與『又章反』聲類有異。」按：「𥂕」從「昜」聲，廣韻陽韻「昜」即音與章切。玉篇皿部「𥂕」字音注爲餘章切。「與章、餘章」音同，「𥂕」音似不當音又章反。然廣雅之訓多本方言，曹憲去漢未遠，其音「又章」，當有所據。周氏存疑未斷，實爲必要之矜慎。

〔八〕𥂝：廣雅釋器：「𥂝，杯也。」廣韻戈韻、麻韻同。玉篇皿部：「𥂝，桮也。」皮日休九諷端憂：「執玉桴兮扣雷鼓，奠金𥂝兮滴浮蟻。」「金𥂝」謂金杯也。

〔九〕桮：通作「杯」。説文木部：「桮，㔶也。」徐鍇繫傳：「㔶音貢，小桮之別名也。」集韻灰韻：「桮，蓋今飲器，或作杯。」杯本謂飲器，引申泛稱盤盞之屬，方言謂「其通語也」即此意。漢書朱博傳：「自微賤至富貴，食不重味，案上不過三桮。」王安石傷杜醇：「天涯一桮飯，夙昔相逢喜。」是其例也。

六　蠡〔一〕，瓢勺也，音麗。陳楚宋魏之間或謂之簞〔二〕，或謂之櫼〔三〕，今江東通呼勺爲櫼〔四〕，音羲。或謂之瓢〔五〕。

匯證

〔一〕蠡：玄應一切經音義卷一六引方言作「盠」；又卷一八引方言，慧琳一切經音義卷一六、卷七三引方言，太平御覽卷七六二引通俗文，字均作「蟸」，或「蠡」；慧琳一切經音義卷六五、卷九五引方言字作「𧊧」。錢繹方言箋疏：「蠡，正字；盠，壞字，其作蠡者，猶瓠之別作瓟也，亦俗字也。」郭璞注：「瓠勺也。」戴震方言疏證：「漢書東方朔傳：『㠯蠡測海。』注引張晏曰：『蠡，瓠瓢也。』楚辭九嘆：『瓟蠡蠹於筐簏。』王逸注云：『瓟，瓠也；蠡，瓢也。』洪興祖補注引方言：『蠡，陳楚宋魏之間或謂之瓢。』周禮鬯人：『禜門用瓢齎。』鄭注云：『瓢，謂瓠蠡也。齎讀爲齊，取甘瓠割去柢，以齊爲尊。』蠡、蠡古通用，亦作盠。廣雅：『盠，瓢也。』玉篇云：『櫼，杓也。』蠡爲『櫼也』。廣韻引方言『蠡或謂之瓢』，又云：『蠡，瓠瓢也。』『盠，以瓢爲飲器也。』『蠡，簞也。』」按：「蠡」字本作「蠡」，謂蟲蛀木。説文䖵部：「蠡，蟲齧木中也。」段玉裁注：「此非蟲名，乃謂蟲之食木曰蠡也。」通「蠃」，謂螺類。文選班昭東征賦：「諒不登樔而椓蠡兮，得不陳力而相追。」李善注：「蠡與蠃，古字通。」廣雅釋魚：「蠡蠃、蝸牛，螔蝓也。」集韻戈韻：「蠃，蚌屬……或作蠡。」錢繹方言箋疏：「蠡之殼可爲酒杯，亦可爲勺。以蠡爲勺，因而謂勺爲蠡，猶剖瓠爲勺，因而謂瓠爲勺也。今海螺中有一種，其末細長可二寸餘，質甚堅厚，色黄白相雜，人取而横去其三分之一，以爲勺，極光澤，可受，即其類耳。」遠古以螺殼爲之，後世則謂瓠瓢，其用皆爲舀盛。急就篇卷三：「蠡升參升半卮䚍。」顏師古注：「蠡升，瓢蠡之受一升者，因以爲名，猶今人言勺升耳。」南齊書東昏侯紀：「馳騁渴乏，輒下馬解取腰邊蠡器，酌水飲之。」資治通鑑引此文，胡三省注：「蠡，瓠瓢也。今謂之馬杓。」是其例也。

〔二〕簞：本謂盛衣、食之器。説文竹部：「簞，笥也。」「笥，飯及衣之器也。」或偏指盛衣飾之器。左傳哀公二十年：「與之一簞珠，使問趙孟。」孔穎達疏：「此言小笥者，以盛珠之器不宜與盛飯器同，故言小耳。」常指盛飯食之器。左傳宣公二年：「而爲之簞食與肉。」杜預注：「簞，笥也。」與瓠瓢對言。漢書貨殖傳：「而顏淵簞食瓢飲。」陳楚宋魏之閒瓠瓢亦名爲「簞」。錢繹方言箋疏：「異物不嫌同名也。」丁惟汾方言音釋：「簞、瓢皆飲食必需器，故蠡亦謂之簞，其實簞、瓢爲後世分別之名，在皇古時，飲與食同器，簞之名亦由蠡起源，故蠡或亦謂之簞。」

〔三〕櫼：廣雅釋器：「䍧，瓢也。」王念孫疏證：「『䍧』即方言『櫼』字也。衆經音義卷十八引廣雅作『䍧』，音『羲』。『䍧』從『䖈』聲，『䍧』從『虛』聲；『䖈、虛』並從『虍』聲。是『䖈』與『虛』同聲，故從『䖈』之字或從『虛』。方言注云：『今江東通呼勺爲櫼，音羲。』衆經音義云：『江南曰瓢櫼，蜀人言蠡櫼。』漢書王莽傳：『立斗獻。』顏師古注云：『獻，音羲。謂斗魁及杓末如勺之形也。』獻從䖈聲而讀爲羲，猶䍧從䖈聲而讀爲羲矣。」玉篇木部：「櫼，杓也，蠡爲櫼也。」正字通木部：

「檝，蠡也，即今瓢勺。」

〔四〕今江東通呼勺爲檝：玄應一切經音義卷一六、慧琳一切經音義卷六五引作「檝、蠡，瓠勺也。今江東呼勺爲檝」。玄應一切經音義卷一八引無「檝、蠡，瓠勺也」五字，餘同，均無「通」字。慧琳一切經音義卷七三引「江東」作「江南」。孫詒讓札迻卷二：「集韻五支云：『檝，蠡也，或作檥。』陸羽茶經云：『瓢，一曰犧杓，剖瓠爲之，或刊木爲之。晉永嘉中，餘姚人虞洪入瀑布山採茗，遇一道士，云：「吾丹丘子，祈子他日甌犧之餘乞相遺也。」犧，木杓也。』陸書『犧』當爲『檥』之譌，亦即『檝』之或體。虞洪所傳，正晉時江東方語也。」

〔五〕瓢：說文瓠部：「瓢，蠡也。」朱駿聲通訓定聲：「一瓠劙爲二曰瓢。三蒼：『瓢，瓠勺也。江南曰瓢檝。』」錢繹方言箋疏：「瓢也、瓠也、瓠𤬪也、匏也，實一物也。」「瓠𤬪，時異地殊，稱名各別，古人則通謂之匏瓠也。『瓢』即『瓠』之轉聲耳，『瓢』與『杓』聲亦相近。周官鬯人：『禜門用瓢齎。』杜子春云：『瓢，瓠蠡也。』後鄭云：『取甘瓠割去柢，以齊爲尊。』是也。是『瓢』本爲『瓠』之別名，剖有柄者以爲勺，即名勺爲瓢，與『蠡』正相同也。其無柄者剖之以爲尊，亦名巹……其實皆瓠也。故說文云：『䔲，蠡也。』廣雅：『䔲，瓢也。』『䔲』與『巹』通，義並同也。」

2a七　案〔一〕，陳楚宋魏之間謂之槝〔二〕，自關東西謂之案。

匯證

〔一〕案：戴震方言疏證：「考工記玉人之事：『案十有二寸。』鄭注云：『案，玉飾案也。』禮器篇注云：『禁如今方案，隋長局足，高三寸。』說文云：『案，几屬。』」廣雅釋器：「案謂之槝。」王念孫疏證：「案之言安也，所以安置食器也……凡案，或以承食器，或以承用器，皆與几同類，故說文云：『案，几屬。』」按：「案」爲木製器物，几屬，本指古時進食所用短足木盤。急就篇卷三：「橢杅槃案桮問盌。」顏師古注：「無足曰盤，有足曰案，所以陳舉食也。」史記田叔列傳：「（漢高祖）過趙，趙王張敖自持案進食，禮恭甚。」是也。亦指憩用坐榻。周禮天官掌次：「王大旅上帝，則張氈案。」賈公彥疏：「案，謂牀也。」徐鍇說文解字繫傳：「案，所凭也。」是也。後指桌之長方形者。三國志吴志周瑜傳：「權拔刀斫前奏案曰：『諸將吏敢復有言當迎操者，與此案同。』」書案、桌案皆此類也。

〔二〕㯱：玉篇木部：「㯱，案之别名。」廣雅釋器王念孫疏證：「㯱之言寫也。說文：『寫，置物也。』」錢繹方言箋疏：「『㯱』之言藉也。鄭注周官屨人云：『複下曰舃。』疏云：『下謂底。』『重底者曰舃。』……集韻、類篇並引廣雅：『磶，磌也。』太平御覽引說文：『磌，柱下石也。』……『舃、磶、㯱』，聲並相近。承物案謂之㯱，猶履底有木謂之舃，柱下石謂之磶也。然則案之爲㯱，以承藉得名也。」

八　桮落〔一〕，盛桮器籠也。陳楚宋衛之間謂之桮落〔二〕，又謂之豆筥〔三〕；自關東西謂之桮落〔四〕。

匯證

〔一〕桮落：玄應一切經音義卷一六引作「桮笿」。「桮」同「杯」；「落」，說文作「笿」。郭注：「盛桮器籠。」戴震方言疏證：「桮落所以居桮。」即盛杯盤類器皿之竹籠。「落（笿）」一名「篝」。急就篇卷三：「笓篅箯筥篼箅篝。」顔師古注：「篝，一名笿，盛杯器也，亦以爲薰籠。」廣雅釋器：「𥫽、豆簴，杯落也。」王念孫疏證：「說文：『笿，桮笿也。』徐鍇傳云：『笿，亦籠也。笿者，絡也，猶今人言籮。』落、笿並與落通。（廣雅）卷二云：『落，居也。』杯落亦所以居杯也。」錢繹方言箋疏：「盛杯之籠謂之落，猶熏衣之籠謂之笿也。說文：『篝，笿也。可熏衣。』下文注云：『篝，今薰籠也。』皆以籠絡爲義也。」

〔二〕陳楚宋衛：周祖謨方言校箋：「錢氏箋疏本作『陳楚宋魏』。」按：周氏所據蓋爲紅蝠山房本，廣雅書局本和積學齋叢書本均作「陳楚宋衛」。又鄭樸揚子雲集本作「魏」。

〔三〕豆筥：戴震方言疏證：「廣雅：『豆簴，杯落也。』本此。簴、筥古通用。」按：急就篇三顔師古注：「竹器之盛飯者，大曰箯，小曰筥，一名䈰，受五升。」詩召南采蘋：「于以盛之，維筐及筥。」毛傳：「方曰筐，圓曰筥。」淮南子時則：「具樸曲筥筐。」高誘注：「員底曰筥，方底曰筐。」是單言「筥」乃謂圓底竹編盛飯食之器。字亦作「簴」。說文竹部：「簴，飲牛匡也。方曰匡，圜曰篆。」王筠説文句讀：「飲，當依玉篇作飤。」此言「豆笿」，亦作「豆篆」。廣雅釋器：「豆篆，杯落也。」王念孫疏證：「篆與筥通，義亦筐筥之筥，同。」「豆筥」之構，猶「桮落」也；盛杯器之落謂之「桮落」，故盛豆器之筥則謂之「豆筥」。「豆」謂木製食器，形似高足盤，或有蓋。説文豆部：「豆，古食肉器也。」爾雅釋器：「木豆謂之豆，竹豆謂之籩，瓦器謂之登。」錢繹方言箋疏：「此云『豆筥』者，九穀之中，豆爲最大，盛之者其器可疏，杯亦宜然，以之盛杯，即謂之豆筥矣。」錢氏不明「豆」之古義而以九穀之豆爲説，誤甚。

〔四〕自關東西：太平御覽卷七五九引作「自關而西」。

九　箸筩〔一〕，盛扎箸籫也〔二〕。陳楚宋魏之間謂之筲〔三〕，鞭鞘。或謂之籯〔四〕；漢書曰：「遺子黄金滿籯。」〔五〕音盈也。自關而西謂之桶檧〔六〕。今俗亦通呼小籠爲桶檧，音籠冠〔七〕。檧，蘇勇反。或作筩〔八〕。

匯證

〔一〕箸筩：猶今之筷筒。説文竹部：「箸，飯攲也。」王筠句讀：「攲，持去也。通俗文：『以箸取物曰攲。』」廣雅釋器：「筴謂之箸。」玉篇竹部：「箸，筴也，飯具也。」字後亦作「筯」。玉篇竹部：「筯，匙箸，與箸同。」是「箸」即筷子。説文竹部：「筩，斷竹也。」玄應一切經音義卷二引三蒼：「筩，竹管也。」是「筩」即竹筒，字後作「筒」。説文「䈰」字下段玉裁注：「箸筩者，所以盛飯攲之筩也。」

〔二〕扎：遠藤氏藏天壤閣翻刻本、胡文焕格致叢書本、明李珏刻本、明佚名刻本作「朼」。按：從「扌」、從「木」每互譌，「扎」不成字，當作「朼」，清人校本定作「朼」是也。急就篇卷三作「匕」，玄應一切經音義引此條郭注字亦作「匕」。説文匕部：「匕……亦所以用比取飯。一名柶。」段玉裁注：「匕即今之飯匙也。」「朼」與「匕」同。

籫：同「籫」，謂竹器。急就篇卷三顔師古注：「籫，盛匕箸籠也。」是「盛朼箸籫」即謂盛匙筷之竹籠也。

〔三〕筲：戴震方言疏證：「筲亦作䈰。説文云：『宋魏謂箸筩爲䈰。』」廣雅釋器：「筲，箸筩也。」王念孫疏證：「箸筩謂之筲，猶刀室謂之削也。」按：本指盛飯食之竹器，容一斗二升。儀禮既夕禮：「筲三：黍、稷、麥。」鄭玄注：「筲，畚種類也，其容蓋與簋同，一觳也。」賈公彦疏：「觳受斗二升。」方言謂筷筒，與之不同。

〔四〕籯：戴震方言疏證作「籯」，云：「漢書韋賢傳注：『如淳曰：籯，竹器，受三四斗，今陳留俗有此器。師古曰：許慎説文解字云：籯，笭也。揚雄方言云：陳楚宋魏之間謂筲爲籯。然則筐籠之屬是也。』」廣雅釋器：「籯，箸筩也。」王念孫疏證：「籯與籯同，籯之言盛受也。」又：「籯，籠也。」王念孫疏證：「説文：『籯，笭也。』……籯之言贏也，盛受之名也。」錢繹方言箋疏亦作「籯」，云：「襄三十一年左氏傳云：『而以隸人之垣以贏諸侯。』杜預注：『贏，受也。』正義曰：『賈、服、王注皆讀爲盈，盈是滿也，故皆訓爲受。』義與箸筩謂之籯同也。『籯』，舊本並作『籯』，今從説文及漢書集注引訂正。」

〔五〕遺子黄金滿籯：見漢書韋賢傳。中華書局點校本「籯」作「籯」，顔師古注云：「今書本『籯』，字或作盈。」

〔六〕桶㯲：廣韻東韻：「㯲，小籠。」字亦作「篕」。廣韻董韻：「篕，箸桶。」按：「桶㯲」蓋謂桶狀之小籠。

〔七〕音籠冠：盧文弨重校方言：「三字未詳。」周祖謨方言校箋：「御覽卷七六〇引注『音籠冠』作『桶音籠』，亦有誤。」按：「音籠冠」「桶音籠」均非是。此誤久遠，無從稽考。今仍其舊，存以待質。

〔八〕或作筩：盧文弨重校方言：「三字當在『桶』字下。廣雅音『桶』天孔反。」

一〇　瓬〔一〕，音岡。瓭〔二〕，都感反，亦音沉。甒〔三〕，音舞〔四〕。䍃〔五〕，音由。𤮊〔六〕，音鄭。甇〔七〕，胙江反〔八〕。甀〔九〕，度睡反。瓮〔一〇〕，瓿甊〔一一〕，瓿，音部。甊，洛口反。㼜〔一二〕，牛志反。甖〔一三〕。於庚反。靈桂之郊謂之瓬〔一四〕，今江東通名大瓮爲瓬〔一五〕。其小者謂之瓭；周魏之間謂之甒；今江東亦呼甖爲甒子。秦之舊都謂之𤮊；淮汝之間謂之䍃；江湘之間謂之甇。自關而西晉之舊都河汾之間，汾水出大原〔一六〕，經絳北西南入河。其大者謂之甀，其中者謂之瓿甊；自關而東趙魏之郊謂之瓮，或謂之甖；東齊海岱之間謂之㼜。甖，其通語也。

匯證

〔一〕瓬：下文郭注云「今江東通名大瓮爲瓬」是也。字後作「缸」。正字通瓦部：「瓬，缸同。」錢繹方言箋疏：「廣雅：『瓬，瓶也。』玉篇：『瓬，大瓮也。』漢書陳餘傳：『迺仰絶亢而死。』蘇林曰：『亢，頸大脈也，俗所謂胡脈也。』史記索隱作『肮』。『肮』與『亢』通。揚子羽獵賦：『跐巒阬。』李善注引音義：『阬，大坂也。』説文：『沆，大澤貌。』釋魚：『貝大者魧。』釋文引字林作『蚢』。『蚢』與『魧』通。大瓮謂之瓬，猶頸大脈謂之亢、大坂謂之阬、大澤謂之沆、大貝謂之魧也。」

〔二〕⿰火瓦：方言謂瓬之「小者謂之⿰火瓦」，玉篇瓦部，廣韻、集韻之感韻俱云「瓦屬」。字亦作「甔」。集韻覃韻：「甔，罌也，容一石。或從冘。」然器之大小，古無定訓。廣雅釋器：「⿰火瓦、罌、甔，瓶也。」王念孫疏證：「甔字通作儋，又作擔。史記貨殖傳『漿千甔』集解：『徐廣曰：甔，大罌也。』索隱云：『甔，漢書作儋。孟康曰：儋，罌也。罌受一石，故云儋石。』漢書蒯通傳『守儋石之禄』應劭注云：『齊人名小罌爲儋，受二斛。』後漢書明帝紀『生者無擔石之儲』李賢注引埤蒼云：『甔，大罌也。』案，諸説或訓甔爲罌，或以爲大罌，或以爲小罌，古無定訓，疑莫能明也。」

〔三〕⿸广甒：戴震方言疏證：「⿸广甒亦作甒……儀禮既夕篇：『甒二，醴酒。』鄭注云：『甒，瓦器也。古文甒皆作廡。』禮器：『君尊瓦甒。』注云：『瓦甒，五斗。』疏云：『此瓦甒，即燕禮公尊瓦大也。』禮圖：瓦大受五斗，口徑尺，頸高二寸，徑尺，大中，身鋭，下平。』潘岳馬汧督誄：『寘壺鐳瓶甒以偵之。』李善注引方言：『甒，甖也。』」廣雅釋器：「⿸广甒，瓶也。」王念孫疏證：「淮南子氾論訓：『抱甀而汲。』高誘注云：『甀，武也，今兖州謂小武爲甀。』方言注云：『今江東呼甖爲⿸广甒子。』……甒、⿸广甒、廡、武並通。」錢繹方言箋疏：「⿸广甒有大小二種。」是也。

〔四〕音舞：爾雅釋器：「甌瓿謂之瓵。」邢昺疏引作「音武」。周祖⿱⿰木⿱一口冖方言校箋：「舞、武同音字。」

〔五〕⿱夕缶：當作「⿱夕缶」，通行字作「䍃」。説文缶部：「䍃，瓦器也。从缶，肉聲。」徐鉉等曰：「當從𦥑省，乃得聲。」徐灝注箋：「䍃，爲瓦器之通名，因謂燒瓦竈爲䍃，後又增『穴』爲『窑』也。䍃、匋語之轉，肉聲、䍃聲，古音並在幽部。」

〔六〕甄：廣韻勁韻、玉篇瓦部並云：「甄，甖也。」集韻勁韻：「甄，瓶屬。」名原未詳。

〔七〕甇：廣雅釋器：「甇，瓶也。」廣韻冬韻：「甇，罌屬。」集韻江韻：「長沙謂罌曰甇。」名原未詳。

〔八〕胙江反：「江」字宋本殘缺，據四部叢刊影宋本補。盧文弨重校方言：「爾雅疏作『仕江反』，廣雅亦作『士江』。」劉台拱方言補校：「三音無異，盧校贅。」吴承仕經籍舊音辨證：「胙屬從，士屬牀，古聲類同，不煩改字。」周祖謨方言校箋：「萬象名義『甇』音胙江反，與今本方言胙江反音同。仕江屬牀母，胙江屬從母。」

〔九〕甀：此字及下郭注殘缺，據四部叢刊影宋本補。戴震方言疏證：「周禮凌人：『春始治鑑。』注云：『鑑，如甀，大口，以盛冰。』疏云：『漢時名爲甀，即今之甕是也。』」廣雅釋器：「甀，瓶也。」王念孫疏證：「（説文）又云：『䍋，小口罌也。』徐鍇傳云：『周禮注：鑑，如䍋，大口。是䍋小口也。』䍋與甀同，字亦作埀。墨子備城門篇云：『救門火者，各一埀，水容三石以上。』列子湯問篇云：『山名壺領，狀若甔甀。』東周策云：『夫鼎者，非效醯壺醬甀，可懷挾提挈以至齊者。』淮南子氾論訓：『抱甀而汲。』高誘注云：『甀，武也，今兖州謂小武爲甀。』」

〔一〇〕瓮：廣雅釋器：「瓮，瓶也。」王念孫疏證：「説文：『瓮，罌也。』通作罋、甕。士喪禮下篇注云：『甕，瓦器，其容蓋一㲄。』」錢繹方言箋疏：「『罋、甕』並與『瓮』通。墨子備城門篇云：『喪以弟瓮。』案：喪，藏也。弟瓮，小瓮，猶伯雅、季雅也。……又通作『雍』。井九二：『井谷射鮒，甕敝漏。』虞翻注：『羸其瓶凶，故甕敝漏也。』釋文：『鄭作雍，云：停水器也。』」

〔一一〕瓿㼲：爾雅釋器：「甌、瓿謂之瓵。」郭璞注：「瓿㼲，小甖，長沙謂之瓵。」廣雅釋器：「瓿㼲，瓶也。」王念孫疏證：「襄二十四年左傳：『部婁無松柏。』杜預注云：『部婁，小阜。』小阜謂之部婁，猶小罌謂之瓿㼲也。單言之則曰瓿，字亦作錇。説文：『錇，小缶也。』漢書揚雄傳：『吾恐後人用覆醬瓿也。』顔師古注云：『瓿，小甖也。』」説文瓦部：「瓿，甂也。」王筠句讀：「方言作『瓿㼲』，許君不收㼲字者，二字疊韻，猶之部婁，不必有專字，亦可單可複。」錢繹方言箋疏：「單言之則曰『瓿』、曰『㼲』……小甖謂之瓿，猶小缶謂之錇、小席謂之蓓、小將謂之部將也……小甖謂之㼲，猶小篆謂之簍、小冢謂之塿也。」

〔一二〕甈：廣雅釋器：「甈，瓶也。」廣韻志韻、玉篇瓦部：「甈，大甖也。」名原未詳。

〔三〕甖：玄應一切經音義卷三、慧琳一切經音義卷一九引方言作「罌」，慧琳一切經音義卷九引方言作「罂」。「罌」同「甖」。集韻耕韻：「罌，説文『缶也』，或從瓦。」「罂」是「罌」之俗字，見龍龕手鑑。段玉裁説文注：「罌，缶器之大者。」墨子備穴：「令陶者爲罌，容四十斗以上……使聰者伏罌而聽之，審知穴之所在。」是其例也。廣雅釋器：「罌，瓶也。」劉伶酒德頌：「先生於是方捧甖承槽，銜杯漱醪。」是「甖」亦指缶之小者。玉篇缶部：「罌，瓦器也。」方言本條末云：「甖，其通語也。」是也。「甖」爲通稱，故既可言大，亦可言小。

清校本「罋」下當有「也」字。周祖謨方言校箋：「爾雅疏引有『也』字，今據補。玄應音義卷十六引方言『瓴，罋也』，足證「罋」下當有「也」字。按：慧琳一切經音義卷九、卷一九引方言『瓵、罋』下亦有「也」字是也。

〔四〕靈桂：錢繹方言箋疏：「漢書地理志『蒼梧郡富川』，晉志屬臨賀郡。酈道元水經灘水注云：『靈谿水出臨賀富川縣北符靈岡，南流逕其縣東，又南注於灘水。』今廣西平樂府富川縣是，縣東南一百二十里有桂嶺，與湖廣江華、廣東連山二縣接界，即古臨賀嶺也，一名萌渚嶠。南康記：『五嶺第四嶺曰臨賀。』」周祖謨方言校箋：「『靈桂』，御覽卷七五八引作『酃桂』。酃者酃縣，桂者桂陽。見漢書地理志長沙國及桂陽郡。今湖南衡陽郴縣地也。錢繹失檢，解爲蒼梧郡富川之靈谿水及桂嶺，大謬。」按：慧琳一切經音義卷五五云：「郭璞注方言云：零桂之郊謂甖爲瓶，今江東亦言大甕也。」「今」字以上當爲方言文，非郭注文。慧琳所引既不作「靈」，亦不作「酃」，而作「零」。「靈桂之郊」，方言僅見於此，無内證可尋。徵之文獻，知「零桂」以郡名並稱漢以後常見，而「靈桂」「酃桂」並稱則於史難覓。三國志吴志步陟傳：「(劉)備既敗績，而零、桂諸郡猶相驚擾。」三國志吴志孫策傳注引虞喜志林：「授孫賁以長沙，業張津以零桂。」晉書杜預傳：「内瀉長江之險，外通零桂之漕。」又宗室傳：「或勸承南投陶侃，又云可退據零桂。」王澄傳：「於是益梁流人四五萬家一時俱反，推杜弢爲主，南破零桂，東掠武昌，敗王機於巴陵。」零者零陵郡，桂者桂陽郡，皆漢置，屬荆州，兩郡鄰接，在今湖南南部及廣東一部，説詳漢書地理志零陵郡及桂陽郡。是知慧琳所引尚存其朔，當據正，作「零桂」。

〔五〕通名：戴震方言疏證作「通呼」。玄應一切經音義卷一六、慧琳一切經音義卷六五引作「通言」。

〔六〕大：戴震方言疏證作「太」。按：藏園覆刻宋本、華陽重刻宋本均作「太」。

3a 一一 罃〔一〕，陳魏宋楚之間曰甋〔二〕，音臾。或曰𤭢〔三〕；音殊。燕之東北朝鮮洌水之間謂之瓺〔四〕；音暢，亦膓〔五〕。齊之東北海岱之間謂之儋〔六〕；所謂家無儋石之餘也〔七〕。音擔〔八〕，字或作「甔」。周洛韓鄭之間謂之甀〔九〕，或謂之罃。罃謂之𤭛〔一〇〕，鼓鼙。甕謂之𤮪〔一一〕。

匯證

〔一〕罃：戴震方言疏證：「甖、罃同音，蓋一字。」説文缶部：「罃，備火長頸缾也。」段玉裁注：「左傳襄九年：『宋災，具綆缶，備水器。』杜曰：『缶，汲器也。水器，盆甕之屬也。是謂汲水貯水之分。』師古注五行志則謂『缶即盎也，水器者，罃瓮之屬』，引許氏説文解字：『罃，備火，今之長頸瓶也。』按：各本無『今之』二字。備火長頸缾者，備火之汲甕，則長其頸以多盛水，且免傾覆也。其説左傳者，杜爲長。」「近人謂甖、罃一字，依許則劃然二物二字也；甖大罃小，用各不同。方言、廣雅説雖不與許同，而甖、罃亦畫爲二。」按：段説是也。方言「罃」即指盛水之長頸瓶。若爲一字，則當併入前「甖也」條下。

〔二〕甋：戴震方言疏證：「荀子大略篇：『流丸止於甌臾。』楊倞注引方言『陳魏楚宋之間謂罃爲臾』。甋、臾古通用，『宋楚』譌作『楚宋』。」

〔三〕𤭢：廣雅釋器：「𤭢，瓶也。」玉篇瓦部：「𤭢，小甖也。」早期文獻用例無考。

〔四〕瓺：廣雅釋器：「瓺，瓶也。」集韻陽韻：「瓺，方言：『朝鮮洌水之間謂罃爲瓺。』」丁惟汾方言音釋：「其頸長，故謂之瓺。」

〔五〕膓：明吴琯古今逸史本、程榮漢魏叢書本、胡文煥格致叢書本作「腸」。按：「膓」同「腸」。正字通肉部：「膓，俗腸字。」

〔六〕儋：戴震方言疏證改作「甔」，云：「列子湯問篇：『山名壺領，狀若甔甀。』張湛注云：『甔甀，謂瓦缾也。』各本『甔』作『儋』，注内『甔石之儲者也』作『儋石之餘也』，今訂正。」史記貨殖列傳：『醬千甔。』集解：『徐廣曰：大甖缶。』索隱：『孟康曰：甖受一石，故云甔石。』淮陰侯列傳：『守儋石之禄者。』集解：『晉灼曰：揚雄方言海岱之間名甖爲儋。』漢書應劭注云：『齊人名小甖爲儋，受二斛。』後漢書顯宗孝明帝紀：『生者無擔石之儲。』注云：『方言作甔，云罃也，齊東北海岱之間謂之甔。郭璞注曰：所謂家無甔石之儲者也。』廣雅：『甔、𤭢、甋、瓺，罃也。』按：史記淮陰侯列傳集解晉灼引方言、明刻諸本俱作「儋」，是舊本誤作「儋」久矣。後漢書明帝紀李賢注引方言及爾雅釋器「甌瓿謂之瓵」邢昺疏引、太平御覽卷七五八引、集韻談韻引並作「甔」，是唐宋人所見方言作「甔」。廣雅釋器「甔」訓「瓶」，玉篇瓦部「甔」訓「小甖」。又按：史記、漢書本文作「儋」，蓋注家改引文以從所釋之正文。王引之經義述聞卷五：「古人引書不皆如其本字，苟所引之書作彼字，所注之書作此字，而聲義同者則寫從所注之書。」段玉裁古文尚書撰異卷三：「古人作注，惟李善於文選所引書與正文字異，必仍其舊而明之曰『某與某同』，裴駰輩皆不及也。且如史記作『都』，古文尚書作『猪』，而集解於『大野既都』引孔『水所停都』……是可據裴以改孔乎？」戴校是也，當據正。

甔：王念孫廣雅疏證：「『甔』字通作『儋』，又作『擔』……案：諸説或訓『甔』爲『罌』，或以爲大罌，或以爲小罌，古無定訓，疑莫能明也。」按：此條與上條別，揚雄之意，蓋訓小罌。小罌之訓，有故訓可徵。史記淮陰侯列傳：「守儋石之禄者。」裴駰集解引蘇林曰：「齊人名小罌爲儋。」後漢書宣秉傳：「自無擔石之儲。」李賢注引前書音義：「齊人名小甖爲擔，今江淮人謂一石爲一擔。」

〔七〕所謂家無儋石之餘也：戴震方言疏證改作「所謂家無甔石之儲者也」。盧文弨重校方言：「『家無儋石之儲』見漢書揚雄傳，舊本『儲』作『餘』，誤。章懷注後漢書明帝紀引此注『儲』下多一『者』字。」按：漢書揚雄傳云：「家産不過十金，乏無儋石之儲。」郭璞約引之以釋方言，是注内「儋」字不當從方言本文改，且此注下有「字或作『甔』」亦可證明「儋石」之「儋」當作「儋」，戴氏改注内前「儋」爲「甔」，復改下文「甔」爲「儋」，非也。又，此注文當據盧校改「餘」作「儲」。

〔八〕音擔：戴震方言疏證改作「音儋荷」。按：擔、儋、甔，古音同。

〔九〕甀：小口罌也。説參本卷第一〇條匯證〔九〕。

〔一〇〕「甇謂之甀」四字，戴震方言疏證提行分寫爲一條。

甀：説文瓦部：「甀，罌謂之甀。」桂馥義證：「『罌謂之甀』者，方言文，彼作『甇』。徐鍇韻譜：『甀，甇也。』」廣雅釋器：「甀，瓶也。」王念孫疏證：「瓴、甕皆可以盛水，又可以節歌。墨子三辯篇云：『農夫春耕夏耘，秋斂冬藏，息於瓴缶之樂。』李斯上始皇帝書云：『擊甕叩缻彈箏搏髀而歌。』皆是也。」錢繹方言箋疏亦云李斯文「『髀』與『甀』通」。

〔二〕「廱謂之甈」四字，戴震方言疏證亦提行分寫爲一條。

廱：戴震方言疏證：「廱即罋，亦作甕……易井九二：『甕敝漏。』釋文引鄭注云：『停水器也。』儀禮既夕篇：『罋三。』鄭注云：『罋，瓦器，其容蓋一觳。』説文云：『汲缾也。』」按：字亦作「瓮」，説參本卷第一〇條匯證〔一〇〕。

甈：戴震方言疏證：「甈亦作甋。」廣雅字作「甋」。集韻支韻：「甈，字林：『罋破也。』一曰瓶也。」錢繹方言箋疏：「釋言：『斯，離也。』廣雅：『斯，分也。』卷六云：『廝，散也。東齊聲散曰廝。』『秦晉聲變曰廝，器破而不殊其音亦謂之廝。』漢書王莽傳：『莽爲人』『大聲而嘶』。顔師古注：『嘶，聲破也。』是凡言『斯』者，皆破散之義，事雖不同，義則一也。『廱謂之甋』，蓋所謂『器破而不殊其音』，猶下文『罃甈謂之盎』，皆以破得名也。」按：戴、錢之説是也。慧琳音義卷二五「破而聲甈」條引通俗文：「甈，瓦璺聲也。」廣韻齊韻、集韻齊韻並云：「甈，瓦破聲。」廣韻支韻：「甈，甕破。」是甕謂之甈，甕破亦謂之甈也。

一二　缶謂之瓿甌〔一〕，即盆也。音偶。其小者謂之瓶〔二〕。

匯證

〔一〕缶：説文缶部：「瓦器。所以盛酒漿。秦人鼓之以節歌。」段玉裁注：「（爾雅）釋器、陳風傳皆云『盎謂之缶』，許云『盎，盆也』『罌，缶也』，似許與爾雅説異。缶有小有大。如汲水之缶，蓋小者也。如五獻之尊，門外缶大於一石之壺。五斗之瓦甂，其大者也。皆可以盛酒漿。」詩陳風宛丘：「坎其擊缶，宛丘之道。」毛傳：「盎謂之缶。」孔穎達疏：「釋器文。孫炎曰：『缶，瓦器。』郭璞曰：『盎，盆也。』此云『擊缶』，則缶是樂器。易離卦九三：『不鼓缶而歌，則大耋之嗟。』……史記：『藺相如使秦王鼓缶。』是樂器爲缶也。案：坎卦六四：『樽酒簋式用缶。』……則缶又是酒器也。比卦初六爻：『有孚盈缶。』……襄九年：『宋災。』左傳曰：『具綆缶，備火器。』則缶是汲水之器。然則缶是瓦器，可以節樂，若今擊甌，又可以盛水盛酒，即今之瓦盆也。」是「缶」爲瓦器，其用本爲盛水盛酒。其小者可爲汲水之器，亦用作打擊樂器。舊唐書音樂志二：

「缶，如足盆，古西戎之樂，秦俗應而用之，其形似覆盆，以四杖擊之。」作爲瓦器，缶、盆、盎一類而形制稍別耳。顏師古急就篇三注：「缶即盎也，大腹而斂口，盆則斂底而寬上。」王筠説文句讀：「凡器皿字，惟缶壺有蓋。」郭璞釋曰「即盆也」，渾言之耳。瓿甌：錢繹方言箋疏：「廣雅：『瓿甌，缶也。』曹憲『部、偶』二音。玉篇：『瓿，瓿甊，小甖也。甌，盎也。』案：『瓿甌』急言之即爲缶矣。」

〔三〕其小者謂之瓶：盧文弨重校方言移下條首字「罃」於此「瓶」下，云：「舊本『罃』字在下條之首，誤。案：昌黎詩：『瓬大缾甖小，所任自有宜。』『缾甖』即此『瓶罃』也，今據以改正。」錢繹方言箋疏直斥盧校「謬甚」，周祖謨方言校箋亦以爲盧氏「以瓶罃連文爲句，非是」。按：舊本與宋本同，慧琳一切經音義卷三九引方言作「缶之小者謂之瓶」，均證古本如此，不誤，盧校不可從。

瓶：戴震方言疏證：「井卦：『羸其瓶。』禮器：『五獻之尊，門外缶，門内壺，君尊瓦甒。』又曰：『夫奥者，老婦之祭也，盛於盆，尊於瓶。』鄭注云：『盆、瓶，炊器也。』士喪禮：『新盆、槃、瓶、廢敦、重鬲，皆濯。』鄭注云：『盆以盛水，瓶以汲水也。』」錢繹方言箋疏：「小雅蓼莪篇：『瓶之罄矣，惟罍之恥。』毛傳云：『瓶小而罍大。』左昭廿四年傳杜注：『瓶，小器。』故云『小者謂之瓶』也。」

一三 罃甈謂之盎〔一〕。案爾雅：「甈，康壺。」而方言以爲盆〔二〕，未詳也。甈，郄罽反〔三〕。盎，烏浪反。 自關而西或謂之盆，或謂之盎；其小者謂之升甌〔四〕。惡牟反，亦音憂〔五〕。

匯證

〔一〕罃甈：爾雅釋器：「康瓠謂之甈。」郭璞注：「瓠，壺也。賈誼曰：『寶康瓠。』是也。」郝懿行義疏：「説文云：『康瓠，破甖。』許知爲破甖者，廣雅云：『甈，裂也。』法言先知篇云：『甄陶天下者，其在和乎？剛則甈，柔則坯。』是甈爲破裂之名。周禮牧人注：『故書「毁」爲「甈」，杜子春云：「甈當爲毁。」』皆説文所本也。」錢繹方言箋疏：「刑鼻謂之劓，木獘謂之槸，罃破謂之甒，其義一也，是甒爲破裂之名也。」「史記屈賈列傳賈誼弔屈原賦云：『斡棄周鼎而寶康瓠。』按：周鼎猶言完鼎，康瓠猶言破瓠。集解引如淳曰：『康瓠，大瓠也。』應劭云：『康，容也。〔一曰〕康，空也。』索隱引李巡云：『康，謂大瓠瓢也。』漢書顔師古注引鄭氏曰：『康瓠，瓦盆底也。』説者紛紛，皆不得其解，惟鄭氏之説近之。蓋瓦盆底形如已剖之瓢，以其非全盆，故謂之甒，瓦盆底謂之甒，猶破罃謂之甒，皆以破得名也。郭氏訓『瓠』爲『壺』，則『康』之義未了。應劭訓『康』爲『容』，又爲『空』，於義稍近。如淳、李巡之説，失之遠矣。景純注爾雅不解『康瓠』所以名『甒』之義，已屬含糊。注此又不能究『罃甒』所以爲盆盎之由，惟舉爾雅『康瓠』之文以釋『甒』字，則於上文之『罃』亦爲未了，以致邢昺釋器疏引方言亦截去『罃』字，云『甒謂之盎』，而盧氏斷然不疑，以『罃』字移入上條『瓶』字下，以『瓶罃』連文爲句，並引韓愈詩『瓨大瓶甖小』以證之，其悖謬爲尤盛焉。」按：錢説甚辯，是「罃甒」爲盎盆之名，其名因「破」義而得之。「罃甒」亦作「甖甒」，唐人猶有此呼，柳宗元井銘：「始州之人各以甖甒負江水，莫克井飲。」是其例也。

盎：瓦器之大腹小口者。爾雅釋器：「盎謂之缶。」郭璞注：「盆也。」説文皿部：「盎，盆也。」「盆，盎也。」急就篇卷三：「甄缶盆盎甕罃壺。」顔師古注：「缶、盆、盎一類耳。缶即盆也，大腹而斂口，盆則斂底而寬上。」是「盎、盆」渾言不別，析言有異，方言則渾言之。

〔二〕以爲盆：盧文弨重校方言：「案：注『盆』下疑脱『盎』字。」

〔三〕郄闟反：程榮漢魏叢書本、胡文焕格致叢書本「郄」作「却」。按：「却」同「郤」，也作「隙」；「却」同「卻」。廣雅曹憲音去滯反，廣韻祭韻去例切。「去滯、去例」與「郄闟」音同，是此字當從程、胡本改作「却」，「郄」乃「却」之形譌。戴震方言疏證作「卻」不誤，盧、錢本仍作「郄」，非是。

〔四〕盧文弨重校方言以「甌」字及郭注屬下條，移置於「甂」字之上。劉台拱認爲舊本「升甌」連文屬此條不誤，盧校非是。其方言補校云：「『甌、甂』同物而大小有異，不得並舉之以爲一節標首，與前後文例不符。説文：『甌，小盆也。』即上節『其小者謂之升甌』是也。『甌』亦『甂』也，下文自明，安得據此以爲『甌甂』連文之證乎？」又自注云：「下文云『自關而西謂之甂，其大者謂之甌』，漢人遂以『甂甌』連文。淮南子説林訓：『狗彘不擇甂甌而食。』言不擇器之大小也。又泰族訓：『甂甌有莛。』詮言訓作『瓶甌有堤』，此皆甂甌二物之證。」錢繹方言箋疏亦以爲「甌」字當下屬，並合下條與此條爲一條，云：「考『升甌』之名，他書未見，而『甂甌』連文者往往有之，且玩『陳楚宋魏之間』以下文義，自當以『甌』字下屬爲得，然李賢注後漢書隗囂傳引方言曰：『宋楚之間謂盎爲㼜。』洪興祖補注楚辭七諫又引方言云：『自關而西，盆盎小者曰甂。』是古本本合二條爲一。其『甂，陳魏宋楚之間』云云，並不別爲一條也。竊疑『甌』字本屬下讀，『甌』字下脱一『㼜』字，其行末空一格即其脱處耳。後人不深考，以『甌』字爲上條之末，遂以『升甌』爲文，以『甂』字提行别爲一條。若空處補一『㼜』字，兩條遂相連屬，則與李、洪兩家所引正合。至條中别出『甌甂』諸文，與下『所以注斛』條别出『箕』字，文同一例，今據以訂正。惟邢昺釋器疏合引此文，『甌』下已無『㼜』字，則其來已久，未敢擅補，而特爲之説如此。」按：玄應一切經音義卷一五，慧琳一切經音義卷五八、卷六一、卷七五、卷九〇引方言並云「盆之小者謂之甌」，卷五一引「謂」字作「爲」。周祖謨方言校箋據慧琳一切經音義所引，論斷「甌字不當屬下節甚明」。

升甌：説文瓦部：「甌，小盆也。」急就篇卷三：「甑甇甂甌瓨甖盧。」顔師古注：「甂、甌，瓦杅也，其形大口而庳；一曰：甌，小盆也。」按：下條云甂之「大者謂之甌」。廣雅釋器：「㼜、甌，甂也。」王念孫疏證：「甌之言區也。卷二云：『區，小也。』説文：『甌，小盆也。』爾雅：『甌瓿謂之瓵。』郭注云：『瓿甊，小甖。』小甖謂之甌瓿，猶小盆謂之甌也。甌與甂㼜皆小盆，而甂㼜又小於甌，故方言云：『其大者謂之甌。』」按，「升甌」蓋謂容升之甌，「升」言其小也。用例暫無可考。

〔五〕惡牟反，亦音憂：吴承仕經籍舊音辨證：「『惡牟反』與『憂』同音，疑『亦音憂』三字當是後人所記，誤入注文。」

3b 一四　甂〔一〕，音邊。陳魏宋楚之間謂之㼜〔二〕；今河北人呼小盆爲㼜子，杜啟反。自關而西謂之甂，其大者謂之甌〔三〕。

匯證

〔一〕甂：説文瓦部：「甂，似小瓿，大口而卑，用食。」廣雅釋器：「㼜、甌，甂也。」王念孫疏證：「淮南子説林訓云：『狗彘不擇甂甌而食。』楚辭七諫云：『甂甌登於明堂兮，周鼎潛乎深淵。』説苑反質篇云：『瓦甂，陋器也。』……甂㼜猶匾㔸也。衆經音義卷六云：『集韻：匾，方殄反；㔸，他奚反。纂文云：匾㔸，薄也。今俗呼廣薄爲匾㔸，關中呼婢㔸。』器之大口而卑者，與廣薄同義，故亦有甂㼯之名。又匾㔸與婢㔸一聲之轉，大口而卑者謂之甂，猶下文匾榼謂之椑矣。」錢繹方言箋疏：「甌與甂㼯皆小盆，而甂㼯又小於甌，故又云『其大者謂之甌』也。」

〔二〕㼯：戴震方言疏證：「後漢書隗囂傳：『奉盤錯鍉。』注云：『字詁鍉即題，音徒啟反。方言曰：宋楚之間謂盎爲題。』題乃㼯之譌。」廣雅釋器：「㼯、甌，甂也。」王念孫疏證：「方言注云：『今河北人呼小盆爲㼯子，杜啟反。』太平御覽引通俗文云：『小甌曰㼯。』」錢繹方言箋疏：「今人亦呼小盆爲㼯子，聲如堞，故宋史吕蒙正傳作『楪子』。『楪』即『㼯』聲之轉。」章炳麟新方言釋器：「今人稱盤小而庳者爲㼯，轉入如狄，遂譌作碟。唐貞元十三年濟瀆廟北海壇祭器碑有『疊子五十隻、盤子五十隻』，宋史吕蒙正傳作『楪』。『疊、楪』皆誤，正字當作『㼯』。若從聲音假借，可作狄、敵，不可作疊、楪也。」按：章氏説字太泥。白居易七年元日封酒詩五首之三：「三盃藍尾酒，一楪膠牙餳。」太平廣記卷二二〇引段成式酉陽雜俎：「乃寘（珠）於茶甌中，以楪覆之。」宋史吕蒙正傳：「吾面不過楪子大，安用照二百里哉？」是「楪」即方言之「㼯」，「楪子」即郭注之「㼯子」。後字作「碟」，亦呼「碟子」。宋袁文甕牖閒評卷六：「古者椀、楪以木爲之，故椀、楪字皆從木。」是從「木」、從「石」、從「瓦」，乃製器材料變更使然，「是」聲换爲「枼」聲，則爲古今方音之變。「㼯、楪、碟」實爲一詞。

〔三〕甌：參本卷第一三條匯證〔四〕。

一五　所以注斛〔一〕，盛米穀寫斛中者也〔二〕。陳魏宋楚之間謂之⿱竹鬲〔三〕，今江東亦呼爲⿱竹鬲，音巫覡〔四〕。自關而西謂之注箕〔五〕，陳魏宋楚之間謂之籮〔六〕。⿱竹鬲亦籮屬也，形小而高，無耳。

匯證

〔一〕所以注斛：謂用以注斛之器，郭璞注云「盛米穀寫斛中者也」是也。説文水部：「注，灌也。」儀禮有司徹：「二手執桃匕枋以挹湆，注於疏匕。」鄭玄注：「注猶寫也。」阮元校勘記：「毛本寫作瀉。」説文斗部：「斛，十斗也。」正字通斗部：「斛，今制：五斗曰斛，十斗曰石。」

〔二〕盛米穀寫斛中者也：盧文弨重校方言：「正德本無『也』字。案：此但釋『注斛』，未出器名，當去『者』字留『也』字。」按：慧琳一切經音義卷五三引方言郭注有「者」字，太平御覽卷七六四引則無「者」字。本條所釋爲注斛之器，即「所以注斛」，非「注斛」，有「者」字爲是。

〔三〕篙：玉篇竹部：「篙，籮屬，形小而高。」是「篙」爲盛米穀灌注於斛中之籮筐。信陽長臺觀出土荆篙鐘有此字，但意義與方言不同：「唯荆篙屈欒，晉人救戎於楚競（境）。」此「篙」讀「曆」，「屈欒」乃楚月名。「荆曆屈欒」約當秦曆十一月。

〔四〕巠覡：即「巫覡」。荀子正論：「出户而巫覡有事。」楊倞注：「女曰巫，男曰覡。」郭注引以注音，意即「篙」音巫覡之「覡」。

〔五〕自「箕」以下，盧文弨重校方言別爲一條，云：「『箕』字當提行，觀下又舉『陳魏宋楚』可見。」劉台拱方言補校亦贊盧校，云：「盧校是也。集韻引方言『箕，陳魏宋楚之間謂之籮』，不連上節。」周祖謨方言校箋據盧校改。按：集韻戈韻「籮」字下引方言僅爲釋「籮」，並不能據此證明方言原文全條如此。盧氏校改理由亦難成立。一條之内，同一地域，所指相同相類而稱名有異，不複舉地名雖爲方言大例，然亦有複舉者。錢繹方言箋疏舉本卷下文「槌，宋魏陳楚江淮之間謂之植」，其横「宋魏陳楚江淮之間謂之㯂」，所以懸㯂「宋魏陳楚江淮之間謂之繯」爲例云：「一條之中三稱『宋魏』云云，並不提行，因同類也。」又，郭氏釋方言云「某屬」者凡六見，其中「甲亦乙屬」凡二見。卷一三：「盂謂之櫑……椀謂之盦。盂謂之銚鋭，木謂之梋抉。」郭注：「椀亦盂屬。」「椀謂之盦」，舊本別爲一條，與前後分寫爲三條。戴震方言疏證據廣雅合爲一條。凡郭注云「甲亦乙屬」，則「甲、乙」爲同類，自當在同條。本條郭注云「篙亦籮屬」，知「篙、籮」當在同條。「注箕」連文，他書未見，恐亦是盧氏自「箕」字以下別爲一條之潛在原因。錢繹雖不同意「箕」字以下提行別寫，但亦主張於「注」字句絶。按：錢氏亦非是。蓋「注箕」即「箕」也，猶本卷下條「籅」名「炊籅」，謂「箕」之用在於「注」也。或因上文「所以注斛」連類而及，非其定名即曰「注箕」也。經籍籑詁「注」字下引方言作「所以注斛，自關而西謂之注箕」，是阮元亦以「注箕」爲連文。

注箕：説文箕部：「箕，簸也。」「簸，揚米去糠也。」段玉裁注本作「所以簸者也」，補「所以者」三字是也。急就篇卷三：「簁箄箕帚筐篋簍。」顔師古注：「箕可以簸揚及去糞。」是「箕」既作「簸箕」，又作「糞簸」，今語猶然；所以灌注米穀於斛中，故謂之「注箕」。

〔六〕籮：廣雅釋器：「籮，箕也。」後指用竹篾編製而成之筐。集韻戈韻：「籮，一說江南謂筐底方上圜曰籮。」元王禎農書卷一五：「籮，匠竹爲之，上圜下方，挈米穀器，量可一斛。」今農家猶有此物。

一六　炊䉛謂之縮〔一〕，漉米䉛也。或謂之𥯨〔二〕，音藪。或謂之匴〔三〕。音旋。江東呼淅籤〔四〕。

匯證

〔一〕炊䉛：各本同，周祖謨方言校箋譌作「炊箕」。說文竹部：「䉛，漉米籔也。」史記司馬相如列傳：「夫邊郡之士，聞烽舉燧燔。」司馬貞索隱：「字林云：『䉛，漉米籔也，音一六反。』又纂要云：『䉛，淅箕也。』」急就篇卷三：「笹篅箯筥䉛箅篝。」顏師古注：「䉛，炊之漉米箕也，或謂之縮，或謂之𥯨，或謂之匴。」元王禎農書卷一五：「今人亦呼飯箕爲稍箕。南曰䉛，北曰稍。南方用竹，北方用柳。皆漉米器，或盛飯，所以供造酒食，農家所先。南北名制不同，而其用則一。」說文竹部「籔」字段玉裁注：「既浚乾則可炊矣，故名炊䉛。」

縮：戴震方言疏證：「𥯨即籔之正體，亦作籔……縮與籔一聲之轉。」廣雅釋器：「筊，䉛也。」王念孫疏證：「『籔』或作『蓿、筊』，方言又作『縮』。縮、蓿、筊、籔四字，古聲並相近。𥯨之言縮也，漉米而縮去其汁如漉酒然。鄭興注周官甸師云：『束茅立之祭前，沃酒其上，酒滲下去，若神飲之，故謂之縮。縮，浚也。』」說文竹部「籔」字下段玉裁注：「縮即籔之入聲也……籔即今之溲箕也。」

〔二〕𥯨：參本條匯證〔一〕「縮」字下。

〔三〕匴：廣雅釋器字作「𠥂」，王念孫疏證：「說文：『匴，盝米籔也。』集韻：『匴，或作𠥂。』……𠥂之言浚也。卷二云：『浚，淥也。』周官注云：『縮，浚也。』縮、籔、匴一聲之轉，籔之轉爲匴，猶數之轉爲算矣。」說文竹部「匴」字下段玉裁注：「淥者，浚也；浚者，抒也；抒者，挹也。籔者，䉛也；䉛者，漉米籔也。然則匴與䉛二字一物也，謂淅米訖，則移於此器內浚乾之而待炊，所謂澆淅也。」

〔四〕淅籤：戴震方言疏證訂正「浙」爲「淅」。按：靜嘉堂文庫藏影宋抄本、王氏天壤閣翻刻本、藏園覆刻宋本、華陽重刻宋本俱作「淅」，是「浙」爲「淅」字之譌也。錢繹方言箋疏：「『淅籤』即『淅籯』之轉，雙聲之相近者也，急言之則爲『⿷匚台』。」「籤」廣韻七廉切，「籯」廣韻汝陽切，二字上古並非雙聲。說文竹部「籅」字下段玉裁注：「史記索隱引纂要云：『籅，淅箕也。』此注『籤』字正『箕』字之誤，今江蘇人呼淘米具曰溲箕是也。」按：賈思勰齊民要術煮粿：「食次曰：宿客足，作粿耗。粿末一斗，以沸湯一升沃之，不用膩器。淅箕漉出滓，以粿箒舂取勃。勃，別出一器中。」是「淅箕」即竹製之過濾器，亦用於淘米，猶湖南所謂「瀝箕」。「淅箕」亦稱「淅籯」。廣雅釋器：「籯，籅也。」玉篇竹部：「籯，籯籅，漉米竹器也。」太平御覽卷七六〇引纂文：「籅，淅箕也。一曰籔，魯人謂之淅籯。」由此可見，「淅籤」之「籤」顯是譌字。

4a 一七 篝〔一〕，今薰籠也。陳楚宋魏之間謂之牆居〔二〕。

匯證

〔一〕篝：說文竹部：「篝，笿也，可熏衣。」段玉裁注：「『也』字衍文，當云『笿可熏衣者』。」廣雅釋器：「篝、笭，籠也。」又：「熏篝謂之牆居。」王念孫疏證：「篝者，籠絡之名。楚辭招魂：『秦篝齊縷。』王逸注云：『篝，絡也；縷，綫也。』義與篝籠之篝亦相近。」是「篝」本謂可盛物之竹籠，亦指薰籠，郭璞注是也。宋陸遊暮秋詩：「甑香新菽粟，篝暖故衣裘。」宋周邦彥花犯小石梅花：「更可惜，雪中高樹，香篝薰素被。」明袁彤芳長相思：「燈半篝，香半篝，燈燼香沈殘夢悠。」可見，「篝」在後世亦常指可薰香之籠。

〔二〕牆居：說文竹部：「篝……宋楚謂竹篝牆以居也。」段玉裁注：「各本牆居之間誤衍『以』字。」按：薰籠又稱爲牆居，後世江淮官話和湘語中還可見到。如清光緒十二年泰興縣志：「薰籠謂之牆居。」湖南通志：「謂竹篝曰牆居。」辭源修訂本釋云：「古人以衣掛於壁上，用篝放牆下薰之，故謂之牆居。」

一八　扇〔一〕，自關而東謂之箑〔二〕，今江東亦通名扇爲箑〔三〕，音𥳓〔四〕。自關而西謂之扇。

匯證

〔一〕扇：説文户部：「扇，扉也。」禮記月令：「乃脩闔扇。」鄭玄注：「用木曰闔，用竹葦曰扇。」按：「扇」本謂門扇。方言指搖動生風之扇。漢班婕妤怨歌行：「新裂齊紈素，皎潔如霜雪，裁爲合歡扇，團團似明月。」是其例也。亦指古代儀仗中障塵蔽日之用具。崔豹古今注輿服：「雉尾扇……周制以爲王后夫人之車服。輿輦有翣，即緝雉羽爲扇翣，以障翳風塵也。」

〔二〕箑：戴震方言疏證：「箑亦作翣。春秋襄公二十五年左傳『四翣』疏引方言『自關而東謂扇爲翣』。」説文竹部：「箑，扇也。从竹，疌聲。𥳓，箑或从妾。」淮南子精神訓：「知冬日之箑、夏日之裘無用於己，則萬物之變爲塵埃矣。」高誘注：「箑，扇也，楚人謂扇爲箑。」儀禮既夕禮：「燕器：杖、笠、翣。」鄭玄注：「翣，扇。」徐復補釋：「潘岳秋興賦：『於是迺屏輕箑，釋纖絺。』爲晉人用箑之證。」

〔三〕今江東亦通名扇爲箑：説文「箑」字段玉裁注：「今江東皆曰扇，無言箑者。凡江東方言見於郭注者，今多不同，蓋由時移世易，士民遷徙不常故也。」按：段説江東蓋非郭注所指江東。郭注所謂江東，指三國孫吴政權所轄地區，包括今長江中下游、浙江、福建和兩廣之大部，即近於揚雄方言中吴揚越甌等區域。今西南官話、湘語中猶有「箑扇」連稱之語，武漢念［sa^{213}san^{0}］，長沙念［sa^{24}sə̃^{45}］。

〔四〕音𥳓：周祖謨方言校箋：「𥳓，説文爲『箑』之或體，此以『𥳓』音『箑』，疑『𥳓』字有誤。蓋當作『翣』。」按：周校是也。「翣」與「箑」古音同，與「𥳓」形相近，且古籍中常借作「箑」，漢孔臧楊柳賦：「暑不御𥳓，淒而涼清。」是其例也。又作「萋」。禮記少儀：「侍坐弗使，不執琴瑟，不畫地，手無容，不翣也。」陸德明釋文：「翣本亦作萋，所角反，盧云：扇也。」也作「簍」。呂氏春秋有度：「夏不衣裘，非愛裘也，暖有餘也。冬不用簍，非愛簍也，清有餘也。」高誘注：「簍，扇也。」畢沅曰：「簍與箑同。」

一九　碓機〔一〕，碓梢也。陳魏宋楚自關而東謂之梴〔二〕。音延。磑或謂之硬〔三〕。即磨也。錯碓反。

匯證

〔一〕碓機：戴震方言疏證：「説文云：『碓，舂也。』『主發謂之機。』『古者雝父初作舂。』」按：廣韻隊韻：「碓，杵臼。廣雅曰：『碻，碓也。』通俗文云：『水碓曰轓車。』杜預作『連機碓』。孔融論曰：『水碓之巧，勝於聖人之斷木掘地。』」王筠説文解字句讀「碓」字下云：「杵臼任手，碓則任足。又有水碓，不勞人力。」郭氏謂碓機即「碓梢」，「碓梢」乃杵之末端。徐光啟農政全書卷一八説其功用云：「槽碓，碓梢作槽受水，以爲舂也。」

〔二〕梴：錢繹方言箋疏：「『梴』之言延也。釋詁：『延，長也。』説文：『梴，長木也。』釋名：『綖，延也，達也，去此至彼之言也。』碓機謂之梴，蓋謂機在此而舂在彼也。」

〔三〕磑：戴震方言疏證：「説文：『磑，䃺也。古者公輸班作磑。』䃺、磨同。」按：即石磨。廣韻灰韻：「磑，磨也。」五灰切，又五内切。玄應一切經音義卷一四：「舂磨，郭璞注方言云：『磑即磨也。』世本『輸班作磑』，北土名也，江南呼磨也。」戴侗六書故地理二：「磑，合兩石琢其中爲齒相切以磨物曰磑。」

硬：廣雅釋詁三：「甄，磨也。」王念孫疏證：「硬與甄聲近義同。」錢繹方言箋疏：「磨謂之磑，磨物亦謂之磑，磑謂之硬，以甄屑物亦謂之甄，義並相因也。」徐復補釋：「亦用作動詞。象山縣志方言考：『磨刀，今言甄刀。』」

二〇　繘〔一〕，汲水索也，音橘。自關而東周洛韓魏之間謂之綆〔二〕，或謂之絡〔三〕。音洛。關西謂之繘綆〔四〕。

匯證

〔一〕繘：錢繹方言箋疏：「急就篇云：『纍繘繩索絞紡纑。』顔師古注云：『繘，汲索也，一名綆。』説文：『繘，綆也。』又木部云：『檕，繘耑木也。』繘耑木者，下耑有甕，上耑有木以爲硾。『檕』之言系也，以繘系木以汲也。井象辭：『汔至亦未繘井。』釋文引鄭注同。喪大記云：『管人汲，不說繘。』釋文：『繘，汲水綆也。』」按：郭注云「汲水索」是也。

〔二〕綆：說文糸部：「綆，汲井綆也。」段玉裁注：「汲者，引水於井也；綆者，汲水索也。何以盛水，則有缶。缶部曰『罋，汲缾也』是也。何以引缾而上，則有綆。春秋傳『具綆缶』是也。」按：段說至確。莊子至樂：「綆短者不可以汲深。」陸德明釋文：「綆，汲索也。」荀子榮辱：「短綆不可以汲深井之泉。」漢書枚乘傳：「泰山之霤穿石，單極之絖斷幹。」顏師古注引晉灼曰：「絖，古綆字也。」徐光啟農政全書水利利用圖譜：「綆，或作絖，俗謂井索，下係以鈎，今汲用之家必有轆轤，爲綆設也。」

〔三〕絡：錢繹方言箋疏：「『絡』之言聯絡也。廣雅：『絡，纏也。』義與網罟謂之絡相近。」按：汲水之索謂之「絡」，王褒僮約：「汲水絡，佐醢醭。」是也。

〔四〕繘綆：戴震方言疏證：「易井卦：『汔至亦未繘井，羸其瓶。』釋文：『繘，鄭云綆也。方言云：關西謂綆爲繘。郭璞云：汲水索也。』春秋襄公九年左傳：『具綆缶。』疏引方言：『自關而東周洛韓魏之間謂之綆，關西謂之繘。』所引末句皆無綆字，今刪正。」盧文弨、錢繹從之。周祖謨方言校箋於方言本文未刪，引存戴說後補證云：「原本玉篇『繘』下引方言『關西謂綆爲繘』，亦無綆字。」按：當據戴校刪。

二一　櫪〔一〕，養馬器也。梁宋齊楚北燕之間或謂之樎〔二〕，音縮。或謂之皁〔三〕。皁隸之名於此乎出〔四〕。

匯證

〔一〕櫪：郭璞注云「養馬器」，即後世所謂馬槽也。曹操步出夏門行：「老驥伏櫪，志在千里。」是其例也。錢繹方言箋疏：「『櫪』之言苙也。卷三云：『苙，圂也。』注：『謂蘭圂也。』衆經音義卷九引蒼頡篇云：『圂，豕所居也。字从口，豕在其中也。』馬棧謂之櫪，猶豕闌謂之苙也。『苙』與『櫪』聲義並同。」按：「櫪」謂馬槽，「苙」指畜欄，形制與功用皆不同，錢說兩詞得名之由而非具體所指也。

〔二〕樎：錢繹方言箋疏：「廣雅：『樎、皁，櫪也。』玉篇：『樎，櫪也，養馬器也。』案：『樎』之言宿也。周官野廬氏：『宿息，井。』鄭注云：『宿息，廬之屬。』所以止息謂之宿，所以皁棧亦謂之樎，事雖異，義則同也。」按：廣韻屋韻：「樎，馬櫪。」後世尚有用例。王士禎冬日偶然作八首之一：「夜樎嚙霜草，晨塍臥煙稗。」

〔三〕皁：戴震方言疏證：「後漢書鄒陽傳：『使不羈之士與牛驥同皁。』顏師古注引方言：『梁宋齊楚燕之間謂歷曰皁。』皁音在早反。」按：「後漢書」爲「漢書」誤。説文木部：「槽，畜獸之食器。」段玉裁注：「馬櫪曰槽……皁與槽音義同也。」廣雅釋器：「樎、皁，櫪也。」王念孫疏證：「周官校人云：『三乘爲皁，三皁爲毄，六毄爲廄，六廄成校。』呂氏春秋權勳篇：『猶取之内皁而著之外皁也。』高誘注云：『皁，櫪也。』史記鄒陽傳集解引漢書音義云：『皁，食牛馬器，以木作，如槽。』『槽』與『皁』聲相近，今人言馬槽是也。」錢繹方言箋疏：「『皁』之言槽也。説文：『槽，畜獸之食器也。』莊子馬蹄篇：『編之以皁棧。』釋文：『皁，櫪也。一云：槽也。崔譔云：馬閑也。』淮南覽冥訓云：『青龍進駕，飛黄伏皁。』呂氏春秋權勳篇高誘注：『皁，櫪也。』」

〔四〕皁隸之名於此乎出：左傳襄公十四年：「庶人工商，皁隸牧圉，皆有親匿，以相輔佐也。」又昭公七年：「人有十等，下所以事上，上所以共神也。故王臣公，公臣大夫，大夫臣士，士臣皁，皁臣輿，輿臣隸，隸臣僚，僚臣僕，僕臣臺。」按：單言「皁」、複言「皁隸」，皆指地位低賤之人。郭意謂，馬槽謂之「皁」，「皁隸」之「皁」即因所爲之事卑賤而得名也。

4b 二一二　飲馬橐〔一〕，自關而西謂之裺囊，音鶴。或謂之裺篼〔二〕，或謂之嘍篼〔三〕，音樓。燕齊之間謂之帪〔四〕。廣雅作「振」〔五〕，字音同耳。

匯證

〔一〕飲馬橐：戴震方言疏證改「飲」作「飤」，云：「『飤』即古『飼』字，各本譌作『飲』，字形相近而譌……説文：『篼，飤馬器也。』『飤』亦譌作『飲』。玉篇：『篼，飼馬器也。』可據以訂正二書。」按：集韻真韻、震韻「帪」字下及侯韻「嘍」字下引方言並作「飤馬橐」，又侯韻「篼」字下引説文亦作「飤馬器」，廣韻侯韻「篼」字亦釋云「飼馬籠也」，足證戴校是也，當據正。説文食部：「飤，糧也。从人食。」段玉裁注：「以食食人物，其字本作食，俗作飤，或作飼。」玄應一切經音義卷一八引蒼頡訓詁：「飤，飽也，謂以食與人曰飤。」説文橐部：「橐，囊也。」段玉裁注：「許云：『橐，囊也。』『囊，橐也。』渾言之也。大雅毛傳曰：『小曰橐，大曰囊。』高誘注戰國策曰：『無底曰囊，有底曰橐。』皆析言之也。囊者，言實其中如瓜瓤也；橐者，言虛其中以待如木欜也。」按，「橐、囊」渾言無别，即近世所謂「袋子」，「飼馬橐」即餵馬袋也。

〔二〕裺囊、裺篼：「囊」字釋，見本條匯證〔一〕。「篼」即「篼」。廣雅釋器：「幓篼，囊也。」王念孫疏證：「幓或作裺……説文：『篼，飤馬器也。』篼猶兜也。今謂以布盛物曰兜，義與此同……幓之言掩也。説文云：『掩，斂也。』釋名云：『綃頭，齊人謂之幓，言斂髮使上從也。』義與幓篼同。」

〔三〕幓篼：即「幓篼」。廣雅釋器：「幓篼，囊也。」王念孫疏證：「幓、幓、帳皆收斂之名……幓之言婁也。小雅角弓箋云：『婁，斂也。』」參本條匯證〔二〕。

〔四〕帳：廣雅釋器：「帳，囊也。」王念孫疏證：「帳之言振也。中庸：『振河海而不泄。』鄭注云：『振猶收也。』」錢繹方言箋疏：「卷三云：『燕齊之間養馬者謂之娠。』飤馬橐亦謂之振，義相因也。」

〔五〕廣雅作「振」：今本廣雅字作「帳」，王念孫疏證：「是郭所見本正作『振』。」

一二三　鉤〔一〕，懸物者。宋楚陳魏之間謂之鹿觡〔二〕，或呼鹿角。或謂之鉤格〔三〕；自關而西謂之鉤，或謂之鐖〔四〕。音微。

匯證

〔一〕鉤：説文句部：「鉤，曲〔鉤〕也。」又：「句，曲也。」段玉裁注：「凡曲折之物，侈爲倨，斂爲句。」錢繹方言箋疏：「『鉤』之言句也……是凡言『鉤』者，皆屈曲之意。」按：「鉤」之爲用，或鉤釣，或連接，或懸物。莊子外物：「任公子爲大鉤巨錙，五十犗以爲餌。」國語晉語四：「申孫之矢，集於桓鉤。」韋昭注：「鉤，帶鉤。」古樂府陌上桑：「青絲爲籠繫，桂枝爲籠鉤。」

是其例也。

〔二〕鹿觡：廣雅釋器：「鹿觡，鉤也。」王念孫疏證：「鹿觡，謂鉤形如鹿觡也。方言注云：『或呼鹿角。』玉篇：『觡，麋鹿角也。有枝曰觡，無枝曰角。』觡之言枝格也。史記律書云：『角者，言萬物皆有枝格如角也。』『格』與『鉤』同義，故鉤或謂之鉤格。淮南子主術訓云：『桀之力，别觡伸鉤。』亦以兩形相近而類舉之矣。」章炳麟新方言釋器：「今揚州謂物之虛縣而下垂者爲格郎，即鉤格、鹿觡二語之音轉。」

〔三〕鉤格：參見本條匯證〔二〕。

〔四〕鐵：廣雅釋器：「鐵，鉤也。」廣韻微韻：「鐵，埤蒼云：『懸物鉤。』」錢繹方言箋疏：「『鐵』之言幾微也。淮南説林訓：『無鐖之鉤，不可以得魚。』玉篇：『鐖，鉤逆鋩也。』鉤謂之鐵，猶鉤逆鋩謂之鐖，皆以纖鋭立名也。」

二四　臿〔一〕，燕之東北朝鮮洌水之間謂之斛〔二〕；湯料反，此亦「鍫」聲轉也。宋魏之間謂之鏵〔三〕，或謂之鍏〔四〕；音韋。江淮南楚之間謂之臿；沅湘之間謂之畚〔五〕；趙魏之間謂之喿〔六〕；字亦作「鍫」也。東齊謂之梩〔七〕。音駭〔八〕。江東又呼鍫刃爲鐅〔九〕，普蔑反。

匯證

〔一〕臿：盧文弨重校方言改「臿」作「鍫」，云：「下『斛』字郭云『此亦鍫聲轉也』，下『鍫』字又兩見，若上不出『鍫』字，則文無所承。正字通引方言云：『鍫，江淮南楚間謂之臿。』此書雖出近世，亦必有所本，今改從之，七消反。」錢繹方言箋疏未從，云：「盧本據正字通改爲『鍫』，非是。按衆經音義及廣韻引並作『臿』，今仍從舊本。」周祖謨方言校箋據廣雅釋器亦斷盧改非。按：慧琳一切經音義卷八、卷四二、卷五二、卷五八、卷六二引方言或云「臿謂之某」，或云「謂臿爲某」，俱爲「臿」作此條標首語之證，今不從盧校改。説文臼部：「臿，舂去麥皮也。」段玉裁注：「凡穀皆得云臿也。引伸爲凡刺入之偁，如農器刺地者曰鍫臿。」錢繹方言箋疏：「説文：『臿，舂去麥皮也。』『疀，斛也，古田器也。』是『疀』爲正字，『臿』爲通借字。管子度地篇：『籠臿版築各什六。』蓋借『臿』爲『疀』，與此正同。釋器云：『斛謂之疀。』郭注云：『皆古鍬鍤字。』釋名：『鍤，插也，插地起土也。』齊策云：『坐而織蕢，立則秋插。』說文：『插，刺肉也。』『臿、疀、鍤、插』，古字並通。」按：段說引申，而「疀」爲借字，「疀」字下注云：「『斛』下亦引爾雅『斛謂之疀，古田器也』，此別一義，叚斛疀爲銚臿也。許書金部作『銚臿』，乃其正字，今之『鍫』也，江沅說。」

〔二〕斛：戴震方言疏證據說文改作「斛」。按：說文斗部「斛」字下徐鉉等曰：「說文無庣字。疑『广』象形，兆聲。」段玉裁改作「斛」，云：「『庣』字不見於許書，今按：即窕之異體……从广从穴同也。今篆體去其首筆則非是，爾雅釋文、玉篇、廣韻皆作『斛』。」按：段說是也。邢昺爾雅疏引方言亦作「斛」，宋本不誤。廣雅釋詁三：「斛、挑，穿也。」王念孫疏證：「『斛』與下『挑』字通。說文：『斛，突也。』突與穿同義。爾雅：『斛謂之疀。』鄭注少牢下篇作『挑謂之歃』。疀、歃並與鍤同，所以穿地者也。」錢繹方言箋疏：「『斛』之言挑也……案：爾雅之『斛』，本是田器，而鄭引以釋挑匕者，蓋斛所以插取土，挑匕所以插取食，二者不同，而同爲插取之義，故鄭讀從之。凡物之異類而同名者，其命名之意皆相近。」

〔三〕鏵：廣雅釋器：「鏵，鍫也。」王念孫疏證：「說文：『苿，兩刃臿也，宋魏曰苿。』或作『釫』，方言作『鏵』。淮南子齊俗訓：『脩脛者使之跖钁。』高誘注云：『長脛者以蹋插，使入深也。』太平御覽引淮南子『钁』作『鏵』。吳越春秋夫差内傳云：『寡人夢兩鋘殖吾宮牆。』後漢書戴就傳注引字詁云：『鋘，臿刃也。』『苿、釫、鏵、鋘』，並字異而義同，今俗語猶謂『臿』爲鏵鍫。淮南子精神訓注云：『臿，鏵也，青州謂之鏵，三輔謂之鍋。』鍋、鏵語之轉。釋言篇云：『蔿、譌，譁也。』蔿、譌之轉爲譁，猶鍋之轉爲鏵矣。釋名云：『鍤，或曰鏵。鏵，刳也，刳地爲坎也。』曲禮：『爲國君削瓜者華之。』鄭注云：『華，中裂之也。』義與鏵同。」說文「苿」字下段玉裁注云：「兩刃臿者，謂臿之兩邊有刃者也……按：苿、鏵古今字也，方言渾言之，許析言之耳。」錢繹方言箋疏：「家君曰：今吳俗呼犁爲劃刀。『劃』即『鏵』聲之轉也。」

〔四〕鍏：廣雅釋器：「鍏、⿰臿支，臿也。」王念孫疏證：「『⿰臿支』音嫣汭之嫣，字從臿，支聲。⿰臿支從支聲而讀若嫣，猶『有頍者弁』之頍從支聲而讀若跬也。說文：『⿰金危，臿屬也。』讀若嫣。高誘注淮南子精神訓云：『三輔謂臿爲⿰金危。』字並與⿰臿支同。」錢繹方言箋疏：「廣雅：『鍏，臿也。』曹憲音瑋。玉篇同。家君曰：說文：『⿰金危，臿屬。』讀若嫣。疑即『鍏』之異文。」

〔五〕畚：錢繹方言箋疏：「廣雅：『畚，臿也。』説文：『畚，蒲器也。䢭屬，所以盛種。』周官挈壺氏鄭衆注：『畚，所以盛糧之器。』宣十一年左氏傳：『稱畚築。』杜注：『畚，盛土器。』盛糧及土之器謂之畚，臿亦謂之畚，猶臿謂之梠，徙土之輂亦謂之梠也。」按：説文木部：「梠，臿也。从木，㠯聲。一曰從土輂，齊人語也。」

〔六〕喿：錢繹方言箋疏：「衆經音義卷十一云：『鍏鍬，又作「鐰」，同，且消反。』引方言云：『趙魏之間謂臿爲鍫。』又卷十五凡兩引『喿』並作『鍫』，與郭所見本正同。」按：慧琳一切經音義卷四二、卷五二、卷五八、卷六二凡五引方言「喿」並作「鍫」或「鍬」，希麟續一切經音義卷七引方言亦作「鍬」，是方言古本「喿」有作「鍫」或「鍬」字者，然説文未收「鍫」或「鍬」字，是「鍫、鍬」爲後起俗字，魏晉間蓋已通行，故郭氏云「字亦作鍫也」。廣雅釋器：「喿，臿也。」王念孫疏證：「方言注云：喿『字亦作鍫』。釋名云：『鍤，或曰銷。銷，削也，能有所穿削也。』新序刺奢篇云：『魏王將起中天臺，許綰負橾鍤入。』喿、橾、鍫、銷並字異而義同。少牢下篇注云：『二匕皆有淺斗，狀如飯橾。』義與臿謂之喿亦相近。『喿』音七遥反，『斛』音土貂反，二者同物而異名。」説文品部「喿」字下段玉裁注：「方言假喿爲鍬臿字。」

〔七〕梩：説文木部：「梠，臿也。从木，㠯聲……梩，或从里。」廣雅釋器：「梩，臿也。」王念孫疏證：「周官鄉師注引司馬法云：『輂一斧一斤一鑿一梩一鉏。』孟子滕文公篇：『虆梩而掩之。』趙岐注云：『虆梩，籠臿之屬。』莊子天下篇：『禹親自操橐耜。』崔譔注云：『耜，插也。』並字異而義同。梠之言剚也，剚入土中也，耒頭金謂之耜，義亦同也。」

〔八〕音駭：各本同，各家校本均無校語。按：「梩」與「梠」在説文爲異體，徐鉉曰：「今俗作耜，詳里切。」廣韻止韻「耜」音同，上古屬邪紐之部。集韻止韻「梠、梩、耜」音象齒切，古音同「詳里」。「駭」，廣韻駭韻侯楷切，上古屬匣紐之部，且廣韻駭韻無「梩」或「梠、耜」諸字。由此知「駭」與「梩」喉齒相隔，「音駭」蓋有誤。「騃」，廣韻止韻牀史切，上古屬崇紐之部。崇、邪二紐同屬齒音，且「騃」與「駭」形近，疑「駭」爲「騃」之形譌。集韻駭韻與「駭」同一小韻之「梩」蓋據誤本方言郭注採入。

〔九〕鍫：説文金部：「鍫，河内謂臿頭金也。」「臿頭金」即郭注所云「鍫刃」也。

5a 二五　杷〔一〕，無齒爲朳〔二〕。宋魏之間謂之渠挐〔三〕，今江東名亦然，諸猪反。或謂之渠疏〔四〕。語轉也。

匯證

〔一〕杷：福山王氏天壤閣景宋本、藏園覆刻宋本、華陽重刻宋本作「杷」，清人校本及周祖謨方言校箋俱作「杷」。按：當據正。廣雅釋器：「渠挐謂之杷。」王念孫疏證：「説文『杷，收麥器』也。急就篇：『捃穫秉把插捌杷。』顏師古注云：捌、把『皆所以推引聚禾穀也』。『捌』與『朳』同。六韜軍用篇云：『鷹爪方胸鐵杷，柄長七尺以上。』漢書貢禹傳：『捽屮杷土。』顏注云：『杷，手掊之也，音蒲巴反。』是『杷』爲掊聚之名也。通藝録云：『握物謂之把，指爪微屈焉謂之爬，此杷之所由名也。』」

〔二〕無齒爲朳：王念孫手校方言疏證於「杷」字天頭朱筆批注：「杷謂之渠挐。郭璞曰：有齒曰杷，無齒曰朳。一切經音義十八。」廣雅釋器王氏疏證引郭注作：「有齒爲杷，無齒爲朳。」王念孫與劉端臨書：「今本方言『杷』字注云：『無齒爲朳。』念孫所校本於此上增『有齒爲杷』四字。紹弓先生云：『有齒爲杷，見顏師古急就篇注，此不當有。』今案：説郛本有此四字，又唐釋玄應一切經音義云：『方言：杷謂之渠挐。郭璞曰：有齒曰杷，無齒曰朳。』則是郭注原有此四字，不始於急就篇注也。」周祖謨方言校箋：「紺珠集引亦有此四字。」當據王、周二氏校，於「無齒爲朳」上補「有齒爲杷」四字。

〔三〕渠挐：戴震方言疏證：「『渠挐』亦作『渠㭒』。玉篇：『渠㭒，杷也。』廣韻引方言『杷，宋魏之間謂之渠挐』，『杷』即『杷』之譌。『渠』字與『渠』同音，當即『渠』字譌舛而成，若方言、廣雅作『渠』，不應郭璞、曹憲不注其音也。」廣雅釋器：「渠挐謂之杷。」王念孫疏證：「釋名：『齊魯謂四齒杷爲欋。』『欋』與『渠挐、渠疏』皆語之轉也。」

〔四〕渠疏：「渠挐」之轉語。唐陸龜蒙耒耜經：「耕而後有爬，渠疏之義也。」王禎農書卷一一：「今人呼耙曰渠疏。」

二六　僉〔一〕，今連架〔二〕，所以打穀者。宋魏之間謂之攝殳〔三〕，音殊。亦杖名也。或謂之度〔四〕，今江東呼打爲度，音量度也。自關而西謂之棓〔五〕，蒲項反。或謂之拂〔六〕，音拂。齊楚江淮之間謂之柍〔七〕，音悵怏，亦音爲車鞅。此皆打之别名也。或謂之桲〔八〕。音勃。

〔一〕僉：即連枷，打穀農具。錢繹方言箋疏：「卷七云：『僉，皆也。自山而東五國之郊曰僉。』又卷十二云：『僉，夥也。』注云：『僉者同，故多也。』廣雅：『僉，多也。』是『僉』爲非一之名也。釋名云：『枷，加也，加杖於柄頭，以撾穗而出其穀也。或曰羅枷，三杖而用之也。或曰了了，杖轉於頭，故以名之也。』皆『枷』聲之轉。今人猶連竹爲之謂之連枷。『羅、連』亦聲之轉，此『僉』之名所由立也。」

〔二〕連架：戴震方言疏證改作「連枷」。按：慧琳一切經音義卷八四引方言郭注正作「連枷」，戴改是也，當據正。「連枷」，又叫「羅枷」。廣雅釋器：「柫謂之枷。」王念孫疏證：「羅、連一聲之轉。今江淮間謂打穀器爲連皆，皆、枷亦一聲之轉……枷之言攱也。〔廣雅〕卷三云：『攱，擊也。』柫、枷皆擊也。」按：後世方言中猶有此稱。孫錦標南通方言疏證：「今俗正謂之連皆，當如此寫。」

〔三〕攝殳：戴震方言疏證據廣雅改「攝」作「欇」，周祖謨方言校箋從戴改。按：當據正。廣雅釋器：「欇殳，杖也。」王念孫疏證：「欇殳，亦殳也。説文：『殳，以杸殊人也。禮：殳以積竹，八觚，長丈二尺，建於兵車。』『杸，軍中士所持殳也。』經傳皆作殳……殳之言投也，投亦擊也。」錢繹方言箋疏：「『欇』之言聶也，摇也……是殳亦爲杖名也。以殳擊物亦謂之殳。釋名：『殳，殊也，有所撞挃於車上，使殊離也。』蓋連枷必有柄，然後可以打穀，因謂之欇殳也。」

〔四〕度：郭注：「今江東呼打爲度。」戴震方言疏證：「度，打一聲之轉。」「度」亦杖名。廣雅釋器：「度，杖也。」杖名「度」，亦因「打」得。王引之經義述聞卷八周官上「鞭度」條：「司市：『凡市入，則胥執鞭度守門。』鄭注曰：『必執鞭度，以威正人衆也。度，謂殳也，因刻丈尺耳。』引之謹案：方言曰：『僉，宋魏之間謂之欇殳，或謂之度。』郭璞注曰：『僉，今連枷，所以打穀者。』殳『亦杖名也』。『今江東呼打爲度。』廣雅曰：『殳、度，杖也。』然則古人謂殳爲度，以打得名，故鄭云『以威正人衆也』。又云『因刻丈尺』者，以上文云『以量度成賈而徵儥』，故並及之，其實鞭度但供撻戮，下文胥職云：『執鞭度而巡其前，凡有罪者，撻戮而罰之。』是也。」

〔五〕棓：廣雅釋器：「棓，杖也。」王念孫疏證：「棓之言掊擊也。説文：『棓，棁也。』淮南子詮言訓：『羿死于桃棓。』太平御覽引許慎注云：『棓，大杖，以桃木爲之。』説山訓作『桃部』，古字假借也，俗作『棒』。六韜軍用篇云：『方首鐵棓，維朌，重十二斤，柄長五尺以上，一名天棓。』開元占經石氏中官占引石氏云：『天棓五星，天之武備也。棓者，大杖，所以打賊也。』史記天官書索隱引詩緯云：『槍三星，棓五星，主槍人棓人。』是『棓』爲打也。」按：杖謂之「棓」，以杖掊擊亦謂之「棓」，連枷有柄形如杖，且用於打穀，故亦名「棓」。

〔六〕拂：明刻諸本作「柫」，戴校本亦作「柫」。按：當據正。戴震方言疏證：「齊語：『耒耜枷芟。』韋昭注云：『枷，柫也。所以擊草也。』荀子性惡篇：『則兄弟相拂奪矣。』楊倞注云：『或曰拂字從木旁弗，擊也。方言云：自關而西謂之柫。今之農器連枷也。』説文：『柫，擊禾連枷也。』『枷，柫也。淮南謂之柍。』廣雅『棓、桲、柍、欇殳、度，杖也』『柫謂之枷』，皆本此。」廣雅釋器：「柫謂之枷。」王念孫疏證：「漢書王莽傳：『予之北巡，必躬載柫。』顔師古注云：『柫，所以擊治禾者也，今謂之連枷。』……柫之言拂也。説文：『拂，過擊也。』……柫、枷皆繫也。故馬融廣成頌云：『拂游光，枷天狗。』方言注以『枷、柫』爲打之别名，是也。」王引之經義述聞卷二二春秋名字解詁下：「柫之言拂也，擊物之名也……擊謂之拂，故擊禾者謂之柫。」

〔七〕柍：廣雅釋器：「柍，杖也。」王念孫疏證：「柍之言抰也。〔廣雅〕卷三云：『抰，擊也。』」廣雅釋詁三：「抰，擊也。」王念孫疏證：「説文：『抰，擊也。』抰訓爲擊，故杖或謂之柍。」

〔八〕桲：廣雅釋器：「桲，杖也。」王念孫疏證：「説文：『柭，棓也。』急就篇：『捃穫秉把插捌杷。』碑本『捌』作『拔』。柭、拔並與桲同。」王引之經義述聞卷二二春秋名字解詁下：「柫、桲聲相近，故又謂之桲耳。」

二七　刈鉤〔一〕，江淮陳楚之間謂之鉊〔二〕，音召〔三〕。或謂之鐹〔四〕，音果。自關而西或謂之鉤，或謂之鎌〔五〕，或謂之鍥〔六〕。音結。

〔一〕刈鉤：周祖謨方言校箋：「慧琳音義卷五十、六十八、六十九引均作『刈劬』。倭名類聚鈔卷五『鎌』條云：『兼名苑云鎌一名鍥，方言云刈劬。』狩谷望之云：『今本作刈鉤。按説文云「劬，鎌也」，廣雅亦云「劬，鎌也」，玉篇云「鎌，刈劬也」，是作劬爲正。』」戴震方言疏證：「周禮薙氏：『夏日至而夷之。』鄭注云：『以鉤鎌迫地芟之也，若今取茭矣。』齊語：『挾其槍、刈、耨、鎛。』韋昭注云：『刈，鎌也。』……鉤亦作劬。説文云：『劬，鎌也。』……廣韻引説文云：『關西呼鎌爲劬也。』今説文無此語，當是兼取方言之文。」按：「刈鉤」同義複詞，亦可單言。「刈」同「乂」。説文丿部：「乂，芟艸也……刈，乂或从刀。」「劬」之言「鉤」。説文句部：「鉤，曲也。」急就篇卷三：「鈐鐳鉤銍斧鑿鉏。」顔師古注：「鉤即鎌也，形曲如鉤，因以名云。」

〔二〕鉊：廣雅釋器：「鉊，鎌也。」王念孫疏證：「説文：『鉊，大鎌也。鎌或謂之鉊，張徹説。』管子輕重己篇云：『鉊鉛乂櫑。』鉊之言釗也。説文：『釗，刓也。』『刓，剸也。』」

〔三〕音召：福山王氏天壤閣景宋本、明刻諸本以及清人校本均作「音昭」，廣雅曹憲音亦作「音昭」。「召、昭」古音雖同，然郭璞音似應作「昭」，因宋本「召」顯是「昭」字蛀蝕「日」而成，當改作「音昭」。

〔四〕鍋：戴震方言疏證：「『鍋鎌』亦作『划鎌』。玉篇云：『劬，鎌也。』鍋、鎌皆云『刈劬也』，划亦云『刈劬』。划與鍋實一字。廣雅：『划、鉊、劬、鍥，鎌也。』本方言此條而有『划』則無『鍋』，玉篇分入兩部，故並存之。」廣雅王念孫疏證：「鍋與划同……划之言過也，所割皆決過也，鉤孑戟謂之戈，義與此同也。」又此下郭注宋本殘缺，據四部叢刊影宋本補。

〔五〕鎌：廣雅釋器「鎌也」條王念孫疏證：「墨子備城門篇云：『長鎌，柄長八尺。』六韜軍用篇云：『芟草木大鎌，柄長七尺以上。』説文：『鎌，鍥也。』字或作『鐮』。釋名云：『鐮，廉也，體廉薄也。』」按：齊民要術水稻：「稻苗長七八寸，陳草復起，以鎌侵水芟之，草悉膿死。」王禎農書卷一四：「鐮，刈禾曲刀也……風俗通曰：『鐮刀自揆，積芻蕘之效。』然鐮之制不一：有佩鐮，有兩刃鐮，有袴鐮，有鉤鐮，有鐮祠之鐮，皆古今通用芟器也。」按：方言謂鉤鎌，非泛稱也。

〔六〕鍥：廣雅釋器：「鍥，鎌也。」王念孫疏證：「説文：『鍥，鎌也。』鍥之言契也。爾雅：『契，絶也。』郭注云：『今江東呼刻斷物爲契斷。』」錢繹方言箋疏：「刈鉤謂之鍥，以刻斷得名也。」按：説文、廣雅、玉篇均云：「鍥，鎌也。」王念孫、錢繹謂「鍥」以刻斷而得名，是也。廣韻屑韻：「鍥，斷絶也。」左傳定公九年：「盡借邑人之車，鍥其軸。」杜預注：「鍥，刻也。」荀子勸學「鍥而不舍，金石可鏤」楊倞注、戰國策宋衛策「鍥朝涉之脛」鮑彪注同。

5b 二八 薄〔一〕，宋魏陳楚江淮之間謂之苗〔二〕，或謂之麴〔三〕；此直語楚聲轉也〔四〕。自關而西謂之薄，南楚謂之蓬薄〔五〕。

匯證

〔一〕薄：説文艸部：「薄……一曰蠶薄。」史記絳侯周勃世家：「勃以織薄曲爲生。」司馬貞索隱：「謂勃本以織蠶薄爲生業也。」按：「薄」謂養蠶用具，其形似蓆子或篩子，用葦竹編成。字後作「箔」。齊民要術種桑柘：「桑至春生，一畝食三箔蠶。」「三箔蠶」即三蓆蠶也。初學記卷二五引方言此條，「薄」字並作「箔」。

〔二〕苗：戴震方言疏證：「月令：『季春具曲植籧筐。』鄭注云：『時所以養蠶器也。曲，薄也。』疏引方言文並同。説文：『苗，蠶簿也。』又云：『或説：曲，蠶簿也。』廣雅：『笛謂之簿。』皆轉而從竹。」廣雅王念孫疏證：「曲、苗、笛並同。」按：説文艸部「苗」字下徐鍇繫傳引漢書「周勃織薄苗」，今本漢書周勃世家作「曲」。説文曲部：「曲……或説：曲，蠶薄也。」廣雅釋器：「笛謂之薄。」廣韻燭韻：「苗，亦作笛。」集韻燭韻：「苗，通作曲。」

〔三〕麴：「苗」之方言音轉。

〔四〕此直語楚聲轉也：吴琯古今逸史本、程榮漢魏叢書本、胡文焕格致叢書本「聲轉也」作「轉聲耳」，戴震方言疏證改「也」作「耳」。王念孫手校戴本乙轉「語楚」二字，右注「楚語」二字，並於其側加墨圈以示著重；於本條天頭朱筆注：「江淮陳楚之間謂之苗。注云：楚語轉耳。」並於「楚語」二字右側加圈。是王氏以爲郭注文當作「此直楚語轉聲耳」。按：慧琳一切經音義卷五八引同，當據王念孫校改。

〔五〕蓬薄：錢繹方言箋疏：「苗薄之或爲蓬薄，猶『簞，宋楚之間或謂之籧苗。自關而西或謂之笲』，注云：『今云笲篾籧。』皆以曲折得名也。此條各本並同，惟戴本無『南楚謂之蓬薄』六字，蓋誤脱也。」

二九　橛〔一〕，燕之東北朝鮮洌水之間謂之椵〔二〕。揭，杙也〔三〕。江東呼都，音段〔四〕。

匯證

〔一〕橛：戴震方言疏證：「爾雅：『橛謂之闑。』曲禮：『大夫士入君門，由闑右，不踐閾。』鄭注云：『闑，門橛；閾，門限。』説文：『槷，弋也。』槷、橛同，杙、弋古通用。」廣雅釋宮：「橛，杙也。」王念孫疏證：「槷與橛同。月令注引農書云：『土長冒橛。』今俗語猶謂杙爲橛。橛之言厥也，凡木形之直而短者謂之橛。」廣雅釋詁：「孑孓，短也。」王念孫疏證：「孑之言孑然小也……孓之言蹷也。漢書王莽傳：『莽爲人侈口蹷頤。』顔師古注云：『蹷，短也。』方言注云：『蹶貀，短小貌也。』凡物之直而短者謂之蹶，或謂之貀。列子黄帝篇：『吾處身也，若厥株駒。』張湛引崔譔莊子注云：『厥株駒，斷樹也。』釋文云：『厥，説文作「橜，木本也」。株駒，亦枯樹本也。』又爾雅：『樴謂之杙。』注云：『槷也。』又：『槷謂之闑。』注云：『門闑也。』玉藻正義云：『闑，謂門之中央所豎短木也。』『蹶、厥、槷、橜』並同聲，『蹶』與『貀』聲又相近。木本謂之橜，杙謂之槷，門閫謂之槷，梁上柱謂之棳，皆木形之直而短者也……又案：説文：『蟨，鼠也。一曰西方有獸，前足短，與蛩蛩巨虚比，其名謂之蟨。』字亦作『蹶』。淮南子道應訓：『北方有獸，其名曰蹶，鼠前而兔後，趨則頓，走則顛。』高誘注云：『鼠前足短，兔後足長，故謂之蹶。』『蹶』與『貀』聲相近，合之則爲『蹶貀』，轉之則爲『孑孓』，故短貌謂之『蹶貀』，獸前足短謂之『蹶』，頭短謂之『䪜』，無左右臂謂之『孑孓』，其義並相通也。」按：橛，木椿之短小者。

〔二〕椵：戴震方言疏證改作「椴」，云：「各本『椴』譌作『椵』。『椴』，徒亂反；『椵』，古雅反。『都、椴』一聲之轉。」按：王念孫於廣雅釋宮「椴，代也」條下引方言亦作「椴」。周祖謨方言校箋：「廣雅釋宮：『椴、橛，杙也。』曹憲『椴』音都館反。又萬象名義云：『椴，徒館反，杙也。』足證字當從『段』作『椴』。」陳與郊類聚本作「椴」不誤，當據正。廣雅釋宮王氏疏證：

「『椴』之言『段』也。今人言木一段兩段是也。」錢繹方言箋疏：「『段』亦短也。」

〔三〕揭：錢繹方言箋疏作「楬」。按：廣雅釋宮：「楬櫫，杙也。」字正作「楬」，錢氏校改是也。廣雅王念孫疏證：「漢書尹賞傳：『楬著其姓名。』顏師古注云：『楬，杙也。』爾雅：『雞栖於弋爲桀。』『桀』與『楬』通。方言注云：橛，『楬，杙也。江東呼都』。『都』與『櫫』，古同聲，合言之則曰『楬櫫』。說文：『楬，楬櫫也。』周官蜡氏：『若有死於道路者，則令埋而置楬焉，書其日月焉。』鄭衆注云：『楬，欲令其識取之，今時楬櫫是也。』」

杙：爾雅釋宮：「樴謂之杙。」郭璞注：「橜也。」是「楬、杙」皆「橛」也。

〔四〕叚：戴震方言疏證改作「段」。按：陳與郊類聚本正作「段」，當據正。

三〇　槌〔一〕，絲蠶薄柱也〔二〕，度畏反。宋魏陳楚江淮之間謂之植〔三〕，音值。自關而西謂之槌，齊謂之样〔四〕。音陽。其橫，關西曰㮳〔五〕，音朕。亦名校，音交〔六〕。宋魏陳楚江淮之間謂之樮〔七〕，音帶。齊部謂之持〔八〕。丁謹反〔九〕。胡以縣樮〔一〇〕，關西謂之䌞〔一一〕，力冉反。東齊海岱之間謂之繏〔一二〕，相主反〔一三〕。宋魏陳楚江淮之間謂之繯〔一四〕，擐甲。或謂之環〔一五〕。擐〔一六〕。

匯證

〔一〕槌：廣雅釋器：「樮、㮳、校、持、桶、植、样，槌也。」王念孫疏證：「說文：『縋，㠯繩有所縣鎮也。』義與『槌』相近。」說文木部：「槌，關東謂之槌，關西謂之持。」徐鍇繫傳：「今江淮謂之槌，此則架蠶薄之木也。」按：許慎所言關東西與方言異。北魏賈思勰齊民要術種桑柘：「養蠶法……老時值雨者，則壞繭，宜於屋裏簇之，薄布薪於箔上，散蠶訖，又薄以薪覆之，一槌得安十箔。」明徐光啟農政全書蠶桑：「夫槌隨屋每間竪之，其立木外旁，刻如鋸齒而深，各每莖，挂桑皮繞繩，四角按二長椽，椽上平鋪葦箔，稍下縋之。」是「槌」爲擱架蠶箔之木椿，郭注云「縣蠶薄柱」是也，王念孫說名義亦得之。

〔二〕絲：戴震方言疏證改作「縣」。周祖謨方言校箋：「『絲』，戴本作『縣』是也。玉燭寶典卷三引作『懸』。禮記月令：『季春之月具曲植籧筐。』正義引本文亦作『縣』。」當據正。

〔三〕植：戴震方言疏證：「廣雅：『㯰、榺、持、植、桊，槌也。』……玉篇云：『槌，蠶槌也。』『植，養蠶器也。』……皆本方言此條。月令：『具曲植籧筐。』鄭注云：『植，槌也。』」按：「植」本指户植，即門外閉時用以加鎖之中立直木。爾雅釋宮：「植謂之傳，傳謂之突。」郭璞注：「植，户持鏁植也。見埤蒼。」説文木部：「植，户植也。」段玉裁注：「植，當爲直立之木。」木椿亦謂之「植」。墨子備城門：「城上百步一樓，樓四植，植皆爲通舄。」孫詒讓閒詁：「蘇云：『四植即四柱，舄同磶，柱下石也。』『通舄』，謂兩植同一舄也。」周禮夏官大司馬：「大役，與慮事，屬其植。」鄭注：「植，築城楨也。」孫詒讓正義：「凡木之直立謂之植、楨、榦。」廣雅王念孫疏證亦云：「持、植之爲言皆直也。」懸蠶薄之柱亦直立之木，故名。玄應音義卷七「四植」條引三蒼云：「户旁柱曰植，植亦懸薄柱也。」是也。

〔四〕桊：廣雅釋器：「桊，槌也。」王念孫疏證：「桊之言愓也。〔廣雅〕卷三云：『愓，直也。』桊、愓並音羊，其義同也。」廣雅釋詁三：「愓，直也。」王念孫疏證：「愓，曹憲音揚。玉藻：『凡行容愓愓。』鄭注云：『愓愓，直疾貌也。』釋文：『愓，音傷，又音陽。』曹憲又云：『愓，一本作傷。』玉篇：『傷，他莽切，直也。』傷與愓，聲異而義同。」

〔五〕𢶍：戴震方言疏證作「榺」，從「木」，與廣雅釋器合。按：鄭樸揚子雲集本亦作「榺」，當據正。戴震方言疏證：「栚、榺同。」廣雅釋器：「榺，槌也。」王念孫疏證：「榺，説文作『栚』，云：『槌之横者也，關西謂之㯖。』吕氏春秋季春紀：『具栚曲籧筐。』高誘注云：『栚讀曰朕。栚，㯖也。三輔謂之栚，關東謂之㯖。』『㯖』與『持』同。淮南子時則訓注作『持』。」朱駿聲説文通訓定聲「栚」字下云：「懸蠶薄木，豎曰槌，横曰栚。」

〔六〕音交：王念孫手校方言疏證改「交」作「爻」，於本條天頭朱筆批注：「爻字據廣雅音。」廣雅釋器：「校，槌也。」曹憲音爻。王念孫疏證：「方言注云：『榺亦名校，音爻。』『校』與『校』通，校之言較也。爾雅云：『較，直也。』」

〔七〕㯰：蠶薄上擱架之横木謂之㯰，文獻用例未詳。

〔八〕持：廣雅釋器：「持，槌也。」王念孫疏證：「㯖與持同……説文：『持，槌也。』玉篇音陟革切。持、植之爲言皆直也。」北魏賈思勰齊民要術種桑柘：「崔寔曰：三月清明節，令蠶妾治蠶室，塗隙穴，具槌、持、箔、籠。」是其例也。

〔九〕丁謹反：戴震方言疏證改作「丁革反」。周祖謨方言校箋：「案廣雅音作竹革反，萬象名義同。是『謹』當作『革』。」吴承仕經籍舊音辨證：「玉燭寶典引方言『齊部謂之梼』，郭音『丁謹反』，是舊本固作『丁謹反』矣。改『謹』爲『革』自戴氏始耳。今謂郭音『丁謹反』，舊本作『謹』者，形近之譌。戴改作『革』雖與『梼』音相應，然不得其致誤之由，近於專輒。」按：「梼」古音屬之部，自無「丁謹」之音。戴改作「丁革」未得致誤之由。吴校爲長，當據改。

〔一〇〕胡：戴震方言疏證改作「所」。周祖謨方言校箋：「戴本作『所』是也。原本玉篇『繯』下云：『方言：所以懸㮰也。』今據正。」按：改作「所」是也，原本玉篇殘卷「繳、繏」下引方言均作「所」。

〔一一〕繳：廣雅釋器：「繳，索也。」玉篇糸部：「繳，懸蠶薄横也。」戴震方言疏證：「皆本方言此條。」

〔一二〕繏：戴震方言疏證作「繏」。周祖謨方言校箋：「戴本作『繏』，與廣雅合。廣雅釋器云：『縋、繳、繏，索也。』字作『繏』。盧氏所見曹毅之本同。原本玉篇則作『⿰糹選』。」按：玉篇糸部：「繏，懸槌索。」集韻僊韻：「繏，所以懸持也。」即懸持蠶箔柱之繩索。集韻綫韻：「繏，或作⿰糹選。」

〔一三〕相主：戴震方言疏證作「相卞」。盧文弨重校方言據所見曹毅之本改作「相卷」，云：「與廣雅、玉篇皆合，曹憲音『繏』思絹反。」周祖謨方言校箋：「原本玉篇『⿰糹選』音思懸反，此音『相主』疑爲『相玄』之誤。」按：「相卷、相卞、思懸」音同，而「相主」則與之韻隔。周氏以爲「主」是「玄」之形譌，所據原本玉篇殘卷「⿰糹選」音「思懸」並非方言此條郭音。吴承仕經籍舊音辨證：「尋廣雅音及玉篇、廣韻等，『繏』字有『聳取』一切，注引方言文，然則司馬光、丁度所見方言注文蓋與慶元本同矣。不審爲舊本久譌，抑『繏』字自有『相主』之音也。」吴氏之説乃矜慎之論，譌與不譌，迄無確證，今仍舊本，以俟來者。

〔一四〕繯：説文糸部：「繯，落也。」段玉裁注：「落者，今之絡字。」廣雅釋器：「繯，絡也。」王念孫疏證：「凡繩之相連者曰絡。莊子胠篋篇云：『削格羅落置罘之知多。』落與絡同……繯之言綰也。漢書揚雄傳：『虹蜺爲繯。』韋昭注云：『繯，旗上繫也。』蕭該音義云：『案，説文、字林、三倉並云：「繯，絡也。」』説文：『羂，网也。』字或作『罥』。太玄翕次八云：『揮其罦，絶其罥。』義亦與『繯』同。」按：繩索纏繞謂之「繯」，纏繞之繩索亦謂之「繯」，義相因也。錢繹方言箋疏：「懸㮰之索謂之繏，又謂之繯，亦謂之環，繯獸之网謂之⿱罒巽，亦謂之羂，其義一也。」

〔一五〕環：朱駿聲説文通訓定聲「繯」字下云：「繯，字亦以環爲之。」「環、繯」有聲調平去之分。

〔六〕檈：盧文弨重校方言：「『檈』字不可曉，豈校書者以『環』本亦有作『檈』字者耶？『檈』音『旋』，若作『環』音，可不須此字。宋本同，上作『擐甲之擐』。正德本無此字。」周祖謨方言校箋：「此字疑爲衍文。」按：明抄本無此字。

6a 三一　簟〔一〕，宋魏之間謂之笙〔二〕，今江東通言笙。或謂之籧䒼〔三〕；自關而西謂之簟，或謂之⿱艹折〔四〕。今云⿱艹折，篾篷也〔五〕。其粗者謂之籧篨〔六〕，自關而東或謂之篕掞〔七〕。音剡。江東呼籧篨爲廢〔八〕，音廢。

匯證

〔一〕簟：廣雅釋器：「簟，席也。」王念孫疏證：「説文：『簟，竹席也。』釋名云：『簟，覃也，布之覃覃然正平也。』齊風載驅傳云：『簟，方文席也。』小雅斯干篇：『下莞上簟。』鄭箋云：『莞，小蒲之席也。竹葦曰簟。』」按：竹席謂之簟，葦席亦謂之簟，坐臥鋪墊之用。禮記喪大記：「君以簟席，大夫以蒲席。」鄭玄注：「簟，細葦席也。」荀子正名：「心憂恐，則口銜芻豢而不知其味，耳聽鍾鼓而不知其聲，目視黼黻而不知其狀，輕煖平簟而體不知其安。」

〔二〕笙：廣雅釋器：「笙，席也。」王念孫疏證：「左思吴都賦：『桃笙象簟。』劉逵注云：『桃笙，桃枝簟也，吴人謂簟爲笙。』案笙者，精細之名。方言云『自關而西秦晉之間凡細貌謂之笙』，『簟』爲籧篨之細者，故有斯稱矣。」按：後世還可見用例。柳宗元行路難：「桃笙葵扇安可當。」蔣之翹輯注引方言此條爲釋。

〔三〕籧䒼：「䒼」，廣雅作「筁」。廣雅釋器：「籧筁，席也。」王念孫疏證：「籧筁猶拳曲，語之轉也。簟可卷，故有籧筁之名。」按：後世可見用例。陸龜蒙奉和襲美太湖詩銷夏灣：「日爲籧筁徒，分作祇裯讎。」原注：「渠曲二音，簟之異名。」

〔四〕⿱艹折：戴震方言疏證作「⿱𥫗折」，注内同，與廣雅合。周祖謨方言校箋：「蔣本唐韻祭韻征例反『⿱𥫗折』下引方言字亦從竹，當據正。注『⿱艹折』字亦當作『⿱𥫗折』。」廣雅釋器：「⿱𥫗折，席也。」王念孫疏證：「⿱𥫗折之言曲折也……簟可卷，故有籧筁之名，關西謂之⿱𥫗折，亦此義也。」黄侃蕲春語：「今吾鄉有此語，音之列切。」按：廣韻薛韻引博雅：「⿱𥫗折，笙⿱𥫗折，席也。」集韻薛韻：「⿱𥫗折，竹席。」又按：可卷曲之簟謂之「⿱𥫗折」，今中原官話、江淮官話謂之「⿱𥫗折子」，指蘆葦或竹篾編成之席，常用於圈囤糧食。

〔五〕箯篷：按：文獻未見用例，晉時口語蓋有之。古有「箯席」之名。書顧命：「牖間南嚮，敷重箯席，黼純，華玉仍几。」後世有「箯篳」之名。清蔣士銓桂林霜歸骸：「〔小生〕如何盛殮？〔丑〕是箯篳包裹的。」現代漢語裏有「箯折子」之名。沙汀代理縣長：「死了會連箯折子都找不到一張哩！」現代方言中稱名頗有不同。江淮官話名「箯墊」，吴語、贛語、閩語名「箯席」，湘語名「箯簈、箯篳子」，俱指竹箯編成之席，但均未見「箯篷」之名。

〔六〕籧篨：戴震方言疏證：「説文云：『籧篨，粗竹席也。』玉篇云：『籧篨，江東人呼䉬也。』詩邶風：『籧篨不鮮。』籧篨本粗竹席，用爲困者之名，不可使俯之疾似之，故晉語曰：『籧篨不可使俯。』以言辭媚悦人者，常仰觀顔色，病若籧篨，故爾雅云：『籧篨，口柔也。』」錢繹方言箋疏：「急就篇云：『竹器簦笠簟籧篨。』顔師古注云：『織葦而粗文者，籧篨也。』……淮南本經訓云：『霜文沈居，若簟籧篨。』高誘注云：『簟，竹席。籧篨，葦蓆。取其邪文次叙，劒鐃若此也。』下文『笭篖』注云：『似籧篨，直文而粗，江東呼笪。』是籧篨爲邪文也。」按：「籧篨」，聯綿詞，古有三義：一指粗席，説文所釋是也；一爲疾名，邶風傳云「不能俯者」是也；一訓諂佞，爾雅郭注：「籧篨之疾不能俯，口柔之視人顔色常亦不服，固已名云」是也。方言指竹箯和蘆葦所編之粗席。

〔七〕篕掞：廣雅釋器作「篕𥲤」，王念孫疏證引方言作「篕棪」，云：「『棪』與『𥲤』通。」周祖謨方言校箋亦改作「篕棪」，云：「集韻琰韻『𥲤』以冉切，通作『棪』，字從木，不從手，是『掞』爲『棪』字之誤。今據集韻改正。」按：古書從木、從手每互譌，「篕棪」之「棪」當從木，王、周改正是也。「篕棪」，聯綿詞，乃「籧篨」於關東之異稱，名原未詳。

〔八〕䉬：廣雅釋器：「蕟，席也。」王念孫疏證：「䉬與蕟同。漢祝睦後碑：『垂誨素棺，幣以葭蕟。』葭蕟，即今人所謂蘆䉬也。」按：「䉬、蘆䉬」之語，今江淮方言、吴方言以及贛語等方言中仍常用，指蘆柴編成之斜文粗席。

三二一　笭篖〔一〕，似籧篨，直文而粗。江東呼笪〔二〕，音靼〔三〕。自關而東周洛楚魏之間謂之倚佯〔四〕，音羊。自關而西謂之笭篖，南楚之外謂之篖〔五〕。

匯證

〔一〕笭篣：郭璞注：「似籧篨，直文而粗。」是也。集韻庚韻：「笭，方言笭篣，籧篨直文者。」玉篇竹部：「笭篣，竹笪。」吴予天方言注商：「笭篣，蓋竹簾之粗者，其作用若今之氈……謂之笭篣者，笭，行也。行唐，乃古時之疊韻聯語，徘徊來往之謂也。竹簾，人常往來於其上，俗遂呼之爲行唐也。」

〔二〕笪：按：當作「笪」，靜嘉堂文庫藏影宋抄本、胡文焕格致叢書本、明李珏刻本、明佚名刻本正作「笪」。王念孫手校方言疏證於天頭朱筆批注玄應一切經音義卷一七、一八云：「江東謂籧篨直文而麤者爲笪，斜文者一名爲篾，笭篣。」字亦作「笪」。清人校本均作「笪」是也。周祖謨方言校箋改作「笪」，云：「御覽卷七六六笪條引本文作『江東呼爲笪』，笪音丁葛切。戴本作『笪』不誤。」以粗竹篾編製之席謂之「笪」。玉篇竹部：「笪，丁達切，麤籧篨也。」其用甚廣。或用以蓋屋。沈括夢溪筆談雜志一：「趙韓王治第，麻擣錢一千二百餘貫，其他可知，蓋屋皆以板爲笪，上以方磚甃之，然後布瓦，至今完壯。」「以板爲笪」，意思是通常當用「笪」，有錢人則代之以「板」。洪邁容齋隨筆俗語有出：「竹工謂屋椽上織箔曰篖笪。」是「笪」用於椽上瓦下，今江淮農村猶可見之。或用於蓋船。船艙之上以竹篾條支弓形架，笪覆其上並固定之，後用桐油透漆，其艙既可載物，亦能住人。此「笪」，江淮人通言「篾」。吴予天謂亦可作地氊，方言注商云：「笪、氊音亦近。」

〔三〕靼：「靼」字之譌也。靜嘉堂文庫藏影宋抄本、胡文焕格致叢書本、明李珏刻本、明佚名刻本正作「靼」，戴本亦作「靼」。周祖謨方言校箋：「戴本作靼是也。今據正。廣韻曷韻笪、靼並音當割切。」

〔四〕倚佯：戴震方言疏證：「『倚佯』亦作『倚陽』。廣雅『篖、倚陽，笭篣也』本此。」吴予天方言注商：「倚佯，即倘佯也。『倚、倘』聲相轉，歌、陽相迻之理也。宋玉風賦：『倘佯中庭。』字或作『徜徉』。廣雅：『徜徉，戲蕩也。』此『笭篣』所以又名『倘佯』也。」

〔五〕篖：玉篇竹部：「篖，笭篣。」廣韻唐韻：「笭，笭篣，竹笪。」集韻唐韻：「篖，笭篣，竹席直文而粗者。」南楚之外單言「篖」，蓋「笭篣」之急言也。

6b 三三 牀〔一〕，齊魯之間謂之簀〔二〕，床版也，音迮。陳楚之間或謂之笫〔三〕。音滓，又音姊。其杠〔四〕，北燕朝鮮之間謂之樹〔五〕，自關而西秦晉之間謂之杠，南楚之間謂之趙〔六〕，趙當作「兆」聲之轉也〔七〕。中國亦呼杠爲桃牀，皆通也〔八〕。東齊海岱之間謂之樺〔九〕。音先〔一〇〕。其上板，衛之北郊趙魏之間謂之牒〔一一〕，簡牒。或曰牑〔一二〕。履屬〔一三〕。

匯證

〔一〕牀：說文木部：「牀，安身之坐者。」釋名釋牀帳：「人所坐卧曰牀。牀，裝也，所以自裝載也。」是古之「牀」，乃坐、卧之具。

〔二〕簀：同「簀」。說文竹部：「簀，牀棧也。」桂馥義證：「牀棧也者，本書：『棧，棚也。』莊子馬蹄篇釋文：『編木作靈（櫺），似牀曰棧。崔云：木棚也。』」爾雅釋器：「簀謂之笫。」郭璞注：「牀版。」郝懿行義疏：「簀以竹爲之，許云『牀棧』，郭云『牀版』，皆謂分析竹片施於牀幹之上。故易『剝牀以辨』，釋文引黄云：『辨，牀簀也。』蓋辨爲分析之名，施於牀上辨辨然，其義與許、郭合矣。」禮記檀弓上：「華而睆，大夫之簀與？」鄭玄注：「簀，謂牀笫也。」左傳襄公二十七年：「趙孟曰：『牀笫之言不踰閾，況在野乎，非使人所得聞也。』」孔穎達疏：「釋器云：『簀謂之笫。』孫炎曰：『牀也。』郭璞曰：『牀版也。』然則牀是大名，簀是牀版……簀名亦得統牀，故孫炎以爲牀也。」又參本條匯證〔三〕「笫」下引王念孫説。

〔三〕笫：說文竹部：「笫，牀簀也。」廣雅釋器：「簀，笫也。」王念孫疏證：「『笫』之言齊也，編竹木爲之，均齊平正，故謂之『笫』。聲轉爲『簀』，『簀』之言嫧也，凡言嫧者，皆齊平之意……史記范睢傳：『睢佯死，即卷以簀。』索隱云：『簀，謂葦荻之薄也。』蓋編葦爲薄，嫧然齊平，故亦謂之『簀』。聲又轉爲『棧』，『棧』亦齊平之意，猶編木爲馬牀謂之馬棧也。」

〔四〕杠：說文木部：「杠，牀前横木也。」徐鍇繫傳：「即今人謂之牀桯也。」廣雅釋器：「樹、⿰爿兆，杠也。」王念孫疏證：「鹽鐵論散不足篇云：『古者無杠樠之寢，牀移之案。』急就篇云：『奴婢私隷枕牀杠。』杠者，横亘之名。石橋謂之杠，義與牀杠相近也。」

〔五〕樹：錢繹方言箋疏：「樹者，蕃蔽之名。」丁惟汾方言音釋：「『樹』爲樹植。卷七：『樹，立也。燕之外郊朝鮮洌水之間凡言置立者謂之樹植。』杠爲置立於牀者，故謂之樹。」按：周禮秋官野廬氏：「宿息、井、樹。」鄭玄注：「樹爲蕃蔽。」爾雅釋宮：「屏謂之樹。」邢昺疏：「屏，蔽也。樹，立也。立牆當門以自蔽也。」可見，錢説持之有據。牀前横木謂之「樹」，文獻用例未詳，然丁説名原亦不爲無理。

〔六〕趙：戴震方言疏證：「趙亦作⿰爿兆。」廣雅釋器：「⿰爿兆，杠也。」王念孫疏證：「上文云『⿰爿兆，版也』，義與牀⿰爿兆亦相近。」又：「⿰爿兆，版也。」王念孫疏證：「爾雅：『屋上薄謂之筄。』郭注云：『屋笮也。』『筄』與『⿰爿兆』同，古者屋笮亦謂之版。」錢繹方言箋疏：「『笮』與『簀』同聲。牀簀謂之版，牀杠謂之⿰爿兆，屋笮謂之版，亦謂之筄，其義一也。今人謂坐具之廣而長者爲⿰爿兆，音如條上聲，亦『⿰爿兆』聲之轉也。又淮南説山訓云：『死而棄其招簀。』高誘注云：『招簀，稱死者浴牀上之栖也。』廣雅云：『浴牀謂之招。』曹憲音『紹』。『招』與『桃』聲義並相近。」

〔七〕兆：戴震方言疏證改作「桃」。周祖謨方言校箋：「戴本作『桃』，與下文『呼杠爲桃牀』相合。廣雅釋器：『樹、⿰爿兆，杠也。』字作⿰爿兆。」又王念孫手校明本改「兆」作「挑」，改下「桃」亦作「挑」。

〔八〕皆通也：戴震方言疏證「通」下有「語」字。

〔九〕樺：戴震方言疏證改作「梓」，云：「玉篇、廣韻並引方言云：『杠，東齊海岱之間謂之梓。』今方言各本譌作『樺』，注内『詵』譌作『先』。徐堅初學記引方言此條正文作『謂之梓』，注文作『言詵』，與玉篇、廣韻同。」盧文弨云所見曹毅之本亦作「梓」。按：當據正。説文未收「梓」字，後出辭書皆本方言。錢繹方言箋疏以爲「聚薪柴居之謂之橧，豕檻蓐亦謂之橧，牀杠謂之梓，其義一也」，恐非是。「梓」指牀前横木，廣韻臻韻所臻切；「梓」與「榛」同，謂木名，集韻臻韻緇詵切。「梓、榛」與「橧」音近義不同，並非同源。

〔一〇〕音先：戴震方言疏證改作「音詵」，説見本條匯證〔九〕引。盧文弨所見曹毅之本同。當據正。

〔一一〕牒：廣雅釋器：「牒、牑，版也。」王念孫疏證：「廣韻：『書版曰牒。』義與牀版同。論衡量知篇云：『截竹爲筒，破以爲牒，加筆墨之跡，乃成文字。』是也。説文：『牑，牀版也。讀若邊。』牀版謂之牑，亦謂之牒，簡謂之牒，亦謂之編，其義一也。」

〔一二〕牑：説文片部：「牑，牀版也。」段玉裁注：「左傳『楄柎藉幹』，義與牑同。」王筠句讀云：「牑與木部『楄』可通借。」玉篇片部：「牑，牀上版也。」參本條匯證〔一一〕引王念孫説。

〔三〕履屬：戴震方言疏證：「『牑』下『履屬』二字未詳，當是如『音鞭』等字譌舛而成。」錢繹方言箋疏：「廣雅云：『緻謂之緶。』曹憲音部典反。玉篇：『緶，扶善切。』云：『履底緶。』又：『緻，緶緻也。』注云『履屬』，當即此。蓋原本『履屬』下有『音緶』二字，今本誤脱，原非以牀上板爲履屬也。如下『几，其高者謂之虡』，注云：『即筍虡。』豈即以爲縣樂器者耶？古人文字簡略，謂讀者自能意會，往往有之，不煩多贅耳。」周祖謨方言校箋：「『履屬』二字疑爲『履緶』之譌。」按：牑，廣雅曹憲音鞭，然「音鞭」無緣譌成「履屬」，戴説顯非是。錢云下脱「音緶」二字，然「牑」並非「履屬」，錢説亦非的論。周説爲「履緶」之譌，庶幾近之，但無證據。今仍舊本，存疑待質。

三四　俎〔一〕，几也〔二〕。西南蜀漢之郊曰杫〔三〕。音賜。

匯證

〔一〕俎：説文且部：「俎，禮俎也。」玄應一切經音義卷五：「俎亦四腳小案也。」詩小雅楚茨：「執爨踖踖，爲俎孔碩。」朱熹集傳：「俎，所以載牲體也。」資治通鑑漢紀二十四：「爲其俎豆。」胡三省注：「俎，祭器，如几，盛牲體也。」是「俎」本爲禮器，木製漆飾，有四足。方言則指几屬，即踞几。參本條匯證〔二〕。

〔二〕几：説文几部：「几，踞几也。」王筠句讀：「踞几，似是漢語，以今名説古名也。」書顧命：「相被冕服憑玉几。」詩大雅行葦：「或肆之筵，或授之几。」鄭玄箋：「年稚者爲設筵而已，老者加之以几。」孔穎達疏：「几者，所以安身，少不當憑几。」釋名釋牀帳：「几，庪也，所以庪物也。」是「几」本指席地而坐時供倚靠之器具，後指案几，即擱置物件之小桌子。吴予天方言注商：「『俎、几』形制近，俗遂呼『几』爲『俎』，故『俎』訓爲『几』。此言尻几也。」

也：周祖謨方言校箋：「『也』字疑爲衍文。後漢書鍾離意傳注云：『杫，音思漬反，謂俎几也。方言云：蜀漢之郊曰杫。』據是可知俎几曰杫。」按：依周校，則「俎几」爲同義複詞。集韻寘韻「杫」下引方言：「俎机，西南蜀漢之郊曰杫。」「机」爲「几」之誤。是丁度等所見方言亦無「也」字。然慧琳一切經音義卷四六「俎割」下云：「方言：俎，几也。」卷八八「樽

「俎」下云：「方言：肉，几也。」「肉」當是「俎」字之誤。卷一〇〇「俎肌」下云：「方言：俎亦几也。」據此，則「也」字並非衍文，自不當從周校删。

〔三〕杫：廣雅釋器：「杫、俎，几也。」後漢書鍾離宋寒列傳藥崧傳：「（藥崧）家貧爲郎，常獨直臺上，無被，枕杫，食糟糠。」李賢注：「杫音思漬反，謂俎几也。方言云：蜀漢之郊曰杫。」

7a 三五　榻前几〔一〕，江沔之間曰桯〔二〕，今江東呼爲承。桯音刑〔三〕。趙魏之間謂之椸〔四〕。音昜〔五〕。凡〔六〕，其高者謂之虡〔七〕。即筍虡也，音巨。

匯證

〔一〕榻前几：戴震方言疏證此條與上條連寫爲一條，盧、錢、周各家從之。按：「榻前几」即牀前几，與「俎几」之「几」同類而功用異，今仍其舊，不從戴改。

〔二〕桯：説文木部：「桯，牀前几。」段玉裁注：「古者坐於牀而隱於几。孟子：『隱几而卧。』内則：『少者執牀與坐，御者舉几。』是也。此牀前之几與席前之几不同。謂之桯者，言其平也。」廣雅釋器：「桯，几也。」王念孫疏證：「桯之言經也，横經其前也。牀前長几謂之桯，猶牀邊長木謂之桯。士喪禮下篇注云：『輁，狀如長牀，穿桯前後，著金而關軸焉。』是也。」又章炳麟新方言釋器：「桯，郭璞音刑。廣韻又佗丁切。今淮南謂牀前長凳爲桯凳，音如晴。江南浙江音如梃。」

〔三〕桯音刑：廣韻青韻「桯」户經切，又音廳。「户經」與「刑」同音，「廳」則與「承」音近。

〔四〕椸：廣雅釋器：「𦚏，几也。」王念孫疏證：「𦚏即方言椸字。鹽鐵論散不足篇云：『古者無杠樠之寢、牀移之案。』移與𦚏同。几謂之椸，衣架謂之椸，義亦相近也。」

〔五〕昜：字之誤也。戴震方言疏證作「易」是也。後之校本皆同戴，當據改。

〔六〕凡：周祖謨校箋：「戴本作『几』是也，今據正。」

〔七〕虡：戴震方言疏證：「廣雅：『虡，几也。』虡即虡……考工記梓人：『爲筍虡。』鄭注云：『樂器所縣，横曰筍，植曰虡。』筍、筍古通用。」廣雅釋器：「虡，几也。」王念孫疏證：「虡與虡同。虡之言舉也，所以舉物也，義與筍虡相近。郭注以爲『即筍虡』，殆非也。」按：「筍虡」爲古代懸掛鍾磬之架，横者曰「筍」，直者曰「虡」，是「筍虡」非「榻前几」，王説是也。

三六　籆〔一〕，楥也〔二〕。所以絡絲也。音爰。兖豫河濟之間謂之楥。絡謂之格〔三〕。所以轉籆給車也〔四〕。

匯證

〔一〕籆：説文竹部：「籆，收絲者也。」朱駿聲通訓定聲：「今蘇俗謂之籆頭，有車曳者，有手轉者。」按：「籆」爲絡絲之器，郭注云「所以絡絲」是也。丁惟汾方言音釋：「籆之制爲圓輪，輪之正中貫以長柚，柚上別有曲柄，持柄而摇，輪隨柚轉，而絲即纏繞於輪上矣。」

〔二〕楥：錢繹方言箋疏：「楥之言爰也。爰，引也。説文云：『爰，籀文以爲轅字。』」吴予天方言注商：「楥之言圜也。絡車形似環，故兖豫河濟之間即謂之楥也。」丁惟汾方言音釋：「楥爲圓之同聲假借，形圓如輪，故謂之楥。」

〔三〕絡：廣雅釋詁四：「絡，纏也。」玉篇糸部：「絡，繞也，縛也，所以轉籆絡車也。」按：「籆」同「籰」。纏絲謂之絡，收絲之器亦謂之絡。

格：郭璞注：「所以轉籆絡車也。」徐灝説文解字注箋：「格，收絲之器亦謂之格。」朱駿聲通訓定聲：「格，絡絲具，吾蘇謂之籆頭。」錢繹方言箋疏：「今人絡絲之器，刻木爲六角，圍尺許，以細竹長五六寸者，六聯其上下，復爲穿，納柄於其中，長二三尺，持其柄而摇之，則旋轉如車輪，謂之絡車。疑即此與。」吴予天方言注商：「用以轉動絡車者爲格，格之言骼也。樹枝之歧出若骨骼者謂之格。說文訓長係引申義。懸物之鉤則謂之『鉤格』。絡謂之格，義亦如之。」

〔四〕籆：説文木部：「杘，籆柄也。」段玉裁注：「注『籆』字蓋衍，籆即絡車也。所以轉絡車者即杘也。」給：字之誤也。福山王氏天壤閣刊景宋本、廣漢魏叢書本作「絡」，清人校本俱作「絡」，當據正。

三七　維車〔一〕，蘇對反。趙魏之間謂之轣轆車〔二〕，東齊海岱之間謂之道軌〔三〕。

匯證

〔一〕維車：戴震方言疏證：「案説文云：『維，箸絲於筟車也。』『筟，筳也。』『筳，維絲筦也。』」戴侗六書故工事六：「筟車，紡車也。著絲於筳，著筳於車，踏而轉之，所謂紡也。」是「維車」即紡絲之車也。

〔二〕轣轆車：戴震方言疏證：「轣轆亦通作『厤鹿』。廣雅：『維車謂之厤鹿，道軌謂之鹿車。』本此。」説文革部「靴」字下段玉裁注：「『鹿車』與『歷鹿』義同，皆於其圍繞命名也。」又「筟」字下云：「自其轉旋言之，謂之厤鹿，亦謂之道軌，亦謂之鹿車；自其箸絲之筳言之，謂之維車，亦謂之筟車。實即今之籰車也。」廣雅釋器王念孫疏證：「轣轆與厤鹿同……秦風小戎篇：『五楘梁輈。』毛傳云：『楘，歷録也。一輈五束，束有歷録。』墨子備高臨篇説連弩車之法云：『以磿鹿卷收。』義與『維車』謂之『厤鹿』並相近。」吴予天方言注商：「段玉裁周禮漢讀考引方言此文，斷『轣轆』爲句，於『車』字下注云：『此「車」上疑有脱文，當云「亦謂之鹿車」。』考原本玉篇糸部引方言：『維車，趙魏之間謂之歷鹿車，東齊海岱之間謂之道軌。』是『歷鹿車』三字聯言，文無脱誤。郭氏注卷九『車下鉄』一節，云：『鹿車也。』張稚讓廣雅云：『道軌謂之鹿車。』頗疑張氏有意省改，而郭氏承之也。又按：『歷鹿』蓋以聲名。——此物爲繩索牽動時，其聲歷鹿，故即名爲歷鹿也。若蜂之鳴聲醫翁，因名爲蠮螉，同理也。謂之『歷鹿車』，則又以狀似車輪，兼其形而言也……歷鹿車，即今日所用之滑車，瑞安俗謂之輻子。」

〔三〕道軌：「維車」之異名，文獻用例未詳。吴予天方言注商：「道軌，係軌道之倒語，蓋其體邊腰中陷，若軌轍也。」参本條匯證〔一〕〔二〕。

三八　户鑰〔一〕，自關之東陳楚之間謂之鍵〔二〕，巨蹇反。自關之西謂之鑰。

匯證

〔一〕户鑰：戴震方言疏證：「『鑰』亦通作『籥』。月令：『脩鍵閉，慎管籥。』鄭注云：『鍵，牡；閉，牝也；管、籥，搏鍵器也。』周禮司門：『掌授管鍵。』鄭注云：『管，謂籥也，鍵謂牡。』」按：即門之直閂。字或作「闟」。説文門部：「闟，關下牡也。」段玉裁注：「關者，横物，即今之門檿。關下牡者，謂以木上貫關、下插地，是與關有牝牡之别……籥即闟之叚借字，析言之則鍵與闟有二，渾言之則一物也……古無鎖鑰字，蓋古祇用木爲，不用金鐵。」是「户鑰」非後世之鎖鑰也。

〔二〕自關之東：郭璞爾雅注序「六藝之鈐鍵」釋文引方言此條作「自關而東」，慧琳一切經音義卷一三、卷三一、卷四〇、卷八〇引方言亦作「而」，吴琯古今逸史本、程榮漢魏叢書本、胡文焕格致叢書本等明本方言俱作「而」，戴震方言疏證改作「而」是也，當據正。下文「自關之西」之「之」亦當改作「而」。

鍵：説文金部：「鍵，鉉也。」段玉裁注：「謂鼎扃也，以木横關鼎耳而舉之，非是則既炊之鼎不可舉也，故謂之關鍵。引申之爲門户之鍵閉。門部曰：『關，以木横持門户也。』門之關猶鼎之鉉也。」按：「鍵」本指鼎上貫通兩耳之横槓，因門閂之形與之相似而名之。徐灝説文注箋「鍵」字下云：「鍵者，門關之牡也。蓋以木横持門户而納鍵於孔中，然後以管籥固之。」

7b三九　簙謂之蔽〔一〕，或謂之箘〔二〕。音困。秦晉之間謂之簙；吴楚之間或謂之蔽，或謂之箭裏〔三〕，簙著名箭〔四〕，廣雅云。或謂之簙毒〔五〕，或謂之夗專〔六〕，夗，於辯反。專，音轉。或謂之匴璇〔七〕，或曰竹器，所以整頓簙者〔八〕。銓、旋兩音。或謂之基〔九〕。所以投簙謂之枰〔一〇〕，評論。或謂之廣平〔一一〕。所以行基謂之局〔一二〕，或謂之曲道〔一三〕。

匯證

〔一〕簙：戴震方言疏證：「簙、博古通用。説文云：『簙，局戲也。六箸十二基也，古者烏曹作簙。』……荀子大略篇：『六貳之博。』楊倞注云：『即六博也，今之博局亦二六相對也。』楚辭招魂篇：『菎蔽象基有六簙些。』王逸注云：『菎，玉也；蔽，簙箸以玉飾之也。』投六箸，行六棊，故謂六簙也。洪興祖補注引方言此條文並同。」廣雅釋器：「簙箸謂之箭。」王念孫疏證：「簙通作博。韓非子外儲説云：『秦昭王以松柏之心爲博箭。』方言：『秦晉之間謂之簙，吴楚之間謂之蔽，或謂之箭裏。』……西京雜記云：『許博昌善陸博，法用六箸，以竹爲之，長六分，或用二箸。』列子説符篇（殷敬順）釋文引六〔古〕博經云：『博法：二人相對，坐向局，局分爲十二道，兩頭當中名爲水，用棊十二枚，法六白六黑，又用魚二枚置於水中，其擲采以瓊爲之，二人互擲采行棊，棊行到處即竪之，名爲驍棊，即入水食魚，亦名牽魚，每牽一魚獲二籌，翻一魚獲三籌，若已牽兩魚而不勝者，名曰被翻雙魚，彼家獲六籌爲大勝也。』」按：棋戲謂之「簙」，棋戲之具亦謂之「簙」也。

蔽：楚辭招魂王逸注：「蔽，簙箸以玉飾之也。」按：「蔽、簙」雙聲，「蔽」蓋「簙」之方言轉語。

〔二〕箘：説文竹部：「箘，箘簬也。一曰簙棊也。」是「箘」爲竹名，「一曰」之訓與方言合，「簙棊」即棋子也。廣雅釋草：「箘簬，箭也。」王念孫疏證：「箘之言圓也。説文云：『圓謂之囷，方謂之京。』是囷圓聲義同。箭竹小而圓，故謂之箘也。竹圓謂之箘，故桂之圓如竹者亦謂之箘……竹圓謂之箘，故簙箸形圓亦謂之箘。」

〔三〕箭裏：廣雅釋器：「簙箸謂之箭。」「箭」下無「裏」字，郭璞注方言已見廣雅與此異，是「裏」字由來既久，姑仍其舊。韓非子外儲説左上：「秦昭王令工施鉤梯而上華山，以松柏之心爲博，箭長八尺，棊長八寸，而勒之曰『昭王嘗與天神博於此』矣。」博具名「箭」，蓋因其形圓似箭竹也。

〔四〕簙著名箭：戴震方言疏證作「簙箸一名箭」。

〔五〕簙毒：錢繹方言箋疏：「『毒』之言督也。釋詁云：『督，正也。』簙箭謂之簙毒，以正直得名也。」丁惟汾方言音釋：「毒，古音讀豆，爲注之同聲假借，簙毒爲簙注。」按：「毒」之言「督」、「毒」爲「注」之借，皆嫌迂曲。「簙毒」蓋即「簙竹」，博具細而圓，形似箭竹，故名「簙竹」，吴楚之間讀如「簙毒」也。

〔六〕夗專：原本玉篇殘卷「轉」下引作「婉轉」。廣雅釋詁五：「夗專，簙也。」王念孫疏證：「簙與弈異事，不得訓簙爲弈……夗專爲簙之異名。」廣雅釋草「箭也」條王念孫疏證：「夗專、匴璇皆圓之貌。惌專猶宛轉也。簙棊謂之箭，亦謂之箘；竹謂之箭，亦謂之箘，簙箭謂之箘，亦謂之宛轉；箭竹謂之箘簬，亦謂之宛簬。其義一也。」

〔七〕匴璇：亦圓貌，説見本條匯證〔六〕引王念孫。

〔八〕簿：戴震方言疏證作「簙」是也，當據正。

〔九〕棊：同「棋、碁」。錢繹方言箋疏：「説文：『棊，博棊。』衆經音義卷二引文『博或謂之碁』。『碁』與『棊』同。中山經云：『休與之山，其上有石焉，名帝臺之棋。』郭注云：『棋，謂博棋也。』『棋』與『棊』亦同。又南次二經云：『漆吴之山，多博石。』郭注云：『可以爲博碁石。』是簙棊以石爲之……簙謂之蔽，簙箸亦謂之蔽；簙謂之箘，簙箭亦謂之箘；簙謂之璇，簙采亦謂之瓊；簙謂之棊，簙石亦謂之棊，簙箭亦謂之棊。蓋義之相因者也。」

〔一〇〕枰：戴震方言疏證：「史記范雎蔡澤列傳：『君獨不觀夫博者乎，或欲大投，或欲分功。』索隱引方言云：『所以投博謂之枰。』韋昭博弈論：『然其所志，不出一枰之上。』李善注引方言：『投博謂之枰，圍棊自關而東齊魯之間謂之弈。』」説文木部：「枰，平也。从木，从平，平亦聲。」段玉裁注：「謂木器之平稱枰，如今言棊枰是也。」

〔一一〕廣平：廣雅釋器：「廣平、榻，枰也。」王念孫疏證：「『廣平』爲博局之枰，『榻』爲牀榻之枰，皆取義於平也。」

〔一二〕局：同「局」。説文口部：「局……一曰博所吕行棊。」段玉裁注：「博當作簙。簙，局戲也，六箸十二棊，簙有局，以行十二棊，局之字象其形。」錢繹方言箋疏：「李賢注後漢書梁冀傳引藝經曰：『彈棊，兩人對局，白黑碁各六枚，先列棊相當，更相彈也。其局以石爲之。』漢書溝洫志云：『山行則梮。』韋昭注：『梮，木器，如今輿牀，人舉以行也。』兩人對局以行棊謂之局，猶二人對舉以輿人及物謂之梮也。『梮』與『局』通。局之言曲也。小雅正月篇：『不敢不局。』毛傳：『局，曲也。』」

〔一三〕曲道：廣雅釋器：「曲道，梮也。」「梮」通「局」，「局」之言曲。參本條匯證〔一二〕。

四〇　圍棊謂之弈〔一〕，自關而東齊魯之間皆謂之弈。

匯證

〔一〕圍棊：此下戴震方言疏證、盧文弨重校方言、周祖謨方言校箋均與上條連寫。按：慧琳一切經音義卷四五引方言云：「博也，吴楚之間或謂之綦，圍綦謂之奕也。」卷四八引方言云：「博或謂之綦，自關而東齊魯之間皆謂圍綦爲弈。」卷六七引方言：「博或謂之綦，亦圍綦也。」是唐人所見方言正與上文連寫。然王念孫、錢繹未從戴氏校。廣雅釋詁五：「夗專，簙也。」王念孫疏證：「簙與弈異事，不得訓簙爲弈。」錢繹方言箋疏於上條末云：「簙與弈異事，故廣雅云：『夗專，簙也。』『圍綦，弈也。』衆經音義卷十四云：『博掩：博，博戲也。掩，圍綦也。』『掩』即『弈』之轉聲也。『簙』與『圍綦』自應分别。」今不連寫，仍從舊本。

弈：錢繹方言箋疏：「李善博弈論注、太平御覽並引桓譚新論云：『俗有圍綦之戲，或言是兵法之類也。及爲之其上者，遠綦疏張，置以會圍，因而成多得道之勝，中者則務相絶遮，以爭便求利，下者守邊隅，趍作罫，以自生於小地。』説文云：『弈，圍綦也。从廾，亦聲。』襄二十五年左氏傳云：『弈者舉棋不定，不勝其耦。』杜預注云：『弈，圍棋也。』疏云：『棋者，所執之子。』『以子圍而相殺，故謂之圍棋。沈氏云：「圍棋稱弈者，取其落弈之義也。」』『棋』與『綦』同。班固弈旨云：『北方之人，謂綦爲弈。』衆經音義卷十四云『博掩』，玄應曰：『博，博戲也。掩，圍綦也。或云：博戲，掩取人財物也。』案：『博掩』猶『博弈』，『掩』即『弈』聲之轉也。」

輶軒使者絶代語釋别國方言校釋匯證第六

1a 一　聳〔一〕、㞑〔二〕，欲也。皆强欲也。山頂也〔三〕。荆吴之間曰聳，晉趙曰㞑。自關而西秦晉之間相勸曰聳，或曰㞑。中心不欲而由旁人之勸語亦曰聳。凡相被飾亦曰㞑。

匯證

〔一〕聳：戴震方言疏證：「楚語：『教之春秋，而爲之聳善而抑惡焉。』韋昭注云：『聳，獎也。』揚雄長楊賦：『整輿竦戎。』李善注云：『方言：自關而西秦晉之間相勸曰聳。聳與竦古字通。』」盧文弨重校方言：「以我所欲，强人之我從，則曰聳、曰獎，今人語猶然。」王引之經義述聞卷一九春秋左傳下「聳之以行」條：「『誨之以忠，聳之以行。』杜注曰：『聳，懼也。』漢書刑法志『聳』作『雙』，顔師古注曰：『雙，謂獎也。』家大人曰：顔説是也。『聳之以行』，謂舉善行以獎勸之。故楚語：『教之春秋，而爲之聳善而抑惡焉，以戒勸其心。』韋注曰：『聳，獎也。』方言曰：『自關而西秦晉之間相勸曰聳……』又曰：『慫慂，勸也。南楚凡己不欲喜而旁人説之、不欲怒而旁人怒之謂之慫慂。』『慫』與『聳』義亦相近。」錢繹方言箋疏：「下卷十云：『食閻、慫慂，勸也……』漢書衡山王傳云：『日夜縱臾王謀反事。』顔師古注云：『縱臾，謂獎勸也。』史記作『從容』。汲黯傳：『慫諛承意。』並與『慫慂』同。單言之則爲『聳』矣。」按：後世方言猶有此語。應鍾甬言稽古釋言：「慫，玉篇息勇切。慫恿，疾言聲合則爲聳。聳，相勸義。今以甘言蠱人，令之興起有所爲謂之聳。」

〔二〕㞑：戴震方言疏證改作「獎」，下同。云：「謝朓齊敬皇后哀策文：『末命是獎。』注引方言：『秦晉之間相勸曰獎。』盧諶贈劉琨詩：『飾獎駑猥。』注引方言：『凡相被飾亦曰獎。』説文作獘，云：『嗾犬厲之也。从犬，將省聲。』今方言各本皆作『㞑』，譌舛不成字。」按：慧琳一切經音義卷七七、卷八一引方言亦作「獎」。戴校是也，當據正。説文段玉裁注：「厲之，猶勉之也，引伸爲凡勸勉之稱。」戴震遺書系本方言疏證：「廣雅：『獎，譽也。』玉篇云：『獎，助也，成也，欲也，譽也，嗾犬厲之也。』『欲』之義取於方言，然『聳、愫』皆爲『中心不欲而由旁人之勸語』，則『欲』字應屬譌舛，或『譽、欲』聲相近而譌，注作『皆强譽也』，義尤明。」

〔三〕山頂也：戴震方言疏證作「山頂反」，云：「各本『反』譌作『也』，後卷十三有『聳』字，注内亦音山頂反。『聳』從耳從聲，不當入迥韻，『頂』應是『項』之譌，方音入講韻耳。」吴承仕經籍舊音辨證：「改『頂』爲『項』，是也。項從工聲，工、從皆屬東部，以『項』切『聳』不必説爲方音，曹憲廣雅音曰：『聳音竦，方言音雙講反。』『雙講』與『山項』正同。」周祖謨方言校箋：「玄應音義卷十五『聳』音所項反。『所項』與『山項』音同。」按：當據戴校改「山項也」作「山項反」。明抄本「頂」作「項」不誤。

二　聳〔一〕、聹〔二〕，聾也。半聾，梁益之間謂之聹；言胎聹，煩憒也〔三〕。音宰。秦晉之間聽而不聰、聞而不達謂之聹。生而聾，陳楚江淮之間謂之聳。言無所聞，常聳聹也〔四〕。荆揚之間及山之東西雙聾者謂之聳。聾之甚者，秦晉之間謂之𦖋〔五〕。五刮反。言聉無所聞知也。外傳：「聾聵伺火。」音蒯聵〔六〕。吴楚之外郊凡無有耳者亦謂之𦖋〔七〕。其言联者〔八〕，若秦晉中土謂墮耳者明也〔九〕。五刮反。

匯證

〔一〕聳：陳楚江淮之間指「生而聾」，荆揚之間及山之東西指「雙聾者」。説文耳部作「聳」，釋曰：「生而聾曰聳。」廣雅釋詁三：「聳，聾也。」王念孫疏證：「馬融廣成頌云：『子野聽聳，離朱目眩。』漢繁陽令楊君碑云：『有司聳昧，莫能識察。』」按：「聳、聾」疊韻。釋名釋疾病：「聾，籠也，如在蒙籠之内，聽不察也。」本條下文郭注：「言無所聞常聳耳也。」丁惟汾方言音釋：「聳俗作傻。騃而無慧者謂之傻子，耳無所聞，貌如傻子，故謂之聳。」冀魯官話中「聳」意謂「傻、糊涂」，古已有之，如聊齋俚曲集磨難曲第二回：「你這個人好聳，跪嗓子當了甚麽；死活的由命，哀告甚麽?」醒世姻緣傳第七七回：「再冬聳頭聳腦的，這樣一個海闊京城，人山人海，門也是不敢出的，没處去打聽風信。」又按：聾者有傻相，然傻則非必聾也。

〔二〕聤：梁益之間指「半聾」，秦晉之間指「聽而不聰、聞而不達」，即指聽力不好。吴予天方言注商：「『聤』之言『佁』也。說文：『佁，癡貌。从人，台聲。讀若騃。』『癡，不慧也。』是佁爲不聰穎之偁。故耳之不聰者，亦謂之佁。梁益謂半聾爲聤，秦晉謂聽而不聰、聞而不達者亦爲聤。皆爲『佁』之語轉。」

〔三〕胎聤：吴予天方言注商：「『胎聤』係疊韻聯語，古屬之類。」按：晉時語，用例未詳。疑當作「佁聤」，近義複詞。煩憒：謂心煩意亂。王逸九思逢尤：「被詠譖兮虚獲尤，心煩憒兮意無聊。」

〔四〕聳聤：按：此二字宋本残缺，據四部叢刊影宋本補。慧琳一切經音義卷五八引郭注作「聳耳」。東文研藏珂羅版影宋刊本二字亦漫漶。靜嘉堂文庫藏影宋抄本「聳」下缺一字。遠藤氏藏天壤閣翻刻本作「聳耳」，明李珏刻本、陳與郊類聚本同。戴震方言疏證作「聳耳」，廣雅釋詁三「聾也」條王念孫疏證引郭注亦作「聳耳」。是本作「聳耳」，當據正。

〔五〕⿰耳闋：說文耳部：「⿰耳闋，吴楚之外凡無耳者謂之⿰耳闋，言若斷耳爲盟。从耳，闋聲。」廣雅釋詁三：「⿰耳闋，聾也。」皆本方言。廣韻、集韻齊韻「聧」字下引方言並作「聧」。按：「⿰耳闋」從「闋」聲，「闋」從「癸」聲，「⿰耳闋」與「聧」當同音，其音説見本條匯證〔六〕下引劉台拱。王念孫廣雅疏證：「⿰耳闋、明、聉，聲義並相近……聵猶⿰耳闋也，語之轉耳。說文：『聵，生聾也。』晉語：『聾聵不可使聽。』衆經音義卷一引賈逵注云：『生聾曰聵。』法言問明篇云：『吾不見震風之能動聾聵也。』說文：『顡，癡顡不聽明也。』此即郭璞所云『聉顡無所聞知』。聵、顡並音五怪反，其義同也。」吴予天方言注商：「⿰耳闋之言『缺』也。無耳謂之缺，聾之甚者，有耳等於無耳，故亦謂之缺。『⿰耳闋』其轉語也。『缺、⿰耳闋』疊韻，古屬脂類。」

〔六〕此條郭注問題頗多。劉台拱方言補校：「郭君解釋字義，每用雙聲疊韻之字形容之。此『言聉無所聞知也』，於辭意不足。廣韻十四賄『聉』字注云：『吐猥切。聉顡，癡瘨皃。說文五滑切，無知意也。』又『顡』字注云：『五罪切。說文音聵，癡顛不聰明也。』據此，則『聉』下當脱一『顡』字。『顡』，說文音聵，郭以『⿰耳闋』爲『聵』之異文，故以『聉顡』釋其義，以『蒯聵』釋其音。『五刮反』三字乃後人所加，非郭讀也。『⿰耳闋』音五怪反，『明』音五刮反，一聲之轉，故下文以『明』譬『⿰耳闋』，後人因此即以『明』字之音爲『⿰耳闋』字之音，而郭注引外傳之語爲駢旁枝矣。」王念孫與劉端臨先生書：「蒙示方言注辨誤二條，精確不可移，『聉顡』一條正與鄙見合。」周祖謨方言校箋：「劉氏之言甚辯。廣雅釋詁三：『聳、聤、⿰耳闋、耾、聵，聾也。』王氏疏證引郭注亦校改作『言聉顡無所聞知也』。並云：『聵猶𦗦也，語之轉耳。聵、顡並音五怪反，其義同也。』與劉氏所見相合。考敦煌本王仁昫切韻黠韻『聉』，丁滑反，注云：『聉𦗦無所聞知，又牛□反。』同韻『𦗦』，五滑反，注云：『聉𦗦。』當即本於郭璞。據是，則今本注文『聉』下脱一『𦗦』字。『𦗦』字萬象名義音牛八反，曹憲音五八反，與王仁昫音合。郭璞音蒯聵之聵者，蓋指聾聵而言，聵曹憲音五怪反，是其證。」按：據上述諸家校，此處「五刮反」當删，「聉」下當補「顡」字。又按：戴震方言疏證據永樂大典本改「伺火」作「司火」。盧文弨重校方言亦改作「司火」，云：「宋本『司火』作『伺火』亦誤，今從外傳改正。」周祖謨方言校箋：「戴本作『司』，與國語合。」是「伺」亦當據戴校改作「司」。

〔七〕無有耳：戴震方言疏證作「無耳」。周祖謨方言校箋：「故宮博物院舊藏刊謬補闕切韻黠韻『𦗦』字注作『無耳』。」按：廣韻黠韻「𦗦」下注亦作「無耳」，當據戴校删「有」字。

〔八〕聧：戴震方言疏證作「𦗦」。

〔九〕明：説文耳部：「明，墮耳也。」王筠句讀：「蓋謂因病而墮也。」錢繹方言箋疏：「墮耳謂之明，猶斷足謂之跀。説文：『跀，斷足也。』『跀』聲與『明』相近。」按：「明、𦗦」一聲之轉，故揚雄以「墮耳」之「明」明「𦗦」之語源。聾之甚者雖有耳猶無耳也，「墮耳」猶謂缺耳。「𦗦」之言缺也。今俗於充耳不聞之者猶斥之曰「耳朵掉了」，此與古言「墮耳」之義正相合。

1b三　陂〔一〕、偏頗。傜〔二〕，逍遥。衺也〔三〕。陳楚荆揚曰陂。自山而西凡物細大不純者謂之傜。言娥傜也〔四〕。

匯證

〔一〕陂：戴震方言疏證：「樂記：『商亂則陂。』鄭注云：『陂，傾也。』」按：「陂」本指山坡、斜坡。爾雅釋地：「陂者曰阪。」釋名釋山：「山旁曰陂。」引申爲傾斜。吕氏春秋辯土：「其爲畮也，高而危則澤奪，陂則埒。」喻指偏邪，不正。荀子成相：「讒人罔極，險陂傾側。」方言義謂傾斜。廣雅釋詁二：「佊，衺也。」王念孫疏證：「佊者，玉篇音陂髲切，廣韻又音彼，引埤倉云：『彼，邪也。』又引論語：『子西彼哉。』今論語作彼，馬融注云：『彼哉彼哉，言無足稱也。』與廣韻所引異義。案：『彼』字讀偏彼之彼，於義爲長，廣韻所引當是鄭王虞諸人説也。方言：『陂，邪也。陳楚荆揚曰陂。』泰九三：『無平不陂。』虞翻注云：『陂，傾也。』詩序：『無險詖私謁之心。』崔靈恩注云：『險詖，不正也。』並字異而義同。」又章炳麟新方言釋言：「孟子公孫丑篇『詖辭』，趙云：『險詖之言。』又周易鄭注訓陂爲傾，『陂』古文同『頗』，是陂、頗、彼、詖本一語也。今人呼邪人爲彼子，俗誤書『痞』。」

〔二〕傜：當作「傜」，下文及注内同。通行字作「傜」，也作「㑾」。下文云：「自山而西凡物細大不純者謂之傜。」郭注：「言娥傜也。」物大小不同亦與「衺」義相通。説文人部：「㑾……自關以西物大小不同謂之㑾。」段玉裁注：「此方言殊語也。」並引方言此條文。錢繹方言箋疏：「『㑾』與『傜』同。初學記引韓詩章句云：『有章句曰歌，無章句曰謡。』無章句，言長短高下之不齊也。歌高下不齊謂之謡，猶物大小不純謂之傜矣。」

〔三〕衺：宋本不清晰，據四部叢刊影宋本録。「衺」，字之誤也。東文研藏珂羅版影宋刊本作「衺」，吴琯古今逸史本、程榮漢魏叢書本、胡文焕格致叢書本、明李珏刻本、明佚名刻本、鄭樸揚子雲集本、明抄本均作「衺」，廣雅釋詁二以「衺」釋「彼」。戴震方言疏證作「衺」是也，周祖謨方言校箋未改非是。小學蒐佚考聲二：「衺，衣不正也。」慧琳音義卷六二「咼衺」條引字書：「衺，不正也。」由「不正」引申爲「惡」。周禮地官比長：「有辠奇衺則相及。」鄭玄注：「衺，猶惡也。」與「邪」同。周禮天官宫正：「去其淫怠與其奇衺之民。」陸德民釋文：「衺，亦作邪。」賈公彦疏：「衺，猶惡也。奇衺、衺惡，義亦相近。」集韻麻韻：「衺，或作邪，通作斜，亦書作衺。」説文衣部「衺」下段玉裁注：「今字作邪。」偏斜不正本作「衺」，後作「斜」。説文斗部：「斜，杼也。」段玉裁注：「凡以斗挹出之謂之斜，故字從斗。音轉意移，乃用爲衺。」

〔四〕娥傜：「傜」即「傜」。戴震方言疏證改「娥」作「俄」。錢繹方言箋疏：「説文：『俄，行頃也。』『行』字疑衍。廣雅：『俄，衺也。』小雅賓之初筵篇：『側弁之俄。』鄭箋：『俄，傾貌。』張衡歸田賦：『曜靈俄景。』李善注：『俄，斜也。』『俄、傜』同義，故云『言俄傜也』。『娥』訓爲『好』，非其義矣。」按：當據戴校改正。

四　由迪〔一〕，正也。東齊青徐之間相正謂之由迪。

匯證

〔一〕由迪：王引之經義述聞卷三尚書上「由乃在位」條：「『由乃在位，以常舊服正法度。』引之謹案：由者，正也。方言：『由迪，正也……』又曰：『胥、由，輔也。』郭注：『胥相由正，皆謂輔持也。』上句『盤庚斆于民』，『民』字兼臣與民言之，此二句則專指在位者言之，故曰正乃在位……」錢繹方言箋疏：「王氏伯申經傳釋詞曰：『洛誥：「四方迪亂未定，于宗禮亦未克敉，公功迪將其後。」當以「四方迪亂未定」爲句，「于宗禮亦未克敉」爲句，「公功迪將其後」爲句。爾雅：「亂，治也。」方言：「迪，正也。」「四方迪亂」，猶微子篇言「亂正四方」也。于，越也。言四方正治未定，越宗禮亦未克安也。「公功迪將其後」者，上文曰：「公功棐迪篤。」下文曰：「公功肅將祇歡。」與此並以「公功」發句，此文之相符者也。上文「公功」言「棐迪」，下文「公功」言「肅將」，此「公功」言「迪將」，此義之相合者也。舊讀失之。』是迪爲正也。漢書揚子雲傳云：『蠢迪檢押。』顔師古注云：『迪，道也，由也。』『迪』與『由』同義，合言之則曰『由迪』。」按：上博楚竹書緇衣簡一五引吕型（刑）：「丞（播）型（刑）之由。」今本「由」作「迪」。書牧誓：「昏棄厥肆祀，弗荅；昏棄厥遺王父母弟，不迪。」俞樾平議：「『不迪』之『迪』，當讀爲『由』。漢書揚雄傳注曰：『迪，由也。』是『迪』與『由』聲近義通。由者，用也。」是「由、迪」可通，同義連文。

五　㥏〔一〕，音腆。恧〔二〕，人力反，又女六反。慙也。荆揚青徐之間曰㥏，若梁益秦晉之間言心内慙矣；山之東西自愧曰恧；小爾雅曰：「心愧爲恧。」〔三〕趙魏之間謂之𦕈〔四〕。音密，亦祕〔五〕。

匯證

〔一〕㥏：戴震方言疏證：「左思魏都賦：『㥏墨而謝。』劉逵注引方言：『㥏，慙也。荆揚之間曰㥏。』」錢繹方言箋疏：「㥏之言腆也。下卷十三云：『腆，厚也。』㥏之訓慙，以厚爲義也。㥏顔猶言厚顔矣。」按：「㥏顔」猶言汗顔，表示羞愧。宋曾鞏回人賀授舍人狀：「惟清切之近班，實論思之要地，方驚冒處，良用㥏顔。」「腆顔」則猶厚顔，表示臉皮厚，不知羞恥。南朝沈約奏彈王源一首：「明目腆顔，曾無愧畏。」「腆顔」與「㥏顔」，義相反。方言此條「腆」爲郭氏音，錢氏以爲音訓，恐非是。

〔二〕恧：戴震方言疏證：「陸厥奉答内兄希叔詩：『相如恧温灑。』李善注引方言：『恧，慙也。』」錢繹方言箋疏：「司馬相如封禪文云：『不亦恧乎？』漢書王莽傳云：『敢爲激發之行，處之不慙恧。』……玉篇：『䀂，奴陸切。』引埤蒼云：『慙也。』太玄睟次二云：『䀂於中。』卷十云：『忸怩，慙澀也。』廣雅作『䘌怩』。『䘌』，曹憲音女六切。衆經音義卷五云：『忸，又作「恧」，同。』恧、䀂、忸、䘌，字異聲義並同。」按：慚愧之貌曰「恧然、恧恧」。漢桓寬鹽鐵論雜論：「桑大夫據當世，合時變，推道術，尚權利，辟略小辯，雖非正法，然巨儒宿學恧然不能自解，可謂博物通士矣。」三國志魏志邴原傳「太祖征吴，原從行」裴松之注引邴原别傳：「子弱不才，懼其難正，貪欲相屈，以匡勵之。雖云利賢，能不恧恧。」

〔三〕心愧爲恧：盧文弨重校方言：「本作『心慙曰恧』。」

〔四〕𦕈：廣雅釋詁一「慙也」條「𦕈」字從「目」不從「耳」，戴震方言疏證據之改。按：「𦕈」乃「䀣」之形譌，戴校是也。集韻至韻「䀣」下引方言作「䀣」，又質韻引方言同，並云：「或從目。」是「䀣」譌作「𦕈」雖久，（爾雅釋言：「愧，慙也。」經典釋文全引方言此條文，「䀣」已譌作「𦕈」。）宋人猶見未譌之本。説文目部：「䀣，直視也」。義與方言不類。集韻至韻：「䀣，説文：『直視也。』」一曰自愧恨曰䀣。」文獻用例未詳。吴予天方言注商：「『䀣』之言『覕』也。説文：『覕，蔽不相見也。从見，必聲。』段玉裁云：『覕之言閟也，祕也。蔽、覕雙聲。』蓋人慙恧時，恒求隱蔽。——此種態度，常見於婦人孺子。——俗遂謂慙爲覕，意亦相承也。錢氏以『䀣』與『毖』古相通假，乃云『毖爲慙之慎』，實屬不辭。」吴説録以待考。

〔五〕祕：字之誤也，當作「祕」。

2a六　寋〔一〕、音蹇。展〔二〕，難也。齊晉曰寋。山之東西凡難貌曰展。荆吴之人相難謂之展，若秦晉之言相憚矣〔三〕。齊魯曰燀〔四〕。難而雄也〔五〕。昌羡反。

〔一〕寋：戴震方言疏證：「寋即蹇。」錢繹方言箋疏改作「謇」，云：「舊本『謇』並作『寋』，攷玉篇、廣韻皆無『寋』字，集韻始有之。衆經音義卷七、卷九、卷十九、卷二十二並引方言作『謇』，今據以訂正。」廣雅釋詁三「蹇，難也」條下王念孫疏證引方言字作「𡨄」，云：「『𡨄』與『蹇』同。」周祖謨方言校箋亦改作「𡨄」，云：「『寋』即『𡨄』字之譌，漢高頤碑『清𡨄之口』，『𡨄』即『謇』字別體，今改作『𡨄』。下同。」按：「寋」爲「𡨄」之譌，「𡨄」即後之「謇」，王、周所改是也，當據正，下同。錢繹方言箋疏：「說文：『蹇，跛也。』蹇彖傳、序卦傳並引『蹇，難也』。下卷十云：『𧬊，吃也。楚語也。』說文：『吃，言蹇難也。』衆經音義卷一引通俗文云：『言不通利曰蹇吃。』列子力命篇云：『𧬊極、淩誶。』張湛注云：『𧬊極，納澀之貌。』『蹇、謇』古今字，『𧬊』俗字，『寋』壞字。」按：「蹇」本謂行難，轉指言難；言難本書卷一〇作「𧬊」，漢俗字作「𡨄」，後作「謇」。玉篇言部：「謇，吃也。」是「𧬊、謇」古今字，「蹇」與「𡨄(謇)」同源字。

〔二〕展：廣雅釋詁三：「展，難也。」王念孫疏證：「蹇、展，聲相近。」錢繹方言箋疏：「展與謇，聲相近，故二字義亦相同矣。」章炳麟新方言釋詞：「『蹇、展』聲相近，亦同爲曳詞之難。詩言『展如之人兮』『展我甥兮』，展者，乃也。毛傳訓誠，猶未密合。」

〔三〕秦晉之言：周祖謨方言校箋：「『之』字蓋衍文。」理由是，後面兩條分別作「猶秦晉言容盛也」「猶秦晉言阿與」，「秦晉」下均無「之」字。

憚：說文心部：「憚，忌難也。」段玉裁注：「凡畏難曰憚，以難相恐嚇亦曰憚。」錢繹方言箋疏：「此又一義也。『難』，當讀如『患難』之『難』，即說文『憚，一曰難也』之義也。昭十三年左氏傳云：『憚之以威。』魯語云：『帥大讐以憚小國。』韋昭注：『憚，難也。』張衡西京賦：『驚蝄蜽，憚蛟蛇。』通作『壇』。周官大司馬：『暴内陵外則壇之。』鄭衆云：『壇，讀〔從〕「憚之以威」之憚。』」

〔四〕燀：朱駿聲說文通訓定聲「燀」字下謂方言假借爲「蹇」，蓋即方言轉語。說文火部：「燀，炊也。」與方言之義迥別。錢繹引之以爲釋，則迂曲難通。

〔五〕難而雄也：盧文弨重校方言：「注似有譌。」錢繹方言箋疏：「各本並同，未詳所謂，疑有脱誤。」周祖謨方言校箋：「『雄』字疑誤。」

七　胥〔一〕、由〔二〕，輔也。胥，相也；由，正〔三〕。皆謂輔持也。吴越曰胥，燕之北鄙曰由。

匯證

〔一〕胥：爾雅釋詁下：「胥，相也。」郭注：「公羊傳曰：『胥盟者何？相盟也。』」邵晉涵正義：「大雅緜云：『聿來胥宇。』新序作『聿來相宇』。」郝懿行義疏：「『相』字凡有數義而讀兼二音……胥者，上文云『皆也』，『皆』有相連及之意，故郭引公羊桓三年傳云：『胥盟者何？相盟也。』以證胥相之義。今按：郭義亦恐未然。證以詩云『聿來胥宇』，又云『于胥斯原』，『胥』皆訓爲相視之『相』，故釋文並云：『相，息亮反。』然則『相』兼二音，其證甚明。」王引之經義述聞卷二六爾雅上「胥相也」條：「『胥』爲公羊傳相命之『相』，又爲輔相之『相』……（方言、廣雅）皆輔相之義也。」黄侃爾雅音訓：「『相』有輔相、相視、交相三義……『胥』既訓『皆』又訓『相』，是交相義也，但交相義亦由輔助義引申，輔助義亦由相視義引申。」按：「胥」訓爲「相」，「相」謂輔持。易泰：「輔相天地之宜。」孔穎達疏：「相，助也。當輔助天地所生之宜。」是也。謂「相」爲「胥」，蓋方音語轉也。吴越人念「相」音如「胥」，「胥，輔也」猶言「相，輔也」。

〔二〕由：廣雅釋詁二：「由、胥、輔，助也。」王念孫疏證：「由之言道也。」錢繹方言箋疏：「『由』通作『繇』，亦作『猷』。爾雅：『繇，道也。』卷三云：『猷，道也。』爾雅：『道、助，勴也。』義並相通也。」

〔三〕由，正：廣雅釋詁二王念孫疏證引郭注，「正」下有「也」字。周祖謨方言校箋：「原本玉篇『由』下引本注作『由正所以爲輔持也』。」

八　蛩烘〔一〕，戰慄也〔二〕。蛩、恭兩音。荆吴曰蛩烘。蛩烘，又恐也。

匯證

〔一〕蛩𢖶：戴震方言疏證：「説文：『𢖶，戰慄也。』廣雅：『蛩𢖶，懼也。』本此。玉篇：『𢖶，恐也。』」廣雅釋詁二王念孫疏證：「恐、𢖶之爲言皆恐也。」錢繹方言箋疏：「戰慄爲恐懼之貌，故『恐𢖶』亦訓爲恐。」按：「蛩、𢖶、恐」疊韻，旁紐雙聲。單言謂之「恐」，音轉謂之「蛩」、謂之「𢖶」，緩言謂之「蛩𢖶」，疊言則謂之「蛩蛩」。楚辭劉向九嘆離世：「心蛩蛩而懷顧兮，魂眷眷而獨逝。」王逸注：「蛩蛩，懷憂貌。」「懷憂」與「憂懼」義相通。「戰慄」狀恐懼之貌，「蛩𢖶」言恐懼之心，恐懼之義則相同也。

〔二〕戰慄：錢繹方言箋疏：「論語八佾篇：『使民戰栗。』『栗』與『慄』同。單言之則曰『戰』、曰『慄』。廣雅釋言：『戰，憚也。』白虎通誅伐篇引書大傳云：『戰者，憚警之也。』淮南原道訓云：『子夏心戰而臞。』史記齊悼惠世家云：『因退立，股戰而栗。』廣雅釋言：『慄，戰也。』秦風黄鳥篇：『惴惴其慄。』莊子人間世篇：『吾甚慄也。』又大宗師篇：『登高不慄。』重言之則曰『戰戰慄慄』。小雅小旻篇：『戰戰兢兢。』毛傳云：『戰戰，恐也。』湯誥篇：『慄慄危懼。』淮南繆稱訓：『故聖人栗栗乎其内。』又人間訓引堯戒云：『戰戰慄慄。』」

2b九　錪〔一〕、吐本反〔二〕。錘〔三〕，直睡反。重也。東齊之間曰錪，宋魯曰錘。

匯證

〔一〕錪：廣雅釋詁三：「錪，重也。」王念孫疏證：「錪之言腆也。方言：『腆，厚也。』厚與重同義。」按：明李實蜀語：「錪，重曰重錪錪。」説文重部：「重，厚也。」後有複詞謂之「厚重」。錢繹方言箋疏：「『錪』，本亦作『腆』。眾經音義卷十三引方言云：『腆，重也。東齊之間謂之腆。』」今方言猶有此語，如湖北武漢人説「這口箱子有點錪手」，「錪」乃沉重之謂也。

〔二〕吐本反：周祖謨方言校箋：「錪，曹憲音腆；本書卷五『鍑，北燕朝鮮洌水之間或謂之錪』，錪亦音腆；此作吐本反蓋誤。」

按：舊本皆作「吐本反」，集韻混韻「錪」音吐衮切，「吐本、吐兖」音同。「腆」，廣韻他典反。今仍舊本，存疑待質。

〔三〕錘：廣雅釋詁三：「權、錘，重也。」王念孫疏證：「釋器云：『錘謂之權。』錘之言垂也。下垂，故重也。」按：繫以重物使下墜謂之「硾」，「錘」之言「硾」也。呂氏春秋勸學：「夫弗能兑而反説，是拯溺而硾之以石也。」高誘注：「硾，沈也。」亦作「縋」。玄應音義卷一六：「縋，又作硾，謂懸重曰縋也。」通俗文：「懸鎮曰縋。」是也。」今江淮方言謂手持之物較重曰「硾手」，其「硾」乃古之遺語乎？又「錘」下郭注，宋本殘缺，據四部叢刊影宋本補。

一〇　鋡〔一〕，音含。龕〔二〕，受也。今云龕囊，依此名也。齊楚曰鋡，揚越曰龕。受，盛也〔三〕，猶秦晉言容盛也。

匯證

〔一〕鋡：郭注「音含」，音義兼明。廣雅釋詁三：「鋡、受，盛也。」王念孫疏證：「鋡通作含。」錢繹方言箋疏：「『鋡』之言含也。釋名：『含，合也，合口亭之也。』通作『函』。曲禮云：『席間函丈。』鄭注：『函猶容也。』函與鋡聲近義同。」正字通金部：「鋡，受也。按：經傳本作含。」

〔二〕龕：廣雅釋詁三：「堪、龕、受，盛也。」王念孫疏證：「凡言堪受者，即是容盛之義。昭二十一年左傳：『鍾窕則不咸，摦則不容，今鍾摦矣，王心弗堪。』是也。『龕』與『堪』聲義亦同。方言『龕』字注云：『今云龕囊，依此名也。』説文：『堪，地突也。』淮南子天文訓：『堪輿徐行，雄以音知雌。』文選甘泉賦注引許慎注云：『堪，天道也；輿，地道也。』皆容盛之義也。」按：牆壁之穴謂之「壁龕」，供神之石閣謂之「石龕」，供佛之石室謂之「佛龕」，是凡言「龕」均有空間而能容受之義也。

〔三〕受：方言訓「盛」，言容納也。章炳麟新方言釋言：「齒音轉舌。廣韻受訓姓者，音都導切。今以手以裳承接者通謂之『兜』，『兜』即受也。」

一一　矔〔一〕，慣習。眮〔二〕，侹侗〔三〕。轉目也。梁益之間瞋目曰矔，轉目顧視亦曰矔；吳楚曰眮。

匯證

〔一〕矔：説文目部「矔」字段玉裁注：「矔之言灌注也。」此爲本義。方言謂「瞋目」，意即瞪眼注視。漢書揚雄傳：「羌戎睚眥。」顔師古注：「睚，字或作矔。矔者，怒其目眥也。」又謂「轉目顧視」，意即轉眼環視。古文苑劉歆遂初賦：「空下時而矔世兮，自命己之取患。」章樵注：「矔，轉目視也。」吴予天方言注商：「説文：『矔，目多精也。』『瞋，張目也。』用神視時，則瞳孔放大，此瞋目之所以呼爲『矔』也。轉目顧視亦曰矔者，係『眷』之轉音也。説文：『眷，顧也。从目，卷省聲。』——詩盧令：『其人美且鬈。』鄭箋：『鬈讀當爲權。』説文：『齤，讀若權。』淮南子修務訓：『啳睽哆噅。』高注：『啳讀權衡之權，急氣言之。』『鬈、齤、啳、眷』並從『卷』聲；『權、矔』並從『雚』聲。此皆『矔、眷』聲相轉之證也。」

〔二〕眮：説文目部：「眮，吴楚謂瞋目、顧視曰眮。」段玉裁注：「瞋目、顧視是二事，梁益皆曰矔，吴楚皆曰眮也。」

〔三〕侹侗：盧文弨重校方言：「説文『眮』徒弄切。此當依卷十二内音『挺挏』。漢書百官公卿表：『更名家馬爲挏馬。』晉灼曰：『挏，音挺挏。』顔氏家訓勉學篇引漢禮樂志云：『給太官挏馬酒。』李奇注：『以馬孔爲酒也，撞挏乃成。』二字並從手。撞，都孔反；挏，達孔反。此謂撞擣挺挏之。據此則作挺挏爲是。」錢繹方言箋疏：「盧説誠是。然卷十二内『胴』字上即『侗』字，音他動反，下『胴』字音『挺挏』。用從『手』之字，所以避重出也。又卷九：『小艒䑿謂之艇。』注云：『䑤也。』淮南俶真訓：『撢掞挺挏。』『侹侗、挺挏、艇䑤』，皆雙聲，無定字，不必概從畫一。」周祖謨方言校箋：「玉篇『眮』音大孔切，廣韻音徒揔切，與『挏』同音。『侗』廣韻音他孔切，與『眮』音不同，盧説是也。」

一二　逴〔一〕、勑落反〔二〕。騷〔三〕、先牢反。⿸虍走，蹇也。跛者行跳踔也〔四〕。吴楚偏蹇曰騷，齊楚晉曰逴。行略逴也。

匯證

〔一〕逴：卷二云「自關而西秦晉之間凡蹇者或謂之逴，體而偏長短亦謂之逴」，本條云齊楚晉謂蹇曰逴，兩條所述方言區域互補。

「違」之訓「蹇」，説詳卷二第一二條匯證〔一〕。

〔二〕落：此字宋本漫漶不清，四部叢刊影宋本作「落」。東文研藏珂羅版影宋刊本、靜嘉堂文庫藏影宋抄本、遠藤氏藏天壤閣翻刻本及明刻諸本俱作「略」，戴震方言疏證亦作「略」。按：卷二第一二條「違」下音也作「略」。當據正。

〔三〕騷：廣雅釋詁三：「騷，蹇也。」王念孫疏證：「騷之言蕭也。卷二云：『蕭，衺也。』故謂偏蹇曰騷。」錢繹方言箋疏：「廣雅：『騷，擾也。』人不靜謂之蹇，亦謂之騷，猶偏蹇謂之騷，亦謂之違也……曲禮：『凡遺人弓者……右手執簫。』鄭注云：『簫，弭頭也。謂之簫，簫，邪也。』正義曰：『弓頭梢剡差，邪似簫，故謂爲簫也。』釋名云：『弓末曰簫，言簫梢也。』藝文類聚引作『言蕭邪也』。説文：『簫，參差管樂，象鳳之翼。』是凡言『簫』者，皆『偏衺』之義也。」吴予天方言注商：「説文：『騷，擾也。从馬，蚤聲。』朱駿聲云：『按謂馬擾動也。』蓋馬擾動則跳踔奔逸，其體高下起伏，跛者行亦跳踔傾斜，實有相似之處：故吴楚之人，遂謂偏蹇爲騷，是移物態以言人。——猶『狀本犬形，而言人皃，臭本犬齅，而言人聞』。朱駿聲釋笑語。亦其例也。是謂蹇爲騷，係騷之語意轉變也。」名原之説，未知孰是。

〔四〕行跳踔也：周祖謨方言校箋：「玄應音義卷十三引方言云：『踔，蹇也。』郭璞曰：『跛者行跳踔不前也。』踔與本文違同，而郭注與今本有異。」

一三　㾷〔一〕，音斯。嗌〔二〕，惡介反。噎也〔三〕。皆謂咽痛也。音翳。楚曰㾷，秦晉或曰嗌，又曰噎。

匯證

〔一〕㾷：慧琳一切經音義卷一〇引作「廝」，卷三、卷二七、卷四八、卷七七引作「嘶」，集韻霽韻引作「廝」。按：本卷第三四條「東齊聲散曰廝」「秦晉聲變曰廝，器破而不殊其音亦謂之㾷」，字正作「㾷」，「㾷」字不誤。説文疒部：「㾷，散聲也。」段玉裁注引本卷前後兩條爲釋，又云：「按與斯、澌字義相通，馬嘶字亦當作此。」徐灝注箋：「㾷，今粵人謂食而哽噎曰㾷噎。」本條郭璞注：「皆謂咽痛也。」是咽痛、散聲、食物塞喉等，義相因也。

〔二〕嗌：周祖謨方言校箋：「玄應音義卷三『嘶喝』條云：『喝又作⿰口盖，同，乙芥反。方言「嘶、⿰口盖，噎也」，郭璞曰「謂咽痛也」，「楚曰嘶，秦晉或曰⿰口盖」。』嗌字作⿰口盖，與今本方言不同。玄應書高麗藏本如此，莊刻本作嗌。案作⿰口盖是也。玉篇喝下云：『乙芥切，嘶聲也。』又作⿰口蓋，注云：『⿰口蓋，噎也。』⿰口蓋即⿰口盖字，足證今本方言作嗌有誤。當據玉篇及玄應音義引訂正。」按：周校是也。慧琳一切經音義卷三「嘶喝」條引方言亦作「⿰口盖」。又，「嗌」，説文伊昔切，玉篇於亦切，廣韻伊昔切，古音屬影紐錫部；「⿰口盖」，玉篇乙芥切，集韻乙界切，與郭注本條「惡介反」音同，古音屬影紐月部。是知郭氏「惡介反」本爲「⿰口盖」音，而非爲「嗌」音，此亦爲「嗌」當作「⿰口盖」之内證也。「⿰口盖」與「⿰口蓋、嗌」同，郭釋「咽痛」。

〔三〕噎：説文口部：「噎，飯窒也。」按：食物塞喉謂之「噎」，咽痛如塞亦謂之「噎」，義相因也。

3a 一四　怠〔一〕、陁〔二〕，壞〔三〕。謂壞落也。音虫豸，未曉〔四〕。

匯證

〔一〕怠：戴震方言疏證：「殆、怠古通用。」廣雅釋詁一：「殆，壞也。」王念孫疏證：「怠與殆通。」又釋詁三：「殆，敗也。」王念孫疏證：「卷一云：『殆，壞也。』壞與敗同義。賈子道術篇云：『志操精果謂之誠，反誠爲殆。』」按：「怠、殆」可互通。郭店楚簡老子甲簡二六：「古（故）智（知）足不辱，智（知）止不怠。」馬王堆帛書老子甲本、王弼本作「殆」。詩商頌玄鳥：「商之先后，受命不殆。」鄭玄箋：「商之先后受天命而行之不解殆。」「殆」之訓敗、訓壞則爲常義。荀子議兵：「輕利僄遬，卒如飄風，然而兵殆於垂沙，唐蔑死。」楊倞注：「殆，謂危亡也。」淮南子人閒訓：「國家危，社稷殆。」

〔二〕陁：戴震方言疏證改作「阤」。周祖謨方言校箋：「原本玉篇『阤』下引本文亦作『阤』，音除蛾反。案漢東海廟碑『施則陁崩』，『陁』即『阤』字，不必改也。」按：周校是也。文選張衡西京賦：「程巧致功，期不陁陊。」李善注引方言作「陁」。慧琳一切經音義卷二七引方言則作「阤」。集韻紙韻：「阤，或作陁。」後漢書蔡邕傳：「王塗壞，太極陁。」李賢注引賈逵注國語曰：「小崩曰陁。」今本國語周語下「陁」作「阤」。「陁」謂崩頹、壞落。説文𨸏部：「阤，小崩也。」國語周語下：「是故聚不阤崩，而物有所歸。」韋昭注：「大曰崩，小曰阤。」說苑立節：「城爲之陁而隅爲之崩。」

〔三〕壞：戴震方言疏證於此字下補「也」字，是也。說文土部：「壞，敗也。」段玉裁注：「敗者，毀也。毀壞字皆謂自毀自壞。」論語陽貨：「君子三年不爲禮，禮必壞；三年不爲樂，樂必崩。」是其例也。外力致使倒塌亦曰壞。韓非子說難：「宋有富人，天雨牆壞。」是也。

〔四〕音虫豸，未曉：戴震方言疏證删「未曉」二字，改「虫」作「蟲」，並將「音蟲豸」移置「阤」（即「陁」）字下。云：「注內『音蟲豸』三字，各本作『音虫豸，未曉』五字，『虫』即『蟲』之省，『未曉』二字蓋閱是書者所記，以『虫豸』不可曉耳，『虫』許偉反，與『蟲』異故也，不當雜入注文，今删。」按，宜從戴校删改。

一五　埕〔一〕、音涅。墊〔二〕，丁念反。下也。凡柱而下曰埕，屋而下曰墊。

匯證

〔一〕埕：戴震方言疏證：「說文：『涅，从水，从土，日聲。』『埕』蓋從土，涅省聲。此字後人所作，應直用『涅』。」錢繹方言箋疏：「廣雅：『埕，下也。』說文：『涅，黑土在水中也。』『涅、埕』古今字。」按：黑土在水中，即水下之黑土，是「涅」既有「黑」義，亦有「下」義。廣雅釋器：「涅，黑也。」本書卷一三：「涅，休也。」「休」即後之「溺」，謂没於水中也。引申爲「下」。本條釋爲「柱而下」，蓋因不關涉「水」，故字作「埕」。戴謂「應直用涅」非是，郭注「音涅」，注音兼釋義之例也，由是知方言本作「埕」，而不作「涅」也。

〔二〕墊：說文土部：「墊，下也。」段玉裁注：「謂地之下也……因以爲凡下之偁。」王筠句讀：「下者，陷而下也。」書益稷：「洪水滔天，浩浩懷山襄陵，下民昏墊。」孔穎達疏引鄭玄注：「墊，陷也。」亦作「𥨍」。說文宀部：「𥨍，屋傾下也。」段玉裁注：「謂屋欹傾下陷也，與墊音義同。」廣雅釋詁一：「埕、埝、𥨍，下也。」王念孫疏證：「方言……又云：『埝，下也。』郭璞注云：『謂陷下也。』靈樞經通天篇云：『太陰之人，其狀念然下意。』念與埝通。卷三云：『坾，深也。』坾與埝義亦相近。說文：『窾，屋傾下也。』又云：『墊，下也。』皋陶謨：『下民昏墊。』鄭注云：『昏，没也；墊，陷也。』莊子外物篇：『廁足而墊之至黃泉。』司馬彪注云：『墊，下也。』墊與窾同。墊訓爲下，故居下地而病困者謂之墊隘。成六年左傳云：『郇瑕氏土薄水淺，其惡易觀。易觀則民愁，民愁則墊隘，於是乎有沈溺重腿之疾。』是也。」錢繹方言箋疏：「墊、窾、埝，字異義同。」

一六　伆〔一〕、邈〔二〕，離也。謂乖離也。音刎。楚謂之越〔三〕，或謂之遠，吳越曰伆。

匯證

〔一〕伆：戴震方言疏證：「『伆』亦作『迿』。」廣雅釋詁一：「迿、離，遠也。」王念孫疏證：「『迿』與『伆』同。玉篇『迿』音勿，又音忽。楚辭九歌云：『平原忽兮路超遠。』荀子賦篇云：『忽兮其極之遠也。』迿、忽古亦通用。」按：分離則遠，是「遠」與「離」義相通。

〔二〕邈：即「邈」。廣雅釋詁一：「邈、離，遠也。」王念孫疏證：「楚辭離騷：『神高馳之邈邈。』王逸注云：『邈邈，遠貌。』九章云：『邈而不可慕。』」按：遠邈謂之「邈」，離開很遠、離開很久亦謂之「邈」。漢書武帝紀：「邈而無祀。」顏師古注：「邈，遠絶之意。」釋名釋親屬：「出之子曰離孫，言遠離已也。」後世亦常用。清王士禎北固山題名記：「江山猶可髣髴，而其人已邈。」

〔三〕越：廣雅釋詁一：「越，遠也。」王念孫疏證：「越之言闊也。爾雅：『闊，遠也。』襄十四年左傳：『越在他竟。』杜預注云：『越，遠也。』周語云：『聽聲越遠。』」錢繹方言箋疏：「『越』與『遠』，語之轉耳……淮南俶真訓云：『是故神越者其言華。』高誘注：『越，散也。』『散』與『離』義相近。」「越遠」連文漢代亦有用例，漢書禮樂志「隅辟越遠，四貉咸服」是也。

一七　顛〔一〕、頂，上也。

匯證

〔一〕顛：戴震方言疏證：「爾雅釋言：『顛，頂也。』『顛』與『頂』，一聲之轉。」説文頁部：「顛，頂也。」「頂，顛也。」段玉裁注：「引伸爲凡物之頂。」又云：「凡在最上之稱，故廣雅云『頂，上也』。」爾雅釋言：「顛，頂也。」郭璞注：「頭上。」郝懿行義疏：「方言云：『顛、頂，上也。』按：上謂頭上，頭上即顛頂。顛、頂雙聲，義亦互訓。」

一八　誙〔一〕，䛳与也〔二〕。乙劒反。吴越曰誙，荆齊曰䛳与，猶秦晉言阿与〔三〕。相阿与者，所以致誙䛳也〔四〕。

匯證

〔一〕誙：同「誣」。龍龕手鑑言部：「誙，通；誣，正。」王念孫手校明本改作「誣」，注内同。戴震方言疏證：「説文：『誣，加也。』……凡無實而虚加皆爲誣。表記：『受禄不誣。』鄭注云：『不信曰誣。』此正『阿与』之義。」段玉裁説文解字注「誣」字下云：「『加』與『誣』皆兼毁譽言之，毁譽不以實皆曰誣也。」按：「誣」本指説話虚妄不實，引申之則謂欺騙、誣謗。左傳襄公十四年：「定姜曰：『無神何告？若有，不可誣也。』」「不可誣」意謂不可欺也。左傳哀公六年：「遂誣鮑子曰：……」「誣鮑子」意謂誣謗鮑子也。方言「誣」訓「䛳与」，又云：「猶秦晉言阿与。」戴、段所釋是也。

〔二〕䛳与：周祖謨方言校箋云：「原本玉篇『誣、䛳』二字下引本文並作『與』。」按：「与」同「與」。説文勺部：「与，賜予也。一勺爲与。此与與同。」「䛳与」因聲見義，非關乎字形，且「与、與」同，宋明舊本皆作「与」，今仍其舊。戴震方言疏證：「後卷十内『或謂之䛳』，注云『言誣䛳也』，合之此注，皆以『誣䛳』連稱；據正文，『䛳与』猶『阿与』，『䛳、阿』乃一聲之轉。」按：清人校本及周祖謨方言校箋皆於正文斷「荆齊曰䛳与」爲句。此條句讀有二，本書採用前一種：一是「誣，䛳与也。吴楚曰誣；荆齊曰䛳与，猶秦晉言阿与。」二是「誣、䛳，与也。吴越曰誣，荆齊曰䛳。与，猶秦晉言阿与。」若雅詁以「誣䛳」連稱爲斷，則下文無所承，自不可取。方言云「荆齊曰䛳与，猶秦晉言阿与」，戴震謂「『䛳、阿』乃一聲之轉」是也。

〔三〕阿与：王念孫手校明本「阿与」下補「也」字。周祖謨方言校箋：「原本玉篇引『阿與』下有『也』字。」

〔四〕相阿与者，所以致誣譀也：戴震方言疏證：「又轉一義矣。」

3b 一九　掩〔一〕、索〔二〕，取也。自關東曰掩〔三〕，自關而西曰索，或曰狙〔四〕。但伺也〔五〕。

匯證

〔一〕掩：戴震方言疏證：「掩，説文作『揜』，云：『自關以東謂取曰揜。』司馬相如子虛賦：『揜翡翠。』上林賦：『揜焦朋。』李善注皆引方言『揜，取也』。漢書貨殖傳：『又況掘冢搏掩，犯姦成富。』顏師古注云：『〔搏〕掩，謂〔搏擊〕掩襲取人物者也。』」説文手部「揜」字下段玉裁注：「許所據方言蓋作揜，李善注子虛、上林賦引方言亦作揜也。」按：訓覆取、捕取之「掩」也作「揜」。廣韻琰韻：「掩，閉取也。」又敢韻：「揜，手揜物也。」集韻感韻：「揜，覆取也。或從奄。」

〔二〕索：廣雅釋詁一：「索，取也。」王念孫疏證：「經傳通作『索』。」按：説文宀部：「索，入家搜也。」段玉裁注：「搜，求也。顏氏家訓曰：『通俗文云：入室求曰搜。』按當作『入室求曰索』。今俗語云『搜索』是也。索，經典多假索爲之，如探嘖索隱是。」小爾雅廣詁：「索，取也。」廣韻陌韻：「索，求也。」又麥韻：「索，求也，取也。」

〔三〕自關東：戴震方言疏證「自關」下補「而」字，是也。慧琳一切經音義卷二引方言、明刻諸本方言俱有「而」字，依例應當有「而」。

〔四〕狙：戴震方言疏證改作「担」，云：「各本譌作『狙』，永樂大典本下有『但伺也』三字，舛誤不可通。後卷十内『担，取也』，『担』下注『相槎』二字，可證『狙』即『担』之譌，『但伺也』即『相槎』之譌……廣雅『索、担、掩，取也』義本此。」盧文弨重校方言改作「狙」，云：「俗本正文誤作『狚』，並脱注，今據宋本補正。戴本因卷十『担，取也』『担』下注『相槎』二字，遂移改此文，不知『狙伺』而取與『掩取』義正合，不當以彼易此。今不從。」盧氏校正補遺又云：「孫詒穀云：『史記留侯世家：「良與客狙擊秦皇帝。」應劭注並以「狙」爲「伺」，索隱云：「狙之伺物，必伏而候之。」解尤明白可證。』文弨案：狙，應劭七豫反，徐廣七怨反，近人讀『疽』。少陵詩：『慎勿出口他人狙。』」按：盧校是也。靜嘉堂文庫藏影宋抄本、明抄本正作「狙」，當據改，注内「但」亦當改作「狙」。錢繹方言箋疏：「『狙』爲『狙伺』而取之也。周官序官蜡氏注云：『蜡，讀如狙司之狙。』釋文：『蜡，清預反。』郊特牲云：『蜡也者，索也。』『合聚萬物而索饗之也。』蔡邕獨斷云：『蜡之言索也。祭日索此八神而祭之也。』『蜡』與『狙』聲同義近，故鄭君讀從之。」按：狙，伺也。古書常訓，本條郭注亦如此解。索取謂之「狙」，蓋以狙伺之目的而言之，非「狙」可直訓「取」也。史記留侯世家：「秦皇帝東遊，良與客狙擊秦皇帝博浪沙中，誤中副車。」司馬貞索隱：「一曰：狙，伏伺也。謂狙之伺物，必伏而候之，故今云『狙候』是也。」

〔五〕但：當作「狙」，説見本條匯證〔四〕。

二〇　䁞〔一〕，烏拔反〔二〕。略〔三〕，音略。視也。東齊曰䁞，吳揚曰略。今中國亦云目略也。凡以目相戲曰䁞〔四〕。

匯證

〔一〕䁞：下文又釋云：「凡以目相戲曰䁞。」説文目部：「䁞，目相戲也。詩曰：䁞婉之求。」段玉裁注：「今詩作『燕婉』……許所據作『䁞』。豈毛謂『䁞』爲『晏』之假借，後人轉寫改爲『燕』與？抑三家詩有作『䁞』者與？」錢繹方言箋疏：「『凡以目相戲曰䁞』，此又一義也……目戲謂之䁞，猶耳戲謂之⿰耳匽也。玉篇：『⿰耳匽，耳戲也。』音烏鴈切。『⿰耳匽』與『䁞』，聲同微轉耳。」按：「䁞」訓「視」，又特指「以目相戲」。集韻霰韻：「䁞，博雅『視也』，或作⿰目匽、⿰目燕，亦書作⿰目宴。」集韻銑韻：「䁞，説文『目相戲也』，引詩『䁞婉之求』。一曰仰視，古作⿰目匽。」

〔二〕烏拔反：周祖謨方言校箋：「廣雅釋詁一『䁞，視也』，『䁞』曹憲音烏見反。又玉篇『䁞』音烏澗、烏殄二切。廣韻黠韻『烏黠切』有『⿰目匽』字，注云：『目相戲貌。』是『䁞』亦作『⿰目匽』。郭音『䁞』烏拔反，與『揠』音烏拔反同。」

〔三〕略：卷二第二二條：「略，視也……吳揚江淮之間……或曰略。」釋見該條匯證〔四〕。

〔四〕⿰戈戲：同「戲」。龍龕手鑑戈部：「⿰戈戲，今；戲，正。」

二一　遥[一]、廣[二]，遠也。梁楚曰遥。

匯證

[一]遥：錢繹方言箋疏：「廣雅：『遥，遠也。』楚辭招魂：『倚沼畦瀛兮遥望博。』王逸注同。『遥、遠』語之轉耳。重言之則曰『遥遥』。廣雅：『遥遥，遠也。』昭二十五年左氏傳云：『遠哉遥遥。』」按：説文辵部新附：「遥，逍遥也。又遠也。」字又作「遙」。漢書郊祀志下：「及言世有僊人，服食不終之藥，遙興輕舉，登遐倒景。」顔師古注：「遙，古遥字也。興，起也，謂起而遠去也。」「遥遠」同義連文，漢代已見用例。後漢書賈琮傳：「京師遥遠，告寃無所，民不聊生自活，故聚爲盜賊。」太平經神祝文訣：「人雖天遥遠，欲知其道真不？」

[二]廣：戴震方言疏證：「越語：『廣運百里。』韋昭注云：『東西爲廣，南北爲運。』蓋『廣』亦以言遠。」廣雅釋詁一：「曠，遠也。」王念孫疏證：「曠者，方言：『廣，遠也。』『廣』與『曠』同。漢書五行志：『師出過時，茲謂廣。』李奇音『曠』。趙策云：『曠遠於趙而近於大國。』」錢繹方言箋疏：「『廣』之言曠也。荀子解蔽篇：『則廣焉能棄之矣。』楊倞注：『廣，讀爲曠，遠也。』……陸機五等論云：『先王知帝業至重，天下至曠。』盧諶贈劉琨詩：『苟非異德，曠世同流。』李善注並引廣雅：『曠，遠也。』『曠』與『廣』通。」按：「廣遠、曠遠」同義連文之例均較常見，多指空閒，也指時閒。戰國策趙策三：「夫藺、離石、祁之地，曠遠於趙，而近於大國。」論衡變動篇：「土地廣遠，難得辨察。」「辨」通「遍」。釋名釋天：「光，白光也，晃晃然也。亦言廣也，所照廣遠也。」國語晉語八：「夫樂以開山川之風也，以耀德於廣遠也。」史記封禪書：「厥曠遠者，千有餘載。」

二二　汩[一]、遥[二]，疾行也。汩汩，急皃也，于筆反。南楚之外曰汩，或曰遥。

匯證

〔一〕汨：周祖謨方言校箋：「汨，戴、盧兩本均作『汩』。從『曰』，與説文合，當據正。」按：福山王氏天壤閣刊景宋本正作「汩」，「汨」當改作「汩」，注内和下文同。戴震方言疏證：「廣雅：『汩，疾也。』司馬相如上林賦：『汩乎混流。』蘇林曰：『揚雄方言：汩，逕疾也。』『逕』字誤。揚雄甘泉賦：『涌醴汩以生川。』李善注引方言：『汩，疾也。』枚乘七發：『汩乘流而下降兮。』注引方言：『汩，疾貌也。』即此條注文。離騷：『汩余若將不及兮。』王逸注云：『汩，去貌，疾若水流也。』洪興祖補注引方言云：『疾行也，南楚之外曰汩。』」廣雅釋詁一：「汩，疾也。」王念孫疏證：「説文：『𡿧，水流也。』……『汩』與『𡿧』同。」錢繹方言箋疏：「『汩、𡿧』聲同義各别。此訓『疾行』，字當作『𡿧』，書傳通作『汩』，假借字也……重言之則曰『汩汩』。廣雅：『汩汩，流也。』淮南原道訓：『混混汩汩。』義亦同也。」

〔二〕遥：戴震方言疏證：「『遥』亦作『遙』。玉篇、廣韻並云：『遙，疾行也。』」楚辭九章抽思：「願摇起而横奔兮，覽民尤以自鎮。」王念孫讀書雜志餘編：「摇起，疾起也。疾飛與横奔，文正相對。方言曰：『摇，疾也。』」錢繹方言箋疏：「『遥』通作『摇』。廣雅：『摇，疾也。』卷二云：『摇扇，疾也。燕之外鄙朝鮮洌水之間曰遥扇。』楚辭九章云：『願摇起而横奔。』王延壽夢賦云：『群行而奮摇，忽來到吾前。』」

二三　蹇〔一〕、妯〔二〕，擾也〔三〕。謂躁擾也。妯，音迪。人不静曰妯，秦晉曰蹇，齊宋曰妯。

匯證

〔一〕蹇：錢繹方言箋疏：「上文：『逴、騷、𡰝，蹇也。吴楚偏蹇曰騷，齊〔楚〕晉曰逴。』注云：『跛者行跣踔也。』卷二云：『逴，驚也。自關而西秦晉之間凡蹇者或謂之逴，體〔而〕偏長短亦謂之逴。』注云：『行略逴也。』李善注木華海賦云：『跣踔，波前卻之貌。』又注嵇康琴賦引廣雅：『踸踔，無常也。』又注陸機文賦云：『今人以不定爲踸踔。不定，亦無常也。』又引莊子秋水篇：『夔謂蚿曰：「吾以一足趻踔而行。」』釋之曰：『謂腳長短也。』皆躁擾不靜之意也。」按：説文足部：「蹇，跛也。」跛行不穩謂之「蹇」，精神上「躁擾不靜」亦謂之「蹇」。楚辭九章哀郢：「心絓結而不解兮，思蹇産而不釋。」王逸注：「蹇産，詰屈也。言已乘船蹈波，愁而恐懼，則心肝懸結，思念詰屈，而不可解釋也。」「蹇産」猶「蹇」也，指思緒鬱結而不順暢。公羊傳襄公十九年：「或曰：爲其驕蹇，使其世子處乎諸侯之上。」「驕蹇」近義連文，「蹇」謂不順服。不順暢、不順服與「躁擾不靜」義相因也。

〔二〕妯：戴震方言疏證：「詩小雅：『憂心且妯。』毛傳：『妯，動也。』爾雅釋詁同，釋文勑留反，又音迪。」廣雅釋詁三：「妯，擾也。」王念孫疏證：「爾雅：『妯，動也。』動亦擾也……楚辭九章有抽思篇，『抽』與『妯』通。」按：詩小雅鼓鍾鄭箋云：「妯之言悼也。」馬瑞辰通釋：「動之言變動，即慟也。」是知「憂心且妯」，言憂心且慟也。悲慟，自然「人不靜」。

〔三〕擾：同「擾」。郭璞注：「謂躁擾也。」徐復補釋：「漢書食貨志下：『莽性躁擾，不能無爲。』躁擾，謂急躁好動。」

4a 二四　絓〔一〕、音乖。挈〔二〕、口八反〔三〕。儝〔四〕、古煢字〔五〕。介〔六〕，特也〔七〕。楚曰儝〔八〕，晉曰絓，秦曰挈。物無耦曰特，獸無耦曰介〔九〕。傳曰：「逢澤有介麋。」

匯證

〔一〕絓：説文糸部：「絓，繭滓絓頭也。一曰以囊絮練也。」按：説文之訓，廣韻佳韻苦緺切，與方言義不合，而錢繹方言箋疏拘於説文解方言，非是。左傳成公二年：「逢丑父與公易位，將及華泉，驂絓於木而止。」淮南子兵略：「飛鳥不動，不絓網羅。」廣雅釋詁四：「絓，懸也。」王念孫疏證：「楚辭九章：『心絓結而不解兮。』王逸注云：『絓，懸也。』文選潘岳悼亡詩注引廣雅作『挂』。」按：楚辭招魂：「砥室翠翹，挂曲瓊些。」王逸注：「挂，懸也。挂，一作絓。」玉篇糸部：「絓，止也，有行礙也。」原本玉篇殘卷「絓」字下引方言：「絓，持也，晉曰絓。」「持」謂懸持，是「絓」有絓礙、絓持之義。此義集韻卦韻古賣切。方言訓「特」，乃「持」字之誤，參本條匯證〔七〕引周祖謨説。

〔二〕挈：說文手部：「挈，縣持也」。段玉裁注：「縣者，系也……下文云：『提，挈也。』則提與挈皆謂縣而持之也，今俗語云挈帶。」韓非子外儲說左下：「晉文公出亡，箕鄭挈壺餐而從。」淮南子俶真訓：「提挈天地而委萬物。」是其例也。引申之，謂携，謂提拔。穀梁傳僖公二年：「挈其妻子以奔曹。」漢書陳餘傳：「況以兩賢王左提右挈，而責殺王，滅燕易矣。」顔師古注：「提挈，言相扶持也。」是也。方言訓「特」，乃「持」字之誤，參本條匯證〔七〕引周祖謨說。

〔三〕口八反：吴承仕經籍舊音辨證：「廣雅：『挈，獨也。』曹憲音古八反。類篇、集韻：『絜，獨也。』訖黠切。與曹憲音同。獨無『口八』之音。疑方言舊本亦作『古八反』，形近譌作『口』耳。否則篇、韻不合獨遺此音也。」按：廣韻屑韻苦結切，訓「提挈，又持也」；集韻屑韻奚結切，訓「縣持也」；又詰結切，引「說文縣持也」。集韻訓「獨」即「特」義之「挈」與「介」在同一小韻，「訖黠」與曹憲音「古八」同。

〔四〕儝：同「煢、焭」。尚書洪範：「無虐煢獨，而畏高明。」楚辭離騷：「世並舉而好朋兮，夫何焭獨而不予聽。」王逸注：「焭，孤也。」小爾雅廣義：「凡無妻無夫通謂之寡，寡夫曰煢。」玉篇卂部：「煢，單也，無兄弟也，無所依也。」「孤、單、獨」，與「特」義同，下文云「物無耦曰特」是也。

〔五〕焭：同「煢」。

〔六〕介：戴震方言疏證：「案：廣雅：『絓、挈、儝、介，特，獨也。』義本此。史記陳餘列傳：『獨介居河北。』集解引方言云：『介，特也。』任昉天監三年策秀才文：『介在民上。』李善注引方言：『介，特也。』春秋哀公十四年左傳疏引方言『獸無耦曰介』。」廣雅釋詁三：「介，獨也。」王念孫疏證：「昭十四年左傳：『收介特。』杜預注云：『介特，單身民也。』哀十四年〔左〕傳云：『逢澤有介麋焉。』集韻、類篇引廣雅並作『㝏』。」王念孫手校明本云：「玉篇引此『介』作『㝏』。」錢繹方言箋疏：「『㝏』與『介』同……馬融廣成頌云：『察淫侈之華譽，顧介特之實功。』按：介、特皆獨也。介特之功，猶言獨有之功也。」

〔七〕特：各本同。周祖謨方言校箋：「案：『絓、挈』二字訓『特』，未詳其義。原本玉篇『絓』下云：『胡卦反。左氏傳「駿絓於木而止」，野王案：絓猶礙也，離遇也，淮南「飛鳥不動，不絓网羅」是也。楚辭「心結絓而不解」，王逸曰「絓，縣也」。方言「絓，持也，晉曰絓」。説文「繭滓絓頭以作繡絮」，一曰繫縝也。廣雅「絓，止也」「絓，獨也」，聲類「有所礙也」。」此引方言作『絓，持也』。絓，慧琳音義卷八十一、卷九十六兩引方言亦作『持』，不作『特』。『獨特』之訓惟見廣雅釋詁三。蓋方言傳本有異，故廣雅訓『獨』，而玉篇訓『持』也。持者縣持之義，絲結謂之絓，惡絲亦謂之絓。今人猶謂布絲之有結者曰絓絲，音畫。至於『挈』字，説文云：『縣持也。』周禮有挈壺氏。釋名釋姿容云：『挈，結也，結束也，束持之也。』莊子在宥篇釋文引廣雅云：『挈，持也。』據是『挈』亦訓『持』，不訓『特』。疑此條本分爲二：『絓、挈，持也』爲一條，『㑀、介，特也』爲一條。」據周校，此條當析爲二，即：「絓、挈，持也。晉曰絓，秦曰挈。」「㑀、介，特也。楚曰㑀。物無耦曰特，嘼無耦曰介。」

〔八〕傑：戴震方言疏證改作「㑀」，與上文「㑀」同，是也。當據正。陳與郊類聚本、鄭樸揚子雲集本作「㑀」，王念孫手校明本亦改作「㑀」。

〔九〕獸：王念孫手校明本改作「嘼」。王念孫手校方言疏證於方言本文「獸」字上圈去右邊「犬」字，於天頭墨筆批注云：「獸字據玉篇『㝏』字注及哀十四年正義改。」又於戴氏疏證所引左傳疏引方言文「獸」字上加墨圈，右旁添注「畜」字。周祖謨方言校箋：「獸，紺珠集引同。玉篇『㝏』字注及左傳哀公十四年正義並引作『嘼』。『獸』蓋『嘼』字之譌。」

二五　飛鳥曰雙，鴈曰椉〔一〕。

匯證

〔一〕此條戴震方言疏證與上一條連寫，云：「揚雄解嘲：『乘鴈集不爲之多，雙鳧飛不爲之少。』李善注引方言『飛鳥曰雙，四鴈曰乘』，『四』字蓋李善所增。」盧文弨重校方言未從，云：「此條從宋本提行，不承『無耦』之文爲是。」王念孫亦以爲當與上文合爲一條，並以爲「雙」乃「隻」字之譌。王氏手校方言疏證圈去方言正文「雙」字，於其右旁注「隻」字，於天頭注：「管子地員篇：『有三分而去其乘。』尹知章注：『乘，三分之一也。』」王氏讀書雜志漢書第十三「乘鴈雙鳧」條：「『雙鳧』當爲『隻鳧』，『乘鴈、隻鳧』謂一鴈一鳧也。子雲自言生逢盛世，群才畢集，有一人不爲多，無一人不爲少，故以一鳥自喻，不當言四鴈雙鳧也。『乘』之爲數，其訓不一。有訓爲四者……有訓爲二者……有訓爲一者，方言曰：『絓、挈、儀、介，特也。楚曰儀，晉曰絓，秦曰挈。物無耦曰特，獸無耦曰介，飛鳥曰隻，今本隻作雙，義與上文不合，乃後人所改。辯見方言疏證補。鴈曰乘。』廣雅曰：『乘、壹，弌也。』弌，古一字。管子地員篇曰：『有三分而去其乘。』尹知章曰：『乘，三分之一也。』是『乘』又訓爲一也。『乘鴈隻鳧』，即方言所謂『飛鳥曰隻，鴈曰乘』矣。應仲遠但知『乘』之訓爲四，而不知其又訓爲一，故以『乘鴈』爲四鴈，後人又改『隻鳧』爲『雙鳧』以配四鴈，殊失子雲之旨。文選作『雙鳧』亦誤。李善注引方言『飛鳥曰雙，四鴈曰乘』，四字亦後人所加，方言無四字。」王氏於讀書雜志管子第六「乘等」條所説則又不同：「乘者，匹耦之名。廣雅曰：『雙、耦、匹、乘，二也。』方言曰：『飛鳥曰雙，鴈曰乘。』淮南泰族篇曰：『關雎興於鳥，而君子美之，爲其雌雄之不乘居也。』『乘』爲匹耦之名，故二謂之乘。四亦謂之『乘』。周官校人『乘馬』鄭注曰：『二耦爲乘。』凡經言『乘禽、乘矢、乘壺、乘韋』之屬，義與此同也。」胡芷藩書周祖謨方言校箋後：「『隻』與『雙』互譌，方言裏頗有其例。如卷二：『顥、鑠、盱、揚、滕，雙也。』注：『……此本論雙耦，因廣其義。』今文正文及注文的雙字誤爲隻。乘之訓一，又見於廣雅，則王氏此條以雙爲隻之誤，訓乘爲一，不爲無據；揆之文理，亦復順適。且方言之文，往往有比物連類，合爲一條，前後相承，文義一貫者，戴本亦未可輕議其非。」按：胡氏引卷二「雙也」條之「雙」誤爲「隻」，以佐證本條「雙」當爲「隻」之譌，不當。卷二「隻」由「雙」而譌，「雙」又由「矆」而譌，詳參該條匯證（七）。又周祖謨方言校箋：「慧琳音義卷六引方言『雙，二飛鳥也』，卷七引方言『二飛鳥曰雙』，是今本『飛』上當有『二』字。」又云：「文選楊雄解嘲云：『乘鴈集不爲之多，雙鳧飛不爲之少。』李善注引方言『四鴈曰乘』。今本方言鴈上脱四字。」按：戴合此條於上條末不爲無理。王改「雙」字爲「隻」，又復訓「乘」爲「二」、爲「四」，不爲無據。周氏於「飛」上補「二」、「鴈」上補「四」，亦有文獻爲證。然各家之説，均未達一閒，此亦通人之蔽也。王雲路王念孫乘字説淺論云：「（雙與乘）是一種特殊記數單位。方言的意思是：飛鳥以雙計數，鴈以乘記數。」「乘」雖暗含「四」這一含義，但它「是量詞而不是數詞」。「『乘』與『騶』類似，『騶』祇用於車馬方面，而『乘』卻可用於很多事物上。」此説通達，庶幾近之。

椉：同「乘」。

二六　台〔一〕、既〔二〕，失也。宋魯之間曰台。

匯證

〔一〕台：戴震方言疏證：「台、遺一聲之轉。」廣雅釋詁二：「台，失也。」王念孫疏證：「説文：『駘，馬銜脱也。』後漢書崔寔傳：『馬駘其銜。』駘與台，聲義相近。」

〔二〕既：史記太史公自序：「不既信，不倍言，義者有取焉。」王念孫讀書雜志史記第六：「不既信，不失信也。方言、廣雅並云：『既，失也。』」錢繹方言箋疏：「莊子應帝王篇云：『吾與女既其文，未既其實。』按：未既其實，猶言不失其實也，與下文『立未定，自失而走』正相對，李頤訓『既』爲『盡』，非其義矣。」

二七　既〔一〕、隱〔二〕、據〔三〕，定也。

匯證

〔一〕既：王國維書郭注方言後三：「廣雅：『隱、據，定也。』無『既』字，是張稚讓讀『宋魯之間曰台既』爲句，義較今本分節爲長。」吴予天方言注商：「王説是也。台既係雙聲聯語，台既急言之則爲失。」周祖謨方言校箋：「史記自序云：『不既信，不倍言。』是既者失也，當屬上條。」按：依王國維校，本條「既」屬上條，則「台既」爲連文。今仍其舊，不從王校。戴震方言疏證：「既取已然之義。」錢繹方言箋疏：「『既』猶已也。凡已然者，皆定之意也。」王念孫手校方言疏證於本條天頭墨批：「爾雅：『忥，靜也。』忥、靜聲相近，靜、定義相近。」是王説與戴、錢不同。至於「忥」字訓靜，或謂借字，或謂本字，酌引數家，以供參考。郝懿行爾雅義疏：「忥者，亦叚借字……説文『忥』訓癡皃，爾雅訓靜，經典遂無其文，竟不知爲何字之叚借也。」王樹枏爾雅説詩：「忥者，息也，息即靜。見廣雅釋詁云：『忥，息也。』忥與塈同。邶風谷風：『伊余來塈。』大雅假樂：『民之攸塈。』毛傳並云：『塈，息也。』息即忥也。」黄侃爾雅音訓：「忥與訖同从气聲，呬之叚借是也。」馬宗薌爾雅本字考：「今謂㤎正立自定之貌也。説文：『㤎，癡皃。从心，気聲。』『癡，不慧也。从疒，疑聲。』……疑字从止，故詩傳疑訓定。公食大夫禮：『賓立於階西，疑立。』鄭注云：『疑立，正立自定之貌。』鄉射禮：『賓升西階上，疑立。』鄭注云：『止也。』癡者亦定止無所動，與『疑止』同，故癡从疑聲矣……㤎爲癡貌，則㤎者亦定止錮鈍無所動之貌矣，故雅云『㤎靜』，言其亭安然無所動也。」按：「既」自可訓「定」。史記遊俠列傳太史公引諺曰：「人貌榮名，豈有既乎？」裴駰集解引徐廣曰：「人以顔狀爲貌者，則貌有衰落矣；唯用榮名爲飾表，則稱譽無極也。既，盡也。」「既」對「人貌」與「榮名」二者言，「人貌」可盡，「榮名」則不可盡，徐廣訓「既」爲「盡」，非其義矣。「既」，定也。郭解「狀貌不及中人」，但天下「言俠者皆引以爲名」，是其「人貌」與其「榮名」皆定也。後世用例亦可考。唐沈亞之夢遊僊賦：「忽發寤以無覩，魂迷念兮情既。」「情既」謂情定也。

〔二〕隱：戴震方言疏證：「隱，據也，故又皆爲定。廣雅：『隱、據，定也。』義本此。」廣雅釋詁四王念孫疏證：「隱，又音於靳反。説文：『㥯，所依據也。讀與隱同。』檀弓：『其高可隱也。』鄭注云：『隱，據也。』孟子公孫丑篇：『隱几而臥。』皆安定之意也。」按：説文禾部新附：「穩，蹂穀聚也。一曰安也。从禾，隱省。古通用安隱。」廣雅釋詁一：「隱，安也。」廣韻隱韻：「隱，安也，定也。」楚辭九章抽思：「超回志度，行隱進兮。」洪興祖補注引説文：「隱，安也。」「安隱」猶言「安穩」。詩大雅緜：「迺慰迺止。」鄭玄箋：「民心定，乃安隱其居。」潛夫論卜列：「手足欲深細明直，行步欲安穩覆載。」袁宏後漢紀質帝紀：「昔秦之末，不恤四方，近親市人數如此，故以其安穩，一旦瓦解，陳項並起，至於土崩。」資治通鑑唐紀三十三：「禄山踞牀微起，亦不拜，曰：『聖人安隱。』」胡三省注：「隱，讀曰穩。唐帖多有寫『穩』字爲『隱』字者。」

〔三〕據：廣雅釋詁四：「據，定也。」王念孫疏證：「僖五年左傳：『神必據我。』杜預注云：『據，猶安也。』釋名云：『據，居也。』居亦定也。」按：戰國策中山策：「燕趙好倍而貪地，吾恐其不吾據也。」「不吾據」言「不安我」也。史記白起王翦列傳：「上黨民走趙，趙軍長平，以按據上黨民。」「按、據」義近，安定之謂也。大戴禮記五帝德：「履四時，據四海，平九州，戴九天，明耳目，治天下。」王聘珍解詁：「據，定也。」經義述聞春秋穀梁傳「恥不能據鄭也」條，王引之曰：「九年，同盟於戲。傳曰：『不異言鄭，善得鄭也。不致，恥不能據鄭也。』……家大人曰：方言『據，定也』，戲盟還而楚伐鄭，是諸侯不能定鄭也。史記白起傳曰：『趙軍長平，以按據上黨民。』按據，猶安定也。」

二八　稟〔一〕、浚〔二〕，敬也。秦晉之間曰稟，齊曰浚。吳楚之間自敬曰稟。

匯證

〔一〕稟：戴震方言疏證：「稟、廩古通用。漢書循吏傳：『此廩廩庶幾德讓君子之遺風矣。』顔師古注云：『廩廩，言有風采也。』亦作『懍』。廣雅：『懍、浚，敬也。』本此。」王念孫手校方言疏證於本條天頭朱筆注：「懍，敬也。一切經音義十。」錢繹方言箋疏：「『稟』，本或作『懍』……荀子議兵篇云：『臣下懍然莫必其命。』楊倞注：『懍然，悚栗之貌。』『懍』與『稟』同。」按：説文亩部：「稟，賜穀也。」與「亩、廩」爲一字。本指糧倉。訓「敬」之「廩」後作「懍」。文選吳質在元城與魏太子牋：「賦事行刑，資於故實，抑亦懍懍有庶幾之心。」劉良注：「懍懍，敬貌。」

〔二〕浚：廣雅釋詁一：「浚、悛，敬也。」王念孫疏證：「説文：『恮，謹也。』『恮』與『悛』通，『悛』亦『浚』也。論語鄉黨篇：『恂恂如也，似不能言者。』王肅注云：『恂恂，温恭之貌。』史記李將軍傳云：『悛悛如鄙人，口不能道辭。』並聲近而義同。」錢繹方言箋疏：「皋陶謨『夙夜浚明有家』，史記夏本紀作『蚤夜翊明有家』。漢書禮樂志郊祀歌云：『共翊翊，合所思。』顔師古注：『翊翊，敬也。』『翊』與『浚』同義，是浚爲敬也。」按：書「夙夜浚明有家」，言早夜敬勉有家之人也。「浚」之本義爲疏浚，其訓爲「敬」乃假借無疑。王、錢二家所説不同，未知孰是，抑當另外破字？

二九　悛〔一〕、音銓。懌〔二〕，音弈。改也。自山而東或曰悛，或曰懌。論語曰：「悦而不懌。」

匯證

〔一〕悛：戴震方言疏證：「春秋襄公四年左傳：『羿猶不悛。』杜預注云：『悛，改也。』廣雅：『悛、懌、改，更也。』義本此。」錢繹方言箋疏：「泰誓：『惟受罔有悛心。』成十三年左氏傳：『康猶不悛。』襄四年又云『羿猶不悛』，某氏傳、杜預注並云：『悛，改也。』」按：成語「怙惡不悛」之「悛」，正作悔改解。

〔二〕懌：錢繹方言箋疏：「小雅頍弁篇云：『既見君子，庶幾説懌。』鄭箋云：『言我已得見幽王諫正之，則庶幾其變改，意解懌也。』按：經文『説懌』與論語『悦懌』同。箋云『庶幾其變改，意解懌也』者，倒文耳，猶言王庶幾其喜説而變改也。」按：錢氏曲解鄭箋，不以「解懌」譯「説懌」，而以「喜悦」對譯「説」，以「變改」對譯「懌」，非是。「説懌」意謂喜歡、喜悦，詩凡二見，邶風静女「彤管有煒，説懌女美」爲另一例，兩例義同。單言「懌」，經典通釋「喜悦、悦服」，故爾雅釋詁上：「懌，樂也。」「懌，服也。」本條郭注「論語曰『悦而不懌』」，子罕文，今本字作「説、繹」。原文曰：「法語之言，能無從乎？改之爲貴。巽與之言，能無説乎？繹之爲貴。説而不繹，從而不改，吾未如之何也已矣。」「繹」謂分析。此義由其本義抽絲見説文。引申而來。方言本卷第三八條：「繹……理也。……絲曰繹之。」郭注：「言解繹也。」是也。此條郭氏引論語爲説亦屬不妥。蓋其時關東有義爲「改」之詞音如「懌」，故揚雄借「懌」記之。

4b三〇　坻〔一〕、水泜〔二〕。坦〔三〕，癰疽。塲也〔四〕。音傷。梁宋之間蚍蜉䵅鼠之塲謂之坻〔五〕，䵅鼠，蚡鼠也。螾塲謂之坦。螾，蛐蟮也；其糞名坦。螾，音引。

匯證

〔一〕坻：戴震方言疏證作「坻」。周祖謨方言校箋：「戴本作『坻』，是也。本書卷十一云：『蚍蜉，其塲謂之坻。』注『坻』音直尸反，字作『坻』可證。今據正。下同。」按：文選潘岳藉田賦：「坻塲染屨，洪縻在手。」李善注引方言：「坻，塲也。蚍蜉犂鼠之塲謂之坻。」字正作「坻」。王念孫手校方言疏證於本條天頭朱筆注：「坻、封，塲也。一切經音義十一、廿三。」吴琯古今逸史本、程榮漢魏叢書本、胡文焕格致叢書本亦作「坻」。是「坻」爲「坻」脱點而譌，當改作「坻」，下同。坻，下文云「蚍蜉䵅鼠之塲」。戴震方言疏證：「䵅，古犂字……爾雅『鼢鼠』郭注云：『地中行者。』疏云：『方言名犂鼠，即此鼠也，謂起地若耕，因名云。』蚡、鼢古通用。」廣雅釋詁三：「坻，塲也。」王念孫疏證：「天將雨，則蟻聚土爲封以禦溼，如水中之坻，故謂之坻。秦風蒹葭篇云：『宛在水中坻。』是也。」按爾雅釋水：「小渚曰沚，小沚曰坻。」説文土部：「坻，小渚也。」段玉裁注：

「坻者，水中可居之最小者也。」蟻鼠穴外之積土，猶水中可居小州或高地，故亦名「坻」，王念孫之説是也。亦名「塲」。本書卷一一：「蚍蜉，其塲謂之坻。」同義連文則作「坻塲」，潘岳藉田賦「坻塲染屨」是也。

〔二〕泜：戴震方言疏證作「泜」。按：吴琯古今逸史本、程榮漢魏叢書本、胡文焕格致叢書本亦作「泜」。「泜」與「坻」廣韻同爲直尼切，當據戴校改「泜」作「泜」。

〔三〕坦：戴震方言疏證作「坥」。按：「坦」義與此條無涉；又郭音「癰疽」，「疽」正音「坥」，與「坦」音絶異；説文土部：「坥，益州部謂螾塲曰坥。」是「坦」爲「坥」字之譌無疑，當據戴校改正，下同，注内同。明抄本下文及注内作「坥」不誤。揚雄、許慎均謂螾塲曰「坥」。段玉裁「坥」字下注云：「螾塲謂其外吐之土……醫書謂之蚓樓，今土面虚起者是也。」錢繹方言箋疏：「蚯蚓食槁壤，其糞嘗出土上，故謂之坥，猶石上有土謂之岨也。説文：『岨，石戴土也。』引周南卷耳篇曰：『陟彼岨矣。』毛傳云：『石上戴土曰岨。』是也。」

〔四〕塲：戴震方言疏證作「塲」，下同。按：宋、明舊本俱作「塲」；字彙土部：「塲，同場。」然蚍蜉、犂鼠、蚯蚓之塲不作「塲」。今仍舊本，不從戴改。廣雅釋詁三：「封、垤、坻，塲也。」王念孫疏證：「郭璞方言注『音傷』。衆經音義卷十一引埤倉云：『塲，鼠垤也。』字通作『壤』。隱三年穀梁傳疏引麋信注云：『齊魯之間謂鑿地出土、鼠作穴出土皆曰壤。』莊子天道篇云：『鼠壤有餘蔬。』」

〔五〕梁宋之間：説文土部「坥」字下作「益州部」。段玉裁注：「許云『益〔州〕部，』與『梁宋之間』不合，疑方言『宋』當作『益』。」周祖謨方言校箋：「玉篇『坻』下引本書亦作『梁宋』。」

犂：王念孫手校明本改作「黎」，注内同。説文鼠部「鼢」字下段玉裁注：「方言謂之犂鼠，犂即犁字。自其場起若耕言之，則曰犂鼠。」周祖謨方言校箋：「犂，玉篇『坻』下引作『犁』。盧本作『黎』，注同。案：作『黎』是也。説文：『黎，耕也。』」

三一　徥〔一〕、用〔二〕，行也。徥皆〔三〕，行皃。度揩反〔四〕。朝鮮洌水之間或曰徥。

匯證

〔一〕徥：説文彳部：「徥，徥徥，行皃也。」本書卷二第六條：「自關而西秦晉之間凡細而有容……或曰徥。」彼處側重言動作之狀，而此處則側重言動作本身。參見卷二第六條匯證〔七〕引錢繹説。

〔二〕用：戴震方言疏證：「『用』亦『由』也，故又爲『行』。廣雅：『徥、由，行也。』」錢繹方言箋疏：「賈誼新書大政下篇云：『士能言道而弗能行者謂之器，能行道而弗能言者謂之用。』是『用』爲『行』也。」按：賈誼新書句之「用」與「器」對文，爲名詞用法甚明。錢説非其義也。「用」本訓「施行」。説文用部：「用，可施行也。」易乾初九：「潛龍勿用。」「奉行」亦謂之「用」。韓非子内儲説上：「賞譽薄而謾者，下不用；賞譽厚而信者，下輕死。」「下不用」，言下不奉行也。引申之，行事、行動亦謂之「用」。詩邶風雄雉：「不忮不求，何用不臧。」高亨注：「用，猶行也。」「用命、用法」等複合詞中之「用」皆有「行」義。「用」與「由」，一聲之轉。廣雅釋詁一：「由，行也。」孟子公孫丑上：「隘與不恭，君子不由也。」「不由」謂不踐行也。禮記經解：「是故隆禮、由禮謂之有方之士，不隆禮、不由禮謂之無方之民。」孔穎達疏：「由，行也。」左傳宣公十五年：「夫恃才與衆，亡之道也。商紂由之，故滅。」「由之」謂奉行之也。韓詩外傳卷四：「由其道則行，不由其道則廢。」「由」亦當訓奉行、遵行也。

〔三〕徥皆：戴震方言疏證作「徥徥」。王念孫手校明本改「皆」作「偕」。盧文弨重校方言作「徥偕」，云：「今亦依卷二注改正。」按：盧改是也，當據正。「徥偕」説見卷二第六條匯證〔八〕。

〔四〕度揩反：周祖謨方言校箋以爲「當作度楷反」，説詳卷二第六條匯證〔九〕引。今仍其舊。

三二　鋪頒〔一〕，索也。東齊曰鋪頒，猶秦晉言抖藪也。謂斗藪，舉索物也。鋪，音敷。

匯證

〔一〕鋪頒：揚雄釋「索」，並云「猶秦晉言抖藪」。戴震方言疏證：「『藪』亦作『擻』。玉篇云：『抖擻，起物也。』廣韻：『抖擻，擧貌。』」按：玉篇、廣韻皆本郭注。方以智通雅卷四九諺原「鋪頒、鋪排」條引方言郭注後云：「今謂治辦鋪設，亦有鋪扮、鋪排之語，是其轉聲。唐韻『抖擻』即『斗藪』。文丞相答謝教授：『寒簷積雨，抖擻無悰。』」方言「索、抖藪」義同，猶謂搜索、尋找。宋劉克莊沁園春四和林卿韻詞：「抖擻空囊，存留諫笏，猶帶虛皇案畔香。」正作此解。晚近猶用此語。老殘游記第四回：「從上房裏搜起，衣箱櫥櫃，全行抖擻一個盡。」是也。郭注謂「舉索物」，即舉手搜索物，乃説此種搜尋之方式及目的。方以智所釋與方言義不合，「鋪頒」雙聲，「抖藪」疊韻，皆聯緜詞。「鋪頒」用例缺考。

三三　參〔一〕、蠡〔二〕，分也。謂分割也。音麗。齊曰參，楚曰蠡，秦晉曰離〔三〕。

匯證

〔一〕參：戴震方言疏證：「王粲登樓賦：『夜參半而不寐兮。』李善注引方言『參，分也』。」廣雅釋詁一：「參，分也。」王念孫疏證：「參者，間廁之名，故爲分也。曲禮云：『離坐離立，毋往參焉。』是其義也。」錢繹方言箋疏：「高誘注呂氏春秋愛士篇云：『兩馬在邊曰驂。』『驂』與『參』，聲同義近。」按：分劃亦謂之「參」。文選班固典引：「至於參五華夏，京遷鎬亳。」李善注：「參五，謂參五分之。言殷商參五而分華夏之地，然後乃始京遷於鎬亳也。」

〔二〕蠡：戴震方言疏證：「荀子賦篇：『攭兮其相逐而反也。』楊倞注云：『攭與劙同。攭兮，分判貌。』『蠡、離』古皆與『劙』通……玉篇云：『劙，解也，分割也。』」按：卷一三：「劙，解也。」荀子彊國：「剥脱之，砥厲之，則劙盤盂，刎牛馬，忽然耳。」楊倞注：「劙，割也。」「解、割、分」，義相通也。

〔三〕離：錢繹方言箋疏：「『離』猶『蠡』也。卷七云：『斯，離也。』廣雅：『離、斯，分也。』士冠禮：『離肺實于鼎。』鄭注：『離，割也。』列子仲尼篇：『形名離也。』張湛注云：『離，猶分也。』」按：後世有「分離、離别」等複合詞，是「離」猶分也。

三四　㾷〔一〕、披〔二〕，散也。東齊聲散曰㾷，器破曰披；秦晉聲變曰㾷，器破而不殊其音亦謂之㾷，器破而未離謂之璺〔三〕；音問。南楚之間謂之敀〔四〕。妨美反，一音把塞〔五〕。

匯證

〔一〕㾷：王念孫手校方言疏證於本條天頭朱筆注：「甈，聲散也。〔一切經音義〕十四、廿三。」廣雅釋詁三：「廝，散也。」王念孫疏證：「集韻引字林云：『甈，𤮊破也。』漢書王莽傳：『莽爲人大聲而嘶。』顔師古注云：『嘶，聲破也。』『廝、㾷、嘶、甈』並通。爾雅：『斯，離也。』春秋繁露度制篇云：『是大亂人倫而靡斯財用也。』王逸注九歌云：『澌，解冰也。』義並與『廝』同。」段玉裁於説文「㾷」字下注：「與『斯、澌』字義相通，馬嘶字亦當作此。」錢繹方言箋疏：「『㾷、甈、斯、嘶、澌』聲同，義並相近。是凡言『㾷』者，皆破散之意也。」章炳麟新方言釋言：「今則引裂曰斯，與撦同義。」

〔二〕披：戴震方言疏證：「春秋成公十八年左傳：『今將崇諸侯之姦而披其地。』杜預注云：『披猶分也。』昭公五年左傳：『又披其邑。』注云：『披，析也。』」説文木部「柀」字下段玉裁注：「柀、析字，見經傳極多，而版本皆譌爲手旁之披，披行而柀廢矣。」錢繹方言箋疏：「説文：『披，從旁持曰披。』又曰：『柀，析也。』廣雅：『披，散也。』……史記魏其武安傳云：『此所謂枝大於本，脛大於股，不折必披。』經傳皆借『披』爲『柀』，此亦同。」按：分開、裂開、散開謂之「披」。廣韻支韻：「披，開也，分也，散也。」集韻紙韻：「披，裂也。」戴引左傳、錢引史記是其例也。又史記五帝本紀：「唯禹之功爲大，披九山，通九澤，決九河，定九州。」「披九山」謂劈開九山也。後漢書種劭傳：「劭怒，稱詔大呼叱之，軍士皆披。」「軍士皆披」謂軍士皆散也。淮南子齊俗訓：「伐梗枏豫樟而剖梨之，或爲棺槨，或爲柱梁，披斷撥檖，所用萬方，然一木之樸也。」高誘注：「披，解也。撥，析理也。檖，順也。」方言謂「器破曰披」，特指之義也。

〔三〕璺：廣雅釋詁二：「璺，裂也。」王念孫疏證：「璺之言釁也。方言：『秦晉器破而未離謂之璺。』周官太卜：『掌三兆之灋，一曰玉兆，二曰瓦兆，三曰原兆。』鄭注云：『其象似玉瓦原之璺罅，是用名之焉。』沈重注云：『璺，玉之坼也。』素問六元正紀大論篇：『厥陰所至，爲風府，爲璺啟。』王冰注云：『璺，微裂也。啟，開坼也。』案：今人猶呼器破而未離曰璺。『璺』字蓋從玉，釁省聲，『釁』與『璺』聲相近，故周官釋文『璺』作『亹』，『亹』即『釁』之變體也。」章炳麟新方言釋言：「今淮南謂器裂曰璺，音如問。」按：唐段成式酉陽雜俎物異：「其父一日飲茗……食頃，爆破，一無所見，茶椀如舊，但有微璺耳。」是裂紋謂之「璺」，今語猶然。「器破而未離」，即裂也。

〔四〕⿰目攴：周祖謨方言校箋：「『⿰目攴』，御覽卷七五六引作『⿰目皮』。案：『⿰目皮』爲『⿰目攴』之或體。」戴震方言疏證：「廣韻引方言『器破而未離，南楚之間謂之⿰目攴』。……『⿰目攴』又作『⿰目皮』，玉篇、廣韻並云『器破也』。」按：說文巾部「帔」字下段玉裁注：「謂殘帛裂也……方言：『器破而未離，南楚之間謂之⿰目攴。』聲同義近。」東齊曰「披」，南楚曰「⿰目攴」，音有微別，其義一也。

〔五〕把：戴震方言疏證改作「⿰土巴」，云：「各本『⿰土巴』譌作『把』，曹毅之本不誤。」按：靜嘉堂文庫藏影宋抄本亦作「⿰土巴」；廣韻曰韻「⿰目攴」下引方言本條，而「⿰土巴」正在同一小韻。蓋本作「⿰土巴」，譌作「把」，又譌作「把」。戴改是也，當據正。

5a三五　緍〔一〕、緜〔二〕，施也。秦曰緍，趙曰緜，吴越之間脱衣相被謂之緍緜〔三〕。相覆及之名也，音旻。

匯證

〔一〕緍：原本玉篇殘卷「紙、綿」字下引方言作「紙」，下同。按：「紙」字非。「緍」同「緡」，說文作「緡」，廣雅作「緍」。廣雅釋詁三：「緍、緜，施也。」王念孫疏證：「緍、緜一聲之轉……說文亦云：『吴人解衣相被謂之緍。』大雅抑篇：『言緍之絲。』毛傳云：『緍，被也。』義並同。」說文段玉裁注：「是其爲古義古訓，不始方言也。」按：「緍」本釣絲名。爾雅釋言：「緍，綸也。」是也。方言訓「施」，謂施加也，「脱衣相被」即含施加之義；詩傳訓「被」，指披絲於琴瑟，亦含施加之義。玉篇糸部：「緍，絲緒釣繳也，施也。」

〔二〕緜：按：「緜」與「緍」乃方言轉語。

〔三〕緍緜：單言之，秦音「緍」，趙音「緜」，吴越則聯言之云「緍緜」。郭璞云：「相覆及之名也。」

三六　悀〔一〕，音踊。偪〔二〕，妨逼反。滿也。凡以器盛而滿謂之悀，言涌出也。腹滿曰偪。言勑偪也〔三〕。

匯證

〔一〕悀：郭璞音踊，訓「涌出」，意謂滿溢。錢繹方言箋疏：「『悀』之言涌也。説文：『涌，滕也。』『滕』與『騰』同。素問五常政大論云：『其動漂泄沃涌。』王冰注云：『涌，溢也。』釋水：『濫泉正出。正出，涌出也。』詩疏引李巡注云：『從下上出曰涌。』『涌』與『悀』通。」按：舊本皆作「悀」，清以來校者無異辭。然「悀」字從「心」，本不以水從下上出爲義甚明。「悀」字於辭書始見方言，於文獻始見西狹頌。廣韻腫韻：「悀，心喜也。」西狹頌：「四方元雍，行人懽悀。」義皆爲歡喜。疑方言「悀」本作「涌」，形近而譌。由廣雅作「悀」、郭璞爲「悀」注音釋義，知其譌當在魏晉以前。

〔二〕偪：戴震方言疏證：「『偪』亦作『愊』。」王念孫手校明本改作「愊」，盧文弨重校方言據曹毅之本亦改作「愊」，下同。劉台拱方言補校：「集韻引説文『畐，滿也』，『或作偪』。蓋以方言作『偪』與『畐』同字。盧本作『愊』非是。」周祖謨方言校箋：「廣雅釋詁一『悀、愊』均訓爲滿，盧校與廣雅合。玄應音義卷十二引本書則作『畐』。説文云：『畐，滿也。』玉篇云：『腹滿謂之涌，腸滿謂之畐。』是『畐、愊』通用。」又於郭注「言勑偪也」下校云：「『腹滿曰偪』之『偪』既改作『愊』，則注文之『偪』亦當作『愊』。」按：廣雅舊本譌作「幅」，王念孫改作「愊」。廣雅之訓多本方言。方言若依盧校，廣雅則當改作「愊」；方言若依劉校，廣雅則當改作「偪」。廣雅此條已譌，難以據之以證方言。相較而言，劉校爲長。今仍舊本，不從盧、周二氏校。廣雅王念孫疏證：「……漢書陳湯傳：『策慮愊億。』顏師古注云：『愊億，憤怒之貌也。』玉篇云：『䭾，飽也。』又云：『稫稄，滿皃。』義並與『愊』同。」是「畐、偪」同，義爲「滿」，「愊、䭾、稫」皆有「滿」義。徐復補釋：「玄應衆經音義卷十二引作畐，是也。畐爲本字，偪爲加旁字，象人腹中飽滿，蓋腹字之初文。」

〔三〕勑偪：晉時當有此語。虞萬里方言研究史上的豐碩成果：「通雅卷一八身體條解云：『懣，煩悶也……方言「腹滿曰偪」

注：「言勑偪也。」又曰：「毗、顮，懣也。」此是漢人語，謂鬱鬱意。説文曰「心中滿該」，又曰「髕寅於下」，徐鍇曰：「髕斥之意。」髕、顮可通。毗，發語聲。故知漢人常語。晉書：「阮孚告温嶠内迫。」即謂偪也。』腹滿一詞承上句言器抑或指人，可以討論，但通雅之解可備一説。尤其後文所引『懣也』一條係方言卷十二文。方氏釋『毗』爲發語聲，未必是，疑毗、偪音近通用，而解髕、顮字義頗可致思。」

三七　傒醯〔一〕、醯酢。冉鐮〔二〕，冉，音髯。危也。東齊椅物而危謂之傒醯〔三〕，椅，居枝反。偽物謂之冉鐮。

匯證

〔一〕傒醯：下文釋曰：「椅物而危。」集韻支韻：「椅，載也。」「敧，以箸取物。或作椅。」是知椅物即擱物。危，高而不正也。莊子盜跖：「使子路去其危冠，解其長劍。」陸德明釋文：「危冠，李云：危，高也。」廣韻支韻：「危，不正也。」是「椅物而危」乃言載物高而不穩也。「傒醯」聯緜詞，用例未詳。黄侃爾雅音訓卷下：「傒醯之合聲爲禾，木之曲頭止不能上也。」録備一説。

〔二〕冉鐮：廣雅「鐮」作「鎌」。戴震方言疏證：「鐮、鎌同。」按：下文釋曰：「偽物。」又卷九：「偽謂之仡，仡，不安也。」郭注：「偽，音訛，船動摇之貌也。」是「偽物」即擱置不穩之物也。「冉鐮」聯緜詞，用例未詳。

〔三〕椅：戴震方言疏證改作「掎」，從扌不從木，云：「掎，各本譌作椅，今訂正。玉篇云：『掎，戴也。』」下注内同。按：各本均作「椅」。集韻支韻釋「載」之字作「椅」，又謂「敧」之或體。集韻紙韻「庋」之或體作「掎」，釋曰：「閣藏食物也。」古書從木從手常互訛，作「椅」作「掎」義可通，方言原本作「椅」抑或作「掎」，無從考定，今仍舊本，不從戴改。

5b 三八　紕〔一〕、音毗。繹〔二〕、音亦。督〔三〕、雉〔四〕，理也。秦晉之間曰紕〔五〕。凡物曰督之，言正理也。絲曰繹之。言解繹也。

匯證

〔一〕紕：戴震方言疏證：「廣雅：『紕、督、雉，理也。』本此。詩鄘風：『素絲紕之。』毛傳：『紕，所以織組也。總紕於此，成文於彼。』」按：説文糸部：「紕，氐人𦇧也。」段玉裁注：「氐人所織毛布也。」方言非名詞義。詩鄘風干旄「素絲紕之」「素絲組之」「素絲祝之」，「紕、組、祝」皆編連組織之義。由此引申，則可訓「理」也。

〔二〕繹：戴震方言疏證：「説文：『繹，抽絲也。』謝惠連雪賦：『王乃尋繹吟翫。』傅毅舞賦：『繹精靈之所束。』李善注皆引方言：『繹，理也。』」按：「繹」本訓抽絲，引申爲引出頭緒。詩周頌賚：「敷時繹思，我徂維求定。」朱熹集傳：「繹，尋繹也。」繼而引申則訓「理」也。

〔三〕督：戴震方言疏證：「周禮大祝：『禁督逆祀命者。』鄭注云：『督，正也。』爾雅釋詁：『董、督，正也。』」廣雅釋詁二：「督，理也。」王念孫疏證：「督者，正之理也……僖十二年左傳云：『謂督不忘。』考工記匠人注：『分其督旁之脩。』疏云：『中央爲督。』督者，所以督率兩旁。』説文：『裻，衣背縫也。』晉語：『衣之偏裻之衣。』韋昭注云：『裻在中，左右異色，故曰偏裻。』王冰注素問骨空論云：『所以謂之督脈者，以其督領經脈之海也。』是凡言督者，皆正理之義也。」按：後世猶可見用例。宋孫光憲北夢瑣言卷二〇：「方遇疾卒，子幼不能督家業。」「督家業」言理家業也。

〔四〕雉：錢繹方言箋疏：「廣雅：『雉，理也。』昭十七年左氏傳云：『五雉爲五工正，利器用，正度量，夷民者也。』杜預注：『夷，平也。』正義云：『雉聲近夷，雉訓夷，夷爲平，故以雉名工正之官，使其利便民之器用，正丈尺之度、斗斛之量，所以平均下民也。』樊光、服虔注云：『雉者，夷也。夷，平也。使度量器用平也。』」是雉爲正理也。」

〔五〕秦晉之間：王國維書郭注方言後三：「原本玉篇引『紕，理也。秦晉之間曰雉，宋鄭曰紕』。是今本奪『曰雉宋鄭』四字，於是宋鄭語誤爲秦晉語，而『雉』之爲何語亦不可知矣。」按：王説是也，當據補「曰雉宋鄭」四字。

三九　弞〔一〕、吕〔二〕，長也。古矧字。東齊曰弞，宋魯曰吕。

匯證

〔一〕弜：郭注云「古矧字」。説文矢部：「弜，況詞也。從矢，引省聲。从矢，取詞之所之如矢也。」段玉裁注：「各本『況』下有『也』，誤，今删。『況』當作『兄』，古今音殊，乃或假『況』，許書當本作『兄』也。兄長之兄，引伸爲兄益。詩常棣傳曰『況，滋也』，桑柔傳曰『兄，滋也』，召旻傳曰『兄，兹也』。兄、況不同，以兄爲正；滋、兹不同，許皆訓益。『兄詞』者，增益之詞，其意益其言曰弜，是爲意内言外，今俗所云『已如是』『況又如是』也。尚書多用弜字，俗作矧。」廣雅釋詁二：「矧，長也。」王念孫疏證：「矧之言引也。爾雅：『引，長也。』」按：謂短者使長，後作「抻」。廣韻震韻：「抻，抻物長也。」試刃切。集韻震韻：「抻，展也。」「申，引也。」翟灝通俗編雜字：「抻，展物令長也。」集韻真韻：「伸，申也，引戾也。或作抻。」痴鄰切。謂伸長爲「抻」，今語猶然。訓「引」、訓「長」之「弜（矧）」，蓋即「抻」之古借字歟？

〔二〕吕：錢繹方言箋疏：「廣雅：『吕，長也。』莊子達生篇云：『孔子觀於吕梁。』釋文引司馬彪注云：『吕梁，河水有石絶處也。』按：絶處，猶言渡處。廣雅：『絶，渡也。』河水有石渡處，是吕梁爲長梁矣。」按：説文吕部：「吕，脊骨也。象形。」段玉裁注：「吕，象顆顆相承；中象其系聯也。」廣雅釋宫「楣，梠也」王念孫疏證：「凡言吕者，皆相連之意。衆謂之旅，紩衣謂之絽，脊骨謂之吕，桷端櫋聯謂之梠，其義一也。」「相連」則涵「長」之義矣。

四〇　𨂂〔一〕、膂〔二〕，力也。東齊曰𨂂，律𨂂〔三〕，多力皃。宋魯曰膂。膂，田力也〔四〕。謂耕墾也。

匯證

〔一〕𨂂：戴震方言疏證：「玉篇：『𨂂，足多力也。』」廣雅釋詁二：「𨂂，力也。」王念孫疏證：「漢書陸賈傳：『屈强於此。』顔師古注云：『屈强，謂不柔服也。』『屈』與『𨂂』通。」

〔二〕膂：同「膂」。戴震方言疏證：「膂亦通作旅。詩小雅：『旅力方剛。』毛傳：『旅，衆也。』失之。」廣雅釋詁二：「膂，力也。」王念孫疏證：「大雅桑柔篇云：『靡有旅力。』秦誓云：『番番良士，旅力既愆。』周語云：『四軍之帥，旅力方剛。』義並與膂同。膂、力一聲之轉，今人猶呼力爲膂力，是古之遺語也。舊訓旅爲衆，皆失之。」王念孫手校方言疏證、錢繹方言箋疏均云玄應一切經音義卷一三引方言作「旅」。按：「膂力」連文，猶言體力，有力量之貌。漢揚雄太玄勤：「太陰凍沍，難創於外，微陽邸冥膂力於内。」三國志吴書朱據傳：「朱據，字子範，吴郡吴人也，有姿貌膂力，又能論難。」亦作「旅力」，戴、王所舉詩經之例是也。又如書秦誓：「番番良士，旅力既愆，我尚有之。」晉陶潛歲暮和張常侍：「闊哉秦穆談，旅力豈未愆。」

〔三〕律踞：蓋晉時有此語，文獻未詳。

〔四〕膂，田力也：戴震方言疏證：「『膂，田力也』之『膂』當作『墾』，後卷十二内『墾，力也』，注云：『耕墾用力。』可證此條『膂』字之譌。」錢繹方言箋疏：「衆經音義引作『旅』，不作『墾』，可證『膂』字之不誤。」未知孰是，今仍舊本。

四一　瘱〔一〕、埋也〔二〕，又翳。諦〔三〕，瓜蔕。審也。齊楚曰瘱，秦晉曰諦。

匯證

〔一〕瘱：同「瘱」。廣雅釋詁五：「瘱，審也。」王念孫疏證：「説文：『瘱，靜也。』『靜，審也。』漢書外戚傳：『爲人婉瘱有節操。』顔師古注云：『瘱，靜也。』文選神女賦：『澹清靜其愔嫕兮。』李善注引説文：『嫕，靜也。』五臣本作『㥷』，並字異而義同。」按：逸周書文酌：「一，樹惠不瘱；二，既用茲憂。」朱右曾校釋：「瘱，審也。樹惠於人而不審其邪正。」「不瘱」猶言「不審」，意謂不明白也。「靜」亦訓「審」。徐鍇繫傳：「丹青明審也。」段玉裁注：「采色詳審得其宜謂之靜，考工記言畫繢之事是也。分布五色，疏密有章，則雖絢爛之極而無淟涊不鮮是曰靜，人心審度得宜，一言事必求理義之必然，則雖繁勞之極而無紛亂亦曰靜，引伸假借之義也。」

〔二〕埋也：戴震方言疏證改作「瘞埋」，謂「瘱」讀瘞埋之瘞。盧文弨重校方言亦云：「俗本作『埋也』誤。」按：當據戴本改正。

〔三〕諦：戴震方言疏證：「諦亦作諦。説文：『諦，審也。』」按：關尹子九藥：「諦毫末者，不見天地之大；審小音者，不聞雷霆之聲。」「諦、審」對文，是「諦、審」義同。「審」則明也、悟也。北齊劉晝新論專學：「若心不在學而强諷誦，雖入於耳而不諦於心。」

四二　譩音翳。譆〔一〕，亦音蔕。諟也。亦審諟〔二〕，㸦見其義耳〔三〕，音帝。吴越曰譩譆。

匯證

〔一〕譩譆：錢繹方言箋疏於前一條下云：「『噎』與『癔』，『譆』與『諟、諦』，聲義並同。單言之則曰『譩』、曰『譆』，連言之則曰『譩譆』。玉篇『譩譆，審譆』也，是也。」

〔二〕亦審諟：王念孫手校方言疏證改作「諟亦審」，於天頭墨筆注：「卷二『抱娩，耦也』，注云：『耦亦匹，互見其義耳。』」盧文弨重校方言亦改作「諟亦審」，云：「今從丁校改轉。」按：丁指丁杰。又按：原本玉篇殘卷「譆」下引作「亦審譆也」，然依郭注文例，王、丁校爲是，依字際關係，亦證王、丁所校爲是。集韻霽韻：「諦，説文『審也』。或從是。」文選楊雄甘泉賦：「猶彷彿其若夢。」李善注：「説文：『彷彿，相似，視不諟也。』……諟即諦字，音帝。」當據正。

〔三〕㸦：同「互」，説見卷二第一一條匯證〔五〕。

四三　揞〔一〕，烏感反。揜〔二〕、錯〔三〕、音酢。摩〔四〕，滅也〔五〕。荆楚曰揞，吴揚曰揜，周秦曰錯，陳之東鄙曰摩。

匯證

〔一〕揞：戴震方言疏證：「廣雅：『揞、揜、錯、摩，藏也。』……玉篇：『揞，藏也。』廣韻：『揞，手覆。』……皆于藏之義合。」王念孫廣雅疏證：「揞猶揜也，方俗語有侈斂耳。廣韻：『揞，手覆也。』覆亦藏也。今俗語猶謂手覆物爲揞矣。」

〔二〕揜：説文解字手部：「揜，自關以東謂取曰揜。一曰覆也。」段玉裁注：「弇，蓋也。故从弇之揜爲覆。凡大學『揜其不善』，中庸『誠之不可揜』，皆是。」按：「揜」謂「覆取」。廣韻敢韻：「揜，手揜物也。」集韻感韻：「揜，覆取也。」「覆取」則有遮蔽之舉，故可引申爲「掩藏」。禮記聘義：「瑕不揜瑜，瑜不揜瑕。」「揜蔽、揜藏、揜匿」等同義複詞皆是其例也。

〔三〕錯：戴震方言疏證：「廣韻：『錯，摩也。』『摩，隱也。』皆于藏之義合。」廣雅釋詁四：「錯，藏也。」王念孫疏證：「大戴禮曾子制言篇云：『君子錯在高山之上，深澤之污，聚橡栗藜藿而食之，生耕稼以老十室之邑。』是錯爲藏也。」

〔四〕摩：廣雅釋詁四：「摩，藏也。」王念孫疏證：「考工記弓人：『强者在内而摩其筋。』鄭注云：『摩，猶隱也。』隱，亦藏也。」

〔五〕滅：戴震方言疏證改作「藏」。周祖謨方言校箋：「戴本據廣雅釋詁四改作『藏』，是也。今據正。慧琳音義卷八十二『靡措』條引本書『措，藏也』。措與錯同。」按：當據戴本改正。

6a 四四　抾摸〔一〕，去也。齊趙之總語也。抾摸猶言持去也。

匯證

〔一〕抾摸：戴震方言疏證：「荀子榮辱篇：『胠于沙而思水。』楊倞注云：『胠與祛同。方言：「祛，去也。齊趙之總語。」』莊子有胠篋篇，亦取「去」之義。』此所引作衣旁，本書乃作手旁。廣雅：『怯莫，去也。』義本方言而字又異。古書流傳既久，轉寫不一，據『抾摸猶言持去』一語，二字皆手旁爲得。『袪、胠』假借通用，『怯』字誤。」王念孫廣雅疏證：「揚雄羽獵賦：『抾靈蠵。』韋昭注云：『抾，捧也。』即持去之義也。」按：「抾摸」，近義複詞；「持去」意即取走。玉篇手部：「抾，兩手挹也。」漢書揚雄傳上「抾靈蠵」顔師古注：「挹取也。」「摸」亦猶取也。左思吴都賦：「相與昧潛險，搜瓌奇，摸蝳蝐，捫觜蠵。」張銑注：「摸、捫，以手暗取。」

四五　舒勃〔一〕，展也。東齊之間凡展物謂之舒勃。

匯證

〔一〕舒勃：按：「舒」猶「展」也。説文手部：「舒，伸也。」廣雅釋詁四：「展，舒也。」後世「舒展」連文，同義複詞。北魏賈思勰齊民要術養牛馬驢騾：「十日一放，令其陸梁舒展，令馬硬實也。」亦曰「舒張」。三國志魏志管輅傳：「雄雌以形，翅翼舒張。」「舒勃」乃「凡展物」之謂，「舒勃」猶言「舒布」。漢書李尋傳：「翼張舒布，燭臨四海。」顏師古注引張晏曰：「舒布，張廣也。」「布」亦可訓「展」。小爾雅廣言：「布，展也。」左傳定公四年：「句卑布裳，剄而裹之，藏其身，而以其首免。」是其例也。

四六　摳揄〔一〕，旋也〔二〕。秦晉凡物樹稼早成熟謂之旋〔三〕，燕齊之間謂之摳揄。

匯證

〔一〕摳揄：原本玉篇殘卷「輸」下引方言，「揄」字均作「輸」，周祖謨方言校箋以爲當據以訂正。「摳輸」，聯緜詞，其源及文獻用例未詳。

〔二〕旋：説文㫃部：「旋，周旋。」楚辭招魂：「旋入雷淵，爢散而不可止些。」王逸注：「旋，轉也。」廣韻仙韻：「旋，疾也。」史記扁鵲倉公列傳：「菑川王病……病旋已。」後世有「旋即」一詞，是「旋」猶「即」也。作物樹藝早熟正涵快疾義，故稱「旋」。

〔三〕凡物樹稼早成熟：吴予天方言注商：「原本玉篇東部引方言：『摳輸，旋也。燕齊之間凡作物樹藝而早成熟謂之摳輸，秦晉謂之旋。』是今本『物』字上奪一『作』字。説文云：『稼，禾之秀實爲稼，莖節爲禾……从禾，家聲。』又云：『埶，穜也。从坴，从丮持而穜之。』又云：『穡，穀可收曰穡，从禾，嗇聲。』是『稼』之本義爲『禾之秀實』。『稼穡』聯言，收成之謂也。與『埶』之義不同。又就下文『早成熟』三字視之，今本『稼』字，似當依玉篇所引改爲『藝』字爲是？」按：吴説甚辯，當據以訂補爲「凡作物樹藝早成熟」。

四七　絙[一]、罔鄧反[二]。筳[三]，湯丁反。竟也。秦晉或曰絙，或曰竟；楚曰筳。

匯證

[一]絙：宋、明諸本同。戴震方言疏證作「緪」，下文同。云：「廣雅：『筳、緪，竟也。』義本此。班固答賓戲：『緪以年歲。』李善注引方言『緪，竟也』。字亦省作『亙』。西都賦：『北彌明光而亙長樂。』注云：『亙，竟也。亙與緪古字通。』」周祖謨方言校箋：「『絙』，戴本據説文字作『緪』。案原本玉篇『竟』下引方言：『竟，亙也，秦晉或曰亙，或曰竟也。』『絙』作『亙』。文選西都賦、南都賦李善注及慧琳音義卷四、卷十七、卷十八引方言均作『亙，竟也』。與今本異。」按：文選敬亭山詩一首「兹山亙百里」、樂府八首東武吟「密塗亙萬里」李善注引方言亦作「亙」，慧琳一切經音義卷五四、卷八一引方言均作「亙」。廣雅作「緪」，文選班固答賓戲李善注引方言亦作「緪」，本條下文作「緪」。「亙」同「亘」，釋作「竟」，窮極、終極之義。文選班固典引：「扇遺風，播芳烈，久而愈新，用而不竭，汪汪乎丕天之大律，其疇能亘之哉？」李善注：「言誰能竟此道。」廣韻嶝韻「緪、絙」同，「亙」下釋「竟也」，言「出方言」。是作「亙」、作「絙」、作「緪」均不爲無據。王念孫疏證本廣雅釋詁三字作「㮓」，王氏云：「説文：『㮓，竟也。』考工記弓人：『恆角而短。』鄭注云：『恆讀爲㮓；㮓，竟也。』楚辭招魂：『姱容脩態，絙洞房些。』王逸注云：『絙，竟也。』班固答賓戲云：『緪以年歲。』西都賦云：『北彌明光而亙長樂。』並字異而義同。」

[二]罔：戴震方言疏證改作「岡」。按：廣韻亙韻「絙」胡官切，又登韻「亙、絙」胡登切，又嶝韻「亙、緪、絙」古登切。「古登」與「岡鄧」音同，戴改是也，當據正。

[三]筳：説文竹部：「筳，繀絲筦也。」方言非此義。廣雅釋詁三作「挺」，王念孫疏證：「爲究竟之竟……筳與挺通。」説文手部：「挺，拔也。」方言亦非此義。按：「筳、挺」皆不訓「竟」，蓋借字記音，書證未詳。

四八　擱〔一〕、音剡。剿〔二〕，音妾。續也。秦晉續折謂之擱〔三〕，繩索謂之剿。

匯證

〔一〕擱：同「擱」。戴震方言疏證據玉篇、廣雅改作「繝」，下文仍作「擱」。盧文弨重校方言二字並改作「繝」。錢繹方言箋疏仍從舊本，其理由是「繝」已見卷一，此卷復出，自當別爲一字，「若亦作『繝』，此爲重出。或謂方言之文，每多疊見，然必確有所據，始可改易原文，否則近於偏見」。吴予天方言注商：「原本玉篇糸部引：『繝，續也。秦晉續折木謂之繝。』集韻五十琰、類篇木部並引：『秦晉續折木謂之擱。』是『擱』舊本實作『繝』；蓋後人承『續折木』之義，而妄改从木；『木』後又譌作『扌』：此俗本之所以作『擱』也。戴、盧二校本不誤，錢箋仍俗本非也。」按：吴説是也，當改作「繝」，下同。又按：「繝」之訓「續」，説見卷一第二五條匯證〔四〕。卷一泛言，本卷特指，且有明確地域，此方言重出每多互補之例。

〔二〕剿：廣雅釋詁二：「剿，續也。」王念孫疏證：「説文：『緁，緶衣也。』漢書賈誼傳：『緁以偏諸。』晉灼注云：『以偏諸緁著衣也。』廣韻：『緁，連緁也。』『剿、緁』並音且葉反，義相近也。」錢繹方言箋疏：「廣雅……又云：『紉繰，縫也。』〔曹憲音〕『繰』魚刦反。玉篇：『紉繰，續縫也。繰，紉繰。』廣韻『紉繰，補衣』也。……『繰、緁』，聲並與『剿』同，義亦相近。」按：玉篇刀部：「剿，接續也。」「緶衣」爲「緁」，言縫衣邊也。廣雅釋詁二：「繰，縫也。」古文苑王延壽王孫賦：「髽挐髮以繰縛，遂纓絡而羈縻。」章樵注：「繰，謂以繩索繫縛。」

〔三〕續折：王念孫手校方言疏證於「折」字下以朱筆補「木」字，於天頭墨筆注：「『木』字據集韻補。」廣雅釋詁二「續也」條王氏疏證引方言正作「續折木」。吴予天方言注商：「原本玉篇糸部引：『繝，續也。秦晉續折木謂之繝。』集韻五十琰、類篇木部並引：『秦晉續折木謂之擱。』……今本『折』字下脱『木』字。——折，斷也。『折木』聯言，與下『繩索』相對成文也。」按：當據王、吴説補。

6b四九　擘〔一〕，音檗。楚謂之紉〔二〕。今亦以綫貫針爲紉，音刃。

匯證

〔一〕擘：段玉裁說文解字注「紉」字下引方言作「繝、剿，續也。楚謂之紉」，是以此節與上節爲一條。王國維書郭注方言後三：「今本自『擘』以下五字自爲一節。案：原本玉篇引：『剿，續也。楚謂之紉。』洪興祖楚辭補注亦引：『續，楚謂之紉。』是此二節本是一節。又衍『擘』字。王逸楚辭注：『紉，索也。』正本之方言。郭注云：『今亦以綫貫針爲紉。』義亦與『擘』無涉，而與『續』及『繩索』之義相近，今本蓋誤。」吳予天方言注商：「按：王氏訂二節本屬一節，頗塙。至言『擘』乃衍文，似未盡當。楚辭湘夫人：『擗蕙櫋兮既張。』此『擗』字似當依方言訓爲『續』爲妥。孟子滕文公篇：『妻辟纑。』趙注：『緝績其麻曰辟。』士喪禮：『衣不辟。』鄭注：『不辟，不積也。』說文：『襞，韏衣也。从衣辟聲。』『辟、擗、襞、擘』同聲。蓋『擘』係『辮』之語轉。脣音自相轉，真迻入支。說文：『辮，交也。从糸辡聲。』後漢書張衡傳李賢注引說文訓『交織也』。玄應一切經音義十五引通俗文：『織繩曰辮。』是『辮』實含『聯結』之義。——辮、擘雙聲。據此，『擘』字恐非衍文。如係衍文，必與『續』義無關。疑『擘』字上或有脫文，今則不可考矣。」按：王國維所說甚碻，當據之改連此節與上節爲一條，删去「擘」字及注。吳氏力申「擘」字訓「續」，然所舉各例皆不足爲據。如楚辭「擗」，王逸注：「擗，柎也。柎，一作析。」是此「擗」當訓劈分。孟子「辟」乃特指績麻，與練麻之「纑」相類。至言所謂轉語之「辮」，交織之義雖有之，然終非接續之訓也。且定「擘」字非衍文，則「字上或有脫文」又全無依據。

〔二〕紉：戴震方言疏證：「禮記內則篇：『衣裳綻裂，紉箴請補綴。』離騷：『紉秋蘭以爲佩。』洪興祖補注引方言：『續，楚謂之紉。』『續』字當誤蒙上條。」按：戴云「誤蒙上條」，是疏忽於兩節本爲一條。說文糸部：「紉，繟繩也。」廣雅釋詁三：「紉，索也。」玉篇糸部：「紉，繩縷也，展而續之。」繩索謂之「紉」，以繩索貫針接續之亦謂之「紉」。禮記之「紉」正當訓「以綫貫針」，離騷之「紉」則當訓連綴、聯結，即接續之義。

五〇　閻笘〔一〕，開也。東齊開户謂之閻笘，楚謂之閻〔二〕。亦開字也。

匯證

〔一〕閻笘：「閻」同「閻」。「笘」和下文「苫」，戴本改作「苫」，云：「廣雅：『閻、苫，開也。』本此。今方言各本『苫』譌作『笘』，若『笘』字，不應郭璞、曹憲皆不注其音。『苫、開』亦一聲之轉。據廣雅訂正。」盧文弨重校方言俱改作「苫」，云：「廣雅作『苫』。『苫』之訓開，佗書未見。竊疑當作『苫』字。『苫、蓋』雖皆所以覆屋，而『蓋』亦可以爲户扇，見荀子宥坐篇『九蓋皆繼』楊倞注。又案：説文：『蓋，苫也。』周禮夏官圉師『茨牆則翦闔』康成注：『闔，苫也。』然則『苫』與『蓋、闔』義皆同，而轉爲『開』字，固有反覆相訓者，此亦然也。」劉台拱方言補校：「案：『閻苫』疊韻字，盧説是也。戴據廣雅定作『苫』，而皇甫録廣雅本乃正作『苫』。」王念孫手校方言疏證以朱筆圈去「苫」，於其右側注「苫」字。廣雅王念孫疏證本「苫」亦據影宋本、皇甫本校改作「苫」。按：「笘」當據盧、王改作「苫」。又按：「閻苫」，劉氏以爲聯緜詞，據下文「東齊開户謂之閻苫」，劉校是也。盧氏以爲「苫」之反訓即爲開，非是。「閻苫」訓開，漢時東齊語，文獻未詳。

〔二〕闓：説文門部：「開，張也。」「闓，開也。」段玉裁注：「本義爲開門，引伸爲凡启導之偁。」錢繹方言箋疏：「衆經音義卷十三引聲類云：『闓，亦開字。』繫辭：『開物成務。』釋文：『開，王肅作闓。』『闓』與『開』，聲侈弇耳。」按：「闓、開」，廣韻苦哀切；「闓」，廣韻又苦亥切。郭注「闓」「亦開字」是也。

五一　杼〔一〕、柚〔二〕，作也〔三〕。東齊土作謂之杼，木作謂之柚。

匯證

〔一〕杼：戴震方言疏證：「案此蓋釋詩『小東大東，杼柚其空』之義，言役作于周而至窮空也。」詩小雅大東此句，朱熹集傳：「杼，持緯者也。柚，受經者也。」錢繹方言箋疏：「方言與爾雅似未可以一例，與詩無涉。戴説非也。」按：「杼」本指織布梭子。説文木部：「杼，機之持緯者。」是也。方言本條之「杼」乃言「土作」，即從事泥工抑從事土作之人，確與詩無涉。文獻無徵，今方言未聞。邵則遂有新説，其據爾雅釋木「栩，杼」郭注：「柞樹。」以爲「杼」即杼木，杼木即柞木。

〔二〕柚：戴震方言疏證：「讀柚爲軸，義亦迂曲。」周祖謨方言校箋：「柚，原本玉篇『軸』下引作『軸』。下『木作謂之柚』同。慧琳音義卷八十、卷八十二引亦作『軸』。」按：説文木部：「柚，條也，似橙而酢。」是「柚」本爲木名，廣韻宥韻余救切。又常與「杼」連用曰「杼柚」，指織布機具，廣韻屋韻直六切。詩小雅大東「杼柚其空」即其例。説文車部：「軸，持輪也。」是「軸」本指輪軸，在指織具時可與「柚」通用。「柚、軸」二字亦無「木作」之義。「柚」或「軸」之方言義，文獻不可徵，今方言亦未聞。「柚」仍舊本，不改作「軸」。又，邵則遂以爲「柚」指砍削後的柞木，製成之軸亦名「柚」。

〔三〕作：邵則遂認爲「作」即「柞」，下「土作」「木作」當讀爲「土柞」「木柞」。此條意謂：東齊土柞（原始柞木）謂之杼（樹），木柞（砍削後的柞木）謂之柚（機軸）。

五二　厲〔一〕、印〔二〕，爲也。爾雅曰：「俶、厲，作。」〔三〕作，亦爲也〔四〕。甌越曰印，吴曰厲。

匯證

〔一〕厲：戴震方言疏證：「爾雅：『厲，作也。』郭注引穀梁傳『始厲樂矣』。」廣雅釋詁三：「厲，爲也。」王念孫疏證：「皋陶謨：『庶明厲翼。』鄭注云：『厲，作也。』」爾雅釋詁下：「厲，作也。」郝懿行義疏：「厲者，方言云：『爲也。』逸周書大武篇云：『戰有六厲。』孔晁注：『厲，爲也。』爲亦作也，故書『庶明厲翼』正義引鄭注：『厲，作也。』大戴禮曾子立事篇注『鄂鄂辨厲也』引論語曰：『其言之不作。』是作爲奮厲之義。郭引穀梁隱五年傳云：『始厲樂矣。』亦謂始作樂耳。」按：説文厂部：「厲，旱石也。」徐灝注箋：「因磨厲之義，又爲勉厲、激厲之義。別作勵。」銀雀山漢墓竹簡孫臏兵法延氣：「臨竟（境）近適（敵），務在癘氣。」「癘」讀爲「厲」，激厲之義。引申爲振奮。管子七法：「兵弱而士不厲，則戰不勝而守不固。」尹知章注：「厲，奮也。」厲之訓「爲」，乃激厲、振奮而有作爲之義也。

〔二〕印：戴震方言疏證據廣雅及曹憲音改作「印」，下同。王念孫手校明本亦云：「廣雅：『厲、印，爲也。』印，曹憲音於信反。」

盧文弨重校方言未從，云：「廣雅『卬』作『印』，曹憲音於信反。然印之訓『爲』，佗書亦未見。案：『卬』與『昂』通，有激厲之意，與『爲』訓相近，故不從廣雅易此文。」按：舊本均作「卬」，爾雅「厲，作也」條邢昺疏全引方言此條文皆作「卬」。錢繹方言箋疏亦據之認爲「『卬』之不誤」，並云：「且『卬』之爲『爲』，亦惟見廣雅，若必概改爲『印』，則廣雅出而方言可廢矣。」廣雅之訓多本方言，二書可互校互證，廣雅此條之「印」正可以據方言改作「卬」也。今仍舊本，不從戴校。又錢繹方言箋疏：「漢書王章傳：『其妻謂章曰：「今疾病困戹，不自激卬，而反涕泣。」』如淳注曰：『激厲抗揚之意也。』司馬相如長門賦云：『意慷慨而自卬。』李善注云：『自卬，激厲也。』大雅卷阿疏引孫炎釋訓注云：『卬卬，志氣高遠也。』是『卬』與『厲』同，故『甌越曰卬，吴曰厲』，皆奮厲激卬，欲有所作爲之意也。」

〔三〕俶厲作：王念孫手校明本於「作」下補「也」字，按：當據補。

〔四〕作，亦爲也：周祖謨方言校箋改作「爲亦作也」，云：「原本玉篇『厲』下引作『爲亦作也』，爾雅釋詁：『厲，作也。』邢疏引方言云：『厲、卬，爲也。甌越曰卬，吴曰厲。爲亦作也。』與玉篇同，今據正。」

五三　戲〔一〕、憚〔二〕，怒也。齊曰戲，楚曰憚。

匯證

〔一〕戲：廣雅釋詁二：「戲，怒也。」王念孫疏證：「『戲』讀當爲『赫戲』之『戲』。楚辭離騷：『陟陞皇之赫戲兮。』王逸注云：『赫戲，光明貌。』張衡西京賦：『叛赫戲以煇煌。』薛綜注云：『赫戲，炎盛也。』盛光謂之『赫戲』，盛怒亦謂之『赫戲』，故廣雅『赫、戲』並訓爲怒也。」按：廣雅「戲」之訓「怒」，本自方言。「戲」與「爔」同音。廣韻寘韻香義切，「爔，聲也」。聲轉爲「赫」。廣雅釋詁二：「赫，怒也。」詩大雅皇矣：「王赫斯怒，爰整其旅。」鄭玄箋：「赫，怒意。」連言之作「赫怒」。文選張衡西京賦：「迾卒清候，武士赫怒。」王粲從軍詩：「相公征關右，赫怒震天威。」「赫戲」連言則謂盛貌，又其引申之義也。

〔二〕憚：戴震方言疏證：「詩大雅：『逢天僤怒。』毛傳：『僤，厚也。』『僤』即『憚』，釋爲怒。『僤怒、超遠、虔劉』連文，皆二字義同。」廣雅釋詁二：「憚，怒也。」王念孫疏證：「『憚』亦盛怒貌也。大雅桑柔篇云：『逢天僤怒。』『僤』與『憚』通。秦策云：『王之威亦憚矣。』『憚』亦威之盛，義與『僤怒』之『僤』相近，高誘注以『憚』爲『難』，失之。史記春申君傳『憚』作『單』，古字假借耳。司馬貞以『單』爲『盡』，亦失之。周語：『陽癉憤盈。』舊音引方言：『楚謂怒爲癉。』『癉』與『憚』古亦通用。」戰國策秦策四：「天下五合六聚而不敢救，王之威亦憚矣。」王念孫雜志：「憚者，盛威之名……此言秦之威盛，非謂六國憚秦之威也。」

五四　爰〔一〕、喛〔二〕，恚也。謂悲恚也。楚曰爰，秦晉曰喛，皆不欲譍而强畣之意也。

匯證

〔一〕爰：廣雅釋詁二：「爰、喛，恚也。」王念孫疏證引方言本條，又引方言卷一二云：「『爰、喛，哀也。』注云：『喛，哀而恚也。』廣韻：『喛，恚也。』玉篇：『愋，恨也。』『愋』與『喛』同。引之云：楚辭九章：『曾傷爰哀，永歎喟兮。』『爰哀』猶『曾傷』，謂哀而不止也。方言云：『凡哀泣而不止曰咺。』『爰、喛、咺』，古同聲而通用，齊策『狐咺』，漢書古今人表作『狐爰』，是其證。」爾雅釋詁上：「爰，於也。」邵晉涵正義：「爰又爲嘆詞，故方言云『爰，哀也』。」集韻阮韻：「咺，或從爰。」玉篇口部：「喛，呼。」是「爰」乃悲哀、悲憤勉强應答之聲，不宜直訓爲「悲哀、悲憤」也。

〔二〕喛：下文釋曰：爰、喛「皆不欲譍而强畣之意也」。「譍」同「應」，「畣」即「答」。此條郭璞注：「謂悲恚也。」卷一二郭注：「哀而恚也。」是「爰、喛」爲悲哀、悲憤狀態下不欲應而勉强應答之聲。「爰、喛」兩字實一詞，其字之異，蓋表楚與秦晉方音之微别。王氏牽涉「愋」字，錢繹又旁涉「諼」字，方言箋疏云：「皆欺詐之意……是惡其欺詐，故中心不欲譍而强畣之也，正恚之意也。」云同源可也，謂同義則非是。

7a五五　傁〔一〕、艾〔二〕，長老也。東齊魯衛之間凡尊老謂之傁，或謂之艾；禮記曰：「五十爲艾。」周晉秦隴謂之公，或謂之翁〔三〕；南楚謂之父，或謂之父老〔四〕。南楚瀑洭之間暴、匡兩音。洭水，在桂陽。母謂之媓〔五〕，謂婦妣曰母姼〔六〕，音多。稱婦考曰父姼〔七〕。古者通以考妣爲生存之稱。

匯證

〔一〕傁：戴震方言疏證：「『傁』，本又作『叜』。說文云：『老也。』俗通作『叟』。孟子：『王曰叟。』趙岐注云：『叟，長老之稱也，猶父也。』」玄應一切經音義卷四、卷一六引方言字均作「叜」，王念孫手校方言疏證於天頭朱筆引存玄應音義文。按：玉篇人部：「傁，老也。與叟同。」說文又部：「叜，老也。」左傳宣公十二年：「趙傁在後。」杜預注：「傁，老稱也。」獨斷卷上：「叟，老稱，與三老同義也。」

〔二〕艾：玄應一切經音義卷四、卷一六引作「父」，王念孫手校方言疏證引存玄應音義文。廣雅釋詁一：「艾、老也。」王念孫疏證：「曲禮云：『五十曰艾，六十曰耆。』爾雅云：『耆、艾，長也。』」爾雅釋詁邢昺疏：「『耆、艾』皆老長也。」郝懿行義疏：「下文云『養也』，與『育』同義。方言云：『艾，長老也。』楚辭少司命篇云：『竦長劍兮擁幼艾。』王逸注：『艾，長也。』詩『夜未艾』毛傳：『艾，久也。』久亦爲長。小爾雅云：『艾，大也。』大亦爲長。艾，古讀爲乂，故說文云『艾』从乂聲。釋名云：『五十曰艾。艾，乂也；乂，治也。治事能斷割芟乂無所疑也。』曲禮釋文：『艾，一音乂。』此古音也。經典多言『耆艾』。謚法云：『保民耆艾曰胡。』周語云：『耆艾修之。』韋昭注：『耆艾，師傅也。』師傅亦長老之稱矣。」按：「艾老」亦連文使用。漢桓寬鹽鐵論未通：「五十已上曰艾老，杖於家，不從力役，所以扶不足而息高年也。」年事已高，後世亦稱「艾年」。清納蘭性德與顧梁汾書：「老父艾年，尚勤於役，渺予小子，敢憚前驅。」

〔三〕公、翁：廣雅釋親：「翁、公，父也。」王念孫疏證：「『翁、公』聲相近。史記項羽紀云：『吾翁即若翁。』魏策云：『陳軫將行，其子陳應止其公之行。』……翁、公，叜、父，古或以爲長老之稱。」錢繹方言箋疏：「漢書高帝紀云：『幾敗乃公事。』又田叔傳云：『學黄老之術於樂鉅公。』顏師古注云：『公者，老人之稱也。』又眭宏傳云：『從嬴公以受春秋。』注云：『公是長老之號耳。』長老謂之『公』，故『父』亦謂之『公』……『翁』與『公』，聲相近。漢書匈奴傳云：『漢使馬邑人聶翁壹間闌出物與匈奴交易。』顏師古注云：『翁者，老人之稱也。』老人謂之『翁』，故父亦謂之『翁』。」

〔四〕父、父老：戴震方言疏證：「史記馮唐列傳：『文帝輦過，問唐曰：「父老何自爲郎？」』後又曰：『父知之乎？』」廣雅釋親：「翁、公、叜，父也。」王念孫疏證：「古或以爲長老之稱。」按：公羊傳宣公十五年：「什一行而頌聲作矣。」何休注：「其耆老有高德者，名曰父老。」

〔五〕澤：當作「瀑」，即「瀑」。此條指水名，不知具體所在。

媓：錢繹方言箋疏：「廣雅：『媓，母也。』曹憲音皇。玉篇同。廣韻：『媓，女媓，堯妻。』帝繫作『女皇』。按：『媓』之言皇也。周語曰：『則我皇妣大姜之姪。』其但謂之『媓』者，猶楚辭離騷云：『皇覽揆余于初度兮。』王逸注：『皇，皇考也。』蓋母亦然也。『皇』與『媓』通。」按：「媓」之言「皇」，「皇」則訓「大」、訓「美」。說文王部：「皇，大也。」書洪範：「建用皇極。」僞孔傳：「皇，大。」廣雅釋詁一：「皇，美也。」詩大雅臣工：「于皇來牟，將受厥明。」孔穎達疏：「皇訓爲美。」「皇」亦爲先代或亡親之敬稱。禮記曲禮下：「祭王父曰皇祖考，王母曰皇祖妣，父曰皇考，母曰皇妣，夫曰皇辟。」鄭玄注：「更設稱號尊神，異於人也。」錢引離騷之「皇」爲「皇考」之省稱也。

〔六〕婦妣：婦之母。爾雅釋親：「母曰妣。」

母姼：廣雅釋親：「妻之父謂之父姼，妻之母謂之母姼。」王念孫疏證：「說文：『江淮之閒謂母曰媞。』『媞』與『姼』聲義相近。」章炳麟新方言釋親屬：「姼，說文本訓美女，音尺氏切。其爲婦妣、婦考之稱，與爹、㸙、姐、社同字。廣雅『爹、㸙』並訓父，曹憲音爹爲大可反，廣韻兼入麻部，音陟邪切，曹憲音㸙爲止奢反。說文云：『蜀人謂母曰姐，淮南謂之社。』尋淮南說山訓云：『社何愛速死。』高誘注：『江淮謂母爲社，雒家謂公爲阿社。』然則呼母爲社即與姐同，呼公爲社即與爹姼同，皆今韻麻部字，其紐微有清濁弇侈，然古人不甚分也。姼從多聲，正與爹同，婦考爲姼，姼即爹、㸙、社也，婦妣爲姼，姼即姐、社也……山西猶稱婦考曰姼人，婦妣曰姼母，音正作陟駕切，蓋里巷殊言猶存故訓。」

〔七〕婦考：婦之父。爾雅釋親：「父曰考。」

父姼：廣雅釋親：「爹，父也。」王念孫疏證：「『姼』與『爹』，聲亦相近。」

五六　巍〔一〕、嶢〔二〕、崝〔三〕、嶮〔四〕，高也。嶕嶢、崝峉〔五〕，■高峻之皃也〔六〕。

匯證

〔一〕巍：錢繹方言箋疏：「説文：『巍，高也。从嵬，委聲。』俗省『山』作『魏』。孟子盡心篇云：『勿視其巍巍然。』孫奭音義：『本作「魏」。丁公著云：「當作巍。」』莊子知北游篇：『魏魏乎其終則復始也。』又天下篇：『魏然而已矣。』通作『巋』。天下篇又云：『巋然而有餘。』釋文云：『巋，本或作魏。』亦通作『嵬』。説文：『嵬，高不平也。』爾雅：『石戴土謂之崔嵬。』周南卷耳篇：『陟彼崔嵬。』並字異義同。」

〔二〕嶢：戴震方言疏證：「張衡思玄賦：『構玉階之嶢崢。』李善注引方言：『嶢、崢，高貌也。』張協七命：『爾乃嶢榭迎風。』注引方言：『嶢，高也。』」廣雅釋詁四：「嶕嶢，高也。」王念孫疏證：「莊子徐無鬼篇：『君亦必無盛鶴列於麗譙之間。』郭象注云：『麗譙，高樓也。』釋文：『譙，本亦作嶕。』漢書趙充國傳：『爲塹壘木樵。』顏師古注云：『樵與譙同，謂爲高樓以望敵也。』方言：『嶢，高也。』説文：『堯，高也。』『垚，土之高也。』揚雄甘泉賦云：『直嶢嶢以造天兮。』河東賦云：『陟西岳之嶢崝。』合言之則曰嶕嶢。揚雄解難云：『泰山之高不嶕嶢，則不能浡滃雲而散歊烝。』班固西都賦云：『内則別風之嶕嶢。』説文：『焦嶢，山高皃。』並字異而義同。」

〔三〕崝：戴震方言疏證：「崝，亦作崢。」錢繹方言箋疏：「玉篇：『崝，仕耕切，崝嶸，高峻貌。』……玉篇：『嶸，崝嶸。』亦作『峉』同。楚辭遠遊云：『下崝嶸而無地兮。』宋玉高唐賦：『俯視崝嶸。』漢書西域傳：『臨崢嶸不測之深。』此與『高』義並異。按：『嶕嶢、崝嶸』皆疊韻字，並爲形容之辭。深下謂之崝嶸，高峻亦得謂之崝峉也。且字皆從『山』，於『高』義爲近。」

〔四〕嶮：錢繹方言箋疏：「玉篇：『嶮，魚檢切，山嶮也。』郭氏江賦云：『壯天地之嶮介。』嵇康琴賦云：『丹崖嶮巇，青壁萬尋。』是崝、嶮爲高也。」按：文選張衡西京賦：「坻崿鱗眴，棧齴巉嶮。」李善注：「棧、嶮，皆高峻貌。」

〔五〕崝峉：周祖謨方言校箋：「原本玉篇『崝』下云：『方言：「崝、險，高也。」郭璞曰：「崝嶸，高峻之貌也。」』案『嶸』與

『峇』同，見玉篇。」按：文選班固西都賦：「巖峻崷崪，金石崢嶸。」李善注引郭璞方言注：「崢嶸，高峻也。」又張協七命八首：「於是構雲梯，陟崢嶸。」李善注引郭璞方言注同。是「峇」通作「嶸」。

〔六〕■高峻之皃也：按：墨丁處，戴震方言疏證據曹毅之本補「皆」字，是也，當據補。

五七　猒〔一〕、塞〔二〕，安也。物足則定〔三〕。

匯證

〔一〕猒：戴震方言疏證：「陸機辯亡論：『洪規遠略，固不厭夫區區者也。』李善注云：『方言：「厭，安也。」於豔反。』『猒、厭』古通用，亦作『懕』。説文云：『安也。』爾雅釋訓：『懕懕，安也。』廣雅：『懕、㥶，安也。』義本此。曹憲音釋：『懕，一占反。』」廣雅釋詁王念孫疏證：「『猒』與『懕』通……爾雅：『懕懕，安也。』秦風小戎篇：『厭厭良人。』毛傳云：『厭厭，安靜也。』小雅湛露篇：『厭厭夜飲。』韓詩作『愔愔』。昭十二年左傳：『祈招之愔愔。』杜預注云：『愔愔，安和貌。』宋玉神女賦：『澹清靜其愔嫕兮。』王褒洞簫賦作『厭瘱』，並字異而義同。」

〔二〕塞：廣雅釋詁一：「塞，安也。」王念孫疏證：「塞與㥶通。」按：説文土部：「塞，隔也。从土，从𡫳。」又心部：「㥶，實也。」本義爲堵塞、填塞，引申之則訓充塞、充滿。書皋陶謨：「剛而塞。」僞孔傳：「剛斷而實塞。」孟子公孫丑上：「其爲氣也，至大至剛，以直養而無害，則塞於天地之閒。」禮記祭義：「致禮樂之道而天下塞焉。」鄭玄注：「塞，充滿也。」充滿而之於人則猶言滿足。漢賈誼過秦論：「塞萬民之望，而以威德與天下，天下集矣。」漢書齊悼惠王肥傳：「非誅偃無以塞天下之望。」顔師古注：「塞，滿也。」「滿足」與「安」義相因也。章炳麟新方言釋言：「今杭州謂小兒安寧爲利塞，讀如邊塞之塞。」

〔三〕定：周祖謨方言校箋改作「安」，云：「原本玉篇甘部『猒』下引注曰：『足則安也。』今據玉篇改。」

五八　㥄〔一〕、音淩。㥮〔二〕，亡主反。憐也。

匯證

〔一〕㥄：卷一第七條：「㥄、憐，哀也……趙魏燕代之間曰㥄。」郭注：「㥄亦憐耳。」參該條匯證〔一〕。

〔二〕㥮：戴震方言疏證：「説文云：『㥮，撫也。讀若侮。』廣雅：『㥄、㥮，哀也。』義本此。」爾雅釋詁：「㥮、憐，愛也。」郭注：「㥮，韓鄭語，今江東通呼爲憐。」郝懿行義疏：「愛、哀，聲義同；哀、憐，亦慈愛之意也。『㥮』者，方言云『憐也』，説文云『撫也』。撫循義亦爲愛。通作『憮』。釋言云：『憮，撫也。』方言云：『愛也，韓鄭曰憮。』説文本方言。釋文云：『㥮，亡矩反，又音無。』按，『無』，古讀如模。説文『㥮』从某聲，讀若『侮』。是『㥮、憮』聲義同，古字通用。方言又云：『撫，哀也。』『哀』亦『愛』。又云：『牟，愛也。』『牟』亦『㥮』也。是『㥮、牟』又聲之轉，義又同矣。」

7b 五九　掩〔一〕、翳〔二〕，薆也〔三〕。謂蔽薆也。詩曰：「薆而不見。」〔四〕音愛。

匯證

〔一〕掩：戴震方言疏證：「月令：『處必掩身。』鄭注云：『掩，猶隱翳也。』」錢繹方言箋疏：「『掩、翳、薆』亦一聲之轉。」按：「掩」謂掩蓋、掩蔽。説文手部：「掩，斂也。」國語晉語五：「爾童子，而三掩人於朝。」韋昭注：「掩，蓋也。」又吴語：「今君掩王東海。」韋昭注：「掩，蓋也。」淮南子天文訓：「掩茂之歲。」高誘注：「掩，蔽也。」禮記月令亦是其例。引申之則謂藏匿。左傳文公十八年：「毁則爲賊，掩賊爲藏。」杜預注：「掩，匿也。」同義連言之則謂「掩蓋、掩匿」。荀子王制：「兵革器械者，彼將日日暴露毁折之中原，我今將脩飾之，拊循之，掩蓋之於府庫。」史記曹相國世家：「參見人之有細過，專掩匿覆蓋之，府中無事。」

〔二〕翳：戴震方言疏證：「左思詠史詩：『歸來翳負郭。』李善注引方言『翳，薆也』並注。爾雅釋木：『蔽者翳。』郭注云：『樹蔭翳覆地者。』」廣雅釋詁二：「翳，障也。」王念孫疏證：「方言又云：『翳，掩也。』楚語：『好縱過而翳諫。』韋昭注云：『翳，障也。』」錢繹方言箋疏：「通作『殹』。卷十二云：『殹，幕也。』注云：『謂蒙幕也。音醫。』『殹』與『翳』，聲義並相近。」徐復補釋：「亦有掩翳二字連用者。釋名釋天：『曀，翳也。掩翳日光使不明也。』亦取隱蔽義。」

〔三〕薆：同「薆」。戴震方言疏證：「釋言：『薆，隱也。』注云：『謂隱蔽。』離騷：『衆薆然而蔽之。』洪興祖補注引方言此條注文譌作『謂薆蔽也』。『薆』亦通用『僾』。說文云：『仿佛也。』引詩『僾而不見』，今毛詩作『愛』，古字假借通用。『薆而』猶『隱然』，『而、如、若、然』，一聲之轉。」

〔四〕薆而不見：詩邶風靜女文，毛詩「薆」作「愛」。

六〇 佚惕〔一〕，緩也。跌、唐兩音。

匯證

〔一〕佚惕：戴震方言疏證據廣雅改「惕」作「婸」，改下「緩」作「婬」。王念孫手校明本改「惕」作「愓」。盧文弨重校方言亦改「惕」作「愓」，云：「『佚愓』與『佚蕩、佚傷、幼婸、跌宕』皆同。漢書揚雄傳云：『爲人簡易佚蕩。』張晏曰：『佚音鐵；蕩音讜。』晉灼曰：『佚蕩，緩也。』正本此。又蕭該云：『蕩亦作愓。』韋昭音『佚』爲『替』、『傷』爲『黨』。又李善注江淹恨賦引揚雄傳作『跌宕』。廣雅：『㧙婸，婬也。』『婬』乃『緩』字之誤，或張揖自以意改之，正不當以方言爲誤，戴本遽從廣雅改此文作『佚婸，婬也』，不考之漢書注，非是，今不從。」劉台拱方言補校：「盧本作『佚愓』是也，戴本作『佚婸』非也。集韻唐韻、屑韻兩引並作『佚愓』。」馬學良方言考原：「改惕爲愓似仍非方言原文。按：倉頡篇：『佚，蕩也，亦樂也。』『傷，慢也，平也。』慢與緩義並相近。今據倉頡篇改正爲『佚傷，緩也』。此條爲方言併倉頡佚、傷二條爲一條作釋之例。」按：戴校之非，盧氏已辯之。馬氏新說，尚難信據。郭璞音「唐」，所注之字絕非「惕」或「傷」甚明。當據王、盧校改「惕」作「愓」。鄭樸揚子雲集本、明抄本正作「愓」。錢繹方言箋疏：「『佚愓』，雙聲字，亦作『跌踼』。說文：『跌，踼也。』『踼，跌踢也。』徐鍇傳曰：『跌踼，過越不拘也。』玉篇徒結、徒郎，云：『跌踼也。』廣韻十六屑同，云：『跌踼。』文十一年穀梁傳云：『兄弟三人，佚宕中國。』後漢書孔融傳云：『又前與白衣禰跌蕩放言。』李賢注：『跌蕩，無儀檢也。』與『佚惕』亦同。倒言之則曰『踼跌』……又作『俶儻』……亦作『倜儻』……要皆爲形容之詞，本無定字，與『緩』義並相近。」

輶軒使者絶代語釋别國方言校釋匯證第七

1a 一　諄憎〔一〕，所疾也。之潤反。宋魯凡相惡謂之諄憎〔二〕，若秦晉言可惡矣。

匯證

〔一〕諄憎：戴震方言疏證：「荀子哀公篇：『無取口啍。』『口啍，誕也。』楊倞注云：『啍與諄同。方言：齊魯凡相疾惡謂之諄憎。』廣雅：『諄憎，⿰言疾也。』義本此。『⿰言疾、疾』古通用。」説文言部「諄」字下段玉裁注：方言「諄」，「敦字之假借」。又曰：「文部曰：『敦，怒也，詆也，詩：王事敦我。』」廣雅釋詁三：「憝、憎，惡也。」王念孫疏證：「説文：『憝，怨也。』康誥：『罔不憝。』傳云：『人無不惡之者。』孟子萬章篇引書作『譈』。荀子議兵篇云：『百姓莫不敦惡。』法言重黎篇：『楚憞群策而自屈其力。』李軌注云：『憞，惡也。』『譈、憞、敦』並與『憝』同。凡人凶惡亦謂之憝。康誥云：『元惡大憝。』逸周書銓法解云：『近憝自惡。』是也。方言：『諄憎，所疾也。宋魯凡相疾惡謂之諄憎，若秦晉言可惡矣。』『諄』與『憝』聲亦相近。」廣雅釋詁四：「諄、憎、⿰言疾，苦也。」王念孫疏證：「『憝』與『諄』聲近而義同。方言：『憎，憚也。』郭璞注云：『相畏憚也。』『相畏憚』即相患苦，故『諄憎』又爲苦也。説文：『㑵，妎也。一曰毒也。』或作『嫉』。秦誓云：『冒疾以惡之。』玉篇：『⿰言疾，毒苦也。』『⿰言疾、㑵、嫉、疾』並通，故『疾』又爲疾苦矣。」按：「諄憎」猶言「可惡」，揚雄所釋甚明。章炳麟新方言釋言：「今人謂相惡曰作對，所疾曰對頭。對亦憝也。」

〔二〕宋魯凡相惡謂之諄憎：周祖謨方言校箋：「荀子哀公篇楊倞注引本文作『齊魯凡相疾惡謂之諄憎』。『宋魯』作『齊魯』，『惡』上有『疾』字，與今本不同。」慧琳音義卷七九引「宋魯」亦作「齊魯」。按：集韻準韻「諄」字下引方言作：「宋魯凡相惡謂之諄。」今仍舊本，暫不改、補。

二　杜〔一〕、蹻〔二〕，歰也。趙曰杜，今俗語通言歰如杜。杜梨子歰，因名之〔三〕。山之東西或曰蹻。郄蹻〔四〕，燥歰皃，音笑謔〔五〕。

匯證

〔一〕杜：錢繹方言箋疏：「釋木云：『杜，甘棠。』郭注云：『今之杜梨。』又云：『杜，赤棠。白者棠。』注云：『棠色異，異其名。』唐風：『有杕之杜。』毛傳云：『杜，赤棠也。』疏引樊光注云：『赤者爲杜，白者爲棠。』六書故引舍人注略同，是以色異其名也。説文云：『牡曰棠，牝曰杜。』是又以性殊其名也。諸家皆與郭異，惟詩疏又引陸機疏云：『赤棠與白棠同耳，但子有赤白美惡，子白色爲白棠、甘棠也，少酢，滑美。赤棠子歰而酢，無味，俗語云：澀如杜。』與此注正合。」章炳麟新方言釋言：「廣雅『杜、遾』皆訓歰。今通謂人行止遾難、言語蹇歰爲『杜』，音如土，若『桑杜』爲『桑土』矣。」按：杜即杜梨，也叫棠梨，一種野生梨。其味酸歰，故以歰爲「杜」。郭璞謂此乃其時「俗語」，文獻用例未詳。

〔二〕蹻：按：集韻藥韻：「蹻，方言：『歰也。山之東西曰蹻。』一曰燥歰皃。」文獻用例未詳，今方言亦未有聞。郭璞注：「郄蹻，燥歰皃。」是晉時有聯緜詞「郄蹻」，義與方言「蹻」合。

〔三〕之：廣雅釋詁三：「杜、蹻，歰也。」王念孫疏證引此注字作「云」，周祖謨方言校箋亦「疑爲云字之誤」。按：作「云」於義爲長。又玄應一切經音義卷一九、慧琳一切經音義卷五六引此條郭注作：「今俗通語也，歰如杜。杜子歰，因以名也。」文字與宋本稍有歧異。

〔四〕郄：戴震方言疏證改作「卻」。盧文弨重校方言：「『郄』字與『郤』同音『隙』，或改作『卻』，非也，『卻』乃『却』字。」按：舊本皆作「郄」，盧説是也。

〔五〕笑：同笑。

謔：盧文弨重校方言據曹毅之本改作「噱」。劉台拱方言補校：「依曹憲廣雅音作『謔』爲是。」錢繹方言箋疏則贊盧校，云：「『蹻』，曹憲音虛虐反。『音笑噱』，『噱』字俗本作『謔』，宋本作『噱』，與廣韻正合，今訂正。」周祖謨方言校箋：「廣韻『蹻、噱』同音其虐切，『謔』音虛約切，自以作『噱』爲是。」按：集韻「蹻」字八見，唯入聲藥韻引方言此條爲釋，迄卻切，與

「謔」同音。宋本不誤。

三　佻[一]、抗[二]，縣也。趙魏之間曰佻，自山之東西曰抗；燕趙之郊縣物於臺之上謂之佻。了佻[三]，縣物皃。丁小反。

匯證

[一]佻：劉台拱方言補校：「『佻』，集韻从到了。」王念孫手校方言疏證於本條朱筆録玄應一切經音義卷一三、集韻二九所引方言文，字均作「𠄏」。錢繹方言箋疏：「『佻』，本或作『𠄏』。衆經音義卷十三云：『了𠄏，又作⿰糹𠄏同，丁皎反。』引方言云：『𠄏，懸也。趙魏之間曰𠄏。郭璞曰：了𠄏，懸貌也。』是玄應所見本『佻』作『𠄏』。」吳承仕經籍舊音辨證：「錢説是也。類篇『佻』字引方言云：『病也。』『了』字引方言云：『趙魏之間曰𠄏，丁了切。』然則宋人所據方言亦作『𠄏』，不獨玄應所見然矣。」按：作「𠄏」是也。玉篇、廣韻「𠄏」下雖未引方言，釋「縣物貌也」「懸皃」亦當本自方言郭注。當據改，下文及注内同。廣雅釋詁四：「佻，縣也。」王念孫疏證：「今俗語謂縣物爲弔，聲相近也。」黄侃薪春語：「今吾鄉亦有此語，字作弔、釣者多，音多嘯切。正以説文，佻亦釣之借爾。」丁惟汾方言音釋：「『佻』爲『弔』之異文。説文：『縣，弔縣也。』今俗謂縣爲『弔』，字亦作『倒』。孟子公孫丑篇：『猶解倒懸也。』『倒懸』即『弔縣』。」

[二]抗：廣雅釋詁一：「抗，張也。」王念孫疏證：「考工記梓人祭侯辭云：『故抗而射女。』鄭注云：『抗，舉也，張也。』小雅賓之初筵篇：『大侯既抗，弓矢斯張。』鄭箋云：『大侯張而弓矢亦張節也。』爾雅：『守宫槐，葉晝聶宵炕。』齊民要術引孫炎注云：『炕，張也。』『炕』與『抗』通。」廣雅釋詁一：「抗，舉也。」王念孫疏證：「『亢』與『抗』通。」丁惟汾方言音釋：「抗舉爲高舉，高舉亦懸也。」是也。廣雅釋詁四：「佻、抗、絓，懸也。」王念孫疏證：「今俗語謂懸物爲弔，聲相近也。」又補正：「僖元年公羊傳云『於是抗輈經而死』，是抗爲懸也。」按：高舉自下而上言，弔懸自上而下言，動作方向相反，動源亦自不同，以爲「高舉亦懸也」乃渾言之耳。

[三]了佻：當作「了𠄏」，疊韻。

四　發〔一〕、稅〔二〕，舍車也。舍，宜音寫。東齊海岱之間謂之發，今通言發寫也。宋趙陳魏之間謂之稅。稅，猶脱也。

匯證

〔一〕發：戴震方言疏證：「『發』爲卸車，蓋釋詩『齊子發夕』之義，言夕而解息車徒也。」錢繹方言箋疏：「齊風載驅首章云：『齊子發夕。』次章云：『齊子豈弟。』毛傳云：『發夕，自夕發至旦。』鄭箋云：『此「豈弟」猶言「發夕」。「豈」，讀當爲「闓」。「弟」，古文尚書以「弟」爲「圛」。圛，明也。』韓詩云：『發，明也。』王逸注楚辭招魂云：『發，旦也。』旦亦明也。商頌長發篇：『玄王桓撥。』韓詩『撥』作『發』，云：『明也。』廣雅：『明，發也。』是『發』與『明』同義，『發夕』猶小雅小宛篇『明發』也。鄭君以三章言『翱翔』、四章言『遊敖』爲相類，惟二章言『豈弟』與『發夕』爲不類，故特爲破字作『闓圛』，則上言『發夕』謂初夜，下言『闓明』謂侵明，於文義始相類且順。若作『夕而解舍車徒』解，則與次章『豈弟、闓圛』之義皆爲不類矣，且方言之作非爲釋詩，其説非也。」按：錢説是也，戴氏不當引詩證方言。揚雄以「舍車」釋「發、稅」，郭璞注云：「舍宜音寫。」戴震方言疏證：「注讀『舍』爲『寫』，『寫、卸』古通用。説文云：『卸，舍車解馬也。从卩止午，讀若汝南人寫書之寫。』」説文卩部「卸」字下段玉裁注：「舍，止也。馬以駕車，止車則解馬矣。一説解馬謂騎解鞌……發寫即發卸也。寫者，卸之假借字。」段説是也。史記蕭相國世家：「夫獵，追殺獸兔者狗也，而發蹤指示獸處者人也。」漢書蕭何傳「蹤」作「縱」，顔師古注：「發縱，謂解紲而放之也。」是「解紲」正釋「發」也。後漢書袁紹傳：「紹在後十數里，聞瓚已破，發鞌息馬。」「發鞌」謂解鞍也。「發」之本義爲發射，引申之謂離去。廣雅釋詁二：「發，去也。」卸下、解開即含離去之義，故「發」之訓「舍車」乃引申之義也。又按：「發」與「廢」音義通。爾雅釋詁下：「廢，舍也。」郭注：「舍，放置。」郝懿行義疏：「舍有二義，亦有二音……其音書冶切者，『舍』即『捨』之假借。説文云：『捨，釋也。』『釋，解也。』經典『捨』俱作『舍』，故詩行葦箋及周禮司圜注『舍』俱訓『釋』。『舍、釋』雙聲，古字通用……『廢』與『發』通。方言云：『發、稅，舍車也。』以『舍車』爲『發』，『發』即『廢』也。莊子列禦寇篇云：『曾不發藥乎。』列子黄帝篇作『曾不廢藥乎』。是『廢、發』古字通。『發』之與『廢』，義若相反而實相成。」晉書潘岳傳云：『發槅寫鞍，皆有所憩。』此借『寫』爲『卸』也。説文：『卸，舍車解馬也。』以『舍車』爲『發』，其義與方言正合矣。」

〔二〕稅：戴震方言疏證：「陸機招隱詩：『稅駕從所欲。』李善注引方言『舍車曰稅』。『稅』亦通用『說』。周禮典路：『辨其名物，與其用說。』鄭注云：『說，謂舍車也。』」爾雅釋詁下：「稅，舍也。」郭注：「詩曰：『召伯所稅。』」毛詩召南甘棠作「說」，毛傳：「說，舍也。」郝懿行爾雅義疏：「稅者，車之舍也。方言以『舍車』爲『稅』，郭注：『稅猶脱也。』是以解脱爲義。『脱』乃『挩』之叚音。説文：『挩，解挩也。』經典『挩』俱作『脱』，而又通借作『稅』。」按：釋「舍人」之「稅」通「挩」。集韻曷韻：「挩，説文『解挩也』。或作稅。」説文「挩」字下段玉裁注云：「今人多用『脱』，古則用『挩』，是則古今字之異也。今『脱』行而『挩』廢矣。」

1b五　肖〔一〕、類〔二〕，法也。齊曰類，西楚梁益之間曰肖。秦晉之西鄙自冀隴而西冀縣，今在天水。使犬曰哨〔三〕。音騷。西南梁益之間凡言相類者亦謂之肖。肖者，似也。

匯證

〔一〕肖：戴震方言疏證：「説文云：『肖，骨肉相似也。』不似其先，故曰不肖也。」錢繹方言箋疏：「法言學行篇云：『螟蠕之子殪，而逢蜾蠃祝之曰：「類我類我。」久則肖之矣。速哉，七十子之肖仲尼也！』通作『宵、俏』。漢書刑法志：『夫人宵天地之貌。』應劭注：『宵，類也。頭圓象天，足方象地。』列子力命篇云：『佹佹成者，俏成也，初非成也。佹佹敗者，俏敗也，初非敗也。』張湛注『俏』音肖，云：『似也。』『宵、俏』並與『肖』同。」按：「骨肉相似」意即相貌相似。引申之則相像、相似謂之「肖」。方言所謂「相類」意即相像、相似也。「法」猶「類」，參本條匯證〔二〕。

〔二〕類：戴震方言疏證：「荀子勸學篇：『群類之紀綱也。』楊倞注云：『方言齊謂法爲類也。』」廣雅釋詁一：「類，灋也。」王念孫疏證：「方言：『類，法也。齊曰類。』緇衣：『身不正，言不信，則義不壹，行無類也。』鄭注云：『類，謂比式。』釋文云：『比方法式也。』楚辭九章：『吾將以爲類兮。』王逸注云：『類，法也。』荀子儒效篇云：『其言有類，其行有禮。』『類』之言律也，律亦法也。樂記：『律小大之稱。』史記樂書作『類』，是『類』與『律』聲義同。相似謂之『類』，亦謂之『肖』，法謂之『肖』，亦謂之『類』，義亦相近也。」按：説文犬部：「類，種類相似，唯犬爲甚。」是事物相似相同者可歸爲「類」，引申之則法則法式亦謂之「類」，方言即此義也。

〔三〕哨：戴震方言疏證：「『哨』亦作『嗾』。説文：『嗾，使犬聲。』春秋宣公二年左傳：『公嗾夫獒焉。』服虔注云：『嗾，呶也。』釋文素口反。玉篇引方言『秦晉冀隴謂使犬曰嗾』。」説文口部：「嗾，使犬聲。」段玉裁注：「使犬者作之噬也。方言曰『秦晉之西鄙自冀隴而西使犬曰哨』，郭音騷，『哨』與『嗾』一聲之轉。」

六　憎〔一〕、懹〔二〕，憚也。相畏憚也。陳曰懹。

匯證

〔一〕憎：廣雅釋詁三：「憎、懹、畏、憚，難也。」王念孫疏證引方言此條並郭注，云：「説文：『憚，忌難也。』屯釋文引賈逵周語注云：『難，畏憚也。』」錢繹方言箋疏：「『難』與『憚』義同，故廣雅『憎、懹、畏、憚』並訓爲『難』。又云：『憎，苦也。』大雅雲漢篇云：『我心憚暑。』鄭箋：『憚，猶畏也。』釋文：『鄭徒旦反，毛丁佐反。』韓詩云：『苦也。』是『苦』與『憚』義亦同，故『憎』又訓爲『苦』，義並相通也。」徐復補釋：「戰國策趙策三：『天下憎之，必皆事王以伐齊。』憎正畏憚之義。」按：淮南子説林訓：「戰兵死之，鬼憎神巫。」高誘注：「憎，畏也。」此亦畏憚之義。

〔二〕懹：玉篇心部：「懹，憚也，相畏也。」本自此條及郭注。複言之曰「惶懹」，疊言之曰「懹懹」，皆恐懼、憂懼之義。例見後世，如唐元結思元極：「思不從兮空自傷，心慅悁兮意惶懹。」「惶懹」近義複詞，謂惶恐畏懼也。又閔嶺中詩：「將徑往兮不難，久懹懹以悽惋。」「懹懹」疊詞，謂恐懼之貌。先秦兩漢文獻用例未詳，今方言亦未聞之。

七　譙〔一〕、字或作誚。讙〔二〕，火袁反。讓也〔三〕。齊楚宋衛荆陳之間曰譙，自關而西秦晉之間凡言相責讓曰譙讓，北燕曰讙。

匯證

〔一〕譙：廣雅釋詁二：「讙、譙，讓也。」王念孫疏證：「『讙、譙』諸字爲責讓之『讓』……金縢云：『王亦未敢誚公。』管子立政篇云：『里尉以譙于游宗。』『譙』與『誚』同。」錢繹方言箋疏：「連言之則曰『譙讓』。史記萬石君傳：『子孫有過失，不譙讓，爲便坐，對案不食。』漢書高帝紀：『樊噲因譙讓羽。』顔師古注云：『譙讓，以詞相責也。』」丁惟汾方言音釋：「譙，俗作吵，大聲斥責謂之譙。譙爲責讓，以言相責讓謂之譙讓。」按：「譙」同「誚」。説文言部：「譙……誚，古文譙，從肖。」玉篇言部：「誚，責也。」呂氏春秋疑似：「丈人歸，酒醒而誚其子。」高誘注：「誚，讓也。」通假作「噍」。史記萬石張叔列傳：「及文帝崩，景帝立，歲餘不噍呵綰，綰日以謹力。」司馬貞索隱：「一曰譙呵者，責讓也。不譙呵者，言不嗔責衛綰也。」

〔二〕讙：廣雅釋詁二：「讙，譙，讓也。」王念孫疏證：「説文：『讙，譁也。』字亦作『諠』。凡人相責讓，則其聲諠譁，故因謂讓爲諠，猶今人謂諠呼爲讓也。」按：蓋謂衆讓之聲，或謂譁議之聲。漢書外戚傳下孝成許皇后傳：「養名顯行，以息衆讙。」顔師古注：「讙，譁，衆議也。」漢書陳平傳：「平遂至修武降漢……是日拜平爲都尉，使參乘，典護軍，諸將盡讙。」顔師古注：「讙謼而議也。」

〔三〕讓：戴震方言疏證：「周語：『讓不貢。』韋昭注云：『讓，譴責也。』春秋昭公二十五年左傳：『且讓之。』杜預注云：『讓，責也。』」按：説文言部：「讓，相責讓。」小爾雅廣義：「詰責以辭謂之讓。」方言謂「言凡相責讓」正是「讓」之本義。

2a八　僉〔一〕、胥〔二〕，皆也。自山而東五國之郊曰僉〔三〕，六國唯秦在山西。東齊曰胥。

匯證

〔一〕僉：爾雅釋詁下：「僉、咸、胥，皆也。」邵晉涵正義：「説文云：『皆，俱詞也。』僉者，堯典云：『僉曰：於，鯀哉！』史記作『皆曰鯀可』。」郝懿行義疏：「僉者，衆之皆也。說文、方言『僉』並訓『皆』。方言又云：『僉，夥也。』郭注：『僉者同，故爲夥。』廣雅云：『僉，多也。』楚辭天問篇注：『僉，衆也。』小爾雅云：『僉，同也。』『同』即『皆』之訓。衆、多、夥，其義亦俱爲皆也。僉之爲言齊也。經典或言『齊民』，或言『齊盟』，皆取衆同之義。齊、僉又一聲之轉也。」王引之經義述聞卷二二春秋名字解詁上「魯邦巽字子斂」條：「斂之言僉也，檢也。方言曰：『僉，皆也。』爾雅曰：『檢，同也。』是具備之義也。」

〔二〕胥：戴震方言疏證：「爾雅釋詁：『僉、咸、胥，皆也。』郭注云：『東齊曰胥，見方言。』」郝懿行爾雅義疏：「胥者，『相』之皆也。下文云：『胥，相也。』『相』與『皆』義近。『相、胥』又一聲之轉也。方言云：『胥，皆也。東齊曰胥。』按：今文登人或言『都』。『都』亦總同之詞，其它旁邑人謂『都』爲『兜』。『兜、都』聲轉，『都、胥』聲近，語有輕重耳。此即『東齊曰胥』之證矣。詩『君子樂胥』傳：『胥，皆也。』角弓、抑、韓奕、有駜箋同。」

〔三〕山：王念孫手校方言疏證於本條天頭朱筆注：「自關而東五國之郊謂皆爲僉。一切經音義一、十三。」「自關而東五國之郊謂皆曰僉，東齊曰胥。三。」是玄應三引「山」俱作「關」。

九　侔莫〔一〕，强也。北燕之外郊凡勞而相勉若言努力者謂之侔莫。

匯證

〔一〕侔莫：戴震方言疏證：「『侔』亦作『劺』。廣雅：『劺莫，强也。』義本此。曹憲音釋『劺』音牟，『强』巨兩反。玉篇云：『劺，勸勵也。』」王念孫廣雅疏證：「『侔』與『劺』通。淮南子繆稱訓：『猶未之莫與。』高誘注云：『莫，勉之也。』案：『劺』之言『茂』也。爾雅：『茂，勉也。』『莫』之言『慔』也。爾雅：『慔慔，勉也。』合言之則曰『劺莫』矣。」王引之經義述聞卷二七爾雅中「慔慔，勉也」條：「邵曰：『說文云：「慔，勉也。」重言之，義同。』引之謹案：『慔』音慕，又音莫，字亦作『莫』……重言之則曰『莫莫』。小雅楚茨篇說祭祀之事曰：『君婦莫莫。』『莫莫』與『慔慔』同，猶言『勉勉』也。祭義曰：『君牽牲，夫人奠盎；君獻尸，夫人薦豆。齊齊乎其敬也，愉愉乎其忠也，勿勿諸其欲其饗之也。』鄭注曰：『勿勿，猶勉勉也。』禮器注同。『勉勉、勿勿、莫莫』，一聲之轉，言君婦當祭之時，奉承而進之，既忠且敬，莫莫然其欲其饗之也。」錢繹方言箋疏：「『侔』之言『懋』也。舜典：『維時懋哉。』史記五帝紀作『維時勉哉』。皋陶謨作『懋哉懋哉』。某氏傳訓『懋』爲『勉』。家君曰：盤庚『懋建大命』『懋簡相爾』，石經『懋』皆作『勖』。顧命『冒貢于非幾』，馬、鄭、王本皆作『勖貢』。說文：『勖，勉也。』字從『冒』聲，當音『莫侯切』，與『懋』字音義並同……合言之則曰『侔莫』，轉言之則曰『文莫』。論語述而篇：『文莫吾猶人也。』韓門綴學引欒肇注：『燕齊之間謂勉强爲文莫。』廣雅：『文，勉也。』說文：『忞，强也。』玉篇：『忞，自勉强也。』『文、侔』聲之輕重耳，是『文莫』與『侔莫』同。倒言之則曰『莫文』。淮南原道訓：『穆忞隱閔，純德獨存。』『穆忞』與『莫文』亦同。累言之則曰『侔侔、莫莫』。荀子榮辱篇：『侔侔然唯利飲食之見，是狗彘之勇也。』又云：『侔侔然〔唯〕利之見，是賈盜之勇也。』侔侔唯利之見，孟子『孜孜爲利也』，『侔侔、孜孜』皆勤勉之意……釋訓：『懋懋、慔慔，勉也。』司馬相如封禪文：『旼旼穆穆。』並字異義同。」

一〇　倸倯〔一〕，罵也。羸小可憎之名也〔二〕。倸，音卬竹〔三〕。燕之北郊曰倸倯。

匯證

〔一〕倸倯：「倸」同「倸」，注内同。廣雅釋詁三：「倸倯，罵也。」王念孫疏證：「方言：『南楚凡罵庸賤謂之田儓。』又云：『庸謂之倯，轉語也。』義與『倸倯』亦相近。」錢繹方言箋疏：「今吴人以厲聲罵人曰『倸』，讀渠公切，其『倸倯』之合聲與？」丁惟汾方言音釋：「倸倯俗語音轉爲窮酸。」按：「窮酸」謂貧寒而迂腐，通常指稱書生，與方言之義不符。江蘇裏下河地區有「窮慫」一詞，指稱貧寒而猥瑣之人，或斥人之寒酸猥瑣，遮幾近之。

〔二〕羸小可憎之名：錢繹方言箋疏：「『羸』，玉篇引作『形』，『名』作『皃』。」周祖謨方言校箋：「玉篇『倸』下引注作『形小可憎之貌』。廣韻鍾韻『倸』下云：『倸倯，可憎之貌。』今本注文『名』字疑爲『皃』字之誤。集韻鍾韻『倯』下引則與今本相同。」

〔三〕卬：同「邛」。

一一　展〔二〕、惇〔三〕，信也。東齊海岱之間曰展，燕曰惇。惇亦誠信皃。

匯證

〔一〕展：戴震方言疏證：「據注云『惇亦誠信貌』，似以此條『信』讀爲屈申之『申』，而『惇』兼誠信一義，故言『亦』以別之。揚雄長楊賦：『迺展人之所詘。』李善注引方言『展，申也』，即此條而改作『申』。」是戴謂「展」爲伸展之「展」。按：戴説恐非是，方言主別，不似爾雅主同，不宜以二義同條之例説之，與方言不合。説文心部：「惇，厚也。」惇厚、篤實，與誠信之義近，故可曰「惇慎」。荀子君子：「故仁者，仁此者也……忠者，惇慎此者也。」王先謙集解引郝懿行曰：「慎者，誠也。言能惇厚誠信於此五者，謂之忠也。」「展」訓「誠」，與其本義「展轉」絶異。爾雅釋詁上：「展，誠也。」詩邶風雄雉：「展矣君子，實勞我心。」毛傳：「展，誠也。」國語楚語下：「展而不信，愛而不仁。」韋昭注：「展，誠也。」「誠」猶「實」也。詩齊風猗嗟：「不出正兮，展我甥兮。」孔穎達疏：「此又誠是我齊之外甥兮。」説文言部：「誠，信也。」

〔二〕惇：當作「惇」，下文及注内同。戴震方言疏證：「『惇』本作『憞』，廣雅：『憞，信也。』……謝靈運石門新營所在四面高山迴溪石瀨脩竹茂林詩：『佳期何由敦。』注引方言：『敦，信也。』亦即此條而改『惇』爲『敦』。」廣雅王念孫疏證：「大戴禮王言篇云：『士信民敦，工璞商愨。』『敦』與『惇』通。」按：謝靈運詩「敦」作動詞用，大戴禮「敦」作形容之詞用。皆謂「信」也。

一二　斯〔二〕、掬〔三〕，離也。齊陳曰斯，燕之外郊朝鮮洌水之間曰掬。

匯證

〔一〕斯：戴震方言疏證：「爾雅釋言：『斯，離也。』孫炎注云：『析之離。』郭璞注云：『齊陳曰斯。』」爾雅郝懿行義疏：「説文云：『析也。』引詩『斧以斯之』。書『有斯明享』鄭注：『斯，析也。』廣雅云：『斯，分也。』『分、析』義皆爲離，故詩墓門釋文及正義引孫炎曰：『斯，析之離。』方言云：『斯，離也。齊陳曰斯。』是郭所本。通作『廝』。廣雅云：『廝，散也。』史記河渠書云：『乃廝二渠以引其河。』集解引漢書音義云：『廝，分也。』」黄侃音訓：「『斯』又與『⿱斯瓦』近。集韻引字林：『⿱斯瓦，甕破也。』又與『嘶』近。王莽傳注：『嘶，聲破也。』『斯』，今字作『撕』。」按：卷六第三四條「𢫬，散也」，義亦與「斯離」相近，參該條匯證〔一〕。

〔二〕掬：盧文弨重校方言：「『掬』無離義，疑當作『播』，『播』古文作『𠬛』，形近致誤。」又校正補遺：「文弨案：『𠬛』爲古『播』字。漢幽州刺史朱君碑：『𠬛徽馨。』魏横海將軍呂君碑：『遂𠬛聲亏方表。』可證。亦有作『匊』字者。九歌湘夫人云：『匊芳椒兮成堂。』洪興祖云：『匊，古播字，本作𠬛。』」按：盧校可採。集韻過韻：「播，説文：『穜也，一曰布也。』亦姓。古作『𠬛』。」錢繹方言箋疏推演盧氏觀點云：「蓋方言『離』訓字本作『𠬛』，淺人少見『𠬛』多見『匊』，遂譌『𠬛』爲『匊』，又加『手』旁作『掬』，幾致不可通矣。」是「掬」當改作「𠬛」，下文亦當改，古「播」字也。錢繹方言箋疏：「吴語云：『今王播棄黎老。』楚辭九歎：『播規榘以背度兮。』是播爲離也。又音補何切。李善注劉越石答盧諶詩引聲類：『播，散也。』義亦同也。」按：「播」之訓「分」、訓「散」，義皆與「離」同；書禹貢：「又北播爲九河，同爲逆河，入於海。」舊題孔氏傳：「北分爲九河。」周禮考工記桃氏：「鍾已厚則石，已薄則播。」鄭玄注：「大厚則聲不發，大薄則聲散。」是其例也。

2b一三　蝎〔一〕、音曷。噬〔二〕，卜筮。逮也。東齊曰蝎，北燕曰噬。逮，通語也。

匯證

〔一〕蝎：戴震方言疏證：「『蝎、噬』亦作『遏、遾』。爾雅釋言：『遏、遾，逮也。』郭璞注云：『東齊曰遏，北燕曰遾，皆相及逮。』」爾雅邵晉涵正義：「『遏』本作『曷』。小雅四月云：『曷云能穀。』毛傳：『曷，逮也。』」郝懿行義疏：「『蝎、噬』與『遏、遾』並字之叚音。證以易之『噬嗑，食相逮也』，『噬嗑』倒轉即『遏遾』矣。玉篇云：『迨遝，行相及也。』『迨遝』即『遏逮』矣……『遏』又通作『曷』。」錢繹方言箋疏：「晉語云：『君故生心，雖蝎譖，焉避之？』按：『雖蝎譖，焉避之』，猶言雖及讒譖，無所逃避也。故下篇云：『陷於大難，乃逮於讒。』變文言之耳。」按：「蝎、曷、遏」之言「迨」也。説文辵部：「迨，遝也。」朱駿聲通訓定聲：「迨，遝也。行相逮及之意。」王筠句讀：「迨遝，疊韻字也。顧氏以爲連語。」玉篇辵部、廣韻合韻：「迨，迨遝，行相及。」「迨」猶「遝」，「迨遝」應爲同義複詞，非連語也。

〔二〕噬：爾雅釋言：「遾，逮也。」邵晉涵正義：「『遾』，本作『逝』。邶風日月云：『逝不古處。』毛傳：『逝，逮也。』通作『噬』。唐風有杕之杜云：『噬肯適我。』毛傳：『噬，逮也。』釋文引韓詩作『逝』。『逝』，及也。」郝懿行義疏：「左氏莊六年傳：『若不早圖，後君噬齊。』『噬齊』即『遾逮』矣。杜預注『若齧腹齊』，此爲望文生義。凡借聲之字，不論其義，但取其聲，皆此類也……『遾』又通作『逝』。」按：詩中「噬、逝」雖通，義則並非訓逮及之「逮」。一般以爲發語之詞。邶風朱熹集傳：「逝，發語詞。」唐風朱熹集傳：「噬，發語詞也。」王引之經傳釋詞卷九：「逝，發聲也，字或作噬……『噬肯適我』，言肯適我也。」據此，詩之「逝、噬」爲句首助詞，並無實義。黄侃以爲當作疑問詞解，其爾雅音訓云：「遏與曷通，遏訓遾、逮，則遾、逮亦可訓曷。又與盍通。詩日月：『逝不古處。』毛傳訓逮，逮亦曷也，則猶言『曷不古處』耳。有杕之杜『噬肯適我』，毛傳訓逮，逮亦盍也，則猶言『盍肯適我』耳。」

一四　皮傅〔一〕、彈憸〔二〕，强也。謂强語也。音僉。秦晉言非其事謂之皮傅，東齊陳宋江淮之間曰彈憸。

匯證

〔一〕皮傳：「傳」同「傅」。戴震方言疏證：「後漢書張衡傳：『後人皮傅。』注云：『揚雄方言曰：「秦晉言非其事謂之皮傅。」謂不深得其情核，皮膚淺近，强相傅會也。後人不達「皮傅」之意，流俗本多作「頗傳」者，誤也。』」按：僅凭膚淺之見而牽强附會，謂之「皮傅」，故揚雄訓「强」，並申釋曰「言非其事」，郭璞注「謂强語也」，是也。

〔二〕彈憸：戴震方言疏證：「『彈』亦通用『憚』。廣雅：『憚憸，强也。』義本此。」按：清光緒十二年泰縣縣志：「彈憸，强聒也。」其他文獻用例未詳，今方言亦未聞。

一五　膊〔一〕、普博反〔二〕。曬〔三〕、霜智反。晞〔四〕，暴也〔五〕。東齊及秦之西鄙言相暴僇爲膊〔六〕。暴僇，謂相暴殄惡事。音膊脯。燕之外郊朝鮮洌水之間凡暴肉、發人之私、披牛羊之五藏謂之膊。暴五穀之類，秦晉之間謂之曬，東齊北燕海岱之郊謂之晞。

匯證

〔一〕膊：同「膊」，王念孫手校明本改作「膊」，下同。戴震方言疏證：「春秋成公二年左傳：『殺而膊諸城上。』孔穎達正義曰：『周禮掌戮：「掌斬殺賊諜而搏之。」鄭康成云：「搏當爲『膊諸城上』之膊，字之誤也。膊爲去衣磔之。」方言云：「膊，曝也。」』」廣雅釋詁二：「膊，曝也。」王念孫疏證：「『暴』與『曝』同。説文『膊，薄脯，膊之屋上』也。成二年左傳云：『殺而膊諸城上。』釋名：『膊，迫也，薄掭肉迫著物使燥也。』又云：『脯，搏也，乾燥相搏著也。』『脯』與『膊』聲相近。『膊』與『曝』聲之轉也。漢書宣帝紀：『爲取暴室嗇夫許廣漢女。』應劭曰：『暴室，宮人獄也，今曰薄室。』師古曰：『暴室者，掖庭主織作染練之署，故謂之暴室，取暴曬爲名耳。或云薄室者，薄亦暴也。今俗語亦云薄曬。』」

〔二〕普博反：戴、盧删此三字，移下注文「音膊脯」三字置於此。膊脯，乾肉。

〔三〕曬：錢繹方言箋疏：「説文：『曬，暴也。』廣雅同。玉篇：『曬，暴乾物也。』後卷十云：『曬，乾物也。揚楚通語也。』注云：『亦皆北方通語耳。』漢書中山靖王傳云：『白日曬光，幽隱皆照。』今音變爲所賣切。」按：汪維輝東漢—隋常用詞演變研究稱，東漢魏晉以後，此詞尚可徵例於文獻，如中本起經卷上：「佛告迦葉：『吾欲浣濯，及當曬衣，天帝送石，以給吾用。』」大方便佛報恩經卷二：「洗足按摩，浣濯乾曬，楊枝澡水，拂拭牀敷。」

〔四〕晞：錢繹方言箋疏：「玉篇：『晞，暴也。』楚辭九歌云：『晞女髮兮陽之阿。』小雅湛露篇：『匪陽不晞。』毛傳云：『陽，日也。晞，乾也。』按：『陽』通作『暘』。説文：『暘，日出也。』祭義云：『殷人祭其陽，周人祭日。』鄭注云：『陽讀爲「曰雨曰暘」之「暘」，謂日中時也。』洪範：『八，庶徵，曰雨曰暘。』某氏傳云：『雨以潤物，暘以乾物。』噬嗑六三：『噬腊肉。』馬融注云：『晞於陽而煬於火曰腊。』説文：『昔，乾肉也。从殘肉，日以晞之。』籀文从肉作『𦠺』。『𦠺、昔』並與『腊』同。是晞爲暴也，暴所以乾物，故乾亦謂之晞。説文：『晞，乾也。』秦風蒹葭篇：『白露未晞。』玉藻：『髮晞用象櫛。』毛傳、鄭注並同。衆經音義卷十二引方言云：『晞，燥也，暴也。北燕海岱之間謂暴乾爲晞。』又卷一八引云：『晞，燥也。北燕海岱之間謂暴爲晞。』蓋合後卷十三之文並引之也。」

〔五〕暴：即「暴」。説文日部：「暴，晞也。」小爾雅廣言：「暴，曬也。」廣韻屋韻：「暴，日乾也。」周禮天官染人：「凡染，春暴練，夏纁玄。」賈公彦疏：「以春陽時陽氣燥達，故暴曬其練。」引申爲暴曬、暴露。廣韻号韻：「暴，晞也。」孟子萬章上：「昔者堯薦舜於天，而天受之；暴於民，而民受之。」

〔六〕暴僇：郭璞注：「謂相暴⿰歹桀惡事。」錢繹方言箋疏：「説文：『⿰歹桀，辜也。』周官掌戮云：『殺王之親者辜之。』鄭注云：『辜之言枯也，謂磔之。』大宗伯：『以疈辜祭四方百物。』鄭衆從故書作『罷辜』，云：『罷辜，披磔牲以祭。』釋天云：『祭風曰磔。』郭注云：『今當大道中磔狗，云以止風。』是磔者開也，張也，刳其胸腹而張之，令其乾枯不收，與『膊』同意。」按：「磔」同「⿰歹桀」。錢氏解「磔」字得之，「暴⿰歹桀」乃同義複詞。「僇」，類篇人部：「僇，殺也。」僇之言戮也。禮記月令：「豺乃祭獸僇禽。」釋文：「僇，本或作戮。」漢書五行志：「至於身僇家絶。」顔師古注：「僇，古戮字。」荀子非相：「爲天下大僇。」楊倞注：「僇與戮同。」是「暴僇」猶「暴⿰歹桀」也，意謂剖開、推開、暴露也。

3a 一六 熬〔一〕、㷅〔二〕、即鬻字也，創眇反。煎〔三〕、僃〔四〕、皮力反。鞏〔五〕，火乾也。凡以火而乾五穀之類，自山而東、齊楚以往謂之熬，關西隴冀以往謂之僃，秦晉之間或謂之㷅；凡有汁而乾謂之煎，東齊謂之鞏。拱手。

匯證

〔一〕熬：說文火部：「乾煎也。……䵅，熬或从麥。」廣雅釋詁二：「䵅，乾也。」王念孫疏證：「內則云：『煎醢加于陸稻上，沃之以膏，曰淳熬。』」按：今言「熬」，謂將糧食等置於水裏，煮成糊狀，方言則指煎乾。「熬」之含義，古今有別。

〔二〕㷅：戴震方言疏證：「『㷅』亦作『䰈』，又作『𤋱』。」廣雅釋詁二：「𤋱，乾也。」王念孫疏證：「郭璞注方言云：『㷅，即鬻字也。』又注爾雅釋草云：『豨首可以煼蠶蛹。』釋文引三蒼云：『煼，熬也。』衆經音義卷一云：『崔寔四民月令作炒，古文奇字作𣟄。』並字異而義同，今俗語猶呼乾煎曰炒矣。」

〔三〕煎：廣雅釋詁二：「煎，乾也。」王念孫疏證：「說文：『煎，熬也。』……楚辭九思：『我心兮煎熬。』一本作『熬䰈』。」錢繹方言箋疏：「乾者，水盡之名，故後卷十三又訓『煎』爲『盡』。成二年左氏傳：『余姑翦滅此而朝食。』杜預注：『翦，盡也。』『翦』與『煎』義亦相近。」按：今言「煎」，謂將食物置於熱油裏，使之脱水變黄變脆，方言則指使汁熬乾。是「煎」之所指，古今亦有微別。

〔四〕僃：戴震方言疏證：「漢書匈奴傳：『又轉邊穀米糒。』顔師古注云：『糒，乾飯也。』」廣雅釋詁二：「稫，乾也。」王念孫疏證：「說文：『稫，以火乾肉也。』周官籩人注云：『鮑者，於𥢶室中糗乾之。』『稫、𥢶』並與『僃』同。說文：『糒，乾飯也。』『糒』與『僃』亦聲近義同。」錢繹方言箋疏：「『僃』，初學記引作『稫』，衆經音義卷九同，又卷三、卷七、卷十四、卷十八引仍作『僃』。」按：「僃」又作「煏」，玉篇火部：「煏，火乾也。」齊民要術伐木：「凡非時之木，水漚一月，或火煏取乾，蟲皆不生。」是可以火烘乾者並不限於五穀也。又，章炳麟新方言釋器：「僃，或音如逼，或變作焙，皆一語也。」

〔五〕鞏：同「鞏」。戴震方言疏證：「廣雅：『鞏、煎、𤋱、焪，乾也。』曹憲音釋『焪』穹之去聲，應即鞏聲微轉耳。」廣雅王念孫疏證：「玉篇：『焪，乾也。』廣韻云：『火乾物也。』……『鞏』與『焪』聲近義同。」錢繹方言箋疏：「『鞏』即『烘』聲之轉也。説文：『烘，燎也。』引小雅白華篇：『樵彼桑薪，卬烘于煁。』衆經音義卷八引廣雅：『燎，乾也。』毛傳云：『烘，燎也。煁，烓竈也。桑薪，宜以養人者也。』鄭箋云：『桑薪，宜以炊饔饎之爨以養食人。桑薪，薪之善者也。我反以燎於烓竈，用炤事物而已。』釋文引説文音巨凶、甘凶二反。釋言：『烘，燎也。煁，烓也。』郭注：『今之三隅竈，見詩。』舍人注：『烘，以火燎也。煁，烓竈也。』詩疏云：『烓者，無釜之竈，其上然火謂之烘。』蓋煁非飲食之竈，若今火鑪，然可以炤物，亦可爲熏穛之用，則烘之訓燎，與方言、廣雅義並合。」章炳麟新方言釋器：「巩，廣雅作『焪』，本『炕』之轉。説文：『炕，乾也。』今多言炕。」徐復補釋：「南方謂之烘乾。」

一七　胹〔一〕、而。飪〔二〕、荏。亨〔三〕、爛〔四〕、糦〔五〕、熾。酋〔六〕、囚。酷〔七〕，熟也。自關而西秦晉之郊曰胹，徐揚之間曰飪，嵩嶽以南陳潁之間曰亨。自河以北趙魏之間火熟曰爛，氣熟曰糦，久熟曰酋，穀熟曰酷。熟，其通語也。

匯證

〔一〕胹：戴震方言疏證：「春秋宣公二年左傳：『宰夫胹熊蹯不熟。』釋文：『胹，煮也。』『胹』亦作『臑』。枚乘七發：『熊蹯之臑。』李善注引方言：『臑，熟也。音而。』」廣雅釋詁三：「胹，熟也。」王念孫疏證：「説文：『胹，爛也。』宣二年左傳：『宰夫胹熊蹯不熟。』正義引字書云：『過熟曰胹。』内則：『濡豚。』鄭注云：『濡，謂亨之以汁和也。』楚辭招魂：『肥牛之腱，臑若芳些。』王逸注云：『臑若，熟爛也。』『胹、臑、濡』並通。説文：『媔，丸之孰也。』義與『胹』亦相近。」按：「胹」或訓「煮」，如左傳例；或訓「熟」，如楚辭例。「煮」與「熟」，義相因，側重過程則訓「煮」，側重結果則訓「熟」。

〔二〕飪：戴震方言疏證：「論語：『失飪不食。』孔安國注云：『失飪，失生熟之節也。』」廣雅釋詁三：「餁，熟也。」王念孫疏證：「説文：『飪，大孰也。』古文作『肚』，又作『恁』。士昏禮：『皆飪。』鄭注云：『飪，熟也。』郊特牲：『腥肆爓腍祭。』鄭注云：『腍，孰也。』爾雅：『饙、餾，稔也。』並字異而義同。説文：『稔，穀孰也。』引昭元年左傳：『鮮不五稔。』義亦與『飪』同。」

〔三〕亨：戴震方言疏證：「禮運：『以炮以燔以亨以炙。』鄭注云：『亨，煮之鑊也。』」廣雅釋詁三：「𦎫，熟也。」王念孫疏證：「『亨』與『𦎫』通。」錢繹方言箋疏：「説文：『亯，獻也。从高省，曰象熟物形。許兩切。』篆文作『亯』。『亯』象薦熟，因以篆文爲飪物字，讀普庚切，亦作『烹』。」按：亨煮、亨熟之字，不當引説文爲釋。段玉裁説文注：「小篆作『亯』，故隸書作『亨』；作『享』，小篆之變也。」「亨」謂通達、順利；「享」謂「獻」，後則謂享受。本條「亨」同「烹」。周禮天官内饔：「内饔，掌王及后、世子膳羞之割亨煎和之事。」鄭玄注：「亨，煮也。」漢書高帝紀：「羽亨周苛，並殺樅公。」顔師古注：「亨，謂煮而殺之。」集韻庚韻：「烹，煮也。或作亨。」

〔四〕爤：説文火部：「爤，孰也。从火，蘭聲。燗，或从閒。」段玉裁注：「隸作爛，不從艸。」詩小雅節南山：「憂心如惔。」鄭箋：「皆憂心如火，灼爛之矣。」孔疏：「爛，火熟也。」説文「爤」桂馥義證引急就篇顔師古注：「爛，烝煮生物使之爛熟也。」慧琳一切經音義卷一八「㵎爛」條引集訓：「火燒過熟曰爛。」

〔五〕糦：「糦、𩜁、饎」同，见説文。戴震方言疏證：「周禮饎人鄭注云：『主炊官也，故書「饎」作「𩞄」。』士虞禮：『饎爨在東壁。』注云：『炊黍稷曰饎。』」廣雅釋詁三：「饎，熟也。」王念孫疏證：「爾雅釋訓釋文引字林云：『饎，熟食也。』……『饎、𩞄、糦』並同。」

〔六〕酋：戴震方言疏證：「月令：『乃命大酋。』注云：『酒熟曰酋。』鄭語：『毒之酋腊者，其殺也滋速。』韋昭注云：『精熟曰酋。』」廣雅釋詁三：「酋，熟也。」王念孫疏證：「周官酒正：『二曰昔酒。』鄭注云：『昔酒，今之酋久白酒。』……高誘注吕氏春秋仲冬紀云：『醞釀米麴，使之化熟，故謂之酋。』……説文：『酋，繹酒也。』釋名云：『酒，酉也，釀之米麴酉澤，久而味美也。』『酉澤』與『酋繹』通。月令：『麥秋至。』太平御覽引蔡邕章句云：『百穀，各以其初生爲春，熟爲秋……故麥以孟夏爲秋。』説文：『秋，穀孰也。』『秋』與『酋』亦聲近義同。」按：「酋」本謂久釀之酒。説文「繹酒」段玉裁注云：「繹之言昔也。昔，久也。」日久之酒即熟酒，故久熟、精熟亦謂之「酋」，國語鄭語之例是也。

〔七〕酷：廣雅釋詁三：「秙，熟也。」王念孫疏證：「玉篇：『秙，禾大熟也。』『秙』與『酷』通。」按：説文酉部：「酷，酒厚味也。」酒味厚必爲日久之酒，即熟酒。是禾熟味穠謂之「秙」，酒熟味厚謂之「酷」，其得名之由一也。

3b 一八　魏盈〔一〕，怒也。魏，上已音。燕之外郊朝鮮洌水之間凡言呵叱者謂之魏盈。

匯證

〔一〕魏盈：戴震方言疏證本條及注内「魏」俱改作「嫢」，云：「『嫢』各本譌作『魏』，注云『魏，上已音』，書内趙魏之『魏』甚多，本無庸音，惟前卷二『嫢』譌作『魏』，下云『羌箠反』，可證『魏』即『嫢』之譌。玉篇云：『嫢，盛貌。』則『嫢盈』爲盛氣呵叱，如『馮』之訓滿、訓怒，郭璞言『馮，恚盛貌』是也。」按：戴校是也，參卷二第六條匯證〔一〕，當據正。注内及下文「魏」亦當據改。戴氏所釋亦碻。錢氏分訓二字，訓「怒」則以「相反爲義」説之，非是。發怒、呵斥曰「嫢盈」，朱駿聲説文通訓定聲「嫢」字下謂叚借爲「發聲之詞」，文獻用例未詳。

一九　⿰⻊長𨀈〔一〕、音務。隑企〔二〕，欺豉反。立也。東齊海岱北燕之郊跪謂之⿰⻊長𨀈，今東郡人亦呼長跽爲⿰⻊長𨀈。委痿謂之隑企〔三〕。脚躄不能行也〔四〕。

匯證

〔一〕⿰⻊長𨀈：戴震方言疏證：「廣雅：『⿰⻊長𨀈、跪，𢷎也。』……玉篇云：『東郡謂跪曰⿰⻊長。⿰⻊長𨀈，拜也。』……皆本此。『𢷎、拜』同。」廣雅王念孫疏證：「衆經音義卷二十四云：『今江南謂屈膝立爲⿰⻊長𨀈。』説文：『跪，拜也。』」説文「跪」下段玉裁注：「『跪』與『拜』二事，不當一之。」又「跽」下注：「係於拜曰跪，不係於拜曰跽。范雎傳四言『秦王跽』，而後乃云『秦王再拜』，是也。『長跽』乃古語，『長』俗作『⿰⻊長』。人安坐則形弛，敬則小跪聳體若加長焉，故曰『長跽』……廣雅：『⿰⻊長𨀈、跪，拜也。』此統言之，許『跪、跽』析言之。」按：段説極精：「⿰⻊長𨀈」即「長跽」，指雙膝著地，上身挺直；「拜」指首至手；「跪」統言之，其實「跪」指雙膝著地所以拜也。方言訓「立」，因屈膝立亦立也；下文云「東齊海岱北燕跪謂之⿰⻊長𨀈」者，其「跪」統言之，其實亦指屈膝立，即「長跽」，郭注是也。

〔二〕隑企：戴震方言疏證：「廣雅：『隑佺，立也。』曹憲音釋云：『佺即古文企字。』玉篇云：『隑企，立也，不能行也。』皆本此。」廣雅釋詁四王念孫疏證：「方言又云：『隑，陭也。』『陭』與『倚』聲相近，故『倚、隑』俱訓爲『立』也。說文：『企，舉踵也。』古文作『佺』。衛風河廣篇：『跂予望之。』『企、佺、跂』並同字。」按：斜靠站立謂之「隑」。章炳麟新方言卷二：「浙西謂負牆立曰隑，仰胡牀而坐亦曰隑。」站立之貌曰「隑隑」。古文苑枚乘梁王菟園賦：「西山隑隑，卹焉隗隗。」章樵注：「隑隑，企立貌。」踮起腳跟謂之「企」。說文人部：「企，舉踵也。」站立亦謂之「企」。楚辭劉向九嘆憂苦：「登巑岏以長企兮，望南郢而闚之。」王逸注：「企，立皃。」是「隑企」爲同義複詞也。郭注「腳躄不能行」，不能行而立之姿，乃特指之義也。

〔三〕委痿：錢繹方言箋疏：「『委痿』猶病痿也。『委』通作『矮』，亦作『萎』。說文：『矮，病也。』檀弓云：『哲人其萎。』鄭注：『萎，病也。』草木枯死，義亦同也。說文：『痿，痹也。』『痹，溼病也。』漢書哀帝紀：『即位痿痹。』蘇林曰：『痿音萎枯之萎。』如淳曰：『病兩足不能相過曰痿。』顏師古云：『痿亦痹病也。』素問引本病曰：『大經空虛，發爲肌痹，傳爲脈痿。』呂氏春秋重己篇：『多陰則蹷，多陽則痿。』高誘注：『痿，躄不能行也。』」

〔四〕不能行：周祖謨方言校箋：「原本玉篇『隑』下引注文『行』下有『者』字。」

二〇　瀧涿謂之霑漬〔一〕。瀧涿猶瀨滯也〔二〕，音籠。

匯證

〔一〕瀧涿：「涿」乃「涿」之譌俗字，鄭樸揚子雲集本作「涿」，戴震方言疏證改作「涿」。按：當據正，注内同。廣雅釋詁二：「瀧涿、露、霑、濡……漬也。」王念孫疏證：「說文：『瀧，雨瀧瀧也。』論衡自紀篇云：『筆瀧漉而雨集，言潏淈而泉出。』說文：『涿，流下滴也。』……廣韻：『瀧涷，霑漬也。』荀子議兵篇：『案角鹿埵隴種東籠而退耳。』楊倞注云：『東籠與涷瀧同，霑溼貌。』『瀧涿、瀨滯、瀧涷、鹿埵、隴種、東籠』，皆語之轉也。」

霑漬：原本玉篇殘卷「瀧」下引「霑」作「沾」，今本玉篇同。按：「霑」同「沾」；「瀆」同「漬」。説文雨部：「霑，雨䨓也。」慧琳一切經音義卷一七：「霑，考聲云：『小溼也。』廣雅云：『霑，漬也。』顧野王云：『霑猶濡也。』説文：『从雨，沾聲。』經作沾，俗字也。」史記樂書：「太一貢兮天馬下，霑赤汗兮沫流赭。」裴駰集解引應劭曰：「大宛馬汗血霑濡也。」是「霑」爲沾濕、沾濡之義。説文水部：「漬，漚也。」段玉裁注：「謂浸漬也。」合言之則曰「霑漬」，同義複詞。

〔二〕瀨滯：「瀨」同「瀨」。説文「瀧」字下段玉裁注：「方言曰：『瀧涿謂之霑漬。』郭云：『瀧涿猶瀨滯也。』『瀨滯』當作『潥渧』。埤蒼云：『渧潥，漉也。』通俗文云：『霝滴謂之潥渧。』又廣韻、集韻皆云：『瀧涷，沾漬也。』瀧涷即瀧涿也。」劉台拱方言補校亦云：「瀨滯當作潥渧。」周祖謨方言校箋：「『瀨滯』即『潥渧』，語義相同。『瀨、潥』雙聲，『滯』當讀渧，猶花蔕即花蒂，審諦即審諦也。釋名釋疾病云：『泄利言其出漏泄而利也，下重而赤白曰腸，言厲腸而難差也。』」按：周校是也，毋煩改字。

二一　希〔一〕、鑠〔二〕，摩也。燕齊摩鋁謂之希。音慮。

匯證

〔一〕希：揚雄釋曰「摩」，又釋「摩鋁」。「摩」通「磨」也。錢繹方言箋疏：「楚辭九思云：『塵莫莫兮未晞。』王逸注云：『晞，消也。』『晞』與『希』通，消亦磨也。」廣雅釋詁三：「希、鑠……鑢，磨也。」王念孫疏證：「説文：『鑢，錯銅鐵也。』太玄大次二云：『大其慮，躬自鑢。』大雅抑箋云：『玉之缺，可磨鑢而平。』鄭衆注考工記云：『摩鐧之器。』方言云：『燕齊摩鋁謂之希。』『鑢、鐧、鋁』並同。」

〔二〕鑠：廣雅釋詁三王念孫疏證：「周語：『衆口鑠金。』史記鄒陽傳索隱引賈逵注云：『鑠，消也。』消亦磨也。考工記云：『爍金以爲刃。』『爍』與『鑠』通。」按：説文金部：「鑠，銷金也。」此爲本義，「眾口鑠金」是其例也。由本義銷熔、熔化，引申爲削弱。戰國策秦策五：「秦先得齊宋，則韓氏鑠，韓氏鑠則楚孤而受兵也。」高誘注：「鑠，消鑠也，言其弱。」又引申爲消磨，方言是也。

4a 二二 平均[一]，賦也。燕之北鄙、東齊北郊凡相賦斂謂之平均。

匯證

〔一〕平均：戴震方言疏證：「爾雅釋言：『賦，量也。』郭注云：『賦税所以評量。』……史游急就篇：『遠取財物主平均。』顔師古注云：『價有貴賤，又當有轉送費用，不欲勞擾，故立平準均輸之官。』」廣雅釋詁五：「平均，賦也。」王念孫疏證：「史記平準書云：『桑宏羊以諸官各自市，相與爭，物故騰躍，而天下賦輸或不償其僦費，乃請置大農部丞數十人，分部主郡國，各往縣置均輸鹽鐵官，令遠方各以其物貴時商賈所轉販者爲賦，而相灌輸。置平準於京師，都受天下委輸。大農之諸官盡籠天下之貨物，貴則賣之，賤則買之。如此，富商大賈無所牟大利，則反本而萬物不得騰踊。故抑天下物，名曰平準。』是『平均』皆賦也。」按：「平均」本謂「齊一」。禮記樂記：「脩身及家，平均天下。」史記滑稽列傳：「天下平均，合爲一家。」常用義爲「均匀」。漢荀悦漢紀高祖紀二：「分肉甚平均，父老善之。」特指賦斂均匀，方言所釋即此義也。詩小雅大東：「周道如砥，其直如矢。」鄭箋：「如砥，貢賦平均也。」後漢書張奂傳：「平均徭賦，率厲散敗，常爲諸郡最，河西由是而全。」是其例也。

二三 羅謂之離[一]，離謂之羅[二]。皆行列物也。

匯證

〔一〕離：戴震方言疏證：「春秋昭公元年左傳：『設服離衛。』杜預注云：『二人執戈陳於前以自衛。離，陳也。』與此注『行列物』之義正合。」錢繹方言箋疏：「『離』與『羅』一聲之轉。」史記老子韓非列傳：「畏累虚、亢桑子之屬，皆空語無事實。然善屬書離辭，指事類情。」王念孫雜志：「離辭，陳辭也……枚乘七發云：『比物屬事，離辭連類。』亦與此同。」按：辭併陳謂之「離辭」，人併列謂之「離立」。禮記曲禮上：「離立者，不出中間。」孔穎達疏：「又若見有二人併立，當已行路，則避之；不得輒當其中間出也。」兩皮成對則謂之「離皮」。班固白虎通嫁娶：「納徵，玄纁、束帛、離皮……離皮者，兩皮也，以爲庭實。庭實，偶也。」後世有同義複詞「離列」。柳宗元遊黃溪記：「其下大石離列，可坐飲食。」

〔三〕羅：錢繹方言箋疏：「廣雅：『羅，列也。』楚辭招魂：『軒輬既低，步騎羅些。』王逸注：『羅，列也。』又九歌云：『秋蘭兮麋蕪，羅生兮堂下。』注云：『言衆香之草，環其堂下，羅列而生。』」按：「羅列」，同義複詞，後世常用。

二四　釗〔一〕、超〔二〕，遠也。釗，上已音〔三〕。燕之北郊曰釗，東齊曰超。

匯證

〔一〕釗：朱駿聲通訓定聲「釗」字下云，方言釋「遠」之「釗」，叚借爲「超」。按：「超」之訓「遠」，見本條匯證〔二〕。又本書卷六：「遥，遠也，梁楚曰遥。」「遥、超、釗」皆訓「遠」，三字疊韻，聲母同爲舌音，蓋一詞也，其音小異，方音之别歟？

〔二〕超：戴震方言疏證：「楚辭九歌：『平原忽兮路超遠。』謝靈運從游京口北固應詔詩：『道以神理超。』李善注引方言：『超，遠也。』」廣雅釋詁一：「超，遠也。」王念孫疏證：「超之言迢也。」按：「迢」古音定紐宵部，與「遥」音近義通。

〔三〕上已音：「釗」見卷一第三一條，郭注「居遼反」。

二五　漢澷〔一〕、賑眩〔二〕，懣也。賑，音瞋恚。朝鮮洌水之間煩懣謂之漢澷，顛眴謂之賑眩。眩，音懸。

匯證

〔一〕漢澷：「澷」同「漫」。「煩懣」猶言「煩悶」，鬱積愁惱之謂也。「漢漫」爲「煩懣」之方言詞，文獻用例未詳。

〔二〕眠眩：下文云「顛眴謂之眠眩」。吴予天方言注商：「『眠眩』即『顛眴』之轉音，疊韻聯語也。」是也。「顛眴」，病名。文選揚雄劇秦美新：「臣常有顛眴病，恐一旦先犬馬填溝壑。」李善注：「眴與眩古字通。」張銑注：「顛眴，謂風病也。」又名癲癇，俗稱羊癇風、羊角風。此病發作時意識迷亂，甚至喪失，「顛眴」因此得名也。煩懣之極，則顛頓昏花，故方言亦訓「眠眩」爲「懣」也。後世亦有以「顛眴」作形容之詞使用者。王安石夢黄吉甫詩：「山林老顛眴，數日占黄壤。」是其例也。

二六　憐職〔一〕，㤅也〔二〕。言相㤅憐者，吴越之間謂之憐職。

匯證

〔一〕憐職：戴震方言疏證：「爾雅：『職，主也。』相愛憐斯仰之爲宗主，故云憐職。」錢繹方言箋疏：「廣雅：『職，事也。』相愛憐謂之『憐職』，言以愛憐爲事，猶孟子『述職』、穆天子傳『執職』耳。」吴予天方言注商：「『憐職』猶云『憐惜』。『惜、職』一聲之轉，並爲齒音。——吕氏春秋長利：『爲天下惜死。』高注：『惜，愛也。』廣雅釋詁一同。戴氏、錢氏之説，均未確。」按：戴、錢二氏之説固未確，吴氏之説亦難論定。疑「憐職」即「憐」，「職」爲吴越語已然之語助，今字寫作「哉」。「憐職」猶言「憐哉」。「憐」之訓「愛」，見本書卷一第六條。王念孫手校方言疏證於本條天頭墨筆注：「王風葛藟篇：『謂他人母，亦莫我有。』箋云：『有，識有也。』『識』與『職』通。爾雅：『職，常也。』説文作『識』；漢樊毅脩華嶽碑『職方氏』作『識方氏』；荀子哀公篇『其事不可識』，大戴作『職』。」又於戴氏疏證文下空格處墨筆注：「楚辭九章：『章畫志墨兮。』王注：『志，念也。』史記『志』作『職』』。」王説録存，確詁待質。

〔二〕㤅：同「愛」。

二七　茹〔一〕，食也。吴越之間凡貪飲食者謂之茹。今俗呼能粗食者爲茹〔二〕，音勝如〔三〕。

匯證

〔一〕茹：戴震方言疏證：「廣雅：『茹，食也。』義本此。爾雅：『啜，茹也。』釋文：『茹，音汝。』」廣雅釋詁二王念孫疏證：「大雅烝民篇云：『柔則茹之，剛則吐之。』是食謂之茹也。禮運云：『飲其血，茹其毛。』孟子盡心篇云：『飯糗茹草。』是食麤食者謂之茹也。『麤』與『疏』義相近，食麤食者謂之茹，故食菜亦謂之茹；食菜謂之茹，故所食之菜亦謂之茹。莊子人間世篇云：『不茹葷。』漢書董仲舒傳云：『食於舍而茹葵。』是食菜謂之茹也。食貨志云：『菜茹有畦。』七發云：『秋黄之蘇，白露之茹。』是所食之菜亦謂之茹也。」錢繹方言箋疏：「食謂之茹，故嚼亦謂之茹。廣雅釋言：『嗺，茹也。』『嗺』與『嚼』同。貪飲食者謂之茹，故貪亦謂之茹。廣雅又云：『茹，貪也。』」按：成語「茹毛飲血」「含辛茹苦」之「茹」皆謂食，由方言知其爲古吴越語。

〔二〕粗：明刻諸本作「麄」，戴本作「麤」。按：「粗」與「精」相對，正與本條義合，故今仍其舊，不改作「麤」。

〔三〕音勝如：戴震方言疏證：「譌舛不可通。」盧、錢兩家亦疑其有誤。周祖謨云：「待考。」按：「勝如」不辭。「茹、如」，廣韻魚韻人諸切。據此，疑「勝」爲衍文。

4b 二八　竘〔一〕、貌〔二〕，治也〔三〕。謂治作也。竘，恪垢反。吴越飾貌爲竘，或謂之巧。語楚聲轉耳。

匯證

〔一〕竘：廣雅釋詁三：「竘，治也。」王念孫疏證：「説文：『竘，匠也。』小爾雅：『匠，治也。』淮南子人間訓云：『室始成，竘然善也。』」廣雅釋詁三：「竘，巧也。」按：淮南子「竘然」，高誘注云：「高壯貌。」王引此例爲「匠」「治」義之證。段玉裁於説文「竘」下注云，淮南子之「竘」「與『健』之訓合」，方言則「與『匠』之訓合」。逸周書逸文「竘匠」朱右曾校釋引方言「竘，治也」。訓「匠」之「竘」爲名詞，訓「治」、訓「飾貌」之「竘」爲動詞、形容之詞。「竘」或謂之「巧」，郭璞注謂「語楚聲轉耳」是也，「竘、巧」雙聲，幽侯旁轉。「竘」之訓「巧」，文獻用例則未詳。

〔二〕皃：同「貌」。廣雅釋詁三：「貌，治也。」王念孫疏證：「説文：『皃，頌儀也。』籀文作『貌』。是『竘、貌』皆爲治也。」按：廣雅義本自方言。「頌儀」即「容儀」，面容、面貌之謂，由此並未知「貌」何以訓「治」。尚書吕刑下：「簡孚有衆，惟貌有稽。」孫星衍今古文注疏引廣雅：「貌，治也。」亦訓「飾」。韓非子解老：「禮者，所以貌情也。」王先慎集解：「貌與飾同義。荀子大略篇：『文貌情用，相爲表裏。』『文貌』即『文飾』也。」又：「所謂貌施也者，邪道也。」王先慎集解：「貌，飾也。下文所謂『飾巧詐』也。」

〔三〕治：董志翹揚雄方言辨證一則：「『治』乃『治』之譌。當讀爲『竘，貌治也。吴越飾貌爲竘，或謂之巧』。此中之『竘』乃『美』之義，爲形容詞。」其理由主要有六：「竘、貌」訓「治」，文獻無徵，此其一；「冫、氵」偏旁相譌，出土文獻傳世文獻皆常見，此其二；「治」有「妖媚、美麗」之義，「貌治」與後文「飾貌」意思密切相關，此其三；「竘」本訓「健」，引申則有「美、善」之義，此其四；方言此條意爲「竘（美），容貌美麗，吴越謂經裝飾的容貌爲竘，或稱爲巧」，怡然理順，此其五；「飾貌」乃「裝飾容貌」之義，「貌治」與之相同，此其六。

二九　煦州呼〔一〕。煆，呼夏反。熱也，乾也。熱則乾熮〔二〕。吴越曰煦煆〔三〕。

匯證

〔一〕州呼：戴震方言疏證改作「州吁」。周祖謨方言校箋：「戴本作『州吁』，是也，今據正。廣韻虞韻『煦、吁』同音。州吁，衛公子，見左傳隱公四年。」按：當從戴本改。

〔二〕熮：戴震方言疏證改作「燥」。盧文弨重校方言亦改作「燥」，云：「舊本作熮，俗燥字。」今仍其舊，不從戴改。

〔三〕煦煆：同義複詞。説文火部：「煦，烝也。一曰赤皃。一曰温潤也。」桂馥義證：「烝也者，方言：『煦，熱也。』」揚雄太玄釋：「陽氣和震，圜煦釋物。」范望注：「煦，暖也。」「煦」從「昫」聲，「昫」聲亦兼義也。説文日部：「昫，日出温也。」段玉裁注：「昫與火部煦義略同。」廣雅釋詁二：「煦、煆，爇也。」玉篇火部：「煆，熱也，乾也。」廣韻麻韻：「煆，火氣猛也。」「爇」與「熱」，聲義並通。釋名釋天：「熱，爇也，如火所燒爇也。」單言之曰「煦」、曰「煆」，吳越合言之曰「煦煆」。

三〇　攍〔一〕、音盈。膂〔二〕、賀〔三〕、艜〔四〕，儋也。今江東呼擔兩頭有物爲艜，音鄧。齊楚陳宋之間曰攍；莊子曰：「攍粮而赴之。」燕之外郊、越之垂甌、吳之外鄙謂之膂；擔者用膂力，因名云〔五〕。南楚或謂之攍；自關而西、隴冀以往謂之賀，今江東語亦然。凡以驢馬馲駝載物者謂之負他〔六〕，音大。亦謂之賀。

匯證

〔一〕攍：戴震方言疏證改作「攍」，云：「『攍』亦作『嬴』，『儋』亦作『擔』。賈誼過秦論：『嬴糧而景從。』李善注引方言：『嬴，擔也。』後漢書鄧禹傳：『鄧公嬴糧徒步。』注引方言：『嬴，擔。』莊子庚桑篇釋文引方言：『嬴，儋也。齊楚陳宋之間謂之嬴。』」周祖謨方言校箋：「『攍』，戴改作『攍』。案：廣雅釋詁三『攍，擔也』，字亦作『攍』。御覽卷八二九引本書字作『嬴』，下同。」按：賈誼過秦論本文及李善注引方言、後漢書鄧禹傳本文及李賢注引方言字俱作「嬴」，莊子庚桑篇本文及釋文引方言作「嬴」。廣雅釋詁三：「攍，擔也。」王念孫疏證：「嬴與攍通。」廣韻清韻以成切有「嬴、嬴、攍」三字，唯「攍」釋爲「擔」也。集韻清韻怡成切有「嬴、攍（㨕）、嬴（夃）」三字，唯「攍」釋爲「儋」並引方言作「攍」，未見「攍」字。是作「攍」不誤。

〔二〕膂：錢繹方言箋疏：「前卷六云：『膂，力也。』宋魯曰膂。』衆經音義卷十三引方言『膂』作『旅』。小雅北山篇：『旅力方剛。』大雅桑柔篇：『靡有旅力。』秦誓云：『番番良士，旅力既愆。』周語：『四軍之帥，旅力方剛。』『旅』與『膂』同。」按：「膂」之訓爲力，郭璞注：「擔者用膂力，因名云。」是也。

〔三〕賀：周祖謨方言校箋：「『賀』，御覽引作『荷』，下同。案廣雅釋詁三『何，擔也』，字作『何』。」戴震方言疏證：「賀、何古通用，亦作荷。」錢繹方言箋疏：「小爾雅：『荷，擔也。』昭七年左氏傳云：『其子弗克負荷。』杜預注同。釋文云：『本亦作

「何」。』說文：『何，擔也。』商頌玄鳥篇：『百禄是何。』毛傳：『何，任也。』鄭箋云：『何，負也。』曹風候人篇：『何戈與殳。』毛傳：『何，揭也。』衆經音義卷三引廣雅：『揭，擔也。』『賀、荷、何』，字異聲義並同。」

〔四〕𦝫：周祖謨方言校箋：「『𦝫』，御覽引作『騰』，下同。案廣雅釋詁三『㨻，擔也』，字作『㨻』。」廣雅王念孫疏證：「說文：『𦝫，囊也。』方言注云：『今江東呼儋兩頭有物爲𦝫。』後漢書儒林傳云：『制爲縢囊。』『㨻、𦝫、縢』並通。」按：說文以「囊」解之，郭注所釋與之不同。清宣統年修東莞縣志方言中：「擔物兩頭稱曰𦝫。」注：「温仲和言：州俗凡擔物既得一頭求加一頭曰添𦝫頭，兩頭之物輕重相懸曰不𦝫頭。莞語與嘉應同。」是「𦝫」亦「擔」，特指兩頭物稱之擔，此正方言之義。

〔五〕因名云：周祖謨方言校箋：「御覽引作『因以名之』。」

〔六〕負他：猶言「負馱」。錢繹方言箋疏：「『馱』與『佗』同。漢書趙充國傳：『以一馬自佗負三十日食。』顏師古注云：『凡以畜産載負物者皆爲佗。』『負佗』與『擔』同用肩背，故亦謂之『賀』。」又，「馲駝」即「駱駝」。

5a 三一　樹植〔一〕，立也。燕之外郊、朝鮮洌水之間凡言置立者謂之樹植。

匯證

〔一〕樹植：戴震方言疏證：「春秋成公二年左傳：『樹德而濟同欲焉。』杜預注云：『樹，立也。』周禮山虞：『植虞旗于中。』鄭注云：『植猶樹也。』」按：本書卷一二：「蒔、殖，立也。」廣雅釋詁四：「殖、蒔、置，立也。」王念孫疏證：「『殖、蒔、置』，聲近而義同。」「『殖』與『植』通。」是「樹植」爲同義複詞。後世有連文用例。宋曾鞏上杜相公書：「閣下復毅然堅金石之斷，周旋上下，扶持樹植，欲使其有成也。」

三二　過度謂之涉濟〔一〕。猶今云濟度。

匯證

〔一〕過度：戴震方言疏證：「爾雅釋言：『濟，渡也。』疏引方言此條並注，『度』皆作『渡』，義同。」按：廣雅釋詁二：「過、涉，渡也。」又釋詁三：「渡，過也。」是「過度（渡）」爲同義複詞。董志翹、汪禕評揚雄方言校釋匯證舉唐人用例二則如下：實叉難陀譯地藏菩薩本願經卷二：「若未來世有善男子善女人，或因治生，或因公私，或因生死，或因急事，入山林中，過渡河海，乃及大水，或經險道，是人先當念地藏菩薩名萬遍。」長孫無忌等唐律疏議卷二五「詐誘」條：「〔疏〕議曰：謂津濟之所，或有深濘，若橋船朽漏，不堪渡人，而詐云『津河平淺，船橋牢固』，令人過渡，因致死傷者，『以鬥殺傷論』。」

涉濟：按：「涉、濟」皆「渡」也，亦爲同義複詞。「涉濟」亦作「濟涉」。後漢書張禹傳：「當過江行部，中土人皆以江有子胥之神，難於濟涉。」本條郭注「猶今云濟度」，「濟度」與「濟渡」同。詩邶風匏有苦葉：「招招舟子，人涉卬否。」毛傳：「舟子，舟人，主濟渡者。」漢書翟方進傳：「我念孺子，若涉淵水，予惟往求朕所濟度。」顏師古注：「言我當求所以濟度之，故奔走盡力，不憚勤勞。」

三三　福禄謂之祓戩〔一〕。廢、箭兩音。

匯證

〔一〕祓戩：戴震方言疏證：「詩大雅：『茀禄爾康矣。』鄭箋云：『茀，福也。』釋文：『徐云茀音廢。』『茀』與『祓』古通用。小雅：『俾爾戩穀。』毛傳云：『戩，福也。』爾雅釋詁：『禄、祉、履、戩、祓、禧、褫、祜，福也。』郭璞注引詩作『祓禄康矣』。」按：單言之曰「祓」、曰「戩」，連言之曰「祓戩」，義相同也，故錢繹方言箋疏云：「『祓戩』猶福禄也。」

三四　傺〔一〕、音際〔二〕。眙〔三〕，勑吏反。逗也〔四〕。逗，即今住字也。南楚謂之傺，西秦謂之眙。眙，謂住視也。西秦，酒泉、燉煌、張掖是也。逗，其通語也。

匯證

〔一〕傺：戴震方言疏證：「離騷：『忳鬱邑余侘傺兮。』王逸注云：『侘傺，失志貌。侘，猶堂堂立貌也。傺，住也，楚人名住曰傺。』洪興祖補注引方言此條並注文並同。」按：楚辭九章惜誦：「欲儃佪以干傺兮，恐重患而離尤。」王逸注：「干，求也。」又九辯：「收恢台之孟夏兮，然欿傺而沈藏。」王逸注：「楚人謂住曰傺也。」向夏離騷篇楚語方言詞音證以爲「傺」爲「逗」之轉語。易祖洛楚辭方言今證：「今吾湘平江、湘陰猶謂逗在家裏爲傺，音如察。瀏陽則曰『背時傺傺地，傺在家裏』。傺音變如鄒（zei），益陽則音變如栽。義皆謂其人悵然失志，住立於室，足不出户也。通語則爲逗，今以呆字爲之。」

〔二〕傺：盧文弨重校方言改作「祭」。

〔三〕眙：廣雅釋詁二：「傺、眙，逗也。」王念孫疏證：「方言注云：『眙，謂住視也。』説文：『眙，直視也。』九章云：『思美人兮，擥涕而竚眙。』劉逵注吴都賦云：『竚眙，立視也，今市聚人，謂之立眙。』張載注魯靈光殿賦云：『愕視曰眙。』義並同也。説文：『佁，癡皃。』漢書司馬相如傳：『沛艾赳螑仡以佁儗兮。』張注云：『佁儗，不前也。』玉篇、廣韻『眙、佁』並音丑吏切，義亦相近也。莊子山木篇云：『侗乎其無識，儻乎其怠疑。』『怠疑』與『佁儗』義亦相近。佁之言待也、止也，故不前謂之佁，不動亦謂之佁。吕氏春秋本生篇云：『出則以車，入則以輦，務以自佚，命之曰佁蹷之機。』高誘注云：『佁，至也。蹷機，門内之位也。乘輦於宫中遊翔，至於蹷機，故曰務以自佚也。』案：『佁蹷』，謂痿蹷不能行也。凡人過佚，則血脈凝滯，骨幹痿弱，故有佁蹷不能行之病，是出車入輦，即佁蹷之病所由來，故謂之佁蹷之機。枚乘七發云：『出輿入輦，命曰蹷痿之機。』是也。高注訓『佁』爲『至』，『蹷機』爲『門内之位』，皆失之。」錢繹方言箋疏：「『眙』與『傺』，一聲之轉。」按：説文目部「眙」字下段玉裁注：「眙、瞪，古今字；敕吏、丈證，古今音。」史記滑稽列傳：「六博投壺，相引爲曹，握手無罰，目眙不禁。」裴駰集解引徐廣曰：「眙，吐甑反，直視貌。」司馬貞索隱：「眙，音與瞪同，謂直視也。」章炳麟新方言釋言：「今淮南謂久立不前曰站眙，注意睎視曰望眙，亦讀如殆。」此音義與方言已有所區別，蓋古今之變也。

〔四〕逗：戴震方言疏證：「説文：『逗，止也。』後漢書光武帝紀：『不拘以逗留法。』注云：『逗，古住字。』」按：李賢注説與郭注同。玉篇辵部：「逗，留也。」廣韻候韻：「逗，逗遛。又住也，止也。」田候切。廣韻遇韻：「住，止也。」持遇切。集韻遇韻：「逗，留止也。」漢書匈奴傳上：「上以虎牙將軍不至期，詐增鹵獲，而祁連知虜在前，逗留不進，皆下吏自殺。」顔師古注：「逗，讀與住同。」

輶軒使者絶代語釋别國方言校釋匯證第八

1a 一　虎，陳魏宋楚之間或謂之李父〔一〕；江淮南楚之間謂之李耳〔二〕，虎食物值耳即止，以觸其諱故。或謂之於䶂〔三〕；於，音烏。今江南山夷呼虎爲䶂，音狗竇。自關東西或謂之伯都〔四〕。俗曰伯都事抑虎説〔五〕。

匯證

〔一〕李父：古民族語言「公虎」之稱，説詳「李耳」條下。

〔二〕李耳：廣雅釋獸：「李耳，虎也。」王念孫疏證：「『李耳、李父』，語之變轉，而御覽引風俗通義云：『俗説虎本南郡中廬李氏公所化爲，呼李耳因喜，呼班便怒。』方言注又云：『虎食物值耳即止，以觸其諱故。』皆失之鑿矣。」王靜如關於湘西土家語言的初步意見認爲，「李父、李耳」是古湘西民族語言裏的兩個詞。張永言訓詁學簡論贊其説，云：「（王引之）未能講明所以。據考湘西土家語稱『公虎』爲 lipa、『母虎』爲 liɲi，跟『李父、李耳』正宛然若合符節。可見方言這裏所著録的乃是古代楚或南楚地區（今湘西屬之）民族語言裏的兩個詞，二者的區别在於指公、母不同而不是通行地域有異。」

〔三〕於䶂：戴震方言疏證：「春秋宣公四年左傳：『楚人謂乳「穀」，謂虎「於菟」。』釋文『菟』音『徒』，此注言音『竇』，語轉也。『菟』即『䶂』，古字多假借。『於』，玉篇作『𧇾』。廣雅『於䶂、李耳，虎也』本此。曹憲音釋『䶂』音『塗』，與釋文同。」廣雅釋獸王念孫疏證：「『於䖘』，虎文貌。説文：『犊，黄牛虎文，讀若涂。』『䶂、犊』聲義並同。虎有文謂之『於䶂』，故牛有虎文謂之『犊』。春秋傳楚鬬穀於菟字子文，是其證也。説文又云：『虍，虎文也。』『於䶂』與『虍』聲近而義同。單言之則爲『虍』，重言之則爲『於䶂』耳。『於䶂、李耳』皆疊韻字。」吴予天方言注商：「『虎』，緩言之則爲『於䶂』——朱駿聲謂『於䶂』之合音爲『虎』，是也。」按：郭璞注云：「今江南山夷呼虎爲䶂。」據此，疑「䶂」指稱虎乃是古民族語詞，「於䶂」則是綴加詞頭「於」而成，猶「越」又稱「於越」也。「於越」一作「于越」。漢書貨殖傳：「辟猶戎翟之與于越，不相入矣。」顔師古注引孟康曰：「于，語發聲，戎蠻之語則然。于越猶句吴耳。」

〔四〕伯都：吴予天方言注商：「『伯都』則係『於䖎』之轉聲。疊韻相迻，並屬魚類。」按：稱虎曰「伯都」，文獻用例未詳；吴氏轉語説屬於猜測，有待證明。

〔五〕事抑虎説：戴震方言疏證改「抑」爲「神」，云：「注内『神』字，諸刻譌作『抑』，永樂大典本及曹毅之本作『神』，其上仍當脱一『見』字。」按：當從戴校改作「事見神虎説」，明抄本、清抄本作「神」不誤。

二　貔〔一〕，貍别名也，音毗。陳楚江淮之間謂之𧳋〔二〕，音來。北燕朝鮮之間謂之𧳍〔三〕，今江南呼爲𧳍貍，音丕。關西謂之貍〔四〕。此通名耳。貔，未聞語所出〔五〕。

匯證

〔一〕貔：同「貔」。戴震方言疏證：「『貔』乃猛獸之名。書牧誓：『如虎如貔。』史記五帝本紀：『教熊羆貔貅貙虎。』古今皆無以『貔』名『貍』者，應即『貍』字轉寫譌誤耳……郭注云：『貔，未聞語所出。』則亦疑之矣。」王引之經義述聞卷二八爾雅下「貔，白狐，其子豰」條：「經文明言『白狐』，則非虎豹之屬也……爾雅之『貔』即狐也。」引方言本條後又云：「『貍』與狐同類，故貍謂之『貔』，狐亦謂之『貔』……豹屬謂之『貔』，白狐亦謂之『貔』，二者同名而異實。」説文豸部「貔」字下段玉裁注：「方言所説，貍也，非貔也。爾雅所説，白狐，蓋亦貍類，非貔也。而皆得貔名者，俗呼之相混也。」錢繹方言箋疏：「『貔』見牧誓、韓奕、曲禮、釋獸、説文及五帝紀者，並以爲猛獸之稱。此條釋『貍』而亦稱『貔』者，蓋當時混呼之，猶『貓』本虎類，非貍屬，而貍之搏鼠者亦曰『貓』……古人命名，凡類相近，其名即相假，故貔又呼爲『白狐』……一説『貔』爲『𧳍』聲之轉，原非謂『如虎如貔』之『貔』也。」按：戴氏以爲『貔』是譌字；王氏以爲同名異實，「貔」亦是「貍」之别名；段氏、錢氏以爲古人混呼不分，故「貔」亦指稱「貍」。「貔」既是猛獸名，如説文；又爲「貍」之别名，方言即此義。據下文，似當指野貓。野貓體形、大小均似家貓，有成行黑色豹斑，然性兇猛而不易馴養。古時契丹亦稱黃鼠爲「貔貍」，則非野貓也。宋沈括夢溪筆談雜志二：「刁約使契丹，戲爲四句詩曰：『押燕移離畢，看房賀跋支，餞行三匹裂，密賜十貔貍。』……貔貍，形如鼠而大，穴居，食果穀，嗜肉，狄人爲珍膳，味如㹠子而脆。」

〔二〕𧳏：戴震方言疏證：「『貍、𧳏』一聲，『𧳜貍』轉語爲『不來』，故大射儀：『奏貍首。』鄭注云：『貍之言不來也。』」廣雅釋獸：「豾，貍也。」王念孫疏證：「『不』與『豾』，『來』與『貍』，古並同聲。」參下「狸」條。

〔三〕𧳜：同「豾」。廣韻脂韻：「豾，貍子。」集韻脂韻：「豾，狸子曰豾。或从犬。」本條郭注：「今江南呼爲𧳜狸。」錢繹方言箋疏：「宋王闢之澠水燕談［録］云：『契丹國産毗狸，形類大鼠而足短。』彭乘墨客揮犀云：『毗狸，如鼠而大。』周密齊東野語云：『毗狸即竹鼯。』［宋陸游］家世舊聞云：『農師使外國得貔至京師……狀如大鼠而極肥腯。』近世猶或稱豼狸，或稱毗狸，其即古之遺語歟?」按：「𧳜狸、毗狸、豼狸、貔貏」一詞也，又爲黄鼠之稱，見上一條所引沈括説。説文豸部「貔」或從「比」，廣韻脂韻房脂切；「貍子」謂「豾」，敷悲切。

〔四〕狸：戴震方言疏證：「『狸』本作『貍』。説文云：『貍，伏獸，似貙。』」段玉裁説文注：「上文云：『貙，似貍。』此云：『貍，似貙。』言二物相似，即俗所謂野貓。」按：蓋「貔」和「𧳜」、「𧳏」和「貍」爲方言轉語，二名一物，即野貓也。李海霞漢語動物命名研究釋「狸」曰：「猶理，體毛有紋理。」舉證云：「楚辭山鬼：『乘赤豹兮從文狸。』玉篇犬部：『狸，似猫也。』明方以智通雅動物獸：『今之野猫即狸。』今典型的『狸』指貉子、果子狸等。貉子花面；果子狸花面花身。」

〔五〕[⿱𥫗貔]：字之誤也。明刻諸本均作「貔」，方言本文亦作「貔」，當改正。

1b三　貛〔一〕，豚也。音歡。關西謂之貒〔二〕。波湍。

匯證

〔一〕貛：戴震方言疏證：「説文云：『貛，野豕也。』爾雅郭注云：『貒，豚也，一名貛。』釋文：『貒，他官反。』引字林云：『獸似家而肥。』」按：「貛」一作「獾」。有豬貛、狗貛等。本條謂「關西謂之貒」，知指豬貛。參下「貒」條。

〔二〕貒：「貛」之異名。廣雅釋獸：「貒，貛也。」王念孫疏證：「爾雅：『貍、狐、貒、貈醜。』説文引作『狐、貍、貛、貉醜』。又：『貒子，貗。』……淮南脩務訓『貛貉爲曲穴』，御覽引作『貒知曲穴』。……案：今貛有二種，或如豬，或如狗，皆穴于地中，夜出食人雞䳆。」按：如豬者，即豬貛；如狗者，即狗貛。然豬貛即「貛」，而狗貛則是「貉」。豬貛又名「貒」，狗貛則不可名「貒」。是本條「貛」乃指豬貛，郭注「豚也」，是也。

四　雞，陳楚宋魏之間謂之鸊鴟〔一〕；避、祇兩音〔二〕。桂林之中謂之割雞〔三〕，或曰䳜〔四〕。音從。北燕朝鮮洌水之間謂伏雞曰抱〔五〕。房奧反。江東呼蓲〔六〕，央富反。爵子及雞雛皆謂之鷇〔七〕。恪遘反。關西曰鷇，音顧〔八〕。其卵伏而未孚始化謂之涅〔九〕。

匯證

〔一〕鸊鴟：廣雅釋獸王念孫疏證引作「鸊䳓」，錢繹方言箋疏亦改「鴟」作「䳓」。周祖謨方言校箋：「（錢改）是也。萬象名義、廣韻字均作『䳓』。今據正。廣雅釋獸作『䧑』。」按：當改作「䳓」。戴震方言疏證：「亦作『辟䧑』。廣雅：『辟䧑，雞也。』本此。曹憲音釋『䧑』渠夷反。」一种俗稱油鴨的水鳥，古稱「鸊鷉」，亦作「鸊鵜、鷿鵜、鷿鷉」。錢繹方言箋疏：「『鸊䳓』與『鷿鷉』，皆疊韻字，爲形容之辭，故異物而同名也。按：諸書皆以『鷿鷉』爲鳧之小者，伯喈又以『鸊鷉』比短人，則鸊䳓之名亦謂雞之小而矮者矣。」按錢氏説雞之名「鸊䳓」與油鴨名「鸊鷉」，理據皆爲小而矮。丁惟汾方言音釋謂「鸊䳓」爲雌雞，「凡鳥類皆雄大雌小，故野鳧之小者亦謂之鷿鷉」。錢、丁之説可相足也。

〔二〕祇：廣雅釋獸王念孫疏證引作「祇」，錢繹方言箋疏亦改作「祇」。周祖謨方言校箋：「錢繹改作『祇』，是也。廣韻『祇』巨支切，『䳓』與『祇』同音。萬象名義『䳓』音渠支反，與廣韻同。今改『祗』作『祇』。」按：當據正。吴琯古今逸史本正作「祇」。

〔三〕割雞：「雞」之此名，文獻無徵。丁惟汾方言音釋：「『割』古音讀該，爲雌雞唤卵聲，雞將遺卵每作割割聲，故又謂之『割雞』。」李恕豪方言與方言地理學：「『割雞』中『割』的來源也不清楚，可能也是當地民族語言中的詞。『割雞』可能是由來自漢、越兩種語言中的詞組合而成的。」丁、李兩説皆屬推測，録以備考。

〔四〕鏦：錢繹方言箋疏：「『鏦』之言從也，叢聚之名也。召南騶虞篇：『一發五豵。』鄭箋云：『豕生三曰豵。』爾雅郭注云：『豬生子常多，故别其少者之名。』義通於此矣。」丁惟汾方言音釋以爲「鏦」得名於雞之呼聲。李恕豪方言與方言地理學懷疑「『鏦』可能是當地民族語言中的詞語」。按三家之説，恐均未得。疑名「鏦」取義於矮小也。從「從」得聲之字常有矮小之義：短小之矛謂之「鏦」，小水匯合謂之「潨」，小豬謂之「豵」，稍弛謂之「縱」，矮小之雞則謂之「鏦」矣。

〔五〕抱：戴震方言疏證：「廣韻作『菢』，云：『鳥伏卵。』」周祖謨方言校箋：「抱，玉燭寶典卷一及玄應音義卷五引並作『菢』。」按：慧琳一切經音義卷五二引方言亦作「菢」，是唐宋間有方言作「菢」者。「菢」之言「抱」也。禽鳥伏卵，其狀恰似懷抱，故曰「抱」。「菢」乃區别字，於伏卵一義，「菢」與「抱」同。錢繹方言箋疏：「『抱』與『伏』語之轉，故伏犧氏亦稱包犧，是其例也。」説文爪部：「孚，卵孚也。从爪，从子。」段玉裁注：「通俗文：卵化曰孚……卵因伏而孚，學者因即呼伏爲孚。」徐灝箋：「孚、伏、抱，一聲之轉，今俗猶謂雞伏卵爲步，即孚之重唇音稍轉耳。」「孚」爲本字，其構字取象爲爪下子，語源義亦當爲「抱」、爲「伏」，是「孚、伏、抱」一詞也。

〔六〕蓲：錢繹方言箋疏：「衆經音義卷五云：『今江北謂伏卵爲菢，江南曰偃。』又卷十八云：『抱卵，字體作「菢」同，蒲冒反，又作「蓲」。』引通俗文云：『雞伏卵，北燕謂之菢，江東呼蓲，音央富反，伏音輔又反。』樂記：『煦嫗覆育萬物。』鄭注以氣曰『煦』，以體曰『嫗』。『菢』與『抱』同。淮南原道訓云：『羽者嫗伏，毛者孕育。』高誘注：『嫗伏，以氣剖卵也。』泰族訓云：『卵之化爲雛，非慈雌嘔煖覆伏，累日積久，則不能爲雛。』『傴、嫗、嘔』，並與『蓲』同。」按：「蓲」及「傴、嫗、嘔」諸字，義存乎音，非關乎字構。西南官話有謂「趴、伏」爲「蓲」者。姜亮夫昭通方言疏證釋詞：「蓲，央富反，讀如霧。明人謂凡伏爲『蓲』，昭人言伏處草堆或被中曰『蓲』，又小兒浴河中藏沙亦曰『蓲』。」吴語亦有可考。應鍾甬言稽詁釋禽獸既引通俗文，又云：「甬俗稱雞孵卵或亦呼爲蓲，音污。」此皆古之方言於今可證者。

〔七〕鷇：戴震方言疏證：「魯語：『鳥翼鷇卵。』韋昭注云：『生哺曰鷇。』史記趙世家：『探爵鷇而食之。』集解：『綦毋邃曰：鷇，爵子也。』爾雅：『生哺，鷇；生噣，雛。』釋文云：『鷇，鳥子，須哺而食者，燕雀之屬。』是也。『雛，鳥生而能自啄者。』

『爵、雀』『噣、啄』，古通用。」廣雅釋鳥：「翟子、翟、鷇，雛也。」王念孫疏證：「『鷇』與『雛』對文則異，散文則通。方言云：『爵子及雞雛謂之鷇。』郭注云：『關西曰鷇。』是雞子生噣亦謂之鷇也。易林訟之睽云：『秋冬探巢，不得鵲雛。』是鳥子生哺亦謂之雛也。『鷇』之言穀也。説文云：『穀，乳也。从子𣪊聲。』司馬彪注莊子齊物篇云：『鷇，鳥子欲出者。』則在卵已謂之鷇。魯語云：『鳥翼鷇卵。』管子五行篇云：『不癘雛鷇。』皆連類而舉矣。」按：「鷇」之一名，或指待母哺食之幼鳥，或指雀子與雞雛，此爾雅、方言所釋不同之故也。

〔八〕音顧：戴震方言疏證從曹毅之本改作「音狗竇」。盧本同。劉台拱方言補校：「『音狗竇』三字當衍。」周祖謨方言校箋：「案故宫舊藏王仁昫切韻暮韻『㲉』音古暮反，注云：『郭璞云方言關西謂雞雀雛曰㲉。』『㲉』即『鷇』字，古暮反即音顧。」按：今仍舊本，不從戴校。

〔九〕卵：同「卵」。

涅：釋見卷三第六條匯證〔三〕下引戴震説。

五　豬，北燕朝鮮之間謂之豭〔一〕，猶云豭斗也〔二〕。關東西或謂之彘〔三〕，或謂之豕〔四〕，南楚謂之豨〔五〕。其子或謂之豚〔六〕，或謂之貕〔七〕，音奚。吴揚之間謂之豬子〔八〕。其檻及蓐曰橧〔九〕。爾雅曰：「所寢，橧。」音繒。

匯證

〔一〕豭：説文豕部：「豭，牡豕也。」段玉裁注：「左傳：『野人歌曰：既定爾婁豬，盍歸吾艾豭。』此『豭』爲牡豕之證也。」按：「豭」本指公豬，此條則爲「豬」之方言别名，泛指豬。廣雅釋獸：「豭，豕也。」王念孫疏證：「豭爲牡豕，又爲豕之通稱。」是也。左傳隱公十一年：「鄭伯使卒出豭，行出犬雞，以詛射潁考叔者。」陸德明釋文：「豭，音加，豬别名。」左傳昭公四年：「顧而見人，黑而上僂，深目而豭喙。」杜預注：「口象豬。」此皆泛稱之例也。

〔二〕豭斗：周祖謨方言校箋：「『豭斗』疑爲『㹢牛』之誤。爾雅釋畜云：『牛絶有力欣㹢。』『豭』爲牡豕，語義相同。」按「豭斗」不辭，「斗」與「牛」形近而譌，周校可採。

〔三〕關東西：周祖謨方言校箋：「爾雅釋獸釋文及玉燭寶典卷四引同。慧琳音義卷二十八引作『關之東西』。」

彘：錢繹方言箋疏：「說文：『彘，豕也，後蹏廢謂之彘。』『彘足與鹿足同。』初學記引何承天纂文云：『梁州以豕爲豬，河南謂之彘，吳楚謂之豨。』衆經音義卷七引方言云：『關之東西謂豬爲彘。』玄應云：『豬又作豬，同。』」按：豬名「彘」，古稱也。商君書兵守：「老弱之軍，使牧牛馬羊彘。」漢書貨殖傳：「牛千足，羊、彘千雙。」顏師古注：「彘即豕。」是也。

〔四〕豕：說文豕部：「豕，彘也。」玉篇豕部：「豕，豬豨之揔名。」「豕」亦豬之古稱。詩小雅漸漸之石：「有豕白蹢，烝涉波矣。」毛傳：「豕，豬也。」孟子盡心上：「舜之居深山之中，與木石居，與鹿豕遊。」是也。

〔五〕豨：廣雅釋獸：「豨，豕也。」王念孫疏證：「爾雅：『豕子，豬。』郭璞注云：『今亦曰彘，江東呼豨，皆通名。』……然則『豨、豕』古同聲，故史記天官書『奎曰封豕』，漢書天文志作『封豨』。李頤注莊子知北遊云：『豨，大豕也。』鄧展注漢書高祖紀云：『東海人名豬曰豨。』墨子耕柱篇云：『狗豨猶有鬬。』」「豕子」呼「豨」，「大豕」名「豨」，是「豨」即「豬」也。名豬爲「豨」，並不限於南楚。「江東呼豨」「東海人名豬曰豨」；初學記卷二九引南朝宋何承天纂文云：「梁州以豕爲豬，河南謂之彘，吳楚謂之豨。」江東、東海、吳均不屬楚也。先秦似已成爲「豬」之通稱。墨子耕柱：「言則稱於湯文，行則譬於狗豨。」是其例也。

〔六〕豚：說文豚部：「豚，小豕也。」邵瑛群經正字：「今經典从篆文作豚。」周禮天官庖人：「凡用禽獻，春行羔豚膳膏香。」鄭玄注：「羔豚，物生而肥。」論語陽貨：「陽貨欲見孔子，孔子不見，歸孔子豚。」邢昺疏：「豚，豕之小者。」也泛指豬。禮記大學：「畜馬乘不察於雞豚。」鄭玄注：「雞豚牛羊，民之所畜養以爲財利者也。」國語楚語上：「國君有牛享，大夫有羊饋，士有豚犬之奠。」

〔七〕豯：戴震方言疏證據說文改作「豯」。按：形近而譌，當據戴校改。說文豕部：「豯，生三月豚，腹豯豯皃也。」段玉裁注本改「豯豯」作「奚奚」是也。說文大部：「奚，大腹也。」大腹乃乳豬之像。

〔八〕豬子：謂小豬也，猶今人言「仔豬」。王引之經義述聞卷二八爾雅下「豕子，豬」條：「家大人曰：豬即豕，非豕子也，『子』字蓋涉上文『兔子嬔』而衍……案：郭注云：『今亦曰彘，江東呼豨，皆通名。』郭以豕、豬、彘、豨爲一物，則豬非豕子甚明……然則豬也、豭也、彘也、豕也、豨也，五者一物也；豚也、豯也、豬子也、豕子也，四者一物也。」是也。

〔九〕橧：廣雅釋獸：「橧，圈也。」王念孫疏證：「爾雅：『豕所寢，橧。』舍人注云：『豕所寢草爲橧。』某氏云：『臨淮人謂野豬所寢爲橧。』郭璞云：『橧，其所臥蓐。』『橧』之言增累而高也。禮運：『夏則居橧巢。』鄭注云：『暑則聚薪柴居其上。』人居薪上謂之『橧』，猶豕居草上謂之『橧』也。『橧』本圈中臥蓐之名，因而圈亦謂之『橧』……『檻』即圈也。説文：『圈，養畜之閑也。』玉篇：『圈，牢也。』今人通呼豕牢爲圈，聲如卷。」按：橧，廣韻登韻疾陵切，釋曰「豕所寢也」，義同爾雅，指豬圈及豬睡之墊草。又作滕切，釋曰「禮運曰夏則居橧巢」，指聚集柴木以爲居處，廣雅釋宮「橧，巢也」。

2a 六　布穀〔一〕，自關東西梁楚之間謂之結誥〔二〕，周魏之間謂之擊穀〔三〕，自關而西或謂之布穀。今江東呼爲穫穀〔四〕。

匯證

〔一〕布穀：戴震方言疏證：「此條之首『布穀』二字當作『尸鳩』，後『尸鳩』當作『戴勝』。」釋云：「詩召南：『維鵲有巢，維鳩居之。』毛傳：『鳩，尸鳩也；尸鳩，秸鞠也。』釋文云：『尸，本又作鳲。』夏小正：『正月鷹則爲鳩，五月鳩爲鷹。』月令：『仲春之月，鷹化爲鳩。』鄭注云：『鳩，搏穀也。』爾雅：『鳲鳩，鴶鵴。』郭注云：『今之布穀也，江東呼爲穫穀。』春秋昭公十七年左傳：『鳲鳩氏，司空也。』杜預注云：『鳲鳩平均，故爲司空，平水土。』陸璣草木疏云：『今梁宋之間謂布穀爲鴶鵴。』廣雅：『擊穀、鴶鵴，布穀也。』結誥、秸鞠、鴶鵴，字異音義同。説文作『秸𪇆』。」按：此鳥鳴於播種時，故又相傳爲勸耕之鳥。後漢書襄楷傳：「臣聞布穀鳴於孟夏，蟋蟀吟於始秋。」唐杜甫洗兵行：「田家望望惜雨乾，布穀處處催春種。」此鳥諸名皆因其鳴聲而得。錢繹方言箋疏：「『布穀』轉而爲『博穀、撥穀、勃姑、步姑』，『結誥』轉而爲『擊穀』，『鴶鵴』又轉而爲『穫穀』，又轉而爲『郭公』，今東吳人呼『撥姑』亦爲『撥哥』，又呼爲『勃姑』。」廣雅釋鳥王念孫疏證：「今揚州人呼之爲『卜姑』，德州人呼之爲『保姑』。」是也。

〔二〕自關東西：錢繹方言箋疏改作「自關而東」，云：「衆經音義卷十二引方言云：『布穀，自關而東梁楚之間謂之鴶鵴。』餘並同，則與下文『自關而西』正相對，且與『梁楚』之文亦合，蓋『西』與『而』字形相近之誤，俗本因改爲東西耳。」按：慧琳一切經音義卷五二引方言與玄應一切經音義同。當據正。

結誥：布穀鳥別名，參本條匯證〔一〕。

〔三〕擊穀：布穀鳥別名，參本條匯證〔一〕。

〔四〕穫穀：「穫」是「穫」之譌。戴震方言疏證作「穫」是也，當據正。「穫穀」亦是布穀鳥別名，參本條匯證〔一〕。

七　鶡鴠〔一〕，鳥似雞，五色，冬無毛，亦倮〔二〕，晝夜鳴，侃、旦兩音。周魏齊宋楚之間謂之定甲〔三〕，或謂之獨春〔四〕；好自低仰〔五〕。自關而東謂之城旦〔六〕，言其辛苦有似於罪禍者〔七〕。或謂之倒懸〔八〕，好自懸於樹也。或謂之鴠鴠〔九〕；自關而西秦隴之内謂之鶡鴠〔一〇〕。

匯證

〔一〕鶡鴠：廣雅釋鳥：「城旦、倒縣、鶡鴠、定甲、獨春，鶡鴠也。」王念孫疏證：「『鶡』或作『鳱』。七發云：『朝則鸝黄鳱鴠鳴焉。』或作『侃』。御覽引廣志云：『侃旦冬毛希，夏毛盛，後世則謂之寒號蟲。』嘉祐本草云：『寒號蟲四足，有肉翅，不能遠飛。』」郭璞描寫亦詳，即寒號鳥。參本條匯證〔一〇〕「鶡鴠」。

〔二〕亦：戴震方言疏證改作「赤」。周祖謨方言校箋：「戴本作『赤』，與御覽卷九二一及紺珠集引合。」按：明刻諸本正作「赤」，當據戴氏改正。

〔三〕周魏齊：周祖謨方言校箋：「御覽及紺珠集引均無『齊』字。」

定甲：名原未詳。楊慎鳳賦：「西有鴸雀，東有諫珂，北有定甲，南有錦駝。」

〔四〕獨春：郭璞注：「好自低仰。」三國吴沈瑩臨海異物志：「獨春鳥聲似春聲，聲多者五穀傷，聲少者五穀熟。」李時珍本草綱目禽二寒號蟲：「古刑有城旦舂，謂晝夜舂米也，故又有城旦、獨舂之名。」

〔五〕好自低仰：周祖謨方言校箋：「御覽及紺珠集引『仰』下有『也』字，與下注『好自懸於樹也』文例同，當據補。」

〔六〕城旦：郭璞注：「言其辛苦有似於罪禍者。」按：史記秦始皇本紀：「令下三十日不燒，黥爲城旦。」裴駰集解引如淳曰：「律説：論決爲髡鉗，輸邊築長城，晝日伺寇虜，夜暮築長城。城旦，四歲刑。」此鳥名「城旦」，源自其辛苦狀有似獲「城旦」之刑者。

〔七〕禍：戴震方言疏證改作「謫」。

〔八〕倒懸：據郭璞注，此鳥「好自懸於樹」，因而得名「倒懸」。

〔九〕鴠鴠：戴震方言疏證作「鴨鴠」。

〔一〇〕鶡鴠：戴震方言疏證：「『鶡旦』，説文作『渴旦』。月令：『仲冬之月，曷旦不鳴。』鄭注云：『曷旦，求旦之鳥也。』釋文：『曷亦本作鶡。』坊記引詩云：『相彼盍旦，尚猶患之。』注云：『盍旦，夜鳴求旦之鳥也，求不可得也，人猶惡其欲反晝夜而亂晦明。』釋文：『盍，音渴。』」按：太平御覽卷九二一引説文作「可旦」。枚乘七發：「朝則鸝黄鴨鴠鳴焉。」李善注：「『鴨』與『曷』並音渴；『鴠』音旦也。」太平御覽卷九二一引廣志：「侃旦冬毛希，夏毛盛。」陶宗儀南村輟耕録卷一五「寒號蟲」條：「五臺山有鳥，名寒號蟲。四足，有肉翅，不能飛，其糞即五靈脂。當盛暑時，文采絢爛，乃自鳴曰：『鳳凰不如我。』比至深冬嚴寒之際，毛羽脱落，索然如鷇雛，遂自鳴曰：『得過且過。』」錢繹方言箋疏：「『鴨、渴、可、曷、鶡、盍、鳱、侃』，並一聲之轉。『旦』與『鴠』通。」是也。

八　鳩〔一〕，自關而東周鄭之郊、韓魏之都謂之鵖音郎。鷎〔二〕，音皐。其鴿鳩謂之鸊鷎〔三〕；自關而西秦漢之間謂之鵴鳩〔四〕，菊花。其大者謂之鳻鳩〔五〕，音班。其小者謂之鶍鳩〔六〕、今荆鳩也。或謂鷄鳩〔七〕、音葵。或謂之鴀鳩〔八〕、音浮。或謂之鶻鳩〔九〕；梁宋之間謂之鵻鳫〔一〇〕。

匯證

〔一〕鳩：説文鳥部：「鳩，鶻鵃也。」段玉裁注：「今本説文奪譌。『鳩』與『雉、雇』皆本左傳，『鳩』爲五鳩之總名，猶『雉』爲十四雉之總名，『雇』爲九雇之總名也……今本以『鳩』名專系諸鶻鵃，則不可通矣。」按：段説是也，多見「×鳩」這一詞構方式亦爲力證。五鳩，即祝鳩、鴡鳩、鳲鳩、爽鳩、鶻鳩也。依今分科，有非鳩鴿類而古人以鳩爲名者，「鳲鳩」即是。方言此條不包括「鳲鳩」，「鳲鳩」即「布穀」，已於本卷此條前專列一條以明之。

〔二〕鵖鷎：廣雅釋鳥：「鵖鷎，鳩也。」王念孫疏證：「鳩之總名曰鵖鷎。」名原未詳。又「鵖」下郭注殘缺，據四部叢刊影宋本補。

〔三〕鴓鳩：廣雅釋鳥：「鵖鷎，鳩也。」王念孫疏證：「鸊鳩小於班鳩，故謂之鴓鳩，亦若小矛謂之殺矣。」舍人謂之楚鳩，郭璞謂之荆鳩，荆猶楚也。」錢繹方言箋疏：「玉篇：『鴓，小鳩也。』廣韻：『鴓，鴓鳩鳥。』又云：『殺，小矛。』與『鴓』並音『役』。集韻或作『鵎』。小矛謂之殺，猶小鳩謂之鴓矣。」是「鴓鳩」即小鳩也。

鶌鷎：「鶌」與「鸊」一聲之轉；「鷎」即「鵖鷎」，鳩之總名。下文云「其小者或謂之鸊鳩」，是「鶌鷎」猶「鸊鳩」也。參本條匯證〔八〕。

〔四〕鵴鳩：周祖謨方言校箋：「『鵴』，戴本作『鵻』，與廣雅釋鳥及御覽卷九二一引合。」當據正。按：依方言文例，本條「鵻鳩」當是鳩之方言總名，與「鵖鷎」例同。下文「其大者」「其小者」云云，亦可證。王念孫於廣雅「鵖鷎，鳩也」條下云：「鵻鳩」爲「鳩之小者也」。按：廣雅釋鳥前後緊列三條，即：「鵖鷎，鳩也。」「鶻鵃，鳻鳩也。」「鴓鳩、鷄鳩、鶌鷎、鸊鳩，鵻鳩也。」是張揖誤讀方言，抑張氏所見方言與今本異？疑不能明。

〔五〕鳻鳩：廣雅釋鳥：「鵖鷎，鳩也。」王念孫疏證：「鳻鳩即班鳩，字或作鳻，鳩之大者也。……鳩之大者，爾雅所謂『鶌鳩，鶻鵃也』。舍人注云：『鶌鳩，一名鶻鵃，今之班鳩。』樊光引昭十七年春秋傳云：『鶻鳩氏司事，春來冬去。』孫炎云：『鶻鵃，一名鳴鳩。』引月令云：『鳴鳩拂其羽。』衛風氓篇傳云：『鳩，鶻鳩也。』小雅小宛傳云：『鳴鳩，鶻雕也。』『雕』與『鵃』通。義疏云：『班鳩也，桂陽人謂之班隹，似鸊鳩而大，項有繡文班然，故曰班鳩。』高誘注吕氏春秋季春紀云：『鳴鳩，班鳩也，是月拂擊其羽，直刺上飛數十丈乃復者是也。』夏小正云：『三月鳴鳩。』東京賦云：『鶻鵃春鳴。』是班鳩繡項而能鳴，故晉傅咸班鳩賦云『體郁郁以敷文，音邕邕而有序』也。凡此皆謂鳩之大者也。」錢繹方言箋疏：「或云班鳩稍大於鳻鳩，謂爲鳻鳩者，亦若大頭謂之頒矣。説文：『頒，大頭也。』引詩：『有頒其首。』」

〔六〕鴓鳩：戴震方言疏證改作「𪀚鳩」。周祖謨方言校箋：「戴本作『𪀚』，與御覽引合。今據正。」按：「𪀚」字於辭書首見集韻，文獻用例則更晚。戴改是也，當據正。

〔七〕戴本於「謂」字下補「之」字。周祖謨方言校箋：「御覽引『謂』下有『之』字，當據補。」按：依例當補。

鵴鳩：「鵴」郭音「葵」，字亦作「鶟」。集韻脂韻引方言作「鶟鳩」。李時珍本草綱目禽三斑鳩：「古者庖人以尸祝登尊俎，謂之祝鳩。此皆鳩之大而有斑者。其小而無斑者曰隹、曰鶟。」

〔八〕鵴鳩：戴震方言疏證：「詩小雅：『翩翩者鵻。』毛傳：『鵻，夫不也。』鄭箋云：『夫不，鳥之慤謹者也。』陸璣疏云：『今小鳩也，一名浮鳩，幽州人或謂之鶉鴿，梁宋之間謂之鵻，揚州人亦然。』『鶉鴿』即『鵓鴿』之譌。爾雅：『隹其，鳺鴀。』李巡注云：『今楚鳩也。』郭璞注云：『今鵴鳩。』……『鳺鴀』古通用『夫不』，『鵴』古通用『浮』。」廣雅釋鳥：「鵓鴿，鳩也。」王念孫疏證：「『鵴』之爲言猶『鳺鴀』也……凡此皆謂鳩之小者也。」又李海霞漢語動物命名研究：「鵻鴀，鳩鴿科的一種小斑鳩。」「鵴鳩亦如鵻鴀擬其咕咕的鳴聲(古鳩讀音近勾)。」

〔九〕鶻鳩：按：文獻或釋「鶻鳩」爲鳩之大者，以爲與班鳩同，參本條匯證〔五〕王念孫疏證引。或釋爲鳩之小者，如小雅小宛：「宛彼鳴鳩。」毛傳：「鳴鳩，鶻鵰。」釋文引字林云：「骨鵃，小種鳩也。」爾雅釋鳥：「鶌鳩，鶻鵃。」郭璞注云：「似山鵲而小，短尾，青黑色，多聲，今江東亦呼爲鶻鵃。」戴震方言疏證：「據經傳所言者證之，此條之『鵓鴿、鳻鳩、鵴鳩、鵻』皆祝鳩也，不與鶻鳩同。『或謂之鶻鳩』一句雜入不倫。」祝鳩即鵓鴣。説文鳥部：「鵻，祝鳩也。」段玉裁注：「鵴鳩今俗呼爲勃姑，鵴、勃語之轉，鵴即爾雅之夫不也。」錢繹方言箋疏：「遍檢諸書，並以鶻鳩爲班鳩，或以爲大，或以爲小。方言則又以鳻鳩爲大鳩，鶻鳩爲小鳩，疑莫能明矣。」李海霞漢語動物命名考釋亦謂「鶻鳩」之「鶻」是「擬其咕咕的鳴聲」。

〔一〇〕鷦鳸：戴震方言疏證改「鷦」作「鵻」，把「鳸」字移置於下條之首。云：「今考『隹、鵻』古通用，其作『焦』、作『鷦』者，即

『隹、雖』之譌耳……各本『雖』亦譌作『鷦』，又誤連下條『鳲』字，今訂正。」周祖謨方言校箋：「案御覽引『鷦』作『隹』，可證戴校不誤。」按：説文鳥部「雖」從鳥，隹聲，釋爲「祝鳩」。祝鳩即鵓鳩，參本條匯證〔八〕〔九〕。戴校是也，當據正。「雖」字亦作「鵻」，字彙鳥部：「雖，鳥名，夫不也，今鵓鳩也。鵻，同雖。」李海霞漢語動物命名考釋：「(雖)猶騅、魋、𠂤(堆)，小物之稱。指小鳩。」

2b九 尸鳩〔一〕，按爾雅即布穀，非戴勝也〔二〕。或云鸇〔三〕。皆失之也。燕之東北朝鮮洌水之間謂之鶝鴀〔四〕。福、不兩音。自關而東謂之戴鵀〔五〕。東齊海岱之間謂之戴南〔六〕，南猶鵀也；此亦語楚聲轉也。或謂之鵀鸅〔七〕；案爾雅説戴鵀，下鵀鸅自別一鳥名，方言似依此義，又失也〔八〕。或謂之戴鳻〔九〕；或謂之戴勝〔一〇〕。勝，所以纏紝。東齊吳揚之間謂之鵀〔一一〕。自關而西謂之服鶝〔一二〕，或謂之鶝鶝〔一三〕。燕之東北朝鮮洌水之間謂之鵖〔一四〕。音或〔一五〕。

匯證

〔一〕尸鳩：戴震方言疏證作「鳲尸。鳩」，云：「『鳲』字各本誤連上條，遂以『尸』爲正文。爾雅：『鳲鳩，鴶鵴。』釋文云：『鳲音尸，字又作鳲。』今據以訂正。」戴氏以「鳲鳩」連文，以「尸」爲「鳲」之注文。

鳲鳩：同「鳲鳩」。爾雅釋鳥：「鳲鳩，鴶鵴。」郭璞注：「今之布穀也，江東呼爲穫穀。」故本條郭璞云「非戴勝」。戴震亦於本卷第六條下云，該條標首「布穀二字當作尸鳩」，認爲此條標首「尸鳩當作戴勝」。按：戴説是也，「鳲鳩」與本條所釋之鳥不同。

〔二〕按：廣雅釋鳥「戴勝」條王念孫疏證引郭注「爾雅」下有「鳲鳩」二字。周祖謨方言校箋：「御覽卷九二三引本條郭注作『鳲鳩，布穀，非戴勝也』。今本『即』字上蓋脱『鳲鳩』二字。」按：王念孫所補是也，當據正。

〔三〕鸇：爾雅釋鳥：「晨風，鸇。」郭璞注：「鷂屬。」説文鳥部：「鸇，鷐風也。」鷂屬，猛禽，顯非戴勝，故郭璞謂「或云鸇，皆失之也」。

〔四〕鶝鵶：王念孫手校明本改「鵶」作「鴔」。盧文弨重校方言據曹毅之本亦改「鵶」作「鴔」，云：「爾雅疏引此亦作『鶝鴔』。」周祖謨方言校箋：「御覽引及廣雅釋鳥同。當據正。」按：當據王、盧校改正，陳與郊類聚本、明抄本、清抄本作「鴔」不誤。廣雅釋鳥：「鶝鴔，戴勝也。」王念孫疏證：「方言之『服鶝』猶『鵖鶝』也，轉之則爲『鶝鴔』，其變轉則爲『䲹鶝』。廣韻『䲹、鶝』二字注並云：『鶝䲹，鳥也。』即『䲹鶝』也。」廣韻屋韻：「鵖，鵖鶝，即戴勝也。」集韻屋韻：「鴔，鵖鴔，鳥名，戴勝也。或作鵖。」爾雅釋鳥：「鵖鴔，戴鵀。」郭璞注云：「鵀即頭上勝，今亦呼爲戴勝。鵖鴔猶鵖鶝，語聲轉耳。」

〔五〕戴鵀：戴震方言疏證：「月令：『季春之月，戴勝降于桑。』鄭注云：『戴勝，織紝之鳥。』爾雅：『鵖鴔，戴鵀。』郭璞注云：『鵀即頭上勝，今亦呼爲戴勝。鵖鴔猶鵖鶝，語聲轉耳。』釋文引方言『戴鵀』一名『戴南』、一名『戴勝』，疏引方言此條作『東齊吴揚之間謂之鵖鴔』。」説文鳥部「鴔」字下段玉裁注：「此鳥之首文，有如纏機縷之縢，故曰戴勝。」廣雅釋鳥：「戴鳻、戴紝，戴勝也。」王念孫疏證：「『紝』與『鵀』通，集韻引廣雅作『鵀』……御覽引春秋考異郵云：『載紝出，蠶期起。』『載』與『戴』同。方言注説戴勝云：『勝所以纏紝。』是解『紝』爲機縷之紝，『勝』爲持經之縢。説文云：『紝，機縷也。』『縢，機持經者也。』亦猶鄭云『織紝之鳥』也。其爾雅注則云『鵀即頭上勝』，是又解爲華勝之勝。廣韻亦云：『鵀，戴勝鳥也，頭上毛似勝也。』案，此鳥又名戴鳻，莫詳所以，則戴紝之義，亦安可諦知。古今聲音遞轉，假借滋多，未必如諸家所説也。」吕氏春秋季春紀注云：「『戴勝，剖生於桑，是月其子彊飛，從桑空中來下。』此則戴勝生於桑空，故毛詩義疏云『戴勝自生穴中』矣。魏志管寧傳云：『戴鵀，陽鳥也。』爾雅翼云：『似山鵲而尾短，青色，毛冠俱有文。』」按：戴勝鳥頭上有扇狀冠羽，似戴花勝，美而氣臭。

〔六〕戴南：方言云「南猶鵀也」，故郭璞注謂「戴南」亦「戴鵀」，「語楚聲轉也」，是也。

〔七〕鸅鸆：爾雅釋鳥：「鸅，澤虞。」郭璞注：「今婟澤鳥，似水鴞，蒼黑色，常在澤中，見人輒鳴唤不去，有象主守之官，因名云，俗呼爲護田鳥。」陸德明釋文：「鸅，澤虞，字林作鸅鸆。」故郭璞注謂方言以鸅鸆爲戴鵀異名「又失也」。戴震方言疏證：「爾雅下云『鸅，澤虞』，是『鸅』有『澤虞』之名，此㩣『鸅鸆』亦謬。」廣雅釋鳥：「澤虞，戴勝也。」王念孫疏證：「亦沿方言之誤。」

〔八〕按：周祖謨方言校箋：「御覽引郭注作『案爾雅自別一鳥名耳，方言依此義又失之，廣雅同也。』」

〔九〕戴鴔：即戴勝，此名文獻用例未詳。

〔一〇〕戴勝：參本條匯證〔五〕。

〔一一〕鵀：即戴鵀，參本條匯證〔五〕。

〔一二〕服鶝：即戴勝，參本條匯證〔四〕。

〔一三〕鵖鶝：即戴勝，參本條匯證〔四〕。

〔一四〕鵖：廣雅釋鳥：「鵖鶝，戴勝也。」王念孫疏證：「廣雅此條悉本方言，疑方言『謂之鵖』下亦有『鶝』字，寫者脱落耳。」鵖鶝，參本條匯證〔四〕。

〔一五〕或：盧文弨重校方言作「域」。周祖謨方言校箋：「盧本作『域』是也。萬象名義『鵖』音餘國反，廣韻音雨逼切，均音『域』，不音『或』。」按：靜嘉堂文庫藏影宋抄本正作「域」，盧本是也，當據正。

3a 一〇　蝙蝠〔一〕，邊、福兩音。自關而東謂之服翼〔二〕，或謂之飛鼠〔三〕，或謂之老鼠〔四〕，或謂之𪕌鼠〔五〕；自關而西秦隴之間謂之蝙蝠；北燕謂之蟙蠌〔六〕。軄、墨兩音〔七〕。

匯證

〔一〕蝙蝠：廣雅釋鳥：「伏翼、飛鼠、仙鼠，蟙蠌也。」王念孫疏證：「曹植蝙蝠賦云：『二足爲毛，飛而含齒，巢不哺鷇，空不乳子，不容毛群，斥逐羽族，下不蹈陸，上不馮木。』是其情狀也。今蝙蝠似鼠，黑色，翅與足連，棲于屋隙，黄昏出飛，故鮑照飛蛾賦云『仙鼠伺闇，飛蛾候明』矣。」按：今猶通名蝙蝠，現代漢語詞典釋云：「哺乳動物，頭部和軀幹像老鼠，四肢和尾部之間有皮質的膜，夜間在空中飛翔，喫蚊、蛾等昆蟲。視力很弱，靠本身發出的超聲波來引導飛行。」李海霞漢語動物命名考釋以爲「蝙蝠」之名爲合成詞：蝙「猶翩、媥、便，輕巧，蝙蝠似鼠而輕巧善飛」，蝠「猶幅，蝙蝠長而薄的雙翅像布幅」。録以備考。

〔二〕服翼：爾雅同，廣雅作「伏翼」。王念孫疏證：「伏與服同……李當之本草云：『伏翼即天鼠也。』新序雜事篇云：『黄鵠白鶴，一舉千里，使之與燕、服翼試之堂廡之下、廬室之間，其便未必能過燕、服翼也。』」李海霞漢語動物命名考釋云：服、伏「猶幅，蝙蝠有布幅狀翼」。録以備考。

〔三〕飛鼠：偏正結構，「飛」乃其技，「鼠」擬其形。

〔四〕老鼠：因頭部與軀體似鼠而以鼠名稱之。

〔五〕䙴鼠：「䙴」，戴震方言疏證作「僊」云：「今方言各本僊譌作䙴，據爾雅疏所引訂正。」「僊」同「僊」、「䙴」同「䙴」。周祖謨方言校箋：「戴本作『僊』是也。爾雅釋鳥『蝙蝠，服翼』，郭注云：『齊人呼爲蟙𧓍，或謂之仙鼠。』紺珠集引本書字亦作『仙』。」按：藝文類聚卷九五引方言亦作「仙」。「仙」同「僊」。戴校是也，當據正。「僊鼠」蓋得名於傳説。崔豹古今注魚蟲：「蝙蝠，一名仙鼠，一名飛鼠。五百歲則色白而腦重，集物則頭垂，故謂之倒挂蝙蝠，食之成仙。」李白答族姪僧中孚贈玉泉僊人掌茶詩序：「余聞荆州玉泉寺近清溪諸山，山洞往往有乳窟，窟中多玉泉交流。其中有白蝙蝠，大如鴉。按仙經：蝙蝠一名仙鼠，千歲之後，體白如雪，棲則倒懸，蓋飲乳水而長生也。」

〔六〕蟙𧓍：廣雅釋鳥作「蚮𧓍」。戴震方言疏證：「『蚮』即『蟙』。」「蚮𧓍」名原未詳。疑其名緣於蝙蝠善夜間飛翔。「蟙𧓍」之言「識墨」，「墨」指夜黑之色。蝙蝠視力雖弱，然善夜間飛翔，古人不解其中之謎，以爲其能「識墨」也。「蟙𧓍」乃「識墨」更换或增益形符而成。

〔七〕䠨：戴震方言疏證改作「職」。盧文弨重校方言從戴改，云：「舊本『職』字皆作『䠨』，當是俗寫。」按：「職」字俗寫有作「軄」者，唐盧文構妻李月相墓誌「方縻此軄」是其例也。而「䠨」於字書文獻未之見，蓋俗寫之譌也。明佚名刻本、説郛本正作「職」，戴改是也，當據戴校改正。

一一　鴈〔一〕，自關而東謂之𩡧騀〔二〕；音加。南楚之外謂之騀〔三〕，或謂之鶬𩡧〔四〕。今江東通呼爲𩡧〔五〕。

匯證

〔一〕鴈：説文鳥部：「鴈，䳘也。」段玉裁注：「『鴈』與『雁』各字，『䳘』與『鴚䳘』各物。許意隹部『雁』爲鴻雁，鳥部『鴈』爲䳘，『鴚䳘』爲野䳘，單呼䳘爲人家所畜之䳘。今字雁、鴈不分久矣。禮經單言『鴈』者皆鴻雁也，言『舒鴈』者則䳘也，爾雅『舒鴈，鵝』是也。李巡云：『野曰鴈，家曰鵝。』鵝謂之『舒鴈』者，家養馴不畏人，飛行舒遲也，是則當作『舒雁』，謂雁之舒者也。雁在野，䳘爲家雁也。」按：「鴈」同「雁」，兼指家鵝和野鵝。廣雅釋鳥：「鳴鵝、倉鳴，鴈也。」王念孫疏證：「『鳫』與『鴈』同，或作『雁』……案：鴈之與鵝，對文則異，散文則通。莊子山木篇云：『命豎子殺鴈而烹之。』是家畜者亦稱鴈也。」家鵝曰「鴈」，野鵝亦曰「鴈」。急就篇：「鳳爵鴻鵠鴈鶩雉。」顔師古注：「鴈亦鴻類也，其色蒼黑。」詩小雅鴻鴈：「鴻鴈于飛。」毛傳：「大曰鴻，小曰鴈。」王力同源字典：「『鴈、雁』實同一詞。」方言似指野鵝也。

〔二〕鴚䳘：戴震方言疏證：「『鳴』即『鴚』，亦作『駕』。漢書揚雄傳：『豈駕鵞之能捷。』古通用『駕』。魯大夫有榮駕鵞以爲名，即榮成伯也。史記司馬相如列傳『弋白鵠，連駕鵞』，漢書作『駕鵞』。」廣雅釋鳥王念孫疏證：「鳴鵝以象其聲。」錢繹方言箋疏：「字亦作『鴐』。玉篇『鴐，鴈屬』也。藝文類聚引廣志云：『鴐鵝，野鵝也。』楚辭七諫云：『畜鳬駕鵝，雞鶩滿堂壇兮。』太玄裝次二云：『鴐鵝慘于冰。』張衡西京賦：『駕鵝鴻鶤。』南都賦：『鴻鴇駕鵝。』司馬相如子虚賦：『弋白鵠，連駕鵝。』郭注：『駕鵝，野鵝也。』又通作『駕』……皆以聲爲名也。」李恕豪方言與方言地理學：「『鴚、鵝』是同源詞，都屬於歌部，聲母也同類：『鴚』，見母；『鵝』，疑母。」按：「鴚鵝」既是鵝叫聲，亦爲鵝名。今江淮地區如興化、東臺一帶名家鵝尚呼「鴚鵝」，喚家鵝亦云「鴚鵝」，是其證也。方言「鴚䳘」乃指野鵝。

〔三〕鵝：家畜曰鵝，泛稱兼指家鵝、野鵝，方言則指野鵝也。説文鳥部：「䳘，鴚䳘也。」「鴚，鴚䳘也。」段玉裁注引方言、廣雅後云：「楊、張所云鴈者，鴻雁也……古加聲與可聲同音。張揖注上林賦曰：『駕鵞，野鵞也。』然則非家鵞，亦非鴻雁，鴻雁屬也。」

〔四〕鶬鴚：廣雅釋鳥「鶬」作「倉」，戴震方言疏證作「倉」。周祖謨方言校箋：「戴本作『倉』，與慧琳音義卷四及御覽卷九一七引合。」按：初學記卷三〇引方言此條亦作「倉」。王念孫廣雅疏證：「『鳴鵝』以象其聲，『倉鳴』則兼指其色。齊民要術引晉沈充鵞賦序云：『太康中得大蒼鵞，體色豐麗。』本草拾遺云：『蒼鵝食蟲，白鵝不食蟲，主射工，當以蒼者良。』『蒼』與『倉』通。其有在野而飛者，爾雅所謂『鴚鵝，鵝』也，亦謂之『駕鵝』。藝文類聚引廣志云：『駕鵝，野鵝也。』本草陶注云：『野鵝大於鴈，猶似家蒼鵝，謂之駕鵝。』中山經：『青要之山，北望河曲，是多駕鳥。』郭璞注云：『「駕」宜爲「鴐」，鴐鵞也。』史記司馬相如傳云：『弋白鵠，連駕鵝。』皆謂野鵝也。」

〔五〕鴚：周祖謨方言校箋：「玄應音義卷二引郭注云：『方言呼爲鴚鵝也。』慧琳音義卷四引方言注云：『今江東人呼雁爲鴚鵝。』今本注文『鴚』下蓋脱『鵝』字。」

3b 一二 桑飛〔一〕，即鷦鷯也〔二〕。又名鷦鸎〔三〕。自關而東謂之工爵〔四〕，或謂之過鸁〔五〕，音螺。或謂之女鶠〔六〕。今亦名爲巧婦〔七〕，江東呼布母〔八〕。自關而東謂之鸋鴂〔九〕；案爾雅云：「鸋鴂，鴟鴞。」鴟屬，非此小雀明矣。甯、玦兩音。自關而西謂之桑飛，或謂之懱爵〔一〇〕。言懱截也。

匯證

〔一〕桑飛：郭注：「即鷦鷯也。」古關西方言，名原未詳。

〔二〕鷦鷯：廣雅釋鳥：「鷦䳄、鸋鴂、果臝、桑飛、女鶠，工雀也。」王念孫疏證：「『鷦䳄』者，『鷦鷯』之轉聲。『鷦䳄、鷦鷯』皆小貌也。小謂之糕，一目小謂之眇，茆中小蟲謂之蛁蟟，剖葦小鳥謂之鳭鷯，聲義並同矣……莊子逍遥遊篇：『鷦鷯巢於深林，不過一枝。』呂氏春秋求人篇『鷦鷯』作『啁噍』，皆『鷦䳄』之變轉也……案『鷦鷯』之鳥，今揚州謂之柳串，毛色青黄，目閒有白色如銀，數編麻爲巢于竹樹枝閒，條理緻密，莫能尋其端緒，時則雌雄交鳴，聲小而清徹。始小終大之説，則未之驗也。」

〔三〕鷦鸎：王念孫廣雅疏證引作「鷦鸎」，「鸎」與「䳄」同。錢繹方言箋疏：「季弟侗曰：注内『鷦鸎』之稱不見於他書，疑即『鷦鸎』之誤也。郭氏注爾雅『桃蟲』釋爲『鷦鸎』，云：『俗呼爲巧婦。』注此文『女鶠』亦云『今名巧婦』，知郭以『鷦鸎』爲

『桑飛』之異名，因據廣雅以注此文，是原本不作『鷦鸎』也。」周祖謨方言校箋亦云：「鷦鸎，當作鷦鷖。」當據正。「鷦鷖」爲「鷦鷯」之轉語，參本條匯證〔二〕。

〔四〕工爵：「爵」與「雀」同，廣雅釋鳥即作「工雀」。王念孫廣雅疏證：「以其巧於作巢，故又有『女鴎、工雀』之名。」

〔五〕過鸁：廣雅釋鳥作「果鸁」。王念孫疏證：「『果鸁』亦小貌。小蜂謂之『果鸁』，小鳥謂之『果鸁』，其義一也。」

〔六〕女鴎：戴震方言疏證「鴎」作「匠」。按：慧琳一切經音義卷二九引方言作「匠」，詩豳風鴟鴞孔穎達疏引陸璣草木疏亦作「匠」。「鴎」於字書始見玉篇，蓋方言本作「匠」，後人以增形字「鴎」改之，當據慧琳所引改回，戴本是也。廣雅釋鳥「女鴎」王氏疏證：「以其巧於作巢，故又有女鴎、工雀之名。」錢繹方言箋疏：「小桑謂之女桑，城上小牆謂之女牆，猶小雀謂之女鴎也。」按：小謂之「女」，巧謂之「匠」，故名「女匠」。

〔七〕巧婦：爾雅釋鳥：「桃蟲鷦，其雌鴱。」郭注：「鷦鷯，桃雀也，俗呼爲巧婦。」荀子勸學篇：「南方有鳥焉，名曰蒙鳩，以羽爲巢而編之以髮，繫之葦苕。風至苕折，卵破子死。巢非不完也，所繫者然也。」楊倞注：「蒙鳩，鷦鷯也。苕，葦之秀也。今巧婦鳥之巢至精密，多繫於葦竹之上是也。」引說苑善說：「客謂孟嘗君曰：鷦鷯巢於葦苕，箸之以髮，可謂完堅矣。大風至，則苕折卵破者何也？所托者然也。」

〔八〕布母：名原未詳。

〔九〕自關而東：戴震方言疏證：「案詩豳風毛傳：『鴟鴞，鸋鴂也。』疏引方言：『自關而東謂桑飛曰鸋鴂。』陸璣疏云：『鴟鴞似黃雀而小，其喙尖如錐，取茅秀爲巢，以麻紩之，如刺韤然，縣著樹枝，或一房，或二房。幽州人謂之鸋鴂，或曰巧婦，或曰女匠。關東謂之工雀，或謂之過鸁。關西謂之桑飛，或謂之韤雀，或曰巧女。』周頌：『肇允彼桃蟲，拚飛維鳥。』毛傳：『桃蟲，鷦也。』疏引方言此條首句譌作『自關而東謂之桑飛，或謂之工爵』，與後『自關而西謂之桑飛』遂相刺謬。中間去『自關而東謂之鸋鴂』一句，然方言此句『自關而東』四字亦屬重出。」周祖謨方言校箋：「『自關而東』與上文重……陸疏蓋本方言。此『自關而東』四字疑誤。」

鸋鴂：郭璞引爾雅以爲「鸋鴂」乃「鴟屬，非此小雀」。陸璣草木疏則說同方言，見上文戴震引。文選陳琳檄吳將校部曲文：

「鸋鴂之鳥，巢於葦苕，苕折子破，下愚之惑也。」李善注：「韓詩曰：『鴟鴞既取我子，無毁我室。』鴟鴞、鸋鴂，鳥名也。鴟鴞所以愛養其子者，適以病之；愛憐養其子者，謂堅固其窠巢；病之者，謂不知托於大樹茂枝，反敷之葦蕳，風至，蕳折巢覆，有子則死，有卵則破，是其病也。……廣雅曰：『鸋鴂，工雀也。』……苕與蕳同。」錢繹方言箋疏：「詩之鴟鴞，一名鸋鴂，即爾雅之鳭鷯，莊子、説苑之鷦鷯，荀子之蒙鳩，大戴禮之蝭鳩耳，故方言以爲桑飛别名。郭注爾雅『鴟鴞，鸋鴂』釋爲鴟類，是以『鴟鴞』與下文『茅鴟、怪鴟、梟鴟』爲同類，乃引之以駁方言『鸋鴂』之文，實不然也。陳風墓門篇：『有鴞萃止。』魯頌泮水篇：『翩彼飛鴞。』毛、鄭並以爲『惡聲之鳥』。然鴞亦小鳥之名。莊子齊物論：『見彈而求鴞炙。』釋文引司馬彪注云：『鴞，小鳩也。』楚辭九思：『今其集兮惟鴞。』王逸注云：『鴞，小鳥也。』鴟鴞篇鄭箋云：『重言鴟鴞者，將述其意之［所］欲言，丁寧之也。』則鄭以此詩本托鳥之言，以戒惡鳥之侮，因毛傳已釋鴟鴞爲鸋鴂，不再引證，但從而申明之，故釋『既取我子』二語曰：『鴟鴞之意，殷勤於此稚子，［稚子］當哀閔之。』釋『迨天之未陰雨』三語曰：『此鴟鴞自説作巢至苦如是。』正義引王肅注亦云：『鴟鴞及天之未陰雨，剥取［彼］桑根，以纏綿其户牖。』蓋毛、鄭、王諸家之説與韓詩略同，無不指爲小鳥者。惟蔡邕祭屈原文云：『鸋鴂軒翥，鸞鳳挫翮。』以鸋鴂與鸞鳳對舉，以況君子道消，小人道長。則以鸋鴂爲惡鳥，僅見於此。郭氏不悟雅注之失，轉相詬病，非矣。」按：「鴟鴞」一名二物。一指猫頭鷹，乃惡鳥之名；一指鷦鷯，即鸋鴂，爾雅「鴟鴞，鸋鴂」是也。郭璞不知異物同名，與下條「茅鴟、怪鴟、梟鴟」誤混爲一。錢氏辨之甚明，郝懿行義疏亦云：「郭以與下梟鴟相涉定爲『鴟類』，蓋失之矣。」

〔一〇〕懱爵：戴震方言疏證：「爵，雀……懱、韈、蔑，字異音義同。」廣雅釋鳥「工雀」條王念孫疏證：「鷦䳺、桃蟲，即荀子之蒙鳩。或謂之蒙鳩，或謂之鷦䳺，或謂之懱雀，䳺、懱、蒙，一聲之轉，皆小貌也，故方言『懱爵』注云：『言懱截也。』謂懱截然小也。木細枝謂之蔑，小蟲謂之蠛蠓，小鳥謂之懱雀，又謂之蒙鳩，其義一也。或以爲鷦鷯非蒙鳩者，失之。」錢繹方言箋疏：「小面謂之醮，又謂之⿰酉蔑，猶小雀謂之鷦鷯，又謂之懱截也；小蟬謂之蛁蟟，又謂之蜩蟧，又謂之寧縣，又謂之蛥蚗，又謂之茅截，又謂之麥蠽，猶小雀謂之鷦鷯，又謂之鸋鴂，又謂之懱爵，又謂之懱截也。」章炳麟新方言釋動物：「今通曰麻雀。麻、懱一聲之轉。……麻亦訓小，古字作䏞。漢書叙傳曰：『又況幺䏞尚不及數子。』鄭氏曰：『䏞，小也。』」

一三　鸝黄〔一〕，自關而東謂之創鶊〔二〕；又名商庚。自關而西謂之鸝黄，其色黧黑而黄，因名之。或謂之黄鳥〔三〕，或謂之楚雀〔四〕。

匯證

〔一〕鸝黄：戴震方言疏證：「夏小正：『二月，有鳴倉庚。倉庚者，商庚也。商庚者，長股也。』『倉、鶬』『庚、鶊』，古通用。詩周南：『黄鳥于飛。』毛傳：『黄鳥，搏黍也。』陸璣疏云：『黄鳥，黄鸝留也，或謂之黄栗留。幽州人謂之黄鸎，一名蒼庚，一名商庚，一名鵹黄，一名楚雀，齊人謂之搏黍。當葚熟時，來在桑閒，故里語曰：「黄栗留，看我麥黄葚熟不。」亦是應節趨時之鳥也。』豳風：『有鳴倉庚。』毛傳：『倉庚，離黄也。』鄭箋云：『温而倉庚又鳴，可蠶之候也。』爾雅：『皇，黄鳥。』郭璞注云：『俗呼黄離留，亦名搏黍。』又：『倉庚，商庚。』注云：『即鵹黄也。』又：『鵹黄，楚雀。』注云：『即倉庚也。』釋文云：『方言自關而東謂之倉庚，關西謂之黄鸝留也。』宋玉高唐賦：『王睢鸝黄。』李善注云：『鸝黄，郭璞曰其色黧黑而黄，因名之。』方言或謂『黧黄』爲『楚雀』。説文云：『離黄，倉庚也，鳴則蠶生。』鸝、鸝、黧、鵹、離，字異音義同。」

〔二〕創鶊：戴震方言疏證作「倉庚」。王念孫手校明本改「創」作「鶬」，盧文弨重校方言亦改作「鶬」。周祖謨方言校箋：「鶬原作創，誤。盧氏依曹毅之本作『鶬』，是也。今據正。又戴本『鶬鶊』作『倉庚』，玉燭寶典卷二引同。」按，「創」作「鶬」是也。慧琳一切經音義卷一三引方言作「鶬鶊」，程榮漢魏叢書本、明抄本、清抄本亦作「鶬鶊」。「鶬鶊」即「倉庚」之增形符字，郭注「又名商庚」，黄鸝别名。禽經：「倉鶊、黧黄，黄鳥也。」張華注：「今謂之黄鸝、黄鶯是也。」參本條匯證〔一〕引戴震説。

〔三〕黄鳥：鸝黄别名，參本條匯證〔一〕引戴震説。又錢繹方言箋疏：「周南葛覃篇：『黄鳥于飛。』毛傳云：『黄鳥，搏黍也。』豳風東山篇『倉庚于飛』，傳、箋不言即黄鳥，邶風凱風篇『睍睆黄鳥』，秦風黄鳥篇『交交黄鳥』，亦皆不言即倉庚，而小雅黄鳥篇鄭箋稱其『宜啄粟』，緜蠻篇又稱之爲『小鳥貌』，則詩言『黄鳥』顯非倉庚，疑即今之黄雀，而此云『或謂之黄鳥』者，蓋方俗語言不同，非即指詩之所謂『黄鳥』也。周南葛覃正義引詩義疏……誤以倉庚釋黄鳥也。又吕氏春秋仲春紀『蒼庚鳴』，高誘注云：『蒼庚，齊人謂之搏黍，秦人謂之黄離，幽冀謂之黄鳥。詩曰：「黄鳥于飛，集于灌木。」是也。至是月而鳴。』又注淮南時則訓略同，云：『一説斲木。』『蒼』與『鶬』亦同。是又誤以黄鳥及鴷釋倉庚，皆惑之甚者也。」錢説録以備考。

〔四〕楚雀：鸝黄別名。爾雅與方言同。見本條匯證〔一〕引戴震説。名原未詳。

一四　野鳧〔一〕，其小而好没水中者〔二〕，南楚之外謂之鷿鷉〔三〕，鷿，音指辟〔四〕；鷉，音他奚反。大者謂之鶻蹏〔五〕。滑、蹄兩音。

匯證

〔一〕野鳧：「鳬」即「鳧」，野鴨。詩鄭風女曰雞鳴：「將翱將翔，弋鳧與鴈。」朱熹集傳：「鳧，水鳥，如鴨，青色，背上有文。」廣韻虞韻：「鳧，野鴨。」野鳧亦野鴨也，文獻用例晚見。隋書盧思道傳：「匹晨鷄而共飲，偶野鳧以同膳。」唐陸龜蒙五歌刈穫：「凶年是物即爲災，百陣野鳧千穴鼠。」是也。

〔二〕其：周祖謨方言校箋：「慧琳音義卷七十三、卷九十九及倭名類聚鈔卷七引並無『其』字。文選南都賦注、後漢書馬融傳注引『其』並作『甚』。」按：藝文類聚卷九二引亦作「甚」，錢繹方言箋疏謂李善注引此文作「甚」乃「其」字之誤，非是。當改作「甚」。

〔三〕鷿鷉：戴震方言疏證：「後漢書馬融傳：『鷿鴈鷿鷉。』注云：『揚雄方言曰：野鳧也，甚小好没水中。膏可以瑩刀劍。』張衡南都賦：『鶇鴇鸊鶙。』李善注引方言：『野鳧甚小而好没水中者，南楚之外謂之鸊鶙。』鸊、鷿同，鶙、鷉同。廣雅：『鸊鷉，鶻鷉也。』本此。」廣雅釋鳥王念孫疏證：「爾雅：『鷉，須鸁。』郭璞注云：『鷉，鸊鷉，似鳧而小，膏中瑩刀。』……廣韻：『鸊鷉，鳥名，似鳧而小，足近尾。』本草拾遺云：『鸊鷉，水鳥也，如鳩鴨，腳連尾，不能陸行，常在水中，人至即沈，或擊之便起，是其情狀也。』『鷉』或作『鶙』……或作『鵜』。蔡邕短人賦云：『雄荆雞兮鶩鸊鵜。』」錢繹方言箋疏：「上文云：『雞，陳楚宋魏之間謂之鸊鴟。』按：『鸊鴟』與『鷿蹏』，皆疊韻字，爲形容之詞，故雞謂之鸊鴟，野兔亦謂之鸊蹏，不嫌異物同名也。」李海霞漢語動物命名研究：「鸊，猶躄，足不能行。鸊鷉雙腳近尾，不能在陸地上行走。」「鷉，猶褅、㼭，小物之稱，鷉體小。」「鸊鷉，小型野鴨，嘴尖，腳近尾，不能陸行，善潛水。」

〔四〕辟：劉台拱方言補校：「指辟當作指擘，曹憲音『鷿』爲布獲反，即擘音。」周祖謨方言校箋：「辟當作擘。集韻麥韻『鸊』與『擘』同音博厄切，『鸊』下引方言是其證。」按：當據劉校改。

〔五〕大者：周祖謨方言校箋：「慧琳音義卷七十三、卷九十九引『大』上有『其』字。」鶻蹏：廣雅作「鶻鷉」。「鷉」與「蹏」通。野鴨之大者南楚以「鶻蹏」名之。文獻用例晚見，唐皮日休悲游詩：「朝浮乎鶻蹏，夕叫乎羈鵃。」是也。

4a 一五　守宮〔一〕，秦晉西夏謂之守宮，或謂之蠦蠷〔二〕，盧、纏兩音。或謂之蜤易〔三〕；南陽人又呼蝘蜓〔四〕。其在澤中者謂之易蜴〔五〕。音折〔六〕。南楚謂之蛇醫〔七〕，或謂之蠑螈〔八〕。榮、元兩音。東齊海岱謂之螔蜈〔九〕。似蜥易大而有鱗〔一〇〕，今所在通言蛇醫耳。斯、侯兩音。北燕謂之祝蜓〔一一〕。音延。桂林之中守宮大者而能鳴謂之蛤解〔一二〕。似蛇醫而短，身有鱗采〔一三〕。江東人呼爲蛤蚖〔一四〕。音頭頷〔一五〕。汝潁人直名爲蛤鬭音解誤聲也〔一六〕。

匯證

〔一〕守宮：爾雅釋魚：「蠑螈，蜥蜴。蜥蜴，蝘蜓。蝘蜓，守宮也。」郭璞注：「轉相解，博異語，別四名也。」邢昺疏：「蠑螈、蜥蜴、蝘蜓、守宮一物，形狀相類而四名也……案此諸文，則是在草澤中者名蠑螈、蜥蜴，在壁者名蝘蜓、守宮也。博物志云：『以器養之，食以真朱，體盡赤，重七斤，擣萬杵，以點女人體，終身不滅，耦則落，故號守宮。』陸機疏云：『青緑色，大如指，形狀可惡。』是也。」周春爾雅補注：「鄭云：小而青者曰蜥蜴，大而黄者曰蝘蜓，最小在牆砌間曰守宮。種類既異，而此釋爲一物，恐亦未審也。守宮又名蠍虎，按今北方語猶然。」邵晉涵正義：「詩疏引孫炎云：『別四名也。』郭以『轉相訓，博異語』者，以此蟲本一物四名；而後世別爲二者，則在壁在艸別之。……漢書東方朔傳云：『臣以爲龍又無角，謂之爲蛇又有足，跂跂脈脈善緣壁，是非守宮即蜥蜴。』詩疏引陸璣疏云……此皆欲別其類，而名易相溷。說文云：『在壁曰蝘蜓，在艸曰蜥易。』今蝘蜓食蝎者，多在壁間，蝎即蠆也；其在草中者，則青緑色。蓋本爲一物，因所在而異其名，許慎之言信矣。」郝懿行義疏：

「今登萊人謂守宮爲蠍虎，青斑色，好在壁間，即蝘蜓矣。其在草中者，形細長，黄斑色，謂之馬蛇子，即蜥易矣。……然則此皆同類，故爾雅通名矣。」錢繹方言箋疏：「守宮以用爲名也。」按：上引諸家説，可相互補足，惟周春云「種類既異，而此釋爲一物，恐亦未審也」，乃膠柱之言；博物志「以點女人」云云，亦傅會禮教之説，不可信據。李海霞漢語動物命名研究謂「守宮後世又叫壁虎，喜爬在室内牆壁上，捕食小蟲。秦以前稱普通房屋爲宮，故先秦名壁虎爲守宮」，庶幾近之。

〔二〕蠦蟺：吴予天方言注商據玉燭寶典所引方言文，斷定「蠦蟺」當作「盧螈」。按：據郭璞音，「蠦蟺」不誤。李海霞漢語動物命名考釋云：蠦「即盧，黑色。壁虎背面有虎紋狀黑斑」；蟺「猶纏、梴、展，綿長之義，守宮身體綿長似蛇。」

〔三〕蜇易：周祖謨方言校箋：「玉燭寶典引作蜥蜴，爾雅釋魚疏引作刺易。」按，「蜇易」同「蜥易、蜥蜴」，俗稱四腳蛇。參本條匯證〔一〕。又李海霞漢語動物命名研究釋其名原曰：「蜥蜴之名，言其尾會離析，色會變異。」

〔四〕蝘蜓：荀子賦：「螭龍爲蝘蜓，鴟梟爲鳳皇。」楊倞注：「蝘蜓，守宮。」五代馬縞中華古今注卷下：「蝘蜓，一曰守宮，一曰龍子。善於樹上捕蟬食之。其五色長大者名爲蜥蜴，其短而大者名爲蠑螈。」章炳麟新方言釋動物：「今呼在壁者爲壁虎，紹興謂在地者爲蝘蜓。」

〔五〕易蜴：周祖謨方言校箋：「玉燭寶典引作蜴易。」按：爾雅邢疏引作「易蜥」。戴震方言疏證：「揚雄方言云：『其在澤中者謂之蜥蜴。』故（東方）朔曰『是非守宮即蜥蜴』也。字書以蜴爲易之異體，方言以蜴爲蜥之異體，後卷十内『脈蜴』亦注云：『音析。』據漢書注及爾雅疏所引，『易蜥』二字亦倒，當改作『蜥易』爲正。」錢繹方言箋疏：「亦單謂之蜴。小雅正月篇：『胡爲虺蜴。』毛傳云：『蜴，螈也。』鄭箋云：『虺蜴之性，見人則走。』……蜴，郭音析。正月篇：『胡爲虺蜴。』釋文云：『蜴，星歷反。字又作蜥。』説文『虺』字注引正作『蜥』，是『蜴』即『蜥』字。『其在澤中者謂之易蜴』，即『蜥易』而倒言之也，故爾雅翼引此文作『易蜥』，埤雅引作『易蜇』。今吴越草澤皆有之，狀類中守宮而大，首尾皆似蛇，四足，俗因謂之四腳蛇，色甚緑，亦有灰色者。」

〔六〕折：當作「析」。靜嘉堂文庫藏影宋抄本、福山王氏天壤閣刊景宋本、藏園覆刻宋本、華陽重刻宋本及明刻諸本均作「析」，當據正。

〔七〕蛇醫：廣雅釋魚：「蜤蜴也。」王念孫疏證：「古今注云：『蝘蜓，一名龍子，一曰守宮，善上樹捕蟬食之，其長細五色者名爲蜥蜴，短大者名蠑螈，一曰蛇醫。大者長三尺，其色玄紺，善螫人，一名玄螈，一曰緑螈。』皆其一種而小異者也。」郝懿行爾雅義疏：「蜥易、蛇醫，聲之轉耳。」按：蛇醫乃蠑螈之一種，實非蜥蜴，詳本條匯證〔八〕。

〔八〕蠑螈：戴震方言疏證：「説文云：『榮蚖，蛇醫以注鳴者。』……蠑、榮，螈、原、蚖，字異音義同。」按：蠑螈狀似蜥蜴，實非蜥蜴，頭扁，背黑色，腹紅黄色，有黑斑，四肢短，尾側扁，兩栖，主要生活於水中。崔豹古今注魚蟲謂蜥蜴「短而大者名爲蠑螈」，是也。

〔九〕螔𧌒：郭注：「似蜥易而大，有鱗，今所在通言蛇醫耳。」按：説文虫部：「雖，似蜥易而大。」段玉裁注：「凡人窮極其欲曰恣睢，雖即睢也。按方言：『守宮在澤中者，東齊海岱謂之螔𧌒。』注云：『似蜥易大而有鱗。』𧌒字疑雖之誤。」

〔一〇〕似蜥易大而有鱗：錢繹方言箋疏作「似蜥易而大，有鱗」。周祖謨方言校箋：「玉燭寶典引此文作『似蜥蜴而大，有鱗』，集韻『螔』下引作『似蜥易而大，有鱗』，今本『大而』二字誤倒，當據玉燭寶典及集韻校正。」按：王念孫手校明本已改乙，當據正。

〔一一〕祝蜓：錢繹方言箋疏：「季弟侗曰：『蜥蜴、蛇醫、螔𧌒、蠑螈、祝蜓』，皆聲之遞轉，方俗語有輕重侈弇耳。今京師人讀榮如絨，故與『蜥』字聲相近，其倒言之則曰『易蜴』。古者從『易』之字有讀如『惕』者。『蝘蜓』亦其轉聲也。御覽引吴普本草：『菥蓂，一名榮冥。』足爲『蜥、蠑』聲轉之證矣。」

〔一二〕蛤解：吴予天方言注商據玉燭寶典云：「『蛤解』當作『鴿解』。」周祖謨方言校箋：「紺珠集引作蛤蚧，玉燭寶典引作鴿解。」廣雅釋魚「蛤解」王念孫疏證：「『蛤蚧』以聲得名。方言：『桂林之中守宮大者而能鳴謂之蛤解。』郭璞注云：『似蛇醫而短，身有鱗采，江東人呼爲蛤蚧。』南海藥譜引廣州記云：『蛤蚧生廣南水中，有雌雄，狀若小鼠，夜即居於榕樹上，投一獲二。』唐劉恂嶺表録異云：『蛤蚧，首如蝦蟇，背有細鱗如蠶子，土黄色，身短尾長，多巢於樹中。端州古牆内，有巢於廳署城樓間者，旦暮則鳴自呼蛤蚧是也。』」

〔一三〕身有鱗采：吴予天方言注商據玉燭寶典云：「郭注『身有鱗采』下奪『屈尾』二字。」按：當據補此二字。

〔一四〕蛤蚖：戴震方言疏證改作「蛤蚧」。

〔一五〕音頭頷：戴震方言疏證改作「音頷頷」，云：「廣韻蛤、頷同音，其『頷』字注云：『頷頷，頤旁。』今據以訂正。」

〔一六〕汝潁人直名爲蛤鷊音解誤聲也：戴震方言疏證據曹毅之本改作「汝潁人直名爲蛤。解音懈，誤聲也」。吳予天方言注商據玉燭寶典云：「『汝潁人直呼爲蛤鷊』，當作『汝潁人直呼爲鴿，音鶉鶖』。是今本注中『鴿』下『鶖』上奪『音鶉』二字，『鶖』又譌爲『鷊』也。又『音解誤聲』當作『聲誤』。」周祖謨方言校箋：「注『汝潁』以下有譌字，玉燭寶典引作『汝潁人直爲頷〔鴿〕音郭鶉鴿，音解聲誤』，亦有脱誤，如『鶉鴿』爲『鶉鶖』之誤，『郭』爲衍文，是也。戴本此注則據曹毅之本作『汝潁人直名爲蛤，解音懈，誤聲也』。『誤聲』二字當據玉燭寶典作『聲誤』。」按：綜上各家所説，此注宜作「汝潁人直名爲蛤。解音懈，聲誤也」。

一六　宛野謂鼠爲䶉〔一〕。宛、新野，今皆在南陽。音錐。

匯證

〔一〕䶉：戴震方言疏證：「䶉亦作𪕬。玉篇云：『南陽呼鼠爲𪕬。』」按：本草綱目獸部鼠：「𪕬鼠，時珍曰：此即人家常鼠也，以其尖喙善穴，故南陽人謂之𪕬鼠。」

4b 一七　雞雛，徐魯之間謂之秋侯子〔一〕。子幽反。徐，今下邳僮縣東南大徐城是也。

匯證

〔一〕秋侯子：「秋侯」，戴震方言疏證改作「䳟」，云：「『䳟』，各本譌作『秋侯』二字。廣雅：『䳟，雛也。』曹憲音釋：『䳟，子幽反。』與此注同。玉篇、廣韻並云：『䳟，雞雛。』今據以訂正。」孫詒讓札迻卷二：「郡齋讀書志載蜀中傳本正作『䳟』，云『監本以䳟爲秋侯』。然則今本亦沿監本之誤，宋時蜀本自不誤也。」吳予天方言注商：「類篇隹部引方言文亦作『䳟』。」周祖謨方言校箋：「『雀』下從隹，矦字唐人俗書作『侲』，『隹、侲』形近，故譌爲秋矦二字。」按：戴校是也，當據正。廣雅釋鳥：「雀子，雛也。」王念孫疏證：「雀之言揫也。釋詁云：『揫，小也。』雀或作秋。高誘注淮南原道訓云：『屈，讀秋雞無尾屈之屈。』雞雛無尾，故以爲屈。說文云：『屈，無尾也。』今高郵人猶謂雞雛爲雀雞，聲正如秋矣。」

輶軒使者絶代語釋别國方言校釋匯證第九

1a 一　𢧢〔一〕，楚謂之釨〔二〕。取名於鉤釨也〔三〕。凡𢧢而無刃，秦晉之間謂之釨，或謂之鏔〔四〕；音寅。吴揚之間謂之戈〔五〕。東齊秦晉之間謂其大者曰鏝胡〔六〕，泥鏝。其曲者謂之鉤釨鏝胡。即今雞鳴〔七〕，勾孑𢧢也〔八〕。

匯證

〔一〕𢧢：同「戟」。説文作「𢧢」，漢碑已省作「戟」。戴震方言疏證：「考工記：『戟，廣寸有半寸，内三之，胡四之，援五之，倨句中矩，與刺重三鋝。』鄭注云：『戟，今三鋒戟也，内長四寸半，胡長六寸，援長七寸。刺者，著柲前如鐏者也。戟胡横貫之，胡中矩，則援之外句磬折與。』……『戟』本作『𢧢』。説文：『𢧢，有枝兵也。』……禮記明堂位篇：『越棘大弓，天子之戎器也。』鄭注云：『棘，戟也。』春秋隱公十一年左傳：『子都拔棘以逐之。』杜預注云：『棘，戟也。』皆古字假借通用。」説文段玉裁注：「戟爲有枝之兵，則非若戈之平頭，而亦非直刃，似木枝之衺出也。」漢語大詞典釋曰：「古代兵器名。合戈、矛爲一體，略似戈，兼有戈之横擊、矛之直刺兩種作用，殺傷力比戈、矛爲强。」

〔二〕釨：戴震方言疏證：「春秋莊公四年左傳：『楚武王荆尸授師孑焉。』杜預注云：『揚雄方言：孑者，戟也。』疏引方言：戟謂之孑。又引郭璞云：取名於鉤孑也。釨、孑古通用。」戴氏未改正文。盧文弨重校方言依曹毅之本作「釨」，云：「各本正文作『孑』，本左氏傳，今依宋本作『釨』，與『孑』同。」錢繹方言箋疏作「孑」，云：「今從各舊本。」按：諸宋本均作「釨」，太平御覽卷三五二引本文「釨」均作「孑」，諸明本同，左傳莊公四年疏引亦作「孑」。釨、孑古通用，今仍宋本。「釨」乃「戟」之異名，左傳作「孑」。後增益「金」旁作「釨」。本條下文説，又爲無刃戟。本卷二五條云：「矛或謂之釨。」是「釨」乃一名二物，然二物相類也。或因兵器特徵而名，參本條匯證〔一〕引漢語大詞典釋文。

〔三〕鉤釨：左傳疏引方言本條郭注作「鉤孑」。按：「鉤」謂曲也。

〔四〕鏔：戴震方言疏證：「鏔本作戭。說文云：『長槍也。』廣韻云：『鏔，戟之無刃者，出方言。』蓋戟無刃，故漢時或稱長槍，字書遂分戭、鏔爲二，非也。」錢繹方言箋疏：「鏔之言延也。前卷一：『延，長也。』廣雅：『鏔，戟也。』玉篇、廣韻並云：『鏔，戟無刃者。』說文：『戭，長槍也。』通俗文云：『剡木傷盜曰槍。』是長槍者，謂以長物相刺也，義與『鏔』相近。」說文戈部：「戭，長槍也。」段玉裁注：「槍者，歫也。謂以長物相刺。通俗文曰：『剡木傷盜曰槍。』按：槍非古兵器，戭亦非器名，取槍歫之義耳。」按，段說雖有據，然非方言之意。方言云無刃戟「或謂之鏔」，顯是器名無疑。「鏔」同「戭」。

〔五〕戈：戴震方言疏證：「（考工）記又曰：『戈，廣二寸，內倍之，胡三之，援四之，倨句外博，重三鋝。』注云：『戈，今句孑戟也。或謂之雞鳴，或謂之擁頸。內謂胡以內接柲者也。長四寸，胡六寸，援八寸。戈，句兵也，主於胡也，俗謂之曼胡，似此。』鄭司農云：『援，直刃也。胡，其孑。』疏不引方言，直用其文……周書牧誓『稱爾戈』，疏引方言：『戟，楚謂之孑，吳揚之間謂之戈。』……說文云：『戈，平頭戟也。』」廣雅釋器：「戈，戟也。」王念孫疏證：「釋名云：『戈，句孑戟也。戈，過也，所刺擣則決過，所鉤引則制之弗得過也。』案：謂所刺擣所鉤引皆決過也。」考工記注以戈爲句兵，句、戈一聲之轉，猶鎌謂之劬，亦謂之划也。」說文解字「戈」字下段玉裁注：「依先鄭，戈有直刃，則非平頭也。宋黄氏伯思始疑鄭注，近程氏瑶田攷戈刃如劒橫出而稍倨。所謂援八寸也。援之下近柲爲胡，連上爲刃。所謂胡六寸也。其橫貫於柲而外出者，凡四寸，所謂內倍之也。戈戟之金非冒於柲之首，皆爲之內，橫貫外出，且於胡之近柲處爲三孔，纏縛於柲以固之。古戈戟時有存者，覈之可知也。說詳通藝録。按，許說戈爲平頭戟，从弋，以一象之，然則戈刃之橫出無疑也。橫出故謂之援。援，引也。凡言援者皆謂橫引之，直上者不曰援也。且戈戟皆句兵，矛刺兵，殳毄兵。殳嫥於毄者也，矛嫥於刺者也，戟者兼刺與句者也，戈者兼句與毄者也。用其橫刃則爲句兵，用橫刃之喙以啄人則爲毄兵。毄與句相因爲用，故左傳多言戈擊，若晉中行獻子夢厲公以戈擊之；齊王何以戈擊子之，解其左肩；鄭子南逐子晳，擊之以戈；衛齊氏用戈擊公孟，公魯以背蔽之，斷肱，以中公孟之肩；魯昭公將以戈擊僚柤；楚盜以戈擊昭王，王孫由余以背受之，中肩；越靈姑浮以戈擊闔廬，傷將指；齊簡公執戈將擊陳成子；衛石乞、孟黶敵子路以戈擊之，斷纓。皆言擊，不言刺，惟盧蒲癸以寢戈自後刺子之言刺。蓋癸與王何同用戈，癸逼近子之，故言刺。王何去子之稍遠，故言擊。且二人一在後，一在前，相爲掎角也。若長狄僑如，魯富父終甥摏其喉，以戈殺之，由長狄長三丈，既獲之不能殺之，故自下企上以舂其喉也。自下舂其喉，計長狄長不過二丈，容既獲之後，身橫於地而殺之。捪亦擊也……云無刃者，謂無直刃也……詳繹鄭注本無不同，所引先鄭乃不可從。」錢繹方言箋疏：「是戈與戟大略相同，戟有刺，故謂之有枝兵，戈無刺，故云平頭戟，然戈與戟對文則異，散文亦通。」

〔六〕鏝胡：説文「戈」字下段玉裁注：「云『曼胡』者，取義於曲處如頤頷之肥大也。」廣雅釋器：「鏝胡、戈，戟也。」王念孫疏證：「考工記注云：『俗謂戈胡爲曼胡。』曼與鏝通。鏝胡者，寬大之貌。釋名云：『胡餅，作之大漫沍也。』義與鏝胡同。」

〔七〕雞鳴：周禮考工記冶氏：「戈廣二寸，内倍之，胡三之，援四之。」鄭注：「今句孑戟也。或謂之雞鳴，或謂之擁頸。内謂胡，以内接柲者也，長四寸，胡六寸，援八寸。鄭司農云：『援，直刃也。胡，其孑。』」賈公彦疏：「云『或謂之雞鳴』者，以其胡似雞鳴故也。云『或謂之擁頸』者，以其胡曲，故謂之擁頸。有此數名也。」董志翹、汪禕評揚雄方言校釋匯證：「賈疏以爲『雞鳴』之稱，乃以『戈』胡似『雞鳴』之狀而得名，其説近是……『戈』自産生以來，從出土實物來看，其形體發生了不少變化……漢代『雞鳴』戈，形正似雞引頸長鳴之狀，其得名之由，主要是因爲『援』的上揚，與『胡』整體上構成雞鳴狀，而非僅僅因爲『胡似雞鳴』。」

〔八〕勾孑：戴震方言疏證改作「鉤釨」。

二　三刃枝〔一〕，今戟中有小孑刺者，所謂雄戟也〔二〕。南楚宛郢謂之匽戟〔三〕。音偃。郢，今江陵也，余正反〔四〕。其柄，自關而西謂之柲〔五〕，音祕。或謂之殳〔六〕。音殊。

匯證

〔一〕三刃枝：錢繹方言箋疏於上條云：「『枝』即考工記之刺戟，爲有枝之兵，則非若戈之平頭，亦非直刃似木枝之衺出也……戟則大侈倨句一矩有半，故可刺可句。」

〔二〕雄戟：廣雅釋器：「匽謂之雄戟。」王念孫疏證：「史記商君傳云：『屈盧之勁矛，干將之雄戟。』子虛賦：『建干將之雄戟。』張注云：『雄戟，胡中有鮔者。』」錢繹方言箋疏：「家君曰：『匽戟』以雄得名。釋鳥：『鷗，鳳。其雌皇。』戟之雄者謂之匽，猶鳳之雄者謂之鷗矣。」

〔三〕匽戟：同「匽戟」，即「雄戟」。釋見本條匯證〔一〕〔二〕引錢繹說。

〔四〕余正反：周祖謨方言校箋：「盧氏依曹毅之本作『余整反』是也。廣韻音以整切。」

〔五〕柲：戴震方言疏證：「考工記：『戈柲六尺有六寸，殳長尋有四尺，車戟常，酋矛當有四尺，夷矛三尋。』鄭注云：『柲猶柄也。八尺曰尋，倍尋曰常。』」廣雅釋器：「柲，柄也。」王念孫疏證：「柄之言秉也，所秉執也……方言戟柄『自關而西謂之柲』。説文：『柲，欑也。』『欑，積竹杖也。』……昭十二年左傳：『君王命剥圭以爲鏚柲。』則斧柄亦謂之柲矣。」錢繹方言箋疏：「柲、柄一聲〔之轉〕。」

〔六〕殳：廣雅釋器：「殳，杖也。」王念孫疏證：「説文：『殳，以杸殊人也。禮：殳以積竹，八觚，長丈二尺，建於兵車。』『杸，軍中士所持殳也。』經傳皆作殳。考工記：『廬人爲廬器，殳長尋有四尺。五分其長，以其一爲之被而圍之。』衛風伯兮傳云：『殳長丈二而無刃。』周官司戈盾注云：『殳如杖。』方言：戟柄『自關而西謂之柲，或謂之殳』。『矛柄謂之矜』。『矜謂之杖』。柲、矜、殳皆杖也，故廬人爲廬器，殳、矛、戈、戟皆有焉。殳之言投也，投亦擊也。釋名云：『殳，殊也，有所撞挃於車上，使殊離也。』」錢繹方言箋疏：「是殳也、矜也、杖也，異名而同實，皆柄之別名也。字亦作『杸』。急就篇云：『鐵棰檛杖棁柲杸。』顔師古注云：『杸、殳，古今字。』……『杸』與『殳』聲義並同。」

1b三　矛，吴揚江淮南楚五湖之間謂之鍦〔一〕，嘗蛇反。五湖，今吴興太湖也。先儒處之多亦不了，所未能詳者。或謂之鋋〔二〕，音蟬〔三〕。或謂之鏦〔四〕。漢書曰：「鏦殺吴王。」錯江反。其柄謂之矜〔五〕。今字作穫〔六〕，巨巾反。

匯證

〔一〕鍦：戴震方言疏證：「詩鄭風『二矛重英』，釋文全引方言此條文並同。荀子議兵篇：『宛鉅鐵釶，慘如蠭蠆。』楊倞注引方言：『自關而西謂之矛，吴揚之間謂之鍦。』鍦、鉇同。方言無『自關而西謂之矛』七字。左思吴都賦：『藏鍦於人。』劉逵注引方言：『吴越以矛爲鍦。』」廣雅釋器：「𥎞，矛也。」王念孫疏證：「説文：『鉈，短矛也。』……（鉈、鉇、鍦）字並與『𥎞』同。曹憲音蛇，後世言蛇矛，名出於此也。」

〔二〕鋋：戴震方言疏證：「後漢書馬融傳：『飛鋋電激。』注云：『鋋，矛也。』……廣韻引方言『五湖之間謂矛爲鋋。』」廣雅釋器：「䂎謂之鋋。」王念孫疏證：「説文：『鋋，小矛也。』史記匈奴傳：『其長兵則弓矢，短兵則刀鋋。』索隱引埤倉云：『鋋，小矛鐵矜。』漢書鼂錯傳云：『萑葦竹蕭，屮木蒙蘢，支葉茂接，此矛鋋之地也。』六韜軍用篇云：『曠林草中，方胸鋋矛千二百具。』矛謂之鋋，故以矛刺物亦謂之鋋。上林賦云：『格蝦蛤，鋋猛氏。』是也。釋名云：『鋋，延也，達也。去此至彼之言也。』」

〔三〕音蟬：廣韻仙韻「鋋」字下引方言曰：「五湖之閒謂矛爲鋋。」市連切。蟬蜩之「蟬」與「鋋」爲同一小韻。「鋋」又音以然切。

〔四〕鏦：戴震方言疏證：「（史記）吴王濞列傳：『鏦殺吴王。』集解：『孟康曰：方言戟謂之鏦。』……（後漢書馬融傳）：『鏦特肩。』注引方言：『吴楚之間或謂矛爲鏦。』音楚江反。」錢繹方言箋疏：「矛謂之鏦，以矛有所刺亦謂之鏦……皆義相因也。」按：廣韻鍾韻：「鏦，短矛。」集韻鍾韻：「鏦，矟小者。」淮南子兵略訓：「脩鎩短鏦，齊爲前行。」高誘注：「鏦，小矛也。」銀雀山漢墓竹簡孫臏兵法陳忌問壘：「鏦次之者，所以爲長兵□也。」是小矛名「鏦」。方言則爲矛之泛稱，以矛戟擊刺亦謂之「鏦」，錢説是也。

〔五〕矜：廣雅釋器：「矜，柄也。」王念孫疏證：「柄之言秉也，所秉執也。……方言：矛柄『謂之矜』，郭注云：『今字作𥟩。』又『矜謂之杖』，注云：『矛戟𥟩，即杖也。』考工記廬人注云：『凡矜八觚。』漢書陳勝項籍傳贊：『鉏耰棘矜。』服虔注云：『以刺作矛𥟩也。』淮南子兵略訓云：『伐棘棗而爲矜。』」錢繹方言箋疏：「是矜爲矛柄也，故字從『矛』。」

〔六〕今字作𥟩：「𥟩」字左部宋本不清，據四部叢刊影宋本録。靜嘉堂文庫藏影宋抄本、福山王氏天壤閣刊景宋本及明刻諸本均作「槿」，東文研藏珂羅版宋刊本此字左部亦漫漶不辨。盧文弨重校方言：「注『𥟩』誤從木旁作槿。案：賈誼過秦論：『鉏櫌棘矜。』史、漢注皆云『矜亦作穫』，今據改正。」吴予天方言注商：「孫詒讓云：『按諸「槿」字，盧校本並改作「穫」。錢從之。今考「穫」亦俗字。疑古即借槿爲矜。集韻十八諄云：「矜或作穫，通作槿。」史記秦始皇本紀：「鉏櫌棘矜。」裴氏集解引服虔云：「以鉏柄及棘作矛槿也。」宋本如是，盧、錢本引亦改作穫。文選吴都賦劉逵注云：「篻竹大如戟槿。」戴凱之竹譜云：「筋竹爲矛，利稱海表。槿仍其幹，刃即其杪。」字皆从木。疑六朝、唐人自作此字，不必改从矛也。』予天按，孫説是也。即就『矜』字言，『矜』亦爲『柄』之轉聲。矜古讀若鰥，見禮記。柄古讀若釬。見卷五盌謂之盂條。『矜、柄』雙聲，屬見紐。」按：古借「槿」爲「矜」確有之，集韻諄韻「穫通作槿」可以爲證。然味郭注「今字作某」，是晉時已有「穫」字，與「矜」爲古今字。此類例凡四條，均應作古今字觀。其他三例爲：卷三「蘴」注：「今江東音嵩，字作菘也。」卷七「逗」注：「逗即今住字也。」卷一三「甂」注：「今字作甍，音萌。」且卷一二「柲，刺也」注云：「皆矛戟之穫，所以刺物者也。」字亦作「穫」。據此，今仍其舊，不從孫校改。又本卷第六條「矜謂之杖」注云：「矛戟槿，即杖也。」「槿」亦宜改作「穫」。

四　箭〔一〕，自關而東謂之矢〔二〕，江淮之間謂之鍭〔三〕，音侯。關西曰箭。箭者竹名，因以爲號。

匯證

〔一〕箭：戴震方言疏證：「説文云：『箭，矢也。』古者夷牟初作矢。爾雅釋地：『東南之美者，有會稽之竹箭焉。』郭注云：『竹箭，篠也。』疏云：『是竹之小者可以爲箭榦者也。』馬融長笛賦：『特箭槀而莖立兮。』李善注云：『郭璞方言注曰：箭者，竹名也。』」按：説文段注於「箭，矢也」之「矢」下補「竹」字，云：「矢竹者，可以爲矢之竹也。……按：今天下語言皆謂矢爲箭。」錢繹方言箋疏：「箭本竹名，以箭爲矢，因即謂之箭。」

〔二〕矢：戴震方言疏證：「考工記：『矢人爲矢，鍭矢參分……一在前，二在後。』鄭注云：『參訂之而平者，前有鐵重也。』」廣雅釋器：「矢，箭也。」王念孫疏證：「釋名云：『矢，指也，言其有所指向迅疾也。又謂之箭，箭，進也。』考工記矢人注云：『矢槀長三尺，羽者六寸，刃二寸。』」

〔三〕鍭：戴震方言疏證：「詩大雅：『四鍭既鈞。』毛傳：『鍭矢參亭。』疏云：『方言關西曰箭，江淮謂之鍭。鍭者，鐵鏃之矢名也。』……爾雅：『金鏃翦羽謂之鍭。』郭璞注云：『今之錍箭是也。』疏全引方言此條，『鍭』譌作『鏃』。」唐蘭永盂銘文解釋的一些補充：「它〔鍭〕的原始象形字是矦字，象張布爲矦、用矢射矦的形狀。從被射的布來説是『矦』，從射矦的矢説就是矦矢……正由於矦矢用了金鏃，所以造了一個從金的鍭字。」説文羽部：「翭，羽本也。」段玉裁注：「謂入於皮肉者也。按詩、周禮『鍭矢』，士喪禮作『翭矢』，蓋此矢金鏃，候物而中，如羽本之入肉，故假借通用也。」錢繹方言箋疏：「鍭矢以箭羽得名，非以金鏃爲義，故骨鏃者亦得名翭。『翭』與『鍭』同。」按：「鍭、翭」均爲「矦」之分化字。方言渾言之，爲江淮之閒謂箭矢之名。

五　鑽謂之鍴〔一〕。音端。

匯證

〔一〕鑽：同「鑽」。廣雅釋器：「鍴謂之鑽。」王念孫疏證：「説文：『鑽，所㠯穿也。』管子輕重乙篇云：『一車必有一斤、一鋸、一釭、一鑽、一鑿、一銶、一軻，然後成爲車。』此謂鑽鑿之鑽也。方言『鑽謂之鍴』『矜謂之杖』。此謂矛戟刃也。」廣雅釋器：「穳謂之鋋。」王念孫疏證：「衆經音義卷十一云：『穳，小矛也。』引字詁：『古文鏦、穳二形，今作穳。』穳之言鑽也。小矛謂之穳，猶矛、戟刃謂之鑽。方言『鑽謂之鍴』『矜謂之杖』是也。凡戈、戟、矛皆以其刃得名。」按：史記禮書：「宛之鉅鐵施，鑽如蠭蠆。」司馬貞索隱：「鑽謂矛刃及矢鏃也。」此爲王氏所釋之最佳例證。

鍴：錢繹方言箋疏：「此釋矛之小者也。……玉篇：『鍴，鑽也。』次『鏔』字之下，是亦以『鑽』爲小矛之異名。」

六　矜謂之杖〔一〕。矛戟槿，即杖也。

匯證

〔一〕矜謂之杖：戴震方言疏證：「考工記：『攻木之工：輪、輿、弓、廬、匠、車、梓。』鄭注云：『廬，矛戟矜柲也。』疏引方言：『矜謂之杖。』」說文木部：「杖，持也。」段玉裁注：「凡可持及人持之皆曰杖。」「矛戟𥟖」乃矛之可持者，故可名「杖」。參本卷第三條匯證〔五〕。

七 劒削〔一〕，自河而北燕趙之間謂之窒〔二〕；自關而東或謂之廓〔三〕，或謂之削〔四〕；自關而西謂之鞞〔五〕。方婢切〔六〕。

匯證

〔一〕劒削：戴震方言疏證：「『削』亦作『鞘』。史記刺客列傳：『拔劍，劍長，操其室。』索隱云：『室謂鞘也。』貨殖列傳：『洒削，薄技也。』索隱引方言云：『劍削，關東謂之削。』顔師古注漢書云：『削謂刀劍室也，主爲洒刷之，去其垢穢，更飾令新也。』……削、室、鞞亦刀劍通稱。說文云：『削，鞞也。』『鞞，刀室也。』廣雅：『鞞，刀削也。』」廣雅釋器王念孫疏證：「凡刀劍室通謂之削，字或作鞘。說文：『削，鞞也。』釋名云：『刀室曰削。削，峭也，其形峭殺裹刀體也。』」

〔二〕窒：當作「室」，字之誤也。周祖謨方言校箋：「戴本作室，今據正。釋名云：『刀室曰削。』」廣雅釋器：「室，劒削也。」王念孫疏證：「凡刀劒亦通謂之室。燕策云：『拔劒，劒長，操其室。』史記春申君傳云：『刀劒室以珠玉飾之。』是也。秦風小戎傳云：『韔，弓室也。』則弓弢亦謂之室矣。」

〔三〕廓：戴震方言疏證：「廣雅：『郭，劒削也。』郭、廓古通用。」廣雅釋器王念孫疏證：「『郭』與『廓』同。釋名云：『弩牙外曰郭，爲牙之規郭也。』義亦與劒郭同。」錢繹方言箋疏：「『郭、廓』古今字。案：削、室、廓、鞞，皆外衛之通名。」

〔四〕削：見本條匯證〔一〕。

〔五〕鞞：王念孫手校明本改作「鞞」。盧文弨重校方言：「詩及左傳作鞞。」周祖謨方言校箋：「慧琳音義卷五十六引字作『鞞』，同。」按：慧琳一切經音義卷五二、卷五九引方言字亦作「鞞」，集韻紙韻引同。又說文革部：「鞞，刀室也。」廣雅釋器亦作「鞞」。是字本作「鞞」，後世與「鞞」混同，當改作「鞞」。廣雅釋器王念孫疏證：「鞞之言屏藏也，亦刀劍削之通名。」錢繹方言箋疏：「小雅瞻彼洛矣篇：『鞞琫有珌。』毛傳云：『容刀鞞也。』是刀亦名鞞也。按經傳『鞞』並作『鞞』，音補頂反。」

〔六〕方婢切：按：「切」字當作「反」。本書郭璞切語均作「某某反」，無作「某某切」者，是知此條「切」字誤。

2a 八　盾〔一〕，自關而東或謂之㪔〔二〕，音伐。或謂之干〔三〕；干者，扞也。關西謂之盾。

匯證

〔一〕盾：廣雅釋器「盾也」條王念孫疏證：「『盾』或作『楯』。釋名云：『盾，遯也，跪其下避刃以隱遯也。』古者盾或以木，或以革，其繫之以紛。王肅注柴誓云：『干有紛繫持之。』是也……周官司兵：『掌五兵五盾。』鄭注云：『五盾，干櫓之屬。』是盾爲干、櫓、瞂之總名也。」按：說文盾部：「盾，瞂也。所以扞身蔽目。」指古代用於擋住刀箭攻擊而衛護自身的兵器。

〔二〕㪔：戴震方言疏證改作「瞂」。周祖謨方言校箋：「今據正。文選西京賦李善注及御覽卷三五六引本文均作『瞂』。說文云：『盾，瞂也。』」按：作『瞂』是也，當據正。戴震方言疏證：「張衡西京賦：『植鍛縣瞂，用戒不虞。』李善注引方言盾『或謂之瞂』。瞂、伐古通用。詩秦風：『蒙伐有苑。』毛傳：『蒙，討羽也。伐，中干也。』鄭箋云：『蒙，厖也。討，雜也。畫雜羽之文於伐，故曰蒙伐也。』釋文云：『伐，本或作瞂。』疏云：『櫓是大盾，故以伐爲中干。干、伐皆盾之别名也。』……史記蘇秦列傳：『革抉㕹芮。』索隱云：『㕹與瞂同。芮謂繫盾之紛綬也。方言云：盾自關而東謂之瞂，關西謂之盾。』」說文盾部「瞂」字下段玉裁注：「木部及韋昭曰：『大楯曰櫓。』則中干次之。盾之大小，略見於釋名。毛云『中干』，析言之；方言及許統言之……作戢者，或體也，作伐者，假借字。」廣雅釋器：「瞂，盾也。」王念孫疏證：「瞂之言蔽扞也……逸周書王會解：『請令以鮫瞂、利劒爲獻。』史記孔子世家：『矛戟劍撥。』索隱云：『撥，謂大楯也。』伐、撥並與瞂通。」

〔三〕干：廣雅釋器：「干、戰，盾也。」王念孫疏證：「『干』與下『戰』字同。說文：『戰，盾也。』爾雅：『干，扞也。』孫炎注云：「『干盾自蔽扞。』」錢繹方言箋疏：「儒行篇：『禮義以爲干櫓。』鄭注：『干櫓，小盾、大盾也。』論語季氏篇：『而謀動干戈於邦内。』孔安國注：『干，盾也。』字通作『戟』。」

九　車下鐵〔一〕，陳宋淮楚之間謂之畢〔二〕。未詳。

匯證

〔一〕鐵：戴震方言疏證改作「鉄」，又把下條與此條連爲一條，云：「此言維車之索，故郭璞注云：『鹿車也。』前卷五内：『維車，東齊海岱之間謂之道軌。』廣雅云：『道軌謂之鹿車。』各本『鉄』譌作『鐵』，非也。玉篇云：『紩，索也，古作鉄。』據此，『紩』乃本字，『鉄』即其假借字。」按：戴改作「鉄」是也。集韻質韻：「紩，一説索也。或從金。」是「鉄、紩」同。致譌之因如錢繹方言箋疏説：「俗『鐵』字作『鉄』，傳寫者遂改作『鐵』。」當據戴校改作「鉄」。錢繹方言箋疏：「玉篇：『𦨲，帆索也。』『𦨲』與『鉄』聲義並相近。下文『車枸簍』，『其上約謂之筠，或謂之𥳽』。注云：『即畚帶。𥳽，音覛。』廣雅：『𦅧，索也。』集韻云：『荆州謂帆索曰𦅧。』帆索謂之𦨲，亦謂之𦅧；車上約謂之𥳽，猶車下索謂之鉄也。」

〔二〕畢：戴震方言疏證：「考工記：『天子圭中必。』鄭注云：『必，讀如鹿車縪之縪，謂以組約其中央，爲執之以備失隊。』『圭中必』爲組，鹿車縪爲索，其約束相類，故讀如之。……縪、畢古通用。」按：索謂之縪，以索約束亦謂之縪。集韻質韻：「縪，一曰約束。」説文「縪」字下朱駿聲通訓定聲云：「以組約圭中、以索紩車下皆曰縪。」是也。錢繹方言箋疏：「説文糸部訓『縪』爲『止』，又革部：『鞸，車束也。』……方言作『畢』，考工記作『必』，鄭讀如『縪』，説文作『鞸』，其義一也。」

一〇　大車謂之綦〔一〕。鹿車也〔二〕，音忌。

匯證

〔一〕大車謂之綦：戴震方言疏證「車」字改爲「者」，連上條併爲一條。周祖謨方言校箋：戴改「與原本玉篇『綨』下引正合」。

按：當據戴本改正。

綦：戴震方言疏證：「士喪禮：『組綦，繫於踵。』鄭注云：『綦，屨繫也。讀如馬絆綦之綦。』疏云：『馬有絆名爲綦。』此屨綦亦拘止屨，蓋『屨綦、馬絆綦』與『圭中必』，義皆取於約束。」王引之經義述聞卷二二春秋名字解詁上「楚公子結，字子綦」條：「綦、結雙聲，其義相近。夏官弁師：『王之皮弁，會五采玉璂。』鄭注云：『鄭司農曰：璂，讀如綦車轂之綦。玄謂璂讀如薄借綦之綦。綦，結也，皮弁之縫中，每貫結五采玉十二以爲飾謂之綦。』士喪禮：『綦結于跗。』又：『組綦，繫于踵。』鄭注云：『綦，屨係也，所以拘止屨也，綦讀如馬絆綦之綦。』然則弁與屨之綦皆結也。云『綦車轂』者，方言『車下鉄大者謂之綦』，郭璞『音忌』，疏證云：『此言維車之索，玉篇：紩，索也。古作鉄。』案：今江淮之間以帶束腰而作結以固之謂之綦，以繩束物亦然，其音正與忌同。維車之索，必約束而作結以固之，故謂之綦，『綦車轂』之綦亦此義也。」

〔二〕鹿車：太平御覽卷七七五引漢應劭風俗通：「鹿車，窄小裁容一鹿也。」「鹿車」又名「維車」，有收絲之轉輪，故名。參卷五第三七條匯證〔一〕。

一一　車轊〔一〕，車軸頭也。干厲反〔二〕。齊謂之轆〔三〕。又名轅。

匯證

〔一〕車轊：「轊」同「轊」。集韻祭韻：「軎，或从彗，从慧。」正字通車部：「轊，俗轊字。」按：戴震方言疏證改作「轊」，是也，廣雅釋器正作「轊」。周祖謨方言校箋：「原本玉篇『轆』下及集韻東韻『轆』下引並作『轊』，今據正。」廣雅釋器：「轆、轅，轊也。」王念孫疏證：「說文：『軎，車軸耑也。』或作轊。鄧析子無厚篇云：『夫木擊折轊，水戾破舟。』轊之言銳也。昭十六年左傳注云：『鋭，細小也。』軸兩耑出轂外細小也。小聲謂之嘒，小鼎謂之鏏，小棺謂之槥，小星貌謂之嘒，蜀細布謂之繐，鳥翮末謂之⿰犭彗，車軸兩耑謂之轊，義並同也。」

〔二〕干厲反：戴震方言疏證「干」作「于」，是也。按：宋本「干」字下部漫漶不清。福山王氏天壤閣刊景宋本正作「于」；廣韻祭韻于歲切，反切上字作「于」。當據正。

〔三〕轊：戴震方言疏證：「史記田單列傳：『令其宗人盡斷其車軸末而傅鐵籠。』索隱云：『斷其軸，恐長相撥也；以鐵裹軸頭，堅而易進也。傅者，截其軸與轂齊，以鐵鍱附軸末，施轄於鐵中以制轂也。方言曰：車轊齊謂之籠。郭璞云：車軸也。』『籠』即『轊』，古通用。所引郭注脱一『頭』字。」

一二　車枸簍〔一〕，即車弓也。音縷〔二〕。宋魏陳楚之間謂之筱〔三〕，今呼車子弓爲筱，音巾幗〔四〕。或謂之䉀籠〔五〕。穹、隆兩音。其上約謂之箹〔六〕，即軬帶也。音瓜瓝。或謂之簚〔七〕。音脉〔八〕。秦晉之間自關而西謂之枸簍〔九〕；西隴謂之㮓〔一〇〕，即軬字〔一一〕，薄晚反。南楚之外謂之篷〔一二〕，今亦通呼篷。或謂之隆屈〔一三〕。尾屈〔一四〕。

匯證

〔一〕車枸簍：廣雅釋器：「枸簍、隆屈、筱、篷、䉀籠，軬也。」王念孫疏證：「此謂蓋弓也。……枸簍者，蓋中高而四下之貌。山顛謂之岣嶁，曲脊謂之痀僂，高田謂之甌窶，義與枸簍並相近。倒言之則曰僂句。昭二十五年左傳：『臧會竊其寶龜僂句。』龜背中高，故有斯稱矣。枸簍，或但謂之簍。玉篇：『簍，車弓也。』漢書季布傳：『置廣柳車中。』李奇注云：『廣柳，大隆穹也。』柳與簍通。」

〔二〕音縷：盧文弨重校方言據曹毅之本改作「音鏤」，云：「俗本音縷，今從宋本。」劉台拱方言補校：「俗本是。」周祖謨方言校箋：「簍，萬象名義力甫反，廣雅曹憲音『音縷』，與本書同。盧氏依曹毅之本作『音鏤』，誤。」

〔三〕筱：郭璞注：「今呼車子弓爲筱。」廣雅釋器：「筱，軬也。」王念孫疏證：「後漢書烏桓傳注云：『幗，婦人首飾也。』釋名作

『簂』，云：『簂，恢也，恢廓覆髮上也。』與車弓謂之筱同義。」

〔四〕⿰亻國：字之誤也，戴震方言疏證作「幗」，是也。周祖謨方言校箋從戴本改，云：「曹憲廣雅音公悔反，與郭注音同。」當改作「幗」。

〔五〕䈹籠：廣雅釋器：「䈹籠，軬也。」王念孫疏證：「䈹籠，説文作『穹隆』，倒言之則曰『隆穹』，故李奇漢書注云：『廣柳，大隆穹也。』司馬相如大人賦云：『詘折隆窮，躩以連卷。』是其義也。或但謂之『䈹』。玉篇：『䈹，姑簍也。』姑簍即枸簍之轉。考工記謂之弓，弓亦穹也。故釋名云：『弓，穹也，張之穹隆然也。』」

〔六〕箹：廣雅釋器：「箹，軬帶也。」王念孫疏證：「『箹』亦『約』也。」錢繹方言箋疏：「少儀云：『馬則執靮。』玉篇『靮，韁也，所以繫制馬』也。義與車弓上約謂之『箹』相近也。軬帶亦謂之紘繩也。」

〔七〕篔：廣雅釋器：「篔，軬帶也。」王念孫疏證：「篔之言緄也。上文云：『緄，索也。』高誘注淮南子原道訓云：『小車蓋四維謂之紘繩。』即軬帶也。」

〔八〕音脉：戴震方言疏證改作「音覛」，云：「注内『音覛』多譌作『音脈』，從曹毅之本。」盧文弨重校方言作「音覓」，云：「俗本音脉，今從宋本。」戴本音覛，云從曹毅之本，亦與覓音同。」按：曹憲廣雅音音覔，「覔」同「覛」。據此當從戴本改。

〔九〕秦晉之間自關而西：王念孫手校明本改作「自關而西秦晉之間」，廣雅釋器「軬也」條王念孫疏證引亦作「自關而西秦晉之間」。周祖謨方言校箋：「依例當作『自關而西秦晉之間』。」按：當據正。

〔一〇〕⿰木畚：廣雅釋器「軬也」條王念孫疏證：「『⿰木畚』與『軬』同。釋名云：『軬，藩也，藩蔽雨水也。』説文作『轒』，云：『淮陽名車穹隆轒。』四民月令有上犢車蓬軬法，見齊民要術。」

〔一一〕畚：戴震方言疏證改作「軬」，周祖謨方言校箋云「是也」。按：當據正。

〔一二〕篷：廣雅釋器：「篷，軬也。」王念孫疏證：「方言注云今通呼車弓爲篷。廣韻：『篷，織竹夾箬覆舟也。』與車弓之篷亦同義。」

〔一三〕隆屈：廣雅釋器：「隆屈，軬也。」王念孫疏證：「隆屈猶僂句也。張衡西京賦云：『終南太一，隆崛崔崒。』是其義也。釋名謂車弓爲『隆强』，云：『隆强，言體隆而强也。』『强』亦『屈』也，猶漢書言『屈强』矣。」

〔一四〕尾屈：盧文弨重校方言改作「屈尾」，云：「『屈』本作『屈』，説文無『尾』也。今此云『屈尾』，蓋訓『屈』爲『尾』也。俗本到作『尾屈』，今從宋本。」劉台拱方言補校：「俗本是。」王國維書郭注方言後三：「盧據宋本改爲『屈尾』，今傳世李文授本作『尾屈』。然『尾屈』二字是音，非義。高誘淮南原道訓注：『屈，讀秋雞無尾屈之屈。』是『尾屈』二字乃漢魏以來成語，故景純取以爲音，改爲『屈尾』者非也。」按：王氏所論甚碻，不當從盧校改。

2b 一三　輪〔一〕，車輅也〔二〕。韓楚之間謂之軑〔三〕，音大。或謂之軝〔四〕，詩曰：「約軝錯衡。」〔五〕音祇。關西謂之輚〔六〕。音揔〔七〕。

匯證

〔一〕輪：廣雅釋器：「軑、輚、輇，輪也。」王念孫疏證：「輪之言員也、運也。考工記：『兵車之輪，六尺有六寸。田車之輪，六尺有三寸。乘車之輪，六尺有六寸。』……釋名云：『輪，綸也，言彌綸也，周帀之言也。……』説文：『有輻曰輪。』」錢繹方言箋疏：「『輪』之言倫理也，三十輻，兩兩相當而不迤，故曰輪。」

〔二〕輅：説文車部：「輅，車軨前横木也。」儀禮既夕禮：「賓奉幣，由馬西，當前輅，北面致命。」鄭玄注：「輅，轅縛，所以屬引。」又爲車名。廣雅釋器：「輅，車也。」王念孫疏證：「輅，古通作路。」按：上述二義均非「輪」，郭以「車輅」釋「輪」，未知其詳。

〔三〕軑：戴震方言疏證：「謝朓始出尚書省詩：『青精翼紫軑。』李善注引方言：『韓楚間輪謂之軑。』廣雅『軑、輚，輪也』本此。」吴予天方言注商：「『軑』之言『泰』也。説文：『泰，滑也。』車輪旋轉而不居，故名爲軑也。『大、泰』古同音。」按：説文車部：「軑，車輨也。」即車轂端圓管狀之冒蓋。而韓楚之閒輪謂之軑，方言稱名也。參本條匯證〔六〕引錢繹説。

〔四〕軝：戴震方言疏證：「軝，説文亦作『⿰革氏』，從『革』。詩小雅『約軝錯衡』毛傳云：『軝，長轂之軝也，朱而約之。』考工記：『幬必負幹。』鄭注云：『幬負幹者，革轂相應，無贏不足。』軝即記之幬革，朱其革以幬于幹，故曰『朱而約之』。惟長轂盡飾，若大車短轂則無飾，故曰『長轂之軝』。」按：「軝」亦作「軧」，指車轂之飾，戴氏所釋是也。韓楚之間以之名輪，蓋連類而移以名之乎？文獻未詳。參本條匯證〔六〕引錢繹說。

〔五〕約軝錯衡：見詩小雅采芑。

〔六〕䡅：廣雅釋器：「䡅，輪也。」王念孫疏證：「釋名云：『輪……或曰䡝，言輻總入轂中也。』『䡝』與『䡅』同。」錢繹方言箋疏：「道德經無用章云：『三十輻共一轂。』是『䡅』之義也。案：『軑』本轂輨，『軝』本轂幬，以其繫於輪也，亦通謂之輪，若『䡅』則並合轂與輻牙矣。此皆就方俗之稱名耳。若分別言之，則軑自軑，軝自軝，且不得謂之轂，況於輪乎！」

〔七〕捴：同「總」。

一四　輑謂之軸〔一〕。牛忿反。

匯證

〔一〕輑：廣雅釋器：「輑謂之軸。」王念孫疏證：「輑之言關也，横亙之名也。說文：『輑，軺車前横木也。』與輑謂之軸亦同義。」按：說文釋曰「車前横木」，方言以爲車軸，顯是一名二物，王念孫謂「同義」，恐非是。前者，集韻準韻牛尹切；後者，郭注牛忿反。至於「車軸相連」之義，廣韻真韻去倫切。

軸：廣雅王念孫疏證：「軸之言持也。說文：『軸，持輪也。』舟柁謂之舳，機持經者謂之柚，義並同也。」按：「軸」爲貫於轂中持輪旋轉之圓柱形長桿，即輪軸。管子輕重丁：「上斲輪軸，下采杼栗，田獵而爲食。」釋名釋車：「軸，抽也。入轂中可抽出也。」

一五　轅〔一〕，楚衛之間謂之輈〔二〕。張由反。

匯證

〔一〕轅：説文車部：「轅，輈也。」段玉裁注：「考工記：『輈人爲輈。』『車人爲大車之轅。』是『輈』與『轅』別也。許渾言之者，通稱則一也。轅之言如攀援而上也。」朱駿聲通訓定聲：「大車、柏車、羊車皆左右兩木，曰轅，其形直，一牛在轅間。田車、兵車、乘車皆居中一木穹隆而上，曰輈，其形曲，兩馬在輈旁。轅與輈對文則別，散文則通。」

〔二〕輈：戴震方言疏證：「考工記：『輈人爲輈。』鄭注云：『輈，車轅也。』釋文引方言：『楚衛之間轅謂之輈。』詩秦風：『五楘梁輈。』毛傳：『楘，歷録也。梁輈，輈上句衡也。一輈五束，束有歷録。』」廣雅釋器：「轅謂之輈。」王念孫疏證：「方言：『轅，楚衛之間謂之輈。』謂小車轅也。僖元年公羊傳注云：『輈，小車轅。冀州以此名之。』釋名云：『轅，援也，車之大援也。』『輈，句也，轅上句也。』秦風小戎篇……正義云：『輈從軫以前稍曲而上，至衡則向下句之。』考工記輈人：『國馬之輈，深四尺有七寸；田馬之輈，深四尺；駑馬之輈，深三尺有三寸。』鄭衆注云：『深，謂轅曲中。』」錢繹方言箋疏：「稱輈者，不獨楚衛之間也。」

一六　箱謂之輫〔一〕。音俳。

匯證

〔一〕集韻皆韻「輫」字下引方言本條作「車箱，楚衛之間謂之輫」。

箱：戴震方言疏證：「詩小雅：『不以服箱。』毛傳：『箱，大車之箱也。』廣雅：『輫，箱也。』本此。」廣雅釋器王念孫疏證：「箱之言輔相也。篋謂之箱，太室兩夾謂之廂，車兩轓謂之箱，其義一也……説文：『箱，大車牝服也。』考工記車人：『大車牝服二柯，有參分柯之二。』鄭注云：『牝服長八尺。』鄭司農云：『牝服，謂車箱。』」

輫：戴震方言疏證：「玉篇、廣韻並云『輫，車箱』。」廣雅王念孫疏證：「輫之言棐也。爾雅云：『棐，輔也。』方言：『箱謂之軿。』轓謂之軿，亦謂之箱，篋謂之箱，亦謂之篚，其義一也。士冠禮注云：『篚，竹器如笭者。』説文：『篚，車笭也。』車笭謂之篚，車箱謂之軿，其義一也。」錢繹方言箋疏：「驂旁馬謂之騑，兩壁耕謂之輩，户扇謂之扉，履謂之屝，猶車轓謂之軿也。車轓謂之箱，亦謂之軿，猶篋謂之箱，亦謂之篚矣。」

3a 一七 軫謂之枕〔一〕。車後横木。

匯證

〔一〕軫：説文車部：「軫，車後横木也。」段玉裁注：「木部：『横，闌木也。』輿人注曰：『軫，輿後横者也。』方言曰：『軫謂之枕。』秦風小戎『俴收』傳曰：『收，軫也。』近戴先生曰：『輿下之材，合而成方，通名軫，故曰軫之方也，以象地也。』鄭注專以輿後横木爲軫，以輢式之所尌三面材爲軓，又以軓爲任正者。如其説，宜記於輿人，今輈人爲之，殆非也。輿人爲式、較、軹、轛、軫、輢、軓，輈人爲輈、衡、軸、伏兔。記不言輢、軓、衡、伏兔之度。輢、軓，輿揜版耳；衡，圍準乎軸；伏兔，取節於輈。當兔，省文互見。』桐城姚氏鼐曰：『記曰軫之方以象地，蓋軫方六尺六寸。記曰參分車廣，以其一爲隧，蓋以二尺二寸爲輿後，其前廣如軫，而深四尺四寸，以設立木焉，是爲收。毛公曰：收，軫也。謂輿深四尺四寸收於軫矣，非謂軫名收也。』玉裁按：似姚氏之説爲完。合輿下三面之材，與後横木而正方，故謂之軫，亦謂之收。軫从㐱，密緻之言也。中庸：『振河海而不泄。』注曰：『振猶收也。』以振與軫同音而得其義，故曰猶。鄭未嘗不謂合四面爲軫矣。六分車廣，以一爲軫圍，輢軾所尌之圍亦在其中矣。渾言之，四面曰軫；析言之，輢軾所尌曰軓，輢後曰軫；又析言之，軾前曰軓。許言車後横木，可知車後非無植者衡者以接於輢，或其制庳於軾耳，不獨合於三面材者也。」

枕：錢繹方言箋疏：「玉篇『枕，車後横材』也。素問骨空論：『頭横骨爲枕。』義亦同也。」

一八 車紂〔一〕，自關而東周洛韓鄭汝潁而東謂之緻〔二〕，音秋。或謂之曲綯〔三〕，綯亦繩名。詩曰：「宵尔索綯。」〔四〕或謂之曲綸〔五〕；今江東通呼索綸〔六〕，音倫。自關而西謂之紨。

匯證

〔一〕車紨：説文糸部：「紨，馬緧也。」「緧，馬紨也。」參本條匯證〔二〕「緻」字下。

〔二〕汝潁而東：王念孫手校明本、廣雅釋器「紨，緧也」王念孫疏證引，「而東」均作「之間」。周祖謨方言校箋：「疑當作『之間』。此作『而東』者，蓋因上文而譌。」按：依例作「之間」爲是。

緻：周祖謨方言校箋：「緻，原本玉篇緧下引作『緧』。」戴震方言疏證：「考工記：『必緧〔緧〕其牛後。』鄭注云：『關東謂紨爲緧。』疏云：『方言：本紨，自關而東韓鄭汝潁而東謂之爲緻，或謂之爲曲綸，自關而西爲紨。』『本』字誤，當作『車』。廣韻引方言：『自關而東謂緻曰紨。』『東』字誤，當云『西』。『緻』亦作『緧』，説文云：『馬紨也。』」廣雅釋器：「紨，緧也。」王念孫疏證：「緧、緻、鞧並同。」釋名釋車：「鞧，遒也，在後遒迫不得使卻縮也。」錢繹方言箋疏：「家君曰：晉書潘岳疾王濟、裴楷，乃題閣道爲謠曰：『閣道東，有大牛。王濟鞅，裴楷鞧。』言濟在前、楷在後也。『緧、鞧、鰌』並與『緻』同。荀子强國篇：『巨楚縣吾前，大燕鰌吾後。』『鰌』與『緻』亦通。」

〔三〕曲綯：廣雅釋器：「綯、紨，緧也。」王念孫疏證：「（方言）郭注云：『綯亦繩名。』引豳風七月篇『宵爾索綯』。説文：『紛，馬尾韜也。』小爾雅：『縚，索也。』韜、縚並與綯通。……綯與紨、緧，古聲亦相近。」王引之經義述聞毛詩上「宵爾索綯」條：「『毛傳曰：『綯，絞也。』爾雅釋言文。箋曰：『夜作絞索。』』引之謹案：索者，糾繩之名，綯即繩也。『索綯』猶言糾繩于茅……廣雅釋器曰：『綯、繩，索也。』此謂繩索。字或作『縚』。小爾雅曰：『縚，索也。』……是綯爲繩也。爾雅訓綯爲絞者，絞亦繩也。」

〔四〕宵尔索綯：見詩豳風七月。

〔五〕曲綸：爾雅釋詁：「貉、縮，綸也。」郭璞注：「綸者，繩也，謂牽縛縮貉之，今俗語亦然。」郝懿行義疏：「釋名云：『綸，倫也，作之有倫理也。』説文云：『綸，青絲綬也。』綬亦繩，故詩『言綸之繩』。説文：『繩，索也。』釋器云『繩之謂之縮之』，即詩『縮版以載』也。」爾雅釋言：「緡，綸也。」郭璞注：「緡，繩也，江東謂之綸。」邵晉涵正義：「説文云：『緡，釣魚繁也。』小雅采緑云：『言綸之繩。』鄭箋：『綸，釣繳也。』孔疏：『綸是繩名。釣繳者，謂繫繩於釣竿也。』」

〔六〕索綸：周祖謨方言校箋：「字鏡『綸』下原本玉篇引本文郭注作『今江東通呼索爲綸』，今本綸上脱『爲』字，當據補。」按：宜從周校補「爲」字。

一九　輨〔一〕、音管。軑〔二〕，音大。鍊鏅〔三〕。鍊，音東〔四〕。鏅，音度果反。關之東西曰輨，南楚曰軑，趙魏之間曰鍊鏅。

匯證

〔一〕輨：廣雅釋器：「鍊鏅、鈦，錧也。」王念孫疏證：「錧之言管也。説文：『輨，轂耑錔也。』吴子論將篇云：『車堅管轄，舟利櫓楫。』輨、管並與錧同。」錢繹方言箋疏：「輨之言管也。以鐵爲管，約轂外，兩端以金冒之，曰輨。」按：「輨」與「錧」同，車轂端所包之冒蓋。

〔二〕軑：戴震方言疏證：「離騷：『齊玉軑而並馳。』説文云：『軑，車輨也。』……『軑』亦作『鈦』。」廣雅釋器：「鈦，錧也。」王念孫疏證：「漢書揚雄傳：『肆玉鈦而下馳。』『鈦』與『軑』同。『軑』之言鈐制也。史記平準書：『敢私鑄鐵器煮鹽者鈦左趾。』索隱引三倉云：『鈦，踏腳鉗也。』軑、錔一聲之轉。踏腳鉗謂之鈦，轂耑錔謂之鈦，其義一也。」

〔三〕鍊鏅：「鍊」，明吴琯古今逸史本、程榮漢魏叢書本、胡文煥格致叢書本均作「鍊」，注内及下文同。戴震方言疏證同。按，作「鍊」是也，當據正。「鍊鏅」下，王念孫手校明本及盧文弨重校方言增「也」字。錢繹方言箋疏：「『鏅』，宋本作『錆』。『錆』下通行本脱『也』字。按：衆經音義卷一引方言：『輨、軑，鍊鏅也。關之東西曰輨，亦曰轄，謂軸頭鐵也。鎋，鍵也。』……與今本異，疑有誤，惟『鍊錆也』，『也』字與宋本正合，今據以補正。」按：王、盧、錢諸氏補「也」字是也，當據補。錢繹方言箋疏：「廣雅：『鍊鏅、鈦，錧也。』……『鍊』與『輨』、『鏅』與『軑』，古聲並同。蓋累言之則謂之『鍊鏅』矣。轂錔謂之鍊，猶軸錔謂之鐗也。説文：『鐗，車軸鐵也。』釋名：『鐗，間也，間釭軸之間，使不相磨也。』廣雅：『鐗，錔也。』考工記圖云：『軸當轂釭，裹之以金謂之鐧。』是也。衆經音義卷十九云：『軸鐧，方言作「鍊」同，歌鴈反。』盧氏文弨亦云：『鍊，當即説文之「鐧」，音諫。此音柬，誤。』是以『鐧』與『輨』爲同物異名矣。今檢諸書，『鐧』與『鍊』判然各別，特以聲之相似，欲使『轂耑錔』與『車軸鐵』混而爲一，非也。」

〔四〕音東：明吴琯古今逸史本、程榮漢魏叢書本均作「音東」，戴震方言疏證同。盧文弨重校方言以爲當作「音諫」。周祖謨方言校箋：「『鍊』，曹憲廣雅音音諫。玄應音義卷十九『軸鐧』條云：『方言作鍊同，歌鴈反。』可爲盧説之佐證。」按：「東」乃「柬」之譌，「柬」爲「諫」之譌。當從盧校改作「諫」。

二〇　車釭〔一〕，齊燕海岱之間謂之鍋〔二〕，音戈。或謂之錕〔三〕；衮衣。自關而西謂之釭，盛膏者乃謂之鍋。

匯證

〔一〕車釭：廣雅釋器：「鍋、錕，釭也。」王念孫疏證：「急就篇云：『釭鐧鍵鉆冶錮鐈。』説文：『釭，車轂口鐵也。』釋名云：『釭，空也，其中空也。』凡鐵之空中而受枘者謂之釭。新序雜事篇淳于髡謂鄒忌曰：『方内而員釭。』是也。『内』與『枘』同。車釭空中，故又謂之『穿』，在内爲大穿，在外爲小穿。考工記輪人：『五分其轂之長，去一以爲賢，去三以爲軹。』鄭衆注云：『賢，大穿；軹，小穿。』是也。説文：『銎，斤斧穿也。』斤斧穿謂之銎，猶車穿謂之釭，釭、銎之爲言皆空也。」按：「釭」即車轂口穿軸所用之金屬圈。

〔二〕齊燕：廣雅王念孫疏證引作「燕齊」。周祖謨方言校箋：「齊燕，玄應音義卷十二、卷十九及御覽卷七七六引本文並作『燕齊』，當據正。」按：慧琳一切經音義卷五二、卷五六引方言本文亦均作「燕齊」，王氏所校是也。

鍋：戴震方言疏證：「『鍋、鐹』同，本作『楇』。説文云：『楇，盛膏器。』史記孟子荀卿列傳：『炙轂過髡。』集解云：『劉向別録「過」字作「輠」。「輠」者，車之盛膏器也。』索隱云：『今按，文稱「炙轂過」，「過」則是器名，謂盛脂之器名。』『過』與『鍋』字相近。」錢繹方言箋疏：「『輠、鐹』並與『鍋』同。『鍋』之亦言款也。釋器：鼎『款足者謂之鬲』。漢書郊祀志作

『空足曰鬲』。淮南原道訓：『窾者主浮。』高誘注云：『窾，空也。讀如科條之科。』『鍋、款』古同聲。是『鍋』亦以中空得名，與『釭』同也。中空而盛之以物，亦謂之鍋，義相因也……膏施於車釭，故釭亦得鍋名。」按：車釭名鍋，盛膏器亦名鍋，義亦相因也。

〔三〕錕：廣雅釋器：「錕，釭也。」王念孫疏證：「錕之言緷也。」錢繹方言箋疏：「廣雅：『緷，束也。』玉篇：『錕，車𨊻也。』『釭、鍋、錕』皆一聲之轉。季弟侗曰：今人通謂以銅鐵裹物曰鍋。俗作『𦈦』字。又以布帛緣衣曰錕，讀若袞。皆即『車釭』稱『鍋、錕』之義也。」

3b二一 凡箭鏃胡合嬴者〔一〕，胡鏑在於喉下。嬴，邊也。四鐮廉〔二〕，稜也。或曰拘腸〔三〕，三鐮者謂之羊頭〔四〕，其廣長而薄鐮謂之錍〔五〕，普蹄反。或謂之鈀〔六〕。音葩。

匯證

〔一〕凡箭鏃胡合嬴者：廣雅釋器：「鏃，鏑也。」王念孫疏證：「說文：『族，矢鏠〔鋒〕也。』『鏃，利也。』經傳皆作『鏃』。釋名云：『齊人謂鏑爲鏃。』」錢繹方言箋疏：「鄭衆注考工記冶氏云：『胡，其孑。』說文：『胡，牛顧垂也。』北山經：『陽山有獸焉，其狀如牛〔而赤尾〕，其頸〔腎〕，其狀如句瞿，其名曰領胡。』深衣釋文云：『下垂曰胡。』頷下謂之胡，軥頸下謂之胡，衣掖下謂之衚，其義一也。」郭璞注：「嬴，邊也。」「凡箭鏃胡合嬴者」，郭璞注：「胡鏑在於喉下。」是也。孫詒讓札迻卷二：「漢時矢鏃蓋有兩制。一則爲薄匕，而以鐵爲鋌，以入槀。此考工矢人冶氏舊制也。左昭二十六年傳：『齊子淵捷從洩聲子，射之中楯瓦，繇朐汰輈，匕入者三寸。』杜注云：『匕，矢鏃也。』此古矢鏃皆爲匕之證。一則爲豐本，或三鐮，或四鐮，而爲骹以冒槀。此後世之別制也。此云『胡合嬴者』，『胡』即『喉』也，與考工冶氏戈戟之胡，制異而義略同，蓋即謂豐本之漸殺者，故郭云『鏑在喉下』。『嬴』，郭訓爲『邊』，實當兼有包裹之義。淮南子脩務訓高注云：『嬴，裹也。』嬴、嬴通。謂鏃之本空中而合裹其邊，其外則四鐮正方者謂之拘腸，三鐮斜角者謂之羊頭，此皆豐本之鏃也。豐本之鏃，當亦有爲鋌以入槀者，其制與古尚不相遠，或無別名耳。」

〔二〕廉：戴震方言疏證作「鐮」，與方言本文合。當據戴本改。

鐮：戴震方言疏證：「『鐮』古通用『廉』，亦作『鎌』。」郭璞注：「棱也。」錢繹方言箋疏：「『鐮』之言棱也。廣雅：『廉，棱也。』鄭注鄉飲酒禮云：『側邊曰廉。』」是「四鐮」即指四棱之箭頭。按：下文作「三鐮者」，準此。「四鐮」下似當補「者」字。

〔三〕拘腸：廣雅釋器作「鉤腸」，戴震方言疏證改「拘」作「鉤」。王念孫廣雅疏證：「『鉤腸』與『拘腸』同。」錢繹方言箋疏：「釋器疏引作『拘』，是原本作『拘』也。」今仍其舊。「拘腸」之制見本條匯證〔一〕引孫詒讓說。

〔四〕羊頭：錢繹方言箋疏：「下文『厹者謂之平題』，注云：『今戲射箭題，頭猶羊頭也。』是羊頭即所謂厹者矣。」「厹」，參本卷第二二條匯證〔五〕。「羊頭」之制見本條匯證〔一〕引孫詒讓說。

〔五〕其廣長而薄鐮：周祖謨方言校箋：「爾雅釋器：『金鏃翦羽謂之鍭。』郭注云：『今之錍箭是也。』釋文引方言：『箭廣長而薄廉者謂之錍。』玄應音義卷十五『錍箭』條引方言與釋文同。今本『鐮』下脫『者』字，當據補。」按：補「者」字是也。慧琳一切經音義卷五三「錍箭」條引方言作「箭族廣長而薄者謂之錍」，卷五六「錍箭」條引方言作「箭廣長而薄廉者謂之錍也」，均有「者」字。廣雅釋器「鏑也」條王念孫疏證引方言、桂馥札樸卷二「匕矢鏃」條引方言，「鐮」下均補「者」字，是也。

錍：廣雅釋器：「鈀、錍，鏑也。」王念孫疏證：「廣韻引方言注云：『江東呼錍箭曰鈀。』爾雅：『金鏃翦羽謂之鍭。』郭注云：『今之錍箭是也。』後世言金鎞，名出於此也。」錢繹方言箋疏：「錍爲鍭矢射物之矢也。考工記：『矢人爲矢，鍭矢參分。』『一在前，二在後。』鄭注云：『參訂之而平者，前有鐵重也。』隱元年穀梁傳云：『聘弓鍭矢，不出竟場。』廣雅『錍』與『鈀』並云『鏑也』。衆經音義卷二云：『金中精剛爲錍。』是『錍』堅剛得名也。」孫詒讓札迻卷二：「錍與鈀，廣長而薄，則即古薄匕之鏃也。爾雅釋器云：『金鏃箭羽謂之鍭。』郭注云：『今之錍箭是也。』蓋古矢鏃必爲薄匕，景純固知之矣。錍即薄刃之名，戰國策趙策趙奢說劍云：『無脾之薄而刃不斷。』彼『脾』即『錍』之借字。矢匕與劍刃，制相類，故其名亦同。」

〔六〕鈀：錢繹方言箋疏：「箭謂之錍，或謂之鈀，義並相近。」按：「錍、鈀」本義均非箭頭。說文金部：「錍，鈭錍也。」「鈭，鈭錍，斧也。」桂馥義證：「鈭錍，短斧也。」說文金部：「鈀，兵車也。一曰鐵也。」「錍、鈀」爲箭頭之名，乃指「廣長而薄鐮」

者，孫詒讓札迻卷二：「錍與鈀，廣長而薄，則即古薄匕之鏃也。」是也。

二二一　箭〔一〕，其小而長、中穿二孔者謂之鉀鑪〔二〕，今箭錍鑿空兩邊者也。嗑、嚧兩音。其三鐮、長尺六者謂之飛䖟〔三〕，此謂今射箭也〔四〕。风者謂之平題〔五〕。今戲射箭頭題猶羊頭也〔六〕。所以藏箭弩謂之箙〔七〕。盛弩箭器也。外傳曰：「檿弧箕箙。」〔八〕弓謂之鞬〔九〕，鞬牛〔一〇〕。或謂之韇〔一一〕。牛犢。

匯證

〔一〕戴震方言疏證「箭」字以下與上條合爲一條，並以「或謂之鈀箭」爲句。戴氏疏證云：「廣韻『鈀』字下引方言云：『江東呼鎞箭。』今方言無此語，所引似『鈀箭』下注文，今脱去。」盧文弨重校方言於「鈀」下補注文「江東呼鎞箭」，而謂正文「箭」字即注文之「誤遺」者，因而删去。周祖謨方言校箋此條亦與上條連寫，云：「爾雅釋器邢疏引本文『或謂之鈀』下即爲『其小而長』云云，中無『箭』字，足證今本『其小而長』以下當與上文爲一條，『鈀』下亦不當有『箭』字。」按：周校於義爲長，當據之删此「箭」字而與上條連寫。

〔二〕鉀鑪：郭璞注：「今箭錍鑿空兩邊者也。」文獻用例與名原皆未詳。

〔三〕飛䖟：揚雄釋云：箭之「三鐮、長尺六者」。戴震方言疏證改「尺六」爲「六尺」，云：「潘岳閒居賦『激矢䖟飛』李善注引方言：『凡箭三鐮謂之羊頭，三鐮、長六尺謂之飛䖟。』又引郭璞曰：『此謂今射箭也。鐮，棱也。』」錢繹方言箋疏：「廣雅：『飛蝱，箭也。』『蝱』與『䖟』同。潘岳閒居賦『激矢䖟飛』李善注引東觀漢紀：『光武作飛䖟箭，以攻赤眉。』」「考工記矢人：『參分其長而殺其一。』注云：『矢稾長三尺。』又：『五分其長而羽其一。』注云：『羽者六寸。』又：『參分其羽以設其刃。』注云：『刃二寸。』又：『刃長寸。』注云：『刃長寸，脱二字。』是矢之長總不過三尺。周尺三尺，當今工部營造尺得一尺八寸。漢尺三尺，當今一尺九寸五分。若作『六尺』，則今尺爲三尺九寸，斷乎無此長也。作『尺六』，今尺得一尺四分。或疑爲太短。然墨子備穴篇云：『〔以鉤客穴〕者爲短矛、短戟、短弩、䖟矢，財自足。』矛、戟與弩並言『短』，矢獨稱『䖟矢』，則

『寅矢』本爲短矢明矣。案，魏志挹婁傳云：『矢用楛，長尺八寸。』又魯語云：『肅慎氏貢楛矢、石砮，其長尺有咫。』以之相較，則尺六亦不爲短，則作『六尺』者誤也。」按：錢説是也，不可據李善注引方言爲説。盧文弨重校方言亦云：「李善引作『六尺』，太長，不宜射。」

〔四〕此謂今射箭也：王國維書郭注方言後三：「慧琳音義卷四十五引注云：『三鐮，今箭射箭也。』『平題，今戲射箭也。』是戲射與箭射相對爲文。御覽三百四十九引開元文字亦有此二語，蓋即本方言注。大唐六典兵部員外郎職：『凡應舉之人，有謀略才藝，平射筒射。』唐韻十一没『柭』字注云『箭射』。廣韻同。是古弩射之外，别有箭射。矢長尺六，較諸矢爲短，蓋如後世袖箭矣。今注奪『箭』字。」按：當據王校於「射」字上補「箭」字。

〔五〕风：戴震方言疏證改作「内」是也。按：「内」即「厹」字。錢繹方言箋疏：「秦風小戎篇：『厹矛鋈錞。』毛傳：『厹，三隅矛也。』矛有三隅謂之厹，箭鏃三鐮亦謂之厹，其義同也。又按：玉篇：『芁，白芷也。』『芷，間及切，又音及。』『白芷』亦作『白及』。蜀本草圖經云：『白及根如菱，三角。』釋草云：『茨，蒺藜。』郭注云：『子有三角，刺人。』離騷『茨』作『薋』。廣雅：『白芷、芁，薋也。』茨謂之芁，猶三鐮箭鏃謂之厹，茨謂之蒺藜，猶三鐮箭鏃謂之羊頭。皆聲有緩急，非以形似得名也。」按：「厹者」，即厹矛，三棱矛也。

平題：題，頭也；「平題」猶言「平頭」，戲射之箭箭鏃不鋭，故名。廣雅釋器：「平題，鏑也。」文獻用例未詳。

〔六〕今戲射箭頭題猶羊頭也：劉台拱方言補校：「『頭題猶羊頭也』，當作『題，頭。平題猶平頭也』。」周祖謨方言校箋：「倭名類聚鈔卷二射藝類『戲射』條引本書郭注云：『平題者，今之戲射箭也。』同書卷五調度部征戰具『平題箭』條引本書云：『鏃不鋭者謂之平題，郭璞曰題猶頭也，今之戲射箭也。』又御覽卷三四九及事類賦卷十三引開元文字音義云：『平題，今戲射箭也；題，頭也。』據是則今本注文有誤，當作『今戲射箭也。題，頭也。猶羊頭也。』」按：周校大體既得，惟「羊頭」當作「平頭」，如此方與方言本文相應。即郭注當改作：「今戲射箭也。題，頭也。猶平頭也。」

〔七〕戴震方言疏證「所以」以下另行别爲一條。盧文弨重校方言未從。劉台拱方言補校：「『所以』以下當另行。」錢繹、周祖謨均未提行。按：提行另爲一條，不爲無理。然方言亦不乏連類而及之例，今仍其舊。

箙：戴震方言疏證：「詩小雅：『象弭魚服。』鄭箋云：『魚服，矢服也。』周禮司弓矢：『中秋獻矢箙。』鄭注云：『箙，盛矢器也。以獸皮爲之。』『箙、服』古通用。鄭語韋昭注云：『服，矢房。』」按：説文竹部：「箙，弩矢箙也。」釋名釋兵：「受矢之器，以皮曰箙，謂柔服用之也。」錢繹方言箋疏：「陸璣義疏云：『魚服，魚獸之皮也。魚獸似豬，東海有之，其皮背上斑文，腹下純青，今以爲可作弓鞬步叉者也。其皮雖乾燥，以爲弓鞬矢服，經年，海水潮及天將雨，其毛皆起。水潮還及天晴，其毛復如故。雖［在］數千里［外］，可以知海水之潮氣，［自］相感也。』釋名云：『步叉，人所帶，以箭叉其中也。』劉昭注續漢書輿服志引通俗文：『箭箙謂之步叉。』衆經音義卷十一引作『步靫』。集韻引埤蒼『鞴靫，箭室』也。廣雅：『鞴靫，矢藏也。』廣韻『鞴，韋囊步靫』也。『鞴』即『絥』之重文，『鞴』即『鞴』之異文，並與『箙』同。曹憲音『備』，失之。『靫』與『叉』亦同。『鞴、步、箙』並聲之轉。」

〔八〕麋弧箕箙：按：國語鄭語：「宣王之時有童謡曰：『麋弧箕服，實亡周國。』」韋昭注：「服，矢房。」是「服」同「箙」。

〔九〕弓謂之鞬：周祖謨方言校箋：「左傳昭公二十五年正義引本書云：『弓藏謂之鞬。』藝文類聚卷六十及御覽卷三四七引『弓』下亦並有『藏』字。後漢書董卓傳注及南匈奴傳注引方言則作『藏弓爲鞬』。今本蓋脱『藏』字。」按：文選鮑照擬古三首之一：「氈帶佩雙鞬，象弧插彫服。」李善注引方言云：「所以藏箭謂之服，所以盛弓謂之鞬。」據此，今本「弓」上脱「所以盛」三字。戴震方言疏證引後漢書董卓傳注及南匈奴傳注引方言文、左傳昭公二十五年疏引方言文、鮑照擬古詩李善注引方言文，然未按斷。今仍舊本，存以俟考。

鞬：錢繹方言箋疏：「『鞬』之言建也。説文：『鞬，所以戢弓矢。』釋名：『馬上曰鞬。鞬，建也，弓矢並建立［於］其中也。』僖二十三年左氏傳云：『左執鞭弭，右屬櫜鞬。』杜預注：『櫜以受箭，鞬以受弓。』晉語韋昭注通作『建』。樂記曰：『倒載干戈，包之以虎皮。』『名之曰建櫜。』鄭注曰：『建，讀曰鞬。』是干戈之藏亦曰鞬也。李善注鮑照擬古詩引作『所以盛弓謂之鞬』。」

〔一〇〕鞬牛：戴震方言疏證改作「犍牛」。周祖謨方言校箋據改，云：「廣韻元韻鞬、犍同音居言切。」按：有「犍牛」，無「鞬牛」，當據戴本改正。

〔二〕皾：此字下戴震方言疏證有「丸」字，云：「各本『丸』譌作『凡』，因誤在下條『矛』字上。南匈奴傳：『弓鞬韇丸一。』注云：『方言藏弓爲鞬，藏箭爲韇丸。即箭箙也。』春秋昭公二十五年左傳：『公徒釋甲執冰而踞。』服虔注云：『冰，櫝丸蓋也。』疏引方言：『弓藏謂之鞬，或謂之櫝丸。』今據此兩引訂正……廣雅：『皾⿰夬丸，矢藏也。』『皾⿰夬丸』即『韇丸』。『鞬』與『韇丸』，後漢書注所引方言與廣雅合。」按：戴校是也，當據正。廣雅釋器：「皾⿰夬丸，矢藏也。」王念孫疏證：「皾⿰夬丸，蓋矢箙之圓者也。『皾』字或作『櫝』，又作『韇』；『⿰夬丸』通作『丸』……案賈逵、馬融、服虔並以『掤』爲櫝丸蓋，則櫝丸之爲矢箙甚明。然鄭注士冠禮云：『今時藏弓矢者謂之韇丸。』則弓弢亦同斯稱矣。」

二三　凡矛骹細如鴈脛者謂之鶴⿰桼阝〔一〕。今江東呼爲鈐釘〔二〕。

匯證

〔一〕凡：「丸」字之誤，且當屬上條，詳見本卷第二二條匯證〔一一〕引戴震説。

鴈脛：周祖謨方言校箋：「編珠二及御覽卷三五三引均作『鶴脛』。文選吴都賦『家有鶴膝』，劉逵注云：『鶴膝，矛也，矛骹如鶴脛，上大下小謂之鶴膝。』蓋本方言。又編珠云：『骹音敲，脛也。』御覽引本書『骹』下有『音敲』注文，今本脱。」

鶴⿰桼阝：「⿰桼阝」當作「厀」。「鶴厀」指細如鶴脛之矛骹。錢繹方言箋疏：「『骹』之言較也。爾雅：『較，直也。』又釋畜云：『馬四骹皆白，驓。』郭注云：『骹，厀下也。』考工記輪人説殺輻之數云：『參分其股圍，去一以爲骹圍。』鄭衆注云：『股，謂近轂者也。骹，謂近牙者也。方言股以喻其豐，故言骹以喻其細。人脛近足者細於股謂之骹，羊脛細者〔亦〕爲骹。』又弓人後鄭注云：『齊人名手足掔爲骹。』薛綜西京賦注云：『青骹，鷹青脛者。』通作『校』。士喪禮記云：『綴足用燕几，校在南。』鄭注：『校，脛也。』祭統：『夫人薦豆執校。』鄭注：『校，豆中〔央〕直者。』……説文：『厀，脛頭卪也。』『厀、膝』古今字……〔鶴厀〕以形似得名也。」

〔二〕鈐：盧文弨重校方言改作「鈴」，云：「説文鈴下云『令丁也』，各本此注作『鈐釘』，誤，今改正。」劉台拱方言補校：「集韻引郭璞曰：『鶴鉫矛，江東呼爲鈴釘。』」按：作「鈴」是也，當從盧校改正。

4a 二四　有小枝刃者謂之鉤釨〔一〕。

匯證

〔一〕戴震方言疏證與上條連寫爲一條。盧文弨、錢繹、周祖謨諸校本皆從之。按：連寫於義爲長，當從戴校改。

鉤釨：戴震方言疏證：「戟有鉤釨戟、鉤釨鏝胡之名，矛亦有鉤釨矛之名。」參本卷第一條及其匯證〔二〕。

二五　矛或謂之釨〔一〕。

匯證

〔一〕戴震方言疏證與上條連寫爲一條，盧文弨、錢繹、周祖謨諸校本皆從之。按：連寫於義爲長，當從戴校改。

釨：複言之曰「鉤釨」，單言之則曰「釨」。「鉤釨、釨」，既是戟名，亦是矛名，得名之義一也。參本卷第一條及其匯證〔二〕。

二六　錟謂之鈹〔一〕。今江東呼大矛爲鈹，音彼〔二〕。錟，音聃〔三〕。

匯證

〔一〕此條及下「骹謂之銎」「鐏謂之釬」兩條，戴震方言疏證與上文併爲一條，盧文弨、錢繹等從之。周祖謨方言校箋未從，仍各自爲一條。按：周校是也，今仍舊本。

錟：廣雅釋器：「錟，矛也。」王念孫疏證：「考工記：『廬人爲廬器，酋矛常有四尺，夷矛三尋。』方言：『錟謂之鈹。』説文：『錟，長矛也。』錟之言剡也。爾雅云：『剡，利也。』」錢繹方言箋疏：「史記秦始皇紀云：『鉏櫌棘矜，非錟於句戟長鎩也。』集解引如淳曰：『錟，長刃矛也。』又曰：『矛刃下有鐵，横方上鉤曲。』」

鈹：廣雅釋器：「鑱謂之鈹。」王念孫疏證：「鈹之言破也。説文：『鈹，大鍼也。』靈樞經九鍼十二原篇云：『鈹鍼長四寸，廣二分半，末如劒鋒。』『鑱』之言劖也。説文：『鑱，鋭也。』『劖，剽也。』『剽，砭刺也。』」是「鈹」以功用在破得名，特點爲鋭利。廣雅釋器：「𥎦、𥎰，鈹也。」王念孫疏證亦云：「鈹之言破也。」此條郭璞注：「今江東呼大矛爲鈹。」錢繹方言箋疏：「鍼鋭謂之鑱，猶矛利謂之錟也；大鍼謂之鈹，猶大矛謂之鈹也。」

〔二〕音彼：周祖謨方言校箋：「集韻支韻『鈹』，攀糜切，注云：『方言錟謂之鈹。』據是則此『音彼』之『彼』，當作『披』。」

〔三〕錟音聃：錢繹方言箋疏：「説文：『錟，長矛也。讀若老聃。』郭音『錟』爲『聃』，從許讀也……史記蘇秦傳云：『彊弩在前，錟戈在後。』徐廣音由冉反，正義引劉伯莊音四廉反。」

二七　骹謂之銎〔一〕。即矛刃下口，音凶。

匯證

〔一〕集韻鍾韻引方言「骹」上有「矛」字。

銎：靜嘉堂文庫藏影宋抄本作「銎」。按：「銎」爲「銎」之俗寫。説文金部：「銎，斤釜穿也。」即斧頭裝柄之孔。此條郭璞釋「矛刃下口」。事雖不同，得名之理相通。故錢繹方言箋疏云：「矛刃下口謂之銎，斧斤斨口亦謂之銎，蟬蜕謂之蛩，車轂口鐵謂之釭，其義一也。」又章炳麟新方言釋器：「廣雅：『銃謂之銎。』即『銎』後出字。凡金器穿孔者皆被此名，今言火銃亦其一矣。」

二八　鐏謂之釺〔一〕。音扦。或名爲鐓，音頓。

匯證

〔一〕鐏：廣雅釋器：「鐓、釬，鐏也。」王念孫疏證：「『鐓』或作『錞』。曲禮：『進戈者前其鐏，後其刃，進矛戟者前其鐓。』鄭注云：『鋭底曰鐏，取其鐏地；平底曰鐓，取其鐓地。』『鐓』與『鐏』對文則異，散文則通。秦風小戎篇：『厹矛鋈錞。』毛傳云：『錞，鐏也。』説文：『錞，矛戟柲下銅鐏也。』『鐏，柲下銅也。』釋名：『矛下頭曰鐏，鐏入地也。』」按：「鐏」即戈矛戟等柄末之金屬套，圓錐形，可插入地中。

釬：廣雅釋器：「釬，鐏也。」王念孫疏證：「方言：『矛鐏謂之釬。』『釬』之言榦也。〔廣雅〕卷三云：『榦，本也。』凡矛戟以足爲本、首爲末。」按：説文金部：「釬，臂鎧也。」此爲本義，方言以爲「鐏」之異名。

二九　舟〔一〕，自關而西謂之船〔二〕；自關而東或謂之舟〔三〕，或謂之航〔四〕。行伍。南楚江湘凡船大者謂之舸〔五〕，姑可反。小舸謂之艖〔六〕。今江東呼艖，小底者也，音叉〔七〕。艖謂之艒縮〔八〕，目、宿二音。小艒縮謂之艇〔九〕，艇，⿰舟同也〔一〇〕。艇長而薄者謂之艜〔一一〕，衣帶。短而深者謂之⿰舟符〔一二〕，今江東呼艖⿰舟符者，音步。小而深者謂之𣘥〔一三〕。即長舼也，音邛竹。東南丹陽會稽之間謂艖爲欚〔一四〕。音禮。泭謂之簰〔一五〕，音敷〔一六〕。簰謂之筏〔一七〕。音伐。筏，秦晉之通語也。江淮家居簰中謂之薦〔一八〕。音符〔一九〕。方舟謂之潢〔二〇〕，揚州人呼渡津航爲抗，荆州人呼樹，音横〔二一〕。艁舟謂之浮梁〔二二〕。即今浮橋〔二三〕。楫謂之橈〔二四〕，如寮反。或謂之櫂〔二五〕。今云櫂歌〔二六〕，依此名也。所以隱櫂謂之⿱⺮槳〔二七〕。搖櫓小橛也。江東又名爲胡人〔二八〕。音奬。所以縣櫂謂之緝〔二九〕。繫櫂頭索也。所以刺船謂之檣〔三〇〕。音高。維之謂之鼎〔三一〕。係船爲維〔三二〕。首謂之閤閭〔三三〕，今江東呼船頭屋爲之飛閭是也〔三四〕。或謂之艗艏〔三五〕。鷁，鳥名也。今江東貴人船前作青雀〔三六〕，是其像也。音六〔三七〕。後曰舳〔三八〕，今江東呼柂爲舳〔三九〕，音軸。舳，制水也〔四〇〕。僞謂之仡〔四一〕，吾勃反。僞音譌，船動搖之皃也〔四二〕。仡，不安也。

匯證

〔一〕舟：説文舟部：「舟，船也。」段玉裁注：「邶風：『方之舟之。』傳曰：『舟，船也。』古人言舟，漢人言船，毛以今語釋古，故云舟即今之船也。」按：「方之舟之」之「舟」爲動詞，邶風二子乘舟之「舟」爲名詞。

〔二〕船：説文舟部：「船，舟也。」段玉裁注：「古言舟，今言船，如古言屨，今言鞋。舟之言周旋也，船之言沿也。」

〔三〕自關而西謂之船，自關而東或謂之舟：原本玉篇殘卷「舟」字下引方言：「自關而西或謂之舟。」初學記卷二五引方言：「自關而東謂舟爲船，自關而西或謂之舟。」均與宋本小異。

〔四〕航：方言謂「航」爲關東舟船異名，淮南子道應訓「一呼而航來」是也。魏晉以後文獻亦見用例。如文選左思吴都賦：「於是乎長鯨吞航，修鯢吐浪。」李善注引劉逵曰：「航，舡之别名。」馬致遠壽陽曲遠浦歸帆：「夕陽下，酒旆閑，兩三航未曾着岸。」錢繹方言箋疏：「蓋舟所以渡，故謂渡爲杭。」「杭」與「航」通。錢説乃其引申義，亦後之常用義。

〔五〕江湘：王念孫手校明本云：「説郛本『江湘』下有『之間』二字。」戴震方言疏證：「左思吴都賦『宏舸連舳』劉逵注云：『江湖凡大船曰舸。』『湖』字乃『湘』字之譌。」劉台拱方言補校：「『江湘』，集韻作『江湖』。」周祖謨方言校箋：「『江湘』，原本玉篇『舸』下『艕』下及紺珠集引均作『江湖』。玄應音義卷九、卷十引同。」按：慧琳一切經音義卷四六、卷五六、卷八四引方言作「江湖」，集韻鍾韻「樑」字下、哿韻「舸」字下引方言亦作「江湖」，是唐宋以前古本有作「江湖」者。「江湖」在方言中除此而外凡二見，均在卷二，一爲第一一條，一爲第二七條，分别與「荆吴」「荆揚」並稱，未見與「南楚」並稱者，除此條而外，與「南楚」「楚郢」並稱者皆爲「江湘」，未見「江湖」。戴斷「湖」字爲「湘」字譌，是也。

〔六〕舸：廣雅釋水：「舸，舟也。」錢繹方言箋疏：「水經滱水注云：『或單舟采菱，或疊舸折芰。』左思吴都賦：『弘舸連舳。』李善注〔引方言〕：『大船曰舸。』吴志董襲傳：『襲乘大舸船，突入蒙衝裏。』是大船謂之舸也。案：舸者，寬大之名。前卷五云：『杯大者謂之閜。』説文：『閜，門大開也。』『訶，大言而怒也。』玉篇：『呵，大笑也。』〔門大開謂之閜、大杯謂之閜、大言而怒謂之訶〕、大船謂之舸，其義一也。案：裴松之注吴志董襲傳引江表傳云，劉備乘單車往見周瑜。風土記：『船舸單乘。』是單船亦謂之舸也。」

〔六〕艖：廣雅釋水：「艖，舟也。」方言以爲「小舸」。郭璞注：「今江東呼艖，小底者也。」後世文獻尚見用例。梁書羊侃傳：「初赴衡州，於兩艖艕起三間通梁水齋。」皮日休太湖詩銷夏灣：「小艖或可汎，短策或可支。」是也。

〔七〕乂：戴震方言疏證作「叉」。周祖謨方言校箋：「紺珠集引同，今據正。」按：曹憲博雅音楚加、徂多二反，「楚加」正與「叉」音同，戴改是也，當據正。

〔八〕艖謂之艒䑿：王念孫手校明本「艖」上補「小」字。周祖謨方言校箋：「『艖』上紺珠集引有『小』字。」按：補「小」字是也，説郛本亦有「小」字。

艒䑿：小船。單言謂之「艒」。宋書吴喜傳：「從西還，大艑小艒，爰及草舫，錢米布絹，無船不滿。」連言謂之「艒䑿」。朱駿聲説文通訓定聲孚部：「疊韻連語，猶苜蓿也。」

〔九〕艇：廣雅釋水：「艇，舟也。」王念孫疏證：「小爾雅云：『小船謂之艇。』方言注云：『艇，䑶也。』釋名云：『二百斛以下曰艇，其形徑挺，一人二人所乘行者也。』高誘注俶真訓云：『蜀艇，一版之舟。』案高注訓『蜀』爲一，義本方言，但『越舲蜀艇』皆以其地名之，若以『蜀艇』爲『一版之舟』，則於文不類矣。」按：王説是也，小船之輕便者，今語猶謂之「艇」，「快艇、救生艇」之類是其例也。

〔一〇〕𦨴：廣雅釋水：「䑶、艬、𦨴、艇，舟也。」王念孫疏證釋「艇」引此條郭注云：「艇，䑶也。」改「𦨴」作「䑶」。錢繹方言箋疏：「衆經音義卷十九引此注文與今本同，卷九引『𦨴』作『䑶』。」錢本未改郭注本文。按：「𦨴」與「䑶」義同。王氏廣雅疏證云：「釋名云：『三百斛曰䑶。䑶，貂也；貂，短也。江南所名短而廣、安不傾危者也。』初學記引埤倉云：『䑶，吴船也。』衛風河廣篇：『誰謂河廣，曾不容刀。』鄭箋云：『小船曰刀。』釋文：『刀，字書作舠，説文作䑶。』正義引説文：『䑶，小船也。』並字異而義同。䑶之言貂也，凡物之短者謂之貂。……䑶亦艬也，語之轉耳。初學記引周遷輿服雜事云：『欲輕行則乘海䑶，合木船也。』」錢繹方言箋疏：「諸家釋『䑶』與『小艒䑿』之義並合，今姑從衆家本作『𦨴』，兩存其説可也。」

〔一一〕艇長而薄：原本玉篇殘卷「艜」下引作「艇薄而長」。集韻太韻引同宋本。

艜：錢繹方言箋疏：「『艜』之言帶也。卷十三：『帶，行也。』注云：『隨人行也。』又莊子齊物論釋文引崔譔注云：『帶，蛇也。』亦以長得名也。」

〔二〕艄：廣雅釋水：「艄，舟也。」王念孫疏證：「小爾雅云：『艇之小者曰艄。』方言注云：『今江東呼艖艄者。』梁書羊侃傳云：『於兩艖艄起三間通梁水齋。』是也。陳書侯景傳：『以⿰舟叉⿰舟少貯石，沈塞淮口。』『⿰舟叉⿰舟少』與『艖艄』同。」錢繹方言箋疏：「『艄』以短得名也。注『江東呼艖艄者』，合言之也……倒言之則曰『艄艖』。釋名云：『步叉，人所帶，以箭叉其中也。』劉昭注續漢書輿服〔志〕引通俗文：『箭箙謂之步叉。』其義同也。」

〔三〕樑：戴震方言疏證作「樑」是也。周祖謨方言校箋：「樑，紺珠集引作『⿰舟梁』，玉篇『⿰舟梁』與『舼』爲一字。」按：集韻鍾韻「樑」字云：「方言：南楚江湖凡船小而深者謂之樑。或作⿰舟梁、舼、⿰舟邛。」此條郭璞注：「即長舼也。」廣雅釋水：「舼，舟也。」王念孫疏證：「樑、舼並渠容反。玉篇：『舼，小船也。』方氏密之通雅云：『今皖之太湖呼船小而深者曰⿰舟梁艚。』淮南子『越舲蜀艇』，太平御覽引作『越舼蜀艇』，又引注云：『舼，小艇。』所引蓋許慎注也。後漢書馬融傳：『方餘皇，連舼舟。』李賢注引淮南子亦作『舼』。」又，注内「卭」乃「邛」之譌俗字。

〔四〕欚：廣雅釋水：「⿰舟蠡，舟也。」王念孫疏證：「『⿰舟蠡』本作『欚』。說文：『欚，江中大船名。』洪氏稚存釋舟云：『案：方言艖爲小舸，欚與艖同，則欚亦不盡是大舟矣。』又云：『小舟謂之麗。莊子秋水篇：「梁麗可以衝城。」司馬彪注：「梁麗，小船也。」裴松之三國志王朗傳注稱獻帝春秋，朗對孫策使者云：「獨與老母共乘一欐，流矢始交，便棄欐就俘。」亦欐爲小舟之證。欐、麗古字通。』念孫案：玉篇、廣韻『欚、欐』並力底切，方言『欚』爲小舸，則『欚』與『欐、麗』並通。莊子人間世篇：『楸柏桑三圍四圍，求高名之麗者斬之。』司馬彪注亦以『麗』爲小船。曹植盤石篇云：『呼吸吞船欐。』則『欐』又爲船之通稱矣。」

〔五〕自「泭謂之篺」至下「謂之薦」，戴震方言疏證提行單獨列爲一條，錢繹方言箋疏從戴本。今仍其舊，不改宋本。

泭：廣雅釋水：「⿱竹泭，筏也。」王念孫疏證：「⿱竹泭之言比附也。說文：『泭，編木以渡也。』爾雅釋言：『舫，泭也。』孫炎注云：『方木置水中爲泭筏也。』釋文：『泭，字或作⿱竹泭，樊本作柎。』周南漢廣釋文引郭璞音義云：『木曰篺，竹曰筏，小筏曰泭。』釋水：『庶人乘泭。』李巡注云：『併木以渡也。』齊語：『方舟設泭，乘桴濟河。』韋昭注云：『編木曰泭，小泭曰桴。』管子輕重甲篇：『冬不爲杠，夏不束泭。』楚辭九章：『乘氾泭以下流兮。』王逸注云：『編竹木曰泭。楚人曰泭，秦人曰橃。』⿱竹泭、⿱竹泭、泭、柎並同。」易祖洛楚辭方言今證：「三國志吴書妃嬪傳：『宜伐蘆葦以爲泭，佐船渡軍。』吴爲東楚之境，『泭』蓋楚語。今湖南自山區採伐竹木，編泭順流而下，謂之木牌、竹牌，以牌字爲之。牌者牌榜，以木片爲之，非編竹木之䈟也。蓋以泭字今入輕唇，失古讀遂失其字，於是借牌字爲之。」

䈟：錢繹方言箋疏：「衆經音義卷十四、卷十五、卷十九引方言並作『簰』；廣雅作『䈟』，云『筏也』；玉篇作『箄』。並與『䈟』同。」廣雅釋水：「䈟，筏也。」王念孫疏證：「簰之言比次也。後漢書岑彭傳：『乘枋箄下江關。』李賢注云：『枋、箄以木竹爲之，浮於水上。』箄、䈟、簰並同。」章炳麟新方言釋器：「今人謂筏爲木䈟，音如字。䈟可以渡，渡亦曰䈟，猶㶇可以渡，渡亦曰㶇。今人謂渡爲䈟渡，音如擺。」

〔六〕音敷：周祖謨方言校箋：「戴本作『泭音敷』是也。此爲『泭』字作音，與『䈟』無涉，今列於『䈟』下，則當注明。爾雅釋言：『舫，泭也。』釋文云：『泭，郭音孚。』與此注『音敷』同音。」

〔七〕筏：戴震方言疏證：「論語：『乘桴浮於海。』馬融注云：『桴，編竹木大者曰栰，小者曰桴。』『栰』即『筏』。」廣雅釋水：「䈟、⿱竹泭、㶇，筏也。」王念孫疏證：「衆經音義卷三云：『筏，通俗文作「⿰舟發」，韻集作「橃」，編竹木浮於河以運物也，南土名簰，北人名筏。』字又作『栰』。」錢繹方言箋疏：「『桴、筏』一聲之轉。投壺篇：『若是者浮。』鄭注云：『浮，罰也。』晏子春秋雜篇：『景公飲酒，田桓子侍，望見晏子，而復于公曰：「請浮晏子。」』罰之轉爲浮，猶泭之轉爲筏矣。又案：說文：『橃，海中大船也。』徐鉉曰：『今俗別作「筏」，非是。』案：以『橃』爲古『筏』字，是也。若云橃即筏，則筏爲編竹木，橃爲海中大船，義各別矣。」

〔八〕薦：錢繹方言箋疏：「『薦』之言藉也。釋名云：『薦，所以自薦藉也。』臥席謂之薦，車茵謂之薦，履屧謂之薦，義並相近也。」

〔九〕音符：戴震方言疏證改作「音荐」。盧文弨重校方言從曹毅之本改作「音箭」。劉台拱方言補校：「『薦』不得音『箭』，盧從宋本作『箭』，當更考之。又，集韻：『楚謂筏上居曰篤。』字從竹。」按：集韻霰韻「薦」，作甸切，引說文「獸之所食草」爲釋；「荐」小韻爲「⿸疒存」之異體，音才甸切，釋「重也」。釋「楚謂筏上居」之「⿱竹廌」，字從「竹」，音作甸切。廣韻霰韻「薦」音作甸切，「荐」音在甸切。「箭」，廣韻、集韻俱音子賤切。「作甸切」古屬精紐文部，「在甸切、才甸切」古屬從紐文部，「子賤切」古音則爲精紐元部。相較而言，「音荐」爲長，「符」乃「荐」之形譌字。

〔二〇〕自「方舟謂之⿰氵横」至下「浮梁」，戴震方言疏證提行單列爲一條。錢繹方言箋疏從戴本。今仍其舊，不改宋本。方舟：錢繹方言箋疏：「説文：『方，併船也。象兩舟省總頭形。』或從『水』作『汸』。釋水云：『大夫方舟。』宣十二年公羊傳疏引李巡注：『併兩船曰方舟也。』郭注云：『併兩船。』釋文：『方音舫，或作舫。』管子小匡篇：『遂至于西河，方舟投柎。』國策云：『方船積粟，循江而下。』史記酈食其傳：『蜀漢之粟，方船而下。』索隱云：『方船，謂併舟也。』……併木以渡謂之舫，併船渡謂之方，皆以併爲義也。鄉射禮云：『不方足。』鄭注：『方，猶併也。』是其義也。」⿰氵横：廣雅釋水：「⿰氵横，筏也。」王念孫疏證：「⿰氵横之言横也，横流而渡也。説文：『⿰氵横，㠯船渡也。』方言：『方舟謂之⿰氵横。』郭注云：『揚州人呼渡津舫爲杭，荆州人呼⿰氵横。』『⿰氵横』亦杭也，語之轉耳。六韜軍用篇云：『天横，一名天船。』張衡思玄賦云：『乘天潢之汎汎兮，浮雲漢之湯湯。』『横、潢』並與『⿰氵横』通。據方言、説文，則『⿰氵横』爲方舟之名，非筏名也，玉篇、廣韻亦不訓爲筏，至集韻始引廣雅『⿰氵横，筏也』，然衆經音義卷十四引廣雅『簰、⿰氵符，筏也』，而無『⿰氵横』字。疑廣雅『⿰氵横』字本别爲一條而脱誤在此也。」按：「方舟」與「筏」義别甚明，王説是也。

〔二一〕戴震方言疏證改此條郭注作「揚州人呼渡津舫爲⿰氵横，荆州人呼杭，音横」，云：「廣韻：『⿰氵横，方舟也。荆州人呼渡津舫爲⿰氵横。』今方言各本注文作『揚州人呼渡津航爲杭，荆州人呼樹』，『航』乃『舫』之譌，『樹』乃『⿰氵横』之譌，而『⿰氵横』與『杭』又互譌。據廣韻訂正。」盧文弨重校方言作「揚州人呼渡津舫爲杭，荆州人呼⿰氵横」，云：「杭、⿰氵横二字，宋本與廣韻正相合，戴互易之，誤。」又於方言校正補遺云：「戴本『杭』與『⿰氵横』又互譌，此梓時失於讎校所致，今正之。」周祖謨方言校箋：「漢書楊雄傳殘卷倭點引顧胤集義曰：『方言云：方舟謂之⿰氵横。郭璞云：揚州呼度津舩爲杭，荆州爲⿰氵横，音横。』又故宫博物院舊藏刊謬補缺切韻及敦煌本王韻庚韻『⿰氵横』注云：『方舟，一曰荆州人呼渡津舫爲⿰氵横。』廣韻同。據此則今本注文『航』字『樹』字均誤。盧本改『航』爲『舫』，改『樹』爲『⿰氵横』，是也。」按：盧校是也，「音横」緊接「⿰氵横」後亦可爲證。又諸家「抗」作「杭」亦是也。當據正。

〔二〕艁舟：戴震方言疏證：「潘岳閒居賦：『浮梁黝以逕度。』李善注引方言：『造舟謂之浮梁。』郭璞曰：即今浮橋。』造、艁古通用。」廣雅釋水：「艁舟謂之浮梁。」王念孫疏證：「説文：『艁，古文造。』案：『造』之言曹也，相比次之名也，『造、次』一聲之轉，故凡物之次謂之簉。昭十一年左傳：『僖子使助薳氏之簉。』杜注云：『簉，副倅也。』張衡西京賦：『屬車之簉。』薛綜注云：『簉，副也。』義與造舟並相近。大雅大明篇：『造舟爲梁。』爾雅：『天子造舟。』李巡注云：『比其舟而渡曰造舟。』孫炎云：『比舟爲梁也。』薛綜注東京賦云：『造舟，以舟相比次爲橋也。』以上諸説，皆合『造』字之義。」浮梁：郭璞注：「即今浮橋。」是也。説文木部：「梁，水橋也。」段玉裁注：「『梁』之字，用木跨水，則今之橋也。孟子：『十一月輿梁成。』古本如是。國語引夏令曰：『九月除道，十月成梁。』大雅：『造舟爲梁。』皆今之橋制。見於經傳者，言梁不言橋也。」

〔三〕此注文下周祖謨方言校箋：「紺珠集引正文『浮梁』下有注文『艁音造』三字。」

〔四〕自「楫謂之橈」以下戴震方言疏證提行另爲一條，錢繹方言箋疏從之。今仍其舊，不改宋本。

楫：戴震方言疏證：「易繫辭：『剡木爲楫。』釋文引方言『楫謂之橈，或謂之櫂』。」錢繹方言箋疏：「説文：『楫，舟櫂也。』釋名：『楫，捷也，撥水使舟捷疾也。』玉篇：『楫，行舟具也。』衛風竹竿篇：『檜楫松舟。』毛傳：『楫，所以櫂舟也。』釋文：『楫，本又作檝。』左思吴都賦：『槗工檝師。』劉逵注：『檝，橈也。』衆經音義卷一云：『楫，又作艥，同。』引通俗文：『櫂謂之艥。』又作『輯』。漢書百官表水衡都尉屬官有輯濯令丞，如淳云：『輯濯，船官也。』顔師古曰：『輯濯，皆所以行船。』『檝、艥、輯』並與『楫』同。」按：桂馥説文義證：「或作『檝』。字書：檝，舟旁撥水者。短曰檝，長曰櫂。」是「楫」乃船槳之短者。

橈：錢繹方言箋疏：「小爾雅云：『楫謂之橈。』玉篇：『橈，船小楫也。』楚辭九歌：『蓀橈兮蘭槳。』王逸注：『橈，船小楫也。』後漢書吴漢傳：『裝露橈船。』李賢注：『橈，短檝也。』吴越春秋：『得一橈而行歌道中。』注：『橈，小楫也。』衆經音義卷十九云：『江南櫂大於橈而楫殊小。作橈者，面向船頭立撥之。作櫂者，面向船尾坐撥之。』」

〔二五〕櫂：錢繹方言箋疏：「釋名云：『在旁撥水曰櫂。櫂，濯也，濯于水中也，且言使舟櫂進也。』玉篇：『櫂，楫也。「棹」同。』衆經音義卷一引通俗文：『檝謂之櫂。』又卷十九云：『棹又作「櫂」，同。櫂，〔面〕進之字從手，經文作「棹」，〔當世〕俗字。』案：説文：『擢，引也。』楫所以引舟而行，故謂之櫂，是『擢』爲正字，『櫂、棹』並俗字，古文借『濯』爲『櫂』。」按：「櫂」之言「擢」也。説文木部「楫」字下段玉裁注：「許無『櫂』字。手部曰：『擢，引也。』楫所以引舟而行，故亦謂之擢。」又云：「方言曰：『楫謂之橈，或謂之櫂。』『櫂』亦『擢』之譌也。」段氏謂「櫂」爲「擢」之譌，乃膠固之見。蓋「櫂」音義得之於「擢」而始用「擢」字，「櫂」則爲後起本字。先秦已有「櫂」字用例，如楚辭九歌湘君：「桂櫂兮蘭枻，斲冰兮積雪。」王逸注：「櫂，楫也。」西漢還不常用，史記通用「濯」，東漢則習見。蓋因「櫂」俗而説文未收，方言則不避俗字，此揚雄與許慎之不同也。

〔二六〕櫂歌：文選張衡西京賦：「齊栧女，縱櫂歌。」李善注：「櫂歌，引櫂而歌也。」郭璞此條注「今云櫂歌，依此名也」，是也。

〔二七〕隱：周祖謨方言校箋：「『隱』，紺珠集引作『穩』。」錢繹方言箋疏：「『隱』之言穩，所以承籝使安穩也。」按：「隱」有安、定之義。本書卷六：「隱，定也。」是「隱」猶「穩」也，參卷六第二七條匯證〔三〕。「安隱」猶言「安穩」。詩大雅緜：「迺慰迺心。」鄭箋：「民心定，乃安隱其居。」宋書夷蠻傳呵羅單國：「莊嚴國土，人民熾盛，安隱快樂。」資治通鑑唐紀三十三：「禄山踞牀微起，亦不拜，曰：『聖人安隱。』」胡三省注：「隱，讀曰穩。唐帖多有寫『穩』字爲『隱』字者。」又「隱」古有依據、憑倚之義。禮記檀弓下：「既葬而封，廣輪揜坎，其高可隱也。」鄭玄注：「隱，據也。」莊子齊物論：「南郭子綦隱几而坐，仰天而嘘。」陸德明釋文：「隱，馮也。」「依據、憑倚」與「安、定」義相通。

𥱧：同「䉫」。周祖謨方言校箋：「御覽七七一及紺珠集引作『槳』。」按：郭璞注云「摇櫓小橛也」，即用以穩定船槳或櫓之固定小木橛。説文木部「櫽」字下段玉裁注：「櫂以索繫於䉫而後可打，是䉫者，所以櫽其櫂也。」錢繹方言箋疏引「楫屬」之訓解之，非是，然釋郭注「小橛」有可採者。錢氏云：「説文：『橜，弋也。』北堂書鈔云：『今繫舟木曰橜。』所以摇櫓謂之橛，故繫舟木亦謂之橜也，今世以鐵爲之。」

〔二八〕胡人：用以穩櫂之橛，狀似小菌，上爲球體，下爲圓椎體。郭璞注云「江東又名爲胡人」，蓋因其形似小人而名「胡人」歟？

〔二九〕緝：説文糸部：「緝，績也。」段玉裁注：「凡麻枲，先分其莖與皮，曰朩。因而漚之，取所漚之麻而林之。林之爲言微也，微纖爲功，析其皮如絲而撚之，而剿之，而續之，而後爲縷，是曰績，亦曰緝，亦絫言緝績。」緝績謂之緝，「繫櫂頭索」亦謂之緝，其用則爲「縣櫂」。

〔三〇〕刺：當作「刺」。

艡：戴震方言疏證：「釋名：『所用斥旁岸曰交。』『交』即『篙』，一聲之轉。」錢繹方言箋疏：「呂氏春秋異寶篇：『見一丈人，刺小船，方將漁。』衆經音義卷十五云：『篙，方言作「槁」，音高，謂　刺船竹也。』引淮南説林訓『以篙測江』許叔重注曰：『謂刺船竹，長二丈，以鐵爲鏃者也。』釋名作『交』，云：『所用斥旁岸曰交，一人前，一人還，相交錯也。』玉篇作『篙』，云：『篙，竹刺船行也。』越絶書：『子胥答闔閭曰：「篙工船師，可當君之輕足驃騎也。」』左思吴都賦：『櫂工檝師，選自閩、禺。』又高誘淮南主術訓注：『橈，刺船棹也。』『艡、篙、槁、交、棹』，並字異義同。」按：明抄本字作「篙」。

〔三一〕維之謂之鼎：王念孫手校明本云：「上『之』字，説郛本無。」

鼎：錢繹方言箋疏：「廣雅：『維，係也。』『係』與『系』同，亦作『繫』。」又云：「鼎之言定也。今吴俗謂船行止所在謂之鼎，其古之遺語與。」吴予天方言注商：「楫、槁等皆爲船上什物，則『鼎』亦爲用具之名可知。蓋鼎之一物，猶今瑞安河船中所用之船簪。形長約一尺，首鋭，引以繩索。艤舟時，用以插入河岸之石隙中。海船中則用釘，象篆文个字之倒形。此物則大小長短不等，引以鐵索。止船時則垂入海中。或謂之矛，或謂之錨。簪小釘大，皆所以維船使不得行也。『鼎』實爲『丁』之轉音。『丁、鼎』疊韻，古屬耕類。錢氏謂吴俗謂船行止所在謂之鼎，則爲『鼎』（丁）之引申義。」按：吴説是也。江淮水鄉維船使不得行所用之器，大者謂之「錨」，小者形如吴氏所描述者則謂之「樁」。又，章炳麟新方言釋器：「今杭越間繫船不以纜索，其船首有一孔，用篙插入謂之下鼎，俗字作椗。焦循説。」

〔三二〕係：戴震方言疏證作「繫」。

〔三三〕閤閭：周祖謨方言校箋：「編珠卷四、御覽卷七六九及紺珠集引，『閭』上均無『閤』字。」按：説文門部：「閤，門旁户也。」段玉裁注：「按漢人所謂閤者皆門旁户也，皆於正門之外爲之。」由此知「閤」與船首無涉，確屬衍文。説文舟部：「艫……

一曰船頭。」段玉裁注：「此單謂艫字也，方言曰：舟『首謂之閤閭』。郭云：『今江東呼船頭屋謂之飛閭是也。』釋名曰：『舟，其上屋曰廬，象廬舍也。其上重室曰飛廬。在上，故曰飛也。』按：此皆許所謂船頭曰艫。艫、閭古音同耳。」

〔三四〕爲：戴震方言疏證改作「謂」，是也。程榮漢魏叢書本、吳琯古今逸史本、胡文煥格致叢書本、明李珏刻本、明佚名刻本均作「謂」。

〔三五〕艗艏：戴震方言疏證：艗艏「古通用鷁首」。周祖謨方言校箋：「艗艏，編珠卷四、御覽卷七六九及紺珠集引均作『鷁首』。下郭注云：『鷁，鳥名也。』是以作『鷁首』爲是。」按：廣雅釋水：「艗艏，舟也。」王念孫疏證：「『艗首』本作『鷁首』，畫鷁於船首，因命其船爲鷁首也……淮南子本經訓：『龍舟鷁首。』高注云：『鷁，水鳥，畫其象，著船頭，故曰鷁首也。』張衡西京賦：『浮鷁首，翳雲芝。』薛綜注云：『船頭象鷁鳥，厭水神，故天子乘之。』『鷁首』或但謂之『鷁』，司馬相如子虛賦云：『浮文鷁，揚旌枻。』是也。」

〔三六〕雀：程榮漢魏叢書本、吳琯古今逸史本、胡文煥格致叢書本、明李珏刻本、明佚名刻本、説郛本、陳與郊類聚本、明抄本均作「雀」。周祖謨方言校箋：「編珠卷四引注文云：『今江東貴人船前作青雀是其象也。』今注『雀』作『崔』，誤。戴本作『雀』，是也。」當據衆本改作「雀」。

〔三七〕音六：戴震方言疏證作「音亦」，是也。當據正。

〔三八〕舳：戴震方言疏證：「吳都賦：『宏舸連舳，巨檻接艫。』注云：『舳，船前也；艫，船後也。』『前、後』二字互譌。『艫』即閤閭。後漢書劉表傳贊：『魚儷漢舳。』注引前書音義曰：『舳，船後持柁處也。』郭璞江賦：『淩波縱柁。』李善注云：『方言：船後曰舳。郭璞曰：今江東柁呼爲軸也。』釋名：『船，其尾曰柁。』」按：説文舟部：「舳……一曰船尾。」段玉裁注：「釋名：『船，其尾曰柁。』仲長統、郭璞皆用『柁』字，而淮南子作『杕』。船之有舳，如車之有軸，主乎運轉。」錢繹方言箋疏：「舟柁謂之舳，車軸謂之軸，機持經亦謂之軸，皆以節制爲義也。」

〔三九〕拖：戴震方言疏證作「柁」。盧文弨重校方言作「柂」。按：原本玉篇殘卷「舳」下引郭璞注作「杝」；文選郭璞江賦「淩波縱拖」李善注引郭璞注作「柂」。「杝」同「柂」。後漢書趙壹傳：「奚異涉海之失杝，積薪而待燃。」李賢注：「杝可以正船也。」太平御覽卷七七一引作「柂」。集韻哿韻：「柁，正船木。或作柂、舵、𦨣、杕。」然「柁、舵、𦨣」諸字晚出；「杕」是借字，見於淮南子説林：「心所説，毁舟爲杕。」高誘注「杕，舟尾」是也。宋本作「拖」，慧琳一切經音義卷九九引同。古書從「扌」從「木」常互譌。「拖」爲「柂」字之譌，陳與郊類聚本作「柂」，是本作「柂」不作「杝」。當從文選李善注引改正。周祖謨方言校箋同戴本作「柁」，非其朔也。

〔四〇〕制水也：王念孫手校明本云：「制水，説郛本作『制木』。」周祖謨方言校箋：「原本玉篇『舳』下引同，慧琳音義卷九十九引『水』下有『者』字。」

〔四一〕僞謂之仡：戴震方言疏證改作「㒖謂之扤」，云：「『㒖』，各本譌作『僞』，『扤』亦作『仡』。玉篇於『㒖』字云：『㒖謂之仡。仡，不安也。』義本此。曹毅之本作『扤』。説文云：『扤，動也。』説文又作：『𦨶，船行不安也。讀若兀。』仡、扤、𦨶，義同。」盧文弨重校方言未從戴校，云：「尚書堯典：『平秩南訛。』周禮馮相氏注、漢書王莽傳俱作『南僞』，韋昭讀僞從訛，與此正同。今人呼爲划，即訛之轉音也。不當從玉篇改作『㒖』。」又云：「『扤、仡』義同，今從衆家本。」劉台拱方言補校：「盧本據尚書、周禮、漢書定作『僞』是也，戴氏從玉篇改作『㒖』非也。集韻：『吪，説文動也。引詩「尚寐無吪」，或作僞。』」按：紺珠集引同宋本。今從盧、劉説，不改宋本。

僞：郭璞注：「僞音訛，船動摇之貌也。」盧文弨謂「今人呼爲划，即訛之轉音也」。按：船動摇之貌，今江淮方言區如興化、東臺一帶謂之「晃」。「划、晃」雙聲，魚陽對轉。

仡：戴震方言疏證云：「仡、扤、𦨶義同。」説文舟部：「𦨶，船行不安也。」「讀若兀。」段玉裁注：「𦨶者正字，扤者假借字也。」按：船行不安、左右晃動，方言謂之「仡」，説文謂之「𦨶」，今江淮方言區如興化、東臺一帶所呼音似「崴」，蓋即古語之遺音乎？

〔四二〕船摇動之皃也：紺珠集引「摇動」下有「傾側」二字。

輶軒使者絶代語釋別國方言校釋匯證第十

1a 一 媱〔一〕、愓〔二〕，遊也。江沅之間謂戲爲媱，或謂之愓，音羊。或謂之嬉〔三〕。香其反。

匯證

〔一〕媱：戴震方言疏證：「王逸九思：『音晏衍兮要媱。』注云：『要媱，舞容也。』洪興祖補注引方言：『媱，遊也。江沅之間謂戲爲媱。』」廣雅釋詁一：「媱，婬也。」王念孫疏證：「遥與媱通……戲與淫亦同義。」廣雅釋詁三：「媱，戲也。」王念孫疏證：「媱之言逍遥。」錢繹方言箋疏：「廣雅：『逍遥，儴佯也。』鄭風清人篇：『河上乎逍遥。』文選南都賦注引韓詩〔外傳〕云：『逍遥，遊也。』檀弓作『消摇』。楚辭離騷：『聊逍遥以相羊。』王逸注云：『逍遥、相羊，皆遊也。』『羊』一作『徉』。」史記司馬相如傳：『招摇乎襄羊。』索隱：『郭璞曰「襄羊，猶仿佯」也。漢書作『消搖乎襄羊』，文選李善本作『消摇乎襄羊』，五臣本作『招摇乎儴佯』，並字異而義同。」

〔二〕愓：戴震方言疏證：「荀子脩身篇：『加愓悍而不順。』楊倞注云：『韓侍郎云：愓與蕩同，字作心邊易。』」廣雅釋詁三：「愓，戲也。」王念孫疏證：「愓之言放蕩也。説文：『愓，放也。』玉篇音杜朗切。莊子大宗師篇：『女將何以遊夫遥蕩恣睢轉徙之塗乎？』『遥蕩』與『媱愓』通。方言注：『愓，音羊，言彷徉也。』『彷徉』猶『放蕩』耳。」錢繹方言箋疏：「開元占經石氏中宫占引黄帝占云：『招摇，尚羊也。』『尚羊』與『儴徉』古亦同聲。或作『徜徉』。廣雅又云：『徜徉，戲蕩也。』宋玉風賦云：『徜徉中庭。』楚辭惜誓云：『託回飈乎尚羊。』王逸注云：『尚羊，遊戲也。』淮南覽冥訓云：『尚佯冀州之際。』漢書禮樂志郊祀歌云：『周流常羊思所并。』後漢書張衡傳思玄賦：『悵相佯而延佇。』文選作『徜徉』。並字異而義同。」

〔三〕嬉：戲樂。史記孔子世家：「孔子爲兒嬉戲，常陳俎豆，設禮容。」文選張衡歸田賦：「諒天道之微昧，追漁父以同嬉。」李善注：「嬉，樂也。」媱之言逍遥，愓之言放蕩、儴徉。「逍遥、放蕩、儴徉」，義與戲樂並相通也。

二　曾〔一〕、呰〔二〕，何也。湘潭之原潭，水名，出武陵，音潭〔三〕，一曰滛〔四〕。荆之南鄙謂何爲曾，或謂之呰，今江東人語亦云呰，爲聲如斯。若中夏言何爲也。

匯證

〔一〕曾：錢繹方言箋疏：「廣雅：『曾，何也。』大雅蕩篇：『曾是彊禦，曾是掊克，曾是在位，曾是在服。』正義曰：『言曾者，謂何曾如此。今人之語猶然。』是『曾』與『何』同義。」按：「曾是」，意謂竟至這樣；「曾」與「乃、竟、竟然」相當，雖不無問意，但主要表示加强語氣。「曾」有反問用法，義與「豈」相當。論語八佾：「嗚呼！曾謂泰山不如林放乎？」何晏集解引包咸：「神不享非禮，林放尚知問禮，泰山之神反不如林放邪？」又可連言曰「何曾」，義與「何乃」相當。孟子公孫丑上：「爾何曾比予於管仲？」趙岐注：「何曾猶何乃也。」方言云南方「謂何爲曾」，其義「若中夏言何爲」。「何爲」猶言「爲什麽」。國語魯語下：「今王死，其名未改，其衆未敗，何爲還？」是也。詩、論語、孟子諸例均與方言義不盡相同。章炳麟新方言釋詞：「方言：『曾、呰，何也。』今通語曰『曾』，俗作『怎』；或曰『呰』，音轉如『債』，四川成都以東謂何曰呰，揚越亦如之。『呰』轉『債』者，脂支相轉。」黄侃蘄春語：「以曾爲何，經傳恒見，不獨荆南。今通語謂何爲爭麽、怎磨，皆即曾字。」徐復補釋：「戰國策秦策一：『以大王之明，秦兵之强，伯王之業也，曾不可得，乃取欺於亡國，是謀臣之拙也。』曾不可得，謂何求而不可得，下句以乃字承之，合於語法。」

〔二〕呰：參本條匯證〔一〕引章炳麟新方言。

〔三〕音潭：戴震方言疏證作「音譚」，盧文弨重校方言據曹毅之本作「音覃」。按：「潭」顯爲誤字，然「覃」字無緣譌爲「潭」，當作「譚」，漢書集注引孟康潭「音譚」可證。

〔四〕一曰滛：戴震方言疏證作「亦音淫」，盧文弨重校方言據曹毅之本作「一音淫」。周祖謨方言校箋：「漢書地理志武陵郡鐔成縣，集注云：『應劭潭音淫，孟康音譚。』」按：「滛」是「淫」之誤，「淫」爲「潭」之另一音而非義，蓋爲應劭音也，「一曰」非是。集韻侵韻「淫」小韻有「潭」字，釋曰：「水名，在武陵。」

三　央亡〔一〕、嚜杘〔二〕、嚜，音目；杘，丑夷反。姡〔三〕，胡刮反。獪也〔四〕。江湘之間或謂之無賴〔五〕，或謂之𤞞〔六〕。恐恥，多智也〔七〕。恪交反。凡小兒多詐而獪謂之央亡，或謂之嚜杘，嚜杘，潛潛狡也〔八〕。或謂之姡。言黠姡也。姡，娗也〔九〕，言恫娗也〔一〇〕。或謂之猾〔一一〕。音滑。皆通語也。

匯證

〔一〕央亡：戴震方言疏證：「『央亡』亦作『鞅罔』。廣雅：『鞅罔，無賴也。』」方言本條下文釋云：「凡小兒多詐而獪。」錢繹方言箋疏：「『央亡』爲疊韻……形容之詞也。」是也。

〔二〕嚜杘：戴震方言疏證：「列子力命篇：『墨杘、單至、嘽咺、憋懯四人相與游於世，胥如志也，窮年不相知情，自以智之深也。』張湛注引方言：『墨杘，江淮之間謂之無賴。』『墨、嚜』通，『江淮』乃『江湘』之譌。」按：亦形容之詞，後世中原官話、江淮官話中均有此語。胡曜汀、賈文南陽方言詞語考證：「南陽人稱小兒甘言誘人爲嚜杘，但是音轉若『美試』。」光緒十二年泰興縣志：「亡賴曰嚜杘。」名原未詳。

〔三〕姡：戴震方言疏證：「爾雅釋言：『靦，婚也。』釋文引方言：『凡小兒多詐謂之婚。』」按：爾雅之「姡」乃謂羞慚貌，與方言義不合。方言卷二第三五條：獪「楚鄭或曰姡」。義與本條同。參卷二第三五條匯證〔七〕。

〔四〕獪：參本書卷二第三五條匯證〔四〕。

〔五〕江湘：列子力命篇張湛注引、漢書高祖紀集注引方言均作「江淮」。戴震方言疏證云：「『江淮』乃『江湘』之譌。」史記高祖本紀集解引方言作「江湖」。周祖謨方言校箋云：「『湖』即『湘』字誤。」

或：盧文弨重校方言從曹毅之本無該字。

無賴：錢繹方言箋疏：「史記高帝本紀云：『始大人常以臣無賴。』漢書作『亡賴』。又季布欒布田叔傳贊云：『夫婢妾賤人，感槩而自殺，非能勇也，其畫無俚之至耳。』晉灼注引方言曰：『俚，聊也。』許慎曰：『賴也。』『此謂其計畫無所聊賴，至於自殺耳。』案：『俚、聊、賴』，並一聲之轉。」按：「無俚」猶「無聊」，「無賴」音義與「無聊」通者，乃謂無所依靠，史記例是也。亦猶無聊，漢書例是也。錢氏泥而不辨，非是。史記集解引晉灼曰：「許慎曰：『賴，利也。』無利入於家也。或曰江淮之間謂小兒多詐狡獪爲無賴。」「或曰」云云與方言義合。孫錦標南通方言疏證：「江淮之間謂小兒多詐狡獪爲無賴。」是後世方言尚存此語。

〔六〕獿：戴震方言疏證：「左思吴都賦：『儸譶梟獿，交貿相競。』李善注引方言：『獿，獪也。』」廣雅釋詁四：「獿，獪也。」王念孫疏證：「列子力命篇：『獿㤉情露。』釋文引阮孝緒文字集略云：『㤜㤉，伏態貌。』『㤜』與『獿』同。方言：『膠，詐也。涼州西南之間曰膠。』義與『獿』亦相近。」

〔七〕恐㤙，多智也：戴震方言疏證改作「価怟，多智也」，云：「玉篇云：『価怟，鬼黠也。』今據以訂正。」王念孫手校明本「恐㤙」改作「㤜㤉」。王念孫於廣雅「獿，獪也」條疏證引此條郭注亦作「㤜㤉，多智也」，並引列子釋文所引阮孝緒文字集略爲證，見本條匯證〔六〕。王念孫在與劉端臨書中説，所撰校正方言「愜意數條者，㤜㤉亦居其一」。劉台拱方言補校：「郭不當以『価怟』釋『獿』字。今案：廣韻、集韻肴、麻兩部注並云：『㤜㤉，伏態。』『伏態』蓋『狡態』之誤。『㤜』形近『恐』，『㤉』形近『㤙』，因誤作『恐㤙』耳。此注當云『㤜㤉，多智也』。『㤜』，丘交切；『㤉』，丘加切。『㤜』與『獿』同音，故以釋『獿』字。」按：「恐㤙」當據王、劉二氏校改作「㤜㤉」。

〔八〕潛潛狡也：盧文弨重校方言：「似衍一『潛』字。」方言校正補遺則云：「上『潛』字疑當作『言』，與下注一例。」

〔九〕娗：錢繹方言箋疏：「下文云：『眠娗，欺謾之語也。』注云：『亦中國相輕易蚩弄〔之言〕也。』後十二云：『嫣、娗，僈也。』注：『爤僈，健狡也。』列子力命篇又云：『眠娗、諈諉、勇敢、怯疑四人相與遊於世，胥如志也。窮年不相讁發，自以行無戾也。』通作『誔』。廣雅：『誔，訑也。』説文：『沇州謂欺爲詑。』『詑』與『訑』同。燕策一云：『寡人甚不喜訑者言。』玉篇：『誔，詭言也。』衆經音義卷二十三引廣雅：『詭，誑也。』義並同也。」

〔一〇〕恫娗：蓋漢晉時口語熟語，文獻未詳。

〔一一〕或謂之猾：錢繹方言箋疏：「衆經音義卷一引方言云：『凡小兒多詐或謂之狡猾。』又卷三引云：『凡小兒多詐而獪謂之狡猾。』又卷十四、卷十九引云：『凡小兒多詐謂之狡獪。』惟卷十一、卷二十二引與今本同。」按：慧琳一切經音義卷九、卷

一七、卷三二、卷五六引方言「狷」上並有「狡」字，卷四八、卷五二、卷七五引方言則無「狡」字。

1b四　崽者〔一〕，子也。崽音枲，聲之轉也。湘沅之會兩水合處也，音獪。凡言是子者謂之崽，若東齊言子矣。聲如宰。

匯證

〔一〕崽：戴震方言疏證：「水經注溰水篇：『至若變婉丱童及弱年崽子，或單舟採菱，或疊舸折芰。』玉篇引方言：『江湘之間凡言是子曰崽。』廣韻引方言：『江湘間凡言是子謂之崽。』又云：『自高而侮人也。』」盧文弨方言校正補遺：「子音與枲相近，故注又云『聲之轉也』。下注崽『聲如宰』者，郭殆指湘沅之語則然。且一字無妨有兩音，如茝音芷，亦音昌改反，即其例也。中原言子自有本音，不得謂子聲如宰，今大河以北謂畜類所生曰崽子，聲正如宰子矣。」按：謂孩子爲「崽」，今方言分佈很廣，北京官話、晉語、蘭銀官話、江淮官話、西南官話、吳語、湘語、贛語、客話、粵語、閩語均可見到；也指一般少年兒童，西南官話、閩語中有此用法。「崽兒」，西南官話指青少年或小孩；「崽女」，湘語、贛語、客話中指兒女；「崽子」，東北官話、膠遼官話、冀魯官話、閩語中指兒子，亦有罵人意味，相當於「小子」；「崽仔」，閩語指小女孩，西南官話指小孩。此外還有「崽崽、崽伢子、崽里子、崽娃子、崽崽子、崽個俚崽」等方言詞語，詳參許寶華、宮田一郎主編漢語方言大詞典。徐復補釋：「崽字不見於説文，不知其形聲所從，疑當爲説文子字籀文之形變。今湘粵人謂兒童曰崽，正如宰音。」

五　誺〔一〕，不知也。音廢眩〔二〕。江東曰咨，此亦如聲之轉也〔三〕。沅澧之間澧水，今在長沙，音禮。凡相問而不知荅曰誺〔四〕；使之而不肯荅曰吂〔五〕。音茫，今中國語亦然。粃〔六〕，不知也。今淮楚間語呼聲如非也。

匯證

〔一〕誺：戴震方言疏證改作「⿰言桼」，云：「『⿰言桼』，各本譌作『誺』，今訂正。玉篇云：『⿰言桼，不知也。丑脂、丑利二切。』『誺同上。』

又力代切，誤也。』廣韻作『誺』，以入脂、至韻者爲『不知』，入代韻者爲『誤』。此注云『音癡眩』，與『丑脂切』合……以六書諧聲考之，『𧩼』從言桼聲，可入脂、至二韻，『誺』從言來聲，應入代韻，不得人脂、至韻，玉篇、廣韻因字形相近譌舛，遂溷合爲一，非也。」盧文弨重校方言未從，云：「戴説非也。左傳宣二年：『于思于思，棄甲復來。』陸德明釋文云『來，力知反，又如字，以協上韻』，西才反。又詩邶終風：『惠然肎來。』陸云：『古協思韻，多音梨。』又案：素問：『恬澹虛無，真氣從之，精神內守，病安從來。』『來』協『之』，正與此音癡同韻，安在從『來』之非而從『桼』之是乎？」盧氏方言校正補遺進一步舉例證明「誺從來非誤」。劉台拱方言補校：「戴本據玉篇改『誺』作『𧩼』是也，集韻脂、至兩韻並作『𧩼』。」吳承仕經籍舊音辨證卷七：「來聲在之部，與郭音『癡』近，仍依舊本作『誺』。」吳予天方言注商：「原本玉篇言部：『誺，猪飢、丑利二反。』引方言曰：『誺，不知也。沅澧之間，凡相問而不知答曰誺。』郭璞曰：『亦如按痴之譌。聲之轉也。』下隔十三字又出『誺』字，注云：『力代反。廣雅曰：「誺，誤也。」與謬同，爲僻誤之誤也。』又遼釋行均之龍龕手鑑言部：『誺，丑知、丑利二反。相問而不知也。又落代反，誤也。』皆可證方言舊本作『誺』，而原本玉篇並無『𧩼』字，則『𧩼』乃『誺』字形近之譌亦可知也。戴氏據今本玉篇改易，非也。劉氏依集韻而是戴，錢氏則操兩可之説，均無當。」按：作「誺」不誤，今仍舊本而不從戴改。吳予天方言注商云：「『誺』字説文不録，疑即『譺』之異文。説文：『譺，騃也。从言疑聲。』引蒼頡篇：『騃，無知之貌。』説文：『癡，不慧也。从疒，疑聲。』廣雅釋詁：『騃，癡也。』蓋『譺』之本義係『問而不知答』，从言，从癡省聲。誺則承譺聲轉變而別造，漢之俗字也。」

〔二〕廏眩：戴震方言疏證據曹毅之本改作「癡眩」。周祖謨方言校箋：「原本玉篇『誺』猪飢、丑利二反，宋本玉篇丑脂、丑利二切。戴校是也。」按：靜嘉堂文庫藏影宋抄本作「癡眩」，戴校是也，當改作「癡眩」。

〔三〕如：戴震方言疏證改作「知」，云：「『知聲之轉』，謂『知』與『咨』乃聲之變轉。各本『知』譌作『如』，今並訂正。」盧文弨重校方言改作「癡」，云：「戴本改『知』亦未是。今案：『癡』字俗作『痴』而脱其畫耳，故從上定作『癡』字。」按：戴改作「知」固非，盧定作「癡」亦不確。「癡」字雖不錯，然無緣譌作「如」。盧氏云「『癡』字俗作『痴』而脱其畫耳」极是。靜嘉堂文庫藏影宋抄本正作「痴」，今定作「痴」。

〔四〕荅：同「答」。五經文字艸部：「荅，此荅本小豆之一名，對荅之荅本作畣，經典及人間行此荅已久，故不可改變。」廣韻合韻：「答，當也，亦作荅。」

〔五〕旨：戴震方言疏證：「玉篇云：『使人問而不肯荅曰旨。』廣韻：『旨，不知也。』皆本方言而誤。方言『誺』是『相問而不知荅』，『旨』是『使之而不肯荅』，玉篇、廣韻並失其指。」廣雅釋詁四：「否、弗、倗、粃，不也。」王念孫疏證：「皆一聲之轉也。倗者，廣韻：『倗，不肯也。』……倗即不肯之合聲。」按：方言此句之斷句有兩種，區別很大：「凡相問而不知荅」曰「誺」，「使之而不肯荅」曰「旨」，則指兩種行爲，中間不應斷句，戴震如是理解。「凡相問而不知」荅曰「誺」，「使之而不肯」荅曰「旨」，則是兩種情形下的應答之詞，「荅」字前應逗斷，章炳麟如是理解。新方言釋詞：「今福州小兒不肯，則荅曰旨。」周祖謨方言校箋亦如此斷句。抑兩者兼具，今不斷句。

〔六〕粃：字之誤也，當作「粃」。靜嘉堂文庫藏影宋抄本作「粃」，郭注「今淮楚間語呼聲如非也」亦可證此字當從「比」聲而不當從「此」聲，戴震方言疏證作「粃」是也。戴氏云：「廣雅：『粃，不也。』曹憲音釋云：『彼、比，俱得。』此注云：『聲如非。』皆方音輕重之變。」廣雅王念孫疏證：「方語有輕重耳……『粃』即不知之合聲。說文：『秕，不成粟也。』義亦與粃同。」章炳麟新方言釋詞：「今人反遮人言若云不知者則呼曰粃，音如䊧。此見東山經，廣韻作屁。」

六　㷄，火也。呼隗反。楚轉語也，猶齊言㶴，火也〔一〕。音毁。

匯證

〔一〕㷄、㶴：戴震方言疏證：「詩周南：『王室如燬。』毛傳：『燬，火也。』釋文云：『燬，音毁，齊人謂火曰燬。字書作㶴，一音火尾反。或云：楚人名曰㷄，齊人曰㶴，吳人曰燬，此方俗譌語也。』爾雅釋言：『燬，火也。』郭璞注云：『燬，齊人語。』疏全引方言此條文並同。玉篇云：『楚人呼火爲㷄也。』廣韻：『㶴，齊人云火。』皆本此。」說文火部：「㶴，火也。」段玉裁注：「燬、㶴實一字，方言齊曰『㶴』，即爾雅郭注之齊曰『燬』也。」按：楚人言「火」音「㷄」，齊人言「火」音「㶴」，「㷄、㶴」皆爲「火」之方音轉語。

2a七 嘳〔一〕、無寫〔二〕，憐也。皆□□之代語也〔三〕。音蒯。沅澧之原凡言相憐哀謂之嘳〔四〕，或謂之無寫，江濵謂之思〔五〕，濵，水邊也。皆相見驩喜有得亡之意也〔六〕。九嶷湘潭之間謂之人兮〔七〕。九嶷，山名，今在零陵營道縣。

匯證

〔一〕嘳：戴震方言疏證：「説文『嘳』即『喟』，『太息也』。」段玉裁注：「論語兩云『喟然歎曰』，謂太息而吟歎也。何晏云：『喟然，歎聲也。』殊非是。」錢繹方言箋疏：「凡言喟然歎、嘳然息者，皆謂大息而吟歎，乃憐哀之意。『哀』與『愛』，聲近義同。」按：歎息與哀憐，義相關。門生游帥曰：「『喟』表嘆息乃先秦楚地常見之用法。」楚辭九嘆愍命：「行唫累欷，聲喟喟兮。」王逸注：「言己行常歌唫，增嘆累息。」又離騷：「喟憑心而歷兹。」王逸注：「喟，嘆也。」九章懷沙：「曾傷爰哀，永嘆喟兮。」王逸注：「喟，息也。言己所心中重傷，於是嘆息自恨懷道不得是用也。」是也。

〔二〕無寫：戴震方言疏證：「詩小雅：『我心寫兮。』毛傳：『我心寫矣，輸寫其心也。』鄭箋云：『我心寫者，輸寫其情意無留恨也。』據此，則『無寫』爲無所輸寫。」錢繹方言箋疏：「釋詁云：『恙、寫，憂也。』郭注云：『今人云無恙謂無憂也。寫有憂者，思散寫也。』案：『恙』與『寫』並訓爲『憂』，郭以恙爲無恙，則無寫猶無恙也……今人相存問，猶言無憂，即無寫之意也。」爾雅釋詁訓「憂」之「寫」，王引之經義述聞云：「當讀爲鼠。小雅雨無正篇：『鼠思泣血。』箋曰：『鼠，憂也。』義本於爾雅也。……寫字古讀若『零露湑兮』之湑，與鼠字聲近而通。」按：羅常培方言校箋序：無寫「是純粹以文字當作音符來用的」。戴、錢、王諸家皆拘牽迂回，羅氏所説是也。

〔三〕□□：按：原闕二字，戴震方言疏證據永樂大典本補「南鄙」，盧文弨重校方言稱曹毅之本亦同。明刻諸本及廣漢魏叢書本作「秦漢」二字。據本條所涉地域，「南鄙」近之。

〔四〕言：原本玉篇殘卷「兮」下引本文無「言」字。

〔五〕思：按：樂府詩集相和歌辭長歌行：「遠望使心思，遊子戀所生。」文選張華勵志詩：「吉士思秋，寔感物化。」李善注：「思，悲也。」「悲」與相憐哀之義相通也。

〔六〕驩喜：原本玉篇殘卷「兮」下引作「懽憙」。周祖謨方言校箋：「音義同。」

〔七〕嶷：原本玉篇殘卷「兮」下引作「疑」。

人兮：戴震方言疏證：「中庸：『仁者人也。』鄭注云：『人也，讀如相人偶之人，以人意相存問之言。』表記：『仁者人也。』注云：『人也，謂施以人恩也。』春秋傳曰：『執未有言舍之者，此其言舍之何？人也。』疏云：『引之者證人是人偶相存愛之義也。』此言『人兮』，與古語所謂相存偶義亦相近。」按：戴說迂曲。羅常培方言校箋序：人兮「是純粹以文字當作音符來用的」。是也。

八　婩〔一〕、魚踐反。嬻〔二〕、音策〔三〕。鮮〔四〕，好也。南楚之外通語也。

匯證

〔一〕婩：戴震方言疏證：「玉篇：『婩，好也。』張湛注列子『巧佞、愚直、婩斫、便辟』引字林云：『婩，齊也。』蓋『婩』與『嫧』皆容止整齊鮮潔之貌，故『婩、嫧、鮮』同爲好也。」廣雅釋詁一：「忓、婩，好也。」王念孫疏證：「『婩』與『忓』聲近而義同。」按：集韻翰韻：「婩，博雅：好也。謂婦人齊正貌。」「忓」見本書卷一第三條匯證〔一〇〕。

〔二〕嬻：同「嫧」。戴震方言疏證見本條匯證〔一〕引。廣雅王念孫疏證：「〔廣雅〕卷四云：『婩、嫧，齊也。』皆好之義也……廣韻：『瞔，淨也。』義與『嫧』亦相近。」錢繹方言箋疏：「『齊、嫧』一聲之轉。合言之則曰『婩嫧』。玉篇：『婩嫧，鮮好貌。』列子力命篇：『巧佞、愚直、婩斫、便辟四人相與遊於世。』殷敬順釋文：『斫，音酌。婩斫，容止峭巇也。引字林云：婩，齊也。』……家君曰：『斫』與『嫧』聲相近，『婩斫』即『婩嫧』也。好謂之婩，亦謂之嫧；齊謂之婩，亦謂之嫧……『整齊』與『鮮潔』義相近，〔說〕卦傳云：『齊也者，言萬物之潔齊也。』是也。」

〔三〕策：「策」之近代俗字。

〔四〕鮮：錢繹方言箋疏：「廣雅：『鮮，好也。』淮南俶真訓：『華藻鎛鮮。』高誘注：『鮮，明好也。』小雅北山篇：『鮮我方將。』毛傳：『鮮，美也。』美亦好也。」

九　㘓哰〔一〕，闌、牢二音。謰謱〔二〕，上音連，下力口反。拏也〔三〕。言譇拏也。奴加反。東齊周晉之鄙曰㘓哰，㘓哰亦通語也；平原人好㘓哰也〔四〕。南楚曰謰謱，或謂之支註〔五〕，支，之豉反。註，音注。或謂之詀謕〔六〕，上託兼反，下音啼。轉語也；拏，揚州會稽之語也，或謂之惹〔七〕，言情惹也。汝邪反，一音若。或謂之𧩼〔八〕。言誙𧩼也〔九〕。

匯證

〔一〕㘓哰：廣雅釋訓：「㘓哰，謰謱也。」王念孫疏證：「此雙聲之相近者也。『㘓、謰』聲相近。魏風伐檀篇：『河水清且漣猗。』爾雅『漣』作『瀾』，是其例也。『哰、謱』聲亦相近。士喪禮：『牢中旁寸。』鄭注云：『牢，讀爲樓。』是其例也。」顧學頡、王學奇元曲釋詞「勞藍」條引元曲遇上皇四折「無煩無惱口勞藍」云：「勞藍，乃㘓哰之倒轉，通假，謂絮語不清也。」按：言語糾纏、煩絮難解謂之「㘓哰」，今江淮方言、吴方言猶有此語。

〔二〕謰謱：廣雅釋訓：「㘓哰，謰謱也。」王念孫疏證：「説文：『謰，連遱也。』『謱，謰謱也。』玉篇：『嗹嘍，多言也。』『謰謱，繁拏也。』楚辭九思云：『媒女詘兮謰謱。』淮南子原道訓：『終身運枯形于連嶁列埒之門。』高誘注云：『連嶁，猶離婁也，委曲之貌。』並字異而義同。劉向熏鑪銘云：『彫鏤萬獸，離婁相加。』説文：『廔，屋麗廔也。』『離婁、麗廔』，聲與『連遱』皆相近。故離彖傳云：『離，麗也。』王弼注兑卦云：『麗，猶連也。』鄭注士喪禮云：『古文麗爲連。』王延壽王孫賦云：『羌難得而覼縷。』玉篇：『覼，力和切，覼縷，委曲也。』『覼縷』與『連遱』聲亦相近，故同訓爲委曲矣。」按：言語支離繁瑣貌謂之「謰謱」，今上海話猶有此語。章炳麟新方言釋言：「蘄州謂支離牽引之言爲謱話，謂倚邪可詑之人爲謱人，音如鹿。淮南吴越謂人言煩絮爲謱搜，或曰謱疏，讀如字，或如羅。」

〔三〕拏：郭璞注：「言諸拏也。」戴震方言疏證：「説文：『拏，牽引也。』『諸拏，羞窮也。』……〔玉篇〕拏又作詉，云：『諸詉，言不可解。』……『諸』，廣韻作『儸』，云：『囒哰、儸拏，語不可解。』」廣雅釋詁三：「惹、諳、諵，拏也。」王念孫疏證：「此釋紛拏之義也……拏、挐、詉並通。」按：今揚州人謂言語煩絮重複爲「羅去聲」，蓋古之遺語也。

〔四〕好：王念孫手校明本改作「呼」。周祖謨方言校箋：「『好』字蓋『呼』字之誤。」按：當據正。

〔五〕支註：揚雄云「轉語也」，乃指「支註」與「詀謕」之關係，聯綿詞。

〔六〕詀謕：「支註」之轉語。

〔七〕惹：錢繹方言箋疏：「廣雅：『惹、諳，拏也。』『惹』，曹憲汝奢、汝灼二切。玉篇：『惹，人者切，亂也。』廣韻又而灼切。案：説文訓『譇拏』爲『羞窮』，蓋謂羞澀辭窮而支離牽引也。『譇』音陟加切，是『譇、惹』古今字。」按：疑「惹」爲「拏」之轉語，據下「或謂之諳」郭注「言誣諳」，乃誣謗之謂也。

〔八〕諳：廣雅釋詁三：「諳，拏也。」王念孫疏證：惹，「〔廣韻〕云：『諳惹也。』『諳』字又作『媕』。説文：『媕，誣挐也。』」

〔九〕誙：同「誣」。

2b一〇　亄〔一〕、嗇〔二〕，貪也。謂慳貪也〔三〕。音懿。荆汝江湘之郊凡貪而不施謂之亄〔四〕，亦中國之通語。或謂之嗇，或謂之悋〔五〕。悋，恨也。慳者多情恨也〔六〕。

匯證

〔一〕亄：廣雅釋詁二：「亄，貪也。」玉篇壹部：「亄，貪也。」皆本方言。郭璞謂「亦中國之通語」，蓋其時口語有之，文獻則未詳。錢繹方言箋疏：「（廣雅）曹憲音阿帙、於既二反。玉篇音義並與廣雅同。震六二：『震來厲，億喪貝。』虞翻注：『億，惜辭也。』釋文：『本又作噫。』金縢某氏傳曰：『噫，恨辭。』釋文：『馬本作懿。』云：『懿，猶億也。』聲義並與『亄』相近。」

〔二〕嗇：戴震方言疏證：「嗇，今作『嗇』。廣雅：『亄、嗇、遴，貪也。』義本此。」説文嗇部：「嗇，愛濇也。」段玉裁注：「『嗇、濇』疊韻，廣韻引作『澀』。『澀』與『濇』皆不滑也。大雅云：『好是家嗇，力民代食。』箋云：『但好任用，是居家之吝嗇於聚斂作力之人，令代賢者處位食禄。』又云：『家嗇維寶，代食維好。』箋云：『言王不尚賢，但貴吝嗇之人與愛代食者而已。』老子曰：『治人事天莫若嗇。』詩序云：『其君儉嗇褊急。』」説文又云：「从來、㐭。來者㐭而臧之，故田夫謂之嗇夫。」段玉裁注：「嗇者，多入而少出，如田夫之務蓋藏，故以『來、㐭』會意。」錢繹方言箋疏：「襄二十六年左氏傳：『小人之性嗇於禍。』杜預注：『嗇，貪也。』史記五宗世家：『晚節嗇。』正義：『嗇，貪悋也。』又貨殖傳：『愈於纖嗇。』正義曰：『嗇，吝也。』季弟同人云：『亄』與『壹』通，『嗇』與『穡』通。玉藻：『壹食之人，一人徹。』鄭注：『壹，猶聚也，爲赴事聚食也。』『穡』亦聚斂之名。」

〔三〕慳：亦吝嗇也。南史王玄謨傳：「劉秀之儉吝，常呼爲老慳。」慧琳音義卷五一「慳人」條引蒼頡篇：「愛敗不捨曰慳。」玉篇心部：「慳，慳恪也。」廣韻山韻：「慳，恪也。」

〔四〕荆汝江湘：慧琳一切經音義卷一六引作「荆湘汝郢」。

〔五〕恪：戴震方言疏證：「陸機謝平原内史表：『豈臣蒙垢含吝，所宜忝竊。』李善注引方言：『貪而不施謂之吝。』『恪、吝』古通用，亦作『遴』……廣雅：『亄、嗇、遴，貪也。』義本此。」

〔六〕情：戴震方言疏證作「惜」，盧文弨重校方言據曹毅之本亦改作「惜」。周祖謨方言校箋：「戴、盧兩家據曹毅之本作『惜恨』是也。慧琳音義卷十六引此注作『慳吝多惜也』。玄應音義卷二十三『慳吝』條云『堅著多惜曰吝』。據此可證『情』爲『惜』字之譌。今改正。」按：當據戴本改作「惜」。「惜」猶「吝」也。史記越王勾踐世家：「至如少弟者，生而見我富，乘堅驅良逐狡兔，豈知財所從來，故輕棄之，非所惜吝。」是其例也。

一一　遥〔一〕、窕〔二〕，滛也〔三〕。九嶷荆郊之鄙謂滛曰遥〔四〕，言心遥蕩也。沅湘之間謂之窕。窈窕，治容〔五〕。

匯證

〔一〕遥：郭注：「言心遥蕩也。」廣雅釋詁一：「媱，婬也。」王念孫疏證：「皆謂淫佚無度也。」按：本卷第一條：「媱，遊也。江沅之間謂戲爲媱。」參該條匯證〔一〕。

〔二〕窕：郭璞注：「窈窕，冶容。」錢繹方言箋疏：「荀子禮〔論〕篇云：『故其立文飾也，不至於窕冶。』楊倞注：『窕，讀爲姚。姚冶，妖美也。』後漢書列女傳：『出則窈窕作態。』李賢注云：『窈窕，妖冶之貌也。』」

〔三〕滛：字之誤也，當作「淫」。五經文字水部：「淫，久雨曰淫。作滛，譌。」胡文焕格致叢書本、陳與郊類聚本作「淫」，戴震方言疏證改作「淫」是也，當據正。

〔四〕郊：盧文弨重校方言：「『郊』字疑或是『郢』字之誤。」

〔五〕治：戴震方言疏證改作「冶」是也。静嘉堂文庫藏影宋抄本、明抄本、清抄本改作「冶」。當據之改正。

一二　潛〔一〕、涵〔二〕，沉也。楚郢以南曰涵，音含，或古南反〔三〕。或曰潛。潛又遊也。潛行水中亦爲游也。

匯證

〔一〕潛：沉没，又謂没水游渡。今義猶然。

〔二〕涵：戴震方言疏證：「左思吴都賦：『涵泳乎其中。』劉逵注云：『涵，沈也。揚雄方言曰：南楚謂沈爲涵。』」

〔三〕古南反：各本同，諸家均無校語。按：考古辭書，「涵」字反切上字均爲匣母字，常用「下、户、胡」等，未見用見母字爲反切上字者；又考方言全書中之匣母字，郭注反音所用上字以「胡」爲多，偶用「下」，絶無用「古」者，而用「古」爲上字所音之字必屬見母。由是疑「古」字誤，似當作「胡」，蓋「胡」右脱「月」而譌成「古」。孫玉文揚雄方言校釋匯證評介質疑此説，云：「如果『古』爲『胡』之譌，那麼『音含』和『或胡南反』就同音了，這不合郭注的體例，因此還是以作『古』爲是。」由是考閩方言，「含」有匣母見母兩讀，如見母來自古音，「古南」則不誤也。

3a 一三　家[一]、安[二]，靜也[三]。江湘九嶷之郊謂之家[四]。

匯證

〔一〕家：戴震方言疏證改作「宋」，云：「『宋』，各本譌作『家』，筆畫之舛，遂成或體。說文云：『宋，無人聲。』」盧文弨重校方言未從戴校，云：「楚辭遠遊：『野家漠其無人。』莊子大宗師：『其容家。』陸氏釋文云：『本亦作寂，崔本作家。』又郭象注齊物論云：『槁木，取其家莫無情耳。』釋文：『家，音寂。』漢和平時張公神碑：『畺界家靜。』延熹時成皋令任伯嗣碑：『官朝家靜。』是『家』字其來已古，戴本以爲譌字，改作『宋』，太泥。」按：文選江淹別賦「道已寂而未傳」、范曄樂遊應詔詩「虛寂在川岑」李善注引方言均作「寂」。戴震云：「寂即宋。」慧琳一切經音義卷二〇、卷五一、卷六六引方言作「宋」，卷五六、卷八八引方言作「寂」。然漢碑已有「家」字，楚辭、莊子均有作「家」之古本，盧氏力主不改是也。「家、宋、寂」並同。廣雅釋詁四：「宋，靜也。」王念孫疏證：「說文：『宋，無人聲也。』或作誎。又云：『啾，嗼也。』繫辭傳云：『寂然不動。』楚辭大招云：『湯谷宋只。』並字異而義同。合言之則曰『宋𣩠』。說文：『嗼，啾嗼也。』『𣩠，死宋𣩠也。』文選西征賦注引薛君韓詩章句云：『寂，無聲之貌也。寞，靜也。』莊子天道篇云：『寂漠無爲。』楚辭九辯云：『蟬宋漠而無聲。』淮南子俶真訓云：『虛無寂寞。』並字異而義同。」徐復補釋：「隸釋載漢安平相孫根碑：『以疾去官，闔門守家，不競時榮。』守家，即守寂，猶言守靜也。」

〔二〕安：「安」之訓「靜」，至今猶然。

〔三〕靜：說文宀部：「安，靜也。」段玉裁注本改作「竫」，云：「立部曰：『竫者，亭安也。』與此爲轉注。青部：『靜者，審也。』非其義。方言曰：『安，靜也。』以許君律之，叚靜爲竫耳。」

〔四〕謂之家：盧文弨所見曹毅之本此下有注文「音寂」二字，盧氏重校方言將「音寂」二字移置於標首「家」字下。

一四　拌[一]，棄也。音伴，又普槃反。楚凡揮棄物謂之拌，或謂之敲[二]，恪校反。今汝潁間語亦然。或云撅也[三]。淮汝之間謂之役[四]。江東又呼撅，音黶，又音犳音豹[五]。

匯證

[一]拌：廣雅釋詁一：「拌，棄也。」王念孫疏證：「拌之言播棄也。吳語云：『播棄黎老。』是也。『播』與『拌』，古聲相近。士虞禮：『尸飯，播餘于篚。』古文『播』爲『半』，『半』即古『拌』字，謂棄餘飯于篚也。」章炳麟新方言釋言：「今謂棄身爲拌命。拌轉爲甹。說文：『三輔謂輕財者爲甹。』普丁切。今語猶然。」

[二]敲：錢繹方言箋疏：「說文：『敲，橫擿也。』『擿，投也。』莊子胠篋篇：『擿玉毀珠。』崔譔注云：『擿，猶投弃［之］也。』『弃』與『棄』同，是擿亦棄也。廣雅作『墽』，曹憲音苦孝、苦交二反。『墽』與『敲』同。」

[三]撅：錢繹方言箋疏：「廣雅：『撅，投也。』『撅、敲』一聲之轉。」

[四]役：戴震方言疏證改作「投」，所據爲廣雅釋詁一：「伴、墽、投，棄也。」當據正。戴氏引「春秋文公十八年左傳：『投諸四裔。』杜預注云：『投，棄也。』」爲釋。徐復補釋云：「投，謂投命。後漢書仲長統傳：『財賂自營，犯法不坐，刺客死士，爲之投命。』投命，謂棄命。吳語謂棄命曰拌命。」按：「投」之本義爲拋擲、投擲。說文手部：「投，擿也。」詩大雅抑：「投我以桃，報之以李。」鄭玄注：「投，猶擲也。」左傳昭公五年：「受其書而投之。」杜預注：「投，擲也。」引申爲拋棄。又小雅巷伯：「取彼譖人，投畀豺虎。」毛傳：「投，棄也。」左傳文公十八年：「投諸四裔，以禦螭魅。」小爾雅廣言：「投，棄也。」徐復所說，乃後起之義也。

[五]戴震方言疏證改此條郭注作「江東又呼擫，音黶，又音揞」，云：「各本『擫』譌作『撅』，與上『或云撅也』相亂而譌，『又音揞』三字譌作『又音犳音豹』五字，今訂正。廣韻：『揞，吳人云抛也。』『黶，於琰切。』『揞，於陷切。』語輕重異耳。」劉台拱方言補校：「據集韻，當作『江東又呼敁，音欒黶』。」按：原文譌舛不可通，戴校爲長。

擫：錢繹方言箋疏：「『擫』與『厭』通。論語雍也篇：『予所否者，天厭之。』釋文音於琰反，又於豔反。猶言天棄之也……

『揞』猶厭也，方俗語之侈弇耳。前卷六云『揞、揜，藏也。荆楚曰揞，吴揚曰揜』，『揞』音烏感反，是其例也。」

一五　諑〔一〕，愬也〔二〕。諑譖亦通語也。楚以南謂之諑。

匯證

〔一〕諑：當作「諑」，注内「諑」亦當改作「諑」。戴震方言疏證：「離騷：『謠諑謂余以善淫。』王逸注云：『諑猶語也。』洪興祖補注引方言此條文並同。」廣雅釋言：「諑，訴也。」又釋詁二：「諑、訴，諻也。」王念孫疏證：「『諑』猶『譖』也。哀十七年左傳：『太子又使椓之。』杜預注云：『椓，訴也。』『椓』與『諑』通。」錢繹方言箋疏：「以物有所椎擊謂之椓，又謂之斀，亦謂之殺，又謂之㧻，猶以言譖愬謂之諑，亦謂之椓也。」徐復補釋：「公羊傳莊公元年：『夫人譖公於齊侯。』何休注：『加誣曰譖。』又諑譖亦連言。楚辭九思逢尤：『被諑譖兮虛獲尤。』亦謂爲佞人所加誣也。」

〔二〕愬：周祖謨方言校箋：「原本玉篇『諑』下引作『訴』。」按：戴震方言疏證：「『愬』亦作『訴』。廣雅：『諑，訴也。』『諑、訴，諻也。』『諻音毁。』即諻謗之『諻』，今『毁』乃訓壞。」按：進讒言謂之「愬」。論語憲問：「公伯寮愬子路於季孫。」何晏集解引馬融曰：「愬，譖也。」説苑臣術：「愬無罪者，國之賊也。」亦其例也。「愬」亦作「訴」，説文「訴」字下引論語字作「訴」。左傳成公十六年：「（郤犫）取貨于宣伯而訴公于晉侯，晉侯不見公。」杜預注：「訴，譖也。」

一六　戲〔一〕、泄〔二〕，歇也。楚謂之戲音義〔三〕。泄〔四〕。奄〔五〕，息也，楚揚謂之泄。

匯證

〔一〕戲：戴震方言疏證：「戲、歇一聲之轉。」

〔二〕泄：戴震方言疏證：「『泄』亦作『渫』。曹植七啟：『於是爲歡未渫。』李善注引方言：『渫，歇也。』又作『洩』。顔延之赭白馬賦：『畜怒未洩。』注引方言：『洩，歇也。』」按：方言「歇」當訓「歇息、止息」，下文云「奄，息也，楚揚謂之泄」是其證。錢繹方言箋疏：「『泄、息』亦聲之轉也。」

〔三〕音義：戴震方言疏證作「音羲」。周祖謨方言校箋：「廣雅釋詁二：『戲、歇，泄也。』曹憲『戲』音憖一反。」按：作「羲」爲是，形近而譌。明抄本、清抄本亦作「羲」，王念孫手校明本亦改作「羲」。

〔四〕戲泄：後世江淮官話中猶有此語。光緒十二年泰興縣志：「戲泄，息也。」

〔五〕奄：戴震方言疏證：「司馬相如上林賦：『掩細柳。』注引方言：『掩者，息也。』枚乘七發：『掩青蘋。』注引方言：『掩，息也。』奄、掩古通用。廣雅：『奄，息也。』義本此。」廣雅王念孫疏證：「『忥、奄、齂』爲休息之息……漢書司馬相如傳：『奄息蔥極。』張注云：『奄然休息也。』……『掩』與『奄』通。」

一七　攓〔一〕，取也。音騫，一曰騫〔二〕。楚謂之攓。

匯證

〔一〕攓：卷一第二九條：「攓，取也。南楚曰攓。」參見該條匯證〔三〕。

〔二〕王念孫手校明本改「音騫」之「騫」作「蹇」。盧文弨重校方言改此條郭注作「音蹇，一音騫」，云：「『音蹇』與卷一内音合，下當作『一音騫』。賈誼新書俗激篇：『攓兩廟之器。』亦讀從『騫』。今據改正。」按：盧校是也，當據正。

3b 一八　昲〔一〕、曬〔二〕，乾物也。揚楚通語也。昲，音非〔三〕。亦皆北方常語耳。或云瞟〔四〕。

匯證

〔一〕昲：廣雅釋詁二：「昲，曝也。」王念孫疏證：「列子周穆王篇云：『酒未清，肴未昲。』淮南子地形訓云：『日之所曊。』」

『嘳』與『咈』同。」

〔二〕曬：本書卷七第一五條：「曬，暴也……暴五穀之類，秦晉之間謂之曬。」釋見該條匯證〔三〕。此條謂「揚楚通語」，所言地域與卷七異。

〔三〕非：「非」上部空缺半字，福山王氏天壤閣刊景宋本、日本静嘉堂文庫藏影宋抄本均作「霏」。戴、盧二本從曹毅之本作「費」。周祖謨方言校箋：「集韻微韻霏紐『咈』下云：『方言：咈、曬，乾物也。』是集韻所據方言亦作『音霏』。廣雅釋詁二：『咈，曝也。』曹憲音拂。」按：當據天壤閣本、静嘉堂文庫本定作「霏」。

〔四〕瞟：當作「瞟」，從「日」不從「目」。廣雅釋詁二：「瞟，曝也。」是也。明刻諸本從「日」旁不誤。玉篇日部：「瞟，置風日中令乾。」

一九　棐〔一〕，猝也〔二〕。謂倉卒也。音斐。江湘之間凡卒相見謂之棐，相見或曰突〔三〕。他骨反。

匯證

〔一〕棐：廣雅釋詁二：「棐、突，猝也。」王念孫疏證：「説文：『突，犬從穴中暫出也。一曰匪突也。』『匪』與『棐』同。」

〔二〕猝：戴震方言疏證作「卒」，云：「卒、猝古通用。」説文犬部：「猝，犬從艸暴出逐人也。」段玉裁注：「段借爲凡猝乍之偁，古多叚卒字爲之。」例多不贅。

〔三〕突：戴震方言疏證：「詩齊風：『突而弁兮。』釋文引方言：『凡卒相近謂之突。』」錢繹方言箋疏：「小徐本説文云：『突，犬從穴中暫出也。一曰：匪突也。』『匪突』與『棐突』同。又云：『𠫓，不順忽出也。从到子。』引離九四『突如其來如』，云：『不孝子突出，不容於内也。』易釋文云：『突，暫出』也。『𠫓』與『突』通。」説文「突」字下段玉裁注：「引伸爲凡猝乍之稱。」

二〇　迹迹、屑屑，不安也。皆往來之皃也。江沅之間謂之迹迹；秦晉謂之屑屑，或謂之塞塞，或謂之省省〔一〕，不安之語也。

匯證

〔一〕迹迹、屑屑、塞塞、省省：戴震方言疏證：「後漢王良傳：『何其往來屑屑，不憚煩也。』注引方言：『屑屑，不安也。秦晉曰屑屑。』又引郭注：『往來貌。』潘岳閒居賦：『尚何能違郄下色養，而屑屑從斗筲之役乎？』李善注引方言：『屑屑，不靜也。』即『不安』之譌。」錢繹方言箋疏：「『屑屑、塞塞、省省』，並一聲之轉，亦『迹迹』之變轉也。」按：徘徊不安之貌爲可見之狀，勞瘁匆迫之貌乃可察之神，義相通也。左傳昭公五年：「禮之本末將於此乎在，而屑屑焉習儀以亟。」漢書董仲舒傳：「凡所爲屑屑，夙興夜寐，務法上古者，又將無補與？」顏師古注：「屑屑，動作之貌。」漢書王莽傳上：「晨夜屑屑，寒暑勤勤，無時休息，孳孳不已者，凡以爲天下厚劉氏也。」顏師古注：「屑屑猶切切，動作之意也。」「迹迹、塞塞、省省」，文獻用例頗難徵考，錢繹以爲均是方音轉語，蓋是也。

二一　潤沐〔一〕，音閱〔二〕。征伀〔三〕，遑遽也〔四〕。江湘之間凡窘猝怖遽謂之潤沭，喘嗒皃也。或謂之征伀。

匯證

〔一〕潤沐：「潤」同「潤」。「沐」，字之誤也。戴震方言疏證作「沭」，盧文弨重校方言據曹毅之本亦改作「沭」，云：「沭音術，各本誤作沐。」按：當據戴本改正。廣雅釋詁二：「閱沭，懼也。」也作「潤沭」。按：卷一第一五條：「脅閱，懼也……宋衛之間凡怒而噎噫謂之脅閱。」郭璞注：「脅閱猶潤沭也。」參該條匯證〔二〕。「潤沭」於文獻無徵，據方言卷一及本條，其義當爲突然遭遇恐怖時發出的驚懼之聲和表現出的驚喘之狀，乃驚慌失措之貌。

〔二〕閱：同「閲」。

〔三〕征伀：戴震方言疏證：「王褒四子講德論：『百姓征伀，無所措其手足。』李善注引方言：『征伀，惶遽也。』廣雅：『征伀，懼也。』『屏營，征伀也。』……曹憲音釋：『征音征，伀音鍾。』玉篇云：『方言瀾沭或謂之征伀也。』……『征伀』亦作『怔忪』。玉篇云：『怔忪，懼貌。』」廣雅釋詁二：「征伀，懼也。」王念孫疏證：「(廣雅)釋訓篇云：『屏營，征伀也。』漢書王莽傳：『人民正營。』顏師古注云：『正營，惶恐不安之意也。』『正』與『征』同。釋名：『夫之兄曰兄公，俗間曰兄伀，言是己所敬，見之伀遽，自肅齊也。俗或謂舅曰公，亦如之也。』……潛夫論救邊篇云：『乃復怔忪如前。』『怔忪』與『征伀』同。」

〔四〕遑遽：錢繹方言箋疏：「衆經音義卷八引方言云：『征伀，惶遽也。』卷十三引云：『怔忪，惶遽也。江湘之間凡窘卒怖遽皆謂之怔忪。』又卷十九引云：『怔忪，惶遽也。江湘之間凡倉卒怖遽皆謂之怔忪。』又卷二十引云：『怔忪，惶遽也。』」周祖謨方言校箋：遑、惶「音義同」。

4a 二一 翥〔一〕，舉也。謂軒翥也〔二〕。楚謂之翥。

匯證

〔一〕翥：戴震方言疏證：「潘岳射雉賦：『鬱軒翥以餘怒。』徐爰注引方言：『翥，舉也。』楚辭遠遊：『鸞鳥軒翥而翔飛。』洪興祖補注引方言此條文並同。說文云：『翥，飛舉也。』」廣雅釋詁一：「翥，舉也。」又釋詁三：「翥，飛也。」錢繹方言箋疏：「飛亦舉也。」是也。

〔二〕劉台拱方言補校：「段本據曹憲廣雅音，『謂軒翥也』上補『音曙』二字。」王國維書郭注方言後三：「廣雅卷一『翥，舉也』曹憲音曰：『方言爲署音。』又卷三『翥，飛也』曹曰：『方言音曙。』是注『謂軒翥也』下舊有『音署』或『音曙』二字，今本奪。」按：劉、王二氏所説是也，當補「音曙」或「音署」二字。

軒翥：徐復補釋：「後漢書班固傳：『甘露宵零於豐草，三足軒翥於茂樹。』李賢注：『軒翥，謂飛翔上下。』亦爲飛舉義。」按：「軒翥」，先秦兩漢均有用例。楚辭遠遊有「鸞鳥軒翥」語。班固典引：「甘露霄零於豐草，三足軒翥於茂樹。」此句「軒翿」，謂飛翔上下。「飛」與「舉」義相因也。

二三　忸怩〔一〕，慙歰也〔二〕。歰猶苦者〔三〕。楚郢江湘之間謂之忸怩，或謂之𪰃咨〔四〕。子六、莊伊二反〔五〕。

匯證

〔一〕忸怩：戴震方言疏證：「晉語：『君忸怩顏。』韋昭注云：『忸怩，慙貌。』趙岐注孟子云：『忸怩而慙。』廣雅：『忸怩，𪰃咨也。』『忸怩、𪰃咨』並雙聲。」按：一説慚色，戴氏所舉兩例是也。一説心慚也。書五子之歌：「顏厚有忸怩。」後漢書蔡邕傳：「忸怩而避。」僞孔安國傳、李賢注皆云：「忸怩，心慙也。」

〔二〕慙歰：盧文弨重校方言：「『慙歰』猶今言『羞澀』。」錢繹方言箋疏：「説文：『慙，媿也。』『歰，不滑也。』楚辭七諫云：『言語訥歰。』王逸注：『歰者，難也。』風俗通十反篇：『冷澀比如寒蜓。』『澀』與『歰』同。」按：「慙歰」也作「慚澀」，文獻用例晚見。新唐書南蠻傳下：「昏姻以牛酒爲聘，女歸夫家，夫慚澀避之，旬日乃出。」

〔三〕者：盧文弨重校方言：「注『者』疑本作『也』。」

〔四〕𪰃咨：廣雅釋詁一：「𪰃咨，慙也。」王念孫疏證：「『忸怩、𪰃咨』皆局縮不伸之貌也。『𪰃咨』倒言之則曰『資𪰃』。太玄親初一云：『其志齟齬。』次二云：『其志資戚。』『資戚』猶『齟齬』，謂志不伸也。范望注訓『資』爲『用』、『戚』爲『親』，皆失之。（廣雅）卷三云：『側匿、蹴，縮也。』釋言云：『衄，縮也。』『縮』與『慙』，義相近。『縮』謂之『側匿』，猶『慙』謂之『㥾』也；『縮』謂之『衄』，又謂之『蹴』，猶『慙』謂之『忸怩』，又謂之『𪰃咨』也。」

〔五〕莊伊：戴震方言疏證：「『莊』字乃類隔，改音和爲『即伊反』。」

二四　埕〔一〕、封〔二〕，場也。楚郢以南蟻土謂之埕〔三〕。埕，中齊語也。

〔一〕垤：戴震方言疏證：「詩豳風：『鸛鳴于垤。』毛傳：『垤，螘冢也。』孟子：『泰山之於丘垤。』趙岐注云：『垤，蟻封也。』『螘、蟻』同。廣雅：『封，垤，場也。』義本此。」錢繹方言箋疏：「前卷六云：『坻，坦場也。』此復申言之也……淮南人間訓：『人莫蹪於山而蹪於垤。』下卷云：『蚍蜉，其場謂之垤。』注云：『亦名冢也。』案：蟻起土成封若冢然，故亦謂之冢。垤之言眣起也、凸也，蟻封凸起地上，如物腫起，因以爲名。廣雅：『眣，腫也。』莊子逍遥遊篇『坳堂』釋文引支遁云：『謂(地)有坳垤形也。』漢書禮樂志蘇林注：『窅音窅眣之窅。』『窅眣、坳垤』，皆『凹凸』之異文。衆經音義卷五、卷十四並云：『凸，徒結切。抱樸子作「凸」，凸起。倉頡篇作「突」，不平也。經文作「眣」。』又卷一云：『眣，徒結反。字書：目出也。經文作「垤」。』然則肉眣謂之『眣』，目出謂之『眣』，土突起謂之『垤』，或謂之『凸』，字異義並同也。」

〔二〕封：廣雅釋詁三王念孫疏證：「易林震之蹇云：『蟻封穴户。』周官封人注：『聚土曰封。』故蟻塲亦謂之封也。」錢繹方言箋疏：「封亦墳起高大之名。後漢書順帝紀李賢注引東觀漢記云：『封牛，其領上肉隆起若封然，因以名之。』郭氏爾雅注云：『犎牛，領上肉〔㬥〕眣起高二尺許。』是凡物墳起者，皆得納厥名焉。蟻土謂之垤，亦謂之封，不以大小限也。」

〔三〕謂之垤：戴震方言疏證改作「謂之封」，云：「『謂之封』，各本譌作『謂之垤』。太平御覽及吴淑事類賦注引方言『楚郢以南蟻土謂之封』，據以訂正。」周祖謨方言校箋不改正文，校箋中引戴説，又云：「玄應音義卷十九引本文作『楚鄭以南蟻土謂之垤，垤亦中齊語也』，則玄應所據亦作『垤』。」按：王念孫廣雅疏證釋詁三「封、垤、塲也」條下引方言作：「垤、封，塲也。楚郢以南蟻土謂之垤。垤亦中齊語也。」今仍宋本舊文。

二一五　謫〔一〕，過也。謂罪過也，音賾，亦音適，罪罰也。南楚以南凡相非議人謂之謫，或謂之衇〔二〕。血脉。衇，又慧也〔三〕。今名黠鬼衇〔四〕。

匯證

〔一〕讁：吳予天方言注商：「原本玉篇言部引方言：『謫，怒也。郭璞曰：「謂相謫怒也。」又曰：「南楚之南，凡相非議謂之謫。」郭璞曰：「謂罪過也。」』是舊本此條『讁』亦作『謫』。乃後人有意別異，爲加偏旁『辵』，其實妄也。」按：慧琳一切經音義卷五九引方言作「謫」。戴震方言疏證：「列子力命篇：『窮年不相讁發。』張湛注云：『讁，謂責其過也。』詩商頌：『歲事來辟，勿予禍適。』毛傳：『適，過也。』『讁、適』古通用。亦作『謫』。說文云：『謫，罰也。』」

〔二〕⿰山𠂢：同「䀕」，見說文。郭音「血脉」之「脉」亦同「䀕」，見玉篇。錢繹方言箋疏：「釋名：『⿰山𠂢摘，猶譎摘也，如醫別人⿰山𠂢知疾之意，見事者之稱也。』下文云：『䀕蜴，欺謾之語也。』注云：『中國相輕易蚩弄之言也。』『䀕』與『⿰山𠂢』，義亦相近。」按：「⿰山𠂢」之訓「相非議人」，蓋以方音得義也。丁惟汾方言音釋：「⿰山𠂢古音讀末，爲罵之雙聲音轉。」其說待證，然以音求義之思路則是也。相互責備謂之「䀕」，江淮方言和湘方言中猶有此語，如湖北廣濟人云：「背後誹脉（$mo?^{21}$）人。」湖南通志：「南楚以南凡相非議人……謂之⿰山𠂢。」是其例也。

〔三〕⿰山𠂢，又慧也：按郭璞注：「今名黠〔爲〕鬼⿰山𠂢。」「鬼⿰山𠂢」參卷一第二條匯證〔一三〕。

〔四〕今名黠鬼⿰山𠂢：戴震方言疏證於「鬼⿰山𠂢」上補「爲」字，云：「潘岳射雉賦：『靡聞而驚，無見自驚。』徐爰注云：『方言注曰：「俗謂黠爲鬼䀕。」言雉性警，鬼黠。』『䀕』即『⿰山𠂢』。」按：戴氏補「爲」字是也，當據補。

二六　⿰月雱〔一〕，兄也〔二〕。此音義所未詳〔三〕。荊揚之鄙謂之⿰月雱，桂林之中謂之⿰豸孟〔四〕。

匯證

〔一〕⿰月雱：即「膊」字，下同。按：「膊」之訓「兄」，文獻未見。錢繹方言箋疏：「『膊』通作『䨣』。說文：『䨣，雨濡革也。讀若膊。』徐鍇傳曰：『皮革得雨䨣然起也。』衆經音義卷一一：『䨣，音匹各反。』案：『雨濡革』與『滋益』同義，是『膊』爲『䨣』

同聲假借字。」錢説迂曲。疑「膊」之言「伯」也。戰國策韓策一：「韓卒之劍戟，皆出於冥山、棠溪、墨陽、合伯膊。」鮑本無「膊」字。吴師道曰：「『合伯』，史作『合膊』。」黄丕烈札記：「考無者當是。索隱曰：『按戰國策作「合伯」，春秋後語作「合相」。』可證。『伯、膊』，聲之轉也。『相』當作『柏』，『柏、伯』同字，形近之譌耳。此或用史記注『膊』於旁，乃誤入正文。」蓋荆揚之鄙言「伯」音近「膊」，方言即以「膊」記之。「伯」之訓「兄」，常義也。

〔二〕兄：錢繹方言箋疏：「『兄』讀當爲『況』。小雅常棣篇：『兄也永歎。』傳曰：『兄，茲也。』大雅桑柔篇：『倉兄填矣。』傳曰：『兄，茲也。』又出車篇：『僕夫兄瘁。』鄭箋同。桑柔篇又云：『亂兄斯削。』箋云：『而亂茲甚。』『茲』與『滋』同，皆滋長之義也。『茲』者，草木多盛也。『滋』者，益也。『兄』之本義訓『益』，即許所謂長也。矢部：『矤，況詞也。』謂增益之詞。無逸篇『無皇曰』，今文尚書作『毋兄曰』，王肅本『皇』作『況』，注曰：『況，滋。』國語晉語云：『衆況厚之。』韋昭注：『況，益也。』是『兄』又訓爲『益』也。」按：錢氏爲使「兄」與「䨣」之訓「滋益」相應而讀「兄」爲「況」。然如上所言，「膊」爲「伯」之方言音讀，「兄」即兄長，無煩輾轉求解也。

〔三〕此音義所未詳：明刻諸本「此」字作「皆」。盧文弨重校方言移置於本條「謂之⿰象盂」下。

〔四〕⿰象盂：左從「象」，右從「盂」，歷代字書未見，音義均未詳。

4b二七　𧬊〔一〕、極〔二〕，吃也〔三〕。楚語也。亦北方通語也。或謂之軋〔四〕，鞅軋〔五〕，氣不利也。烏八反。或謂之𧮂〔六〕。語𧮂難也。今江南又名吃爲嘆〔七〕，若葉反〔八〕。

匯證

〔一〕𧬊：同「謇」。戴震方言疏證作「謰」。錢繹方言箋疏：「衆經音義卷七、卷十九、卷二十一引方言『謰』並作『謇』。」周祖謨方言校箋未改正文，校云：「原本玉篇引字作『謇』，云聲類作『謰』。」按：慧琳一切經音義卷一三、卷一五、卷一九、卷二四、卷四一、卷四六、卷四七、卷四八、卷五六、卷五七、卷八七、卷八八引方言並作「謇」。廣雅作「𧬊」。廣雅釋詁二：「𧬊，吃也。」王念孫疏證：「蹇象傳云：『蹇，難也。』説文：『吃，言蹇難也。』衆經音義卷一引通俗文云：『言不通利謂之謇吃。』列子力命篇：『𧬈㥛淩誶。』張湛注云：『𧬈㥛，訥澀之貌。』『𧬈、謇、謇、蹇』，古通用。」

〔二〕極：戴震方言疏證：「『極』亦作『㥛』。列子力命篇……張湛注云：『方言：謇，吃也。極，急也。謂語急而吃。』」按：今語猶謂口吃爲「結」，很多地方則謂「結巴」，乃古之遺語而音稍變也。

〔三〕吃：錢繹方言箋疏：「説文：『吃，言蹇難也。』又：『欥，口不便言』也。『吃、欥』，音義並同。衆經音義卷一引通俗文：『言不通利謂之謇吃。』又引聲類云：『吃，重言也。』管子樞言篇：『吾畏言不欲爲言，故行年六十而老吃也。』史記韓非傳：『非爲人口吃，不能道説，而善著書。』」按：「吃」，今常語也。

〔四〕軋：廣雅釋詁二：「軋，吃也。」王念孫疏證：「方言注云：軋，『鞅軋，氣不利也』。史記律書云：『乙者，言萬物生軋軋也。』説文云：『乙，象春草木寃曲而出，陰氣尚彊，其出乙乙也。』李善注文賦云：『乙乙，難出之貌。』『乙』與『軋』通。」吳予天方言注商：「原本玉篇引方言：『楚或謂吃爲坱軋。』郭璞曰：坱軋，氣不利也。』考説文：『軋，輾也。从車，乙聲。』則『軋』無『不利』之義。疑今本正文奪『坱』字。郭注『鞅軋』，蓋自承正文而言也。『坱』之言『怏』也。説文：『怏，不服懟也。从心，央聲。』方言卷十二：『鞅，强也。』『怏、坱、鞅』同聲。口吃則言語免强，故謂之怏。『坱軋』則爲雙聲聯語。『軋』乃餘音也。」按：未知孰是。

〔五〕鞅：原本玉篇殘卷「軋」字下引作「坱」。

鞅軋：錢繹方言箋疏：「漢書揚子雲傳甘泉賦：『忽鞅〔軮〕軋而亡垠。』文選作『坱圠』。李善注枚乘七發云：『軋坱，無垠貌也。』又賈誼鵩鳥賦：『大均播物，坱圠無垠。』漢書如淳注曰：『陶者作器於鈞上，此以造化爲大鈞也。』應劭曰：『其氣坱圠，非有限齊也。』『軮圠〔軋〕、坱圠』並與『鞅軋』同。」吳予天方言注商謂「雙聲聯語」，説見本條匯證〔四〕引。

〔六〕歰：廣雅釋詁二：「歰，吃也。」王念孫疏證：「方言注云：『歰，語歰難也。』説文：『歰，不滑也。』楚辭七諫云：『言語訥歰。』難謂之蹇，亦謂之歰，口吃謂之歰，亦謂之謇，其義一也。」

〔七〕𠾃：劉台拱方言補校：「集韻作『喋』。」周祖謨方言校箋：「御覽卷七四〇引字作喋。」

〔八〕若葉反：王念孫手校明本改「若」作「苦」。盧文弨重校方言從曹毅之本改作「苦葉反」。周祖謨方言校箋：「集韻葉韻『喋』去劫切，注云：『江南謂吃爲喋。』苦葉、去劫音同。」按：作「苦」是也，當據正。

二八　呰〔一〕，昨啟反。矲〔二〕，蒲楷反〔三〕。短也。江湘之會謂之呰。凡物生而不長大亦謂之鮆，又曰瘠〔四〕。今俗呼小爲瘠，音薺菜。桂林之中謂短矲〔五〕。言矲偕也〔六〕。矲，通語也。東陽之間謂之府〔七〕。言俯視之，因名云。

匯證

〔一〕呰：戴震方言疏證：「『呰』字兩見，以下云『亦謂之鮆』證之，皆應作『鮆』。」徐堅初學記引方言：「『鮆、矲，短也。』」盧文弨重校方言：「『漢書地理志：「呰窳偷生。」』如淳曰：『呰或作鮆。』師古曰：『呰，短也。』據此，則『呰』與下『鮆』可互見，不必定從一。」王念孫廣雅疏證釋詁二引均改作「鮆」。錢繹方言箋疏則改下「亦謂之鮆」之「鮆」作「呰」。周祖謨方言校箋：「初學記及御覽卷三七八引並作『鮆』。」廣雅釋詁二：「鮆，短也。」王念孫疏證：「方言『鮆』字或作『呰』。說文：『呰，窳也。』漢書地理志：『呰窳媮生。』如淳注云：『呰，音紫。』顏師古注云：『呰，短也。窳，弱也。言短力弱材，不能勤作也。』史記貨殖傳『呰』作『啙』。『鮆、呰、啙』並通。」按：說文此部：「呰，窳也。」漢書顏注：「呰，短也。」引應劭：「呰，弱也。」史記作「啙」，裴駰集解引應劭：「啙，弱也。」本條下文云：「凡物生而不長大亦謂之鮆。」說文魚部：「鮆，飲而不食，刀魚也，九江有之。」山海經南山經：「其中多鮆魚。」郭璞注：「鮆魚，狹薄而長頭，大者尺餘，太湖中今饒之。一名刀魚。」是窳、弱、短，義相通也，而泛言「短」，字宜作「呰」。今仍其舊，不改正文。

〔二〕矲：戴震方言疏證：「周禮春官典同注：『人短罷。』釋文云：『罷，皮買反。字或作矲，音同方言「桂林之間謂人短爲矲矮」。矮，苦買反。』」廣雅釋詁二：「矲，短也。」王念孫疏證：「方言注云：『矲，言矲䂶也。』廣韻：『矲䂶，短也。』說文：『諀，短人立諀諀皃。』周官典同：『陂聲散。』鄭興注云：『陂，讀爲人短罷之罷。』司弓矢：『痺矢。』鄭衆注云：『痺，讀爲人罷短之罷。』『諀、罷』並與『矲』通。爾雅：『犤牛。』注云：『犤牛，庳小。』說文：『猈，短脛狗也。』義亦與『矲』同。

『矲鮆』與『錍鈚』，聲亦相近也。」

〔三〕揩：戴震方言疏證改作「楷」。周祖謨方言校箋：「戴本作『楷』是也。萬象名義『矲』音菩楷反，與郭注音同。」按：初學記卷一九引方言郭注音蒲楷切。古書從「木」從「扌」每互譌，戴改是也。

〔四〕瘠：同「癠」，注內同。郭注云：「今俗呼小爲癠，音薺菜。」廣雅釋詁二：「癠，短也。」王念孫疏證：「案『薺』亦菜之小者，故又謂之靡草。月令：『靡草死。』鄭引舊説云：『靡草，薺，亭歷之屬。』正義云：『以其枝葉靡細，故云靡草。』是也。『癠』亦通作『濟』。襄二十八年左傳：『濟澤之阿，行潦之蘋藻，寘諸宗室季蘭尸之，敬也。』濟澤，小澤也。若言澗谿沼沚之毛，蘋蘩薀藻之菜，可薦於鬼神，可羞於王公耳。正義乃釋『濟』爲『江淮河濟』之『濟』，失其義矣。」章炳麟嶺外三州語：「三州謂人瘦小曰癠。」

〔五〕謂短矲：周祖謨方言校箋：「『短』下疑脱『曰』字。」按：周禮典同鄭興注「人短罷」釋文引方言：「桂林之間謂人短爲矲矮。」「短」下有「爲」字。又本條雅詁亦不作「短矲」，是「短矲」本不連文，「短」下脱「曰」或「爲」。

〔六〕偕：戴震方言疏證改作「䂬」，云：「注內『䂬』譌作『偕』，廣韻：『矲䂬，短也。』今據以訂正。」周祖謨方言校箋：「戴氏據廣韻改作『矲䂬』是也。案：御覽卷三七八引不誤。矲䂬疊韻，錢繹改作『矲雉』，非。」按：當從戴校改。

〔七〕東陽：王念孫手校明本改「陽」作「揚」。劉台拱方言補校：「陽當作揚。」周祖謨方言校箋：「御覽引作『東揚』，當據正。下文三三節云『東揚之郊』，名稱與此相同。」按：當改作「東揚」。

㾈：郭注：「言俯視之，因名云。」錢繹方言箋疏：「『𦨍』與『㾈』聲相近。短謂之㾈，艇短謂之𦨍，其義一也……説文：『㾈，俛病也。』玉篇同。『俛』與『俯』同。俯者多痺，是其義也。」

二九　鉗〔一〕、鉗，害。又惡也〔二〕。疲〔三〕、疲，恎〔四〕。惡腹也。妨反反。憋〔五〕、憋怤〔六〕，急性也。妨滅反。惡也。南楚凡人殘駡謂之鉗，殘猶惡也。又謂之疲。癡〔七〕，騃也〔八〕。吾駭反。揚越之郊凡人相侮以爲無知謂之眲〔九〕。諸革反。眲，耳目不相信也。因字名也。或謂之斫〔一〇〕。斫郄。斫，頑直之皃〔一一〕，今關西語亦皆然。

〔一〕鉗：廣雅釋詁三：「鉗，惡也。」王念孫疏證：「荀子解蔽篇云：『彊鉗而利口。』後漢書梁冀傳：『性鉗忌。』注云：『言性忌害，如鉗之鉗物也。』説文：『拑，脅持也。』皆惡之義也。」讀書雜志荀子第七：「『彊鉗而利口』，楊注曰：『鉗，鉗人口也。』念孫案……『彊鉗』者，既彊且惡也，非『鉗人口』之謂。」按：王説是。呂氏春秋審時：「後時者，小莖而麻長，短穗而厚糠，小米鉗而不香。」亦是其例也。後世有「鉗戾」一詞，謂暴惡兇狠。新唐書姦臣傳上許敬宗：「敬宗於立后有助力，知后鉗戾，能固主以久已權，乃陰連后謀逐韓瑗、來濟、褚遂良，殺梁王、長孫無忌、上官儀。」

〔二〕又惡也：廣雅釋詁三「惡也」條王念孫疏證引此條注文作「口惡也」。周祖謨方言校箋：「案荀子解蔽篇云：『彊鉗而利口。』家語五儀解云：『無取捷捷，無取鉗鉗，無取哼哼。捷捷，貪也；鉗鉗，亂也；哼哼，誕也。』據是，『鉗』爲『口惡』甚明。」按：當據王校改「又」作「口」。

〔三〕疲：廣雅釋詁三：「疲，惡也。」王念孫疏證：「玉篇：『疲，惡也。』『怶，惡心也，急性也。』『怶』與『疲』同。定三年左傳：『莊公卞急而好絜。』『卞』與『疲』亦聲近義同。」

〔四〕恎：廣雅釋詁三：「恎，惡也。」王念孫疏證：「玉篇：『痓，惡也。』『恎，惡性也。』『恎』與『痓』同。『恎』又音大結反。説文：『蛈，蛇惡毒長也。』爾雅：『蛈，蛋。』注云：『蝮屬，大眼，最有毒，今淮南人呼蛋子。』釋文：『蛈，大結反。字亦作蛭。』楊孟文石門頌云：『惡虫蔽狩，虵蛭毒蟃。』『毒蟃』謂毒長也。『蛈』與『蛭』、『蛋』與『惡』，聲義亦同。」錢繹方言箋疏：「連言之則曰『疲恎』。」

〔五〕憋：戴震方言疏證：「徐爰注潘岳射雉賦云：『鷩性悍憋。』後漢書董卓傳：『敝腸狗態。』注云：『續漢書敝作憋。方言：憋，惡也。郭璞曰：憋忿，急性也。』列子力命篇『憋憋』張湛注：『憋，音敷。』憋、忿，字異音義同。」廣雅釋詁三：「憋，惡也。」王念孫疏證：「漢司隸校尉楊孟文石門頌云：『惡虫蔽狩。』『蔽狩』與『憋獸』同。釋名云：『鷩雉，山雉也。鷩，憋也，性急憋，不可生服，必自殺也。』潘岳射雉賦云：『山鷩悍害。』南山經：『基山有鳥焉，其狀如鵪，而三首六目，六足三翼，其名曰鶂鴝。』郭璞注云：『鶂鴝，急性。』廣韻：『鶂，鴝鸐也。』『鴝鸐』亦鳥之惡者。是凡言憋者，皆惡之義也。周官司弓矢：『句者謂之弊弓。』鄭注云：『弊猶惡也。』徐邈音扶滅反。『弊』與『憋』聲義亦同。故大司寇『以邦成弊之』，故書『弊』爲『憋』矣。」讀書雜志漢隸拾遺司隸校尉楊涣石門頌：「『惡虫蔽狩』，『狩』與『獸』同……『蔽』與『憋』同……『憋』亦惡也，『惡虫憋獸』互文耳。」

〔六〕憋怤：錢繹方言箋疏：「急性謂之憋，亦謂之憋怤，物之急性者謂之鷩，亦謂之鶂鴝，其義一也。」又參本條匯證〔五〕引戴震、王念孫説。

〔七〕「癡」字以下，戴震方言疏證提行另爲一條，是也，當據之分條。

癡：説文疒部：「不慧也。」段玉裁注：「心部曰：慧者，儇也。犬部曰：儇者，急也。癡者，遲鈍之意，故與『慧』正相反。此非疾病也，而亦疾病之類也。」左傳成公十八年：「周子有兄而無慧。」杜預注：「不慧，蓋世所謂白癡。」呆傻，不聰慧，今語猶謂之「癡」，或「白癡」。

〔八〕騃：廣雅釋詁三：「騃，癡也。」王念孫疏證：「方言：『癡，騃也。』衆經音義卷六引倉頡篇云：『騃，無知也。』漢書息夫躬傳云：『騃不曉政事。』」錢繹方言箋疏：「説文：『佁，癡貌，讀若騃。』玉篇：『𤸷，癡𤸷也。本作獃。』『騃、佁、𤸷、獃』，聲義並同。」

〔九〕周祖謨方言校箋：「列子力命篇注引本文『揚越之郊』作『揚越之間』，『凡人相侮』作『凡人相輕侮』。」

眲：戴震方言疏證：「列子黄帝篇：『顧見商丘開年老力弱，面目黎黑，衣冠不檢，莫不眲之。』張湛注引方言：『揚越之間凡人相輕侮以爲無知謂之眲。眲，耳目不相信也。』」按：西南官話中猶有此語。一九二九年滎縣志：「今語不相信曰那，諸駕切，即眲也。」「凡人相侮以爲無知」，蓋輕視之謂也。

〔一〇〕斫：蓋「婩斫」之略語，見下引周祖謨説。

〔一一〕周祖謨方言校箋：「注『斫，頑直之貌』，『斫』上疑脱『婩』字。列子力命篇云：『巧佞、愚直、婩斫、便辟四人相與游於世，胥如志也。』注云：『婩斫，不解悟之貌。』」

5a 三〇 惃〔一〕、衮衣。憝〔二〕、音教。頓愍〔三〕，惛也〔四〕。謂迷昏也。楚揚謂之惃，或謂之憝；江湘之間謂之頓愍，頓愍猶頓悶也。或謂之氐惆〔五〕。丁弟、丁牢二反。南楚飲毒藥懣謂之氐惆〔六〕，亦謂之頓愍，猶中齊言眠眩也〔七〕。愁恚憒憒、毒而不發謂之氐惆。氐惆，猶懊憹也。

匯證

〔一〕惃：錢繹方言箋疏：「廣雅：『惃，亂也。』玉篇又音古魂切，『惛也，亂也』。廣韻惃音昆，『亂也』。」按：「惃、惛」音近義通，參見本條匯證〔三〕〔四〕。

〔二〕憝：廣雅釋詁三：「憝，亂也。」王念孫疏證：「說文：『誖，亂也。或作悖。』玉篇：『憝，迷亂也。』『憝、悖、誖』並同。『憝』，曹憲音勃。」錢繹方言箋疏：「周語云：『於是乎有狂悖之言，有眩惑之明。』嵇康養生論：『喜怒悖其正氣。』通作『勃』。莊子庚桑楚篇：『六者，勃志也。』荀子脩身篇：『不由禮則勃亂提僈。』淮南人間訓：『其自養不勃。』鶡冠子王鈇篇：『事從一二，終古不勃。』史記天官書：『熒惑爲勃亂，殘賊。』〔後〕漢書吴漢傳：『比勑公千條萬端，何意臨事勃亂。』史弼傳：『二弟階寵，終身勃慢。』『勃』與『憝』同。」

〔三〕頓愍：廣雅釋詁三：「頓、愍，亂也。」王念孫疏證：「淮南子要略云：『終身顛頓乎混溟之中，而不知覺寤乎昭明之術。』是『頓』爲昏亂也。爾雅：『訰訰，亂也。』『訰』與『頓』，聲近義同……『愍』字本作『忞』，或作『暋』，又作『泯』，其義並同。說文引立政云：『在受德忞。』今本作『暋』。康誥云：『天惟與我民彝大泯亂。』『泯』亦亂也。吕刑云：『泯泯棼棼。』是也。傳訓『泯』爲『滅』，失之。莊子外物篇：『慰暋沈屯。』『屯』與『頓』通、『暋』與『愍』通。合言之則曰『頓愍』。方言注云：『頓愍，猶頓悶也。』淮南子脩務訓：『精神曉泠，鈍聞條達。』高誘注云：『鈍聞，猶鈍惛也。』文子精誠篇作『屯閔』，義並與『頓愍』同。」

〔四〕惛：錢繹方言箋疏：「說文：『惛，不憭也。』玉篇：『惛，亂也，癡也。』孟子梁惠王篇：『王曰：吾惛。』趙岐注曰：『王言吾情思惛亂。』漢書劉向傳：『臣甚惛焉。』顏師古注：『惛謂不了，言惑於此事也。』通作『昏』。晉語云：『童昏不可使謀。』」

〔五〕氐惆：揚雄於下文云「氐惆」謂「飲藥毒懣」，又謂「愁恚憒憒、毒而不發」。郭璞注：「氐惆猶懊憹也。」錢繹方言箋疏：「汗襦謂之祇裯，弊衣謂之祇裯，惛亂謂之氐惆，皆爲形容之辭，無定字，亦無定名也。今吳人謂小兒煩懣懊惱聲如躋遭，即『氐惆』之轉也。」丁惟汾方言音釋：「『氐惆』爲『顛頓』之雙聲音轉……『顛頓』即顛倒，亦爲惛也。飲藥煩懣、神志顛倒，故亦謂之氐惆。」

〔六〕飲毒藥懣：廣雅釋詁三王念孫疏證引方言作「飲藥毒懣」。周祖謨方言校箋：「『飲毒藥懣』當爲『飲藥毒懣』之誤。本書卷三云：『凡飲藥傅藥而毒南楚之外謂之瘌。』毒者苦也。」按：當據正。

〔七〕眠眩：戴震方言疏證：「尚書説命：『若藥弗瞑眩。』孔穎達疏曰：『瞑眩者，令人憤悶之意也。』方言云：『凡飲藥而毒東齊海岱間或謂之瞑，或謂之眩。』郭璞云：『瞑眩亦通語也。』」見前卷三。『瞑、眠』古字同。」廣雅釋詁三：「眠眩，亂也。」王念孫疏證：「『眠』字或作『瞑』。玉篇『瞑』音眉田切，又音麪。荀子非十二子篇：『瞑瞑然。』楊倞注云：『瞑瞑，視不審之貌。』淮南子覽冥訓云：『其視瞑瞑。』並與『眠』同。玉篇『眩』音胡徧、胡蠲二切。周語：『觀美而眩。』李善注景福殿賦引賈逵注云：『眩，惑也。』合言之則曰『眠眩』……楚語及孟子滕文公篇並引書『若藥不瞑眩』，趙岐注云：『瞑眩，憒亂也。』韋昭注云：『頓瞀也。』史記司馬相如傳：『視眩眠而無見。』漢書作『眩泯』，揚雄傳：『目冥眴而亡見。』並與『眠眩』同。」又參卷三第一二條匯證〔八〕。

5b三一　悦〔一〕、舒〔二〕，蘇也〔三〕。謂蘇息也。楚通語也。

匯證

〔一〕悦：錢繹方言箋疏：「『悦』之言脱也、蜕也。高誘注淮南精神訓云：『脱，舒也。』昭十九年公羊傳：『復加一飯，則脱然愈。』何休注：『脱然，疾除貌也。』莊子至樂篇云：『胡蝶胥也化而爲蟲，生於竈下，其狀若脱，其名爲鴝掇。』司馬彪：『脱音悦，云新出皮悦好也。』説文：『蜕，蛇蟬所解皮也。』曹風蜉蝣篇云：『蜉蝣掘閲。』毛傳：『掘閲，容閲也。』鄭箋云：『掘閲，掘地解閲，謂其始生時也。』正義云：『此蟲土裏化生。閲者，悦懌之意。掘閲者，言［其］掘地而出，形容鮮悦也。』『閲』，釋文音『悦』。皆蘇息之意也。」按：詩「掘閲」並非方言之「悦」也。

〔二〕舒：錢繹方言箋疏：「廣韻：『舒，徐也。』召南野有死麕篇：『舒而脱脱兮。』毛傳：『舒，徐也。脱脱，舒遲也。』『脱』與『悦』，古通字。廣雅：『舒，展也。』釋言：『展，適也。』郭注云：『得自申展，皆適意。』義亦與『蘇』相近。」

〔三〕蘇：郭注：「謂蘇息也。」錢繹方言箋疏：「樂記：『蟄蟲昭蘇。』鄭注云：『更息曰蘇。』宣八年左氏傳：『殺諸絳市，六日而蘇。』孟子梁惠王篇引書曰：『后來其蘇。』通作『穌』。廣雅：『穌，生也。』玉篇：『穌，更生也。』廣韻：『穌，息也。』『穌』與『蘇』同。」

三二一　眠娗〔一〕、莫典、塗殄二反。脉蜴〔二〕、音析。賜施〔三〕、輕易。茭媞〔四〕、恪交、得懈二反。譠謾〔五〕、託蘭、莫蘭二反。㥏忚〔六〕，麗、醯二音。皆欺謾之語也。楚郢以南東揚之郊通語也。六者亦中國相輕易蚩弄之言也。

匯證

〔一〕眠娗：戴震方言疏證：「列子力命篇：『眠娗、諈諉、勇敢、怯疑四人相與游於世，胥如志也，窮年不相讁發，自以行無戾也。』張湛注引方言：『眠娗，欺謾之語也。』又引郭璞云：『謂以言相蚩弄也。』」廣雅釋詁二：「謾譠，欺也。」王念孫疏證：「『眠娗』亦『謾譠』也，方俗語有侈弇耳。」

〔二〕脉蜴：「脉」同「脈」。戴震方言疏證：「『脈蜴』當即『眽摘』，語之轉耳。劉熙釋名云：『眽摘猶譎摘也。』」錢繹方言箋疏：「『脈蜴』即『眠娗』之轉耳。釋魚：『蜥蜴、蝘蜓。』是其例也……『眽摘』又『脈蜴』之轉矣。」

〔三〕賜施：錢繹方言箋疏：「『賜施』亦『脈易』之轉矣。」

〔四〕茭媞：文獻未詳。吴承仕經籍舊音辨證：「『茭』訓乾芻，本無欺謾之義，上文又云『江湘之間獪或謂之㺒』，慧黠、欺謾舊多互訓，則『茭』即『謬』，亦即『狡』也。方言博採異語，隨取一字以象其聲，不必悉書本字，亦不盡與說文相應。」

〔五〕譠謾：廣雅釋詁二：「謾譠，欺也。」王念孫疏證：「集韻、類篇引此『謾譠』作『譠謾』……說文：『謾，欺也。』韓子守道篇云：『所以使衆人不相謾也。』賈子道術篇云：『反信爲慢。』『譠』之言誕也，合言之則曰『譠謾』，倒言之則曰『謾譠』，『謾譠』猶『謾誕』。韓詩外傳云：『謾誕者，趨禍之路。』是也。倒之則曰『誕謾』。史記龜策傳云：『人或忠信而不如誕謾。』是也。」錢繹方言箋疏：「『譠謾』猶『眠娗』，方俗語之侈弇耳。」

〔六〕㦈忚：周祖謨方言校箋：「原本玉篇『謧』下云：『方言：謧忚，欺慢之語也。埤蒼爲㦈字。』是顧野王所據方言『㦈』作『謧』。」錢繹方言箋疏：「廣雅：『㦈忚，欺慢也。』玉篇：『㦈忚，欺謾之語。』廣韻同，『謾』作『慢』。『忚』與『他』、『慢』與『謾』並同。單言之則曰『㦈』、曰『他』。廣雅又云：『㦈，欺也。』『他』通作『詑』。說文云：『沇州（人）謂欺爲詑。』衆經音義卷八引纂文云：『兖州人以相欺人爲訑人。』『訑』即『詑』之俗字。廣雅又云：『誕，訑也。』『誕』與『娗』同。燕策云：『寡人甚不喜訑者言也。』『詑、訑』並與『他』同。」

三三　𩕄〔一〕、頟〔二〕、顔〔三〕，顙也〔四〕。湘江之間謂之𩕄〔五〕，今建平人呼頟爲𩕄，音旃裘。中夏之謂頟〔六〕，東齊謂之顙，汝潁淮泗之間謂之顔〔七〕。

匯證

〔一〕𩕄：郭璞注：「今建平人呼頟爲𩕄。」文獻用例未詳。

〔二〕頟：戴震方言疏證：「頟、額同……沈彤釋骨云：『横在髮際前者曰額，顱亦曰額，額之中曰顔、曰庭，其旁曰額角，眉間曰闕，其下曰下極。下極者，目間也。眉目間亦通曰顔。』」廣雅釋親：「𩕄、顔、題、顙，頟也。」王念孫疏證：「釋名云：『額，鄂也，有垠鄂也，故幽州人則謂之鄂也。』『額』與『頟』同。」

〔三〕顔：戴震方言疏證：「齊語：『天威不違顔咫尺。』韋昭注云：『顔，眉目之間。』史記高祖本紀：『隆準而龍顔。』集解：

『應劭曰：顏，頟顙也，齊人謂之顙，汝南淮泗之間曰顏。』」廣雅釋親：「顏，頟也。」王念孫疏證：「顏之爲言岸然高也。鄘風君子偕老篇：『揚且之顏也。』毛傳云：『廣揚而顏角豐滿。』呂氏春秋遇合篇：『陳有惡人焉，曰敦洽讎麋，椎顙廣顏，色如漆赭。』史記蔡澤傳：『先生曷鼻巨肩，魋顏蹙齃。』『顏』皆謂頟也，索隱以爲『顏貌』，失之。」錢繹方言箋疏：「蓋皆就方俗之稱言之。若依説文，則『顏』爲眉間之名，即醫經之所謂闕，道書之所謂上丹田，相書之所謂中正印堂，不得與『頟、顙』混而一之也。」

〔四〕顙：諸覆刻宋本同。明吴琯古今逸史本、程榮漢魏叢書本、胡文煥格致叢書本、鄭樸揚子雲集本、明抄本均作「顙」，戴震方言疏證作「顙」。按：「顙」乃唐宋間俗字，唐長孫仁及妻陸氏墓誌：「見海桒之或變。」「桒」即「桑」字，由此知「顙」即「顙」字。又慧琳一切經音義卷一、卷四、卷三二引方言字作「顙」，卷一二、卷一七、卷四五、卷七〇、卷八二、卷八三、卷八八、卷九四引方言作「顙」。戴本定作「顙」是也。廣雅釋親：「顙，頟也。」王念孫疏證：「説文：『顙，頟也。』説卦傳云：『其於人也，爲廣顙。』又云：『其於馬也，爲的顙。』爾雅：『的顙，白顛。』顛、顁、題，一聲之轉。」

〔五〕湘江：盧文弨重校方言作「江湘」。周祖謨方言校箋：「『湘江』當作『江湘』，御覽卷三六四引不誤。盧本作『江湘』是也。玉篇『𩕊』下引作『江淮』。」按：當據盧本改。

〔六〕之謂：明刻諸本作「謂之」是也，當據改。

〔七〕汝潁淮泗：太平御覽卷三六四引作「河濟淮泗」。

三四　頷〔一〕、頤〔二〕，頜也〔三〕。謂頷車也。南楚謂之頷，亦今通語爾。秦晉謂之頜。頤，其通語也。

匯證

〔一〕頷：同「頷」，下文同。戴震方言疏證：「春秋宣公五年公羊傳：『絶其頷。』何休注云：『頷，口。』馬融長笛賦：『寒熊振頷。』李善注引方言：『頷，頤也。』玉篇引方言『頷、頤，頜也』。『頷』，説文作『顄』，云『頤也』。釋名云：『輔車或曰牙車，或曰頷，或曰頰車，或曰鬑車。』沈彤釋骨云：『耳下曲骨載頰在頷後者曰頰車、曰曲頰、曰巨屈。』『説文「頷」與「頤」同訓「顄」，蓋從口内言之，若從口外言，則兩旁爲頷，頷前爲頤，不容相假，故内經無通稱者。』」説文頁部：「顄，頤也。」段玉裁注：「方言作『頷』，於説文爲假借字。」

〔二〕頤：廣雅釋親：「頤，頷也。」王念孫疏證：「説文：『𦣝，顄也。』篆文作『頤』，籀文作『䪿』……釋名云：『頤，養也，動於下、止於上，上下咀物以養人也。或曰頷車。頷，含也，口含物之車也。』」

〔三〕頷：廣雅釋親：「顄、頤，頷也。」王念孫疏證：「頷之言含也。説文：『頷，顄也。』」説文段玉裁注：「依方言，則緩言曰頷，急言曰頷。頷當讀如合也。」周祖謨方言校箋：「廣雅釋親：『顄、頤，頷也。』與此相同。玉篇『頷』下引本書作『頷、頤，頷也』，玄應音義卷一引同。」按：慧琳一切經音義有引作「頷，頤也」者，如卷五、卷三六、卷九二（文字略異）、卷九四；有引作「頷，頷也」或「頤，頷也」者，如卷三七、卷八四、卷九〇；亦有引作「頷，頰也」者，如卷七五。文選馬融長笛賦：「寒熊振頷。」李善注引方言：「頷，頤也。」亦與今本異，今仍其舊，不改宋本。

6a 三五　紛怡〔一〕，喜也。湘潭之間曰紛怡，或曰巸巳〔二〕。嬉、怡二音。

匯證

〔一〕紛怡：廣雅釋詁一：「紛怡，喜也。」王念孫疏證：「後漢書延篤傳云：『紛紛欣欣兮其獨樂也。』爾雅：『怡，樂也。』」

〔二〕巸巳：周祖謨方言校箋：「『巸巳』，玄應音義卷七、卷二十五及慧琳音義卷九引並作『熙怡』，音義同。」錢繹方言箋疏：「釋詁：『怡、喜，樂也。』衆經音義卷一引舊注云：『怡，〔心〕之樂也。』又云：『怡，古文媐同。』説文：『媐，説樂也。』集韻『媐』或省作『巸』。襄十年左氏傳杜預注：『子駟所殺公子媐之黨。』釋文：『媐，本亦作熙，又音怡。』列子力命篇注引字林：『熙，歡笑也。』襄二十九年左氏傳：『廣哉，熙熙乎。』杜預注：『熙熙，和樂聲。』『巸、媐、熙』，並字異義同。説文『嬉』或作『𡟯』。『巸』與『喜』亦相近。『巳』，郭音『怡』，是『巸巳』猶『熙怡』也。」

三六　㴾〔一〕，或也。酒酣。沅澧之間凡言或如此者曰㴾如是。亦此憨聲之轉耳〔二〕。

匯證

〔一〕㴾：戴震方言疏證：「或、㴾，一聲之轉。」錢繹方言箋疏：「今松江人讀『或』如『穫』，與『㴾、憨』聲並相近。」按：後之方言中有此詞，然義有小變。章炳麟新方言釋詞：「今廣州謂『何故如是』曰㴾，音如憨，俗作『咁』。長沙問『何事』曰『或事得』，以『或』爲何，猶以『咁』爲何矣。」

〔二〕亦此憨：明刻諸本作「此亦憨」。戴震方言疏證改作「此亦憨」，云：「『此亦憨』三字有舛誤。『㴾、憨』語輕重異耳，當是亦言憨。」

三七　愮〔一〕、療〔二〕，治也。江湘郊會謂醫治之曰愮。俗云厭愮病。音曜。愮又憂也。博異義也。或曰療。

匯證

〔一〕愮：同「愮」，下文及注内同。戴震方言疏證：「玉篇云：『愮，憂也。』『療、愮』，語之變轉，故愮可從療爲治，療又可從愮爲憂。廣雅：『搖、療，治也。』搖、愮古通用。」參本條匯證〔二〕。

〔二〕療：戴震方言疏證：「春秋襄公二十六年左傳：『不可救療。』杜預注云：『療，治也。』……療愮語之變轉。」廣雅釋詁三：「療，治也。」王念孫疏證：「説文：『𤻲，治也。』陳風衡門篇：『可以樂飢。』鄭箋：『樂』作『𤻲』。韓詩外傳作『療』，並字異而義同。説文：『藥，治病草也。』大雅板篇云：『不可救藥。』襄二十六年左傳云：『不可救療。』『療、搖、藥』並同義。『搖、療』之同訓爲治，猶『遥、遼』之同訓爲遠，『燿、燎』之同訓爲照，聲相近，故義相同也。」廣雅釋詁二：「亂，理也。」王念孫疏證：「理與治同意……理謂之『撩』，猶治謂之『療』也……方言：『療，治也。』是其證矣。」王引之經義述聞卷一八春秋左傳中「藥石」條：「『藥』字古讀若曜，説見唐韻正。聲與『療』相近。故申鑒俗嫌篇云：『藥者，療也。』『藥石』謂療疾之石，專指一物言之，非分『藥』與『石』爲二物……三十一年傳：『不如吾聞而藥之也。』家語正論篇同，王肅云：『藥，療也。』大雅板篇『不可救藥』，韓詩外傳『藥』作『療』。莊子天地篇曰：『有虞氏之藥瘍也。』荀子富國篇曰：『不足以藥傷補敗。』『藥』字並與『療』同義，『藥石』猶『療石』耳。」

三八　茻〔一〕、凶位反。莽〔二〕，嫫母反〔三〕。草也。東越揚州之間曰茻，南楚曰莽。

匯證

〔一〕茻：錢繹方言箋疏：「說文：『茻，草之總名。』釋草云：『茻，草。』舍人注云：『凡百草，一名卉。』郭注云：『百草總名。』禹貢云：『島夷卉服。』鄭注云：『揚州下溼，故衣草衣。』小雅四月篇云：『百卉具腓。』」

〔二〕莽：「莽」之訓草，見卷三第八條匯證〔六〕。

〔三〕嫫母反：王念孫手校明本删「反」字。盧文弨重校方言亦删「反」字，云：「俗本有『反』字。案卷三内無，蓋讀莽如嫫母之母，後人妄增『反』字非也，今去之。」周祖謨方言校箋：「盧本删『反』字是也。」按：當據删。此讀莽音如「嫫母」之「嫫」，非如「嫫母」之「母」。

6b 三九　悈鰓〔一〕、悈，音良愅〔二〕；鰓，音魚鰓。乾都〔三〕、音干。耇〔四〕、音垢。革〔五〕，老也。皆老者皮色枯瘁之形也。皆南楚江湘之間代語也。凡以異語相易謂之代也。

匯證

〔一〕悈鰓：「悈」同「悈」。戴震方言疏證：「玉篇云：『悈，老也。』義本此。注内『良愅』，『愅』本作『諽』。說文云：『悈，飭也。讀若戒。』玉篇云：『或作愅。』廣韻：『諽，謹也。』『良愅』之語，蓋猶言『良謹』，楷革反。」按：老者謂之「悈鰓」，似當以音求之，戴説恐非是。「悈鰓」訓老，文獻未詳。疑「悈、乾、革」均爲「耇」之音轉，「悈鰓」之「鰓」、「乾都」之「都」均爲後綴音尾。參下「耇」字匯證。

〔二〕音良惮：劉台拱方言補校：「當作欺惮。」

〔三〕乾都：説見本條匯證〔一〕。

〔四〕耇：爾雅釋詁上：「耇，壽也。」郭璞注：「耇，猶耆也。皆壽考之通稱。」郝懿行義疏：「説文云：『老人面凍黎若垢。』釋名云：『耇，垢也，皮色驪顇恒如有垢者也……或曰凍梨，皮有斑點，如凍梨色也。』行葦箋云：『耇，凍梨也。』正義引孫炎曰：『面凍梨，色似浮垢也。』左氏僖二十二年正義引舍人曰：『耇，覯也。血氣精華覯竭，言色赤黑如狗矣。』是諸家説『耇』字互異，郭氏皆不從，而云『耇猶耆也』者，『耆』訓老也。詩：『遐不黄耇。』毛傳：『耇，老也。』書：『耇造德不降。』鄭注及方言並與毛同。此皆郭所本也。」參卷一第一八條匯證〔六〕。

〔五〕革：説見本條匯證〔一〕。

四〇　抋〔一〕、揰祕〔二〕。抌〔三〕，都感反，亦音甚。推也〔四〕。南楚凡相推搏曰抋，或曰揔〔五〕；苦骨反。沅湧澆幽之語澆水，今在桂陽，音扶；涌水，今在南郡華容縣也。或曰攩〔六〕。今江東人亦名推爲攩，音晃。

匯證

〔一〕抋：廣雅釋詁三：「抋，擊也。」王念孫疏證：「列子黄帝篇云：『攩抋挨抌。』張衡西京賦云：『徒搏之所撞抋。』」錢繹方言箋疏：「下卷云：『柲，刺也。』注：『矛戟之穫，所以刺物者也。』説文：『柲，欑也。』椎搏謂之抋，猶刺物謂之柲也。」

〔二〕揰祕：戴震方言疏證作「神祕」。盧文弨重校方言改作「攩抋」，云：「張湛注列子黄帝篇『攩抋挨抌』，『抋』音蒲結反，又扶畢反。此音『攩抋』當如湛音。宋本作『神祕』，各本作『揰抋』，皆誤。殷敬順列子釋文『抋』音扶閉反，亦非『祕』音。」錢繹方言箋疏同戴本作「神祕」，云：「抋，廣韻引作『撁，亦作抋』，『音神祕』與宋本正合。」王國維書郭注方言後三：「文選西京賦：『徒搏之所撞挑。』是『揰挑』乃『撞挑』之譌。『揰、撞』一字也。」按：王氏所説於致譌之理最切，當據王校改。

〔三〕抌：廣雅釋詁一：「抌，刺也。」王念孫疏證：「説文：『抌，深擊也。』列子黄帝篇云：『攩挑挨抌。』燕策云：『臣左手把其袖，而右手揕抗其胸。』史記荆軻傳作『右手揕其胸』。集解云：『徐廣曰：揕，一作抗。』索隱云：『揕，謂以劍刺其胸也。抗，拒也，其義非。』案：『抗』乃『抌』字之譌。集韻、類篇『揕、抌』並音陟甚切，故『揕』字或作『抌』……説文：『戡，刺也。』『戡、揕』並從『甚』聲，義亦同也。」按：「抌」訓刺，訓深擊，方言謂椎曰「抌」，「椎」亦擊也。

〔四〕推：劉台拱方言補校：「推當作椎。」説文木部「椎」字下段玉裁注：「方言『椎』字，今本多誤從手作『推』。」王念孫讀書雜志淮南内篇第十七説林「批伉」條引方言作「椎」云：「今本方言『椎』字亦誤作『推』，一切經音義卷四、卷八所引並作『椎』。」廣雅釋詁三「擊也」條王念孫疏證引方言作「椎」，下「推搏」之「推」亦作「椎」。錢繹方言箋疏改作「椎」，云：「『椎』，舊本作『推』，一本作『椎』。案：説文：『推，排也。』『椎，擊也。』衆經音義卷二引倉頡篇：『椎，打物也。』是『推』爲形近之譌。」按：當據諸家所校改作「椎」。

〔五〕揔：廣雅釋詁三：「揔，擊也。」集韻没韻：「楚謂擊爲揔。」皆本方言，而文獻未詳，今方言猶有此語，然義有小變。如湖北廣濟云：「一巴掌揔得老遠。」意謂推擊；又云：「自家不負責，往别人頭上揔。」意謂推卸推脱。浙江定海有「揔開」一詞。定海縣志：「謂擺脱責任曰揔開。」蓋古之遺語而義有引申。

〔六〕攩：郭璞注：「今江東人亦名推爲攩。」廣雅釋詁三：「攩，擊也。」集韻蕩韻：「攩，攩搌，擊也。」列子黄帝：「既而狎侮欺詒，攩挑挨抌。」張湛注：「攩，胡廣反，方言『今江東人亦名推爲攩』，又音晃，搥打也。」按：今雲南楚雄猶謂以手推人爲「攩」。又章炳麟新方言釋言：「今人猶謂支格曰攩。又廣雅：『當，直也。』今人謂以帷幕遮蔽曰攩，亦兼取當直義。」章氏所釋與郭説有别，蓋古今義有轉移矣。

四一　食閻〔一〕、音鹽。慫慂〔二〕，上子竦反，下音涌。勸也。南楚凡己不欲喜而旁人説之、不欲怒而旁人怒之謂之食閻，或謂之慫涌〔三〕。

匯證

〔一〕食閻：「閻」同「閻」。吴予天方言注商：「『食閻』一語，郭氏無注，戴、錢諸家，亦不詳其義。洪頤煊云：『爾雅釋詁：「食，僞也。」「閻」與「豔」字通。「食閻」謂僞爲豔羨之詞。』説亦未確。朱駿聲謂係發聲之詞，且云：『食者，「僉」字或「弇」字之形譌。廣雅亦承其誤。』循其説而究之：『食』乃『僉』字之譌。爾雅釋草：『蘾，烏蘋。』『蘋』即『蘞』字之誤，可據以互證也。」周祖謨方言校箋：「『食閻』當與『慫慂』同爲疊韻字，故朱駿聲説文通訓定聲謂『食』字爲『僉』字之譌，足備一説。」按：今仍舊本，存疑待質。「食閻」不當分訓，宜以音求之。

〔二〕慫慂：廣雅釋詁一：「慫慂，勸也。」王念孫疏證：「漢書衡山王傳：『日夜縱臾王謀反事。』顔師古注云：『縱臾，謂奬勸也。』史記作『從容』。汲黯傳：『從諛承意。』並與『慫慂』同。案：『慫慂』，疊韻也。單言之則謂之『聳』。方言云：『自關而西秦晉之間相勸曰聳，或曰將，中心不欲而由旁人之勸語亦曰聳。』昭六年左傳：『誨之以忠，聳之以行。』杜預注云：『聳，懼也。』漢書刑法志『聳』作『愯』，顔師古注云：『愯，謂奬也。』案：顔説是也。『聳之以行』，謂舉善行以奬勸之，故楚語『教之春秋，而爲之聳善而抑惡焉，以戒勸其心』，韋昭注云：『聳，奬也。』又案：『慫慂』者，從旁動之也，因而物之自動者亦謂之聳慂。漢書司馬相如傳：『紛鴻溶而上厲。』張［揖］注云：『鴻溶，竦踊也。』『竦踊、鴻溶』又語之轉矣。」

〔三〕涌：當作「慂」，胡文焕格致叢書本、明李珏刻本、明佚名刻本不誤。

7a 四二　欸〔一〕、音醫，或音塵埃。譩〔二〕，鳧鷖。然也〔三〕。南楚凡言然者曰欸〔四〕，或曰譩。

匯證

〔一〕欸：戴震方言疏證：「楚辭涉江篇：『欸秋冬之緒風。』王逸注云：『欸，歎也。』洪興祖補注引方言：『欸，然也。南楚凡言然者曰欸。』韋孟諷諫詩：『勤唉厥生。』李善注引方言曰：『唉，歎辭也。』此非方言文。」説文欠部「欸」字下段玉裁注：

「口部有『唉』字，譍也，與『欸』義别。項羽本紀：『亞父受玉斗，拔劍撞而破之，曰：欸，孺子不足與謀。』此正怒聲，字當作欸。方言：『欸，然也。南楚凡言然者曰欸，或曰譬。』此正訓『應』，字當作『唉』。」廣雅釋詁一：「欸，譍也。」王念孫疏證：「衆經音義卷十二引倉頡篇云：『唉，誇也。』説文：『誒，然也。』『唉，應也。』莊子知北遊篇：『狂屈曰唉。』李軌注云：『唉，應聲也。』『誒、唉』並與『欸』同。管子小問篇：『管仲曰：國必有聖人。桓公曰：然。』吕氏春秋重言篇『然』作『譆』，説苑權謀篇作『歖』。『譆、歖』與『欸』亦聲近而義同。」章炳麟新方言釋詞：「説文：『唉，應也。』『誒，一曰誒然。』方言：『欸，然也。』今應人及然許人皆言欸。聲稍侈則爲俞。爾雅：『俞，然也。』今公廷唱名，應者曰俞，讀如『或舂或揄』之揄，音由。世俗皆書作有，誤矣。聲又侈則爲唯。説文：『唯，諾也。』以水切。今應召者多言唯。」按：今人表示應答或表示同意，猶言「欸」。

〔二〕譬：戴震方言疏證：「廣雅：『欸、譬、然，譍也。』廣韻：『相言應辭。』『譍、應』古通用。」

〔三〕然：説文口部「嘫」字下段玉裁注：「『然』即『嘫』，應聲也。」錢繹方言箋疏：「『然』，説文作『嘫』，云『語聲也』。經傳通作『然』。下卷十二云：『譸、吁，然也。』注云：『皆應聲也。』」徐復補釋：「欸、然二字皆應聲，亦連用。陶潛答龐參軍詩序：『欸然良對，忽成舊遊。』」

〔四〕者：周祖謨方言校箋：「原本玉篇『譬』於題反，注引本書『南楚凡言然曰譬』，『然』下無『者』字。」

四三　緤〔一〕、末〔二〕、紀〔三〕，緒也〔四〕。南楚皆曰緤，音薛。或曰端〔五〕，或曰紀，或曰末，皆楚轉語也。

匯證

〔一〕緤：周祖謨方言校箋：「原本玉篇『紲』思列反，注云：『方言：紲，緒也。南楚曰紲。』『緤』均作『紲』。」按：「緤」與「紲」同。説文糸部：「紲，系也。……緤，紲或从枼。」「緤（紲）」本爲繩索名，以繩索捆繫亦名「紲」。廣雅釋器：「紲、繩，索也。」又廣雅釋詁二：「紲，係也。」王念孫疏證：「『系』與『係』同，亦作『繫』。『紲』之言曳也。釋名云：『紲，制也，牽制之也。』玉篇云：『凡繫縲牛馬皆曰紲。』字亦作『緤』，又作『靾』。士喪禮記：『乘車革靾。』鄭注云：『靾，韁也。』僖二十四年左傳：『臣負羈紲。』杜預注云：『紲，馬韁也。』正義引服虔注云：『一曰犬韁曰紲。』少儀：『犬則執緤，牛則執紖，馬則執靮。』鄭注云：『緤、紖、靮，皆所以繫制之者。』論語公冶長篇：『雖在縲紲之中。』孔傳云：『縲，黑索也。紲，攣也。』所以拘罪人。蓋『紲』爲係之通名，凡係人係物皆謂之紲，不專屬一物也。」按：方言義爲端緒，文獻用例未詳。

〔二〕末：錢繹方言箋疏：「逸周書武順解：『元首曰末。』易卦爻初爲本，上爲末。說文：『木上曰末。』廣雅：『耑、緒，末也。』是『末』與『緒』同也。」按：「末」本指樹梢，引申之，凡端、梢皆可謂之「末」。周禮考工記弓人：「下柎之弓，末應將興。」鄭玄注：「末猶簫也。」孫詒讓正義：「簫，弓末也。」淮南子墜形：「末有十日。」高誘注：「末，端也。」玉篇木部：「末，端也。」「端」與「緒」義相近也。

〔三〕紀：說文糸部：「紀，絲別也。」段玉裁注改作「別絲」，云：「『別絲』各本作『絲別』。棫樸正義引：『紀，別絲也。』又云：『紀者，別理絲縷。』今依以正。『別絲』者，一絲必有其首，別之是爲紀；衆絲皆得其首，是爲統。『統』與『紀』義互相足也，故許不析言之。禮器曰：『衆之紀也，紀散而衆亂。』注曰：『紀者，絲縷之數有紀也。』此『紀』之本義也。」錢繹方言箋疏：「『別絲』者，每絲必有其首，是爲緒也。」

〔四〕緒：廣雅釋詁一：「緒，末也。」又釋詁三：「緒，餘也。」王念孫疏證：「說文：『緒，絲耑也。』楚辭九章：『欸秋冬之緒風。』王逸注云：『緒，餘也。』莊子讓王篇：『其緒餘以爲國家。』司馬彪注云：『緒者，殘也，謂殘餘也。』山木篇：『食不敢先嘗，必取其緒。』『緒』亦餘也。釋文以爲次緒之緒，失之。」

〔五〕端：戴震方言疏證：「歐陽建臨終詩：『成此禍福端。』盧諶覽古詩：『昭襄欲負力，相如折其端。』李善注皆引方言：『端，緒也。』……『端、耑』古通用。」按：今語中猶有「端緒」一詞，是「端」即「緒」也。

四四　瞯〔一〕、音搜〔二〕。䀹〔三〕、音麗。闚〔四〕、貼〔五〕、勑纖反。占〔六〕、伺〔七〕，視也。凡相竊視，南楚謂之闚、或謂之瞯、或謂之貼、或謂之占、或謂之䀹。䀹，中夏語也。亦音睞也〔八〕。闚，其通語也。自江而北謂之貼、或謂之覘〔九〕。凡相候謂之占，

占猶瞻也。

匯證

〔一〕睃：廣雅釋詁一：「睃，視也。」王念孫疏證：「睃亦小視之名。『睃』之言葼也。卷二云：『葼，小也。』方言：『凡相竊視，南楚或謂之睃。』王延壽王孫賦云：『眙睕睃而脈睗。』」

〔二〕揔：戴震方言疏證作「總」，同。

〔三〕縚：郭璞注：「亦言睩也。」按：「睩」爲譌字，當作「瞟」，見本條匯證〔八〕。廣雅釋詁一：「瞭，視也。」王念孫疏證：「『縚、瞟』語之轉。玉篇：『瞟，視也。』廣韻作『矖』，字並與『瞭』同。」按：「縚」同「縚」，字彙補目部：「縚，與縚同。」「縚」同「覼」。集韻霽韻：「覼，説文：『求也。』一曰索視皃。或作縚。」文選郭璞江賦：「爾乃縚雰祲於清旭，覘五兩之動靜。」李善注：「方言曰：縚，視也。」

〔四〕闚：同「闚」。戴震方言疏證云：「班固西都賦：『魚窺淵。』李善注引方言：『窺，視也。』『窺』即『闚』。」廣雅釋詁一：「窺、瞡，視也。」王念孫疏證：「集韻引埤倉云：『瞡，眇視皃。』荀子非十二子篇：『瞡瞡然。』楊倞注云：『小見之貌。』『瞡』與『窺』聲義相近也。」按：暗中察看謂之「窺」，亦今之常語。

〔五〕䀡：戴震方言疏證：「禮記檀弓篇：『我喪也斯沾。』鄭注云：『沾，讀曰覘。覘，視也。』又：『晉人之覘宋者。』注云：『覘，闚視也。』學記：『呻其佔畢。』注云：『佔，視也。』晉語：『公使覘之。』韋昭注云：『覘，微視也。』『覘、䀡』同，通用『佔』。」按：説文見部：「覘，窺視也。」

〔六〕占：説文上部：「占，視兆問也。」段玉裁注：「周禮『占人』注曰：『占蓍龜之卦兆吉凶。』……此云『視兆問』，亦專謂龜卜。」按：「占」本指占卜，即古代問卜時察看甲骨坼裂之兆以揣度吉凶之行爲。其察看之義與「䀡」亦通，故窺視亦可謂之「占」。後漢書段熲傳：「臣動兵涉夏，連獲甘澍，歲時豐稔，人無疵疫，上占天心，不爲災傷。」李賢注：「占，候也。」揚雄謂「占猶瞻也」是也。廣雅釋言：「占，瞻也。」爾雅釋詁：「瞻，視也。」説文目部：「瞻，臨視也。」

〔七〕伺：盧文弨重校方言改作「覗」，云：「下文作『覗』，此處正文亦必爾……廣雅亦作『覗』，今據改正。」劉台拱方言補校：「方言上下文互異者頗有之，當仍其舊。」劉說是也。戴震方言疏證：「『覗、伺』同。」說文人部新附：「伺，候望也。」義謂偵候，或暗中探察。韓非子内儲說上：「吾聞數夜有乘輼車至李史門者，謹爲我伺之。」是其例也。

〔八〕睬：戴震方言疏證改作「瞟」，云：「注内『瞟』，各本譌作『睬』，今訂正。『瞟、䫉』一聲之轉。玉篇：『瞟，視也。』」按：當據戴校改。

〔九〕覗：周祖謨方言校箋：「慧琳音義卷二十、卷二十三引並作『伺』。」

7b 四五　𡖙〔一〕、惡孔反。𡖖〔二〕、奴動反。㖡，多也。南楚凡大而多謂之𡖙，或謂之𡖖。凡人語言過度及妄施行亦謂之𡖖。

匯證

〔一〕𡖙：廣雅釋詁三：「𡖙、𡖖、盛，多也。」王念孫疏證：「『𡖙』之言擁，『𡖖』之言濃，皆盛多之意也……後漢書崔駰傳：『紛繷塞路。』李賢注引方言『繷，盛多也』。『繷』與『𡖖』通。」「𡖙𡖖」亦可合言之，參本條匯證〔二〕引錢繹說。

〔二〕𡖖：錢繹方言箋疏：「『𡖖』通作『繷』……玉篇：『噥，多言不中也。』楚辭九思云：『群司兮譨譨。』洪興祖補注曰：『譨，多言也。奴侯切。』『譨、𡖖』一聲之轉。洪範：『次三曰農用八政。』某氏傳：『農，厚也。』正義引鄭注云：『農讀爲醲。』說文：『醲，厚酒也。』『厚』與『多』義相近。合言之則曰『𡖙𡖖』。玉篇：『𡖙𡖖，盛多皃。』『𡖙𡖖』疊韻字。」

四六　抯〔一〕、相黎〔二〕。摣〔三〕，以加反〔四〕。取也。南楚之間凡取物溝泥中謂之柤〔五〕，或謂之樝〔六〕。

匯證

〔一〕抯：廣雅釋詁一：「摣、抯，取也。」王念孫疏證：「『摣』與下『抯』字同……説文：『抯，挹也。』『𠭰，叉取也。』釋名：『摣，叉也，五指俱往叉取也。』今俗語猶呼五指取物曰摣。張衡西京賦：『摣狒猬，批窳狻。』薛綜注云：『「摣、批」皆謂戟撮之。』『摣、𠭰、抯』並同。」徐復補釋：「摣，亦作𠭰。見説文。亦省作查。文選任昉奏彈劉整：『婢采音舉手查范臂。』亦謂抓取。今字作揸。」按：説文手部：「抯……讀若樝棃之樝。」戴震方言疏證：「此注作『柤棃』，同。」段玉裁説文解字注：「『樝棃』見木部，側加切，古音在五部。按方言『抯、摣』實一字也，故許有『抯』無『摣』。」揚雄既然説「謂之抯，或謂之摣」，二字之音在南楚方言中似應有所不同。

〔二〕黎：戴震方言疏證作「棃」是也，當據正。「柤棃」或作「樝棃」，漢人語。

〔三〕摣：王念孫手校明本改作「摣」是也，陳與郊類聚本不誤。「摣」之釋見本條匯證〔一〕。

〔四〕以加反：戴震方言疏證改作「仄加反」，云：「各本『仄』譌作『以』。廣雅曹憲音釋作『反』，亦傳寫之譌。玉篇作『仄』，今據以訂正。」周祖謨據改，云：「集韻『摣』音莊加反，與玉篇音同。」按：當據戴校改。

〔五〕柤：當據本條上文改作「抯」。

〔六〕樝：當據本條上文改作「摣」，王念孫手校明本正作如此改。

四七　𠆩〔一〕、音汎。僄〔二〕，飄零。輕也。楚凡相輕薄謂之相𠆩，或謂之僄也。

匯證

〔一〕𠆩：廣雅釋詁三：「𠆩，輕也。」王念孫疏證：「𠆩之言汎也。方言注：『音汎。』説文：『汎，浮皃。』左思魏都賦：『過以汎剽之單慧。』張載注引方言：『汎、剽，輕也。』『汎』與『𠆩』通。玉篇『𠆩』又音『凡』。又玉篇『凡』字注及衆經音義卷二十三並引廣雅：『凡，輕也。』衆經音義云：『謂輕微之稱也。』孟子盡心篇云：『待文王而後興者，凡民也。』『凡』與『仉』通。」按：「仉、汎」義通，然「仉」非「汎」也。輕薄謂之「仉」，楚語也。後世山東方言猶有此語。一九三五年臨朐續志：「俗謂相戲曰仉，仉音如反。」

〔二〕僄：戴震方言疏證：「荀子脩身篇：『怠慢僄弃。』楊倞注云：『僄，輕也，謂自輕其身也，方言：楚謂相輕薄爲僄。』後漢書班固傳：『雖輕迅與僄狡。』袁紹傳：『僄狡鋒俠。』注皆引方言『僄，輕也』，音匹妙反。『仉僄』亦作『汎剽』。左思魏都賦『過以汎剽之單慧』劉逵注云：『揚雄方言曰：汎、剽，輕也。』曹植樂府詩白馬篇：『勇剽若豹螭。』李善注引方言：『剽，輕也。』」廣雅釋詁三：「僄，輕也。」王念孫疏證：「僄之言飄也。說文：『僄，輕也。』又云：『嫖，輕也。』周官草人云：『輕票用犬。』考工記弓人云：『則其爲獸必剽。』荀子議兵篇云：『輕利僄遬。』史記賈誼傳云：『鳳漂漂其高遰。』漢書作『縹』。司馬相如傳云：『飄飄有凌雲之氣。』並字異而義同。」

輶軒使者絶代語釋別國方言校釋匯證第十一

1a 一 蛥蚗〔一〕，蛥，音折；蚗，于列反，一音玦。齊謂之螇螰〔二〕，奚、鹿二音。楚謂之蟪蛄〔三〕，莊子曰「蟪蛄不知春秋」也。或謂之蛉蛄〔四〕，音零。秦謂之蛥蚗，自關而東謂之虭蟧〔五〕，貂、料二音。或謂之蝭蟧〔六〕，音帝。或謂之蜓蚞〔七〕，廷、木二音。西楚與秦通名也。江東人呼蟂蟧。

匯證

〔一〕蛥蚗：廣雅釋蟲：「蛥蚗，蛪也。」王念孫疏證：「『蛥蚗』爲蛁蟟，不與『蛪』同也……『蛥蚗』一名『蛜蚗』。說文云：『蛜蚗，蛁蟟也。』」按：「蛥蚗」，蟬名。後世北方官話中猶有此稱。光緒十年畿輔通志：「虭蟟，燕謂之蛥蚗。」又，說文虫部：「蚗，蛜蚗。」段玉裁注：「蛥，多聲，不當音折。疑方言有誤，當從許作蛜，音伊。」録以備考。

〔二〕螇螰：爾雅釋蟲：「蜓蚞，螇螰。」郭璞注：「即蝭蟧也。一名蟪蛄，齊人呼螇螰。」郝懿行義疏：「說文：『螇，螇鹿，虭蟟也。』又云：『蛜蚗，虭蟟也。』……按：方言作『虭蟧』，夏小正作『蝭蠑』，廣雅作『蹄蟧』，說文作『蛁蟟』，淮南道應篇注作『貂蟟』，今東齊人謂之『德勞』，或謂之『都盧』，揚州人謂之『都蟟』，皆『蜓蚞、螇螰』之語聲相轉，其不同者，方音有輕重耳。」王念孫爾雅郝注刊誤：「自『方言作虭蟧』以下八者皆是轉聲，但非蜓蚞、螇螰之轉聲。」

〔三〕蟪蛄：戴震方言疏證：「『蟪』亦通用『惠』。莊子逍遥游篇釋文司馬云：『惠蛄，寒蟬也，一名蝭蟧。』崔云：『虭蟧也，或曰山蟬。秋鳴者不及春，春鳴者不及秋。』楚辭招隱士篇：『蟪蛄鳴兮啾啾。』洪興祖補注引方言：『蛥蚗，齊謂之螇螰，楚謂之蟪蛄。』」

〔四〕蛉蛄：錢繹方言箋疏：「小蟬謂之蛉蛄，猶小馬車謂之軨、小船謂之舲、小鐘謂之鈴也。漢書百官公卿表注引伏儼曰：『軨，今之小馬車曲輿也。』高誘注淮南俶真訓云：『舲，小船也。』廣韻云：『鈴，似鐘而小。』」

〔五〕虭蟧：廣雅釋蟲：「䗖蟧，蛁蟟也。」王念孫疏證：「方言『䗖』作『蝭』，『蛁蟟』作『虭蟧』，四者皆『蛥蚗』別名也……夏小正：『七月寒蟬鳴。』傳云：『寒蟬也者，蝭蠑也。』『蝭蠑』與『䗖蟧』同，『蛁蟟』之轉聲也。今揚州人謂此蟬爲『都蟟』，亦『蛁蟟』之轉聲也。郭注方言云：『江東人呼蟂蟧。』又『蛁蟟』之變轉矣。太玄飾次八：『蛁鳴喁喁。』范望注云：『蛁，蟬也，恒托於木。』本草：『蚱蟬。』陶注云：『七月鳴者名蛁蟟，色青。』」錢繹方言箋疏：「『嘹噍』與『虭蟧』聲並相近，是『虭蟧』即以聲名之也。今東吴人謂爲『支蟟』，即『蝭蟧』之轉也……小蟬謂之虭蟧，猶小船謂之刀、小車謂之軺、小鼓謂之鞀也。衛風河廣篇箋云：『刀，小船也。』説文：『軺，小車也。』顏師古注漢書揚子雲傳云：『鞀，小鼓也。』」黄侃蘄春語：「蛁、虭、䗖、蝭皆雙聲，蟟、蟧、蠑亦皆雙聲，蛁蟟、虭蟧、蟂蟧皆疊韻，隨音作字，要一名耳。」

〔六〕蝭蟧：參本條匯證〔五〕。又錢繹方言箋疏：「小蟬謂之蝭蟧，猶小蹋謂之踶、小盆謂之𤭛、小甌亦謂之𤭛也。莊子馬蹄篇釋文引通俗文云：『小蹋謂之踶。』前卷五注云：『今河北人呼小盆爲𤭛。』御覽引通俗文云：『小甌曰𤭛。』皆是也。」

〔七〕蜓蚞：參本條匯證〔二〕。丁惟汾方言音釋：「『蜓蚞』亦與『螇螰』爲音轉。大凡物之能鳴者，多以其聲爲名。其所命之名，皆以各地之方音名之，方言各別，名則互異，以故一物而有多名。然其所命之名，皆與物之鳴聲相肖，若別其聲音之部居，審其轉變之音紐，雖名有複雜不同，可以知其爲同條共貫，此審音之妙用也。由是推之，則古今方言之轉化變遷，可以察知其故矣。」

二　蟬〔一〕，楚謂之蜩〔二〕，音調。宋衛之間謂之螗蜩〔三〕，今胡蟬也，似蟬而小，鳴聲清亮，江南呼螗蛦〔四〕。陳鄭之間謂之蜋蜩〔五〕，音良。秦晉之間謂之蟬，海岱之間謂之𧊔〔六〕。齊人呼爲巨𧊔，音技。其大者謂之蟧〔七〕，或謂之蝒馬〔八〕；按爾雅云：「蝒馬者蜩。」〔九〕非別名蝒馬也，此方言誤耳。其小者謂之麥蚻〔一〇〕，如蟬而小，青色〔一一〕。今關西呼麥蠽〔一二〕，音癰癥之癥。有文者謂之蜻蜻〔一三〕，即蚻也，爾雅云耳。其蟂蜻謂之疋〔一四〕，祖一反。大而黑者謂之蝬〔一五〕，音棧。黑而赤者謂之蜺〔一六〕。雲霓。蜩蟧謂之蠚蜩〔一七〕。江東呼爲蠚蠽也。蠅謂之寒蜩〔一八〕。寒蜩，瘖蜩也〔一九〕。按爾雅以蜺爲寒蜩，月令亦曰「寒蜩鳴」〔二〇〕，知寒蜩非瘖者也。此諸蟬名，通出爾雅而多駮雜，未可詳據也。寒蜩，螿也，似小蟬而色青〔二一〕。蠅，音應。

匯證

〔一〕蟬：錢繹方言箋疏：「説文：『蟬，以旁鳴者。』周官考工記梓人文也，鄭注：『旁鳴，蜩蜺屬。』荀子大略篇云：『飲而不食者，蟬也。』淮南説林訓：『蟬飲而不食，三十日而蜕。』初學記引作『蟬無口而鳴，三十日而死』。」按：「蟬」乃通稱，種類繁多，頭與觸角均短。其雄者，腹部有發音之器，可持續發出尖鋭之聲。其雌者，不發聲，腹部有聽音之器。

〔二〕蜩：爾雅釋蟲：「蜩，蜋蜩，螗蜩；蚻，蜻蜻；蠽，茅蜩；蝒，馬蜩；蜺，寒蜩。」邢昺疏：「此辨蟬之大小及方言不同之名也。云蜩者，目諸蜩也。」邵晉涵正義：「此别蟬之類，兼廣其異名也。詩疏引舍人云：皆蟬也，方語不同。」郝懿行義疏：「説文：『蜩，蟬也。』或从舟作『蚒』，引詩『五月鳴蜩』，毛傳：『蜩，螗也。』又『鳴蜩嘒嘒』『如蜩如螗』，傳並云：『蜩，蟬也。』是『蜩』爲諸蟬之總名。」

〔三〕螗蜩：爾雅釋蟲：「蜩，蜋蜩，螗蜩。」郭璞注：「夏小正傳曰：『螗蜩者，蝘。』俗呼爲胡蟬，江南謂之螗蛦，音荑。」郝懿行義疏：「今螗蜩小於馬蜩，背青緑色，頭有花冠，喜鳴，其聲清圓，若言『烏友』。『烏友』與胡蛦之聲相轉，蛦、蝘又聲相轉也。」

〔四〕周祖謨方言校箋：「御覽九四四引『呼』下有『爲』字。」

〔五〕蜋蜩：劉師培爾雅蟲名今釋：「孫炎注云：『蜋，五色具；蜩，宫中小青蟬也。』郭注引夏小正注曰：『蜋蜩鳴，五采具。』説文云：『蜩，蟬也。』詩毛傳云：『蜩，蟬也。』方言：『蟬，楚魏謂之蜋蜩。』案：蟬爲總名，蜩亦爲總名，又爲蜋蜩之專名。今此蟲入夏而鳴，所在多有。順天人謂之蝍蟟，淮南人謂之遮留，或曰支留，或曰蛣羅，山東謂之蛣蟟，均象其鳴聲以製名。其能鳴者，均于脅下生兩甲，甲能作聲，俗呼爲響版。别有色雜青緑之蟬，生蘆葦間，其身狹小，足色兼赤，入夏即鳴，先秋而死，俗名時蠽，即蜋蜩也。」按：「螗、蜋」疊韻，「螗蜩、蜋蜩」蓋爲方音轉語。

〔六〕𧌥：廣雅釋蟲：「𧌥、蛣，蟬也。」王念孫疏證：「『𧌥、蛣』，聲之轉也……『蛣』曹憲音去結反，玉篇『蛪』古頡切，廣韻苦結切，並云：『蛪蚼，似蟬而小。』『苦結』之音與『去結』同，疑『蛪』即『蛣』也。」

〔七〕蟧：廣雅釋蟲：「蟧、蝒，馬蜩也。」王念孫疏證：「蜩之大者也。」錢繹方言箋疏：「『蟧』之言侔也。玉篇：『侔，大也。』説文：『潦，雨水大貌。』玉篇：『亦作澇。』木華海賦：『飛澇相磢。』李善注：『澇，大波也。』廣韻：『鐒，麻莖大也。』蟬大謂之蟧，猶波大謂之澇、麻莖大謂之鐒，其義一也。」

〔八〕蝒馬：爾雅釋蟲：「蝒，馬蜩。」故方言郭注云：「非別名『蝒馬』，此方言誤耳。」按：爾雅郭注：「蜩中最大者爲馬蜩。」郝懿行爾雅義疏：「『蝒』乃『馬蜩』，非名『蝒馬』，故郭議其誤耳。初學記引孫炎曰：『蝒，馬蜩，蟬最大者也。』今此蟬呼爲馬蠽蟟，其形龐大而色黑，鳴聲洪壯，都無回曲。」說文虫部：「蝒，馬蜩也。」段玉裁注：「凡言馬者謂大，馬蜩者，蜩之大者也。方言……『蝒馬』二字誤倒。」錢繹方言箋疏：「『馬』亦大之名也。下文云：『蛆蟝，其大者謂之馬蚿。』釋蟲：『蚍蜉，大螘。』注云：『大者俗呼爲馬蚍蜉。』釋草云：『蘄茝，大薺。』廣雅一名『馬辛』。又：『紅，蘢古，其大者蘬。』鄭風山有扶蘇傳：『蘢，紅草也。』陸璣疏云：『一名馬蓼。』又：『芣苢，馬舃。』注云：『今車前草，大葉，長穗。』顏氏家訓云：『馬莧，堪食，亦名豚耳，俗名馬齒。』李時珍云：『馬齒莧，大葉，俗呼爲㹠耳。』月令仲冬之月『荔挺出』，鄭注：『荔挺，馬薤也。』神農本草謂之『蠡實』，蘇頌圖經云：『蠡實，馬藺子也，葉似㹠而長厚，三月間開紫〔碧〕花，五月結實作角子，如麻大而赤色，有稜。』皆是也。諸物並以『馬』字居上，此獨言『蝒馬』者，猶高誘注呂氏春秋仲夏紀以『螳蜋』爲『天馬』耳。郭氏據爾雅『蝒，馬蜩』之文以相訾議，不思子雲所採乃異國殊語，當時必有『蝒馬』之稱，而後載入方言，不必盡與爾雅相合。」劉師培爾雅蟲名今釋：「『蝒，馬』一聲之轉……方言『蝒馬』並言，明俗語或謂之『蝒』，或謂之『馬』耳。爾雅稱爲『馬蜩』，以『蝒』爲別名，實則一也。郭議方言爲非，亦屬非是。」

〔九〕蝒馬者蜩：戴震方言疏證作「蝒者馬蜩」。周祖謨方言校箋：「戴本作『按爾雅蝒者馬蜩』，與御覽卷九四四引合。」按：郭引爾雅非方言，今爾雅作「蝒，馬蜩」，陳與郊類聚本正作「蝒者馬蜩」，戴校是也，當據正。

〔一〇〕麥蚻：戴震方言疏證：「夏小正：『四月鳴札札者，寧縣也……』郭璞注爾雅引夏小正『札』作『蚻』、『寧縣』作『虎縣』……」按：方言本條郭注云：「如蟬而小，青色。今關西呼麥蠽。」爾雅釋蟲：「蚻，蜻蜻；蠽，茅蜩。」郝懿行義疏：「『麥蠽』即『蠤蠽』，『麥、蠤』聲亦相轉。今此蟬形尤小，好鳴於草梢也。」錢繹方言箋疏：「『茅、麥』同聲，『蠽、蚻』同字，故下文又謂之『蠤蜩』。」

〔一〕青色：周祖謨方言校箋：「戴本作『音札』。案爾雅釋蟲『蠽茅蜩』，郭注云：『江東呼爲茅截，似蟬而小，青色。』則『青色』二字似不可少。」

〔二〕周祖謨方言校箋：「御覽引『呼』下有『爲』字。」按：下文「蠚蜩」下、爾雅釋蟲「蠽茅蜩」郭注「呼」下均有「爲」字，依例當據太平御覽卷九四四引補「爲」字。

〔三〕蜻蜻：爾雅釋蟲：「蚻，蜻蜻。」郝懿行義疏：「詩碩人傳：『螓首，顙廣而方。』箋云：『螓，謂蜻蜻也。』正義引孫炎曰：『方言云有文者謂之螓。』今方言作『蜻』者，螓、蜻聲相轉也。正義又引舍人曰：『小蟬色青青者。』某氏曰：『鳴蚻蚻者。』然則『蚻蚻』象其聲，『蜻蜻』象其色。今驗此蟬，棲霞人呼『桑蠽蟟』，順天人呼『咨咨』，其形短小，方頭廣頟，體兼彩文，鳴聲清婉若咨咨然，與蚻蚻之聲相轉矣。」

〔四〕鳭蜻：太平御覽卷九四四引「鳭」下無「蜻」字，集韻質韻引「鳭」下有「者」字。按：有「者」字爲是。

疋：戴震方言疏證改作「尐」。周祖謨方言校箋：「戴本改作『尐』是也。玉篇『蚻』子栗切，注云：『蜻蚻也，與尐同。』」按：當據戴本改作「尐」。「尐」爲雌蜻之名，蓋以「小」爲義也。本書卷一二：「尐、杪，小也。」說文小部：「尐，少也。」王筠句讀：「沙亦作𣲡。𣲡，水少沙見也。是尐與少同義。」「少」與「小」義相通。廣雅釋詁二：「尐，小也。」王念孫疏證：「物多則大，少則小，故方言云：『尐，小也。』」錢繹方言箋疏：「凡物之雌者，必小於雄……小蟬謂之尐，亦謂之蠽，猶小雛謂之尐，小鷄謂之鷄也。」是也。章炳麟新方言釋言：「今惠潮、嘉應之客籍謂少爲尐，讀若屑。浙之紹興、寧波狀物之小及少皆曰一尐，尐讀若說。」

〔五〕蝬：錢繹方言箋疏：「『蝬』，本或作『蠽』。玉篇『蝬』仕板切，『馬蝬也』。又『蠽』昨仙切，引方言云：『鳴蟬也。』廣韻二仙同音『錢』，是玉篇、廣韻所據本作『蠽』。『蠽』與『蝬』通，今吴俗呼蟬聲正如『蝬』矣。釋蟲云：『蛝，馬蝬。』郭注：『馬蠲，蚐。俗呼馬蜒。』下文云：『馬蚿，北燕謂之蛆蟝，其大者謂之馬蚰。』『蚰』與『蜒』同。廣雅：『馬蝬，蠽蛆也。』又云：『蛆蟝、馬蜒，馬蚿也。』說文：『蠲，馬蠲也。』引明堂月令曰：『腐草爲蠲。』淮南時則訓作『腐草［化］爲蚈』，高誘注：『蚈，馬蚿也。幽冀謂之秦渠。』馬蚿謂之馬蝬，亦謂之蠽蛆，亦謂之秦渠，猶蟬謂之蠽，亦謂之蠽，亦謂之螓，皆聲之轉也。」

〔一六〕蜺：戴震方言疏證：「月令：『孟秋之月寒蟬鳴。』鄭注云：『寒蟬，寒蜩，謂蜺也。』考工記：『以旁鳴者。』鄭注云：『旁鳴，蜩蜺類。』」按：爾雅釋蟲：「蜺，寒蜩。」郭注：「寒螿也，似蟬而小，青赤。月令曰：寒蟬鳴。」郝懿行義疏：「蜺者，説文云：『寒蜩也。』夏小正云：『寒蟬鳴。寒蟬也者，蝭蠑也。』方言云：『⿰虫應謂之寒蜩。寒蜩，瘖蜩也。』郭注：『似小蟬而色青。』高誘淮南注：『寒蟬，青色也。』今此蟬青綠色，鳴聲幽抑，俗人呼之秋涼者也。郭云『寒螿』，本草陶注：『寒螿九月十月中鳴，甚悽急。』然則『寒螿』能鳴，方言以爲『瘖蜩』，廣雅以爲『闇蜩』。『闇』與『瘖』同。郭引月令以駁方言，謂『寒蜩非瘖』，竊詳古記，驗以今所見聞，寒蟬悽咽，抱樹苦吟，及至秋晏，默爾聲沈。故後漢書杜密傳云：『劉勝知善不薦，聞惡無言，隱情惜己，自同寒蟬。』李賢注云：『寒蟬，謂寂默也。』是寒蟬閟響當在深秋，涼風初至，方始有聲。故月令記其鳴，而方言謂之瘖，其義各有當也。」錢繹方言箋疏：「説文：『霓，屈虹青赤或白色，陰氣也。』虹青赤色謂之霓，蟬黑赤色謂之蜺，其義一也。」

〔一七〕此句戴震方言疏證別爲一條。周祖謨方言校箋：「由下文郭注『此諸蟬名通出爾雅』一語，可知原與上文爲一節。」

蓋蜩：參本條匯證〔一〇〕。

〔一八〕⿰虫應：錢繹方言箋疏：「廣雅：『闇蜩，⿰虫應也。』曹憲音『譍』。『闇』與『瘖』同。玉篇：『⿰虫應，寒蜩也，似蟬而小。』廣韻：『⿰虫應，寒蟬。』『⿰虫應』之爲言猶瘖也。後漢書杜密傳：『劉勝知善不薦，聞惡無言，隱情惜己，自同寒蟬。』李賢注云：『寒蟬，謂寂默。』是寒蟬爲瘖蟬也。郭氏引爾雅、月令以議子雲，亦非也。家君曰：文選〔曹植贈白馬王彪詩〕注引蔡邕月令章句云：『寒蟬應陰而鳴，鳴則天涼，故謂之寒蟬。』高誘淮南子注云：『寒蟬，青蟬也。蟲陰類，感氣鳴也。』蓋此蟬不鳴于夏，因有『瘖蜩』之名，至立秋陰氣鼓動，乃應候而鳴，故復號爲『寒蜩』。今池歙間人呼秋蟬爲寒⿰虫應子。『⿰虫應』之爲言猶瘖也，迨秋深寒氣過甚，則又無聲。楚辭九辯云：『悲哉秋之爲氣也，蟬寂寞而無聲。』是也。今按：蟬有大小二種，並有雌雄。雄者于脅下左右生兩甲，能作聲，俗謂之響版，考工記梓人疏云：『蟬鳴在脅。』是也。雌者無之，不能鳴，即謂之瘂蟬，古謂之蚱蟬，陶宏景本草注云『蚱蟬』即是瘂蟬。『瘂蟬，雌蟬，不能鳴者』，是也。小者俗名時鐵，生蘆葦間，色青綠，最先鳴，聲甚清亮，惟不甚長，聲與大蟬絶異，亦不能至秋……其大者嘗生柳樹下……其色赤黑，聲更長而遠，俗稱之爲蜨蟧。蟬聲如支遼、鐰。『瘂』與『瘖』同義，然此謂雌蟬不能鳴，非謂寒蜩也。」

「蟪謂之寒蜩」句以下，戴震方言疏證亦別爲一條。

〔一九〕瘖蜩：周祖謨方言校箋：「瘖，玉燭寶典卷七及御覽卷九四四引均作『闇』，下注文同。案：廣雅釋蟲字亦作『闇』。」「瘖蜩」說見本條匯證〔一八〕。

〔二〇〕寒蜩鳴：周祖謨方言校箋：「玉燭寶典引作『寒蟬鳴』。」

〔二一〕似小蟬而色青：盧文弨重校方言據曹毅之本改作「似蟬而小，色青」。周祖謨方言校箋：「案爾雅釋蟲『蜺，寒蜩』郭注云：『寒螿也。似蟬而小，色青赤。』又玉篇『蟪』下云：『寒蜩也，似蟬而小。』據此可證盧本是也。」

1b 三　蛄詣謂之杜蛒〔一〕。音格。螻螲謂之螻蛄〔二〕，音室塞〔三〕。或謂之蟓蛉〔四〕。象、鈴二音。南楚謂之杜狗〔五〕，或謂之蛞螻〔六〕。

匯證

〔一〕蛄詣：盧文弨重校方言據曹毅之本改作「蛄諸」。劉台拱方言補校：「案盧校是也，集韻作『蛄諸』。」錢繹方言箋疏：「爾雅疏引作『者』，蓋即『諸』之誤脱其半耳。」按：當據盧校改正。説文虫部：「蛄，螻蛄也。」段玉裁注：「孟子：『蠅蚋姑嘬之。』蚋，一作蟠，或云蟠姑即螻蛄也。」朱駿聲通訓定聲：「（方言諸名）皆一聲之轉。」「今按螻蛄，黄色，四足，頭似狗，形似鼠，夜鳴聲如蚯蚓，喜就燈光，翅短不能遠飛……今俗謂之土狗。」

杜蛒：錢繹方言箋疏：「『杜蛒、杜狗』，一聲之轉。」劉師培爾雅蟲名今釋：「蛄螻轉音則爲蛞螻、杜蛒。」「螻蛄」參本條匯證〔二〕，「杜狗」參本條匯證〔五〕。

〔二〕螻螲：劉師培爾雅蟲名今釋：「（螜，天螻。）此蟲本名螻蛄。蛄，音轉爲螜；又轉爲蟈。螻，音轉爲蟠，又轉爲蛉。由蛉姑而轉爲津姑，由螻蛄而轉爲螻蛭。」按：「螻蛭」乃同義複詞，「螻」謂螻蛄，「蛭」亦謂螻蛄。李海霞漢語動物命名考釋：「蛭，猶室，言蟲掘室于土中。蛭，上古以室爲聲符，窒、室同聲符，並可通用。」蛭「指螻蛄。掘穴土中」。

螻蛄：戴震方言疏證：「夏小正：『三月螜則鳴。』螜，天螻也。王褒洞簫賦：『螻蟻蝘蜓。』李善注引方言：『南楚謂螻蛄爲蛞螻。』枚乘七發：『蚑蟜螻蟻聞之。』注引方言：『南楚或謂蛄爲螻。』此所引脱誤。爾雅：『螜，天螻。』郭璞注云：『螻蛄也。』又：『蟔，蛖螻。』注云：『蛖螻，螻蛄類。』」廣雅釋蟲：「姑螻、蝝蛉、蛞螻，螻姑也。」王念孫疏證：「姑一作蛄……埤雅引孫炎爾雅正義云：『螜是雄者，喜鳴，善飛。雌者腹大羽小，不能飛翔，食風與土也。』……『螻蛄』疊韻字，聲轉而爲『螻蝛』，倒言之則爲『蛞螻』矣……順天人謂之拉拉古，即螻蛄之轉聲也。其單言之則或爲螻。吕氏春秋應同篇：『黄帝之時，天先見大螾大螻。』高誘注云：『螻，螻蛄也。』慎小篇：『巨防容螻。』注云：『隄有孔穴，容螻蛄也。』或又謂之蝼蛄。埤雅引廣志小學篇云：『螻蛄，會稽謂之蟉蛄。』孟子滕文公篇：『蠅蚋姑嘬之。』釋文云：『蚋，諸本或作蟉。一説云：蟉姑即螻蛄也。』『蟉』與『螻』聲正相近矣。螻姑短翅，四足，穴土而居，至夜則鳴，聲如蚯蚓。」爾雅釋蟲：「螜，天螻。」郝懿行義疏：「螻蛄翅短，不能遠飛，黄色，四足，頭如狗頭，俗呼土狗，即杜狗也，尤喜夜鳴，聲如蚯蚓，喜就燈光。」李海霞漢語動物命名考釋：螻「猶鏤，挖空。螻蛄鏤土穴居」；蛄「模擬其鳴聲」。

〔三〕室：戴震方言疏證改作「窒」，是也。當據正，明刻諸本作「窒」不誤。

〔四〕蝝蛉：劉師培爾雅蟲名今釋「螜，天螻」條：「螻音轉爲蟉，又轉爲蛉。」按：「蝝蛉」名原未詳。李海霞漢語動物命名考釋：「蝝猶象，喻其大……螻蛄似蟋蟀而大得多。蛉，屬語素，蟋蟀好些叫蛉，如馬蛉、黄蛉、青蛉等。」

〔五〕杜狗：廣雅釋蟲「螻姑」條王念孫疏證：「今人謂此蟲爲土狗，即杜狗也。」劉師培爾雅蟲名今釋「螜，天螻」條：「今此蟲色雜黑黃，郝疏以爲黃色，非。穴土而居，四足，大腹，能飛而翅短，大如蜣蜋，入夜則鳴，聲如蚯蚓，或見燈而飛，其頭似狗，故今人呼爲土狗。即杜狗之轉音。順天人謂之拉拉古。即螻蛄之轉音。」

〔六〕蛞螻：「螻蛄」倒言之聲轉則爲「蛞螻」，參本條匯證〔二〕。又錢繹方言箋疏：「李善洞簫賦注引作『南楚謂螻蛄爲括螻』。『括』與『蛞』通。」

2a 四 蜻蛚〔一〕，即趨織也〔二〕。精、列二音。楚謂之蟋蟀〔三〕，或謂之蛬〔四〕；梁園呼蛬〔五〕，音鞏。南楚之間謂之蚟孫〔六〕。孫一作絲〔七〕。

匯證

〔一〕蜻蛚：戴震方言疏證：「考工記：『以注鳴者。』鄭注云：『注鳴，精列屬。』『精列』即『蜻蛚』。」廣雅釋蟲：「𧒂、趗織、蚟孫，蜻蛚也。」王念孫疏證：「唐風蟋蟀篇：『蟋蟀在堂。』正義引李巡爾雅注云：『蛬，一名蟋蟀。蟋蟀，蜻蛪也。』月令：『季夏之月，蟋蟀居壁。』正義引孫炎爾雅注云：『蟋蟀，蜻蛚也，梁國謂蛬。』」錢繹方言箋疏：「古音『率』讀如『律』，『蜻蛚、蟋蟀』，一聲之轉也。」李海霞漢語動物命名研究：蜻「即青，黑色。蛚，模擬一些蟋蟀的叫聲」。

〔二〕趨織：周祖謨方言校箋：「『趨』當作『趣』。詩蟋蟀陸璣疏云：『蟋蟀，幽州人謂之趣織。』文選古詩云：『趣織鳴東壁。』是其證也。」按：周校是也，藝文類聚卷九七引方言郭注字正作「趣」，當據正。戴震方言疏證：「淮南鴻烈時則篇：『蟋蟀在奧。』高誘注云：『蟋蟀、蜻蛚，促織也。』廣雅：『蛬、趗織、蚟孫，蜻蛚也。』『趗、促』同。」爾雅釋蟲：「蟋蟀，蛬。」郭璞注：「今促織也，亦名蜻蛪。」郝懿行義疏：「陸璣疏云：『蟋蟀似蝗而小，正黑有光澤如漆，有角翅，一名蛬，一名蜻蛪，楚人謂之王孫，幽州人謂之趨織。里語曰「趨織鳴、嬾婦驚」是也。』月令疏引孫炎曰：『蜻蛪也，梁國謂之蛬。』按：今順天人謂之趨趨，即促織、蟋蟀之語聲相轉耳。」廣雅釋蟲：「趗織，蜻蛪也。」王念孫疏證：「『趗』一作『促』……古詩云：『促織鳴東壁。』李善注引春秋考異郵：『立秋趣織鳴。』宋均注云：趣織，蟋蟀也，立秋女功急，故趣之。』御覽引春秋説題詞云：『趣織之爲言趣織也，織興事遽，故趣織鳴、女作兼也。』」錢繹方言箋疏：「吳下名曰『趲織』，義同『促織』，亦聲之轉也。『趨、趗、促、趣』，並字異義同。」李海霞漢語動物命名考釋：「蟋蟀、促織、趨織、財積、蛐蛐兒，模擬蟋蟀嘖嘖的鳴聲。人們在擬聲的時候，常有意對自然聲音進行加工，賦予人文內容。促織、趨織、財積等，可以稱之爲『賦義擬聲』。」

〔三〕蟋蟀：爾雅釋蟲：「蟋蟀，蛬。」邢昺疏：「蟋蟀一名蛬，今促織也。」錢繹方言箋疏：「『蟋蟀』疊韻，亦隔標雙聲也。古音『率』讀如『律』，『蜻蛚、蟋蟀』一聲之轉也。説文：『䘁，悉䘁也。』『悉䘁』與『蟋蟀』同。」

〔四〕蛬：蟋蟀異名。廣雅釋蟲：「𧒂，蜻蛪也。」王念孫疏證：「『𧒂』一作『蛬』……古今注云：『蟋蟀一名吟蛩，一名蛩。』」

『⿱出虫』與『⿱屈虫』同，今人謂之屈屈，則⿱屈虫之轉聲也。」

〔五〕梁園：戴震方言疏證改作「梁國」。周祖謨方言校箋據改，云：「禮記月令正義引孫炎注云：『蟋蟀、蜻蛚，梁國謂之蛬。』」下「蛩」同「蛬」。

〔六〕虰孫：蟋蟀異名。周祖謨方言校箋：「虰，周禮考工記正義及玉燭寶典卷六引均作『王』，陸璣毛詩草木魚蟲疏亦云：『楚人謂之王孫。』」按：藝文類聚卷九七引亦作「王」，然廣雅釋蟲「虰孫」與此同。蓋本作「王孫」，「虰」乃因涉「蟲」而增益「虫」旁。

〔七〕孫一作絲：盧文弨重校方言：「當是後來校者所加。孔（繼涵）云：當作『蛭絲』，即絡緯也。」

五　螳蜋謂之髦〔一〕，有斧蟲也。江東呼爲石蜋〔二〕，又名齕肬〔三〕。或謂之虰〔四〕，按爾雅云：「螳蜋、蛑。」「虰」義自應下屬〔五〕，方言依此説，失其指也。或謂之蝆蝆〔六〕。

匯證

〔一〕螳蜋：戴震方言疏證作「螳螂」，云：「『螂』亦作『蜋』。月令仲夏之月『螳蜋生』，鄭注云：『螳蜋，螵蛸母也。』歐陽詢藝文類聚云：『王瓚問曰：爾雅云「莫貈、螳蜋」同類物也，今沛魯以南謂之蟷蠰，三河之域謂之螳蜋，燕趙之際謂之食朧，齊濟以東謂之馬敫，然名其子則同云螵蛸，是以注云「螳蜋，螵蛸母也」。』此所引蓋鄭志文，唐時猶存，而孔穎達正義於月令引方言云……所引亦即鄭志，當是不知者妄改爲方言，爾雅疏又襲其誤，後人遂疑今本方言脱此數語，非也……淮南鴻烈時則篇高誘注云：『螳蜋，世謂之天馬，一名齕朧，兖豫謂之巨斧也。』爾雅：『不過，蟷蠰。其子蜱蛸。』『莫貈，螳蜋，蛑。』郭璞注云：『螳蜋，有斧蟲，江東呼爲石蜋。孫叔然以方言説此義，亦不了。』」按：通作「螳螂」，此蟲全身緑色，或土黄色，頭呈三角形，活動靈便，觸角呈絲狀，胸部細長，有兩對翅，前腿呈鐮刀狀。亦謂之刀螂。廣雅王氏疏證：「螳蜋，今謂之刀蜋，聲之轉也。」

髦：戴震方言疏證：「蛑、髦，一聲之轉。」爾雅釋蟲：「莫貈、蟷蜋，蛑。」郝懿行義疏：「蛑，郭音牟，又亡牢反。然則『蛑』

與『髦』字異音同，『莫貈』合聲亦爲髦。」

〔二〕石蜋：錢繹方言箋疏：「今江東呼爲『斫郎』，即『石蜋』之轉也。」

〔三〕齕肬：廣雅釋蟲：「齕肬，螗蜋也。」王念孫疏證：「高誘注吕氏春秋仲夏紀云：『螳蜋，一曰天馬，一曰齕疣，兖州謂之拒斧。』『疣』與『肬』同。『肬』從『尤』聲，古音當爲羽其反。『食肬、齕肬』皆疊韻字也……諸書寫此字或作『朧』者，『肬』之譌；或作『厖』者，『疣』之譌也。本草云：『桑螵蛸，一名蝕肬。』『蝕』與『食』同。『食肬』，螳蜋别名，非螵蛸也，本草誤耳。」

〔四〕虰：郭注云：「『虰』義自應下屬，方言依此説，失其指也。」爾雅釋器：「莫貈、螳蜋，蛑。」「虰蛵，負勞。」孫叔然取下文「虰」字上屬，故郭璞於爾雅注中非之：「孫叔然以方言説此義，亦不了。」方言亦誤以「虰」爲螳蜋，故郭璞指正之。郭説是也。

〔五〕虰：當作「虰」，字之誤也。靜嘉堂文庫影宋抄本、明刻諸本不誤，當據正。

〔六〕蛘蛘：周祖謨方言校箋：「蛘當作蝆。集韻母婢切。」是也，當據正。廣雅釋蟲：「芈芈、齕肬，螗蜋也。」王念孫疏證：「集韻：『蝆，母婢切。蝆蝆，螗蜋也。』『蝆』與『芈』同。」錢繹方言箋疏：「世父詹事君曰：『髦』即『蛑』之轉，『蝆蝆』即『莫貈』之轉。説文『貈』即『狐貉』之『貉』，『貉』有『貊』音，『莫』與『貊』古文又通用，則『莫、貈』異文而同音。『莫貈』猶『莫莫』，亦猶『蝆蝆』也。」

六　姑蠪謂之强蛘〔一〕。米中小黑甲虫也〔二〕。江東名之蛁〔三〕，音加。建平人呼芊子〔四〕，音芊〔五〕。芊即姓也。

匯證

〔一〕姑蠪：戴震方言疏證：「爾雅：『蛄蠪，强蛘。』郭注云：又『米穀中蠹，小黑蟲是也，建平人呼爲蛘子』。」周祖謨方言校箋：「爾雅釋蟲『蛄蠪，强蛘』，『姑』字作『蛄』，説文『蠪』下同。」按：邢昺疏引方言亦作「蛄」。爾雅郝懿行義疏：「此蟲大如黍米，赤黑色，呼爲『牛子』，音如『甌子』，登萊人語也。廣東人呼『米牛』，紹興人呼『米象』，並因形以爲名。」

强蛘：「蛘」當作「蛘」，由郭注可知，見下引劉師培及本條匯證〔四〕。劉師培爾雅蟲名今釋：蛩、强「一聲之轉……今此蟲生米穀中，色雜赤黑，山東人呼爲『牛子』，或呼爲『甌子』，揚州人亦呼爲『甌子』。蓋『芈』音轉爲『牟』，又由『牟』音轉爲『牛』也，『甌』又『牛』字之轉音。吴人則呼爲『羊子』，讀若『陽』，蓋猶誤讀『芈』爲『羊』，而俗語相傳遂亦呼爲『羊子』。今人據吴人所呼之音並改説文、方言之『芈』爲『羊』，並疑郭注音『芈』姓之誤，非也。」黄侃爾雅音訓：「『蛘』，釋文本或作『芈』。『芈』之言米也，『米、芈』聲通，楚芈姓即鬻熊之鬻，是其例也。」按：段玉裁所説不同，録以備考。説文虫部：「蛩，蛄蛩，强羊也。」段注云：「羊，釋文所引及宋本如此，當音陽，蓋今江東人謂麥中小黑蟲爲羊子者是也。鉉本作蛘，李仁甫本作芈，皆非是。釋蟲曰：『蛄蛩，强蛘。』郭云：『今米穀中蠹，小黑蟲是也。建平人呼爲蛘子。蛘，亡婢反。』郭音恐未諦。方言：『蛄蛩謂之强羊。』字亦正作『羊』。郭注廣之，以『江東名蛩，音加。建平人呼蛘子，音芈姓』。不得改方言正文作蛘也。爾雅正文恐亦本作羊。」

〔二〕虫：即「蟲」字。

〔三〕蛩：江淮官話猶有此語，光緒十二年泰興縣志：「米蠹謂之蛩。」膠遼官話謂之「蛩蟲」。疑「蛩」之言「甲」也，蓋以米中小蟲有黑甲而名之也。

〔四〕芊子：戴震方言疏證作「蛘子」。劉台拱方言補校亦云：「『芊子』當作『蛘子』。」周祖謨方言校箋：「爾雅釋蟲疏引作『蛘』，戴本不誤。」按：當據戴本改。

〔五〕芊：此「芊」及下文「芊」俱當作「芈」，爾雅釋蟲邢昺疏引作「音楚姓芈之芈」可證。

七　蟒〔一〕，即蝗也。莫鯁反。宋魏之間謂之蚮〔二〕，音貸。南楚之外謂之蟅蟒〔三〕，蟅音近詐，亦呼吒蛨〔四〕。或謂之蟒，或謂之螣〔五〕。音滕。

匯證

〔一〕蟒：猶「蜢」，即指今之所謂蚱蜢，屬蝗科，故郭注「即蝗也」。集韻梗韻：「蜢，虴蜢，蝗類。或作蟒。」錢繹方言箋疏：「『蟒、螟』一聲之轉，爾雅、説文分言之，方言渾言之耳……『蟒』亦爲『蝗』之變轉矣。」

〔二〕蚮：戴震方言疏證：「詩小雅：『去其螟螣。』毛傳：『食葉曰螣。』釋文云：『螣字亦作𧈢，徒得反。』月令仲夏之月『百螣時起』，鄭注云：『螣，蝗之屬，言百者，明衆類並爲害。』爾雅：『食葉，𧈢。』釋文云：『𧈢字又作蟘，又作蚮，同徒得反。』説文引詩作『去其螟蟘』。是『蚮、螣』字異音義同。」廣雅釋蟲「蝩蟒，蚮也」王念孫疏證：「『蚮』猶言『螣』也，方俗語有輕重耳。」

〔三〕蝩蟒：廣雅釋蟲：「蝩蟒，蚮也。」王念孫疏證：「『虴蛨』猶言『蝩蟒』也……高誘注吕氏春秋仲夏紀云：『百螣，動股之屬，兖州人謂蝗爲螣。』又注淮南時則訓云：『百螣，動股蝗屬也。』是鄭以『螣』爲蝗名，高以『百螣』爲蝗名也。案：『百、蛨』聲相近。蝗謂之『螣』，又謂之『虴蛨』，因又謂之『百螣』與？」説文虫部：「蝩，螽也。」段玉裁注：「即今北人所謂蛨蚱，江南人謂之蝗蟲。蝩蟒，虴蜢，一語之轉。」錢繹方言箋疏：「今吴俗謂蝗類之小者爲蚱蜢，亦即『蝩蟒、虴蛨』之轉也。倒言之則曰『蛨虴』。玉篇：『蛨，亡百切，蛨虴』也。今北人謂之『蛨蚱』，亦倒言之也。」

〔四〕吒：當作「虴」，靜嘉堂文庫藏影宋抄本、清抄本不誤，當據正。

〔五〕𦪷：同「螣」。參見本條匯證〔二〕。又錢繹方言箋疏：「説文：『螣，神蛇也。』廁『蝮、蚺』之間，是『螣』之本義爲蛇，從『朕』聲，故與『滕、騰、縢』等字同音，毛詩假借爲『螟蟘』字。玉篇：『𧓰，徒登切，蟲食禾葉。』廣韻有『螣』無『𧓰』，云：『螣蛇。或曰食禾蟲。』音同，是『𧓰』爲正字，方言作『螣』者，亦借『螣』爲『𧓰』，猶『蟒』爲蛇類，而『蚮』亦名蟒，不可謂『蟒』即『蚮』也。或字本作『𧓰』，後譌爲『螣』耳。『螣、蚮』亦一聲之轉，方俗語有輕重也。」按：「𧓰」爲後起本字，作「螟蟘」字之「螣」，本無其字之借也。

2b八　蜻蛉謂之蝍蛉〔一〕。六足四翼虫也〔二〕。音靈。江東名爲狐黎〔三〕，淮南人呼蝀蚜〔四〕。蝀，音康；蚜，音伊。

匯證

〔一〕蜻蛉：戴震方言疏證：「爾雅：『虰蛵，負勞。』郭璞注云：『或曰即蜻蛉也。江東呼狐梨，所未聞。』梨、黎同。」廣雅釋蟲：「蜻蛉、蝍蛉，倉螘也。」王念孫疏證：「説文：『蛉，蜻蛉也。一名桑根。』淮南齊俗訓：『水蠆爲蟌。』高誘注云：『蟌，青蛉也。』又注呂氏春秋精諭篇云：『蜻蜓，小蟲，細腰四翅，一名白宿。』……案：此蟲色青者爲蜻蛉，蜻蛉之言蒼筤也。説卦傳：『震爲蒼筤竹。』九家易云：『蒼筤，青也。』故又謂之倉螘，又謂之蟌。倉猶蒼也，蟌猶蔥也。爾雅云：『青謂之蔥。』……楚策云：『蜻蛉六足四翼，飛翔乎天地之間，俛啄蚉䖟而食之，仰承甘露而飲之，此其情狀也。』御覽引尸子云：『荊莊王命養由基射蜻蛉，拂左翼。』『蜻蛉』身輕翼薄，故中之爲難矣。今人通呼蜻蜓，順天人謂之流離，或謂之馬郎。」錢繹方言箋疏：「此蟲止有四足，以爲六足者皆誤也。有青有赤，亦有青白相間者。」

蝍蛉：廣雅釋蟲王念孫疏證：「由蜻蛉轉之則爲蝍蛉，爲蜻蜓。」錢繹方言箋疏：「蝍蛉亦青白相雜之名。」

〔二〕虫：即「蟲」。

〔三〕狐黎：廣雅釋蟲「倉螘」條王念孫疏證：「列子天瑞篇：『厥昭生乎濕。』釋文引曾子云：『狐藜，一名厥昭，恒翔繞其水，不能離去。』又引師説云：『狐藜，蜻蛉蟲也。』古今注云：『蜻蛉，一名青亭，色青而大者是也。小而黃者曰胡梨，一曰胡離。小而赤者曰赤卒，一名絳騶，一名赤衣使者，一名赤弁丈人，好集水上。』」參本條匯證〔一〕。

〔四〕蝀蚜：今江淮方言和粵語中猶有此呼，名原未詳。

九　春黍謂之𧒂蝑〔一〕。𧒂，音蘩〔二〕；蝑，音壞沮反〔三〕。又名蚣𧒂，江東呼虴蛨〔四〕。

匯證

〔一〕春黍：戴震方言疏證：「詩周南：『螽斯羽。』毛傳：『螽斯，蚣蝑也。』釋文云：『蚣，字林作「蜙」，郭璞先工反；「蝑」粟居反，郭璞才與反。揚雄、許慎皆云「春黍」。郭璞注方言云：「江東呼爲蚱蜢。」蚱，竹白反，蜢，音猛。』豳風：『五月斯螽動股。』毛傳：『斯螽，蚣蝑也。』考工記：『以股鳴者。』鄭注云：『股鳴，蚣蝑，動股屬。』爾雅：『蜇螽，蚣蝑。』郭璞注云：『蚣蝑也，俗呼春黍。』釋文云：『蜇，本又作蟴，詩作斯。』」廣雅釋蟲：「蚣蝑，蝽黍也。」王念孫疏證：「聲之轉也……周南螽斯篇正義引（陸璣）義疏云：『幽州人謂之春箕。春箕即春黍，蝗類也，長而青，長角長股，股鳴者也。或謂似蝗而小，班黑，其股似瑇瑁文，五月中以兩股相切作聲，聞數十步。』……今揚州人謂色青者爲『青抹札』，班黑者爲『土抹札』。『土抹札』蓋即爾雅之『土螽，蠰谿』也。郭璞注『土螽』云『似蝗而小』，正與詩義疏相合矣。」

〔二〕音藂：周祖謨方言校箋：「盧氏據曹毅之本作『音㚇』，誤。案萬象名義『蝬』音才公反，爾雅釋文音才東反，並與『藂』字同音。」

〔三〕壞沮反：戴震方言疏證改作「牆沮反」，盧文弨重校方言據曹毅之本作「思沮反」。劉台拱方言補校：「段云『反』是剩字。」周祖謨方言校箋：「案注文不當有『反』字。『蝑』，郭音『壞沮』之沮也。詩螽斯釋文及爾雅釋蟲釋文並云：『蝑，郭璞音才與反。』才與反即音沮。集韻語韻在吕切『沮』下云：『壞也。』又同紐『蚤』下云：『蟲名。方言春黍謂之蚤蝑。』『蚤』即『蝑』字之誤。據此可證郭讀『蝑』與『沮』同音。」按：「反」字當刪。

〔四〕蛨：詩周南螽斯釋文引此注「蛨」作「蜢」。

一〇　蟦蠀謂之蚻蠖〔一〕。即、蹴二音。蠖，烏郭反，又呼步屈〔二〕。

〔一〕蠀⿰虫就：廣雅釋蟲：「尺蠖，蠀⿰虫就也。」王念孫疏證：「蠀⿰虫就者，『趑趄』之轉聲。説文云：『趑趄，行不進也。』廣韻『⿰虫就』作『蝤』，音『縮』，云『蝍蝤，尺蠖』也。則『蝍蝤』之名，正以退縮爲義矣。」按：即尺蠖蛾之幼蟲，行動時身體向上彎成弧狀，故名。

蚇蠖：戴震方言疏證：「『蚇』古通用『尺』。易繫辭：『尺蠖之屈，以求信也。』爾雅：『蠖，尺蠖。』郭璞注云：『今蝍蝤。』……潘尼贈侍御史王元貺詩：『蠖屈固小往。』李善注云：『郭璞方言注曰：尺蠖又呼爲步屈也。』廣雅：『尺蠖，蠀⿰虫就也。』本此。説文云：『尺蠖，屈申蟲也。』考工記：『麋筋斥蠖灂。』鄭注云：『斥蠖，屈蟲也。』『斥蠖』即『尺蠖』。太平御覽引郭注云：『尺蠖，有呼步屈，其色青而細小，或在草木葉上，今蜾蠃所負爲子者。』『有』即『又』之譌。」

〔二〕步屈：廣雅釋蟲：「尺蠖，蠀⿰虫就也。」王念孫疏證：「尺蠖之行，屈而後申，故謂之步屈。」按：太平御覽卷九四五引此條郭注，「步屈」以下有二十字，見本條匯證〔一〕戴氏引。戴震方言疏證云：「或屬脱文。」盧文弨重校方言、錢繹方言箋疏亦認爲「此二十字今注無之，當是脱誤」。周祖謨方言校箋引太平御覽所引郭注，未予按斷。胡芷藩書周祖謨方言校箋後：「（方言校箋）乃沿用錢氏箋疏之説，其實錢説本無可取。請以下列三處證之。（一）爾雅釋蟲：『蠖，尺蠖。』正義引方言云：『蠀⿰虫就謂之蚇蠖。』郭氏彼注云：『又呼步屈。』（二）又：『螟蛉，桑蟲。』正義引陸璣曰：『螟蛉者，桑上小青蟲也。似步屈，其色青而細小，或在草葉上。果蠃，土蜂也，似蜂而小腰，取桑蟲負之於木空中，七日而化爲子。』（三）詩小宛：『螟蛉有子，果蠃負之。』正義引陸璣説與上文同。唯『草葉』作『草萊』，『爲子』作『爲其子』。綜合以上三處引文看來，郭注祇有『又呼步屈』四字甚明。至於『其色青而細小……』以下的話，乃節録陸璣毛詩草木鳥獸蟲魚疏之語，御覽連類引之而誤連綴於郭注之下耳。又按，所引御覽見九四五卷。校箋在他處引用御覽皆記明卷數，此條未記明卷數，故以爲沿用箋疏之説而失於别擇。」按：胡氏所説是也。盧文弨方言校正補遺已改變他在重校方言中的觀點，並明確認定「無脱文」：「御覽引郭注云云，見卷九百四十五，乃陸璣毛詩義疏所引，唯『有呼步屈』四字爲郭注，餘皆陸氏語。詩小宛正義引陸璣云：『螟蛉者，桑上小青蟲也，似步屈，其色青而細小，或在草葉上。』

可證。御覽卷九百四十八『尺蠖』下引郭璞曰『步屈也』，則知並無脱文。」

一一 䗬〔一〕，燕趙之間謂之蠓螉〔二〕。蒙、翁二音。其小者謂之蠮螉〔三〕，小細腰䗬也。音饐噎。或謂之蚴蛻〔四〕；幽、悦二音〔五〕。其大而蜜謂之壺蠭〔六〕。今黑䗬穿竹木作孔亦有蜜者，或呼笛師〔七〕。

匯證

〔一〕䗬：戴震方言疏證改作「蠭」，與本條下文同。周祖謨方言校箋：「紺珠集引同。」按：説文蚰部：「蠭，飛蟲螫人者。」段玉裁注：「左傳：『蠭蠆有毒。』按釋蟲言『土蠭、木蠭』，無單言『蠭』者。許書則『蝸、蠃』下云：『細腰土蠭也。』即爾雅之『土蠭』。然則此單言『蠭』，即爾雅之『木蠭』也。本艸經『露蜂房』，亦謂木上大黄蠭窠也，其房大者如甕，小者如桶，云『露蠭』，正對土蠭在地中言之。許謂土蠭爲細要純雄，其飛蟲螫人者則謂大黄蠭，並非細要純雄無子者。」又按：「蠭」方言單言之，當爲通名，其名蓋因鳴聲而得也。

〔二〕蠓螉：廣雅釋蟲：「蠓螉，蜂也。」錢繹方言箋疏：「『蠭、蠓螉』並疊韻字。」丁惟汾方言音釋：「蠭爲蠓螉之合聲，蠓螉，蠭聲也。」

〔三〕蠮螉：盧文弨重校方言改「蠮」作「蠮」，云：「『蠮』亦作『蝘』，舊本誤作『蠮』，字書無，今改正。」周祖謨方言校箋：「盧本改作『蠮』是也。爾雅釋蟲：『果蠃，蒲盧。』郭注云：『即細胷蠭也，俗呼爲蠮螉。』『蠮』從虫從翳。又慧琳音義卷七十六及爾雅疏引本文亦作『蠮』，當據以訂正。」按：盧校是也，當據正。戴震方言疏證：「詩小雅：『螟蛉有子，蜾蠃負之。』毛傳：『螟蛉，桑蟲也；蜾蠃，蒲盧也。』鄭箋云：『蒲盧取桑蟲之子，〔負持而〕去，煦嫗養之，以成其子。』中庸：『夫政也者，蒲盧也。』鄭注云：『蒲盧，蜾蠃，謂土蜂也。』『蜂、蠭』同。爾雅：『果蠃，蒲盧。』郭注云：『即細腰蠭也，俗呼爲蠮螉。』『果、蜾』同。」廣雅釋蟲：「蚴蛻、土蜂，蠮螉也。」又：「蝘，螠也。」王念孫疏證：「『螠』或作『䗬』。玉篇：『螠，小蜂也。』『䗬，小蜂也。』『蝘，蝘螉也。』……蚴蛻也、蠮螉也、螠也，一聲之轉也。」錢繹方言箋疏：「蠭之種類甚多，諸書所云取他蟲爲己子，固信而有徵，即陶所説卵如粟米者，亦實有其事，皆得之目驗，要不可以未經見識，遂謂必無。至名醫别録又云：『蠮螉一名土蜂，生熊耳及牂柯，或入屋間。』似又一種矣。『蠮螉、蚴蜕』皆雙聲。『蠮螉』以其聲言之，『蚴蜕』以其形言之，並以小得名也。」

〔四〕蚴蜕：廣雅釋蟲：「蟪，蟪也。」王念孫疏證：「蚴蜕也、蠮螉也、蟪也，一聲之轉也。」錢繹方言箋疏：「以小得名也……『蚴』之言幼也。説文：『幼，小也。』『蜕』之言莌也。前卷二云：『莌，小也。』説文：『餽，小餟也。』杜預注昭十六年左氏傳云：『鋭，細小也。』顔師古急就篇注云：『棁，小棓也。今俗呼爲袖棁，言可藏於懷袖之中也。』義亦與『蚴蜕』同。」

〔五〕悦：盧文弨重校方言據曹毅之本改作「税」。劉台拱方言補校：「宋本非，集韻正音悦。」

〔六〕蜜：盧文弨重校方言此字下有「者」字，云：「各本正文『蜜』下脱『者』字，今依宋本增入。」

壺蠭：錢繹方言箋疏：「楚辭招魂云：『赤螘若象，玄蠭若壺些。』王逸注云『壺，乾瓠也。言曠野之中』，『又有飛蠭，腹大如壺』也。釋木：『壺棗。』郭注云：『今江東呼棗大而鋭上者爲壺。』蠭之大者謂之壺蠭，猶棗之大者謂之壺棗也。古字與『胡』通。逸周書謚法解曰：『胡，大也。』衆經音義卷十云：胡，『論文作壺』是也。又賈子禮篇云：『祜，大福也。』説文：『湖，大陂也。』下卷十三云：『吴，大也。』是凡言『壺』者，皆『大』之義也。陳藏器本草注云：『土蠭，穴居作房，赤黑色，最大，螫人至死，亦能釀蜜，其子亦大而白。』今蠭之習見者已有五：一爲釀食蜜之蠭，不甚有毒，人恒畜之，以千萬計，有君臣之别，世所用蠟，即其房也，先作房後生卵，卵生後即藏蜜於房中。又有一種名野蜜蠭，狀如蜜蠭而稍大，恒居土壁孔中。又有如陳藏器所言，亦穿木作窟，俗謂之鐵胡蠭，大有毒。此三者，皆非細腰。其小而黑細腰者，常居竹管中，能鳴，聲如蠮螉，俗謂之螟蛉子，蓋即所謂『笛師』，以聲爲名也。又一種黄而黑者，在人屋間或竹木上，聚族而居其室，醫方謂之蠭房。此二者，皆取他蟲爲子，不能作蜜。」

〔七〕笛師：郭璞謂此即「壺蠭」異名，可作蜜。錢繹則謂此爲「蠮螉」異名，「以聲爲名」，不能作蜜。按：「笛師」於文獻無徵，郭璞之説蓋來自當時人語，不宜輕議其非。

3a 一二 蠅[一]，東齊謂之羊[二]，此亦語轉耳。今江東人呼羊聲如蠅，凡此之類，皆不宜别立名也。陳楚之間謂之蠅，自關而西秦晉之間謂之蠅[三]。

匯證

〔一〕蠅：昆蟲，有蒼蠅、青蠅、麻蠅等種類。

〔二〕羊：戴震方言疏證：「蠅、羊，一聲之轉，羊可呼蠅，蠅亦可呼爲羊，方音既異，遂成兩名，書中皆此類，注以爲『不宜别立名』，非也。」錢繹方言箋疏：「説卦傳『爲羊』，鄭本作『陽』。逸周書皇門解云：『乃維有奉狂夫，是陽是繩。』孔晁注云：『言陽舉狂夫，以爲上人。』莊十四年左氏傳云：『繩息嬀以語楚子。』猶言譽揚息嬀之美以告楚子也。吕氏春秋古樂篇云：『周公旦乃作詩……以繩文王之德。』猶言作詩以頌揚文王之德也。羊、陽、揚、繩、蠅古聲並同。『揚』之轉爲『繩』，猶『蠅』之轉爲『羊』矣。」

〔三〕蠅：戴震方言疏證改作「羊」。盧文弨重校方言將上「羊」字和此處「蠅」字均改作「羋」，云：「蠅从虫黽聲，古讀當近閔，與楚姓之羋聲相近，故郭謂『不宜别立名』，若以爲牛羊之羊，聲雖可轉，物類太縣殊矣。」「末『羋』字舊本仍作『蠅』，誤，戴本作『羊』，今定作『羋』字。」劉台拱方言補校：「仍當從舊本作『蠅』。」錢繹方言箋疏從戴本作「羊」，云：「『蠅』，説文在黽部，非形聲字，故云：『蟲之大腹者，从黽、虫。』謂腹大如黽蟲也，爲會意字，讀余陵反，與『蒸、登』爲韻，故『繩』爲『蠅』省聲。若『閔』則與『準、吻、隱、混、很』爲韻，相去甚遠，不能强合也。」周祖謨方言校箋：「戴本改作『羊』，非。慧琳音義卷四十一引方言云：『陳楚秦晉之間謂之蠅，東齊謂之羊。』又卷五十一引方言云：『陳楚之間自關而西秦晉之間謂之蠅，東齊謂之羊。郭璞曰：此語轉不正耳，今江東人呼羊聲如蠅，凡如此比，不宜别立名也。』據此，則作『蠅』不誤。」按：戴改作「羊」，非是；盧改作「羋」，尤謬。劉、周謂作「蠅」不誤，是也。慧琳一切經音義卷一五引方言云：「自關而西謂之蠅。」又一證也。

一三　蚍蜉〔一〕，毗、浮二音，亦呼蟞蜉。齊魯之間謂之蚼蟓〔二〕，駒、養二音。西南梁益之間謂之玄蚼〔三〕，法言曰：「玄駒之步。」是。燕謂之蛾蛘〔四〕。蟻、養二音。建平人呼蚳〔五〕，音侈。其塲謂之坻〔六〕，直尸反。或謂之蛭〔七〕。亦言冢也。

匯證

〔一〕蚍蜉：郭璞注：「亦呼蟞蜉。」廣雅釋蟲：「蟞蜉，螘也。」王念孫疏證：「『蚍』與『蟞』一聲之轉，『蟞蜉』亦一聲之轉也。」爾雅釋蟲：「蚍蜉，大螘。」郭璞注：「俗呼爲馬蚍蜉。」邢昺疏：「螘，通名也。其大者别名蚍蜉，俗呼馬蚍蜉。」黄侃爾雅音訓：「草有蚍虾，鳥有蝙蝠，音皆相近。」爾雅釋蟲又云：「小者，螘。」郭璞注：「齊人呼蟻爲蛘。」按：由本條下「燕謂之蛾蛘」知，方言未别大小，渾言之也。蓋即今之所言螞蟻，非必專指大螞蟻也。

〔二〕蚼蟓：「蚼」同「蚼」。廣雅釋蟲：「蚼蟓，螘也。」王念孫疏證：「『蚼』與『駒』通……『蟓』一作『蛘』。廣韻云：『蚼蛘，蚍蜉也。』」

〔三〕玄蚼：周祖謨方言校箋：「『蚼』，玉燭寶典卷十二引作『駒』。」戴震方言疏證：「夏小正十有二月『玄駒賁』。傳云：『玄駒也者，螘也。賁者，何也，走於地中也。』」按：郭璞注引法言，見先知篇：「吾見玄駒之步，雉之晨雊也，化其可以已矣哉。」

〔四〕蛾蛘：戴震方言疏證：「禮記檀弓篇：『蟻結於四隅。』鄭注云：『蟻，蚍蜉也。殷之蟻結，似今蛇文畫。』學記：『蛾子時術之。』注云：『蛾，蚍蜉也。蚍蜉之子，微蟲耳。時術，蚍蜉之所爲，其功乃復成大垤。』釋文云：『蛾，魚起反，本或作蟻。』爾雅：『蚍蜉，大螘。小者，螘。其子蚳。』郭璞注云：『齊人呼螘爲蛘。』蚳，螘卵也。釋文云：『螘，魚綺反，本亦作蛾，俗作蟻，字音同。』又引字林云：『北燕人謂蚍蜉曰蟻蛘。』」按：「蛘」，後字作「蛘」，明抄本正作「蛘」，「蛾蛘」同「蟻蛘」。後世方言中猶有此稱，字亦作「蟻羊」。醒世姻緣傳第五六回：「無千打萬的醜老婆隊裏，突有一個妖嬈佳麗的女娘在内，引惹的那人就似蟻羊一般。」聊齋俚曲磨難曲第一四：「我想那嚴公子，待殺個州縣官，衹像碾殺個蟻蛘，有何難哉！」是其例也。

〔五〕蚳：劉台拱方言補校：「蚳當作蚔。」按：説文虫部：「蚔，蠤也。」「蠤，蠆也。」「蠆，毒蟲也。」故「蚔」下段玉裁注云：「此篆與蟻子之蚳迥别。」可見劉説非是。又按：爾雅釋蟲：「（螘）其子坻。」郭璞注：「坻，蟻卵。周禮曰：『蜃蚳醬。』」邢昺疏：「其子在卵者名蚳，可以作醢。」説文虫部：「蚳，螘子也。」是「蚳」本爲蟻卵之名，郭璞云建平人直呼蟻爲「蚳」，晉時其地或有此稱。

〔六〕坻：説見本書卷六第三〇條匯證〔一〕。

〔七〕蛭：戴震方言疏證作「垤」，王念孫手校明本改作「垤」，是也。當據正。「垤」説見本書卷一〇第二四條匯證〔一〕。

一四　蠀螬謂之蟦〔一〕。翡翠反〔二〕。自關而東謂之蝤蠀〔三〕，猶、資兩音〔四〕。或謂之蚕蠾〔五〕，書卷。或謂之蝖螜〔六〕；亦呼當齊〔七〕，或呼虵蚕〔八〕，或呼蟦蝖〔九〕。喧、斛兩音。梁益之間謂之蛒〔一〇〕，音格。或謂之蝎〔一一〕，或謂之蛭蛒〔一二〕；音質。秦晉之間謂蠹〔一三〕，或謂之天螻〔一四〕。按爾雅云：「螜，天螻。」〔一五〕謂螻蛄耳，而方言以爲蝎，未詳其義也。四方異語而通者也。

匯證

〔一〕蠀螬：爾雅釋蟲：「蟦，蠐螬。」郭璞注：「在糞土中。」又：「蝤蠐，蝎。」郭注：「在木中。今雖通名爲蝎，所在異。」邢昺疏：「此辨蝎在土在木之異名也。」戴震方言疏證：「『蠀』又作『蠐』。」廣雅釋蟲：「蛭蛒、蚕蠾、地蠶、蠹、蟦，蠀螬也。」王念孫疏證：「是土中之蟦、木中之蠹，同類而通名。故衛風碩人篇：『領如蝤蠐。』正義引爾雅釋之，以爲『蟦〔蠐〕也、蠐螬也、蝤蠐也、蛣蝠也、桑蠹也，蝎也，一蟲而六名也。』本草云：『蠐螬，一名蟦蠐。』蠐螬，雙聲字；蟦蠐，疊韻字也。單言之則或爲蟦，或爲螬。爾雅：『蟦，蠐螬。』孟子滕文公篇：『井上有李，螬食實者過半矣。』是也。名醫别録云：『一名蜰齊，一名教齊。』『蜰齊』與『蟦蠐』通，聲轉而爲教耳。」莊子至樂篇：『烏足之根爲蠐螬。』司馬彪本作『螬蠐』，云：『蝎也。』『螬蠐』即『蝤蠐』，『蝤、螬』聲相近也。論衡無形篇云：『蠐螬化而爲復育，復育轉而爲蟬。』御覽引博物志云：『蠐螬以背行，駛於用足。』皆其情狀也。」李海霞漢語動物命名研究：蠐螬，「金龜子的幼蟲。蠶狀而肥，乳白色，身體常彎曲成 C 形。打洞於土中，吃植物的根莖。傳統亦指桑天牛幼蟲等木中蠹蟲」。

蟦：蠐螬别名。黄侃爾雅音訓：「蟦，蠐螬。墳衍之墳讀若肥，賁赫即肥赫。是賁、肥聲通，而蟦與肥音義同，蓋蟦即肥之變。」

〔二〕翡翠反：戴震方言疏證删「反」字。周祖謨方言校箋：「戴本删是也。御覽卷九四八引不誤。」按：當據删「反」字。陳與郊類聚本作「音翡翠」。

〔三〕蝤蟦：説見本條匯證〔一〕。周祖謨方言校箋：「詩碩人正義引孫炎爾雅注云：『蠐螬謂之螬蠐，關東謂之蝤蠐，梁益之間謂之蝎。』孫炎所云當即本於方言，而『蝤蟦』作『蝤蠐』，字有不同。」

〔四〕猶：戴震方言疏證改作「酋」。周祖謨方言校箋：「猶，御覽卷九四八引作『酋』，是也。戴本不誤。」

兩：明刻諸本作「二」。

〔五〕蛬蠾：蠐螬别名。參本條匯證〔一〕。

〔六〕蝖螜：「螜」同「螜」。即蠐螬。李海霞漢語動物命名考釋：蝖「猶圓璧叫瑄，肥圓的小獸叫獾，卵圓形的鴝鵒叫鴝鵒，蠐螬粗圓柱形」；螜「猶瑴、轂、斛，圓物。蠐螬形圓肥，並且常彎曲成 C 形」。

〔七〕當齊：錢繹方言箋疏：「『當』字，疑『曹』字之譌，即司馬彪之所謂螬蠐也。」按：「螬蠐」即「蠐螬」之倒言。

〔八〕虵蛬：戴震方言疏證據廣雅改作「地蠶」。按：「地蠶」因其形似蠶，於土中打洞而名之也。明刻諸本「虵」均作「地」，當據戴校改正。

〔九〕蟦蝖：蠐螬别名，「蟦蝖」猶言「肥蝖」，參本條匯證〔一〕。

〔一〇〕蛒：錢繹方言箋疏：「玉篇『蝖、蛒』並云『蟦螬也』。爾雅：『蝎，桑蠹。』注云：『即蛣蝠。』又云：『蝎，蛣蝠。』注云：『木中蠹蟲。』説文：『蝎，蝤蠐也。』『蠹，木中蟲。』或從『木』作『螙』。詩碩人正義云：『蟦蠐也、蠐螬也、蝤蠐也、蛣蝠也、桑蠹也、蝎也，一物而六名。』是土中之蟦與木中之蠹，皆以同類而通名。」按：「蛒、蝎」蓋方言轉語也。

〔一一〕蝎：既爲金龜子幼蟲名，又是木中蠹名。參本條匯證〔一〇〕。

〔一二〕蛭蛒：李海霞漢語動物命名研究：「螲，猶室，言蟲掘室于土中。螲，上古以室爲聲符，窒、室同聲符，並可通用……洞穴叫窒、膣，挖洞的蟲叫螲。」螲又「指蠐螬，鑿孔于地下或木中的蟲……蛭，螲的異寫」。

〔一三〕蠹：同「蠧」。説文䖵部：「蠹，木中蟲。」段玉裁注：「在木中食木者也，今俗謂之蛀。」荀子勸學：「肉腐出蟲，魚枯生蠹。」

左傳襄公二十七年：「兵，民之殘也，財用之蠹。」孔穎達疏：「害物之蟲既名爲蠹，故害於物者皆以蠹言之。」

〔四〕天螻：郭璞注：「未詳其義。」錢繹方言箋疏：「爾雅：『螜，天螻。』注云：『螻蛄也。』引夏小正曰：『螜則鳴。』蠀螬謂之天螻、亦謂之蝖螜，猶螻蛄謂之天螻、亦謂之螜，此異物而同名也。又按：本草陳藏器説以蠐螬爲化蟬之蟲，蝤蠐化天牛者，蓋蠐螬先化爲蜣蜋，再化爲蟬，故論衡無形篇云：『蠐螬化而爲復育，復育轉而爲蟬。』李時珍本草綱目謂『蜣蜋、蜉蚢、蝮蛸、天牛，皆蠐螬、蝎蟲所化』。『螻』與『蜋、蚢』並同聲，『牛』與『螻』疊韻，是『天螻』猶言『天牛』也。」

〔五〕螜，天螻：見爾雅釋蟲。

3b 一五　蚰蜓〔一〕，由、延二音。自關而東謂之螾䗺〔二〕，音引。或謂之入耳〔三〕，或謂之蜧蠬〔四〕；音麗。趙魏之間或謂之蚨虷〔五〕；扶、于二音。北燕謂之蚭蚭〔六〕。蚭，奴六反；蚭，音尼。江東又呼蛩〔七〕，音鞏〔八〕。

匯證

〔一〕蚰蜓：「蜓」與下「䗺」同。戴震方言疏證改作「蚰蜒」，盧文弨重校方言謂曹毅之本作「蚰蜒」，又云：「今人到呼『蜒蚰』，見爾雅翼。」錢繹方言箋疏：「俗本作『䗺』，蓋涉下文而譌。宋本作『蜒』，衆經音義卷二十引方言『蚰蜒，一名入耳』，正作『蜒』，今據以訂正。」按：「蚰蜓、蚰蜒」同。廣雅釋蟲：「蜧蠬、蚭蚭、蚨虷，蚰蜒也。」王念孫疏證：「爾雅：『螾衡，入耳。』郭璞注云：『蚰蜒也。』邢昺疏云：『此蟲象蜈蚣，黄色而細長，呼爲吐古，喜入耳者也。』陳藏器本草拾遺云：『蚰蜒色正黄，大者如釵股，其足無數。此蟲好脂油香，能入耳及諸竅中，以驢乳灌之，化爲水，是其性也。』……『蚰蜒』與『螾䗺』聲之轉，謂之蚰蜒者，言其行蜿蜒然也。鄭注考工梓人云：『卻行，螾衍之屬。』釋文云：『此蟲能兩頭行，是卻行也。』」按：謂此蟲好入耳云云不可信。

〔二〕螾䗺：「蚰蜒」之轉語。參本條匯證〔一〕。

〔三〕入耳：錢繹方言箋疏：「『蚭蚭』之聲轉而爲『入耳』。諸家附會『入耳』之説恐非也。」

〔四〕⿰虫長⿰虫麗：「⿰虫長」之言長也，此蟲體細長。「⿰虫麗」之言麗也，説文鹿部：「麗，旅行也。」又辵部：「邐，行邐邐也。」「麗」蓋謂此蟲行蜿蜒然也。是「⿰虫長⿰虫麗」因其體態及行貌而得名也。

〔五〕蚨虷：李海霞漢語動物命名考釋：蚨「猶鋪、敷、賦、布，鋪開。蚰蜒的十五對長腿毿毿鋪開」；虷「猶紆、迂，曲長。蚰蜒細腳曲長」。

〔六〕蚎蚭：錢繹方言箋疏：「『蚎蚭』與『蜿蜒』同意。上卷云：『忸怩，慙澀也。楚郢江湘之間……或謂之戚咨。』廣雅：『忸怩，慼咨也。』又云：『恧怩、戚咨，慙也。』『恧』與『忸』同。『忸怩、慼咨』亦雙聲，皆局縮不伸之貌。志不伸謂之忸怩，行而卻亦謂之蚎蚭，其義一也。」

〔七〕蛩：同「蛩」。説文虫部：「蛩蛩，獸也。一曰：秦謂蟬蜕曰蛩。」淮南子本經：「飛蛩滿野。」高誘注：「蛩，蝗也。」崔豹古今注卷中：「蟋蟀，一名吟蛩，一名蛩。」郭璞此條注謂「蚰蜒」江東呼「蛩」，則「蛩」之一名所指有五。

〔八〕蛩：同「蛩」。

一六　鼅鼄〔一〕，知、株二音。鼄蝥也〔二〕。音無。自關而西秦晉之間謂之鼄蝥；今江東呼蝃蝥〔三〕，音掇。自關而東趙魏之郊謂之鼅鼄，或謂之蠾蝓〔四〕。燭、臾二音。蠾蝓者，侏儒語之轉也。北燕朝鮮洌水之間謂之蝳蜍〔五〕。齊人又呼社公〔六〕，亦言周公〔七〕。音毒餘。

匯證

〔一〕鼅鼄：同「蜘蛛」。錢繹方言箋疏：「『鼅鼄』之言踟跦也。成公綏嘯賦云：『逍遥攜手，踟跦步趾。』亦作『踟蹰』。邶風靜女篇：『搔首踟蹰。』文選鸚鵡賦李善注引薛君章句云：『踟蹰，躑躅也。』三年問云：『蹢躅焉，踟蹰焉。』釋文作『踶蹰』。易是類謀云：『物瑞踶躅。』鄭注云：『踶躅，猶踟蹰也。』並與『踟跦』同。是『鼅鼄』以其行動之象名之也。」

〔二〕鼄蝥：廣雅釋蟲：「蛛蝥……蝳蜍也。」王念孫疏證：「『蛛』一作『鼄』，『蝥』一作『蟊』……爾雅：『次蟗，鼅鼄。鼅鼄，鼅鼄。』郭璞注云：又『江東呼蝃蝥』。説文『蝃』作『鼅』，云：『鼅鼄，作罔蛛鼄也。』『蛛』與『蝃』聲之轉耳……賈子禮篇云：『蛛蝥作罟。』太玄務次五：『蜘蛛之務，不如蠶之緰。測曰：蜘蛛之務，無益人也。』」錢繹方言箋疏：「『蝥』之言務也。」李海霞漢語動物命名考釋：蝥「猶矛、蝨、蛑，傷害之名。蜘蛛會用其螯肢刺人夾人，有的螯内含毒汁」。

〔三〕蝃蝥：錢繹方言箋疏：「玉篇：『蝃，蜘蛛也。』陶宏景名醫别録云：『蜘蛛，亦名蝍蟱。』按：『蝍蟱』即『蝃蝥』之轉聲也。『蝃』之言叕也，淮南人間訓云：『聖人之思修，愚人之思叕。』高誘注：『叕，短也。』後卷十三云：『蹶，䠶，短也。』注云：『蹶䠶，短小貌。』莊子秋水篇：『遥而不悶，掇而不跂。』郭象注：『遥，長也。掇，猶短也。』説文：『窶，短面也。』廣雅：『頦，頭短』也。衆經音義卷四引聲類云：『惙，短氣貌。』釋宫：『梁上楹謂之棳。』郭注云：『侏儒柱也。』……按：鼅鼄八足，身短腹大，善結網捕飛蟲以食，故抱朴子謂『太昊師蜘蛛而結網』。或謂之蝃蝥，或謂之蠾蝓，或謂之蠩蜍，皆以短爲名也。」

〔四〕蠾蝓：「蠾蝓」之言侏儒也，以其身短取名也。

〔五〕蠩蜍：廣雅釋蟲王念孫疏證：「蠩蜍、蠾蝓，聲亦相近耳。」錢繹方言箋疏：「短柱謂之棳儒，亦謂之侏儒，猶鼅鼄謂之蝃蝥，亦謂之蠩蜍，亦謂之蠾蝓。突厥雉謂之鵌，猶蠾蝓謂之蠩蜍也。」

〔六〕社公：丁惟汾方言音釋：「社、罟疊韻，公、工同聲，『社公』爲罟工之聲借。賈子禮篇：『蛛蝥作罟。』罟公猶网工。」

〔七〕周公：戴震方言疏證據廣雅及爾雅疏所引改正爲「罔工」。周祖謨方言校箋謂戴氏所改「是也。御覽卷九四八及爾雅釋蟲邢疏引均作『罔』」。當據正。廣雅釋蟲王念孫疏證：「『罔工』以作罔得名也。」

4a 一七　蜉蝣〔一〕，浮、由二音。秦晉之間謂之蟝𧍧〔二〕。似天牛而小，有甲角，出糞土中，朝生夕死。

匯證

〔一〕蜉蝣：戴震方言疏證：「『蜉蝣』亦作『浮游』。『蝣』又作『蝣』……夏小正五月：『浮游有殷。』〔傳云〕：『殷，衆也。浮游殷之時也。浮游者，渠略也，朝生而暮死。』詩曹風：『蜉蝣之羽。』毛傳：『蜉蝣，渠略也，朝生夕死。』荀子大略篇：『不飲不食者，蜉蝣也。』爾雅：『蜉蝣，渠略。』舍人注云：『南陽以東曰蜉蝣，梁宋之間曰渠略。』郭璞注云：『似蛣蜣，身狹而長，有角，黄黑色，叢生糞土中，朝生莫死，豬好啖之。』」錢繹方言箋疏：「『蜉𧊶』之言浮遊也……是『蜉𧊶』以飛翔立名也。」

〔二〕蟝蛒：爾雅作「渠略」。李海霞漢語動物命名研究：「渠略亦名蜉蝣，一種近似羌螂或天牛的甲蟲。」「渠，指圓物，此甲蟲體形長圓。」「略，猶露、絡、笿，圓義……渠略，果蠃族詞。」「陸佃埤雅釋蟲：『蜉蝣，蟲似天牛而小，有甲，角長三四寸，黄黑色，甲下有翅能飛。燒而噉之，美於蟬也。翕然生，覆水上，尋死逐流。』按，言其『覆水上，逐流』，當與今動物學上的蜉蝣相混，後者爲蜉蝣目昆蟲，略似蛾，體小而弱，壽命一天左右，死時墜落地面或水上，形成覆層。古『蜉蝣』又指此蟲，見爾雅翼釋蟲二。今人王秀亮蜉蝣考：『在筆者家鄉山東省，依然有人叫它按，甲蟲。「蜉蝣」……其特徵正如古人所述。其成蟲初出爲黄黑色，漸變黑褐色。體狀酷似桑天牛。雌蟲個體略小，頭小，腹大。成蟲不食。夏末秋初古人云「夏月」不够準確。在地穴中蜕變，所以古人説蜉蝣「聚生糞土中」。雖然它「隨雨而出」，因其「味美如蟬」，不少人冒雨去捉來，去頭去翅，「燒炙啖之」。』」

一八　馬蚿〔一〕，音弦。北燕謂之蛆蟝〔二〕，蝍蛆。其大者謂之馬蚰〔三〕。音逐。今關西云〔四〕。

匯證

〔一〕馬蚿：廣雅釋蟲王念孫疏證：「爾雅云：『蛝，馬䗃。』『蛝』與『蚿』亦聲之轉……御覽引吴普本草云：『馬蚿，一名馬軸，又謂之馬陸。』……『蚿』之轉聲爲『蛝』，又轉而爲『蠲』，爲『蚐』。説文云：『蠲，馬蠲也。』引明堂月令云：『腐草爲蠲。』郭璞注爾雅『馬䗃』云：『馬蠲，蚐也，俗呼馬䗦。』是也。又轉而爲『蠸』，爲『蚈』。吕氏春秋季夏紀：『腐草化爲蚈。』高誘注云：『蚈，馬蚿也。蚈讀蹊徑之蹊。』御覽引許慎淮南時則訓注云：『草得陰而死，極陰中反陽，故化爲蚈。蚈，馬蠸也。』是也。莊子秋水篇：『夔憐蚿，蚿憐蛇。』夔謂蚿曰：『吾以一足趻踔而行，今子之使萬足，獨奈何？』蚿謂蛇曰：『吾以衆足行而不及子之無足，何也？』』司馬彪注云：『蚿，馬蚿蟲也。夔一足，蚿多足，蛇無足。』故淮南氾論訓云：『蚈足衆而走不若蛇，物固有衆不若少者也。』李當之本草云：『此蟲長五六寸，狀如大蛩，夏月登樹鳴，冬則蟄，今人呼爲飛蚿蟲。』故宋書王素傳云：『山中有蚿蟲聲清長，听之使人不厭也。』蘇恭本草注云：『襄陽人名爲馬蚿，亦呼馬軸，亦名刀環蟲，以其死側卧，狀如刀環也。寇宗奭云：即今百節蟲。』」錢繹方言箋疏：「皆言其多足，而亦或謂之螢火者，何耶？陳進士詩庭云：爾雅郭注亦以『馬蝬』爲『螢』，『蚼』即『螢』字，古从『勻』字皆通从『熒』字……是『蚼』即『螢』字，而『蚼』之有光可知矣……注家以『蚈、蚿』爲螢，與郭注正同，且又可以目驗求之。螢有飛者，亦有行者，小者如米，大者長寸，多足，通體有光，俗名火百腳，又名香櫞蟲。『櫞』即『蚿』也。吾鄉猶名螢，則多足而有光者，何不可謂之螢乎？蠲也，蚈也，螢也，同物也；曰蜋，曰蝬，曰蚿，曰蚼，即『蠲、蚈、螢』聲之轉而變也……又能飛能行且能鳴，特不言有火，想别是一種蟲，與此不同也。」

〔二〕蛆蟝：廣雅釋蟲：「蛆蟝、馬𧒂，馬蚿也。」王念孫疏證：「即下文『馬蝬，蠾蛆也』。『蝬』與『𧒂』，聲之轉，『蠾蛆』與『蛆蟝』，聲之遞轉也……『蛆蟝』之轉聲爲『蠾蛆』，又轉而爲『秦渠』。高誘注吕氏春秋季夏紀云：『馬蚿，幽州謂之秦渠。』是也。又轉而爲『商蚷』。莊子秋水篇：『使商蚷馳河必不勝任矣。』司馬彪注云：『商蚷，蟲名，北燕謂之馬蚿。』是也。」

〔三〕馬蚰：廣雅釋蟲：「馬𧒂，馬蚿也。」王念孫疏證：「『蚰』與『𧒂』同，字通作『軸』。御覽引吴普本草云：『馬蚿，一名馬軸，又謂之馬陸。』本草云：『馬陸，一名百足。』『馬陸』猶言『馬𧒂』也。草名『蓫薚』，一名『商陸』，蟲名『馬𧒂』，一名『馬陸』，皆聲近而轉耳。」

〔四〕今關西云：廣雅疏證引方言郭注，此下有「馬蚰」二字。周祖謨方言校箋：「日本釋中算妙法蓮華經釋文卷中譬喻品『百足』條引麻杲切韻云：『博物志：馬蚿一名百足。郭璞注方言云：關西謂之馬𧒂。』據此，今本郭注『關西云』下疑脱『馬𧒂』二字。」

輶軒使者絶代語釋別國方言校釋匯證第十二

1a 一 爰〔一〕、暖〔二〕，哀也。暖，哀而恚也。音段〔三〕。

匯證

〔一〕爰：戴震方言疏證：「前卷六内：『爰、暖，恚也。楚曰爰，秦晉曰暖。』注云：『謂悲恚。』此注云：『哀而恚。』蓋義可互見。」參卷六第五四條匯證〔一〕。

〔二〕暖：參卷六第五四條匯證〔二〕。

〔三〕音段：戴震方言疏證改作「音段」。盧文弨重校方言謂曹毅之本作「音唤，似誤」。錢繹、周祖謨均定作「音段」。然吴承仕有另説，經籍舊音辨證卷七：「廣雅曹憲音『暖』虎館、虎元二反，引『方言音段』。戴震校方言，王念孫校廣雅，並改『段』爲『段』，云形近之譌，錢繹等因之。承仕按：戴、王並非也。暖、段韻近而聲類絶遠，字書韻書亦無此音。方言音『段』，曹憲引作『段』者，字並應作『毀』，傳寫譌作『段』耳。暖屬寒部，對轉脂，則有『毀』音，類篇：『暖，許元切，方言「恚也」。又虎猥切，哀也。』集韻説同。篇、韻『虎猥』一切即擬『毀』音，是其切證。戴、王以爲音『段』，亦千慮之失也。」按：吴説甚辯，雖無直接證據，亦可採信。

二 儒輸〔一〕，愚也。儒輸猶儒撰也〔二〕。

匯證

〔一〕儒輸：戴震方言疏證：「荀子脩身篇：『勞苦之事，則偷儒轉脱。』楊倞注云：『或曰「偷」當爲「輸」。』揚子方言云：『懦輸，愚。」郭注謂「懦撰也」。』此所引並方言正文亦作『懦』，非也。陸德明經典釋文於春秋僖公二年左傳『懦而不能强諫』列乃亂、乃貨二反，又引字林『愞』音乃亂反，『偄』音讓犬反，是合『懦』與『愞、偄』爲一。廣雅：『儒輸，愚也。』『儒』即『儒』之譌。釋文於易需卦云：『從雨，重而者非。』可證『需』轉寫譌作『需』。以雙聲疊韻考之，『儒輸』疊韻也，不當作『懦』。」廣雅釋詁一：「『儒輸，愚也。』」王念孫疏證：「『儒輸』倒言之則曰『輸儒』。荀子脩身篇云：『偷儒憚事。』『偷儒』即『輸儒』。鄭注玉藻云：『舒懦者所畏在前也。』漢書西南夷傳云：『恐議者選耎。』『舒懦、選耎』並『輸儒』之轉耳。」王引之經義述聞卷二二春秋名字解詁上「魯冉孺字子魯」條：「孺與濡通……是『濡』爲遲鈍也。『魯』亦遲鈍也。說文：『魯，鈍詞也。』……『孺』又愚也。方言：『儒輸，愚也。』『儒』與『孺』通，魯鈍亦愚也。」章炳麟嶺外三州語：「三州謂遲鈍曰儒輸。」

〔二〕儒撰：戴震方言疏證據楊倞注荀子引訂作「懦撰」，云：「注內『懦撰』亦疊韻也。懦，讓犬反；撰，士免反。各本『懦』譌作『儒』，今據荀子注訂正。」

三　愋〔一〕、諒〔二〕，知也〔三〕。

匯證

〔一〕愋：錢繹方言箋疏：「智而誤用之則爲欺詐。說文：『諼，詐也。』文三年公羊傳云：『此伐楚也，其言救江何？爲諼也。』何休注『諼，詐』也。前卷六云：『爰、喛，恚也。』皆不欲譍而强畣之意也。』『諼、爰、喛』，聲並與『愋』相近。智謂之愋，欺詐謂之諼，不欲譍而强畣之謂之爰，亦謂之喛，義並相因也。」按：卷一云：「儇，慧也。」詳該卷第二條匯證〔二〕。「儇、愋」古音同屬曉紐元部，「慧、智」義相近，是「愋、儇」音近義通也。

〔二〕諒：錢繹方言箋疏：「說文：『諒，信也。』內則云：『請肆簡諒。』鄭注：『諒，信也。』正義云：『謂言語信實。』是『諒』與『智』義亦相通也。」按：錢說迂曲，難以定讞。卷一云：「黨，知也，楚謂之黨。」「黨」即後之「懂」也，丁惟汾方言音釋因此以爲「諒、黨疊韻通用」。丁説未予證明，亦難信據。「諒」之訓「知」，存疑待質。

〔三〕知：戴震方言疏證：「知讀爲智。」按：釋名釋言語：「智，知也，無所不知也。」

四　拊撫〔一〕，疾也。謂急疾也。音府。

匯證

〔一〕拊撫：戴震方言疏證：「『撫』亦作『舞』。廣雅：『拊舞，疾也。』義本此。曹憲音釋：『拊，方于反。』據廣雅：『拊撫』應讀夫舞兩音。」廣雅釋詁一王念孫疏證：「『撫』與『舞』通。説文：『駙，疾也。』『駙』與『拊』亦聲近義同。」吳予天方言注商：「『撫』係『⿱兔⿰兔兔』之語轉也。説文：『⿱兔⿰兔兔，疾也。从三兔。』段玉裁云：『今讀若赴。』玉篇：『⿱兔⿰兔兔，芳句切，急疾也。』『撫、⿱兔⿰兔兔』疊韻，古屬魚類。」按：據王、吳二氏説，「拊」之言「駙」，「撫」之言「⿱兔⿰兔兔」，是「拊撫」爲同義複詞，蓋謂急疾之貌，抑急疾之聲也。

五　菲〔一〕、惄〔二〕，悵也。謂惋惘也〔三〕。音翡。

匯證

〔一〕菲：戴震方言疏證：「『菲』亦作『悲』。廣雅：『悲、惄，悵也。』義本此。曹憲音釋：『悲，音翡，又芳尾反。』應即『不悱不發』之悱。」王念孫手校明本改作「悲」，盧文弨重校方言據曹毅之本亦改作「悲」，與廣雅釋詁三合。按：當據正。錢繹方言箋疏：「述而篇云：『不憤不啟，不悱不發。』釋文音芳匪反。鄭注學記云：『使之悱悱憤憤然後啟發。』釋文：『悱，芳鬼反。』『悱』與『悲』聲同，義亦相近。説文：『怫，鬱也。』漢書鄒陽傳云：『太后怫鬱泣血。』顔師古注云：『怫鬱，蘊積也。音佛。』『悲、怫』，聲之轉耳。」

〔二〕愬：卷一第一〇條「愬，憂也」，義與「悵」近，參該條匯證〔四〕。

〔三〕惋惆：玉篇心部：「惋，驚歎也。」六書故人六：「惋，駭悵也。」是「惋」謂驚歎、悵恨也。戰國策秦策二：「受欺於張儀，王必惋之。」陸機文賦：「故時撫空懷而自惋。」是其例也。「惆」亦悵也。說文心部：「惆，失意也。」荀子禮論：「其於志意之情者惆然不嗛。」楊倞注：「惆然，悵然也。」是也。

六　鬱〔一〕、熙〔二〕，長也。謂壯大也。音怡。

匯證

〔一〕鬱：廣雅釋詁三：「鬱，長也。」王念孫疏證：「小雅正月篇：『有菀其特。』鄭箋云：『菀然茂特。』司馬相如長門賦云：『正殿塊以造天兮，鬱並起而穹崇。』班固西都賦云：『神明鬱其特起。』皆高出之貌，義與『長』相近也。『鬱』與『菀』通。」錢繹方言箋疏：「『鬱』通作『蘊』。大雅雲漢篇：『蘊隆蟲蟲。』釋文云：『蘊，韓詩作鬱。』鬱隆，亦長大之意也……『鬱、蘊、菀』並一聲之轉。」

〔二〕熙：戴震方言疏證據廣雅釋詁三改作「巸」。作「巸」與郭音「怡」正合，當據正。按：說文𦣞部：「巸，廣𦣞也。」段玉裁注改「𦣞」作「頤」，云：「廣頤曰巸，引申爲凡廣之偁。」寬廣與長大義相近也。

七　娋〔一〕、孟〔二〕，姊也〔三〕。外傳曰：「孟啖我。」是也。今江東山越間呼姊聲如市〔四〕，此因字誤遂俗也。娋，音義未詳。

匯證

〔一〕娋：戴震方言疏證：「廣雅：『娋、孟，姊也。』本此。曹憲音釋：『娋，所交反。』玉篇別作『㛖』，云：『姊也，所交切。』廣韻『㛖』字注云：『齊人呼姊。』可取以補方言之略及郭注所闕。」說文女部：「娋，小小侵也。」段玉裁注：「侵者，漸進也。」

凡用稍稍字，謂出物有漸；凡用娋娋字，謂以漸侵物也。方言：『娋，姊也。』方俗語也。」錢繹方言箋疏：「説文：『嫑，女字也。』引楚辭離騷曰：『女嫑之嬋媛。』『賈侍中説：楚人謂姊爲嫑。』王逸注云：『屈原姊。』袁山松、酈道元説同。『嫑、娋』，語之轉。離騷：『折若木以拂日兮，聊逍遥以相羊。』文選李善本『逍揺』作『須臾』，五臣本作『逍遥』。今吴俗言些微聲如稍，是其例矣。又歸妹六三：『歸妹以須。』〔詩小雅桑扈〕正義引鄭注云：『須，有才智之稱。天文有須女，屈原之妹名女須。』釋文云荀爽、陸績作『嬬』。『嬬』與『嫑』亦同。史記吕后紀：『太后女弟吕嫑。』又樊噲傳：『噲以吕后女弟吕須爲婦。』是妹亦稱嫑也。」

〔二〕孟：錢繹方言箋疏：「廣雅：『孟，姊也。』晉語：『優施謂里克妻曰：『主孟啗我，我教兹暇豫事君。』』韋昭注云：『大夫之妻稱主，從夫稱也。孟，里克妻字。啗，啖也。』釋詁：『孟，長也。』長謂之孟，故姊亦謂之孟矣。」

〔三〕姉：「姉」之譌俗字，唐時常如此寫。唐王師正妻房敬墓誌：「家無姑嫂，姉妹以相依。」是其例也。吴琯古今逸史本、程榮漢魏叢書本、明李珏刻本、明佚名刻本、陳與郊類聚本均作「姉」，注内同。「姉」同「姊」。龍龕手鑑女部：「姉，女兄也。」康熙字典女部引爾雅釋親：「男子謂女子先生曰姉。」爾雅古本作「姊」，是其證也。戴震方言疏證徑改作「姊」，則無由見其致譌之由，盧文弨重校方言定作「姊」是也。

〔四〕市：「市」字之譌也，明李珏刻本、明佚名刻本、陳與郊類聚本不誤。

1b八　築娌〔一〕，匹也。今關西兄弟婦相呼爲築里〔二〕，度六反，廣雅作「妯」。

匯證

〔一〕築娌：「築」同「築」，靜嘉堂文庫藏影宋抄本正作「築」。戴震方言疏證：「廣雅：『妯娌、娣姒，先後也。』爾雅：『長婦謂稚婦爲娣婦，娣婦謂長婦爲姒婦。』郭璞注云：『今相呼先後，或曰妯娌。』釋文引郭注方言云：『今關西兄弟婦相呼爲妯娌。』漢書郊祀志：『見神於先後宛若。』顔師古注云：『古謂之娣姒，今關中俗呼爲先後，吴楚俗呼爲妯娌。』劉熙釋名云：『少婦謂長婦曰姒，言其先來，己所當法似也。長婦謂少婦曰娣。娣，弟也，己後來也。或曰先後，以來先後言之也。』」廣雅釋親王念孫疏證：「『築』與『妯』同，『妯』之言儔也，集韻『妯』又音『儔』。方言云：『娌，耦也。』」爾雅釋親郝懿行義疏：「『妯娌』、『先後』並『娣姒』之通名，古今方俗語雖不同，要皆爲匹敵之義，左傳、爾雅可互相證明耳。」按本卷下條云：「娌，耦也。」參其匯證〔一〕。

〔二〕里：戴震方言疏證改作「娌」，同方言本文是也，當據正。

九　娌〔一〕，耦也〔二〕。

匯證

〔一〕娌：盧文弨重校方言以此條與上文連寫，錢繹方言箋疏、周祖謨方言校箋因之。按：與上條連寫，於義爲長。錢繹方言箋疏：「廣雅：『耦、娌、匹，二也。』說文：『二，地之數也。从偶一。』『偶』與『耦』同。前卷二注云『耦亦匹』也。『娌』之言麗也。說文：『麗，旅行也。』通作『儷』。士冠禮、聘禮『儷皮』鄭注：『離，猶兩也。古文儷爲離。』月令云：『宿離不貣。』鄭注云：『儷，讀爲儷偶之儷。』玉篇云字書『儺』與『儷』同。廣雅：『儺，扶也。』說文：『扶，並行也。讀若伴侶之伴。』前卷三云：『陳楚之間凡人嘼乳而雙産謂之釐孳，秦晉之間謂之僆子。』『麗、儷、離、儺、釐』，聲並與『娌』相近，『僆』與『娌』又聲之轉矣。」又章炳麟新方言釋言：「此本非兄弟婦之專稱，今長沙人在道以手招其朋輩呼曰『阿娌』，讀如牙來；蘇州謂我輩爲『吾娌』，謂彼輩曰『娌築』，築讀如篤。」按：章氏所說今方言之「娌」，似非方言之「娌」也。

〔二〕耦：與「偶」同。

一〇　礹〔一〕、裔〔二〕，習也。謂玩習也〔三〕。音盈。

匯證

〔一〕⿰石嬴：錢繹方言箋疏：「廣雅：『⿰石嬴、裔，習也。』『⿰石嬴』通作『嬴』，亦作『盈』。坎彖傳曰：『習坎，重險也，水流而不盈。』荀爽曰：『陽動陰中故流，陰陷陽中故不盈。』按：不盈，猶言不習，盈坎即習坎之義也，解者訓『盈』爲『溢』，殆失之矣。」按：「嬴、盈」之故訓未見有訓「習」者。易坎彖傳孔穎達疏解云：「『水流而不盈』，謂險陷既極，坑阱特深，水雖流注，不能盈滿，言險之甚也。」由是知錢氏云「不盈猶言不習」屬逞臆之説。「⿰石嬴」於古辭書，初見於方言，玉篇石部「⿰石嬴」訓「翫習」，蓋本方言郭注；集韻清韻「⿰石嬴」謂「石名」，則與方言義不合。是古辭書亦無可證方言者。丁惟汾方言音釋：「⿰石嬴、裔雙聲，爲仍因之聲借。爾雅釋言：『仍，因也。』仍因即玩習。」丁氏聲借之説未能舉證，亦不足信據。未詳，待考。

〔二〕裔：戴震方言疏證：「裔，説文作『怈』，云『習也』。」廣雅釋詁二：「⿰石嬴、裔，習也。」王念孫疏證：「後漢書馮異傳：『忸忕小利。』李賢注云：『忸忕，猶慣習也，謂慣習前事而復爲之。』爾雅釋言：『狃，復也。』詩大叔于田正義引孫炎注云：『狃忕前事復爲也。』釋詁釋文云：『忕，張揖雜字音曳。』説文：『怈，習也。』左傳桓十三年正義引説文作『忕』。魯公山不狃字子洩，亦取慣習之義。『怈、洩、忕、裔』並字異而義同。」

〔三〕玩：周祖謨方言校箋：「原本玉篇『⿰石嬴』下引作『翫』。」

一一　躔[一]、度展反。逡[二]，逡巡。循也[三]。

匯證

〔一〕躔：廣雅釋詁四：「躔、逡，循也。」王念孫疏證：「此釋遵循之義也。」按：爾雅釋獸：「麋……其跡躔。」郭璞注：「腳所踐處。」説文足部：「躔，踐也。」二義相因，「循」則「踐」之引申也。錢繹方言箋疏：「左思吴都賦云：『未知英雄之所躔。』是『躔』爲循也。」吴都賦例李善注釋爲「行」，吕延濟注釋爲「行歷之所」，王念孫讀書雜志餘編下釋爲「居」。錢繹方言箋疏：「『循』亦訓『行』，是『行』與『循』同也。」是也。

〔二〕逡：廣雅釋詁四王念孫疏證：「『逡』亦『遵』也。哀三年左傳：『外内以悛。』杜預注云：『悛，次也。』漢書公孫宏傳：『有功者上，無功者下，則群臣逡。』李奇注云：『言有次第也。』王莽傳云：『後儉隆約，以矯世俗。』史記游俠傳：『逡逡有退讓君子之風。』漢書作『循循』。揚雄傳：『穆穆肅肅，蹲蹲如也。』顔師古注云：『蹲蹲，行有節也。』並字異而義同。」又漢書王莽傳：「後儉隆約，以矯世俗。」顔師古曰：「後，退也。」讀書雜志録王引之云：「『後儉』與『隆約』對文，則『後』非『退』也。『後』讀爲『遵』；遵，循也。謂循儉尚約，以矯世俗之奢侈也。『遵』與『後』古字通。爾雅曰：『遵，循也。』方言曰：『逡，循也。』集韻『逡』亦作『後』，故『遵儉』之爲『後儉』，亦猶『遵循』之爲『逡循』。『遵』之通作『後』，亦猶『逡』之通作『遵』。晏子春秋外篇：『晏子遵循而對。』『遵循』即『逡巡』。」

〔三〕偱：按：正字通人部：「偱，述也。」義與此條不合。戴震方言疏證作「循」是也，當據正。

一二　躔〔一〕、歷〔二〕，行也。躔猶踐也。日運爲躔，月運爲逡〔三〕。運猶行也。

匯證

〔一〕盧文弨重校方言此條與上條連寫，錢氏因之。今仍其舊。

躔：戴震方言疏證：「張衡思玄賦：『躔建木於廣都兮。』李善注引方言：『日運爲躔，躔，行也。』左思吴都賦：『未知英雄之所躔也。』注引方言：『躔、歷，行也。』謝莊月賦：『北陸南躔。』注引方言：『日運爲躔。躔、歷，行也。』爾雅釋文引方言：『躔，歷也，行也。』衍上『也』字。」按：説文足部：「躔，踐也。」此郭璞「躔猶踐也」之所本。下文云：「日運爲躔。」「日運」謂「日行」也。日月星辰於黄道之上運行，古謂之「躔」。漢書律曆志上：「日月初躔，星之紀也。」顔師古注引孟康曰：「躔，舍也。二十八舍列在四方，日月行焉，起於星紀，而又周之。」是也。日月星辰運行之度次，即運行之軌跡，或曰躔次，或曰躔度。晉成公綏故筆賦：「書日月之所躔，别列宿之舍次。」是也。

〔二〕歷：説文止部：「歷，過也。」過猶行也。廣雅釋詁一：「歷，行也。」戰國策秦策一：「伏軾撙銜，橫歷天下。」高誘注：「歷，行也。」

〔三〕逡：錢繹方言箋疏：「古今之言『歷』者，大率皆以周天爲三百六十五度四分度之一。日，每日行一度，故一歲乃行一周天；月，每月行十三度十九分度之七，故一月則行一周天。是月行較日爲疾。鄭注大傳云：『逡，疾也。』故月運爲逡也。又按：『躔』與『逡』對文則異，散文則通。呂氏春秋圜道篇云：『月躔二十八宿。』是月行亦爲躔也。又漢書律曆志云：『日月初躔，星之紀也。』是『躔』通日月言之也。」

一三　逭〔一〕、音換，亦管。迶〔二〕，陽六反。轉也。逭、迶，步也。轉相訓耳。

匯證

〔一〕逭：廣雅釋詁一：「逭、迶，行也。」王念孫疏證引方言爲釋，並云：「皆謂行也。」又釋詁四：「斡、逭、迶，轉也。」王念孫疏證：「楚辭天問篇：『斡維焉繫。』漢書賈誼傳：『斡棄周鼎。』王逸、如淳注並云：『斡，轉也。』天問『斡』字一作『筦』。匡謬正俗云：『斡，聲類及字林並音管。』……逭猶斡也。淮南子時則訓：『員而不垸。』高誘注云：『垸，轉也。』『垸』與『逭』通。」章炳麟新方言釋言：「今謂物轉於地、人在地轉皆曰逭，由管音轉爲袞，俗作滾。滾本水沸之涫字。奔逃亦曰滾，或曰滾蛋，借爲逭遯。説文：『逭，逃也。』『遯，逃也。』」徐復補釋：「今亦謂斥人走開曰滾，皆即逭字。」

〔二〕迶：文獻未詳。

一四　𨗨〔一〕、虞〔二〕，望也。今云烽火是也。

匯證

〔一〕獿：戴震方言疏證：「『獿、烽』同。班固西都賦：『舉烽命釂。』李善注云：『方言曰：獿、虞，望也。郭璞曰：今烽火是也。』廣雅：『獿、虞、候，望也。』説文云：『獿燧，候表也。邊有警則舉火。』」錢繹方言箋疏：「後漢光武紀云：『築亭候，修烽燧。』李賢注引漢書音義曰：『邊方備警急，作高土臺，臺上作桔皋，桔皋頭有兜零，以薪草置其中，常低之，有寇即燃火舉之，以相告，曰烽。又多積薪，寇至即燔之，望其烟，曰燧。晝則燔燧，夜迺舉烽。』『燧』與『烽』雖異名，實則皆取於相望耳。」

〔二〕虞：廣雅釋詁一：「獿、虞、候，望也。」王念孫疏證：「虞亦候望也。桓十一年左傳：『且日虞四邑之至也。』杜預注云：『虞，度也。』案：虞，望也，言日望四邑之至也。虞、候皆訓爲望，故古守藪之官謂之虞候。昭二十年左傳：『藪之薪蒸，虞候守之。』正義云：『立官使之候望，故以虞候爲名。』是也。昭六年左傳：『始吾有虞於子，今則已矣。』杜注：『虞，度也。』言準度子産以爲己法。』案：虞，望也，言昔也吾有望於子，今則無望矣。」

2a 一五　揄〔一〕、楕〔二〕，脱也。

匯證

〔一〕揄：戴震方言疏證改作「揄」，云：「枚乘七發：『揄弃恬怠。』李善注引方言：『揄，脱也。』廣雅：『揄、墯，脱也。』義本此。曹憲音釋『揄』以珠反。」當據戴校改正。廣雅釋詁四：「揄、撱，脱也。」王念孫疏證：「方言：『揄、撱，脱也。』又云：『輸，挩也。』郭璞注云：『挩猶脱耳。』枚乘七發云：『揄弃恬怠，輸寫淟濁。』『揄、輸』聲相近，『輸、脱』聲之轉。『輸』之轉爲『脱』，若『愉』之轉爲『悅』矣。」參下條匯證〔二〕引王念孫説。

〔二〕楕：戴震方言疏證據廣雅改作「墯」。王念孫於廣雅疏證引方言作「撱」。錢繹方言箋疏作「撱」。孫詒讓札迻卷二云：「楕與撱同，楕、鬌字亦通，皆毛物挩落之名。淮南子説山訓云：『髡屯犁牛，既犐以㸾。』高注云：『犐，無角；㸾，無尾。』王氏雜志謂：『抖、犄當作科、橢，皆秃貌也。』引太玄窮次四『土不和，木科橢』爲證。其説甚塙。此槅、髺即淮南書之橢，高注云『橢，無尾』，與『髺、尾、梢，盡也』之義尤密合。而戴、盧兩校，轉依廣雅改槅爲墒，王校淮南、錢箋方言亦均未引及，謹舉以補其義。」吴予天方言注商云：「説文云：『橢，車笭中橢橢器也。从木隋聲。』急就篇省改爲『槅』，顏注云：『小桶也。』朱駿聲曰：『按凡狹長之器，皆得曰橢，聲義取于山之墮也。』是『槅』之訓『脱』，實係『墮』之假音，非本義也。——説文：『陊，敗城𨸏曰陊。从𨸏，差聲。』或體作墒。古人謂陊敗城𨸏曰『陊』，意轉而謂列肉曰『隋』；髮陊則謂之『髺』；無袂之衣則謂之『褙』；魚子已生則謂之『鰖』。是『隋、髺、褙、鰖』，其語根同爲『陊』，故皆含『脱落』之義。均足證『槅』之訓脱，係『陊』之叚音也。」周祖謨方言校箋：「此『槅』字亦當從才作『掮』，萬象名義手部：『掮，弋捶反。』注云：『棄也。』」按：作「掮」是也，當從王、周校改正，明抄本正作「掮」。「掮」與「墮」通，孫詒讓、吴予天推闡同源之字及語源義，得之。

一六　解〔一〕、輸〔二〕，棁也〔三〕。棁猶脱耳〔四〕。

匯證

〔一〕解：禮記曲禮上：「解屨不敢當階。」孔穎達疏：「解，脱也。」漢書律曆志「取竹之解谷生」顏師古注引孟康、文選孫綽遊天台山賦「方解纓絡」劉良注同。今複音詞猶言「解脱」。

〔二〕輸：王念孫謂「輸、脱聲之轉」，參上條匯證〔一〕。又王念孫讀書雜志淮南内篇第十二「不渝」條：「『敖幼而好游，至長不渝。』念孫案：此本作『至長不渝解』，今本無『解』字者，後人不曉『渝解』二字之義而削之也，不知『渝』與『解』同義，太玄格次三：『裳格鞶鉤，渝。』范望曰：『渝，解也。』字亦作『愉』。吕氏春秋勿躬篇：『百官慎職而莫敢愉綖。』高注曰：『愉，解也。綖，緩也。』……脱亦解也。渝、愉、揄、輸，並聲近而義同。」

〔三〕棁：戴震方言疏證改作「捝」，云：「『棁』乃侏儒柱，不與『脱』通。説文云：『捝，解捝也。』廣韻『捝』字注云：『或作脱。』今據以訂正。」盧文弨重校方言不改，云：「荀子禮論篇：『凡禮始乎棁。』大戴禮及史記皆作『脱』，是『棁』與『脱』同也。説文從『手』。」劉台拱方言補校：「『挩』當作『捝』，説文从手爲是。」按：文選謝靈運擬魏太子鄴中集詩八首劉楨：「歡友相解達。」李善注引方言：「解，説也。」枚乘七發：「輸寫淟濁。」李善注引方言：「輸，脱也。」與傳本亦不同。依義，戴校爲長。

〔四〕耳：明刻諸本均作「也」。

一七　賦〔一〕、與〔二〕，操也。謂操持也。

匯證

〔一〕賦：錢繹方言箋疏：「晉語云：『賦職任功。』韋昭注：『賦，授也。』呂氏春秋分職篇云：『出高庫之兵以賦民。』高誘注：『賦，予也。』『予』與『與』通。按：『賦、與』並訓爲『操』，蓋謂操以授之也。中平二年郃陽令曹全碑云：『合七首藥神明膏，親至離亭，部吏王宰、程横等賦與有疾者。』是其義也。」按：錢氏以「操以授之」立説，終嫌迂曲。説文手部：「操，把持也。」「把持」與「取」義相通，「賦」猶取也。左傳僖公二十七年：「賦納以言。」杜預注：「賦，猶取也。」孟子離婁上：「而賦粟倍他日。」朱熹集注：「賦，猶取也。」「征取」亦「取」也。戰國策魏策三：「出入者賦之。」鮑彪注：「賦，征取。」

〔二〕與：「與」之訓「操」，文獻未詳。

一八　⿰氵⿱彖皿〔一〕、音鹿。歇〔二〕，泄气〔三〕。涸也。謂渴也〔四〕。音鶴。

匯證

〔一〕⿰氵⿱彖皿：戴震方言疏證作「⿰氵⿱录皿」，同。周祖謨方言校箋：「⿰氵⿱录皿，慧琳音義卷三十六引作『漉』。」按：原本玉篇殘卷「漉」字下引方言：「漉，涸也。」「⿰氵⿱录皿」字釋云：「字書亦漉字也，或復爲盝字，在皿部。」戴震方言疏證：「考工記：『清其灰而盝之，而揮之。』『盝』同『盪』。」廣雅釋詁一：「滲、盪、涸，盡也。」王念孫疏證：「方言：『盪，涸也。』『漉，極也。』郭璞注云：『滲漉，極盡也。』司馬相如封禪文云：『滋液滲漉。』考工記㡛氏云：『清其灰而盝之。』月令云：『毋竭川澤，毋漉陂池。』盪、盝、漉並通。……漉、漏，聲相近，故『滲漉』或謂之『滲漏』。」爾雅釋詁：「揮、盝、歇、涸，竭也。」郭璞注引月令「無漉陂池」。郝懿行義疏：「盝者，漉之叚音也。說文云：『漉，浚也。』廣雅云：『漉，滲也。』說文：『滲，下漉也。』按：『滲漉』亦言『滲漏』，然則漉之言漏也，水澤漏下故爲竭盡也。郭引月令云『毋漉陂池』與『毋竭川澤』句對，知『漉』亦爲『竭』。方言云：『漉，極也。』極、盡義亦爲竭，竭、極聲又相轉也……通作『盪』。方言云：『盪，涸也。』廣雅云：『盪，盡也。』『盪』與『淥』同，說文『淥』即『漉』之重文。又通作『盝』，『盝』即『盪』之省文也。」

〔二〕歇：爾雅釋詁：「歇、涸，竭也。」郭注：「歇，通語。」郝懿行義疏：「歇者，說文云：『息也。』按：息，休息也。人倦極則休息。聲轉爲『戲泄』，故方言云：『戲音羲。泄，歇也。楚謂之戲泄。』又轉爲『歇泄』，故說文云：『歇，一曰气越泄。』方言注：『歇，泄气。』廣雅云：『歇，泄也。』俱與說文合。今俗語亦爲『歇息』、爲『歇泄』也。『泄』，說文作『渫』，云『除去也』。『除去』即竭盡之義。左氏宣十二年傳：『憂未歇也。』杜預注：『歇，盡也。』方言云：『歇，涸也。』郭注：『謂渴也。』『渴』即『竭』字矣。」廣雅釋詁一：「渴、滲、漉、涸，盡也。」王念孫疏證：「『渴』今通作『竭』……淮南子本經訓：『竭澤而漁。』高誘注云：『竭澤，漏池也。』『漏池』即所謂『漉陂池』也……卷二云：『歇、漏，泄也。』泄謂之漏，猶盡謂之漉也，泄謂之歇，猶盡謂之竭也。」

〔三〕气：古「氣」字。

〔四〕渴：通「竭」。明抄本、清抄本作「竭」。

一九　潎〔一〕、妨計反〔二〕。澂〔三〕，音澄。清也。

匯證

〔一〕潎：錢繹方言箋疏：「廣雅：『瀓、潎，清也。』司馬相如上林賦云：『轉騰潎洌。』按：『潎、洌』皆清也。說文：『洌，水清也。』」按：上林賦之「潎」與「洌」連言，乃爲水流輕之貌。史記司馬相如列傳司馬貞索隱引蘇林曰：「潎洌，流輕疾也。」集韻薛韻：「潎，潎洌，流輕疾皃。」「潎洌」與「轉騰」相足，蘇林説是也。此條「清」，義爲水清，形容之詞。水流輕疾謂之「潎」，水清亦謂之「潎」，義相因也。

〔二〕妨計反：盧文弨重校方言據曹毅之本改作「匹計反」，劉台拱方言補校：「宋本非，各本是。」

〔三〕瀓：同「澂」，戴震方言疏證作「澂」，云：「『澂』亦作『澄』。左思詠史詩：『左眄澄江湘。』李善注引方言：『澄，清也。』考工記：『清其灰。』鄭注云：『清，澄也。』」按：説文水部：「澂，清也。从水，徵省聲。」段玉裁注：「澂之言持也，持之而後清。方言曰：『澂，清也。』『澂、澄』古今字。」

二〇　逯〔一〕，音鹿，亦録。遡〔二〕，音素。行也。

匯證

〔一〕逯：説文辵部：「逯，行謹逯逯也。」此謂行步謹慎。廣雅釋詁一：「逯，行也。」淮南子精神：「渾然而往，逯然而來。」高誘注：「逯，謂無所爲忽然往來也。」此謂隨意行走。是「逯」乃人行之貌而非行也，方言渾言之。

〔二〕遡：即「遡」字。廣雅釋詁一：「遡，行也。」王念孫疏證：「爾雅：『逆流而上曰泝洄，順流而下曰泝游。』是也。『泝』與『遡』同。」按：説文作「㴑」，或體作「遡」，「泝」即「㴑」之省文。是「遡」乃水行之貌而非行也，方言渾言之。

二一　墾〔一〕、牧〔二〕，司也。墾，力也。耕墾用力〔三〕。

匯證

〔一〕墾：錢繹方言箋疏：「釋訓釋文、文選海賦注並引廣雅：『墾，治也。』玉篇：『墾，治也。』廣韻同。周語云：『土不備墾，主使治之。』廣雅：『司，主也。』是『墾』爲『司』也。」按：國語周語上例韋昭注：「墾，發也。」猶今之言開發、開墾，非謂「墾」即「司」也。錢疏「墾」訓「力」云：「廣雅：『墾，力也。』『墾』與『墾』同。釋訓釋文引倉頡篇：『墾，耕也。』玉篇、廣韻並同。周語云：『墾田若蓺。』韋昭注云：『發田曰墾。』後漢書光武紀：『檢覈墾田頃畝。』李賢注：『墾，闢也。』皆謂耕墾用力也。」然「墾」之訓「司」，文獻未詳。蓋開墾、耕墾猶言「治」，故「墾」可訓「司」也？

〔二〕牧：錢繹方言箋疏：「廣雅：『牧，臣也。』邶風靜女篇：『自牧歸荑。』毛傳：『牧，田官也。』周官太宰：『一曰牧，以地得民。』鄭注：『牧，州長也。』襄十四年左氏傳云：『天生民而立之君，使司牧之。』是其義也。『司』與『治』同義，故司謂之墾、亦謂之牧，治謂之墾、亦謂之牧。荀子成相篇：『請牧祺，明有基。』楊倞注：『祺，祥也。請牧治吉祥之事。』是也。」

〔三〕耕墾用力：周祖謨方言校箋：「慧琳音義卷四十四引作『謂耕墾用力者也』。」按：慧琳一切經音義卷四五、卷六七引無「謂」字，卷七八引作「耕墾用力并斸也」。

二二　牧〔一〕，飤也〔二〕。謂放飤牛馬也〔三〕。

匯證

〔一〕戴震方言疏證此條與上條連寫，不提行，盧、錢從之。今仍其舊。

牧：錢繹方言箋疏：「說文：『牧，養牛人也。』廣雅：『牧，養也。』杜預注僖二十八年左氏傳云：『牛曰牧，馬曰圉。』釋文云：『養牛曰牧，養馬曰圉。』是牧專爲養牛之稱。按：『牧』與『圉』對文則異，散文則通。故周官序官鄭注云：『牧人，養牲於野田者。』孟子公孫丑篇云：『今有受人之牛羊而爲之牧之者。』列子黃帝篇：『周宣王之牧正。』張湛注云：『牧正，養禽獸之長也。』則『牧』亦兼牛馬禽獸言之矣。」

〔二〕飤：錢繹方言箋疏：「説文：『飤，糧也。』衆經音義卷一引聲類云：『飤，哺也。』釋玄應云：『從人仰食也，謂以食供設與人也，故字从食从人。』又卷十八引倉頡篇訓詁云：『飤，飽也。謂以食與人曰飤。』是飤爲養人之名，引而伸之，則凡養皆謂之飤。」按：説文段玉裁注：「俗作飤，或作飼。」後通作「飼」。

〔三〕放：錢繹方言箋疏改作「牧」，云：「衆經音義卷三引注作『謂牧養牛馬也』。」按：慧琳一切經音義卷六引作「牧謂養牛馬也」，卷九引作「謂牧養牛馬也」。故周祖謨方言校箋云：「今本放字疑爲牧字之譌。」按：當據錢校改作「牧」。

2b 一二三　監〔一〕、牧〔二〕，察也〔三〕。

匯證

〔一〕戴震方言疏證此條與上兩條連寫，不提行，盧、錢從之。今仍其舊。

監：國語周語上：「使監謗者。」「后稷監之。」又晉語三：「監戒而謀。」韋昭注並云：「監，察也。」史記周本紀「使監謗者」張守節正義、漢書韋玄成傳「天子我監」顔師古注並同。

〔二〕牧：王念孫讀書雜志史記第四「收司」條引王引之曰：「『收』當爲『牧』，字之誤也……鄭注周官禁殺戮曰：『司猶察也。』凡相監察謂之『牧司』。周官禁暴氏曰：『凡奚隸聚而出入者，則司牧之，戮其犯禁者。』酷吏傳曰：『置伯格長，以牧司姦盜賊。』皆其證也。」錢繹方言箋疏：「『牧』與『監』同義，故大司馬云：『建牧立監。』鄭注云：『牧，州長也。監，監一國謂君也。』是『牧』亦有監察之意也。」

〔三〕察：錢繹方言箋疏於此字上補「督」字，云：「衆經音義卷五引方言云：『督，察也，理也。』又卷七引方言：『督，察也，理也。』蓋合引二條之文也。今本卷六『督，理也』下無『察也』字，是此條内誤脱一『督』字，今據以補正。」周祖謨方言校箋亦據此認爲：「今本此條無督字，蓋脱。」按：慧琳一切經音義卷二四引方言：「督，察也，理也。」錢繹方言箋疏：「説文：

『督，察也。』文選藉田賦、琴賦注並引字書同。史記李斯傳云：『行督責之術。』索隱云：『督者，察也。』漢書車千秋傳云：『詔丞相、御史督二千石求捕。』管子心術篇云：『故事督乎法。』房玄齡注云：『督，察也。』蓋並本方言。」按：當據錢説補「督」字，後世「督察」猶連文用之，是「督、察」義相近也。

二四　奞〔一〕，始也。奞，化也。別異訓也。音歡。

匯證

〔一〕奞：戴震方言疏證：「廣雅：『奞，匕也。』義本此。『匕』，古『化』字。廣韻『奞』字注云：『化也，始也。出方言』。」錢繹方言箋疏：「『奞』訓爲『始』，當即『萑』之異文。説文：『薍，剡也。』『剡，萑之初生。一曰薍，一曰騅。』或作『菼』。」又云：『夢，灌渝。讀若萌。』釋草云：『菼，薍。其萌虇蕍。』按：『虇蕍』，猶『權輿』也。釋詁云：『權輿，始也。』大戴禮誥志篇云：『孟春』『百草權輿。』太玄玄圖云：『百卉權輿。』左思魏都賦：『夫太極剖判，造化權輿。』揚子劇秦美新：『權輿天地未袪。』又羽獵賦：『萬物權輿於內，徂落於外。』權輿皆言其始，徂落言其終。萌芽初生曰虇蕍，萬物始生統曰權輿，其義一也。郭氏注爾雅以『蕍』字屬下節，云：『今江東呼蘆筍爲虇。』釋文云：『郭音綣，丘阮反。』是單言之也。文選李康運命論云：『權乎禍福之門，終乎榮辱之筭。』『權』與『終』亦相對成文。事之始謂之權，猶萑葦初生謂之虇，皆以从『萑』爲義也。凡从『萑』之字，古並相通。説文云：『舉火曰爟。』引周官司爟『掌行火之政令』。鄭注：『爟，讀如予若觀火之觀。』漢書郊祀志云：『通權火。』如淳曰：『權，舉也。』是『權火、觀火』與『爟火』並同，是其例矣。」章炳麟新方言釋言：「『奞』即爾雅所謂『權輿』。大戴禮誥志篇：『百草權輿。』謂始化生也，與『胎』同意。淮西、蘄州謂婦人免乳爲奞，音如看。『看』與『萑』聲字通，若『看』亦作『翰』，釋名『觀』亦訓翰矣。」按：錢氏説「奞」爲「萑」之異文，無據。疑「廾」頭譌作「大」，故「萑」譌作「奞」也。「權」從「萑」得聲，單言之曰「權」，長言之則曰「權輿」也。「始、化」之義相近且相通也。

二五　鋪〔一〕、脾〔二〕，止也。義有不同，故異訓之〔三〕。鋪，妨孤反。

匯證

〔一〕鋪：戴震方言疏證：「此蓋釋詩『匪安匪舒，淮夷來鋪』之義，言爲淮夷之故來止，方與上『匪安匪遊，淮夷來求』文義適合。舊説讀『鋪』爲『痡』，謂爲淮夷而來，當討而病之，失於迂曲。『脾』……與『鋪』一聲之轉。」廣雅釋詁三：「鋪，止也。」王念孫疏證：「漢書天文志：『晷長爲潦，短爲旱，奢爲扶。』鄭氏注云：『扶當爲蟠，齊魯之間聲如酺。酺、扶聲近。蟠，止不行也。』案：齊魯言蟠聲如酺，與『鋪』聲亦相近也。」

〔二〕脾：戴震方言疏證：「脾之爲止，不見於書傳。與『鋪』一聲之轉，方俗或云『鋪』，或云『脾』也。」

〔三〕義有不同，故異訓之：周祖謨方言校箋：「此句義無所承，疑本在上條『別異訓也』之下，誤竄於此。」

二六　攘〔一〕、掩〔二〕，止也。

匯證

〔一〕攘：錢繹方言箋疏：「廣韻：『攘，止也。』曲禮云：『左右攘辟。』鄭注：『攘，卻也。』周官禁殺戮『掌司』『攘獄者』，鄭注：『攘，猶卻也。』高誘注呂氏春秋用民篇云：『卻，猶止也。』是『攘』爲『止』也。」按：「攘卻」之「攘」，謂推攘、退讓，引申之，使人退讓亦謂之「攘」，故「攘」可訓「止」也。

〔二〕掩：戴震方言疏證：「潘岳西征賦：『揜細柳而撫劍，快孝文之命帥。』李善注云：『方言：「掩，止也。」』「掩」與「揜」同。』」錢繹方言箋疏：「宣十二年左氏傳云：『二三子無淹久。』杜預注：『淹，留也。』『淹』與『掩』聲同。『止』與『留』義並相近。」

二七　幕〔一〕，覆也。

匯證

〔一〕幕：戴震方言疏證：「廣雅：『幕，覆也。』義本此。説文云：『帳在上曰幕，覆食案亦曰幕。』」廣雅釋詁二王念孫疏證：「釋名云：『幕，幕絡也，在表之稱也。』井上六：『井收，勿幕。』王弼注云：『幕，猶覆也。』周官幕人：『掌帷、幕、幄、帟、綬之事。』鄭注云：『在旁曰帷，在上曰幕。』」按：在上之帷曰幕。周禮天官序官：「幕人下士一人。」鄭玄注云：「幕，帷覆上者。」文選潘岳藉田賦：「翠幕黕以雲布。」李善注引鄭玄曰：「帷覆上曰幕。」禮記檀弓上：「布幕，衛也。」鄭玄注：「幕，所以覆棺上也。」此皆指覆上之帷。「幕」之用，覆也，故王弼注易井謂「猶覆也」。本卷第一〇一條：「殹，幕也。」郭璞注：「謂蒙幕也。」「蒙幕」猶言「蒙覆」也。

二八　侗他動反。胴〔一〕，挺挏〔二〕。狀也。謂形狀也。

匯證

〔一〕侗胴：聯綿詞，形容形狀。文獻用例未詳。

〔二〕挺挏：參卷六第一一條匯證〔三〕。

二九　疋〔一〕、杪〔二〕，小也。樹細枝爲杪也。

匯證

〔一〕疋：戴震方言疏證改作「尐」，云：「説文：『尐，从小，乀聲。』廣雅：『杪、尐，小也。』其義本之此條。曹憲音釋『尐』子列反。今據以訂正。」按：戴改是也，當據正，廣漢魏叢書本作「尐」不誤。「尐」之訓小，説見卷一一第二條匯證〔一四〕。

〔二〕杪：見卷二第八條匯證〔六〕。

三〇　屑〔一〕、往〔二〕，勞也。屑屑、往來，皆劬勞也〔三〕。

匯證

〔一〕屑：廣雅釋詁一：「屑，勞也。」王念孫疏證：「説文：『屑，動作切切也。』方言：『屑屑，不安也。』郭璞注云：『往來之貌也。』又：『屑、往，勞也。』注云：『屑屑、往來，皆劬勞也。』昭五年左傳云：『屑屑焉習儀以亟。』漢書董仲舒傳云：『凡所爲屑屑夙興夜寐務法上古者。』後漢書王良傳云：『何其往來屑屑，不憚煩也。』」單言之曰「屑」，重言之則曰「屑屑」，參本書卷一〇第二〇條匯證〔一〕。

〔二〕往：廣雅釋詁一：「往，勞也。」王念孫疏證：「爾雅云：『來，勤也。』往之爲勞，猶來之爲勤也。孟子萬章篇：『舜往于田。』往者，勞也，即下文所云『竭力耕田』也。」

〔三〕劬：亦勞也。楚辭九思逢尤：「憂心悄兮志勤劬。」舊注：「劬，勞也。」文選張衡歸田賦「雖日夕而忘劬」李周翰注、趙至與嵇茂齊書「太陽戢曜，則情劬於夕惕」呂延濟注並同。「劬勞」同義連用。詩小雅蓼莪：「哀哀父母，生我劬勞。」是其例也。

3a 三一　屑〔一〕、忹〔二〕，王相。獪也。市儈。

匯證

〔一〕戴震方言疏證此條與上條連寫，錢繹從之。今仍其舊。

屑：錢繹方言箋疏：「書多方『大淫圖天之命，屑有辭』多士云『大淫泆有辭』釋文云：『泆，馬本作「屑」，云：「過也。」』

趙岐注孟子公孫丑篇云：『過，謬也。』爾雅序釋文、衆經音義卷二十並引方言：『謬，詐也。』列子天瑞篇云：『向氏以國氏之謬己也，往而怨之。』『詐』與『獪』同義。」按：書多方：「爾乃屑播天命。」孫星衍今古文注疏引方言云：「屑，獪也。」又按：書多方、多士諸例，均有異辭：「屑有辭」，或云「屑」通「泆」，意謂安逸；「屑播天命」，或云「屑」通「悉」，意謂「皆、盡」；「泆有辭」，或云「泆」樂也。然方言以「獪」訓「屑」，錢氏所解終嫌迂曲。

〔二〕忹：戴震方言疏證：「廣韻作『㤮』，云：『誤人。』與『旺』同音。」錢繹方言箋疏：「『㤮』與『忹』同。説文：『誑，欺也。』曲禮：『幼子常視無誑。』鄭注云：『以正教之，無誑欺。』『誑、忹』，古今字。季弟同人曰：今俗語猶謂詐獪曰王六，是其遺義。説者又以黃巢行六，厥性欺詐，故稱『黃六』，非也。」按：説文「誑」字桂馥義證：「誑，俗或作誆。」孫子兵法用間：「爲誑事於外。」杜牧注：「誑者，詐也。」「誆」字不見於説文，俗字也。史記鄭世家：「乃求壯士，得霍人解揚，字子虎，誆楚。」「誆楚」即欺騙楚。欺騙謂之「誆」，後世常用，「誆騙」同義連文即其例也。

三二一　效〔一〕、音皎。烓〔二〕，口類反〔三〕。明也。

匯證

〔一〕效：盧文弨重校方言改作「皦」，云：「各本作『效』，今從宋本。廣雅作『皎』。」劉台拱方言補校：「宋本非，各本是。集韻引方言作『效』。」周祖謨方言校箋：「盧本從曹毅之本作『皦』，是也。慧琳音義卷八引作『皎』，『皦、皎』音義並同。」胡芷藩書周祖謨方言校箋後：「盧校未必的當，而校箋據慧琳音義以證成其説，也值得商榷。仔細考究，還是劉台拱方言補校的校語好些。」「慧琳音義作『皎』，恐是涉注文『音皎』而誤。若是原文作『皎』，則注又何必再言『音皎』呢？且集韻上聲二十九篠，皎小韻效字下明明是『方言「效、烓，明也」』。朱謀㙔駢雅釋詁上云：『效、烓，明也。』當亦本於方言。」按：「效」字不誤，盧改非是。荀子正論：「故桀紂無天下而湯武不弑君，由此效之也。」楊倞注：「效，明也。」俞樾諸子平議韓非子「婦人之拾蠶，漁人之握鱣，以是效之」按曰：「效者，明也。」是其例也。「效」又訓「顯」，「顯」亦明也。韓非子二柄：「則是群臣之情不效。」王先慎集解引舊注：「效，顯也。」是也。王念孫廣雅疏證「皎」字下不引方言，是王氏亦不以廣雅之「皎」本自方言也。

〔二〕烓：廣雅釋詁四：「烓，明也。」王念孫疏證：「方言：『烓，明也。』説文云：『烓，讀若同。』又云：『炯，光也。』小雅無將大車篇：『不出于熲。』毛傳云：『熲，光也。』『烓、炯、熲』並聲近而義同。説文：『烓，从火，圭聲。』玉篇音口迥、烏圭二切。爾雅：『燭，明也。』『燭』，古讀若圭，亦與『烓』聲近義同。」錢繹方言箋疏：「季弟同人云：廣雅又云：『囧、耿，明也。』説文：『囧，窗牖麗廔闓明也。象形。賈侍中説，讀與「明」同。』文選江淹雜體詩李善注引倉頡篇云：『囧，大明也。』爾雅：『熲，光也。』説文：『耿，光也。从光，聖省，杜林説。』立政云：『以覲文王之耿光。』楚辭離騷云：『耿吾既得此中正。』王逸注：『耿，明也。』並與『烓』聲近義同。」

〔三〕口類反：劉台拱方言補校：「玉篇、廣韻止有口迥、烏圭二切，曹憲注廣雅有烏攜、烏缺、圭惠、口井四音，仍無讀『口類反』者，此『口類反』當是『口熲反』之誤。」吳承仕經籍舊音辨證卷七：「桂馥曰：『爾雅釋文：「烓，字林口熲反，顧口井、烏攜二反。」郭璞於爾雅「烓」音恚，於方言「烓」音口類反，乃知「熲」爲「類」之譌，又因「口熲」轉爲「口井」。陸氏不審，輒易舊文。後人又改「耿」炯省聲爲烓省聲，舛益甚矣。』札樸卷七。承仕按：桂説非也。烓從圭聲，古屬支部，支、清對轉，故得『口迥』之音，説文『烓，讀若同』，既有明文。又如俜字訓使，轉而爲俾，趌訓半步，轉而爲頃，耿從烓聲，鞞讀如餅，爾雅釋文『鼃』字有『步佳、毗支、父幸、蒲鞕』等音，説文『蠵』之重文作『蠳』，皆其比也。呂忱口熲反尚可説爲『類』字形近之譌，顧野王口井反，何胤康瑩反，何音亦見釋文。反音略同，豈亦德明所輒改耶？且類字本屬脂部，亦不與支部比近也。然則『口類反』爲『口熲反』之譌，較然明矣。又耿、熲、炯、烓四文聲近義同。」按：劉校是也。爾雅釋文引字林正作「口熲反」，吳氏駁桂説甚碻，當改作「口熲反」。

三三　溱〔一〕、將〔二〕，威也。

匯證

〔一〕溱：戴震方言疏證作「𣽽」，云：「𣽽，今通作湊。」按：「溱」乃譌字，作「𣽽」是也。原本玉篇殘卷「湊」字下引方言：「湊，威也。」「湊」即「𣽽」字也。當據戴本改正。錢繹方言箋疏：「說文：『威，姑也。』引漢律曰：『婦告威姑。』家君說文解字統釋曰：『威姑』即爾雅之『君姑』。夫之母謂之威姑，猶夫之父謂之君公。君公，見淮南氾論訓。說文：『莙，牛藻也。从艸，君聲，讀若威。』字林『窘』亦音巨畏反，是『君』有『威』音。逸周書大聚解云：『合閭立教，以威爲長。』『長』與『君』同義。周語云：『古之長民者。』韋昭注：『長，猶君也。』謹案：『君』之言群也。漢書刑法志云：『從之成群，斯爲君矣。』說文：『湊，水上人所會也。』淮南主術訓云：『以身禱於桑林之際，而四海之雲湊。』高誘注：『湊，會也。』或作『蒸』。釋詁：『蒸，君也。』又云：『烝，衆也。』『烝』與『蒸』通。『湊』之訓爲威，與『君』之訓爲群同意。通作『奏』。進書君上謂之『奏』，義相因也。」按：「湊」之訓「威」，故訓及文獻均未詳。錢氏展轉爲說，確詁待質。

〔三〕将：同「將」。錢繹方言箋疏：「『將』讀即諒反。說文：『將，帥也。』將所以統軍旅，有威武之義。呂氏春秋執一篇〔高誘注〕云：『將，主也。』廣雅：『將，君也。』威謂之湊，亦謂之將，猶君謂之烝，亦謂之將矣。」按：「將所以統軍旅，有威武之義」，言之有理，然故訓及文獻則未詳。

三四　嬀〔一〕、居僞反〔二〕。娗〔三〕，音挺。傍也〔四〕。爛傍，健狡也〔五〕。博丹反。

匯證

〔一〕嬀：錢繹方言箋疏：「說文：『僞，詐也。』周官大司徒：『以五禮防萬民之僞，而教之中。』楚辭九歎云：『若青蠅之僞質兮。』王逸注：『僞，變也。』前卷二云『剩、蹶，獪也。秦晉之間曰獪』『楚鄭曰蔿』『音指撝』，注云：『亦「獪」聲之轉也。』又卷三云『蔿、譌，化也』，注云：『蔿、譌皆化聲之轉也。』凡狡獪者多變化，故『僞、蔿、譌』又訓爲『化』，字並與『嬀』通。

衆經音義卷十四引三蒼云：『詭，譎也。』又引廣雅：『詭，欺也。』又卷十七、卷二十一、卷二十三、卷二十四引並同。『詭』與『嬀』亦聲近義同。」

〔二〕居僞反：盧文弨重校方言改作「居爲反」。劉台拱方言補校：「『爲』當作『僞』。」吴承仕經籍舊音辨證卷七：「爲、僞平去相轉，兩皆可通，而類篇『嬀』字注云：『又居僞切，方言：嬀、娗，僈也。』此舊本作『居僞反』之證。」

〔三〕娗：錢繹方言箋疏：「前卷二云『獪，楚鄭或曰姡』，注云：『言黠姡也。今建平［郡］人呼狡爲姡。』又卷十云『姡，獪也。凡小兒多詐而獪』『或謂之姡。姡，娗也』，注云：『言黠姡也。』又云：『眠娗，欺謾之語也。』『娗』，通作『誔』。廣雅：『誔，詑也。』『詑』與『訑』同。説文：『沇州人謂欺爲詑。』玉篇：『誔，詭言也。』衆經音義卷二十三引廣雅：『詭，誑也。』義並與『娗』同也。」

〔四〕傍：即「僈」。戴震方言疏證改作「⿰亻臱」，注内同。劉台拱方言補校：「集韻兩引此條並作『僈』。」周祖謨方言校箋：「戴改作『⿰亻臱』，與郭注『博丹反』相應。案萬象名義『娗』下云：『僈也。』蓋本方言。」按：郭璞音「博丹反」，是郭氏所見方言蓋作「⿰亻臱」，然「⿰亻臱」於義無取，作「傍」反近其朔。今不從戴校改。錢繹方言箋疏：「説文、玉篇俱無『僈』字。類篇：『僈，謨官切，健也。』又：『蔓晏切，惰也。』晏子春秋外篇云：『吾聞齊君蓋賊以僈，野以暴。』荀子修身篇云：『由禮則治通，不由禮則勃亂提僈。』不苟篇云：『君子寬而不僈。』楊倞注云：『「僈」與「慢」同。』又榮辱篇云：『污僈突盜，常危之術也。』注云：『僈，當爲「漫」。水冒物謂之漫。一曰：漫，欺誑之也。』説文：『慢，不畏也。』『謾，欺也。』『嫚，侮易也。』荀子非相篇云：『俏則謾之。』楊倞注：『謾，欺毁也。』韓子守道篇云：『所以［使］衆人不相謾也。』賈子道術篇云：『反信曰慢。』『慢、漫、謾、嫚』，義並與『僈』相通。」

〔五〕爛傍：錢繹方言箋疏：「史記司馬相如上林賦云：『爛曼遠遷。』正義引郭注云：『崩騰羣走貌也。』顔師古曰：『言其聚散不常，雜亂移徙。』漢書作『爛漫』，文選作『爛熳』，皆形容羣獸健狡之辭，疊韻字。『爛僈』，轉言之則曰『譠謾』。前卷十云：『眠娗、譠謾，皆欺謾之語也。』倒言之則曰『謾譠』。『謾譠』猶『眠娗』也，方俗語有侈弇耳，皆輕易蚩弄之意，義與『健狡』同。」

三五　儇〔一〕、虔〔二〕，謾也〔三〕。謂惠黠也〔四〕。莫錢反。

匯證

〔一〕儇：見卷一第二條匯證〔二〕。

〔二〕虔：見卷一第二條匯證〔一〕。

〔三〕謾：見卷一第二條匯證〔三〕。

〔四〕惠：戴震方言疏證改作「慧」。劉台拱方言補校：「『惠』即『慧』之假借。皇侃論語義疏經文作『好行小惠』，鄭注謂『小小才知也』，是『惠』即『慧』。又列子：『逢氏有子少而惠。』韓詩外傳五：『主明者，其臣惠。』漢書昌邑王傳：『清狂不惠。』顏氏家訓歸心云：『辨才智惠。』義並作慧。」

三六　佻〔一〕，疾也。謂輕疾也。音糶。

匯證

〔一〕此字上，王念孫補「儇」字。廣雅釋詁一：「儇、挑，疾也。」王念孫疏證：「『儇、挑』，方言作『儇、佻』，云：『儇、佻，疾也。』郭璞注云：『謂輕疾也。』齊風還傳云：『儇，利也。』荀子非相篇：『鄉曲之儇子。』楊倞注引方言：『儇，疾也，慧也。』不苟篇：『小人喜則輕而翾。』韓詩外傳『翾』作『快』。説文：『趯，疾也。』『儇、趯、翾』並通。」按：王氏於方言「佻」上補「儇」字是也，錢氏因之，當據補。

佻：戴震方言疏證：「詩小雅：『佻佻公子，行彼周行。』毛傳：『佻佻，獨行貌。』爾雅釋訓：『佻佻、契契，愈遐急也。』與此訓疾意合。」又廣雅王念孫疏證：「方言注云：『佻，音糶。』韓子詭使篇云：『躁佻反覆謂之智。』成十六年左傳：『楚師輕窕。』『窕』與『佻』通。史記荊燕世家：『遂跳驅至長安。』『跳驅』謂疾驅也，義亦與『佻』同。『佻』與『跳』，聲義又相近也。」

三七　鞅〔一〕、侼〔二〕，强也。謂强戾也。音教。

匯證

〔一〕鞅：錢繹方言箋疏：「『鞅』，説文作『怏』，云：『不服也。』『不服』是『强』之義也。」按：「鞅」之言「昂」也。今江淮方言區如興化、東臺一帶猶謂人犟而不服之狀曰「頭昂昂的」。章炳麟新方言釋言：「今謂人所不願而强請之爲訣求。訣之言鞅也。」此與方言義稍有不同，可備參考。

〔二〕侼：錢繹方言箋疏：「『悖』與『侼』同。前卷十：敖，惛也。楚揚謂惛爲敖。音教。『敖』與『侼』聲同，義亦相近。」參見卷一〇第三〇條匯證〔二〕。

三八　鞅〔一〕、侼〔二〕，懟也。亦爲怨懟。鞅猶怏也。

匯證

〔一〕戴震方言疏證此條與上條連寫，不提行。盧文弨重校方言、錢繹方言箋疏從之。今仍其舊。

鞅：戴震方言疏證：「史記伍子胥列傳：『常鞅鞅怨望。』淮陰侯列傳：『由此日怨望，居常鞅鞅，羞與絳灌等列。』又高祖本紀：『此常怏怏，今乃事少主。』絳侯世家：『此怏怏者，非少主臣也。』漢書皆作『鞅鞅』。顏師古注云：『鞅鞅，不滿足也。』『鞅、怏』古通用。」説文心部：「怏，不服懟也。」段玉裁注：「當作『不服也，懟也。』……『怏』蓋倔强之意……或叚『鞅』爲之，方言是也。」

〔二〕侼：廣雅釋詁五：「勃、怏，懟也。」王念孫疏證：「方言：『鞅、侼，懟也。』卷四云：『侼，恨也。』『侼』與『勃』通……

『懟』謂之『勃、怏』，故『怒』亦謂之『勃、怏』。趙策云：『新垣衍怏然不悦。』即勃然不悦也。」錢繹方言箋疏：「廣雅又云：『侼，恨也。』玉篇：『悖，恨也。』恨亦懟也。荀子不苟篇云：『身之所長，上雖不知，不以悖君。』『勃、悖』並與『侼』同。」

3b三九　追〔一〕、未〔二〕，隨也。

匯證

〔一〕追：錢繹方言箋疏：「説文：『追，逐也。』『逐，追也。』廣雅：『追、末、隨，逐也。』楚辭離騷云：『背繩墨以追曲。』」按：「追」之訓「逐」，其本義也；「追」之訓「隨」，「逐」義之引申也。追赶、隨從，義相因也。列仙傳赤松子：「(赤松子)隨風雨上下，炎帝少女追之，亦得仙俱去。」及離騷例，皆是也。後世猶有「追隨」一詞。

〔二〕未：戴震方言疏證改作「末」，云：「廣雅：『追、末、隨，逐也。』義本此，今據以訂正。」盧、錢從之。吴予天方言注商補遺：「『未』即『尾』之語轉，故訓爲隨……戴氏據廣雅改作『末』，錢箋仍之，均非。」按：吴説是也。説詳本書卷一第二五條匯證〔六〕。

四〇　僉〔一〕、怚〔二〕，劇也〔三〕。謂勤劇。音驕怚也。〔四〕

匯證

〔一〕僉：錢繹方言箋疏：「前卷一云：『自關而西秦晉之間凡人語而過……或曰僉。』亦甚之意也。」

〔二〕怚：錢繹方言箋疏：「説文：『怚，驕也。』『驕，野馬也。』野馬性常驕恣，義與『劇』同也。淮南氾論訓云：『段干木，晉國之大駔也。』高誘注云：『駔，驕怚也。』説文又云：『嫭，嬌也。』『嬌』即『驕』之俗字。嵇康幽憤詩云：『恃愛肆姐，不訓不師。』『怚、駔、嫭、姐』，並字異而義同。」

〔三〕劇：廣雅釋詁三：「劇，過也。」王念孫疏證引方言本條云：「『勮』亦過甚之意。」錢繹方言箋疏：「玉篇：『巨戟切，甚也。』文選王粲詠史詩：『同知埋身劇。』李善注引説文：『劇，甚也。』今本作『劇，務也』，音其據切。案：務者，趣也，用力尤甚也。廣韻：『勮，勤務也。』『勮、劇』古今字，聲轉體異耳。」

〔四〕本條郭注，王念孫手校明本改作：「謂勤劇也。音驕怚。」宜據正。

四一　僉〔一〕，夥也〔二〕。僉者同，故爲多〔三〕。音禍。

匯證

〔一〕戴震方言疏證此條與上條連寫，不提行。盧、錢從之。今仍其舊。

僉：廣雅釋詁二：「僉，多也。」王念孫疏證引方言卷一與本條云：「皆盛多之意也。爾雅：『僉，皆也。』義與『多』亦相近。」錢繹方言箋疏：「前卷一云：『凡物盛多……齊宋之郊、楚魏之際曰夥。自關而西秦晉之間凡人語而過謂之過，或曰僉。東齊謂之劒。』……『劒』與『僉』，聲之微轉耳。廣雅又云：『僉，過也。』過亦多也。」

〔二〕夥：史記陳涉世家：「夥頤！涉之爲王沈沈者。」司馬貞索隱引服虔：「楚人謂多爲夥。」

〔三〕多：戴震方言疏證改作「夥」。

四二　夸〔一〕、烝〔二〕，婬也〔三〕。上婬爲烝〔四〕。

匯證

〔一〕夸：廣雅釋詁一：「夸、蒸、通、媱、窕、劮婸、報，婬也。」王念孫疏證：「『夸』訓爲『婬』，與下『媱、窕、劮婸』同義，皆謂淫泆無度也。『夸、淫』皆過度之義，故上文云：『夸，大也。』」錢繹方言箋疏：「『夸』之言誇也，荒婬悖亂謂之夸，猶大言無實謂之誇也。」

〔二〕烝：戴震方言疏證：「春秋桓公十六年左傳：『初衛宣公烝於夷姜。』杜預注云：『上淫曰烝。』『淫、婬』古通用。」廣雅釋詁一：「烝，婬也。」王念孫疏證：「邶風雄雉正義云：『桓十六年左傳曰：「衛宣公烝於夷姜。」服虔云：「上淫曰烝，則烝進也，自下進上而與之淫也。」十八年傳曰：「文姜如齊，齊侯通焉。」服虔云：「傍淫曰通。言傍者，非其妻妾，傍與之淫，上下通名也。」……』案：報者，進也。樂記『禮減而不進則銷，樂盈而不反則放，故禮有報而樂有反』，鄭注云：『報讀爲褒，褒猶進也。』『報』與『烝』皆訓爲進，上淫曰烝，淫季父之妻曰報，其義一也。」

〔三〕媱：戴震方言疏證改作「婬」，云：「廣雅：『夸、烝，婬也。』本此。」注内亦改。周祖謨方言校箋：「玉篇『誇』下引作『淫』。」按：「淫、婬」古通用。當從戴氏改。

〔四〕蒸：戴震方言疏證改作「烝」。按：戴改與正文相應，當據正。

四三　眦、顚〔一〕，懣也。謂憤滿也〔二〕。音頻。

匯證

〔一〕眦、顚：戴震方言疏證：「顚，説文作『顰』，云：『涉水顰蹙。』」「眦、顚」雙聲韻轉。錢繹方言箋疏：「前卷二云：『憑，怒。楚曰憑。』注云：『恚盛貌。』引楚辭天問曰：『康回憑怒。』楚辭離騷曰：『憑不厭乎求索。』王逸注云：『憑，滿也。楚人名滿曰憑。』『憑』與『顚』，聲義並相近。」按：「眦、顚、憑」，字異而聲義相近。天問離騷之「憑」，意義有別，錢氏引之爲證不妥，詳參卷二第一八條匯證〔一〕。

〔二〕憤滿：靜嘉堂文庫藏影宋抄本及明刻諸本作「憤滿」。陳與郊類聚校云：「注滿當作懣。」明抄本、清抄本正作「懣」，戴、盧、錢諸家均作「憤懣」，與玉篇合。當改作「憤懣」。

四四　焭〔一〕、激〔二〕，清也。

匯證

〔一〕焭：同「縈」。戴震方言疏證：「説文：『縈，回疾也。』『激，水礙衺疾波也。』故皆爲清急之義。」錢繹方言箋疏：「疾之甚，故云回疾也。『疾』與『急』同意。」按：「清」之訓「急」，見本卷第四六條。

〔二〕激：錢繹方言箋疏引説文云：「激，水礙衺疾波也。」又云：「衆經音義引作『水流礙邪急曰激』。蓋水流不礙則不衺行，不衺行則不疾急。衆經音義卷十四引莊子司馬彪注曰：『流急曰激。』楚辭九章云：『我清激而無所通。』是『縈、激』皆清急也。」

四五　紓〔一〕、𨓈〔二〕，緩也。謂寬緩也。音舒。

匯證

〔一〕紓：戴震方言疏證：「詩小雅：『匪交匪紓。』毛傳：『紓，緩也。』春秋莊公三十年左傳：『以紓楚國之難。』杜預注云：『紓，緩也。』」錢繹方言箋疏：「釋言：『舒，緩也。』文六年左氏傳云：『難必抒矣。』正義云：『服虔作「舒」。舒，緩也。』『抒、舒』並與『紓』同。」

〔二〕𨓈：集韻隊韻：「復，古作遏、𨓈，隸作退。」説文「復」之古文作「遏」。王念孫手校明本改作「遏」。説文彳部：「復，卻也。一曰行遲也。」「卻」謂退卻，「行遲」猶言遲緩也。論語先進：「求也退，故進之。」「退」意謂遲緩、退縮，故朱熹集注云：「若冉求之資稟，失之弱。」

四六　清〔一〕、躡〔二〕，急也。

匯證

〔一〕清：錢繹方言箋疏：「廣雅：『清、躡，急也。』上文云：『⿱𤇾气、激，清也。』説文：『⿱𤇾气，回疾也。』『激，水礙衺疾波也。』『疾』與『急』同意，是清爲急也。」

〔二〕躡：廣雅釋詁一：「清、躡，急也。」王念孫疏證：「後漢書趙壹傳：『捷懾逐物。』『懾』與『躡』同，言急於趨時也。李賢注『懾，懼也』，失之。説文：『踂，馬行疾也。』義亦與『躡』同。」

4a 四七 杼〔一〕、杼井〔二〕。⿸广悳〔三〕，胡計反。解也。

匯證

〔一〕杼：戴震方言疏證改作「抒」，注內同。周祖謨方言校箋依戴本改，又云：「廣雅釋詁一云：『紓、蕆、逞，解也。』原本玉篇：『紓，始居反。』注云：『方言「紓，解也」。』字並作紓。慧琳音義卷八十一引同。」按：當依戴校改作「抒」。錢繹方言箋疏：「莊三十年左氏傳：『以紓楚國之難。』又六年云：『難必抒矣。』杜預注云：『抒，除也。』正義云：『服虔作「舒」。』『紓、舒』並與『抒』同。」

〔二〕杼井：戴震方言疏證改作「抒井」。盧文弨重校方言改作「杼渫」，云：「『杼』與『抒』通用。『杼渫』俗本作『杼井』，宋本作『杼渫』，乃『杼渫』之誤也，見廣韻。若『杼井』之云，於義甚僻。詩大雅生民篇毛傳云『揄，抒臼也』，此甚著，胡以不引。」王國維觀堂集林卷五書郭注方言後三：「説文『⿰革宛』字注云：『量物之⿰革宛，一曰抒井⿰革宛。』是古有『抒井』語，『井』字不誤。」按：當依戴本改。

〔三〕⿸广悳：戴震方言疏證改作「⿸疒悳」，當據正。廣雅釋詁一：「摯，解也。」王念孫疏證：「『摯』即方言『⿸疒悳』字也，玉篇『⿸疒悳』音尺世、胡計二切。『摯』與『⿸疒摯、掣』同，音充世切，『充世』即『尺世』，是『摯』與『⿸疒悳』同音。方言：『抒、⿸疒悳，解也。』『蕆、逞，解也。』廣雅：『紓、摯、蒧、呈，解也。』是『摯』與『瘛』同義。又案：『摯、摯』二字，音、義各别。『摯』音充世反，與『掣』同，引也，又解也，字從手，執聲。『摯』音至，又音貞二反，握持也，字從手，執聲。廣雅『摯』訓爲『解』，當音『充世反』，曹憲音貞二反，又音至，皆失之也。集韻、類篇『摯』音至，引説文『握持也』。又陟利切，引廣雅『解也』，又尺制切，與『掣』同，是直不辨『摯、摯』之爲二字矣。考玉篇：『摯』從執，音至；『摯』從執，音充世切，與『掣』同。今據以辨正。」錢繹方言箋疏：「『瘛』通作『㨖』。説文：『㨖，引縱曰㨖。』『引，開弓也。』『縱，緩也。一曰舍也。』『㨖』與『瘛』，聲同義亦相近。」段玉裁所説與王不同。説文廌部：「廌，解廌獸也。」段注云：「左傳宣十七年：『庶有廌乎。』杜注：『廌，解也。』釋文本作廌，正義本作豸。陸云：『廌解之訓見方言。』孔云：『豸，解也。方言文。』今方言卷十二：『瘛，解也。』『瘛』必『廌』之誤字，既誤後乃反以胡計耳。」錢繹方言箋疏則於方言「瘛」字下補「豸」字，云：「宣十七年左氏傳：『庶有豸乎。』杜預注：『豸，解也。』正義曰：『豸，解。方言文。』釋文出『鳩乎』字，是釋文本作『鳩』，云：『徐音豸，直是反，解也。本又作「豸」，注同。或音居牛反，非也。』又出『鳩解』二字，云：『音蟹，此訓見方言。』考唐石經初刻作『鳩』，磨改作『豸』。群經音辨引作『庶有鳩乎』，云：『今文作「豸」。集韻四紙引同，云：「徐邈讀通作豸。」與釋文合。』今本作『豸』，從徐邈讀也，釋文以爲『鳩，解』見方言，正義云『豸，解。方言文』，今本此及下條，又卷十三兩『解也』内皆無『豸』字，是脱文也，今據以補正。」

四八　蒧〔一〕、逞〔二〕，解也。蒧訓勑〔三〕，復言解，錯用其義。音展。

匯證

〔一〕戴震方言疏證此條與上條連寫，不提行。今仍其舊。

蒧：廣雅釋詁一：「蒧，解也。」王念孫疏證：「方言注云：蒧『音展』。『蒧』亦展也。」錢繹方言箋疏：「楚辭九歌云：『展詩兮會舞。』王逸注：『展，舒也。』『舒』與『紓、抒』並通，皆『解』之意也。」按：王、錢以爲「蒧」訓「解」乃通「展」，可備一說。説文艸部新附：「蕆，左氏傳『以蕆陳事』，杜預注：『蕆，敕也。』从艸，未詳。」左傳楊伯峻注：「蕆陳事者，完成陳國從服於晉之工作也。」後世「蕆事」連文而用，謂事情辦理完成。前蜀杜光庭王宗玠宅弘農郡夫人降聖日修大醮詞：「瀝丹欸以騰詞，拂碧壇而蕆事。」宋袁甫餘干縣先賢祠堂記：「蕆事之日，觀聽竦然。」

〔二〕逞：戴震方言疏證：「隱公九年、成公元年兩言『乃可以逞』，杜注並云：『逞，解也。』廣雅：『紓、蕆、呈，解也。』『呈』即『逞』之譌。」廣雅釋詁一王念孫疏證：「隱九年左傳：『乃可以逞。』杜預注云：『逞，解也。』論語鄉黨篇云：『逞顔色。』僖二十三年左傳釋文云：『呈，勑景反，本或作逞。』是『呈』與『逞』通。枚乘七發云：『雖有金石之堅，猶將銷鑠而挺解也。』『挺』與『逞』亦聲近義同。吕氏春秋仲夏紀：『挺衆囚，益其食。』高誘注云：『挺，緩也。』『緩』亦『解』也，故序卦傳云：『解者，緩也。』」

〔三〕蕆訓勑：明刻諸本「勑」作「敕」。見下卷第一二條匯證〔一〕。

四九　柢〔一〕、柲〔二〕，刺也〔三〕。皆矛戟之槿，所以刺物者也。音觸抵。

匯證

〔一〕柢：戴震方言疏證據廣雅釋詁一改作「抵」。周祖謨方言校箋：「案慧琳音義卷三十四引亦從手。依郭注『矛戟之槿』一語，似郭本從木，不從手。」按：今仍其舊。錢繹方言箋疏：「『柢』之言根柢也。釋器云：『邸謂之柢。』郭注云：『根、柢，皆物之邸。邸即底，通語也。』是『柢』即『槿』也。説文：『牴，觸也。』『柢、抵、牴』，古字並通。」

〔二〕柲：廣雅釋詁一「刺也」條作「抋」。本書卷一〇第四〇條：「抋，椎也。南楚凡相椎搏曰抋。」參該條匯證〔一〕。卷九第二條：三刃枝，「其柄自關而西謂之柲」。參該條匯證〔五〕。是「柲、抋」義相因也。錢繹方言箋疏：「『柲、柄』一聲之轉。昭十二年左氏傳云：『君王命剥圭以爲戚柲。』杜預注：『柲，柄也。』前卷九又云：『矛，其柄謂之矜。』注云：『今字作「槿」。』又云：『矜謂之杖。』注云：『矛戟槿，即杖也。』廣韻云：『槿，古作「矜」。』是柲也、柄也、矜也、杖也、槿也，實一物也。穫謂之柢，以穫刺物謂之柢，亦謂之牴；穫謂之柲，以穫刺物謂之柲，亦謂之扻，猶矛謂之鋋，以矛有所刺亦謂之鋋也；矛謂之鏦，以矛有所刺亦謂之鏦也。」

〔三〕刺：按：明刻諸本作「刺」，注內同，當據改。「刺」猶言「所以刺也」。

五〇　倩〔一〕、茶〔二〕，借也。茶猶徒也〔三〕。

匯證

〔一〕倩：卷三第二條：「東齊之間聓謂之倩。」郭璞注：「言可借倩也。」是「倩」有「借」義。史記滑稽列傳：「某所有公田，願得假倩之。」「假倩」同「借倩」。三國志魏志陳思王植傳：「（曹植）善屬文。太祖嘗視其文，謂植曰：『汝倩人邪？』」「倩人」謂借助人也。

〔二〕茶：廣雅釋詁二：「茶，借也。」王念孫疏證：「『茶』蓋『賒』之借字，『賒、茶』古聲相近。說文：『賒，貰賣也。』『貰，貸也。』『賒、貸』同義，故俱訓爲借也，且與『借』聲相近。」

〔三〕茶猶徒也：未詳。

五一　懋朴〔一〕，猝也。謂急速也。劈歷、打撲二音。

匯證

〔一〕懋朴：戴震方言疏證：「『懋朴』雙聲，形容急速之意。」廣雅釋詁二：「懋朴，猝也。」王念孫疏證：「今俗語狀聲響之急速者曰『懋朴』，是其義也。」

五二　麋〔一〕、棃〔二〕，老也。麋猶眉也。

匯證

〔一〕麋：郭璞注：「麋猶眉也。」卷一第一八條：「眉，老也。東齊曰眉。」詳該條匯證〔一〕。

〔二〕棃：卷一第一八條：「棃，老也。燕代之北鄙曰棃。」詳該條匯證〔二〕。

五三　萃〔一〕、離〔二〕，時也〔三〕。

匯證

〔一〕萃：戴震方言疏證：「『萃』亦作『崒』。」廣雅釋詁二：「崒，待也。」王念孫疏證：「待者，止也。爾雅云：『止，待也。』上文云：『止、待，逗也。』論語微子篇：『齊景公待孔子。』史記孔子世家作『止孔子』；魯語：『其誰云待之。』説苑正諫篇作『其誰能止之』。是『待』與『止』同義。『待』之言跱也。義見卷三『跱，止也』下……楚辭天問：『北至回水萃何喜。』王逸注云：『萃，止也。』『萃』與『崒』通。」

〔二〕離：廣雅釋詁二：「離，待也。」王念孫疏證：「『離』讀爲『麗』。宣十二年左傳注云：『麗，著也。』著亦止也。」

〔三〕時：戴震方言疏證據廣雅改作「待」。廣雅王念孫疏證引方言未改，云：「『時』與『待』通。」王引之經義述聞卷六毛詩中「曰止曰時」條：「『時』亦止也，古人自有複語耳……玉篇曰：『爾雅：室中謂之跱。跱，止也。』廣雅同，玉篇又曰：『峙，止不前也。』今本爾雅『跱』作『時』。爾雅又曰：『雞棲于弋爲榤，鑿垣而棲爲塒。』王風君子于役釋文：『塒作時。』棲止謂之時，居止謂之時，其義一也。莊子逍遥遊篇曰：『猶時女也。』司馬彪注曰：『時女，猶處女也。』處亦止也。爾雅曰：『止，待也。』廣雅曰：『止、待，逗也。』『待』與『時』聲近而義同。『待』亦通作『時』。廣雅曰：『崒，離，待也。』方言『崒』作『萃』、『待』作『時』，皆古字假借。或以『時』爲『待』之譌，非也。」

五四　漢〔一〕、赤〔二〕，怒也。

匯證

〔一〕漢：錢繹方言箋疏：「『漢』之言暵也，熯也。説文：『熯，乾貌。』又云：『暵，乾也。』引説卦傳：『燥萬物者，莫暵乎火。』今本作『熯』。怒氣如火之熯，故謂之暵。」按：錢氏所説迂曲。「赤」爲怒聲，「漢、赤」雙聲，亦當爲怒聲。

〔二〕赤：戴震方言疏證以爲譌字，據廣雅改作「赫」。盧文弨重校方言：「『赤』乃『赫』之變體，集韻收之。以其相沿已久，各本皆如此，無妨仍之。」按：盧説是也。「赤」同「赫」，非「赫」之譌。廣雅釋詁二：「赫，怒也。」王念孫疏證：「大雅皇矣篇：『王赫斯怒。』鄭箋云：『赫，怒意也。』桑柔篇：『反予來赫。』釋文：『赫，毛許白反，炙也。與「王赫斯怒」同義。本亦作「嚇」，鄭許嫁反，口距人也。』正義云：『嚇是張口瞋怒之貌。』莊子秋水篇：『鴟得腐鼠，鵷鶵過之，仰而視之曰「嚇」。』釋文：『嚇，許嫁反，又許白反。司馬云：「嚇怒其聲，恐其奪己也。」』素問風論云：『心風之狀善怒嚇。』『嚇』與『赫』通。」

4b 五五　赤〔一〕，發也〔二〕。

匯證

〔一〕戴震方言疏證此條與上條連寫，當據正。

〔二〕發：錢繹方言箋疏：「廣雅：『發，明也。』商頌長發篇：『玄王桓撥。』韓詩作『發』，云：『發，明也。』齊風載驅篇：『齊子發夕。』韓詩：『發，旦也。』旦，亦明也。楚辭招魂云：『娭酒不廢，沈日夜些。』王逸注云：『不廢，或曰不發。發，旦也。』引小雅小宛篇：『明發不寐。』……廣雅：『赫，發也。』廣韻同。廣雅又云：『赫赫，明也。』義亦相通也。」按：「發」與「怒」，義相通，錢説迂曲不可信。「發」可指風聲，風疾之聲謂之「發發」。詩小雅四月：「冬日烈烈，飄風發發。」鄭玄箋：「發發，疾貌。」又蓼莪：「南山烈烈，飄風發發。」魚多而躍之聲亦謂之「發發」。詩衛風碩人：「施罛濊濊，鱣鮪發發。」毛傳：「發發，盛貌。」陸德明釋文引馬融曰：「魚著罔，尾發發然。」「怒」與「發」義通而有内外之別。淮南子本經訓：「人之性有侵犯則怒，怒則血充，血充則氣激，氣激則發怒，發怒則有所釋憾矣。」

五六　謣[一]、呼瓜反。吁[二]，然也[三]。音于。皆應聲也[四]。

匯證

[一]謣：廓音「呼瓜反」，與「吁」古音同。丁惟汾方言音釋：「皆諾之疊韻音轉，諾古音讀奴。詩魯頌閟宮箋：『諾，應辭也。』然、諾雙聲。」「諾」古音屬鐸部，「謣、吁」與「諾」魚鐸對轉。

[二]吁：見本條匯證[一]。

[三]然：錢繹方言箋疏：「説文：『嘫，語聲也。』經傳多作『然』。」

[四]皆：原本玉篇殘卷「謣」下引作「亦」。

應：錢繹方言箋疏：「『應、譍』古今字。」按：原本玉篇殘卷：「譍，埤蒼：對也。野王案：課語相譍對也。禮記：『無噭譍。』論語：『子夏之門人洒掃譍對。』是也。今爲『應』字，在心部也。」是「應、譍」同，指應答。郭注「應聲」，指應答之聲也。

五七　猜[一]、忦[二]，恨也。

匯證

[一]猜：錢繹方言箋疏：「小爾雅：『猜，恨也。』玉篇同。昭七年左氏傳云：『雖吾子亦有猜焉。』潘岳馬汧督誄云：『忘爾大勞，猜爾小利。』衆經音義卷十三云：『猜，今作倸，同。』廣雅：『倸，恨也。』」按：説文犬部：「猜，恨賊也。」段玉裁注：「本謂犬，叚借之謂人。」徐灝注箋：「左氏僖九年傳：『耦俱無猜。』釋文：『猜，疑也。』廣雅曰：『猜，疑也。』又曰：『猜，

懼也。』按：『疑、懼』義相因。又『疑』有『嫌』義，故又爲『恨』，方言：『猜，恨也。』『賊』字疑衍。」「猜」之訓「恨」，謂嫉恨，漢之後亦見「猜恨」連言例。東觀漢紀卷一七：「段熲曰：『張奂事勢相反，遂懷猜恨。』」玉臺新咏卷四鮑照擬樂府白頭吟：「直如朱絲繩，清如玉壺冰，何慚宿昔意，猜恨坐相仍。」

〔二〕忦：錢繹方言箋疏：「（廣雅）又云：『忦，恨也。』玉篇同，音古黠切。前卷二云：『齘，怒也。小怒曰齘。』注云：『言噤齘也。』説文：『齘，齒相切也。』玉篇：『噤齘，切齒怒也。』皆『恨』之意也。『齘』與『忦』，字異聲義並同。」

五八　艮〔一〕、磑〔二〕，堅也。艮、磑皆石名物也〔三〕。五碓反。

匯證

〔一〕艮：廣雅釋詁一：「艮，堅也。」王念孫疏證：「説卦傳云：『艮爲山，爲小石。』皆堅之義也。今俗語猶謂物堅不可拔曰艮。」按以「艮」名山者有「艮岑、艮峰、艮嶽」等，即取義於石堅之義。引申之，食物堅韌而不脆亦謂之「艮」，如今方言云「發艮」；人之脾氣倔、性子直也謂之「艮」，如今方言云「這人話説得太艮」。

〔二〕磑：戴震方言疏證：「宋玉高唐賦：『振陳磑磑。』張衡思玄賦：『行積冰之磑磑兮。』李善注皆引方言『磑，堅也』。」錢繹方言箋疏：「『磑』爲『堅』也。周官司甲注云：『甲，今時鎧也。』疏云：『今古用物不同，其名亦異。古用皮謂之甲，今用金謂之鎧，从金爲字也。』釋名云：『鎧，猶塏也，堅重之言也。』是『鎧』亦以堅得名也。」按：「磑」即石磨。卷五第一九條「磑或謂之⿰石妻」郭璞注：「即磨也。」説文石部：「磑，䃺也。古者公輸班作磑。」急就篇卷三：「碓磑扇隤舂簸揚。」顔師古注：「磑，所以䃺也。」參該條匯證〔三〕。

〔三〕本條郭注，戴震方言疏證改作「艮磑皆名石物也」，云：「易説卦：『艮爲小石。』説文：『磑，䃺也。』故注云：『艮磑皆名石物也。』『石』字各本譌在『名』上，今訂正。」劉台拱方言補校：「當作『石物名』。」周祖謨方言校箋：「原本玉篇『磑』牛衣、公衣二反，注云：『方言：磑，堅也。郭璞曰：石物堅也。』與今本文字有異。」按：石物堅實者名「艮」、名「磑」，故「艮、磑」亦「堅」也。由是知戴、劉二説均於理爲當。無本可據，存而不論。

五九　炗〔一〕、眼〔二〕，明也。炗光也。音滛〔三〕。

匯證

〔一〕炗：戴震方言疏證據廣雅改作「𤆍」。説文火部：「𤆍，小熱也。」段玉裁注本改作「羙，小爇也」，云：「方言、廣雅曰：『羙，明也。』此引伸之別一義。」謂此字「从火，羊聲」，解云：「『羊』各本誤作『干』，篆體亦誤……羊讀若飪，『羙』从羊聲，故古音在七部。郭璞、曹憲音淫，入鹽韻，則直廉切，今各書皆譌作𤆍矣。」苗夔説文聲訂卷一九：「方言卷十二『炗眼』下諸炗字，亦並羙字之譌。戴東原、丁小雅、盧抱經等校本，不能釐整，皆由於不識羙字，爲譌本説文誤之也。」朱駿聲説文通訓定聲亦謂「方言『羙眼』誤作『炗眼』」。吳予天方言注商：「段氏等訂説文『𤆍』、方言『炗』並爲『羙』字譌，其説甚確。至於方言『羙』訓『明』，説文『羙』訓『小爇』，小爇則不得謂明，是二義實不相涉，盧氏固疑之矣！而段氏之所謂『別一義引申』者，求其意亦不可得。——蓋『羙』乃『炎』之語轉也。説文云：『炎，火光上也。』『明』其引伸義也。『羙、炎』雙聲，屬影紐。」周祖謨方言校箋：「戴氏據廣雅改作『𤆍』是也。玉篇『𤆍』音從甘反，是此字有兩讀，猶潭音覃，一音淫也。」按：方言各傳本字作「炗」，字書無此字，此爲譌字明矣。戴震、周祖謨等謂爲「𤆍」字譌，所據爲廣雅作「𤆍」訓「明」本自方言。段玉裁、吳予天等謂爲「羙」字譌，説文大徐本已誤作「𤆍」，所據爲詩小雅節南山「憂心如惔」，古本毛詩作「如羙」，毛傳：「羙，燔也。」「羙」字於古字書亦未見。毛詩釋文云：「『惔』，徒藍反，又音炎，韓詩作『炎』，字書作『焱』，説文作『𤆍』，才廉反，小熱也。」由是知定作「𤆍」爲宜。當據戴校改，注内同。廣雅釋詁四：「𤆍，明也。」王念孫疏證：「『𤆍』之言炎炎也。説文引小雅節南山篇『憂心𤆍𤆍』，今本作『憂心如惔』。韓詩作『如炎』。説文：『炎，火光上也。』方言：『𤆍，明也。』憂心如火之炎，故與『明』同義。凡詩言『憂心烈烈』『憂心奕奕』『憂心怲怲』『耿耿不寐，如有隱憂』之類，皆其義也。説文：『覝，察視也。讀若鐮。』『覝』與『𤆍』亦聲近義同。」

〔二〕䀶：劉台拱方言補校：「『䀶』乃目病，非『明』之訓也。作『朖』爲近。」按：劉校是也。以郭氏音注例考之，若字作「䀶」，因字生僻，似應注音，而「朖」即「朗」字，自然無需注音。且「䀶」乃目病，義與方言不合。當從劉校改正。説文月部：「朖，明也。」集韻蕩韻：「朖，亦書作朗。」詩大雅既醉：「昭明有融，高朗令終。」毛傳：「朗，明也。」明亮謂之「朗」，引申之，明白亦謂之「朗」。王逸離騷經序：「其詞温而雅，其義皎而朗。」是其例也。

〔三〕滛：「淫」字之譌，當改正，廣漢魏叢書本不誤。

六〇　怤愉〔一〕，悦也。怤愉猶呴愉也〔二〕。音敷。

匯證

〔一〕怤愉：戴震方言疏證：「『怤』亦作『敷』。漢瑟調曲隴西行：『好婦出迎客，顔色正敷愉。』『敷愉』雙聲形容之辭。」廣雅釋詁三：「怤愉，説也。」王念孫疏證：「『悦』與『説』同。説貌謂之『怤愉』，故容貌可説者亦謂之『怤愉』。」錢繹方言箋疏：「玉篇：『怤，喜也，悦也，樂也。』唐風山有樞篇：『他人是愉。』毛傳：『愉，樂也。』禮〔記〕云：『有和氣者，必有愉色。』荀子王霸篇云：『安重閒靜莫愉焉。』楊倞注：『愉，樂也。』説文『悆』字注引周書金滕『有疾不悆』，『悆，喜也』。今本作『豫』，某氏傳曰：『武王有疾，不悦豫。』『悆、豫』並與『愉』通。重言之則曰『愉愉』。論語鄉黨篇曰：『私覿，愉愉如也。』鄭注：『愉愉，顔色和也。』聘禮記作『俞俞』，義亦同也。連言之則曰『怤愉』。衆經音義卷十三、卷十九並云：『敷愉，纂文作「孚瑜」，言美色也。方言作「怤愉，悦也」。怤愉，言顔色和悦也。』悦貌謂之怤愉，容貌可悦者亦謂之怤愉……『孚、敷』並與『怤』通，『瑜』與『愉』亦通。轉言之則曰『孚尹』。聘義云：『孚尹旁達。』鄭注云：『謂玉采色也。』義亦同也。」

〔二〕呴愉：錢繹方言箋疏：「王褒聖主得賢臣頌云：『是以嘔喻受之。』文選李善注引應劭云：『嘔喻，和悦貌。』『嘔喻』與『呴愉』同。」

六一　即〔一〕、圍〔二〕，就〔三〕。即〔四〕，半也。即一作助〔五〕。

匯證

〔一〕即：廣雅釋詁三：「即、集，就也。」王念孫疏證：「『集』謂相依就也。大雅大明篇：『天監在下，有命既集。』毛傳云：『集，就也。』鄭箋云：『天命將有所依就。』是也。一曰集謂成就也。小雅小旻篇：『謀夫孔多，是用不集。』毛傳云：『集，就也。』韓詩外傳作『是用不就』。『就、集』一聲之轉，皆謂成就也。」按：「即」之本義爲就食。說文卪部：「即，即食也。」徐鍇繫傳：「即猶就也，就食也。」易鼎：「鼎有實，我仇有疾，不我能即。」是其例也。引申爲接近、靠近。詩衛風氓：「匪來貿絲，來即我謀。」鄭玄箋：「即，就也。」是也。

〔二〕圍：廣雅釋詁三：「圍，就也。」王念孫疏證：「『圍』猶『帀』也。周官典瑞注云：『一帀爲一就。』是其義也。」錢繹方言箋疏：「檀弓云：『夏后氏堲周。』鄭注云：『燒土冶以周於棺也。』『堲』，釋文作『即』同，『子栗反，又音稷』。何云：冶土爲甎四周於棺』。周亦匝也。是『即』訓爲『就』，與『圍』同也。」

〔三〕「就」字下，戴震方言疏證補「也」字，云：「廣雅：『即，就也。』玉篇云：『圍，就也。』廣韻：『即，就也，半也。』義本此。」

按：當據戴校補。

〔四〕即：錢繹方言箋疏：「說文：『半，物中分也。从八，从牛。牛爲物大，可以分也。』廣韻：『即，半也。』說文：『即，即食也。』段氏若膺云：『「即食」當作「節食」，「周易所謂節飲食也。節食者，檢制之使不過，故凡止於是之詞謂之即」。案：『止於是』，是『就』之義也，故又訓爲『半』。」丁惟汾方言音釋：「爾雅釋木：『采薪，即薪。』即薪爲燼薪。燼薪餘火，半燃半滅，故取以爲半義。」按：錢、丁二氏說皆難信據，「即」之訓「半」，當另有所本，文獻未詳。

〔五〕即一作助：此蓋校書者所記語而竄入注文者，當刪。

六二　惙〔一〕、怞〔二〕，中也。中宣爲忡忡〔三〕，惱怖意也〔四〕。

匯證

〔一〕惙：戴震方言疏證：「詩周南『憂心忡忡』『憂心惙惙』，毛傳：『忡忡猶衝衝也。』『惙惙，憂也。』爾雅釋訓：『忡忡、惙惙，憂也。』」按：説文心部：「惙，憂也。」釋名釋言語：「啜，惙也。心有所念，惙然發此聲也。」易訟：「患至惙也。」鄭玄注：「惙，憂也。」逸周書嘗麥：「臨獄無頗，正刑有惙。」朱右曾集訓校釋：「惙，憂也。」後漢書梁鴻傳：「心惙怛兮傷悴。」李賢注引爾雅曰：「惙怛，憂也。」是「惙」訓憂愁也。重言之曰「惙惙」，憂愁之貌。爾雅釋訓：「忡忡、惙惙，憂也。」郭店楚簡五行：「不仁不智，未見君子，憂心不能惙惙。」吴越春秋勾踐入臣外傳：「（越王夫人哭而歌之曰）心惙惙兮若割，泪泫泫兮雙懸。」

〔二〕怞：玉篇心部：「怞，憂心也。」漢焦贛易林需之小過：「猋風忽起，車馳揭揭，棄名追亡，失其和節，憂心怞怞。」敦煌變文集父母恩重經講經文：「慈母自從懷任（妊），憂怞千般，或坐或行，如擎重擔。」「怞」與「惙」音近義同，「怞怞」同「惙惙」。

〔三〕宣：陳與郊類聚校云：「注『中宣』之『宣』當作『宜』。」戴震方言疏證改作「宜」，是也。當據正，廣漢魏叢書本不誤。

〔四〕惱怖：錢繹方言箋疏：「亦憂恨之意也。」

5a 六三　薵〔一〕、蒙〔二〕，覆也。

匯證

〔一〕薵：戴震方言疏證：「『薵』亦作『幆』。廣雅：『幆，覆也。』義本此。『幆』今作『幬』。中庸：『無不覆幬。』注云：『幬亦覆也。』或作『燾』。」廣雅釋詁二：「幆，覆也。」王念孫疏證：「爾雅：『幬謂之帳。』説文：『幆，禪帳也。』楚辭招魂：『羅幬張些。』『幬』與『幆』同。釋器篇云：『幔、幬、幕，帳也。』『幔、幬、幕』皆有下覆之義，故此皆訓爲覆也。召南小星篇：『抱衾與裯。』毛傳云：『裯，禪被也。』考工記輪人：『欲其幬之廉也。』鄭注云：『幬，幔轂之革也。』史記禮書：『大路之素幬也。』索隱云：『謂車蓋以素帷。』是凡言幬者皆覆之義也。」錢繹方言箋疏：「襄二十九年左氏傳云『如天之無不幬也』，史記吴世家作『燾』，集解引賈逵注云：『燾，覆也。』説文：『燾，溥覆照也。』『燾』與『薵』通。」按：「薵、幬（幆）、燾」音近義通，覆蓋義經傳多作「幬」。左傳襄公二十九年「如天之無不幬也，如地之無不載也」杜預注、周禮考工記輪人「欲其幬之廉也」賈公彦疏、禮記檀弓下「天子龍輴而椁幬」鄭玄注皆云：「幬，覆也。」

〔二〕蒙：戴震方言疏證：「『蒙』亦作『幏』，廣雅：『幏，覆也。』義本此……春秋襄公十年左傳：『建大車之輪，而蒙之以甲，以爲櫓。』杜預注云：『蒙，覆也。』説文本作『冡』，云『覆也』。」廣雅釋詁二王念孫疏證：「今俗語猶謂覆物爲蒙。方言云：『幏，巾也。陳潁之間大巾謂之幏。』郭璞注云：『巾，主覆者，故名幏也。』書大傳：『下刑墨幏。』鄭注云：『幏，巾也。』説文：『幏，蓋衣也。』皆覆之義也。」

六四　籌〔一〕，戴也。此義之反覆兩通者，字或作燾〔二〕，音俱波濤也。

匯證

〔一〕戴震方言疏證此條與上條連寫。按：據郭璞注意，連寫是也，當從戴本改正。

籌：戴本作「薵」是也。劉台拱方言補校：「集韻引方言『籌，戴也』，从竹誤，類篇亦然。」錢繹方言箋疏：「釋名：『戴，［載也］，載之於頭也。』小爾雅：『戴，覆也。』班固西都賦云：『上反宇以蓋戴。』太玄玄文：『蒙，南方也，夏也，物之修長者也，皆可得而戴也。』范望注云：『枝葉已成，蒙覆於上，皆可燾載者也。』『戴』與『覆』同義，故『薵』又爲『戴』也。」

〔二〕壽：戴震方言疏證作「燾」。周祖謨方言校箋：「戴本作『燾』是也。慧琳音義卷八十二引方言云：『燾，戴也。』」按：當從戴本改，廣漢魏叢書本不誤。

六五　堪〔一〕、輂〔二〕，載也。輂轝亦載物者也〔三〕。音釘鋦。

匯證

〔一〕堪：廣雅釋詁二：「堪，載也。」王念孫疏證：「（方言）又云：『龕，受也。揚越曰龕。受，盛也，猶秦晉言容盛也。』郭璞注云：『今云龕囊，依此名也。』『龕』與『堪』同聲，『盛』與『載』義相近。」

〔二〕輂：廣雅釋詁二：「輂，載也。」王念孫疏證：「説文：『輂，大車駕馬也。』周官鄉師：『與其輂輦。』鄭注云：『輂，駕馬；輦，人輓行，所以載任器也。』管子海王篇云：『行服連軺輂者，必有一斤一鋸一椎一鑿，若其事立。』史記夏本紀：『山行乘檋。』漢書溝洫志作『山行則梮』，韋昭注云：『梮，木器，如今輿牀，人舉以行也。』『梮』與『檋』同。『檋』亦有載義，故書言『予乘四載』也。襄九年左傳『陳畚挶』，漢書五行志作『畚輂』，應劭注云：『輂，所以輿土也。』説文：『暴，舉食者。』徐鍇傳云：『如今食牀，兩頭有柄，二人對舉之。』是凡言『輂』者，皆『載』之義也。」

〔三〕轝：戴震方言疏證改作「輿」。周祖謨方言校箋：「戴本作『輿』，是也。漢書五行志『陳畚輂』，注引應劭云：『輂，所以輿土也。』是『輂』即『輿』也。又原本玉篇『輂』下云：『方言：輂，載也。郭璞：輂輿亦載物也。』見日人岡井慎吾氏玉篇の研究第五一七頁戴氏所改與之正合。」按：「轝」同「輿」。集韻御韻：「輿，舁車也。或作轝。」墨子公輸：「今有人於此，舍其文軒，鄰有敝轝，而欲竊之。」孫詒讓閒詁：「宋策、神仙傳並作弊輿，畢云轝即輿之異文耳。」是「轝」字可不改。

六六　摇〔一〕、祖〔二〕，上也。

匯證

〔一〕摇：廣雅釋詁一：「摇，上也。」王念孫疏證：「『摇』亦『躍』也，方俗語有輕重耳。楚辭九章云：『願摇起而横奔兮。』漢書禮樂志：『將摇舉，誰與期。』顔師古注云：『言當奮摇高舉，不可與期也。』班固西都賦云：『遂乃風舉雲摇。』是『摇』爲上也。方言：『䠛，跳也。』爾雅：『扶摇謂之猋。』李巡注云：『暴風從下升上。』説文：『沖，涌摇也。』管子君臣篇云：『夫水，波而上，盡其搖而復下。』義並同也。」

〔二〕祖：廣雅釋詁一：「祖，上也。」王念孫疏證：「爾雅：『祖，始也。』説文：『祖，始廟也。』是『祖』爲上也。其自下而上亦謂之祖。方言：『搖、祖，上也。祖，搖也。祖，轉也。』郭璞注云：『動搖即轉矣。』然則祖者，旋轉上起之意。説文：『瑑，圭璧上起兆瑑也。』『琱，琮玉之瑑也。』『琱』與『祖』義亦相近。」

六七　祖〔一〕，搖也。

匯證

〔一〕戴震方言疏證此條與上條連寫，不提行。按：依下條郭注意，連寫是也，當從戴本改。「祖」訓「搖」，「祖、搖」皆訓「上」。説見上條匯證〔二〕。

六八　祖〔一〕，轉也。互相釋也。動搖即轉矣〔二〕。

匯證

〔一〕戴震方言疏證此條與前兩條連寫，不提行。按：依郭注意，連寫是也，當從戴本改。「祖」，説見本卷第六六條匯證〔二〕。

〔二〕矣：廣漢魏叢書本作「也」。

六九　括〔一〕、關〔二〕，閉也。易曰：「括囊無咎。」音活〔三〕。

匯證

〔一〕括：廣雅釋詁三：「關、括、閉，塞也。」王念孫疏證：「説文：『括，絜也。』鄭注大學云：『絜，猶結也。』坤六四：『括囊。』虞翻注云：『括，結也。』『閉、結』皆塞也。」錢繹方言箋疏：「通作『昏』。説文：『昏，塞口也。』廣雅『括、昏』並『塞』也。『昏』與『括』聲義並同……『關、括』聲之轉耳。」按：朱駿聲説文通訓定聲：「絜者，束也。」是「括」之本義爲結紮、捆束。易坤：「括囊，無咎無譽。」李鼎祚集解引虞翻曰：「括，結也。」莊子寓言：「若向也俯，而今也仰；向也括，而今也被髮。」陸德明釋文引司馬云：「括，謂括髮也。」

〔二〕關：説文門部：「關，以木横持門户也。」是「關」本爲門閂之名。墨子備城門：「門植關必環錮。」是其例也。引申爲關閉，方言即訓此義。易林訟之臨：「關牢闢門，巡狩釋寃。」陶潛歸去來兮辭：「門雖設而常關。」是其例也。

〔三〕活：戴震方言疏證改作「适」。周祖謨方言校箋：「戴本改作『适』，是也。廣韻末韻『括』音古活切，『括、适』同音。」按：當從戴本改正。

七〇　衝〔一〕、俶〔二〕，動也。

匯證

〔一〕衝：戴震方言疏證：「廣雅：『衝、侏，動也。』義本此。『衝、侏』即『衝、俶』。」廣雅釋詁一：「衝，動也。」王念孫疏證：「『衝』亦動也，方俗語有輕重耳。釋訓云：『衝衝，行也。』説文：『憧，意不定也。』咸九四：『憧憧往來。』皆動貌也。」按：後世言「衝動」，同義複祠。

〔二〕俶：廣雅釋詁一：「侏，動也。」王念孫疏證：「（衝）聲轉爲『俶』。爾雅：『動、俶，作也。』是『俶』與『動』同義。説文：『埱，氣出於土也。』義亦與『俶』同。孟子梁惠王篇：『於我心有戚戚焉。』趙岐注云：『戚戚然心有動也。』『戚』與『俶』

亦聲近義同。」按：詩大雅崧高：「申伯之功，召伯是營。有俶其城，寢廟既成。」毛傳：「俶，作也。」鄭玄箋：「召公營其位而作城郭及寢廟，定其人神所處。」後世有「俶成」一詞，指建造完工，即落成。「俶」又訓「整」，亦「作」之義也。後漢書張衡傳：「占既吉而無悔兮，簡元辰而俶裝。」李賢注：「俶，整也。」

5b七一　羞[一]、厲[二]，熟也。熟食爲羞。

匯證

〔一〕羞：戴震方言疏證：「張衡南都賦：『珍羞琅玕。』李善注引方言：『羞，熟也。』」廣雅釋詁三：「羞，孰也。」王念孫疏證：「聘禮：『燕與羞，俶獻無常數。』鄭注云：『羞，謂禽羞，鴈鶩之屬，成熟煎和也。』爾雅：『饙、餾，稔也。』郭璞注云：『今呼餐飯爲饙。』釋文：『餐，音脩。』義亦與『羞』同。」錢繹方言箋疏：「説文：『稔，穀熟也。』『饙』訓爲『稔』，『餐飯』爲『饙』，是『餐』與『羞』聲義並同。」按：説文丑部：「羞，進獻也。」引申之，指所進獻之美食。周禮天官膳夫：「掌王之食飲膳羞，以養王及后世子。」禮記少儀：「羞首者，進喙祭耳。」又：「未步爵，不嘗羞。」字後作「饈」。美食則「熟」義在其中矣。

〔二〕厲：戴震方言疏證：「『厲』亦作『礪』。廣雅：『羞、礪，孰也。』義本此。」廣雅釋詁三王念孫疏證：「厲與礪同。」錢繹方言箋疏：「『厲』之言烈也。楚辭招魂：『露雞臛蠵，厲而不爽些。』王逸注云：『厲，烈也。爽，敗也。楚人名羹敗曰爽。言乃復烹露棲之［肥］雞，臛蠵龜之肉，則其味清烈不敗也。』大雅生民篇：『取羝以軷，載燔載烈。』毛傳云：『貫之加于火曰烈。』鄭箋云：『烈之言爛也。』『取羝羊之體以祭神，又燔烈其肉爲尸羞焉。』『烈』與『厲』，古同聲通用……通作『礪』。」按：卷七第一七條：「爛，熟也。」丁惟汾方言音釋：「日照謂大熟爲爛。」而「厲」乃磨刀石之名，説文所謂「旱石也」；「礪」爲此義之分化字。王念孫謂「厲、礪」同，即指此義之關係，亦明二者訓「熟」皆爲借字。「厲、礪」訓「熟」之例未見，錢氏以音求之，可備參考。

七二 厲〔一〕，今也〔二〕。

匯證

〔一〕戴震方言疏證此條與上條連寫，不提行。今仍舊本。

〔二〕今：戴震方言疏證：「『今』當作『矜』。月令：『天子乃厲飾。』鄭注云：『厲飾謂戎服，尚威武也。』春秋僖公九年公羊傳：『葵丘之會，桓公震而矜之。矜之者何？猶曰莫我若也。』何休注云：『色自美大之貌。』『厲』與『矜』又皆爲危。春秋定公元年穀梁傳：『踰年即位，厲也。』范甯注云：『厲，危也。』詩小雅：『居以凶矜。』毛傳：『矜，危也。』鄭箋云：『居我以凶危之地。』廣雅：『矜、厲，危也。』」廣雅釋詁一「矜、厲，危也」條王念孫疏證未引方言，廣雅釋詁二「彌、厲，合也」條王念孫疏證引方言作：「厲，合也。」云：「『厲』與『連』聲相近，故得訓爲『合』。周易正義序引世譜：『神農，一曰連山氏，亦曰列山氏。』祭法作『厲山氏』，是其例也。」是王氏以爲「今」當作「合」也。錢繹方言箋疏：「『今』與『厲』義不相涉，『今』疑當爲『合』。廣雅：『繬、彌、厲，合也。』並本方言。『今』與『合』形似之譌。」按：以義衡之，改「合」爲長。廣雅釋詁三：「附、厲，近也。」玉篇：「厲，附也，近也。」錢繹方言箋疏：「『附』與『近』皆相合之意。」「厲、連」聲近，「連」亦可訓「合」。呂氏春秋明理：「馬牛乃言，犬彘乃連。」高誘注：「連，合也。」玄應音義卷三「連綿」條引廣雅：「連，合也。」

七三 備〔一〕、該〔二〕，咸也。咸猶皆也〔三〕。

匯證

〔一〕備：按：廣韻至韻：「備，具也。」「備」謂齊備。易繫辭下：「廣大悉備。」是其例也。引申爲「咸」，猶盡也，皆也。詩周頌有瞽：「既備乃奏，管簫備舉。」禮記檀弓上：「士備入而後朝夕踊。」鄭玄注：「備，猶盡也。」「該、備」連文，亦有用例。楚辭招魂：「招具該備，永嘯呼些。」王逸注：「該亦備也。」全漢文蔡邕太尉楊賜碑：「孰能該備寵榮，兼包令錫，如公之至者乎。」太尉楊秉碑：「可謂立身無過之地，正直清檢該備者矣。」

〔二〕該：錢繹方言箋疏：「哀元年穀梁傳：『此該郊之變而道之也。』楚辭離騷：『甯戚之謳歌兮，齊桓聞而該輔。』范甯、王逸注並云：『該，備也。』通作『晐』。説文：『晐，兼晐也。』廣雅：『晐，咸也。』玉篇同。吴語：『一介嫡女，執箕帚以晐姓於王宮。』韋昭注：『晐，備也。』亦作『賅』。莊子齊物論：『賅而存之焉。』釋文引司馬彪注：『賅，備也。』『該、晐、賅』，字異義同。」按：「該、備」同義連文，例見本條匯證〔一〕。

〔三〕咸猶皆也：爾雅釋詁：「咸，皆也。」

七四 噬〔一〕，食也。

匯證

〔一〕噬：同「噬」。戴震方言疏證：「左思蜀都賦：『射噬毒之鹿。』李善注引方言：『噬，食也。』」按：「噬」謂食，猶今言喫也、咬也。説文口部：「噬，啗也。」易噬嗑：「噬腊肉，遇毒，小吝，無咎。」左傳哀公十二年：「國狗之瘈，無不噬也。」杜預注：「噬，齧也。」戰國策楚策一：「狗惡之，當門而噬之。」是其例也。

七五 噬〔一〕，憂也。

匯證

〔一〕戴震方言疏證此條與上條連寫，不提行。今仍其舊。

噬：同「噬」。「噬」之訓「憂」，文獻無徵，未詳。丁惟汾方言音釋：「噬、溼上幽默切，下幽曳切。雙聲音轉。卷一：『溼，憂也。』又云：『自關而西、秦晉之間凡志而不得、欲而不獲、高而有墜、得而中止謂之溼。』」卷一第一〇條之「溼」乃「濕」之譌，「濕」音他合切，説詳該條匯證〔五〕。丁氏以誤字爲説，不可據。

七六　㥞〔一〕，悸也。謂悚悸也。

匯證

〔一〕㥞：戴震方言疏證：「説文云：『悸，心動也。』玉篇云：『㥞，悸也，悚也。』衹隹、衹癸二切。」錢繹方言箋疏：「『㥞、悸』以聲爲義也。」丁惟汾方言音釋：「㥞、悸同聲，古音讀規，俗語謂之得塞，顫動貌也。㥞悸即悸悸。詩衛風芄蘭篇：『垂帶悸兮。』傳云：『垂其紳帶，悸悸焉有節度。』『悸悸』謂帶之顫動貌也。人悚懼則顫動，故注云『謂悚悸也』。」

七七　虜〔一〕、鈔〔二〕，强也。皆强取物也。

匯證

〔一〕虜：戴震方言疏證：「『虜、鹵』古通用，亦作『⿰扌鹵』。廣雅：『⿰扌鹵、鈔，强也。』義本此。」按：説文毌部：「虜，獲也。」玄應一切經音義卷一五：「虜，獲取也。戰而俘獲也。」由「俘獲」義引申爲「搶掠」，即郭注所謂「强取物」也。史記韓長儒列傳：「匈奴虜略千餘人及畜産而去。」三國志吴書吴主傳：「西征黄祖，虜其人民而還。」是也。此義後寫作「擄」。

〔二〕鈔：錢繹方言箋疏：「（衆經音義）卷二云：『杪，古文『抄、勦』二形，今作『鈔』同，初効反。』又引字書：『抄，掠也。』通俗文：『遮取謂之抄。掠，謂强奪取物也。』杜預僖二年左傳注云『以聚衆抄晉邊邑』，釋文云：『抄，强取物。』『抄』與『鈔』同。」按：潛夫論勸將：「東寇趙魏，西鈔蜀漢。」後漢書公孫瓚傳：「剋會期日，攻鈔郡縣，此豈大臣所當施爲。」三國志吴書周魴傳：「賊帥董嗣負阻劫鈔，豫章臨川並受其害。」是其例也。又作「抄」。後漢書郭伋傳：「時匈奴數抄郡界，邊境苦之。」又宋均傳：「臣察鮮卑侵伐匈奴，正是利其抄掠。」

七八　鹵〔一〕，奪也。

今仍其舊。

匯證

〔一〕戴震方言疏證此條與上條連寫，不提行。

鹵：錢繹方言箋疏：「史記高帝紀：『毋得鹵掠。』又吴王濞傳云：『鹵御物。』集解引如淳曰：『鹵，抄掠也。』抄掠謂之鹵，抄掠之所獲亦謂之虜。曲禮：『獻民虜者操右袂。』鄭注云：『民虜，軍所獲也。』義相因也。」按：「鹵」通「虜」。「鹵掠」常連文。漢書高帝紀上：「所過毋得鹵掠，秦民喜。」顔師古注引應劭曰：「鹵與虜同。」又王莽傳下：「皆爭欲先入城，貪立大功鹵掠之利。」後漢紀光武皇帝紀：「岑彭遂長驅入江關，令兵無得鹵掠，所過不受牛酒，見耆老陳漢恩德，百姓無不欣悦，開門請降。」倒言之作「掠鹵」。史記高祖本紀：「諸所過毋得掠鹵，秦人喜，秦軍解，因大破之。」漢書韓信列傳：「吾奇兵絶其後，野無所掠鹵，不至十日，兩將之頭可致戲下。」

6a 七九　鑈，正也〔一〕。

謂堅正也。奴俠反。

匯證

〔一〕鑈，正也：「鑈」之訓「正」，又見廣雅釋詁一；玉篇金部則釋爲「堅正也」，奴頰切，異體作「鋷」。是廣雅本自方言，玉篇本自郭注也。周祖謨方言校箋：「洪頤煊讀書叢録卷九云：『正當作止。易姤：「繫于金柅。」釋文：「止也。子夏作鑈。」』按：正字通金部：「鑈，柅、鈮通。易姤初六：『繫于金柅。』子夏傳作『鑈』。又與銸、鑷、鑰通，别作鋷。方言：『鑷，正也。』注：『謂堅正。』按，『正』非鑷本義，今不從。」依洪氏説，「鑈」訓「止」。則方言「止」譌作「正」在郭注方言之前也。「柅」本木名，以之作止車輪之木亦名「柅」。易姤孔穎達疏引馬云：「柅者，在車之下所以止輪令不動者也。」故可訓「止」。本條「正」誤與不誤，未能遽定，存疑待質。

八〇 蒔〔一〕、殖〔二〕，立也。

匯證

〔一〕蒔：廣雅釋詁四：「殖、蒔、置，立也。」王念孫疏證：「『殖、蒔、置』，聲近而義同。方言：『樹、植，立也。燕之外郊朝鮮洌水之間凡言置立者謂之樹植。』又云：『蒔、殖，立也。』『殖』與『植』通。」王氏説又參下條匯證〔一〕引。錢繹方言箋疏：「晉書姚萇載記：『萇令其將于一柵孔中蒔樹一根，以旌戰功。』是『蒔』爲『立』也。釋名：『事，傳也。傳，立也，凡所立之功也，故青徐人言立曰傳也。』周官太宰注：『任猶傳也。』釋文云：『猶立也。』疏云：『東齊人物立地中爲傳。』史記張耳傳：『莫敢傳刃公之腹中。』集解：『東方人以物插地皆爲傳。』漢書作『剚』。字並與『蒔』通。」

〔二〕殖：戴震方言疏證改作「植」。盧文弨重校方言仍作「殖」，云：「周語：『以殖義方。』韋昭注：『殖，立也。』與此正合。」錢繹方言箋疏亦不從戴本改，云：「戴氏據曹本改作『植』，非是。按：『植，立』已見前卷七，若作『植』爲重出矣。」周祖謨方言校箋：「慧琳音義卷一引方言：『殖，種也。』卷八十四引云：『殖，立也。』似不當改『殖』爲『植』。」按：不改是也。釋義參本條匯證〔一〕引王念孫説。

八一 蒔〔一〕，更也。爲更種也〔二〕。音侍〔三〕。

匯證

〔一〕戴震方言疏證此條與上條連寫，不提行。按：二義相因，當從戴本合爲一條。

蒔：廣雅釋地：「蒔，種也。」王念孫疏證：「説文：『蒔，更別種也。』『蒔、殖』聲相近，故『播殖』亦謂之『播蒔』。引之云：玉篇：『蒔，石至切，又音時。』堯典：『播時百穀。』周頌思文正義引鄭注云：『時讀曰蒔，種蒔五穀也。』晏子春秋諫篇云：『民盡得種時。』説苑辨物篇『時』作『樹』。『樹』亦殖也。倒言之則曰『時播』。史記五帝紀：『時播百穀草木，淳化鳥獸蟲蛾，旁羅日月星辰。』『時播、淳化、旁羅』皆連語耳。」按：「更」即「更種」。説文艸部：「蒔，更別種。」段玉裁注：「今江蘇人移秧插田中曰蒔秧。」是也。「更種」意即移栽。

〔二〕爲：戴震方言疏證據文選魏都賦李善注引改作「謂」，是也。當據正。

〔三〕音侍：盧文弨重校方言據曹毅之本改作「音侍」。劉台拱方言補校：「『音侍』是。」周祖謨方言校箋：「作『音恃』者字誤。廣雅釋詁四：『蒔，立也。』曹憲音時志反，廣韻、集韻『蒔』俱音時吏切，均與『侍』同音，不得謂誤。『侍』爲禪母，『恃』爲澄母，聲類有別，盧氏不察，往往如是，故具論之。」

八二 鬐〔一〕、尾〔二〕、稍〔三〕，盡也。鬐，毛物漸落去之名。除爲反。

匯證

〔一〕鬐：戴震方言疏證改作「鬌」，云：「『鬌』，各本譌作『鬐』，今訂正。説文云：『鬌，髮隋也。』廣韻『鬌』字注云：『髮落。直垂切。』亦作『䯝』。廣雅：『䯝、梢，盡也。』義本此。」按：戴校是也，當據正，注内同。廣雅釋詁一：「鬌，盡也。」王念孫疏證：「鬌者，落之盡。」錢繹方言箋疏：「説文：『鬌，髮隋也。』『隋』當作『墮』。玉篇：『鬌，都果、徒果二切，小兒翦髮爲鬌。又直垂切。』廣韻云：『鬌，髮落。』匡謬正俗引字林：『直垂反。』廣雅又云：『鬌，墮也。』『鬌，落也。』是『鬌』爲落之盡也。上文云：『𡐦，脱也。』下卷云：『毻，易也。』注云：『謂解毻也。』音他卧反。『鬌、𡐦、毻』聲同，義並相近。毛髮落盡謂之鬌，存髮不翦亦謂之鬌，義相因也。内則：『三月之末，擇日，翦髮爲鬌，男角女羈。』鄭注云：『鬌所遺髮也。』是也。」

〔二〕尾：説文尾部：「尾，微也。」段玉裁注：「『微』當作『㣲』。㣲，細也。此以疊韻爲訓，如『門，捫也』『户，護也』之例。方言曰：『尾，盡也。』『尾，梢也。』引伸訓爲後。如晉語：『歲之二七，其靡有微兮。』古亦叚『微』爲『尾』。」按：説文所釋並非本義，段氏推闡未得其朔。「尾」即尾巴。釋名釋形體：「尾，微也。承脊之末，稍微殺也。」「承脊之末」即指尾巴所處位置。易遯初六：「遯尾，厲。」王弼注：「尾之爲物，最在體後者也。」由此可知，「尾」可引申爲後、爲末、爲盡也。

〔三〕稍：廣雅釋詁一：「稍，盡也。」王念孫疏證：「稍者，尾之盡也。」錢繹方言箋疏：「『稍』與『梢』通，『梢』猶尾也。玉篇：『尾，末後稍也。』遯卦『遯尾』，王弼注云：『尾之爲物，最在［體］後者也。』顏延之赭白馬賦『垂梢植髮』，李善注云：『梢，尾之垂者。』是尾爲梢也。史記張儀傳：『獻恒山之尾五城。』索隱：『尾［猶］末也。』末亦梢也。尾謂之梢，亦謂之末，猶木末謂之梢矣。」

八三　尾〔一〕，梢也。

匯證

〔一〕戴震方言疏證此條與上條連寫，不提行。按：當據戴本改。又「尾，梢也」，「梢」與「稍」通，參見上條匯證〔三〕。

八四　殗〔一〕、儌〔二〕，傍也〔三〕。今江東呼極爲殗。音劇〔四〕。外傳曰：「余病殗矣。」〔五〕

匯證

〔一〕殗：同「喙」。説文口部：「喙，口也。」段玉裁注：「叚借爲困極之義。廣韻引『昆夷瘃矣』，今詩作『喙矣』。郭注方言引外傳『余病殗矣』，今外傳作『余病喙』。郭云：『江東呼極爲殗。』亦作『瘃』。」廣雅釋詁一：「殗，極也。」王念孫疏證：「方言：『殗，傍也。』『傍』與『倦』同。又云：『瘃，極也。』郭璞注云：『今江東呼極爲瘃，倦聲之轉也。』大雅緜篇：『維其喙矣。』毛傳云：『喙，困也。』晉語：『余病喙矣。』韋昭注云：『喙，短氣貌。』皆謂困極也。『殗、瘃、喙』並通。」錢繹方言箋疏：「傍謂之殗，傍極而喘息亦謂之喙，義相因也。前卷二云：『喙，息也。秦晉之間或曰喙。』是也。」

〔二〕儌：明刻本作「㑿」，明抄本作「徻」，戴震方言疏證改作「㑗」，云：「『㑗』，各本譌作『㑿』，今訂正。史記司馬相如列傳：

『徼谻受屈。』裴駰集解云：『谻，音劇。駰案：郭璞曰：谻，疲極也。言獸有倦游者，則徼而取之。』索隱：『司馬彪云：谻，倦也。謂遮其倦者。説文云：谻，勞也。燕人謂勞爲谻。』漢書注蘇林曰：『谻，音倦谻之谻。』又：『與其窮極倦谻。』漢書注引郭璞云：『窮極倦谻。疲憊也。』説文丮部：『谻，相踦谻也。』徐鍇繫傳云：『上林賦「徼谻受屈」，謂以力相踦角徼要極而受屈也。』人部：『⿰亻卻，徼⿰亻卻受屈也。』繫傳云：『⿰亻卻，困劇也。言見徼遮困劇則受屈也。』心部：『⿰忄卻，勞也。』即索隱所引。此三字，應以『谻』爲本字，『⿰亻卻、⿰忄卻』皆其別體。方言因『谻』加人旁作『⿰亻谻』，猶『劵』加人旁作『⿰亻劵』耳。『⿰亻谻』之於『⿰亻卻、⿰忄卻』，猶『⿰亻劵』之於『倦』。」按：戴校是也，當改作「⿰亻谻」。「⿰亻谻」同「⿰亻卻」。廣雅釋詁一作「⿰亻卻」，王念孫疏證：「窮、極、倦、谻，一聲之轉也。爾雅釋詁釋文引廣雅：『⿱卻心，勮也。』『勮』亦與『⿰亻卻』同。史記平準書云：『作業勮而財匱。』是也。」王氏讀書雜志戰國策第二「而恐太后玉體之有所郤也，故願望見太后」條：「『郤』字本作『⿰亻卻』，讀如煩勮之『勮』，謂疲羸也。言恐太后玉體之疲羸，故願望見之……⿰亻卻、⿰亻谻、谻、郤，並字異而義同。趙世家作『恐太后體之有所苦也』，『苦』與『郤』同義，則『郤』爲倦⿰亻卻之『⿰亻卻』明矣。」

〔三〕⿰亻劵：集韻綫韻：「倦，説文『罷也』。或作惓、⿰亻劵、⿰忄劵，通作券。」「倦」之本義即疲勞、疲困。説文人部：「倦，罷也。」段玉裁注：「倦與力部劵，義少别，鉉等於『劵』下注曰：『今俗作倦，義同。』蓋不檢人部固有『倦』耳。」

〔四〕音劇：戴震方言疏證改作「音喙」，云：「注内『音喙』，各本多譌作『音劇』。從曹毅之本。」錢繹方言箋疏：「蓋『劇』本爲『⿰亻谻』字之音，非誤也。宋本作『音喙』，則『喙』下脱『⿰亻谻音』二字；通行本作『音劇』，則『劇』上脱『⿰亻卻音』二字。」故錢本作「㱢，音喙。⿰亻谻，音劇」。

〔五〕余病㱢矣：語見國語晉語五。傳本無「矣」，王念孫以爲「今本脱之」，説詳王引之經義述聞卷二十一「余病喙」條。

八五　黿〔一〕、律〔二〕，始也。音蛙。

匯證

〔一〕鼃：洪頤煊讀書叢録卷九：「或云鼃當做黿。説文：『黿，詹諸也。从黽先，先亦聲。』黿、造同聲字，鼃、黿亦聲之轉。」周祖謨方言校箋以爲：「鼃當做黿」之説「是也。廣雅釋詁一：『造，始也。』黿、造音近義通」。按：廣雅釋詁一此條有「鼃、葎」二字，「葎」與「律」通，本自方言無疑，但「造」與「鼃」則中隔六字。方言本條郭注「音蛙」，自是「鼃」音，是郭氏所見方言正是「鼃」字。由此知，設若「黿」之譌爲「鼃」，定在魏晉以前。「黿、造」音近義通，而「鼃」之訓「始」，頗難索解。説文土部：「圭，瑞玉也。上圜下方。」段玉裁注：「圭之制，上不正圜，以對下方言之，故曰上圜。上圜下方，法天地也。故應劭曰：『圭，自然之形，陰陽之始也。』以圭爲陰陽之始，故六十四黍爲圭，四圭爲撮，十圭爲一合，量於此起焉。方言曰：『鼃，始也。』多不得其解，愚謂鼃從圭聲，與圭同音，『鼃，始也』即『圭，始也』。」錢繹方言箋疏：「鼃爲蝦蟇之屬，鼃之子常於暮春月生水中，以千萬計，釋魚謂之『科斗』。上古造字之始，實取象焉。生數日而脱其尾，遂成鼃，是科斗爲鼃之始，因而始即謂之鼃，猶猴爲鳥羽之本，而本即謂之猴。」朱駿聲説文通訓定聲「鼃」字下謂假借「爲規」。按方言十二：『鼃、律，始也。』皆法則，故爲始」。章炳麟新方言釋言：「今通謂小兒爲小鼃子，吴越之間謂小兒爲小律子，俗或作娃、作栗，皆無義。凡兒始生即以訓始之義名之，故首、鼻皆訓始，而方言云『獸之初生謂之鼻，人之初生謂之首』，此可證鼃子、律子之義。」丁惟汾方言音釋：「鼃古音讀阿，爲嬰兒嗁聲，嬰兒脱胎，即作鼃鼃嗁聲，鼃聲作於人生之始，故鼃即謂之始。鼃今字作蛙，其鳴如小兒啼，故以鼃名之。」段氏所説，言之成理，而錢、朱、章、丁各家之説，亦可參考。謹録於此，以俟來哲。

〔二〕律：廣雅釋詁一：「葎，始也。」王念孫疏證：「『律』與『葎』通。説文：『肁，始開也。從户、聿。』『聿』亦始也，聲與『葎』近而義同。凡事之始，即爲事之法，故始謂之方，亦謂之律，法謂之律，亦謂之方矣。」按：太玄玄瑩：「六始爲律。」中國古代以竹管校定樂音，共有十二管，從低到高依次爲黄鐘、大吕、太簇、夾鐘、姑洗、仲吕、蕤賓、林鐘、夷則、南吕、無射、應鐘，奇數六管名「律」，偶數六管名「吕」，此爲「律」訓「始」之據也。

八六　蓐〔一〕、臧〔二〕，厚也。

匯證

〔一〕蓐：廣雅釋詁三：「蓐，厚也。」王念孫疏證：「説文：『蓐，陳草復生也。』又云：『縟，繁采飾也。』張衡西京賦云：『采飾纖縟。』『縟』與『蓐』同義。引之云：文七年左傳：『訓卒利兵秣馬蓐食。』杜預注云：『蓐食，早食於寢蓐也。』漢書韓信傳：『亭長妻晨炊蓐食。』張晏注云：『未起而牀蓐中食。』案：『訓卒利兵秣馬』，非寢之時矣，『亭長妻晨炊』，則固已起矣，而云『早食於寢蓐』，云『未起而牀蓐中食』，義無取也。蓐者，厚也，食之豐厚於常，因謂之『蓐食』。『訓卒利兵秣馬蓐食』者，商子兵守篇云：『壯男之軍，使盛食厲兵，陳而待敵；壯女之軍，使盛食負壘，陳而待令。』是其類也。兩軍相攻，或竟日未已，故必厚食乃不飢。亭長妻欲至食時不具食以絶韓信，故亦必厚食乃不飢也。成十六年傳：『蓐食申禱。』襄二十六年傳：『秣馬蓐食。』並與此同。」

〔二〕臧：廣雅釋詁三：「臧，厚也。」王念孫疏證：「凡厚與大義相近。厚謂之敦，猶大謂之敦也；厚謂之醇，猶大謂之純也；厚謂之臧，猶大謂之將也。」王氏以爲訓「厚」之「臧」與「將」通。本書卷一第一二條：「將，大也。燕之北鄙齊楚之郊或曰京，或曰將，皆古今語也。」參該條匯證〔一三〕。

6b八七　遵〔一〕、遃〔二〕，行也。遃遃，行皃也。魚晚反〔三〕。

匯證

〔一〕遵：錢繹方言箋疏：「説文：『遵，循也。』『循，行也。』太玄晦次七曰：『或遵之行。』測曰：『將遵行也。』」按：「遵」之訓「行」，猶今言「沿着」，此爲本義，亦其常義，例多不贅。

〔二〕遃：郭璞以疊音詞爲釋，謂「行皃也」。蓋當時言語有之矣，文獻用例未詳。

〔三〕魚晚反：盧文弨重校方言：「宋本作『魚偃反』。」按：「魚晚、魚偃」音同，不煩改字。

八八　䭨〔一〕、音携〔二〕。餟〔三〕，祭醊。餽也〔四〕。音愧。

匯證

〔一〕䭨：原本玉篇殘卷食部：「方言：『䭨，餽也。』字書：『亦䬇字也。』」說文食部：「䬇，小餟也。」段玉裁注：「方言：『䭨，餽也。』玉篇云『䭨』同『䬇』。廣雅：『祱，祭也。』『祱』亦同『䬇』。」「小餟」即小祭。說文食部：「餟，祭酹也。」即灑酒在地而祭。方言釋曰「餽」，「餽」亦祭也。說文食部：「餽，吳人謂祭曰餽。」段玉裁注：「方言『䭨、餟，餽也』，三字皆謂祭。戰國策三十三『飲食餔餽』，高注：『吳謂祭鬼爲餽，古文通用，讀與饋同。』按：祭鬼者，餽之本義，不同饋也；以餽爲饋者，古文假借也。」

〔二〕音携：廣韻支韻「䭨」釋「小餟之貌」，山垂切；祭韻「䭨」釋「小餟也」，與「䬇」同，舒芮切。「携」即「攜」，廣韻齊韻户圭切。

〔三〕餟：錢繹方言箋疏：「說文：『餟，祭酹也。』『酹，餟祭也。』廣雅：『餟，祭也。』史記褚少孫補孝武紀云：『其下四方地，爲餟食。』封禪書作『醊食』，漢書郊祀志作『腏』。易林豫之大畜云：『住馬醊酒。』『醊、腏』並與『餟』同。亦作『裰』。玉篇『裰，祭名』也。餟之或作裰，猶䭨之或作祱耳。」

〔四〕餽：錢繹方言箋疏：「說文：『吳人謂祭曰餽。』中山策：『飲食餔饋。』高誘注：『吳謂祭鬼曰餽，古文通用，讀與饋同。』衆經音義卷十一、卷二十並引方言：『餟，饋也。』案：文選祭顏光禄文李善注引倉頡篇曰：『饋，祭名也。』說文：『饋，餉也。』『饋』之言歸也。經傳多假『歸』爲『饋』，與『餽』義各别。作『饋』者，假借字耳。」又參本條匯證〔一〕引段注。

八九　餼〔一〕、香既反。𩞁〔二〕，音映。飽也。

匯證

〔一〕饇：廣雅釋詁一：「愾，滿也。」王念孫疏證：「愾者，口代、許氣二反，謂氣滿也。玉篇引廣雅作『嘅』。說文：『饇，怒戰也。』引文四年左傳『諸侯敵王所饇』，今本作『愾』，杜預注云：『愾，恨怒也。』說文：『忼慨，壯士不得志於心也。』徐鍇傳云：『内自高亢憤激也。』義並與『愾』同。方言：『饇、餯，飽也。』『饇』與『愾』亦同義，故廣雅『愾、餯、飽』三字同訓爲滿矣。」錢繹方言箋疏：「凡人喜則氣舒，怒則氣滿。食飽謂之饇，亦謂之餯，氣滿謂之饇，亦謂之餯，其義一也。」

〔二〕餯：錢繹方言箋疏：「玉篇：『餯，飽滿也。』亦作『餱』，同。合而倒言之則曰『餯饇』。前卷一云：『凡陳楚之郊南楚之外相謁而飧……秦晉之際河陰之間曰饐餯。』注云：『今關西人呼食〔欲〕飽爲饐餯。』『饐餯』與『餯饇』，聲近義同。」

九〇　惵〔一〕、度協反。耇〔二〕，音垢。嬴也〔三〕。音盈。

匯證

〔一〕惵：戴震方言疏證：「『嬴』與『盈』通。玉篇云：『惵，盈也。』義本此。」按：「惵」之訓「嬴」，文獻無徵。疑「惵」之言「耊」，「耋」之訓老也。說詳本條匯證〔三〕。

〔二〕耇：錢繹方言箋疏：「左思魏都賦：『繁富夥夠。』李善注引廣雅：『夠，多也。』玉篇音苦侯切。『夠』與『耇』，聲義並相近。」按：錢說恐非是。「耇」即老也，說詳本條匯證〔三〕。

〔三〕嬴：舊本如此，錢氏以爲「嬴」通作「贏」，故以「多、餘」爲方言此條立解，恐有誤。朱駿聲說文通訓定聲「耇」字下云：「方言十二：『惵、耇，嬴也。』按：『嬴』者，『羸』之譌字。」朱氏之說極有見地。說文羊部：「羸，瘦也。」朱駿聲通訓定聲：「本訓當爲瘦羊，轉而言人耳。」「羸弱」連文而言人者例如：淮南子覽冥訓：「是故質壯輕足者爲甲卒千里之外，家老羸弱悽愴於内。」史記司馬穰苴列傳：「悉取將軍之資糧享士卒，身與士卒平分糧食，最比其羸弱者，三日而後勒兵。」又匈奴列傳：「漢兵逐擊冒頓，冒頓匿其精兵，見其羸弱。」由此引申專指衰弱之老人，並常「羸老」連文。左傳襄公十八年：「余羸老也，可重任乎？」漢書食貨志上：「有勇力者聚徒而衡擊，罷夫、羸老易子咬其骨。」後漢書孝殤帝紀：「諸官府、郡國、王侯家奴婢姓劉及疲癃羸老，皆上其名，務令實悉。」是也。「耇」之訓老，卷一第一八條：「(老)秦晉之郊陳兗之會曰耇鮐。」説文參該條匯證〔六〕，又卷一〇第三九條：「耇，老也。」參該條匯證〔四〕。是「羸、老」義近，皆爲「耇」訓。説文無「惵」字。玉篇心部：「惵，恐懼也。」後漢書章德竇皇后紀：「自是宫房惵息，后愛日隆。」李賢注：「惵，懼也，音牒。」又班固傳：「主人之辭未終，西都賓矍然失容，逡巡降階，惵然意下，捧手欲辭。」李賢注：「惵者，猶恐懼也。」此義與方言不合。蓋「惵」之言「耋」也，二字雙聲韻轉。卷一第一八條：「耋，老也。宋衛兖豫之内曰耋。」郭注：「八十爲耋。」參該條匯證〔三〕。由是推知，「嬴」當改作「羸」也。然郭璞音「盈」，是「羸」譌成「嬴」在郭注前，而郭氏已不知「嬴」是譌字矣。或以爲方言卷一、卷一〇已有「老」之釋義，此處不當重出。是不知最後兩卷乃屬提綱，爲揚雄未定之稿，與前重出最爲常見。

九一　趙〔一〕、肖〔二〕，小也。

匯證

〔一〕趙：廣韻小韻：「趙，少也。」「少」與「小」，義相近。然「趙」之訓「小」，故訓無徵。「趙」從「肖」聲，「肖」訓「小」也。參本條匯證〔二〕。

〔二〕肖：廣雅釋詁二：「肖，小也。」王念孫疏證：「莊子列禦寇篇：『達生之情者傀，達於知者肖。』傀者，大也。肖者，小也。『肖』與『傀』正相反。郭象注以『傀』爲『大』是也，其以『肖』爲『失散』則非。『肖』猶『宵』也。學記：『宵雅肄三。』鄭注云：『宵之言小也。』『宵、肖』古同聲，故漢書刑法志『肖』字通作『宵』。史記太史公自序：『申、吕肖矣。』徐廣注云：『肖，音痟。痟，猶衰微。』義並同也。」按：「肖」從「小」聲，「肖」之訓「小」，以聲得義也。

九二　蚩〔一〕、愮〔二〕，悖也。謂悖惑也。音遥。

匯證

〔一〕蚩：同「蚩」。按：「悖」與「亂」義相近。廣雅釋詁三：「蚩，亂也。」王念孫疏證：「法言重黎篇云：『六國蚩蚩。』張衡西京賦云：『蚩眩邊鄙。』皆惑亂之義也。」重言「蚩蚩」訓紛亂，複言「蚩眩」訓惑亂，與單言釋「蟲」之「蚩」無涉。本條義訓悖亂、悖惑之「蚩」，宜以音求之。

〔二〕愮：廣雅釋詁三：「愮，亂也。」王念孫疏證：「爾雅：『灌灌、愮愮，憂無告也。』釋文引廣雅：『愮，亂也。』王風黍離篇云：『中心摇摇。』楚策云：『心摇摇如懸旌而無所終薄。』『摇』與『愮』通。」

九三　吹〔一〕、扇〔二〕，助也。吹噓、扇佛〔三〕，相佐助也。

匯證

〔一〕吹：丁惟汾方言音釋：「『助』爲助長，吹、扇皆所以助長，故謂之助。」

〔二〕扇：參本條匯證〔一〕引丁惟汾説。

〔三〕佛：戴震方言疏證改爲「拂」，與明刻諸本同，於義爲長，當據正。

九四　焜〔一〕、曅〔二〕，晠也〔三〕。韡曅、焜燿〔四〕，晠皃也。

匯證

〔一〕焜：説文火部：「焜，煌也。」「煌，煌煌，煇也。」（依段注本引。）廣雅釋詁二：「昆，盛也。」王念孫疏證：「『昆』讀爲

『焜』。方言：『焜，晠也。』注云：『焜煌，晠貌也。』説文：『焜，煌也。』昭三年左傳：『焜燿寡人之望。』服虔注云：『焜，明也；燿，照也。』釋文：『焜，胡本反，又音昆。』鄭注王制云：『昆，明也。』司馬相如封禪文云：『焕炳煇煌。』急就篇云：『靳靷鞲鞊色焜煌。』『焜、昆、煇』並通。」

〔二〕皣：即「曅」，同「曄」。錢繹方言箋疏：「説文：『曅，光也。』張衡思玄賦舊注云：『曄，光貌。』『曄』與『曅』同。張協七命云：『觀聽之所煒曄也。』李善注引方言曰：『煒，盛也。』郭注曰：『煒曄，盛貌也。』』按：「曄」本訓光明燦爛之貌，引申義爲盛貌。文選宋玉神女賦序：「美貌横生，曄兮如華，温乎如瑩。」馬融長笛賦：「奄忽滅没，曄然復揚。」李善注並云：「曄，盛貌。」

〔三〕晠：錢繹方言箋疏：「『晠』即『盛』之異文，故方言『晠』字，廣雅並作『盛』。」

〔四〕韡：廣雅釋詁二：「韡，盛也。」王念孫疏證：「説文：『𩎖，盛也。』引小雅常棣篇『鄂不𩎖𩎖』。今本作『韡』。毛傳云：『韡韡，光明也。』『𩎖、韡、韡』並同。釋訓篇云：『煒煒，盛也。』説文：『偉，奇也。』『煒，盛赤也。』義並與『韡』同。」

7a 九五　苦〔一〕、翕〔二〕，熾也。

匯證

〔一〕苦：錢繹方言箋疏：「廣雅：『苦、翕，熾也。』洪範云：『炎上作苦。』某氏傳云：『焦氣之味。』月令云：『其臭焦，其味苦。』蓋臭之曰氣，在口曰味，於義爲熾，故『苦』訓爲『熾』。」按：説文火部：「熾，盛也。」火旺爲「熾」。韓非子備内：「今夫水之勝火亦明矣，然而釜鬵閒之，水煎沸竭盡其上，而火得熾盛焚其下，水失其所以勝者矣。」引申爲昌盛、强盛。詩魯頌閟宮：「俾爾熾而昌，俾爾壽而臧。」説文艸部：「苦，大苦，苓也。」即苦菜。引申爲味苦，與甘、甜相對；繼而引申爲勞苦、困苦；而使盡勞苦、辛苦則引申爲竭、極力。戰國策趙策二：「故夫謀人之主，伐人之國，常苦出辭斷絶人之交。」引申虚化爲甚、爲很。曹操短歌行：「譬如朝露，去日苦多。」曹丕善哉行之一：「上山采薇，薄暮苦饑。」今所謂「苦戀、苦憶、苦思」之

「苦」皆程度副詞，其義與「熾盛」可通也。

〔三〕翕：廣雅釋詁三：「苦、翕，熾也。」王念孫疏證：「方言：『苦、翕，熾也。』又云：『煬、翕，炙也。』揚雄甘泉賦：『翕赫曶霍。』李善注云：『翕赫，盛皃。』卷二云：『熻，爇也。』義並相近。」錢繹方言箋疏：「『炙』與『熾』義相近，故注云：『今江東呼熾猛爲煬。』廣雅又云：『熻，爇也。』『熻』與『翕』通。『爇』與『熾』義亦相近。」按：「翕」之訓「熾」猶言盛也。論語八佾：「樂其可知也：始作，翕如也。」何晏集解：「翕如，盛也。」後漢書班固傳下：「然猶於穆猗那，翕純皦繹，以崇嚴祖考」。李賢注引論語何晏曰：「翕，盛也。」

九六　蘊〔一〕，崇也。

匯證

〔一〕蘊：戴震方言疏證：「任昉百辟勸進今上牋：『近以朝命蘊策。』李善注云：『方言曰：「蘊，崇也。」謂尊崇而加策命也。』」按：「崇」與「積」義相因。左傳隱公六年：「爲國家者見惡，如農夫之務去草焉，芟夷蘊崇之。」杜預注：「蘊，積也；崇，聚也。」參下條匯證〔一〕。

九七　蘊〔一〕，嗇〔二〕，積也。嗇者貪〔三〕，故爲積。

匯證

〔一〕戴震方言疏證此條與上條連寫，不提行。當據改。

蘊：戴氏疏證云：「左思魏都賦：『雖逾千祀，而懷舊蘊於遐年。』江淹雜體詩：『悠悠蘊真趣。』李善注皆引方言：『蘊，積也。』」廣雅釋詁一：「蘊、崇、嗇，積也。」王念孫疏證：「説文：『薀，積也。』引昭十年左傳『薀利生孽』，今本作『蘊』。方言：『蘊，崇也，積也。』隱六年左傳：『芟夷蘊崇之。』杜預注云：『蘊，積也。崇，聚也。』爾雅：『崇，重也。』大雅鳧鷖篇：『福禄來崇。』皆『積』之義也。」按：「蘊」，積聚、收藏之義，同義連文之例頗豐，「蘊藏、蘊崇、蘊積、蘊蓄」皆是也。如劉歆與揚雄書：「三代之書，蘊藏於家。」張衡東京賦：「其遇民也，若薙氏之芟草，既蘊崇之，又行火焉。」風俗通義佚文：「菀，蘊也。言薪蒸所蘊積也。」

〔二〕嗇：戴震方言疏證：「通作『嗇』，亦作『穡』。」郭璞本條注：「嗇者貪，故爲積。」廣雅釋詁一：「嗇，積也。」王念孫疏證：「魏風伐檀傳云：『種之曰稼，斂之曰穡。』是其義也。」朱駿聲説文通訓定聲「嗇」字下云：「此字本訓當爲收穀，即穡之古文也。」管子國蓄：「是人君非發號令收嗇而户籍也。」尹知章注：「嗇，斂也。」儀禮少牢饋食禮：「宰夫以籩受嗇黍，主人嘗之。」鄭玄注：「收斂曰嗇。」大戴禮記少閒：「發厥明德，順民天心嗇地，作物配天，制典慈民。」盧辯注：「嗇，收也。」

〔三〕嗇者貪：「嗇」之訓貪，見卷一〇第一〇條匯證〔三〕。

九八　嗇〔一〕、殄〔二〕，合也。

匯證

〔一〕戴震方言疏證此條與前兩條連寫，不提行。按：今仍其舊，「合」與「崇、積」義有别。

嗇：廣雅釋詁二：「繬，合也。」王念孫疏證：「枚乘七發云：『中若結轖。』『繬、轖、嗇』並通。魏風伐檀傳云：『種之曰稼，斂之曰穡。』説文：『轖，車籍交革也。』急就篇：『革轖髤漆油黑蒼。』顏師古注云：『革轖，車籍之交革也。』廣韻：『轖，車馬絡帶也。』皆『合』之義也。」

〔二〕殄：戴震方言疏證改作「镾」，云：「『镾』，各本譌作『殄』，今訂正。『镾』通作『彌』，省作『弥』，遂譌而爲『殄』耳。廣雅：『繬、彌，合也。』義皆本此。」錢繹方言箋疏改作「弥」，云：「舊本誤作『殄』，戴氏改作『镾』，盧氏據廣雅改作『彌』。按：玉篇『彌』亦作『弥』，廣韻同。後漢書楊震傳：『灾害發起，弥弥滋甚。』漢巴郡太守張納碑陰：『有宕渠沈弥。』是『弥』乃

『彌』之異文，『殄』乃『弥』之譌字。竊謂『弥』字當亦相傳古本如此，故各本無从『镸』作『镾』者，必改『弥』作『镾』，或作『彌』，皆屬不必。」錢説是也。當改作「弥」。廣雅釋詁二：「彌，合也。」王念孫疏證：「方言：『嗇、彌，合也。』……方言又云：『彌，縫也。』繫辭傳云：『故能彌綸天地之道。』昭二年左傳：『敢拜子之彌縫敝邑。』杜預注云：『彌縫，猶補合也。』」按：「彌縫、彌合」皆近義複詞。先秦兩漢可見「彌縫」用例。左傳僖公二十六年：「桓公是以糾合諸侯，而謀其不協，彌縫其闕。」風俗通義十反：「朱倀位極人臣，視事數年，訖無一言彌縫時闕。」中古可見「彌合」用例。全隋文達奚震鐘律用鐵尺議：「且平齊之始，已用宣佈，今因而爲定，彌合時宜。」新唐書曆志：「又以平朔推之，則二曆皆以朔日冬至，於事彌合。」

九九　翬〔一〕、䎗〔二〕，飛也。翬翬，飛皃也。音揮。

匯證

〔一〕翬：廣雅釋詁三：「翬，飛也。」王念孫疏證：「説文云：『大飛也。』釋訓篇云：『翬翬，飛也。』爾雅：『鷹隼醜，其飛也翬。』舍人注云：『翬翬，其飛疾羽聲也。』春秋『魯公子翬』『鄭公孫揮』，皆字羽。『揮』與『翬』通。『翬』之言『揮』也。説文云：『揮，奮也。』爾雅云：『雉絶有力，奮。』又云：『魚有力者，徽。』北山經：『獄法之山有獸焉，其狀如犬而人面，其名曰山⿰犭軍，其行如風。』郭璞注云：『言疾也。』又：『歸山有獸焉，其狀如麢羊而四角，馬尾而有距，其名曰驒，善還。』注云：『還，旋旋舞也。』是凡言『揮』者，其義皆與飛相近也。」

〔二〕䎗：戴震方言疏證：「『䎗、矯』古通用。孫綽遊天台山賦：『整輕翮而思矯。』李善注引方言：『矯，飛也。』」按：「䎗」從「喬」聲。喬，高也。從「喬」得聲之字往往有高義：馬高六尺爲「驕」，向高處舉起曰「矯」、曰「撟」，山鋭而高曰「嶠」，舉足行高曰「蹻」，高高飛起則曰「䎗」，其義一也。類篇羽部：「䎗，高飛。」是也。

一〇〇　憤〔一〕、目〔二〕，盈也。

匯證

〔一〕憤：戴震方言疏證：「樂記：『粗厲、猛起、奮末、廣賁之音作，而民剛毅。』鄭注云：『賁，讀〔爲〕憤。憤，怒氣充實也。』周語：『陽癉憤盈。』韋昭注云：『憤，積也。』廣雅：『憤，盈也。』」按：「盈」猶滿也。説文心部：「憤，懣也。」「懣」謂鬱結於心，亦「滿」義也，故「憤」又訓「盈」。「憤、盈」亦常連文。錢繹方言箋疏引蔡文姬悲憤詩：「心吐思兮胷憤盈。」石崇王明君辭：「積思常憤盈。」是其例也。

〔二〕目：戴震方言疏證改作「自」。盧文弨重校方言未從，仍作「目」。劉台拱方言補校：「作『自』是也。段云：説文：『詯，膽气滿，聲在人上也。从言，自聲。』此『自』即『詯』之省。」胡芷藩書周祖謨方言校箋後：「目訓爲盈，是很難理解的。錢繹箋疏説：『目舊本並誤作自，今從盧氏據宋本訂正。小畜九三：「夫妻反目。」白虎通性情篇引春秋元命包曰：「目者肝之使。」肝主怒，凡人喜則氣舒，怒則氣滿，而先見目，故目爲盈也。』這個説法實在是穿鑿附會，迂曲難通。劉台拱以爲作『自』是對的，朱駿聲在説文通訓定聲『詯』字下也有同樣的説法：『方言十二：「自，盈也。」以自爲之。』詩常武『闞如虓虎』，毛傳：『虎之自怒虓然。』陳奐在詩毛氏傳疏中解釋傳中的『自』字，也説：『傳云「自怒」，與板之「自恣」，抑之「自用」，蕩之「自伐」同。自，古詯字。説文：「詯，膽气滿，聲在人上也。」』這幾家的説法都比錢繹説得好。」按：明吳琯古今逸史本、程榮漢魏叢書本以及胡文焕格致叢書本、鄭樸揚子雲集本俱作「自」，當據改。「自」之訓盈，見胡芷藩引陳奐説。徐復補釋：「自謂盈欲。書酒誥：『庶群自酒，腥聞在上。』孔穎達疏：『定本作自，俗本多誤爲嗜。』賈子新書匈奴：『人憚悇其所自。』皆爲盈欲義。盈欲，亦即逞欲。盈與逞通。左傳桓公六年：『今民餒而君逞欲。』杜預注：『逞，快也。』今語謂縱欲矣。」

一〇一　諜〔一〕、喚諜。諻〔二〕，從横。音也。

匯證

〔一〕譟：錢繹方言箋疏：「鄭注樂記云：『雜比曰音，單出曰聲。』按：『音』與『聲』對文則異，散文則通。故説文云：『音，聲也。』又云：『譟，擾也。』玉篇：『譟，群呼煩擾也。』周官大司馬：『車徒皆譟。』鄭注云：『譟，讙也。』書曰：前師乃鼓𡔷譟。』」按：「譟」同「噪」，謂喧嘩、歡呼之聲，故方言釋「音」也。

〔二〕諻：戴震方言疏證：「左思吴都賦：『諠譁喤呷。』李善注引方言：『諻，音也。』『喤、諻』通。」按：胡刻本文選引方言「音」作「通」，誤。錢繹方言箋疏：「重言之則曰『喤喤』。小雅斯干篇：『其泣喤喤。』釋文音『横』，云：『沈又呼彭反，聲也。』諠譁謂之諻，鐘鼓之聲諠譁亦謂之喤。釋訓：『韹韹，樂也。』舍人注云：『喤喤，鐘鼓之樂也。』周頌執競篇：『鐘鼓喤喤。』説文引作『鍠』，並與『諻』通。」

一〇二　攎〔一〕、音攎〔二〕。遫〔三〕，音勑〔四〕。張也。

匯證

〔一〕攎：廣雅釋詁一：「攎，張也。」王念孫疏證：「（廣雅）卷四云：『攄，舒也。』舒亦張也。楚辭九章：『據青冥而攄虹兮。』史記司馬相如傳：『攄之無窮。』『攄』一本作『臚』。方言：『攎，張也。』『攄、攎、臚』，聲並相近。『攄、舒』聲亦相近。『攄』與『攎』之同訓爲『張』，猶『舒』與『臚』之同訓爲『叙』也。」又：「攎，引也。」王念孫疏證：「張亦引也，故引弓謂之張弓。」錢繹方言箋疏：「張謂之攎，引亦謂之攎，猶張謂之攄、舒亦謂之攄也。」

〔二〕音攎：明吴琯古今逸史本、程榮漢魏叢書本及胡文焕格致叢書本、明李珏刻本、明佚名刻本、陳與郊類聚本俱作「盧」，戴震方言疏證亦作「盧」。作「盧」是也，當據正。

〔三〕遫：戴震方言疏證據廣雅改作「遫」，「遫」爲「遫」之俗字。玉篇辵部、廣韻職韻「遫」皆訓「張也」。集韻職韻「遫」訓「開也」。「開」猶「張」也。

〔四〕勑：戴震方言疏證改作「敕」，王念孫手校明本同。「勑」同「敕」。

7b 一〇三　岑〔一〕、夤〔二〕，大也。

匯證

〔一〕岑：丁惟汾方言音釋：「『岑』爲高之大。爾雅釋山：『山小而高，岑。』」按：「岑」爲小而高之山，見爾雅、説文。引申爲高鋭。楚辭劉向九嘆逢紛：「揄揚滌盪，漂流隕往，觸岑石兮。」王逸注：「岑，鋭也。」「岑」之訓大，蓋因高山之義而引申乎？

〔二〕夤：王念孫釋大：「『寅，引也，進也……故大謂之夤。』」廣雅釋詁一：「夤，大也。」王念孫疏證：「淮南子地形訓：『九州之外，乃有八夤。』高誘注云：『夤，猶遠也。』遠亦大也。」

一〇四　岑〔一〕，高也。岑㖀〔二〕，峻皃也。

匯證

〔一〕戴震方言疏證此條與上條連寫，不提行。按：「高」與「大」，義相通，連寫是也，當從戴本改。岑：爾雅釋山：「山小而高，岑。」引申爲高。上條匯證〔一〕引劉向九歎句之「岑石」即高石。又孟子告子下：「不揣其本而齊其末，方寸之木，可使高於岑樓。」朱熹集注：「岑樓，樓之高鋭似山者。」三國魏何晏景福殿賦：「岧嶤岑立，崔嵬巒居。」「岑立」猶言聳立。王粲登樓賦：「蔽荆山之高岑。」「高、岑」同義複詞。木華海賦：「岑嶺飛騰而反覆。」「岑嶺」即高嶺。

〔二〕岑㖀：戴震方言疏證改作「岑崟」。周祖謨方言校箋：「戴本作『岑崟』，與文選江淹雜體詩李善注及慧琳音義卷八十一引合。説文：『崟，山之岑崟也。』司馬相如子虛賦云：『岑崟參差，日月蔽虧。』『岑崟』疊韻。」按：戴改是也，當據正。廣雅釋詁四：「巉巗、岑崟，高也。」王念孫疏證：「説文：『磛，礹，石也。』小雅：『漸漸之石，維其高矣。』釋文：『漸，亦作嶃。』説文：『巖，岸也。』『礹，石山也。』小雅節南山篇：『維石巖巖。』釋文：『巖，本或作嚴。』合言之則曰『巉巗』。説文：『碞，磛碞也。』宋玉高唐賦云：『登巉巖而下望兮。』楚辭招隱士云：『谿谷嶄巖兮水横波。』淮南子覽冥訓云：『熊羆匍匐，邱山磛巖。』並字異而義同。轉之爲『岑崟』。方言：『岑，高也。』爾雅：『山小而高，岑。』孟子告子篇：『可使高於岑樓。』趙岐注云：『岑樓，山之鋭嶺者。』釋名云：『岑，嶃也。嶃嶃然也。』『岑、嶃』聲相近。故吕氏春秋審己篇：『齊攻魯，求岑鼎。』韓非子説林篇作『讒鼎』。『讒』與『岑』皆言其高也。説文：『廞，崟也。』又云：『嵒，山巖也，讀若吟。』僖三十三年穀梁傳云：『必於殽之巖唫之下。』楚辭招隱士：『嶔岑碕礒兮。』上音『欽』，下音『吟』。又云：『狀貌崟崟兮峨峨。』張衡思玄賦云：『冠嵒嵒其映蓋兮。』合言之則曰『岑崟』。説文：『崟，山之岑崟也。』漢書司馬相如傳：『岑崟參差。』史記作『岑巖』。揚雄傳：『玉石嶜崟。』蕭該音義引字詁云：『嶜，古文岑字。』張衡南都賦：『幽谷嶜岑。』上音『岑』，下音『吟』。嵇康琴賦：『崔嵬岑嵓。』並字異而義同。」

一〇五　效〔二〕、眝〔三〕，文也。眝眝，文采皃也。音户。

匯證

〔一〕效：錢繹方言箋疏：「『效』之言交也，其文相交錯也。開元占經馬占引禮斗威儀云：『君乘火而王，其政和平，則南河輸駮馬。』注云：駮馬者，黄赤色馬也。』逸周書王會解云：『犬戎文馬，赤鬣縞身，目若黄金，名古黄之乘。』是也。『駮』與『效』，聲近義同。廣雅：『較，明也。』潘岳西征賦云：『較面朝之炳焕。』『明』與『文』，義亦相近。」按：「效」之訓「文」，故訓未聞。錢氏説「效之言交也，其文相交錯也」，似得之。説文交部：「交，交脛也。」段玉裁注：「交脛謂之交，引申之爲凡交之偁。故烄下曰『交也』，烄下曰『交木然也』，敫下曰『交灼木也』，楢下曰『木參交以枝炊籅者也』，衿下曰『交衽也』，凡兩者相合曰『交』，皆此義之引申叚借耳。」從「交」得聲之字多含交錯義。馬之白黑雜合而其文如虎者謂之「駮」，皮可文飾刀具之魚謂之「鮫」，巨口赤身之犬謂之「狡」，車厢横木飾以曲鉤者謂之「較」，木因以木絞校之者謂之「校」，繩索相摎謂之「絞」，距國都百里交界之内謂之「郊」。「文采皃」，即文彩交錯、駁雜之貌，故「效」之訓「文」，蓋因聲得義也。

〔二〕昈：廣雅釋詁三：「昈，文也。」王念孫疏證：「文選西京賦：『赫昈昈以宏敞。』李善注引埤倉云：『昈，赤文也。』司馬相如上林賦云：『煌煌扈扈，照曜鉅野。』淮南子俶真訓：『蓶蔰炫煌。』高誘注云：『采色貌也。』『扈、蔰』並與『昈』通。亦通作『户』。初學記引論語摘衰聖云：『鳳有九苞，八曰音激揚，九曰腹文户。』户，亦文采貌也。宋均注云：『户，所由出入也。』失之。」按：揚雄蜀都賦：「户豹能黄。」「户豹」即文豹，猶今言花豹也。

一〇六　鉼〔一〕、董〔二〕，錮也〔三〕。謂堅固也。音柄。

匯證

〔一〕鉼：廣雅釋詁二、玉篇金部並云：「固也。」龍龕手鑑金部：「堅固也。」正字通謂「俗字」。文獻用例未詳。章炳麟新方言釋言：「今人謂錮使不泄爲鉼住。」徐復補釋：「論語鄉黨：『屏氣似不息者。』義亦相近。」

〔二〕董：廣雅釋詁二、廣韻董韻並云：「固也。」文獻用例未詳。

〔三〕錮：戴震方言疏證改作「固」，云：「『固』，各本譌作『錮』。廣雅：『鉼、董，固也。』玉篇於『鉼』字、『董』字並云『固也』，與此注合。今據以訂正。」盧文弨重校方言未改，云：「『錮』與『固』通，故注以『堅固』訓『錮』字。戴以『錮』爲『固』之譌，非。」按：今仍其舊，不從戴改。章炳麟新方言釋言：「陝西、河南謂以函胡語使人不解爲錮董住。」此非方言義，音偶合耳。

一〇七　扞〔一〕、揁〔二〕，揚也。謂播揚也。音填。

匯證

〔一〕扜：戴震方言疏證改作「扝」，云：「『扝』，各本譌作『扜』，今訂正。説文：『扝，指麾也。』廣韻：『扝，揚也。』」周祖謨方言校箋：「集韻模韻空胡切『扝』下注云：『方言揚也。』是集韻所據舊本作『扝』不作『扜』。戴校是也。」按：「扝」，楷書通作「扜」，形近而譌作「扞」，當從戴校改。廣雅釋詁四：「扜，揚也。」王念孫疏證：「（廣雅）卷一云：『弙，瞋，張也。』『弙』與『扜』……聲義並相近。」又釋詁一王氏疏證：「説文：『弙，滿弓有所鄉也。』大荒南經云：『有人方扜弓射黄蛇。』韓非子説林篇云：『弱子扜弓。』淮南子原道訓：『射者扜烏號之弓。』高誘注云：『扜，張也。』『扜』與『弙』通。説文：『盱，張目也。』『盱』與『弙』亦同義。」

〔二〕搷：廣雅釋詁四：「搷，揚也。」王念孫疏證：「（廣雅）卷一云：『弙、瞋，張也。』……『瞋』與『搷』，聲義並相近。」又釋詁一王氏疏證：「説文：『瞋，張目也。』莊子秋水篇云：『瞋目而不見邱山。』説文：『䐜，起也。』『瘨，腹張也。』太玄爭次：『六股腳䐜如。』釋文：『䐜，肉脹起也。』義亦與『瞋』同。」

一〇八　水中可居爲洲〔一〕，三輔謂之淤〔二〕，音血瘀。上林賦曰：「行乎州淤之浦也。」〔三〕蜀漢謂之䜪〔四〕。手臂。

匯證

〔一〕周祖謨方言校箋：「原本玉篇『淤』下，文選上林賦李善注及御覽卷六十九引『居』下並有『者』字，當據補。」按：周校是也，爾雅釋水「居」下亦有「者」。

洲：爾雅釋水：「水中可居者曰洲。」詩周南關雎：「關關雎鳩，在河之洲。」毛傳：「水中可居者曰洲。」字彙水部：「洲，本作州，後人加水以別州縣之字也。」

〔二〕文選上林賦李善注引「淤」字下有「也」字。

淤：錢繹方言箋疏：「説文：『淤，澱滓濁泥也。』衆經音義卷二引字林云：『淤，澱滓也。』今謂水中泥爲淤，是也。玉篇『淤，水中泥草』也。史記司馬相如傳集解引郭氏曰：『淤亦洲名，蜀人云，見方言。』後漢書杜篤傳云：『畎瀆潤淤。』」

〔三〕州：戴震方言疏證作「洲」。周祖謨方言校箋作「洲」，云：「與史記司馬相如傳合。原本玉篇、御覽等引亦作『洲』。」又周祖謨方言校箋：「原本玉篇引『也』上有『是』字。」

〔四〕嬖：戴震方言疏證改作「㵨」，云：「『㵨』，各本譌作『嬖』。玉篇云：『㵨，水洲也。』廣韻於『㵨』字云：『蜀漢人呼水洲曰㵨。』皆本此。今據以訂正。」按：當據正。「㵨」之訓洲，文獻未詳。

一〇九　殹〔一〕，幕也。謂蒙幕也〔二〕。音醫。

匯證

〔一〕殹：戴震方言疏證：「『殹』即『翳』，音輕重異耳。」錢繹方言箋疏：「前卷六『翳，薆也』，注云：『謂蔽薆也。』詩曰：『薆而不見。』釋言：『薆，隱也。』郭注云：『謂隱蔽。』説文：『薆，蔽不見也。』下卷云：『翳，掩也。』注云：『謂掩覆。』『薆、隱、掩』皆『翳』聲之轉也。爾雅：『翿，纛也。』注云：『今之羽葆幢。』又云：『纛，翳也。』注云：『舞者所以自蔽翳。』又云：『蔽者翳。』注云：『樹蔭翳覆地者。』義並相近也。幕謂之殹，猶巾謂之幏也。前卷四云：『幏，巾也。』陳潁之間謂之幏。』注云：『巾，主覆者，故名幏也。』」

〔二〕蒙幕：劉台拱方言補校：「蒙、幕皆訓覆，又雙聲。」錢繹方言箋疏：「説文：『帷在上曰幕，覆食案亦曰幕。』上文：『幕，覆也。』又云：『蒙，覆也。』是『蒙幕』猶言覆蔽也。」

8a　一一〇　刳〔一〕，音枯。狄也〔二〕。宜音剔。

〔一〕刳：廣雅釋詁三：「刲、刳，屠也。」王念孫疏證：「説文：『刲，刺也。』歸妹上六：『士刲羊。』馬融注與説文同。刳者，方言：『刳，⿱狄力也。』説文：『刳，判也。』衆經音義卷九引倉頡篇云：『刳，屠也。』繫辭傳：『刳木爲舟。』九家本作『挎』，注云：『挎，除也。』周官掌戮：『殺王之親者辜之。』鄭注云：『辜之言枯也，謂磔之。』荀子正論篇云：『斬斷枯磔。』義並相近。刲、刳一聲之轉，皆空中之意也。故以手摳物謂之『⿰扌奎』，亦謂之『挎』。玉篇：『⿰扌奎，苦攜切，中鉤也。』鄉飲酒禮『挎越』釋文：『挎，口孤反。』疏云：『瑟下有孔越，以指深入謂之挎。』此即玉篇所謂『中鉤也』。兩股間謂之『奎』，亦謂之『胯』。説文：『奎，兩髀之間也。』莊子徐無鬼篇：『奎蹄曲隈。』向秀注云：『股間也。』廣雅釋言：『胯，奎也。』玉篇音口故切。是凡與『刲、刳』二字聲相近者，皆空中之意也。」

〔二〕狄：劉台拱方言補校：「狄當作⿱狄力。」王念孫廣雅疏證引方言亦作「⿱狄力」。按：廣雅釋詁三「⿱狄力、刳」同訓爲「屠」，玄應一切經音義卷一四、卷二〇引並作「⿱狄力」，慧琳一切經音義卷三三、卷四六、卷五九、卷六四、卷七八、卷九四引亦並作「⿱狄力」，卷八三引則作「剔」。玉篇刀部：「剔，解骨也。」「⿱狄力」字同。是字當作「⿱狄力」。然據郭注「宜音剔」，則郭氏所見方言正作「狄」，「⿱狄力」之省文也。宜仍其舊。戴震方言疏證：「『狄、剔』古亦通用。詩魯頌：『狄彼東南。』鄭箋云：『狄，當作剔。剔，治也。』釋文引韓詩作『鬄』，云：『鬄，除也。』」廣雅釋詁三：「⿱狄力，屠也。」王念孫疏證：「士喪禮：『特豚四鬄。』鄭注云：『鬄，解也。』周官：『小子羞羊肆。』鄭注云：『肆，讀爲鬄。羊鬄者，所謂豚解也。』墨子明鬼篇云：『昔者殷王紂刳剔孕婦。』並字異而義同。」按：刳，剖開、挖空；剔，刮出、挑出。「刳剔」連文，謂剖殺、割剥，始見尚書。尚書泰誓上：「以殘害于爾萬姓，焚炙忠良，刳剔孕婦，皇天震怒。」漢以後文獻亦可徵。全北齊文杜弼檄梁文：「刳剔黔首，骨髓俱罄。」全後魏文孝武帝即位改元詔：「胡羯乘機，肆其昏虐，殺君害王，刳剔海內。」全宋文朱昭之與顧歡書難夷夏論：「詎齊晉之子，刳剔苦害，非左衽之心。」

一一一　度高爲揣〔一〕。裳絹反。

匯證

〔一〕揣：戴震方言疏證：「孟子：『不揣其本，而齊其末。方寸之木可使高於岑樓。』春秋昭公三十二年左傳：『揣高卑。』杜預注云：『度高曰揣。度深曰仞。』」按：説文手部：「揣，量也。度高曰揣。」度高曰「揣」，度下亦曰「揣」，是「揣」謂對高下之度量也。左傳昭公三十二年：「士彌牟營成周，計丈數，揣高卑，度厚薄。」是其例也。錢繹方言箋疏：「此獨言『度高』者，舉高而下可通矣。」

一一二　半步爲跬〔一〕。差箠反〔二〕。

匯證

〔一〕跬：戴震方言疏證：「荀子勸學篇：『故不積蹞步無以至千里。』楊倞注云：『半步曰蹞。』『蹞』與『跬』同。漢書息夫躬傳：『未有能窺左足。』注：『蘇林曰：窺，音跬。師古曰：跬，半步也，言一舉足也。』説文作『趌』，云：『半步也。』」按：今之一步，古稱「跬」；今之兩步，古稱「步」。故説文釋曰「半步也」。

〔二〕差：戴震方言疏證作「羌」。劉台拱方言補校：「差當作羌。」周祖謨方言校箋：「跬，玉篇音羌箠反，此作『差箠反』，『差、羌』形近而譌。」按：當據戴本改正。

一一三　半盲爲睺〔一〕。呼鉤反，一音猴。

匯證

〔一〕睺：玉篇目部：「半盲爲睺。」廣韻侯韻、候韻，集韻侯韻、候韻並釋「半盲」。然文獻用例難徵。北史周羅睺傳：「周羅睺，字公布，九江尋陽人……仕陳，爲句容令。後從大都督吴明徹與齊師戰於江陽，爲流矢中左目。」「流矢中左目」，則左目盲矣，即衹剩一目，半盲也。然不知其名「睺」在左目盲之前還是之後。

一一四　未陞天龍謂之蟠龍〔一〕。

匯證

〔一〕文選袁宏三國名臣序贊「初九龍盤」李善注引方言「天」下有「之」字。

蟠龍：錢繹方言箋疏：「説文：『龍，鱗蟲之長，能幽能明，能細能巨，能短能長，春分而登天，秋分而潛淵。』書大傳云：『蟠龍賁信於其藏。』鄭注云：『蟠，屈也。』是蟠爲屈伏之名，故法言問神篇云：『龍蟠於泥，蚖其肆矣。』班固答賓戲云：『故夫泥蟠而天飛者，應龍之神也。』……淮南本經訓云：『盤紆刻儼。』高誘注云：『盤，盤龍也。』『盤』與『蟠』通。」

一一五　裔〔一〕，夷狄之揔名。邊地爲裔，亦四夷通以爲号也〔二〕。

匯證

〔一〕裔：説文衣部：「裔，衣裾也。」徐鍇繫傳：「裾，衣邊也。」引申指邊遠之地。左傳文公十八年：「舜臣堯，賓於四門，流四凶族，渾敦、窮奇、檮杌、饕餮投諸四裔。」杜預注：「裔，遠也。」特指四夷。左傳定公十年：「裔不謀夏，夷不亂華。」是也。郭璞注明其引申之途也。又，説文釋語中「裾」，段玉裁改作「裙」，云：「玄應書卷十四曰：『説文云：裔，衣裙也。以子孫爲苗裔者，取下垂義也。』按，帔曰裠，裳曰下裠。此衣裠謂下裠，故方言、離騷注皆曰：『裔，末也。』方言又曰：『裔，祖也。』亦謂其遠也。方言又曰：『裔，夷狄之總名。』郭云：『邊地爲裔。』按，左傳衛侯卜，繇曰：『裔焉大國。』言邊於大國也。」

〔三〕号：通作「號」，明刻諸本俱作「號」。

一一六　考〔一〕，引也。

匯證

〔一〕考：戴震方言疏證：「玉篇云：『考、壽考，延年也。』廣韻：『考，引也。』義本此。」錢繹方言箋疏：「『引』之言延也。前卷一云：『延，長也。凡施於年者謂之延。』」

一一七　弼〔一〕，高也。

匯證

〔一〕弼：戴震方言疏證：「廣雅：『弻，高也。』義本此。『弻』即『弼』。」廣雅釋詁四：「弻，高也。」王念孫疏證：「義見卷一『弼，上也』下。凡高與大義相近。高謂之岑，猶大謂之岑也，高謂之嵬，猶大謂之巍也，高謂之弼，猶大謂之奭也。」又釋詁一「弻，上也」王氏疏證：「爾雅：『弼、崇，重也。』方言：『弼，高也。』『上，重也。』是『弼』爲上也。」錢繹方言箋疏：「『上』與『尚』通，皆『高』之意也。」

8b 一一八　上〔一〕，重也。

匯證

〔一〕上：戴震方言疏證：「漢書匡衡傳：『治天下者，審所上而已。』顔師古注云：『上謂崇尚也。』『尚、上』義相通。春秋襄公二十七年左傳：『尚矣哉。』杜預注云：『尚，上也。』禮記緇衣篇：『不重辭。』鄭注云：『重猶尚也。』」

一一九　箇〔一〕，枚也。爲枚數也〔二〕。古餓反。

匯證

〔一〕箇：戴震方言疏證：「『箇』，古作『个』，亦作『個』。大射儀：『搢三挾一个。』鄭注云：『个猶枚也。』士虞禮：『俎釋三个。』注云：『个猶枚也。今俗或名枚曰個，音相近。』特牲饋食禮注云：『个猶枚也。今俗言物數有云若干个者，此讀然。』漢書刑法志：『負矢五十个。』顔師古注云：『个讀曰箇；箇，枚也。』説文云：『箇，竹枚也。』玉篇云：『箇，數之一枚也。』」説文竹部：「箇，竹枚也。」段玉裁注：「竹梃，自其徑直言之；竹枚，自其圜圍言之。一枚謂之一箇也。」説文又云：「个，箇或作个，半竹也。」段注云：「各本無，見於六書故所引唐本。按，並則爲竹，單則爲个。竹字象林立之形，一莖則一个也。」説文木部：「梃，一枚也。」段注：「凡條直者曰梃，梃之言挺也。『一枚』疑當作『木枚』。竹部曰：『箇，竹枚。』則『梃』當云『木枚』也。方言曰：『箇，枚也。』鄭注禮經云：『个猶枚也。今俗或名枚曰箇，音相近。』按，枚，榦也。一莖謂之一枚，因而凡物皆以枚數。」

〔二〕爲：戴震方言疏證改作「謂」，是也，當據正。

一二〇　一，蜀也〔一〕。南楚謂之獨〔二〕。蜀猶獨耳〔三〕。

匯證

〔一〕一，蜀也：廣雅釋詁一：「蜀，弌也。」王念孫疏證引方言作「蜀，一也」。錢繹方言箋疏改作「蜀，一也」，云：「舊本作『一，蜀也』，本亦作『蜀，一也』。按：自宜以『一』釋『蜀』，不當以『蜀』釋『一』。廣雅：『蜀，弌也。』『弌』，古文『一』字。今據以訂正。且下云『南楚謂之獨』，則作『蜀，一也』與全書之例正合。戴本改句末『獨』字作『蜀』，以就上文之誤倒，非是。」按：錢説至塙，當從王、錢改作「蜀，一也」。

蜀：廣雅釋詁一「蜀，弌也」王念孫疏證：「爾雅釋山云：『獨者，蜀。』説文：『蜀，葵中蠶也。』引豳風東山篇『蜎蜎者蜀』，今本作『蠋』。正義引郭璞爾雅注云：『大蟲如指，似蠶。』案，凡物之大者，皆有獨義。蠋，獨行無羣匹，故詩以比敦然獨宿者，鄭箋云『蠋蜎蜎然特行』是也。爾雅『雞大者，蜀』，義亦同也。卷三云：『介，獨也。』獨謂之『蜀』，亦謂之『介』；大謂之『介』，亦謂之『蜀』。義相因也。管子形勢篇：『抱蜀不言，而廟堂既脩。』惠氏定宇周易述云：『抱蜀，即老子抱一也。』」錢繹方言箋疏：「淮南俶真訓云：『越舲蜀艇，不能無水而浮。』高誘注：『蜀艇，一版之舟。』訓『蜀』爲『一』，義實本此，但彼文以地言之，訓爲『一版』，非其義耳。」章炳麟新方言釋言：「蜀，音市玉切，音小變則如束。福州謂一爲蜀，一尺、一丈、一百、一千，則云蜀尺、蜀丈、蜀百、蜀千，音皆如束。蘇、松、嘉興一十諸名皆無所改，獨謂十五爲蜀五，音亦如束。」按：「蜀、獨」古音同，此條是「一」之方言讀音。單獨、獨一之義是「獨」之本訓。爾雅釋山：「獨者蜀。」郭璞注：「蜀亦孤獨。」今揚州西北郊猶有一孤獨山岡，名曰「蜀岡」，正爾雅之義也。

〔二〕獨：參本條匯證〔一〕。

〔三〕耳：廣漢魏叢書本作「也」。

輶軒使者絶代語釋別國方言校釋匯證第十三

1a 一　奝〔一〕、歷〔二〕，相也。

匯證

〔一〕奝：爾雅釋詁：「艾、歷，相也。」邵晉涵正義：「方言云：『奝、歷，相也。』奝、艾聲之轉也。」郝懿行義疏：「方言：『奝、歷，相也。』『奝』即『艾』之叚音，與爾雅義正合。」洪頤煊讀書叢録爾雅：「小爾雅廣詁：『相，治也。』左氏昭九年傳：『而楚所相也。』杜預注：『相，治也。』（爾雅）下文：『乂，治也。』古通作艾字。『艾』與『相』同訓治，是以『艾』又爲相也。」

〔二〕歷：爾雅釋詁：「艾、歷，相也。」邵晉涵正義：「郊特牲云：『簡其車徒，而歷其卒伍。』『歷』謂相閲也。」王引之經義述聞卷一三「變歷」條：「晉語：『夫言以昭信，奉之如機，歷時而發之。』言相時而發之也。楚辭離騷：『歷吉日乎吾將行。』言相吉日也。」黄侃爾雅音訓：「『相』有輔相、相視、交相三義。艾、歷，輔相義也……交相義亦由輔相義引申，輔相義亦由相視義引申。」按：「歷」之訓「相」，猶今言察看也。漢書叙傳上：「歷古今之得失，驗行事之成敗。」是也。

二　奝〔一〕、旅〔二〕，末也。

匯證

〔一〕戴震方言疏證此條與上條連寫，不提行。按：今仍其舊，不從戴本。

奝：戴震方言疏證：「廣雅：『奝，末也。』晉語：『延及寡君之紹續昆奝。』韋昭注云：『奝，末也。』」按：尚書微子之命「功加于時，德垂後奝」僞孔傳、楚辭離騷「帝高陽之苗奝兮」王逸注均云：「奝，末也。」「奝」，本謂衣裾，即衣服之邊緣，引申指後代、邊遠之地。「末」，本謂樹梢，引申指末尾、偏遠。小爾雅廣言：「末，終也。」楚辭劉向九歎怨思：「恐登陸之逢殆兮，故退伏於末庭。」王逸注：「末，遠也。」是也。「裔」與「末」引申之義相近，故揚雄以「末」釋「裔」也。

〔三〕旅：錢繹方言箋疏：「周頌載芟篇：『侯亞侯旅。』毛傳云：『旅，子弟也。』檀弓：『司徒旅歸四布。』鄭注云：『旅，下士也。』周官宰夫云：『使其旅帥有司而治之。』注云『冢宰，下士』也。子弟謂之旅，下士亦謂之旅，義與『裔胄』同也。」按：錢說似嫌迂曲。「旅」之訓「末」，未詳待考。

三　⿰囟比〔一〕、緣〔二〕，廢也。

匯證

〔一〕⿰囟比：同「毗」。爾雅釋詁：「毗劉，暴樂也。」郭璞注：「謂樹木葉缺落蔭疏。暴樂，見詩。」郝懿行義疏：「方言云：『⿰囟比，廢也。』『廢』與『暴樂』義近。通作『爆爍』。詩：『捋采其劉。』毛傳：『劉，爆爍而希也。』鄭箋云：『捋采之，則葉爆爍而疏。』釋文：『爆，本又作暴，同，音剝。爍，本又作樂，或作落，同，音洛。』爾雅釋文：『暴，本又作爆。樂，本又作爍。』桑柔正義引爾雅正作『爆爍』。又引舍人曰：『毗劉，爆爍之意也，木枝葉稀疏不均爲爆爍。』然則『爆爍』之爲言猶剝落也，亦言蘀落。說文云：『艸木凡皮葉落陊地爲蘀。』詩七月、鶴鳴傳並云：『蘀，落也。』或言『拓落』。文選解嘲云：『何爲官之拓落也。』蓋拓落疏薄之意，猶落魄也。又言『牢落』。文選上林賦云：『牢落陸離。』李善注：『牢落猶遼落也。』又言『留落』。漢書霍去病傳云：『諸宿將常留落不耦。』然則『留落』之聲與『劉樂』同。『毗劉』之爲言猶『不留』也，音變爲『仳離』。詩：『有女仳離。』『仳離』蓋分散之義，與『披離』同。方言云：『披，散也。』是『披離』猶『仳離』也。又變爲『劈歷』。釋名云：『辟歷，辟析也，所歷皆破析也。』又變爲『觱篥』。廣韻云：『觱篥，胡樂，亦作必栗。』一切經音義十九引纂文云：『必栗者，羌胡樂器名也。』蓋『必栗』猶言『別裂』，其聲激楚，聽之如欲破裂也。此皆『毗劉』一聲之轉也。釋文：『毗，樊光本作庇，云蔭也。』按：『庇、毗』聲同，古字通借，訓爲『庇蔭』失其義也。『毗劉、暴樂』，蓋古方俗之語，不論其字，唯取其聲。今登萊間人凡果實及木葉陊落謂之『毗劉、杷拉』。『杷拉』亦即『暴樂』之聲轉。」

〔二〕緣：戴震方言疏證：「『緣、捐』同音。捐，弃也。故皆有廢義。」錢繹方言箋疏：「管子侈靡篇：『好緣而好駔。』房玄齡注云：『緣即捐也。駔，馬之壯健者，怯惡者必亂，故弃之。』説文：『捐，棄也。』衆經音義卷六引倉頡篇同。『捐』與『緣』同音，『棄』與『廢』義亦相近。」

四　純〔一〕、毣〔二〕，好也。毣毣，小好皃也。音沐。

匯證

〔一〕純：廣雅釋詁一：「純，好也。」王念孫疏證：「漢書地理志：『織作冰紈綺繡純麗之物。』顔師古注云：『純，精好也。』」錢繹方言箋疏：「通作『醇』，亦作『䣩』。廣雅：『䣩，美也。』」按：復合詞中「純」可釋爲「美好」之例較爲常見，如淳美之教化謂之「純風」，精美華麗謂之「純麗」，純真完美謂之「純美」，美而善也謂之「純淑」，皆是其例也。

〔二〕毣：戴震方言疏證：「『毣』亦作『眊』。廣雅：『純、眊，好也。』義本此。」廣雅釋詁一王念孫疏證：「司馬相如上林賦：『長眉連娟，微睇緜藐。』郭璞注云：『緜藐，遠視貌。』張衡西京賦：『眳藐流眄，一顧傾城。』薛綜注云：『眳，眉睫之間；藐，好視容也。』案：『眳藐』即『緜藐』，皆好視貌也。郭注以『緜藐』爲遠視，薛注以『眳』爲眉睫之間，皆失之也。爾雅：『藐藐，美也。』大雅崧高篇：『既成藐藐。』毛傳云：『藐藐，美貌。』説文：『䫉，美也。』廣韻『毣、眊、藐、䫉』四字並莫角切，其義同也。」

五　藐〔一〕、素〔二〕，廣也。藐藐，曠遠皃。音邈。

匯證

〔一〕貌：同「藐」。戴震方言疏證：「楚辭九章：『藐曼曼之不可量兮。』廣雅：『藐、素，廣也。』義本此。」錢繹方言箋疏：「通作『邈』。前卷六：『邈，離也。楚謂之越，或謂之遠。』離騷：『神高馳之邈邈。』王逸注：『邈邈，遠貌。』」

〔二〕素：廣雅釋詁二：「素，廣也。」王念孫疏證：「（廣雅）卷四云：『素，博也。』博亦廣也。」按：「素」之訓「廣」、訓「博」，文獻用例未詳。

六　貌〔一〕，漸也。

匯證

〔一〕戴震方言疏證此條與上條連寫，不提行。按：今仍其舊，不從戴本改。

貌：同「藐」。錢繹方言箋疏：「何休注隱元年公羊傳云：『漸者，物事之端，先見之辭。』廣雅：『藐，小也。』僖九年左氏傳云：『以是藐諸孤。』凡物之始者必小，故藐爲漸也。」按：幼小貌可謂之「藐然、藐藐」。漢蔡邕貞節先生范史雲碑：「君受天正性，志高行潔，在乎幼弱，固已藐然有烈節矣。」晉陶潛祭程氏妹文：「藐藐孤女，曷依曷恃？」後世則有「藐小、稚藐」等詞，而「藐」可釋爲「漸」者則頗難索考。

七　蹫〔一〕、踊躍。抍〔二〕，㧐拔〔三〕。拔也。出休爲抍〔四〕，出火爲踚也〔五〕。抍，一作椒〔六〕。蹫，一作踚。

匯證

〔一〕蹫：同「踚」。廣雅釋詁三：「踚，拔也。」王念孫疏證：「踚之言躍……皆上出之義也。」錢繹方言箋疏：「下文『蹫，行也』，注云：『言跳躪。』廣韻『躪』與『躍』同音。廣雅：『躍，跳也。』『上也。』『躍』與『躪』通。前卷一云：『躪，登也。』義亦相近。説文：『爚，爇也。』火爇謂之躪，出火亦謂之躪，義相因也。」

〔二〕抍：戴震方言疏證：「春秋宣公十二年左傳：『目於眢井而拯之。』杜預注云：『出溺爲拯。』疏云：『方言文。』列子黄帝篇：『孔子觀於吕梁，懸水三十仞，流沫三十里，黿鼉魚鼈之所不能游也，見一丈夫游之，以爲有苦而欲死者也，使弟子並流而承之。』張湛注云：『承，音拯。』方言「出溺爲承」，諸家直作「拯」，又作「撜」。」」廣雅釋詁三：「抍，拔也。」王念孫疏證：「抍之言升……皆上出之義也。」説文手部：「拯，上舉也。出休爲拯，从手，丞聲。易曰：拯馬壯吉。」段玉裁注：「易明夷釋文曰：『丞音拯救之拯。説文云舉也。子夏作抍。字林云：抍，上舉，音承。』然則説文作拯，字林作抍，在吕時爲古今字……方言曰：『躪、抍，拔也，出休爲抍，出火爲躪。』方言之書，字多經轉寫，改作抍即以今字改古字之一，抑或子雲固如此作，許不之録耳。」王引之經義述聞卷一一「承」條：「禮察篇：『今或言禮義之不如法令，教化之不如刑罰，人主胡不承殷周秦事以觀之乎？』家大人曰：『承』讀爲『拯』，説文作抍。『拯』謂引取人也。艮六二『不拯其隨』虞翻曰：『拯，取也。』釋文『拯』作『承』，云：『音拯救之拯。』渙初六『用拯馬壯吉』，釋文：『拯，子夏作抍。抍，取也。』宣十二年左傳：『目於眢井而拯之。』釋文『拯』作『承』，云：『音拯救之拯。』列子黄帝篇：『使弟子並流而承之。』釋文『承』音拯，引方言『出溺爲承』。今方言作『拯』。皆是引取之義。明夷釋文云：『拯，鄭云承也，子夏作抍。』引字林『抍音承』。據此，則『承』亦可如字讀。」

〔三〕掾：戴震方言疏證作「拯」。按：「掾」字誤，作「拯」是也，當據正。

〔四〕休：戴震方言疏證：「説文云：『休，没也。从人，从水。』『休、溺』古通用。」

〔五〕踚：王念孫手校明本改作「躪」。

〔六〕椒：盧文弨重校方言改作「拯」，是也，當據正。

1b八　炖〔一〕、託孫反。㶿〔二〕、音闕〔三〕。煓〔四〕，波湍。赤貌也〔五〕。皆火盛熾之皃。

匯證

〔一〕炖：王引之經義述聞卷二七「風與火爲庉」條：「郭曰：『庉庉，熾盛之貌。』邵曰：『易象傳云：「風自火出。」此釋其名爲庉也。孔疏云：「火出之初，因風方熾，火既炎盛，還復生風。」象皆言實事，故爾雅釋之，舊説以爲假象，非也。』引之謹案：此釋『庉』字之義，非釋易之『風自火出』，蓋誤證也。釋文：『庉，本或作炖，字同。』玉篇：『炖，風與火也。』方言：『炖、焃、煓，赫也。』郭彼注曰：『皆火熾之貌。』然則炖者，火得風而炖炖然盛，非謂風自火出也。古無『炖』字，故借『庉』爲之。」

〔二〕焃：廣雅釋器：「焃，赤也。」王念孫疏證：「『焃』亦赫也，故方言云：『焃，赫也。』」

〔三〕閴：同「闃」。

〔四〕煓：玉篇火部：「煓，火熾也。」王引之經義述聞卷二二「鄭駟歂字子然」條：「歂，視專、視兖二切。讀爲煓。他丸切。方言：『煓，赫也。』郭注曰：『火熾盛之貌。』説文：『然，燒也。』」

〔五〕赩：同「赫」，參卷一二第五四條匯證〔二〕引盧文弨説。

貌：戴震方言疏證以爲衍字而刪。錢繹方言箋疏：「説文：『赫，大赤貌。』『赩』下舊有『貌』字，全書無此例，當是涉注文誤衍。」按：集韻桓韻「煓」下引方言亦無「貌」字，當從戴本改。

九　憤〔一〕、竅〔二〕，孔竅。阨也〔三〕。謂迫阨。烏革反。

匯證

〔一〕憤：錢繹方言箋疏：「王逸注楚辭惜誦：『憤，懣也。』孟子公孫丑篇：『阨窮而不憫。』趙岐注云：『憫，懣也。』言阨窮者必憤懣，而柳下惠則否也。『憫』與『憤』，聲近義同。」按：錢説迂曲。憤懣、愍悶謂之「憤」，例多不贅。而「憤」之訓迫阨之

「阨」，文獻用例則未詳。

〔二〕窌：錢繹方言箋疏：「說文：『窌，空也。』『空，窌也。』廣雅：『窌，孔也。』道德經『孔德之容』王弼注：『孔，空也。』空乏亦阨之意也。」按：窌、孔、空，義相近，而錢氏以爲「空乏亦阨之意」則亦嫌迂曲。「窌」之訓迫阨之阨，蓋由「洞穴」義特指「關鍵，要害」而引申，惜先秦漢晉時文獻用例未詳。

〔三〕阨：說文𨸏部：「陒，塞也。」段玉裁注：「塞者，隔也。陒之言扼也。」朱駿聲通訓定聲：「字亦作阨。」阻塞之地亦謂之「陒（阨）」。呂氏春秋長攻：「若燕秦齊晉，山處陸居，豈能踰五湖九江，越十七陒以有吴哉？」賈誼新書過秦下：「秦雖小邑，伐并大城，得阨塞而守之。」引申爲困厄。荀子議兵：「秦人其生民也郲厄，其使民也酷烈。」莊子盜跖：「約養以持生，則亦猶久病長阨而不死者也。」說文「窌、空」互訓，而故書未見「憤、窌」之訓「阨」者。

一〇　杪〔一〕、眇〔二〕，小也。

匯證

〔一〕杪：參卷二第八條匯證〔六〕。

〔二〕眇：廣雅釋詁四：「紗，微也。」王念孫疏證：「紗之言眇也……說文：『秒，禾芒也。』……皆微之義也。顧命云：『眇眇予末小子。』僖公九年左傳：『以是藐諸孤。』方言：『眇，小也。』又云：『杪，小也。凡木細枝謂之杪。』郭璞注云：『言杪梢也。』爾雅云：『管小者謂之篎。』說文：『眇，一目小也。』又云：『鷦䳟，桃蟲也。』爾雅釋鳥注作『鷦鷯』。……皆小貌也。」錢繹方言箋疏：「是凡言『眇』者，皆『小』之義也。」

一一　譶〔一〕、咎〔二〕，謗也。謗言噂譶也〔三〕。音沓。

匯證

〔一〕讟：戴震方言疏證：「後漢書王梁傳：『百姓怨讟。』注云：『讟，謗也。』廣雅：『謗、咎、讟，惡也。』曹憲音釋『讟』音讀。此注云『謗言噂讟也』，『噂讟』即『噂沓』。詩小雅：『噂沓背憎。』春秋僖公十五年左傳引作『僔沓背憎』。『讟』字郭璞直音『沓』，與曹憲異。」吴予天方言注商：「原本玉篇言部引作『譶，各，謗也。郭璞曰：謗言噂譶也』。又原本玉篇『讟』字下引方言：『讟，痛也。郭璞曰：謗誣怨痛也。』而無『讟，謗也』之文。説文：『譶，讀若沓。』郭氏音『讟』爲『沓』，聲類迴殊。是今本『讟』乃『譶』之譌也。」周祖謨方言校箋亦以原本玉篇殘卷所引爲據，云：「據是則方言舊本『讟』作『譶』，注同。郭氏『音沓』與玉篇『徒答反』正合，戴氏所疑，迎刃而解。」按：當從吴、周説，改「讟」作「譶」，注内同。吴予天方言注商釋云：「説文：『譶，疾言也。从三言。』又：『雸雸，震雷皃。一曰衆言也。从雨，从譶省聲。』按疾言係雸之訓，震雷之義之引申也。衆言則屬譶之本義。蓋文字因通假而互乖其本義也。文選嵇康琴賦：『紛謵譶以流漫。』注：『謵譶，聲多也。』説文：『沓，語多沓沓也。从曰，从水。』又：『誻，譅誻也。从言，沓聲。』荀子正名：『黑者之言，誻誻然而沸。』楊注：『誻誻，多言也。』詩十月之交：『噂沓背憎。』毛傳：『噂，猶噂噂；沓，猶沓沓。』鄭箋：『噂噂沓沓，相對談語，背則相憎。』是『譶、沓、誻』古音並通。」

〔二〕咎：説文人部：「咎，災也。」段玉裁注：「災當是本作烖。天火曰災，引伸之，凡失意自天而至曰災。釋詁曰：『咎，病也。』小雅伐木傳曰：『咎，過也。』北山箋云：『咎猶罪過也。』西伯戡黎鄭注：『咎，惡也。』吕覽移樂篇注：『咎，殃也。』方言：『咎，謗也。』」錢繹方言箋疏：「義並與『謗』相近。説文：『倃，毁也。』『慦，怨慦也。』『倃、慦』與『咎』並聲義相同。」

〔三〕噂讟：當作「噂譶」。説文口部：「噂，聚語也。」又：「譶，疾言也。」「噂譶」常作「噂沓」，義謂相對談論、議論紛紛。詩小雅十月之交：「噂沓背憎，職競由人。」朱熹集傳：「噂噂沓沓，多言以相説，而背則相憎。」全後漢文鄭弘疾篤上書：「流言噂沓，深可嘆息。」又陳琳應譏：「使己蒙噂沓之謗，而他人受討賊之勛。」全晉文齊王冏奏劾王豹：「上誣聖朝鑒御之威，下長妖惑，疑阻衆心，噂沓背憎，巧賣兩端，訕上謗下，讒内間外，遘惡導姦，坐生猜嫌。」

一二　蕆〔一〕、敕〔二〕、戒〔三〕，備也。蕆亦訓敕。

匯證

〔一〕蕆：同「蕆」。錢繹方言箋疏：「廣雅：『蕆、飭、戒，備也。』又云：『蕆，敕也。』文十七年左氏傳：『寡君又朝，以蕆陳事。』賈逵、服虔、杜預注並云：『蕆，勑也。』『勑、飭』，並與『敕』通。『蕆、敕』，語之轉耳。」

〔二〕敕：廣雅釋詁二：「飭，備也。」王念孫疏證：「説文：『敕，誡也。』『誡，敕也。』鄭注曾子問云：『戒，猶備也。』『飭、勑、敕』，古通用。」徐復補釋：「敕備亦連用。漢書馮野王傳：『參，昭儀少弟，行又敕備，以嚴見憚。』又王莽傳上：『事母及寡嫂，養孤兄子，行甚敕備。』皆誡慎之義。」按：「敕備」連文，當訓整備，「誡慎」乃言外之義也。漢書郊祀志下：「武宣之世，奉此三神禮敬敕備，神光尤著。」又王奔傳上：「行甚敕備。」顏師古注皆曰：「敕，整也。」

〔三〕戒：錢繹方言箋疏：「説文：『戒，警也。从収，持戈以戒不虞。』鄭注曾子問云：『戒，猶備也。』荀子儒效篇：『周公勝敵而愈戒。』張衡東京賦：『雖萬乘之無戒，猶怵惕於一夫。』楊倞注、李善注並云：『戒，備也。』通作『誡』。説文：『誡，敕也。』義亦同也。」按：「戒備」亦連用。國語晉語三：「内謀外度，考省不倦，日考而習，戒備畢矣。」三國志吳書華覈傳：「安寧之世，戒備如此，況敵强大，而忽農亡畜。」倒言之曰「備戒」。史記樂書：「夫武之備戒之已久，何也。」張守節正義：「備戒者，謂將欲作樂前鳴鼓警戒，使樂人各備容儀。」

一三　摵〔一〕、音蹜〔二〕。撴〔三〕，音致。到也。

匯證

〔一〕摵：廣雅釋詁一：「摵，至也。」王念孫疏證：「『摵』之言造也。『造』亦至也。『造』與『摵』，古同聲。孟子：『舜見瞽瞍，其容有蹙。』韓子忠孝篇作『其容造焉』。大戴禮保傅篇：『靈公造然失容。』『造然』即『蹙然』，是其例矣。」錢繹方言箋疏：「家君曰：『摵』通作『㞗』。説文：『㞗，至也。』『㞗』與『摵』聲義並同。」王、錢二家之説不同，未知孰是。

〔二〕蹜：戴震方言疏證改作「縮」。按：音同，不煩改字。

〔三〕撴：廣雅釋詁一：「撴，至也。」王念孫疏證：「『撴』亦致也。説文：『撴，刺之財至也。』廣韻豬几、陟利二切。方言：『撴，到也。』漢書揚雄傳：『撴北極之嶟嶟。』應劭注云：『撴，至也。』説文：『夂，從後至也。象人兩脛，後有致之者。讀若黹。』義與『撴』通。」錢繹方言箋疏：「前卷一云：『撴，會也。凡會物謂之倊。』廣雅：『會，至也。』『倊』與『撴』聲同，義亦相近。」

一四　聲〔一〕、腆〔二〕，忘也。

匯證

〔一〕聲：戴震方言疏證改作「黬」，云：「『黬』，各本譌作『聲』，今訂正。説文云：『黬者忘而息也。』廣雅：『黬、腆，忘也。』義本此。」王念孫手校明本改作「黬」，廣雅釋詁四「黬、腆，忘也」條下疏證引方言亦作「黬」。盧文弨重校方言從戴本改。錢繹方言箋疏未從，云：「『聲』从『殸』聲。『殸』，籀文『磬』字，古文作『硜』。釋詁：『罄、空，盡也。』説文：『窒，空也。』義與『忘』相近。『聲』，舊本並同，戴、盧兩本據廣雅『黬，忘也』改作『黬』。説文：『黬，忘而息也。』玉篇：『黬，黬然忘也。』案：若原本作『黬』，郭氏何以無音？」按：作「黬」於義爲長，作「聲」於「忘」義無徵。今仍舊本，以俟再考。

〔二〕腆：錢繹方言箋疏：「廣雅：『腆，忘也。』又云：『腆，久也。』久則忘矣，故又訓爲『忘』。邶風新臺篇：『籧篨不殄。』毛傳：『殄，絶也。』鄭箋云：『殄，當作腆。』燕禮注云：『古文「腆」皆作「殄」。』『殄、腆』，古字通用。説文：『殄，盡也。』義亦相近也。」按：詩鄭箋以爲「殄當作腆」，乃釋爲「善」，「不殄」即「不腆」，猶不善也。儀禮燕禮：「寡君有不腆之酒，以請吾子與寡君須臾焉。」鄭玄注以爲古文作「殄」，然此句之「腆」當訓「厚」，「不腆」猶不厚也。「不腆」連文，先秦常見，或謂不善，或謂不厚。儀禮士昏禮：「凡行事，必用昏昕，受諸禰廟，辭無不腆。」鄭玄注：「腆，善也。」左傳僖公三十三年：「不腆敝邑，爲從者之淹，居則具一日之積，行則備一夕之衛。」杜預注：「腆，厚也。」錢氏以爲「殄、腆」相假，而牽連「絶、盡」之義，偷換概念，不足爲訓。「腆」之訓「忘」，未詳待考。

2a 一五　黮〔一〕、度感反。䵨〔二〕，莫江反。私也。皆冥闇〔三〕，故爲陰私也。

匯證

〔一〕黮：錢繹方言箋疏：「廣雅：『黮、䵨，私也。』楚辭九辯云：『彼日月之照明兮，尚黯黮而有瑕。』衆經音義卷十七引倉頡篇云：『黤黮，深黑不明也。』説文：『黮，桑葚之黑也。』文選魏都賦注引聲類云：『黮，深黑（色）也。』靈樞經通天篇云：『大陰之人，其狀黮黮黑色。』淮南主術訓云：『問瞽師曰：「黑何若？」曰：「黮然。」』『黑』與『冥闇、陰私』義並相近，故釋名云：『黑，晦也，如晦冥時色也。』」按：「黮」之本義爲「桑葚之黑」，引申爲黑色、黑貌，不明貌，錢氏所引諸例皆屬此類。雙音詞有作「黤黮、黯黮、晻黮、黮黮、黮然」者，亦皆形容不明之詞。郭璞注云：「皆冥闇，故爲陰私也。」「陰私」當自移以言人始。楚辭宋玉九辯：「堯舜之抗行兮，了冥冥而薄天。何險巇之嫉妒兮，被以不慈之僞名。彼日月之照明兮，尚黯黮而有瑕。」莊子齊物論：「我與若不能相知也，則人固受其黮闇，吾誰使正之？」董仲舒春秋繁露深察名號：「名生於真，非其真非以爲名……故凡百譏有黮黮者，各反其真。」皆言人之例也。

〔二〕䵨：戴震方言疏證：「玉篇於『䵨』字云：『冥暗，故曰陰私也。』廣韻：『䵨，陰私事也。』」

〔三〕冥：同「冥」。

一六　龕〔一〕、音堪。喊〔二〕、音減。㖕〔三〕、荒麥反，亦音郁。唏〔四〕，靈几反〔五〕。聲也。

匯證

〔一〕龕：玉篇龍部：「龕，聲也。」朱駿聲説文通訓定聲「龕」字下云：「假借又爲吟。」胡文英吴下方言考卷一二：「樂府讀曲歌：『茱萸持捻泥，龕有殺子像。』按：龕，發語辭，可也。吴諺謂可像曰龕像，可是曰龕是。」

〔二〕喊：錢繹方言箋疏：「『龕、喊』並云『聲也』。法言問神篇吴祕注云：『喊，聲也。』今吴人謂呵爲喊，讀呼陷切，蓋古之遺語也。」按：説文無「喊」字，古義爲品嘗。揚雄法言問神：「狄牙能喊，狄牙不能齊不齊之口。」而「喊」之常訓爲動詞，謂大聲呼叫，唐宋以後纔見用例，方言訓「聲」，未詳待考。

〔三〕㖪：錢繹方言箋疏：「玉篇『㖪』音呼麥、於六二切，云：『聲也。或作欶。』説文：『欶，吹氣也。於六切。』玉篇：『嚿，嚿嘖，叫呼。』法言問神篇吴祕注：『嚿，呼陌切，叫呼也。』『嚿』與『㖪』字異義同。」按：翟灝通俗編語辭：「桂海虞衡志：『粵中俗字有閄，和馘切，隱身忽出驚人之聲也。』按：揚子方言：『㖪，聲也。』廣韻音呼麥切。所云閄字，當以作㖪爲正。」又章炳麟新方言釋詞：「説文：『𣧑，屰惡驚詞也。讀若楚人名多夥。』史記陳涉世家：『夥頤，涉之爲王沈沈者。』服虔曰：『驚而偉之，故稱夥頤。』其説是也……又轉則爲『嚄㖪』。史記外戚世家曰：『嚄，大姊何臧之深也。』正義曰：『失聲驚愕貌也。』方言：『㖪，聲也。』今凡驚嘆亦曰嚄㖪。」

〔四〕唏：參卷一第八條匯證〔二〕。

〔五〕靈：戴震方言疏證據曹毅之本改作「虚」。按：王念孫手校明本亦改作「虚」。作「虚」是也，當據正。

一七　筡〔一〕、音涂。箄〔二〕，方婢反。析也。析竹謂之筡。今江東呼篾竹裹爲筡〔三〕，亦名爲筡之也〔四〕。

匯證

〔一〕筡：方言謂「筡」爲剖竹之名，動詞。説文竹部：「筡，析竹筤也。」廣雅釋詁一：「筡，分也。」析竹謂之「筡」，所析竹篾亦謂之「筡」。淮南子兵略：「伐棘棗而爲矜，周錐鑿而爲刃，剡摲筡，奮儋钁，以當脩戟强弩，攻城略地，莫不降下。」廣韻魚韻：「筡，竹篾名也。」

〔二〕箄：錢繹方言箋疏：「『箄』之言捭也。廣雅：『捭，開也。』鬼谷子捭闔篇云：『捭之者開也。』張衡西京賦云：『置互擺牲。』薛綜注：『擺，謂破磔懸之。』後漢書馬融傳注引字書云：『擺，亦捭字。』義與『箄』同。説文：『箄，簁箄也。』又云：『簁箄，竹器也。』下文云：『箄，簍也。自關而西秦晉之間謂之箄。』注云：『今江南亦名籠爲箄。』又後漢書岑彭傳：『乘枋箄，下江關。』李賢注云：『枋箄，以木竹爲之，浮於水上。』析謂之箄，析竹爲器亦謂之箄，編竹浮水亦謂之箄，義並相因也。」

〔三〕篾竹：錢繹方言箋疏：「『篾竹』二字，疑誤倒。」

裹：疑爲「裹」字之誤。見本條匯證〔四〕引周祖謨説。

〔四〕筡之：戴震方言疏證改「筡之」二字爲「筤」。劉台拱方言補校疑之云：「未見便是筤字。」説文竹部「筡」字下段玉裁注云：「此注謂已析之篾爲『筡』，人析之亦稱『筡之』。本無誤字，戴氏疏證改『筡之』二字爲『筤』字，非也。」周祖謨方言校箋：「案故宮博物院舊藏刊謬補缺切韻霽韻『篴』下云：『丑戾反，又杖胡反。竹名。方言以裹爲筡，亦笨也。』據是則此注本作『今江東呼篾竹裹爲筡，亦名爲笨也。』説文云：『筡，析竹筤也。』『筤，竹膚也。』『笨，竹裹也。』廣雅釋草云：『竺，竹也。其表曰筤，其裹曰笨。』均與此注相發。」按：周校是也，當據正。

一八　⿰亻歸〔一〕、音逵。宵〔二〕，音⿰足蕭〔三〕。使也。

匯證

〔一〕⿰亻歸：戴震方言疏證：「玉篇云：『⿰亻歸，使也。』義本此。」按：廣韻未韻脂韻、集韻未韻脂韻「⿰亻歸」字並云：「使也。」又集韻微韻「⿰亻歸」字訓「往也」。文獻用例未詳。蓋「⿰亻歸」之言「歸」也。詩小雅采薇：「我戍未定，靡使歸聘。」馬瑞辰傳箋通釋：「歸當讀爲⿰亻歸。」「使歸」連文，用例頗豐。左傳成公三年：「執事不以釁鼓，使歸即戮。」又文公十六年：「秦有殽之敗，而使歸求成。」昭三十一年：「君惠顧先君之好，施及亡人，將使歸，糞除宗祧。」史記范雎列傳：「秦王乃拜范雎爲相，收穰侯之印，使歸陶。」東漢開始可見「歸使」連文。太平經三合相通訣：「凡物悉善矣，不歸使思過，固固民臣居下失政令，不自知有過，其心不易。」全三國文隱蕃歸吳上書：「臣年二十二，委棄封域，歸使有道，賴蒙天靈，得自全致。」

〔二〕宵：戴震方言疏證：「『宵、嗾』一聲之轉。『嗾』音潄。說文云：『使犬聲。』」錢繹方言箋疏：「前卷七云：『秦晉之西鄙自冀隴而西使犬曰哨。』注：『音騷。』玉篇引作『嗾』。宣二年左氏傳：『公嗾夫獒焉。』釋文云：『服本作㖩。』正義引服虔云：『㖩，取也。公乃㖩夫獒，使之噬趙盾。』『哨、嗾、㖩』，聲並相近。」

〔三〕⿰足蕭：盧文弨重校方言據曹毅之本改作「蕭」。劉台拱方言補校：「字書無『⿰足蕭』字，宋本作『蕭』，亦未可據。」周祖謨方言校箋：「『⿰足蕭』字疑誤。」按：明抄本作「簫」。「宵」乃常見字，依郭注通例不當有音，此音字確有誤，似當删。

一九　蠢〔一〕，作也。謂動作也。

匯證

〔一〕蠢：戴震方言疏證：「詩小雅：『蠢爾蠻荆。』毛傳：『蠢，動也。』爾雅釋詁：『蠢，作也。』郭璞注云：『蠢，動作也。』考工記：『則春以功。』鄭注云：『春讀爲蠢。蠢，作也，出也。』春秋昭公二十四年左傳：『今王室實蠢蠢焉。』杜預注云：『蠢蠢，動擾貌。』」錢繹方言箋疏：「鄉飲酒義云：『春之爲言蠢也。』鄭注云：『蠢，動生之貌也。』漢書律曆志云：『春，蠢也，物蠢生迺動運。』重言之則曰『蠢蠢』……義亦同也。」

二〇　忽〔一〕、達〔二〕，芒也〔三〕。謂草杪芒䠶出〔四〕。

匯證

〔一〕忽：錢繹方言箋疏：「『忽』之言飄忽也。史記太史公自序：『間不容翲忽。』索隱曰：『忽者，總文之微也。翲者，輕也。』正義曰：『翲，字當爲秒。秒，禾芒表也。忽，一蠶口出絲也。』一絲謂之忽，猶草杪謂之芒也。」按：「忽」爲古代度量單位，極言微小。孫子算經上：「度之所起，起於忽。欲知其忽，蠶吐絲爲忽。十忽爲一絲，十絲爲一毫，十毫爲一氂，十氂爲一分。」「秒忽」連文，亦言微小。漢書敘傳下：「元元本本，數始於一，產氣黄鐘，造計秒忽。」顔師古注引劉德曰：「秒，禾芒也。忽，蜘蛛罔細者也。」

〔二〕達：戴震方言疏證：「詩周頌：『實函斯活，驛驛其達。』毛傳：『實，種子也。函，含也。活，生也。達，射也。』鄭箋云：『達，出地也。』疏云：『苗生達也，則射而出。』」錢繹方言箋疏：「大雅生民篇：『先生如達。』毛傳云：『達，生也。』鄭箋云：『達，羊子也。』説文作『羍』，云：『羍，小羊也。讀若達。』羔羊謂之羍，草芒亦謂之達，其義一也。」按：幼苗初露地面謂之「達」，小羊初生謂之「達」，皆涵微小之義也。

〔三〕芒：説文艸部：「芒，艸耑也。」段玉裁注：「説文無鋩字，此即鋒鋩字也。」段氏又於「朿」字下注云：「芒者，艸耑也，引伸爲凡鐵鋭之偁。今俗用鋒鋩字，古祇作芒。」是草微小之耑曰芒，禾微小之秒曰芒，引伸爲凡微小孅鋭亦曰芒。

〔四〕躾：同「射」。戴震方言疏證作「躾」，「躾」亦「射」也。

二一　芒〔一〕、濟〔二〕，滅也。外傳曰：「二帝用師以相濟也。」

匯證

〔一〕芒：戴震方言疏證：「春秋昭公二十九年左傳：『木正曰句芒。』杜預注云：『取木生句曲而有芒角也。』『芒』又同『亡』。廣韻：『亡，滅也。』」錢繹方言箋疏：「『芒、滅』一聲之轉。淮南精神訓云：『芒芠漠閔。』高誘注：『芒，讀王莽之莽。芠，讀枚滅之枚。皆無形之象。』是『芒』與『滅』同義。」

〔二〕濟：同「濟」。戴震方言疏證：「『濟』當爲『擠』。擠，滅也。莊子人間世篇：『故其君因其脩以擠之。』釋文引方言：『擠，滅也。』」周祖謨方言校箋：「莊子人間世釋文引作『擠』，慧琳音義卷九十六引同。案國語晉語：『二帝用師以相濟也。』韋昭注云：『濟當爲擠。擠，滅也。』與方言訓合。此當據莊子釋文、慧琳音義訂正。」按：「擠」之訓「滅」，與排斥、陷害之義相因也。「擠摧」連文，義近之。楚辭王逸九思：「年齒盡兮命迫促，魁壘擠摧兮常困辱。」王逸注：「魁壘，促迫也。擠摧，折屈也。」

2b 二二二　劆〔一〕、音廓。蠫〔二〕，音儷。解也。魏〔三〕，能也。𧗽〔四〕，刻也。

匯證

〔一〕劆：廣雅釋詁一：「劆，解也。」王念孫疏證：「劆亦作劐。（廣雅）卷二云：『劐，裂也。』荀子議兵篇：『霍焉離耳。』『霍』與『劆』亦聲近義同。」

〔二〕蠫：據郭音，當作「劙」，廣雅正作「劙」。廣雅釋詁一：「劙，解也。」王念孫疏證：「荀子彊國篇：『劙盤盂，刎牛馬。』楊倞注云：『劙，割也。』方言：『蠡，分也。楚曰蠡，秦晉曰離。』『離、蠡、劙』亦聲近義同。」錢繹方言箋疏：「是凡言『劙』者，皆『解』之義也。」

〔三〕戴震方言疏證「魏，能也」提行分寫，是也。當據改。

魏：戴氏云：「『魏』訓能，未詳，當亦是『嫢』之譌，見卷二郭注云：『嫢嫢，小成貌。』與『能』之義亦相因。」盧文弨重校方言：「周書謚法解：『克威捷行曰魏，克威惠禮曰魏。』與此訓『能』義合。」章炳麟新方言釋言：「今謂不能曰『不巍』，聲小變如『會』，通以『會』字爲之。然作『會』實無義，凡言會心或言領會，皆無能義。」

〔四〕「𧗽」字下，戴震方言疏證提行分寫，是也，當據正。

𧗽：戴氏疏證云：「『𧗽』，諸刻譌作『𧗽』，今從永樂大典本。集韻於『𧗽』字云：『方言：刻也。謂相難折。』似兼引注文，今方言脱此注。」按：文獻用例未詳。

二二三　聳〔一〕，悚也。謂警聳也〔二〕。山頂反〔三〕。

匯證

〔一〕聳：戴震方言疏證：「周語：『身聳除潔。』韋昭注云：『聳，懼也。』楚語：『昔殷武丁能聳其德，至于神明。』注云：『聳，敬也。』」錢繹方言箋疏：「『悚』與『愯、竦』音義並同。説文：『愯，驚也。』釋詁：『竦，懼也。』商頌長發篇：『不戁不竦。』毛傳同。説文：『愯，懼也。从心，雙省聲。』引昭十九年左氏傳曰：『駟氏愯。』音息拱切。今本作『聳』，杜預注：『聳，懼也。』廣韻引作『愯』。又昭六年傳云：『聳之以行。』杜預注：『聳，懼也。』漢書刑法志作『愯之以行』，晉灼曰：『愯，古悚字。』……訓聳爲敬，亦以敬爲懼也。揚子長楊賦云：『整輿聳戎。』李善注引此文，云：『聳與悚，古字通。』」按：「聳懼」連文，亦見用例。左傳成公十四年：「大夫聞之，無不聳懼。」韓非子内儲説上：「於是吏皆聳懼，以爲君神明也。」

〔二〕警：周祖謨方言校箋：「慧琳音義卷五十七引本注作『謂敬悚也』。」

〔三〕項：王念孫手校明本改作「項」，盧文弨重校方言亦改作「項」，云：「與卷六音同。宋本作『山拱反』，誤。」錢繹方言箋疏亦作「項」，云：「俗本『項』誤作『頂』，今訂正。」按：作「項」是也。參卷六第一條匯證〔三〕。

二四　跌〔一〕，蹷也。偃地反〔二〕。江東言跢〔三〕，丁賀反。

匯證

〔一〕跌：戴震方言疏證：「説文：『跌，越也。』『蹶，僵也。』『蹶、蹷』同。玉篇：『跌，仆也。』」錢繹方言箋疏：「『跌』之言失也。莊二十二年公羊傳：『肆者何？跌也。』何休注云『跌，過度』也。穀梁傳『跌』作『失』。『失』與『跌』同。荀子王霸篇：『此夫過舉蹞步而覺跌千里者夫，哀哭之。』楊倞注：『跌，差也。』淮南繆稱訓云：『若跌而據。』高誘注：『跌，仆也。』賈子容經篇云：『胻不差而足不跌。』漢書朱博傳云：『常戰慄，不敢蹉跌。』義並同也。説文：『胅，骨差也。讀若跌。』義與『跌』亦相近。」按：方言之「跌」，義爲失足倒地，猶今言摔倒。漢陸賈新語輔政：「秦以刑罰爲巢，故有覆巢破卵之患；

以李斯、趙高爲杖，故有傾仆跌傷之禍。」名醫别録上品卷第一：「白膠，温，無毒，主治吐血……折跌傷損。」焦贛易林解之師：「推車上山，力不能任，顛蹶蹉跌，傷我中心。」錢氏以過失、差錯義釋「跌」，乃其引伸義也。

〔二〕反：戴震方言疏證改作「也」。周祖謨方言校箋：「慧琳音義卷十六引方言『偃地曰跌』，足證戴校不誤。」按：當據戴校改正。

〔三〕跢：錢繹方言箋疏：「玉篇：『跢，小兒行貌。』『跌、蹷、跢』，並語之轉耳。」按：「跢」之用例，見於文獻頗晚。醫心方卷十八治被護傷方第廿：「葛氏方治捥蹴倒跢有損痛處。」

二五　蘪〔一〕，蕪也。謂草穢蕪也。音務〔二〕。

匯證

〔一〕蘪：錢繹方言箋疏：「説文：『蘪，蘪蕪也。』釋草：『蘄茝，蘪蕪。』郭注云：『香草。』淮南説林訓云：『蛇牀似蘪蕪而不能香。』『蘪、蕪』雙聲，香草謂之蘪蕪，草穢亦謂之蘪蕪，此義之相反者也。」按：錢氏引香草名「蘪蕪」以反訓爲説，恐非是。蓋「蘪」爲「蕪」之轉語。説文艸部：「蕪，穢也。」楚辭招魂：「主此盛德兮，牽於俗而蕪穢。」王逸注：「不治曰蕪，多草曰穢。」故此條郭注云：「謂草穢蕪也。」

〔二〕務：盧文弨重校方言據曹毅之本改作「無」。

二六　潫〔一〕、淹〔二〕，敗也。溼敝爲潫，水敝爲淹。皆謂水潦潫澇壞物也。

匯證

〔一〕潫：同「漫」。廣雅釋詁三：「漫，敗也。」王念孫疏證：「荀子榮辱篇：『污僈突盜。』楊倞注云：『僈，當爲漫。漫亦污也，水冒物謂之漫。』」按：楚辭九嘆逢紛：「讒夫藹藹而漫著兮，曷其不舒予情。」王逸注：「漫，污也。」「言讒人相聚，藹藹而盛，欲漫污人以自著，明君何不舒我忠情以詰責之乎？」荀子富國：「百姓曉然皆知其污漫暴亂而將大危亡也。」楊倞注：「污、漫，皆穢行也。」莊子讓王：「不若是而已，又欲以其辱行漫我。」又：「吾生乎亂世，而無道之人再來漫我以其辱行，吾不忍數聞也。」成玄英疏：「漫，污也。」「污漫、漫污」亦常連文，例多不贅。是「水潦漫澇壞物」謂之「漫」，品行污穢敗壞亦謂之「漫」。又參卷三第二五條匯證〔二〕。

〔三〕淹：廣雅釋詁三：「淹，敗也。」王念孫疏證：「儒行：『淹之以樂好。』鄭注云：『淹，謂浸漬之。』今俗語猶謂水漬物爲『淹』，又謂以鹽漬魚肉爲『醃』。義並相近也。」

二七　釐〔一〕、音狸。挴〔二〕，亡改反。貪也。

匯證

〔一〕釐：錢繹方言箋疏：「廣雅：『挴、釐，貪也。』昭二十八年左氏傳：『貪惏無饜。』賈逵注云：『惏，嗜食也。其人貪嗜財利飲食，無知饜足。』『惏』，釋文音力耽反。說文云：『河内之北謂貪曰惏。』又云：『婪，貪也。杜林說：卜者黨相詐驗爲婪。』楚辭離騷：『衆皆競進以貪婪兮。』王逸注：『愛財曰貪，愛食曰婪。』『婪』與『惏』同。『釐、婪』聲之轉。婪之轉爲釐，猶釐之轉爲孿也。前卷三云：『陳楚之間人嘼乳而雙産(者)謂之孷，自關而東趙魏之間謂之孿生。』是其例也。」

〔二〕挴：戴震方言疏證：「楚辭天問篇：『穆王巧梅。』王逸注云：『梅，貪也。』洪興祖補注云：『梅，一作挴。』方言：梅，貪也。』『梅、挴』皆『挴』之譌。廣雅：『挴、釐，貪也。』玉篇、廣韻並云：『挴，貪也。』皆本此。亦通作『每』。漢書叙傳：『致死爲福，每生作慨。』顔師古注云：『每，貪也。』」廣雅釋詁二：「挴，貪也。」王念孫疏證：「莊子人間世篇：『無門無毒。』『毒』，崔譔本作『每』，云：『貪也。』漢書賈誼傳：『品庶每生。』孟康注云：『每，貪也。』『每』與『挴』通。昭十四年左傳云：『貪以敗官爲墨。』『墨』與『挴』亦聲近義同。」

二八　擷、恪穎反。挻〔一〕，音延。竟也。

匯證

〔一〕擷、挻：廣雅釋詁三：「擷、挻，竟也。」王念孫疏證：「爲究竟之竟。」按：文獻用例未詳。

二九　譴喘〔一〕，轉也。譴喘，猶宛轉也。

匯證

〔一〕譴喘：錢繹方言箋疏：「廣雅：『譴喘，轉也。』荀子臣道篇云：『喘而言，臑而動。』楊倞注：『喘，微言也。臑，微動也。』勸學篇作『端而言』。楊倞注：『端，讀爲喘。喘，微言也。』是宛轉之意也。」按：錢氏以「喘」解「譴喘」，又謂「微言」亦是「宛轉之意」，似嫌迂曲。郭璞謂「譴喘猶宛轉」，則視「譴喘」「宛轉」爲同義之詞也。

3a 三〇　困〔一〕、胎〔二〕、倇〔三〕，逃也。皆謂逃叛也。倇，音鞭撻。

匯證

〔一〕困：章炳麟新方言釋言：「方言：『困，逃也。』蓋謂遁世隱居爾。」丁惟汾方言音釋：「『困』讀爲『孫』，長言爲『遜遁』。」爾雅釋言：『遜，遁也。』郭云：『謂逃去也。』字又作『渾』。淮南精神訓：『渾然而往。』高注：『渾，轉行也。』『渾』讀大珠渾渾之『渾』，俗作『滚』。」按：「困」之訓「逃」，文獻無徵。疑其爲「遁」之轉語，而「遁」之訓「逃」則爲常義。爾雅釋言：「遜，遁也。」郭璞注：「遁，謂逃去。」説文：「遁，一曰逃也。」例多不贅。

〔二〕胎：按：「胎」之訓「逃」，文獻無徵。疑其爲「逃」之轉語。

〔三〕僆：明刊本作「僆」。「僆」即「𨓈」之譌，「僆」又譌作「僆」。戴震方言疏證據玉篇引方言改作「𨓈」，云：「𨓈即𨓈。」是也。明抄本、清抄本正作「𨓈」，當據戴校改作「𨓈」，注内同。又按：「𨓈」音「撻」，疑即「逃」之轉語。王引之經義述聞卷二二「鄭罕達字子姚」條：「姚，讀爲佻。説文：『達，行不相遇也。』引詩『佻兮達兮』鄭風子衿篇今詩『佻』作『挑』。毛傳曰：『挑達，往來相見貌。』姚、佻、挑，古字通。『達』之爲姚，猶『𨓈』之爲逃，皆有所往也。方言：『𨓈，逃也。』尚書大傳曰：『晦而月見西方謂之朓。』鄭注曰：『朓，條也。條達，行疾貌。』太平御覽天部四聲義並相近。『達』與『佻』一聲之轉也。」

三一　隋〔一〕、毻〔二〕，易也。謂解毻也。他臥反。

匯證

〔一〕隋：廣雅釋詁一：「毻，解也。」王念孫疏證：方言「隋、撱」「義亦與毻同」。按：從「𡗝」得聲之字多有垂下、脱落之義，物體垂下謂之「墮」、脱落謂之「撱」，頭髮脱落謂之「鬌」，無袖之衣謂之「𧝎」，羽毛脱落謂之「毻」，精神懶懈謂之「惰」，王説是也。

〔二〕毻：戴震方言疏證：「廣雅：『毻，解也。』廣韻：『毻，鳥易毛也。』枚乘七發：『手足墮窳。』李善注引方言注曰：『𡐦，懈𡐦也。』即此注文而所見本不同。」廣雅釋詁一：「蛻、毻，解也。」王念孫疏證：「『蛻』之言脱也。説文：『蛻，蛇蟬所解皮也。』莊子寓言篇云：『予蜩甲也，蛇蛻也。』今俗語猶謂蟲解皮爲蛻皮矣……『毻』亦『蛻』也……郭璞江賦：『産毻積羽。』李善注云：『字書曰：「毤，落毛也。」毤與毻同。』管子輕重篇云：『請文皮毤服而以爲幣。』今俗語猶謂鳥獸解毛爲毤毛。『毻、毤、蛻』並同義。」

三二　朓説〔一〕，好也。謂姅悦也〔二〕。音遥。

匯證

〔一〕朓説：戴震方言疏證據廣雅改作「姚娧」。按：當據正。廣雅釋詁一：「姚娧，好也。」王念孫疏證：「荀子非相篇：『莫不美麗姚冶。』楊倞注引説文云：『姚，美好貌。』禮論篇：『故其立文飾也，不至於窕冶。』『窕』與『姚』通。説文：『瑤，石之美者。』亦與『姚』同義。故大雅公劉篇：『維玉及瑤。』毛傳云：『瑤，言有美德也。』方言注云：『娧，謂妦娧也。』神女賦：『侻薄裝。』李善注云：『侻與娧同。』春秋宋公子説，字好父。『説』亦與『娧』同。廣韻『娧』他外切，又音悦，云：『姚娧，美好也。』楚辭九辯：『心摇悦而日幸兮。』王逸注云：『意中私喜。』『摇悦』爲喜，故人之美好可喜者謂之『姚娧』矣。」錢繹方言箋疏：「前卷五云：『盂或謂之銚鋭。』又下文云：『盂謂之銚鋭，椀謂之梋抉。』注並云：『銚，音謡。梋抉，蠲決兩音。』案：五音集韻：『鋭，弋雪反。』音『悦』。是『銚鋭』與『姚娧』同。蓋『銚鋭、梋抉』並雙聲，皆形容美好之辭，義存乎聲，原無定字……喜謂之摇悦，物之美好者謂之銚鋭，人之美好者亦謂之姚娧，其義一也。」

〔二〕姅悦：戴震方言疏證改「悦」作「娧」。盧文弨重校方言改「姅」作「妦」，云：「姅，變婦人污也。於義何取？案詩鄭風釋文：『丰，面貌豐滿也。』方言作『妦』，今見卷一注『謂妦容也』。此『妦悦』，義正同，今改正。」廣雅釋詁一：「姚娧，好也。」王念孫疏證引方言注作「妦娧」，當據正。

三三　憚〔一〕、怛〔二〕，惡也〔三〕。心怛懷〔四〕，亦惡難也。

匯證

〔一〕憚：錢繹方言箋疏：「説文：『憚，忌難也。』廣雅：『憚，惡也。』大雅雲漢篇：『我心憚暑。』鄭箋：『憚，猶畏也。』釋文：『鄭徒旦反，毛丁佐反。』韓詩云：『苦也。』義並與『惡』相近。又考工記矢人：『則雖有疾風，亦弗之能憚矣。』鄭注云：『故書憚或作怛。』鄭司農云：『當讀爲憚之以威之憚，謂風不能驚憚箭也。』釋文：『憚，音怛，李直旦反。』楚辭招魂：『君王親發兮，憚青兕。』王逸注：『憚，驚也。』漢書司馬相如傳：『驚憚讋伏。』顔師古音丁曷反。李善文選注同。是『憚』與『怛』同也。」按：「憚」本訓「忌難」，引申爲「畏懼」，故「忌惡」亦謂之「憚」。莊子達生：「以瓦注者巧，以鉤注者憚，以黄金注者殙。」陸德明釋文：「憚，忌惡也。」廣韻翰韻：「憚，難也。又忌惡也。徒案切。」釋「苦」之「憚」則通「癉」。説文心部「憚」字下段玉裁注：「詩亦段爲『癉』字，大東『哀我憚人』是也。」

〔二〕怛：錢繹方言箋疏：「列子周穆王篇云：『知其所由然，則無所怛。』莊子大宗師篇：『子來將死，［其］妻子環［而］泣［之］。子犁往問之，曰：「叱！避，無怛化。」』前卷一：『怛，痛也。』檜風匪風篇：『中心怛兮。』毛傳：『怛，傷也。』義亦與『惡』相近」。按：「怛」之本義爲悲痛、慘痛，常見「怛怛、慘怛（憯怛）」連文。引申謂驚懼、恐懼，常見「怛怖、怛惕」連文。錢氏所舉各例皆屬此類。郭注以「怛懅」對譯，亦畏懼之義。

〔三〕惡：錢繹方言箋疏：「説文：『惡，過也。烏各切。』『憎惡』字作『誣』，云：『相毁也。一曰畏誣。宛古切。』今經典相承亦作『惡』。王氏懷祖云：『昭七年左傳：「魯衛惡之。」杜預注云：「受其凶惡。」爾雅：「居居、究究，惡也。」郭注云：「皆相憎惡。」是美惡之惡，與愛惡之惡，義本相通也。』」按：此爲愛惡之「惡」，謂畏憚、畏懼之義。吕氏春秋振亂：「凡人之所以惡爲無道不義者，爲其罰也。」高誘注：「惡猶畏。」是也。

〔四〕懷：盧文弨重校方言改作「懹」，云：「『懹』，舊本並誤作『懷』。案：卷七：『憎、懹，憚也。陳曰懹。』廣雅：『憎、懹、憚，難也。』……今據改正。」劉台拱方言補校：「不若仍其舊。」按：盧校於義爲長，宜據之改正。

三四　吴〔一〕，大也。

匯證

〔一〕吴：戴震方言疏證：「周頌：『不吴不敖。』毛傳：『吴，譁也。』説文：『吴，大言也。』釋文云：『何承天云：吴字誤，當爲吴，從口，下大，故魚之大口者名吴，胡化反。』史記武帝本紀頌云『不虞不驁』。索隱引何承天云『此虞當爲吴』，皆非。」廣雅釋器：「吴魁，盾也。」王念孫疏證：「釋名云：『盾大而平者曰吴魁。本出於吴，爲魁師者所持也。』案：吴者，大也。魁亦盾名也。吴魁猶言大盾，不必出於吴，亦不必爲魁師所持也。方言：『吴，大也。』」説文矢部：「吴，大言也。」段玉裁注：「周頌絲衣、魯頌泮水皆曰『不吴』，傳箋皆云：『吴，譁也。』言部曰：『譁者，讙也。』然則大言即謂譁也。孔沖遠詩正義作『不娱』，史記孝武本紀作『不虞』，皆叚借字。大言者，『吴』之本義也，引伸之爲凡大之偁。方言：『吴，大也。』九章：『齊吴榜以擊汰。』王注：『齊舉大櫂。』」王引之經義述聞卷二二春秋名字解詁上「附周王子虞字子于」條：「虞、吴古字通。方言：『吴，大也。』又曰：『于，大也。』檀弓：『易則易，于則于。』正義曰：『于音近迂。』是廣大之義。文王世子：『況于其身以善其君乎？』鄭注曰：『于，讀爲迂。迂猶廣也，大也。』尚書大傳：『羲伯之樂，名曰朱于。』鄭注曰：『于，大也。』」錢繹方言箋疏：「廣雅：『吴魁，盾也。』太平御覽引作『吴科』。楚辭九歌云：『操吴戈兮被犀甲。』王逸注云：『或曰操吾科。吾科，楯之名也。』『吾』與『吴』、『科』與『魁』，皆聲之轉。吴之轉爲吾，猶吴之轉爲俁也。説文：『俁，大也。』邶風簡兮篇：『碩人俁俁。』毛傳云：『俁俁，容貌大也。』『吴、吾、俁』，聲近義同。」

三五　灼〔一〕，驚也。猶云恐⿰火㒼也〔二〕。

匯證

〔一〕灼：戴震方言疏證：「『灼』，亦作『㣿』。廣雅：『㣿，驚也。』義本此。曹憲音釋：『㣿，音灼。』」廣雅釋詁一：「㣿，驚也。」王念孫疏證：「風俗通義十反篇云：『人數恐灼。』灼與㣿通。」錢繹方言箋疏：「家君曰：或説『灼』當爲『悼』。説文：『悼，懼也。陳楚謂懼爲悼。』書傳『卓、勺』互通，説文『焯』字注引立政篇：『焯見三有俊心。』今本作『灼』，此其證也。前卷二云：『逴，驚也。』『逴、悼』並从『卓』，古聲亦相近。」徐復補釋：「三國志吴志周魴傳：『魴懷憂震灼。』灼爲驚義……㣿爲灼之後起字。」

〔二〕⿰火㒼：戴震方言疏證作「灼」，盧氏從之。錢繹方言箋疏未改，云：「注『恐⿰火㒼』，舊本並同。『⿰火㒼』，字書所無，戴、盧兩本改作

『灼』。今按：『熵』當是『熇』字之譌，『熇、灼』同音。姑存舊本，俟再考。」

三六　賦[一]，動也。賦斂，所以擾動民也。

匯證

〔一〕賦：錢繹方言箋疏：「廣雅：『賦，動也。』玉篇：『賦，賦斂擾動也。』上卷云：『賦，操也。』注：『謂操持也。』『操持』與『動作』義相近。後漢書明帝紀云：『亦復是歲更賦。』李賢注云：『更，謂戍卒更相代也。賦，謂雇更之錢也。』動作謂之賦、雇更之錢即謂之賦，猶斂取財物謂之賦、分職授事亦謂之賦也。晉語云：『賦職任功。』韋昭注云：『賦，授也。』是也。」

三七　瘃[一]，極也。巨畏反。江東呼極爲瘃，倦聲之轉也。

匯證

〔一〕瘃：戴震方言疏證：「詩大雅：『混夷駾矣，維其喙矣。』毛傳：『喙，困也。』前卷十二內：『殇，傍也。』注云：『今江東呼極爲殇。』是『殇』與『瘃』，字異音義同。玉篇云：『瘃，困極也。』亦作『喙』。廣韻引詩『昆夷瘃矣』，云：『本亦作喙。』所引詩脱去中四字。」參卷一二第八四條匯證〔一〕。

3b三八　煎[一]，盡也。

匯證

〔一〕煎：廣雅釋詁一：「煎，盡也。」王念孫疏證：「方言：『煎，盡也。』又云：『煎，火乾也。凡有汁而乾謂之煎。』成二年左傳：『余姑翦滅此而朝食。』杜預注云：『翦，盡也。』『翦』與『煎』，聲近義同。」按：説文火部：「煎，熬也。」此法以火去汁，即熬乾。戰國策魏策二：「齊桓公夜半不嗛，易牙乃煎敖燔炙，和調五味而進之。」吴師道注：「有汁而乾曰煎。」熬乾則汁盡，故「煎」可訓「盡」也。

三九　爽〔一〕，過也。謂過差也。

匯證

〔一〕爽：即「爽」。戴震方言疏證：「廣雅：『爽，過也。』義本此。爾雅釋言：『爽，差也。』『爽，忒也。』郭璞注云：『皆謂用心差錯不專一。』」錢繹方言箋疏：「衛風氓篇：『女也不爽。』張衡東京賦：『今捨純懿而論爽德。』薛綜注云：『舍〔四帝〕純大懿美之德，而專論爽差之過失。』是爽爲過也。」按：「爽」之「過差、過失」之義，保留在不少雙音詞裏，「爽忒、爽失、爽言、爽法、爽信、爽約、爽誤、爽繆」等皆其例也。

四〇　蟬〔一〕，毒也。

匯證

〔一〕蟬：戴震方言疏證：「『蟬』即『慘』聲之轉耳。説文云：『慘，毒也。』廣雅：『毒，惡心。』」錢繹方言箋疏：「大雅民勞篇：『憯不畏明。』釋文本作『慘』，云：『本亦作憯。』漢書陳湯傳：『慘毒行於民。』谷永傳：『榜箠瘩於炮烙。』『憯、瘩』並與『慘』同。莊子庚桑楚篇：『兵莫憯於志，鏌鋣爲下。』釋文『憯』本亦作『潛』。『蟬』與『慘』，方俗語有輕重耳。慘之轉爲蟬，猶憯之轉爲潛也。」

四一　慘〔一〕，憯也。音湣〔二〕。

匯證

〔一〕慘：按：下條云「憯，惡也」，是「慘」猶謂「惡」也。「惡」與「毒」義相近。説文心部：「慘，毒也。」荀子議兵：「楚人鮫革犀兕以爲甲，鞈如金石，宛鉅鐵釶，慘如蠭蠆。」楊倞注：「言其中人之慘毒也。」漢書伍被傳：「父不寧子，兄不安弟，政苛刑慘，民皆引領而望。」又陳湯傳：「郅支單于慘毒行於民，大惡通於天。」是「慘」皆「狠毒」之義也。

〔二〕湣：戴震方言疏證改作「酋」，盧文弨重校方言據曹毅之本作「遒」。

四二　憯〔一〕，惡也。慘悴，惡事也。

匯證

〔一〕戴震方言疏證此條與上條連寫，不提行。按：依義連寫是也，當據戴本改。

憯：章炳麟新方言釋言：「今杭州謂冣下劣爲憯，江南運河而東音轉如丘，直隸山東音如朽、或轉如宿，湖南亦如宿、或直言鰍……」按：廣雅釋詁三：「憯，惡也。」本於方言，文獻用例未詳。章氏以今方言説之，其義庶幾近「惡」。

四三　還〔一〕，積也。

匯證

〔一〕還：戴震方言疏證：「此義别無可考。荀子非相篇注引方言云：『儇，疾也。』文選南都賦注引方言曰：『儇，急疾也。』吴都賦注引方言曰：『儇、佻，疾也。』佻之爲疾，見前卷十二内，而無『儇疾』之訓。『儇疾、還積』，或字形音聲疑似而譌。」王念孫讀書雜志荀子第一榮辱：「『人者，好告示人。告之示之，靡之儇之，鉛之重之。』楊注曰：『靡，順從也。儇，疾也。靡之儇之，猶言緩之急之也。』引之曰：楊説非也。『靡之儇之』，即賈子所云『服習積貫』也。儒效篇曰：『居楚而楚，居越而越，居夏而夏，是非天性也，積靡使然也。』楊注：『靡，順也。順其積習故能然。』非是。故人知謹注錯，慎習俗，大積靡，則爲君子矣。』性惡篇曰：『身日進於仁義而不自知者，靡使然也。』方言：『還，積也。』還與儇，聲近而義同。是『靡之儇之』皆積貫之意也。」錢繹方言箋疏：「襄十年左氏傳云：『諸侯之師還鄭而南。』杜預注：『還，繞也。』釋文云：『還，本亦作環，户關反，徐音患。』又哀三年傳：『道還公宮。』杜預注云：『開除道，周匝公宮。』釋文與襄十年同。荀子成相篇：『比周還主黨與施。』楊倞注『還，繞』也。『還』與『環』，古字通用，故鄭注士喪禮云：『古文環作還。』環繞，即積聚之意也。」按：戴、王、錢三家説，王説最辯。

四四　宛[一]，蓄也。謂宛樂也[二]，言婉[三]。

匯證

[一]宛：戴震方言疏證：「郭璞葬書：『言宛而中蓄。』正合此義。」章炳麟新方言釋言：「爾雅：『宛中，宛丘。』孫炎曰：『中央下。』蓋中窊可積蓄者爲宛，故盌亦從宛聲。淮南謂圈席蓄米爲宛，因名其物爲宛積，讀若窩。籮簍之屬亦曰宛，蜃蛤之屬亦曰宛，音在畏彎之間，皆以中央宛下得名。考工記『恒當弓之畏』，故書作『威』，杜子春云：『威謂弓淵。』釋名：『淵，宛也。』言曲宛也。宛、淵、畏、彎，一音之轉。」按：文選陶潛始作鎮軍參軍經曲阿作：「宛轡憩通衢。」張銑注：「宛，蓄也。」「宛」之訓「蓄」，「蓄」猶蘊也。荀子富國：「使民夏不宛暍，冬不凍寒。」楊倞注：「宛，讀爲蘊。」孔子家語五儀：「富則天下無宛財。」王肅注：「宛，私積也。」史記律書：「言陽氣冬則宛藏於虛。」張守節正義：「宛，音蘊。」財物積聚謂之宛，心有所鬱積亦謂之「宛」。玉篇宀部：「宛，心所鬱積也。」禮記内則：「兔爲宛脾。」鄭玄注：「宛，或作鬱。」説文林部：「鬱，木叢者。」段玉裁注：「鄭司農注考工記曰：『惌，讀如「宛彼北林」之宛。』桑柔傳曰：『菀，盛皃。』按，宛、菀皆即鬱字。」

[二]謂宛樂也：戴震方言疏證：「其語未詳所出。廣韻『惋、宛』同音，注云：『歡樂。』然『宛樂』與『歡樂』絶不相蒙，『謂』字

或『音』字之譌。」盧氏重校方言删下「言婉」二字，改「謂」爲「音」，並移「音宛樂也」四字置於上「宛」字下。

〔三〕言婉：戴震方言疏證改作「音婉」，移置於上「宛」字下。盧本删此二字。

四五　類〔一〕，法也。

匯證

〔一〕戴震方言疏證：「『類，法也』已見前卷七内，諸刻無此三字，永樂大典本及曹毅之本有之。書内重見者多矣，後人删去非也。」

按：「類，法也」見卷七第五條，參該條匯證〔二〕。

4a 四六　翭〔一〕，本也。今以鳥羽本爲翭，音侯。

匯證

〔一〕翭：廣雅釋詁三：「翭，本也。」王念孫疏證：「説文：『翭，羽本也。』玉篇、廣韻並音侯。九章算術粟米章：『買羽二千一百翭。』劉徽注云：『翭，羽本也。數羽稱其本，猶數草木稱其根株。』」按：「翭」之訓「本」，謂「羽根」，見説文。也爲矢名。儀禮既夕禮：「翭矢一乘，骨鏃短衛。」鄭注：「翭，猶候也。候物而射之矢也。」也作量詞，王氏所引九章算術之例是也。

錢繹方言箋疏於「翭」下補正文「素」字，云：「王褒洞簫賦：『惟詳察其素體兮。』李善注引方言曰：『素，本也。』衆經音義卷二引方言曰：『素，本也。』各本並脱『素』字，今據以補正。」吴予天方言注商：「原本玉篇糸部引方言曰：『素，廣也。又曰：素，本也。郭璞曰：五色之本也。』錢氏曾補『素』字，今又得郭注佚文，亦應據補。」廣雅釋詁三「翭、素」皆訓「本」，中隔「吴」字。王念孫疏證云：「列子天瑞篇云：『太素者，質之始也。』易乾鑿度同。鄭注云：『地質之所本始也。』」是

「素」之訓「本」，乃謂「本色」而非「根本」也。

四七　懼〔一〕，病也，驚也〔二〕。

匯證

〔一〕懼：戴震方言疏證：「『懼』當作『瞿』，故有病、驚二義。禮記檀弓篇：『瞿瞿然如有求而弗得。』玉藻篇：『視容瞿瞿梅梅。』一爲憂悼在心，一爲驚遽不審，於義近之。」王念孫讀書雜志漢書第一「吾知與之矣」條：「襄二十五年左傳：『閭丘嬰與申鮮虞乘而出。行及弇中，將舍。嬰曰：崔、慶其追我。鮮虞曰：一與一，誰能懼我。』與，敵也。懼，病也。出方言 言狹道之中，一以敵一，雖崔慶之衆不能病我也。」又餘編上後漢書：「『懼』與『驚』，義相通。爾雅：『驚，懼也。』方言：『懼，驚也。』」王引之經義述聞卷一八「一與一，誰能懼我」條：「晉語：『楚令尹子玉曰：請殺晉公子。弗殺，而反晉國，必懼楚師。』言必病楚師也。下文：『王曰：天之祚楚，誰能懼之？』言誰能病之。猶申鮮虞言『誰能懼我』也。是『懼』爲『病』也。成十六年左傳『盍釋楚以爲外懼乎』，晉語『懼』作『患』。『患』與『病』義亦相近。」錢繹方言箋疏：「『病』，讀如『孟僖子病不能相禮』之病。荀子解蔽篇云：『故有知非以慮是，則謂之懼。』楊倞注云：『自知其非，以圖慮於是，則謂之能戒懼也。』是病之意也。釋詁云：『驚，懼也。』是『懼』與『驚』同義。後漢書申屠剛傳云：『懷邪之臣，懼然自刻者也。』李賢注：『懼，驚也。』又通作『愯』。莊子庚桑楚篇：『南榮趎懼然顧其後。』釋文云：『向紀俱反。本又作「愯」，音同。』魏策：『秦王愯然。』又通作『瞿』。」

〔二〕驚也：戴震方言疏證於「驚也」上增正文「懼」字，作「懼，病也。懼，驚也」。

四八　葯〔一〕，薄也〔二〕。謂薄裹物也〔三〕。葯猶纏也。音決的〔四〕。

匯證

〔一〕葯：戴震方言疏證：「葯、約古通用……潘岳射雉賦：『首葯緑素。』徐爰注云：『方言曰：葯，纏也。猶纏裹也。』」按：「葯」非「藥」。廣雅釋草：「白芷，其葉謂之葯。」「葯」通「約」，射雉賦例是。説文糸部：「約，纏束也。」又：「纏，繞也。」廣雅釋詁三：「約、纏，束也。」

〔二〕薄：戴震方言疏證據文選潘岳射雉賦徐爰注引方言改「薄」爲「纏」。盧文弨重校方言不從戴校，云：「若作『纏』字，其義易明，何用費詞如此乎？」劉台拱方言補校：「集韻『葯』音的，『纏也』，蓋用郭注。徐爰蓋引方言注脱『注』字。」按：盧、劉二氏均爲推測之辭。集韻「葯」字凡三見，覺韻、藥韻皆釋「白芷」，唯錫韻釋「纏也」，焉知此非採自方言而用郭注？又徐爰所引「猶纏裹也」，顯是郭璞注而脱「注」字，而「葯，纏也」則應是方言文。戴本正文及注内「薄」皆改作「纏」不爲無據。徐復補釋：「薄與縛通。釋名釋言語：『縛，薄也。使相薄著也。』戰國策趙策三：『夫吴干將之劍，肉試則斷牛馬，金試則截盤匜，薄之柱上而擊之，則析爲三。』薄之柱上，謂縛之柱上。郭注言『薄裹物』，亦即縛裹物也。」若依此説，則「薄」字不誤。

〔三〕裹：戴本作「裹」，與文選徐爰注引同，引文見本條匯證〔一〕，胡文焕格致叢書本、明李珏刻本、明佚名刻本、陳與郊類聚本亦作「裹」，當改正。

〔四〕音決的：戴震方言疏證改作「音約」。錢繹方言箋疏不從戴校，云：「『約』與『的』古通字。李善注枚乘七發引字書曰：『約，亦的字，都狄切。』故此音『葯』爲『決的』之『的』。」

四九　𣍧〔一〕，短也。便旋〔二〕，庳小皃也。

匯證

〔一〕𣍧：廣雅釋詁二：「𣍧，短也。」王念孫疏證：「爾雅：『還味，棯棗。』注云：『還味，短味也。』義與『𣍧』同。」又讀書雜志淮南内篇第一「旋縣」條：「『旋縣而不可究，纖微而不可勤。』高注曰：『縣，猶小也；勤，猶盡也。』念孫案：諸書無訓『縣』爲小者，『縣』當爲『緜』字之誤也……『旋』亦小也。方言：『𦝫，短也。』郭璞曰：『便旋，庳小貌。』『𦝫』與『旋』同。此言道至微眇，宜若易窮，而實則廣大可究也。此言『旋緜』，下言『纖微』，其義一也。」按：「短、小」義近。顔師古匡謬正俗卷六：「今謂小羊未成爲旋子。」按：吕氏字林：『䍸，音選，未晬羊也。』今言『旋』者，蓋語譌耳，當言䍸子也。」廣雅釋獸：「䍸，羔也。」羔即小羊。「旋」猶「還」也，廣雅釋詁四、小爾雅廣言俱云：「旋，還也。」故郭璞注爾雅「還味」爲「短味」。

〔二〕便旋：廣雅釋蟲：「沙蝨，𧍏蜁也。」王念孫疏證：「御覽引廣志云：『沙蝨色赤，大不過蟣，在水中。入人皮中，殺人。』又引淮南萬畢云：『沙蝨，一名蓬活，一名地脾。』『蓬活』即『𧍏蜁』之轉聲也。『𧍏蜁』之言『便旋』也。」

五〇　掊〔一〕，深也。掊尅，深能。

匯證

〔一〕掊：戴震方言疏證：「廣雅：『掊，深也。』義本此。詩大雅：『曾是掊克。』釋文云：『聚斂也。』史記封禪書：『見地如鉤狀，掊視得鼎。』後漢書百官志注云：『胡廣曰：鹽官掊坑而得鹽。』」按：説文手部：「掊，杷也。」段玉裁注：「『杷』，各本作『把』，今正。木部曰：杷者，收麥器也。引申爲凡用手之偁。掊者，五指杷之，如杷之杷物也。史、漢皆言『掊視得鼎』，師古曰：『掊，手杷土也。』杷音蒲巴反，其字从木。按今俗用之『刨』字也……毛詩釋文云：『掊克，聚斂也。』此謂同『捊』也。方言曰：『掊，深也。』郭注云：『掊尅，深能。』以『深』釋『掊』，以『能』釋『尅』，此亦必古説……方言『掊』訓『深』，與許説合。」

五一　湟〔一〕，休也。

匯證

〔一〕湟：戴震方言疏證改作「涅」，云：「『涅』，各本譌作『湟』，今訂正。廣雅：『溺、涅，没也。』『休』即古『溺』字。曹憲音釋『涅』乃結反。」按：當從戴校改正。王念孫手校明本亦改作「涅」。「涅」本指水中黑泥（見説文），方言訓「休」。説文水部：「休，没也。从水人，讀與溺同。」段玉裁注：「此沈溺之本字也，今人多用溺水水名字爲之，古今異字耳。」玉篇引孔子曰：『君子休於口，小人休於水。』顧希馮所見禮記尚作『休』。」

五二　撈〔一〕，取也。謂鈎撈也，音料。

匯證

〔一〕撈：廣雅釋詁一：「撈，取也。」王念孫疏證：「衆經音義卷五引通俗文云：『沈取曰撈。』今俗呼入水取物爲撈，是其義也。『撈』通作『勞』。齊語『犧牲不略，則牛羊遂』，管子小匡篇作『犧牲不勞，則牛羊育』。『勞、略』一聲之轉，皆謂奪取也。尹知章注云：『過用謂之勞。』失之。」又讀書雜志管子第四「犧牲不勞」條：「古無『撈』字，借『勞』爲之……『犧牲不勞』，不妄取於民也。今俗語猶謂略取人物曰『撈』矣。」

五三　膜〔一〕，撫也。謂撫順也〔二〕，音莫。

匯證

〔一〕膜：戴震方言疏證改作「摸」，云：「『摸』，各本譌作『膜』。廣雅：『摸，撫也。』義本此，今據以訂正。」周祖謨方言校箋：「慧琳音義卷六十五、卷七十八引並作『摸』。」按：慧琳一切經音義卷三八引亦作「摸」。當從戴校改正。廣雅釋詁五：

「摸，撫也。」王念孫疏證：「今俗語猶謂撫曰摸。」

〔三〕撫順：周祖謨方言校箋：「慧琳音義引注文作『謂撫循也』。」錢繹方言箋疏：「注『撫順』，一本作『撫循』。説文：『撫，循也。』『循，行順也。』義亦同。」徐復補釋：「循，説文作楯，云：『摩也。』摩謂摩挲。釋名釋姿容：『摩挲，猶末殺也，手上下之言也。』摸爲通語。王羲之曹娥碑法帖：『漢議郎蔡邕聞之來觀，夜闇，能手摸其文而讀之。』亦謂用手順其文之上下而讀之也。」

4b 五四　由〔一〕，式也。

匯證

〔一〕由：廣雅釋詁四：「由，式也。」王念孫疏證：「王風君子陽陽傳云：『由，用也。』爾雅：『式，用也。』方言：『由，式也。』義並相通。」按：「由」之訓「用」，古注常見。左傳襄公三十年：「以晉國之多虞，不能由吾子，使吾子辱在泥塗久矣。」杜預注：「由，用也。」漢書杜欽傳：「廢而不由，則汝德不厭。」顔師古注：「由，用也。」皆任用、使用之義。「由」之訓「式」，例頗罕見。詩小雅賓之初筵：「匪言勿言，匪由勿語。」馬瑞辰傳箋通釋：「方言、廣雅並曰：『由，式也。』式猶法也。『匪由勿語』猶孝經『非法不道』也。」説文工部：「式，法也。」段玉裁注：「引伸之義爲式用也。」

五五　猷〔一〕，詐也。猶者言〔二〕，故爲詐。

匯證

〔一〕猷：戴震方言疏證：「『猷』之爲詐，即匿謀之謂。」廣雅釋詁二：「猶，欺也。」王念孫疏證：「『猷』與『猶』同。」王念孫讀書雜志荀子第二「豫賈」條：「『仲尼將爲司寇，魯之鬻牛馬者不豫賈。』楊注曰：『豫賈，定爲高價也。』引之曰：楊説非也。

『豫』猶『誑』也。周官司市注曰：『使定物賈，防誑豫。』是也。豫與誑同義。賈疏云：『恐有豫爲誑欺，故云防誑豫。』失之。晏子問篇曰：『公市不豫，宫室不飾。』鹽鐵論力耕篇曰：『古者商通物而不豫，工致牢而不僞。』『不豫』謂不誑也。又禁耕篇曰：『教之以禮，則工商不相豫。』謂不相誑也。豫、猶，一聲之轉。方言曰：『猶，詐也。』詐亦誑也。或謂之『猶』，亦謂之『豫』。詐説惑人謂之『猶』，亦謂之『豫』。此轉語之相因者也。」

〔二〕猶：戴震方言疏證改作「猷」，與方言正文同。

五六　䒰〔一〕，隨也。

匯證

〔一〕䒰：戴震方言疏證：「今人猶謂蒙窗檽襟格曰䒰。隨者，隨其大小也。」錢繹方言箋疏：「廣雅：『隨，逐也。』廣韻『䒰』音去王切。案：衆經音義卷十四出『⿰月匡肘』二字，釋玄應云：『相承區放反，横舉肘也。未詳所出。禮記云：「並坐不⿰月匡肱。」是也。律文作「⿰身匡」，未見所出也。』今本曲禮作『横』，鄭注云：『爲害旁人。』釋文無音。玉篇『⿰月匡』與『䒰』同音，據玄應説，唐時有作『並坐不⿰月匡肱』者，『⿰月匡』與『䒰』通。横舉肘，是逐之意也，今吴俗猶有此語。又説文：『隨，從也。』段氏若膺云：『行可委曲從跡，謂之委隨。』案：枚乘七發云：『四支委隨。』李善注云：『隨，不能屈伸也。』説文『匡』或从『竹』作『筐』。古人从『草』从『竹』之字往往相溷，疑『䒰』即『筐』之異文，亦即『匡』字也。考工記輪人：『則輪雖敝不匡。』鄭衆云：『匡，枉也。』説文：『枉，衺曲也。』又云：『軭，車戾也。』廣雅：『軭，盭也。』『盭』與『戾』同，戾亦枉也。素問云：『尸虚者，行步恇然。』王冰注：『恇然，不足』也。管子輕重甲篇云：『弓弩多匡軫者。』尹知章注云：『匡軫，戾礙也。』衆經音義卷十五云：『⿰亻匡脚，謂脚曲也。』荀子王霸篇：『百姓賤之如⿰亻匡。』楊倞注云：『字書無⿰亻匡字，蓋當爲尪，病人也。禮記曰：「吾欲暴尪而奚若。」』又正論篇：『是猶傴巫、跛匡，大自以爲有知也。』注與王霸略同。説文：『尢，尢⿺尢虎，曲脛也。从大，象偏曲之形。』古文从『㞷』作『尪』。皆隨事異名，聲並與『䒰』相近，其義則皆爲枉曲之意，與『隨』義並相近。」按：戴氏之説難以溝通「茥」與「隨」；錢氏之説左右牽合，終未能證明「枉曲」與「隨」義相近。疑「茥」之訓「隨」，本寓之於音，文獻缺載，不可强爲之説。

五七　揣〔一〕，試也。揣度試之。

匯證

〔一〕揣：戴震方言疏證：「廣雅：『揣，試也。』義本此。曹憲音釋『揣』測委、丁果二反。」錢繹方言箋疏：「淮南人間訓云：『凡人之舉事，莫不先以其規慮揣度而後敢以定謀。』是揣爲試也。説文：『揣，量也。度高（下）曰揣。』道德經運夷章云：『揣而梲之，不可長保。』傅奕本作『敱』，云：『敱，音揣，量也。』『敱』與『揣』同。昭三十二年左氏傳云：『揣高卑。』釋文音丁果反，云：『度高曰揣。』又初委反。』説文又云：『椯，椯度也。』『⿰女朶，量也。』玉篇：『椯，市專切，木名。又丁果切。』『⿰女朶，當果切，量也，揣也。』廣雅：『挅，量也。』曹憲音都果反。莊子知北遊篇：『大馬之捶鉤者，年八十矣，而不失豪芒。』司馬彪注：『捶者，玷捶鐵之輕重也。』釋文：『捶，丁果反。』『揣、椯、挅、捶』，聲義並同。集韻：『故挅，以手稱物』也。玉篇：『故掇，稱量也。』『故掇』即『故挅』之轉矣。」

五八　⿰禁頁〔一〕，怒也。⿰禁頁⿰禁頁〔二〕，恚皃也。巨廩反。

匯證

〔一〕⿰禁頁：廣雅釋詁二：「⿰禁頁，怒也。」王念孫疏證：「廣韻：『⿰禁頁，切齒怒也。』義與『噤齘』之『噤』同。」按：玉篇口部：「噤齘，切齒怒貌。」「⿰禁頁」蓋「噤」之分別文，「⿰禁頁齘」與「噤齘」同。全晉文仲長敖覈性賦：「法術之士，能不噤齘，仰則扼腕，俯則攘袂。」北史彭樂傳：「神武雖喜其勝，且怒，令伏諸地……舉刀將下者三，噤齘良久，乃止。」唐盧肇海潮賦：「始盱衡而抵掌，俄頮齘而愕眙。」

〔二〕頮頮：疑當作「頮齘」。參本條匯證〔一〕。

五九　埝〔一〕，下也。謂陥下也〔二〕。音坫肆。

匯證

〔一〕埝：廣雅釋詁一：「埕、埝、窾，下也。」王念孫疏證：「方言：『埕、墊，下也。凡柱而下曰埕，屋而下曰墊。』又云：『埝，下也。』郭璞注云：『謂陷下也。』靈樞經通天篇云：『太陰之人，其狀念然下意。』『念』與『埝』通。卷三云：『坳，深也。』『坳』與『埝』義亦相近。説文：『窾，屋傾下也。』又云：『墊，下也。』皋陶謨：『下民昏墊。』鄭注云：『昏，没也。墊，陷也。』莊子外物篇：『廁足而墊之至黄泉。』司馬彪注云：『墊，下也。』『墊』與『窾』同。『墊』訓爲下，故居下地而病困者謂之墊隘。成六年左傳云：『郇瑕氏土薄水淺，其惡易覯。易覯則民愁，民愁則墊隘，於是乎有沈溺重膇之疾。』是也。」按：集韻栝韻：「墊，或作埝。」「墊」之訓下，見卷六第一五條。

〔二〕陥：同「陷」。

六〇　讚〔一〕，解也。讚訟〔二〕，所以解釋理物也〔三〕。

匯證

〔一〕讚：同「讚」。戴震方言疏證：「讚、贊同用，取贊明之義。」錢繹方言箋疏：「小爾雅：『讚，明也。』説卦傳：『幽贊於神明而生蓍。』孔龢碑『贊』作『讚』。『贊』與『讚』同。漢書郊祀志孟康注云：『贊，説也。』廣雅：『解，説也。』是『讚』與『解』同義。」按：「贊」本訓輔佐、幫助，「贊佐、贊助」之類皆同義複詞。引申爲「贊明」。易説卦「幽贊於神明」孔穎達疏：「贊者，佐而助成，而令微者得著，故訓爲明也。」「贊明」連文用例亦頗常見。全漢文孔臧與侍中從弟安國書：「豈非聖祖之靈，欲仁弟贊明其道以闡其業者哉！」全後漢文孔通春秋左氏傳義詁序：「贊明聖祖之道，以祛後學。」孔子家語本姓解：「製作春秋，贊明易道。」是「贊明」猶言解釋闡明也。説文無「讚」字，「讚」爲「贊」之後起字。

〔二〕讚訟：釋見郭注，用例未詳。

〔三〕理物：吴予天方言注商：「原本玉篇言部引郭注作『讚訟所以解釋物理也』。今本『理物』，二字蓋誤倒。」周祖謨方言校箋：「注文原本玉篇『讚』下及慧琳音義卷三、卷八十四引並作『讚訟所以解釋物理也。』」按：慧琳一切經音義卷八九引亦同，明抄本亦作「物理」，當乙正。

六一　賴〔一〕，取也。

匯證

〔一〕賴：廣雅釋詁一：「賴，取也。」王念孫疏證：「莊子讓王篇云：『若伯夷、叔齊者，其於富貴也，苟可得已，則必不賴。』」按：説文貝部：「賴，賈有餘利也。」國語晉語一：「倉稟盈，四鄰服，封疆信，君得其賴。」韋昭注：「賴，利也。」由獲利、利益義引申爲獲取。大戴禮記文王官人：「人有多隱其情，飾其僞，以賴於物，以攻其名也。」王聘珍解詁：「賴，取也。」漢書揚雄傳上：「資娵娃之珍髢兮，鬻九戎而索賴。」顔師古注引孟康曰：「賴，得也。」「索、賴」同義，皆謂取也。

5a 六二　扲〔一〕，業也。謂基業也。音鉗。

匯證

〔一〕扲：錢繹方言箋疏：「廣雅：『扲，業也。』玉篇：『扲，記也。』是扲爲記識之業也。」按：郭璞注：「謂基業也。」蓋其時有此語，非「記識之業」也。

六三　帶〔一〕，行也。隨人行也。

匯證

〔一〕帶：廣雅釋詁一：「帶，行也。」王念孫疏證：「『帶』當讀爲『遰』。説文：『遰，去也。』夏小正：『九月遰鴻鴈。』傳云：『遰，往也。』去、往皆行也。史記屈原傳：『鳳漂漂其高遰兮。』漢書作『逝』。『逝』亦行也。鄭氏易大有：『明辯遰也。』陸績作『逝』。『帶、遰、逝』，古音並相近。」

六四　漮〔一〕，空也。漮窘〔二〕，空皃。康或作歑虚字也。

匯證

〔一〕漮：戴震方言疏證改作「㝩」，云：「『㝩』，各本作『漮』，今訂正。『㝩、康』古通用，別作『漮』，亦作『歑』。説文云：『㝩，屋㝩㝗也。』『漮，水虚也。』『歑，饑虚也。』『㝩㝗』俗又作『𥦷𥥛』。詩小雅：『酌彼康爵。』鄭箋云：『康，虚也。』爾雅釋詁：『漮，虚也。』郭璞注云：『方言云：漮之言空也。』釋文云：『方言作「𥦷」。』疏引方言：『漮𥥛，空貌。』司馬相如長門賦：『委參差以糠梁。』李善注云：『方言曰：「𥦷，虚也。」𥦷與糠同。』此所引改『空』爲『虚』，蓋誤憶耳。」按：「㝩、康、漮、歑」通，不必從戴改，今仍其舊。王念孫釋大：「穅、康、㝩、歑、𥦷、㼏並通。空、孔、康，聲之轉，故虚謂之空，亦謂之孔，亦謂之康，通謂之空。」章炳麟新方言釋言：「古通以康爲之。江淮間謂蘆菔受凍中虚曰康。鄧廷楨説，通語謂罄盡爲光，亦康之音變也。」

〔二〕漮窘：戴震方言疏證據説文改作「㝩㝗」。盧文弨重校方言據爾雅釋詁「漮，虚也」邢昺疏引方言改作「漮𥥛」。王念孫手校明本亦改「窘」作「窅」。按：「窘」字顯爲誤字，當據盧、王改。「㾏窅」，疊韻聯綿詞。王念孫讀書雜志餘編下「委參差以㮰梁」條：「『旋槐木之欂櫨兮，委參差以㮰梁。』……參差，雙聲也；㮰梁，疊韻也。㮰梁者，中空之貌，言衆欂櫨羅列參差而中空也。方言：『㾏，空也。』郭璞曰：『㾏窅，空貌。』說文曰：『㾏，屋㾏窅也。』『窅，㾏也。』㾏窅與㮰梁同。」

六五　湛[一]，安也。湛然，安皃。

匯證

〔一〕湛：錢繹方言箋疏：「廣雅：『湛，安也。』曹憲音丈減反。謝混遊西池詩：『水木湛清華。』李善注引倉頡篇：『湛，水不流也。』不流，即安之義也。」按：訓安之「湛」，讀徒減切。廣韻豏韻：「湛，水皃，又没也，安也。」大戴禮記四代：「僉然，湛然。」王聘珍解詁：「湛，安也。」劉義慶世説新語雅量：「戎湛然不動，了無恐色。」晉書太宗簡文帝紀：「帝少有風儀，善容止，留心典籍，不以居處爲意，凝塵滿席，湛如也。」「湛如」猶「湛然」，言安然也。

六六　嘕[一]，樂也。嘕嘕，歡皃。音僊[二]。

匯證

〔一〕嘕：廣雅釋詁一：「嘕，樂也。」王念孫疏證：「嘕之言衎衎也。方言：『嘕，樂也。』郭璞注云：『嘕嘕，歡貌。』集韻『嘕』或作『嗎』，丘虔、虚延二切，引廣雅『嗎，樂也』。釋訓篇云：『嗎嗎，喜也。』楚辭大招：『宜笑嗎只。』王逸注云：『嗎，笑貌。』義並與『嘕』同。」按：「嘕嘕」同「嗎嗎」。廣雅釋訓：「嗎嗎，喜也。」「喜、樂」義近。文選宋玉登徒子好色賦并序：「嫣然一笑，惑陽城，迷下蔡。」李善注引王逸楚辭注曰：「嫣，笑貌。」並引廣雅曰：「嗎嗎、㰤㰤，喜也。」是「嗎」猶「嫣」，「嗎嗎」猶「嫣然」也。

〔二〕⿱⿰亻口言：戴震方言疏證作「𠎝」，是也。「𠎝」同「愆」。説文心部「𠎝」爲「愆」字之籀文。「⿱⿰亻口言」，譌俗字也，當從戴本改。

六七　倇〔一〕，歡也。歡樂也。音婉。

匯證

〔一〕倇：戴震方言疏證：「陸機於承明作與士龍詩：『婉孌居人思，紆鬱遊子情。』李善注云：『方言曰：「倇，歡也。」「倇」與「婉」同，古字通。説文曰：「孌，慕也。」』」錢繹方言箋疏：「『倇』與『歡』，方俗語有侈弇耳。……『婉孌』與『紆鬱』對文，是婉孌爲喜慕之意。漢書叙傳云：『婉孌董公，惟亮天功。』亦謂喜慕董賢任以三公之職耳，顔師古注云『婉孌，美貌』，非其義矣。」

六八　衎〔一〕，定也。衎然，安定皃也。音看。

匯證

〔一〕衎：戴震方言疏證：「廣雅作『刊，定也』，與郭本異義，亦可通。」錢繹方言箋疏：「檀弓云：『居處言語飲食衎爾。』漢國三老袁良碑云：『其節衎然，忠臣之義。』是所謂安也。通作『刊』。廣雅：『刊，定也。』刊者，削之定也。今人言刊定，宋人書刊定曰看定，是其義也。」徐復補釋：「刊定亦連用。三國志蜀志向朗傳：『年愈八十，猶手自校書，刊定謬誤。』今語謂之刊正。」按：訓定之「衎」猶謂「衎然」，安定之貌。孔子家語七十二弟子解：「原憲衣弊衣冠，並日蔬食，衎然有自得之志。」是其例也。「刊定」謂刊削而確定，非安定或安定貌也，義近而有別。

六九　⿰月鼻〔一〕，⿰月息也。謂⿰月息肉也〔二〕。魚自反。

匯證

〔一〕膞：錢繹方言箋疏：「『膍』，說文作『瘜』，云：『寄肉也。』亦作『息腥』字，注云：『星見食豕，令肉中生小息肉。』衆經音義卷十八云：『瘜，方言作「膍」同，思力反。三蒼：「惡肉也。」論文作「息」。』廣韻：『瘜，惡肉』也。『瘜、息』，字異義同。前卷二云：『膞，盛也。』注云：『膞呬，充壯也。』義與『膍』相近。」

〔二〕膍肉：戴震方言疏證改作「息肉」，云：「玉篇、廣韻於『膍』字並云『膍肉』。」

5b 七〇 讟〔一〕，痛也。謗誣怨痛也。亦音讀。

匯證

〔一〕讟：戴震方言疏證：「漢書五行志：『作事不時，怨讟動於民。』顏師古注云：『讟，痛怨之言也。』廣雅：『讟，痛也。』義本此。說文云：『讟，痛怨也。』郭璞於前『讟，謗也』音沓，故此云『亦音讀』。」按：說文誩部：「讟，痛怨也。」張衡思玄賦：「旦獲讟于群弟兮，啟金縢而後信。」漢書五行志「怨讟」均是其例。

七一 臯〔一〕，始也。嘼之初生謂之臯，人之初生謂之首〔二〕。梁益之間謂臯爲初〔三〕，或謂之祖〔四〕。祖，居也〔五〕。臯、祖皆始之別名也，轉復訓以爲居，所謂代語者也。

匯證

〔一〕臯：同「鼻」。荀子正論：「側戴睪芷以養臯。」一本作「鼻」是也。戴震方言疏證：「廣雅：『鼻，始也。』義本此。漢書食貨志：『舜命后稷以黎民祖饑。』孟康注云：『祖，始也。』揚雄傳：『或鼻祖於汾隅。』注引劉德云：『鼻，始也。』廣雅釋詁一：「鼻，始也。」王念孫疏證：「鼻之言自也。説文『自，始也。讀若鼻。今俗以始生子爲鼻子』是。」

〔二〕首：爾雅釋詁：「首，始也。」邢昺疏：「首者，頭也，身之始也。」邵晉涵正義：「方言云：『人之始生謂之首。』釋名云：『首，始也。』吕氏春秋簡選篇：『以爲兵首。』高誘注：『首，始也。』」郝懿行義疏：「首者與鼻同意……特言此者，人生之始，首、鼻居先也。」

〔三〕初：爾雅釋詁：「初，始也。」邵晉涵正義：「説文云：『初，裁衣之始也。』此言造字之本意也，經傳通用，直以初爲始耳……干寶周易爻義云：『位始故稱初。』夏小正云：『初者，始也。』穀梁隱五年傳云：『初，始也。』」

〔四〕祖：爾雅釋詁：「祖，始也。」邵晉涵正義：「説文云：『祖，始廟也。』史記集解引尚書云：『黎民祖飢。』漢書食貨志亦引作『祖飢』，史記五帝本紀作『黎民始飢』。禮記仲尼燕居云：『無以祖洽於衆也。』又聘禮記云：『出祖釋軷。』既夕禮云：『有司請祖期。』鄭注：『將行而飲酒曰祖，祖，始也。』」錢繹方言箋疏：「檀弓云：『夫祖者，且也。』釋文云：『且，始也。』按，『自』與『鼻』、『且』與『祖』，古並同聲。且之訓爲始，猶自之訓爲始也。古器款識『祖』並作『且』，且之借爲祖，猶自之讀若鼻也。」

〔五〕祖，居也：郭璞以爲「代語」，即方言詞。卷一〇云：「悈鰓、乾都、耇革，老也。皆南楚江湘之間代語也。」郭注云：「凡以異語相易謂之代也。」可證。「祖」之訓居，當是方言轉語，宜以方音求之，然其可通轉之文獻則未詳。錢繹方言箋疏：「鄭注檀弓云：『居讀如姬姓之姬，齊魯之間語助也。』釋詁又云：『基，始也。』『居、姬、基』並同聲，故『祖』復訓爲『居』。」録以備考。

七二　宂〔一〕，養也。

匯證

〔一〕宂：戴震方言疏證改作「充」，云：「廣雅：『充，養也。』義本此。」按：當從戴本改。廣雅釋詁一王念孫疏證：「周官『牧人、充人』，皆養牲之官。鄭注云：『牧人，養牲於野田者。充猶肥也，養繫牲而肥之。』」

七三 翳〔一〕，掩也。謂掩覆也。

匯證

〔一〕翳：戴震方言疏證：「陸機文賦：『理翳翳而愈伏。』李善注引方言：『翳，奄也。』『奄』當作『掩』。曹植七啟：『揜狡兔。』注引方言：『掩，覆也。』此語方言所無，似即此注文脱『注』字耳。『揜、掩』同。」錢繹方言箋疏：「『掩、翳』，語之轉。」參卷六第五九條「掩、翳，薆也」匯證〔一〕〔三〕。

七四 臺〔一〕，支也。

匯證

〔一〕臺：同「臺」。廣雅釋言：「臺，支也。」王念孫疏證：「釋名：『臺，持也。築土堅高，能自勝持也。』持與支同義。」按：國語周語下：「天之所支，不可壞也。」韋昭注：「支，柱也。」後漢書蘇竟傳李賢注：「支，持也。」淮南子俶真：「其所居神者，臺簡以游太清。」高誘注：「臺，猶持也。」

七五 純〔一〕，文也。

匯證

〔一〕純：戴震方言疏證：「揚雄羽獵賦：『光純天地。』李善注引方言：『純，文也。』」廣雅釋詁三：「純，文也。」王念孫疏證：「漢書地理志：『織作冰紈綺繡純麗之物。』」按：「純麗」謂精美華麗。此義之「純」，廣韻諄韻常倫切：「篤也，至也，好也，文也，大也。」「純緣」謂繞口緣邊。此義之「純」，廣韻準韻之尹切：「緣也。」精美與文飾，義相因，故曰「純，文也」。

6a 七六　祐〔一〕，亂也。亂宜訓治〔二〕。

匯證

〔一〕祐：戴震方言疏證：「此義別無可考。」錢繹方言箋疏：「釋詁云：『亂，治也。』説文：『亂，治也。从乙；乙，治之也。』又云：『𤔔，治也。幺子相亂，𠬪治之也。讀若亂同。』『祐』之言右也。釋詁：『右，道也。』郭注云：『謂教導之。』論語學而篇：『道千乘之國。』包咸注云：『道，治也。』荀子正名篇云：『道也者，治之經理也。』是祐爲亂也。説文：『祐，助也。』衆經音義卷一引字林同。釋詁又云：『右、助，勴也。』注云：『勴，謂贊勉。』義與『亂』亦相近。」按：郭謂「亂宜訓治」，則「祐，亂也」猶「祐，治也」。説文示部：「祐，助也。」朱駿聲通訓定聲：「叚借爲治，實爲理、爲䜌。」並引方言此條爲證。字本作「右」，助人增人作「佑」，神助增示作「祐」，右、佑、祐音同義通。

〔二〕治：當作「治」。

七七　恌〔一〕，理也。謂情理也。音遥。

匯證

〔一〕恌：戴震方言疏證：「正文與注皆別無可考。」錢繹方言箋疏：「説文：『理，治玉也。』段氏若膺云：『戰國策：「鄭人謂玉之未理者爲璞。」是理爲剖析也。玉雖至堅，而治之得其䚡理以成器不難謂之理。凡天下一事一物，必推其情至於無憾而後即安，是之謂天理，是之謂善治，此引伸之義也。戴氏孟子字義疏證曰：「理者，察之幾微必區以別之名也，是故謂之分理。在物之質曰肌理，曰腠理，曰文理，得其分則有條而不紊，謂之條理。鄭注樂記曰：理者，分也。許叔重曰：知分理之可相別異也。古人之言天理何謂也？曰理也者，情之不爽失也，未有情不得而理得者也。天理云者，言乎自然之分理也。自然之分理，以我之情絜人之情，而無不得其平是也。」』前卷十：『愮，治也。江湘郊會謂醫治之曰愮。』音『曜』。廣雅作『搖，治也』。廣韻『恌』吐彫切，云：『轉薄。』又爲『愮』之別體字，音餘昭切。是『愮』與『恌』同。廣雅作『搖』者，通字也。恌訓爲治，亦訓爲理。凡醫者必推病者之情而後治之，乃能得其分理，是情理之謂也。」

七八　薀〔一〕，喊也。薀藹，〔二〕茂貟。

匯證

〔一〕薀：戴震方言疏證：「藴、薀古通用。」廣雅釋詁二：「薀，盛也。」王念孫疏證：「藴與薀同。大雅雲漢篇云：『旱既大甚，藴隆蟲蟲。』是盛之義也。釋文：『藴，韓詩作鬱。』秦風晨風篇云：『鬱彼北林。』亦盛之義也。藴、鬱，語之轉耳。」錢繹方言箋疏：「上卷云：『藴，積也。』下文云：『藴，饒也。』義亦相近也。」

〔二〕藴藹：猶「鬱藹」，謂草木茂盛之貌。抱樸子内篇至理：「南林以處温長茂，接煞氣則雕瘁於凝霜，值陽和則鬱藹而條秀。」又博喻：「桑林鬱藹，無補柏木之凄冽；膏壤帶郭，無解黔敖之蒙袂。」漢魏南北朝墓誌匯編北魏北京圖書館藏拓銘文：「鬱藹清徽，嵒徽岳峻，落落風采，楞楞高韻。」

七九　搪〔一〕，張也。謂穀張也〔二〕。音堂。

匯證

〔一〕搪：戴震方言疏證：「荀子正論篇：『故魯人以榶。』楊倞注引方言：『榶，張也。』『謂彀張也。』荀子正文『榶』木旁，注引此文亦作木旁。據方言應以手旁爲正，楊倞誤引也。」錢繹方言箋疏：「『張』，讀當爲『棖』。衆經音義卷十四引字苑云：『棖，觸也。』謝惠連祭古冢文：『以物棖撥之。』李善注云：『南人謂以物觸物爲棖。』廣雅：『觸、搪、敹，揬也。』曹憲『搪』音唐，『敹』長庚反。又云：『搪，揬也。』玉篇：『搪，達郎切，搪揬也。』廣韻作『傏』，云：『傏揬，不遜。』集韻：『搪揬，觸也。』小雅漸漸之石箋云：『豕之性能水，又唐突難禁制。』後漢書桓帝紀：『水所唐突。』馬融圍棊賦：『守規不固兮爲所唐突。』應瑒奕勢云：『紛拏相救，不量進退。群聚俱隕，力行唐突。』並與『搪揬』同。皆棖觸之意也。」章炳麟新方言釋言：「今謂彀張爲撐開，撐即搪矣。」徐復補釋：「韓愈月蝕詩效玉川子作：『赤龍黑烏燒口熱，翎鬣倒側相搪撐。』是搪有撐開義。」按：「搪揬、搪突、唐突」，雙聲聯綿詞，冒犯、抵觸之義也。錢説非是。「搪」即「撐」，「彀張」即「撐開」，章、徐二氏之説得之。

〔二〕穀：陳與郊類聚校云：「『穀』疑作『彀』。」戴震方言疏證據荀子正論篇楊倞注引改作「彀」。王念孫手校明本改作「殼」。錢繹方言箋疏以戴氏所改「於義無取」，「『穀』疑即『敹』之譌。」按：錢氏所疑，乃基於「張」爲「棖」之假借之説，非是。當改作「彀」。説文弓部：「彀，張弩也。」韓非子外儲説左上：「夫新砥礪殺矢，彀弩而射，雖冥而妄發，其端未嘗不中秋毫也。」列子湯問：「古之善射者，彀弓而獸伏鳥下。」孟子告子上：「羿之教人射，必志於彀，學者亦必志於彀。」「彀」謂張弓，或謂弓弩張滿，「彀張」則同義連文。

八〇　惲〔一〕，謀也。謂議也〔二〕。嘔憤反。

匯證

〔一〕惲：錢繹方言箋疏：「廣雅：『惲，謀也。』玉篇：『惲，謀也，議也。』説文：『惲，重厚也。』僖三十三年左氏傳云：『輕則寡謀。』惲訓爲謀，蓋以厚重爲義也。」按：廣雅、玉篇之訓，皆本方言及郭注。「惲」訓厚重，段玉裁説文注云：「惲厚字當如此。今皆作渾厚，非是。」今之「渾厚」即古之「惲厚」，此義與「謀」不相涉。左傳僖公三十三年原文爲：「秦師輕而無禮，必敗。輕則寡謀，無禮則脱。」「輕而無禮」，據杜預注，指「過天子門不卷甲束兵，超乘示勇」。由此知「輕」乃輕慢、輕佻之義。「輕則寡謀」意思是，輕佻驕横的秦軍，必定不會很慎重周詳地思考謀略。此例之「輕」並非與「重、厚」相對之義，錢氏由「輕則寡謀」臆斷「惲」訓爲謀乃「以厚重爲義」，不確。疑「惲」之言「醞」也。説文酉部：「醞，釀也。」本義爲釀酒，引申喻指事物逐漸形成。後世「醞釀」連文，亦指造酒。全上古三代文月堂月朔令：「搜外徒，止夜禁，誅詐譌，省醞釀，謹閉關。」後漢書吕布傳：「布禁酒而卿等醞釀，爲欲因酒共謀布邪？」喻指涵育，熏陶。淮南子本經訓：「包裹風俗，斟酌萬殊，旁薄衆宜以相嘔咐，醞釀而成育羣生。」抱樸子內篇明本：「道也者，所以陶冶百氏，範鑄二儀，胞胎萬類，醞釀彝倫者也。」繼而引申喻指思考、準備，謀議之義與之近矣。然謂「惲」之通「醞」，則文獻證據未詳。

〔三〕謂：周祖謨方言校箋：「慧琳音義卷八十引作『謀』。」

八一　陶〔一〕，養也。

匯證

〔一〕陶：見卷一第五條匯證〔三〕。

八二　㩒〔一〕，挌也〔二〕。今之竹木格是也。音禁惡〔三〕。

匯證

〔一〕㩒：戴震方言疏證改作「㯲」，從木旁。云：「曹毅之本不誤。廣韻：『㯲，格也。』本此。」當據正。錢繹方言箋疏：「小爾雅：『格，止也。』荀子議兵篇云：『格者不舍。』楊倞注：『格，謂相拒捍者。』玉篇：『㯲，恪也。』『恪』即『格』之譌。廣韻：『㯲，格也。』類篇云：『㯲，今竹木格。一曰：所以杆門。』案：『㯲』之言禁止也。『格』之言杆格也。說文：『垎，堅也。』學記云：『發然後禁，則扞格而不勝。』鄭注曰：『格，讀如凍垎之垎。扞格，堅不可入之貌。』此與㯲之爲格義相通也。」按：郭謂「㯲」即竹木格。錢氏所說他訓，皆與郭說不合。

〔二〕挌：戴震方言疏證據曹毅之本改作「格」，當據正。

〔三〕禁惡：各本同，惟周祖謨校箋本作「禁忌」，「忌」乃「惡」字形近之譌。

八三　毗〔一〕、曉〔二〕，明也。

匯證

〔一〕毗：廣雅釋詁四：「𣬈，明也。」「毗、𣬈」同。「毗」之訓明，文獻未詳所以。漢魏南北朝墓志匯編北魏河北曲陽出土銘文：「贊化四皇，毗明六帝。」「毗明」連文之例，十分罕見。

〔二〕曉：説文日部：「曉，明也。」莊子天地：「冥冥之中，獨見曉焉；無聲之中，獨聞和焉。」段玉裁注説文：「此亦謂旦也，俗云『天曉』是也。」是「曉」本指日明，引申指天明。心裏明亦謂之「曉」。論衡變虛：「人不曉天所爲，天安能知人所行？」則明白、智慧亦謂之「曉」。本書卷一第一條：「曉，知也。楚謂之黨，或曰曉。」徐復補釋：「曉引伸有明白義。亦連稱曉明。論衡別通：『夫一經之説，猶日明也；助以傳書，猶窗牖也。百家之言，令人曉明，非徒窗牖之開，日光之照也。』」

6b 八四　扱〔一〕，擭也〔二〕。扱猶級也〔三〕。

匯證

〔一〕扱：戴震方言疏證：「説文：『扱，收也。』……廣雅：『扱、擸、收、汲、捊，取也。』廣韻：『扱，取也，獲也，引也。』『擭，手取也。』『汲，引也。』『獲』即『擭』之譌。」廣雅釋詁一王念孫疏證：「士昏禮記云：『祭醴，始扱一祭，又扱再祭。』『扱』之爲言挹取之也。少牢下篇：『二手執挑匕枋以挹湆。』鄭注云：『今文挹爲扱。』『扱、挹』聲相近，故古或通用，取水於井謂之『汲』，聲與『扱』亦相近也。」按：收取、斂取亦曰「扱」。禮記曲禮上：「凡爲長者糞之禮，必加帚於箕上，以袂拘而退，其塵不及長者，以箕自鄉而扱之。」鄭玄注：「扱，讀曰吸，謂收糞也。」孔穎達疏：「扱，斂取也。」

〔二〕擭：説文手部：「擭……一曰握也。」廣韻陌韻：「擭，手取也。」文選張衡西京賦：「杪木末，擭獑猢。」薛綜注：「擭，謂握取之也。」是捕取之義也。捕取謂之「擭」，捕獸之木籠亦謂之「擭」。書費誓：「杜乃擭，敜乃穽。」僞孔傳：「擭，捕獸機檻，當杜塞之。」周禮秋官雍氏：「雍氏，掌溝瀆澮池之禁，凡害於國稼者。春令爲阱擭溝瀆之利於民者，秋令塞阱杜擭。」鄭玄注：「擭，柞鄂也。堅地阱淺，則設柞鄂於其中。秋而杜塞阱擭，收刈之時，爲其陷害人也。」是其例也。以「擭」釋「扱」，乃以狹義釋廣義也。

〔三〕級：戴震方言疏證、盧文弨重校方言據曹毅之本改作「汲」。按：作「汲」於義爲長，當據正。

八五　扶〔一〕，護也。扶挾，⿰爿寽護〔二〕。

匯證

〔一〕扶：廣雅釋詁四：「挾，護也。」王念孫疏證引方言作「挾，護也」。王念孫讀書雜志墨子第二「扶」條：「『財以成者，扶而埋之。』引之曰：『扶』字，義不可通。『扶』當爲『挾』，謂挾已成之財而埋之也。隸書『挾』或作『挾』，與『扶』相似而誤。（方言：『挾，護也。』今本『挾』譌作『扶』。）」錢繹方言箋疏改作「挾」，云：「『挾』，衆家本並作『扶』，蓋涉注文『扶』字而誤。案：衆經音義卷一、卷十三並引方言：『挾，護也。』今據以訂正。」王國維觀堂集林卷五書郭注方言後三：「原本玉篇引：『挾，護也。』郭璞曰：『挾持，護之也。』玄應音義卷一、卷十並引『挾，護也』。廣雅語同，是本文『扶』當作『挾』，涉注『扶』字而譌。」按：諸家校是也，當據之改作「挾」。廣雅釋詁四：「挾，輔也。」王念孫疏證：「説文：『挾，押持也。』古通作『夾』。」錢繹方言箋疏：「漢書季布傳爲人『任俠』，顏師古注云：『俠之言挾也，以權力俠輔人也。』『俠』與『挾』通。」

〔二〕扶挾，⿰爿寽護：「⿰爿寽」同「將」。原本玉篇殘卷「護」字下引郭注作「挾持，護之也」。「扶挾」連文，謂夾持、護持。袁康越絶書外傳記吴王占夢：「見前園横索生樹桐，樂府吹巧也；見後房鍛者扶挾鼓小震者，宮女鼓樂也。」孫星衍校集漢官六種漢官儀卷下：「兩從者扶挾，前人相牽，後人見前人履底，前人見後人頂，如畫重纍人矣。」「將護」連文，謂衛護、護送。後漢書王昌傳：「昔遭趙氏之禍，因以王莽篡殺，賴知命者將護朕躬，解形河濱，削跡趙魏。」又趙憙傳：「所裝縑帛資糧，悉以與之，將護歸鄉里。」

八六　淬〔一〕，寒也。淬猶淨也，作憒反。

匯證

〔一〕淬：戴震方言疏證：「玉篇、廣韻並云：『淬，寒也。』義本此。廣雅作『淬，寒也』，曹憲音釋『淬』七碎反。」廣雅釋詁四王念孫疏證：「淬與淬通。」錢繹方言箋疏：「家君義疏云：『玉篇無淬字，淬即淬之譌。』」按：「淬」字僅見於廣雅、集韻，未見用於文獻，蓋張揖自方言採入時易水爲冰，以就「寒」意也。說文水部：「淬，滅火器也。」淬火亦謂之「淬」。文選王褒聖主得賢臣頌：「及至巧冶鑄干將之璞，清水淬其鋒，越砥斂其鍔。」刀刃燒紅而納之冷水中以堅之謂之「淬火」。以「寒」釋「淬」，蓋義取「使之冷」也。郭璞謂「淬猶淨也」，本卷下一條「漺，淨也」，郭注以爲「皆冷皃」，廣雅釋詁四：「冷，寒也，」故錢繹方言箋疏云：「義相通也。」

八七　浹〔一〕，淨也〔二〕。皆冷皃也〔三〕。初兩、禁耕二反〔四〕。

匯證

〔一〕浹：戴震方言疏證作「漺」。按：說文仌部：「滄，寒也。」段玉裁注：「此與水部『滄』音義皆同。枚乘上書曰：『欲湯之滄，絶薪止火而已。』按方言曰：『漺，淨也。』二字當从冫。『浹』即『滄』字。『淨』即『清』字。」錢繹方言箋疏：「玉篇：『漺，净也，冷也。』說文：『㼽，磋垢瓦石也。』徐鍇傳曰：『以碎瓦石㼽去瓶内垢也。』西山經：『錢來之山，其下多洗石。』郭注云：『澡洗可以磢體去垢圿。』木華海賦：『飛澇相磢。』李善注引方言注云：『漺，錯也。』即此注文，今本誤脱耳。」段說「浹」即「滄」，本謂寒冷。錢說同「㼽、磢」，謂磨擦，磨擦去垢則淨也。段說爲長。

〔二〕淨：段玉裁說文注「滄」字下謂「『淨』即『清』字」。說文仌部：「清，寒也。」「寒」與冷義近。錢繹方言箋疏：「淨，說文作『瀞』，云：『無垢薉也。』經傳通作『淨』。」段、錢說異，參本條匯證〔一〕。

〔三〕皆：錢繹方言箋疏：「『皆』，疑『亦』字之譌。」按，洓、淨均訓冷寒，故云「皆」，不誤。

〔四〕初兩、禁耕二反：盧文弨重校方言移置上「洓」字下。劉台拱方言補校：「『禁耕』不可爲切，當作『楚耕』。集韻作『初耕反』，皆『淨』字之音，非『洓』字之音。此條誤列『洓』字下。」吳承仕經籍舊音辨證卷七方言郭璞注：「方言郭音本以『初兩』音『洓』，以『楚耕』音『淨』，『楚』形近『禁』，故譌作『禁』。說文：『滯，冷寒也。』方言以『淨』爲『滯』，世說新語字又作『凈』，聲義大同。郭反『楚耕』，唯平去異耳。」按：「禁、耕」皆見母字，不能作切，劉、吳二氏校作「楚耕」是也，「初兩」音「洓」、「楚耕」音「淨」亦是也。

八八　漉〔一〕，極也。滲漉，極盡也〔二〕。

匯證

〔一〕漉：戴震方言疏證：「月令仲春之月『毋漉陂池』。釋文云：『漉，竭也。』史記司馬相如列傳：『滋液滲漉。』說文云：『滲，下漉也。』廣雅：『漉，滲也。』」廣雅釋詁五：「漉，滲也。」王念孫疏證：「盝與漉同。」廣雅釋詁一：「滲、盝，盡也。」王念孫疏證：「說文：『漉，水下皃也。』爾雅：『盝，竭也。』方言：『盝，涸也。』『漉，極也。』郭璞注云：『滲漉，極盡也。』司馬相如封禪文云：『滋液滲漉。』考工記㡛氏云：『清其灰而盝之。』月令云：『毋竭川澤，毋漉陂池。』盝、盝、漉並通。淮南子本經訓：『竭澤而漁。』高誘注云：『竭澤，漏池也。』『漏池』即所謂漉陂池也。漉、漏聲相近，故滲漉或謂之滲漏。卷二云：『歇，漏，泄也。』泄謂之漏，猶盡謂之漉也，泄謂之歇，猶盡謂之竭也。」按：參卷一二第一八條「盝，涸也」匯證〔一〕。

〔二〕滲漉，極盡也：周祖謨方言校箋：「原本玉篇『漉』下引本注作『滲漉極盡也』。」按：慧琳一切經音義卷六二引作「漉滲水極盡也」。參本條匯證〔一〕引王念孫說。

八九　牧〔一〕，凡也〔二〕。

匯證

〔一〕牧：戴震方言疏證改作「枚」，云：「前卷十二：『箇，枚也。』廣雅：『枚、箇，凡也。』今據以訂正。」按：戴校是也，當據正。廣雅釋詁五：「枚、箇，凡也。」王念孫疏證：「昭十二年左傳：『南蒯枚筮之。』杜預注云：『不指其事，汎卜吉凶。』正義云：『或以爲汎卜吉凶，謂枚雷總卜。禮云「無雷同」，是總衆之辭也。今俗語云「枚雷」即其義。』哀十六年傳：『王與葉公枚卜子良以爲令尹。』注云：『枚卜，不斥言所卜以令龜。』是『枚』爲凡也。」錢繹方言箋疏：「『枚』之言每也，非一端之辭也。」按：「枚卜」謂逐一、逐個占卜，「枚」之訓逐一、逐個，意即一一，蘊含「全」義，與「凡」之訓爲所有、一切之義相通也。

〔二〕凡：說文二部：「凡，最括也。」錢繹方言箋疏：「『凡』之言泛也，包舉氾濫一切之稱也。」

九〇　易〔一〕，始也。易代〔二〕，更始也〔三〕。

匯證

〔一〕易：戴震方言疏證：「『易』取更新義。書堯典『平在朔易』，王肅引詩『曰爲改歲』解之是也，不必如注所說。」按：「易」訓改變、更改。尚書盤庚中：「今予告汝不易。」孔穎達疏引鄭玄曰：「我所以告汝者，不變易。」亦訓「替代」。易繫辭下：「上古穴居而野處，後世聖人易之以宮室。」改變、替代，則更新之義蘊含其中矣，故「易」可以訓「始」。

〔二〕易代：同義複詞，謂更改替代，特指改朝換代，故郭注云「更始也」。管子霸言：「霸王之形，象天則地，化人易代，創制天下。」後漢書朱浮傳：「帝下其議，羣臣多同於浮，自是牧守易代頗簡。」史記五帝本紀：「舜讓於德不懌，正月上日。」張守節正義引：「鄭玄曰：『帝王易代，莫不改正建朔。』舜正建子，此時未改，故依堯正月上日也。」

〔三〕更始：重新開始。禮記月令：「數將幾終，歲且更始。」荀子禮論：「天地則已易矣，四時則已偏矣，其在宇中者莫不更始矣。」

九一　逭[一]，周也。謂周轉也。

匯證

〔一〕逭：戴震方言疏證：「前卷十二内『逭，轉也』，故又爲『周』。」參卷一二第一三條匯證〔一〕。

7a九二　䵣[一]，色也。䵣然，赤色皃也[二]。音奭[三]。

匯證

〔一〕䵣：廣雅釋器：「赩，赤也。」王念孫疏證：「衆經音義卷十九引字林云：『赩，赤皃也。』楚辭大招：『逴龍赩只。』王逸注云：『赩，赤色也。』王延壽魯靈光殿賦云：『丹柱歙赩而雷烻。』小雅采芑篇：『路車有奭。』毛傳云：『奭，赤也。』奭與赩同，故瞻彼洛矣篇『韎韐有奭』，白虎通義引作『赩』。方言：『䵣，色也。』郭注云：『䵣然，赤黑貌也。』玉篇『赩、䵣』並音許力切，義亦相近也。」

〔二〕赤色皃也：戴震方言疏證改「色」爲「黑」，云：「注内『黑』字，諸刻作『毛』，永樂大典本及曹毅之本作『色』，皆譌舛。玉篇云：『䵣，赤黑色也。』廣韻於『䵣』字云：『赤黑貌。』今據以訂正。」按：王念孫引方言郭注亦作「黑」。集韻職韻：「䵣，青黑色曰䵣。」是「色」當據戴校改作「黑」。

〔三〕奭：同「奭」。

九三　恬[一]，靜也。恬惔[二]，安靜。

匯證

〔一〕恬：戴震方言疏證：「張華答何劭詩：『恬曠苦不足，煩促每有餘。』李善注引廣雅『恬，靜也』，此在前矣。」廣雅釋詁四王念孫疏證：「方言：『恬，靜也。』説文：『恬，安也。』吴語：『今大夫老而又不自安恬逸。』韋昭注與方言同。」徐復補釋：「恬靜亦連言。後漢書法真傳：『性恬靜寡欲，不交人間事。』亦清靜恬適義。」按：「恬靜」連文，後漢見用。東觀漢記卷一七：「閔貢，字仲叔，太原人，恬靜養神，弗役於物。」全後漢文闕名五冀州從事張表碑：「恬靜湛泊，匪偟時榮。」

〔二〕惔：明吴琯古今逸史本、程榮漢魏叢書本等諸明本作「淡」，戴震方言疏證亦作「淡」。按：廣雅釋詁作「倓，靜也」，王念孫疏證：「『倓』與下『憺』字通，字或作『澹』，又作『淡』。」説文心部：「惔，憂也。从心，炎聲。詩曰：憂心如惔。」朱駿聲通訓定聲：「此字後出，即炎字也。若訓憂，則詩兩『如』字不可通，後人正因節南山『憂心』而加心傍耳。」説文人部：「倓，安也。」玉篇人部：「倓，靜也，恬也。」是訓「靜」當本作「倓」，如史記秦始皇本紀：「今上治天下，未能恬倓。」通作「淡」，如莊子天道：「夫虛靜恬淡，寂寞無爲者，天地之平而道德之至也。」「惔」則非是，然也已早有用例，如老子道經三十一章：「兵者不祥之器，非君子之器，不得已而用之，恬惔爲上，勝而不美。」銀雀山漢墓竹簡六韜：「恬惔隋意，好道無極。」

九四　禔〔一〕，福也。謂福祚也〔二〕。音祇。

匯證

〔一〕禔：廣雅釋言：「禔，福也。」王念孫疏證：「漢書司馬相如傳：『中外禔福。』史記作『提』同。」錢繹方言箋疏：「説文：『禔，安福也。』引坎九五『禔既平』。今本作『祇』。釋文云：『祇，京作禔。』」按：説文示部：「禔，安福也。」「安福」連言謂平安幸福。全後漢文張衡東京賦：「於南則前殿靈臺，合歡安福。」焦贛易林訟之觀：「欽明之德，坐前玉食，必保嘉美，長受安福。」段玉裁注説文據李善文選注引删「福」字。「安」與「福」義别而通，故許云「安福」，郭注云「有福即喜」也。

〔二〕福祚：同義複詞，福禄、福分。

九五　禔〔一〕，喜也。有福即喜。

匯證

〔一〕戴震方言疏證此條與上條連寫，不提行。按：據郭注，戴氏連寫是也，當據改。郭云「有福即喜」，是「喜」與「福」義相因也。廣雅釋詁一、廣韻支韻釋同，皆本方言。

九六　攋〔一〕、洛旱反。隓〔二〕，許規反。壞也。

匯證

〔一〕攋：戴震方言疏證作「攋」。按：「負」爲隸書「貟」字，「攋」即「攋」，字書無此二字。蓋「負、貟」形近而譌。戴改作「攋」是也，當據正。廣雅釋詁五：「輸、攋，墮也。」王念孫疏證：「皆謂墮壞也……太玄度次三：『小度差差，大攋之階。』測曰：小度之差，大度傾也。』是攋爲墮壞也。方言云：『怠，壞也。』故壞謂之墮，亦謂之攋，亦謂之輸，怠謂之惰，亦謂之嬾，亦謂之窳。『惰』與『墮』、『嬾』與『攋』、『窳』與『輸』，古聲並相近也。」按：太玄度次三司馬光注：「攋，毀裂也。」又次五云：「幹不幹，攋于營。」司馬光注：「猶幹之不幹，將毀所經營，不能有安也。」

〔二〕隓：戴震方言疏證：「潘岳西征賦：『豈斯宇之獨隳。』李善注引方言：『隳，壞也。』『隳』即『隓』。」廣雅釋詁一王念孫疏證：「隓之言虧也。方言：『隓，壞也。』皋陶謨：『萬事墮哉。』『墮』與『隓』同。」錢繹方言箋疏：「説文：『敗城阜曰隓。』篆文作『㙅』……春秋定十二年：『叔孫州仇帥師墮郈。』『季孫斯、仲孫何忌帥師墮費。』杜預注：『墮，毀也。』」

九七　息〔一〕，歸也。

匯證

〔一〕息：戴震方言疏證：「息者，作勞而休止，故有退歸之義。」按：「息」謂歇止、休息，此爲常訓。易乾：「天行健，君子以自强不息。」詩召南殷其靁：「何斯違斯，莫敢遑息。」是其例也。方言訓「歸」，廣雅訓「歸返」。廣雅釋詁二：「息、返，歸也。」又釋詁五：「息、歸，返也。」「息」之直訓歸返，文獻用例則未詳。

九八　抑〔一〕，安也。

匯證

〔一〕抑：廣雅釋詁一：「抑，安也。」王念孫疏證：「方言：『抑，安也。』爾雅：『抑抑，密也。』大雅抑篇正義引舍人注云：『威儀静密也。』方言：『譩，審也，諟也。』與『抑』聲近而義同，故大雅抑篇、楚語謂之懿戒矣。」錢繹方言箋疏：「家君義疏云：『墨子親士篇：「三子之能達名成功于天下也，皆于其國抑而大醜也。」案：抑而大醜，即安其大衆也，是抑爲安也。』……又案：前卷六云：『猒，安也。』洛誥云：『萬年猒于乃德。』秦風小戎篇：『厭厭良人。』毛傳：『厭厭，安静也。』釋訓：『懕懕，安也。』郭注云：『安詳之容。』説文：『懕，安也。』引詩曰：『懕懕夜飲。』小雅湛露篇作『厭厭』，毛傳：『厭厭，安也。』『猒、厭、懕』，古字並通。『抑、猒』，一聲之轉也。」

九九　潛〔一〕，亡也。

匯證

〔一〕潛：戴震方言疏證：「潛匿隱遁，故爲逃亡之義。」錢繹方言箋疏：「乾初九：『潛龍勿用。』崔憬注曰：『潛，隱也。龍下隱地，潛德不彰。』洪範：『沈潛剛克。』馬融注：『潛，伏也。』『隱伏』與『逃亡』義相近。」

7b 一〇〇　曉〔一〕，過也。

匯證

〔一〕曉：見下條匯證〔一〕引廣雅釋詁三「曉、嬴，過也」王念孫疏證。

一〇一　曉〔一〕，嬴也。

匯證

〔一〕戴震方言疏證此條與上條連寫，不提行。按：廣雅釋詁三「曉、嬴」同訓爲過，據此，戴氏連寫於義爲長。然廣雅雖多本方言，「曉、嬴」二字卻中隔「牟、騰、軼、渡」四字，則張揖所見已不在一條明矣。

曉：廣雅王念孫疏證：「方言：『曉，過也。』『曉，嬴也。』開元占經順逆略例篇引七曜云：『超舍而前，過其所當舍之宿以上一舍二舍三舍，謂之嬴；退舍以下一舍二舍三舍，謂之縮。』項岱注幽通賦亦云：『嬴，過也。縮，不及也。』考工記弓人：『撟幹欲孰於火而無嬴。』鄭注云：『嬴，過孰也。』逸周書常訓解云：『六極不嬴，八政和平。』『嬴』與『贏』通。」

一〇二　⿰叕出〔一〕，短也。蹶⿰叕出〔二〕，短小皃。音剟，音肬贅〔三〕。

〔一〕⿰叕出：廣雅釋詁二：「⿰叕出，短也。」王念孫疏證：「方言：『⿰叕出，短也。』注云：『蹶⿰叕出，短小貌也。』玉篇音知劣切，云：『吴人呼短物也。』又云：『炪，短也。』莊子秋水篇：『遥而不悶，掇而不跂。』郭象注云：『遥，長也。掇，猶短也。』淮南子人間訓：『聖人之思脩，愚人之思叕。』高誘注云：『叕，短也。』並字異而義同。説文：『窶，短面也。』廣韻：『顇，頭短也。』衆經音義卷四引聲類云：『惙，短氣貌。』義亦與⿰叕出同。今俗語謂短見爲拙見，義亦同也。『⿰叕出』與『侏儒』，語之轉也。故短謂之『侏儒』，又謂之『⿰叕出』；梁上短柱謂之『棳』，又謂之『侏儒』，又謂之『棳儒』；蜘蛛謂之『蝃』，又謂之『蝃蝥』，又謂之『侏儒』。爾雅：『梁上楹謂之棳。』釋文：『棳，本或作棁。』雜記：『山節而藻棁。』鄭注云：『棁，侏儒柱也。』釋名云：『棳儒，梁上短柱也。』『棳儒』猶『侏儒』，短，故以名之也。方言云：『鼅鼄，鼄蝥也。自關而西秦晉之間謂之鼄蝥，自關而東趙魏之郊謂之鼅鼄，或謂之蠾蝓。蠾蝓者，侏儒語之轉也。』注云：『今江東呼蝃蝥，音棳。』玉篇云：『蝃，蜘蛛也。』蓋凡物形之短者，其命名即相似，故屢變其物而不易其名也。」

〔二〕蹶⿰叕出：廣雅釋詁二：「孑孓，短也。」王念孫疏證：「方言注云：『蹶⿰叕出，短小貌也。』凡物之直而短者謂之『蹶』，或謂之『⿰叕出』。列子黄帝篇：『吾處身也，若厥株駒。』張湛引崔譔莊子注云：『厥株駒，斷樹也。』釋文云：『厥，説文作氒，木本也。株駒亦枯樹本也。』又爾雅：『樴謂之杙。』注云：『橜也。』又『橜謂之闑。』注云：『門閫也。』玉藻正義云：『闑謂門之中央所豎短木也。』蹶、厥、橜、氒並同聲。厥與⿰叕出聲又相近。本謂之氒，杙謂之橜，門閫謂之橜，梁上柱謂之棳，皆木形之直而短者也。故蔡邕短人賦云『木門閫兮梁上柱，視短人兮形如許』矣。又案：説文：『蟨，鼠也。一曰西方有獸，前足短，與蛩蛩巨虚比，其名謂之蟨。』字亦作蹶。淮南子道應訓：『北方有獸，其名曰蹶，鼠前而兔後。趨則頓，走則顛。』高誘注云：『鼠前足短，兔後足長，故謂之蹶。』蹶與⿰叕出聲相近，合之則爲蹶⿰叕出，轉之則爲孑孓，故短貌謂之蹶⿰叕出。獸前足短謂之蹶，頭短謂之顇，無左右臂謂之孑孓，其義並相通也。」錢繹方言箋疏：「蹶亦短也。漢書王莽傳：『莽爲人侈口蹷顄。』顔師古注：『蹷，短也。』『蹷』與『蹶』同。……又爾雅：『鶌鳩。』注云：『鶌，大如鴿，似鵲雉，鼠腳無後指。』俗名突厥雉。又：『鳥鼠同穴，其鳥〔爲〕鴹，其鼠爲鼸。』注云：『鼸，如人家鼠而短尾。鴹，似鷄而小。』義並與『蹶』同。又説文：『屈，無尾也。』玉篇：『屈，短尾也。』高誘注淮南子原道訓云：『屈，讀秋雞無尾屈之屈。』衆經音義卷十二引許君淮南子注云：『屈，短也。』集韻、類篇並引廣雅：『屈，短也。』史記天官書：『白虹屈短。』集解引韋昭漢書注云：『短而直』也。韓非子説林篇云：『鳥有周周者，重首而屈尾。』爾雅：『鶌鳩，鶻鵃。』郭注云：『似山鵲而小，短尾。』又云：『貀，無前足。』前卷四云：『自關而西秦晉之間無緣之衣謂之裗襬。』廣韻：『裗襬，短衣也。』説文：『崛，山短高也。』集韻引埤蒼云：『屈，短尾犬也。』義亦與『⿰叕出』同。」

〔三〕音剟，音肬贅：戴震方言疏證删「音剟」二字，「肬」作「疣」。盧文弨據曹毅之本亦删「音剟」。劉台拱方言補校：「『肬贅』之音，集韻不收，疑『音剟』爲是。」錢繹方言箋疏作「音肬贅」，同盧本，云：「⿰叕出之讀爲贅，猶蝃之轉爲蠾耳。前卷十一云：『鼅鼄，鼄蝥也。自關而東趙魏之郊或謂之蠾蝓。蠾蝓者，侏儒語之轉也。』注云：『今江東呼蝃蝥。』玉篇：『蝃，⿱知虫⿱圭虫也。』名醫别録云：『蜘蛛，亦名⿰虫出蟱。』『⿰虫出蟱』亦即『蝃蝥』之轉也。俗本作『音剟』，蓋淺人不曉讀『⿰叕出』爲『贅』之義，以字書『⿰叕出』無『贅』音，遂改作『音剟』，非是。」按：明刻諸本無「音肬贅」三字。

一〇三　隑〔一〕，剴切〔二〕。陭也〔三〕。江南人呼梯爲隑〔四〕，所以隑物而登者也〔五〕。音剴切也。

匯證

〔一〕隑：廣雅釋詁五：「隑，陭也。」王念孫疏證：「『隑、陭』，皆長貌也。方言：『⿰叕出，短也。』『隑，陭也。』『迒，長也。』三者文義相承。廣雅卷二云：『隑，長也。』曹憲音牛哀反。漢書司馬相如傳：『臨曲江之隑州兮。』張注云：『隑，長也。』陭，玉篇音於奇切。説文：『陭，上黨陭氏阪也。』小雅節南山篇：『有實其猗。』毛傳云：『猗，長也。』『猗』與『陭』通。淮南子本經訓：『積牒旋石以純脩碕。』文選吴都賦注引許慎注云：『碕，長邊也。』『碕』與『陭』亦聲近義同。」按：「隑」，史記司馬貞索隱、漢書顔師古注並謂「曲岸頭」。曲岸逶迤，則含長義也。又按：後世方言「依靠」曰「隑」，清末、民國方志多有載録。

寧海縣志方言：「倚曰隑。」象山縣志方言考：「今言依靠亦曰隑。」續修鹽城縣志方言：「身有所倚曰隑……今謂負牆立、倚牀臥曰隑，讀口溉反。」章炳麟新方言釋言：「漸西謂負牆立曰隑，仰胡牀而坐亦曰隑。」口溉反之「隑」義謂依靠，江淮方言區至今通行此語。

〔二〕剴切：此與下注文「音剴切也」重複，戴震方言疏證删去是也。

〔三〕陭：周祖謨方言校箋：「原本玉篇『隑』渠鎧、牛哀二反，注云：『方言：隑，倚也。』『陭』字作『倚』，與今本異。」按：「磑」同「碕」，「碕、陭」同從「奇」聲，長貌也。楚辭九嘆離世：「遵江曲之逶移兮，觸石碕而衡遊。」洪興祖補注：「碕，曲岸。」是也。又按：「陭」猶「倚」，謂「依靠」也。江淮方言所言「東倚西隑」即此義也。參本條匯證〔一〕。

〔四〕江南人呼梯爲隑：郭氏所釋與方言不同，蓋「梯」乃所以「依靠」者也。

〔五〕所以隑物而登者也：周祖謨方言校箋：「此句原本玉篇引作『所以倚物而攻者』。」「所以隑物而登者」，即用來依靠它而上登之工具，意指「梯」也。

一〇四　迒〔一〕，長也。謂長短也。胡郎反。

匯證

〔一〕迒：廣雅釋詁二：「迒，長也。」王念孫疏證：「方言：『迒，長也。』玉篇云：『長道也。』張衡西京賦云：『迒杜蹊塞。』」廣雅釋言：「墿、迒，道也。」王念孫疏證：「道之言由也，人所由也。『墿』通作『驛』。玉篇：『驛，道也。』墿之言繹也。繹、迒皆長意也，故方言：『繹，長也。』『迒，長也。』」錢繹方言箋疏：「説文：『魧，大貝也。讀若岡。』『沆，莽沆，大水也。一曰：大澤［貌］。』『大』與『長』義相近。」

一〇五　迒〔一〕，迹也。爾雅以爲兔迹。

匯證

〔一〕戴震方言疏證此條與上條連寫，不提行。按：今仍其舊。

迒：廣雅釋詁三：「迒，迹也。」王念孫疏證：「爾雅：『麋跡，躔；鹿跡，速；麕跡，解；兔跡，迒。』『跡』與『迹』同。……方言：『迒，迹也。』說文：『迒，獸迹也。』或作『䟘』。釋名云：『鹿兔之道曰亢，行不由正，亢陌山谷草野而過也。』太玄居次四云：『見豕在堂，狗繫之迒。』張衡東京賦云：『軌塵掩迒。』『亢、䟘』並與『迒』同。」說文段玉裁注：「凡獸迹皆偁迒，不專謂兔也。」

一〇六　賦〔一〕，臧也。

匯證

〔一〕賦：戴震方言疏證：「此義別無可考。」錢繹方言箋疏：「『臧』古『藏』字。顏師古漢書禮樂志注云：『古〔書〕懷藏之字本皆作「臧」，漢書例爲臧耳。』說文：『賦，斂也。』『斂，收也。』周官太宰：『以九賦斂財賄。』僖二十七年左氏傳：『賦納以言。』杜預注：『賦，猶取也。』哀十二年公羊傳：『譏始用田賦也。』何休注云：『賦者，斂取其財物也。』微子篇：『用乂讎斂。』釋文引馬、鄭注云：『謂賦斂也。』是『賦』與『斂』同義。聘禮『斂旜』，鄭注：『斂，藏也。』周官繕人：『既射則斂之。』注云：『斂，藏之也。』然則賦者亦謂取而藏之，與『斂』同也。」

一〇七　蘊〔一〕，饒也。音温。

匯證

〔一〕蘊：戴震方言疏證：「『蘊』亦作『緼』。廣雅：『緼，饒也。』義本此。」廣雅釋詁四王念孫疏證：「『蘊』與『緼』通。漢書禮樂志郊祀歌：『后土富媼，昭明三光。』張晏注云：『坤爲母，故稱媼。』吳仁傑兩漢刊誤補遺云：『媼，當作熅，字書熅有兩義：一曰煙熅，天地合氣也；一曰鬱煙也。富熅以煙熅爲義。「后土富熅，昭明三光」，即賈誼新書「天清澈，地富熅，物時熟」之意，晏説謬矣。』案，吳所引賈誼新書見禮篇。『媼、熅』並與『緼』通。史記高祖紀索隱引班固泗水亭長碑『媼』字作『温』。集韻『媼』烏浩切，又於云、烏昆、委隕、紆問四切，是『媼』與『熅、緼』同聲。『后土富媼』『地富熅』，皆謂生殖饒多也。吳説『富熅以煙熅爲義』，亦未確。」錢繹方言箋疏：「季弟同人曰：漢書蘇武傳：『置熅火。』師古注：『熅，謂聚火無焱者也。』熅訓爲聚，亦與『蘊』通。上卷云：『蘊，積也。』積聚則饒裕。昭十年左氏傳：『蘊利生孽。』謂饒于利者，亦致孽也。説文引作『薀』，云：『積也。』『薀』與『蘊』同。富熅，猶富饒，吳解失之。」按：「饒」猶「富」也。史記陳丞相世家：「平既娶張氏女，賫用益饒。」同義連言作「富饒」。史記吳王濞列傳：「吳有豫章郡銅山，濞則招致天下亡命者盜鑄錢，煮海水爲鹽，以故無賦，國用富饒。」吳越春秋勾踐伐吳外傳：「今越國富饒，君王節儉，請可報恥。」漢書地理志：「沃野千里，民以富饒。」

8a 一〇八　芬〔一〕，和也。芬香，和調〔二〕。

匯證

〔一〕芬：廣雅釋詁三：「芬，和也。」王念孫疏證：「方言：『芬，和也。』郭璞注云：『芬香，和調。』周官鬯人注云：『鬯，釀秬爲酒，芬香條暢於上下也。』大雅鳧鷖篇云：『旨酒欣欣，燔炙芬芬。』皆芬香、和調之意也。凡人相和好亦謂之芬。荀子議兵篇云：『其民之親我歡若父母，其好我芬若椒蘭。』非相篇云：『歡欣芬薌以送之。』皆是也。」

〔三〕周祖謨方言校箋：「續群書類叢卷八九四香字抄引玉篇『芬』下注云：『郭璞曰：芬香，和調也。』『調』下有『也』字。玄應音義卷一及慧琳音義卷七十引『芬』上又有『謂』字。」

一〇九　擣〔一〕，依也。謂可依倚之也。

匯證

〔一〕擣：廣雅釋詁四：「擣，依也。」王念孫疏證：「説文：『海中往往有山可依止曰㠀。』義與擣相近也。」錢繹方言箋疏：「釋木云：『寓木，宛童。』郭注云：『寄生樹，一名蔦。』小雅頍弁篇：『蔦與女蘿。』毛傳云：『蔦，寄生也。』説文『蔦』或从『木』作『樢』。『寓木』，故從『木』耳。義並與『擣』相近。丁氏升衢云：史記龜策傳：『上有擣蓍，下有神龜。』索隱：『擣，音逐留反。擣蓍，即藂蓍，擣是古稠字。』案：稠概，是相爲依倚也。」

一一〇　依〔一〕，禄也。禄位可依憑也。

匯證

〔一〕戴震方言疏證此條與上條連寫，不提行。按：舊本皆不連寫，可仍其舊。依：説文人部：「依，倚也。」引申爲憑藉、依靠。書君陳：「無依勢作威。」詩小雅小弁：「靡瞻匪父，靡依匪母。」漢書李尋傳：「佞巧依勢，微言毀譽。」「依倚」同義連文。王充論衡論死：「秋氣爲呻鳴之變，自有所爲，依倚死骨之側，人則謂之骨尚有知，呻鳴於野。」漢書劉歆傳：「然用太子起於微細，上少依倚許氏。」後漢書廉范傳：「世伏其好義，然依倚大將軍竇憲，以此爲譏。」方言「依」之訓禄，郭説「禄位可依憑」，蓋言外之意也。

一一一　𦛜，腯也[一]。腯腯，肥充也。音腞，亦㝮[二]。

匯證

〔一〕𦛜，腯也：戴震方言疏證「𦛜」作「䁍」。盧文弨重校方言仍作「𦛜」。劉台拱方言補校：「當作䁍。」廣雅釋詁二：「腯，盛也。」「䁍」與「盛」同。王念孫疏證引方言亦作「䁍」。是戴改作「䁍」是也。又王氏廣雅疏證引方言作「腯，䁍也」，是校正「䁍，腯也」爲「腯，䁍也」。王引之經義述聞卷一四禮記上「腯肥」條引方言亦作「腯，䁍也」，自注云：「䁍與盛同。舊本『腯䁍』二字倒轉。廣雅『腯，盛也』，即本方言。今據改。」胡芷藩書周祖謨方言校箋後：「王氏父子對這條的校訂是很值得引用的。方言全書訓詁的體例——也是古人訓詁的一般的體例，用以作釋之字都是所謂通語。『䁍』是通語，故方言卷一：『華、荂，䁍也。』卷十：『焜、曅，䁍也。』卷十三：『蘊，䁍也。』皆以『䁍』字作釋。故此條亦應以『䁍』作釋，而『腯』爲所釋之字。若是倒轉爲『䁍，腯也』，則與全書訓詁之例不合。」按：此條校正當據二王和胡氏說，改作「腯，䁍也」。

腯：廣雅釋詁二王念孫疏證：「説文：『牛羊曰肥，豕曰腯。』字或作『腞』。曲禮：『豚曰腞肥。』鄭注云：『腞，亦肥也。』桓六年左傳：『吾牲牷肥腯。』杜預注與鄭同。正義：『重言肥腯者，古人自有複語耳。服虔云：「牛羊曰肥，豕曰腯。」案：禮記豚亦稱肥，非獨牛羊也。今案：傳云：『備腯咸有。』則『腯』亦不專屬豕，孔説是也。」按：腯，肥壯也。同義連文曰「肥腯」或「腯肥」。左傳桓公六年：「故奉牲以告曰：博碩肥腯。」墨子尚同中：「酒醴粢盛不敢不蠲潔，犧牲不敢不腯肥。」禮記曲禮下：「凡祭宗廟之禮，牛曰一元大武，豕曰剛鬣，豚曰腯肥。」

〔二〕音腞，亦㝮：「㝮」同「突」。王引之經義述聞卷一四禮記上「腯肥」條引作「亦作腞，音突」，云：「舊本作『音腞，亦突』，錯脱不成文理，今正。」胡芷藩書周祖謨方言校箋後：「注文『腯腯，肥充也。音腞，亦突』的錯亂，證之集韻：『腯，肥也。或作腞。』入聲十一没，『揬』小韻下 龍龕手鑑亦以腞爲腯之或作，則注文應是『亦作腞，音突』。」胡氏自注云：「説文肉部『腯』下，段玉裁注引方言郭注『音突，亦作腞』，與王氏所校相合，唯『音突』二字，移在『亦作腞』之前耳。」按：當據王氏校改作「亦作腞，音突」。

一一二　盬〔一〕、雜〔二〕，猝也。皆倉卒也。音古。

匯證

〔一〕盬：廣雅釋詁二：「盬、雜，猝也。」王念孫疏證：「方言：『盬、雜，猝也。』『盬，且也。』玉篇：『盬，倉猝也，姑也。』凡言姑且者，皆倉猝不及細審之意，故云猝也。」按：「盬」之訓「且」，見本卷下一一四條。

〔二〕雜：錢繹方言箋疏：「越語：『范蠡對曰：「逆節萌生，天地未形，而先爲之征，其事是以不成，雜受其刑。王姑待之。」』是雜爲猝也。」

一一三　𨇨〔一〕，行也。言跳𨇨也〔二〕。音藥。

匯證

〔一〕𨇨：戴震方言疏證：「廣韻有『𨇨』字，與『躍』同音，云：『出走也。』于行之義爲近。」説文走部：「𧾩，趠𧾩也。」段玉裁注：「『𨇨即𧾩字。』」廣雅釋詁一：「踚，行也。」王念孫疏證：「玉篇、廣韻並云：『踚，行也。音倫。』方言：『踚，行也。』郭璞注云：『言跳踚也，音藥。』説文：『𧾩，趠𧾩也。』廣韻云：『趠𧾩，行皃。』『趠𧾩、跳踚』聲相近……下文云：『踚，履也。』履亦行也。」錢繹方言箋疏：「上文：『𨇨，拔也。出火爲𨇨。』……義亦相近。前卷一云：『踚，登也。』廣雅：『躍，跳也。』『上也。』説文：『趯，躍也。以灼切。』並與『𨇨』通……家君曰：廣雅之訓多本方言，今『行』訓内有『踚』無『𨇨』，『踚』即『𨇨』之譌。曹憲不能是正，誤音爲『倫』，致玉篇、廣韻遂並踵其失耳。」

〔二〕言：王念孫手校明本改作「謂」。

一一四　盬〔一〕，且也。盬猶䖃也〔二〕。

匯證

〔一〕盬：戴震方言疏證：「『盬』讀爲姑息之姑。廣雅：『㛐，且也。』皆古字假借通用。禮記内則篇：『姑與之而姑使之。』鄭注云：『姑，猶且也。』」錢繹方言箋疏：「『盬』之言姑且也。」章炳麟新方言釋言：「今人謂苟且成事曰糊，即盬、姑等字也。皆從古聲。」

〔二〕𧆛：宋本不清，據四部叢刊影宋本録。戴震方言疏證作「𧆛」。按：作「𧆛」是也。廣雅釋詁二：「𧆛，息也。」王念孫疏證云：「『姑』與『𧆛』通……『苦』與『𧆛』亦聲近義同。」

一一五　抽〔一〕，讀也。

匯證

〔一〕抽：戴震方言疏證：「詩鄘風：『不可讀也。』毛傳：『讀，抽也。』鄭箋云：『抽，猶出也。』史記太史公自序：『紬史記石室金匱之書。』集解徐廣曰：『紬，音抽。』索隱如淳云：『抽徹舊書故事而次述之。』小顏云：『紬，謂綴集之也。』方言以『讀』訓抽，兼此二義。」按：説文言部：「讀，誦書也。」段玉裁改「誦」作「籀」，注云：「『讀』與『籀』疊韻而互訓。鄘風傳曰：『讀，抽也。』方言曰：『抽，讀也。』蓋籀、抽古通用……太史公作史記，曰『余讀高祖侯功臣』，曰『太史公讀列封至便侯』，曰『太史公讀秦楚之際』，曰『余讀諜記』，曰『太史公讀春秋曆譜諜』，曰『太史公讀秦記』，皆謂紬繹其事以作表也。漢儒注經，斷其章句爲讀，如周禮注『鄭司農讀火絶之』，儀禮注『舊讀昆弟在下』『舊讀合「大夫之妾爲君之庶子、女子子嫁者、未嫁者」』是也。擬其音曰讀，凡言讀如、讀若皆是也。易其字以釋其義曰讀，凡言讀爲、讀曰、當爲皆是也。人所誦習曰讀，如禮記注云『周田觀文王之德，博士讀爲厥亂勸寧王之德』是也。」「諷誦亦可云讀，而讀之義不止於諷誦，諷誦止得其文辭，讀乃得其義薀。」「孟子云『誦其詩，讀其書』，則互文見義也。」又竹部：「籀，讀書也。」段注云：「叙目曰：『尉律：學僮十七已上始試，諷籀書九千字，乃得爲吏。』試字句絶，諷籀連文，謂諷誦而抽繹之。滿九千字皆得六書之恉，乃得爲吏也。此籀之本義，經傳尟用。周宣王時，太史以爲名，因以名所著大篆曰籀文，迄今學者絶少知其本義者，故於『讀』下『籀書』改爲『誦書』，於叙目釋爲籀文九千字，重悂貤繆，可勝嘆哉。毛傳曰：『讀，抽也。』方言曰：『抽，讀也。』『抽』皆『籀』之假借。籀者，抽也。讀者，續也。抽引其緒相續而不窮也。亦假『紬』字爲之，太史公自序『紬史記石室金匱之書』……亦借『繇』字爲之。春秋傳卜筮繇辭，今皆作『繇』，又俗作『䌛』，據許則作『籀』。服虔曰：『繇，抽也。抽出吉凶也。』」

8b 一一六　幐〔一〕，託也。

匯證

〔一〕幐：錢繹方言箋疏：「前卷二云：『託、幐，寄也。』凡寄爲託，寄物爲幐。』廣雅：『幐、侂，寄也。』『侂』與『託』同。」按：「幐」參卷二第一四條匯證〔八〕，「託」參卷二第一四條匯證〔五〕。

一一七　適〔一〕，牾也〔二〕。相觸迕也。

匯證

〔一〕適：戴震方言疏證：「廣雅：『適，啎也。』義本此。郭璞、曹憲皆無音。以義推之，當讀爲『適見於天』之適，鄭注云：『適之言責也。』說文：『啎，逆也。』」廣雅釋言：「適，悟也。」王念孫疏證：「『啎』與『悟』通。史記韓非傳云：『大忠無所拂悟。』是也。『適』之言枝也，相枝梧也。『枝、適』語之轉。小雅我行其野傳云：『祇，適也。』『祇』之轉爲適，猶『枝』之轉爲適矣。」

〔二〕牾：說文午部作「啎」。正字通牛部：「牾，與忤、遻通，又與啎同。」錢繹方言箋疏：「說文：『啎，逆也。』『逆，迎也。』相迎者必相屰。『屰、逆』古字互通。『啎』亦作『啎』。管子七臣七主篇：『事無常而法令申，不啎則失國勢。』吕氏春秋明理篇：『亂世之民，長短頡啎。百疾。』高誘注：『啎，逆也。』『啎』與『啎』同。説文又云：『午，啎也，五月陰氣午逆陽冒地而出。』史記律書曰：『午者，陰陽交，故曰午。』漢書律曆志曰：『咢布於午。』〔釋名釋天〕曰：『午，仵也。陰氣從下上與陽相仵逆也。』『午』與『啎』聲近義同……案：梧亦枝也。後漢書方術趙炳傳云：『炳乃故升茅屋，梧鼎而爨。』李賢注云：『梧，支也。』『支』與『枝』通。適之訓爲啎，與梧之訓爲支亦同也。」

一一八　捭〔一〕，予也。予猶與。音卑。

匯證

〔一〕捭：戴震方言疏證改作「埤」，云：「埤，各本譌作『捭』，今訂正。廣雅：『埤，予也。』義本此。」按：王念孫於廣雅釋詁三「予也」之「予」下補「與」字，並云「埤」等諸字訓爲「取與之與」，「予」字「但有取與之義」。此説與郭璞注「予猶與」合。「埤」之訓取與之與，蓋由「增益」義而引申。爾雅釋詁下：「埤，厚也。」説文土部：「埤，增也。」詩邶風北門：「政事一埤益我。」毛傳：「埤，厚也。」段玉裁注説文云：「凡从卑之字，皆取自卑加高之意。」自卑加高，則取與之「與」義存乎其中矣。取與之「與」，義與「捭」不相涉，戴據廣雅改作「埤」是也。

一一九　彌〔一〕，縫也。

匯證

〔一〕彌：戴震方言疏證作「镾」，云：「前卷十二内『嗇、镾，合也』。『縫』與『合』義相因。廣雅：『繬、彌，縫也。』『繬、嗇』，古通用，『彌』即『镾』。」按：「彌」不必改作「镾」，參見卷一二第九八條匯證〔二〕。

一二〇　譯〔一〕，傳也。

匯證

〔一〕譯：廣雅釋詁四：「譯，傳也。」王念孫疏證：「王制云：『五方之民，言語不通，嗜欲不同，達其志、通其欲，東方曰寄，南方曰象，西方曰狄鞮，北方曰譯。』方言曰：『譯，傳也。』説文云：『傳譯四夷之語者。』」錢繹方言箋疏：「淮南泰族訓云：『夷狄之國，重譯而至。』鹽鐵論云：『越人夷吾、戎人由余待譯而後通。』是譯亦不專屬北方也，故漢書百官公卿表典客有譯官、令丞屬也。」

一二一　譯〔二〕，見也。傳宣語，即相見〔二〕。

匯證

〔一〕戴震方言疏證此條與上條連寫，不提行。按：據郭注，不提行别寫是也，當據戴本正。

譯：廣雅釋詁三：「譯，見也。」王念孫疏證：「見者，著見之義，謂傳宣言語使相通曉也。齊風載驅箋云：『圛，明也。』義與譯相近。」廣雅釋詁四：「譯，明也。」王念孫疏證：「譯之言奕奕也。方言：『譯，明也。』『譯，見也。』小爾雅：『斁，明也。』洪範『曰圛』，史記宋世家『圛』作『涕』，集解引鄭氏書注云：『圛者，色澤而光明也。』齊風載驅篇：『齊子豈弟。』鄭箋云：『此豈弟猶言發夕也。豈，讀爲闓。弟，古文尚書以弟爲圛。圛，明也。』爾雅：『愷悌，發也。』發亦明也。司馬相如封禪文：『昆蟲闓懌。』亦是發明之意，猶言『蟄蟲昭蘇』耳。王延壽魯靈光殿賦：『赫燡燡而爥坤。』李善注云：『燡燡，光明貌。』何晏景福殿賦云：『鎬鎬鑠鑠，赫奕章灼。』集韻引字林云：『焲，火光也。』是凡與譯同聲者，皆光明之意也。」

〔二〕傳宣語，即相見：吴予天方言注商：「原本玉篇引郭注作『傳語即相見也』，無『宣』字。」

一二二　梗[一]，略也。梗概，大略也。

匯證

[一]梗：廣雅釋言「梗，略也」王念孫疏證：「張衡東京賦：『故粗謂賓言其梗槩如此。』薛綜注云：『梗槩，不纖密，言粗舉大綱如此之言也。』」錢繹方言箋疏：「後漢書杜篤傳云：『故略其梗概。』李賢注：『梗概，猶粗略也。』揚子答劉歆書：『翁孺梗概之法略有。』轉言之則曰『辜較』。孝經云：『蓋天子之孝也。』孔傳云：『蓋者，辜較之辭。』劉炫述義云：『辜較，猶梗概也。孝道既廣，[此纔]舉其大略也。』是也。」

一二三　臆[一]，滿也。愊臆[二]，氣滿之也[三]。

匯證

[一]臆：戴震方言疏證：「廣雅：『臆、溢、豐，滿也。』永樂大典本『滿』作『懣』。據廣雅證之，應以作『滿』者爲正。」廣雅釋詁一：「臆，滿也。」王念孫疏證：「說文：『意，滿也。』方言：『臆，滿也。』郭璞注云：『愊臆，氣滿也。』凡怒而氣滿謂之『愊臆』。漢書『策慮愊億』是也。哀而氣滿亦謂之『愊臆』。史記扁鵲傳：『噓唏服億悲不能自止。』『服億』即『愊臆』，問喪云『悲哀志懣氣盛』是也。憂而心懣亦謂之『愊臆』。馮衍顯志賦云：『心愊憶而紛紜。』是也。『臆、臆、憶、億、意』，五字並通。司馬相如長門賦：『心憑噫而不舒兮。』李善注云：『憑噫，氣滿貌。』『憑噫』即『愊臆』之轉。說文：『十萬曰意。』玉篇云：『今作億。』億亦盈數之名也，故小雅楚茨篇云：『我倉既盈，我庾維億。』易林乾之師云：『倉盈庾億。』『盈、億』亦語之轉也。」

[二]愊臆：徐復補釋：「愊臆，謂氣滿胸腹，故引伸爲憤怒鬱積矣。愊之本字爲畐，腹之古文；臆本作肊，訓爲胸骨。畐肊爲本字，由此而假借爲愊忆、服忆、愊臆、凴噫，其義皆同矣。」

〔三〕王念孫廣雅疏證「滿也」條下引郭注無「之」字。錢繹方言箋疏明謂「舊本『氣滿』下衍『之』字」，並删去。按：依義當删。

9a 一二四　⿰阝馬〔一〕，益也。謂增益也。音罵。

匯證

〔一〕⿰阝馬：廣雅釋詁一：「⿰阝馬，益也。」王念孫疏證：「爾雅：『是類是禡，師祭也。』周官肆師：『凡四時之大甸獵，祭表貉，則爲位。』鄭注云：『貉，師祭也。貉，讀爲十百之百。於所立表之處爲師祭，祭造軍灋者，禱氣勢之增倍也。』釋文：『貉，莫駕反。』甸祝：『掌四時之田表貉之祝號。』杜子春注云：『貉，讀爲百爾所思之百。書亦或爲禡。禡，兵祭也。』鄭注云：『禡者，禱氣勢之十百而多獲。』『貉、禡』，與『⿰阝馬』同聲，皆增益之意，故又讀爲十百之百也。漢書律曆志云：『數紀於一，協於十，長於百，大於千，衍於萬。』『長』即增益之意。」章炳麟新方言釋器：「投壺：『請爲勝者立馬……』注：『馬，勝算也。』其後字變作『⿰阝馬』。方言：『⿰阝馬，益也。』今謂記數以縱横畫代一、二、三、四等字爲『馬子』，賭家以籌記勝算爲『籌馬』。」按：章氏所説記數之「馬」，恐非方言之意。

一二五　空〔一〕，待也。來則實也〔二〕。

匯證

〔一〕空：廣雅釋詁二：「空，待也。」王念孫疏證：「待者，止也……鄭風大叔于田傳云：『止馬曰控。』義與空相近。」按：「空」之訓「待」，文獻無徵，王説「控」與「空」義近，似亦未安，存疑待質。

〔二〕來則實也：錢繹方言箋疏：「未必如郭所云也。」

一二六　珇〔一〕，好也。

匯證

〔一〕珇：説文玉部：「珇，琮玉之瑑。」段玉裁注：「許意謂兆瑑之美曰珇。」廣雅釋詁一：「珇，好也。」王念孫疏證：「法言吾子篇云：『霧縠之組麗。』『組麗』猶純麗也。『組』與『珇』通。」又：「珇，美也。」王念孫疏證：「晏子春秋諫篇云：『今君之服駔華。』……『組、駔』並與『珇』通。」

一二七　珇〔一〕，美也。美、好等㸦見義耳〔二〕。音祖。

匯證

〔一〕戴震方言疏證此條與上條連寫，不提行。按：據郭注「美好等互見義耳」，連寫是也，當據正。

珇：説見上條匯證〔一〕。

〔二〕㸦：同「互」。

一二八　嫗〔一〕，色也。嫗煦，好色皃。

匯證

〔一〕嫗：戴震方言疏證：「樂記：『煦嫗覆育萬物。』鄭注云：『氣曰煦，體曰嫗。』『嫗』亦作『嘔』，『煦』亦作『呴』。」廣雅釋詁二：「嘔煦，色也。」王念孫疏證：「莊子駢拇篇：『呴俞仁義。』釋文：『呴俞，本又作傴呴，謂呴喻顏色爲仁義之貌。』逸周書官人解云：『欲色嫗然以愉。』大戴禮『嫗』作『嘔』。漢書王襃傳：『是以嘔喻受之。』應劭注云：『嘔喻，和悦貌。』」

『嘔、嫗、傴』，古通用。説文：『欨，笑意也。』漢書韓信傳：『言語姁姁。』史記索隱引鄧展注云：『姁姁，和好貌。』東方朔非有先生論云：『説色微辭，愉愉喣喣。』傅毅舞賦云：『姁媮致態。』『喣、煦、姁、欨』，古通用。『嫗煦、嘔喻、姁媮』，並疊韻之轉耳。」按：王説「嫗煦」等爲疊韻轉語是也。義謂和悦之色，故郭注云「好色貌」。

一二九　閻〔一〕，開也。謂闗門也〔二〕。

匯證

〔一〕閻：同「閻」。按：卷六第五〇條：「閻苦，開也。東齊開户謂之閻苦，楚謂之闓。」「閻苦」乃聯綿詞，參該條匯證〔一〕。説文門部：「閻，里中門也。」段玉裁注：「别於閭閈，里外門也。」墨子雜守「若閻術，可要塞及爲微識」孫詒讓閒詁、漢書異姓諸侯王表「適戍强於五伯，閭閻偪於戎狄」顔師古注、文選班固西都賦「内則街衢洞達，閭閻且千」李善注引字林皆曰：「閻，里中門也。」以「開」訓「閻」，蓋因里中門常不關乎？文獻無徵，郭注「謂開門也」，蓋其時俗語稱開門爲「閻」也。

〔二〕闗：戴震方言疏證改作「開」，是也，當據正。

一三〇　靡〔一〕，滅也。或作摩滅字。音麋〔二〕。

匯證

〔一〕靡：戴震方言疏證改作「摩」，云：「後漢書文苑列傳：『東攡烏桓。』注云：『字書：「攡亦靡字也，音靡。」』方言云：『摩，滅也。』」盧文弨重校方言未從戴校改，云：「靡，敝；音麋，故爲滅義。摩滅當音磨，本亦作攡。」按：不改是也。王念孫讀書雜志荀子第八「利夫秋豪，害靡國家」條：「靡者，滅也。言利不過秋豪，而害乃至於滅國家也……漢書賈山傳『萬鈞之所壓，無不糜滅者』，司馬遷傳『富貴而名摩滅』，摩與糜、靡，古同聲而通用。」錢繹方言箋疏：「説文：『靡，披靡也。』中孚九二云：『吾與爾靡之。』孟、王注皆云：『散也。』釋文：『靡，本又作縻，同，亡池反，散也。徐又武寄反。』楚辭九歎云：『名靡散而不彰。』王逸注云：『靡散，猶消滅也。』是靡爲滅也。考工記梟氏云：『于上之攠謂之隧。』鄭注云：『攠，所擊之處。攠，弊也。』釋文：『攠，音摩。劉亡奇反，又莫賀反。』［後］漢書杜篤傳：『東攠烏桓。』李賢注云：『字書「攠」亦「靡」字也，音摩。』引方言云：『摩，滅也。』是本或作『摩』也。莊子徐無鬼篇：『循古而不摩。』釋文引王叔之義疏云：『摩，消滅也。』『靡、攠、摩』，古字並通。」徐復補釋：「亦作摩滅。漢書司馬遷傳：『古者富貴而名摩滅，不可勝紀。』潛夫論忠貴：『海內怨痛，人欲其亡，故一朝摩滅，而莫之哀也。』後亦作磨滅，其義同。」

〔三〕音糜：各本同，王念孫手校明本改作「音縻」，周祖謨方言校箋亦改作「音縻」，云：「『縻』，原作『糜』。案：集韻支韻『靡、縻』同音忙皮切；『糜』在脂韻，音旻悲切；『靡、糜』不同音。今改。」按：當據王、周校改正。

一三一　菲〔一〕，薄也。謂微薄也。音翡。

匯證

〔一〕菲：戴震方言疏證：「諸葛亮出師表：『不宜妄自菲薄。』李善注云：『方言曰：菲，薄也。郭璞曰：微薄也。』廣雅：『菲，䙏也。』曹憲音釋于『菲』字云：『世人以此爲芳菲之菲，失之矣。』于『䙏』字云：『世人作襌䙏之䙏，艸下著溥，亦失之矣。』」按：「菲」猶「薄」也，微薄之謂。論語泰伯「菲飲食而致孝乎鬼神」何晏集解引馬融、禮記坊記「君子不以菲廢禮」陸德明釋文皆云：「菲，薄也。」梁書武帝紀：「菲食薄衣，請自孤始。」「菲食薄衣」謂「衣食菲薄」也。「菲薄」亦連文而用。文選潘岳西征賦：「托菲薄之陋質。」沈約和謝宣城：「顧循良菲薄。」漢書武帝紀：「惟德菲薄。」是「菲、薄」同義也。

9b 一三二　腆〔一〕，厚也。

匯證

〔一〕腆：廣雅釋詁三：「錘、鋛，厚也。」王念孫疏證：「錘之言垂也。下垂，故重也。鋛之言腆也。方言：『腆，厚也。』厚與重同義。說文：『重，厚也。』」錢繹方言箋疏：「小爾雅：『腆，厚也。』僖三十三年左氏傳云：『不腆敝邑，爲從者之淹（留）。』昭二十五年公羊傳云：『寡人有不腆先君之服。』杜預、何休注並云：『腆，厚也。』前卷六云：『鋛，重也。東齊之間曰鋛。』音吐本反。廣雅：『鋛，重也。』曹憲音腆。說文：『重，厚也。』廣雅云：『重皮，厚朴也。』高誘注呂氏春秋振亂篇云：『厚，重也。』是『重』與『厚』義同也。說文：『腆，設膳腆腆多也。』『多』與『厚』，義亦相近。」

一三三　媟〔一〕，狎也。相親狎也。

匯證

〔一〕媟：戴震方言疏證：「漢書賈山傳：『古者大臣不媟。』顏師古注云：『媟，狎也。』說文云：『媟，嬻也。』亦通用『渫』。荀子榮辱篇：『憍泄者，人之殃也。』楊倞注云：『泄與渫同，嫚也。』」按：「媟」之本義謂輕侮，不恭敬。賈誼新書道術：「接遇慎容謂之恭，反恭爲媟。」方言訓「狎」，郭璞注：「相親狎也。」是謂過於親昵而不莊重，引申義也。戴引漢書例是也。

一三四　芋〔一〕，大也。芋猶訏耳〔二〕，香于反。

匯證

〔一〕芋：廣雅釋詁一：「訏、芋，大也。」王念孫疏證：「訏與下芋字同。爾雅：『訏，大也。』方言云：『中齊西楚之間曰訏。』又云：『芋，大也。』郭璞注云：『芋猶訏耳。』大雅生民篇：『寔覃寔訏。』小雅斯干篇：『君子攸芋。』毛傳並云：『大也。』……芓又音王遇反，其義亦爲大。説文云：『芓，大葉實根駭人，故謂之芓。』是也。」

〔二〕訏：卷一第二一條：「訏，大也。」郭注：「訏亦作芓，音義同耳。」參該條匯證〔五〕。

一三五　煬〔一〕、翕〔二〕，炙也〔三〕。今江東呼火熾猛爲煬，音恙。

匯證

〔一〕煬：戴震方言疏證：「揚雄甘泉賦：『南煬丹厓。』李善注引方言『煬，炙也』。張衡東京賦：『颺標燎之炎煬。』薛綜注云：『郭璞方言注曰：火熾猛爲煬。』潘岳西征賦：『詩書煬而爲烟。』李善注引方言注曰：『今江東呼火熾猛爲煬。』」按：説文火部：「煬，炙燥也。」意即烘烤、烘乾。戰國策楚策三：「若竈則不然，前之人煬，則後之人無從見也。」鮑彪注：「煬，炙燥也。」廣雅釋詁二：「煬，爇也。」王念孫疏證：「方言注云：『今江東呼火熾猛爲煬。』管子禁藏篇云：『夏日之不煬，非愛火也。』莊子盜跖篇云：『冬則煬之。』煬之言揚也。周官卜師：『揚火以作龜。』鄭注云：『揚，猶熾也。』即郭所云『火熾猛』也。」徐復補釋：「楚辭七諫自悲：『觀天火之炎煬兮，聽大壑之波聲。』炎煬，謂火熾烈也。今吴方言有之。」

〔二〕翕：卷一二第九五條：「翕，熾也。」參該條匯證〔二〕。

〔三〕炙：「炙」之俗字。説文炙部：「炙，炙肉也。从肉在火上。」由燒烤引申爲燒灼。廣雅釋詁二：「炙，爇也。」方言正用此義。尚書泰誓上：「以殘害于爾萬姓，焚炙忠良。」孔穎達疏：「焚、炙，俱燒也。」漢書武五子傳：「乃斬充以徇，炙胡巫上林中。」顔師古注引服虔曰：「炙，燒也。」

一三六　煬〔一〕、烈〔二〕，暴也。

匯證

〔一〕戴震方言疏證此條與上條連寫，不提行。按：今仍其舊。煬：廣雅釋詁二：「煬、曬，曝也。」「曝」與「暴」同。是此條「煬」謂曝曬之義。漢書揚雄傳上：「北爌幽都，南煬丹厓。」顔師古注：「煬，熱也。言柴燎之光遠及四表也。」此「煬」謂照耀之義，與曝曬義較近。

〔二〕烈：錢繹方言箋疏：「説文：『烈，火猛也。』大雅生民篇：『載燔載烈。』毛傳云：『貫之加于火曰烈。』鄭箋云：『烈之言爛也。』義與『暴』同。」按：錢氏引證之例，義皆與本條不合。方言訓「烈」爲曝曬之「暴」，漢書司馬相如傳上：「應風披靡，吐芳揚烈。」顔師古注：「烈，酷烈之氣也。」庶幾近之。

一三七　馺〔一〕，馬馳也。馺馺，疾皃也。索荅反。

匯證

〔一〕馺：戴震方言疏證：「揚雄甘泉賦：『輕先疾雷而馺遺風。』李善注云：『方言曰：馺，馳也。郭璞曰：馺，疾也。』劉向九嘆：『馺高舉兮。』洪興祖補注引方言『馺，馬馳也』，注云：『疾貌。』廣雅：『馺，馳也。』義本此。説文：『馺，馬行相及也。』」廣雅釋詁五：「馺，馳也。」王念孫疏證：「説文又云：『⿰彳歰，行皃。一曰此與馺同。』嵇康琴賦云：『飛纖指以馳騖，紛⿰彳歰嚞以流漫。』漢書司馬相如傳：『汩淢靸以永逝兮。』顔師古注云：『靸然，輕舉意也。』廣雅釋訓云：『馺馺，行也。』義並與馺同。」

一三八　選〔一〕、延〔二〕，偏也〔三〕。

匯證

〔一〕選：廣雅釋詁二：「選，徧也。」王念孫疏證：「選之言宣也。爾雅：『宣，徧也。』」按：郝懿行爾雅義疏：「詩内『宣』字，傳箋俱訓爲『徧』。逸周書謚法篇云：『聖善周聞曰宣。』亦以『宣』爲周徧也。」章炳麟新方言釋詞：「頙、僎、撰，聲義皆同。選具者，方言云：『選，徧也。』是選具即徧具。今蘇、松、嘉興謂徧具爲『頙』，如『皆有』曰『頙有』、『皆好』曰『頙好』。」玉篇頁部：頙「或爲僎，古文作選」。

〔二〕延：廣雅釋詁二：「延，徧也。」王念孫疏證：「呂刑云：『延及于平民，罔不寇賊。』」按：「延」之訓「徧」，蓋由延及義引申爲蔓延也，蔓延則周徧義寓於其中矣。文選張衡西京賦：「重閨幽闥，轉相踰延。」薛綜注：「言互相周通。」又「延」有布陳、播揚之義，亦與「徧」相近。爾雅釋詁上：「延，陳也。」邢昺疏：「鋪陳也。」國語晉語七：「使張老延君譽于四方。」韋昭注：「延，陳也。陳君之稱譽於四方。」

〔三〕偏：戴震方言疏證改作「徧」，云：「『徧』，各本譌作『偏』，廣雅：『周、帀、選、延，徧也。』今據以訂正。」按：戴校是也，當據正。

一三九　澌〔一〕，索也〔二〕。盡也。

匯證

〔一〕澌：廣雅釋詁一：「索、澌，盡也。」本書卷三第四九條「澌，盡也」，詳參該條匯證〔四〕。

〔二〕索：説文水部：「澌，水索也。」水索，猶言水盡也。索之訓盡，用例頗豐。尚書牧誓「牝雞之晨，惟家之索」僞孔傳、左傳襄公八年「蔡人不從，敝邑之人不敢寧處，悉索敝賦，以討于蔡」杜預注、儀禮鄉射禮「命曰取矢不索」陸德明釋文皆曰：「索，盡也。」説苑權謀：「祭之爲言索也，索也者盡也，乃孝子所以自盡於親也。」

10a 一四〇 晞〔一〕，燥也。

匯證

〔一〕晞：廣雅釋詁二：「燥、晞、暵，乾也。」王念孫疏證：「方言：『晞，燥也。』說文：『晞，乾也。』小雅湛露篇：『匪陽不晞。』玉藻：『髮晞用象櫛。』毛傳、鄭注並與說文同。『晞』亦『暵』也，語之轉耳。『暵』與『罕』同聲，『晞』與『希』同聲。『晞』之轉爲『暵』，猶『希』之轉爲『罕』矣。」錢繹方言箋疏：「『乾』與『燥』同義，故說文云：『燥，乾也。』……燥謂之晞，暴所以燥物亦謂之晞。前卷七云：『晞，暴也。』」

一四一 梗〔一〕，覺也。謂直也。

匯證

〔一〕梗：戴震方言疏證：「廣雅：『梗，覺也。』義本此。爾雅釋詁：『梗，直也。』詩大雅：『有覺德行。』毛傳：『覺，直也。』」廣雅釋詁四王念孫疏證：「緇衣引詩『有梏德行』，今詩作『覺』……『覺』與『梏』通。『梗、覺』一聲之轉，今俗語猶云『梗直』矣。」王引之經義述聞卷二六「梗、較、道，直也」條：「楚辭九章：『淑離不淫，梗其有理兮。』謂橘榦之直而有理也。今俗語猶云『梗直』矣。書大傳：『覺兮較兮。』鄭注曰：『較兮，謂直道者也。』周官司裘注曰：『鵠之言較。較者，直也。射所以直己志。』祭統：『夫人薦豆執校。』户教反。鄭注曰：『校，豆中央直者也。』校、較，聲近義同。直、道，一聲之轉。」

一四二 萃〔一〕，集也。

匯證

〔一〕萃：見卷三第一七條「萃、雜，集也」匯證〔一〕。

一四三　晲〔一〕、俾倪〔二〕。曎〔三〕，音亦。明也。

匯證

〔一〕晲：錢繹方言箋疏：「説文：『睨，衺視也。』李頤注莊子天下篇云：『睨，側視也。』合一目以一目視物則用力專，而視尤明。中庸云：『執柯以伐柯，睨而視之。』是也。今世木工猶然，是睨爲明也。」按：錢氏以誤字曲爲之説。「睨」當作「晲」。廣韻齊韻：「晲，明也。」亦指日過午偏斜。呂氏春秋序意：「以日晲而西望知之。」淮南子要略：「所以使人不妄没於勢利，不誘惑於事態，有符曬晲。」玉篇日部：「晲，日昳也。」日西斜曰「晲」，目斜視曰「睨」，亦曰「俔」，音同義通，訓「明」則當爲「晲」也。

〔二〕俾倪：通作「睥睨」，同。

〔三〕曎：戴震方言疏證：「廣雅：『曎，明也。』曹憲音釋『曎』音亦。蓋『曎』即『曎』之譌。説文『睪』從横目、從幸。『睪』又加目，説文無此字。以義考之，當作『圛』。洪範『曰驛』，鄭本作『圛』，疏云：『鄭以圛爲明，言色澤光明也。』」按：廣雅從「日」不從「目」，方言「曎」是誤字，當據廣雅訂正。參本卷第一二一條匯證〔一〕引廣雅釋詁「曎，明也」王念孫疏證。

一四四　暟〔一〕、臨〔二〕，昭也〔三〕。

匯證

〔一〕暟：廣雅釋詁四：「暟、臨，照也。」又：「闓，明也。」王念孫疏證：「闓之言開明也。説文：『闓，開也。』爾雅：『愷悌，發也。』舍人、李巡、郭璞皆訓『愷』爲『明』。詩作『豈弟』，封禪文作『闓懌』，並字異而義同。説文：『塏，高燥也。』昭三年左傳：『請更諸爽塏者。』方言：『暟，照也。』義與『闓』並相近。」

〔二〕臨：戴震方言疏證：「晉語：『臨長晉國者。』韋昭注云：『臨，監也。』『監』即照察之義。」按：「照臨」連言，用例不少。左傳文公十二年：「君不忘先君之好，照臨魯國。」又昭公二十八年：「德正應和曰莫，照臨四方曰明。」詩邶風日月：「日居月諸，照臨下土。」又小雅小明：「明明上天，照臨下土。」也作「臨照」。左傳桓公二年：「君人者，將昭德塞違，以臨照百官。」國語周語上：「寔臨照周之子孫而禍福之。」是「照、臨」之義相近也。

〔三〕昭：戴震方言疏證據廣雅改作「照」，王念孫廣雅疏證引方言同。按：慧琳一切經音義卷九〇「臨淄」條引方言「臨，照也」。戴校是也，當據正。

一四五　暟〔一〕，美也。暟暟，美德也，呼凱反。

匯證

〔一〕戴震方言疏證此條與上條連寫，不提行。

暟：錢繹方言箋疏：「廣雅：『暟，美也。』玉篇同。廣韻：『䐩，肉美』也。『䐩』與『暟』聲義並同。」

一四六　箄〔一〕、方氏反。簍〔二〕、音縷。籅〔三〕、音餘。筥〔四〕，弓弢〔五〕。篪也〔六〕。古筥字。江沔之間謂之籅〔七〕，趙代之間謂之筥，淇衛之間謂之井筐〔八〕。淇，水名也。篪，其通語也。

匯證

〔一〕箄：廣雅釋器：「箄，籧也。」王念孫疏證：「箄之言卑小也。」錢繹方言箋疏：「急就篇：『簁箄箕帚筐篋簍。』説文：『簁，簁箄也。』又云：『箄，簁箄也。』又云：『簁箄，竹器也。』廣雅：『箄，籧也。』上文云：『筡、箄，析也。析竹謂之筡。』析謂之箄，析竹爲器即謂之箄，義相因也。又後漢書岑彭傳：『乘枋箄下江關。』李賢注云：『枋箄，以木竹爲之，浮於水上。』義亦同也。」按：下條云「小者」，是「箄」爲一種簍形竹器，王説名原是也。

〔二〕簍：廣雅釋器：「簍，籧也。」王念孫疏證：「説文：『簍，竹籠也。』急就篇云：『簁箄箕帚筐篋簍。』簍之言婁也，斂聚之名也。小雅角弓箋云：『婁，斂也。』方言：『飤馬橐，自關而西或謂之㡘兜。』『㡘』與『簍』義相近。」錢繹方言箋疏：「簍之言縷也，小而細密之名也……顔師古急就篇注云：『簍者，疏目之籠，言其孔樓樓然也。』失之。」

〔三〕籅：廣雅釋器：「籅，籧也。」王念孫疏證：「籅之言輿也。卷二云：『輿，載也。』」

〔四〕䈥：廣雅釋器：「䈥，籧也。」王念孫疏證：「䈥之言韜也，自上覆物謂之韜，自下盛物亦謂之韜。方言注云：『䈥，音弓弢。』蓋得其義矣。」

〔五〕弢：明刻諸本作「弢」，皆「弢」之俗字。「弓弢」謂音弓弢之弢。

〔六〕篪：戴震方言疏證改作「籧」，云：「詩召南：『于以盛之，維筐及筥。』毛傳：『方曰筐，圓曰筥。』周頌『載筐及筥』鄭箋云：『筐、筥所以盛黍稷也。』説文云：『籧，飲牛筐也。方曰筐，圜曰籧。』『飲』乃『飤』之譌，『圓、圜』古通用。玉篇云：『籧，飤牛筐也。亦作筥。』」王念孫手校明本此處和下文「篪」並改作「籧」。廣雅釋器：「籅、䈥、箄、簍，籧也。」王念孫疏證：「此上諸筥，異用而同名，皆筐之圜者也。」周祖謨方言校箋：「『篪』，戴本作『籧』，下同，與御覽卷七六〇引合。」按：『篪』蓋後起俗字。龍龕手鑑竹部：「篪，養蠶竹器也。玉篇同筥。」

〔七〕沔：當作「沔」。

〔八〕井：宋本殘缺，據四部叢刊影宋本録。福山王氏天壤閣刊景宋本作「牛」，明刻諸本同。説文「籧」訓「飤牛筐」，作「牛」是也。

10b 一四七　篪小者〔一〕，南楚謂之簍〔二〕，自關而西秦晉之間謂之箄〔三〕。今江南亦名籠爲箄〔四〕。

匯證

〔一〕戴震方言疏證此條與上條連寫，不提行。按：依義當從戴本連寫。又「篪」字戴本作「篆」，説見上條匯證〔六〕。

〔二〕簍：見上條匯證〔二〕。

〔三〕箄：見上條匯證〔一〕。

〔四〕今江南亦名籠爲箄：周祖謨方言校箋：「注文御覽卷七六〇引作『今江東亦名小籠爲箄』。」錢繹方言箋疏：「玉篇『箄』必匕、必是二切，云：『江東呼小籠爲箄。』説文：『笿，桮笿也。』徐鍇傳云：『笿，籠也。』廣雅：『豆篆，桮落也。』『落』與『笿』同。是籠猶篆也。篆謂之箄，故籠亦謂之箄矣。」

一四八　籠，南楚江沔之間謂之篣〔一〕，今零陵人呼籠爲篣，音彭。或謂之笯〔二〕。音都墓〔三〕，亦呼籃。

匯證

〔一〕沔：譌俗字，明刻諸本作「沔」是也。

篣：按：「篣」爲籠名，文獻無徵。疑以竹名名之也。晉戴凱之竹譜云：「篣竹有毒，夷人以刺虎豹，中之輒死。」是古有竹名爲「篣」者。竹名之「篣」，南楚江沔之間以篣竹編織之籠亦謂之「篣」，義相因也。

〔二〕笯：戴震方言疏證：「廣雅：『篣、笯，籠也。』本此。曹憲音釋『笯』女加、奴慕二反。楚辭懷沙篇：『鳳凰在笯兮。』王逸注云：『笯，籠落也。』洪興祖補注引説文曰：『笯，籠也。南楚謂之笯。』今説文作『鳥籠也』，無『南楚謂之笯』句。」

〔三〕音都墓：戴震方言疏證改作「音那墓反」。周祖謨方言校箋：「戴氏改爲『音那墓反』是也。廣雅釋器：『笯，籠也。』曹憲音女加、奴慕二反。『奴慕』與『那墓』音同。」按：當據戴校改正。

一四九　篨〔一〕，盛餅筥也〔二〕。南楚謂之筲〔三〕，今建平人呼筲〔四〕，爲鞭鞘〔五〕。趙魏之郊謂之去篨〔六〕。今通語也。

匯證

〔一〕篨：廣雅釋器：「筲，篨也。」王念孫疏證：「『篨』即『筥』字也。衆經音義卷十五云：『筥，又作篨，同力與、紀與二反。』古者『筥、篨』同聲。周官掌客注云：『筥，讀如棟梠之梠。』大雅『以遏徂旅』，孟子作『徂莒』，皆其證也。方言：『篨，南楚謂之筲，趙魏之郊謂之⿱竹去篨。』郭注云：『盛餅筥也。』『餅』與『飯』同。說文：『筥，箱也。』周頌良耜篇云：『載筐及筥，其饟伊黍。』是『筥』以盛飯也……『篆』亦與『筥』同。」

〔二〕餅：王念孫手校明本改作「餅」。廣韻釋詁三：「餅，食也。」王念孫疏證：「餅與飯同，讀如飯牛之飯，謂飤之也。玉篇、廣韻『飯』或作『餅』。『餅』與『餅』，字形相近，傳寫往往譌溷。韓子外儲說：『糲餅菜羹。』爾雅釋言釋文引字林云：『餅，扶晚反，飤也。』方言：『篨，南楚謂之筲。』郭璞注云：『盛餅筥也。』今本『餅』字並譌作『餅』，正與此同。」盧文弨重校方言據曹毅之本亦改作「餅」。周祖謨方言校箋：「（盧校改）是也。案玄應音義卷十五及御覽卷七六〇引並作『飯』。」說文云：「『⿱竹捎，筥也。』『⿱竹捎，飯筥也，受五升，秦謂筥曰⿱竹捎。』『⿱竹捎』即本文『筲』字。」按：當從王、盧校改作「餅」。

〔三〕筲：戴震方言疏證：「廣雅：『筲，篨也。』論語：『斗筲之人。』鄭注云：『筲，竹器，容斗二升。』『筲』亦作『⿱竹稍』。說文云：『飯筥也，受五升，秦謂筥曰⿱竹稍。』又於『⿱竹捎』字云：『一曰飯器，容五升。』」王念孫廣雅疏證：「『⿱竹稍、⿱竹捎』並與『筲』同。士喪禮下篇：『筲三，黍稷麥。』鄭注云：『筲，畚種類也，其容蓋與簋同，一觳也。』論語子路篇：『斗筲之人。』鄭注云：『筲，竹器，容斗二升。』與說文異義，未知孰是。」

〔四〕周祖謨方言校箋：「御覽卷七六〇引此注作『今建平人呼曰筲』，『筲』上有『曰』字，今本脫，當據補。」

〔五〕爲鞭鞘：戴震方言疏證作「音鞭鞘」。劉台拱方言補校：「『爲』當作『音』。」錢繹方言箋疏：「『音』字舊本誤作『爲』。前卷五云『箸筩，陳楚宋衛之間謂之筲』，注：『音鞭鞘。』今並據以訂正。」按：當據諸家說改「爲」作「音」。

〔六〕去篨：戴震方言疏證改「去」作「⿱竹去」，云：「『⿱竹去』，各本通作『去』，曹毅之本作『⿱竹去』。說文云：『凵盧，飯器，以柳爲之。』」

『凵』或從竹、厺聲。士昏禮：『婦執笲棗栗。』鄭注云：『笲，竹器而衣者，其形蓋如今之筥⿱艹居蘆矣。』釋文：『⿱艹居，羌居反。蘆，音盧。』『⿱艹居蘆』即『凵盧』，又即『⿱竹去籚』。」錢繹方言箋疏：「『盧』與『旅』古同聲……蓋單言之則爲『⿱竹旅』，亦爲『⿱竹去』，纍言之則爲『⿱竹去⿱竹旅』。『⿱竹去⿱竹旅』即『凵盧』，皆疊韻字。」周祖謨方言校箋：「御覽七六〇引本文亦作『⿱竹去』。」按：當從戴改「去」作「⿱竹去」。

一五〇　錐謂之⿰金茗〔一〕。廣雅作銘字〔二〕。

匯證

〔一〕錐：錢繹方言箋疏：「說文：『錐，銳也。』釋名：『錐，利也。』說苑雜言：『獨不聞干將鏌邪，拂鐘不錚，試物不知，然以之綴屨，曾不若兩錢之錐。』」按：「錐」兼名、動、形三詞。急就篇第一二章：「鐵鈇鑽錐釜鍑鍪。」顏師古注：「錐，所以刺入也。」戰國策秦策一：「讀書欲睡，引錐自刺其股。」是名詞例也。北齊劉晝新論崇學：「蘇生患睡，親錐其股。」是動詞例也。說文、釋名說形容詞義也。據廣雅釋器「鑴、⿰金茗、鋟，錐也」，方言「錐」當爲名詞。

⿰金茗：戴震方言疏證據廣雅改作「鍣」。王念孫手校明本同。按：當據正。錢繹方言箋疏：「『鍣』之言芀也。說文：『芀，葦華也。』段氏注云：『釋草：「葦醜，芀。」顏注漢書云「蒹錐者」，是也。取其脫穎秀出故曰芀。』是『錐謂之鍣』，以是立名也。」

〔二〕銘：戴震方言疏證作「鉊」，王念孫手校明本同。今廣雅作「鍣」，曹憲音「昭」。按：「銘」字顯誤，當據戴校改作「鉊」。

11a 一五一　無升謂之刁斗〔一〕。謂小鈴也。音貂。見漢書。

匯證

〔一〕無升：戴震方言疏證：「『無升』二字應有譌舛。」王國維書郭注方言後三：「淮南齊俗訓：『炮格生乎熱升。』北堂書鈔

一三五、太平御覽七一二並引『熱升』作『熱斗』，説者以爲『尉斗』。漢尉斗之狀與刁斗同，今傳世漢器，其銘皆作『鐎斗』。『無升、熱升、鐎斗』，字形皆相近，當云『鐎斗謂之刁斗』，猶爾雅云『萑菽謂之戎菽』矣。萑、戎，鐎、刁，音均相近。」周祖謨方言校箋：「史記李將軍列傳集解引孟康曰：『以銅作鐎器，受一斗，名曰刁斗。』索隱引埤蒼云：『鐎，温器，有柄斗，似銚，無緣。』王國維謂此文當云『鐎斗謂之刁斗』，其説是也。」按：當據王國維説改正。

刁斗：古代行軍用具。據史記李將軍列傳「不擊刁斗以自衛」集解引孟康，刁斗銅質，「晝炊飯食，夜擊持行」，斗形。據索隱引荀悦，則爲鈴形，「刁斗，小鈴，如宫中傳夜鈴也」。郭璞用鈴形説。

一五二　匕謂之匙〔一〕。音祇。

匯證

〔一〕匕：廣雅釋器：「柶、匙，匕也。」王念孫疏證：「説文：『匕，所以比取飯，一名柶。』古者匕或以黍稷，或以匕牲體，吉事用棘匕，喪事用桑匕。小雅大東篇：『有捄棘匕。』傳云：『匕，所以載鼎實。』士昏禮：『匕俎從設。』注云：『匕，所以別出牲體也。』特牲饋食禮記：『棘心匕刻。』注云：『刻，若今龍頭。』少牢饋食禮云：『雍人概鼎匕俎于雍爨。』又云：『廩人概甑甗匕與敦于廩爨。』注云：『匕，所以匕黍稷。』疏云：『上雍人云匕者，所以匕肉。此廩人所掌米，故云匕黍稷也。』少牢下篇：『覆二疏匕于其上。』注云：『疏匕，匕柄有刻飾者。』又：『二手執挑匕枋以挹湆，注于疏匕。』注云：『此二匕者，皆有淺斗，狀如飯橾。挑，長枋，可以抒物於器中者。』雜記：『枇以桑，長三尺，或曰五尺。刊其柄與末。』注云：『枇，所以載牲體者，此謂喪祭也。吉祭枇用棘。』『枇』與『匕』同。太平御覽引三禮圖云：『匕以載牲體，長二尺四寸，葉博三寸，長八寸，漆丹柄頭。疏匕形如飯橾，以棘心爲之。』案：三禮圖記匕之長，與雜記不合，失之。説文：『柶，匕也。』……方言：『匕謂之匙。』後漢書隗囂傳：『奉盤錯鍉。』李賢注云：『鍉，即匙字。』」錢繹方言箋疏：「匕之爲名，蓋亦以『長』與『薄』爲義，故矢鏃亦謂之匕。昭二十六年左氏傳云：『匕入者三寸。』杜預注云：『匕，矢鏃也。』正義云：『今人猶謂箭鏃薄而長闊者爲匕。』是也。劍亦謂之匕首。考工記桃氏注云：『下制長二尺，重二斤一兩三分兩之一，此今之匕首也。』是也。」

匙：釋義見前。又「匙」下郭注宋本殘缺，據四部叢刊影宋本録。

一五三　盂謂之檭〔一〕，子殄反。河濟之間謂之⿱安皿⿱殘皿〔二〕。

匯證

〔一〕盂：見卷五第四條匯證〔一〕。

檭：廣雅釋器、玉篇木部、廣韻軫韻引埤蒼並云：「檭，盂也。」文獻用例未詳。周祖謨方言校箋：「『盂謂之檭』下御覽七六〇引有『宋楚趙魏之間或謂之檭』一語。」

〔二〕⿱安皿⿱殘皿：廣雅釋器：「案⿱殘皿，盂也。」王念孫疏證：「玉篇：『⿱安皿⿱殘皿，大盂也。』字亦作『安殘』。太平御覽引李尤安殘銘云：『安殘令名，甘旨是盛。埏埴之巧，甄陶所成。食彼美珍，思此鹿鳴。』」錢繹方言箋疏：「『⿱安皿⿱殘皿』爲疊韻。」

一五四　椀謂之⿱番皿〔一〕。

匯證

〔一〕戴震方言疏證此條與上條連寫，不提行。按：當從戴改。

椀：同「盌」，釋見卷五第四條匯證〔二〕。

⿱番皿：廣雅釋器、廣韻宵韻並云：「⿱番皿，盂也。」玉篇皿部：「⿱番皿，椀也。」文獻用例未詳。

一五五　盂謂之銚鋭〔一〕，謡音。木謂之涓抉〔二〕。椀亦盂屬，江東名盂爲凱〔三〕，亦曰甌也〔四〕。蠲、玦兩音。

匯證

〔一〕戴震方言疏證此條與前兩條連寫，不提行。按：當從戴改。

銚銳：釋見卷五第四條匯證〔四〕。

〔二〕木：王念孫手校明本改作「椀」。

涓抉：戴震方言疏證作「梋抉」，與廣雅合。按：當據戴本改正。戴氏云：「『梋抉』雙聲，二字合爲一名。」錢繹方言箋疏：「『梋抉』以圓好得名也。衆經音義卷二十引通俗文：『圓曰規，規模曰梋。』韋昭晉語注云：『玦，如環而缺。』『玦』與『抉』通。『梋抉』猶『孑孓』也。廣雅云：『孑孓，蜎也。』爾雅：『蜎，蠉。』郭注云：『井中小蛣蟩赤蟲。一名孑孓。』『孑孓、蛣蟩』，聲之轉也。又轉言之則爲『梋抉』。」

〔三〕凱：蓋以字記音，未詳。

〔四〕甌：玄應一切經音義卷一一「説甌」條引三蒼云：「甌，瓦盂也。」急就篇卷三：「甑甗甂甌瓨甖盧。」顔師古注：「瓦杅也，其形大口而庳。」慧琳一切經音義卷六〇「瓦甌」條引聲類：「甌，瓦盌也。」又卷六一「瓦甌」條：「今江南謂瓷椀、瓦椀總名爲甌。」玉篇瓦部：「甌，椀小者。」

一五六　餌謂之餻〔一〕，或謂之粢〔二〕，或謂之䬆〔三〕，音鈴。或謂之餣〔四〕，央怯反〔五〕。或謂之䬧〔六〕。音元。

匯證

〔一〕餌：戴震方言疏證：「周禮籩人：『羞籩之實，糗餌粉餈。』鄭注云：『此二物皆粉稻米、黍米所爲也，合蒸曰餌，餅之曰餈，糗者擣粉熬大豆爲餌，餈之黏著以粉之耳。餌言糗，餈言粉，互相足。』疏云：『餌既不餅，明餅之曰餈，今之餈餻皆餅之，名出於此。』宋玉招魂：『粔籹蜜餌。』洪興祖補注引方言『餌謂之餻』。」按：説文䰞部：「䰞，粉餅也。……䰞或从食，耳聲。」釋名釋飲食：「餌，而也，相黏而也。」

餻：廣雅釋器：「餻，餌也。」王念孫疏證：「太平御覽引方言『餻』作『䭐』，又引郭注『音恙』。玉篇：『䭐，餘障切，餌也。』廣韻同。集韻引方言：『䭐，餌也。』或作『⿰飠羕』。與廣雅及今本方言皆異，未知孰是。」錢繹方言箋疏：「自唐以來，未見有『䭐』字，玉篇始有『餘障』之音，後人以誤傳誤，遂改方言之『餻』爲『䭐』，而並及注文耳，非是。」王國維書郭注方言後三：「御覽八百六十引『餌謂之䭐』下有注『音恙』二字。原本玉篇食部『䭐』餘障反，引方言『餌謂之䭐』。廣韻四十七漾：『䭐，餌也。』集韻則云：『䭐，方言餌也。』又原本玉篇食部無『餻』字，大廣益會本始有之，是六朝尚無『餻』字，廣雅之『餻』字，亦本作『䭐』，與方言同，均後世所追改也。」吳予天方言注商：「王說是也。『䭐』乃『餳』之轉音。『䭐、餳』雙聲兼疊韻，古屬陽類。」周祖謨方言校箋：「方言舊本『餻』有作『䭐』者。」按：不可輕議「餻」字爲非。慧琳一切經音義卷六二「餻餅」條引字統：「餻，餌也。」説文食部新附：「餻，餌屬。」錢大昕恒言録釋「餌」作「餻」，並證以隋書五行志：「七月刈禾傷早，九月吃餻正好。」北史綦連猛傳引作「七月刈禾太早，九月啖餻未好」。王國維以爲宋本玉篇始有「餻」字，非是。今仍舊本，並存各家説，俟考。

〔二〕粢：戴震方言疏證改作「餈」，云：「『⿰飠齊』即『餈』之别體。」周祖謨方言校箋：「戴本作『餈』，與原本玉篇『餈』下引合。」按：説文食部：「餈，稻餅也。从食，次聲。⿰飠齊，餈或从齊；粢，餈或从米。」是「餈、⿰飠齊、粢」，一字也。段玉裁注云：「許説與鄭不同，謂以稬米蒸孰，餅之如麪餅曰餈，今江蘇之餈飯也。粉稬米而餅之而蒸之則曰餌。䰞部云『䰞，粉餅也』是也，今江蘇之米粉餅、米粉團也。粉餅則傅之以熬米麥之乾者，故曰糗餌。米部云『糗，熬米麥也』可證。『餈』則傅之以大豆之粉。米部曰『粉，傅面者也』可證也。許不云何粉，大鄭云『豆屑』，是也。」又釋名釋飲食：「餈，漬也，烝糁屑使相潤漬餅之也。」是劉熙所釋與方言合，亦與周禮鄭注説合。

〔三〕⿰飠今：文獻未詳。

〔四〕⿰飠奄：廣雅釋器：「⿰飠奄，餌也。」王念孫疏證：「程氏易疇云：『今吾歙猶呼社餈爲社⿰飠奄。』」

〔五〕⿰忄𠫓：王念孫手校明本改作「怯」。

〔六〕飢：廣雅釋器：「飢，餌也。」王念孫疏證：「飢之言圜也，今人通呼餌之圜者爲飢。」錢繹方言箋疏：「洪興祖招魂補注云：『粔籹，蜜餌也。吳謂之膏環。』其即飢之謂歟？」

11b 一五七 餅謂之飥〔一〕，音乇〔二〕。或謂之餦餛〔三〕。長、渾兩音〔四〕。

匯證

〔一〕餅：説文食部：「餅，麪餈也。」釋名釋飲食：「餅，并也，溲麪使合并也。」急就篇卷二：「餅餌麥飯甘豆羹。」顏師古注：「溲麪而蒸熟之則爲餅，餅之言并也，相合并也。」按：指烤熟、蒸熟之麪食。因以麪與水合併而成，故曰「餅」。專指以麪粉米粉等製成之扁圓形食品。

飥：王念孫廣雅疏證卷八下「附引廣雅三條」首條「餛飩，餅也」下引方言字作「飩」。錢繹方言箋疏：「竊謂方言『餅謂之飥』，『飥』字即『飩』之譌，注音『乇』乃『屯』之譌。宋本作『託』者，又後人以正文既誤作『飥』，遂改『屯』爲『託』，廣雅合言之則曰『餛飩，餅也』，義本方言，而後乃誤『飩』爲『飥』耳。」吳予天方言注商：「原本玉篇食部：『飩，徒混反。』引方言曰：『餌或謂之飩也。』又引廣雅云：『飩，餅也。』錢氏疑今本方言『飥』乃『飩』之譌，此其確證也。」周祖謨方言校箋既引原本玉篇，又云：「御覽卷八六〇引『飥』亦作『飩』。據是，則今本作『飥』者爲『飩』字之誤。『飩』從『屯』，『屯』俗作『乇』，故譌而爲『飥』。注『音乇』，亦即『音屯』之譌。」按：「飥」當據以上諸家説改作「飩」。「飩」可單用。淵鑑類函食物部餛飩引南越志：「閩人十月一日作京飩，祀祖告冬。」又與「餛」連言爲「餛飩」。齊民要術有水引餺飩法，北户録引作「渾屯」。慧琳一切經音義卷五八引爾雅作「餛飩，餅也」。段成式酉陽雜俎酒食：「今衣冠家名食，有蕭家餛飩，漉去肥湯，可以瀹茗。」然「餛飩」爲「餅」之文獻用例則未詳。

〔二〕乇：當作「屯」，説見本條匯證〔一〕。

〔三〕餦餛：初學記卷二六引此文作「或謂之餦，或謂之餛」，「餦、餛」二字間多「或謂之」三字。然原本玉篇殘卷「餦」字下引方言作「餌或謂之餦餭也」，「餭」字下引方言作「餦餭也」，皆「餦餭」連言。「餦餭」爲「餅」之義，文獻用例未詳。唐人有記載。段成式酉陽雜俎酒食：「餅謂之飥，或謂之餦餭。」

〔四〕長：周祖謨方言校箋：「長，御覽作『張』是也，當據正。」

一五八　餳謂之餦餭〔一〕。即乾飴也。飴謂之䬵〔二〕。音該。𩜼謂之䭒〔三〕。以豆屑雜餳也。音髓。餳謂之餹〔四〕。江東皆言餹，音唐。凡飴謂之餳，自關而東陳楚宋衛之通語也〔五〕。

匯證

〔一〕餳：戴震方言疏證：「（廣雅）曹憲音釋『餳』辭精反。『餳』字，説文从『食』『易』聲。廣雅作『食』旁『易』。玉篇『餳』與『餹』並徒當切，而字作『食』旁『易』。劉熙釋名云：『餳，洋也，煮米消爛洋洋然也。』周禮小師注：『管，如今賣飴餳所吹者。』釋文云：『餳，辭盈反，李音唐。』『辭盈、辭精』反音同，當作『餳』；若音『唐』，則當作『餳』。廣雅『餹、餳』兩見，自不得同音，此字應以説文爲正。」盧文弨重校方言改作「餳」，云：「説文『餳』从『食』『易』聲，徐盈切。案：『易』聲殊不相近，自當從『易』。劉熙釋名云：『餳，洋也。』諧聲取義。周禮小師釋文辭盈反，又云『李音唐』。『徐盈、辭盈』，其音近精，與『唐』實一聲之轉。戴信説文，以『辭盈、辭精』反者从『易』，音『唐』者从『易』，今不從。」錢繹方言箋疏：「餳，舊本並同。急就篇云：『棗杏瓜棣饊飴餳。』餳，王應麟音『唐』。説文：『餳，飴和饊者也。从食，易聲。』徐盈切。原本正文作『食』旁『易』，注文作『易聲』，不誤。……案：『夕精、辭盈、辭精』諸反，與『音唐』古聲並相近。諸書『餳』字作『食』旁『易』者，皆不誤。説文云『易聲』者，『餳』之入聲爲『夕』，『夕、易』同韻，故曰『易聲』也。説文有『餳』無『餳』，玉篇有『餳、餹』，並徒當反。廣韻庚韻有『餳』，陽韻有『餹、糖』，並無『餳』字。詩經、周禮釋文並云『餳，一音唐』，則『餳』本有『徐盈、徒當』兩音，不必另出『餳』字也。自元戴侗臆造『餳』字从『易』徒當反之説，於是誤分兩字。明梅鼎祚轉以庚韻『徐盈反』爲陽韻『徒當反』之誤，欲删去之，已屬非是。盧氏爲其所惑，改此『餳』作『餳』，且紛紛置辨，其謬甚矣。衆經音義卷十三『餳』音似盈、徒當二反，引説文『以飴和饊曰餳』，又引方言『凡飴謂之餳』，又卷二十引同，亦音似盈反，字並作『食』旁『易』，是其明證也。」吴予天方言注商：「原本玉篇食部：『餳，徒當反。』引方言：『凡飴謂之餳。自關而東陳楚宋魏鄭衛之間通語也。』是舊本實作『餳』也。説文字作『餳』者，『餳』乃『飴』之轉音。『餳』則又爲『餳』之轉音也。考諆田鼎有字，居後彝有字。吴榮光上釋作『餳』，下釋作『餳』，則『餳』字之産生已久矣。而金文叚『餳』爲『鍚』，即『易、昜』聲相轉之證也。『餹』又爲『餳』之轉音。——『飴、餯、餳、餳、餹』，古皆爲喉音。『飴』轉爲『餯』，則爲疊韻，古屬『之』類；『飴』轉爲『餳』，則成雙聲，屬影紐，『之』迻入『支』；『餳』轉爲『餳』，亦爲雙聲，亦屬影紐，『支』徙入『陽』；『餳』轉爲『餹』，則係疊韻，古屬『陽』類。『餳』从昜得聲，後世音『辭精、徐盈、說文音切皆徐鉉取自孫愐唐韻。夕精、辭盈』諸反，則由喉音轉爲齒音也。餹从庚得聲屬見紐。後世音『徒當反』屬端紐。者，喉音轉爲舌音也。然則，方言作『餳』，説文作『餳』，兩不相妨，各仍其舊可也。或因此易彼，或因彼易此，似失之未覈！蓋方言原爲蒼頡訓纂，率以俗語參證蒼頡訓詁，故字多從俗；如『聓、家、誎、睸』等字，皆説文所不録也。至於説文，則功在正名訂義，於後世俗書，多不盡收。許書所以有『餳』無『餳』，蓋從其朔也。」按：原本玉篇殘卷「飴、餳」二字下均引方言「凡飴謂之餳……」，「餳」音徒當反，是「餳」字非後世所造，其來已久，顧野王所見方言正作「餳」；廣雅釋器「餦餭、飴、餯、餹，餳也」亦本自方言。是「餳」當改作「餳」也，下同，注内亦同。唐時「餳、餳」二字已常混用，慧琳一切經音義卷五四「餳」似盈、徒當二反，引方言「凡飴謂之餳」，卷七六引方言「飴謂之餳也」，卷九八引方言「飴謂之餳」。然卷五七引方言「凡飴謂之餳也」，卷八四引方言「飴謂之餳，自關而東陳宋之間通語也」。清程際盛駢字分箋卷上「飴餳」注：「餳、餳一物，初無二義，其分爲二字兩音，當自陳以後始也。」説文食部「餳」，段玉裁注本改作「餳」，云：「各本篆作餳，云『易聲』，今正。按『餳』从『昜』聲，故音陽，亦音唐，在十部。釋名曰：『餳，洋也，』李軌周禮音唐是也。其陸氏音義周禮『辭盈反』、毛詩『夕清反』，因之唐韻『徐盈切』，此十部音轉入於十一部，如『行、庚、觥』等字之入庚韻。郭璞三倉解詁曰：『楊音盈，協韻』，晉灼漢書音義反楊惲爲『由嬰』，其理正同耳。淺人乃易其龤聲之偏旁，玉篇、廣韻皆誤從『易』，然玉篇曰『餳，徒當切』，廣韻十一唐曰『糖，飴也』、十四清曰『餳，飴也』，皆可使學者知『餳、糖』一字，不當从『易』。至於集韻始以『餳』入唐韻、『餳』入清韻，畫分二字，使人真雁不分，其誤更甚。猶賴類篇正之。『餳』古音如洋，語之轉如唐，故方言曰『餳謂之餹』，郭云『江東皆言餹，音唐』。」「餳」指飴加糯米粉熬成之糖。說文段玉裁注：「不和饊謂之飴，和饊謂之餳，故成國云『飴弱於餳也』……楊子渾言之，許析言之。」

餦鍠：戴震方言疏證「鍠」作「餭」是也，原本玉篇殘卷「餭」字注引方言「餌餳謂之餦」，引郭注「即乾飴也」，顯是方言本條而脱「餭」字。戴氏疏證：「宋玉招魂：『有餦餭些。』洪興祖補注引方言：『餳謂之餦餭。注云：即乾飴也。』」說文食部：「饊，熬稻粻餭也。」段玉裁注：「『餭』依韻會从食。各本作『程』，蓋因許書無『餭』改之耳。楚辭、方言皆作『餦餭』，古字蓋當作『張皇』……諸家渾言之，許析言之。熬，乾煎也。稻，稌也。稌者，今之稬米。米之黏者，鬻稬米爲張皇。張皇者，肥美之意也……楊、王、郭以『餳飴』釋『餦餭』，渾言之也。」「餦餭」即飴糖。明李時珍本草綱目穀部飴糖：「餦餭即飴餳，用麥蘖或穀芽同諸米熬煎而成。」

〔二〕飴：即糖稀，用米、麥芽熬成之糖漿。說文食部「飴」字段玉裁注：「以芽米熬之爲飴，今俗用大麥。釋名曰：『餳，洋也，煮米消爛洋洋然也。飴，小弱於餳，形怡怡也。』內則曰：『飴蜜以甘之。』」

餃：文獻用例未詳。

〔三〕餣：郭璞注：「以豆屑雜餳也。」按：說文作「䜴」，釋曰：「豆飴也。」段玉裁注：「然則豆飴者，芽豆煎爲飴也……餣即䜴字。」王筠說文句讀：「餣、餥皆䜴之別體，即今之豆沙也。」錢繹方言箋疏：「說文：『䵎，黑有文也。讀若飴䜴字。』周官染人：『夏纁玄。』鄭注云：『故書纁作䵎。』淮南時則訓：『天子衣苑黄。』高誘注：『苑，讀䜴飴之䜴。』春秋繁露五行順逆篇云：『民病心腹宛黄。』『餣、䵎、䵎、苑、宛』，聲並相近。蓋『䵎』之爲物，以色得名，故許君與高誘讀並從之也。」

餚：梁同書直語補證：「（餚）正今時所云餚沙也。」

〔四〕餹：飴糖。參本條匯證〔一〕。

〔五〕周祖謨方言校箋：「原本玉篇『飴、餳』二字注引本文『之』下均有『間』字，後漢書皇后紀注引同，當據補。」按：戴震方言疏證本文有「間」字，是也。

一五九　䴵〔一〕，音哭。麲〔二〕，音才。𪍿〔三〕、于八反〔四〕。麰〔五〕，音牟。大麥麴。䴽〔六〕，音脾，細餅麴。䵄〔七〕，音蒙。有衣麴。𪍠〔八〕，鯤音〔九〕。小麥麴爲𪍠，即䴹也〔一〇〕。麴也〔一一〕。自關而西秦豳之間曰䴵；豳即邠，音斌。晉之舊都曰麲；今江東人呼麴爲麲〔一二〕。齊右河濟曰𪍿，或曰麰；北鄙曰䴽〔一三〕。麴，其通語也。

匯證

〔一〕䴵：説文麥部：「䴵，餅籟也。从麥，殼聲，讀若庫。」段玉裁注：「餅籟者，堅築之成餅也。」按：「䴵」乃餅狀之酒母也。王念孫廣雅疏證釋器「麴也」條下云：「䴵亦始也。」又釋詁「礊，培也」條云：「礊之言殼也。説文：『殼，素也。』易乾鑿度云：『太素者，質之始也。』方言：『䴵，麴也。』説文：『𧟱，未練治纑也。』字通作『㲄』。論衡量知篇云：『無染練之治，名曰㲄麤。』玉篇：『㲄，土墼也。』『礊、䴵、㲄、𧟱』並音苦谷反，義相近也。」

〔二〕麲：廣雅釋器：「麲，麴也。」王念孫疏證：「麲之言哉也。爾雅：『哉，始也。』『麴』爲酒母，故謂之『麲』。」

〔三〕𪍿：説文麥部：「𪍿，餅籟也。从麥，穴聲。」「餅籟」即成餅狀之酒母。

〔四〕于八反：吴承仕經籍舊音辨證：「篇、韻『𪍿』字無『于八』之音，疑『于』應作『乎』，形近致譌。」按：廣韻黠韻「𪍿」户八切，「户、乎」古音同屬匣母，當改作「乎」。

〔五〕麰：錢繹方言箋疏：「『麰』之言牟也。太平御覽引淮南子注云：『牟，大也。』廣雅：『大麥，麰也。』李善注班固典引引韓詩章句云：『麰，大麥也。』大麥謂之麰，大麥之麴亦謂之麰，義相因也。周官媒氏注云：『今齊人名麴麩曰媒。』『媒』與『麰』，聲轉字異耳。」

〔六〕䴽：廣雅釋器：「䴽，麴也。」王念孫疏證：「䴽之言卑小也。方言注云：『䴽，細餅麴』也。」按：即成小餅形之酒母。

〔七〕䵄：廣雅釋器作「𪍈」，戴震方言疏證：「『𪍈』即『䵄』。」王念孫廣雅疏證：「『𪍈』之言蒙也。説文：『𨣈，籟生衣也。』方言注云：『䵄，有衣麴也。』『𨣈、𪍈、䵄』並同。」

〔八〕𪍠：郭注云：「小麥麴爲𪍠。」玉篇麥部：「𪍠，麴別名。」集韻魂韻：「𪍠，麥不破也。」是「𪍠」乃指以整顆小麥製作之酒麴。

〔九〕鯤：戴震方言疏證改作「鯠」，盧文弨重校方言據曹毅之本改作「餜」。劉台拱方言補校云：「『䴹』字，玉篇、廣韻皆胡瓦切，戴本音『鯠』，『鯠』户瓦切，與『䴹』同音。此作『餜』从食誤，廣韻無『餜』字。」按：當從戴本改作「鯠」。

〔一〇〕麲：戴震方言疏證改作「䴷」，云：「玉篇云：䴷，麥麴也。」按：集韻魂韻謂「䴹」之異體「或从完」。太平御覽卷八五三引服虔通俗文：「掬麥麴曰䴷。」以整顆小麥製作的酒麯謂之「䴷子」。李時珍本草綱目穀部：「䴷子、黄子。此乃女人以完麥罨成黄子，故有諸名。」戴本改作「䴷」是也。

〔一一〕麴：酒曲。李時珍本草綱目穀部：「麴以米麥包罨而成，故字從麥從米從包省文，會意也。酒非麴不生，故曰酒母。」說文作「䵄」，釋「酒母」也。

〔一二〕江東：太平御覽卷八五三引作「河東」。

〔一三〕北鄙：王念孫手校明本改作「北燕」；錢繹方言箋疏亦改作「北燕」，云：「今據集韻所引改。」周祖謨方言校箋：「御覽卷八五三及集韻支韻頻彌切『䴽』下引均作『北燕』，當據正。」

12a　一六〇　屋梠謂之欞〔一〕。雀梠即屋檐也〔二〕，亦呼爲連綿。音鈴。

匯證

〔一〕屋梠、欞：周祖謨方言校箋：「欞，李誡營造法式卷一引作『櫺』。」錢繹方言箋疏：「衆經音義卷六引方言云：『屋梠謂之檐。』郭注云：即屋檐也，亦呼爲連縣，亦名梍。』引說文：『梠，楣通語也。』又卷十六引說文云：『檐，梍也。亦名屋梠，亦名連縣。』今按：說文木部云：『梠，楣也。』『檐，梍也。』『梍，梠也。讀若枇杷之枇。』『楣，秦名屋櫋聯也。齊謂之户，楚謂之梠。』『櫋，屋櫋聯也。』又厂部云：『户，屋梠也。秦謂之楣，齊謂之户。』是梠也、楣也、檐也、梍也、屋櫋聯也，一物而五名也。『户』與『檐』同。釋名云：『梠，旅也，連旅之也。或謂之櫋；櫋，縣也，縣連榱頭，使齊平也。上入曰爵頭，形如爵頭也。』士喪禮：『置於宇西階上。』鄭注：『宇，梠也。』特牲饋食禮記：『饎爨在西壁。』注引舊説云：『南北直屋梠。』釋宮云：『檐謂之樀。』特牲饋食禮記疏引孫炎注云：『謂屋梠也。周人謂之梠，齊人謂之檐。』明堂位：『復廟重檐。』鄭注云：『重檐，重承壁材也。』按：檐者，障蔽之名。屋梠謂之槐、亦謂之檐，猶嵰謂之幰、亦謂之峽也。廣雅：『幰、峽，嵰也。』『峽』與『襜』同。釋器云：『衣蔽前謂之襜。』太平御覽引通俗文云：『障牀曰襜。』釋名云：『牀前帷曰襜，言襜襜而垂也。』『檐』與『襜』，聲近而義同。今本作『欜』，與玄應所見本異，義亦同也。『欜』即『梠』聲之轉耳。廣雅：『欞，梠也。』『欞』與『欜』同。王氏疏證云：『欞之言闌也，與「櫳謂之欞」同義。』」

〔二〕雀梠：「雀」字於正文無所承，字之誤也。王念孫手校明本以「屋」易「雀」是也。

一六一　㼜謂之甋〔一〕。即屋穩也〔二〕，今字作甍，音萌。甋，音霤。

匯證

〔一〕㼜：郭注：「今字作甍。」廣雅釋器：「甍謂之甋。」王念孫疏證：「『甍』或作『㼜』。……説文：『甍，屋棟也。』釋名云：『屋脊曰甍。甍，蒙也，在上覆蒙屋也。』襄二十八年左傳：『猶援廟桷動於甍。』晉語：『既鎮其甍矣。』韋昭、杜預注並與説文同。程氏易疇通藝録云：『甍者，蒙也，凡屋通以瓦蒙之曰甍，故其字從瓦。晉語：「譬之如室，既鎮其甍矣，又何加焉。」謂蓋構既成，鎮之爲甍，則不復有所加矣。若以甍爲屋極，則當施榱桷，覆茅瓦，安得云無所加？左傳「慶舍援廟桷而動於甍」，則甍爲覆桷之瓦可知，言其多力，引一桷而屋宇爲之動也。若以甍爲屋極，則太公之廟必非容膝之廬，所援之桷必爲當檐之題，題之去極甚遠，安得援題而動？於極也，天子廟制，南北七筵，諸侯降殺以兩，則五筵也。陂陀下注，又加長焉，極之去檐，幾三丈矣，況題接於交，交至於極，亦必非一木，何能遠動之乎？』案：易疇謂以瓦覆屋曰甍，與內、外傳皆合，確不可易。」

甋：靜嘉堂文庫藏影宋抄本作「𤮐」，王念孫手校明本改作「𤮐」，當據正。注內同。廣雅釋器：「甍謂之𤮐。」王念孫疏證：「𤮐之言霤也。説文：『霤，屋水流也。』甍爲霤所從出，故又謂之𤮐矣。」

〔二〕檍：同「檼」。廣雅釋器：「檼，棟也。」王念孫疏證：「繫辭傳云：『上棟下宇，以待風雨。』爾雅：『棟謂之桴。』郭注云：『屋檼也。』說文：『棟，極也。』『檼，棼也。』『棼，複屋棟也。』釋名云：『檼，隱也，所以隱桷也。或謂之棟；棟，中也，居屋之中也。』」按：此字明刻諸本作「檐」。

一六二一　冢〔一〕，秦晉之間謂之墳〔二〕，取名於大防也。或謂之培〔三〕，音部。或謂之堬〔四〕，音臾。或謂之采〔五〕，古者卿大夫有采地，死葬之，因名也。或謂之埌〔六〕，波浪。或謂之壠〔七〕。有界埒似耕壟，因名之。自關而東謂之丠〔八〕，小者謂之塿〔九〕，培塿，亦堆高之皃。洛口反。大者謂之丠，又呼冢爲墳也〔一〇〕。凡葬而無墳謂之墓〔一一〕，言不封也。墓猶慕也〔一二〕。所以墓謂之墲〔一三〕。墲謂規度墓地也。漢書曰：「初陵之墲。」是也。

匯證

〔一〕冢：同「冢」。說文勹部：「冢，高墳也。」段玉裁注：「土部曰：墳者，墓也。墓之高者曰冢。周禮冢人：『掌公墓之地。』是也。按：釋山云：『山頂曰冢。』鄭注冢人云：『冢，封土爲丘壟，象冢而爲之。』此從爾雅說也。許以冢爲高墳之正偁，則不用爾雅說。引伸之，凡高大曰冢。」釋名釋喪制：「冢，腫也，象山頂之高腫起也。」

〔二〕墳：廣雅釋邱：「墳、墦、封，冢也。」王念孫疏證：「(爾雅)云：『墳、冢，大也。』卷一云：『封，大也。』故冢或謂之墳，或謂之封矣……郭璞注云：『墳，取名於大防也。』爾雅：『墳，大防。』李巡注云：『謂厓岸狀如墳墓。』『墳、封、墦』，一聲之轉，皆謂土之高大者也。方言云：『墳，地大也。』青幽之間凡土而高且大者謂之墳。』」

〔三〕培：廣雅釋邱：「培，冢也。」王念孫疏證：「培，亦高貌也。風俗通義云：『部者，阜之類也，今齊魯之間田中少高印者名之爲部。』義並與『培』同。」錢繹方言箋疏：「『培』猶下『塿』，皆小而高之名也……小冢謂之培，猶小缶謂之𦈣，小罌謂之瓿，小席謂之蓓，小將謂之部也。」

〔四〕堬：廣雅釋邱：「堬，冢也。」王念孫疏證：「『培、塿、堬』，聲之轉，冢謂之堬，亦謂之培塿；罌謂之甂，亦謂之瓿甊；北陵謂之西隃，小山謂之部婁：義並相近也。」

〔五〕采：戴震方言疏證作「埰」，同廣雅，云：「采、埰，古通用。」廣雅釋邱：「埰，冢也。」王念孫疏證：「埰之言宰也，『宰』亦高貌也。列子天瑞篇云：『望其壙，宰如也。』僖三十三年公羊傳：『宰上之木拱矣。』何休注云：『宰，冢也。』『宰』與『冢』聲相近，故冢謂之埰，亦謂之宰；官謂之寀，亦謂之宰；事謂之采，亦謂之緈。方言注云：『古者卿大夫有采地，死葬之，因名曰埰。』其失之鑿矣。」按：明抄本、清抄本作「埰」。

〔六〕埌：廣雅釋邱：「埌，冢也。」王念孫疏證：「『埌』亦壟也，語之轉耳。衆經音義卷七引通俗文云：『邱冢謂之壙埌。』莊子列禦寇篇：『闔胡嘗視其良。』釋文云：『良或作埌，冢也。』」

〔七〕壠：廣雅釋邱：「壠，冢也。」王念孫疏證：「『壟』，說文作『壠』，亦通作『隴』。淮南子說林訓云：『或謂冢，或謂隴，名異實同也。』曲禮云：『適墓不登壟。』『壟』之言巃嵸也。方言注云：『有界埒似耕壠，因名之也。』天水大阪謂之隴，義亦同也。」

〔八〕壯：戴震方言疏證改作「丘」，云：「張載七哀詩：『今爲丘山土。』阮籍咏懷詩：『丘墓蔽山岡。』謝朓暫使下都夜發新林至京邑贈西府同僚詩：『思見昭丘陽。』李善注並引方言『冢大者爲丘』。」按：「丘」俗作「丠」，譌作「壯」，當據戴校改正。下文「壯」字同。廣雅釋邱：「邱，冢也。」王念孫疏證：「曲禮：『爲宮室不斬於邱木。』鄭注云：『邱，壟也。』釋名云：『邱，象邱形也。』邱之言邱虛也。應劭注漢書張良傳云：『邱虛，壯大。』是也。」

〔九〕塿：郭注云：「培塿，亦堆高之皃。」廣雅釋邱：「培、塿，冢也。」王念孫疏證：「『培』亦高貌也……『塿』亦高貌也。孟子告子篇：『可使高於岑樓。』趙注云：『岑樓，山之鋭嶺者。』義與『塿』同。」錢繹方言箋疏：「『培』猶下『塿』，皆小而高之名也。說文：『附婁，小土山也。』引襄二十四年左氏傳曰：『附婁無松柏。』今本作『部婁』……『附婁、培塿』，聲之轉。『部婁、峿嶁』並與『培婁』同，皆連言之也。分言之則曰『培』、曰『塿』……小冢謂之塿，猶小山謂之樓、小篆謂之簍、小罌謂之甊也。」

〔一〇〕又：錢繹方言箋疏：「『又』字當爲『猶』，聲之譌也。」

〔一一〕墓：廣雅釋邱：「墓，冢也。」王念孫疏證：「墓之言模也，規模其地而爲之，故謂之墓。說文：『墓，兆域也。』方言：『凡葬而無墳謂之墓。』注云：『言不封也。』周官有『冢人』、有『墓大夫』，鄭注云：『冢，封土爲邱壠，象冢而爲之；墓，冢塋之地也。』檀弓：『古也墓而不墳。』注云：『墓，謂兆域，今之封塋也。土之高者曰墳。』蓋自秦以前皆謂葬而無墳者爲墓，漢則『墳、墓』通稱。故水經渭水注引春秋說題辭云：『邱者，墓也。』」

〔一二〕墓猶墓也：戴震方言疏證據永樂大典所引「墓猶慕也」而補。周祖謨方言校箋：慕，「御覽卷五五七引同，當據正」。按：下「墓」字當改作「慕」。

〔一三〕「所以」二字下，王念孫手校明本補「安」字。

撫：錢繹方言箋疏：「玉篇『墲』音莫胡切，引此注文。廣韻：『墲，規墓度地曰墲。』通作『橅』。漢書劉向傳云：『初陵之橅，宜從公卿大臣之議。』應劭曰：『橅，音規摹之摹。』顏師古曰：『謂規度墓地。』『橅』與『墲』同。」

附録一　方言地理名詞釋

謝榮娥

說明

（一）所釋地理名詞，按首字漢語拼音字母順序排列，並編製音序索引。

（二）各條目主要解釋揚雄方言中的地理名詞，揚雄爲描寫地理區域所用的「之間、之郊、之外郊、之外鄙、之中、之會、之外」等不列條目。

（三）地理名詞的解釋，主要依據李恕豪的方言地名研究成果，同時也參考了丁啟陣秦漢方言、周振鶴西漢政區地理、李長傅禹貢釋地、復旦大學歷史地理研究所編中國歷史地名辭典、臧勵龢等編中國古今地名大辭典、楊寬戰國史等等。

索引

Z

B

【北燕】指燕和朝鮮之間，包括燕國北部的上谷、漁陽、右北平、遼西、遼東郡。在方言中，稱「北燕」或「北燕之外郊」「燕之東北」「燕之北鄙」「燕之北郊」「燕之外鄙」「燕之外郊」，所指大致相當。

【邠】同「豳」。古邑名。在今陝西栒邑縣西，在方言中屬於秦。

C

【朝鮮】建國於西周初年。戰國時，朝鮮屬於燕國；秦時，朝鮮「屬遼東外徼」，是秦朝領土的一部分；西漢初年，燕人衛滿入據朝鮮。公元前一〇八年，漢武帝滅衛氏政權，置樂浪、玄菟、臨屯、真番四郡。方言中的朝鮮大致相當於今遼寧、吉林的部分地區以及朝鮮北部一帶。

【陳】漢書地理志：「陳國，今淮陽之地。陳本太昊之虛，周武王封舜後嬀滿於陳。」陳都宛丘（今河南淮陽），公元前四七八年被楚所滅。陳的疆域包括以今淮陽爲中心的河南東部、安徽北部的部分地區。

【楚】立國於殷商時期，西周初年受封於荆山。都城屢徙，至楚莊王時，楚國的疆域西起武關（今陝西商州東），東到昭關（今安徽含山北），北起今河南南陽，南到洞庭以南；戰國時楚國的領土進一步擴大到今山東南部和江蘇、浙江一帶。方言中的楚比戰國時的楚範圍要狹小得多，它主要指以郢都爲中心的江漢平原及其周圍的地區。「楚之北郊」大概指與鄭、韓、魏接界的汝、潁、陳一帶。

D

【大野】即大野澤。爾雅釋地：「魯有大野。」郭璞注：「今高平鉅野縣東北大澤是也。」一名鉅野澤，又名鉅澤，在山東鉅野縣北五里，今已涸爲平地。

【代】本是戎族建立的國家。公元前四七五年爲趙襄子所滅，趙武靈王置代郡。秦、西漢時，代郡的治所在代縣，即今河北蔚縣東北。方言中的代除了包括代郡外，還可以包括漢代的雲中郡、雁門郡以及太原郡的部分地區。

【岱】指泰山，在今山東省中部。漢書地理志：「海岱惟青州。」顔師古注：「東北據海，西南距岱。岱即太山也。」太山就是泰山。

【丹陽】指丹陽郡，漢武帝改鄣郡所置，治所在宛陵，即今安徽宣城，所轄包括今安徽南部、江蘇西部及浙江、江西的部分地區。

【翟縣】郭璞方言注：「今上黨潞縣即古翟國。」潞本春秋赤狄潞氏之國，漢置縣，治所在今山西黎城西南。

【東北】方言中「東北」與「朝鮮洌水」並舉，指北燕朝鮮一帶。

【東海】指東海郡，治所在郯，即今山東郯城縣北，所轄包括今山東東南、江蘇東北沿海地區。

【東南】方言中「東南」與「丹陽會稽」並舉，所指與吴越或揚州大體一致。

【東甌】郭璞方言注：「東甌亦越地，今臨海、永寧是也。」臨海，三國吴分會稽東部置，故城在今浙江臨海東南。永寧，漢時設置，治所在今浙江永嘉縣。

【東齊】本屬萊夷之地，公元前五六七年齊靈公滅萊（今山東昌邑東南）以後纔成爲齊國的領土，在今膠東半島一帶，大致相當於秦的膠東郡。

【東越】史記東越列傳：「漢五年，復立無諸爲閩越王，王閩中故地，都東冶。」以後閩越分裂爲繇和東越兩部分。東越指今浙江南部和福建北部。

【毒屋黄石】可能在今廣西。

F

【澆】即澆水。郭璞方言注：「澆水今在桂陽，音扶；涌水今在南郡華容縣也。」桂陽郡係漢高帝置，治所在郴縣（今湖南郴州），相當於今湖南東南以及廣東北部韶關、英德一帶。

G

【關】方言中指函谷關，在今河南靈寶西南里許。「關東」指函谷關或今潼關以東地區。「關東西」指以函谷關爲中心的東西兩側，大致包括關西的全部地區和關東的周、鄭、韓。方言中「自關東西」「自關而東西」「關西關東」「關之東西」所代表的地區與「關東西」一致。「關西」指函谷關或今潼關以西地區。

【桂林】周百粵地，秦置桂林郡，治所在今廣西桂平西南。

H

【海岱】方言中的「岱」總是與「海」並提，稱「海岱」。「海」指當時的東海，即今天的東海和黃海。海岱指從黃海到泰山南麓包括淮泗在内的廣大地區，基本上相當於秦代的琅邪郡和東海郡中淮河以北的地區。

【韓】戰國策韓策：「韓北有鞏、洛、成皋之固，西有宜陽、常阪之塞，東有宛、穰、洧水，南有陘山，地方千里。」今河南西北部皆韓國的故地。韓都屢遷，公元前三七五年，韓哀侯滅鄭，遷都新鄭（今河南新鄭）。方言中既有韓又有鄭，爲了不使韓、鄭在地域上重合，我們把原屬於鄭的地區劃出，方言中的韓代表戰國時韓的西部領土。

【漢】方言中指均州以上的漢水上游，即西漢時的漢中郡。

【河】指黃河。在方言中與河並舉的水名有「河濟」「河汾」等。與河有關的地名則有「河陰」「河内之北」「自河以北」等。「自河以北」包括黃河中下游以北的燕、趙及魏的河北地區。

【河汾】黃河與汾水的並稱。方言中的「河汾」相當於晉。

【河濟】黃河與濟水的並稱。「河濟」即兖州，與衛相當。

【河内】周禮職方氏：「河内曰冀州。」「河内」泛指時指今山西、河北及河南黃河以北地區，也可專指今河南黃河以北地區。春秋戰國時期，以黄河以北爲河内，以南爲河外。史記貨殖列傳：「昔唐人都河東，殷人都河内，周人都河南。」正義：「古帝王之都，多在河東、河北，故呼河北爲河内，河南爲河外。」「河内之北」指今河南黄河以北的地區，與冀州相當，包括今河北和山西在内。

【河陰】郭璞方言注：「今馮翊郃陽河東龍門是其處也。」「河陰」即今山西河津西北的禹門口。

【衡】指衡山，在今湖南中部，爲湘資二水之分水嶺。

【湖】五湖的簡稱，參「五湖」條。

【淮】即淮水，古四瀆之一。源出河南之桐柏山，東流入安徽境，瀦於江蘇、安徽間之洪澤湖。

J

【濟】即濟水，古四瀆之一。尚書禹貢：「導沇水，東流爲濟，入於河。」春秋時，濟水經曹魏齊魯之界，在齊界爲齊濟，在魯界爲魯濟，亦稱沇水，源出河南濟源縣西王屋山，東南流爲豬龍河，入黄河。

【冀】方言中的「冀」有時表示古九州之一的冀州，有時表示漢代的冀縣。當「冀」與「隴」並舉時，表示冀縣，漢代的冀縣屬天水郡，治所在今甘肅天水西。其餘的表示冀州。禹貢的冀州包括爾雅和吕氏春秋中的冀州和幽州。方言中既有冀州又有幽州，因此冀州不包括幽州在内。爾雅釋地：「兩河間曰冀州。」吕氏春秋有始：「兩河之間爲冀州，晉也。」兩河即西河和東河，指今陝西、山西間的黄河以及當時流經現在河南北部、河北東部的古黄河。冀州大致相當於今山西、河北兩省的中部和南部。

【江】指長江。除「江濱」「自江而北」外，方言中的江都是與其他水名共用的，如「江淮」「江湘」等。

【江湖】方言中的江湖與吳楚相當。

【江淮】一般意義上的「江淮」應當指長江和淮河之間的地區，但方言中的「江淮」的範圍要小一些，主要指西漢時淮南國中的九江郡和衡山郡，這一地區的中心城市是壽春、合肥。

【江沔】江即長江；沔即沔水，古代漢水的通稱。方言中没有「江漢」這一名稱，所以「江沔」即一般所説的江漢，這是楚國也是楚方言的中心地區。

【江湘】指長江中游到湘水一帶的地區，屬於方言中的南楚。「江湘交會」「江湘之會」專指洞庭湖周圍比較狹小的地區。

【江沅】指從長江中游到沅江一帶的地區。大致相當於西漢的武陵郡和南郡的西南部，即今湖南西部，也可能包括貴州的東部和湖北西南部的部分地區。

【晉】西周初年周成王封其弟叔虞於唐（今山西翼城西）。唐有晉水，以後叔虞的兒子燮稱晉侯。晉始封之時領土很小，後來日益强大，疆域寬廣，其始封之地在今山西西南。公元前四世紀中葉，韓、趙、魏三家分晉，晉國不復存在。韓、趙、魏都大大擴張了各自的土地。因此，後來的韓、趙、魏並不等於原先晉國的區域。方言中凡是提到晉時，一般都指以今山西西南爲中心的比較狹小的地區，即漢代河東郡及周圍的地區。

【晉之舊都】郭璞方言注：「晉舊都，今太原晉陽縣也。」晉陽在今山西太原南。我們認爲，「晉之舊都」應指晉初所封的唐，即今山西翼城西。

【荆】州名。尚書禹貢：「荆及衡陽惟荆州。」爾雅釋地：「漢南曰荆州。」周禮職方氏：「正南曰荆州。」吕氏春秋有始：「南方爲荆州，楚也。」「荆」指荆山，在今湖北南漳縣西，武當山東南，漢水西岸。「衡」指湖南衡山。荆州包括從荆山到衡山南面的廣大地區。方言中荆州大體上包括湖北、湖南兩省。

【荆州】參見「荆」條。

【九嶷】即九嶷山。郭璞方言注：「九嶷，山名，今在零陵營道縣。」在今湖南省南部寧遠縣南。九嶷在方言中位於南楚的最南邊，與南越地區接界。

K

【會稽】指會稽郡，置於秦始皇二十五年（前二二二），包括原吴、越之地，治所在吴縣（今江蘇蘇州）。西漢時範圍有所擴大，相當於今茅山以東的蘇南、浙江大部及福建全省。

【洭】即洭水，一名湟水，又名光水，源出湖南郴州黄岑山，南流經廣東連州，東會匯水爲連州江，經陽山至英德縣南入於北江。

L

【澧】水名，源出湖南西北與湖北鶴峰縣交界處。尚書禹貢：「岷山導江，東別爲沱，又東至於澧。」

【涼】州名，西漢置。轄境相當於今甘肅、寧夏和青海湟水流域。

【梁】方言中的「梁」，有時指古九州之一的梁州，有時指漢代的郡國。當「梁」與「益、雍」並舉時，指梁州。尚書禹貢：「華陽、黑水惟梁州。」「華」指華山，「黑水」一般認爲是今天的金沙江。梁州指秦嶺以南、金沙江以北的地區，主要包括今四川、陝南一帶。當與「宋」「楚」等地名並舉時，指漢代的郡國。漢高帝五年（前二〇二）改碭郡爲梁國，治所在睢陽（今河南商丘南），即原來宋國的國都所在地，轄今河南商丘、民權、虞城和安徽碭山一帶。

【洌水】又寫作「列水」，即今朝鮮的大同江。

【靈桂】錢繹方言箋疏解爲蒼梧郡富川之靈溪水及桂嶺。周祖謨方言校箋據太平御覽引作「酃桂」，謂「酃者酃縣，桂者桂陽」，即「今湖南衡陽郴縣地也」。我們據慧琳一切經音義引及史書用例定作「零桂」。零者零陵郡，桂者桂陽郡，皆漢置，屬荆州，兩郡鄰接，在今湖南南部及廣東與之相鄰的部分地區。

【隴】即隴縣，置於西漢，治所在今甘肅張家川。

【魯】史記周本紀：「武王封弟周公旦於曲阜，曰魯。」魯受封於西周初年，建都曲阜（今山東曲阜）。史記貨殖列傳：「泰山之陽則魯，其陰則齊。」方言中的魯與春秋時的魯，疆域大體一致，即以曲阜爲中心的泰山以南，今山東西南的汶、泗、沂、沭流域。

【洛】即洛河。在方言中與周的地域相當。

M

【沔】即沔水，是古代漢水的通稱。尚書禹貢：「（梁州）浮於潛，逾於沔。」漢書地理志「漢中郡沔陽」下應劭注：「沔水出武都，東南入江。」郭璞方言注：「沔水今在襄陽。」襄陽即今湖北襄樊。尚書禹貢：「嶓冢導漾，東流爲漢，又東爲滄浪之水。」李長傳禹貢釋地：「滄浪水指的是漢水中游均縣到襄陽之一段水道。」可見，狹義的沔水指襄陽以下的漢水。

N

【南楚】史記貨殖列傳：「衡山、九江、江南、豫章、長沙，是南楚也。」衡山是漢代的郡國名，大致相當於今皖、鄂、豫三省之間的地方。關於九江，姜亮夫荆楚名義及楚史地：「史記所云南楚九江後人多誤以爲潯陽之九江」，其實「荆之九江爲洞庭甚明」。江南指長江以南的廣大地區。張守節史記正義：「此言大江之南豫章、長沙二郡，南楚之地耳。」漢代的衡山郡不屬於方言中南楚的範圍，漢代的豫章相當於今江西省，在方言中基本上是一片空白，故方言中的南楚主要指漢代的長沙國，主要在今湖南，也包括湖北長江以南以及廣東和廣西北部的部分地區。方言中「南楚之外」包括「南楚以南」，這一地區就是史記貨殖列傳中所説的「九嶷、蒼梧以南」，西漢初年這一地區屬於南越王國，大致相當於今天的嶺南一帶。

O

【甌】在今浙江温州一帶。東甌就是甌，言「東」是爲了别於「西甌」。方言中「甌吴之外鄙」大致相當於今福建北部及浙江南部的沿海地區。

P

【沛】西漢高帝改泗水郡置，治所在相縣（今安徽濉溪縣西北），轄今安徽淮河以北、西淝河以東以及江蘇西北、河南東部的小部分地區。

【邳】即邳縣，在西漢屬東海郡，本春秋薛地，在今江蘇邳州西南。

【平原】即平原郡。漢代的平原郡包括今山東平原、禹城、陵城、齊河、臨邑、商河、惠民、陽信等縣。

【瀑】古「瀑」字。指瀑帶水。清一統志説瀑帶水在湖南永州府永明縣南，發源於神光遇廖山。永明縣就是今天的江永縣。

Q

【齊】指以臨淄（今山東淄博東臨淄北）爲中心的最早的齊領土，大致相當於秦代的臨淄、濟北兩郡，即今山東北部（不包括膠東半島）和河北東南部。

【齊右】指齊西邑。古人以西爲右，故名。

【淇】即淇水，在今河南北部，源出河南林州東南臨淇鎮，東北流經淇陽合淅河，折東南流，經湯陰至淇縣，入衛河。方言中淇與衛的地域相當。

【秦】漢書地理志：「秦地於禹貢時跨雍、梁二州。」方言中的秦大致相當於戰國時秦國的領土。以今地域來看，大致包括陝西、四川以及甘肅東部。

【秦晉之故都】郭璞方言注：「秦舊都，今扶風雍縣也。晉舊都，今太原晉陽縣也。」雍縣在今陝西鳳翔南，晉陽在今山西太原南。我們認爲，晉之故都應指晉初所封的唐，即今山西翼城西。方言中「秦晉之故都」包括今陝西省鳳翔南及山西翼城西。

【青】即青州。尚書禹貢：「海岱惟青州。」周禮職方氏：「正東曰青州。」呂氏春秋有始：「東方爲青州，齊也。」青州與戰國時齊國的疆域相當，即今山東北部和東部。

R

【汝】即汝水，就是今天河南境内的北汝河、南汝河、洪河。

S

【三輔】西漢時於京畿之地所設京兆尹、左馮翊、右扶風三個相當於郡的地區的合稱，治所在京城長安。三輔當包括在秦或關西之中，相當於今陝西關中地區。

【山】方言單獨説到「山」時指崤山或華山。「山之東西」指函谷關爲中心的東西兩側，大致包括關西的全部地區和關東的周、鄭、韓一帶。方言中「自山之東西」與其所代表的地區相同。

【召南】召，在今陝西岐山西南。方言中的召南與詩經中所代表的地域相同，相當於河南陝州到陝西西安一綫以南的地區。

【蜀】本古國名，公元前三一六年秦滅巴、蜀後，置巴郡和蜀郡。蜀郡的治所在成都（今四川成都）。西漢初年，從其北部析出廣漢郡，武帝時又從南部析出了犍爲郡。方言中的蜀大致相當於以成都爲中心的古代蜀國的範圍，即四川盆地西部。

【泗】水名。泗水發源於今山東，在今江蘇境内入淮河。

【嵩嶽】指嵩山，在今河南登封北。漢書地理志：「潁川之崇高、陽城，皆鄭分也。」崇高、陽城皆在嶽山之南，因此「嵩嶽之（以）南」屬於鄭。

【宋】建於西周初年，都睢陽（今河南商丘南）。戰國初可能遷都彭城（今江蘇徐州）。史記留侯世家：「（武王）封殷之後於宋。」這一帶是殷的故地，人民也是殷人的後代。漢書地理志：「宋地……今之沛、梁、楚、山陽、濟陰、東平及東郡之須昌、壽張，皆宋分也。周封微子於宋，今之睢陽是也。」方言中的宋大致包括以今商丘市爲中心的河南東部以及山東西南、江蘇西北和安徽北部的部分地區。

T

【潭】郭璞方言注：「潭，水名，出武陵。」説文：「潭水出武陵鐔成玉山，東入鬱林。」漢代鐔成縣的治所在今湖南靖州西南，潭水即今廣西的融江。

【唐】古邑名。郭璞方言注：「唐，今在太原晉陽縣。」臣瓚認爲唐在「河東永安，去晉四百里」，即今山西翼城西，這是晉的中心地區。

【陶】古邑名。郭璞方言注：「陶唐，晉都處。」認爲「陶」是「陶唐」的簡稱，即晉國的初封地。我們認爲陶應當指漢代的定陶，即今山東定陶。陶原爲曹國國都，春秋末屬宋，戰國時屬齊。

W

【宛】即宛縣，今河南南陽，本戰國時楚邑，後屬韓，秦昭襄王置縣，秦以後歷來都是南陽郡的治所。

【衛】建於西周之初，最初都朝歌（今河南淇縣東北），文公遷楚丘（今河南滑縣東），成公遷帝丘（今河南濮陽西南）。史記魯世家：「收殷餘民，以封康叔於衛。」衛國的所在是原殷王畿的地區，人民也主要是殷民的後裔。漢書地理志：「衛地……今之東郡及魏郡黎陽，河内之野王、朝歌，皆衛分也。」衛的地域在今河南北部以及河北南部、山東西部一帶。

【魏】本是西周時的諸侯國。漢書地理志：「魏國，亦姬姓也，在晉之南河曲。」即今山西芮城。晉獻公滅魏後把這一地區封給了大夫畢萬。畢萬的後代魏文侯與趙、韓分晉國後定都安邑（今山西夏縣西北禹王村）。公元前三六四年，魏遷都大梁（今河南開封）。方言中的魏指以大梁爲中心的地區。

【吴】建立於西周以前，國都在吴（今江蘇蘇州）。方言中吴大致包括今江蘇的大部分地區和安徽、浙江的部分地區。今江西北部是吴楚交界之地，稱「吴頭楚尾」，故方言中「吴楚之外郊」可能指今江西南部。

【五國】指崤山以東的齊、楚、趙、韓、魏。

【五湖】先秦史籍記載吴越地區有五湖，後人對此解釋不一。從國語趙語和史記河渠書看來，五湖最初當指太湖，以後又泛指太湖流域一帶所有湖泊。郭璞方言注：「五湖，今吴興太湖也。」可知，五湖屬於吴。

X

【西楚】郭璞方言注：「西楚，謂今汝南、彭城。」史記貨殖列傳：「自淮北沛、陳、汝南、南郡，此西楚也。」淮北諸郡皆在東，與南郡隔絶，不應同屬西楚。從地理位置上看，方言中的「西楚」應當在漢代的南郡之内。方言中提到西楚凡三次，與「梁益」「秦」並舉，而秦和梁益都在楚之西。周成王時封楚君熊繹於荆蠻，居丹陽（今湖北秭歸東南）。西楚必然在郢都之西，而丹陽正好在郢都之西，介於郢與秦、梁益之間。故西楚當指丹陽，即今湖北西部地區。

【西南】方言中大都與「梁益」「蜀」「漢」「涼」並舉，即今四川及陝南一帶。

【西甌】郭璞方言注：「西甌，駱越别種也。」西甌大致包括漢代鬱林郡和蒼梧郡，相當於桂江流域和西江中游，即廣西貴港一帶。

【西秦】郭璞方言注：「西秦，酒泉、燉煌、張掖是也。」酒泉，即酒泉郡，轄境相當於今甘肅河西走廊西部。燉煌，即敦煌郡，轄境相當於甘肅疏勒河以西及玉門關以東地區。張掖，即張掖郡，在今張掖市甘州區西北。

【西夏】指今陝西東部，在方言中屬秦晉方言。

【湘】即湘江。源出廣西，流入湖南。

【湘潭】湘即湘水，潭即潭水。方言中的「湘潭之原」指湘水和潭水的上游，即今湖南西南和廣西的北部一帶。方言中

「湘潭之間」與其大致相當。

【徐】即徐州。尚書禹貢：「海岱及淮惟徐州。」爾雅釋地：「濟東曰徐州。」海指當時的東海，濟指古濟水，淮指淮水。徐州就是從黃海、泰山到淮河以北的地區，它與青州的界綫同戰國時的齊長城大體一致。吕氏春秋有始：「泗上爲徐州，魯地。」徐州不僅包括魯在内，還應當包括方言中的海岱地區在内。方言中的徐州指今山東的南部、安徽和江蘇的北部地區。

Y

【燕】建立於西周初年，以薊（今北京西南）爲國都。燕昭王時又以武陽（今河北易縣南）爲下都，戰國末爲秦所滅。西漢初年擁有故秦上谷、漁陽、右北平、遼西、遼東、廣陽六郡，與戰國時燕的領土大體相當。方言中的燕並不等於燕國，它衹表示包括薊在内的漢代廣陽郡以及周圍的部分地區。

【兖】即兖州。尚書禹貢：「濟、河惟兖州。」爾雅釋地：「濟、河間曰兖州。」吕氏春秋有始：「河、濟之間兖州，衛也。」兖州與衛大體相當。濟指自今河南滎陽北分黃河東北流至今山東利津南入海之古濟水，河指自今河南武陟東北流至今河北滄州東北入海之古黃河。兖州包括今山東西部、河南北部以及河北東部的部分地區。

【揚】即揚州。尚書禹貢：「淮、海惟揚州。」揚州指淮河以南，東海、黃海以西，直達江南的東南地區。爾雅釋地：「江南曰揚州。」周禮職方氏：「東南曰揚州。」吕氏春秋有始：「東南爲揚州，越也。」揚州也可以不包括江淮之間的地區，主要指今江南一帶。

【揚州】參上條。

【益】即益州郡，西漢置。益州郡是西南夷地區最後設置的郡，兼有西夷和南夷、滇部分地區。

【野】即新野，縣名，西漢置，即今河南新野。

【圻】據前人校勘意見，當作「沂」。沂水，今稱沂河，在山東境内。

【郢】在今湖北江陵縣西北紀南城。公元前六八九年，楚文王自丹陽徙此。以後長期爲楚都城，直到公元前二七八年楚頃襄王徙陳。

【潁】即潁水，發源於今河南登封西南，東南入淮河。潁在方言中大都與汝並舉。汝潁流域主要在漢代的潁川、汝南兩郡，在方言中屬於北楚，與鄭、韓接界。

【雍】即雍州。尚書禹貢：「黑水、西河惟雍州。」爾雅釋地：「河西曰雍州。」周禮職方氏：「正西曰雍州。」呂氏春秋有始：「西方爲雍州，秦也。」這裏的「黑水」大抵是指今甘肅西部的某一條河。「西河」指山西、陝西間的黄河。方言中雍州大致在今陝西、甘肅一帶。

【湧】即「涌」，古水名。此水爲夏水支流，通長江，約在今湖北監利境内，已湮。左傳莊公十八年：「閻敖游涌而逸。」楊伯峻注：「據水經江水三注及方輿紀要，即今湖北省監利縣東南俗名乾港湖者。」

【幽】即幽州，本古冀州地。爾雅釋地：「燕曰幽州。」周禮職方氏：「東北曰幽州。」呂氏春秋有始：「北方爲幽州，燕也。」幽州與戰國時的燕國相當，大致在今河北北部及遼寧一帶。

【豫】即豫州。尚書禹貢：「荆、河惟豫州。」周禮職方氏、爾雅釋地：「河南曰豫州。」呂氏春秋有始：「河、漢之間爲豫州，周也。」方言中豫州主要指今河南除去黄河以北的地區。

【沅】指湖南西部沅江。上游稱清水江，源出貴州雲霧山，自湖南黔城鎮以下始名沅江。

【沅澧】沅澧二水屬於南楚，在漢代的武陵郡内，即湘西一帶。「沅澧之原」指沅澧二水的上游，在今湖南的最西部，可能也包括貴州的部分地區。

【沅湘】即沅水和湘水間的地區，在方言中屬南楚。郭璞認爲「湘沅之會」指「兩水合處」，因此僅指洞庭以南的較小地區。「沅湘以南」，即今湖南南部、廣西東北部以及貴州的部分地區。

Z

【越】一個古老的國家，建都會稽（今浙江紹興）。方言中的越大體上指今浙江。

【趙】最初定都晉陽（今山西太原西南），公元前四二五年遷都中牟（今河南鶴壁西），公元前三八六年遷都邯鄲（今河北邯鄲）。方言中的趙指以邯鄲爲中心的戰國趙地。主要包括今河北南部和山西東部一帶。

【鄭】史記鄭世家：「宣王立二十二年，友初封於鄭。」鄭立國於西周，最初封於棫林（今陝西華州），西周末遷至東虢（今河南滎陽）和檜（今河南新密東北）之間。東周初年建都於新鄭（今河南新鄭），公元前三七五年爲韓所滅。漢書地理志：「鄭國，今河南之新鄭，本高辛氏火正祝融之虚也。及成皋、滎陽、潁州之崇高、陽城，皆鄭分也。」鄭大致包括今河南中部一帶。

【中夏】即夏的中部，大概指洛陽周圍的地區。

【中土】即中原，以别於邊疆地區。

【周】漢書地理志：「周地……今之河南雒陽、穀成、平陰、偃師、鞏、緱氏，是其分也。」周即東周時的首都洛陽及周圍的狹小地區。

【周南】徐廣史記注引摯虞畿服經：「古之周南，今之洛陽。」方言中的周南與詩經中所代表的地域相同，於今而言相當於洛陽以南直達江漢的地區。

附録二　戴疏劉歆揚雄往返書

劉歆與揚雄書

案方言各本附劉歆書及雄答書云：「雄爲郎一歲，作繡補、靈節、龍骨之銘詩三章。及天下上計孝廉，雄問異語，紀十五卷，積二十七年。漢成帝時，劉子駿與雄書，從取方言曰。」此五十二字，不知何人所記，宋本已有之。其曰「漢成帝時」四字最爲謬妄。據漢書揚雄傳贊云：「初，雄年四十餘，自蜀來至游京師。」又云：「年七十一，天鳳五年卒。」使歆與書在成帝之末年甲寅，下距天鳳五年凡二十五年，由甲寅上溯二十七年，乃元帝竟寧元年戊子，雄年甫二十，豈「年四十餘，自蜀來至游京師」者耶？洪邁不察此五十二字乃後人于標題之下叙述二書之緣起，誤以王莽時爲成帝時，非原書之所有，故所作容齋隨筆稱：「今世所傳揚子雲輶軒使者絶代語釋别國方言凡十三卷，郭璞序而解之，其末又有漢成帝時劉子駿與雄書從取方言及雄答書。既云成帝時子駿與雄書，而其中乃云孝成皇帝，反復牴牾。」云云，殊爲未考。今削此五十二字，以免滋疑，惑于後焉。

歆叩頭。昨受詔宓五官郎中田儀（案常璩華陽國志：「前漢有侍郎田儀。」）與官婢陳徵、駱驛等私逋盜刷越巾事〔一〕，即其夕竟歸府。詔問三代周秦軒車使者、逌人使者以歲八月巡路，求代語、僮謡、歌戲，欲頗得其最目。因從事郝隆求之有日，篇中但有其目，無見文者。歆先君數爲孝成皇帝言：當使諸儒共集訓詁，爾雅所及，五經所詁，不合爾雅者詁籀爲病〔二〕；及諸經氏之屬，皆無證驗，博士至以窮世之博學者。偶有所見，非徒無主而生是也。會成帝未以爲意，先君又不能獨集。至于歆身，修軌不暇〔三〕，何偟更創？屬聞子雲獨採集先代絶言、異國殊語，以爲十五卷，其所解略多矣，而不知其目。非子雲澹雅之才，沈鬱之思，不

〔一〕逋：周祖謨方言校箋作「通」。
〔二〕詁：錢繹方言箋疏以爲當作「詁」。
〔三〕修：盧文弨重校方言以爲當作「循」。

能經年銳精以成此書。良爲勤矣！案任昉王文憲集序：「沈鬱澹雅之思。」李善注云：「揚雄爲方言，劉歆與雄書曰：『非子雲澹雅之才，沈鬱之志，不能成此書。』」「志」乃「思」之譌。歆雖不遘過庭，亦克識先君雅訓，三代之書蘊藏于家，直不計耳。今聞此，甚爲子雲嘉之已。今聖朝留心典誥，發精于殊語，欲以驗考四方之事，不勞戎馬高車之使，坐知傜俗；適子雲攘意之秋也。不以是時發倉廩以振贍，殊無爲明；語將何獨挈之寶？上以忠信明于上，下以置恩于罷朽，所謂知蓄積、善布施也。蓋蕭何造律，張倉推歷，皆成之于帷幕，貢之于王門，功列于漢室，名流乎無窮。誠以隆秋之時，收藏不殆，饑春之歲，散之不疑，故至于此也。今謹使密人奉手書，願頗與其最目，得使入籙，令聖朝留明明之典。歆叩頭叩頭。

據聚珍版戴震方言疏證

揚雄答劉歆書

案劉勰文心雕龍書記篇云：「漢來筆札，辭氣紛紜。觀史遷之報任安，東方朔之難公孫，楊惲之酬會宗，子雲之答劉歆，志氣槃桓，各含殊采，並杼軸乎尺素，抑揚乎寸心。」

雄叩頭。賜命謹至，又告以田儀事，事窮竟白，案顯出，甚厚甚厚。田儀與雄同鄉里，幼稚爲鄰，長艾相更[一]，視覬動精采，似不爲非者。故舉至之雄之任也。案舊唐書薛登傳：「登本名謙光，天授中，爲左補闕。時選舉頗濫，謙光上疏曰：『謹案漢法，所舉之主，終身保任。揚雄之坐田儀，責其冒薦，成子之居魏相，酬于得賢。』」不意淫跡污暴于官朝，令舉者懷赧而低眉，任者含聲而寃舌[二]。案「令」，各本譌作「今」，據文義改正。知人之德，堯猶病諸，雄何慚焉！叩頭叩頭。又敕以殊言十五卷，君何由知之？謹歸誠底裏，不敢違信。雄少不師章句，亦于五經之訓所不解。嘗聞先代輶軒之使奏籍之書皆藏于周秦之室，案「嘗」，各本譌作「常」。文選宣德皇后令：「輶軒萃止。」李善注云：「揚雄答劉歆書曰：『常聞先代猷軒之使。』」亦同譌。謝瞻王撫軍庾西陽集別詩：「輶軒命歸僕。」注引此句作「嘗」，不譌。及其破也，遺棄無見之者。獨蜀人有嚴君平、案

〔一〕更：周祖謨方言校箋據古文苑改作「愛」。

〔二〕寃：盧文弨重校方言據漢書揚雄傳改作「宛」。

常璩華陽國志云：「高尚逸民嚴遵，字君平，成都人。」又云：「嚴君平經德秉哲。」漢書地理志：「後有王襃、嚴遵、揚雄之徒，文章冠天下。」又王貢兩龔鮑傳：「蜀有嚴君平，博覽亡不通，揚雄少時從遊學，蜀人愛敬，至今稱焉。」嚴遵即莊遵。漢顯宗孝明皇帝諱「莊」，始改爲「嚴」。揚雄法言問明篇：「蜀莊沈冥，蜀莊之才之珍也。」吴祕注云：「莊遵，字君平。」洪邁容齋隨筆以法言不諱「莊」字，何獨至此書而曰「嚴」，不知本書不諱，而後人改之者多矣。此書下文「蜀人有揚莊者」，不改「莊」字，獨習熟于嚴君平之稱而妄改之，與後「石室」改爲「石渠」同。臨邛林閭翁孺者，案廣韻：「林閭氏，出自嬴姓。」文字志云：「『後漢有蜀郡林閭翁孺，博學善書。』」而華陽國志乃云：「林閭，字公孺，臨邛人。揚雄師之，見方言。」又云：「林翁儒訓詁玄遠。」似以爲林姓閭名，且「公孺、翁儒」譌舛互異。據此書，林閭定是複姓。其曰「見方言」者，與李善注文選引此書稱「揚雄方言曰」同。然則此書附方言內其來久矣。深好訓詁，猶見輶軒之使所奏言。翁孺與雄外家牽連之親。又君平過誤，有以私遇，少而與雄也。君平財有千言耳，翁孺梗概之法略有。翁孺往數歲死，婦蜀郡掌氏子，無子而去。案王應麟姓氏急就篇云：「掌氏，晉有掌同，前涼有掌據，宋掌禹錫，漢揚雄書林閭婦蜀郡掌氏子。」而雄始能草文，先作縣邸銘、王佴頌、階闥銘及成都城四隅銘。蜀人有楊莊者爲郎，誦之于成帝，案華陽國志云：「尚書郎楊壯，成都人，見揚子方言。」又云：「其次楊壯、何顯，得意之徒恂恂焉，斯蓋華岷之靈標，江漢之精華也。」「莊」之爲「壯」，蓋避諱所改。其曰「見揚子方言」者，亦即指此書。成帝好之，以爲似相如，雄遂以此得外見。案文選甘泉賦李善注云：「雄答劉歆書曰：『雄作成都城四隅銘，蜀人有楊莊者爲郎，誦之于成帝，以爲似相如，雄遂以此得見。』」李周翰注云：「揚雄家貧好學，每製作慕相如之文，嘗作緜竹頌，成帝時直宿郎楊莊誦此文，帝曰：『此似相如之文。』莊曰：『非也，此臣邑人揚子雲。』帝即召見，拜爲黄門侍郎。」此數者皆都水君嘗見也，故不復奏。案古文苑章樵注云：「歆父向也。歆書多稱先君，故此答之。向嘗爲護左都水使者，前所爲文，向既嘗見，歆宜習知之。」雄爲郎之歲，案古文苑章樵注云：「雄年四十餘，自蜀來游京師，歲餘，奏羽獵賦，除爲郎，年七十一，卒于天鳳五年。計爲郎之歲當在成帝元延年間。」自奏少不得學，而心好沈博絶麗之文，願不受三歲之奉，且休脱直事之繇，得肆心廣意，以自克就。有詔：可，不奪奉。令尚書賜筆墨錢六萬，得觀書于石室。案「室」，各本譌作「渠」，蓋後人所改。左思魏都賦：「闚玉策于金滕，案圖籙于石室。」劉逵注云：「揚雄遺劉歆書曰：『得觀書于石室。』」文心雕龍事類篇曰：「夫以子雲之才，而自奏不學，及觀書石室，乃成鴻采。表裏相資，古今一也。」今據以訂正。如是後一歲作繡補、靈節、龍骨之銘詩三章，案古文苑章樵注云：「繡補，疑是裀褥之類加繡其上。靈節，靈壽杖也。漢書『靈壽杖』注：木似竹有枝龍，長不過八九尺，圍三四寸，自然合杖制，不須削治。節骨，水車也。禁苑池沼中或用以引水。銘詩今亡，不可復考。」王應麟玉海引古文苑及此注。成帝好之，遂得盡意。故天下上計孝廉及内郡衛卒會者，雄常把三寸弱翰，齎油素四尺，案左思吴都賦：「烏策篆素。」李善注云：「篆素，篆書于素也。揚雄書曰：『齎油素四尺。』」以問其異語，歸即以鉛摘次之于槧，二十七歲于今矣。案漢書成帝紀：「永始二年春正月己丑，大司馬車騎將軍王音薨。三年十月庚辰，皇太后詔有司復甘泉泰畤、汾陰后土。四年春正月，行幸甘泉，郊泰畤。三月行幸河東，祠后土。元延二年春正月，行幸甘泉，郊泰畤。三月行幸河東，祠后土。冬行幸長楊時宮，從胡客大校獵。」揚雄傳：「孝成帝時，客有薦雄文似相如者，上方郊祠甘泉泰畤，汾陰后土，目求繼嗣。召雄待詔承明之庭。正月從上甘泉，還，奏甘泉賦目風。其三月，將祭后土，上迺帥群臣横大河，湊汾陰。既祭，行游介山，回安邑，顧龍門，覽鹽池，登歷觀，陟西岳目望八荒，跡殷周之虛，眇然目思唐虞之風。雄以爲臨川羨魚，不如歸而結罔。還，上河東賦目勸。其十二月，羽獵，雄從，聊因校獵賦目風。明年，上將大誇胡人目多禽獸，秋，命右扶風發民入南山，西自褒斜，東至弘農，南敺漢中，張羅罔罝罘，捕熊羆豪豬虎豹狖玃狐菟麋鹿，載目檻車，輸長楊射熊館，目罔爲周阹，縱禽獸其中，令胡人手搏之，自取其獲，上親臨觀焉。是時，農民不得收斂。雄從至射熊館，還，上長楊賦目風。贊曰：初，雄年四十餘，自蜀來至游京師，大司馬車騎將軍王音奇其文雅，召目爲門下史，薦雄待詔，歲餘，奏羽獵賦，除爲郎，給事黄門，與王莽、劉歆並。哀帝之初，又與董賢同官。當成、哀、平間，莽、賢皆爲三公，權傾人主，所薦莫不拔擢，而雄三世不徙官。年七十一，天鳳五年卒。」考王音薨于成帝永始二年丙午正月，設雄至京師即在前一年乙巳，下至王莽天鳳五年戊寅，凡三十四年，時雄年三十八，不得云「年四十餘，始自蜀來」。至復甘泉泰畤、汾陰后土，在永始三年十月，四年始有行幸甘泉、河東事，則王音薨目三年。傳序甘泉賦、河東賦、羽獵賦爲一年所作，斷屬元延二年庚戌，王音薨且五年，不得云音「薦雄待詔，歲餘，奏羽獵賦」。今此書言楊莊而絶不及音，音薦雄殆出于傳聞，失實。故漢書中紀與傳目相矛盾，大抵紀據策書，年月日必詳，而傳所據不一，或作者追憶失之。行幸長楊宮，從胡客大校獵，紀爲元延二年冬，傳因雄有長楊、羽獵二賦，遂以長楊大校獵繫之羽獵後。別云「明年」，若以明年爲元延三年，則紀於三年無其事；若以明年爲元延二年，則紀于元年無行幸甘泉、河東及羽獵事。此亦傳誤也。郊祀志平帝時，王莽奏稱永始元年三月，目未有皇孫，復甘泉、河東祠，與紀之繫于永始三年十月庚辰不合。此莽追憶，以故年月參差也。李善注文選引七畧云：「甘泉賦永始三年正月待詔臣雄上，羽獵賦永始三年十二月上，長楊賦綏和元年上。」善辯之曰：「漢書永始四年正月行幸甘泉，三年無幸甘泉之文，疑七略誤也。綏和在校獵後四歲，無容元延二年校獵綏和元年賦。又疑七略誤也。」七畧之誤，蓋如莽奏之一時追憶，致年月參差。而甘泉諸賦則斷宜作于元延二年，時雄年四十三，楊莊誦其文于成帝，即在此元年二年間。所謂「年四十餘，自蜀來至游京師」者，語應有據依，非空撰出。班固未見雄方言及歆、雄遺、答書，故列雄論著絶不及此。傳内遺楊莊而以爲王音，然于前云孝成帝時客有薦雄文似相如者，上方郊祠甘泉泰畤、汾陰后土，目求繼嗣，召雄待詔承明之庭，事在王音薨後，與雄答書合。不能指名楊莊，泛目曰客。亦不言王音，原自謹嚴。贊内舉音薦雄待詔，不過附存異聞。使雄由王音薦，則「年四十餘」當改之曰「年三十餘」，其去元延二年爲久滯京師矣。此又書言楊莊，較之傳贊内言王音者爲可信。然則劉歆遺雄書求方言應在天鳳三四年之間矣。古文苑章樵注云：「計雄是時年近七十。葛洪西京雜記：『揚子雲好事，嘗懷鉛提槧，從諸計吏訪殊方絶域四方之語，以爲裨補輶軒所載，亦洪意也。』」

而語言或交錯相反，方復論思，詳悉集之，燕其疑。

案古文苑章樵注云：「會集所未聞，使疑者得所安。」

張伯松不好雄賦頌之文，然亦有以奇之。常爲雄道言其父及其先君憙典訓，

案漢書張敞傳：「敞三子，官皆至都尉。敞孫竦，王莽時至郡守，封侯，博學文雅過于敞，然政事不及也。」杜鄴傳：「鄴少孤，其母張敞女。鄴壯，從敞子吉學問，得其家書。初，鄴從張吉學，吉子竦又幼孤，從鄴學。鄴子林，清靜好古，亦有雅才，其正文字過于鄴、竦，故世言小學者由杜公。」陳遵傳：「遵少孤，與張竦伯松俱爲京兆史。竦博學通達，以廉

僉自守，而遵放縱不拘，操行雖異，然相親友，哀帝之末，俱著名字，爲後進冠。遵爲校尉，有功，封嘉威侯。凡三爲二千石。而張竦亦至丹陽太守，封淑德侯。後俱免官，以列侯歸長安。竦居貧，無賓客，時時好事者從之質疑問事，論道經書而已。」藝文志：「倉頡多古字，俗師失其讀，宣帝時徵齊人能正讀者，張敞從受之，傳至外孫之子杜林，爲作訓。」後漢書杜林傳：「父鄴，成、哀間爲涼州刺史。林少好學沈深，家既多書，又外氏張竦父子喜文采，林從竦受學，博洽多聞，時稱通儒。」許慎説文解字序云：「孝宣時，召通倉頡讀者，張敞從受之。涼州刺史杜業，沛人爰禮，講學大夫秦近，亦能言之。孝平時，徵禮等百餘人，令説文字未央廷中，以禮爲小學元士。黄門侍郎揚雄採以作訓纂篇。」杜業即杜鄴。然則此書云「常爲雄道言其父」者，即張吉也，云「及其先君」者，謂張敞也。屬雄以此篇目煩示其成者，伯松曰：「是懸諸日月不刊之書也。」案「煩」或作「頻」，或作「頗」。「示其成者」四字，或作「示之」二字。據上云「語言或交錯相反，方復論思，詳悉集之」，是歆求方言時，雄撰集尚未成，此云「示其成者」，正以見有未成者耳。今書中有僅舉其字，不辨何方云然，蓋方言究屬雄未成之書。洪邁以漢書本傳無所謂方言，藝文志亦不載方言，遂疑非雄作。又云「書稱『汝潁之間』，先漢人無此語也」。則書内舉水名以表其地者多矣，何以先漢人不得稱「汝潁之間」耶？應劭風俗通義序云：「周秦常以歲八月遣輶軒之使求異代方言，還奏籍之，藏于秘室，及嬴氏之亡，遺脱漏棄，無見之者。蜀人嚴君平有千餘言，林閭翁孺才有梗概之法。揚雄好之，天下孝廉衛卒交會，周章質問，以次注續，二十七年爾乃治正，凡九千字。張竦以爲懸諸日月不刊之書。」任昉南徐州蕭公行狀：「並勒成一家，懸諸日月。」李善注云：「揚雄方言曰：『雄以此篇目煩示其成者，張伯松伯松曰：是懸諸日月不刊之書也。』」此注重「伯松」二字，有譌舛。又言恐雄爲太玄經，由鼠坻之與牛場也；如其用，則實五稼，飽邦民；否則爲牴糞，棄之于道矣。而雄𦨈之〔一〕。案「𦨈」，古「服」字。伯松與雄獨何德慧，案古文苑章樵注云：「漢人用『慧』，字多與『惠』通。」而君與雄獨何譖隙，而當匿乎哉！其不勞戎馬高車，令人君坐帷幕之中，知絶遐異俗之語，典流于昆嗣，言列于漢籍，誠雄心所絶極，至精之所想遘也。夫聖朝遠照之明，使君宷此，如君之意，誠雄散之之會也。死之日，則今之榮也。不敢有貳，不敢有愛。少而不以行立于鄉里，長而不以功顯于縣官，著訓于帝籍，但言詞博覽，翰墨爲事，誠欲崇而就之，不可以遺，不可以怠〔二〕。即君必欲脅之以威，陵之以武，欲令入之于此，此又未定，未可以見；令君又終之，則縊死以從命也。案雄以其書未成未定爲辭。時歆爲莽國師，故雄爲是言，絶其終來强以勢求，意可見矣。洪邁乃云：「子駿祇從之求書，而答云『必欲脅之以威，陵之以武，則縊死以從命也』，何至是哉！」此于知人論世漫置不辨，而妄議不輕出其著述爲非，亦不達于理矣。「令君」之「令」，各本譌作「今」，今改正。而可且寬假延期，必不敢有

〔一〕𦨈：周祖謨方言校箋作「般」。
〔二〕怠：古文苑作「忘」。

愛。案「而、如」古多通用。雄之所爲，得使君輔貢于明朝，則雄無恨，何敢有匿！惟執事圖之。長監于規繡之，就死以爲小，雄敢行之。案古文苑章樵注云：「言當長以所規爲監，得緝成其書，以死爲輕。」謹因還使，雄叩頭叩頭。

據聚珍版戴震方言疏證

附録三　漢書揚雄傳（節選）

揚雄字子雲，蜀郡成都人也。其先出自有周伯僑者，以支庶初食采於晉之揚，因氏焉，不知伯僑周何別也。揚在河、汾之間，周衰而揚氏或稱侯，號曰揚侯。會晉六卿爭權，韓、魏、趙興而范、中行、知伯弊。當是時，偪揚侯，揚侯逃於楚巫山，因家焉。楚漢之興也，揚氏遡江上，處巴江州。而揚季官至廬江太守。漢元鼎間避仇復遡江上，處岷山之陽曰郫，有田一壥，有宅一區，世世以農桑爲業。自季至雄，五世而傳一子，故雄亡它揚於蜀。

雄少而好學，不爲章句，訓詁通而已，博覽無所不見。爲人簡易佚蕩，口吃不能劇談，默而好深湛之思，清靜亡爲，少耆欲，不汲汲於富貴，不戚戚於貧賤，不修廉隅以徼名當世。家産不過十金，乏無儋石之儲，晏如也。自有大度，非聖哲之書不好也；非其意，雖富貴不事也。顧嘗好辭賦。

先是時，蜀有司馬相如，作賦甚弘麗温雅，雄心壯之，每作賦，常擬之以爲式。又怪屈原文過相如，至不容，作離騷，自投江而死，悲其文，讀之未嘗不流涕也。以爲君子得時則大行，不得時則龍蛇，遇不遇命也，何必湛身哉！乃作書，往往摭離騷文而反之，自岷山投諸江流以弔屈原，名曰反離騷；又旁離騷作重一篇，名曰廣騷；又旁惜誦以下至懷沙一卷，名曰畔牢愁。畔牢愁、廣騷文多不載，獨載反離騷。……

孝成帝時，客有薦雄文似相如者，上方郊祠甘泉泰畤、汾陰后土，以求繼嗣，召雄待詔承明之庭。正月，從上甘泉，還奏甘泉賦以風。……

甘泉本因秦離宫，既奢泰，而武帝復增通天、高光、迎風。宫外近則洪厓、旁皇、儲胥、弩阹，遠則石關、封巒、枝鵲、露寒、棠梨、師得，游觀屈奇瑰瑋，非木摩而不彫，牆塗而不畫，周宣所考，般庚所遷，夏卑宫室，唐虞棌椽三等之制也。且爲其已久矣，非成帝所造，欲諫則非時，欲默則不能已，故遂推而隆之，乃上比於帝室紫宫，若曰此非人力之所爲，黨鬼神可也。又是時趙昭儀方大幸，每上甘泉，常法從，在屬車間豹尾中。故雄聊盛言車騎之衆，參麗之駕，非所以感動天地，逆釐三神。又言

「屏玉女，卻虙妃」，以微戒齊肅之事。賦成奏之，天子異焉。

其三月，將祭后土，上乃帥群臣横大河，湊汾陰。既祭，行遊介山，回安邑，顧龍門，覽鹽池，登歷觀，陟西岳以望八荒，跡殷周之虚，眇然以思唐虞之風。雄以爲臨川羨魚，不如歸而結罔，還，上河東賦以勸。……

其十二月羽獵，雄從。以爲昔在二帝三王，宫館臺榭沼池苑囿林麓藪澤財足以奉郊廟，御賓客，充庖廚而已，不奪百姓膏腴穀土桑柘之地。女有餘布，男有餘粟，國家殷富，上下交足，故甘露零其庭，醴泉流其唐，鳳皇巢其樹，黄龍游其沼，麒麟臻其囿，神爵棲其林。昔者禹任益虞而上下和，中木茂；成湯好田而天下用足；文王囿百里，民以爲尚小；齊宣王囿四十里，民以爲大：裕民之與奪民也。武帝廣開上林，南至宜春、鼎胡、御宿、昆吾，旁南山而西，至長楊、五柞，北繞黄山，瀕渭而東，周袤數百里。穿昆明池象滇河，營建章、鳳闕、神明、馺娑，漸臺、泰液象海水周流方丈、瀛洲、蓬萊。游觀侈靡，窮妙極麗。雖頗割其三垂以贍齊民，然至羽獵田車戎馬器械儲偫禁禦所營，尚泰奢麗誇詡，非堯、舜、成湯、文王三驅之意也。又恐後世復修前好，不折中以泉臺，故聊因校獵賦以風。……

明年，上將大誇胡人以多禽獸，秋，命右扶風發民入南山，西自褒斜，東至弘農，南敺漢中，張羅罔罝罘，捕熊羆豪豬虎豹狖玃狐菟麋鹿，載以檻車，輸長楊射熊館。以罔爲周阹，縱禽獸其中，令胡人手搏之，自取其獲，上親臨觀焉。是時，農民不得收斂。雄從至射熊館，還，上長楊賦，聊因筆墨之成文章，故藉翰林以爲主人，子墨爲客卿以風。……

哀帝時丁、傅、董賢用事，諸附離之者或起家至二千石。時雄方草太玄，有以自守，泊如也。或謿雄以玄尚白，而雄解之，號曰解謿。……

雄以爲賦者，將以風也，必推類而言，極麗靡之辭，閎侈鉅衍，競於使人不能加也，既乃歸之於正，然覽者已過矣。往時武帝好神仙，相如上大人賦，欲以風，帝反縹縹有陵雲之志。繇是言之，賦勸而不止，明矣。又頗似俳優淳于髡、優孟之徒，非法度所存，賢人君子詩賦之正也，於是輟不復爲。而大潭思渾天，參摹而四分之，極於八十一。旁則三摹九据，極之七百二十九贊，亦自然之道也。故觀易者，見其卦而名之；觀玄者，數其畫而定之。玄首四重者，非卦也，數也。其用自天元推一晝一夜陰陽數度律曆之紀，九九大運，與天終始。故玄三方、九州、二十七部、八十一家、二百四十三表、七百二十九贊，分爲三卷，曰一二三，與泰初曆相應，亦有顓頊之曆焉。揲之以三策，關之以休咎，絣之以象類，播之以人事，文之以五行，擬之以道德仁義禮知。無主無名，要合五經，苟非其事，文不虛生。爲其泰曼漶而不可知，故有首、衝、錯、測、攡、瑩、數、文、掜、圖、告十一篇，皆以解剥玄體，離散其文，章句尚不存焉。玄文多，故不著；觀之者難知，學之者難成。客有難玄大深，衆人之不好也，雄解之，號曰解難。……

雄見諸子各以其知舛馳，大氏詆訾聖人，即爲怪迂，析辯詭辭，以撓世事，雖小辯，終破大道而或衆，使溺於所聞而不自知其非也。及太史公記六國，歷楚漢，訖麟止，不與聖人同，是非頗謬於經。故人時有問雄者，常用法應之，譔以爲十三卷，象論語，號曰法言。……

贊曰：雄之自序云爾。初，雄年四十餘，自蜀來至游京師，大司馬車騎將軍王音奇其文雅，召以爲門下史，薦雄待詔，歲餘，奏羽獵賦，除爲郎，給事黄門，與王莽、劉歆並。哀帝之初，又與董賢同官。當成、哀、平間，莽、賢皆爲三公，權傾人主，所薦莫不拔擢，而雄三世不徙官。及莽篡位，談説之士用符命稱功德獲封爵者甚衆，雄復不侯，以耆老久次轉爲大夫，恬於勢利乃如是。實好古而樂道，其意欲求文章成名於後世，以爲經莫大於易，故作太玄；傳莫大於論語，作法言；史篇莫善於倉頡，作訓纂；箴莫善於虞箴，作州箴；賦莫深於離騷，反而廣之；辭莫麗於相如，作四賦：皆斟酌其本，相與放依而馳騁云。用心於内，不求於外，於時人皆曶之；唯劉歆及范逡敬焉，而桓譚以爲絶倫。

王莽時，劉歆、甄豐皆爲上公，莽既以符命自立，即位之後欲絶其原以神前事，而豐子尋、歆子棻復獻之。莽誅豐父子，投棻四裔，辭所連及，便收不請。時雄校書天禄閣上，治獄使者來，欲收雄，雄恐不能自免，乃從閣上自投下，幾死。莽聞之曰：「雄素不與事，何故在此？」間請問其故，乃劉棻嘗從雄學作奇字，雄不知情。有詔勿問。然京師爲之語曰：「惟寂寞，自投閣；爰清静，作符命。」

雄以病免，復召爲大夫。家素貧，耆酒，人希至其門。時有好事者載酒肴從游學，而鉅鹿侯芭常從雄居，受其太玄、法言焉。劉歆亦嘗觀之，謂雄曰：「空自苦！今學者有禄利，然尚不能明易，又如玄何？吾恐後人用覆醬瓿也。」雄笑而不應。年七十一，天鳳五年卒，侯芭爲起墳，喪之三年。

時大司空王邑、納言嚴尤聞雄死，謂桓譚曰：「子嘗稱揚雄書，豈能傳於後世乎？」譚曰：「必傳。顧君與譚不及見也。凡人賤近而貴遠，親見揚子雲禄位容貌不能動人，故輕其書。昔老聃著虚無之言兩篇，薄仁義，非禮學，然後世好之者尚以爲過於五經，自漢文景之君及司馬遷皆有是言。今揚子之書文義至深，而論不詭於聖人，若使遭遇時君，更閲賢知，爲所稱善，則必度越諸子矣。」諸儒或譏以爲雄非聖人而作經，猶春秋吴楚之君僭號稱王，蓋誅絶之罪也。自雄之没至今四十餘年，其法言大行，而玄終不顯，然篇籍具存。

據中華書局一九六二年標點本漢書

附録四　晉書郭璞傳（節選）

郭璞字景純，河東聞喜人也。父瑗，尚書都令史。時尚書杜預有所增損，瑗多駁正之，以公方著稱。終於建平太守。璞好經術，博學有高才，而訥於言論，詞賦爲中興之冠。好古文奇字，妙於陰陽筭曆。有郭公者，客居河東，精於卜筮，璞從之受業。公以青囊中書九卷與之，由是遂洞五行、天文、卜筮之術，攘災轉禍，通致無方，雖京房、管輅不能過也。璞門人趙載嘗竊青囊書，未及讀，而爲火所焚。

惠懷之際，河東先擾。璞筮之，投策而嘆曰：「嗟乎！黔黎將湮於異類，桑梓其翦爲龍荒乎！」於是潛結姻昵及交遊數十家，欲避地東南。抵將軍趙固，會固所乘良馬死，固惜之，不接賓客。璞至，門吏不爲通。璞曰：「吾能活馬。」吏驚入白固。固趨出，曰：「君能活吾馬乎？」璞曰：「得健夫二三十人，皆持長竿，東行三十里，有丘林社廟者，便以竿打拍，當得一物，宜急持歸。得此，馬活矣。」固如其言，果得一物似猴，持歸。此物見死馬，便噓吸其鼻。頃之馬起，奮迅嘶鳴，食如常，不復見向物。固奇之，厚加資給。

行至廬江，太守胡孟康被丞相召爲軍諮祭酒。時江淮清宴，孟康安之，無心南渡。璞爲占曰「敗」。康不之信。璞將促裝去之，愛主人婢，無由而得，乃取小豆三斗，繞主人宅散之。主人晨見赤衣人數千圍其家，就視則滅，甚惡之，請璞爲卦。璞曰：「君家不宜畜此婢，可於東南二十里賣之，慎勿爭價，則此妖可除也。」主人從之。璞陰令人賤買此婢。復爲符投於井中，數千赤衣人皆反縛，一一自投於井，主人大悦。璞攜婢去。後數旬而廬江陷。

璞既過江，宣城太守殷祐引爲參軍。時有物大如水牛，灰色卑腳，腳類象，胸前尾上皆白，大力而遲鈍，來到城下，衆咸異焉。祐使人伏而取之，令璞作卦，遇遯之蠱，其卦曰：「艮體連乾，其物壯巨。山潛之畜，匪兕匪武。身與鬼并，精見二午。法當爲禽，兩靈不許。遂被一創，還其本墅。按卦名之，是爲驢鼠。」卜適了，伏者以戟刺之，深尺餘，遂去不復見。郡綱紀上祠，請殺之。巫云：「廟神不悦，曰：『此是䢼亭驢山君鼠，使詣荆山，暫來過我，不須觸之。』」其精妙如此。祐遷石頭督護，璞復隨之。時有鼯鼠出延陵，璞占之曰：「此郡東當有妖人欲稱制者，尋亦自死矣。後當有妖樹生，然若瑞而非瑞，辛螫之木也。儻有此者，東南數百里必有作逆者，期明年矣。」無錫縣欻有茱萸四株交枝而生，若連理者，其年盜殺吴興太守袁琇。或以問璞，璞曰：「卯爻發而沴金，此木不曲直而成災也。」

王導深重之，引參己軍事。嘗令作卦，璞言：「公有震厄，可命駕西出數十里，得一柏樹，截斷如身長，置常寢處，災當可消矣。」導從其言。數日果震，柏樹粉碎。

時元帝初鎮建鄴，導令璞筮之，遇咸之井，璞曰：「東北郡縣有『武』名者，當出鐸，以著受命之符。西南郡縣有『陽』名者，井當沸。」其後晉陵武進縣人於田中得銅鐸五枚，歷陽縣中井沸，經日乃止。及帝爲晉王，又使璞筮，遇豫之睽，璞曰：「會稽當出鍾，以告成功，上有勒銘，應在人家井泥中得之。繇辭所謂『先王以作樂崇德，殷薦之上帝』者也。」及帝即位，太興初，會稽剡縣人果於井中得一鍾，長七寸二分，口徑四寸半，上有古文奇書十八字，云「會稽嶽命」，餘字時人莫識之。璞曰：「蓋王者之作，必有靈符，塞天人之心，與神物合契，然後可以言受命矣。觀五鐸啟號於晉陵，棧鍾告成於會稽，瑞不失類，出皆以方，豈不偉哉！若夫鐸發其響，鍾徵其象，器以數臻，事以實應，天人之際不可不察。」帝甚重之。

璞著江賦，其辭甚偉，爲世所稱。後復作南郊賦，帝見而嘉之，以爲著作佐郎。

……

頃之，遷尚書郎。數言便宜，多所匡益。明帝之在東宮，與温嶠、庾亮並有布衣之好，璞亦以才學見重，埒於嶠、亮，論者美之。然性輕易，不修威儀，嗜酒好色，時或過度。著作郎干寶常誡之曰：「此非適性之道也。」璞曰：「吾所受有本限，用之恒恐不得盡，卿乃憂酒色之爲患乎！」

……

時暨陽人任谷因耕息於樹下，忽有一人著羽衣就淫之，既而不知所在，谷遂有娠。積月將産，羽衣人復來，以刀穿其陰下，出一蛇子便去。谷遂成宦者。後詣闕上書，自云有道術。帝留谷于宫中。璞復上疏曰：「任谷所爲妖異，無有因由。陛下玄鑒廣覽，欲知其情狀，引之禁内，供給安處。臣聞爲國以禮正，不聞以奇邪。所聽惟人，故神降之吉。陛下簡默居正，動遵典刑。案周禮，奇服怪人不入宮，況谷妖詭怪人之甚者，而登講肆之堂，密邇殿省之側，塵點日月，穢亂天聽，臣之私情竊所以不取也。陛下若以谷信爲神靈所憑者，則應敬而遠之。夫神，聰明正直，接以人事。若以谷爲妖蠱詐妄者，則當投畀裔土，不宜令褻近紫闥。若以谷或是神祇告譴，爲國作眚者，則當克己修禮以弭其妖，不宜令谷安然自容，肆其邪變也。臣愚以爲陰陽陶烝，變化萬端，亦是狐貍魍魎憑假作慝。願陛下採臣愚懷，特遣谷出。臣以人乏，忝荷史任，敢忘直筆，惟義是規。」其後元帝崩，谷因亡走。

璞以母憂去職，卜葬地於暨陽，去水百步許。人以近水爲言，璞曰：「當即爲陸矣。」其後沙漲，去墓數十里皆爲桑田。未朞，王敦起璞爲記室參軍。是時潁川陳述爲大將軍掾，有美名，爲敦所重，未幾而没。璞哭之哀甚，呼曰：「嗣祖，嗣祖，焉知非福！」未幾而敦作難。時明帝即位踰年，未改號，而熒惑守房。璞時休歸，帝乃遣使齎手詔問璞。會暨陽縣復上言曰赤烏見。璞乃上疏請改年肆赦，文多不載。璞嘗爲人葬，帝微服往觀之，因問主人何以葬龍角，此法當滅族。主人曰：「郭璞云此葬龍耳，不出三年當致天子也。」帝曰：「出天子邪？」答曰：「能致天子問耳。」帝甚異之。璞素與桓彝友善，彝每造之，或值璞在婦間，便入。璞曰：「卿來，他處自可徑前，但不可廁上相尋耳。必客主有殃。」彝後因醉詣璞，正逢在廁，掩而觀之，見璞躶身被髮，銜刀設醊。璞見彝，撫心大驚曰：「吾每屬卿勿來，反更如是！非但禍吾，卿亦不免矣。天實爲之，將以誰咎！」璞終嬰王敦之禍，彝亦死蘇峻之難。

王敦之謀逆也，温嶠、庾亮使璞筮之，璞對不決。嶠、亮復令占己之吉凶，璞曰：「大吉。」嶠等退，相謂曰：「璞對不了，是不敢有言，或天奪敦魄。今吾等與國家共舉大事，而璞云大吉，是爲舉事必有成也。」於是勸帝討敦。初，璞每言「殺我者山宗」，至是果有姓崇者構璞於敦。敦將舉兵，又使璞筮。璞曰：「無成。」敦固疑璞之勸嶠、亮，又聞卦凶，乃問璞曰：「卿更筮吾壽幾何？」答曰：「思向卦，明公起事，必禍不久。若住武昌，壽不可測。」敦大怒曰：「卿壽幾何？」曰：「命盡今日日中。」敦怒，收璞，詣南岡斬之。璞臨出，謂行刑者欲何之。曰：「南岡頭。」璞曰：「必在雙柏樹下。」既至，果然。復云：「此樹應有大鵲巢。」衆索之不得。璞更令尋覓，果於枝間得一大鵲巢，密葉蔽之。初，璞中興初行經越城，間遇一人，呼其姓名，因以袴褶遺之。其人辭不受，璞曰：「但取，後自當知。」其人遂受而去。至是，果此人行刑。時年四十九。及王敦平，追贈弘農太守。

初，庾翼幼時嘗令璞筮公家及身，卦成，曰：「建元之末丘山傾，長順之初子凋零。」及康帝即位，將改元爲建元，或謂庾冰曰：「子忘郭生之言邪？丘山上名，此號不宜用。」冰撫心歎恨。及帝崩，何充改元爲永和，庾翼歎曰：「天道精微，乃當如是。長順者，永和也，吾庸得免乎！」其年翼卒。冰又令筮其後嗣，卦成，曰：「卿諸子並當貴盛，然有白龍者，凶徵至矣。若墓碑生金，庾氏之大忌也。」後冰子蘊爲廣州刺史，妾房內忽有一新生白狗子，莫知所由來，其妾祕愛之，不令蘊知。狗轉長大，蘊入，見狗眉眼分明，又身至長而弱，異於常狗，蘊甚怪之。將出，共視在衆人前，忽失所在。蘊慨然曰：「殆白龍乎！庾氏禍至矣。」又墓碑生金。俄而爲桓溫所滅，終如其言。璞之占驗，皆如此類也。

璞撰前後筮驗六十餘事，名爲洞林。又抄京、費諸家要最，更撰新林十篇、卜韻一篇。注釋爾雅，别爲音義、圖譜。又注三蒼、方言、穆天子傳、山海經及楚辭、子虛、上林賦數十萬言，皆傳於世。所作詩賦誄頌亦數萬言。子驁，官至臨賀太守。

據中華書局一九七四年標點本晉書

附録五　本書主要參考引用文獻目録

一、方言及其校注本

輶軒使者絶代語釋别國解方言十三卷　漢揚雄撰　晉郭璞注　宋慶元庚申潯陽郡齋刻本（北京圖書館中華再造善本）

輶軒使者絶代語釋别國方言十三卷　漢揚雄撰　晉郭璞注　福山王氏天壤閣覆刻本

輶軒使者絶代語釋别國方言十三卷　漢揚雄撰　晉郭璞注　東文研藏珂羅版宋刊本

輶軒使者絶代語釋别國方言十三卷　漢揚雄撰　晉郭璞注　靜嘉堂文庫藏影宋抄本

輶軒使者絶代語釋别國方言十三卷　漢揚雄撰　晉郭璞注　藏園據宋慶元本覆刻本

輶軒使者絶代語釋别國方言十三卷　漢揚雄撰　晉郭璞注　華陽王氏重刻宋刊本

輶軒使者絶代語釋别國方言十三卷　漢揚雄撰　晉郭璞注　四部叢刊景傅氏藏宋刊本

輶軒使者絶代語釋别國方言十三卷　漢揚雄撰　晉郭璞注　明正德四年李珏刻本

輶軒使者絶代語釋别國方言十三卷　漢揚雄撰　晉郭璞注　明正德己巳鈔宋本

輶軒使者絶代語釋别國方言十三卷　漢揚雄撰　晉郭璞注　明佚名刻本

輶軒使者絶代語釋别國方言十三卷　漢揚雄撰　晉郭璞注　明程榮刻漢魏叢書本

方言十三卷　漢揚雄撰　晉郭璞注　明何允中刻廣漢魏叢書本（嘉慶刊本）

輶軒使者絶代語釋别國方言十三卷　漢揚雄撰　晉郭璞注　明吴琯刻古今逸史本

輶軒使者絶代語釋别國方言十三卷　漢揚雄撰　晉郭璞注　明吴中珩增訂古今逸史本

新刻絶代語釋别國方言十三卷　漢揚雄撰　晉郭璞注　明胡文焕刻格致叢書本

輶軒使者絶代語釋别國方言十三卷　漢揚雄撰　晉郭璞注　明鄭樸揚子雲集本

輶軒使者絶代語釋别國方言六卷　漢揚雄撰　晉郭璞注　明抄本（卷七以後配清抄本）
輶軒使者絶代語釋别國方言類聚四卷　明陳與郊撰　明萬曆刻本
輶軒絶代語一卷　漢揚雄撰　明陶宗儀編説郛本（龍威祕書）
輶軒使者絶代語釋别國方言十三卷　漢揚雄撰　晉郭璞注　清武英殿聚珍版叢書本
輶軒使者絶代語釋别國方言十三卷　漢揚雄撰　晉郭璞注　清嘉慶六年會稽樊廷緒刻本
輶軒使者絶代語釋别國方言十三卷　漢揚雄撰　晉郭璞注　清鈔本
方言十三卷　漢揚雄撰　晉郭璞注　清王謨增訂漢魏叢書本
方言十三卷　漢揚雄撰　晉郭璞注　民國八年掃葉山房百子全書本
方言注（疏證）十三卷　清戴震撰　武英殿聚珍版、四庫全書本、萬有文庫本
新刻絶代語釋别國方言十三卷　漢揚雄撰　晉郭璞注　王念孫手校胡文焕格致叢書本
輶軒使者絶代語釋别國方言疏證七卷　清戴震撰　王念孫手校微波榭叢書本
輶軒使者絶代語釋别國方言疏證補一卷　清王念孫撰　高郵王氏遺書本、渭南嚴氏精刊本
重校方言十三卷附校正補遺一卷　清盧文弨校正　乾隆甲辰杭州刻抱經堂本
方言補校一卷　清劉台拱撰　劉端臨先生遺書本
方言箋疏十三卷　清錢繹撰　上海古籍出版社清疏四種合刊本
方言十三卷續二卷續補一卷　清郭慶藩編　光緒辛卯思賢講舍合刊本
札迻方言校記　清孫詒讓撰　上海古籍出版社清疏四種合刊本
宋本方言校勘記一卷　王秉恩撰　上海古籍出版社清疏四種合刊本
書郭注方言後　王國維著　中華書局觀堂集林本
方言郭璞注（二十八條）　吴承仕著　中華書局經籍舊音辨證本

方言音釋　丁惟汾著　齊魯書社王獻唐批校本
方言注商　吴予天著　商務印書館國學小叢書本
方言校箋　周祖謨校　科學出版社方言校箋及通檢本
方言補釋　徐復著　江蘇教育出版社徐復語言文字學論稿本
方言箋記　劉君惠著　油印本未刊稿
方言疏證補補三卷　劉君惠著　劉君惠先生著述輯存録排未刊稿

二、相關辭書類書

爾雅詁林　朱祖延主编　湖北教育出版社初版
説文解字詁林　丁福保輯　中華書局縮影本
廣雅詁林　徐復主编　江蘇古籍出版社初版
故訓匯纂　宗福邦等主编　商務印書館初版
小爾雅義證十三卷　清胡承珙撰　四部備要據墨莊遺書本校刊本
小爾雅疏證五卷　清葛其仁撰　叢書集成初編據咫進齋叢書本排印
通俗文　清任大椿輯　小學鉤沈本
通俗文　清臧庸輯　邃雅齋叢書本
通俗文　段書偉輯校　中州古籍出版社初版
釋名　漢劉熙撰　上海古籍出版社清疏四種合刊本
釋名疏證補　清王先謙譔集　上海古籍出版社清疏四種合刊本
原本玉篇殘卷　梁顧野王編撰　中華書局影印初版

經典釋文　唐陸德明撰　中華書局黄焯斷句本
干禄字書　唐顔元孫撰　叢書集成初編本
藝文類聚　唐歐陽詢撰　上海古籍出版社排印本
初學記　唐徐堅等著　中華書局排印本
一切經音義　唐釋玄應撰　商務印書館影印本
新譯大方廣佛華嚴經音義　唐釋慧苑撰　商務印書館影印本
正續一切經音義　唐釋慧琳、希麟撰　上海古籍出版社影印日本獅谷白蓮社刊本
太平御覽　宋李昉等編　中華書局影印本
太平廣記　宋李昉等編　中華書局排印本
宋本廣韻　宋陳彭年等　北京市中國書店影印張氏澤存堂本
宋本廣韻　宋陳彭年等　江蘇教育出版社影印巾箱本
宋本玉篇　宋陳彭年等　北京市中國書店影印張氏澤存堂本
類篇　宋司馬光等　上海古籍出版社影印汲古閣影宋鈔本
集韻　宋丁度等　上海古籍出版社影印述古堂影宋鈔本
龍龕手鏡　遼釋行均編　中華書局影印高麗本補足本
六書故　元戴侗撰　小學彙函本
古今韻會舉要　元熊忠撰　光緒九年淮南書局本
字彙　明梅膺祚撰　續修四庫全書影印本
正字通　明張自烈、廖文英撰　續修四庫全書影印本
通雅　明方以智撰　中國書店影印姚文燮浮山此藏軒刻本

隸辨　清顧藹吉撰　中華書局影印項氏玉淵堂刊本
助字辨略　清劉淇著　中華書局重印開明書店本
明清俗語辭書集成　長澤規矩也　上海古籍出版社影印日本汲古書院本
通俗編　清翟灝撰　商務印書館排印本
詞詮　楊樹達著　中華書局第二版
同源字典　王力著　商務印書館初版
漢語方言大詞典　許寶華、宮田一郎主編　中華書局初版
現代漢語方言大詞典　李榮主編　江蘇教育出版社初版
漢語大字典（縮印本）　徐中舒主編　四川辭書出版社、湖北辭書出版社初版
漢語大詞典　羅竹風主編　漢語大詞典出版社初版
三禮詞典　錢玄、錢興奇編著　江蘇古籍出版社初版

三、其他主要文獻

十三經注疏　清阮元校刻　中華書局影印世界書局縮印本
二十二子　上海古籍出版社影印浙江書局彙刻本
國語　先秦左丘明撰　上海古籍出版社版吴紹烈等校點本
戰國策　漢劉向集録　上海古籍出版社排印本二版
史記　漢司馬遷撰　中華書局初版標點本
漢書　漢班固撰　中華書局初版標點本
太玄　漢揚雄撰　中華書局新編諸子集成本

楚辭章句　漢王逸撰　中華書局版洪興祖補注本
韓詩外傳　漢韓嬰撰　中華書局版許維遹集釋本
風俗通義　漢應劭撰　天津人民出版社版吴樹平校釋本
傷寒論　漢張機撰　上海人民出版社校注本
金匱要略　漢張機撰　人民衛生出版社據仲景全書影印本
古文苑　上海古籍出版社縮印四庫全書本
新語　漢陸賈撰　中華書局版王利器注本
急就篇　漢史游撰　叢書集成初編本
漢碑集釋　高文著　河南大學出版社二版
睡虎地秦墓竹簡　睡虎地秦墓竹簡整理小組　文物出版社版
中國簡牘集成　敦煌文藝出版社版
華陽國志　晉常璩撰　上海古籍出版社版任乃强校注本
博物志　晉張華撰　中華書局版范寧校注本
三國志　晉陳壽撰　中華書局初版標點本
水經注　後魏酈道元注　上海人民出版社版王國維校本
古今注　晉崔豹撰　叢書集成初編排印本
世説新語　劉宋劉義慶撰　上海古籍出版社影印思賢講舍刻本
齊民要術　北魏賈思勰撰　團結出版社初版排印本
顔氏家訓　北齊顔之推撰　上海古籍出版社版王利器集解本
玉臺新詠　陳徐陵編　中華書局版中國古典文學基本叢書箋注本

玉燭寶典　北周杜臺卿撰　叢書集成初編影印古逸叢書本
文選　梁蕭統編　中華書局影印李善注本
後漢書　劉宋范曄撰　中華書局初版標點本
晉書　唐房玄齡等撰　中華書局初版標點本
隋書　唐魏徵等撰　中華書局初版標點本
南史　唐李延壽撰　中華書局初版標點本
北史　唐李延壽撰　中華書局初版標點本
紺珠集　上海古籍出版社縮印四庫全書本
敦煌變文集　王重民等編　人民文學出版社初版
樂府詩集　宋郭茂倩編　中華書局初版排印本
北夢瑣言　宋孫光憲撰　中華書局上海編輯所排印本
容齋隨筆　宋洪邁撰　上海古籍出版社標點本
夢溪筆談　宋沈括撰　古典文學出版社版胡道靜校證本
舊唐書　後晉劉昫等撰　中華書局初版標點本
新唐書　宋歐陽修、宋祁撰　中華書局初版標點本
資治通鑑　宋司馬光等撰　中華書局初版標點本
農書　元王禎撰　中華書局三種農書合刊本
本草綱目　明李時珍撰　人民出版社版劉衡如校本
南村輟耕録　明陶宗儀撰　中華書局元明史料筆記叢刊本
農政全書　明徐光啟撰　上海古籍出版社版石聲漢校注本

俗書刊誤　明焦竑撰　上海古籍出版社縮印四庫全書本
讀書叢録　清洪頤煊撰　史學叢書本
古文尚書撰異　清段玉裁撰　經韻樓叢書本
讀書雜志　清王念孫撰　江蘇古籍出版社影印王氏家刻本
吴下方言考　清胡文英撰　中國書店影印本
經義述聞　清王引之撰　江蘇古籍出版社影印道光本
毛詩傳疏　清陳奂撰　續皇清經解本
毛詩傳箋通釋　清馬瑞辰撰　續皇清經解本
拜經日記　清臧庸撰　拜經堂叢書本
周禮正義　清孫詒讓撰　中華書局重印本
諸子平議　清俞樾撰　春在堂全書本
新方言附嶺外三州語　章炳麟撰　浙江圖書館校刊、又上海人民出版社章太炎全集本
古文尚書拾遺定本　章炳麟　制言一九三七年第三十五期
小學答問　章炳麟　上海人民出版社章太炎全集本
黄侃論學雜著　黄侃　上海古籍出版社新一版
方言中的少數民族語詞試析　李敬忠　民族語文一九八七年第三期
書周祖謨方言校箋後　胡芷藩　中國語文一九六三年第五期
楚辭方言今證　易祖洛　上海古籍出版社語言文字研究專輯（下）
王念孫乘字説淺論　王雲路　北京語言文化大學出版社詞匯訓詁論稿本
東漢—隋常用詞演變研究　汪維輝　南京大學出版社初版

漢語動物命名研究　李海霞　巴蜀書社初版
漢語動物命名考釋　李海霞　四川出版集團巴蜀書社初版
離騷篇楚語方言詞音證　向夏　大陸雜志第三十四卷第三期
方言研究史上的豐碩成果　虞萬里　書品二〇〇七年第一期
評揚雄方言校釋匯證　董志翹、汪禕　杭州師範學院學報二〇〇七年第六期
揚雄方言校釋匯證評介　孫玉文　語言科學二〇〇八年第一期
讀華學誠揚雄方言校釋匯證　方一新、姜興魯　古漢語研究二〇〇八年第一期
揚雄方言校釋匯證讀後　汪維輝　燕山大學學報二〇〇九年第三期
揚雄方言校釋匯證讀劄　楊軍　合肥師範學院學報二〇一〇年第五期
揚雄方言辨證一則　董志翹　中國語文二〇一七年第三期

附録六　歷代方言及其注家研究文獻目録

王智群

説　明

（一）方言版本及其校注本不列，參本書附録五。

（二）本目録分序跋稽考、整體研究、專題研究、注家研究四類排列，每類按作品發表時間先後排列。

（三）同一篇文章若有不同出處，將不同出處列於同一條下，如「楊雄方言在中國語言學史上的地位——方言校箋及通檢序　羅常培　光明日報一九五〇年十月二十二日；又方言校箋及通檢　科學出版社一九五六年十月第一版；又羅常培語言學論文選集　中華書局一九六三年九月；又方言校箋（附索引）　中華書局一九九三年二月」；若修改後再次刊行，則分列兩條，如「『方言』的涵義　魯國堯　語言教學與研究一九九二年第一期」和「『方言』和方言　魯國堯自選集　魯國堯　河南教育出版社一九九四年七月」。

（四）目録中絶大部分文獻編者曾經寓目，少數未獲見者係參考日本學者远藤光曉、佐藤進、大和和壽子、松江崇合編揚雄方言研究文獻目録（稿），載揚雄方言研究論文集（平成九—十一年度科學研究費基盤（A）研究成果報告書—第六分册，二〇〇〇年三月）。

（五）本目録所收文獻，截至二〇二〇年底。

一、序跋稽考之屬

與揚雄書　劉歆　戴震方言疏證　聚珍版叢書本

答劉歆書　揚雄　戴震方言疏證　聚珍版叢書本

風俗通義序　應劭　四部叢刊影印元大德刊本
先賢士女總贊　常璩　華陽國志　四部叢刊影印明錢叔寶鈔本
揚子雲載輶軒作方言　葛洪　西京雜記　四部叢刊影印明孔天胤刻本
方言序　郭璞　四部叢刊影印宋刊本
別國方言　洪邁　容齋三筆　清光緒元年重校同治年間洪氏刊本
刻方言序　李孟傳　四部叢刊影印宋刊本
跋李刻方言　朱質　四部叢刊影印宋刊本
方言疏證序　戴震　聚珍版叢書本
重校方言序　盧文弨　抱經堂叢書本
與丁小雅進士論校正方言書　盧文弨　抱經堂文集卷二十　抱經堂叢書本
別字十三篇　錢大昕　廿二史考異（附三史拾遺、諸史拾遺）　上海古籍出版社二〇〇四年
與劉端臨書　王念孫　高郵王氏遺書　江蘇古籍出版社二〇〇〇年
「漢書揚雄傳」條　王念孫　讀書雜志　江蘇古籍出版社一九八五年
揚子方言真僞辨　汪之昌　青學齋集卷十二　北京中國書店一九八一年翻刻民國二十年新陽汪氏刻本
方言校證合刊序　王先謙　光緒辛卯季夏思賢講舍刻本
方言校證合刊自序　郭慶藩　光緒辛卯季夏思賢講舍刻本
揚雄倉頡訓纂即在方言中説　陶方琦　漢孳室文鈔卷一　紹興先正遺書本
方言郭璞注　孫詒讓　札迻卷二　中華書局一九八九年
方言佚文　王仁俊　玉函山房輯佚書續編三種　上海古籍出版社一九八九年
揚雄方言存没考　葉瀚　晚學廬叢稿　上海圖書館藏稿本

揚雄的姓　黄仲琴　嶺南學報第二卷第一期　一九三一年

方言音釋序　丁惟汾　齊魯書社一九八五年

方言考序　王重民　圖書館學季刊第六卷第二期　一九三二年；又冷盧文藪　上海古籍出版社一九九二年

方言注商序　吴予天　商務印書館一九三六年

關於編纂方言詁林的話　黄肇平　説文月刊第一卷第九期　一九三九年

楊雄方言在中國語言學史上的地位——方言校箋及通檢序　羅常培　光明日報一九五〇年十月二十二日；又方言校箋及通檢　科學出版社一九五六年；又羅常培語言學論文選集　中華書局一九六三年；又方言校箋（附索引）　中華書局一九九三年

方言校箋自序　周祖謨　方言校箋及通檢　科學出版社一九五六年；又方言校箋（附索引）　中華書局一九九三年

方言疏證跋　周法高　中國語文論叢　臺灣正中書局一九六三年；又一九八一年第三版

The Liu Hsin/Yang Hsiung Correspondence on the *Fang Yen*　David R. Knechtges　Monumenta Serica 33, 1977–1978

「揚雄答劉歆書」之説明　洪誠　中國歷代語言文字學文選　江蘇人民出版社一九八二年

方言考原　馬學良　羅常培紀念論文集　商務印書館一九八四年

别字即方言考　東景南　文史第三十九輯　一九九四年三月

北京圖書館藏宋版書叙録（十六）　李致忠　文獻一九九四年第三期

揚雄「方言」の宋刊本とその影印、抄寫、翻刻　佐藤進　宋刊四種影印集成　日本平成九—十一年度科學研究費基盤（A）研究成果報告書—第二分册　一九九八年三月

四庫提要方言訳注　佐藤進　日本人文學報第三一一號　二〇〇〇年三月

二、整體研究之屬

揚雄方言等　謝啟昆　小學考卷七　光緒戊子浙江書局本
方言條例——一義數字，一物數名　劉師培　中國文學教科書第一册第三十五課訓詁書釋例下　寧南武氏民國二十五年(一九三六)校印本
方言、方音　黄侃　文字聲韻訓詁筆記　上海古籍出版社一九八三年
方言學家揚雄年譜　董作賓　中山大學語言歷史研究所週刊第八十五至八十七合刊　一九二九年
方言考　崔驥　圖書館學季刊第六卷第二期　一九三二年
兩漢方言　何仲英　訓詁學引論　商務印書館一九三三年
爾雅釋言系之專著方言　汪國鎮　文字學概論　江蘇南通二〇〇二年家印本
漢代語言文字學家揚雄年譜　湯炳正　語言之起源　論學第四—七期　一九三七年；又臺灣貫雅文化事業公司一九九〇年
方言派之訓詁　胡樸安　中國訓詁學史　商務印書館一九三七年；又臺灣商務印書館一九七八年；又北京市中國書店一九八三年；又上海書店一九八四年
五雅及方言的分類　蔡鳳圻　説文月刊第一卷第二期　一九三九年
理論的訓詁學　齊佩瑢　訓詁學概論　國立河北編譯館一九四三年；又廣文書局一九七〇年；又中華書局一九八四年
讀方言書後　楊樹達　積微居小學述林卷七　中華書局一九五四年
揚雄和他的方言　周因夢(周定一)　中國語文一九五六年第五期
方言與爾雅的關係　濮之珍　學術月刊一九五七年第十二期
漢語方言發展的歷史鳥瞰——上古時期　袁家驊等　漢語方言概要　文字改革出版社一九八三年；又語文出版社二

〇〇一年

爾雅、方言簡析　殷孟倫　山東大學學報一九六一年第二期

方言學的興起　王力　中國語言學史　山西人民出版社一九八一年

方言簡論　趙振鐸　成都晚報一九六三年三月十五日二版

第一部方言詞典——方言　劉葉秋　中國古代的字典　中華書局一九六三年

方言考　丁介民　臺灣中華書局一九六九年

方言簡説　胡楚生　訓詁學大綱　臺灣蘭臺書局一九七二年；又一九八五年第四版

楊雄方言の成立について　福田襄之介　東方學會創立二十五週年記念東方學論集　日本東方學會一九七二年

方言之屬　林明波　唐以前小學書之分類與考證　臺灣東吴大學中國學術著作獎助委員會一九七五年

揚雄とその著方言について　田川一巳　日本大東文化大學紀要十四　一九七六年

揚雄年譜　丁介民　臺北菁華出版社一九七五年

揚雄方言　福田襄之介　中國字書史の研究　日本明治書院一九七九年

揚雄方言是對爾雅的發展　趙振鐸　社會科學研究一九七九年第四期

方言及其注本　黄典誠　辭書研究一九八二年第三期

辛勤編寫方言的揚雄　苑育新　辭書研究一九八二年第三期

我國第一部方言詞典方言　左民安　文史知識一九八二年第四期

方言詞典的先河——方言　劉葉秋　中國字典史略　中華書局一九八三年

揚雄著作系年　王以憲　湘潭大學社會科學學報一九八三年第三期

漢代以前的方言音　任銘善　漢語語音史要略　河南人民出版社一九八四年

揚雄的方言　何耿鏞　漢語方言研究小史　山西人民出版社一九八四年

方言與漢語方言研究的古典傳統　殷孟倫　子雲鄉人類稿　齊魯書社一九八五年
揚雄和方言　楊端志　訓詁學（下）　山東文藝出版社一九八五年
方言　張永言　訓詁學簡論　華中工學院出版社一九八五年
揚雄年譜　陸侃如　中古文學系年　人民文學出版社一九八五年
漢代方言學　何九盈　中國古代語言學史　河南人民出版社一九八五年
對揚雄生平與作品的探索　鄭文　文史第二十四輯　一九八五年
揚雄的語言觀及其方言一書的成就、方言的研究　濮之珍　中國語言學史　上海古籍出版社一九八七年
揚雄奠定小學的基礎　胡奇光　中國小學史　上海人民出版社一九八七年
中國古代的方言地理學——方言與水經注在地理學上的成就　陳橋驛　中國歷史地理論叢（季刊）一九八八年第一期
揚雄的方言　趙振鐸　訓詁學史略　中州古籍出版社一九八八年
揚雄的方言與歷史比較語言學　傅鑒明　成都大學學報（社科版）一九八八年第三、四期
方言　黄典誠　訓詁學概論　福建人民出版社一九八八年
方言　劉又辛、李茂康　訓詁學新論　巴蜀書社一九八九年
漢揚雄方言開拓了訓詁新徑　徐文炎　新疆大學學報（哲社版）一九九〇年第二期
方言宗爾雅説辨疑　閻玉山　古籍整理研究學刊一九九〇年第三期
論揚雄方言中的幾個問題　李恕豪　古漢語研究一九九〇年第三期
方言總體結構及其對爾雅古今語的記述　李開　古漢語研究一九九〇年第四期
方言　曹先擢、楊潤陸　古代詞書講話　上海教育出版社一九九〇年
揚雄　滕瑞　十大語文學家　上海古籍出版社一九九〇年
揚雄的語言觀及其方言的價值　康建常　殷都學刊一九九一年第一期；又複印報刊資料語言文字學一九九一年第四期

方言　錢曾怡　中國語言學要籍解題　齊魯書社一九九一年
「方言」的涵義　魯國堯　語言教學與研究一九九二年第一期
揚雄方言與孟子　劉殿爵　中國文化研究所學報一九九二年新一期
揚雄世系考辨　周清泉　成都大學學報一九九二年第二期
揚雄方言的歷史詞彙學價值　楊鋼　當代電大一九九二年第四期
揚雄　濮之珍　中國歷代語言學家評傳　復旦大學出版社一九九二年
揚雄　趙振鐸　中國古代語言學家評傳（吉常宏、王佩增編）　山東教育出版社一九九二年
方言　游汝傑　中國學術名著提要　復旦大學出版社一九九二年
方言　姜隸華　中國傳統語言學要籍述論　書目文獻出版社一九九二年
方言學史概要——傳統方言學時期　游汝傑　漢語方言學導論　上海教育出版社一九九二年；又二〇〇〇年修訂本
方言及方言對説文的影響　頓嵩元　漢語論叢（河南省語言學會編）第二輯　河南大學出版社一九九二年
揚雄是怎樣寫作方言的　顧漢松　古代漢語三百題（陳必祥編）　上海古籍出版社一九九三年
方言體例發凡　楊鋼　昭通師專學報（社科版）一九九三年第二期
中國第一部方言學著作方言　李智明　中國古代語言學史稿　貴州教育出版社一九九三年
漢代的方言學奠基之作方言　李開　漢語言研究史　江蘇教育出版社一九九三年
揚雄年表　張震澤　揚雄集校注　上海古籍出版社一九九三年
「方言」和方言　魯國堯　魯國堯自選集　河南教育出版社一九九四年
揚雄　木下鐵矢　「清朝考證學」とその時代　日本創文社一九九六年
方言　賴惟勤　中國古典を讀むために・中國語學史講義（賴惟勤著、水谷誠編）　日本大修館書店一九九六年
方言　阪内千里　中國古典の辭書　日本大修館書店しにか一九九六年第三期

揚雄方言　符淮青　漢語詞彙學史　安徽教育出版社一九九六年
方言　徐超　中國傳統語言文字學　山東大學出版社一九九六年
揚雄著述考略　王春淑　四川師範大學學報（社科版）一九九六年第三期
方言書の誕生——方言　大島正二　中國言語學史　日本汲古書院一九九七年；又一九九八年增補版
方言——著者をめぐる謎　大島正二　『辭書』の發明　日本三省堂一九九七年
揚雄方言研究導論　佐藤進　現代中國語學への視座——新シノロジー言語編　日本東方書店一九九八年
方言郭注及其版本、有關方言的研究資料　高小方　中國語言文字學史料學　南京大學出版社一九九八年
方言　郭成韜　中國古代語言學名著選讀　中國人民大學出版社一九九八年
中國語文傳統的範式變革——論揚雄的方言　申小龍　中國海洋大學學報（社科版）一九九八年第四期
漢代方言的經學超越與範式更新　申小龍　學術月刊一九九八年第十二期
揚雄方言在語言學史上的地位　趙振鐸　古漢語論集第二輯　湖南教育出版社一九九八年
方言詞彙的收集和方言　趙振鐸　中國語言學史　河北教育出版社二〇〇〇年
揚雄方言研究文獻目録（稿）　遠藤光曉、佐藤進、大和和壽子、松江崇　揚雄方言研究論文集　日本平成九—十一年度
科學研究費基盤（A）研究成果報告書—第六分册　二〇〇〇年三月
傳世藏書本方言校勘獻疑　王寶剛　古籍整理研究學刊二〇〇〇年第二期
方言：開創中國方言之學的經典之作　李峰、靳愛紅　洛陽師範學院學報二〇〇〇年第四期
傳世藏書本方言標點商榷十二例　王寶剛　淮海工學院學報二〇〇〇年專輯
揚雄年譜　王青　揚雄評傳　南京大學出版社二〇〇〇年
揚雄年譜　林貞愛　揚雄集校注　四川大學出版社二〇〇一年
中國古代方言學的建立與揚雄方言的地位和影響　鄧文彬　西南民族學院學報（哲社版）二〇〇一年第四期

方言研究的歷史鳥瞰　華學誠　學人一九九二年第三輯；又臺灣藝文印書館二〇〇一年
論方言對爾雅古今語的記述　陸華　南寧師範高等專科學校學報二〇〇一年第三期
揚雄至京、待詔、奏賦、除郎的年代問題　楊福泉　上海大學學報二〇〇二年第一期
西漢揚雄方言淺議　康素娟　陝西教育學院學報二〇〇二年第二期
揚雄和他的方言、揚雄方言的歷史評價　華學誠　周秦漢晉方言研究史　復旦大學出版社二〇〇三年
方言與揚雄的語言思想　韓建立　長春大學學報二〇〇三年第二期
由爾雅、方言、説文、釋名看漢代訓詁的發展　劉敏　暨南大學碩士學位論文二〇〇三年
方言的創作與揚雄的民族思想　郭君銘、彭瀾　中華文化論壇二〇〇四年第三期
論揚雄「在夷貉則引之」的民族思想　郭君銘　中央民族大學學報二〇〇五年第五期
論方言的學術價值　柳玉宏　寧夏大學碩士學位論文二〇〇五年
揚雄年譜考訂　楊福泉　紹興文理學院二〇〇六年第一期
「方言」考　李先耕　求是學刊二〇〇六年第六期
近十五年來的揚雄方言研究與我們對方言的整理　華學誠　南開語言學刊二〇〇七年第一期
二十世紀以來的方言整理　華學誠　中文自學指導二〇〇七年第五期
論揚雄方言的歷代整理——爲賀佐藤進教授六十華誕而作　華學誠　佐藤進教授還曆記念中國語學論集　日本好文出版二〇〇七年
淺談揚雄方言研究後繼乏人的原因　邵則遂　光明日報二〇〇七年十月十一日第七版
方言與揚雄詞彙學思想研究　王智群　華東師範大學博士學位論文二〇〇七年
古代語言學的繼承與發展——論揚雄的方言與爾雅的傳承　陳豔靜、王紅霞　新西部（下半月）二〇〇九年第三期
爾雅與方言　陳安　商週刊二〇〇九年第十六期

懸諸日月而不刊之著——方言　李琦　考試週刊二〇〇九年第十一期

方言——懸諸日月不刊之書　宋益丹　山花二〇〇九年第十期

中國古代方言學文獻研究　劉豔平　百色學院學報二〇一〇年第四期

四部辭書（上）——同義詞典爾雅和地域語言詞典方言　余志鴻　語文世界（教師之窗）二〇一〇年第六期

方言文獻綜述　雍鵬　語文學刊二〇一一年第十期

揚雄方言校釋論稿　華學誠　高等教育出版社二〇一一年

近六十年來方言學研究　白彦　蘭州大學碩士學位論文二〇一一年

淺析方言對於爾雅的傳承和發展　楊博顯　北方文學（下半月）二〇一二年第六期

揚雄方言及其研究述評　華學誠、徐妍雁　蘇州大學學報二〇一三年第一期

揚雄外傳　遠山、張仕芳　中國社會出版社二〇一四年

揚雄方言的編纂宗旨與編纂方法論　錢榮貴　辭書研究二〇一五年第三期

揚雄在蜀　李正銀　文史雜志二〇一五年第六期

論揚雄的著述活動及文體實踐　夏德靠　中華文化論壇二〇一七年第九期

近百年來揚雄研究論文綜述　李大明、王懷成　中華文化論壇二〇一八年第十期

方言及其注本三論　華學誠　巴蜀書社二〇一八年

揚雄方言語言學研究方法探析　孔璽銘、張喜貴　現代語文二〇一九年第五期

從方言看揚雄的語言觀　朱敏、肖福平　成都理工大學學報（社科版）二〇一九年第一期

揚雄方言評述　孟小馳　鴨緑江二〇二〇年第二十一期

軒使者絶代語釋別國方言之「別國」義同「列國」考　陳世慶　安慶師範大學學報（社科版）二〇二〇年第六期

三、專題研究之屬

方言聲類表　黄侃　黄侃聲韻學未刊稿（下）　武漢大學出版社一九八五年

漢代方音考　林語堂　語絲第三十一期　一九二五年六月十五日

西漢方音考　林語堂　貢獻第二、三期　一九二七年

説文漢語疏　劉盼遂　國學論叢第一卷第二號　一九二七年

説文裏所見的方言　何格恩　嶺南學報第三卷第二期　一九三二年

釋重輕　羅常培　羅常培語言學論文選集　史語所集刊第二本第四分册　一九三二年；又中華書局一九六三年

前漢方音區域考　林語堂　語言學論叢　開明書店一九三三年；又上海書店一九八九年

方言聲類考叙例　王步洲　河南大學學報第一卷第二期　一九三四年

許氏説文所稱別國殊語與揚氏方言異同條證　李道中　文瀾學報第二卷第二期　一九三六年

説文方言迻録後記　郭豫才　河南博物館館刊第四、五、七、八期　一九三六—一九三七年

方言聲轉説　蔡鳳圻　説文月刊第二卷第八期　一九四〇年

方言用古地名説　杜道生　志學第十五期　一九四四年

揚雄方言中有切音　沈兼士　沈兼士學術論文集　中華書局一九八六年

揚雄方言有切音辨　馬漢麟　新生報（北平）一九四八年三月九日、三月十六日

The Name of Lizard in the Old Chinese Dialects　Paul L-M. Serruys　Orbis 1, 1952

The Study of the old Chinese Dialects. The Name for the Wildcat in Fang Yen, viii, 2　Paul L-M. Serruys　Oriens 6, 1953

揚雄方言和漢代方言的地理區域　羅常培、周祖謨　漢魏晉南北朝韻部演變研究（第一分册）　科學出版社一九五八年

説文解字引方言考　馬宗霍　科學出版社一九五九年十一月

The Chinese Dialects of Han Time according to Fang Yen　Paul L-M. Serruys　University of California Press, Berkeley and Los Angels 1959

Review of Paul L-M. Serruys's The Chinese Dialects of Han Time according to Fang Yen　Ogawa Tamaki（小川環樹）　Monumenta Serica 19, 1960；又譯作ポール・セリュイス氏『揚雄の別國方言にみえる漢代諸方言の研究』を評す　中國語學研究　日本創文社一九七七年

Paul Serruys 著 The Chinese Dialects of Han Time according to Fang Yen 的批評與紹介　河野六郎　日本東洋學報第四三卷三號　一九六〇年；又河野六郎著作集三　平凡社一九八〇年

Five Word Studies on Fang Yen. Part One: General Introduction　Paul L-M. Serruys　Monumenta Serica 19, 1960

Five Word Studies on Fang Yen. Part Two: First Word Study: Boats and Related Things　Paul L-M. Serruys　Monumenta Serica 21, 1962

關於上古漢語鼻音尾的問題——「揚雄方言音辨」問題之一　黃綺　河北大學學報（社科版）第三期　一九六二年

論聲母分合——「揚雄方言音辨」問題之一　黃綺　河北大學學報（社科版）第三—五期　一九六二—一九六四年

方言母題重見研究　濮之珍　中國語文一九六六年第一期

Five Word Studies on Fang Yen. Part Three: Second Word Study: The Dialect Words for *Tiger*　Paul L-M. Serruys　Monumenta Serica 26, 1967

Fang Yen VI, 5 and 31. Knee covers and Apron　Paul L-M. Serruys　臺灣史語所集刊第三九本；慶祝李方桂先生六十五歲論文集（下）　一九六九年

漢代方言중朝鮮方音예과하여　孔在錫　日本東洋學五　一九七五年六月

揚雄所記先秦方言地理區　嚴耕望　新亞書院學術年刊第一期　一九七五年九月

Some Ancient Chinese Dialect Words in the Min Dialects〈閩語裏的古方言字〉　Jerry Norman　A paper presented at the XVth Internal Conference on Sino Tibetan Languages and Linguistics, Beijing, August 17—19, 1982"；又方言一九八三年第三期

A Handbook of Eastern Han Sound Glosses　Coblin, W. South.　The Chinese University Press, 1983

楚辭方言今證　易祖洛　語言文字研究專輯（下）　中華文史論叢增刊（吴文祺主編）　上海古籍出版社一九八六年

兩漢時代方言區劃的擬測　方言與中國文化　周振鶴、游汝傑　上海人民出版社一九八六年；又一九九八年修訂本

方言轉語的聲紐研究　黄樹先　華中師範學院碩士學位論文一九八七年

方言中的少數民族語詞試析　李敬忠　民族語文一九八七年第三期

方言「通語」再研究　冷玉龍　南充師院學報（哲社版）一九八八年第一期

揚雄方言語轉説探微　王一軍　十堰職業技術學院學報一九八九年第二期

揚雄方言裏的同源詞　趙振鐸　語文文字學術論文集——慶祝王力先生學術活動五十週年　知識出版社一九八九年

爾雅中的方言詞　郭振蘭　語言文學論叢三　北京師範學院出版社一九九〇年

讀方言拾零　于皿　鐵道師院學報一九九〇年第二期

試論方言名物的聯類同名　劉宜善　語文學刊一九九〇年第四期

秦漢方言　丁啟陣　東方出版社一九九一年

廣韻與方言　汪壽明　華東師範大學學報（哲社版）一九九一年第六期

方言中的齊魯方言　李恕豪　天府新論一九九一年第三期

方言中的衛宋方言　李恕豪　天府新論一九九二年第一期

方言中的秦晉方言　李恕豪　四川師範大學學報（哲科版）一九九二年第一期

方言研究三題　楊鋼　古漢語研究一九九二年第三期

揚雄方言研究　劉君惠、李恕豪、楊鋼、華學誠　巴蜀書社一九九二年

方言中的「東齊」考辨　汪啟明　四川大學學報（哲社版）一九九三年第三期
説「轉語」　劉世俊、張博　寧夏社會科學一九九三年第五期
古代方言地理　張步天　中國歷史文化地理　湖南教育出版社一九九三年
揚雄方言中的少數民族語詞　李敬忠　語言演變論　廣州出版社一九九四年
注解方言劄記　龐月光　北京教育學院學報一九九五年第一期
方言補釋　徐復　徐復語言文字學論稿　江蘇教育出版社一九九五年
説文中方言和非漢語同義詞考　馮蒸　説文同義詞研究　首都師範大學出版社一九九五年
蜀語引方言考　劉川民　川北教育學院學報一九九六年第一期
方言無「阿媽」　葉愛國　中國語文一九九六年第一期
兩篇引楊雄方言文章中的問題　吴清河　民族語文一九九六年第三期
揚雄方言同源詞研究——以秦晉方言和楚方言爲例　李昭瑩　臺灣大學碩士學位論文一九九七年
從編集史的角度剖析揚雄方言　遠藤光曉　語苑擷英——慶祝唐作藩教授七十壽辰學術論文集　北京語言文化大學出版社一九九八年
廣韻引揚雄方言考　汪壽明　語言文學刊第一輯　漢語大詞典出版社一九九八年
揚雄方言裏的外來詞　趙振鐸、黄峰　中華文化論壇一九九八年第二期
方言裏的秦晉隴冀梁益方言　趙振鐸、黄峰　四川大學學報（哲社版）一九九八年第三期
類篇方言考——兼評張慎儀方言别録所輯唐宋方言　馬重奇　漢語音韻學論稿　巴蜀書社一九九八年
先秦兩漢齊語研究　汪啟明　巴蜀書社一九九八年
揚雄方言逐條地図集　松江崇　日本平成九—十一年度科學研究費基盤（A）研究成果報告書—第四分册　一九九九年三月

方言雙音詞探析　白兆麟　古籍整理研究學刊一九九九年第二期
漢代方言における言語境界線——揚雄方言による方言區畫の再檢討　松江崇　言語類型論シンポヅゥム論文集　日本平成九—十一年度科學研究費基盤（A）研究成果報告書—第七分册　二〇〇〇年三月
揚雄の方言、紀元前一世紀の言語分佈　西田龍雄　東アジア諸言語の研究I　日本京都大學學術出版會二〇〇〇年
漢代方音研究　趙彤　北京大學碩士學位論文二〇〇〇年
從方言所記地名看山東方言的分區　吴永焕　文史哲二〇〇〇年第六期
方言中所見的一些晉南方言詞瑣談　王臨惠　山西師大學報（社科版）二〇〇一年第一期
論揚雄方言中南楚方言與楚方言的關係　陳立中　湘潭大學社會科學學報二〇〇一年第五期
方言音義關係例釋　趙和平　沙洋師範高等專科學校學報二〇〇一年第一期
揚雄方言「奇字」考——兼析方言「奇字」的表詞特點　華學誠　漢語方言學史研究　臺灣藝文印書館二〇〇一年
從揚雄方言看漢代南嶺地區的方言狀況　陳立中　韶關學院學報（社科版）二〇〇二年第四期
揚雄方言詞彙嬗變研究　張麗霞　山東師範大學碩士學位論文二〇〇二年
覆刻影印宋刊方言各種の異同と盧文弨所拠宋本の検討　佐藤進　慶谷壽教授記念・中國語學論集　好文出版二〇〇二年
揚雄方言中僅見於楚地的方言詞語研究　李恕豪　「落日故人情」論壇（http://gurenqing. bbs. iilu.com）二〇〇三年二月十一日；又「湘裏妹子」學術論壇（http://www.xlmz.net）二〇〇三年十月十三日
方言「奇字」研究　華學誠　周秦漢晉方言研究史　復旦大學出版社二〇〇三年；又二〇〇七年修訂本
廣韻所記「方言」詞　劉紅花　古漢語研究二〇〇三年第二期
由揚雄方言看泌陽話中古語的遺留　蔡曉　天中學刊二〇〇三年第三期
方言學史劄記二則　曹小雲　黄山學院學報二〇〇三年第三期

見於方言中的柳州方言詞　黄革　廣西右江民族師專學報二〇〇三年第五期
揚雄方言與方言地理學研究　李恕豪　巴蜀書社二〇〇三年
揚雄方言中的「東齊」考辨　汪啟明　漢小學文獻語言研究叢稿　巴蜀書社二〇〇三年
語轉源流説略　于建松　山東師範大學碩士學位論文二〇〇三年
正續一切經音義引方言考　孫明霞　上海師範大學碩士學位論文二〇〇三年
揚雄方言與現代關中話相關詞彙之比較研究　李莉　中山大學研究生學刊二〇〇四年第一期
論漢代南楚方言與吴越方言的關聯性　陳立中　中南大學學報二〇〇四年第二期
文選李善注引方言研究　柏亞東　華東師範大學碩士學位論文二〇〇四年
方言母題研究　黄志明　華中科技大學碩士學位論文二〇〇四年
玄應衆經音義引方言考　徐時儀　方言二〇〇五年第一期
從方言看周易部分方言語詞與傳統解經　趙振興、顧丹霞　語言研究二〇〇五年第二期
從方言看周易古經中的方言詞　陳燦、顧丹霞　湖州師範學院學報二〇〇五年第三期
揚雄方言全稱語意辨　陳若愚　大理學院學報二〇〇五年第四期
揚雄方言與中古、近代漢語詞語溯源二例　董志翹　語文研究二〇〇五年第四期
方言中的字與方言詞　王彩琴　漳州師範學院學報(哲社版)二〇〇五年第四期
蘭州方言的歷史演變(一)——由方言所見西漢方言詞彙　張文軒　甘肅高師學報二〇〇五年第四期
方言校釋商補　華學誠　文史二〇〇五年第二輯
方言校釋零劄八則　華學誠　古漢語研究二〇〇六年第一期
方言秦語音義考釋　康素娟　陝西教育學院學報二〇〇六年第一期
揚雄方言借音字考　王彩琴　河南大學學報二〇〇六年第一期

略論揚雄方言中「南楚方言」與「楚方言」的關係　楊建忠　古籍研究二〇〇六年第二期
方言版本流傳及文字校訂　王彩琴、華學誠　河南社會科學二〇〇六年第四期
試論方言中的「或曰」「亦曰」「又曰」　王智群　中文自學指導二〇〇六年第六期
淺析方言詞彙的演變　富翠紅、趙力楠　遼寧行政學院學報二〇〇六年第十一期
孫詒讓札迻方言校語箋記　華學誠　民俗典籍文字研究　商務印書館二〇〇六年
揚雄方言用字研究　王彩琴　華東師範大學博士學位論文二〇〇六年
文選李善注引方言考辨(四則)　吴根平　江西省語言學會二〇〇六年年會論文集
方言時代漢苗源詞研究　李長興　臺灣彰化師範大學碩士學位論文二〇〇六年
試論方言用字中的方音標音材料　王彩琴　洛陽工業高等專科學校學報二〇〇七年第四期
揚雄方言詞彙的歷史嬗變及其現代意義　張麗霞　管子學刊二〇〇七年第四期
説「通語」——揚雄方言術語商権　柳玉宏　蘭州學刊二〇〇七年第五期
方言用字與説文初探　王彩琴　河南社會科學二〇〇七年第六期
文選李善注誤引方言例考　柏亞東　蘭州學刊二〇〇七年第十一期
方言、續方言新校補、方言別録方言詞分佈及詞義研究　查學軍　華中科技大學碩士學位論文二〇〇七年
揚雄方言疑難字疏説　富翠紅　蘭州大學碩士學位論文二〇〇七年
淺析方言中地域對古方言的影響　齊暢　吉林省教育學院學報二〇〇八年第一期
方言與魯南農村生活用語本字考　楊曉紅　農業考古二〇〇八年第三期
方言與魯南方言詞義的古今傳承　楊曉紅　濟南職業學院學報二〇〇八年第三期
方言與魯南方言詞彙的古今詞義演變　楊曉宏　宿州教育學院學報二〇〇八年第四期
揚雄方言聯綿詞初探　王彩琴　平頂山學院學報二〇〇八年第六期

文選李善注徵引方言的特點及評價　柏亞東　南陽師範學院學報二〇〇八年第十一期
西漢方言地理區研究——以方言地名組合的試算爲例　陳正傑　臺灣淡江大學碩士學位論文二〇〇八年
試論揚雄方言的「用字之奇」　王彩琴　洛陽理工學院學報二〇〇九年第一期
揚雄方言中「杯」這一詞條中詞的詞源淺探　連淑敏　和田師範專科學校學報二〇〇九年第三期
高麗藏本慧苑音義徵引的方言　聶宛忻　語言研究二〇〇九年第三期
論揚雄方言的「楚」與「南楚」　謝榮娥　求索二〇〇九年第八期
揚雄方言中的荆楚方言詞彙釋　蕪崧　荆楚理工學院學報二〇〇九年第十期
小議古今辭書對方言的一則謬解　王卯根　勵耘學刊（語言卷）二〇一〇年第二輯
楚簡釋讀與方言補例試説　劉信芳　文獻二〇一〇年第三期
以揚雄方言爲依據的漢代方言分區研究綜述　魏錦　重慶廣播電視大學學報二〇一〇年第五期
從方言看西漢時期的河北方言　高光新　唐山師範學院學報二〇一〇年第六期
從方言看古代東北方言　朱麗　語文學刊二〇一〇年第十期
康熙字典引揚子方言考　華學誠　漢語史學報第十一輯　上海教育出版社二〇一一年
揚雄方言詞彙與漢代農牧業　王智群　臺州學院學報二〇一一年第二期
揚雄方言與方言特徵詞的判定問題——以方言部分方言詞的重複注釋爲例證　孫玉文　湖北大學學報二〇一一年第五期
古代「轉語」各説析評　吴吉煌　勵耘學刊（語言卷）二〇一一年第一輯
傳世秦漢文獻所見秦方言動詞輯證　陳鴻　龍岩學院學報二〇一一年第四期
揚雄方言用字研究　王彩琴　高等教育出版社二〇一一年
方言與揚雄詞彙學　王智群　高等教育出版社二〇一一年
兩漢方言詞研究——以方言、説文爲基礎　吴吉煌　高等教育出版社二〇一一年

秦漢時期楚方言區文獻的語音研究　謝榮娥　高等教育出版社二〇一一年
玉篇引方言考探　魏現軍、孫强　寧夏大學學報二〇一二年第三期
從揚雄方言看揚州話中的古語遺留　陳樹　寧夏大學學報二〇一三年第一期
論偃師話中保存的方言古語詞　杜俊平、高亮　衡水學院學報二〇一三年第五期
試論揚雄方言中的燕代方言　宋玉坤、湯倩　參花二〇一三年第六期
「黨」「懂」之知曉義考　陳琳　現代語文（學術綜合版）二〇一三年第十二期
睡虎地秦墓竹簡中所見方言詞彙拾補——以方言、説文爲基礎　梁超　河北北方學院學報（社科版）二〇一四年第五期
揚雄方言詞彙與漢代社會體系管窺　鄭漫、賴慧玲　重慶三峽學院學報二〇一四年第六期
揚雄方言裏的河洛方言　王彩琴　河南社會科學二〇一四年第十二期
以西北屯戍簡牘證揚雄方言中若干「關西」詞語　魏德勝　漢語史研究集刊二〇一四年第十八輯
揚雄方言詞彙與漢代日常生活　鄭漫　西昌學院學報（社科版）二〇一五年第一期
論揚雄方言楚地詞「革」源自古越語　謝榮娥　中南民族大學學報（人文社科版）二〇一五年第三期
揚雄方言所見的幽燕方言　楊春宇、王媛　遼寧師範大學學報（社科版）二〇一五年第六期
方言所記古朝鮮語與現代朝鮮語「無一近似」解　朱臯　濮陽職業技術學院學報二〇一六年第二期
上古楚方言名物詞新證五則　范常喜　語言科學二〇一六年第二期
關於秦漢時期幽燕風俗區劃的探討　靳寶　太原理工大學學報（社科版）二〇一六年第三期
方言「標音材料」及其與「轉語」的關係　吴吉煌　語文研究二〇一六年第三期
論揚雄方言楚地詞「蘸菜」　謝榮娥　中南民族大學學報（社科版）二〇一六年第三期
論揚雄方言楚地詞「摩」　謝榮娥　民族語文二〇一六年第六期
方言「散，殺也」疏證　劉洪濤　語言科學二〇一七年第一期

揚雄方言中的文化詞語探析　王彩琴　鹽城工學院學報（社科版）二〇一七年第一期
探析古楚方言詞「飵」　王歡、邵則遂　紹興文理學院學報（哲社版）二〇一七年第二期
揚雄方言辯證一則　董志翹　中國語文二〇一七年第三期
揚雄方言與漢語大詞典編纂研究　江盼　揚州大學碩士學位論文二〇一七年
方言中的「知」與「曉」　陳紅　文教資料二〇一七年第十二期
方言釋「憂」之「桓」考　華學誠　文獻語言學二〇一八年第一期
方言郭注「黨朗」解　華學誠　語文研究二〇一八年第二期
揚雄方言注音釋義研究　劉智明　湖南師範大學碩士學位論文二〇一八年
揚雄方言在今侯馬方言中的痕跡　裴新華　戲劇之家二〇一八年第六期
論揚雄方言楚地詞「趙」與南方民族桃木崇拜　謝榮娥　廣西民族大學學報（哲社版）二〇一九年第二期
揚雄方言之稱謂詞探析　朱敏、肖福平　科教文匯二〇一九年第二期
説文解字注對方言的徵引及探究　王東　語文研究二〇一九年第三期
揚雄「蠅，東齊謂之羊」古今考　錢曾怡　中國語文二〇一九年第四期
揚雄方言中的「嘽咺」考釋　施偉寶　現代語文二〇二〇年第一期
揚雄方言疏證一則　遊帥　語言歷史論叢二〇二〇年第二期
認知轉喻視角下方言動物名的理據研究　朱敏　西華大學碩士學位論文二〇二〇年
揚雄方言詞語河南方言今證　李長雲　新鄉學院學報二〇二〇年第十一期

四、注家研究之屬

（一）郭璞方言研究

經籍舊音辨證箋識——方言郭璞注　黄侃　量守廬群書箋識　武漢大學出版社一九八五年

晉代方言考　朱芳圃　東方雜志第二十八卷第三號　一九三一年

Sur la dissyllabisation des mots en chinois anclen dapres les glosses de Kouo P’o dans le Eul-ya et le Fang-yen　Chmielewski, Janusz　Proceedings of the International Congress of Orien talists, 21(1948), 1949

Roznice miedzy jezykiem Fang-yen I jezykiem glos Kuo P’ow ujeciu Wang Kuo-weia　Chmielewski, Janusz　Lodzkie Towarzystwo Naukowe, Roz prawy Komisji Jezykowej, vol. III, Lodz 1955

博聞强記的郭璞——中國語言學史話之二　周因夢（周定一）　中國語文一九五六年第七期

論郭璞的反切　陸志韋　古反切是怎樣構造的　中國語文一九六三年第五期

郭璞爾雅注與方言注之比較　吴雅美　中國語文學報一九七〇年第三期

郭璞の音注について（上）——方言における反切上字　立石廣男　日本漢學研究第八號　一九七一年

郭璞の音注について（中）——方言における反切下字　立石廣男　日本漢學研究第九號　一九七二年

郭璞の音注について（下）——方言における直音注を中心に　立石廣男　日本漢學研究第十三、十四合併號　一九七五年

試論郭璞注釋的成就　董志翹　江蘇師範學院學報一九八〇年第四期

郭璞訓釋中的「輕重」「聲轉、語轉」　董志翹　中國語文一九八〇年第六期

方言郭璞注的反切上字　陳亞川　中國語文一九八一年第二期

漢語早期構詞法——以爾雅、方言同郭注的對照爲例　徐德庵　西南師範學院學報一九八一年第四期

方言郭璞注的反切下字　陳亞川　中國語文一九八三年第六期

郭璞方言注釋中的「聲轉」和「語轉」　王平　山東師範大學學報一九八四年第三期
郭璞與歷史方言學　陳靜言　河北師範學院學報一九八四年第三期
郭璞的爾雅注和方言注　何耿鏞　漢語方言研究小史　山西人民出版社一九八四年
方言類——郭璞方言注　楊端志　訓詁學　山東文藝出版社一九八五年
訓詁學家郭璞　趙振鐸　訓詁學史略　中州古籍出版社一九八八年
郭璞注中一些創新的術語　何志華　四川大學學報（哲社版）一九八八年第二期
郭注雙音詞中的同素反序現象　何志華　南昌大學學報（人文社科版）一九八八年第二期
郭璞訓詁語言中的雙音詞　何志華　西南師範學院學報（哲社版）一九八九年第一期
郭璞音　簡啟賢　雲南教育學院學報一九九〇年第三期
郭璞訓詁初探（提要）　張和生　語言學新探　高等教育出版社一九九〇年
郭璞方言注條例述補　華學誠　潛齋語文叢稿　南京大學出版社一九九一年
論郭璞方言注　華學誠　潛齋語文叢稿　南京大學出版社一九九一年；又漢語方言學史研究　臺灣藝文印書館二〇〇一年
從中古訓詁資料中反映出來的漢語早期構詞法——以爾雅、方言同郭注的對照爲例　徐德庵　古代漢語論文集　巴蜀書社一九九一年
方言注　沈榕秋　中國學術名著提要——語言文字卷　復旦大學出版社一九九二年
郭璞　沈榕秋　中國歷代語言學家評傳（濮之珍編）　復旦大學出版社一九九二年
郭璞　徐朝華　中國古代語言學家評傳（吉常宏、王佩增編）　山東教育出版社一九九二年
郭璞在我國語言學上作出過哪些貢獻　顧漢松　古代漢語三百題（陳必祥編）　上海古籍出版社一九九三年
郭璞的爾雅注和方言注　李智明　中國古代語言學史稿　貴州教育出版社一九九三年

方言郭注述例　吴慶峰　古漢語研究一九九五年第一期
再説郭璞注中的「輕重」　唐莉　中國語文一九九六年第四期
從郭璞注看名詞「子」尾的産生　蕭黎明　中國語文一九九七年第四期
郭璞注的歷史方言學價值　蕭黎明　衡陽師專學報（社科版）一九九七年第五期
從郭注所引方言等材料看爾雅注、方言注完成時間及先後　蕭黎明　黔南民族師專學報（哲社版）一九九八年第一期
從方言郭注看晉代方言的地域變遷　張全真　古漢語研究一九九八年第四期
郭璞方言注中的晉代方言　張全真　語言研究集刊第六輯　江蘇教育出版社一九九九年
語言學家郭璞　趙振鐸　中國語言學史　河北教育出版社二〇〇〇年
從郭璞注看晉代的方言區劃　李恕豪　天府新論二〇〇〇年第一期
郭璞方言注條例述補　華學誠　漢語方言學史研究　臺灣藝文印書館二〇〇一年十二月
郭璞訓詁學研究　叢曉静　山東師範大學碩士學位論文二〇〇二年
郭璞的詞語注音法　吴慶峰　漢字文化二〇〇二年第四期
從郭璞注看晉代方言詞彙　華學誠　語言研究二〇〇二年第三期
郭璞注釋語彙研究　曾和平　北京大學碩士學位論文二〇〇二年六月
爾雅、方言郭注研究　唐麗珍　南京師範大學碩士學位論文二〇〇二年
郭璞的方言研究與方言注　華學誠　周秦漢晉方言研究史　復旦大學出版社二〇〇三年
再論郭璞訓釋中的「聲轉、語轉、語聲轉」　唐麗珍　蘇州科技學院學報（社科版）二〇〇四年第一期
二十世紀郭璞研究綜述　彭建華　重慶職業技術學院學報二〇〇四年第二期
郭璞方言注探求詞的理據析　李清桓　第四屆中古漢語國際學術研討會提交論文　二〇〇四年十一月
郭璞的語言學成就　曾昭聰　重慶工商大學學報（社科版）二〇〇五年第二期

郭璞注釋語言詞彙研究　胡曉華　浙江大學博士學位論文二〇〇五年
方言郭璞注雙音詞研究　孟曉妍　蘇州大學碩士學位論文二〇〇五年
郭璞方言注探求詞的理據析　李清桓　學術論壇二〇〇六年第一期
晉代江東方言古魚部與古侯部的分合問題　謝榮娥　西南民族大學學報（人文社科版）二〇〇六年第六期
從郭璞方言注看魏晉時期共同語中吸收方言詞的情況　陸元兵　語文學刊二〇〇六年第六期
郭璞方言注在辭典編纂中的價值　李清桓　學術論壇二〇〇六年第十一期
試論郭璞方言注音切的性質　蕭黎明　時代文學（理論學術版）二〇〇七年第一期
論郭璞的方言校理　華學誠　中文自學指導二〇〇七年第二期
郭璞注以聲音通訓詁續論　唐麗珍　蘇州科技學院學報（社科版）二〇〇七年第三期
方言郭璞注聯合式雙音詞研究　孟曉妍　公安海警高等專科學校學報二〇〇七年第四期
方言郭璞注中新詞産生的途徑　孟曉妍　學術交流二〇〇八年第一期
爾雅、方言郭注指瑕　唐麗珍　蘇州科技學院學報（社科版）二〇〇八年第一期
郭璞注同素異序詞語特點探析　胡曉華　浙江師範大學學報（社科版）二〇〇八年第六期
從東晉郭璞注談注釋體例與詞彙雙音化的關係　胡曉華、杜伊　現代語文（語言研究版）二〇〇八年第十期
郭璞方言注條例再述補　李清桓　湖北社會科學二〇一一年第十期
郭璞注訓詁研究　孫曉劍　山東師範大學碩士學位論文二〇一二年
郭璞注所見晉代方言的語言地理及其特徵分析　張雯　上海師範大學碩士學位論文二〇一五年
方言郭璞注異體字考　楊華　開封教育學院學報二〇一八年第十一期
郭璞著述雙音詞研究　陳奕帆　南京師範大學碩士學位論文二〇一九年

（二）戴震方言研究

戴震方言疏證中的「聲轉」和「語轉」　王平　山東師範大學學報（社科版）一九八八年第一期

論戴震的方言疏證　華學誠　潛齋語文叢稿　南京大學出版社一九九一年；又漢語方言學史研究　臺灣藝文印書館二〇〇一年

戴震方言疏證的詞義學成就　李開　漢語語言研究史　江蘇教育出版社一九九三年

戴震方言疏證引文選考　佐藤進、小方伴子　人文學報第二九二號　一九九八年三月

方言疏證的校勘和注疏　戴震語文學研究　李開　江蘇古籍出版社一九九八年

戴震方言疏證卷一譯註　佐藤進　揚雄方言研究論文集　日本平成九—十一年度科學研究費基盤（A）研究成果報告書—第六分册　二〇〇〇年三月

戴震方言疏證引荀子考　小方伴子　日本人文學報第三一一號　二〇〇〇年三月

戴震在方言研究上的貢獻　吴慶峰　音韻訓詁研究　齊魯書社二〇〇二年

戴震、盧文弨方言校勘比較研究　馮曉麗　吉林大學碩士學位論文二〇〇四年

戴震方言疏證同族詞研究　劉巧芝　西南師範大學碩士學位論文二〇〇五年

方言疏證及重校方言所引曹毅之本考　佐藤進　漢語史學報二〇〇六年第六輯

戴震方言疏證的校勘成就　鄧躍敏　求索二〇〇七年第一期

從方言疏證看戴震的校勘特點　徐玲英　古籍整理研究學刊二〇〇七年第五期

戴震的轉語理論及其用於方言疏證取得的訓詁成就　鄧躍敏　學習與探索二〇〇七年第六期

論方言疏證因聲求義之法　徐玲英　現代語文（語言研究版）二〇〇七年第二期

整理方言疏證之我見——戴震方言疏證校勘方法之研究　邱玉、徐玲英　合肥工業大學學報二〇〇七年第六期

論方言疏證的「同」與「通」　劉川民　文化學刊二〇〇九年第一期

論戴震方言疏證的學術價值與地位　徐道彬　中國典籍與文化二〇〇九年第四期
論錢繹方言箋疏對戴震學術的繼承與發展　徐道彬　湖北大學學報（哲社版）二〇〇九年第二期
從方言疏證看戴震的訓詁特色　徐玲英　四川師範大學學報（社科版）二〇一一年第六期
戴震方言疏證研究　項雲莎　山東師範大學碩士學位論文二〇一一年
通假方法與古文獻考證——以戴震、段玉裁和王氏父子爲例　郭愛玲　遼寧師範大學碩士學位論文二〇一一年
方言疏證中體現的語法觀念　徐玲英　黄山學院學報二〇〇年第四期
論戴震對揚雄方言的貢獻　徐玲英　淮北師範大學學報（哲社版）二〇一二年第四期
戴震方言疏證校改内容疏議　徐玲英　大學圖書情報學刊二〇一二年第五期
論戴震方言疏證的整理——古代語言學著作的文獻學研究之一　華學誠　語文研究二〇一三年第三期
戴震韻書之語音觀　儲一鳴　齊齊哈爾大學學報（哲社版）二〇一三年第三期
戴震韻書中的治音方法　儲一鳴、許心宏　齊齊哈爾大學學報（哲社版）二〇一四年第一期
論戴震對訓詁學理論體系的構建　徐玲英　四川師範大學學報（社科版）二〇一四年第四期
戴震方言疏證中音轉規律研究　徐玲英　安徽農業大學學報（社科版）二〇一四年第一期
戴震方言疏證校勘記　華學誠　文獻語言學第一輯　中華書局二〇一五年
戴震古文獻語言解釋學的主要方法研究　石開玉　重慶科技學院學報（社科版）二〇一七年第七期

（三）盧文弨方言研究

論盧文弨的重校方言　華學誠　昭通師專學報一九九〇年第三期
論盧文弨重校方言　華學誠　潛齋語文叢稿　南京大學出版社一九九一年；又漢語方言學史研究　臺灣藝文印書館二〇〇一年

（四）劉台拱方言研究

劉台拱方言補校略論　華學誠　潛齋語文叢稿　南京大學出版社一九九一年

論劉台拱方言補校　華學誠　漢語方言學史研究　臺灣藝文印書館二〇〇一年

（五）王念孫方言研究

論王念孫的方言研究　華學誠　潛齋語文叢稿　南京大學出版社一九九一年；又漢語方言學史研究　臺灣藝文印書館二〇〇一年

讀王念孫方言疏證補　劉君惠　古漢語論集第二輯　湖南教育出版社一九九八年

從廣雅疏證看王念孫的方言學　張錦少　香港中文大學碩士學位論文二〇〇二年

王念孫手校明本方言的初步研究　華學誠　文史二〇〇六年第一輯

王念孫方言校本研究　張錦少　中國文化研究所學報第四十九期　二〇〇九年

從方言校本到方言疏證補：論王念孫早年研究方言的情況　張錦少　中國訓詁學研究會二〇一〇年學術年會福建省語言學會會議論文集

論王念孫方言遺説的重建——古代語言學著作的文獻學研究之三　華學誠、徐妍雁　語言研究二〇一五年第三期

王念孫廣雅疏證撰作因緣與旨要　虞萬里　史林二〇一五年第五期

中國國家圖書館藏王念孫方言疏證補殘稿王國維鈔本研究　張錦少　經學文獻研究集刊二〇一九年第一期

（六）錢繹方言研究

論方言箋疏的因聲求義　華學誠　揚州師院學報一九八九年第一期

論方言箋疏的訓詁校勘　華學誠　雲南教育學院學報一九八九年第二期

論方言箋疏的詞義訓釋　華學誠　鹽城職大電大學刊一九九一年第一期

論錢繹的方言箋疏　華學誠　潛齋語文叢稿　南京大學出版社一九九一年；又漢語方言學史研究　臺灣藝文印書館二

〇〇一年十二月
略論方言箋疏中的「聲轉」和「語轉」　劉川民　杭州大學學報（哲社版）一九九六年第四期
方言箋疏同源詞研究簡析　劉川民　杭州師範學院學報一九九七年第四期
論方言箋疏在古音推求中存在的問題　劉川民　台州學院學報一九九八年第一期
方言箋疏研究　劉川民　浙江大學博士學位論文一九九八年
方言箋疏校勘評議　劉川民　浙江大學學報（社科版）一九九九年第四期
方言箋疏同族詞研究　徐朝東　西南師範大學碩士學位論文一九九九年
方言箋疏同族詞的研究方法及其評價　徐朝東　古籍整理研究學刊二〇〇〇年第五期
方言箋疏因聲求義研究　王寶剛　復旦大學博士學位論文二〇〇一年
論方言箋疏中的「古同聲」　王寶剛　淮陰師範學院學報二〇〇二年第一期
錢繹方言箋疏的訓詁特點　郭瓏　學術論壇二〇〇五年第六期
小議方言箋疏中的同源詞系聯　羅墨懿　現代語文（語言研究版）二〇一一年第八期
方言箋疏詞義訓釋研究　李依一　喀什大學碩士學位論文二〇一九年

（七）王維言方言研究

王維言方言釋義初探　范晴　現代語文二〇一八年第六期

（八）王國維方言研究

王國維方言研究述略　曹小雲　鎮江師專學報（社科版）一九九五年第三期

（九）丁惟汾方言研究

丁惟汾音韻學研究　姜榮　山東師範大學碩士學位論文二〇〇八年
丁惟汾的俚語證古和方言音釋　曲彥斌　尋根二〇一三年第六期
丁惟汾方言音釋文化現象透視　王榮豔　河北能源職業技術學院學報二〇一八年第四期

論丁惟汾方言音釋對「轉語」的運用　王棻豔　現代語文二〇一九年第一期

（一〇）周祖謨方言研究

書周祖謨方言校箋後　胡芷藩　中國語文一九六三年第五期
周祖謨方言校箋淺探　華學誠　潛齋語文叢稿　南京大學出版社一九九一年一月
方言校箋拾補　華學誠　揚州師院學報一九九五年第四期
方言校箋拾補（續）　華學誠　揚州大學學報一九九七年第四期
論周祖謨的方言校箋　華學誠　漢語方言學史研究　臺灣藝文印書館二〇〇一年
方言校箋拾補（一—五卷）　華學誠　漢語方言學史研究　臺灣藝文印書館二〇〇一年

（一一）華學誠方言研究

讀漢語方言學史研究　徐時儀　漢語史學報二〇〇四年第四輯
揚雄方言校釋匯證序　趙振鐸　書品二〇〇六年第二期
方言研究史上的豐碩成果　虞萬里　書品二〇〇七年第一期
簡評揚雄方言校釋匯證　吴金華　古籍整理出版情況簡報二〇〇七年第九期
評揚雄方言校釋匯證　董志翹、汪禕　杭州師範學院學報二〇〇七年第六期
揚雄方言校釋匯證評介　孫玉文　語言科學二〇〇八年第一期
讀華學誠揚雄方言校釋匯證　方一新、姜興魯　古漢語研究二〇〇八年第一期
揚雄方言集釋讀後　許威漢　許威漢語文研究文存　中華書局二〇〇八年
方言校釋的集大成之作　汪維輝　光明日報二〇〇九年四月十五日第十二版
揚雄方言校釋匯證讀後　汪維輝　燕山大學學報二〇〇九年第三期
揚雄方言校釋匯證讀劄　楊軍　合肥師範學院學報二〇一〇年第五期
揚雄方言辨證一則　董志翹　中國語文二〇一七年第三期

附録七　一九五〇年之前方言及郭注研究文獻

說　明

（一）清代以前的文獻儘量收録。

（二）一九五〇年以前的文獻擇要選録。

（三）按照本書排版要求，對所收録的文獻進行了技術上的統一處理，但這種處理不涉及内容，包括如「揚雄」又作「楊雄」皆仍原文。如發現明顯的文字錯誤，則予以改正。

目　録

風俗通義序

應劭

昔仲尼没而微言闕，七十子喪而大義乖。重遭戰國，約從連横，好惡殊心，真僞紛爭。故春秋分爲五，詩分爲四，易有數家之傳，並以諸子百家之言，紛然殽亂，莫知所從。漢興，儒者競復比誼會意，爲之章句，家有五六，皆析文便辭，彌以馳遠。綴文之士，雜襲龍鱗，訓注説難，轉相陵高，積如丘山，可謂繁富者矣。而至於俗間行語，衆所共傳，積非習貫，莫能原察。

今王室大壞，九州幅裂，亂靡有定，生民無幾。私懼後進益以迷昧，聊以不才，舉爾所知，方以類聚，凡三十一卷，謂之風俗通義。言通於流俗之過謬，而事該之於義理也。風者，天氣有寒煖，地形有險易，水泉有美惡，草木有剛柔也。俗者，含血之類，像之而生。故言語歌謳異聲，鼓舞動作殊形，或直或邪，或善或淫也。聖人作而均齊之，咸歸於正，聖人廢則還其本俗。

尚書：「天子巡守，至於岱宗，覲諸侯，見百年，命大師陳詩，以觀民風俗。」孝經曰：「移風易俗，莫善於樂。」傳曰：「百里不同風，千里不同俗，户異政，人殊服。」由此言之，爲政之要，辯風正俗最其上也。周、秦常以歲八月遣輶軒之使，求異代方言，還奏籍之，藏於祕室。及嬴氏之亡，遺脱漏棄，無見之者。蜀人嚴君平有千餘言，林閭翁孺才有梗概之法。揚雄好之，天下孝廉、衛卒交會，周章質問，以次注續，二十七年，爾乃治正，凡九千字。其所發明，猶未若爾雅之閎麗也，張竦以爲懸諸日月不刊之書。

予實頑闇，無能述演，豈敢比隆於斯人哉！顧惟述作之功，故聊光啟之耳。昔客爲齊王畫者，王問：「畫孰最難？孰最易？」曰：「犬馬最難，鬼魅最易。犬馬旦暮在人之前，不類不可，類之故難。鬼魅無形，無形者不見，不見故易。」今俗語雖云浮淺，然賢愚所共咨論，有似犬馬，其爲難矣。並綜事宜於今者。孔子稱：「幸苟有過，人必知之。」俾諸明哲幸詳覽焉。

據天津人民出版社一九八〇年版吴樹平風俗通義校釋

先賢士女總贊（上）

常璩

嚴平恬泊，皓然沈冥。嚴遵，字君平，成都人也。雅性澹泊，學業加妙，專精大易，耽於老、莊。常卜筮於市，假蓍龜以教。與人子卜，教以孝；與人弟卜，教以悌；與人臣卜，教以忠。於是風移俗易，上下茲和。日閱數人，得百錢，則閉肆下簾，授老、莊。著指歸，爲道書之宗。揚雄少師之，稱其德。杜陵李强爲益州刺史，謂雄曰：「吾真得君平矣。」雄曰：「君但可見，不能屈也。」强以爲不然。至州，修禮交遵，遵見之，强服其清高而不敢屈也。嘆曰：「揚子雲真知人也！」年九十卒。雄稱之曰：「不慕夷即由矣。」「不作苟見，不治苟得，久幽而不改其操，雖隨、和何以加諸！」

子雲玄達，煥乎弘聖。揚雄，字子雲，成都人也。少貧好道，家無擔石之儲、十金之費，而晏如也。好學，不爲章句。初慕司馬相如綺麗之文，多作詞賦。車騎將軍王音，成帝叔舅也，召爲門下史，薦待詔，上甘泉、羽獵賦，遷侍郎，給事黄門。雄既升秘閣，以爲辭賦可尚，則賈誼升堂，相如入室，武帝讀大人賦，飄飄然有淩雲之志，不足以諷諫，乃輟其業。以經莫大於易，故則而作太玄；傳莫大於論語，故作法言；史莫善於蒼頡，故作訓纂；箴諫莫美於虞箴，故作州箴；賦莫弘於離騷，故反屈原而廣之；典莫正於爾雅，故作方言。初與劉歆、王莽、董賢同官，並至三公，雄歷三帝，獨不易官。年七十一卒。自劉向父子、桓譚等深敬服之。其玄淵源懿，後世大儒張衡、崔子玉、宋仲子、王子雍皆爲注解。吴郡陸公紀尤善於玄，稱雄聖人。雄子神童烏，七歲預雄玄文，年九歲而卒。

林生清寂，莫得而名。林閭，字公孺，臨邛人也。善古學。古者天子有輶車之使，自漢興以來，劉向之徒但聞其官，不詳其職，惟閭與嚴君平知之，曰：「此使考八方之風雅，通九州之異同，主海内之音韻，使人主居高堂知天下風俗也。」揚雄聞而師之，因此作方言。閭隱遁，世莫聞也。

據巴蜀書社一九八四年版劉琳華陽國志校注

揚子雲載輶軒作方言

葛洪

揚子雲好事，常懷鉛提槧，從諸計吏，訪殊方絶域四方之語，以爲裨補輶軒所載，亦洪意也。

據上海古籍出版社一九九一年版向新陽、劉克任西京雜記校注

別國方言

洪邁

今世所傳揚子雲輶軒使者絶代語釋別國方言，凡十三卷，郭璞序而解之。其末又有漢成帝時劉子駿與雄書，從取方言，及雄答書。以予考之，殆非也。雄自序所爲文，漢史本傳但云：「經莫大於易，故作太玄；傳莫大於論語，作法言；史篇莫善於倉頡，作訓纂；箴莫善於虞箴，作州箴；賦莫深於離騷，反而廣之；辭莫麗於相如，作四賦。」雄平生所爲文盡於是矣，初無所謂方言。漢藝文志小學有訓纂一篇。儒家有雄所序三十八篇，注云「太玄十九，法言十三，樂四，箴二」；雜賦有雄賦十二篇，亦不載方言。觀其答劉子駿書，稱「蜀人嚴君平」，按君平本姓莊，漢顯帝諱莊，始改曰「嚴」。法言所稱「蜀莊沈冥，蜀莊之才之珍」「吾珍莊也」，皆是本字，何獨至此書而曰「嚴」？又子駿祇從之求書，而答云「必欲脅之以威，陵之以武，則縊死以從命也」，何至是哉？既云成帝時子駿與雄書，而其中乃云孝成皇帝，反覆抵牾。又書稱「汝、潁之間」，先漢人無此語也，必漢、魏之際好事者爲之云。

據上海古籍出版社一九七八年版容齋三筆

方言疏證序

戴震

案輶軒使者絶代語釋別國方言十三卷，漢揚雄撰，晉郭璞注，漢魏晉以來，凡引是書，但稱方言者，省文也。雄採集之意，詳見於答劉歆書。考雄爲郎，在成帝元延二年，時雄年四十三。漢書傳贊所謂「初，雄年四十餘，自蜀來至游京師」是也。劉歆遺雄書求方言，則當王莽天鳳三、四年間，未幾而雄卒，答書内所謂「二十七歲於今」，傳贊所謂「年七十一，天鳳五年卒」

是也。答書有云：「語言或交錯相反，方復論思，詳悉集之」，如可「寬假延期，必不敢有愛」。然則方言終屬雄未成之作，歆求之而不與，故不得入録，班固次雄傳及藝文志，不知其有此。至應劭集解漢書，始見徵引，稱「揚雄方言」，其風俗通義序又取答書中語，具詳本末。而云方言「凡九千字」，今計正文，實萬一千九百餘字，豈劭所見與郭璞所注傳本微有異同歟？歆遺雄書曰：「屬聞子雲獨採集先代絶言、異國殊語，以爲十五卷。」雄答書稱「殊言十五卷」，郭璞序亦云「三五之篇」，而隋經籍志「方言十三卷」，舊唐書作「別國方言十三卷」，其併十五爲十三，在璞注後、隋以前矣。許慎説文解字、張揖廣雅多本方言，而自成著作，不加所引用書名。魏書江式傳式上表曰：「臣六世祖瓊，往晉之初，與從父兄應元俱受學於衛覬，古篆之法，倉、雅、方言、説文之誼，當時並收善譽。數世傳習，斯業所以不墜。」杜預注左傳「授師孑焉」曰：「揚雄方言：『孑者，戟也。』」孔穎達疏云：「揚雄以爾雅釋古今之語，作書擬之，採異方之語，謂之方言。」蓋是書漢末晉初乃盛行，故應劭舉以爲言，而杜預以釋經，江瓊世傳其學，以至於式。他如吴薛綜述二京解，晉張載、劉逵注三都賦，晉灼注漢書，張湛注列子，宋裴松之注三國志，其子駰注史記，及隋曹憲，唐陸德明、孔穎達、長孫訥言、李善、徐堅、楊倞之倫，方言及注幾備見援摭。其後獨洪邁疑之，謂雄所爲文盡見於自序及漢志，初無所謂方言，則併傳贊内「自序」二字，結上所録法言自序者，未之審，又未考雄之文，如諫不受單于朝書、趙充國頌、元后誄等篇，溢於雄傳及藝文志外者甚多，而輕置訾議，豈應劭、杜預、晉灼及隋唐諸儒咸莫之考實耶？常璩華陽國志於林閭翁孺、揚莊並云：「見揚子方言。」李善注文選引張伯松曰「是懸諸日月不刊之書也」，亦直稱「揚雄方言曰」，可證歆、雄遺答書附入方言卷末已久。宋元以來，六書訓詁不講，故鮮能知其精覈，加以譌舛相承，幾不可通。今從永樂大典内得善本，因廣搜群籍之引用方言及注者，交互參訂，改正譌字二百八十一，補脱字二十七，刪衍字十七，逐條詳證之，庶幾漢人故訓之學猶存於是，俾治經、讀史、博涉古文辭者得以考焉。

據上海古籍出版社二〇一八年版戴震集

重校方言序

盧文弨

方言至今日而始有善本，則吾友休寧戴太史東原氏之爲也。義難通而有可通者通之，有可證明者臚而列之，正譌字二百八十一，補脱字二十七，删衍字十七。自宋以來諸刻，洵無出其右者。乾隆庚子，余至京師，得交歸安丁孝廉小雅氏，始受其本讀之。小雅於此書採獲裨益之功最多，戴氏猶有不能盡載者。因出其鈔集衆家校本凡三四，細書密札，戢舂行閒，或取名刺餘紙反覆書之，其已聯綴者如百納衣，其散庋書内者紛紛如落葉。勤亦至矣！以余爲尚能讀此書也，悉舉以畀余。余因以考戴氏之書，覺其當增正者尚有也。

劉歆求方言入録，子雲不與，故藝文志無之。乃班氏於雄本傳舉其所著書，亦闕方言，世不能無疑。考常璩華陽國志載雄書，凡太玄、法言、訓纂、州箴、反離騷，皆與傳同，而不及四賦，乃云「典莫正於爾雅，作方言」，此最爲明證。應劭而下，稱引日益多，而是書遂大著。其卷數，則歆書中云十五卷，郭景純序亦云三五之篇，隋唐以下志皆云十三卷，併合與遺脱不可知，然定在郭注之後；宋志又云十四卷，當因劉歆書與雄荅書向附在簡末者，亦别爲卷而並數之也。雄識古文奇字，嘗作訓纂篇，今不傳。趙宋時書學生亦令習方言，則方言中字其傳授必有自。如冡齘𢍏脊傳嚳之類，凡舊所傳本皆然，考之漢隸亦有證據，正不必執説文之體以盡易之。又，其中有錯簡兩條，亦尚有字當在上條之末而誤置下條之首，及不當連而連者，有過信他書輒改本文者，注及音義又有遺者、誤改者。余以管見，合之丁君校本，復改正百廿有餘條，具著其説，可覆案也。

郭氏注爾雅三卷，又有音義一卷，則知此書之音亦必不與注相雜厠，後人取便讀者，遂併合之。以郭音古雅難曉，又附益以近人所音，如通志載有吴良輔方言釋音一卷，此書當有捃摭及之者。余欲使注自爲注，仿劉昭注補續漢志之例，進郭注爲大字，而音則仍爲小字，雖未必即還景純之舊觀，然要使有辨焉爾。

至集各家説及文弨之説，上又加圜圍以隔之。戴書已行世，故唯録其切要者。舊本又有云「字一作某」者，疑出於晁公武子止氏。案，晁讀書志云：「予傳方言本於蜀中，後用國子監刊行本校之，多所是正，其疑者兩著之。」据斯言，則知爲晁氏所加無疑也。

予嘉丁君之績，而惜其不登館閣，書成不得載名於簡末，世無知焉。又，其所緝綜者，紛綸參錯，不易整比，久久將就散失，不愈可惜乎！故以餘閒，爲成就之如此。丁君名杰，今已成進士，待學博士闕於杭州，其學實不在戴太史下云。

乾隆四十有七年五月朔，杭東里人盧文弨書於山右三立書院之須友堂。

據中華書局二〇二三年版盧文弨重校方言

與丁小雅杰進士論校正方言書

盧文弨

方言一書，戴君疏證已詳，愚非敢掩以爲己有也。然疏證之與校正，其詳略體例微當不同，亦因其中尚有未盡者，欲以愚見增成之，故別鈔一編。今不能即寄，聊舉一二，乞足下審正之。大凡昔人援引古書不盡皆如本文，故校正群籍自當先從本書相傳舊本爲定，況未有彫板以前，一書而所傳各異者殆不可以偏舉，今或但據注書家所引之文便以爲是，疑未可也。如卷一內：「延，長也。」又云：「延、永，長也。凡施於年者謂之延，施於衆長謂之永。」案：「延，長也」已見於上，似可不必復出，蓋此自爲下文，各見其義，故先並舉之於上。揆以文法，斷當如是，考之宋本，亦無不同。今或但據李善注稽康養生論引作「延，年長也」，便謂此書作「延、永，長也」爲誤。夫善此注特隱括「施於年者謂之延」意耳，爾雅疏始誤以爲即方言本文。此不可以「穉，年小也」相比例，夫使云「延，年長也」，下即當云「永，衆長也」而後可，不然兩句復沓，於文義殊未安。方言此語亦祇大判而言，其實通用處正多也。又卷二：「秦晉曰靡。」注：「靡，細好也。」亦因李善注引作「靡靡」遂補一「靡」字，不知善但順兩賦之成文耳，長門賦：「夫靡靡而無窮。」魯靈光殿賦：「何宏麗之靡靡。」今必强此注以從彼，拘矣。且王逸注招魂云：「靡，緻也。」李善注文賦引薛君韓詩章句曰：「靡，好也。」皆以一字爲訓，而義正相同。故凡此類，皆不敢從正文。如卷六：「掩、索，取也。或曰狙。」注：「狙伺也。」宋本如此，不誤，俗本始誤作「狚」。今因卷十有「抯，取也」，音「相黎」，遂移彼以易此，不知「狙伺」而取正與「掩取」義同。又：「闓笘，開也。」因廣雅「笘」作「苦」，遂從之。夫「苦」之訓「開」，他書未見。竊疑當是「苫」字，「苫、蓋」雖皆所以覆屋，而「蓋」亦可以爲户扇，見荀子宥坐篇「九蓋皆繼」楊倞注。又案，説文：「蓋，苫也。」周禮夏官圉師：「茨牆則翦闔。」康成注：「闔，苫也。」然則「苫」與「蓋、闔」義皆同，而此則訓爲「開」，夫字固有反覆相訓者，余以爲與其從「苦」字之無義，不若定從「苫」字，此因形近致誤耳。又：「厲、卬，爲也。」亦從廣雅改「卬」爲「印」。夫「卬」之訓「爲」，亦未經見，而「卬」與「昂」通，激昂正振作有爲之意，不可因曹憲音爲「於信反」遽棄方言而從之也。又卷十：「誺，不知也。」「誺」音「癡眩」，戴本改作「𧫷」，引玉篇：「𧫷，不知也，丑脂、丑利二切。誺，同上，又力代切，誤也。」戴謂「以六書諧聲考之，『𧫷』從言、桼聲，可入脂、至二韻，『誺』從言、來聲，應入代韻，不得入脂、至韻」，作「誄」非也。竊以爲不然。姑無論古讀「來」爲「梨」，常與「思」協，即與「癡」同一部。如素問云：「恬澹虛無，真氣從之，精神内守，病安從來。」又漢柏梁臺詩：「武帝云日月，星辰和四時，；梁王云驂駕，駟馬從梁來。」又廣韻從「來」之字，如鶆、庲、倈，皆與釐同紐，並在之部。今必謂從「來」得聲者應入代韻，其可乎？卷十一：「蠅，東齊謂之羊。」俗本「羊」誤作「羊」。案：「蠅」似黽，其聲蓋與「閔」相近，楚姓之「羋」，其聲亦相近，故注以此類「皆不宜別立名」是也。今若作「牛羊」之「羊」，雖與「蠅」亦一聲之轉，而究不若「蠅、羋」之轉之尤切。況「蠅」微蟲也，「羊」家畜也，皆有定名矣，而云「蠅」亦可呼「羊」，「羊」亦可呼「蠅」，不亂名乎？而反譏郭氏何也？卷十二：「嫣、娗，嫚也。」舊本「嫚」作「嫚」，乃俗「僈」字，舊音薄丹反。注云：「爛僈，健狡也。」雖與今之爛漫義不相近，而其音正同，顧乃改「僈」作「僈」，讀爲「斕媥」，有何據乎？又：「蒔、殖，立也。」以「殖」爲誤，云當從曹毅之本作「植」。案周語云：「以殖義方。」韋昭云：「殖，立也。」與此訓正合。即左氏襄卅年傳鄭輿人之誦「殖」與「嗣」協，釋文：「殖，是吏反。」與「蒔」聲亦相近，何必「植」之爲是，而「殖」之爲非乎？至注中之字，如卷三：「軫，戾也。」注：「相了戾也。」案：「軫」與「紾」同，「了」有繆曲之義，作「了戾」方切「紾」字義。考酉陽雜俎云：「野牛高丈餘，其頭似鹿，其角了戾，長一丈，白毛，尾似鹿，出西域。」正與考工記「老牛之角紾而昔」義合。又導引經云：「又手項上，左右自了戾不息，復三。」又字亦作「繚戾」。劉向九歎云：「繚戾宛轉阻相薄兮。」詩魏風葛屨毛傳云：「糾糾猶繚繚。」朱子即以「繚戾」釋之，於古義有合也。今又因李善文選注之誤字而改作「乖戾」，則與正文「戾也」之義殊遠，並注中一「相」字亦贅矣。楊倞注荀子脩身篇云：「擊戾猶了戾也。」宋本、世德堂本俱作「了戾」不誤，元時本誤「了」爲「孑」，今皆不俗閒本亦改爲「乖戾」矣。卷九：「矛骹細如鴈脛者謂之鶴厀。」注：「今江東呼爲鈴釘。」案説文「鈴」字下云：「令丁也。」方言俗本皆作「鈴釘」，尚仍其誤。卷十一：「姑蜙謂之强蚌。」注：「建平人呼羋子，羋即蚌也。」足下謂「强蚌」當讀「强羋」，良是。乃俗閒本並誤作「羋即姓也」，爾雅疏又因誤本而改作「羋楚姓也」，唯陳隅園方言類聚本作「羋即蚌也」，且明其説云：「今吴會閒通呼爲羋子，作『即姓』者誤，是皆當改正也。」卷十三：「姚娧，好也。」注：「謂姅悦也。」正與卷一「好或曰姅」注言「姅容也」合。俗本誤作「謂姘悦也」，夫「姘」，變婦人污也，其誤甚顯，不當猶仍之。又：「憚、怛，惡也。」注：「怛懷，亦惡難也。」俗本「懷」並誤「懷」。案：卷七：「憎、懷，憚也。」陳曰懷。」今據以改正。至於舊來之音，有出郭氏者，亦有後人附益者，其所音閒與今世所讀不同。如「謾」之有「莫錢反」，凡兩見，豈可删乎？「抱娩，耦也。」卷二俗誤作「抱𡡉」，音「追萬反，一作嬔」，又於「耦也」注下有「音赴」二字。戴本乃移「音赴」於「抱」字下。案：「抱」一作「菢」，同，音暴，後云「房報反」，江東呼「蓲」乃音「央富反」，則「抱」字本不音「赴」。「𡡉」字宋本作「娩」，從女、兔聲，廣韻與「赴」同一紐，乃玉篇音爲孚萬切，産娩也。又出「嬔」字，云「同上」。案：産免俗始加「女」作「娩」，與「婉娩」之字混，玉篇於「娩」字音無遠、亡辯二切。若從「兔」，則與「孚萬」之音迥異，祇當音「嬔」下爲得之，故今少有更易。又案：正文「耦也」與「抱娩」義不近，疑有錯簡。或是「敵耦」也，故注云「耦亦匹，互見其義耳」。「抱娩」下或有「孚也」字，「孚」亦音「赴」，故臆測如是，然無左證，未敢即以爲然也。又「𧌒」有「圭」音，詩「吉𧌒爲饎」，三家詩作「吉圭爲饎」，是也。舊本「音涓」下誤作「又一圭反」，乃「又一音圭」之譌耳見卷三。又「蟒，南楚之外謂之蟅蟒」下宋本：「蟅音近詐，亦呼虴蛨。」卷十一玉篇「虴蛨，蟅蟒，蟲也」，正相合，俗本方言誤作「吒陌」，此必當改正。又下「舂黍謂之蚻蝑」注「江東呼虴蛨」，舊本皆不誤，廣韻「虴」字下云：「虴蛨，蟲。」「蛨」字下亦同。今必據詩釋文而改爲「虴蜢」，似可不必。文弨又竊疑上「蟒」一條並不指食苗之蟲，郭注云「蟒即蝗也」，蓋即依爾雅「蟒，王蛇」生義，故於「蟅蟒」下云：「亦呼虴蛨。」加一「亦」字，亦「舂黍」之呼「虴蛨」也。於「或謂之螣」音「滕」，而不音「特」，意亦可見。但於「宋魏之閒謂之蚮」尚未有左證，然舊亦音「貸」，不音「特」，蛇之文固有如玳瑁者，當因此名之耳。此須足下爲更審正之。又：「抒、瘛，解也。」卷十二舊本「抒」音「抒井」，誤也，宋本作「抒洯」。考之廣韻「抒，渫水，俗作汿」，則「洯」乃「渫」之誤字。若「抒井」，義甚僻。詩大雅生民篇毛傳云：「揄，抒臼也。」胡不引此爲音？故知亦必非「抒井」也。至正文之義，亦尚有可通者。如卷十三：「魏，能也。」案：周書謚法解：「克威捷行曰魏，克威惠禮曰魏。」此非「魏」訓爲「能」之證乎？又：「懼，病也。」案：凡人性怯者多苦畏，非懼即病之訓乎？且懼又可轉爲癯，亦病容也。又：「攋、隓，壞也。」案：太玄經度之次三：「小度差差，大攋之階。」測曰：「小度之差，大度傾也。」范望注云：「事之骫攋，故傾危也。」此非「攋」訓爲「壞」之證乎？但彼「攋」字从木，字書所無，定傳寫誤耳。又：「賦，臧也。」「臧」當作古「藏」字，訓賦斂所以爲收藏也。至於字畫，亦有不可盡依説文者。如「娥𡣕」卷一，説文：「嬴，从女，嬴省聲。」遂據以改「𡣕」作「𡣕」。案：「嬴」乃力爲切，音不近。或當是「贏」省。説文於「贏」字云：「從貝，𣎆聲。」「𣎆」字下云：「或曰獸名，象形，闕。郎果切。」「郎果」之音本不出於許氏，「𣎆」音訓本有闕，或元有「盈」音，未可知也。故與其作「嬴」，不若徑從説文作「贏」爲猶愈矣。又：「餳謂之餦餭。」卷十三 説文止有「餳」字，「从食，易聲。徐盈切。」遂從之。案：劉熙釋名：「餳，洋也。煮米消爛洋洋然也。」此諧聲爲釋，不更出从「昜」之「餳」字，廣雅本亦然。陸德明音周禮小師注云：「餳，辭盈反，李音唐。」是一字有兩讀：今謂「辭盈反」者，當从「易」；音「唐」者當从「昜」。於古未有聞也。又如「䙴」字，不當改爲「僊」。古字少，一字可兩三用，漢書律志、地理志「遷」字亦省作「䙴」可證也。「㝐」字不當改作「寂」，「𪗋」字不當改作「齘」。漢人作隸已不能如篆法之嚴，此等字縱出自魏晉以下，然相傳已久，在今日不猶有古意乎？至郭注引書微與本文不同，亦不可改也。如引外傳「余病㱇矣」，本書「㱇」作「喙」。引漢書「初陵之墲」，本書「墲」作「橅」。此皆不改，獨引左傳「餬予口於四方」則改「予」從本書作「其」字。此或郭公偶爾誤記，或因與昭七年傳「饘於是、鬻於是，以餬余口」文相涉致誤。此類古人多所不免，正不必爲之彌縫也。余又疑正文卷一「碩、沈、巨、濯、訏、敦、夏、于，大也。齊宋之間曰巨，曰碩」下，便當接以「陳鄭之間曰敦」至于「通語也」止，中間「凡物盛多謂之寇」四十九字當别是一條，足下細審之以爲然否？戴君通人，在日文弨敬之、愛之，情好甚摯。今此書若無戴君理之於前，使文弨專其事，紕繆當益多，決不止於此區區數條而已。今戴君已没，寧忍爲之吹毛索瘢乎？然念古書流傳既久，其考訂必非一人精力所能盡，戴書之善者已盡取之而著之矣，安知他人所見不又有出於文弨所見之外者乎？願足下先爲吾斷其是非焉，如有新得，乞即録示是望。

據乾隆六十年刻本抱經堂文集

別字十三篇

錢大昕

別字十三篇，即揚雄方言十三卷也。本名輶軒使者絶代語釋别國方言，或稱别字，或稱方言，皆省文。

據嘉慶十二年稻香吟館刻本三史拾遺

與劉端臨書

王念孫

王念孫再拜端臨先生席前。新正接奉手書，具領一切。念孫前歲差旋過鎮，滿擬入城一晤，並訪若膺先生，同作竟夕之談。詎因水淺，改由焦山閘口渡江，遂不獲如願，悵何如之！先生談經冰署，借清俸以怡顏，暢叙天倫，其樂何極！人世浮名，誠不足爲先生道耳。念孫自改諫曹，幸謝部務之擾。去年夏秋間，欲作方言疏證補，已而中止。念孫己亥年曾有方言校本，庚子攜入都，皆爲丁君小雅録去。內有數十條不甚愜意者，往往見於盧紹弓先生新刻方言中。中有一條爲紹弓先生所不取。今本方言「杷」字注云「無齒爲朳」，念孫所校本於此上增「有齒爲杷」四字。紹弓先生云：「有齒爲杷。見顏師古急就篇注，此不當有。」今案：説郛本有此四字。又唐釋玄應一切經音義云：「方言杷謂之渠挐。郭璞曰：有齒曰杷，無齒曰朳。」則是郭注原有此四字，不始於急就篇注也。其愜意數條，則紹弓先生所不録。容當録出就正，然計先生及若膺先生所校，必有暗合者矣。自去年八月，始作廣雅疏證一書。是書雖不及爾雅、方言之精，然周、秦、漢人之訓詁皆在焉。若不爲校注，恐將來遂失其傳。念孫將以十年之功爲之，自八月至今，始完半卷，而正譌補缺，已至一百五十餘條。是書積誤較他書爲甚，倘先生平日有考訂之處，務祈録示，以便登載。令弟現館內城，一月之內，時獲晤談，甚爲相得。良覿正遥，諸惟珍重不宣。乾隆乙酉。

據江蘇古籍出版社二〇一九年版高郵二王合集

揚子方言真僞辨

汪之昌

方言一書，裒集殊方絶域之語，頗裨小學。世傳爲揚雄撰録，末坿答劉歆書，謂天下上計孝廉及諸衛卒會京師者，雄問其異語，輒以鉛摘次於槧云云。後郭璞序而注之，吴良輔箸釋音一卷。閒嘗取是書反覆披覽，竊以爲作者決非揚雄，厥疑數端，謹陳於左：考常璩華陽國志，具列雄書，云「典莫正於爾雅作方言」，然班書雄本傳獨缺方言，藝文志亦無之，其可疑者一也。且雄本傳言雄嘗作訓纂矣，書雖亡佚，然云仿倉頡篇，可揣爲解釋文字之書，更作方言似屬重出，其可疑者二也。説文一書，古文是正，所引各書必表而出之，如雄實有此書，説文中凡某謂之某等語近似方言者，宜若手部「挐、拜」之類引訓纂之例別之以揚雄矣，且方言中字，若「冢」、若「齡」、若「赤」、若「脊」、若「傍」、若「巷」，體象不倫，其可疑者三也。答劉歆書中稱蜀人嚴君平，案君平本姓「莊」，避顯帝諱而改「莊」爲「嚴」，法言所稱「蜀莊沈冥，蜀莊之才之珍」「吾珍莊也」，皆如字，至此書而易之曰「嚴」，其可疑者四也。雄答歆書，考其年月當漢成帝時，而書中乃云孝成皇帝，帝在而預知其謚成，其可疑者五也。又稱「汝潁之間」，先漢人無此語，且歆意不過求書，而乃有「脅之以威、陵之以武則縊死以從命」，措詞失當，其可疑者六也。質之於班史，例之於説文，證之於本書，參之於荅子駿之書，無一合者，爲真爲僞，不辨而自明。夫劇秦美新之作，明知真者而反目之爲僞，方言之書不必真者而或信之爲真，雖然使方言而不假名於揚雄，又安必其流傳至斯哉？

據一九三一年汪氏家刻本青學齋集

方言校證合刊序

王先謙

昔班孟堅爲揚子雲作傳，具列所爲書而不載方言，藝文志亦無其目。宋洪邁迺疑是書爲僞托。然攷常氏華陽國志述蜀都先賢贊，稱子雲作方言。常書本之陳承祚耆舊傳，其言可信，而班氏獨闕者，蓋因其書不見於劉向、歆父子七略，無所據以入志，遂併傳删「自序」兩言耳。觀本書載子雲與歆往復二書，知當日裒輯未終，祕不肯出，致世無傳述，原委可悉也。應氏風俗通義言，周、秦輶軒之使求方言，還奏籍之。嬴氏之亡，遺棄脱漏，蜀嚴君平、林閭翁孺才有梗概，子雲以次注續。與常書稱子雲師嚴、林作方言合。至其詞義堅深，表裏經訓，非博覽深思之儒不能爲，雖西漢多文人，然自子雲外無足當之者矣。因以推知，前古採風之使，方行列國，匪獨陳其詩篇而已，其於異俗殊言必將備其聲音訓詁，隨以上進。天子展卷而紬詞、緣文以知指，而天下治亂興衰之故可得而徵也。特其書藏在祕室，民間罕得見者。周公作爾雅以垂教，然後詩、書之文可讀，至於音義所自，卒未明言。今觀方言載周召二南、齊、秦、鄭、衛之語足以稽合經文者，可決爲天府舊記所傳；其採自朝鮮洌水、西甌、桂林諸區者，或出後來訂墜搜遺之力。迺歎方言與爾雅同源，歷千載而相賡續。嚴、林輩之用心與叔孫通、梁文諸人等，而此二書者，剏例於姬旦，纂成於子雲，誠聖作明述之極軌也已。方言以戴東原攷證、盧紹弓校正二本爲最善。郭子瀞觀察取而合刊之，因索余序，爲論是書大略而推究古義如此。至合刊原委，觀察自序詳之矣，不具述。光緒十七年歲次辛卯夏五月，長沙王先謙謹敘。

據光緒辛卯思賢講舍刻本

方言校證合刊自序

郭慶藩

昔郭景純敘方言曰：「考九服之逸言，標六代之絶語。」六代者，唐虞夏商周秦也。以爲書貫唐秦，詩包商周，旁達九服，皆有徵驗。而其爲爾雅作敘僅云「總絶代離詞」，不及方域殊語。說者遂疑爾雅之文與方言不屬，非也。文字之興，造端象法，孳乳假借，半由方音。上古民生殊域，老死不相往來，則方有定言，音有定字。商周之世，殷宗五遷，洛頑再誥，民既雜廁，音漸轉移。春秋諸國遷滅尤多，秦漢之閒徙民實土，此方之人多流於彼方，後日之音遂殊於前日。即以詩、書攷之，如盤庚曰：「不能胥匡以生。」「胥」之言「皆」，河南語也，據方言轉而東齊矣。吕刑曰：「庶有格命。」「格」之言「登」，洛陽語也，據方言轉而梁益矣。「肆」之言「餘」，召南語也，而方言以爲秦、晉。「揚」言「美目」，鄭、衛語也，而方言以爲燕、代。若此之類，難可悉數，此前古方言轉易之明證也。書中所稱「南楚」語，今吾楚什不存二三。而它方古語，如美爲「豔」、豕爲「鐫」、散爲「廝」、披展爲「舒勃」、草木傷人爲「刺」、飲藥而毒爲「癆」，參之近日楚言，轉相符合，此又漢代方言遞易之明證也。西漢之世，猶爲近古，是編又權輿輶軒之採於羣經故訓賴以推見本原，宜乎。景純玩雅之餘，旁味而爲之作解；而張稚讓推廣雅訓，備載靡遺也與。余曩讀東原戴氏攷證本，以爲精善。後又見抱經盧氏重校本録戴之切要者，合之丁小疋各家說，兼附己見，用力甚勤。循而求之，丁說既不多見，各家亦不著其名，惟序稱改正百廿有餘條。驗之本書案語，約略相足，可據定爲盧說，其餘總歸之校本而已。恭逢聖代右文，乾隆閒取永樂大典所收方言詳加釐正，然後是書精英煥發，實儒生稽古逢辰之幸。竊謂戴、盧所述已具椎輪，援據發明，猶資討論。頗思會萃舊聞爲之疏證，困於人事，卒罕執筆之暇。爰先取二本詳校合刊之，既爲古籍廣其流傳，亦俾儒先表章之功無有失隊。後之君子儻有涉於此者乎？余竊自附於擁篲清道之末耳矣。光緒十七年歲次辛卯春正月，湘陰郭慶藩。

據光緒辛卯思賢講舍刻本

揚雄倉頡訓纂即在方言中說

陶方琦

方言一書，漢揚雄作。今人以漢書本傳不及方言，漢藝文志不載其書，遂有疑其非雄作。東漢一百九十年中無有謂揚雄作方言者。漢末應劭風俗通義序始言揚雄成方言，凡九千文，魏晉以後諸儒轉相援引。隋唐諸志皆載方言十三卷，與今本同，而揚雄與劉歆書並稱方言十五卷，郭璞序亦言三五之篇，卷數又不合。遂有謂歆欲借觀未得，故七録不載，漢志亦不箸録。以余考之，諸説皆非也。漢藝文志小學家載訓纂一篇，揚雄作，言元始中，徵天下通小學者以百數，令記字於庭中，揚雄取其有用者以作訓纂篇，順續倉頡。（許慎説文序云：「孝平皇帝時，徵禮等百餘人，令説文字未央庭中，以禮爲小學元士，黄門侍郎揚雄採以作訓纂篇。」）順續倉頡者，謂仿倉頡之體而續之也。倉頡每章十五句，每句四字爲斷，（説文注引「幼子承詔」，郭景純爾雅注引「考妣延年」是也。）則訓纂、滂憙當同其例。（梁庾元威云：「倉頡五十五章爲上卷，揚雄作訓纂記滂熹爲中卷，賈魴更續記彦均爲下卷。」「記」當作「訖」。）藝文志又云揚雄倉頡訓纂一篇者，則與訓纂異。訓纂四字爲句，倉頡訓纂乃詁釋倉頡之文，（今孫氏輯倉頡篇皆某某也，如爾疋例，乃揚雄倉頡訓纂之文，即其詁訓倉頡之解，與杜林倉頡故、班固倉頡訓詁一例，與自作訓纂體義迥别也。）即今方言中每條上某某某也之文，至方言中如凡「楚謂之某」「齊宋謂之某」「秦晉謂之某」者，蓋揚雄又以方俗之言訓釋倉頡。藝文志言徵天下通小學者各令記字，則明言採小學於天下百數諸儒中，即以方言證倉頡之確據也。故應劭云：「周秦常以歲八月遣輶軒之使，求異代方言，還奏藉之，藏於祕室，及嬴氏之亡，遺敓漏棄無見之者，蜀人嚴君平有千餘言，林閭翁孺才有梗概之法。揚雄好之，天下孝廉衛卒交會，周章質問，以次注續，二十七年爾乃治正，凡九千字。」琦案：今本方言實一萬二千九百餘字，此多三千餘文，大氐應劭因其非方俗之語，故别而出之。即今每條上某某某也之文，後人因舊本載此仍併而合之，致多此數，亦不知其爲倉頡訓纂也。今考方言，每條上文約二千八百餘文，與所多三千餘文數亦相合，畧有嬴衍，不無後人緟益也。惜揚雄倉頡訓纂原書已亡，而近人所輯倉頡篇罙罙無幾，又雜以班、杜、張、郭之説，殊難核准耳。故知今時所傳方言皆附入倉頡訓纂中，昔人統名之曰倉頡訓纂，今則别名曰方言。後漢諸儒好異之心過於先哲，採其倉頡訓纂中方俗之訓，殊其稱謂目之方言。故應劭説之，郭璞序之，皆已專名之爲方言，無有謂其爲倉頡訓纂者。而倉頡訓纂之文湛没於今方言中，遂使隋唐諸志皆載方言而不載倉頡訓纂，後人因倉頡訓纂已亡，而方言又不載於七録、漢志，爲疑離之，兩失其真，古籍之所以曰失也。今本十二、十三兩卷，皆無方俗之訓，此必昔時揚雄成倉頡訓纂時未得方語相訓釋，後儒因其與方言之例相盭，摘出之以傅於後。故十一卷既以釋蟲終，而此二卷或釋訓詁，或釋器物、歓食，羼亂縣贅，襍出不類，不知此皆倉頡訓纂之舊文，無方語相訓釋故也。又今方言一「敦豐」條下有云：「舊書雅記故俗語不失其方，後人不知，遂爲之作釋也。」此四語廁之「齊楚謂某某」之後，甚爲不類，不知此即方言釋倉頡訓纂之明證。何以明之？「舊書雅記」即指倉頡舊文也。「舊書」二字，丁云不辭，疑舊書之「舊」乃「蒼」字之譌，「蒼書」即倉頡書也。「故俗語不失其方」者，謂訓纂中曾採天下通小學之言及方俗之説也。「後人不知，遂爲之作釋」者，謂恐後人不知而爲之釋，即今「齊宋謂某某」諸條是也。賴此數言，堪爲左諭，即許君説文解訓參用方言不著爲雄説，有所謂雄説者又不合於方言，蓋許氏之書半出倉頡不著所引爲倉頡，故引訓纂中方言釋徵之語亦不著爲雄説，是其例也。如雄於倉頡訓纂外別有方言，本傳中胡不明書？以是知方言之書昔統名曰倉頡訓纂，今別名之曰方言，無二書也，有方言在而訓纂之舊詁不亡，即倉頡之古文未佚，好古之君子必有擇而是之。

方言中先列詁解，後附方俗之語，今倉頡篇逸文亦有相同者。如：「鹶，側齒也，齊人謂齧咋爲鹶。」衆經音義引倉頡「瞷，目病也。吴江淮之間曰瞷。」陸氏釋文引倉頡。今方言二：「吴揚江淮之間謂之瞷。」正同。「析，柱上方木，山東江南皆曰析，自陜以西曰楷，亦名榕，亦名枅，亦名欂櫨。」文選注引倉頡「栜」下云：「今江南謂斫削木爲栜，關中謂之札。」衆經音義引倉頡「穄，大黍也，似黍而不黏，關西謂之糜。」衆經音義引倉頡「糳，精米也，今江南謂肺米爲糳。」衆經音義引倉頡「瓢，瓠勺也，江南曰瓢𧆸，蜀人言𧆸蠡。」衆經音義引倉頡「寣」下引：「楚人呼竈曰寣。」玉篇引倉頡「瘼」下引：「今江東呼病曰瘵，齊東曰瘼。」衆經音義引三倉。方言三：「齊東海岱之間曰瘼。」正同。「什，十也，聚也，襍也，吴楚之間謂資生襍具爲什物也。」華嚴音義引三倉「欬，息聲也，齊郡謂敕曰欬。」衆經音義引倉頡「灒，污，灑也，江南曰灒，山東言湔。」衆經音義引倉頡「垸以桼和之，今中國人言垸，江南言髹。」衆經音義引倉頡「九江人名鐵曰鍇。」史記索隱引三倉「噍，咀也，凡物無孑遺曰噍類，齊人語也。」大藏音義引倉頡「㾏，病也。東齊謂聲散曰㾏。」大藏音義引倉頡。方言云：「東齊謂聲散曰㾏。」正同。「蝮，蛇也，江以北名虺。」大藏音義　由是觀之，所輯倉頡篇中凡有方俗之語，揚雄倉頡訓纂舊文也，故體例並同。

據皇清經解續編本漢孳室文鈔

方言校記

孫詒讓

卷二

或曰寓。寄食爲餬口。郭注云：「傳曰：『餬其口于四方。』是也。」戴氏疏證云：「『餬其口』，各本譌作『餬予口』，今據左傳改。」盧、錢並同。

案：晁公武郡齋讀書志載，所傳蜀中本正作「餬其口」，云國子監本作「餬予口」。今本正沿宋監本之誤耳。

卷三

別，治也。戴云：「辨別不淆紊，故爲治之義。」錢氏箋疏云：「說文：『別，分解也。』『解』與『治』義相近。」

案：「別」與「辯、辨」通。說文言部云：「辯，治也。」禮記鄉飲酒義注云：「辯，猶別也。」小爾雅廣言云：「辯，別也。」呂氏春秋過理篇云：「實辨天下。」高注云：「辨，治也。」周禮朝士注云：「辨，讀爲別。」又士師鄭衆注云：「辯，讀爲風別之別。」

卷五

瓥，陳楚宋魏之間或謂之簞，或謂之㰁，或謂之瓢。郭注云：「瓠勺也。今江東通呼勺爲㰁。㰁音羲。」

案：集韻五支云：「㰁，蠡也，或作㰀。」陸羽茶經云：「瓢，一曰㰀杓，剖瓠爲之，或刊木爲之。晉永嘉中餘姚人虞洪入瀑布山採茗，遇一道士云：『吾丹丘子，祈子他日甌㰀之餘，乞相遺也。』別引云出神異記。㰀，木杓也。」陸書「㰀」當爲「㰀」之譌，亦即「㰁」之或體。虞洪所傳，正晉時江東方語也。

卷八

雞雛，徐、魯之閒謂之䅵子。注云：「子幽反。」戴云：「『䅵』字各本譌作『秋侯』二字。廣雅：『䅵，雛也。』曹憲音釋『䅵，子幽反』與此注同。玉篇、廣韻並云：『䅵，雞雛。』今據以訂正。」盧、錢本並同。

案：郡齋讀書志載蜀中傳本正作「䅵」，云監本以「䅵」爲「秋侯」。然則今本亦沿監本之誤，宋時蜀本自不誤也。

卷九

其柄謂之矜。注云：「今字作『槿』，巨巾反。」又云：矜謂之杖。注云：「矛戟槿即杖也。」又云：抵、㧗，刺也。注云：「皆矛戟之槿，所以刺物者也。」卷十二

案：諸「槿」字，盧校本並改作「穫」。錢從之。今考「穫」亦俗字，疑古即借「槿」爲「矜」。集韻十八諄云：「矜或作穫，通作槿。」史記秦始皇本紀「鉏櫌棘矜」，裴氏集解引服虔云：「以鉏柄及棘作矛槿也。」宋本如是，盧、錢引亦改作「穫」。文選吴都賦劉逵注云：「簟竹大如戟槿。」戴凱之竹譜云：「筋竹爲矛，利稱海表，槿仍其幹，刃即其杪。」字皆从木。疑六朝、唐人自作此字，不必改从矛也。

凡箭鏃胡合嬴者，四鐮或曰拘腸，戴校從廣雅作「鉤腸」，今從盧、錢本。三鐮者謂之羊頭，其廣長而薄鐮謂之錍，或謂之鈀。注云：「胡，鏑在於喉下。嬴，邊也。鐮，棱也。」

案：漢時矢鏃蓋有兩制：一則爲薄匕，而以鐵爲鋌以入槀。此考工矢人、冶氏舊制也。左昭二十六年傳：「齊子淵捷從洩聲子，射之，中楯瓦。繇朐汰輈，匕入者三寸。」杜注云：「匕，矢鏃也。」此古矢鏃皆爲匕之證。一則爲豐本，或三鐮或四鐮，而爲骹以冒槀，此後世之別制也。此云「胡合嬴者」，「胡」即喉也，與考工冶氏戈戟之胡制異而義略同，蓋即謂豐本之漸殺者，故郭云「鏑在喉下」。「嬴」，郭訓爲「邊」，實當兼有包裹之義。淮南子脩務訓高注云：「嬴，裹也。」嬴、嬴通。謂鏃之本空中而合裹其邊，其外則四鐮正方者謂之拘腸，三鐮斜角者謂之羊頭，此皆豐本之鏃也。豐本之鏃當亦有爲鋌以入槀者，其制與古尚不相遠，或無別名耳。錍與鈀，廣長而薄，則即古薄匕之鏃也。爾雅釋器云：「金鏃箭羽謂之鍭。」郭注云：「今之錍箭是也。」蓋古矢鏃必爲薄匕，景純固知之矣。錍即薄刃之名。戰國策趙策趙奢説劍云「無脾之薄而刃不斷」，彼「脾」即「錍」之借字。矢匕與劍刃制相類，故其名亦同。此條足考漢時矢鏃之制，而戴、錢諸家皆未能詳究其義，故略釋之。矢本有爲骹以冒槀者，説亦詳後釋名。

卷十二

揄、楕，脱也。又云：𩭹、尾、梢，盡也。「𩭹」舊本誤「鬠」，戴據廣雅校正，盧、錢本並從之，注同。注云：「𩭹，毛物漸落去之名。」

案：「楕」與「橢」同，「楕、𩭹」字亦通，皆毛物挩落之名。淮南子説山訓云：「髡屯犂牛，既科以橢。」高注云：「科，

無角；⿰牜隋，無尾。」王氏雜志謂「⿰扌科、⿰牜隋」當作「科、橢」，皆禿貌也，引太玄窮次四「土不和，木科橢」爲證，其說甚塙。此「橢、鬌」即淮南書之「橢」，高注云「橢，無尾」與「鬌、尾、梢，盡也」之義尤密合。而戴、盧兩校轉依廣雅，改「橢」爲「墯」，王校淮南，錢箋方言，亦均未引及，謹舉以補其義。

楊雄答劉歆書：「二十七歲于今矣。」盧校云：「案：雄年四十餘游京師，見雄傳贊。其上甘泉賦，當在成帝元延二年。古文苑注云：『計雄此時年近七十。』蓋在天鳳三、四年間。」

案：此約戴說也。戴謂劉歆遺書求方言當在天鳳三、四年之間，以情事推之，似不甚塙。竊疑此「二十七歲」當作「一十七歲」。考漢書百官公卿表，成帝陽朔三年九月，御史大夫王音爲大司馬車騎將軍。本傳云：「初，雄年四十餘，自蜀來至游京師。大司馬車騎將軍奇其文雅，召以爲門下史，薦雄待詔。歲餘，奏羽獵賦，除爲郎，給事黄門。」雄自蜀至京師，爲王音門下史，當即在陽朔三年，時雄三十二歲。據傳云「天鳳五年卒，年七十一」逆推之。文選王文憲集序李注引七略亦云，子雲家牒言以甘露元年生也。傳云「年四十餘」者，「四十」亦「三十」之誤也。其「薦雄待詔」自是楊莊。本傳云「客有薦雄文如相如者」，即指莊言之，贊偶疏略，遂似王音所薦，則誤也。其奏甘泉、羽獵賦，除郎，亦自在元延二年。戴據本傳及成紀考之如是。蓋子雲留京師已十二年矣。此書云：「天下上計孝廉及内郡衛卒會者，雄常把三寸弱翰，齎油素四尺，以問其異語，歸即以鉛摘次之於槧。」蓋始至京師時即事鉛槧，非自爲郎歲始也。自陽朔三年後十七年爲哀帝建平元年，劉歆傳：「哀帝即位，大司馬王莽舉歆宗室有材行，爲侍中太中大夫，遷騎都尉、奉車光禄大夫，貴幸。復領五經，卒父前業。歆乃集六藝群書，種别爲七略。」歆求方言當在彼時，上距雄初至京師正十有七歲也。宋本劉書首云：「漢成帝時劉子駿與雄書，從取方言。」「成」當作「哀」。劉、楊兩書並有孝成皇帝之文，宋本之誤固無可疑。而戴、盧必欲傅合二十七年之文，謂在王莽時，則仍誤耳。據歆書云：「願頗與其最目，使得入籙。」雄荅書云：「典流於昆嗣，言列於漢籍。」「籙、籍」並指七略言之。若如戴說，則時王莽篡漢已久，何得頌言冀列漢籍，以觸忌諱乎？且是時歆方爲太中大夫，與中郎同屬光禄勳，故得受詔宓郎中田儀事。又本傳「歆以建平元年改名秀」，此書正在是年，蓋在未改名前數月，故尚題舊名。若天鳳三、四年，則改名久矣。歆所校山海經題建平元年四月上，卷中已稱「臣秀」，儻此書作於莽世，安得更署歆名乎？即此數耑亦足以明之。

齊、魯間謂題肩爲鴊。

案：今本無此文。廣韻、集韻十四清並引方言，當是佚文。儀禮大射禮鄭注亦有此語，惟「鴊」作「正」，「鴊」俗字也。

據中華書局二〇二三年版揚雄方言零札伍種

方言音釋序

丁惟汾

方言，爲四方之言。方，鄉也。方言即鄉言。舉其言而説之，謂之談。同鄉與同鄉言，謂之鄉談。與異鄉言，則不得爲鄉談。不爲鄉談，即以爲異言。同一言也，談之者因聲音之流變不同，遂以爲異耳。古先聖王知其然也。採取四方之言，筆之簡策，藏諸故府。使人人知異鄉所談同爲一言，並非異言。所以通民隱，定民志也。詔告天下，以垂來兹，俾子子孫孫世守罔替，永寶用享。揚子雲氏，起於漢末，抱殘守闕，輯而録之，並爲之疏通證明，可謂偉矣。景純繼起，復爲訓釋，而方言一書因益彰明。降及後世，繼起者雖代有其人，而若隱若見，不絶如縷，蓋亦危矣。有清末葉，海禁大開，異國之言，漫衍浸入，通都大邑崇外語鄙國言之風尚，駸駸日熾。國運日危，來軫方遒，顧瞻周道，如有隱憂。爰取方言一書，詳爲念讀，略解䚡理。始知四方之言，通爲一貫之語，但音有流變耳。以今語證古語，古今無不吻合。即婦人孺子之瑣語猥言，與古人亦無少異。夫乃歎今日之言語，仍是原自古初，無少變更，而古先聖王之流澤遠矣。因詳爲爬梳，以音釋音，以音釋義，作方言音釋。民國二十一年五月十六日寫於濟寓。

據齊魯書社一九八五年版方言音釋

方言注商序

吴予天

子雲方言，周、秦、先漢之語彙也，厥中關乎語音之轉徙者，十之八九。均言逢也，而關西曰「逆」，關東曰「迎」，則爲雙聲相轉，並隸疑紐也。胥謂餘也，而陳鄭偁「枿」，秦晉偁「肄」，斯乃疊韻相迻，咸屬脂類也。南楚呼疾行爲「汩」，「汩」係「𨃰」之音變；見、影相迆，談轉入脂也。青徐謂細枝曰「菱」，「菱」即「細」之語轉；心、精迭易，之遷入東也。諸如此類，不勝縷述。歷來注家，罕矚及此，私衷所在，輒肊斷之。筆札所得，不覺成帙。捋而次之，命曰注商。是耶非歟？殊難自必！世多鴻博，幸垂教焉。民國癸酉，夏五，瑞安吴予天書於杭州旅次。

據中華書局二〇二三年版揚雄方言零札伍種

方言校箋序

羅常培

在語言學的三大部門裏，從中國古代語言學發展史來看，詞彙學創始的最早，可是後來並没能發揮光大。音韻學到第三世紀纔有了萌芽，因爲受了幾次外來的影響，比較最能走上科學的路。文法學發展的最晚，一直到第十九世紀末纔有了第一部系統的文法書，馬氏文通（前六卷一八九八年冬出版，後四卷一八九九年付印）。它以後的五十年來，還不免停滯在「拉丁文法漢證」或「拉丁文法今證」的階段。

詞彙的纂輯從公元前二世紀已經開始了。爾雅的著者雖然有人僞托得很古，實際上它衹是漢代經師解釋六經訓詁的彙集。曹魏時張揖所作的廣雅，也仿照爾雅體例，搜羅爾雅所没有收進去的名物訓詁。這一類的詞書是專爲六經作注腳的，他們所輯録的限於古書裏有文字記載的語言，並没有注意到當時各地人民口裏的活語言。至於較後的劉熙釋名，乃是一部主觀的、唯心的訓詁理論書，近人雖然有根據它作「義類」或「字族」研究的，可是從唯物的語言學觀點來看，這部書在中國語言學史上並不佔重要的地位。當公元第一世紀左右，已經有唯物的觀點，從大衆的語言出發，應用客觀的調查方法的，衹有方言能够具備這些條件。

方言是中國的第一部比較方言詞彙。它的著者是不是楊雄，洪邁和戴震有正相反的説法，後來盧文弨、錢繹、王先謙都贊成戴説，認爲方言是楊雄所作。本書的著者周燕孫（祖謨）在自序裏對這個問題並没加斷定，他的矜慎態度是很可嘉許的。我自己卻很相信應劭的話：他在風俗通序裏開始説：「周秦常以歲八月遣輶軒之使，采異代方言，還奏籍之，藏於秘室。及嬴氏之亡，遺棄脱漏，無見之者。蜀人嚴君平有千餘言，林閭翁孺才有梗概之法。楊雄好之，天下孝廉衛卒交會，周章質問，以次注續。二十七年，爾乃治正，凡九千字。」由這段記載，咱們可以推斷：方言並不是一個人作的，它是從周秦到西漢末年民間語言的可靠的記録。楊雄以前，莊遵（就是嚴君平）和林閭翁孺或者保存了一部分資料，或者擬定了整理的提綱。到了楊雄本身也願意繼承前人的旨趣，加以「注續」。他「注續」的資料不是憑空杜撰的，而是從群衆中來的，他雖然没有坐着輕便的輶軒車到各處去調查方言殊語，可是他利用各方人民集中都市的方便，記録了當時知識份子（孝廉）、兵士（衛卒）、其他平民乃至少數民族的語言。他所用的調查方言法是「常把三寸弱翰，油素四尺，以問其異語；歸即以鉛摘次之於槧。」答劉歆書，並參閲西京雜記 這簡直是現代語言工作者在田野調查時記録卡片和立刻排比整理的功夫。這真是中國語言史上一部「懸日月不刊」的奇書，因爲它是開始以人民口裏的活語言作對象而不以有文字記載的語言作對象的。正因爲這樣，所以方言裏所用的文字有好些衹有標音的作用：有時沿用古人已造的字，例如，「儇，慧也」，説文「慧，儇也」，荀子非相篇「鄉曲之儇子」；有時遷就音近假借的字，例如，「黨，知也」，「黨」就是現在的「懂」字；又「寇、劍、弩，大也」，這三個字都没有「大」的意思；另外還有楊雄自己造的字，例如「俺」訓愛，「㥄」訓哀，「姅」訓好之類。這三類中，除了第一類還跟意義有關係外，實際上都是標音符號。至於像「無寫、人兮」一類語詞的記載，更是純粹以文字當作音符來用的。假如當時楊雄有現代的記音工具，那麽，後代更容易瞭解他重視活語言的深意了。方言還有一個長處，就是郭璞方言注序所説的：「考九服之逸言，標六代之絶語；類離詞之指韻，明乖途而同致；辨章風謡而區分，曲通萬殊而不雜。」它雖然偏重横的空間，卻没忽略了縱的時間，雖然羅列了許多殊域方言，卻能劃分地區，辨别「通語、凡語」和「轉語」；在頭緒紛繁的資料中卻能即異求同，條分縷析。綜括全書來看，這的確是一部有系統、有計劃的好書。它的許多特徵，本書的自序已然説得很詳細，這裏就無須贅述了。

楊雄以後，懂得這部書是拿語言作對象的，前有郭璞（二七六—三二四），後有王國維（一八七七—一九二七）；跟他所用的調查方法不謀而合的，衹有一個劉獻廷（一六四八—一六九五）。從景純的注可以看出漢晉方言的異同，和有音無字各詞的讀法；可是假若没有静安的闡發，郭注的優點恐怕也不能像現在這樣顯著。所以郭王兩君都可以算是方言的功臣。劉獻廷曾經想應用他自己所定的新韻譜（一六九二）「以諸方土音填之，各郡自爲一本，逢人便可印證。以此授諸門人子弟，隨地可譜，不三四年，九州之音畢矣」（廣陽雜記卷三）。拿他所説的跟楊雄比較起來，雖然劉偏重音韻，楊偏重詞彙，但是在十九世紀以前，語言學還没成爲科學的當兒，中國的先民居然前後輝映發明了跟現代語言科學若合符節的調查方法，這實在不能不算是中國語言學史上的兩大貢獻。

楊雄以後，續補方言的有杭世駿、戴震、程際盛、徐乃昌、程先甲、張慎儀各家。至於分地爲書的，有李實蜀語、張慎儀蜀方言、胡文英吴下方言考、孫錦標南通方言疏證、毛奇齡越語肯綮録、茹敦和越言釋、范寅越諺、劉家謀操風瑣録、胡樸安涇縣方言、詹憲慈廣州語本字、羅翽雲客方言等；考證方言俗語的，也有岳元聲方言據、楊慎俗言、錢大昕恒言録、錢坫異語、翟灝通俗編、張慎儀方言别録、孫錦標通俗常言疏證、謝璿方言字考等書。綜起來看，這些書大都是從史傳、諸子、雜纂、類書以及古佚殘編等抄撮而成，除去一兩種外，始終在「文字」裏兜圈子，很少曉得從「語言」出發。能够瞭解並應用方言本書的條例、系統、觀點方法的，簡直可以説没有人。可惜在中國語言史上發達最早的詞彙學，從方言以後，就這樣黯淡無光，不能使第一世紀左右已經有了的逼近語言科學的方法繼續發展！

章炳麟的新方言，運用古今音轉的定律來整理當時的活語言，比起上面兩類著作來，算是知道拿語言作對象的。不過，他一定要把「筆札常文所不能悉」的語詞，都在爾雅、説文裏求得本字，硬要證明「今之殊言不違姬漢」，那就未免拘泥固執没有發展觀念了！關於這一點，倒是他的弟子沈兼士見解高明得多。沈氏説：「表示語言的文字，本不一定都用本字」；語詞隨時孳生，「後起的語言，不必古書中都有本字」。「語言往往因種族交通而發生混雜的狀態，倘一切以漢字當之，恐反昧其來源。」並且「中國的語言由單綴音逐漸變爲多綴音，而文字學家仍拘守着『字』，不注意到『詞』，對於複音詞往往喜歡把他拆開來，一個一個替他找本字，殊爲無謂」。這些議論的確是「青出於藍」的。沈氏認爲研究方言的方法可以分縱横兩方面：縱的方面應該從事「各代記載中方言之調查和比較」「單綴語漸變爲多綴語之歷史的研究」「語言與文字之分合的研究」「語源的研究」；横的方面，應該從事「語彙之調查」「同一意義之各地方言的比較研究」「各地單語之詞性變化法的比較研究」「與異族語之關係的研究」（見段硯齋雜文今後研究方言的新趨勢）。這些觀點直到現在還是很重要的。章沈所論雖然跟方言本書没有直接關係，實際上卻比那些續補方言或考證常言俗語的著作有價值，所以我在這裏附帶提一下。

周君這個校本以宋李文授本作底本，而參證清代戴震、盧文弨、劉台拱、王念孫、錢繹各本，論其是非，加以刊定。旁徵的論著達三十三種，其中的原本玉篇殘卷、玉燭寶典、慧琳一切經音義、倭名類聚鈔、王仁煦切韻、唐韻殘卷等都是清人所没看見的。對於原書的譌文脱字也都能够依例訂正：實在不愧是「後出轉精」的「定本」。至於吴曉鈴君主編的通檢兼用「引得」和「堪靠燈」兩法，分析細微而且富於統計性，對於應用方言作研究的人實在便利萬分，減少無窮的麻煩。拿通檢跟校箋配合起來，可稱「相得益彰」！從此中外學者再來研究方言，衹要「手此一編」，就可以不必還在校刊文字和分析排比上費寃枉功夫；他們就可以集中精力，「單刀直入」地從語言的觀點去探討方言的精詣。這樣一來，二千年前莊遵、林閭翁孺和楊雄的集體工作，纔可以在郭璞、劉獻廷、王國維之外，多加幾個知己。假如將來中外學者對於方言能够有偉大的新貢獻，那麽，他們的成績應該有不少的部分記在周吴兩君的賬上！

一九五〇年十月二日羅常培序於北京大學文科研究所。

據中華書局二〇二二年版方言校箋

方言校箋自序

周祖謨

方言是中國很早記載古代語言的書，漢末晉初的人都説是楊雄所作。如應劭的風俗通義〔一〕和常璩的華陽國志〔二〕都是如此。但是漢書藝文志〔三〕和楊雄傳〔四〕根本没有説到楊雄作方言，所以宋朝的人便懷疑起來，以爲屬之楊雄，可能出於依托。關於這一個問題，四庫全書總目提要〔五〕分辨的很清楚，結論是：「反覆推求，其真僞皆無顯據。」但是我們知道這部書題名叫做

〔一〕見應劭風俗通義序頁三（巴黎大學北京漢學研究所通檢叢刊本，下同）。
〔二〕見常璩華陽國志卷十上先賢士女總贊，頁2b—3b（四部叢刊初編本）。
〔三〕見漢書卷三十志十，頁1a—36b（百衲本二十四史本，下同）。
〔四〕見漢書卷八十七上列傳五十七上，頁1a—24a；卷八十七下列傳五十七下，頁1a—27b。
〔五〕見四庫全書總目提要卷四十經部小學類「方言」條，頁2a—3a（大東書局石印本）。

方言，並且普遍的流傳起來，應當是東漢和帝以後的事。

首先我們看王充論衡[一]裏面稱贊楊雄的文章和太玄、法言兩部書的地方很多，可是始終沒有提到方言。例如齊世篇[二]說：「楊子雲作太玄，造法言，張伯松不肯壹觀；與之併肩，故賤其言。使子雲在伯松前，伯松以爲金匱矣。」這一段話和方言後面楊雄答劉歆書中所説：「張伯松嘗爲雄道，言其父及其先君憙典訓，屬雄以此篇目頗示其成者，伯松曰：『是懸諸日月不刊之書也。』又言恐雄爲太玄經，由鼠坻之與牛場也……」很相符合。但是王充沒有一字説到方言。王充是在和帝永元年間（八九—一〇四）死的。其次我們看許慎的説文解字裏用方言解釋字義的和今本方言詞句相同的很多，他既沒有説到楊雄作方言，也沒有説到方言的書名。許慎的書是和帝永元十二年（一〇〇）開始作的，建光元年（一二一）纔完成。從這兩點來看，和帝的時候還沒有叫做方言的一部完全的書是很清楚的事情。直到靈帝、獻帝的時候，應劭在漢書集解[三]裏開始明白引用方言，而且稱爲「楊雄方言」；他又在風俗通義序[四]裏更詳細地引用楊雄答劉歆書的話，而且説方言「凡九千字」。由此推測，方言在漢末應當已經普遍流傳起來了。魏孫炎注爾雅是引用方言的，張揖作廣雅也把方言的語詞大量搜羅在內，這都是很好的證明。

那麽，方言會不會是漢末人作的呐？這又不然。因爲許慎説文裏既然有很多跟今本方言相合的詞句，必然在和帝永元以前就有了跟今本方言相類的記載了。從永元十二年（一〇〇）推到楊雄的卒年，就是天鳳五年（一八），中間是八十二年。如果方言不是楊雄所作，在這八十年裏也就有了最初的底本。從許慎完成説文的時候，就是建光元年（一二一），到應劭作風俗通義的時候，約在獻帝興平初（一九四），中間是七十三年。這七十三年中應當是有了方言的名稱，而且逐漸流佈的時期。這

〔一〕見論衡卷十三超奇第三十九，頁 14b—20b；卷十八齊世第五十六，頁 16a—22a；卷二十佚文第六十一，頁 6a—11a；卷二十八書解第八十二，頁 9b—15a；卷二十九案書第八十三，頁 1a—6a；卷二十九對作第八十四，頁 6a—11a（四部叢刊初編本）。

〔二〕見論衡卷十八齊世第五十六，頁 20b。

〔三〕見戴氏遺書卷五，頁 17a 方言疏證序（微波榭刊本）。

〔四〕見風俗通義序，頁三—四。

麼説，方言是不是揚雄所作，很不容易斷定。不過，這部書包括了西漢、東漢之間許多方言的材料倒是很值得寶貴的。

這部書記載的都是古代不同方域的語彙，地域包括的很廣。稱名雖然很雜，而都是漢代習用的名稱。有的是秦以前的國名和地名，有的是漢代實際的地名。東起東齊海岱，西至秦隴涼州，北起燕趙，南至沅湘九嶷。東北至北燕朝鮮，西北至秦晉北鄙，東南至吳越東甌，西南至梁益蜀漢。作者能够搜集這麽多的方言，必然是在漢代武功極盛之後，版圖已經開拓很廣的時候做成的，否則不能如此〔一〕。但是要記載這樣廣大地域的語言，採用小的地理的名稱是很困難的，所以不得不採用古代的國名和較大的地名。

作者記載方言的方式，是先舉出一些語詞來，然後説明「某地謂之某」，或「某地某地之間謂之某」。這些方言的語詞都是作者問到以後記下來的。魏天行先生曾經給它一個名字，叫做「標題羅話法」〔二〕。其中所記的語言，包括古方言、今方言和一般流行的普通語。凡説「某地語」或「某地某地之間語」的，都是各别的方言。説「某地某地之間通語」的，是通行區域較廣的方言。説「通語、凡語、凡通語、通名」或「四方之通語」的，都是普通語。凡説「古今語」或「古雅之别語」的，都是古代不同的方言。若從所記的方域來看，凡是一個地方單舉的，它必然是一個單獨的方言區域；某地和某地常常在一起並舉的，它們應當是一個籠統的區域。這樣也可以極粗疏的看出來漢代方言區域分佈的大概情形〔三〕。

單就這種實際的語言記載裏我們還可以知道：

一、一部分漢代社會文化的情形。例如由卷三「臧、甬、侮、獲，奴婢賤稱也」一條，知道蓄養奴隸在漢代是很普遍的事情；由卷四所記衣履一類的語彙，可以知道漢人衣着的形制；由卷五所記蠶薄用具在不同方言中的名稱，可以知道養蠶在南北是很普遍的事。

二、爾雅所記的許多同義詞和方言對照來看，往往都是古代不同的方語，到了漢代有些還在某一地方保存着，有些已經

〔一〕例如書中所稱涼益二州就是漢武帝元封以後纔有的名稱，涼州舊稱雍州，益州舊稱梁州，見漢書卷二十八志八上，頁10b。

〔二〕見魏建功方言研究講義，頁二一（北京大學排印本）。

〔三〕見林語堂語言學論叢頁一六—四四前漢方言區域考（開明書店排印本）。

變成了普通語。甚至於有些已經消失，僅僅是書寫上的語詞了。

三、方言所記漢代的語言有普通語和特殊語。我們知道，不同的方言相互交融，可以成爲普通語；政治、文化上有力量的語言，也可以成爲普通語。漢代的普通語應當是由這兩方面形成的。我們想春秋以前民族是多的，語言是分歧的，可是經過列國的爭霸，七雄的角逐，秦代的統一，各地的語言彼此吸收，其間不知有了多少次的糅合。後來到了漢代，原來不是通語的，也就變爲通語了。再看方言所記的語言，其中以秦晉語爲最多，而且在語義的説明上也最細。有些甚至於用秦晉語作中心來講四方的方語；由此可以反映出來秦晉語在漢代的政治文化上所有的地位了。進一步來説，漢代的普通語恐怕是以秦晉語爲主的。因爲一個新興的統治者對於過去在政治、文化上有力量的語言是往往承接過來的。春秋時代的「雅言」就是統治階級一般所説的官話，這種官話就是「夏言」[一]，「夏言」應當是以晉語爲主的。因爲晉國立國在夏的舊邑，而且是一時的霸主；晉語在政治和文化上自然是佔優勢的。等到後來秦人强大起來，統一中夏以後，秦語和晉語又相互交融，到了西漢建都長安的時候，所承接下來的官話應當就是秦晉之間的語言了。

四、方言裏所記的特殊方語是循地理的分佈而表示差别的，有的通行的區域狹，有的通行的區域廣。在語言上有的是聲音相近的「轉語」，有的是聲音不同的「同義詞」。從聲音不同的同義詞可以看出不同的人造詞的心理過程，從聲音相近的轉語可以看出聲音在方言中轉變的條理。

五、方言距今已經一千九百多年了，其中所舉的方語在現代方言裏依然保留着很多。這種語彙大半都是口頭語，而且是文人不大寫在文章上的。例如「慧謂之鬼」「憂謂之惄」「斂物而細謂之揫」「人肥盛曰䑋」「器破曰披」「器破而未離謂之璺」「貪飲食者謂之茹」「庸謂之倯」「子曰崽」「物生而不長大曰矲」「凡相推搏或曰攩」「小篋謂之籆」「飯⿱竹流謂之筲」等，都是大衆口裏流行的話。如果没有方言記載下來，我們就無從知道這些語言已經遠在漢代就有了。還有方言書裏的古語有些在現代方言裏仍舊保存着，可是語音和現代方言中文字的讀音不一定完全相同。例如「知謂之黨」就是現在北

[一] 見劉端臨先生遺書卷一論語駢枝，頁 9a—b（儀徵阮氏刊本）。

方說的「懂」；「物大謂之奘」，現在北方說「zhuǎng」；「耦曰娩」，匹萬反，現在北方稱「雙生」也叫「雙 bànr」；「眄曰略」，音略，現在北方說「瞜 lōu」；「鷄伏卵而未孚，始化曰䳄」，現在普通說「寡 guǎ」；「錘，重也」，現在說「秤錘」叫「秤 tó」；「絓，持也」，現在普通說布上的絲結叫「絓絲」，音 xuà；「久熟曰酋」，現在普通說「kiǔ」。諸如此類，也都是「古語之遺」。

六、前人說方言多奇字，是就文字的寫法來講的，如果從語言的觀點來看，這些字衹是語音的代表，其中儘管和古書上應用的文字不同，實際上仍是一個語言。例如「咺」同「喧」、「唏」同「欷」、「惄」同「愵」、「夰」同「介」、「脅鬩」同「脅嚇」、「踣」同「蹋」、「佫」同「格」、「㺔」同「愬」、「藎」同「燼」、「巻」同「棬」、「賀」同「荷」，都是很明顯的例子。更有很多古今相同的語言，方言寫的字和現在一般所寫的不同。例如「少兒泣而不止謂之唴」，現在寫「嗆」；「好曰釥」，現在寫「俏」；「遽曰茫」，現在寫「忙」；「獪曰姡」，現在寫「猾」；「縫納敝故謂之緻」，現在寫「紩」；「甖謂之瓬」，現在寫「缸」；「臿謂之橐」，現在寫「鍬」；「僉謂之棓」，現在寫「棒」；「火乾曰㷄」，現在寫「炒」；「裁木曰鋋」，現在寫「劈」，這些都是音義一樣的。所以我們不能墨守文字，而忽略了語言。

從這幾點來看，方言在漢語語言史上的價值既然很高，同時也就關涉到整個的中國文化史。尤其重要的是它啟示了我們怎樣去明瞭語言，如方言和普通語的關係，古語和現代大衆語的關係等，都是值得重視的。

今本方言是晉郭璞的注本，凡十三卷。隋書經籍志〔一〕和新唐書藝文志〔二〕著録的也是一樣。但是劉歆和揚雄往來的信裏說是十五卷，郭璞的方言注序裏也說是「三五之篇」，卷數和今本不同。這應當是六朝時期的變動。至於字數，在應劭的風俗通義序裏說是九千字，但據戴震的統計〔三〕，現在郭注本有一萬一千九百多字，比應劭所見的本子多出將近三千字。這些字是在什麼時候增添出來的，已經無從考訂。我想一定是郭璞以前的事情。因爲大凡一種古書有了好的注本以後，就不易有

〔一〕見隋書卷三十二志二十七，頁 27b—28a。
〔二〕見新唐書卷五十七志四十七，頁 9b。
〔三〕見戴震方言疏證序。

什麼改動了。以郭注方言而論，我們可能考查出來的佚文，爲數很少，就是很好的證明。

郭璞（二七五—三二三）[一]是精通音義訓詁的人，他的方言注和爾雅注解説字義都有一貫的精神，那就是用今語來説明古語。爾雅注裏固然常常引用楊雄方言和晉代的方言來解釋古語，在方言注裏更常常舉出晉代的方言來和楊雄所記的漢代方言相比較。在意義上，或者證明古今語義相近，或者説明語同而義不同和義同而語不同。在地域上，或者指明某些古語依然在某地保存，或者指出某些古語不在當地保存，而轉在別處卻有這樣的説法，甚至於更進一步的變成了一般的普通話。這就是他在序文裏所説「觸事廣之，演其未及」的意思。王國維書郭注方言後二[二]已經把這種精神指出來了。但是在郭璞解釋方言語詞的時候，還有一些條例，是我們應當知道的：

一、原來「釋詞」不明晰的，給一個明確的解釋。例如：「虔、儇，慧也」，注：「謂慧了。」「烈、枿，餘也」，注：「謂殘餘也。」「孑、蓋，餘也」，注：「謂遺餘也。」「斟、協，汁也」，注：「謂和協也。」「謫，怒也」，注：「謂相責怒也。」「爰、喛，恚也」，注：「謂悲恚也。」凡注中説「謂某某」的大都屬於這一類。説「謂某某」，猶如説「這是指什麼意思來説的」。這是一種限制的説明。

二、説明方言中一個語詞所以這樣説的意義。例如：「慧，秦謂之謾」，注：「言謾訑也。」「好，秦曰娥」，注：「言娥娥也。」「眉，老也，東齊曰眉」，注：「言秀眉也。」「嫷，美也，南楚之外曰嫷」，注：「言婑嫷也。」「楚東海之間卒謂之弩父，或謂之褚」，注：「言衣褚也。」「生而聾，陳楚江淮之間謂之聳」，注：「言無所聞常聳耳也。」凡注中説「言某某」的大都屬於這一類。説「言某某」，猶如説「意思是説什麼，所以有這樣的説法」。

三、用普通語詞來解釋特殊語詞或特殊的文字。例如：「台，養也」，注：「台猶頤也。」「鬱悠，思也，晉宋衛魯之間謂之鬱悠」，注：「鬱悠猶鬱陶也。」「瀧涿謂之霑漬」，注：「瀧涿猶瀨滯也。」「惛，江湘之間謂之頓愍」，注：「頓愍猶頓悶

[一] 見晉書卷七十二列傳四十二，頁1a—7b。
[二] 見海寧王靜安先生遺書觀堂集林卷五藝林五，頁10b—14a（商務印書館石印本）。

也。」「南楚愁恚憒憒毒而不發謂之氐惆」，注：「氐惆猶懊憹也。」「麋，老也」，注：「麋猶眉也。」凡注中說「猶某某」的大都屬於這一類。

四、用語言裏的複音詞來解釋原書的單音詞。例如：「渾，盛也」，注：「們渾，肥滿也。」「惛，愧也，梁宋曰惛」，注：「敕惛亦慙貌也。」「偍，行也」，注：「偍偕，行貌。」「䠇，力也，東齊曰䠇」，注：「律䠇，多力貌。」「杜、蹻，歰也，趙曰杜，山之東西或曰蹻」，注：「郤蹻，燥澀貌。」

五、說明「語轉」。例如：「蔿、譌、譁，化也」，注：「皆化聲之轉也。」「蘇，草也」，注：「蘇猶蘆，語轉也。」「臿，燕之東北朝鮮洌水之間謂之斛」，注：「湯料反。此亦鍪聲轉也。」「杷，宋魏之間謂之渠挐，或謂之渠疏」，注：「語轉也。」這些都是說明因聲音的改變而生的「轉語」。還有說明語音不正而生的轉語的。例如：「薄，宋魏陳楚江淮之間謂之苗，或謂之麴」，注：「此直語楚聲轉也。」「吳越飾貌爲竘，或謂之巧」，注：「語楚聲轉耳。」說「楚」，猶如說「傖」。

從以上五點我們可以看出郭璞注這一部書照顧的方面非常之廣。方言是一部好書，幸而又有郭璞的精善注本，真是相得益彰了。

方言的刻本，舊有宋本、明本和清人的校刻本。今日我們能看到的宋本是南宋寧宗慶元六年（一二〇〇）尋陽太守李孟傳〔一〕的刻本。他在刻方言序上說：「今方言自閩本外不多見，每惜其未廣。予來官尋陽，有以大字本見示者，因刊置郡齋。」又南宋紹興間晁公武在郡齋讀書志〔二〕上說：「予傳本於蜀中，後用國子監刊行本校之，多所是正，其疑者兩存之。」由這兩段話我們可以知道方言的宋刻本在北宋有國子監本，在南宋有蜀本、閩本、贛本。贛本是宋代最晚的一個刻本了。監本、蜀本、閩本現在都沒有看到，我想李本可能就是重刻的蜀本，也就是北宋監本的第二次傳刻本。因爲李刻本注文內說「某字一作某」的很多，正和晁公武的話相合；而且宋代蜀刻本的書很多都比閩浙的刻本字大，李孟傳既然明白的說所根據的是大字

〔一〕李孟傳傳有二：一附李光傳後，見宋史卷三六三列傳一二二，頁 9a；一見宋史卷四百一列傳一百六十，頁 15b—17b。

〔二〕見郡齋讀書志卷四，頁 8a「方言」條（吳門汪氏藝芸書舍刻本）。

本，那麼推想他重刻的是蜀本更有幾分相像了。這樣看來李孟傳本雖是一個很晚的宋刻本，但是他的底本是相當早的。所以刻本裏還有許多字仍然保存着唐代書寫的體式。後來許多明本都是翻刻李本的，如吴琯的古今逸史、胡文焕的格致叢書、程榮的漢魏叢書都是同出一源。不過經過寫刻，生出一些錯誤，彼此不同罷了。

到了清朝的戴震根據永樂大典的方言開始和明本校勘，進一步更搜集古書引到方言和郭注的文字來和永樂大典本互相參訂，正譌補漏，逐條疏證，於是成爲一個善本。因爲永樂大典是根據宋本來的，明本的錯誤可以根據永樂大典本來改正，永樂大典本的錯誤可以用宋以前古書所引來訂正。這種辦法是很好的。四庫全書和武英殿聚珍版叢書的方言都是戴震的校本。後來他又題名方言疏證〔一〕，經人重刻，流傳更廣。這是清人第一個校本。但是其中也有不正確的地方，盧文弨又有重校方言〔二〕，根據不同的刻本和校本增訂很多，這是清人第二個校本。這兩個校本，都是大家一向推崇的善本。

然而實際上兩個本子互有短長。論學識盧不如戴，論詳審戴不如盧，並且他們都没有看到原宋本。戴震所提的曹毅之本〔三〕，僅僅是一個明人影抄的本子；盧文弨雖然記出李孟傳本，可是也和宋刻原著不完全相合，或者是根據過録的本子來寫的。這已經是他們工作上的一種缺欠，更加都喜歡改字，把不錯的改錯了，錯的改的更錯。盧文弨又把郭注的音和注文分開，更是一種錯誤了。

在戴、盧兩家以後又有劉台拱的方言補校〔四〕和錢繹的方言箋疏〔五〕。劉校最精，可惜僅有幾十條。錢疏除折衷戴、盧兩家以外，又用玄應一切經音義參校一過，但是用力勤而發明少。在清代校勘家裏面王念孫是最傑出的人物，他的遺書裏有方言疏證補〔六〕一卷，常常有很精到的見解。另外在他的廣雅疏證裏引到的方言文字都是經過校勘的，往往和戴、盧兩家不同。因

〔一〕方言疏證有武英殿聚珍版叢書本、閩覆本、微波榭叢書本、汗青簃據微波榭本重校本、安徽叢書本。
〔二〕重校方言有抱經堂叢書本、小學彙函本。
〔三〕見方言疏證卷二，頁4b。
〔四〕方言補校有劉端臨先生遺書本、廣雅叢書本。
〔五〕方言箋疏有紅蝠山房本、積學齋叢書本、廣雅叢書本。
〔六〕方言疏證補有高郵王氏遺書本。

爲散在全書裏，反倒不被人重視了。

由以上所説，足見清人對於方言這一部書是非常重視的，做校勘工作的人也很多。然而始終没有人把他們所作的工作總結起來，加以整理。在一九四三到一九四五年間我曾經作了一番整理工作，同時用了乾嘉諸老没有見到的古書，如原本玉篇、玉燭寶典、慧琳一切經音義等所引到的方言詞句，校勘一過。雖然補充很多，然而始終没有排比成書。在一九四七年我又看到王念孫手校本方言疏證〔一〕，又增加一些新資料。剛好去年吴曉鈴先生在給巴黎大學北京漢學研究所的通檢叢刊計劃編纂方言通檢，想取一個校本作底本，因此在他的鼓勵和督促之下，纔寫成這一部校箋。另外，我感覺到我們有研究語言興趣的人始終還没有走上一條寬廣的路，能够照顧到語言的整體來作全面的研究。因此方言作者的精神很值得我們留意，所以我也樂於從事來整理一下這樣古代記載語言的書。不是要「導夫先路」，而是有「擁篲清道」的意思。

不過方言本子裏的錯誤是多方面的，前後錯亂、譌字衍文、脱落倒置，不一而足。若就錯誤發生的時代説，有郭璞原本的錯誤，有郭璞以後到隋唐間傳寫的錯誤，有宋以後傳刻本的錯誤。郭璞原本的錯誤，可以根據説文、廣雅來校訂。郭璞以後到隋唐間傳寫的錯誤，可以根據唐以前的書如原本玉篇、玉燭寶典等書來校訂。宋以後傳刻本的錯誤，可以根據唐宋間的書，例如李善文選注、玄應和慧琳的一切經音義、太平御覽、爾雅疏、集韻等書來校訂。但是材料還感覺不足，更加自己的能力有限，所能做的工夫，也就僅僅如此了。校箋所用的底本就是宋李孟傳本，並且以不改字爲原則。一切校語案語都逐條寫下來，列在本文的下面。至於戴震所見的曹毅之本是張金吾愛日精廬藏書志所著録的一個景宋抄本。藏書志上説，卷末有「正德己巳（一五〇九）夏五得曹毅之宋刻本手影」〔二〕一行，這是怎樣一個本子，還不能定，傅增湘以爲曹毅之應當是明代收藏這個宋本的人名，不是宋代傳刻方言的人名，這一個影宋本就是李孟傳本〔三〕。這個問題不容易肯定，在校箋裏衹是根據戴、盧兩家所説的情形寫下來，作爲一個明本看待而已。

〔一〕中國科學院藏，存卷一至卷七的七卷。
〔二〕見愛日精廬藏書志卷七，頁6b—7a「輶軒使者絶代語釋别國方言」條（吴縣徐氏靈芬閣活字本）。
〔三〕見藏園藏書題記卷一，頁14a「宋刊本方言跋」條（企麟軒排印本）。

在校箋的體例上，羅莘田、魏天行兩位先生都給我很多寶貴的指示，又在百忙中特意爲本書寫序文，魏先生並且爲我看過稿子的一部分，在這裏我要首先向他們敬致謝意！最後還要鄭重的謝謝吴曉鈴先生，他除了鼓勵我、督促我以外，並且在本書排校上替我改正了許多的錯誤，没有他的幫助，是不會順利完成的。

一九五〇年六月十五日周祖謨序。

據科學出版社一九五六年版方言校箋及通檢

方言條例——一義數字、一物數名[一]

劉師培

方言爲漢楊雄撰，晉郭璞解，近代戴震、錢侗皆有疏證。蓋採列地之俗語，以爲一編者，其例有二：「黨、曉、哲，知也。楚謂之黨，或曰曉；齊宋之間謂之哲。」「虔、儇，慧也。秦謂之謾，晉謂之䛤，宋楚之間謂之倢，楚或謂之䜌，自關而東趙魏之間謂之黠，或謂之鬼。」此爲一義數字之例。「甇、甈謂之盎，自關而西或謂之盆，或謂之盎，其小者謂之升。」「甂，自關而東謂之甂，或謂之甇，或謂之酢餾。」此爲一物數名之例。

一義數字、一物數名，大抵皆由於方言之通轉耳。故欲明方言，厥有二法：

一當知一義數字、一物數名，字雖不同，其音皆不甚相遠。如「趙、肖，小也」，「趙、肖」之音近於「小」；「儒、輸，愚也」，「愚、輸」之音近於「儒」；「徂，轉也」，「徂、轉」雙聲；「秦曰緍，趙曰綿」，「緍、綿」雙聲；「躡，急也」，「躡、急」疊韻。

一當知方言之音多分存於各省俗語中，悉可按地以求。如「築娌，匹也」，今江北人兄弟婦相呼曰築娌。凡以驢、馬、馲駝載物者謂之負佗，今江北人以畜負物亦謂之佗。

此上二例援類求之，其證自得。厥後唐顔師古作匡謬正俗，論俗語相承之同異。漢服虔作通俗文，亦詳於各土之殊言皆

[一] 題名爲本書所加。

方言之苗裔也，而近人杭大宗復有續方言之作，沈齡爲之作疏。又今人陳先甲、徐乃昌均有續方言之輯。乃萃集古籍而輯爲一編者也，厥功甚偉。

據劉申叔先生遺書本中國文學教科書第三十五課訓詁書釋例

前漢方音區域考

林語堂

一 總論

素來中國研究古音的人使我們最不滿意的大概有三件，（一）沒有精確的時代觀念，（二）沒有地理觀念，（三）不講發音學，未能推到古時某地某韻之實在讀法。因爲沒有精確的時代地理觀念，所以每每汎講周秦古音，並且希望把時代地理極不同的三百篇，硬要歸入同一系統，視爲同類的材料，以爲分部之根據；然其年代地理既實有不同，於是乎分部間每每有扞格不入者，而古音家對此乃百般思索以爲之解，或以爲非韻，或以爲學古之誤，或以爲古本二音，或以爲合韻，或竟以爲一二處方音二韻通用之故：而併合其古本截然不紊之韻。（若張行孚之併「支脂之微魚虞模齊皆灰咍」爲一部，試問此一部是何讀法？）由是或分或合，而吾人對古韻之讀法不曾增進絲毫。

大概古音家可分二派，一派是承認方音的，像顧炎武、江永、孔廣森、張行孚，一派是不承認方音的，像錢大昕、段玉裁、張成孫等。顧炎武的方法態度最科學，其時代地理觀念也最精密；故其論孔子贊易以「真諄耕清」爲韻，有「五方之音雖聖人有不能改者」的一句話唐韻正卷三。其時代觀念之精密亦見於唐韻正；顧氏考漢魏後用韻漸漸寬弛，每每必指出其首見於何人。但是這一句雖聖人不能改方音淺顯明白的話，碩儒大師如錢大昕者乃不得其解，而謂顧氏爲「輕議聖人」潛研堂文集卷六，此直是錢氏無地理觀念之證。至於錢氏所謂「轉」音，實與顧氏所謂方音相同，不過說方音的人以爲一字音不同者係由地方之異說「轉音」的人，以爲一字於同時同地可有異讀，試問三百篇於時，自商以至周末，於地，由齊以至西秦，方音有不同，必見之於用韻上，何故必作一字異讀的解説？

至於段氏之「合韻」則更無聊，因爲依段氏說，古之合韻猶今之通韻，以本不在此韻而强以合乎此韻，雖説聲相近可通，然總亦由固執古音惟一讀法的相信，故一味要抹殺方音。對於這條，陳壽祺有一段很好的批評：

然即是推之，知古音之變因乎時，方音之轉因乎地，雖聖人不能强之使同。要之，在古人未嘗不可通近於音韻，使其不相通近，豈能筆之於書，傳之其人哉？今之專講字母者，固不可以六朝以後之音讀，上繩周秦古書，而專誣三百篇以定古音部分者，亦恐隘而不能盡通。不知所謂古音在某部者，誠三代之韻書乎，抑亦一家之言乎？部分不能盡通，則歸之合韻，合韻有以異於唐以來之言叶韻乎？又以三百篇後，孔子贊易，老子言道德，用韻即不必皆同，夫同在一代，何以音之變轉若是？果如所云，是周人未嘗斷斷於十七部之分明矣……與王伯申詹事論古韻書，見左海文集

近來的人漸漸明白合韻非精確之論，及古韻之不可强合，故俞樾也有同樣的批評：

今世有韻書，故雖方音各異，而不能入詩。古人無韻書，則詩之韻各隨其方音而殊矣，後人乃欲於數千年後爲古人釐定一韻書，何怪其勞而無功乎？說文發疑序

據俞樾這樣說，則三百篇及古有韻之文，似應按地理分配，各分出研究纔是，然這種工作總是没有人做。直到張行孚乃明白說出「古韻惟兼用雙聲，故必不能分部」的一句話。

張氏「雙聲」之說，可謂繼顧之方音說，錢之轉音說，段之合韻說而起，是最有創見的。張氏說：

顧、江二家，謂古韻兼用方音，錢氏謂古韻兼用雙聲轉音，皆知古韻有必不能强合者，其說固已十得八九矣。然必合顧、江、錢三家之說，知古韻所以不能强合者，皆方音爲之，方音所以不能盡合者，皆雙聲爲之，然後古韻之條理可得而言也。說文發疑卷一「假借」條

張氏所謂雙聲，例如「臨」與「躬」韻必方俗「臨」先有「隆」音（「臨隆」雙聲），「敦」與「摧」韻必方俗「敦」先有「堆」音（「敦堆」雙聲）。不過照張氏說法，「方音之所以不能盡合者，皆雙聲爲之」，雙聲未免要神祕起來，若爲一種魔力可以改造方音。其實所謂雙聲，衹是韻母已變聲母未變（如臨變隆）的自然結果，非方音轉變之原因，所以張氏所謂「古今方俗語音，雖有

變易，要不出雙聲疊韻二者」，也不過是説音韻之變，不是變聲母便是變韻母的一句平常話而已。故單講雙聲，不能使我們明白方音的真相。

總而言之，自顧、江言方音以後雖屢有相信其説的人，卻没有一人去做古方音考的工夫，到現在雖大家説古方音有必有不同而到底所不同者何在，齊音有何不同，楚音有何不同，連一條古方音例都找不出來，此則吾國音韻學欠精細之處。（個人找得出來，衹有江永曾經發見的一條例而已，其論 am、ang 之混，謂「其詩皆西周及秦豳豈非關中有此音……乎？……夫子傳易……豈非魯地亦有此音……乎？」見古韻標準守山閣本卷一頁四 總而言之，清朝古音家審音最精者當推江永，見其所著音學辨微，戴氏爲其及門弟子，故亦精於發音。）我們應能層層逼進，明指其何地之音讀，此一步辦到，然後可謂古音至今猶存。且須此一步辦到，然後分部乃有意義。蓋古音本是可分的，祇是分部乃是考古音之工具，非是考古音之目的。所謂分部直如西洋文之有字母，清代古音家給我們分出古部來猶如替我們指出其古音之一字母，有分部然後有字母，有字母然後有條理可研究其讀音。並非分部即謂一部祇有一樣讀法，不許有方音之異，也不是説古同部字必是同樣讀法，如「陽唐」古同部，然並非古「陽唐」讀法相同（「陽」齊齒）。若謂古同部者必同韻母，同韻母者必祇有一樣讀法，不容方音之轉變分併，便是泥於分部之説。

素來古音專以分部爲事。而對於古音古讀，不甚了了，便是泥於分部之弊。在今日最重要的便是從事於古方音的考證。這有三樣的重要。第一，便是使我們得知某地某時實在方言的差别，得了許多方言音變的公例，有了這些公例，將來訓詁的事業就可格外精細，格外有條理，不但能説某字爲某部的轉音，並且能説其爲何時何地的轉音。我們看了章氏的「成均圖」及對轉旁轉之説所得的印象，便是古音幾乎無一部不可直接或間接轉入他部，絶無地理上與時間上的條件，例之以西洋之語原學通則，可謂不科學之至。

第二，因爲研究各部在方音中的轉變，可以使各部的正音愈明。我們要知道古音，最要從他的轉變上面看出來。我們應把古音看做動的不看做靜的，看做活的不看做死的，看做有變化歷史，有連貫統系的，不是永遠靜止，各部分離的。這也是猶如科學家的研究物理每每注意其例外的，其不規則的，因爲愈例外愈不規則的現象，愈容易啟現新的物理（恩斯坦相對論的發明與證實也不過在於一些星光上的不規則而已）。素來古音家以全副精力研究分部，而於不合分部的韻反置之不理，此古音學成績之所以不甚足觀。

第三，用之於書的考證上面，也可以幫助我們斷定書的出處年代及真僞，我們可因其合於某條方音的例證明其非某地方音，或因其合於某條方音的例用爲其出自某方音的左證，如周禮是否齊音（江永説）便可用齊音的例爲證。其他如古文中之奇字或體字，如「我」之作「䢄」，「鮮」之作「𩾐」實皆方言之字，我們都不知道拿來做系統的研究。又如漢字的讀音其初每每實祇是方音之讀法而已，後來因爲「經音家」之注釋，乃成爲普通讀音，若「儺」讀爲「娜」（魯衛音），「洧」讀如「鮪」（鄭音），我們因爲不細究古方音之差别，故不明其原委。這些精細的工夫都得靠古方音的考證纔能慢慢弄個條理出來。

研究古方音自然不是十分容易的事，其方法當於另篇專論之。其範圍之廣，也不是一人一時之力所能勝任，論真章氏之所謂對轉旁轉無一條不可做一篇方音考，以明其轉變之時代與區域，我現所考的三條不過是做一種的例，並以證明考古方音之可能而已。一爲寒歌對轉考，限於陳宋汝潁江淮區域；二寒模對轉考，及仙支對轉考，限於齊魯，三諄脂對轉考，限於魯齊而東至東齊，北至北趙皆在音變區域内。又因楊雄方言書中所稱引地名之分合，而定其統類（如秦晉每同舉則爲一類，鄭韓周常同舉亦爲一類。若東齊西秦每另表出，可明知其與齊秦之他部截然不同，故亦各成一類），附證以種姓遷移之跡，計得漢代方言十二類：一，秦晉；二，鄭韓周；三，梁，西楚，爲中國西部系。四，齊魯；五，趙魏之西北，燕及代之南部；六，魏衛宋；七，陳鄭之東部，及楚之中部爲中國東部系。八，東齊（青）與徐；九，吴揚越爲夷系。十，楚（荆蠻）；十一，南楚，爲蠻系。十二，西秦，爲羌氐系。此外異族與中國種族比較少關係者亦成二系：十三，爲狄系，居秦晉之北，其影響及於第五類；十四，爲東胡系，居朝鮮及燕代之北〔一〕。

二　考證古方音之可能及其方法

（一）古之有方音，不異於今，本無須申辯。但是我們看素來研究古韻的人，對古方音之疏忽，甚至於一味要抹殺方音（如

〔一〕編者按：原文此處所附前漢方言區域圖略去。

遇方音證據時，輒多方附會以爲解釋，雖宿學碩儒，且不能免），故不得不申辯一下。公羊多齊言，淮南多楚語，盡人皆知，楚人謂虎菸兔，見於傳文，這些都是方音辭彙之不同，顯而易見，雖欲抹殺而不可得的，所以承認他的人也多。至於古方言中語音，語法及文字之差别，若用細心研討，其可考於載籍的，正復不少。如周禮多奇字，實皆方言之異而已（如司烜氏以「烜」代「火」，考工記以「準」代「水」），都可拿來做研究方音的材料。周禮一書，極富方言性無疑，乃古方言稿本，研究方言之好材料。然周禮究屬何種方言，至今古韻家皆莫能言（惟江慎修聊有暗示而已）。因缺少此種方音知識，以致許多語言史上的統系，都未曾弄清楚。蓋凡研究古文古韻，時代愈古，愈近於初創時代，則歧分愈多，而方音與文字之關係愈接近，而方音之研究亦愈重要。徵之西洋文字史上，莫不皆然。（如上古英文稿本分三種方音，至中古已漸趨一致，如不知上古英文之有方音，則英文古音無從講起。）上古用字不離方音，去方音亦無所謂古韻。故非從方音下手，古韻之學，永遠不會精密。

（二）反過來説，如認明上古用字不離方音，則方音材料，隨地可以發見。蓋上古書體未定，字形得因字音隨時而變，凡聲音可通者，可以假借，其無可假借者，亦不妨别造，使字之音義得時相符契。雖不能絶對吻合，然其依音變形的趨向，明白可考。所以秦漢以前，假借奇字特多（徵之各國文字史初期，亦皆如此）。用假借及别字，既不能不以各自的方音爲準，所以假借及别字，就是古方音的痕跡。我們能因其假借别體，而考其聲音遞變之跡及所出地點，則古方音之異，釐然可見，惟在吾人能通聲音之理，而知其所以然而已。姑舉兩個例爲證。（1）如詩「有兔斯首」，鄭箋「斯白也，今俗語斯白之字作鮮，齊魯之間聲相近。」這明明是假借即方音的憑據，所以「鮮」又可假借作「斯」，故詩「鮮民之生」即「斯民之生」（王説），又是倒過來的用法。又因方音之異，假借不能滿意，而别造「𧩯」字（惠棟釋詁），「𧩯」便就是所謂「奇字」「别體」，其實都是根據方言之需要而另造的，即所謂「方音字」（Dialektwort）。其實凡或體字皆方音或體，就地方方音而造的。（2）如周禮梓人「獻以酌而酬以觚」，注「觚當作觶」，鄭駁異義説「觶字角旁支，汝潁師讀所作，今禮角旁單，古書或作角旁氏。」一「觶」字，可有「角旁單」「角旁支」「角旁氏」「角旁瓜」四様寫法，可見是書體尚未統一，四字都是根據方音造出的字，而康成明説：角旁支是「汝潁師讀所作」，蓋汝潁之間，已失「單」之鼻音，而聲近「支」，故亦以「支」書之。許慎爲汝南人，所以詩四牡「嘽嘽駱馬」説文引作「痑痑駱馬」，則又變「單」旁爲「多」旁，明明是「汝潁師讀所作」，汝潁已失「單」本音甚明，鄭氏之言非誣。此種別體字如「誓、觟、瘃」及石鼓文之「避」都是「方音字」，都是古方音所留的痕跡。他如孟喜京房易、三家詩、春秋三傳，凡所謂異文，著之竹帛，類皆音之遞傳，或絶代殊語，我們能本聲音之理，揆其條貫，都是考查古方音的好材料。

（三）再進一步說：方音語音之不同至何程度及方音區域界綫何在，我們也是茫渺得很。所謂方言不同，衹是辭彙不同的區別，還是語音有絶不可通的地方？我們可引一條證據，來證明春秋之時，就有言語不通的困難。左傳文公十三年六卿相見於諸浮，使魏壽餘僞以魏叛者誘士會還晉，以下說「秦伯師於河西，魏人在東，壽餘曰，請東人之能與夫二三有司言者，吾與之先。使士會」。因爲秦人言語不易使魏人明白，衹有士會是東人，故壽餘對秦人說，請派東人能同魏的軍長説話的，使秦人不得不派士會。這是秦魏言語難通之明證。

（四）本篇所要討論的就是前漢時代中國方言的種類及其區域。要知道古代方言區分的梗概並不是不可能的事，尤其是漢晉，因爲這時代是經音家昌盛時期，如康成的箋詩注禮，慈明、仲翔的注易，何休的注公羊，司農的注周禮，或如劉熙的釋名，子雲的方言，許慎的説文及注淮南（見洪亮吉漢魏音序），都包含許多關於當日方言種類的材料。譬如經音家每言「楚語也」「楚謂〇爲〇」，則楚爲特別一類方音，自不待言；若每將秦人語、齊人語另舉，則秦語齊語之爲特別方言，亦不待言。或每言齊魯之間，趙魏之間，或曰陳楚，或曰青徐，則亦可推知齊魯、趙魏、陳楚、青徐凡地名常並舉者，音必相類。這是一個普通説法，可以做我們研究的起點。這種的例很多，我姑且舉幾條。如見於説文的「燕代東齊謂信曰訦，齊楚謂信曰訏」「河内之北謂貪曰惏」「吴楚謂瞋目顧視曰睊，海岱之間謂眄曰睎，江淮之間謂眄曰矙，南楚謂眄曰睇」「拓，拾也，陳宋語」「退，往也，齊語」等。見於釋名的，如「齊魯謂庫曰舍」「女青徐州曰娪」「青徐人謂兄爲荒」「汝潁言貴聲如歸往之歸也」。見於鄭注禮記的，如「齊人言殷如衣」中庸、「秦人猶遥聲相近」檀弓。見於公羊注的，如「踊，豫也，齊人語，若關西言進矣」。見於周禮司農注的，如「越人謂死曰札」「齊人名浩酒曰滌」。見於孫注爾雅的，如「物叢生曰苞，齊人名曰稹」。見於郭注爾雅的，如「煖江東通言爗」「江東呼大曰駔」。諸如此類，不勝枚舉，大概郭璞多江東語，劉熙多青徐語，許慎多汝南語，何休、康成多齊語，漢書注多隴西秦語，若能合而觀之，加以精細系統的研究，很可以使我們看出當時方言種類的大概。

（五）但是這些衹可以做方言種類的佐證，若要做精密的研究，必須有較豐富的材料，而這些材料最好是出於一人一時的手。要符這些條件，自然當以揚雄方言爲最適當。因爲方言的成書前後經廿七八年，是子雲親自搜集。揚雄與劉歆書曰：「故天下上計孝廉及内郡衛卒會者，雄常把三寸弱翰，齎油素四尺，以問其異語，歸即以鉛摘次之於槧，二十七歲於今矣。」可見得此書是漢代由一人獨任的，最長期，最詳細的方言調查的結果參見以下第九、十節。我們倘以科學方法分析研究他，應可以略還他本來面目，得到揚雄心目中所見爾時方言種類及區域的大概。

三　整理揚雄方言的方法

（六）要把「方言」材料整理成一個系統出來，我們須先明白這些材料的性質。「方言」所供給的是關於辭彙的零碎材料，而直接關於語音的材料（如釋名及禮記鄭注中可以找到的）及關於語法句法構造的差不多没有。方言可謂聲相近之轉語者如（卷一）「宋魯陳衛之間謂之嘏……秦晉之間……或曰夏」即 **k** 與 **h** 之轉。但是此種例不多。我們舉一兩個例。

奕、僷，容也。自關而西凡美容謂之奕，或謂之僷，宋衛曰僷，陳楚汝潁之間謂之奕。卷二

顭、鑠、盱、揚、䁘，雙也，南楚江淮之間曰顭，或曰䁘；好目謂之順，黸瞳之子謂之矊，宋衛韓鄭之間曰鑠，燕代朝鮮洌水之間曰盱，或謂之揚。卷二

因爲揚雄所集的是零碎字的傳佈材料，所以表面上不能不呈一種錯綜複雜的現象。因爲字之傳佈，本不必相同，各字有各字的歷史。「鑠」字傳佈區域固然是「宋衛韓鄭之間」，但是宋衛不必與「鑠」字同，或同於齊魯，或同於陳楚，所以若單就「方言」表面上籠統觀察，必不能得何種的統系。更重要的一層，我們知道辭彙是區分語言或方言最靠不住的標準；區分方言的標準在語音及句法構造，而不在於辭彙。所以 **Meyer-Luebke** 説：「在 **Rumaenisch** 語言中，非臘丁的分子（辭彙）佔多數——至少以數目言——但是 **Rumaenisch** 仍不能算爲羅馬尼斯系（即俗所謂臘丁系）語言；反過來説，在 **Albanesisch** 語言，臘丁羅馬尼斯的遺語雖佔二十不仙，其原有土著語差及十六仙，但 **Albanesisch** 仍不能算爲屬於羅馬尼斯系。」Einleitung in die Romanische Sprachwissenschaft, 3te Aufl. S.10 但是雖然如此，我們相信我們可利用方言材料分出統系，而因其統系得到漢時方音分類的情形。第一，因爲我們主要研究的是在方言書中揚雄並舉兩地名之常度。如方言每言陳楚謂之曰，則在揚雄心目中早把

陳楚兩地看爲一整個方言區域。倘是並舉陳楚不祇一次而多至三數十次，則在楊雄心目中以陳楚爲一方言無疑。反是方言不言鄭楚，而言鄭周，是陳鄭雖相去不遠，而陳語近楚，鄭語近周甚明。又方言並提齊趙祇有一次，可見齊趙雖爲比鄰，而方言上很少有共通之點，即可知齊趙之間，有方言界綫在焉。第二，因爲方言材料，不僅是辭彙關係而已，而實含有語音關係於其間。蓋方言之搜集，本得之於天下孝廉衛卒之口。如方言曰「自關而西秦晉之間凡取物之上謂之撟捎」，即可知在所言區域内「撟捎」語音必非大異，始可使作者聞之得同音之印象，而得概括之爲一字，所以依方言統計，如某地與某地得多數關係，是不僅指該兩地有多數相同的辭彙，而實指兩地同義的辭字可爲作者耳所聞見認爲一字者之比較常度。

（七）概括起來，我們可以定幾條通例，做我們的標準：

（1）甲地在方言所見次數多半爲與乙地並舉，則可知甲乙地方音可合一類。（如秦晉。）

（2）甲地與某隣近地名並舉之次數多於與他方面隣近地名次數，則可知甲方音關係之傾向。（如齊之與魯。）

（3）某地獨舉次數特多者，可知其獨爲一類。（如楚及齊。）

（4）凡特舉一地之某部，其次數多者，則可知某部有特別方音，別成一類，由該地分出。（如齊分出東齊，七十三次；楚分出南楚，八十五次；燕分出北燕，四十三次。）

（八）我們可依這些原則，先把方言書中各地並見之次數，統計一下，列成一表（不列入本篇）。方言一書中所引地名，約五十餘，但是這五十餘中，許多是同指一地，如既曰東齊，又曰海岱，又曰青（州），或是所指的城名，已包括於他地名之内，所以普略歸納起來，約可分爲二十六處。見下第十二節 因方言每次並舉者，不僅爲兩地名，而常至三至四地名或多至九地名者，所以若照此二十六處並舉錯綜之程式，列表必爲不可能之事，所以惟一的方法，是列表記明兩地並舉的關係。這種的表的用處在使我們容易一目瞭然於各地與他地普略的關係，但是不能精密無譌的表示方言裏面所給的材料。如方言合稱「宋魏陳楚」共十五次，而此表祇能拆開，每次祇表宋魏，或宋陳，或宋楚的關係。（如此等有可注意者，特另列備注中以存其真。）再須注意的，如方言中兩地合稱不雜入其他地名的證據，比雜入其他地名的較有價值。如方言單言「宋魏曰某」，則以此一條做宋魏關係證據，比諸「齊魯宋衛趙魏曰某」的證據較爲重要。所以表中凡兩地合稱不雜入他地名者，記其次數於點號之右，以表示其重要，如秦晉凡並舉八十九次而其中單言秦晉不加入他地者八十二次，在表中即以八九·八二表之。齊魯一一·五，即指凡書齊魯並稱者十一次，其中單言「齊魯」者五次。（點右無號者即在書中二地未嘗單獨連合。）[一]

四　方言之作者年代板本及稱引地名

（九）方言作者問題以戴氏在武英殿聚珍版考證本討論最詳。戴氏結論「反復推求其真僞皆無明證，姑從舊本，仍題雄名」見提要，此足以代表戴氏之細謹無偏的科學態度。盧文弨承認楊雄爲方言作者見重校方言序。錢繹亦無異議，惟承認今本有爲後人所添補者：「至卷帙字數之不同，或子雲既卒之後，侯芭之徒，搜其遺稿，私相傳述，不免輾轉附益，如徐鉉之增益説文。」見錢氏箋疏本郭璞序「暨乎楊生……」注 近人王先謙更明白的駁復非疑楊雄爲作者的話見思賢講舍刻本方言王序。大概戴、盧、錢、王主張相同，理由也相似，洪邁所疑，根本不必重新討論，其詳皆見以上徵引諸書，茲不復贅。我們此地所要另補跟本篇論題有特別關係的兩條：

（1）至少在應劭時（東漢）此書行世已久，故即使萬一非楊雄所作，亦必爲楊雄前後人所作，若是書於應劭時行世未久，即應劭不易公然僞托爲子雲所作。（應劭自己爲風俗通作者，更無自作方言而僞托子雲之理。）況劭以後李善注文選，魏孫炎注爾雅，吴薛綜述二京解，晉杜預注左傳等，皆有引用方言之處，即東漢説文亦多有可與方言參證之語。（如説文「適，之也，宋魯語」，「海岱之間謂眄曰睎」等，與方言或同，或有出入。）所以我們可以説方言的書至少是西漢末西曆紀元前後的書，書中材料即爲爾時材料。

（2）即使方言有爲後人所添補（按風俗通義序取答書語詳具本末云，方言凡九千字，今本凡一萬一千九百餘字，約多二千字），也不能減少方言的價值，因爲我們所研究的是方言的分類，祗要其本書是出楊雄及楊雄時人之手，後人雖有零碎增益，也不足以影響於分類的統系。況且如果所增益的是漢時方音，則愈俗愈妙，並不一定要出於博覽羣籍的楊雄

[一] 編者按：原文此處附方言地名並見次數圖略去。

纔有價值，因爲楊雄自己也是由「上計孝廉内郡衛卒」得來的。

（十）倘是這書是楊雄所做的，即依雄答劉歆書：是書之作當始於漢成帝元延二十三年至王莽天鳳五年（楊雄卒年），即西曆紀元前十一或十年至紀元後十八年，前後計廿八或廿九年。

（十一）方言的年代。方言的年代已如上述，但是也許一部分的材料是更早的也未可知。如果劉歆與楊雄往來的書可信，（按李善文選注已引此書，故此書之附方言内已久。）就此書之分材料至少起於周代。方言書名至今尚爲「輶軒使者絶代語釋别國方言」，所以這個名目如果是楊雄原書所有，很難説這書的材料一定與先代輶軒之使所採石室所藏没有關係。子雲答歆書明言「蜀人有嚴君平，臨邛林閭（戴案：林閭複姓，華陽國志作林閭字孺誤）翁孺者……猶見輶軒之使所奏……君平財有千言耳，翁孺梗概之法略有。」華陽國志、漢書地理志，及王吉、貢禹、兩龔、鮑宣傳俱言嚴君平與楊雄同爲蜀郡名冠一時之士，且謂楊雄少時從君平遊學；翁孺據雄書亦爲子雲「外家牽連之親」。所以我們可以估定輶軒使者所載，是經楊雄看過的，至其採用與否，則書中未明言，惟應劭風俗通義序云「……翁孺才有梗概之法，楊雄好之，天下孝廉衛卒交會周章質問，以次注續」等語，似應劭明白以爲楊雄是「注續」周秦輶軒所載。

還有一層，方言一部分材料是從周秦舊書得來的，不盡採之於孝廉衛卒之口。至少我們也可以説楊雄是用過參證舊書的功夫。方言卷一「假」條説「皆古雅之别語也，今則或同」，可見書中所載不盡是當時方言，因爲當時已經有點糊混，故其所分出有存古性質甚明。又卷一「敦」條自述著書之旨説「皆古今語也，初别國不相往來之言也，今或同，而舊書雅記故俗語不失其方而後人不知，故爲之作釋也」。可見方言所據材料有兩種，一爲舊書雅記，一爲故俗語，其參用周秦古書尤明。

按：故俗語與絶代語，古今語同釋；方音中常保存古音古語是極明的道理，舊書雅記辭字不同係乎時而故俗殊語不同係乎地，其原一也，前人不得其解故有很勉强的注釋，惟郭注得其真義。戴氏釋「雅」爲「常」，謂「舊書常記故俗之語不失其方……郭注皆誤」，句法未穩。盧氏讀爲「（舊書雅）記（載）故（訓故）俗（語）」，雖一讀法，亦未見盡順。丁氏（杰）釋「故」如「詩魯故韓故」之「故」，與「詁」同；雅當如郭氏解爲爾雅，實與下一節「古雅之别語」辭義不合。「雅」爲普通名詞，有風雅之雅，有古雅之雅，有爾雅之雅，有雅言之雅，固不必專指爾雅。郭注「而後人不知故爲之作釋也」句云「釋詁釋言之屬」最得真義，釋詁即釋舊書雅記，釋言即釋當代俗語也。

（十二）方言地名。方言所用地名最爲複雜，如宋衛韓周皆沿用周代名詞，故欲詳指區域界綫，頗不易易，其困難與作春秋列國圖同等，況晉滅十八國，而三家分晉，方言既曰晉，又曰趙魏，究竟所指之魏晉爲何時地，是否相蒙，抑係獨立，頗不易定。如卷一「虔」條「晉謂之懇……自關而東趙魏之間謂之黠」，即明白以晉與趙魏相對，所以祇能以河内以北爲趙魏地（即前漢趙國魏國地，按方言亦言「趙魏之間河内以北」似可看出作者原意所指）。但是仍然不能全以春秋或戰國或漢初或前漢爲準，因爲作者就未嘗純用何時地名，祇以當時通用名詞概括表出，我們也祇好用 eclectic 方法逐條審訂。如方言每言楚而春秋之楚與戰國之楚不同。（楚吞併四十二國，盡江淮汝潁之地而有之，則戰國之楚已包括吴楊越陳等處。似非方言所指。）若據狹義言之，前漢楚國屬徐州刺史惟彭城七縣而已，不能包括荆楚江湘等處。又如方言或稱雍涼，或稱梁益。漢益州即古梁州，涼州即古雍州，王莽併涼爲雍，益爲梁，並司隸於雍，複雜已甚，而方言又言「梁宋」，即又非梁益之梁。（後者當指江漢流域，前者當指豫州梁國梁王彭越地睢陽等縣。）我們祇能如此細察作者之用法詳加審擇，不能有如何固定的標準。

（十三）今本方言。劉歆與楊雄往返書皆稱方言十五卷，郭璞方言序亦云「三五之篇」，與歆書合。但是隋書經籍志稱方言十三卷，舊唐書稱别國方言十三卷，所以錢繹斷並十五爲十三，在郭注後（按郭璞生西曆紀元後二七五卒三二三），隋以前（隋正統自五八九始）。風俗通義序云方言九千字，今本凡一萬一千九百餘字。清以來經過戴震校勘，考證，凡正譌字二百八十一，補脱字二十七，删衍字十七。按武英殿聚珍版方言注提要作於乾隆四十四年（西曆一七七九），並題戴震及紀昀名。隔年盧召弓得讀戴校本於京師丁小雅家，戴氏有未盡載者，由丁氏集衆家校本補之，盧氏得丁稿後，復以雄識古文奇字不必執説文之體以盡易之，戴氏或有過信他書，輒改本文者，或注及音義有遺及誤改者，又由盧氏據丁本重校，凡改正百二十有餘條，盧重校本序作於乾隆四十七年（一七八二）。上海涵芬樓影印宋刊本，現入商務印書館四部叢刊，可與盧重校本對照。

五　方言的系統研究

（十四）依方言統計，我們可分書中地名二十六類爲前漢方言十四種，此十四種中有非純粹中國方言而夾入他語者，如東齊青徐之夷，西秦之羌，秦北之狄，南楚之蠻，北燕之東胡皆異種語，然何者爲「純粹中國語言」，我們實不知道，故不必分而爲二也。其中有兩地合併的，有一地而分爲二的，如秦分出西秦，楚分出南楚，齊分出東齊，有一地處於方言之會屬兩處方言的，或系屬不明的，如魏半屬於趙魏系，半屬於宋衛系，魯處於齊宋衛之間，而稍傾於齊，鄭既屬韓周系，又半隸於陳宋系，這都足以證明方言常没有分明界綫，所謂界綫常是比較的話。（注）這些話容在結論中討論。

（注）參考 C. Haag: Veber Mundartengeographie und Mundartengrenzen, Alemannia, 29, 288f.
L. Gauchat: Giebt es Mundartgrenzen? Arch. f. d. Stud. d. Neuereu Sprachen, 111, 365.

（十五）方言與人種學。於可能時，我們可以用我們所有關於古代種姓及人種學的知識幫助討論方言種類的分併。如我們知道東齊海岱之間爲古東夷地，就更加可以相信東齊方言之所以自成一系。有時候也可由他處找到直接證據，如郭注爾雅説「東齊呼息爲呬」，而説文説「東夷謂息爲呬」，即東齊語就是東夷語尤明，又如史稱漢初大亂，燕齊趙人往避朝鮮者數萬口，這也可以使我們明白方言書中北燕朝鮮語言與燕趙齊語言的關係。其餘西秦南楚語言之不同，都可由異族雜處而得滿意的解釋。

（十六）前漢方言十四系如下：

（1）秦晉爲一系，

（2）梁及楚之西部爲一系，

（3）趙魏自河以北爲一系（燕代之南並入此系），

（4）宋衛及魏之一部爲一系（與第10系最近），

（5）鄭韓周自爲一系，

（6）齊魯爲一系而魯亦近第4系，

（7）燕代爲一系，

（8）燕代北鄙朝鮮洌水爲一系，
（9）東齊海岱之間淮泗（亦名青徐）爲一系（雜入夷語），
（10）陳汝潁江淮（楚）爲一系（荆楚亦可另分爲一系），
（11）南楚自爲一系（雜入蠻語），
（12）吳揚越爲一系而揚尤近淮楚，
（13）西秦爲一系（雜入羌語），
（14）秦晉北鄙爲一系（雜入狄語）。

（1）秦晉系

（十七）秦（亦稱雍涼）。秦晉之爲一系可無疑義，方言引秦共一百〇六次，而此中八十九次係與東鄰之晉並引，方言單言秦晉曰某者八十二次。在南一面秦梁並舉僅六次，秦西楚並舉僅二次。周秦雖爲比鄰，而中間函谷，故並稱者僅二次，周秦顯然爲二不同方音甚明。方言每言關而東曰某，關而西曰某，似子雲心目中早認該關爲方言畛域。計言「關而西」「自關以西」……者四十七次（「自關而西秦晉」者尚不在此數），言「自關而東」「關而東」……者三十二次，而每以關西關東相對，即係兩方所用之字大有區別。然方言言「關之東西」者十次，似係指關之近地。

（十八）西秦。秦之西鄙自爲一系，蓋書中言「秦隴」「自隴而西」「秦西」等者六次，言「涼州西南」者一次。而最奇者即一次以東齊及秦西並舉。

（十九）晉（亦稱汾，唐）。晉之見於書中共一百〇八次，其中最要者爲與秦並舉八十九次。惟晉與秦不同之點，即晉與周鄭等中州之地較有關係。計與趙並舉者三，魏四，衛五，宋二，鄭二，陳一。方言書中既言晉，又分趙魏，則子雲所言係指晉之故都及汾河流域，自河東河陰北至汾谷，換言之即秦之東趙魏之西。

（2）梁及西楚（江漢）爲一系

（二十）梁（亦稱西南蜀，漢，益）。方言作者雖爲蜀人而書中言蜀語者絶少，其理由或（1）因子雲生長其地不自覺其方言之異，（2）因爲漢都邑不以方言例之，或因知者較衆不另録之。其書中言「梁益」及「益」（漢時用名）二十次，其中獨立不與他地並稱者十一次。其最要關係爲北與秦並引六次，東與楚並引六次。（方言書中亦言「梁宋」五次，惟漢有梁州，近宋，即所指非此地甚明。）

（3）趙及魏之西北爲一系

（二十一）趙。趙魏固爲一系（書中並列二十三次），然不可不注意者爲趙與宋衛幾乎全無關係，而魏則關係密切，以並引次數而論，不能與宋衛分開。再趙與燕代並引者頗常，而魏則不然。此界綫之非在趙魏之間甚明，蓋趙見書中三十六，其中趙魏並提者二十三，單言趙魏不涉及他地又至二十次之多。故方言之界綫必在魏之境内，魏之一部語言近晉，一部近宋。所謂魏境内界綫，即黄河，書中亦屢言「自河而北，趙魏之間」或言「河内以北」。趙晉雖爲比鄰，並引僅三次，其語言似與晉語分别。趙齊分綫更爲顯然，書中並引者僅一次，而齊見書中四十六次，其截然不同可知。魏之與齊亦然，魏爲齊比鄰，而見於書中六十一次僅僅二次與齊並引。燕趙關係見下。

（二十二）魏。魏介乎宋趙之間，其傾向於宋衛陳楚之趨勢爲不可掩之事實（總數六十一，與宋並舉者二十九，陳二十，楚亦二十三），書中凡言「宋魏陳楚」不雜入他地者凡十五次，可見楊氏似以宋魏陳楚爲一方言；合雜入他地者則二十九次。魏衛所以不並提者（僅二次）蓋此所指同地，言魏則不言衛，故宋衛二十次，宋魏亦二十九，而魏趙並提僅二次。至魏同時又與趙有至密切關係（二十三次），是其一部所謂「河内以北」與趙連合爲一方言，而河以南或稱衛或稱魏則與陳宋同系（周六，秦四）。

（4）宋衛及魏之一部

（二十三）衛。宋衛爲一系，語言相通，決無疑義。蓋衛見於書中者二十五次，與宋並提者則二十次。此衛則魏之一部。所與魏不同者，衛與魯並提六次，而魏則未嘗一次。衛之與陳楚並提者必連宋，蓋宋衛本已合爲一方言，言衛必言宋。

（二十四）宋。宋處於數方言界綫相毗之間，北爲齊魯，東爲青徐，南爲陳楚，西爲魏衛，故其語言似與各方皆有出入，然齊魯固自爲一系，而魯已非齊語本色，青徐語自不同，故其語言仍與陳楚較爲相近，計宋見書中六十七次，而與陳楚並提者三十五次，與魏並提者二十九次（此關係上節已説明），若求細密則宋衛自爲一系，若概括言之，宋衛與陳汝潁淮楚之言實同一方音區域（宋魯八，宋齊八，宋鄭僅五）。

（5）鄭韓周自爲一系

（二十五）鄭，韓，周。此三地每每並引而與他地極少關係，又三地皆同，故自成一系。陳鄭曾爲比鄰，然兩者關係截然不同，陳楚並舉者至五十次之多，而鄭楚並舉全書僅二次，是陳語近楚而鄭語近周甚明。三地所略不同者，周與秦晉魏等並舉者略多（周秦二，周魏六），而鄭則偏於東方諸國（宋五，衛三，陳六），韓則與外間無關係可言。

（6）齊魯爲一系

（二十六）齊。齊語自成一系，可由漢晉諸儒每言齊語一事而知。方言單言齊者共十四次。依方言研究之結果，齊之有語言關係者僅在西南魯宋，而西與趙魏北與燕代皆若絶不可通（趙一，魏二，燕五），其東部海岱之間則又自成一系（見下）。與齊最近者惟魯一地（計齊四六，齊魯十二），至宋則稍弱，僅八次，至齊楚並提雖至十四次之多，然戰國之時齊併宋衛，楚亦東至於徐，故齊楚已成比鄰，書中言徐楚者殆指此。

（二十七）魯。魯見書中共二十六次，齊魯並引十二，其中單言齊魯者九。魯語雖屬於齊，然已非重心所在，蓋處於數語區域相蒙之地，東南介青徐，西南通宋衛（魯與青徐並引六次，其中單言魯與青徐者二次，明言「東魯」者一次）；魯宋關係亦頗重要（宋魯八，魯衛六），尤可證明魯語不能自成一系之一事者，即書中單言魯曰○（不雜入他地）僅一次。故魯語介乎齊語，青徐語，宋衛語三系交界之間。

（7）燕代爲一系，（8）北燕朝鮮爲一系

（二十八）北燕，朝鮮。燕之分出北燕，猶齊之分出東齊。方言言朝鮮洌水者共二十六次，而其中二十四次爲與燕北或燕東北並引（燕北十六，燕東北六），至直言燕朝鮮者僅二次。故燕北與朝鮮在楊雄必以爲一種方言無疑。燕北之自成一系與燕不同，且可以一事證之，即書中單言「燕北」及「燕之北鄙」者十一次，與他地並引者十次。書中凡言及燕者五十九次，而其中言燕北者至四十三次之多，較之燕自身之數（十六）還多。此系方言之最要關係爲南與東齊（五次），蓋或因漢初大亂，多由渤海而徙往朝鮮，故不能無語言上之關係。

（二十九）燕，代。代之見於書中者五次，其中與燕並稱者四次，故燕代爲一系。與燕最近者爲東齊（八），其次爲趙（六），其次爲齊晉（各三）。

（9）東齊海岱淮泗自爲一系

（三十）東齊（亦言青，海岱之間），徐。方言記東齊語多於齊語，蓋言東齊凡七十三次而不雜入他地者五十次，其自爲一特殊方音，自不待言。此方音之傳佈係沿岸而南達於淮泗，蓋方言每以青徐並舉（計言青者凡十一次，言徐者凡十二次，而其中青徐並舉者十次）。方言每言「青徐淮泗」「青徐江淮」「青徐淮楚」「東齊淮楚」，故知此系方言佈於淮河流域而南與淮楚相近，其西亦與魯相近。

（10）汝潁陳楚（江淮）爲一系

（三十一）陳。陳楚之方言關係極密，凡書中言陳者六十七次，而其中陳楚並引者五十次。至陳與宋衛關係亦重要（陳宋三十，陳魏二十），蓋不但陳如此，楚亦如此（楚宋二十八，楚魏二十三），因陳楚同一方言，故其關係亦相同。方言言「陳楚宋魏」者十五次，言「宋魏陳楚江淮」者三次。故陳楚可認爲與宋魏至近之一系方言，至陳自身爲一新系，界綫可由陳楚之特别關係及陳之各方關係看出。

約而言之，此系方言包括陳，汝潁流域暨發源地（鄭自嵩嶽以南），以至正南江淮之地。所以知鄭語半屬陳半屬鄭韓周系者，蓋方言明言汝潁嵩嶽之南者二次，此由地勢可以推知，而鄭自身之關係又一面與陳頗相近。至所謂「楚」者多半係指淮楚，因方言稱陳汝潁之後常加江淮二字（十七次）。蓋楚之觀念太廣，不但汝潁可稱楚地，即陳亦爲楚之一部，故方言言楚祇得作與陳最近一部之楚解釋。

（三十二）汝，潁。方言稱汝潁凡十六次，與陳並引者七，與楚並引者五，與淮並引者共四（言「淮汝」者二），其次爲與宋並引凡四次。

（三十三）江，淮。書中言江淮三十二次，合「淮楚」共三十四次。最常並引者爲陳（十六），而言「陳楚江」十次（淮中並引宋魏者三），故其與陳相合無疑。有可注意者即江淮與南楚之關係（共十次）。東與吴楊越東北與青徐皆有相當關係。

（三十四）楚。楚之觀念最廣，包括最多者。戰國之時楚吞四十二國而有之，漢時之楚則僅彭城七縣，史記貨殖傳言淮北沛、陳、汝南、南郡，此西楚也，彭城以東東海、吴、廣陵，此東楚也，衡山、九江、江南、豫章、長沙，此南楚也。方言所言有「西楚」有「淮楚」有「荆楚」有「南楚」，凡揚淮徐陳宋諸地皆另有地名，自不相混，故方言楚者不外江漢、荆楚、江淮之間。方言稱「夏」似亦指荆楚而言。

楚語與他語不同，衆所共知，其所指諒係南蠻之語。（惟蠻夷語在「中國語」之力勢何若其互相關係何如，及何謂「蠻」，皆未考證，不得斷其非「中國語」，蓋何者爲「純粹中國語」我們真不知道。）方言單言楚者共四十次，與他地並引者一百三十六次，其重要可知，楊氏列之方言中亦可知其認爲中國方言之一種，惟辭彙有特異而已。楚與他地並引者九十六次，而其中陳楚並引者五十次，則陳楚之關係可知。楚宋並舉凡二十八次，楚魏二十三，齊楚十四，説見上，梁楚並舉共五次。

（11）南楚自爲一系

（三十五）南楚（包括沅、湘、湘潭、九疑、蒼梧、湘源等）。方言中言南楚語極詳，或因其語言多異，或因子雲個人經驗所致。共言南楚八五次（中言南楚之外，南楚以南十次），單言「南楚」，不並引他地共四十二次。其自成一系殆無疑義。最重要關係爲東北江淮（十八）。陳三次與陳二次與宋並引外，與其他方言似皆絶無關係。

（12）吴揚越爲一系

（三十六）吴，揚，越。吴揚越互相關係及與方外關係三地大致相同。最近關係爲楚，其言吴揚淮楚關係者二十一次。方言所載關於吴最多（三十五），揚次之（二十五），越又次之（十八）。至越而所記甚寡，是否自成一系，頗不易定，大抵同由中國徙往者，其語言雖有出入，尚不至於隔閡不通。至越以南則不得其詳。方言稱引最南者爲「西甌」「東越」，尤可注意者即一次以甌吴外，燕外合稱，似中國語言系外極南極北尚有相同之語。或同一異族爲中國人征伐以致分離，據理論之，誠非不可能之事，惟方言記之不詳，不足取證耳。一九二七，十二，六。

據上海書店一九八九年版語言學論叢

方言聲類考叙例

王步洲

古今音殊，南北語分。輕重緩急，皆適自然之音；吁嗟俞誹，恒協宮商之譜。是以羣經諸子，不乏叶音；牧夫婢妾，或有雅言。其詩騷樂府，更無論矣。及夫世運嬗遞，文明丕皇，異代通人，博採俚語。有「長言、短言」之訓，致「登來、得來」之殊；胡爲雅音，儻亦同讀，若爲如爲，莫皇異是。至於執十五國不同之風，麗春秋齊言之傳，本楊子方言之語，例楚辭離騷之經，綜核名物，齊一風土，遞相非笑，互有詬訾。斯乃囿於一方，莫測全豹。必出雅正，亦非通言。惟是人事綦緐，名物厖異，熙穰感震，迴異萬端。人與物接，必有表義，依物作狀，爰以達心。第沿習已久，名語斯著，載歌載詠，筆之簡書。斯元音之流被，爲曠代所宗主。其音則田父野老之所能知，其字或曲士俗儒所不可讀。方言俚語，無輶軒之使。農歌轅議，無採樂之官。彙而通之，勢所難能；以俗正雅，尤稱莫稽。然則元音之足資闡發，固已賴乎文字；而文字之流變轉疏，實尤恃乎聲音。此音聲之元，則古音也；其譌轉之跡，則變音也。欲通古義，須通古音；欲通古語，須明古讀。先秦墳籍，漢後傳注，切某反某，「讀爲、讀若」，追溯元始，每合方言。蓋地有南北之殊，時有古今之變，先代之絕言，異國之殊語，含聲苑舌，詰鞫爲病。不爲疏舉，則蘊義不章；不施類例，則塗軌莫尋。茲依聲勢轉變之跡，求其相爲訓詁之理，即本音以取本義，即變音以尋變原。列喉舌脣齒，辨同近變異：一曰同紐同韻。同紐同韻之字，可分三類，一爲假音字，二爲通義字，三爲引義字。如「虔、儇」訓慧，同喉音類，淺喉見母字，有糾結義，引申爲堅固義、倔僵義、奸黠義，發深喉音則爲黠慧義，皆喉音也。奸黠爲原義，訓黠慧爲引義；糾交（糾本字爲丩）爲本字，「虔、儇」爲假音，糾音轉如「虔、儇」，故假「虔、儇」以記音而存義。此假音字也。逮其以類遞變，而語類亦演變矣。「倚、踦」訓奇，同淺喉見母濁音字，字原爲奇，皆偏倚義，則通義字也。及「奇」音如止，借止字而加人爲企，「奇」音如支，借支字而加足爲跂等，則屬借音字矣。「釗、超」訓遠，「釗、超」同舌上音，古爲舌頭音，俱釋爲遠，皆引申義也。爾雅釋詁云：「釗，勉也。」方言卷一訓同。訓「釗」爲勉，與遠義似紆，然勉力而行，可以致遠，故方言卷七訓釗爲遠。超，華嚴經音義上引韻圃云：「高也。」廣雅釋詁一云：「超，遠也。」高與遠義通。又釋名釋姿容云：「超，卓也。舉足有所卓越也。」卓越即高遠義矣。又「超」從走、召聲，有自遠而召去之義。則「釗、超」義可爲遠，則引義字矣。二曰同紐變韻。約有四類，一爲假音字，一爲通義字，一爲引義字，一爲反義字。如「膠、譎」訓詐，「膠、譎」皆見母淺喉音，以絞繞黠詐爲本義。「譎」從言、矞聲，借喉音語原矞以爲字原，而附言以表義，則譎仍存有見母字本義。「膠」從月、翏聲，非本聲本義；丩、交同聲，交、翏同韻，乃復借「膠」以表音，則「膠」訓詐爲「譎」之假音字矣。「袿」謂之「裾」，「袿、裾」皆淺喉見母字。玉篇：「袿，裾也。」「裾，袿也。」同聲互訓。釋名釋衣服云：「婦人上服曰袿，其下垂者，上廣下狹，如刀圭也。」又云：「裾，倨也。倨倨然直。」與淺喉見母音有彊直義合。「袿」釋形如刀圭，刀圭形亦具僵直本義。此通義字也。「錪、錘」爲重，發舌音端透諸母字，爲下垂義，引申爲重義。「錪」得聲於典，有物體下墜而支拄義。物下垂其物必重，故方言云：「錪，重也。」物莫重於金屬，故字從金，而以典爲聲，則錪訓重爲引義矣。「錘」從垂得聲，亦從金表義，物下垂則其物必重，故「錘」訓重，亦引義也。「迎」釋爲逆，發淺喉疑母音，其氣本凝迂窒礙，有牴牾義，故「逆」，説文訓「不順」也，爲本義。「迎」，訓「逢」也，與不順義相反，則「迎」爲「逆」之反義，及「逆」訓爲「迎」，則本字又與本義相反矣。是如來母字有理義，而有「亂」字爲煩亂，以反其義；復爲治、爲理，以成本義，審母字有始義，音近轉照母爲「終」，以反其義；「落」有衰阤義，音近轉穿母爲「成」，以反其義。其例正同。三曰變紐同韻。有近聲同行而變者，如「㷂、火」，「果」淺喉見母，「火」深喉曉母，淺喉變深喉也。有近聲同列而變者，如「遥、窕」，「遥」淺喉疑母，「窕」舌音透母，淺喉音變舌音也。有隔位同列而變者，如「鑽」謂之「鍴」，「鑽」在齒音精母，「鍴」在舌音端母，齒音變舌頭音也。有同音緩讀，一語爲二語者，如「蠭」「燕趙之間謂之蠓螉」，「蠭」輕脣急語，「蠓螉」緩語重脣，「螉」乃收音也。變紐同韻有二類，一爲純假音，二爲音兼義。純假音字如「㷂」，本字爲「火」，「火」音近「果」，故假「果」音以爲「㷂」，則「㷂」爲純假音。「謇」從𡨄、言，𡨄亦聲，字通作「蹇」，有滯塞義，故訓爲難，及變爲「展」，義亦同「謇」，則非「展」之本義矣，「展」本義爲信，或爲伸，假爲「蹇」義，則展爲純假音，此類是也。其音兼義者，如「蜀，一也。南楚之間謂之獨」，「蜀」義爲獨一，淮南子俶真訓云：「越舲蜀艇，不能無水而浮。」高誘注：「蜀艇，一版之舟。」管子形勢篇云：「抱蜀不言，而廟堂既循。」惠氏定宇云：「抱蜀，即老子抱一也。」是「蜀」義可爲一，惟一爲獨一無匹，故「蜀」義又爲獨，「獨」從蜀得聲，「獨」爲孤獨，爲孤特，亦可易犬從虫爲「蠋」，詩「蜎蜎者蠋」，説文引詩作「蜀」，云「葵中蠶也」，鄭箋毛詩云：「蠋蜎蜎然特行。」則「蜀」兼獨義，「獨、蠋」爲就「蜀」而生之字矣。又如「抽，讀也」，抽、讀義通。詩鄘風牆有茨：「不可讀也。」毛傳云：「讀，抽也。」説文「讀」下云：「誦書也。」㨨，説文「㨨」下云：「㨨，引也。」「抽」下云：「㨨或從由。」「𢭏」下云：「㨨或從秀。」則「抽」爲「㨨」之或字。又「搯」字下引詩「左旋右搯」，今詩作抽，釋文同。「抽」訓引也，詩鄭箋訓「抽刃」。抽刃亦引義也。「讀」，説文訓爲「誦書」，誦書亦抽引之義。説文敘曰：「尉律：學僮十七以上始試。諷籀書九千字乃得爲吏。」諷籀即諷讀矣。「籀」從留，即從由聲，亦即抽矣。籀者，抽也。讀者，續也。抽引其緒，相續而不窮也。是抽讀聲兼義矣。四曰紐韻並變。如「築俚」，「築」爲今聲照母，古聲端母；「俚」爲來母。「軫戾」，軫爲照母，古端母；「戾」爲來母。「衝俶」，「衝」爲今聲穿母，古聲透母。「髺梢」，「髺」爲舌頭端之濁音，「梢」爲今聲舌上審母。諸語皆爲同行之變。「蚰蜒謂之入耳」，蚰蜒爲疑母連語字，轉爲入耳，爲泥母連語字，爲同列之轉。再轉「蜄𧓍」，「蜄」爲端之濁音，「𧓍」爲來之濁音，爲近紐連語字，則同行轉矣。「差、間、知」同訓爲愈，「差、知」爲同行之變，「差、間」則淺喉與舌上，爲同列隔位之變也。紐韻並變之字，亦有純假變音者，如「築俚，匹也」，「築」本版築之杵類，引申爲衝動，「俚」本鄙俚，引申爲無賴，爲無聊，皆無匹義。則「築俚」皆當爲舌頭音之變音字，舌音端母之濁音。「特，匹也。」舌上音穿母之「仇」，匹也。變爲來母之「儷」，伉儷也，伉儷亦仇匹義。「築俚」無匹義，而訓爲匹者，特仇、儷語類之轉易耳。普通謂婦嫂之間爲妯娌者，婦嫂同爲奉帚之人，其位正相匹，其作妯娌者，記其所轉之語也，從女旁者，明其所存之義也。方言作「築俚」者，亦記其所轉之語。云「匹」，以訓其語義也。紐韻並變之字，亦有音兼義者，如「扇謂之箑」。説文云：「箑，扇也。或從妾作𥯥。」「扇」，説文「扉也」，從户從肢省。「扉，户扇也」，從户、非聲。肢宜從支聲，與從非聲爲同韻。門扉爲扇狀，其啟閉時之閃摇不定，有扇箑之義。箑亦所以爲扇也，𥯥或作翣。高誘注淮南説林訓云：「扇，楚人謂之翣。」翣、扇爲同聲之轉，箑從疌聲，𥯥、翣從妾聲，與扇從支爲聲近之轉。草有門扇義者，亦從疌聲。説文：「萐。萐莆，瑞草也。堯時生於庖廚，扇暑而涼。」白虎通義云：「孝道至，萐莆生庖廚，其葉大於門扇，不摇自扇。」是其義也。本書依此類例，條舉闡述，略加推演，求其本末。註誤之處，當所不免，概乎言之，以就達者。

同紐同韻

虔、儇，慧也。

案「虔、儇」同韻。「虔」音儉，爲見溪母，「儇」屬曉匣母。淺喉音轉深喉也。「儇」聲轉通慧，互爲訓釋，（説文：「慧，儇也。」方言：「儇，慧也。」）寒灰韻轉也。此應以發見溪母字爲本義，其同行同列相轉之字非本義，乃借音或引義也。考見溪母字有交丩義，有奸黠義，有倔僵義，有堅固義。奸黠、滑稽、詭譎，其本義也，虔、儇，慧也，其引義也。虔、儇其借音也，故下云「自關而東趙魏之間謂之黠，或謂之鬼」。黠爲狡黠義，鬼爲狡滑義，故通謂黠爲狡詐，謂鬼爲詭譎，其義同也。廣韻：「黠，鬼慧也。」玉篇：「黠，慧也。」方言卷十二云：「虔、儇，謾也。」注謂「慧黠也」。慧鬼音近，即黠、慧義通。大戴禮官人篇：「畸鬼者不仁。」盧辨注云：「恃禱祀而不自修也。」荀子修身篇：「倚魁之行。」楊倞注云：「倚，奇也。魁，大也。謂偏僻狂怪之行。」倚魁與畸鬼聲韻皆同，並淺喉音，與鬼慧義通。

發淺喉音有鬼黠義，轉深喉音有巧慧義，或輕捷義，爲見溪母字之引申者。荀子非相篇：「鄉曲之儇子。」楊倞注引方言云：「儇，疾也，慧也。與喜而譞義同。輕薄巧慧之子也。」方言卷十二：「儇、虔，謾也。」謾爲喉深音，轉重脣有侮謾或輕謾義。儇説文訓慧。詩齊風還篇：「揖我謂我儇兮。」毛傳：「儇，利也。」文選左思吴都賦：「儇佻坌並。」劉逵引方言云：「儇、佻，疾也。」案利也，疾也，慧也，均輕捷或巧慧義。他如譞説文訓慧也，𧽝説文訓疾也，則與儇義同；獧説文訓疾跳也，與儇訓疾也義亦近。翾，荀子不苟篇云：「小人喜則輕而翾。」注：「如小鳥翾然。」則翾亦疾義。凡此等字，固不僅聲系相同，實由於語原相通也。

深喉音方音或讀輕脣音，如紅音若逢，灰音若飛，虎音若鼠之類。古輕脣音，每讀重脣，故方言下又云「秦謂之謾，晉謂之㦟」。謾㦟並發重脣明母音，儇慧音轉也。明母字多大義，多迷茫義。謾㦟訓慧，非其例，儇慧之轉義也。廣雅云：「謾，慧也。」説文云：「謾，欺也。」（欺，淺喉溪母）人用黠慧以欺謾人，故儇慧亦謂之謾。能欺謾人，必其智力可以運用裕如，故謾義仍與黠鬼相近，與儇慧相通。㦟，廣雅亦訓慧，玉篇、廣韻並同。蹤其語原，猶是黠慧之轉矣。盧召弓云：「今俗以小兒慧者曰乖，當是懇音之轉。」語有至理，蓋乖爲見母字，轉脣音也。

淺喉細音近齒音，方音或誤讀如齒音。如黠音誤如捷，由黠慧義引申爲小巧義，發齒音有細小義，有輕捷義。故方言下又云：「宋楚之間謂之倢，楚或謂之譾。」注言「倢，便倢也」。廣雅云：「捷，慧也。」則倢即捷矣，重言則爲捷捷。詩大雅蒸民篇：「征夫捷捷。」正義云：「捷捷，舉動敏疾之皃。」捷緝同聲，故緝緝義通捷捷。小雅巷伯篇：「緝緝翩翩。謀欲譖人。」毛傳云：「緝緝，口舌聲。」「捷捷幡幡。」傳云：「捷捷猶緝緝也。」是捷緝爲輕捷巧利之義。捷捷亦作截截，如尚書秦誓：「截截善諞言。」亦作戔戔，如説文「戔」字注引周書「巧言戔戔」。亦作淺淺，如潛夫論救邊篇之「淺淺善靖言」。亦作諓諓，如公羊傳文公十二年傳引作「諓諓善竫言」，國語越語之「又安知是諓諓者乎」等，是皆巧言之義。語言巧利，謂之緝緝，舉動敏疾，謂之捷捷，其義一也。餘如唧唧、詵詵、切切、細細、攕攕、縿縿、屑屑、瑣瑣、玼玼之類，皆發齒音，並含細小義，則齒音類之本義也。齒音如捷，則假疌字原，如緝則假咠字原，如倓則假戔字原，如截則假雀字原，如唧、先、屑、瑣、玼、縿等，則即各以其字相假。譾有讀齒音者，非本音；凡從隋或肴音之字，古宜讀佗和切，如委隨即倭佗，詭隨即果佗是已，淺喉見溪母或轉舌頭音也。説文：「沇州人謂欺爲詑。」譾與詑聲義並同。王念孫廣雅疏證云：「大雅民勞篇：『無縱詭隨以謹無良。』詭古讀若果，隨古讀若譾，隨其假借字也。」則知譾亦虔或黠鬼之轉矣。

倚、踦，奇也。自關而西秦晉之間凡全物而體不具謂之倚，梁楚之間謂之踦。

案倚、踦、奇，古音同，古義通，見母濁音，皆偏奇義。荀子修身篇：「倚魁之行。」楊倞注：「倚，奇也。」奇爲奇耦之奇。」引方言「秦晉之間，凡物全而體不具謂之倚」。荀子儒效篇：「倚物怪變。」注云：「倚，奇也。」韓詩外傳作「奇物怪變」。莊子天下篇：「南方有倚人焉。」釋文倚作畸。説文訓畸爲殘田，殘即不全之謂，不全即奇倚之義矣。僖公三十二年穀梁傳：「匹馬倚輪無返者。」公羊傳作隻輪。倚爲偏不全，故公羊作隻，隻倚亦語轉而義通。何休注公羊云：「隻，踦也。」則踦亦同倚。玉篇踦音居綺、邱奇二反。野王爲六朝後人，爾時音己兩讀矣。奇，説文云：「異也，一曰不耦。從大從可。」大有不耦義，有奇異義。可從丂從口，丂説雲氣欲舒出，ㄣ上礙於一也，則丂又從ㄣ從一，有欲舒氣義。字從大可，爲特異義。奇字本音本義以成，因復就奇爲字原，以成與奇音相同，奇義相通之字。此倚、踦之所以爲奇也，奇爲本字，奇異爲本義。如奇爲牛角一俯一仰，則奇旁着角爲觭，見爾雅釋畜。奇爲牛羊一足，則奇旁着尣形爲尥，見於廣韻。奇爲牛牽一腳，則奇旁着牛爲犄，見於左傳。又奇爲三足釜，則奇旁着金爲錡，見於方言卷五。奇爲齒缺，則奇旁着齒爲齮，見於衆經音義引蒼頡篇，及史記田儋傳索隱。奇爲殘田，則奇旁着田爲畸，見於説文田部。此皆與奇字原相同，語原相通之字也。其聲系不同而語原相通者，其義亦通。如蹇，廣雅云：「蹇也。」昭公二十年穀梁傳云：「兩足不能相遇，齊謂之蹇。」釋文引劉兆云：「蹇，連併也。」連併則兩足不能相完，故義同於蹇，爲奇義之引申者。奇亦通其，尚書大傳：「禹其跳，湯扁……其跳者，踦也。」注：「踦，步足不能相過也。」是其與蹇通，亦即與踦奇通。奇、其音同，故又假「其」爲字原以成其「蹇」也。奇義復引爲企。企從人、止聲，止音近奇，故假「止」爲字原以成「企」。説文：「企，重踵也。」文選歎逝賦李善注引字林同。又江賦李注：「企與跂同。」國語魯語「畢行」韋「踦跂」注云：「踦跂，跰蹇也。」「跰蹇」與「重踵」義通。跂得聲於支，支、止古紐韻並同，故音得相假也。義復引爲羈，馬絆也；爲羇，寄也；爲騎，身單兒也；爲崎，崎嶇不平也；爲猗，虎牙也（虎牙爲長短不齊狀）；爲攲，不正也。義均相通，語原同也。

奇聲同列旁轉則爲支。説文：「支，從手持半竹。」「半竹」爲不全之物。既假支爲字原，因之凡從支得聲之字皆有偏倚義。上所舉之「攲跂」可無論，餘如「枝」爲樹木之分條，「鳷」爲似雁鳥之一足，「技」爲獨擅之專美，「歧」爲分出之一支，「肢」爲四體之一部，皆其義也。字非支聲，語爲同原者，其義亦通。如「豸」，蟲之無足者。無足之蟲，其形如不全焉者。「隻」爲雙之偶字，亦不全義，亦偏倚義。僖公二十三年穀梁傳「倚輪」，公羊作「隻輪」，是其證。又「側」爲傾攲，「仄」爲偏旁，「昃」爲日過午，「隻、側、仄、昃、豸」，皆與「支」聲同義通。支、仄類爲舌上，古讀入舌頭，義亦相近。如「杕」，詩毛傳訓「特生也」。「特」，孤特也；「獨」，孤獨也；等皆義其矣。

抱娩，耦也。荆吴江湖之間曰抱嬎，或曰娩。

古脣音類有薄遍義，有曼胡義，有包覆義。方言云：「抱娩，耦也。」則包覆義之引申者，抱聲系爲包。包從勹從巳，勹形作□爲本義，爲字原，在邦母爲語原。勹從巳作包，説文云：「象人裹妊，巳在中，象子未成形也。」勹、包均作布交切。字衍作勽，説文云：「從覆人。」薄皓切。作褒，説文云：「裹抱也。」亦包之衍字，惟徐鉉以爲抱非褒字。説文以抱爲捊之或體字。捊，説文云：「引取也，從手、孚聲。」疑捊、抱本亦勹語之義，説文特歧分之耳。抱字原爲勹，語原亦同勹，同在邦母，義當相同。且抱從手，包、勹宜爲所從之聲，捊從手孚聲，捊之本字亦當爲孚，孚從爪子爲會意，捊爲後出字，猶包之有抱矣。孚古音同包，當是從爪子會意。因勹、包爲聲，勹爲自然之形文，包爲自然之聲意。抱而勹之者，人類以手，鳥獸以爪，故説文「孚」下云：「孚，卵孚也。」徐鍇曰：「鳥裒恒以爪反覆其卵也。」孚字又假借爲伏。方言卷八云：「北燕朝鮮洌水之間謂伏鷄曰抱。」孚音本爲抱，則伏雞即孚雞，亦即抱雞矣。字又作菢。衆經音義卷五云：「今江北謂伏卵爲菢。」又卷十八云：「抱卵字體作菢同。」引通俗文云：「雞伏卵北燕謂之菢。」皆其義也。（伏音亦爲包，如伏犧氏又作包犧、庖犧氏是。）今中原伏雞，伏或作孵，語音正爲抱，或亦若布。字作伏者，既包音之轉，又雞孚卵須母雞伏臥，故字假爲伏。孚卵有懷抱之勢，故字作抱。孚卵須以身覆卵，故又從艸作菢。皆包音義之引借矣。孚既由包覆義以爲孚卵，故孚又引申爲孵化義、化生義。衆經音義卷二引通俗文云：「卵化曰孚。」又卷七引字林云：「孚生也。」廣雅同。亦作桴，夏小正「鷄桴粥」傳曰：「桴，嫗伏也。」亦作孵。玉篇、廣韻並云：「孵，卵化也。」蓋包字衍則爲抱、爲菢，字原仍同，音衍則爲伏、爲孚。孚既被假爲字原，即就孚而衍爲桴、爲孵，其通例也。孚義既引爲化生，則凡化生之事，音亦通孚。方言：「抱娩，耦也。」音義「娩，孚萬反。一作婏，音赴」。張衡思玄賦「蹇夭矯娩以連卷兮」舊注引説文：「生子二人俱出爲娩。」又説文兔部：「娩，兔子也，娩疾也。從女、免。」芳萬切。玉篇女部：「娩，孚萬反。産婏也。」引説文云「兔子」。生子、兔子、産娩，皆化生之事，與孚之引義相合。字亦作嬎。説文女部：「嬎，生子齊均也。從女生，兔聲。」讀若幡字，又益從女爲嬎。玉篇引同説文。廣韻二十五願又作嬔，云：「一曰鳥伏乍出。」引説文「生子」云云。或作婏，音芳萬切。爾雅釋獸：「兔子嬎。」釋文本作娩，廣雅：「兔子」，曹憲音匹萬反。衆經音義云：「今中國謂蕃息爲嬎息，音芳万反。」又卷九同，音匹萬反。音並與孚包爲同紐。又娩一音赴，赴從走卜聲，古正音抱。禮記少儀云：「無報往。」鄭注讀報爲赴疾之赴。報抱今猶同音矣。衆經音義卷八：「報往引作趕往。」赴得聲於卜，趕得聲於孚，故其聲均得相假也。又娩、嬔、嬎、嬎、婏，字原均爲免。非本字原，釋爲化生之事，皆包、孚之引義，爲包、孚之假音。其後因誤從免字原之俛，亦有孚音，與借爲伏鷄之伏例亦同。前漢書鼂錯傳：「在俛仰之間耳。」顔師古曰：「俛即俯。」惟説文有兔字，無免字，而從兔之娩，音如萬。説文不從免聲，當是假包、孚音以成義，從女、兔以會意。其俗音如問之免字非字原。免當即娩，而誤脱女。故免俗仍附以娩音，且書兔而缺其一點爲免，即誤以免爲字原，因之以成俛字、勉字，則通俗之誤耳。方言抱娩云「耦也」者，孚雞生卵，必有匹耦。人物懷妊生子，皆由匹耦，亦即有匹耦皆所以懷妊生子，故方言注云「耦亦匹」，明抱娩之義也。又耦義或通嫗。樂記云：「煦嫗覆育萬物。」鄭注云：「以氣曰煦，以體曰嫗。」嫗、耦同一語原。「北燕朝鮮洌水之間，謂伏雞曰抱」，郭音「房奥反。江東呼蓲，央富反」。則蓲即嫗，亦即耦矣。抱江東轉語爲蓲，脣音類轉喉類也。

摸，撫也。

脣音明母字有曼胡義，引申爲茫大義，復引爲薄被義，有捫摩義，引申爲循順義。方言：「摸，撫也。」注云：「撫順也。」一本作撫循。説文云：「撫，循也。」「循，行順也。」是其義矣。又案撫，説文一云：「安也。」安與循義通。古文撫作⿺辶亾，無爲古亡字，故字亦從亾作⿺辶亾。周禮大行人注：「撫，猶安也。」禮記文王世子注：「撫，猶有也。」有亦存恤之意，與安義近。撫通作拊，拊從付聲，與無聲同部。説文：「拊，循也。」拊循猶撫循矣，故荀子富國篇注「拊與撫同」。撫循、拊循均安撫之義。撫亦通憮，安撫者用情之意也，故字可從心爲憮。爾雅釋言：「憮、敉，撫也。」郭注云：「憮、愛，憮也。」愛憮即安撫義，亦即撫循義。憮，方言云「哀也」，説文訓同郭注。撫古從亾作⿺辶亾矣，亦從亡作⿰亡攴。説文「⿰亡攴」下云「撫也，從亾聲，讀與撫同」。又通作⿰亻某。説文云：「⿰亻某，撫也，從某聲，讀若侮。」侮從每得聲，古與某聲、無聲俱同聲也。撫亦通敉，説文、爾雅皆云「撫也」。説文引周書曰「亦未克敉公功。讀若弭」。或從人作「侎」。周禮小祝及男巫注並云「敉，安也」，書洛誥注亦云「敉，安也」，安與撫義同。撫聲義本同摸，讀撫急音則爲摸，撫摸古同脣音明母，同在魚部，義本爲捫摩。安撫撫循者，引申之義也。蓋摸撫爲以手捫摩，捫摩時必隨勢而動，有安撫之義。餘如「摩」，説文訓研也，研摩之義；揗，訓撫也，則揗同摸矣；捫，説文云「撫持也」，撫持亦摸矣；摹，説文云「規也」，亦作模，有規撫之義，其義均通。捫揗諸字，就其所從之聲，則爲文韻。摩、摸、摹諸字，就其所從之聲，則入魚韻。爲魚轉文韻也。轉文韻諸字，有緡、緜，通轉寒韻，爲長而不絶義，亦即蔓綿不絶義，引申爲薄被義。方言：「緡、緜，施也。」施古音柂，即柁字，斜柁之義，即蔓綿之義矣。説文云：「吴人解衣相被謂之緡。」字亦作緍，説文蓋據方言也。方言：「吴趙之間，脱衣相被謂之緍緜。」緜即緍字，緜、緍重言之也。解衣相被謂之緡，則緡亦被義，相被即施矣。詩大雅：「言緡之絲。」毛傳：「緡、被也。」謂施爲被者，指薄被時之動作言之也。詩王風：「緜緜葛藟，在河之滸。」毛傳：「緜緜，長不絶之皃。」鄭箋云：「葛藟生於河之厓，得其潤澤以長大不絶。喻王之同姓，得王之恩施，以生長其子孫。」此施義之所由生矣。在此方則爲施，在彼方則爲被。施爲推及，爲施予，皆緡蔓之引義也。

憚、怛，惡也。

案舌頭音有震動義。憚、怛同一語原，同一韻部，方言云「惡也」，非本義，乃引義也。説文云：「憚，忌難也。」義本方言。詩大雅雲漢篇：「我心憚暑。」鄭箋云：「憚猶畏也。」韓詩云：「憚，苦也。」惟以爲苦，始生畏顧。韓詩訓「憚」爲苦，猶方言之訓惡矣。憚爲惡也、忌難也、畏顧也、苦也，均震動其厭忌顧懼之感情所有之現象，故均爲引義。怛本同憚。周禮考工記矢人：「則雖有疾風，亦弗之能憚矣。」鄭注云：「故書憚或作怛。」鄭司農謂「當讀爲憚之以威之憚，謂風不能驚憚前也。」釋文：「憚，音怛。」楚辭招魂：「君王親發兮憚青兕。」王逸注：「憚，驚也。」漢書司馬相如傳：「警憚讋伏。」顔師古云：「憚音丁曷反。」李善注文選同。音丁曷反者，寒、曷韻轉也。枚乘七發云：「朝則鸝黄鳱鴠鳴焉。」禮記仲冬：「曷旦不鳴。」方言作鶡鴠。鳱、鶡寒韻，曷、鶡曷韻，猶憚之與怛矣。詩檜風匪風篇：「中心怛兮。」毛傳：「怛，傷也。」傷與惡義亦相近。列子穆王篇：「知其所由然，則無所怛。」莊子大宗師篇：「子來將死，妻子環泣。子犁往問之，曰：叱避無怛化。」釋文：「怛，崔本作靼。驚也。」又黄帝篇：「怛然内熱。」釋文云：「怛然，驚也。」廣雅釋詁訓同。驚與畏惡義亦近。漢書王吉傳引詩「中心怛兮」，怛作㦽，則㦽亦同憚。憚得聲於單，聲急則爲怛。怛、靼均得聲於旦，即寒曷轉韻。亦作制者，㦽得生於制，制今爲照紐，古聲端母，與憚怛爲同母之轉。㦽爲今霽韻，古與曷爲旁轉。憚聲如旦則爲怛字，爲靼字，怛音如制，則爲㦽字。皆所以存其音義也。

舌頭音形況感情之震動，而與憚、怛義近者，如旦。莊子大宗師篇：「有旦宅而無情，死。」釋文引李注云：「旦宅，驚惋之皃。」宅，釋文引作「㤞」。如「悼」。詩檜風羔裘章：「中心是悼。」毛傳：「悼，動也。」動，古慟字。説文有動，慟無。周禮：「九捧振動。」杜子春讀動爲慟。鄭康成箋此詩云：「悼猶哀傷也。」氓傳「躬自悼矣」，毛公訓悼爲傷也。方言云：「悼，傷也。」「哀也。」「秦謂之悼。」又云：「陳楚之間曰悼。」説文云：「悼，懼也。陳楚謂懼曰悼。」同方言也。悼、動、旦同舌頭端母音。各語雖因事爲訓，本義則通。又如惔，説文云「憂也」，引詩「憂心惔兮」。忉，爾雅訓「憂」也，詩「心焉忉忉」，傳訓「憂勞也」。説文雖未收此字，亦當爲悼、怛、惔、動等字同原之異文。又如恫，説文云「痛也」，引詩「神罔是恫」。云「大兒」者，言痛之深也。詩桑柔篇：「哀恫中國。」史記燕世家：「百姓怨恫。」並以恫爲痛，則恫即痛，亦即動與慟矣。動爲本字，本音。動音有讀慟者，有痛傷義，故字又作慟。慟語平緩則爲恫，恫音稍重則爲痛。慟動得聲於重，恫得聲於同，痛得聲於甬，甬得聲於中。語原字原，皆爲雙聲，又復疊韻。本此則悼、怛、憚、惔、忉皆本聲於動，本義於慟。其各自爲訓者，引義也。舌聲變音，語原本同，故其義亦通。如惙，舌頭音變舌上。讀舌頭音當爲怛，語轉則爲悼，或忉，或弔。怛、悼、忉釋如前。弔，毛詩：「中心弔兮。」弔訓猶怛。怛之字原爲旦，故莊子大宗師作旦。怛、惙古同曷韻，則怛、惙古同讀。説文：「惙，憂也。」引詩「憂心惙惙」。毛公訓此詩亦云「惙，憂也」。晏子春秋外篇：「惙惙矣如之何。」淮子原道篇：「其罵悲不惙。」皆憂傷之義。李登聲類云：「惙，短氣也。」短氣謂氣息迫促也。

人憂傷過深，則氣機短急不安，忐忑動蕩，則動之本義矣。惙音平舒，則爲忡、爲衝。詩草蟲篇：「憂心忡忡。」毛傳云：「忡忡猶衝衝也。」説文：「忡，憂也。」引詩「憂心忡忡」。忡忡、惙惙，重言之也。衝，説文從童作衝，讀如憧憧往來之憧，亦憂傷震動之義。字同惷惷。楚辭九歌：「極勞心兮惷惷。」又嚴忌哀時命：「心煩寃兮惷惷。」廣雅云：「惷惷，憂也。」則惷惷即憧憧，亦即衝衝、衝衝、忡忡矣。

舌頭變音，與惙、忡同語原。爲憂懼之動義者，如慴，説文云「失氣也，從心聶聲」，之涉切。慴，説文云「懼也。從心習聲，讀若疊」，之涉切。惴，説文云「憂懼也」，之瑞切，引詩「惴惴其慄」。慴、慴、惴今俱照母，古爲端母。説文訓懼，猶悼之爲懼而含憂懼義同。憚，説文訓「忌難也」，忌難亦憂懼義。

舌頭急音，有敬懼義，形況敬懼之動蕩。如怵，説文云：「恐也。」恐有敬懼義。惕，説文云：「敬也。」敬得聲於茍，茍得聲於句，有拘束義，亦即畏顧義，亦即敬懼義。爾雅：「惕，愛也。」愛哀古義通。吳質答魏文帝書：「恩哀之隆，形於文墨。」哀有愛義，哀亦憂傷義，故惕與傷悼之悼義亦通。孟子：「怵惕惻隱之心。」怵惕即哀傷之義矣。舌上音照母同行轉審母，亦憂傷義。如傷，説文云：「憂也。」式亮切。「愁，憂也。」士尤切。「惄，憂也。」常倫切。皆其例也。

舌頭音端母同行轉泥母，其義亦通。如惄，説文云：「憂皃。讀與惄同。」惄，説文云：「飢餓也，一曰憂也。」引詩曰「惄如朝飢」。人過憂則如朝飢矣。

泥母與疑母同列易混，泥轉疑母，義亦相通。如悠，説文云：「憂也。」以周切。「恙，憂也。」余亮切。「愪，憂皃。」王分切。「怮，憂皃。」於虯切。「慇，痛也。」「悠，痛聲也。」於豈切等，均是。

舌上音照穿母，同列轉精清母，其義亦通。如悄，説文云：「憂也。」引詩曰「憂心悄悄」，親小切。「慽，憂也。」倉歷切。「惻，痛也。」初力切。「憯，痛也。」七感切。「慘，毒也。」七感切。「悽，痛也。」七稽切。等皆是。

爰、喛，恚也。楚曰爰，秦晉曰喛，皆不欲譍而强畣之意也。

深喉音曉匣母有大而驚義，轉淺喉疑母有悲哀憂鬱義。方言卷六云：「爰、喛，恚也。」注：「謂悲而恚也。」卷十二云：「爰、喛，哀也。」注謂「喛哀而恚也」，義並同。爰、喛、哀、恚並疑母音，爰、喛並寒韻，哀恚並灰韻，疑母開合之轉也。聲轉魚韻則如噢，轉支韻則如咿。張揖埤倉云：「噢咿，内悲也。」則「噢咿」與「爰喛」皆内悲痛念之聲矣。咿入尤韻則爲咻。廣韻：「噢咻，病聲。」病時作噢咻之聲，即内悲之義矣。噢咻或書作燠休。左氏春秋傳昭公三年：「民人痛疾而或燠休之。」注：「燠休，痛念之聲。」燠休、燠咿重呼之也，單言則爲噢、爲咿，或爲啞，疊言作啞啞。説文：「啞，音聲啞啞然。」字亦作唷。集韻同。玉篇云：「唷，出聲也。」字俗變爲唔，唔唔不清審之音。

爰、喛、噢、咿、啞音轉則爲唏，義由悲呼而轉驚歎。説文：「唏，危也。」驚危之意。吁，驚也，驚歎之聲。嗷爲衆口愁聲，唌爲語唌嘆聲，嗥爲犬驚呼也，哮爲豕驚呼也，喔爲雞聲呼也，唬爲虎聲呼也，嚊爲麋鹿羣口相聚聲呼也，喁爲魚口上見聲呼也。因物異訓，聲義則通。餘如駭、赫、嚇、嘻、噫，連語則嘘唏、於戲、烏乎、於邑、怏悒，形況人類驚歎聲。見諸經傳諸子者，義均相通，並發喉音。音轉某韻，即仿某聲以作某字；音肖某物，即本某物以通某義。且因發音時聲勢之不同，遂不得不別造其字以相通。此定理也。

爰、喛皆從爰得聲，淺喉寒韻。爰之本義爲引。説文云：「爰，引也。從㸒、從于。」集韻謂爰爲引詞。爾雅釋詁：「粤、于、爰，曰也。」毛詩箋爰字並訓曰，傳訓於。曰、於皆語詞。集韻謂爰爲引詞，其事正合。爰、曰、於皆合口喉音之引長語，爲發歎聲義之借字。因爰已爲口語之歎聲，故着口爲喛。爰字借爲悲歎義已成立，則即由爰而衍爲喛，復變爲諼。詩伯兮章「焉得諼草」，作諼。爾雅作萲，説文引詩作藼，或作蕿，又作萱，皆諼之假字。爰，方言訓「哀恚」，則諼亦哀恚義。此草可令人忘憂，故以諼爲名；此諼所以表草，故字加草爲蕿。藼從憲聲，萱從宣聲，蕿同爰聲，均雙聲疊韻字。故各假其聲以相成也。

嚾哰、謰謱，拏也。東齊周晉之鄙曰嚾哰。嚾哰亦通語也。南楚曰謰謱，或謂之支注，或謂之詀謕，轉語也。

嚾哰、謰謱同舌音來母字，爲雙聲謰語。嚾、謰且屬同韻，哰、謱則蕭尤之轉。嚾從闌聲，謰從連聲，可互爲標音。故詩魏風伐檀篇：「河水清且漣猗。」爾雅漣作瀾，是其例也。牢聲亦同婁。禮記士喪禮：「牢中旁寸。」鄭注云：「牢讀爲樓。」牢音同哰，樓音同謱。嚾哰、謰謱俱發來母音，發來母音有理義、有亂義、有清朗義。有理義者如倫理是，有亂義者如繚亂是，有清朗義者如瀏亮是。嚾哰、謰謱則亂義也。楚辭九思云：「媒女詘兮謰謱。」王逸注云：「謰謱，不正。」洪興祖補注云：「一曰皃，謰謱，語亂也。」王訓不正，引義也。洪訓語亂，正義也。字亦作連遱。説文：「遱，連遱也。」集韻：「連遱，謂不絶皃。」不絶亦亂義也。亦作連嘍。玉篇訓「多言也」，廣韻謂嗹嘍爲言語煩絮皃，皆況言語之煩亂也。字亦作連嶁。淮南原道訓：「終身運枯形於連嶁列埒之門。」高誘注云：「連嶁猶離婁也，委曲之皃。」委曲亦亂義。高誘以爲猶離婁者，與謰謱同母之轉也。劉向熏鑪銘云：「彫鏤萬獸，離婁相加。」則離婁爲錯亂皃，錯亂即亂義。離婁即謰謱矣，字亦作麗廔。説文：「廔，屋麗廔也。」離，易繫辭云「麗也」。廔本爲婁，則麗廔亦即離婁，亦即謰謱也矣。謰謱、嗹嘍況言語之亂也，故字從言或從口，作謰謱、嗹嘍。連遱爲續斷之亂也，故字從辵作遱。連嶁爲高下委曲之亂也，故字從山作嶁。離婁爲彫鏤彩飾之亂也，故字假爲離。離者麗也。麗廔爲屋宇高下委曲之亂也，故字從广作廔。形況絲絮之亂者，則爲連縷。形況衣蔽之亂者，則爲襤褸。形況鳥聲高遠而亂者，則爲嘹嘵。形況絲絮之亂者，亦爲繚亂。他如歷亂、零落、牢絡、盧牟，究其語原，同歸來母，語其含義，皆有亂辭。謰謱爲來母字，收音作同行近轉，則入泥母，故所轉之字，其義亦通。如繚繞。潘岳賦「周環迴復，繚繞磐辟」，注謂「回從往來不正之皃」。往來不正，即亂義矣。亦作蓼擾。左思吴都賦：「輶軒蓼擾。」則蓼擾矣。

聲近語轉者，義亦相通。嚾哰、謰謱，本來母語，轉照穿母音若支注。故方言「嚾哰、謰謱」下云「或謂之支注，或謂之詀謕。」支注、詀謕，亦聲轉也。支注、詀謕均非義，當是假音。照穿母古爲舌頭端透類，與來母爲同行近轉。拏注謂言諸拏，拏爲泥母字，諸爲端透母，聲類同也。

凡泥母字音近來母，含義相通，故方言以「拏、讕哰、謰謱」爲語亂也。拏，説文訓「牽引也」。玉篇：「諸詉，言不可解也。」廣韻：「諸詉，語不正也。」又云：「讕哰，儜拏，語不可解。」「譇詉，語皃。」儜、譇與諸，詉與拏，聲義並同。諸、譇、儜得聲於者，古端母字，聲原近來近泥。詉、拏得聲於奴，奴聲原爲女，均泥母音。言不可解者，謂語言紛亂無緒至不可解也。故譇詉訓不正者，謂言語叨呶不休，至不能正當也。拏訓牽引，亦有亂義，蓋互相牽引，則無主則，無主則則紛亂無緒矣。故譇詉訓語貌者，謂言語錯亂時之狀態也。單音則爲拏，重語則爲譇詉。義引則爲多言。囁嚅，張揖埤倉云：「多言也。」多言則語亂矣。呢喃，埤倉云：「語聲也。」謂言語不能分辨之聲也。語亂則語聲不能分辨矣，猶嗹嘍，玉篇謂「多言」，集韻作「連遱」，謂「不絶皃」，楚辭九思作「謰謱」，注謂「亂皃」，因事爲訓也。

復案諸、譇、儜古舌音端母字，音如都。譇詉之語，今俚俗間尚多有之。俗謂其人爲絮語嘴，即言語拉詉不休之意。發此種語原者，如詹，説文謂「多言也」，朱駿聲説文通訓定聲亦謂多言，尚書云「今女譅譅」，即多言之義。班固與弟書「下筆滔滔不能自休」，則滔滔亦多言之義矣。從詹得聲之字譫，埤倉謂多語也，多語即多言義。其見於説文者尚有讘、詀、譪，俱發舌音，並謂多語。又洵爲往來言也，一曰小兒未能正言也。「譯」爲語相反譯也，「譇」爲譯譇也，「讋」爲讋囁也，「嘮、呶」互訓，歡聲也，「讇」爲不止也。説文疏狀，固有不同，而均含語亂，則有必然者。

聳，悚也。

方言卷十三：「聳，悚也。」注：「謂警聳也。」聳與慫同。説文云：「慫，驚也。讀若悚。」爾雅釋詁云：「竦，懼也。」竦與悚同音異文。詩商頌長發章：「不戁不竦。」毛傳訓竦爲懼。又説文「㒈」下云：「懼也。從心，雙省聲。」引昭公十九年左氏傳曰「駟氏㒈」，音息拱切。今本左傳作聳，杜預注云：「聳，懼也。」廣韻引作「㒈」。又左氏昭六年傳：「聳之以行。」杜預注同前。漢書刑法志作「㒈之以威」，晉灼曰：「㒈，古悚字也。」國語周語：「身聳除潔。」韋昭注云：「聳，懼也。」「楚語能聳其德。」注云：「聳，敬也。」楊子雲長楊賦：「整輿聳戎。」李善注引此文云：「聳與悚古字通。」音山頃反。聳、慫、竦、悚、㥄皆同文異字，其訓警聳也、驚也、懼也、敬也等，義均相通。惟聳、慫、悚、竦、㥄皆發音疏細，爲齒音心邪母，齒音有疏細義，有瑣屑義，無敬懼義。敬、懼、驚、警皆淺喉見母二等音，聳、慫、悚、竦、㥄皆當爲淺喉見母或溪母之變音。如儆、警、兢、矜、憬、恐、畏、謹、噤、㦗、謙、懼、瞿、怯、歉等，皆淺喉音。其齒音有驚恐義者如肅然之肅、省憬之省、悄然之悄，與上文所舉悚然或慫然之悚或慫，爲常見之慣用字。餘則不多見，間或有之，亦當與悚、悄爲同聲類之轉。肅、省、悄諸語皆與慫、悚諸字爲同母雙聲，聳、悚諸字與從見母驚敬諸字爲同韻之變。

心邪母及混入審母之字，有疏鬆義者如散、碎、蘇、灑，爲謰語者如蕭疎、蕭騷、瀟灑、消散，爲重言形況者如湑湑。詩唐風杕杜：「其葉湑湑。」毛傳：「湑湑，枝葉不相比也。」不相比即疏稀義，疏稀即疏鬆義。混入審母者如疏、扇、舒、申，混入日母者如庸、甬、柔、輭。舒有以糸作紓者，方言卷十二云：「紓、退，緩。」注：「謂寬緩也。」詩小雅采菽篇毛傳紓訓緩也，則紓即舒矣。有從手作抒者，文公六年左氏傳：「難必抒之矣。」杜注云：「服虔作舒，緩也。」則抒亦即舒矣。疏有作䟽者，説文云：「門户疏窗也。」有作𤴓者，有作疏者，説文謂「通也」。詩大雅：「予曰有疏附。」毛傳云：「率下親上。」鄭箋云：「疏附，使疏者親也。」則義爲遠，蓋遠則疏也。申引也，俗作伸，通作信，如信宿之類，義均爲遠。扇，説文訓「門扉也，從肢省，字或作箑，或作篓。門扉方在開時有若疏散然，故扇亦疏義也。倯宜讀如鬆，音相容反。方言卷七：「傑、倯，罵也。」注：「謂羸小可憎之名。」即其狀而命之也，今俗呼人不健康無勇氣亦謂之倯，或曰倯勁。倯寫作鬆，勁音如近，俚語也。音轉作庸，無用之通稱。方言卷三云：「臧、甬、奴、婢，賤稱也。自關而東陳魏宋楚之間，保庸謂之甬。」甬即庸矣。又云：「庸謂之倯，轉語也。」楚辭九章：「猶庸態也。」王逸注云：「庸，廝賤之人也。」則庸、甬即倯矣。柔，説文木部云：「木曲直也。」意即能曲能直也。能曲直則其木柔矣，遇柔則無用，與庸義同矣。輭與倯、庸義亦通。後漢明帝紀：「安車蒲輪。」注云：「蒲裹輪令柔輭也。」史記貨殖傳：「妻子輭弱。」輭弱謂庸愵之人也，與倯庸義近。

心邪母含細小義者如屑，方言卷十二云：「往勞也。」注謂「屑屑往來，皆劬勞也」。廣雅同。説文：「屑，動作切切也。」切、屑音近爲訓，重言則曰屑屑，或爲切切。形況音聲者則作唧唧，亦作切切。屑屑者，瑣屑之謂也，瑣屑則煩勞矣，故云「往勞」亦云「劬勞」也。切切其動作瑣屑之狀也，白居易琵琶行「小絃切切如急語」，則切切爲動作時所細小而急之聲音也。唧唧蟲音之細小也，啾啾鳥聲之細小也，淅淅汰米聲之細小也，澌澌流水聲之細小也，細細風聲之細小也，絲絲情跡之細小也，此皆普通經見之字也。其見於經籍習而不察之形況字，發齧音心邪母，有細小義者，如蕭蕭馬聲之細小也。詩小雅車攻篇：「瀟瀟馬鳴。」毛傳：「言不讙譁也。」不讙譁即聲音細小矣。瀟瀟風雨聲之細小也。詩鄭風風雨篇：「風雨瀟瀟。」毛傳云：「瀟瀟，暴疾也。」暴疾謂風雨之勢也，瀟瀟則風雨之聲也，舊本作潚潚。文選思玄賦：「迅猋潚其媵我。」舊注云：「疾皃。」亦即其勢言之也。字宜同㴋。玉篇：「㴋，先篤切。㴋㴋風雨聲。」古夙聲、肅聲相通，潚從肅聲，與㴋同矣。形況鳥羽聲之細小者，則作肅肅。詩唐風鴇羽篇：「肅肅鴇羽。」小雅鳴雁篇：「肅肅其羽。」毛傳並云：「肅肅，羽聲也。」亦通翛翛。小雅鴟鴞篇：「予尾翛翛。」毛傳云：「翛翛，敝也。」敝與小意亦通。翛翛毛傳雖未訓爲羽聲，而羽尾敝則必作翛翛之聲。翛翛亦所以表音，故小箋云：「唐定本、宋監本、越本、蜀本翛字皆作修。」唐石經、宋集韻、光堯石經皆作脩。則修修之宜爲尾音，猶肅肅之爲羽聲矣。形況馬尾聲亦作肅肅，應劭風俗義説「夏馬掉尾肅肅」是也。形況魚尾聲則作驌驌，説文「驌驌，乾魚尾驌驌也」，則驌驌即肅肅，亦即修修，亦即瀟瀟、蕭蕭矣。又詩邶風「泄泄其羽」毛傳云：「雄雉見雌雉飛而鼓其翼泄泄然。」泄泄亦肅肅也。泄泄爲鼓翼聲，其義爲舒散，故字亦通洩洩。左傳隱公元年：「其樂也洩洩。」杜注云：「洩洩，舒散也。」洩洩訓舒散也，無細小義。假泄泄聲義而訓也。詩魏風：「十畝之間兮，桑者泄泄兮。」毛傳云：「泄泄，多人之皃。」泄泄之訓爲多人之皃，猶方言「屑屑」之釋爲「屑屑往來，皆劬勞也」之義矣。亦通習習。詩邶風谷風篇：「習習谷風。」毛傳云：「習習，和舒皃。」因事異訓也，則習習亦通泄泄，亦通蕭蕭矣。史記荊軻傳：「風蕭蕭兮易水寒。」蕭蕭雖有愁悽義，然其聲爲緊細之聲也，故後世或用細細字，如柳永之「獨倚危樓風細細」是矣。然則細細即習習，習習亦蕭蕭矣。惟谷風毛傳「習習」作「和舒皃」於義未合。然毛於詩多因事異訓，習習以詩義言，則含和舒，猶泄泄之假爲洩洩，洩洩之訓爲舒散，以聲言猶細小之聲矣。形況蟲羽聲之細小者尚有詵詵。詩周南螽斯篇：「螽斯羽詵詵兮。」毛傳云：「詵詵，衆多也。」此指羽聲衆多也，毛語未完，惟詵指羽聲，故字從言表義，從先表聲；惟詵詵爲羽聲衆多，細小之外，尚有多義，故字又爲辞。釋文引説文詵作辞，今説文佚辞字。玉篇作㛷，云：「羽多皃。」本毛訓也。詩小雅皇皇者華：「駪駪征夫。」毛傳：「駪駪，衆多之皃。」國語晉語引詩作「莘莘」，辛聲、先聲古音相通。物瑣細其物恒多，故有細小義，即瑣屑義，瑣屑義即附有多義，此其例也。形況米聲淅淅者，亦作溞溞。爾雅釋訓：「溞溞，淅也。」郭注云：「洮米聲。」淅，說文云：「汏米也。」汏、洮同聲，汏米即洮米，謂洮米之聲溞溞然也。毛詩作「叟」，云：「叟叟聲也。」釋文又作溲溲，「濤米聲也」。濤米即洮米。然則溲溲即叟叟，亦即溞溞，亦即淅淅矣。溲之爲言滫也，滫米泔也。禮記內則注云：「秦人溲曰滫。」淅米聲謂之滫，猶鳥尾聲謂之脩脩。然則溞溞、溲溲亦通蕭蕭、修修矣。

心邪母非形況聲音者，亦有細瑣義。爾雅釋訓：「佌佌、瑣瑣，小也。」郭注云：「皆才器細陋。」才器細陋即小義。說文佌作囟，云：「小皃。」引詩曰：「囟囟彼有屋。」今詩作佌。正月篇：「佌佌彼有屋。」傳云：「佌佌，小也。」釋文佌音徙，爾雅釋文郭音亦然。正義引舍人云：「形容小皃。」瑣瑣，詩小雅節南山傳云：「小皃。」正義引舍人曰：「瑣瑣，計謀褊淺之皃。」計謀褊淺，亦小義也。故衛風：「瑣兮尾兮。」毛傳云：「瑣，小也。」速速亦小義。禮記玉藻注：「遬猶蹙蹙也。」遬亦作蔌。詩小雅正月：「蔌蔌方穀。」毛傳云：「蔌蔌，陋也。」陋與細小義通。蔌蓋遬之或體，遬籀文速字。後漢書蔡邕傳注引毛詩作「速速方穀」。詩節南山：「蹙蹙靡所騁。」箋云：「蹙蹙，縮小之皃。」禮記士相見注：「蹙猶促也。」則促與小義亦通。蹙促今多讀精清母，聲近而轉也。有字轉照母者，如趙。方言卷十二云：「趙、肖，小也。」趙從肖聲，肖得聲於小，字原聲原皆爲小義。廣雅云：「肖，小也。」莊子列禦篇：「達生之情者傀，達於智者肖。」傀者大也，肖者小也。漢書刑法志肖皆作宵。禮記學記篇：「宵雅肄三。」鄭注云：「宵之言小也。」考工記梓人：「大胸燿後。」鄭注：「燿讀曰哨。」哨，頃小也。」馬融廣成頌作：「大匈哨後。」說文哨下云：「不容也。」不容亦小義也。史記太史公自序云：「申呂肖矣。」徐廣注云：「肖音痟。」痟猶衰微也，則痟亦小義矣。凡此從小之字均有小義矣，亦以其語原本義爲細小也。

有清心二母混讀者如摻。詩魏風葛屨：「摻摻女手。」毛傳云：「摻摻猶纖纖也。」說文、玉篇引詩並作「攕攕」。文選古詩：「纖纖出素手。」李注引韓詩「纖纖女手」，薛綜云：「纖纖，女手之皃。」蓋女手纖纖然細小也。

由前例觀，聳、悚諸字，語原宜入喉類，與警懼驚恐爲同原，第聲轉歧入齒類，音似從束，故假從束之聲以爲字原，而成聳悚諸字耳。

同紐變韻

膠、譎，詐也。涼州西南之間曰膠；自關而東西或曰譎，或曰膠。詐，通語也。

發淺喉音見母字，有黠詐義，有堅固義，有曲直義，有糾繆義。如糾交轇轕則糾繆義也，孑偃句曲則曲直義也，結堅介固則堅固義也，膠譎姦宄則黠詐義也。黠詐乃由糾交義引申者，（已見同紐同韻虔儇例下。）蓋物糾交則多曲折絞繞，曲折絞繞則多權姦鬼黠，所謂句心鬥角者矣。交糾爲會義字，爲見紐字原。膠從月翏聲，翏從羽從㐱，力救切，本義訓爲高飛，無黠詐義。譎從言矞聲，矞從矛從冏，冏冏內口，無黠詐義。糾字原爲丩，交字原爲乂，糾交皆本聲本義。及糾交聲轉爲膠、爲譎，交、糾字原不可借，乃借翏、矞爲字原，以爲膠、爲譎，而引申交糾之義以爲黠詐，故方言云：「膠、譎，詐也。」左思魏都賦：「牽膠言而踰侈。」張載注引李克書曰：「言語辨聰之說。」而不度於義者，謂之膠言。又方言卷十云：「江湘之間謂獪曰膠。」注云：「恣忺多智也。」恣忺即巧邪，即黠詐義也。案交、糾爲本義，膠、譎訓黠爲借義。膠即借交爲之，膠之語原爲交，交爲所宜從之字原，從交字原者有狡。廣雅釋詁四：「狡，獪也。」通俗文：「小兒戲謂之狡獪。」管子形勢篇：「烏鳥之狡，雖善不親。」注：「謂狡猾也。」史記淮陰侯傳：「狡兔死，走狗烹。」索隱：「狡，猾也。」呂覽尊師篇：「東方之鉅狡也。」注同。則膠即狡矣。亦通作佼。詩鄭風山有扶蘇：「乃見狡童。」狡宜爲佼。箋云：「佼童有貌而無實。」管子七臣七主：「好佼反而行私請。」尹注：「謂佼很詐也。」淮南子冥覽篇：「草木不搖而燕雀佼之。」高注謂「佼或作詨」。撓亂之謂也。說文：「佼，交也。」則佼亦即膠矣。亦通作姣。廣雅釋言：「姣，侮也。」即狡獪義，與膠義通。凡從交聲之字，均與交義近。如烄，說文云：「木交然也。」玉篇云：「交木然之，以尞祭天也。」郊，說文云：「岠國百爲郊，從邑交聲。」公羊僖公三十一年傳：「魯郊，非禮也。」注謂之郊者，「天人相與交接之意也」。漢書鄭當時傳：「常置驛馬長安諸郊。」注謂郊「交道四通處也」。校，說文云：「木囚也，從木交聲。」漢書司馬相如傳：「天子校獵。」注謂校「以木相貫穿，總爲欄校，庶止禽獸而獵取之」。絞，說文云「縊也，從交從糸」會意，朱駿聲謂「交亦聲，字亦作絞」，其說是也。禮記士喪禮：「絞橫三縮一。」注：「所以收束衣服，爲堅急者也。」雜記疏：「兩股相交謂之絞。」知交爲字原矣。糾義之丩，爲語原亦爲字原。丩，說文云：「相糾繚也。一曰瓜瓠結丩起，象形。」瓜瓠之縢，緣物糾纏，丩正象其形也。從丩之字如茻，「艸之相丩」

也，丩、訆以口語相丩也，收以物相收捕也。詩大雅瞻卬篇：「女反收之。」毛傳：「收，拘收也。」木之下曲者爲朻。爾雅釋木：「下句曰朻。」文選宋玉高唐賦：「朻枝還會。」注：「枝曲下垂也。」疚病有丩意者則爲疝，説文謂「腹中急也」，朱駿聲謂「今俗所謂絞腸痧」也。絲麻有丩義者則爲糾，説文云糾「繩三合」也，漢書賈誼傳「何異糾纆」顔注「糾絞也」。丩爲字原，故丩之字義均通。其形義衍之字亦同。如句，説文云：「曲也，從口、丩聲。」句即今之鉤字也。左氏哀公十七年傳：「越子爲左右句卒。」杜注：「鉤伍相箸。」尚書大傳：「古之人衣上有冒而句領者，」注：「繞頸也。」淮南子脩務篇：「據句枉。」高注：「句，曲枝也。」是句爲曲義也。拘，説文云：「止也，從手、句。」今案句亦聲。淮南汜論篇：「而不肖者拘焉。」注：「拘，猶檢也。」漢書司馬遷傳：「使人拘而多畏。」注：「拘，曲礙也。」止檢有限制義，限制則有所曲矣。笱，説文云：「曲竹捕魚具也，從竹、句會意，句亦聲。」鉤，説文云：「曲鉤也。」羽毛之曲者則爲翎，脊之曲者則爲痀，老人背傴僂者則爲耇，鎌之曲者則爲刨，足之曲者則爲跔，脯有屈處則曰朐，聲原皆爲句，字原皆爲丩，故字義皆相通。曲折絞繞，則近權姦黠詐矣。譎從言、矞聲，矞從矛、從冏，冏爲口，以内爲字原爲其本義。内者入也，從内之字有難義，有入義，引申爲穿義。矞，説文云：「以錐有所穿也。」廣雅釋詁三：「矞，穿也。」無糾交義，無黠詐義。膠從翏聲，説文訓爲「高飛」，無糾交義，無黠詐義。及膠、譎音如交、糾，因即借翏、矞爲字原，以成膠、成譎，而引申其義爲黠詐。暨膠譎借字已能成立，借義亦即成立，因誤以翏爲字原，凡從翏得聲之字，命其與膠義通。從矞聲得聲之字，命其與譎義通。詩「南有樛木」，釋文馬融韓詩本並作朻，毛傳云：「木下曲曰樛。」爾雅釋木：「下句曰朻。」其事正同。説文樛爲朻之重文，則樛即朻字。今音則尤侯韻轉蕭豪，故朻可借從翏爲聲樛也。膠語轉舌頭音則如𤢧。列子力命篇：「𤢧伢情露。」釋文引阮孝緒文字集略云：「㤹伢，伏態皃。」方言卷十：「獪或謂之無賴，或謂之𤢧。」注：「𤢧，偛慨多智也。」亦通憀。漢書「其畫無俚之至」，淮南子兵略篇「民不相憀」，國策「民無所賴」，賴、俚、憀皆同聲之轉。又通摎。楊子太玄攡「死生相摎」，宋注云：「摎，猶糾也。」漢書五行志：「天雨草而葉相摎結。」注：「摎，繞也。」繞亦糾義也。女戀人而不能去者爲嫪，糾纏之意也。絲枲之糾纏者爲繆，蟲之蚴曲蜿嬋而行者爲蟉，通溝溉田者爲𤳷，言語狂妄者爲謬，皆曲折絞繞之義，與膠義通矣。其從矞聲而通譎義者，如憰，説文云：「權詐也，從心、矞聲。」言詐曰譎，心詐曰憰。趫，説文云：「狂走也。」字亦作獝。禮記禮運：「故鳥不獝。」疏云：「獝，驚飛也。」文選東京賦：「斮獝狂。」注謂「獝爲惡戾之鬼名」。狂戾則倍譎，義引爲危戾。字又從人作僪。呂覽明理「有倍僪」，注：「日旁之危氣也。在上反出爲僪。」字通作噊，説文：「噊，危也。」遹亦通譎，説文：「遹，迴避也。」朱駿聲謂「衺行也」。詩小旻：「謀猶回遹。」毛傳：「遹，辟也。」案辟即僻字，回邪之義。皆與譎義通矣。從矞聲之字，入見母則爲譎，爲憰，爲僪，入疑母則爲獝，爲噊，爲遹，皆淺喉音同行之轉。入聲質屑韻，有與平聲支韻通轉者。如兒聲字本屬支韻，而倪、蜺則或入屑韻，即屑韻字可入支韻，及語轉支韻。交ㄐ字原膠譎聲原皆不適於用，因復假與兒倪同音之字其爲字原以成欺字，而命其義爲欺詐，以合黠詐之本義。故方言「膠、譎，詐也」下注云：「汝南呼欺爲讉，亦曰詒。」讉、詒今音猶讀如蜺、倪，必彼時汝南方音有呼欺如讉者，亦有呼譎如讉者，蓋從矞聲可知也。讉詒矞紐韻並同行，與欺爲同行近轉，且同屬支韻，故可通借。（未完）

河南大學學報第一卷第二期，一九三四年

方言聲轉説

蔡鳳圻

我國的文字是統一的，語言也是統一的，但是爲什麽甲地有甲地的土語，乙地有乙地的土語呢？其中最大的原因是在語音的歧異。語音歧異的緣故，在乎語音轉變的不同，從時代言一個音歷時久長以後，可以轉變出不少不同的音，從地域言一音到了各地轉變出來的音，也各不相同，更或甲地保存某時代的音，而乙地卻保存某時代的音，這樣就發生了歧異的語音。從現代的方言中舉一例，如「昨日」，在北方叫做「ㄓㄚㄖ」，吴語字音叫做「ㄙㄛㄙㄜ」，語音叫做「ㄙㄛㄏㄜ」，甯波叫做「ㄙㄛㄇㄜ」。就「日」字言：在三處地方，有四個不同的音，這裏我們要特別注意的，這四個音不過是音的轉變，也就是「日」字在各處讀音的不同，並不是對於這「日」字本身有所殊異。我們以「日」字古音「ㄋㄧㄜ」爲標準，北方音變爲日，正章太炎所云娘日歸泥也。江南無翹葉音，遂變爲平葉音爲「ㄙㄜ」，在吴語中仍保存古音，甯波卻讀成明母，泥明皆帶鼻音，以是轉變，所以這四個音實同出一源。

揚雄方言所載大部分也是語音的轉變，其中所記的某地叫什麽，某地叫什麽，大都代表音的，就以上例「日」字，我們也可以倣方言的語氣來説：「聶、食、墨，日也。吴謂之食，或謂之聶；東越謂之墨，青齊兖冀之間謂之日，日其通語也。」這樣一來，好像聶、食、墨三個字有了「日」字的意義，而一個「日」字就變成四個字了；其實三個字是代表音的。本來以前的假借字，都是代表音的，所謂「依聲托事」。方言中的文字，雖然其歧異之道由於義的如「雞頭或謂之雁頭，或謂之烏頭」等，但由於音的究屬多數。揚雄在收集方言的時候，亦深明此理，所以他明白説出是轉語的有下列幾條：

「庸謂之倯，轉語也。」卷三

「撲、鋌、澌，盡也。……鋌，空也，語之轉也。」卷三

「煤，火也，楚轉語也，猶齊言焜火也。」卷十

「嘳哰、謰謱，拏也。東齊周晉之鄙曰嘳哰，嘳哰亦通語也。南楚曰謰謱，或謂之支註，或謂之詀謕，轉語也。……」卷十

「緤、末、紀，緒也。南楚皆曰緤，或曰端，或曰紀，或曰末，皆楚轉語也。」卷十

「蜘蛛，蛛蝥也。自關而西秦晉之間謂之蛛蝥，自關而東趙魏之郊謂之蠾蝓，蠾蝓者侏儒語之轉也。……」卷十一

郭璞注方言，更直白地説是聲轉，兹舉出於後：

「剿、蹶，獪也。秦晉之間曰獪，楚謂之剿，或曰蹶，楚鄭曰蔿。……」注：「音指撝，亦或聲之轉也。」卷二

「蔿、譌、譁、涅，化也。」譁字下注云：「五瓜反，皆化聲之轉也。」卷三

「杷，宋魏之間謂之渠拏，或謂之渠疏。」注：「語轉也。」卷五

「臿，燕之東北朝鮮洌水之間謂之斛。」注：「此亦鍫，聲轉也。」卷五

「薄，宋魏陳楚江淮之間謂之苗，或謂之麴。」注：「此直語楚轉聲耳。」卷五

「牀，齊魯之間謂之簀，陳楚之間或謂之笫，其杠北燕朝鮮之間謂之樹，自關而西秦晉之間謂之趙。」注：「趙當作兆，聲之轉也。」卷五

「竘、貌，治也。吴越飾貌爲竘，或謂之巧。」注：「語楚聲轉耳。」卷七

「尸鳩，燕之東北朝鮮洌水之間謂之鶝鴀，自關而東謂之戴鵀，東齊海岱之間謂之戴南，南猶鵀也。」注：「此亦語楚聲轉

也。」卷八

「崽者子也。」注：「聲之轉也。」卷十

據以上所引，便可明白方言由於聲轉，不過有許多聲音轉變得太遠，不易看出而已。我們試再一檢方言，其中更有不少極容易看出的轉語，述之如下：

「台、胎、陶、鞠，養也。晉衛燕魏曰台，陳楚韓鄭之間曰鞠，秦或曰陶，汝潁梁宋之間曰胎，或曰艾。」卷一 郭注：「台猶頤也，音怡。」陶又讀姚。鞠古與育通假。怡、姚、育並與養變聲。鞠、陶古韻通。疑、喻混讀，如「元、原」或讀「袁」，艾或亦讀喻紐音，則音與怡近。

「牴、傚，會也。雍梁之間曰牴，秦晉亦曰牴，凡會物謂之傚。」卷一 傚古音如牴，猶至古音如到也。（按到、抵古韻通。）

「撏、攓、摭、挻，取也。南楚曰攓，陳宋之間曰摭，衛魯揚徐荆衡之郊曰撏，自關而西秦晉之間凡取物而逆謂之籑，楚部或謂之挻。」卷一 撏、攓、摭、籑、挻古韻皆通，攓、摭音易混，猶「釗」廣韻指遥切，又古堯切。摭音變爲撏，照紐變禪紐也，如「純」讀之尹切，又讀常倫切。又爲籑，猶「事」之讀側吏切，又讀仕于切。撏又變爲挻，如「鋋」讀市連切，又讀以然切。

「朦、厖，豐也。自關而西秦晉之間凡大貌謂之朦，或謂之厖，豐其通語也。」卷二 朦、厖變聲，古韻又通（東、冬、江通）。豐、朦疊韻，脣音轉變也。

「奕、僷，容也。自關而西凡美容謂之奕，或謂之僷，宋衛曰僷，陳楚汝潁之間謂之奕。」卷二 奕、僷音似。

「殗殜，微也。宋衛之間曰殗，自關而西秦晉之間凡病而不甚曰殗殜。」卷二 殗擴增爲殗殜。

「臺敵，延也。東齊海岱之間曰臺，自關而西秦晉之間物力同者謂之臺敵。」卷二 臺擴增爲臺敵。

「抱娩，耦也。荆吴江湖之間曰抱娩，宋潁之間或曰娩。」卷二。抱娩縮減爲娩。

「倚、踦，奇也。自關而西秦晉之間凡全物而體不具謂之倚，梁楚之間謂之踦，雍梁之西郊凡嘼支體不具者謂之踦。」卷二 郭注：「倚，丘奇切。」音與踦同。

「逴、獡、透，驚也。自關而西秦晉之間凡蹇者或謂之逴，體而偏長短亦謂之逴，宋衛南楚凡相驚曰獡，或曰透。」卷二 逴，敇略切；獡音鑠。徹紐變爲審紐，如「曬」讀丑离切，又讀所賣切。透，郭注「式六切」，音如獡。

「𥝖、𪏰，黏也。齊魯青徐自關而東或曰𥝖，或曰𪏰。」卷二 𥝖爲𪏰之入聲，並變聲。

「鍇、鐕，堅也。自關而西秦晉之間曰鍇，吳揚江淮之間曰鐕。」卷二 鐕，郭注「音啟」，古韻與鍇通，並雙聲。

「挍、略，求也。秦晉之間曰挍，就室曰挍，於道曰略。略，强取也。」卷二 章太炎説齒音往往歸舌。審紐之讀來紐音者如「瀧」音雙，又音呂江切，挍讀舌音如樓，轉入聲爲略。

「𩞁、喙、呬，息也。周鄭宋沛之間曰𩞁，自關而西秦晉之間或曰喙，或曰𩞁，齊曰呬。」卷二 𩞁，郭注「音息」。心、曉易混，如「眭」，廣韻切息爲、許爲二音。息音轉爲呬又爲喙，呬、喙古韻通。

「翿、幢，翳也。楚曰翿，關西關東皆曰幢。」卷二 郭注翿「音濤」，幢「徒江反」，雙聲。江、豪古韻或通，如「獶」，玉篇女江切，廣韻女交切。

「陳楚之間凡人嘼乳而雙產謂之釐孳，秦晉之間謂之僆子，自關而東趙魏之間謂之孿生。」卷三 僆子、釐孳音近似，僆、孿音近，生、孳之轉音也。

「楚東海之間亭父謂亭公，卒謂之弩父，或謂之褚。」卷三 褚，廣韻丁呂切，古音如屠，爲亭父之合音。父或作公，由義變，弩父亦由義變，非關聲轉。

「斟、協，汁也。北燕朝鮮洌水之間曰斟，自關而東曰協，關西曰汁。」卷三 斟、汁雙聲，汁爲斟之入聲。汁、協古通假，爾雅釋天「太歲在未爲協洽」，史記曆書作「汁洽」，知汁、協古音同，協音由汁變。

「蘴、蕘，蕪菁也。陳楚之郊謂之蘴，魯齊之郊謂之蕘，關之東西謂之蕪菁。」卷三 蘴爲蕪菁之合音。從堯得聲之字讀曉紐音者甚多，蕘或亦音曉平聲，輕脣與曉紐混，東、冬、豪、蕭或通，如上述獶字例（獶又音農），故蘴轉爲蕘也。

「凡飲藥傅藥而毒，南楚之外謂之瘌，北燕朝鮮之間謂之癆，東齊海岱之間謂之眠，或謂之眩，自關而西謂之毒。瘌，痛也。」卷三 癆、瘌雙聲，古韻輾轉相通（灰、尤、豪通）。來、明兩紐古亦通轉，如「埋」從里聲，「犛」讀釐亦讀茅，以是瘌轉爲眠。眠又轉眩，如民聲之有昏也。

「膠、譎，詐也，涼州西南之間曰膠，自關而東西或曰譎，或曰膠，詐，通語也。」卷三 膠、譎雙聲，膠讀入聲成譎。

「追、遝，及也。東齊曰追，關之東西曰遝，或曰及。」卷三 追、遝雙聲，遝爲追之入聲。從及得聲之字，如笈亦讀穿紐音，齒音歸舌，則遝與及可通轉矣。

「寓，奇也。」卷三 從奇得聲之字亦有讀疑紐音者，如「錡」魚綺切，而兼讀見疑兩紐音之字有婍、澆、琨、剴等字（見廣韻音切），故寓、寄通轉。

「氓，民也。」卷三 氓、民雙聲，古韻亦通，詩白華以梁、森、人、心爲韻。

「朹，仇也。」卷三 朹、仇音似。

「軫，戾也。」卷三 從㐱得聲之字如「沴」，讀來紐音爲郎計切，其音正如戾，以是知軫、戾通轉。

「⿰嚴攵，數也。」卷三 從婁得聲之字如縷，其音似⿰嚴攵，齒音歸舌，數音正如⿰嚴攵也。

「屑，潔也。」卷三 從㓞得聲之字如「楔」，廣韻音吉黠切，又音先結切，故知潔、屑聲之轉也。

「俚，聊也。」卷三 俚、聊雙聲，古韻亦通。

「襌衣……無裦者謂之裎衣，古謂之深衣。」卷四 從罙得聲之字如「琛」，集韻讀癡林切，亦讀深。裎，郭注「音逞」，音正如琛，可知裎、深古音似。

「襜褕，江淮南楚謂之穜褣，自關而西謂之襜褕。……」卷四 襜，集韻亦爲儋，從詹得聲之字如「澹」，即讀定紐音，則襜、穜雙聲，褕、褣亦雙聲，穜褣、襜褕韻轉也。

「帬，陳魏之間謂之帔，自關而東或謂之襬。」卷四 帔、襬音近。

「褕謂之袖。」卷四 袖從由得聲，由、俞雙聲，古韻亦通。

「袿謂之裾。」卷四 袿、裾雙聲，古韻亦通。

「衿謂之交。」卷四 衿、交雙聲，郭注「衣交領也」，衿正爲交領之合音。

「厲謂之帶。」卷四 帶、厲古韻通，廣韻兼讀端、來兩紐之字有梩、刡等，知厲由帶轉。

「緉、緛，絞也。關之東西或謂之緉，或謂之緛，絞，通語也。」卷四 緉、緛古音同，章太炎云：齒音往往歸舌也。

「釜，自關而西或謂之釜，或謂之鍑。」卷五 鍑爲釜之入聲。

「缶謂之瓿甂，其小者謂之瓶。」卷五 缶、甂古韻通，缶實爲瓿甂之合音。瓿、瓶雙聲韻轉。

「炊䉛謂之縮，或謂之篗，或謂之𠥫。」卷五 䉛、縮疊韻，縮變爲䉛，如「嗄」，廣韻所嫁切，又於犗切。篗爲縮之去聲。𠥫，集韻式撰切，與縮爲雙聲韻轉。

「扇，自關而東謂之箑，自關而西謂之扇。」卷五 箑爲扇之入聲。

「碓機，陳魏宋楚自關而東謂之梴磑，或謂之碡。」卷五 從延得聲之字有誕，知碓、梴古雙聲，機、磑疊韻，因此梴磑由碓機音轉。碡音由碓變，或曰碡爲碓機之合音亦通。

「繘，自關而東周洛韓魏之間謂之綆，或謂之絡，關西謂之繘綆。」卷五 綆讀入聲爲繘。絡從各聲之音，常由繘變。繘綆爲繘或綆之擴增也。

「刈鉤，江淮陳楚之間謂之鉊，或謂之鐹，自關而西或謂之鉤，或謂之鎌，或謂之鍥。」卷五 從過得聲之字如「檛、撾」，讀張瓜切。「檛」又讀莊華切，與鉊雙聲，音相似，故知鐹由鉊轉。鐹，郭注「音果」，與鉤雙聲，鉤又與鉊古韻通。鎌從兼聲，兼與鉤同紐，鎌古或讀如兼，韻轉爲鎌，讀入聲爲鍥。

「槌，宋魏陳楚江淮之間謂之植，自關而西謂之槌，齊謂之样。……」卷五 槌讀入聲爲植。郭注槌又讀「度畏反」。样，集韻「音詳」，定紐轉邪紐如「褶」，廣韻徒協切，又似入切，知样爲槌轉，韻亦變易。

「筕篖，自關而東周洛楚魏之間謂之倚佯，自關而西謂之筕篖，南楚之外謂之篖。」卷五 筕轉爲倚，曉匣變影喻也。如「行」，吴語讀喻紐音。篖、佯疊韻。兩字語之轉變，往往上一字聲不變，下一字韻不變。筕篖又省爲篖。

「榻前几，江沔之間曰桯，趙魏之間謂之椸。……」卷五 桯、椸同紐。

「絡謂之格。」卷五 絡、格皆從各聲，知絡爲格轉。

「蛩烘，戰慄也。荆吴曰蛩烘，蛩烘又恐也。」卷六 恐爲蛩烘之合音。

「鈐、龕，受也。齊楚曰鈐，揚越曰龕。……」卷六 鈐、龕疊韻，龕從合聲，鈐、合同紐，知鈐、龕通轉。

「顛、頂，上也。」卷六 顛、頂同紐，古韻亦通。

「汩，遥，疾行也。南楚之外曰汩，或曰遥。」卷六 汩，郭注「于筆反」，與遥同紐，遥轉入聲爲汩。

「參、蠡，分也。齊曰參。楚曰蠡，秦晉曰離。」卷六 離、蠡音近。參審紐如搜略例轉來，韻轉爲離。

「緡、緜，施也。秦曰緡，趙曰緜，吴越之間脱衣相被謂之緡緜。」卷六 緜、緡同紐，古韻亦通。

「瀧涿謂之霑漬。」卷七 瀧從童聲，童從東聲，則其音發源於端紐。霑知紐，古知、端雙聲，以是知瀧、霑古同紐。涿、漬皆入聲，入聲韻易變，漬由涿轉。

「羅謂之離，離謂之羅。」卷七 羅、離音近。

「釗、超，遠也。燕之北郊曰釗，東齊曰超。」卷七 從召得聲之字如「招」，音同釗，知超爲釗變。

「茹，食也。吴越之間凡貪飲食者謂之茹。」卷七 茹，今吴音如食，古或已有此音。

「……凡以驢馬馲駝載物者謂之負他，亦謂之賀。」卷七 匣紐與輕脣混，負他之合音爲賀。

「貔，陳楚江淮之間謂之貅，北燕朝鮮之間謂之貊，關西謂之貍。」卷八 貔、貅音近，貅、貍古音似，兼讀來、滂兩紐，音如「濼」，知貊、貍通轉。

「貛。關西謂之貒。」卷八 端紐音轉曉紐音者如「灘」，廣韻他丹切，又呼旱切。知貒轉變爲貛。

「鳩，自關而東周鄭之郊韓魏之都謂之鵖。」卷八 不羹音不郎，知見、來通轉。鳩爲音，韻轉。

「鸝黄，自關而東謂之創鶬，自關而西謂之鸝黄，或謂之黄鳥，或謂之楚雀。」卷八 從麗得聲之字多讀穿紐音，創穿紐，楚亦穿紐，鸝、創楚古或同紐。黄從光聲，古音如光，庚陽古韻通，黄鶬古音近。雀今吴音讀如將，陽韻，與黄疊韻。黄鳥由義命名，不關音轉。

「鑽謂之鍴。」卷九 齒音歸舌，知鑽爲鍴轉變。

「軫謂之枕。」卷九 軫、枕音近。

「誺，不知也。沅澧之間凡相問而不知答曰誺，使之而不肯答曰言。」卷十 誺音轉如彼，猶貎轉爲貊，爲不知之合音。言又爲不肯之合音。

「粃，不知也。」卷十 粃亦不知之合音。

「迹迹、屑屑，不安也。江沅之間謂之迹迹，秦晉謂之屑屑，或謂之塞塞，或謂之省省，不安之語也。」卷十 迹迹、屑屑、塞塞、省省音均近。

「頷，頤，頜也。南楚謂之頷，秦晉謂之頤，頤其通語也。」卷十 頷、頤音似。曉匣變影喻，頷轉爲頤。

「紛怡，喜也。湘潭之間曰紛怡，或曰巸巳。」卷十 曉匣與輕脣音混，紛怡之合音爲喜，音喜亦爲巸巳之合。

「欸，譻，然也。南楚凡言然者曰欸，或曰譻。」卷十 欸、譻音似。

「蜻蛉謂之蝍蛉。」卷十一 蜻之入聲爲蝍。

「舂黍謂之聳蝑。」卷十一 舂黍、蜙蝑音近。

「蠭，燕趙之間謂之蠓螉。」卷十一 蠭、蠓皆脣音聲轉，蠭爲蠓螉之合音。

「趙、肖，小也。」卷十二 趙、肖皆從小聲。

「聳，悚也。」卷十三 聳、悚音近。

「屋梠謂之欞。」卷十三 梠、欞雙聲韻轉。

語言變易，類皆如此。一源濫觴，化成千百，聲轉較遠，統系乃失。如考其輾轉相通之道，不難溯流究源。不獨方言爲聲轉，即古今語也不能例外。民國二十九年九月二十五日。

說文月刊第二卷第八期，一九四〇年

楊雄方言中有切音

沈兼士

方言十「憐也」條：「凡言相憐哀……九嶷湘潭之間謂之人兮。」郭於「人兮」無注。錢繹方言箋疏引中庸「仁者人也」鄭注：「人也讀如相人偶之人，以人意相存問之言。」意謂人有仁愛之義。案「人兮」或爲楊雄假擬某一語詞之反語注音。爾雅釋器：「肉謂之醢，有骨者謂之臡。」釋文：「字林作腝，音人兮反。」（説文，腝，或作臡，大徐音人移切。）又釋名釋飲食：「臡，昵也，骨肉相傅昵無汁也。」臡昵以聲爲訓，而臡音人兮反，適與湘潭表示憐哀之語音脗合，竊意昵之古讀蓋或似之。（廣韻昵在質韻，尼質切。）親昵義與憐愛義相近。楊雄會孝廉衛卒問其異語之時，殆以「人兮」擬「昵」之方音歟？方言十：「食閻，慫慂，勸也。南楚凡己不欲喜而旁人説之，不欲怒而旁人怒之，謂之食閻，或謂之慫慂。」各家於「食閻」均未注，王念孫疏廣雅亦僅引方言而無説。案「食閻」亦楊雄假擬之反語注音。同書十二：「吹、扇，助也。」郭注：「吹嘘，扇拂，皆佐助也。」集韻去聲三十三綫：「謆，以言惑人。」又毛詩十月之交「豔妻煽方處」，説文引作「傓」，訓熾盛也。皆爲扇之增旁字。廣韻平聲二仙：「扇，式連切，扇涼。」引申之爲「扇助」及「以言惑人」，即方言所謂「勸」與「慫慂」也。竊意子雲以鉛摘次槧之時，殆以「食閻」切「扇」之方音，故今俗尚謂鼓惑人爲扇動。惟「扇」在仙韻收n，「閻」在鹽韻收m，不能相通，當時方音容亦有例外歟？據上所述，知曏者音韻學家考定東漢應劭及漢末孫炎始用反語，其説未爲實録。遠在西漢末年楊雄已知以此法記録方音，雖無反語之名，而有反語之實。且下一字「兮」「閻」，一在匣母，一在喻母，適合切音原理，尤爲可貴。假使此説可以成立，則楊雄作方言在成帝元延年間，爲公曆紀元前數年，早於應劭者將近二百年，實音韻學史上一值得注意之事也。至顧炎武音論云：「反切之語，自漢以上即已有之。」此乃沈括所謂「不可爲叵，何不爲盍」，鄭樵所謂「慢聲爲者焉，急聲爲旃」，皆言語自然之勢，而非音義家應用之以注音，二者固未可並爲一談也。

寫於一九四七年四月二十六日，載北平經世日報讀書週刊四十一期（一九四七年五月二十九日），收入段硯齋雜文。

據中華書局一九八六年版沈兼士學術論文集

書郭注方言後

書郭注方言後一

王國維

郭景純於爾雅有注有音，而注中之音則專爲今語而作，前篇既詳之矣。其於方言，則音即在注中，體例與音義爲近。其音有爲本文作者，有爲己注作者，可一一分別之。蓋所音之字惟見注中而不見於本文者，此音爲注作而不爲本文作，固不待言。即其字並見本文及注中而其音在注所引今語下，則其音實兼爲注作而不徒爲本文作。蓋注中所出之今語，本有音無字者也，景純以其音及義擬之，而以當古之「厶」字，故必存其音，而古語之音亦可由此音推之，固與注爾雅之旨同也。

如卷一：「好，自關而東河濟之間謂之媌。」注：「今關西人呼好爲媌，莫交反。」此「莫交反」之音，實音晉時關西之語，而漢時關東之語亦從可知矣。又：「虔、劉、慘、㨆，殺也。」注：「今關西人呼打爲㨆，音廩，或洛感反。」此音關西呼打之「㨆」，而本文之「㨆」亦從可知矣。卷二：「遽，吳揚曰茫。」注：「今北方通然也，莫光反。」此音晉時北方通語之「茫」，而漢時吳揚之「茫」音亦可知矣。又：「獪，楚鄭曰蔿，或曰婚。」注：「言黠婚也。今建平人呼婚，胡刮反。」此亦音晉建平人所呼之「婚」，而漢時楚鄭之「婚」音亦可知矣。又卷三：「蘇，沅湘之南謂之蓍。」注：「今長沙人呼野蘇爲蓍，音車轄。」又：「揠，拔也。」注：「今呼拔草心爲揠，烏拔反。」又：「荄、杜，根也。」注：「今俗名韭根爲荄，音陔。」又：「庸謂之倯，轉語也。」注：「倯，猶保倯。今隴右人名孏爲倯，相容反。」卷四：「袴，齊魯之間或謂之襱。」注：「今俗呼袴踦爲襱，音鮦魚。」卷五：「蠡，陳楚宋魏之間或謂之櫼。」注：「今江東通呼勺爲櫼，音羲。」又：「箸筩，自關以西謂之桶檧。」注：「今俗亦通呼小籠爲桶檧，音籠冠；謂桶之音如籠。檧，蘇勇反。」又：「甂，陳魏宋楚之間謂之㼭。」注：「今河北人呼小盆爲㼭子，杜啟反。」又：「所以注斛，陳楚宋魏之間謂之䈪。」注：「今江東亦呼爲䈪，音巫覡。」又：「扇，自關而東謂之箑。」注：「今江東亦通名扇爲箑，音篓。」又：「杷，宋魏之間謂之渠挐。」注：「今江東名亦然，諾豬反。」又：「僉，宋魏之間或謂之度。」注：「今江東呼打爲度，音量度也。」卷六：「擘，楚謂之紉。」注：「今亦以綫貫針爲紉，音刃。」卷七：「茹，食也。吳越之間凡貪飲食者謂之茹。」注：「俗呼能麤食者爲茹，音勝如。」又：「䏲，儋也。」注：「今江東呼儋兩頭有物爲脪，音鄧。」卷八：「虎，江淮南楚之間或謂之於䖘。」注：「今江南山夷呼虎爲䖘，音狗竇。」又：「貔，北燕朝鮮之間謂之豾。」注：「今江東呼爲豾貍，音丕。」又：「桂林之中守宮大者而能鳴謂之蛤解。」注：「江東呼爲蛤蚖，音頷頷。汝潁人直名爲蛤解，音懈，誤聲也。」卷九：「車枸簍，宋魏陳楚之間謂之筱。」注：「今呼車子弓爲筱，音巾幗。」又：「錟謂之鈹。」注：「今江東呼大矛爲鈹，音彼。」又：「小舫謂之艖。」注：「今江東呼艖小底者也，音叉。」又：「短而深者謂之𦨴。」注：「今江東呼艖𦨴，音步。」又：「船後曰舳。」注：「今江東呼柁爲舳，音軸。」卷十：「粃，不知也。」注：「今淮楚間語呼聲如非也。」又：「物生而不長大又曰癠。」注：「今俗呼小爲癠，音薺菜。」又：「顡，湘江之間謂之𩕄。」注：「今建平人呼頟爲𩕄，音旃裘。」又：「推，沅湧澆幽之語或曰攩。」注：「今江東人亦名推爲攩，音晃。」卷十一：「蟬，海岱之間謂之蚑。」注：「齊人呼爲巨蚑，音技。」又：「蜻蛚，楚或謂之蛬。」注：「梁國呼蛬，音鞏。」又：「姑𧓍謂之强蛘。」注：「建平人呼蛘子，音芈。芈即姓也。」卷十二：「築娌，匹也。」注：「今關西兄弟婦相呼爲築娌，度六反。」又：「𣩘，倦也。」注：「今江東呼極爲𣩘，音喙。」卷十三：「𤸰，極也。」注：「江東呼極爲𤸰，倦聲之轉，巨畏反。」又：「猴，本也。」注：「今之鳥羽本爲猴，音侯。」又：「隑，陭也。」注：「江南人呼梯爲隑，所以隑物而登者也，音剴切也。」又：「煬，炙也。」注：「今江東呼火熾盛爲煬，音恙。」又：「籠，南楚江沔之間謂之篣。」注：「今零陵人呼籠爲篣，音彭。」又：「𥳑，南楚謂之筲。」注：「今建平人呼筲，音鞭鞘。」又：「餳謂之餹。」注：「江東皆言餹，音唐。」此諸條，以爾雅注之例推之，固皆爲注作音，而因以求方言之音者。至今語之音與古語相近而微有别，則亦著之。如卷三：「蘴。」注：「舊音蜂，今江東音嵩，字作菘也。」又：「軫，戾也。」注：「謂了戾。江東音善。」卷八：「北燕朝鮮洌水之間爵子及雞雛皆謂之㲉。」注：「恪遘反。關西曰㲉，音顧。」卷十：「荆之南鄙謂何爲曾。」又：「或謂之訾。」注：「今江東人語亦云訾，爲聲如斯。」又：「誺，不知也。」注：「音癡眩。江東曰咨，此亦如聲之轉也。」卷十一：「蟬，其小者謂之麥蚻。」注：「今關西呼麥蠽，音癰癤之癤。」

是景純注方言時，全以晉時方言爲根據，故於子雲書時有補正。讀子雲書可知漢時方言，讀景純注，並可知晉時方言。張伯松謂方言爲「縣之日月不刊之書」，景純之注亦畧近之矣。乃景純爾雅、方言二注，頗爲後人所亂。爾雅注之音爲注疏本删剟殆盡。吾鄉盧抱經學士校刊方言，世稱善本，乃分别音與注爲二，又亂其次第，嘉定錢氏箋疏從之，致令景純以晉方言注漢方言之根據全不可見，亦可謂景純之不幸也。

書郭注方言後二

景純注方言，全以晉時方言爲本。晉時方言較子雲時固已有變遷，故注中往往廣子雲之説。其例有廣地，有廣言。

就廣地言之，有子雲時一方之言，至晉時爲通語者。如卷一：「慧，楚或謂之䜙。」注：「他和反。亦今通語。」又：「好，趙魏燕代之間曰姝。」注：「昌朱反。亦四方通語。」卷二：「好，青徐海岱之間曰釥，或謂之嫽。」注：「今通呼小姣潔喜好者爲嫽釥。」又：「遽，吳揚曰茫。」注：「今北方通然也，莫光反。」卷三：「凡草木刺人，江湘之間謂之棘。」注：「楚詞曰：曾枝剡棘。亦通語耳，音己力反。」又：「凡飲藥傅藥而毒，東齊海岱之間謂之眠，或謂之眩。」注：「眠眩亦今通語耳。」又：「南楚物空盡者曰鋌。鋌，賜也。」注：「亦中國之通語也。」卷五：「牀，其杠南楚之間謂之趙。」注：「趙當作桃，聲之轉也。中國亦呼杠爲桃牀，皆通語也。」卷六：「視，吳揚曰略。」注：「今中國亦云目略。」卷七：「澀，趙曰杜。」注：「今俗語通言澀如杜。」又：「舍車，東齊海岱之間謂之發。」注：「今通言發寫也。」卷八：「貔，關西謂之貍。」注：「此通名。」又：「守宮，南楚謂之蛇醫。」注：「今所在通名蛇醫耳。」卷九：「車枸簍，南楚之外謂之篷。」注：「今亦通呼篷。」卷十：「沅澧之間使之而不肯答曰吂。」注：「音茫。今中國語亦然。」又：「荆汝江湘之郊凡貪而不施謂之亄。」注：「亦中國之通語。」又：「㤪，楚以南謂之諑。」注：「諑譖亦通語也。」又：「咈、曬，乾物也。揚楚通語也。」注：「咈音菲。亦皆北方常語耳。」又：「讁、極，吃也。楚語也。」注：「北方通語也。」又：「眠娗、脈蜴、賜施、茭媞、譠謾、㦛忚，皆欺謾之語也。楚郢以南、東揚之郊通語也。」注：「六者，中國相輕易蚩弄之言也。」又：「頜，南楚謂之頜。」注：「亦今通語爾。」此皆漢時一方之語，景純時見爲通語者也。

又漢時此方之語，晉時或見於彼方。如卷一：「好，自關而東河濟之間謂之媌。」注：「今關西人呼好爲媌，莫交反。」又：「平原謂啼極無聲謂之唴哴。」注：「哴音亮。今關西語亦然。」又：「跳，楚曰跅。」注：「勑厲反。亦中州語。」又：「獪，楚鄭或曰婚。」注：「今建平人呼婚，胡刮反。」卷三：「雞頭，北燕謂之葰。」注：「今江東亦呼葰耳。」又：「凡草木刺人，北燕朝鮮之間或謂之壯。」注：「今淮南人亦呼壯。」卷四：「帬，自關而東或謂之襬。」注：「音碑。今關西語然也。」

卷五：「𧆓，陳楚宋魏之間或謂之㰒。」注：「今江東通呼勺爲㰒，音羲。」又：「甈，靈桂之郊謂之瓺。」注：「今江東通呼大瓮爲瓺。」又：「周魏之間謂之甒。」注：「今江東亦呼甖爲甒子。」又：「所以注斛，陳魏宋楚之間謂之篅。」注：「今江東亦呼爲篅，音巫覡。」又：「扇，自關而東謂之箑。」注：「今江東亦通名扇爲箑，音篓。」又：「杷，宋魏之間謂之渠挐。」注：「今江東語亦然，諾豬反。」又：「簟，宋魏之間謂之笙。」注：「今江東通言笙。」卷七：「東齊海岱北燕之郊跪謂之踉蹬。」注：「今東郡人亦呼長跽爲踉蹬。」又：「儋，自關以西隴冀以往謂之賀。」注：「今江東語亦然。」卷八：「貔，北燕朝鮮之間謂之豾。」注：「江東呼爲豾貍，音丕。」又：「布穀，自關而西或謂之布穀。」注：「今江東呼爲穫穀。」又：「桂林之中守宮大者而能鳴謂之蛤解。」注：「江東人呼爲蛤蚖，音頷頷；汝潁人直名爲蛤解，音懈，聲誤耳。」卷十：「楚凡揮棄物或謂之敲。」注：「恪校反。今汝潁間語亦然。」又：「頷，湘江之間謂之𩕢。」注：「今建平人呼頷爲𩕢，音旃裘。」又：「沅湧澆幽之語推或曰攩。」注：「今江東人亦名推爲攩，音晃。」卷十一：「蟬，宋衛之間謂之螗蜩。」注：「江南呼螗蛦。」又：「鼅鼄，自關而西秦晉之間謂之鼄蝥。」注：「今江東呼蝃蝥，音掇。」卷十三：「篆，其小者自關而西秦晉之間謂之箄。」注：「今江南亦名籠爲箄。」又：「麴，晉之故都曰䴬。」注：「今江東人呼麴爲䴬。」凡此皆漢時一方之語，景純時見於他方者也，此廣地之二例也。至於廣語則亦有二例。一，今語雖與古語同，而其義廣狹迴異，或與之相涉，則亦著之。如卷一：「㨆，殺也。」注：「今關西人呼打爲㨆。」又：「凡物盛多謂之寇。」注：「今江東有小鳧，其多無數，俗謂之寇鳧。」又：「相謁而餐，秦晉之際河陰之間曰饇𩜾。」注：「今關西人呼食欲飽曰饇𩜾。」又：「毳，燕之北郊朝鮮洌水之間曰葉輸。」注：「今名短度絹爲葉輸也。」卷二：「燕齊之間養馬者謂之娠。」注：「今之温厚也，音振。」卷三：「庸謂之倯。」注：「倯猶保倯。即保庸。今隴右人名孏爲倯，相容反。」卷四：「袴，齊魯之間或謂之襱。」注：「今俗呼袴踦爲襱，音鮦魚。」卷五：「箸筩，自關而西謂之桶檧。」注：「今俗亦通呼小籠爲桶檧，音籠冠；檧，蘇勇反。」又：「僉，宋魏之間或謂之度。」注：「今江東呼打爲度，音量度也。」卷六：「擘，楚謂之紉。」注：「今亦以綫貫針爲紉，音刃。」卷七：「吴越之間凡貪飲食者謂之茹。」注：「今俗呼能麤食者爲茹，音勝如。」卷九：「車紂，自關而東或謂之曲綸。」注：「今江東通呼索爲綸，音倫。」今本奪爲字，從原本玉篇所引補。卷十三：「𥲗，析也。析竹謂之𥲗。」注：「今江東呼篾竹裏爲𥲗。」又：「隑，陭也。」注：「江南人呼梯爲隑，所以隥物而登者也，音剴切也。」又：「煬，炙也。」注：「今江東呼火猛熾爲煬，音恙。」此皆語同而義稍異者也。

至義同而語異者，景純亦隨時記於注中。如卷二「逞、苦、了，快也」下注：「今江東人呼快爲愃，相緣反。」卷三：「東齊之間壻謂之倩。」注：「言可借倩也，今俗呼女壻爲卒便原注：一作平使。疑『平使』是。是也。」又「蘇、芥，草也」下注：「或言菜也。」又：「蘇，亦荏也。」注：「今江東人呼荏爲菩，音魚。」又「蘴蕘，蕪菁也」下注：「今江東名爲温菘。」又「膠、譎，詐也」下注：「汝南呼欺爲讉訰，他回反。亦曰詒，音殆。」又「汜、浼、㵝、洼，洿也」下注：「荆州呼潢也。」卷四：「襜褕，自關以東謂之裗裾。」注：「俗名裾掖，音倔。」又：「袀繵謂之禪。」注：「今又呼爲涼衣也。」又：「繞袊謂之帬。」注：「俗人呼接下，江東又名下裳。」又：「裪𧝎謂之袖。」注：「江東呼䘼，音婉。」卷五「甑」下注：「涼州呼鉹。」「炊籅」下注：「江東呼淅籤。」「臿」下注：「江東又呼鍫刃爲鐅，普篾反。」「橛」下注：「江東呼都。」又：「槌，其横關西曰榺。」注：「亦名校，音交。」又「簟」下注：「江東呼籧篨爲⿱竹廢，音廢。」「筕篖」下注：「江東呼笪，音靼。」「榻前几」下注：「江東謂之承。」卷八「虎」下注：「俗曰伯都。」又：「北燕朝鮮洌水之間謂伏雞曰菢。」注：「江東呼蓲，央富反。」又「桑飛」下注：「今亦名爲巧婦，江東呼布母。」又「守宫」下注：「南陽人又呼蝘蜓。」卷九：「凡矛骹細如鴈脛者謂之鶴厀。」注：「今江東呼爲鈴釘。」又：「鐏謂之釬。」注：「或名爲鐓，音頓。」又：「方舟謂之潢。」注：「揚州呼渡津舫爲杭，荆州人呼樹。」又：「所以隱棹謂之槳。」注：「江南又名爲胡人。」又：「船首謂之閤閭。」注：「今江東呼船頭屋謂之飛閭是也。」卷十：「棄，淮汝之間謂之投。」注：「江東又呼擫，音黶。」又：「吃或謂之⿱⿰刃刃足。」注：「今江東又名吃爲喋，若葉反。」卷十一「蛥蚗」下注：「江東人呼蟂蟧。」又：「蜩蟧謂之⿱蓋虫蜩。」注：「江東呼爲⿱蓋虫蠽也。」又：「螳蜋謂之髦。」注：「江東呼爲石蜋，又名齕朧。」又：「姑蠪謂之强蛘。」注：「江東謂之⿱加虫，音加。」又：「蜻蛉謂之蝍蛉。」注：「江東名爲狐黎，淮南人呼⿰虫康⿰虫尹。⿰虫康，音康；⿰虫尹，音伊。」又：「舂黍謂之𧒂蝑。」注：「又名蚣𧒂，江東呼虴蛨。」又：「蠀⿰虫戚謂之蚇蠖。」注：「又呼步屈。」又「蠭」下注：「或呼笛師。」「蚍蜉」下注：「建平人呼蚳，音侈。」「蠀螬」下注：「亦呼當齊，或呼地蠶，或呼蟦蝖。」「蚰蜒」下注：「江東又呼蛩，音鞏。」「鼅鼄」下注：「齊人又呼社公，亦言罔工。」卷十三「盂」下注：「江東名盂曰凱，亦曰甌也。」又：「屋梠謂之欞。」注：「亦呼爲連綿。」是皆今語之異於古者，亦記之以廣異語，此廣語之二例也。

故景純注方言，全以晉時方言爲本，雖注而不域於注體焉。然則方言注中之音，實不能與注離，後人分而二之，可謂失景純之恉矣。

書郭注方言後三

方言一書，經戴東原、盧抱經、劉端臨三先生校訂，又段懋堂先生説文注、王懷祖先生廣雅疏證，亦時訂其譌舛。丙辰冬，余讀方言，復取諸古書用戴氏疏證例校之，即書於戴本上。戊午冬，復檢前校，見有足訂正本文及注者得十六事，聊書於後。

其本文之顯然誤者。如卷一：「慎、濟、㬈、惄、溼、桓，憂也。自關而西秦晉之間，凡志而不得、欲而不獲、高而有墜、得而中亡謂之溼。」注：「溼者，失意潛沮之名。」案：原本玉篇、荀子修身篇注，均引「溼」作「濕」，玉篇又引注「潛沮」作「慘怛」。「濕」，古人皆讀「他合反」，今人於志而不得欲而不獲高而有墜得而中亡時，猶皆讀之如「他合反」之「濕」。以此一音，表彼四義，當是秦晉舊語，自以作「濕」爲長。卷三：「膠、譎，詐也。涼州西南之間曰膠，自關而東西或曰譎，或曰膠。」案：原本玉篇，爾稚序釋文，玄應一切經音義卷二，慧琳音義卷六、卷七、卷三十八，並引「謬，詐也」，疑「膠」乃「謬」之譌。説文「譎」字注：「益梁曰謬，欺天下曰譎。」即本之方言，「益梁」即所謂涼州之西南之間，「天下」所謂自關而東西也。是方言本作「涼州西南之間曰謬」。又原本玉篇：「自關而引東西或曰謬。」是末「膠」字亦本作「謬」。廣雅：「謬、譎、詐、膠，欺也。」上三字與方言次序同，當本之方言。「膠」字或取諸他書，或後人據譌本方言羼入也。卷六：「台既，失也。宋魯之間曰台。」「既、隱、據，定也。」今本分二節，上十字爲一節，下五字爲一節。案：廣雅：「隱、據，定也。」無「既」字，是張稚讓讀「宋魯之間曰台既」爲句，義較今本分節爲長。又：「紕、繹、督、雉，理也。秦晉之間曰紕。凡物曰督之，絲曰繹之。」原本玉篇引：「紕，理也。秦晉之間曰雉，宋鄭曰紕。」是今本奪「曰雉宋鄭」四字，於是宋鄭語誤爲秦晉語，而「雉」之爲何語亦不可知矣。又：「擱、剿，續也。秦晉續折謂之擱，繩索謂之剿。」「擘，楚謂之紉。」今本自「擘」以下五字自爲一節。案：原本玉篇引：「剿，續也。楚謂之紉。」洪興祖楚辭補注亦引：「續，楚謂之紉。」是此二節本是一節，又衍「擘」字。王逸楚辭注：「紉，索也。」正本之方言。郭注云：「今亦以綫貫針爲紉。」義亦與「擘」無涉，而與「續」及繩索之義相近。今本蓋誤。卷十三：「扶，護也。」注：「扶挾將護。」案：原本玉篇引：「挾，護也。郭璞曰：挾持護之也。」

玄應音義卷一卷十並引：「挾，護也。」廣雅語同。是本文「扶」當作「挾」，涉注「扶」字而譌。又：「無升謂之刁斗。」戴云「無升」二字應有譌舛。案：淮南齊俗訓：「炮格生乎熱升。」北堂書鈔一三五、太平御覽七一二並引「熱升」作「熱斗」。說者以爲尉斗。漢尉斗之狀與刁斗同，今傳世漢器，其銘皆作鐎斗。「無升、熱升、鐎斗」，字形皆相近，當云「鐎斗謂之刁斗」，猶爾雅云「荏菽謂之戎菽」矣。荏、戎，鐎、刁，音均相近。又：「餌謂之餻。」御覽八百六十引作「餌謂之䭐」。下有注「音恙」二字。原本玉篇食部：「䭐，餘障反。」引方言「餌謂之䭐」。廣韻四十七漾：「䭐，餌也。」集韻則云：「䭐，方言餌也。」又原本玉篇食部無「餻」字，大廣益會本始有之，是六朝尚無「餻」字，廣雅之「餻」字，亦本作「䭐」，與方言同，均後世所追改也。此皆本文之譌舛也。

至注文亦有當訂正者。卷一：「慧，秦謂之謾。」注：「言謾訑。音施，二字疑衍。大和反；謾，莫錢，又亡山反。」案：原本玉篇引：「秦晉謂慧爲謾。郭璞曰：言訑謾也。」是舊本作「訑謾」，故先音「訑」，後音「謾」。楚辭惜往日：「或訑謾而不疑。」其證也。又：「烈、枿，餘也。」注：「謂烈餘也。」戴云：「烈餘當作遺餘。」盧本從之。案：原本玉篇引注作「謂殘餘也」，慧琳音義卷六十七引「蘖，即枿字。謂殘餘也」，韋昭齊語注亦云：「裂，殘也。」是注「烈餘」當作「殘餘」，戴改「遺餘」非也。卷二：「揄鋪、艦極、帗縷、葉輪，毳也。」注：「音脆，皆謂物之行蔽也。」集韻十虞引注同。戴本改「行蔽」作「扞蔽」，盧本從之。案：原本玉篇引注作「謂物之行敝者也」，是今本「蔽」字乃「敝」之譌。周禮司市注云：「害，害於民，謂物行沽者。」「沽」之言苦，不攻緻也。「行敝」猶言「行沽」矣，今人猶呼貨物之次劣者爲「行貨」，與「毳」義正合。下注言：「今名短度絹爲葉輪。」絹之短度者，正物之行敝者也。卷九：「車枸簍，或謂之隆屈。」注：「尾屈。」盧據宋本改爲「屈尾」，今傳世李文授本作「尾屈」。然「尾屈」二字是音，非義。高誘淮南原道訓注：「屈，讀秋雞無尾屈之屈。」是「尾屈」二字乃漢魏以來成語，故景純取以爲音，改爲「屈尾」者非也。又：「箭，其三鐮長尺六者謂之飛虻。」注：「此謂今射箭也。」又：「内者謂之平題。」注：「今戲射箭。」案：慧琳音義卷四十五引注云：「三鐮，今筩射箭也。平題，今戲射箭也。」是「戲射」與「筩射」相對爲文，御覽三百四十九引開元文字亦有此二語，蓋即本方言注。大唐六典兵部員外郎職：「凡應舉之人，有謀略才藝，平射筒射。」唐韻十一没「䟣」字注云：「筩射。」廣韻同。是古弩射之外，別有筩射，矢長尺六，較諸矢爲短，蓋如後世袖箭矣。今注奪「箭」字。卷十：「翥，舉也」注：「謂軒翥也。」案：廣雅卷一：「翥，舉也。」曹憲音曰：「方言爲署音。」又卷三：「翥，飛也。」曹曰：「方言音曙。」是注「謂軒翥也」下舊有「音署」或「音曙」二字，今本奪。又：「拯、抌，推也。」「拯」下有「揰拯」二字注，戴改爲「神祕」，盧改爲「攩拯」。案：文選西京賦：「徒搏之所揰拯。」是「揰拯」乃「撞拯」之譌，「揰、撞」一字也。卷十二：「杼、瘛，解也。」「杼」下有「杼井」二字注，戴改「杼」爲「抒」，盧復改「杼井」爲「抒渫」。案：說文「𣂯」字注云：「量物之𣂯。一曰抒井𣂯。」是古有「抒井」語，井字不誤，盧改非是。此注文及後世改字之當訂正者也。

校本雖戢孴叢雜，然可紀者止此，書之以諗世之讀是書者。

據中華書局二〇二三年版揚雄方言零札伍種

晉代方言考

朱芳圃

晉郭璞注爾雅、方言，疏通訓詁，辨章名物，於文字學上，厥功甚偉，古今學者有定評矣。至於考方國之語，採謠俗之志，以今釋古，以俗訓雅，於語言學上之貢獻尤多，則前人鮮有道及之者。夫爾雅辨古代義訓之異同，方言載漢代語言之類別，郭氏詮釋二書，於訓詁外，兼及晉語。故讀其書，不獨可知晉代方言之區分，更由此可以明古今義訓之因革，與漢、晉方言之變遷。蓋其價值，不下於原書，惜乎自來承學之士，鮮有注意及此者。玆通校全書，加以理董，區分類別，著爲是篇，其於世之治古代語言學者，不無裨益云。惟草木蟲魚鳥獸之名，種類繁夥，更僕難數，玆概從略。

甲　通語

通語與方言異。通語範圍較廣，能通行於各地；方言限於一隅，易地即不能喻。晉代通語，其因襲前代，無變易者，如：

那……於也。注：……那，猶今人云那那也。

虧……毀也。注：……虧，通語耳。

朕、余、躬，身也。注：今人亦自呼爲身。

觳……盡也。注：觳，今直語耳。

摟，聚也。注：……摟，猶今人言拘摟，聚也。

恙……憂也。注：今人云無恙，謂無憂也。

訛，言也。注：……今以妖言爲訛。

遏，止也。注：……今以逆相止爲遏。

串、貫，習也。注：串，厭串；貫，貫忕也。今俗語皆然。

歇……竭也。注：……歇，通語。

馘、穧，穫也。注：今以穫賊耳爲馘，穫禾爲穧。

貉縮，綸也。注：……謂牽縛縮絡之，今俗語亦然。

饙、餾，稔也。注：今呼餐飯爲饙，饙孰爲餾。

麻，癊也。注：今俗語呼樹癊爲麻。

苞，稹也。注：今人呼物叢緻者爲稹。

肯，可也。注：……肯，今通言。

黹，紩也。注：今人呼縫紩衣爲黹。

饎，酒食也。注：猶今人饎饌，皆一語而兼通。

姑之子爲甥，舅之子爲甥，妻之晜弟爲甥，姊妹之婦爲甥。注：……甥，猶生也。今人相呼蓋依此。

長婦謂稚婦爲娣婦，娣婦謂長婦爲姒婦。注：今呼先後。案：史記封禪書：「先後宛若。」集解：「孟康曰：『兄弟妻相謂先後。』」是先後爲古語。

連謂之簃。注：堂樓閣邊小屋，今呼之簃廚連觀也。

無室曰榭。注：即今堂堭。案：堂堭，古有是名。漢書胡建傳：「列坐堂皇上。」集注：「室無四壁曰堂皇。」

衣蔽前謂之襜。注：今蔽膝也。案：方言：「蔽厀……自關東西謂之蔽厀，齊魯之郊謂之袡。」（袡即襜之或體。）是古有此名。

簡謂之畢。注：今簡札也。

金鏃翦羽謂之鍭。注：今之錍翦是也。案：方言：「凡箭鏃廣長而薄鐮謂之錍。」是古有是名。

骨鏃不翦羽謂之志。注：今之骨骲是也。案：郝懿行云：「骲箭古用骨，今亦用木，仍曰骲頭。」疑古已有是名。

邸謂之柢。注：……邸，即底通語也。以上均見爾雅

虔、儇，慧也。……楚或謂之譎。注：他和反，亦今通語。

娥、嬿，好也。……趙魏燕代之間曰姝。注：昌朱反，亦四方通語。

假、佫、懷、摧、詹、戾、艐，至也。……摧、詹、戾，楚語也。注：……此亦方國之語，不專在楚也。

路、䠛、跸，跳也。楚曰蹠。注：亦中州語。

釗、薄，勉也。秦晉曰釗，或曰薄。故其鄙語曰薄努，猶勉努也。注：如今人言努力也。南楚之外曰薄努。

釥、嫽，好也。青徐海岱之間曰釥，或謂之嫽。注：今通呼小姣潔喜好者爲嫽。

茫、矜、奄，遽也。吴揚曰茫。注：今北方通然也。

凡飲藥傅藥而毒……東齊海岱之間謂之瞑，或謂之眩。注：瞑眩亦今通語耳。

凡草木刺人……江湘之間或謂之棘。注：楚辭曰：「曾枝剡棘。」亦通語耳。己力反。

凡草木刺人……自關而東或謂之梗。注：今云梗榆。

揠、擢、拂、戎，拔也。注：今呼拔草心爲揠。東齊海岱之間曰偃。

庸、恣、比、侹、更、佚、遞，代也。……注：今俗亦名更代爲恣作也。

撲、鋌、澌，盡也。南楚凡物盡生者曰撲生。注：今種物皆生云撲地生也。物空盡者曰鋌。鋌，賜也。注：亦中國之通語也。

襜褕……自關而西謂之裗裾。注：俗名裾掖。

汗襦……自關而西或謂之祇裯。注：亦呼爲掩汗也。案：掩汗，古有是名。掩汗，猶馬鞈謂之弇汗也。鹽鐵論散不足篇：「罽繡弇汗。」

繫絡謂之褔。注：即小兒次衣也。案：次衣，古有是名。說文：「褔，褔領也；一曰次裹衣。」

無裥袴謂之襣。注：……即今犢鼻褌也。

扉、屨、麤，履也。……自關而東……褌者謂之鞮。注：今韋鞮也。

暖、略，視也。注：今中國亦云目略也。

杜、蹻，歰也。趙曰杜。注：今俗語通言歰如杜。

發、稅，舍車也。東齊海岱之間謂之發。注：今通言發寫也。

過度謂之涉濟。注：猶今云濟渡。

艁舟謂之浮梁。注：即今浮橋。

車枸簍，宋衛陳楚之間謂之筱。注：今呼車子弓爲筱。

車枸簍……南楚之外謂之蓬。注：今亦通呼蓬。

亄、嗇，貪也。荆汝江湖之郊，凡貪而不施謂之亄。注：亦中國之通語。

諑，愬也。注：諑、譖，亦通語也。楚以南謂之諑。

誺，不知也。沅澧之間，凡相問而不知答曰誺；使之而不肯答曰吂。注：今中國語亦然。

昲、曬，乾物也。揚楚通語也。注：亦今北方通語耳。

謇、極，吃也。楚語也。注：亦北方通語也。

眠娗、脈蜴、賜施、茭媞、譠謾、慴他，皆欺謾之語也。楚郢以南東揚之交通語也。注：六者亦中國相輕易蚩弄之言也。

頷、頤，頜也。南楚謂之頷。注：亦今通語耳。

篨……趙魏之郊謂之笙篨。注：今通語也。以上均見方言此皆晉代通語，因襲前代，無變易者。他如意義與古語相符，而音讀有變易者，如：

父爲考，母爲妣。注：……其義猶今謂兄爲晜，妹爲媦。案：兄晜、妹媦均一聲之轉。

夫之兄爲兄公。注：今俗呼兄鍾，語之轉耳。

罦，覆車也。注：今之翻車也。案：罦，説文作罬。罦罬、覆翻均一聲之轉。以上均見爾雅

東齊之間聟謂之倩。注：……今俗呼女聟爲卒便，是也。案：卒便，即倩之合聲。

橎棬謂之幭。注：即帊幞也。案：橎棬，帊幞，一聲之轉。

碓機，陳魏宋楚自關而東謂之梴磑。注：即磨也。案：説文：「磑，䃺也。」䃺、磨一聲之轉。

僉。注：今連枷，所以打穀者。案：王褒僮約：「刻木爲枷。」釋名：「羅枷三杖而用之也。」羅、連一聲之轉。以上均見方言

此皆意義與古語相符，而音讀有變易者。又有意義變易，而音讀與古語相符者，如：

袴，齊魯之間謂之襹，或謂之襱。注：今俗呼袴踦爲襱。

揄鋪、幓帹、帗縷、葉褕，毳也。……燕之北郊，朝鮮洌水之間曰葉褕。注：今名短度絹爲葉褕也。

汗濡……陳楚宋魏之間謂之襜襦，或謂之襌襦。注：今或呼衫爲襌襦。

箸筩……自關而西謂之桶檧。注：今俗亦呼小籠爲桶檧。

擘，楚謂之紉。注：今亦以綫貫針爲紉。

牀……南楚之間謂之趙。注：趙當作桃，聲之轉也。中國亦呼杠爲桃。

茹，食也。吴越之間，凡貪飲食者謂之茹。注：今俗呼粗食者爲茹。

呰、矲，短也。江湘之會謂之呰。凡物生而不長大亦謂之鮆，又曰瘠。注：今俗呼小爲瘠。

簟……自關而西……或謂之䈇。注：今云折，篾籧也。

讁，過也。南楚以南凡相非議人謂之讁，或謂之衇。……注：今名黠爲鬼衇。以上均見方言

此皆意義變易而音讀與古語相符者。又有爲漢以後發生之新語，而前無所承襲者，如：

緵罟……魚罔也。注：今之百囊罟是，亦謂之罭。

縞，紘也。注：即今之香纓也。

弓，有緣者謂之弓。注：……緣者繳纏之，即今宛轉也。

無緣者謂之弭。注：今之角弓也。

一染謂之縓。注：今之紅也。

螮蝀謂之雩，螮蝀，虹也。注：俗名美人虹。以上均見爾雅

燕齊之間養馬者謂之娠。注：今之溫厚也。

礿繵謂之襌。注：今又呼爲涼衣也。

繞衿謂之帬。注：俗人呼接下。

大袴謂之倒頓。注：今雹袴也。

小袴謂之䘨衦。注：今繚袴也。

絡頭，帞頭也。……趙魏之間……其偏者謂之聲帶。注：今之偏疊幧頭也。

覆結謂之幘巾。……注：今結籠是也。

簍。注：今薰籠也。

戟……東齊秦晉之間謂其大者曰鏝胡，其曲者謂之鉤釨鏝胡。注：即今鷄鳴句孑戟也。

三刃枝。注：今戟中有小孑刺者，所謂雄戟也。以上均見方言

此皆爲漢以後發生之新語，而前無所承襲者。

觀於上之所述，其中有一可注意之現象，即漢時一方之言，至晉時或變爲通語，且其所變者，皆邊地方言，而非中原方言，是也。夫語言爲人類交通之媒介，懋遷往來，無時不在變遷之中；但其變也漸，潛移默化，人不之覺耳。漢代方言，至晉時或變爲通語者，皆北燕、朝鮮、東齊、海岱、燕、代、關西，尤以三楚爲多；中原方言，幾無一焉。此何故乎？蓋中經大亂，人民遷

徙，互相融化之結果也。考方言成於兩漢之交，中經王莽之亂，人民遷徙，言語變遷，尚不甚劇。觀於東漢諸儒著述，稱引方言，尚無大異，其明徵矣。故方言之劇變，當在漢末之喪亂，與三國之紛爭時代。兹述當時之情形及遷徙之事實如次：

後漢書董卓傳：「卓……遷天子西都長安。初，長安遭赤眉之亂，宫室營寺，焚滅無餘。是時惟有高廟，京兆府舍，遂便時幸焉。後移未央宫，於是盡徙洛陽人數百萬口於長安。步騎驅蹙，更相蹈藉，饑餓寇掠，積屍盈路。卓自屯留畢圭苑中，悉燒宫廟官府居家，二百里内，無復孑遺。」

同書同傳：「初，帝入關，三輔户口尚數十萬。自傕、汜相攻，天子東歸後，長安城空四十餘日。强者四散，羸者相食。二三年間，關中無復人跡。」魏志武帝紀：「建安七年……令曰：吾起義兵，爲天下除暴亂；舊土人民，死喪略盡。國中終日行，不見所識，使吾悽愴傷懷。其舉義兵以來，將士絶無後者，求其親戚以後之。授土田，官給耕牛，置學師以教之。爲存者立廟，使祀其先人；魂而有靈，吾百年之後何恨哉！」

當時中原人民罹鋒鏑之害，何等悽慘！何等荒凉！故其結果，民數不得不鋭減矣。

魏志陳羣傳：「青龍中，營治宫室，百姓失農時。羣上疏曰：禹承唐虞之盛，猶卑宫室而惡衣服；况今喪亂之後，人民至少，比漢文景之時，不過一大郡。」

同書蔣濟傳：「景初中……濟上疏曰：……今雖有十二州，至於民數，不過漢時一大郡。二賊未誅，宿兵邊陲，且耕且戰，怨曠積年。宗廟宫室，百事草創。農桑者少，衣食者多。今其所急務，唯當息耗百姓，不至甚弊。」

人民鋭減之數，至於十二州之地，不過漢時一大郡。此固多死於兵亂，其他則遷徙於各地也。計其遷徙之地，不出荆、交、吴、揚、遼東。

後漢書劉表傳：「初，荆州人情好擾，加四方駭震，寇賊相扇，處處麋沸。表招誘有方，威懷兼洽，其姦猾宿賊，更爲效用，萬里肅清，大小咸悦而服之。關西、兖、豫學士歸者，蓋有千數，表安慰振贍，皆得資全。」

魏志蔣濟傳：「太祖問濟曰：『昔孤與袁本初對持官渡，徙燕白馬民。民不得走，賊亦不敢鈔。今欲徙淮南民，何如？』濟對曰：『是時兵弱賊强，不徙必失之。自破袁紹，北拔柳城，南向江漢，荆州交臂，威震天下，民無他志。然百姓懷土，實不樂從，懼必不安。』太祖不從，而江淮間十餘萬衆，皆驚走吴。」

同書管寧傳：「管寧，字幼安，北海朱虚人也……天下大亂，聞公孫度令行於海外，遂與原及平原王烈等，至於遼東。度虚館以候之。既往見度，乃廬於山谷。時避難者多居郡南，寧居北，示無遷志，後漸來從之。」

吴志吴主傳：「初，曹公恐江濱郡縣爲權所略，徵令内移，民轉相驚。自廬江、九江、蘄春、廣陵十餘萬，皆東渡江，江西遂虚。合肥以南，惟有皖城。」

同書士燮傳：「燮……遷交趾太守。……中國士人往依避難者以百數。」

觀此可知當時避難人民，率多遷徙於荆、交、吴、揚、遼東。然懷舊土，戀邱墓，人之常情。故魏武戡定中原，北方稍息，即有各返鄉里，歸命中朝者矣。

魏志衛覬傳：「時四方大有還民，關中諸將，多引爲部曲。覬書與荀彧曰：『關中膏腴之地，頃遭荒亂，人民流入荆州者十餘萬家。聞本土安寧，皆企望思歸；而歸者無以自業，諸將各競招懷，以爲部曲。郡縣貧弱，不能與爭，兵家遂强。一旦變動，必有後憂。夫鹽，國之大寶也，自亂來散放，宜如舊置使者監賣，以其值並市犂牛；若有歸民，以供給之。勤耕積粟，以豐殖關中。遠民聞之，必日夜競還。又使司隷校尉留治關中，以爲之主，則諸將日削，官民日盛，此强本弱敵之利也。』彧以白太祖，太祖從之。始遣謁者僕射監鹽官，司隷校尉治弘農，關中服從。」

此亂定後人民北返之情形也。在此數十年中，戰亂相尋，人民困於兵革之禍，大抵向距離政治中樞較遠之地遷徙。遠適他鄉，主客雜居，往來酬酢，一齊衆咻，雖欲不互相融化，豈可得乎？及時平後，重返故鄉，而客地方言，沿習既久，視爲固然。是以邊地方言得以成爲通語，此爲重要原因之一，可斷言也。

乙　江東方言

郭注爾雅、方言，全以晉時方言爲主。其記述江東語，尤爲詳盡。蓋晉室南遷，奠都建業，此種方言，爲當時標準語，四方所則效也。其中有因襲前代無變易者，如：

瘵……病也。注：……今江東呼病曰瘵。

行……言也。注：……今江東通謂語爲行。
遷、運，徙也。注：今江東通言遷徙。
憐……愛也。注：……今江東通呼爲憐。
契……絶也。注：今江東呼刻斷物爲契斷。
增，益也。注：今江東通言增。
挾，藏也。注：今江東通言挾。
粻，糧也。注：今江東通言粻。
奘，駔也。注：今江東呼大爲駔。駔，猶麤也。
號，譁也。注：今江東皆言譁。
燠，煖也。注：今江東通言燠。
緍，綸也。注：……緍，繩也，江東謂之綸。
幬謂之帳。注：今江東亦謂帳爲幬。
晜，兄也。注：今江東人通言晜。
瓴甋謂之甓。注：……今江東呼瓴甓。
緵罟……魚罔也。注：……今江東呼爲緵。
魚罟謂之罛。注：……今江東云。
肉曰脱之。注：剝其皮也。今江東呼麋鹿之屬通爲肉。
澱謂之垽。注：……今江東呼垽。
白蓋謂之苫。注：……今江東呼爲蓋。
蝃蝀謂之雩。蝃蝀，虹也。注：……江東呼雩，音芌。

暴雨謂之涷雨。注：今江東呼夏月暴雨爲涷雨。……涷，音東西之東。

宵田爲獠。注：……今江東亦呼獵爲獠，音遼。或曰：即今夜獵載鑪照也。

田一歲曰菑。注：今江東呼初耕地反草爲菑。

丘一成爲敦丘。注：……今江東呼地高堆者爲敦。

隩，隈。注：今江東呼爲浦隩。

潬，沙出。注：今江東呼水中沙堆爲潬，音但。以上均見爾雅

繞衿謂之帬。注：……江東通言下裳。案：說文：「帬，下裳也。」是古有此名。

大巾謂之帉。注：江東通呼巾帉耳。

甂……甖也。……周魏之間謂之甂。注：今江東亦呼甖爲甂子。

所以注斛，陳魏宋楚之間謂之篙。注：今江東亦呼爲篙。

臿……東齊謂之梩。注：江東又呼鍫刃爲鍫。案：說文：「鍫，河内謂臿頭金也。」是古有此名。

簟……其粗者謂之籧篨。……注：江東呼籧篨爲籧。案：漢祝睦後碑：「垂誨素棺，蔽以葭蘧。」籧、蘧聲同。

扇，自關而東謂之箑。注：今江東亦通名扇爲箑。

簟，宋衛之間謂之笙。注：今江東通言笙。

杷……宋衛之間謂之渠挐。注：今江東名亦然。

賀……儋也。……自關而西，隴冀以往謂之賀。注：今江東語亦然。

朝鮮洌水之間謂伏雞曰抱。注：江東呼蓲。案：淮南原道訓高誘注：「嫗伏，以氣剖卵也。」嫗、蓲聲同。

凡箭……其廣長而薄鐮謂之錍，或謂之鈀。注：江東呼鎞箭。案：錍、鎞聲同。

南楚江湘……小舸謂之艖。注：今江東呼艖，小底者也。

艇……短而深者謂之艄。注：今江東呼艖艄者。

船……首謂之閤閭。注：江東呼船頭屋謂之飛閭，是也。案：釋名：「舟，其上屋曰廬，象廬舍也。其上重屋曰飛廬。在上，故曰飛也。」廬、閭聲同。

抋、枕，椎也。……沅涌澧幽之語，或曰攩。注：今江東人亦名椎爲攩。

𣩘、䫻，傍也。注：今江東呼極爲𣩘。

㾊，極也。注：江東呼爲㾊，倦聲之轉也。

餳謂之餹。注：江東皆言餹。以上均見方言

此皆晉代江東方言，因襲前代，無變易者。他如意義與古語相符而音讀有變易者，如：

凡物盛多謂之寇。注：今江東有小凫，其多無數，俗謂之寇凫。案：説文：「齊謂多爲夥。」又：「⿰歹咼，讀若楚人名多爲夥。」夥、寇一聲之轉。

逞、苦、了，快也。……注：今江東呼快爲愃。案：説文：「愃，寬嫺心腹貌。」廣韻：「愃，吴人語快也。」快、愃一聲之轉。

炊䉛謂之縮，或謂之䈬，或謂之𠥪。注：江東呼淅籤。案：淅籤急言之則爲𠥪。

曾、訾，何也。湘潭之原荆之南鄙謂何爲曾，或謂之訾。注：今江東人語亦云訾，爲聲如斯。

俎，几也。……凡江沔之間曰桯。注：今江東呼爲承。案：桯、承聲同。

車紂，自關而東周洛韓鄭汝潁而東……或謂之曲綸。注：今江東通呼索綸。

讓、極，吃也。……注：今江東又名吃爲喋。案：吃、喋一聲之轉。

拌，棄也。……淮汝之間謂之投。注：江東又呼撅。案：撅與厭通。論語：「天厭之。」猶言天棄之也。

娋、孟，姊也。注：……今江東山越間呼姊，聲如市。

跌，蹷也。注：……江東言路。案：跌、蹷、路均一聲之轉。以上均見方言

此皆意義與古語相符而音讀有變易者。又有意義變易而音讀與古語相符者。如：

罄……盡也。注：……今江東呼厭極爲罄。見爾雅

蠡，陳楚宋衛之間……或謂之欚。注：今江東通呼勺爲欚。

瓬……甖也。靈桂之郊謂之瓬。注：今江東通名大瓮爲瓬。

僉，宋魏之間……或謂之度。注：今江東呼打爲度。

符篖。注：似籧篨，直文而粗。江東呼笪。案：説文：「笪，箬也。」蓋符篖以箬爲之，因以爲名也。

攍、膂、賀、艜，儋也。注：今江東呼擔兩頭有物爲艜。

錟謂之鈹。注：今江東呼大矛爲鈹。

筡、箄，析也。析竹謂之筡。注：今江東呼篾竹裹爲筡。

煬、翕，炙也。注：今江東呼火熾猛爲煬。以上均見方言

此皆意義變異而音讀與古語相符者。又有爲漢以後發生之新語，而前無所承襲者，如：

兩壻相謂爲亞。注：……今江東呼同門爲僚壻。見爾雅

裪橘謂之袖。注：衣褾，江東呼䘼。

橛，燕之東北朝鮮、洌水之間謂之椴。注：……江東呼都。

矛骹，細如雁脛者謂之鶴厀。注：今江東呼爲鈴釘。

所以隱櫂謂之䉡。注：……江東又名爲胡人。以上均見方言

此皆爲漢以後發生之新語而前無所承襲者。

考漢末之亂，中原人士，紛紛南遷，言語自生變化，前已言之。東吴建國，凡八十年。此種方言，當已通行社會。其中成分，除楚語外，兼參入中原方言，而成爲混合之狀態，蓋互相融化之結果也。迄五胡之亂，晉室偏安江左。當時中原人民，不甘受異族之壓迫，大抵相率遷居江東。

晉書王導傳：「時元帝爲琅邪王，與導素相親善。導知天下已亂，遂傾心推奉，潛有興復之志。帝亦雅相器重，契同友執。……及徙鎮建康，吴人不附。居月餘，士庶莫有至者。導患之。會敦來朝，導謂之曰：『琅邪王仁德雖厚，而名論猶輕。

兄威風已振，宜有以匡濟之者。』會三月上巳，帝親觀禊。乘肩轝，具威儀。敦、導及諸名勝，皆騎從。吳人紀瞻、顧榮，皆江南之望。竊瞻之，見其如此，咸驚懼，乃相率拜於道左。……由是吳會風靡，百姓歸心焉。……俄而洛京傾覆，中州士女避亂江左者十六七。導勸帝收其賢人君子，與之圖事。時荆揚晏安，户口殷實。導爲政，務在清靜。每勸帝克己勵節，匡主寧邦，於是尤見委仗。」同書范汪傳：「寧……陳時政疏曰：古者分土割境，以益百姓之心；聖人作制，藉無黄白之别。昔中原喪亂，流寓江左，庶有旋返之期，故許其挾注本郡。自爾漸久，人安其業，丘壟墳柏，皆已成行。雖無本邦之名，而有安土之實。今宜正其對疆，以土斷人户。明考課之科，修閭伍之法。難者必曰：『人各有桑梓，俗自有南北，一朝屬户，長爲人隸。君子則有土風之慨，小民則懷下役之慮。』斯誠併兼者之所執，而非通理者之篤論也。古者失地之君，猶臣所寓之主。列國之臣，亦有違適之理。隨會仕秦，致稱秦秋；樂毅宦燕，見褒良史。且今普天之人，原其氏出，皆隨世遷移，何至於今而獨不可？……帝善之。」

觀此，可知中原人民南遷之多矣。主客雜處，往來酬酢，言語雖生變化，然通用江東方言，幾爲一時風尚。

世説新語言語篇：「桓玄問羊孚，何以共重吳聲。羊曰：『當以其妖而浮。』」

同書排調篇：「劉長真始見王丞相。時盛暑之月，丞相以腹熨彈棋局。曰：『何乃渹！』（吳人以冷爲渹。）劉既出，人問見王公云何？劉曰：『未見他異，惟聞作吳語耳。』」

同書輕詆篇：「支道林入東，見王子猷兄弟。還，人問見諸王何如。答曰：『見一羣白頸烏，但聞唤啞啞聲。』」

此雖以聲調言，固可爲中原語言同化於江東之明證矣。逮至南北朝時，語言系統，復分爲二。與周秦時代——夏楚異聲——仿佛相符。

顔氏家訓音辭篇：「南方水土和柔，其音清舉而切詣，失在浮淺，其辭多鄙俗。北方山川深厚，其音沈濁而鈋鈍，得其質直，其辭多古語。冠冕君子，南方爲優；閭里小人，北方爲愈。易服而與之談，南方士庶，數言可辨；隔垣而聽其語，北方朝野，終日難分。而南染吳越，北雜夷虜，皆有深弊，不可具論。」

陸法言切韻敘：「吳楚則時傷輕淺，燕趙則多傷重濁。」

北方語言，雜有胡音，南方語言，則以漢末遺傳之江東方言爲代表也。

丙　方言區域

郭注爾雅、方言，其記述晉代語言較詳者，爲通語與江東方言。其他記述各地方言，雖每一區域，寥寥不過數條，然藉此可以推知在當時確爲自成系統者，茲述如次：

荊楚方言

晉代荊楚方言之可考者，如：

融……長也。注：宋衛荊吴之間曰融。

逮，遝也。注：今荊楚人皆云遝，音沓。

甌瓿謂之瓵。注：瓿甊，小甖。長沙謂之瓵。

何鼓謂之牽牛。注：今荊楚人呼牽牛星爲擔鼓。擔者，荷也。以上均見爾雅

剝、蹶，獪也。……楚鄭曰蔿，或曰姡。注：……今建平郡人呼狡爲姡。

箙，南楚謂之箵。注：今建平人呼箵。

沅澧之間……粃，不知也。注：今淮楚間語，聲如非也。

方舟謂之瀿。注：……荊州人呼瀿。

頫、頷、顏，頦也。江湘之間謂之頫。注：今建平人呼頷爲頫。

汜、浼、瀾、洼，洿也。……注：荊州呼潢也。

篦，南楚江沔之間謂之篣。注：今零陵人呼篦爲篣。以上均見方言

案荊楚與江東，古代同稱三楚。至東晉時代，其語言絶異。世説新語豪爽篇載：「王大將軍少時，舊有田舍名，語音亦楚。」蓋當時共重吴聲，王氏之音獨楚，故舉以譏之，是其證也。江東方言，除楚語外，兼參入中原方言，已述於前矣。至荊楚方言，無一異語參入，完全保存原有狀態，是其特點。

東齊方言

晉代東齊方言之可考者，如：

瘼……病也。注：……東齊曰瘼。

呬，息也。注：……今東齊呼息爲呬也。

胥，皆也。注：東齊曰胥。

遏、遾，逮也。注：東齊曰遏。

斯、誃，離也。注：齊……曰斯。

脉，瘠也。注：齊人謂瘠瘦爲脉。

迨，及也。注：東齊曰迨。

燬，火也。注：……燬，齊人語。

衣裗謂之視。注：衣縷也。齊人謂之攣。以上均見爾雅

案東齊僻處海岱，遠隔中原，其語言自成系統，當無足異。

巴蜀方言

晉代巴蜀方言之可考者，如：

陽，予也。注：……今巴濮之人，自呼阿陽。

不律謂之筆。注：蜀人呼筆爲不律也。以上均見爾雅

案巴蜀爲四塞之國，周秦時代，始通中原。其語言自成系統，殆可斷言。揚雄方言，鮮録其語，頗不可解。幸郭璞存數條於爾雅注中，得以窺見一二矣。

關西方言

晉代關西方言之可考者，如：

娥、㜲，好也。……自關而東，河濟之間謂之媌。注：今關西人亦呼好爲媌。

虔、劉、慘、㨆，殺也。注：今關西人呼打爲㨆。

咺、唏、㤼、怛，痛也。……平原謂啼極無聲謂之唴哴。注：今關西語亦然。

餥、飵，食也。……秦晉之際，河陰之間曰𩞄𩜹。……注：今關西人呼食欲飽曰𩞄𩜹。

帬……自關而東或謂之襬。注：今關西語然也。

揚越之郊，凡人相侮以爲無知謂之聑……或謂之斫。注：……今關西語亦然。

築娌，匹也。注：今關西兄弟婦相呼爲築娌。以上均見方言

案關西方言，變遷最劇。上之所述，皆漢時關東方言，至晉時通行於關西者。

河北方言

晉代河北方言之可考者，如：

徯，待也。注：……今河北人語亦然。

嗟、咨，蹉也。注：今河北人云蹉，音兔罝。

粲，餐也。注：今河北人呼食爲餐。以上均見爾雅

甌甂，陳楚宋衛之間謂之𤭯。注：今河北人呼小盆爲𤭯子。見方言

案河北方言，自成系統，其區域約當韓魏，郭氏生長之地也。

此皆在當時確爲自成系統者。其他僅載一名一義，不能考定其區域者，如：

烈、枿，餘也。注：晉衛之間曰蘖，陳鄭之間曰烈。

斯、誃，離也。注：齊陳曰斯。

㥾……愛也。注：㥾，韓鄭語。

遏、遾，逮也。注：……北燕曰遾。

劑、翦，齊也。注：南方人呼翦刀爲劑刀。

鬵，鉹也。注：涼州呼鉹。

濟謂之霽。注：今南陽人呼雨止爲霽，音薺。以上均見爾雅

凡草木刺人，北燕朝鮮之間謂之策，或謂之壯。注：今淮南人亦呼壯。

膠、譎、謬，詐也。……自關而東西或曰譎，或曰膠。注：汝南人呼欺爲譴，亦曰詒。

庸謂之倯。……注：倯，猶保倯也。今隴西人名孏爲倯。

跟蹬、隑企，立也。東齊海岱北燕之郊跪謂之跟蹬。注：今東郡人亦呼長跽爲跟蹬。

㘓哰……挐也。東齊周晉之鄙曰㘓哰。……注：平原人好㘓哰也。

拌，棄也。楚凡揮棄物謂之拌，或謂之敲。注：今汝潁間語亦然。

箄……篾也。自關而西，秦晉之間謂之箄。注：今江南亦呼籠爲箄。

方舟謂之潢。注：揚州人呼渡津舫爲航。

隑，陭也。注：江南人呼梯爲隑，所以隑物而登者也。以上均見方言

此皆僅載一名一義，不能考定其區域者。其中變遷，或義同聲異，或義異聲同，或另生新語。又有漢時甲地方言，至晉時通行於乙地者，理由與江東方言之變遷相同。茲不復贅。

漢時方言區域，經近人考定，約分十四系。晉代方言區域，除上述五系外，餘均不可考。然方言之爲物，以政治與交通之關係，由紛歧漸趨於統一，由厖雜漸趨於融合，當爲一定之理。則晉代方言之區分，必較少於漢代，可推知也。

昔張伯松謂揚雄方言爲懸諸日月不刊之書。竊謂郭璞爾雅、方言之注，兼載晉語，使吾儕生於千載之後，對於晉代方言，尚能窺見彷略。其功方之揚氏，差足以擬之矣。

東方雜志二十八卷第三號（一九三一年）

後記

流連於故書雅記别國方言倏忽已經二十年，不知不覺間雙鬢叢生華髮，中心感慨能不良多？但是在這本書後我最想記録的並不是這些，而是如下值得永遠感激的人和事。

這本書實際上是奉師命而完成的一份作業。一九八六年春季，也就是我讀碩士研究生的第二學期，本師劉君惠先生建議我專攻方言，並希望我畢業後能够把精力聚於此書，爭取完成一部新的方言校證本。不知輕重的我竟然答應了，如果知道實踐這一諾言要耗費近二十年的精力，當初肯定没有這個勇氣。我讀方言是從錢繹的方言箋疏開始的，完成碩士學位論文論錢繹方言箋疏後，旋即承擔了由君惠先生主持的揚雄方言研究這一課題的部分任務，在陸續撰就郭璞方言注條例述補、論郭璞方言注、論戴震的方言疏證、論盧文弨的重校方言、論劉台拱方言補校、論王念孫的方言研究、論周祖謨的方言校箋等專論的基礎上，完成了該書第三編方言注家述評（巴蜀書社一九九二年印行的揚雄方言研究第三編，篇幅衹有我所提交的述評稿件的一半，有些章節幾乎不成「文章」。事後聽説，這樣删削是爲了壓縮全書篇幅，君惠先生曾爲此感到痛惜）。包括碩士畢業後的兩三年，即一九八五年到一九九一年間，君惠先生對我的具體指導從未間斷，我現在還能做一點所謂研究，基礎正是這段時期打下的。在完成上述工作之後，我又進一步蒐集資料，先後寫出方言研究的歷史鳥瞰、方言校箋拾補等文，並於一九九四年着手方言的校釋。一九九八年負笈上海，忝列於李玲璞先生門墻。玲璞先生瞭解到我以往所做的工作和我要做出一個方言校證本的心願後，全力支持，並爲我創造了令所有博士生驚羡不已的條件：邀我參加由他主持的大型課題，爲我提供獨用的起居室、工作室，在我入學三四個月後就着手調動我的工作。我的博士學位論文周秦漢晉方言研究史也是爲最終完成方言校證所做的學術準備，拙論的順利完成和後來能够獲得全國百篇優秀博士學位論文的殊榮，完全得益於玲璞先生的悉心指導和全力幫助。博士學位論文完成後，玲璞先生就督促我把全部精力投入到方言的校證之中；拙著確定由中華書局出版後，玲璞先生又援筆賜署書名。現在呈現在讀者面前的這本書，就是君惠先生佈置、指導，後經由玲璞先生指導、鞭策而交出的一份作業。成爲永遠遺憾的是，君惠先生已經看不到我所完成的這份作業了。

這份作業的完成得到了很多前輩學者的指教。首先是周祖謨先生。記憶中是在一九八六年的秋天，周先生到了成都，那時我剛開始接觸方言，君惠先生鼓勵我去拜訪周先生。見到周先生除了請教錢繹方言箋疏的研究問題外，還就方言校箋中幾處校勘獻出了疑問。周先生竟鼓勵有加，並謙遜地説，方言校箋是年輕時在戰亂期間完成的，需要補正之處並非一二。一九八七年暑假期間，我帶著碩士論文綱要到周先生燕園府上請教，周先生花了一下午時間披覽並解答我的問題、指點我的迷津。一九八八年春天，定稿後的碩士論文寄呈周先生評閲，周先生於評審書中寫道：「錢繹方言箋疏謬誤實多，可是至今還没有人爲之評論，誠不無遺憾」；本文作者「詳加辨正，既舉出其是處，又擿發其疏失，源源委委，實事求是，是則是，非則非，分項闡述，足能使人信服」；本文「敍述明暢，析理精當」。一九九〇年，論周祖謨的方言校箋寫成後隨即復印寄呈周先生指正，並打算把方言校箋拾補的工作做完寫成劄記再次登門請教。誰知拾補未及完成，周先生一九九五年遽然而歸道山，至今每思及此，猶唏嘘不已。再一位是趙振鐸先生。有幸拜識趙先生，是我攻讀碩士學位期間在君惠先生府上。趙先生淵博的學識和謙和、爽朗的性格極富磁力，侍坐在側靜聽趙先生與君惠先生娓娓論道絶對是極品享受。趙先生是我的碩士論文答辯專家，那以後趙先生一直關注我的揚雄方言研究工作，最近幾年曾先後在南京、桂林會上重逢，趙先生不僅詢問我的工作進展，還要解答我的問題，也總是會追憶起君惠先生。知道我把書稿交付中華書局了，趙先生欣然應允賜序，並於酷暑盛夏中撰就快郵寄達，拙著因有了趙先生的大序而憑添光彩。還有一位是魯國堯先生。魯先生是又一位對我關懷備至、悉心指導的前輩學者。自上世紀九十年代初得知我有意做方言的校證工作，魯先生每次見到我都要詢問我的研究情況；我每取得一點小成績，魯先生都會給予充分鼓勵；每當我需要得到支持的時候，魯先生都會慨然相允。在江蘇立項方言詁林時，魯先生撥冗主持論證，後雖因我工作單位變動而致使該項目被擱置，但是由此展開的很多前期準備在後來的匯證中還是發揮了很重要的作用；魯先生去日本講學，任務重，自己需要查閲復製的資料有很多，但還專門爲我帶回了佐藤進的宋刊方言四種影印集成；魯先生主持了我的博士學位論文答辯，又抱病爲拙著周秦漢晉方言研究史撰寫了長篇序言。趙先生、魯先生關心、提攜後學的隆情高誼，怎一個「謝」字就能表達！曾經在不同時期給予我的研究工作以各種形式幫助的前輩學者還有很多，他們是蕭璋先生、徐復先生、蔣禮鴻先生、張永言先生、冉友僑先生、杜道生先生、郭誠永先生、李運益先生、許威漢先生、郭在貽先生、王寧先生、許嘉璐先生、胡奇光先生、張振德先生、趙航先生、吴金華先生、董琨先生等。這些先生中有幾位已經作古，但是他們的幫助和教誨則永遠銘刻在我的心中。

這份作業的完成還得到很多著作權人和友人的幫助。拙著附録七中收録了歷代研究方言和郭璞注的代表性成果，其中二十幾位現當代作者依法享有著作權保護，這些作品的著作權人或著作權繼承人在接到我請求授權的函件後都及時給予了回覆，並明確表示了支持的態度。浙江大學教授張雅麗先生訪日期間爲我蒐集了不少日文資料；日本熊本學園大學外國語學部教授丁鋒先生則傾力收齊了我一直没能够找到的日文資料，其中一些資料還是丁先生輾轉找到作者直接索要的；日本不少學者也給予我極爲寶貴的幫助，其中東京都立大學人文學部教授佐藤進先生、日本大學中國語中國文化學科教授立石廣男先生、北海道大學大學院文學研究科助教授松江崇先生在得悉我的求助後，都直接航空郵寄來他們的作品，尤其令我感動的是，松江崇先生還專爲本書把他的論文翻譯成了漢文。友生王智群、謝榮娥、王彩琴協助編寫或編纂了附録的大部分以及索引，在站博士後魏兆惠，在讀博士生碩士生王彩琴、路廣、馬蓮、王智群、謝榮娥、柏亞東、柳玉宏、劉祖國、徐晶晶、張婭莉分擔了附録的好幾個校次的校對工作。對上述著作權人和友人提供幫助的無私和慷慨，著者在此謹表誠摯的感謝。

這份作業的完成在資料上得到很多圖書館的支持。圖書資料蒐集工作集中在兩個時期，一個是上世紀九十年代前後，這個時期完成了基本資料的蒐集；再一個就是拙著初稿成型後的二〇〇四年，這時主要是補充新資料和求觀相關孤本、善本。曾經給予我支持的有四川師範大學圖書館、四川大學圖書館、四川省圖書館、揚州師院圖書館、揚州市圖書館、南京圖書館、北京圖書館（國家圖書館）、中國科學院圖書館、北京大學圖書館、北京師範大學圖書館、山東省圖書館、上海圖書館、復旦大學圖書館、華東師範大學圖書館，特别是北圖、上圖、南圖、復旦等幾家圖書館，宋本、明本、以及清代學者的手校本，主要是在這些圖書館的支持下看到的，他們還慨允我用數碼相機拍攝了部分書影（當然得按規定繳納費用）。上述圖書館的熱心支持，我也衷心感謝。

拙著殺青前後，上海、江蘇、四川和北京等地好幾位熱心的出版人表達了出版興趣並給予了真誠的關心，特别是巴蜀書社編審黄雲生先生。黄先生主動向他的領導宣傳遊説並多方溝通，全力爭取使巴蜀書社成爲拙著的出版者，正是由於他的努力，拙著很快被列入巴蜀書社二〇〇五年重點出版書目，並獲得四川省新聞出版局給予重點資助的承諾。儘管拙著最終交由中華書局出版了（同期與中華書局聯繫、討論拙著的出版事宜，已經事先通報黄先生並得到他的理解和支持），但是黄雲生先生爲拙著的出版所付出的真誠和努力至今令我深深感動。

拙著能够確定在中華書局出版，首先得感謝華東師大教授陳大康先生，正是由於他的引薦，我纔有了結識中華書局編審顧青先生的機會。顧青先生出版家的氣魄、學者的識斷和耿介的性情，成就了拙著在中華書局的出版，同時也成就了我們由書緣而結交的友誼。書稿進入正式出版程序後，顧青先生密切關注每一個重要環節，承擔拙著責任編輯工作的舒琴女士則付出了艱辛的勞動。顧青先生、舒琴女士的友誼和辛勤勞動已經融入拙著，他們是拙著的當然合作者。因爲拙著的出版而能結識他們，是我作爲學人的最大幸事，這在某種意義上比出書更重要，也更值得珍惜。

二〇〇六年五月華學誠謹記於吴淞江邊之潛齋

附 《方言》學術習用語索引

索引

説明

1. 本索引收入《方言》原文及郭注中的被釋詞和解釋語。郭注以反切、直音注音者，只收所注反切上下字或同音字，不收“反、切、音”等字。“通語、聲轉”等學術習用語索引附於後。

2. 索引用字，字形以本書正文所録字形爲準，訛字所當改、俗字所宜正者見於正文各條匯證；多字條目的判定與切分亦參酌匯證部分。

3. 所收條目按首字筆畫數從少到多順序排列，筆畫數相同者按首筆筆形一丨丿丶乛的順序排列，首筆筆形相同者按次筆筆形順序排列，以此類推。

4. 條目後標明該條目所在《方言》卷次、條次及頁碼。如“一　12/120（579）”，指“一”位於《方言》卷一二第120條，本書第579頁。條次後有“注”字者表示該條目位於郭注中。

五畫

六畫

七畫

八畫

九畫

十畫

十一畫

十二畫

十三畫

十五畫

十六畫

十七畫

十八畫

二十畫

二十一畫

二十二畫